房山政协志

下 册

中国人民政治协商会议北京市房山区委员会 编

学苑出版社

第四编
提案、社情民意

第一章 政协提案

政协提案是政协委员和参加政协的民主党派、人民团体及有关组织向政协全体会议或常务委员会提出的，经过提案委员会审查立案后，交付有关单位办理的书面意见和建议。提案工作是人民政协工作的重要组成部分，是参加政协的党派团体和政协委员为社会主义现代化事业和祖国统一大业献计出力，完善中国共产党领导的多党合作和政治协商制度的重要途径；是协助党委、政府加强与各界人士联系，推进决策的民主化、科学化的重要渠道；是人民政协履行职能最直接、最有效的方法之一。

燕山区政协提案工作始于1984年至1987年燕山区、房山县合并。房山政协提案工作始于1981年房山县政协成立，1984年5月房山县第二届委员会第一次会议成立了提案工作委员会沿袭至今。2005年，房山区五届政协设立了提案工作办公室，2006年、2011年，房山区六届政协、七届政协按照北京市政协的统一要求设立了专门委员会工作室。燕山区政协自1984年至1987年，历经一届委员会，共收到提案239件；房山县政协自1981年成立至1987年，历经二届委员会，共收到提案785件；房山区政协自1987年成立至2015年，历经七届委员会，共收到提案5419件。各界委员围绕各个时期党委、政府中心工作，以及人民群众关心的热点难点问题，通过提案为区域社会经济发展提出了许多有价值的意见建议。

历届政协努力完善提案工作制度，在《提案工作条例》的基础上，逐步加强提案工作的规范化、制度化建设，至七届政协，共制定完善了《政协北京市房山区委员会提案工作条例》《政协房山区委员会关于进一步做好民主党派和工商联提案工作暂行办法》《政协房山区委员会关于提案办理的试行办法》《政协北京市房山区委员会关于检查监督提案工作的办法》《关于提案审查工作的试行办法》《关于开展评议政协提案办理工作的暂行办法》等10多项制度。2005年，开展"提案质量年"活动，制定了《关于提案办理的试行办法》，加大了民主党派提案的工作力度，明确了党派提案由区委书记审阅、区政府常务会议专题研究办理的规定。完善提案交办机制，对提案交办工作做了重大改进，把过去由政协作为交办主体，改由"两办"督查室代表区委、区政府作为交办主体，由区委区政府两办联合召开提案办理交办会议，对提案办理工作提出明确要求。2015年，每年的提案交办会由区政府常务会议交办，进一步加大了提案交办力度。通过历届政协工作，逐步规范了提案的提出、审查、办理等工作环节。对提案撰写的内容、形式及征集、登记、审查、立案、交办、催办、落实、答复、反馈等都做了明确规定，使提案工作有章可循。通过开展重点提案督办、优秀提案评选、提案质量年、提案线索征集、提案办理评议等不同形式的活动，全面推动落实提案工作。

第一节 提案办理

房山历届政协把提案工作作为履行政协职能的重要抓手，推动提案自身质量、提案办理质量和提案工作服务质量。纵观提案工作发展变化的全过程，呈现出质量不断提高、机制不断规范、落实效果更加明显的总趋势。在提案工作过程中，逐步形成并建立了交办制度、督办制度，提案的科学性、可行性不断增强，使提案工作纳入了制度化、规范化、程序化轨道，有效推动了提案工作的开展，为全区经济社会各项事业的发展起到了助推作用。

政协北京市房山县第一届委员会

房山县一届政协共收到提案524件。立案476件：工交城建类102件，文化体育教育医药卫生类95件，劳动就业、职工群众生活类94件，农林牧、农业机械类38件，财贸类33件，环境保护、市容卫生类21件，干部和知识分子政策类15件，商业、服务业14件，科技类14件，青少年教育、社会治安类12件，计划生育、妇幼保健类8件，民族宗教类2件，其他类28件。转建议和来信处理48件。

房山县一届政协围绕开创房山县社会主义现代化建设新局面，搞好两个文明建设，围绕贯彻落实中央书记处关于把首都建设成清洁卫生、环境优美的城市的要求，就搞好县环境卫生，实现工农业产值翻番，搞好计划生育工作，以及随着"四化"建设的需要，对干部农民、知识青年等进行文化教育、科普教育，针对劳动就业、关注职工群众生活等问题提出意见和建议。

通过反映《本县生产的碳酸氢铵销售和价格问题》的提案，工商之间存有产销矛盾，造成商业支付款项二十余万元不能收回，以及碳铵零售价格不统一的问题。县领导高度重视，责成县计委派人了解情况，并召集有关部门会议研究解决办法，制定改进措施，使这一问题得到基本解决。关于《房黄公路（房山—黄山店）新街至娄子水一线，堆积物过多，影响交通问题》的提案。县交通安全委员会召集县交通队，公路管理所等有关部门开会研究并到现场调查，和沿线有关大队干部一起座谈具体清除办法。九月份，县交通安全委员会又和有关部门一起组织人力、物力，用六天时间对全县七条主要公路的堆集物进行清理。共清除沙石、农肥、杂物等14000多立方米，使交通阻塞现象有了较大好转。关于《北京市琉璃河水泥厂、良乡北关城关地区、大石河地区居民吃菜难的问题》的提案。副食品公司接到提案后，立即进行研究，并与有关部门一起迅速采取措施。在北京市琉璃河水泥厂商店、房山南关北关和大石河化四工厂各增设一个蔬菜网点，基本解决了吃菜难的问题。

政协北京市房山县第二届委员会

房山县二届政协共收到提案261件。其中工交方面45件，城建方面53件，农林方面10件，财贸方面39件，科技方面10件，文教体育方面30件，医药卫生方面19件，群众生活方面16件，政法方面8件，民族宗教方面2件，其他方面29件。

提案主要是围绕振兴房山经济，大部分是围绕开创房山县社会主义现代化建设新局面，搞好物质文明和社会主义精神文明建设和涉及群众生活的重要问题提出的。内容涉及加强城镇建设和改善人民生活条件，围绕开发利用资源、开展科技咨询、城乡建设，以及发展第三产业等方面。

《关于提高磷肥质量》的提案：石楼公社磷肥厂承担着全县磷肥生产任务，由于是新建单位，生产工艺不过关，生产出的磷肥有效含量较低，建议迅速采取措施，提高磷肥质量，以促进全县粮食增产。石楼磷肥厂请示磷肥公司指导生产技术，建立了化验室，培训了化验员，开办了管理干部技术学习班，选用了优质磷矿石、改进了生产工艺流程，提高转化率，使磷肥质量较前有较大提高，适应了全县农业生产的需要。关于《制定行之有效的节水措施》的提案：县建委成立了水资源委员会，并转发了市有关地下水管理的文件。另外对民用生活节水也做出相应的安排，在房、良两镇采取用户安装水表的办法，达到节水目的，保证了生产和人民生活用水的需要。关于《我县有条件的中小学开设电子计算机课》的提案。委员认为随着教育事业的发展，电子计算机教学将逐渐扩大，为适应人才培养的需要，县教育局积极和航天工业部、北京教育学院联系，先后组织二十名教师参加两次培训，给五所中小学配备了电子计算机。关于《良乡城内由于农业户较多，胡同里堆粪时间长，影响市容卫生》的提案：良乡镇政府召开了镇长办公会，重新制定了"关于搞好市容环境卫生管理意见"，规定了堆粪的期限及制度，落实了"门前三包"，充实了清洁队伍力量。

政协北京市燕山区第一届委员会

燕山区一届政协共收到提案239件。其中文化教育方面71件，城建交通方面40件，商业服务方面30件，环保方面17件，工资福利方面31件，落实政策方面9件，医药卫生方面10件，区办工业方面2件，政法方面2件，科技方面3件，体制改革方面3件，其他方面21件。

燕山区一届政协围绕燕山区党委政府中心工作，特别针对文化教育事业、城市交通、环境建设、商业服务业以及广大群众和职工关注的生产生活等问题通过提案积极建言献策。

《关于设计院至职工医院沥青路面严重损坏的提案》得到北京燕山石化集团公司的高度重视，路面较快得到了修复，车辆和人员出行安全方便，得到了群众的好评。《关于发展燕山区工业的提案》的意见建议，燕山区政府吸纳委员的建议，把燕山区工业列入1986年的重点工作，并且制定了计划、措施。

政协北京市房山区第一届委员会

房山区一届政协共收到提案467件。立案425件：城建交通方面86件，群众生活方面67件，文教体方面64件，财贸方面38件，劳动人事方面22件，环保方面18件，科技方面15件，工业方面的14件，医药卫生方面14件，农林方面11件，福利待遇方面的11件，政法方面6件，其他方面59件。转建议42件。

提案内容涉及全区两个文明建设和改革、开放、搞活以及各个方面的具体工作，围绕治理整顿，深化改革，促进经济建设和改进政府工作、群众生活等各项事业发展提出了意见建议。

副主席杨万钟作一届区政协提案工作报告

《关于加强房山大街路口的交通秩序管理问题》的提案，房山交通大队经过实地调查，增设了巡逻岗。城关镇安委会设立安全检查组，对侵占道路，妨碍交通的摊贩加强管理，使房山大街的几个交通路口和京周路交通堵塞问题得到基本解决。关于《限制废渣倒入河道，确保泄洪渠道畅通》的提案，区水利局十分重视，对周口店第三煤矿在周口店河修建漫水桥等违章建筑做出了限期拆除的处罚。对附近个体煤窑弃渣影响分洪的个体户进行罚款，并重新明确了可弃渣地段，保障了汛期河道畅通。《关于提高经营管理者商品经营意识和管理水平》的提案，区乡镇企业经济委员会对此案做了认真研究，并在较短的时间内做出了两条决定：(1) 要把提高经营者的管理水平和商品经营意识的工作列为本部门一项中心任务去完成；(2) 计划1990年培训3180人次。其中管理干部200人，财会人员450人，计统人员130人，技术人员1100人，建材行业人员450人。对培训考核合格的人员，发给合格证或给予职称证书。

政协北京市房山区第二届委员会

副主席容桂英作二届区政协提案工作报告

房山区二届政协共收到提案341件。工交经贸类121件，城建生活类120件，文教卫生类55件，社会法制类31件，其他类14件。立案278件，转建议63件。

提案内容围绕经济建设以及群众普遍关心而又难以解决的问题，注重协调与中央市属厂矿单位关系、促进交流、共同发展等方面。

关于《进一步加强与中央市属企业的联系，促进房山地区经济发展》的提案，引起了区委研究室、区政府经协办、区人事局等部门的重视，采纳了有关意见，并报区委区政府作为制定政策的重要参考。针对《东沙河垃圾成山，堵塞河道》《房山城关外垃圾成灾，污染环境，危及人民生活》的提案，区环卫局专门召开局务会研究解决办法，在铁道部十八局、北京燕山石化集团公司等单位支持下，共清运垃圾2500吨，受到居民好评。针对《给房山三小学生开一条上学路》的提案，区建委与区规划局、工商局等部门合作，在修建永安批发市场的同时，修建完成了从京周路通往房山三小的柏油路。

政协北京市房山区第三届委员会

房山区三届政协共收到提案478件。立案287件：工交城建类67件，文教卫体类80件，政法类32件，群众生活类28件，商贸类22件，其他类58件。转建议184件，来信处理7件。

提案内容围绕全区改革和经济发展、政治和社会生活等各个方面，为党委政府科学决策提供了依据，反映群众关注的重点、难点问题，对全区及主管部门的工作起到了有效的民主监督作用，政

办公室主任唐荣作三届区政协提案工作报告

法类提案对于化解矛盾，维护社会稳定，加强民主与法治建设发挥了积极作用。

《关于铁华酒楼噪音扰民的提案》，区环保局先后8次实地监测、座谈，噪音扰民问题得到了妥善解决，附近居住的30多户群众委托提案人感谢政府和主管部门对群众生活的关心。1997年，原子能研究院地下输水管道被挖开，导致原子能反应堆和加速器被迫停止试验。《严格执法，禁止损坏输水管道》的提案，作为紧急提案报区领导后，第二天，即批复市政管委和坨里镇速办，使问题得到及时解决。《关于扩建东庄子路段，彻底解决该路段堵塞问题》《关于解决万宁小区私搭乱建问题》《关于彻底解决房山城关镇地区饮水难的问题》等提案，区政府及主管部门纳入政府决策，使问题得到圆满解决。

政协北京市房山区第四届委员会

房山区四届政协共收到提案1065件。立案735件：政协统战类142件，政法类117件，市政类112件，建设类97件，经贸类83件，文化宣传类24件，卫生体育类46件，人事福利类19件，环保类35件，科教类33件，农林类15件，民族宗教类12件。转建议327件，来信处理3件。

四届区政协提案办理工作座谈会

提案内容突出以经济建设为中心，结合房山区"十五"计划的制定和实施，加入世贸组织面临的机遇与挑战和北京举办 2008 年奥运会的新形势，紧紧围绕全区经济、政治体制改革和社会发展等重大问题提出真知灼见；对市政、交通等基础设施建设与管理，环境污染的控制与治理等诸多问题给予关注；针对建立和完善社会保障制度、低收入群众和农民的就业，教育制度改革和文化产业发展以及政府体制改革和党风廉政建设等群众关心的重大问题提出意见和建议。

《关于尽快治理房山城关西护城河的提案》，由区计划委牵头，区市政管委、区水利局、区规划局、城关办事处组织现场办案，清理河道近 2000 米，确保了汛期防洪安全。《关于房山城关南北大街改造的提案》，城关办事处高度重视，列为年度重点工作，并组织有关部门进行勘测、规划、论证、协调等工作，南大街改造工程顺利进行。《建议良乡体育场路设立大、中型货车禁行标志的提案》，交通支队在办理的同时，对良乡卫星城的交通情况进行调研，进行总体规划，在良乡拱辰南北大街、良乡政通路等 7 条线路，对车辆采取限行措施。《关于整修良乡二中门前道路的提案》，区市政管委多次召开协调会，在资金不到位的情况下，于当年 8 月中旬完成了良乡二中路的改造任务，缓解了该路段交通拥挤状况。

政协北京市房山区第五届委员会

房山区五届政协共收到提案 703 件。立案 627 件：城建类 231 件，教文卫体类 131 件，社会法制类 120 件，经济科技类 89 件，"三农"类 56 件。转建议 76 件。

提案围绕区委区政府中心工作，针对"十一五"规划实施、新农村建设、房山新城定位、城市管理、工业强区、"三农"问题、文教卫生以及广大群众最关心、最直接、最现实的利益问题提出意见建议。

2004 年，为了落实大气环境污染治理方面的提案，提案委将建议综合整理 6 条意见报区政府，区环保局和有关部门参照委员提出的意见拟定了近期目标与长远目标相结合，标本兼治的工作方案，积极开展治理工作，截至 2005 年 11 月 21 日，二级和好于二级的天数达到 157 天，同比增加 45 天，提高了 13.6 个百分点。2005 年，《关于治理华尔森啤酒厂排放污水的提案》引起区政府的高度重视，主管副区长主持召开有关部门参加的协调会，制定了综合治理、分期实施、先治源头的方案，投资580 万元对污水进行治理，对河道进行了清淤。《关于燕山居民收看有线电视台节目的建议》是多年燕山地区委员的共同提案，被列为重点提案后，区政协领导和提案委员多次深入燕山办事处、北京燕山石化集团公司广电中心和歌华公司了解情况，通过沟通协商，使有线电视走进了燕山。

政协北京市房山区第六届委员会

房山区六届政协共收到提案 1580 件。立案 1245 件：城建类 525 件，教文卫体类 202 件，社会法制类 178 件，"三农"类 176 件，经济科技类 164 件。转建议 335 件。

提案内容围绕"三化两区"战略的实施，在推进现代生态休闲新城建设；加快城市化进程，完善基础设施，提高群众生活满意度；促进城乡统筹，推进农村经济社会发展；改善民生，解决群众关注的文化、教育、卫生等各项社会事业的发展等提出意见和建议。

常务副主席高维魁作六届区政协提案工作报告

副主席周文海作六届区政协提案工作报告

针对《关于尽快解决西潞园社区通邮难的建议》的提案，及时与承办单位和提案人进行沟通，使通邮设施安装工程得以实施，解决了社区居民呼吁多年的老大难问题。2007年，区劳动和社会保障局参考《关于解决矿山关闭后农民就业问题的提案》，出台了《招用关闭矿山地区农村劳动力的岗位补贴办法》。2008年，《关于改造我区老旧社区的建议》的提案。区政府投资3600万元，在11个老旧小区实施了道路修缮、绿化补建、屋顶防水、天然气入户等综合改造工程。2009年，《关于解决昊天学校进出道路的建议》的提案得到区政府的高度重视。昊天学校自2004年投入使用以来，进出学校的道路一直坑洼不平，雨天泥泞不堪，晴天尘土飞扬，给师生出行带来极大不便。主管市政和教育的副区长多次召开协调会和现场会，区政府投资600多万元用于道路施工，使该路段于9月1日开学前完成全部工程，困扰学校多年的难题得到解决。《关于加强公办幼儿园建设的提案》列为主席、副主席督办的重点提案。区教委结合全区人口分布的实际情况，以房良两地为重点，投入资金3036万元，新建和改扩建14所公办园，有效缓解了公办幼儿园短缺问题。针对我区关闭煤矿和非煤矿山后，山区替代产业发展问题，委员们通过走访蜂农，与有关部门座谈、调研，形成了《关于扶持养蜂业发展的建议》，并在区政协六届六次会议上作了专题发言，引起了有关部门的关注。此建议形成专委会提案后，得到了区政府的重视和支持，在政策和资金上大力支持蜂产业发展。2011年拨付资金541万元，用于为山区蜂农购买养蜂器具、开展养蜂技能培训、建立中华蜂保护区等。累计为蜂农无偿提供蜂具5000套，新扩繁蜂群10000群，安置农村富余劳动力500人。

政协北京市房山区第七届委员会

房山区七届政协共收到提案785件。立案684件：其中城建类提案316件，教文卫体类提案102件，三农类提案84件，社会法制类提案90件，经科类提案92件。转建议等101件。

提案内容围绕"一区一城"新房山建设，关注民生大事，为构建和谐房山、经济社会协调发展建言献策。在适应新常态，加快全区产业转型；推进构建法治政府，全面深化改革；生态文明建设，加快打造生态宜居示范区；提升创新驱动水平，加快培育战略性新兴产业和现代服务业；推动新型

副主席任振秋作七届区政协提案工作报告

城镇化建设，提升城市管理和服务水平；增进全区人民福祉，保障和改善民生等方面提出意见建议。

在2011年投入540万元的基础上，2012年区财政又投入500余万元扶持蜂产业的发展。2013年，委员们又提出《打造养蜂强区的提案》为山区产业转型建言献策，区财政投入500余万元扶持重点产业项目，使养蜂产业各项发展指标达到历史最好水平。为改善大石河两岸生态环境，促进山区产业转型及发展，委员提出了《关于大石河河道治理的建议》，被列为区政协领导牵头督办的重点提案。同时，大石河治理得到市有关部门领导的重视，被列入《北京市"十二五"拟治理中小河流计划》。2012年，区政府加大力度，投资4.6亿元启动了大石河环境治理工程。在专委会开展"市区政协委员山区光明行"活动基础上，委员提出了《进一步深化防盲治盲工作的提案》。2013年，区卫生局组织全区各级医院联合社区卫生服务中心启动了防盲和低视力患者筛查、诊断及手术工作，完成白内障复明手术200例，使全区防盲治盲工作又取得了新的进展。

第二节 重点提案督办

房山历届政协高度重视提案办理工作实效，通过不同形式加大提案办理力度，采取对重点提案进行跟踪检查重点办理，如《关于良乡卫星城开发建设的建议》《关于旅游开发的建议》《关于万宁小区私搭乱建问题提案》《关于大韩继村水源污染问题的提案》《关于加强环保意识，禁止焚烧秸秆的建议》等提案进行重点办理。四届区政协制定了《房山区政协关于主席、副主席、秘书长检查、监督提案工作办理的暂行办法》。2005年，五届政协修订了《政协北京市房山区委员会关于检查监督提案工作的办法》，逐步形成了每年由主席、副主席督办重点提案的工作模式。

2005年10件重点提案

1.《关于我区实行农村富余劳动力动态管理的建议》
提案人：李晓云
2.《关于小公共汽车规范管理的建议》
提案人：张玉
3.《关于弘扬龙乡文化的几点建议》
提案人：学习委员会
4.《关于加快房山新城（良乡）标志性建设的建议》

提案人：民盟房山支部

5.《关于解决燕山地区居民收看北京有线电视台及房山区电视台节目的建议》

提案人：景方红

6.《关于尽快解决隆曦园小区交通不便，居民出行困难的建议》

提案人：高建荣

7.《关于治理华尔森啤酒厂的排放污水的建议》

提案人：安黎明

8.《关于我区失地农民的社会保障问题的建议》

提案人：民革房山支部

9.《关于建设房山城关体育健身中心的建议》

提案人：王继会

10.《关于建立健全非公经济服务体系的建议》

提案人：工商联

2006年8件重点提案

1.《关于京周公路良乡至房山城关段安装路灯的建议》

提案人：王继会

2.《关于治理农村生活垃圾的建议》

提案人：民盟房山支部

3.《关于新农村建设要重视规划的建议》

提案人：九三学社房山支社

4.《关于我区食用菌产业发展的建议》

提案人：农村委员会

5.《关于规范社区物业管理的建议》

提案人：张玉

6.《关于合理设置良乡城内商场学校医院门前道路隔离栏的建议》

提案人：安春祥

7.《关于加强农村文化基础设施建设的建议》

提案人：民革房山支部

8.《关于提高农村贫困残疾人社会保障标准的建议》

提案人：残联

2007年8件重点提案

1.《关于规范社区物业管理的建议》

提案人：刘森源

范文彦主席督办重点提案办理情况

2.《关于加快完善我区农村医疗卫生体系的建议》
提案人：卫生界别小组
3.《关于解决新农村建设中农村污水治理问题的建议》
提案人：孙爱华
4.《关于加强小区物技防建设的建议》
提案人：柏林
5.《关于取缔农村"黑网吧"的建议》
提案人：民建房山支部
6.《关于申请设立民主党派办公室的建议》
提案人：九三学社房山支社
7.《关于加强农民参与新农村建设规划制定工作的建议》
提案人：民盟房山支部
8.《关于坚持规划先行推进新农村建设的建议》
提案人：九三学社房山支社

2008年7件重点提案

1.《关于建立房山区农民职业技能培训基地的建议》
提案人：民盟房山支部
2.《关于变更拱辰街道名称的建议》

提案人：李永林、胡广霞、张桂立、邱玉珊、顾梦红、张海波、李晓云、李长雨、孙海潮、史甫臣、王寂、李刚

3.《关于加快推进市公交线路进燕山的建议》

提案人：王义华、王宝盛、王普全、黄新卫、饶明彦、王玥玮、苏一凡、于彩宏、于国柱、张力峰、徐淑霞、刘娜、高明、姜森、张宇、徐瑛、翟东、廖辉、黄伟

4.《关于大力发展我区文化创意产业的建议》

提案人：民建房山支部

5.《关于规范管理清真食品网点的建议》

提案人：丁玉田、胡广霞、丁长海、刘海、马平绣、宛玉霞

6.《关于加大我区公共交通管理力度的建议》

提案人：刘宏蔚、张海波、晋国常、于淑云、刘娜

7.《关于改造我区老旧社区的建议》

提案人：民进房山支部

2009年6件重点提案

1.《关于加强设施农业建设和管理工作的建议》
提案人：民盟房山支部　承办单位：设施办

2.《关于开通燕山至良乡公交专线的建议》
提案人：政协燕山活动组　承办单位：交通局

3.《关于解决房山区中小企业融资难的建议》
提案人：工商联　承办单位：工业局

4.《关于进一步强化房山区社区卫生服务的建议》
提案人：教文卫体委员会　承办单位：卫生局

5.《关于整合旅游资源，推动我区经济发展的建议》
提案人：崔爱军　承办单位：旅游局

6.《关于创建国家卫生区长效管理机制的建议》
提案人：王宝盛　承办单位：市政管委

2010年6件重点提案

1.《关于整合全区旅游资源规范旅游秩序的建议》
提案人：陈少林　承办单位：旅游局

2.《关于改善区第一医院医疗环境的建议》
提案人：王剑、高维魁、王英开、赵伟、崔广田、谢秀英、王利荣、石福、王艳芳、李芳玲
承办单位：卫生局

3.《关于治理良乡地区交通环境的建议》

提案人：李建国　承办单位：交通支队、市政管委

4.《关于促进农村失地农民就业的建议》

提案人：胡广霞　承办单位：人力社保局

5.《关于加强房良两地公办幼儿园建设的建议》

提案人：陈晓燕　承办单位：教委

6.《关于加强老旧小区基础设施建设，改善居民生活环境的建议》

提案人：顾梦红、于腊梅、张志宏、安春祥、雷和、张士英、刘少宾、孙伯山

承办单位：城关办事处

2011年7件重点提案

1.《关于全面加快中国房山世界地质公园建设进程的建议》

提案人：民革房山总支　承办单位：旅游局

2.《关于扶持养蜂业发展的建议》

提案人：农村工作委员会　承办单位：园林绿化局

3.《关于统筹规划沟域经济发展的建议》

提案人：刘长安、薛春连　承办单位：农委主办，发改委会办

4.《关于房山新城良乡组团交通疏堵的建议》

提案人：城建环保委员会　承办单位：市政市容委主办，交通支队、规划分局、交通局会办

5.《关于积极推进社区养老的建议》

提案人：张磊、曹志红、阚立英、金英华、王喜艳、金永男、马向丽、曲肃

承办单位：民政局

6.《关于加强我区就业服务体系建设的建议》

提案人：社会法制与民族宗教委员会　承办单位：人力社保局主办，编办、财政局会办

7.《关于建立大学生就业安置路径的建议》

提案人：社会法制与民族宗教委会　承办单位：组织部

2012年7件重点提案

1.《关于治理大石河河道的建议》

提案人：彭立新、肖武、刘琼、包轶文、曲肃　承办单位：水务局

2.《关于开展蜂蜜及蜜蜂产品深加工的建议》

提案人：赵智超、于建明、王朝军、吴秀芬、丁长海等　承办单位：园林绿化局

3.《关于抓好我区职成教育的建议》

提案人：刘清生　承办单位：成教中心

4.《关于我区老旧小区天然气入户全覆盖的建议》

提案人：刘亚军　承办单位：燃气中心

唐淑荣主席督办重点提案办理情况

5.《关于进一步加强食品安全监管，保障食品安全的建议》
提案人：张东梅、李东林、靳红利、王德军　　承办单位：工商分局
6.《关于加强发展中药种植产业的建议》
提案人：张海滨　　承办单位：种植中心
7.《关于对农村、社区健身器材进行维修、更新的建议》
提案人：于腊梅、张振江、欧阳国欣　　承办单位：体育局

2013年7件重点提案

1.《关于加快房山区社会福利中心建设的建议》
提案人：社法委　　承办单位：民政局
2.《关于发挥资源优势，打造养蜂产业强区的建议》
提案人：马连杰　　承办单位：园林绿化局
3.《关于进一步深化"防盲治盲"工作的建议》
提案人：民进房山支部　　承办单位：卫生局
4.《关于传统企业利用自身产业优势转型升级的建议》
提案人：李磊　　承办单位：经信委主办，发改委会办
5.《关于加快山区搬迁进度，确保山区人民群众生命和财产安全的建议》
提案人：李泽田　　承办单位：人口迁移办、住建委

6.《关于加大投入力度，建设改造农村排水系统的建议》

提案人：丁长海　　承办单位：水务局

7.《关于进一步提升房山区信息化水平，建设智慧房山的建议》

提案人：李昌俊　　承办单位：信息中心主办，文委、广电中心、交通支队会办

2014年7件重点提案

1.《关于山区转型发展的建议》

提案人：民革房山总支　　承办单位：发改委

2.《关于加强房山区湿地资源保护工作的建议》

提案人：张君秀　　承办单位：园林绿化局主办，发改委、财政局、水务局、规划分局会办

3.《关于加强房山区慢性病防控的建议》

提案人：郭艳梅　　承办单位：卫生局主办，体育局、广电中心会办

4.《关于缓解房山城内交通压力的建议》

提案人：秦美荣　　承办单位：交通局、交通支队

5.《关于加强对拆迁户管理的建议》

提案人：民建房山支部　　承办单位：人力社保局、经管站

6.《关于治理空气污染的建议》

提案人：刘宏蔚　　承办单位：环保局主办，市政市容委会办

7.《关于巩固国家卫生区成果的建议》

提案人：肖武、包轶文、刘琼、彭立新、曲肃　　承办单位：市政市容委主办，阎村镇、青龙湖镇、新镇会办

2015年7件重点提案

1.《关于社区服务与管理工作应引起政府高度重视的建议》

提案人：民革房山总支　　承办单位：社会工委

2.《关于提升我区农产品质量安全成果的建议》

提案人：马连杰　　承办单位：农业局

3.《关于进一步加快城关中心区棚户区改造步伐的建议》

提案人：于腊梅　　承办单位：住建委主办，规划分局、国土分局会办

4.《关于优化公交线路设置，打造房山公交升级版的建议》

提案人：柴林峰　　承办单位：交通局

5.《关于养老产业健康发展的建议》

提案人：民建房山总支　　承办单位：民政局主办，财政局、规划分局、国土分局会办

6.《关于改善农村就医难的建议》

提案人：秦美荣　　承办单位：卫计委

7.《关于加强我区传统文化古村落保护的建议》

提案人：学习文史委、教文卫体委　　承办单位：文委

第三节 提案表彰

1995年，房山区三届政协印发了《政协房山区第三届委员会关于在政协委员中开展调查研究、提案和建议案评选活动》。1999年，制定了《房山区政协关于评选表彰优秀提案的试行办法》，在此基础上，2004年制定了《政协北京市房山区委员会关于评选表彰优秀提案的试行办法》，对提案的评选表彰逐步形成了制度化。期间，房山区六届政协在2011年选取本届10件优秀提案进行了"十佳"提案表彰。

1995年度8件优秀提案

1.《关于修建东庄子村公路的建议》

提案人：陈华中

2.《坚决反对基层单位统计报表浮夸风》

提案人：窦长富

3.《建议区政府解决民主党派活动室》

提案人：姜之杰

4.《加强治安综合治理，开展流动奖杯竞赛》

提案人：苏惠曾

5.《关于加强良乡卫星城开发建设，促进房山经济发展的建议》

提案人：戴富

6.《应对政协女委员进行一次'95世妇会知识的培训》

提案人：沙秀英

7.《关于加强民族宗教工作的建议》

提案人：沙淑芬

8.《改善迎风四里经营面貌，树立国营企业形象》

提案人：韩俊洁

1996年度9件优秀提案

1.《高家坡居民小区环境整治问题》

提案人：肖淑婷、赵淑玲

2.《南斜街口内应建每日清运的垃圾站》

提案人：宋湘

3.《良乡地区应加强用水管理》

提案人：李树昌

4.《保护学生眼睛，防止近视，势在必行》

提案人：梁翠英

5.《良乡体育场路环境卫生综合治理的几点意见》

提案人：贡麟、韩宗喆、赵润东

6.《实行打假，整顿行风》

提案人：陈华中

7.《关于解决周口店路口至胜利桥之间的公共交通问题》

提案人：蔡炳溪

8.《建议召开"房山区成教系统德育教育研讨会"》

提案人：姜之杰

9.《关于铁路市郊车撤销后，影响沿线群众交通问题》

提案人：宗志简

1997年度10件优秀提案

1.《关于贯彻落实十四届六中全会精神，建议宣传向阳小学的经验》

提案人：民进房山支部

2.《铁华酒楼，噪音扰民》

提案人：王梦麟

3.《关于理顺北京市国营农场管理体制的提案》

提案人：黄家骥

4.《关于我区城镇街道卫生及垃圾处理的意见》

提案人：刘仲琴

5.《关于加强燕房合作，搞好特殊教育案》

提案人：白秀兰、李惠英、佟松柏

6.《关于解决楼房居民日常生活用水问题》

提案人：陈万金

7.《加强精神文明建设，彻底改变燕山向阳农贸市场内外面貌》

提案人：韩俊洁

8.《关于城镇地区"窗口单位"在四大节日期间应挂国旗、亮彩灯的提案》

提案人：李瑞祥

9.《设立村镇标识，拓展房山英姿》

提案人：蔡炳溪

10.《严格执法，禁止损坏输水管道》

提案人：陈华中

1999年度18件优秀提案

1.《关于大力开发房山旅游资源的建议》

提案人：高凤芝

2.《关于改扩建良乡幼儿园的建议》

提案人：胡淑苹

3.《建议加快良乡卫星城新水源地的开发与建设工作》

提案人：张建国

4.《建议扩建岳李路》

提案人：佟海山

5.《关于开发利用废窑坑的建议》

提案人：何法章

6.《关于加强学习，提高四届政协新委员参政议政素质和能力的建议》

提案人：林义

7.《关于加强环保意识，禁止焚烧麦秸的建议》

提案人：刘素媛

8.《良乡体育场路应得到整治》

提案人：韩世明

9.《为富民工程献策，发展药材生产》

提案人：高金宝

10.《关于将良乡建成房山公路网络交通中心的客运中心的建议》

提案人：民革房山支部

11.《关于合作建立房山区液化气罐装（换罐）网点的建议》

提案人：贲麟

12.《关于尽快治理房山城关西护城河的建议》

提案人：顾梦红

13.《关于继续巩固禁放烟花爆竹成果的建议》

提案人：肖武、李晓云、杨秀兰

14.《加强美容美发厅管理，促进精神文明建设》

提案人：陶树芬、刘素媛、李晓云

15.《彻底治理公共卫生，树立本区良好形象》

提案人：民建房山支部

16.《各级党政领导干部，特别是新上任的年轻领导干部要加强统战政策的学习》

提案人：九三学社房山支社

17.《把非公有制经济纳入全区计划的盘子》

提案人：李泽民

18.《关于清除仿真枪支市场的问题》

提案人：常福林、毕彩虹

2000 年度 15 件优秀提案

1.《关于加强良乡卫星城环境保护工作的提案》
提案人：戴富
2.《关于建议区委、区政府高度重视良乡经济圈开发建设的提案》
提案人：宋云峰等
3.《建议村支书试行异地委任制的提案》
提案人：曹文峰
4.《关于加强中考改革招生录取工作监督力度的提案》
提案人：民进房山支部
5.《关于进一步落实乡镇计划生育管理机构和人员的提案》
提案人：马铁松
6.《关于企业退休党员应归属地方党组织管理的提案》
提案人：高凤芝
7.《关于燕化星城应有邮政设施的提案》
提案人：刘素媛等
8.《加强对房山城关农林路综合治理的提案》
提案人：芦田
9.《关于彻底减轻小学生课业负担的提案》
提案人：刘静
10.《关于区内旅游景点形象产品的开发的提案》
提案人：民建房山支部
11.《关于整顿京保路良乡纸坊段交通秩序的提案》
提案人：民革房山支部
12.《关于对经济效益好的企业加快实施现代企业制度的提案》
提案人：潘宝斌
13.《关于金融部门方便新镇地区干部职工购房储蓄存款的提案》
提案人：陈华中
14.《建议加大良乡医院建设投资力度的提案》
提案人：梁缨等
15.《关于加强集贸市场管理的提案》
提案人：民盟房山支部

2001 年度 25 件优秀提案

1.《关于进一步支持"北京儿童康复中心"工作的提案》
提案人：民革房山支部
2.《采取措施，加快农业科技队伍建设》
提案人：九三学社房山支社
3.《关于在行宫小区设立邮政所的建议》
提案人：容桂英
4.《关于加大力度，在全区建筑业推广使用新型墙体建材的建议》
提案人：民进房山支部
5.《关于整修良乡体育场路的建议》
提案人：民盟房山支部
6.《关于加强私营经济管理的几点建议》
提案人：李泽民
7.《关于房良地区的交通管理问题》
提案人：戴富
8.《建议加快治理刺猬河》
提案人：于洪友
9.《建议解决燕房卫星城和良乡卫星城主要街道街市不分的问题》
提案人：芦田
10.《建议交路口设人行横道线或警示路标》
提案人：常爱英
11.《建议充分开发利用良乡地热资源》
提案人：王岗
12.《建议关闭旅游沿线煤厂、灰厂》
提案人：陈华中、潘龄鹤、肖武
13.《加大网站建设力度，实现现代化管理》
提案人：陈华中、潘龄鹤
14.《建议加强房山区西部开发战略的调研和探讨》
提案人：贲麟、王宝盛、韩宗喆、王岗
15.《关于利用北京市调整工业布局的机遇，发展我区工业建设的建议》
提案人：王义华、李晓云、杨桂珠
16.《尽快解决星城路口上下班堵车问题》
提案人：刘素媛、李红伟、白秀兰
17.《建议加大我区食品卫生监管力度》
提案人：胡立华、于淑云
18.《房山城关南北大街环境亟须治理》

提案人：王梦麟

19．《建议加强劳务市场管理》

提案人：梁凤兰、陶树芬

20．《建议增建、改造良乡卫星城公厕》

提案人：刘长河

21．《关于解决良乡医院路交通阻塞问题》

提案人：游来柱、王晓芝

22．《维护稳定，加强防范，从基础建设入手》

提案人：常福林

23．《关于确保区域资源长期可持续发展亟待解决的问题》

提案人：王宝盛、贡麟、于国柱

24．《关于对周口店猿人遗址加强管理和开发的提案》

提案人：高凤芝

25．《关于加强市政工程质量监督的建议》

提案人：民建房山支部

2002年度25件优秀提案

1．《进一步加强对良乡整体的综合治理》

提案人：九三学社房山支社

2．《充分利用中央、市属单位下岗的高级技工以充实我区企业技工队伍》

提案人：九三学社房山支社

3．《采取措施，进一步加快非公经济发展》

提案人：九三学社房山支社

4．《关于大力发展山区农业经济的提案》

提案人：民革房山支部

5．《尽快落实政府职能，为企业入世发展提供保障》

提案人：民建房山支部

6．《建议对我区中小学生开展爱祖国、爱家乡的教育》

提案人：民盟燕化支部

7．《关于在良乡建少年宫的建议》

提案人：民盟房山支部

8．《关于贯彻落实公民道德建设实施纲要的提案》

提案人：民进房山支部

9．《关于保护十渡自然景观的几点建议》

提案人：民革房山支部

10．《加速拱辰大街的建设》

提案人：戴富

11.《房山应尽快建立现代化的垃圾处理站》
提案人：陈华中、潘龄鹤、肖武

12.《建议在良乡建立规范的汽车客运站，方便百姓出行》
提案人：于洪友

13.《在房山城关及其他旅游景点禁止随意立碑建坟》
提案人：芦田

14.《建议加强对外地来房人员典型的宣传》
提案人：颜景河、王书樵

15.《恢复供销合作社的地位，充分发挥供销社在发展农村经济中的作用》
提案人：王国亮

16.《关于完善社区基本职能，增加就业岗位的建议》
提案人：王宝盛

17.《加强社会治安管理，创立良好投资环境》
提案人：常福林、韩宗喆

18.《尽快解决大董村路口行人过路难的问题》
提案人：刘素媛、白秀兰、肖武、杨静萍

19.《关于完善我区人才招聘政策的建议》
提案人：郭中华

20、《以入世为契机，加大企业转制力度，实现税收新突破》
提案人：杨秀兰、陶士先、方桂敏

21.《尽快解决小区居民报刊投递问题》
提案人：杜瑛

22.《建议府前广场进行功能性、实用性改造》
提案人：曹文峰

23.《建议撤乡并镇与整合旅游资源有机结合》
提案人：王晓芝

24.《加强对燕房地区农贸市场蔬菜、肉、海产品的质量监管》
提案人：高家宜、陶士先、夏雪松

25.《昊天大街交通事故频发，建议区委区政府尽快采取措施为民解忧》
提案人：万金峰、郭香福、韩世明

2003年度28件优秀提案

1.《关于良乡医院亟待解决征地拆迁问题》
提案人：民革房山支部

2.《关于房山殡仪馆合理化收费案》

提案人：民革房山支部

3.《尽快搞好良乡经济技术开发区二期工程的"七通一平"工作》

提案人：九三学社房山支社

4.《完善技师、高级技师的考评制度，加快技工队伍的培育》

提案人：九三学社房山支社

5.《有效整合本区资源，打造超级航母，推动区域经济跨越新台阶》

提案人：黄埔同学会房山联络组、九三燕化支社、民盟燕化支部、民建房山支部

6.《关于在燕山、房山、良乡等繁华地区建立报纸宣传栏的建议》

提案人：民盟燕化支部

7.《建议整顿法律服务市场》

提案人：民盟房山支部

8.《燕山地区竞技体育滑坡应给予重视与关注》

提案人：农工房山支部

9.《关于加强我区民主党派基层组织档案管理工作的建议》

提案人：马志宏、刘永成、唐荣

10.《加大市场管理力度，让老百姓吃上放心健康食品》

提案人：芦田

11.《加强投资指导，促进经济发展》

提案人：陈华中、潘龄鹤、肖武

12.《利用本区优势，大力发展有机合成材料深加工企业》

提案人：王宝盛、王贵、贡麟、林义、赵红燕

13.《加快小区规范化管理步伐，完善小区服务管理体系》

提案人：王宝盛、赵红燕、贡麟、韩宗喆

14.《关于整顿家教市场的建议》

提案人：顾梦红

15.《面向2008年奥运会，借机发展我区体育事业，强民富国》

提案人：常福林、李晓云、顾梦红、贡麟

16.《规划建设停车场，禁止车辆乱停乱放》

提案人：杨文淑、杨锡伟、张福金、韩秀琴、霍忠、张文战、张建国、吴建文、肖春明、杨文常

17.《推进我区城镇进程化，必须解决农民就业问题》

提案人：霍忠、杨锡伟、张福金、韩秀琴、张文战、张建国、吴建文、肖春明、杨文常、常爱英、张明德、何法章、丁玉田、李永林、唐金玲、彭清泉、孔凡生、佟海山

18.《重点抓好非公经济建设，全面提升非公企业的发展速度》

提案人：王国亮

19.《关于切实抓好失业（下岗、买断）人员管理工作的建议》

提案人：赵淑艳

20.《扩建良乡医院，满足人民群众日益增长的医疗需求》

提案人：胡卫民、梁缨、马志业

21．《关于落实民族政策，培养和选拔少数民族干部的建议》

提案人：刘建平、沙秀英、刘凤祥、丁亚军

22．《关于加强对宗教管理的提案》

提案人：沙淑芬、刘凤祥、丁亚军、沙志云、刘建平、沙秀英

23．《解决良乡卫星城生产、生活及环境用水迫在眉睫》

提案人：霍忠、杨锡伟、张福金、韩秀琴、张文战、吴建文、肖春明、杨文常、张明德、何法章、丁玉田、李永林、唐金玲、孔凡生、佟海山

24．《加大环境整治力度，打造两个卫星城整体现象》

提案人：方桂敏、于金兰、杨秀兰

25．《借北京举办奥运会之机，加大我区文化遗产保护及特色景点开发的力度》

提案人：刘素媛、宫丽清、杨桂珠

26．《农业经济结构调整，急需各级政府和有关部门给予市场信息和技术指导》

提案人：高金宝、赵淑仪

27．《加强对拱辰大街良乡医院十字路口交通秩序管理》

提案人：马淑芳

28．《关于建设计算机局域网及政府信息网要符合有关法规，防止重复投资问题》

提案人：隗永敏

2004年度10件优秀提案

1．《关于进一步加强我区特约监督员工作的建议》

提案人：民革房山支部

2．《农村实行费改税后，要采取有力措施，保证贫困村小学的办学经费问题》

提案人：九三学社房山支社

3．《改善大气环境质量刻不容缓》

提案人：民进房山支部

4．《中国核工业北京401医院应列入农村基本医疗保险定点医院》

提案人：肖武、陈华中、杨启法

5．《抓住机遇切实搞好"燕房合作"，开创区域经济发展的新局面》

提案人：王宝盛、李泽民、郑铁汉、李红伟、黄卫红、刘素媛

6．《关于要重视城镇弱势居民医疗保障问题的提案》

提案人：顾梦红

7．《开发地下停车场，以提高住宅小区的功能空间，合理利用有限土地》

提案人：孙志强、王晓芝

8．《关于在良乡地区实施自来水、污水和天然气网络建设的提案》

提案人：郭忠华

9.《关于规范房山油品危险品市场的建议》

提案人：李景森、董华、郭少将、马全福、沙秀英、杨进则、李永林、赵洪兰、赵伟、李克建、张志宏、李晓云、王雪梅、张海波、王宝盛、刘素媛、常福林、卢宁

10.《尽快解决在房山聚源商场处十字路口堵塞问题》

提案人：孔凡生

2005年度20件优秀提案

1.《关于我区失地农民社会保障问题的建议》

提案人：民革房山支部

2.《关于加快房山新城（良乡）标志性建设的建议》

提案人：民盟房山支部

3.《关于我区资源型产业升级改造及转型的建议》

提案人：民进房山支部

4.《关于建立健全非公经济服务体系的建议》

提案人：工商联

5.《关于弘扬龙乡文化的几点建议》

提案人：学习委员会

6.《关于治理华尔森啤酒厂排放污水的建议》

提案人：安黎明

7.《关于我区实行农村富余劳动力动态管理的建议》

提案人：李晓云、卢宁、张海波

8.《关于解决燕山地区居民收看北京有线电视台及房山区电视台节目的建议》

提案人：景方红、金洪生、柴海泉、丁亚军、赵红燕、王荆生、童晓红、陈忠华、曹文峰、王莉、苏一凡、黄卫红、刘杰、刘素媛、王普全、于国柱

9.《关于尽快解决隆曦园小区交通不便，居民出行困难的建议》

提案人：高建荣

10.《关于建设房山城关体育健身中心的建议》

提案人：王继会、李泽民、张世珍、方桂敏、隗永贤、孙爱华、张士英、彭清泉、王建一、郑玉坡、王雅薇、孔凡生、顾梦红、安春祥、张志宏、刘少宾、吕迎春

11.《关于小公共汽车规范管理的建议》

提案人：张玉、吴建文、彭清泉、赵伟、马万路、刘宝新、孔凡生、丁玉田、黄卫红、何忠荣、刘杰、苏一凡

12.《关于进一步调整道路规划完善城市道路的建议》

提案人：郭忠华

13.《关于加大社区卫生服务投入的建议》

提案人：郭艳梅

14.《关于解决昊天大街照明问题的建议》

提案人：郭香福

15.《关于成立房山区大开发区管理委员会的建议》

提案人：蒋小钢、杨启法、向章羚、马向丽、耿春奉、万金峰

16.《关于规范整顿行宫小区东侧农贸市场的建议》

提案人：祁新会、高建荣、卢威燕、王雪梅、王雅薇、李爱芹、卢景辉、肖凤云

17.《关于进一步完善我区农民培训工作的扶持政策及配套措施的建议》

提案人：相志洪、李晓云、卢宁、张海波

18.《关于加快平原地区贫困村镇有线电视覆盖面的建议》

提案人：薛俊山、肖春明

19.《关于更新燕山地区道路标志标线的建议》

提案人：于淑云、张昱、王义华、张海波、刘宝新

20.《关于尽快解决永兴楼至隆曦园道路不畅，危及行人安全的建议》

提案人：李刚、金永男、顾梦红、张海波、史甫臣、王永军、常福林

2006年度21件优秀提案

1.《关于加强农村文化基础设施建设的建议》

提案人：民革房山支部

2.《关于治理农村生活垃圾的建议》

提案人：民盟房山支部

3.《关于新农村建设必须重视规划的几点建议》

提案人：九三学社房山支社

4.《关于提高农村贫困残疾人社会保障标准的建议》

提案人：残联

5.《关于促进我区食用菌产业健康发展的建议》

提案人：农村委员会

6.《关于京周公路良乡至房山城关段安装路灯的建议》

提案人：王继会、李泽民、张志宏、孔凡生、张世珍、方桂敏、隗永贤、孙爱华、张士英、彭清泉、王建一、郑玉坡、罗永红、安春祥、吕迎春、宋秀兰、李克建、郭志平、孙伯山、王桂荣、段静文、薛宝华、赵伟、秦康、隗永敏、曲肃

7.《关于规范社区物业管理的建议》

提案人：张玉、丁玉田、刘宝新、肖凤云、丁亚军、王振华、孔凡生

8.《关于合理设置良乡城内商场学校医院门前道路隔栏的建议》

提案人：安春祥、董华、卢景辉、李景森

9.《关于公费医疗改革的建议》

提案人：农工房山总支

区政协五届三次会议对优秀提案进行表彰

10.《关于解决我区私营中小企业发展瓶颈——融资难问题的建议》

提案人：工商联

11.《关于做好区政府网站和网络分站点管理的建议》

提案人：王寂

12.《关于加强城市广告牌匾管理的建议》

提案人：王洪祥

13.《关于推进良乡地区燃煤锅炉集中供热的建议》

提案人：孙爱华、王宝盛、李长生、顾梦红、常福林、王喜艳、许兆雄、王建华

14.《关于农村改厕的建议》

提案人：王宝盛、郭春恒

15.《关于限制养犬以及加强对养犬管理的建议》

提案人：赵玉萍、陈秀玲

16.《关于继续加强农村中心卫生院建设的建议》

提案人：李景森、董华、安春祥、李晓云、卢景辉、杨奎

17.《关于加强燕山地区小学教师队伍建设的建议》

提案人：于勇、刘志刚、金洪生、蔡秀丽、刘宏蔚、张海波、于淑云、梁凤兰、安黎明、李晓娟、

高胜、刘罡、王莉、郝伟莉、童晓红

18．《关于在新农村建设中使用新能源的建议》

提案人：杨文淑

19．《关于加强洗车行业管理的建议》

提案人：黄卫红、刘杰、童晓红、郝伟莉

20、《关于治理整顿良乡地区小公共和出租车的建议》

提案人：高建荣

21．《关于加快我区社会主义新农村建设，开展"政协委员进村帮扶活动"的建议》

提案人：李东林

2007年度20件优秀提案

1．《关于加快完善我区农村医疗卫生体系的建议》

提案人：卫生界别小组

2．《关于解决新农村建设中农村污水治理若干问题的建议》

提案人：孙爱华、翟瑞莲、王建华

3．《关于新农村建设中加强产业支撑的建议》

提案人：崔占社

4．《关于充分发挥社区作用的建议》

提案人：王宝盛

5．《关于加大卫生救护培训力度的建议》

提案人：樊毅平、侯振海、李克建、杨宝峰、肖春明、孔凡生、张桂立、马文明、刘忠全、孙桂华、马连杰、谢秀英、尤建英

6．《关于加强我区食用菌产业化发展的建议》

提案人：延淑洁

7．《关于加强小区物技防建设的建议》

提案人：柏林

8．《关于加强农民就业培训，提高农民素质的建议》

提案人：陈少林

9．《关于规范社区物业管理的建议》

提案人：刘森源

10．《关于加强文化场馆建设的建议》

提案人：杨海峰

11．《关于改造老旧社区基础设施的建议》

提案人：石福

12．《关于坚持规划先行推进新农村建设的建议》

提案人：九三学社房山支社

13.《关于加强农民参与新农村建设规划制定工作的建议》

提案人：民盟房山支部

14.《关于加大北部浅山区生态环境治理工作力度的建议》

提案人：李晓云、卢宁、张海波、段向红、李景森

15.《关于在区老年病医院增加公交线路的建议》

提案人：郭香福、王寂、李长雨、雷和、王宝盛、李东林、孙海潮、王利荣

16.《关于取缔农村"黑网吧"的建议》

提案人：民建房山支部

17.《关于规范管理农村垃圾集装箱的建议》

提案人：雷和、王寂、李长雨、孙海潮、王宝盛、郭香福、李东林

18.《关于引进公交系统，解决燕山百姓出行难问题的建议》

提案人：燕山政协委员小组

19.《关于规范公交站点及停车场的建议》

提案人：时鸣玲、韩树权、翟瑞莲、杨文淑、张雪莲

20.《关于房山区区域发展规划统筹考虑中国原子能科学研究院发展规划的建议》

提案人：肖武、杨启法、包轶文

2008年度20件优秀提案

1.《关于改造我区老旧社区的建议》

提案人：民进房山支部

2.《关于建立房山区农民职业技能培训基地的建议》

提案人：民盟房山支部

3.《关于加大我区公共交通管理力度的建议》

提案人：刘宏蔚、张海波、晋国常、于淑云、刘娜

4.《关于加快推进市公交线路进燕山的建议》

提案人：王义华、王宝盛、王普全、黄新卫、饶明彦、王玥玮、苏一凡、于彩宏、于国柱、张力峰、徐淑霞、刘娜、高明、姜森、张宇、徐瑛、翟东、廖辉、黄伟

5.《关于规范管理清真食品网点的建议》

提案人：丁玉田、胡广霞、丁长海、刘海、马平绣、宛玉霞

6.《关于变更拱辰街道名称的建议》

提案人：李永林、胡广霞、张桂立、邱玉珊、顾梦红、张海波、李晓云、李长雨、孙海潮、史甫臣、王寂、李刚

7.《关于大力发展我区文化创意产业的建议》

提案人：民建房山支部

8.《关于老年康复医院建设的建议》

提案人：农工房山总支

9.《关于盘活闲置供暖场地，有效解决社区办公用房的建议》
提案人：九三学社房山支社

10.《关于在昊天大街路西建设绿色健身广场的建议》
提案人：城建环保委员会

11.《关于提高山区农民生活水平的建议》
提案人：农村工作委员会

12.《关于加强我区特困学生帮扶工作的建议》
提案人：教文卫体委员会

13.《关于区内各主要街道设置道路名称标识的建议》
提案人：王喜艳

14.《关于加强饮用水安全的建议》
提案人：陈少林

15.《关于昊天学校进出道路亟待解决的建议》
提案人：陈晓燕

16.《关于改善社区医疗服务站就医条件的建议》
提案人：杨宝峰

17.《关于加快我区天然气入户改造的建议》
提案人：班善军、李凤荣、徐惠玲、周玉江

18.《关于增加老旧小区楼前照明设施的建议》
提案人：方桂敏、马连杰、尤建英、尤淑华、秦美荣、李凤荣、李克建、孔凡生、于腊梅

19.《关于把消防规划和设施建设纳入新农村建设总体布局的建议》
提案人：孙志强

20.《关于改进公费医疗门诊药费报销办法的建议》
提案人：民革房山支部

2007—2011年度"十佳"提案

1.《关于改造我区老旧社区的提案》
提案人：民进房山支部　　承办单位：区住建委

2.《关于加大我区公共交通管理力度的提案》
提案人：刘宏蔚、张海波、晋国常等委员　　承办单位：区交通局

3.《关于健全我区居家养老服务体系的提案》
提案人：民盟房山支部　　承办单位：区民政局

4.《关于促进教育工作（加强公办幼儿园建设及解决昊天学校道路问题）的提案》
提案人：民革房山总支　　承办单位：区教委、区市政市容委

5.《关于进一步强化房山区社区卫生服务体系的提案》
提案人：区政协教文卫体委员会　　承办单位：区卫生局

六届区政协"十佳"提案评选揭晓仪式

6.《关于健全我区城市雨污水排放设施,加快刺猬河治理的提案》

提案人:区政协社会法制与民族宗教委员会　　承办单位:区水务局

7.《关于扶持养蜂业发展的提案》

提案人:区政协农村工作委员会　　承办单位:区园林绿化局

8.《关于坚持规划先行推进新农村建设的提案》

提案人:九三学社房山支社　　承办单位:房山规划分局

9.《关于加快推进民营企业创新发展的提案》

提案人:区工商联　　承办单位:区发改委、区经信委、区人力社保局

10.《关于加快推进市公交线路进燕山的提案》

提案人:王义华、王宝盛、张宇等委员　　承办单位:燕山办事处

2012年度10件优秀提案

1.《关于治理大石河河道的建议》

提案人:彭立新　　承办单位:水务局

2.《关于开展蜂蜜及蜂产品深加工的建议》

提案人:赵智超　　承办单位:园林绿化局

3.《关于促进中草药种植产业发展的建议》

提案人:张海滨　　承办单位:种植中心

4.《关于加强防范经济下滑对策研究的建议》
提案人：张殿明　　承办单位：发改委
5.《关于推进我区"楼宇经济"和"夜经济"发展的建议》
提案人：民进房山支部　　承办单位：商委、工商分局
6.《关于抓好我区职成教育的建议》
提案人：刘清生　　承办单位：教委
7.《关于我区老旧小区天然气入户全覆盖的建议》
提案人：刘亚军　　承办单位：燃气中心
8.《关于进一步加强食品安全监管，保障食品安全的建议》
提案人：张东梅　　承办单位：工商分局
9.《关于农村社区健身器材管理的建议》
提案人：于腊梅　　承办单位：体育局
10.《关于大件路安装路灯的建议》
提案人：吴艳京　　承办单位：市政市容委

2013年度8件优秀提案

1.《关于加快房山区社会福利中心建设的建议》
提案人：社法委　　承办单位：民政局
2.《关于发挥资源优势，打造养蜂产业强区的建议》
提案人：马连杰　　承办单位：园林绿化局
3.《关于进一步深化"防盲治盲"工作的建议》
提案人：民进房山支部　　承办单位：卫生局
4.《关于加大投入力度，建设改造农村排水系统的建议》
提案人：丁长海　　承办单位：水务局
5.《关于完善公交车轨道站接驳，方便群众出行的建议》
提案人：时鸣玲　　承办单位：交通局
6.《关于打造城市道路微循环系统，有效缓解交通压力的建议》
提案人：王慧丽　　承办单位：交通支队
7.《关于民营企业、中小企业创新转型的建议》
提案人：张殿明　　承办单位：燕山办事处
8.《提案人：关于推进我区景观农业发展的建议》
提案人：九三房山支社　　承办单位：农委

2014年度10件优秀提案

1.《关于山区转型发展的建议》

提案人：民革房山总支　　承办单位：发改委

2.《关于治理空气污染的建议》

提案人：刘宏蔚　　承办单位：环保局主办，市政市容委会办

3.《关于完善新农合政策，有效解决农村贫困残疾人医疗保障的建议》

提案人：王红英　　承办单位：卫生局

4.《关于加强对拆迁户管理的建议》

提案人：民建房山支部　　承办单位：人力社保局、经管站

5.《关于延长长阳公交线路的建议》

提案人：赵圳　　承办单位：交通局

6.《关于缓解房山城内交通压力的建议》

提案人：秦美荣　　承办单位：交通局、交通支队

7.《关于我区农产品加工企业转型升级的建议》

提案人：刘长安　　承办单位：农委

8.《关于著名诗人顾太清故居修复、保护、开发的建议》

提案人：史长义　　承办单位：文委

9.《关于进一步完善房山区人才培养与交流平台的建议》

提案人：王东晖　　承办单位：人力社保局

10.《关于兴建燕化星城开古庄农贸市场大棚的建议》

提案人：刘杰　　承办单位：阎村镇政府主办，消防支队、食药监局会办

区政协七届四次会议对优秀提案进行表彰

2015年度10件优秀提案

1. 《关于社区服务与管理工作应当引起政府高度重视的建议》
提案人：民革房山总支　　承办单位：社会工委
2. 《关于我区养老产业健康发展的建议》
提案人：民建房山总支　　承办单位：民政局主办，财政局、规划分局、国土分局会办
3. 《关于保障全区水安全建设生态宜居新房山的建议》
提案人：民进房山支部　　承办单位：水务局
4. 《关于大力发展林下中草药种植产业实现农民增收的建议》
提案人：九三房山支社　　承办单位：种植中心主办，园林绿化局会办
5. 《关于加强我区传统古村落保护的建议》
提案人：教文卫体委、学习文史委　　承办单位：文委
6. 《率先实施房山区与周边河北省市县旅游业协同发展的建议》
提案人：刘清生　　承办单位：旅游委主办，文委会办
7. 《关于提升我区农产品质量安全成果的建议》
提案人：马连杰　　承办单位：农业局
8. 《关于进一步加快城关中心区棚户区改造步伐的建议》
提案人：于腊梅　　承办单位：住建委主办，规划分局、国土分局会办
9. 《关于优化公交线路设置，打造房山公交升级版的建议》
提案人：柴林峰　　承办单位：交通局
10. 《关于加强和优化我区人才引进和培育服务保障体系工作的建议》
提案人：杜晓东　　承办单位：人力社保局

第四节 提案工作质量年

房山区五届政协于2005年开展了"提案工作质量年"活动。此项活动围绕提升提案工作水平和质量，结合房山区政协的工作实际，对提案的提出、提案的办理、提案的服务等一系列环节，提出了具体的质量标准和实现目标。

完善制度

房山区政协五届二次会议以来，制定了《政协北京市房山区委员会关于开展"提案工作质量年"活动的安排意见》《政协房山区委员会关于提案办理的试行办法》《政协房山区委员会办公室关于评选表彰提案办理先进单位的意见》。这些制度明确具体地规定了提案的提出、审查、办理等每个环节的程序，推进了提案工作的制度化、规范化、程序化建设进程。

加强培训

一是加强提案基础知识培训。请市政协领导专题讲授提案写作，请老委员传授提案工作经验，在《房山政协》连续刊载提案基本知识。二是提前做好提案的酝酿工作。在全会召开之前，向政协委员发出征集提案的通知和提案参考题目；请常务副区长向政协委员通报全区经济社会发展的情况、下一年度工作总体思路；请区委、区政府研究室领导通报全区调研工作的情况及下一年度区委、区政府关注的重大问题。三是对提出提案明确具体要求。在选题上，要联系自身特点，紧紧围绕区委、区政府的中心工作，反映群众关注的难点、热点问题；在撰写上，要经过深入的调查研究，做到言之有据、言之有理；在时间上，政协委员的提案选题在上半年确定，正式提案在11月底前形成。政协各专委会、各党派团体的提案选题在年初确定，调研任务在9月底前完成，正式提案在年底前形成。在数量上，各专委会、各党派、工商联全年应提交1件以上高质量的提案。四是组织集中交流。在全会期间，专门安排2至4小时让政协委员就提案撰写相互交流，与承办单位负责人咨询交流，根据交流情况再次修改完善后，向大会提交。

严格审查

对于收到的提案严格把住审查关，按照《政协房山区委员会关于提案审查的试行办法》，对提案逐一进行了初审和复审，对提案所提的内容和建议进行认真分析。对反映情况准确、分析问题透彻、建议切实可行，而且符合书写规范要求的提案给予立案。为提高立案的准确性，在审查工作中特邀了在政府部门任职的不同界别的委员参加，同时，邀请区委办公室、区政府办公室有关领导参加，共把审查关。

提案咨询交流会

加强督办

一是确定重点提案明确领导跟踪督办。全会后，研究确定事关全局、针对性强、建议具体的10件提案为重点提案，并经主席办公会研究通过，印发全体委员。主席、副主席、秘书长按照《政协北京市房山区委员会关于检查监督提案工作的办法》，检查监督重点提案的办理。二是高度重视党派团体提案工作。首先是党派提案经过认真调研由主席亲自审定；其次是制定了《进一步做好民主党派和工商联提案工作暂行办法》，明确了党派提案由政协主席签发，交区委办公室转区委书记或主管副书记阅批。三是积极协调推进提案的办理。提案交办会后，提案委采取电话联系、上门走访、召开座谈会等多种形式与委员和承办单位沟通，推动提案的办理。四是初步建立了一套推进提案办理的工作机制。提案审查立案后，区委、区政府召开房山区办理政协委员提案工作会议，通过以会代训的方式向提案承办单位提出办理要求。各承办单位接到政协提案后，及时召开领导班子会议，进行专题研究，对提案逐条进行梳理分类，按照职责分工，把任务分解到主管领导和业务科室。业务科室主动与委员沟通，全面了解提案本意，制定切实可行的办理方案，边办理边征求意见，力争达到委员满意。

第五节 提案咨询交流

房山区政协五届二次会议至六届二次全会期间共举办了4次提案咨询交流活动。会议期间，邀请区政府主管部门，分为几个专题组，采取座谈、互动形式，就提案涉及的相关问题与委员现场交流沟通咨询。

房山区政协五届二次会议提案咨询交流

区政协五届二次会议期间举行了"促进全区经济社会快速协调健康发展"为内容的提案咨询交流会。咨询交流活动分四个专题组进行。区建委、区农委、区市政管委、区交通局等31个部门领导参加。

委员分别就卫星城建设使用新型建材、本区房地产业资源整合、黏土砖的替代产品发展、新型农民培训等问题进行了咨询。委员们还提出了加强校企合作等形式，促进全区经济社会快速发展的建议。

在这次提案咨询交流活动中，委员们分别就经济科技、城镇建设、教文卫体、社会法制等方面问题向与会领导进行了咨询，涉及大气治理、非公经济发展、交通整治、建筑建材业发展、农村富余劳动力转移、精品卫星城建设等诸多人民群众关心的热点、焦点问题。

房山区政协五届三次会议提案咨询交流

分城镇建设、经济科技、科教文卫、社会法制4个专题组进行提案咨询交流活动。区委、区政府的34个部门领导参加了活动。

委员们就加强小公共汽车管理、杜绝小公共汽车在主要干路街区随意停车、全区初中教育师资水平不高、农村黑网吧以及严格网吧管理、燃煤锅炉集中供热问题进行了咨询。

委员们反映区域内的三轮车大多为外地人经营，经常逆向行驶、抢行等，尤其是机动三轮车行驶速度快，存在严重的安全隐患，应加大管理力度。并就全区人力、机动三轮车的管理提出意见和建议。

房山区政协六届一次会议提案咨询交流

分成城建经济、教文卫体和社会法制两组进行提案咨询交流。本次交流活动还邀请了部分居民小区的居民代表参与。

委员们就中小企业融资难问题、教委提出的"山区工程"、社会治安、燕房两地黑出租车的治理、燕山大件路改造等问题进行了咨询。委员还提出，良乡城内部分居民区还是上世纪70年代建造的房子，上下水设施已经老化，存在许多隐患，建议政府有关部门列入议事日程，尽快予以解决。区建委给予答复，用两至三年时间，对老旧小区基础设施实行全面改造，切实为居民解决实际困难。

房山区政协六届二次会议提案咨询交流

分成城建经济、教文卫体与社会法制、"三农"三个组举行了咨询交流会。区委组织部、区发改委、区工业局、区教委、区市政管委等32个部门领导参加了交流活动。本次交流活动还邀请了部分群众代表参与。

委员们就产业结构调整、土地管理、交通建设、社会保障、医疗卫生、安全饮水、体育设施建设、社会治安稳定等人民群众关心的热点问题分别向与会领导进行了咨询。

委员们建议，在保障性住房建设、群众饮水、养殖种植、土地承包、群众就业、农村合作医疗资金补贴发放等方面存在的问题，区委区政府有关部门应予以高度重视和支持。

第六节 提案线索征集

为进一步拓宽反映社情民意的渠道，推动提案工作更加贴近百姓、反映民意、汇集民智，为全区经济社会发展建言献策，2006年以来，房山区政协每年开展向全区广大市民征集提案线索活动，在房山电视台、房山报、房山信息网刊登和播发征集提案线索启示，通过电话、电子邮件、来信，召开社区群众、基层干部、企业代表等不同层次的座谈会，征集提案线索，拓宽提案征集形式，丰富委员撰写提案的内容，为广大群众提供反映切身利益问题的渠道。

2006年征集提案线索活动

9月份，开展了向房山区广大市民征集提案线索活动，组织多家媒体和有关人员参加了启动仪式，在房山电视台、《房山报》、房山信息网刊登播发征集线索启示。9、10两月分别在燕山、城关、拱辰、西潞四个办事处和良乡镇召开 5 个座谈会，听取部分村支部书记、村委会主任、社区主任、企业代表和群众的意见和建议。征集活动共收到提案线索 206 条，其中信函和电子邮件 15 件，电话 55 个，座谈会意见 136 条。

2007 年征集提案线索活动

9 月到 10 月，分别在西潞办事处、拱辰办事处、城关办事处、河北镇、卫生局，召开了由社区党支部书记、主任，村党支部书记、居民代表、村民代表、卫生界别代表参加的座谈会。来自基层的代表围绕我区经济和社会发展发表了看法。特别是针对和谐社区建设、失地农民保障、改善交通状况、环境建设、医疗卫生问题，以及煤矿和非煤矿山关闭后农民出路问题提出了意见和建议。

2008 年征集提案线索活动

9 月 1 日至 10 月 15 日，通过房山电视台、房山报、房山信息网向社会征集提案线索。并在拱辰办事处召开了由社区书记、主任，居民代表、村民代表参加的座谈会，还请拱辰办事处、西潞办事处、城关办事处、燕山办事处向所辖社区发放活动公告和征求意见表，广泛征求群众建议。截止到 10 月 15 日，共收到建议 121 件，其中信函和电子邮件 18 件，电话 18 个，座谈会意见 85 条。其中，城建城管类 44 件、社会法制类 36 件、"三农"类 16 件、教文卫体类 16 件、经济科技类 9 件。

2009 年征集提案线索活动

9 月 9 日、16 日在西潞街道办事处、长沟镇召开征集提案线索座谈会。部分乡镇村主要领导、社区主任、社区居民代表、村民代表、政协委员参加会议。各界代表就全区和谐社区建设、老旧小区基础设施改造、城市管理、农村产业发展、设施农业发展情况及新农村建设等群众关注的热点、焦点问题提出了意见和建议。

2010 年征集提案线索活动

10 月 26 日，区政协提案委在拱辰街道办事处召开了征集提案线索座谈会。部分区政协委员、拱辰街道、西潞街道、长阳镇、阎村镇有关领导和部分社区、村干部和群众代表参加座谈会。与会人员就老旧小区改造和管理、征地拆迁补偿政策、小商贩占道经营、集中供暖、轻轨建设、天然气入户工程、减轻农民医疗负担、新农村公共服务设施维护等问题提出了 50 余条意见和建议。

2012 年征集提案线索活动

9 月 15 日至 10 月 15 日，区政协提案委通过房山电视台、房山报、房山信息网向社会征集提案线索。并通过拱辰、西潞、城关、燕山等街道办事处，以不同形式广泛征求群众建议。各界群众通过信函、电子邮件、电话等方式共反映意见建议近 30 条，内容涉及城镇规划建设、交通出行、防洪减灾、灾后救助等方面问题。

2013 年征集提案线索活动

9 月 16 日至 10 月 16 日，区政协提案委通过房山电视台、房山报、房山信息网向社会征集提案线索。各界群众通过信函、电子邮件、电话等方式共反映意见建议近 50 条，内容涉及城镇规划建设、交通出行、环境保护等方面内容。

2014 年征集提案线索活动

9 月 26 日至 10 月 24 日，区政协提案委通过房山电视台、房山报、房山信息网向社会征集提案线索。通过电话、电子邮件、来信征集提案线索 56 条意见建议，内容涉及环境治理、交通出行等方面内容。10 月至 12 月，区政协在燕山地区、中国原子能研究院召开两次提案线索征集座谈会。燕山地区政协委员、北京燕山石化集团公司、燕山办事处群众代表，原子能院各级人大代表、政协委员、相关职能处室干部群众代表参加座谈会。与会人员就开展交流合作、环境治理、交通路网建设、教育卫生等方面提出了 60 余条意见和建议。

任振秋副主席参加燕山地区提案线索征集座谈会

2015年征集提案线索活动

11月16日至11月30日，区政协提案委通过房山电视台、房山报、房山信息网向社会征集提案线索。此外，通过政协委员座谈会、中国原子能研究院社情民意座谈会，召开民主党派和专委会负责人座谈会征集提案线索。共征集涉及环境治理、交通出行、城市建设与管理等方面提案线索近50条。

第七节 提案办理评议

为加强提案办理工作的监督，提高提案落实的效果，经七届区政协第13次主席会议研究决定，在每年提案办理工作告一段落后，组织区政协委员和群众代表就承办单位办理工作进行评议。2014年1月，中共北京市房山区委办公室、北京市房山区政府办公室转发了《政协房山区委员会办公室关于开展评议政协提案办理工作的暂行办法的通知》，对提案办理评议工作提出了具体要求：一、评议形式。1.成立评议工作领导小组，区政协主管提案工作副主席任组长，成员包括提案委员会主任、副主任，并邀请区委办督查室、区政府办督查室及相关部门负责人参加。2.召开评议座谈会。听取承办单位提案办理工作汇报；区政协委员和群众代表就提案办理落实情况提出意见和建议，并对承办单位办理工作进行评价。3.视情况就提案办理工作进行视察。二、评议内容。1.承办单位办理工作机制是否健全。包括明确主要领导、分管领导和具体承办人员负责；召开专题会议研究提案办理工作等方面的情况。2.承办单位提案办理工作是否规范。包括办前、办中、办后与委员的协商沟通；办理结果及时答复；办理报告行文规范等方面的情况。3.提案办理工作是否取得实效。提案办理报告是否具有针对性，办理措施是否得到有效落实。4.政协委员和群众对提案办理结果是否满意。针对当年可以解决的提案是否得到落实；列入计划解决的提案是否取得进展；受条件限制暂时难以解决的提案是否向委员解释清楚。

区政协组织区政协委员和群众代表分别于2014年、2015年对区农委、区交通局、区环保局、区旅游委、区人力资源和社会保障局提案办理工作进行了评议。对这些单位的办理工作总体上给予了肯定，并提出了改进意见。

对区交通局进行评议

区交通局高度重视政协提案办理工作，把提案办理落实工作与交通局整体工作相结合，特别是在办理关于延长长阳地区公交线路提案工作中，认真贯彻落实"为民、惠民、便民"的指导思想，取得了较好的社会效果。希望进一步总结经验，查找不足，站在京津冀一体化发展和服务首都功能定位的高度，加强与相关单协调沟通，共同抓好交通管理工作。

对区农委进行评议

区农委在办理关于农产品加工企业转型升级的提案工作中，领导重视、制度健全、分工明确、成效明显。与会的企业家们对区政府引导农业企业发展壮大的政策和相关工作表示满意。希望对企业给予更多的关心和支持，使农业企业能够为全区经济社会发展做出更大的贡献。

对区环保局进行评议

区环保局高度重视大气环境治理提案办理工作，能够把落实委员提案与实际工作相结合，取得了阶段性的效果。希望进一步强化依法治理，以制度建设作为保障，建立奖惩机制，以法治理念、法治思维、法治手段，凝聚社会共识，形成社会合力，强化治理。要加大宣传力度，广泛宣传，增强全社会的环保意识和生态意识。

对区人力资源和社会保障局进行评议

区人力资源和社会保障局在办理加强和优化全区人才引进和培育服务保障体系工作的提案中，在人才引进培育服务保障工作方面，思想认识上有高度，工作上有机制、有政策、有实效，为全区发展提供了人才保障。希望能够切实落实"百校千才进房山"行动计划，并针对高端人才引进、专业化人才培育、人才服务保障等方面加大力度。

区政协对区人力社保局提案办理工作开展评议

对区旅游委进行评议

区旅游委高度重视京津冀协同发展大战略下率先实施房山区与周边河北省市县旅游业协同发展的提案办理工作，在推动全区旅游业发展工作中，着眼长远，积极主动谋划全区旅游业发展，主动融入京冀旅游协同发展大局。希望能够进一步研究京津冀协同发展战略下全区旅游业发展规划，充分挖掘利用自身资源优势，开拓旅游市场，在京津冀发展的一体化格局中，实现全区旅游业结构调整和转型升级。

第二章 社情民意

社情民意是指社会生活的基本情况和人民群众的意见愿望。了解和反映社情民意，是人民政协政治协商、民主监督、参政议政的重要基础和关键环节。反映社情民意工作，是政协各参加单位、各专门委员会、政协委员围绕国家大政方针政策，政治、经济、文化和社会生活中的重要问题，以及人民群众普遍关心的问题，通过政协组织的专门渠道，向党委、政府部门反映重要情况，提出意见和建议。

反映社情民意工作是人民政协的一个创举，政协社情民意工作的倡导者是第八届、第九届全国政协主席李瑞环。1994年，全国政协八届第20次主席会议正式提出"把反映社情民意作为政协的一项基础性工作"，正值政协北京市房山区第三届委员会，按照全国政协的要求，区政协迅速开展工作，设立专门机构，畅通联系通道，完善信息网络，广泛、及时地反映社会的真实情况和群众的意见呼声。至今已20余年，期间，各界委员积极建言献策，围绕群众普遍关心的热点难点问题，共提出2520条社情民意，均按照规范流程，报送区委区政府和有关部门，为全区的经济社会发展做出了积极的贡献。

第一节 政协北京市房山区第三届委员会

三届政协自1994年2月至1999年1月，本届政协把反映社情民意工作作为政协的一项重点工作，逐步开展起来，成立了信息小组，组织百名政协委员，广泛征求各方意见，就群众最关心、反映最热烈的问题对区委、区政府工作的评价和建议，向区委、区政府进行综合反映，供领导决策参考。五年来，共计收到委员报送社情民意314件，及时转交有关部门，按照流程办理。

1995年社情民意工作

1995年，房山区政协积极探索在新形势下发挥政治协商、民主监督和参政议政作用的新途径。对如何积极响应全国政协、市政协关于开展社情民意工作，区政协征求委员意见，了解关心普通群众的真实情况，为工作开展打下良好基础。

6月至8月，区政协围绕社情民意工作的开展，开展了百名政协委员社情民意调查工作，走访群众500余人，调查活动的主要内容为三方面，一是当前群众最关心、反映最强烈的问题；二是群众对全区工作满意的、比较满意的、不满意的问题；三是党政部门如何进一步做好工作，调动全民的积极性，圆满完成全区工作的各项指标和任务。委员们通过监督检查及根据上述三方面内容，对干部队伍中的反腐倡廉问题、物价上涨幅度过高、社会治安和社会秩序问题、住房和社会分配不公、社会保障和机构改革等问题提出意见和建议共计80条，并形成报告报送区委区政府。区政协这项工作的做法和成效，被《北京政协》杂志报道，在政协系统产生了积极的影响。

1996年社情民意工作

1996年，全国政协办公厅下发了《关于加强信息工作的若干意见》，强调了解和反映社情民意，是人民政协履行职能的重要基础和关键环节。区政协认真开展反映社情民意工作，积极采取有效措施，狠抓落实，把了解和反映社情民意工作卓有成效地开展起来。

在文件《政协北京市房山区第三届委员会1996年工作要点》（房协发〔1996〕07号）中，要求切实加强反映社情民意工作，并在《政协房山区委员会办公室关于加强反映社情民意工作的通知》（房协发〔1996〕15号）中，对委员报送社情民意提出具体要求，随着社情民意工作的开展，经驻会主席办公会研究，制定了《房山区政协关于报送社情民意的参考意见》（房协发〔1996〕13号），成立了信息小组，聘请了16位特约信息员。同时，开辟了社情民意信息上报和宣传的专门渠道，以《房山政协特刊·社情民意专刊》的形式，摘登委员社情民意的内容、政协领导批复意见和承办部门的办复结果，使社情民意工作逐步走向社会，得到了更多的支持和关注。共收到委员报送的社情民意信息89件。其中，中国原子能科学研究院陈华中等委员主动召集本地区的群众进行座谈，征求关于如何发展我区旅游事业的意见，及时报送到区政协和区委，李庆余书记阅后作了批示："应通过政协向几位委员表示感谢！感谢他们对房山区旅游事业的关心和很好的建议。"并指示有关部门认真研究他们的意见。通过了解和反映社情民意，不仅使委员和党政部门的沟通更加经常，而且使协商工作更加切实、有效。

1997年社情民意工作

1997年，区政协牢牢把握民主和团结两大主题，认真总结经验，不断提高履行职能的质量，认真落实上级政协的要求，积极负责地反映社情民意，为党和政府了解基层情况、体察民情发挥桥梁和纽带作用。

在原有工作基础上，调整了反映社情民意工作小组，加强与市政协的联系和沟通，采用多种形式，广泛了解各界人士对中央、市、区出台的各项政策以及重大事件的反映和基层群众对全区两个文明建设的意见和建议。按照全年工作安排，以开展"建言献策办实事"活动（房协发〔1997〕11号）为载体，及时深入基层，了解情况，调查研究，积极反映社情民意，做好化解矛盾，起到维护稳定的作用。共收到委员报送的社情民意信息63件，都及时转交有关部门，得到采纳。如：中国原子能科学研究院的三位委员，在组织本院干部职工座谈会时，就研究院、房山区政府工作作出评价并提出意见和建议。对此，区政府领导及时批示，责成相关部门领导与委员座谈，就有关问题达成了共识，取得了较好的效果。

1998年社情民意工作

1998年，继续推进人民政协政治协商、民主监督、参政议政的规范化、制度化，使之成为党团结各界的重要渠道。区政协稳步推进社情民意工作，进一步发挥政协的整体优势，向区委、区政府提出建议，积极献计出力。

1998年4月专门下发通知，在全体委员中开展收集社情民意信息的活动，加强与各界人士的联系与沟通，积极负责地收集基层群众对中央、市、区有关政策出台后及重大政治事件发生后的呼声与反应和各界人士关心的热点问题，为党委和政府当好决策参谋。并附发《房山区政协委员社情民意反映用笺》，使社情民意工作进一步规范化。在部分委员中开展了"为卫星城发展建言献策"活动，委员们积极建言。召开燕房卫星城研讨会，就区政府东移后，燕房卫星城的定位、规划与建设问题，专门向委员发出一封信，这一年收到社情民意信息82件，都及时转交有关部门，受到了重视，得到采纳，对沟通党和政府与人民群众的联系，起到了重要作用。

第二节 政协北京市房山区第四届委员会

四届区政协自1999年1月至2004年1月，是跨世纪的五年，是政协事业与时俱进、不断创新、取得成就的五年。社情民意工作在全国政协、市政协指导下，区委区政府的帮助下，工作扎实深入、活跃有序地向前发展，为全区的经济发展做出了积极的贡献。五年来，共计收到委员报送社情民意837件，受到市政协、区委区政府的一致肯定及高度评价，相关信息及时转交有关部门，按照流程办理并落实。

1999年社情民意工作

1999年，是第四届政协开局之年。也是国家的大事之年、喜事之年。委员们主要围绕社会治安、环境治理、群众思想动态和社会动态等方面积极建言献策、知情出力。

在《政协房山区第四届委员会常务委员会1999年工作要点》（房协发〔1999〕8号）文件中要求，组织和依靠委员，围绕社会热点、难点问题反映社情民意。6月，召开了信息工作会，下发《关于聘请特约信息员的通知》（房协发〔1999〕11号），聘请了张维勋等26名委员和6名机关特约信息员并颁发证书。7月，区政协再次召开信息工作会议，要求必须提高对信息工作的认识，发挥委员优势，加强委员之间的联系，利用好信息载体，做好交流总结、表彰工作等。在《关于进一步做好反映社情民意信息工作的通知》（房协办发〔1999〕12号）中，指出为了充分反映社情民意，区政协制定《房山区政协收集和反映社情民意工作实施办法》（房协发〔1999〕18号）并整理印发了全国政协副秘书长陈进玉同志提出的政协信息"十报十不报"的具体要求，供委员在反映社情民意、采集各类信息时参考借鉴。利用委员地位特殊、影响力大和联系群众广泛的优势，分别在7月和11月举行了两次社情恳谈会，来自各界的委员代表就"三讲"教育、基层党组织建设、社会治安综合治理，当前群众思想动态和社会动态等方面的问题进行了热烈的发言并提出建议和希望。

随着信息网络的健全，及时对委员提出的社情民意进行归类，涉及围绕社会治安、经济建设、旅游开发、环境治理、环境保护、市场管理、良乡卫星城建设、农业现代化、交通事业及群众切身利益的一些具体问题104条，分别在房山区政协社情民专刊（第32期，总第158期）、区政协委员社情民意摘登（一）、房山区政协社情民意专刊（第,39期，总第165期）、区政协委员社情民意摘登（二）中刊登。其中，关于农村开发占地闲置、土地撂荒、环境保护等建议；关于下岗职工的安置、良乡到房山、良乡到市内公共交通等与群众生活密切相关的问题；关于社会治安综合治理、党风廉政建设以及行政执法中存在的问题，都及时向区委区政府作了反映。区委区政府对反映的问题和建议十分重视，在人民群众中产生了良好的影响，密切了区委区政府与社会各界的联系与沟通，发挥出协调关系、化解矛盾、维护稳定的作用。

2000年社情民意工作

2000年是世纪交替之年。面对改革开放的深入发展，社会生活方式的多样化，经济结构和社会关系的新变化，党和人民对政协的要求更高了，人民政协的工作更重了。区政协在市政协的指导和区委的领导下，积极反映社情民意，协助区委和政府做好维护社会稳定的工作。

这一年的社情民意工作按照"三个代表"的要求，深入基层，调查研究，了解什么是中国先进社会生产力的发展要求，什么是中国先进文化的前进方向，什么是中国最广大人民的根本利益，以便准确及时地反映社情民意。区政协召开了两次社情民意恳谈会〔房山政协社情民意专刊（第16期）〕，邀请三胞、科技、农业、经济、私营经济等界别的委员进行了座谈。其中，房山政协专刊第40期（总第222期），区政协主席游来柱提出"让府前广场更加靓丽——关于加强府前广场的几点建议"，在委员们听取了市政管委领导关于府前广场建设和管理情况介绍的基础上，大家对加强管理提出了意见和建议。这一年，委员们对"十五"计划、农业、良乡卫星城建设、社会治安综合治理、精神文明建设等方面提出了意见和建议73条，为区委区政府决策提出了参考依据。

2001年社情民意工作

2001年，是新世纪的第一年，也是实施"十五"计划的开局之年，在社情民意工作方面加大了工作力度，完善了工作机制，充实了信息队伍，创办了报送信息的内部刊物，规范了信息工作，委员们围绕我区经济和社会发展情况，就国际、国内、市内、区内重大事件提交信息，供区委区政府参考决策。

为进一步做好开局之年的信息工作，区政协召开信息工作会议，市、区领导出席会议并讲话（房山政协普刊第7期，总第231期），市政协副秘书长、研究室主任张平夫就如何做好政协信息工作，结合自身实践，以《关于做好政协信息工作的几点粗浅认识》为题，作了辅导报告。区政协主席游来柱在会上提出认清意义、思想重视、健全制度、健全网络、广辟信息来源、做好后续工作等六点要求，进一步为社情民意工作指明了方向，为委员能够提出有分析、有建议、有分量的信息提供了重要依据。

全年召开了两次社情民意恳谈会（房山政协普刊第9期、普刊第22期），对如何进一步做好社情民意工作提出要加强认识、注重质量、提高时效、突出特色四点要求。创办并下发房山政协社情民意专刊第一期至专刊第十九期，社情民意涉及国际、国内、市、区等热点问题150件，其中市政协采用12件，区委区政府采用80件。有的信息引起中央、市区的重视，如贡麟委员提出的"西部开发应充分利用东部离退休科技人才资源"的信息，由区委上报市委，市委又上报至中央组织部，引起各级领导的重视，产生了积极地影响和效果。

曾任区政协办公室主任科员的骆金萍获得"2001年度市政协系统优秀信息工作者、区党委系统

2001年，区政协召开社情民意信息工作会，邀请市政协副秘书长、研究室主任张平夫做专题辅导报告，区四届政协主席游来柱、秘书长唐荣出席报告会

优秀信息工作者、优秀组信息员"。

2002年社情民意工作

2002年，房山区政协把了解和反映社情民意工作做为实践"三个代表"重要思想的立足点，认真落实中央、全国政协、市政协关于做好社情民意工作要求，注意把握分析难点、反映敏感点、关注热点，坚持做到反映社情民意与提案征集、专题协商、专题调研、专项视察相结合，此项工作取得了新进展。

区政协制定了《关于进一步加强社情民意工作的意见》（房协发〔2002〕12号），积极组织引导委员深入基层，深入群众，了解民心，听取民意。适时召开了两次社情民意恳谈会，集中听取委员的意见和情况反映。注重信息的反馈和跟踪，会同有关部门召开了信息工作座谈会，邀请提供信息的委员听取办理的意见、商讨办理的方法。广大委员就良乡卫星城建设、下岗职工再就业、环境保护、农民增收、社区建设、交通安全等问题，共提交社情民意信息310条。如：何法章委员提出的"关于避免拒马河受到污染的几点建议"，杨德宏书记亲自做出批示，责成有关部门拿出意见给予落实。曹文峰委员提出的"制止良乡卫星城私搭乱建的建议"，良乡卫星城管理委员会和良乡镇政府十分重视，出台《良乡镇人民政府关于立即制止违法占地、违法建设的规定》（良政发〔2002〕8号）、《良乡镇关于对违章建设进行检查的通知》《限期拆除通知》加以落实。常务副区长李硕夫多次就政协的信息做出批示，要求有关部门及时落实。在做好工作的同时，注意加强总结，撰写了《与时俱进，求真务实，是做好社情民意工作的根本保证》调研报告。

市政协领导来我区进行了检查指导，对我区社情民意工作给予了充分肯定，并在市政协召开的社情民意工作交流会上以《与时俱进，求真务实，努力做好社情民意》为题作了发言，《人民政协报》《中国政协》等报刊，对我区社情民意工作给予了宣传报道。

房山区政协办公室被评为"2002年度房山区党委系统信息工作优秀单位"，曾任区政协办主任的肖凤云被评为"2002年度房山区党委系统信息工作优秀领导者"，曾任区政协办副主任骆金萍同志被评为"2002年度房山区党委系统优秀信息工作者"。

2003年社情民意工作

2003年，区政协社情民意工作进一步规范化、制度化，及时、准确、深入反映社会上有代表性、倾向性的突出问题，并在非典疫情的特殊时期，充分发挥人才荟萃、智力密集的优势，使政协成为区委区政府了解真实情况、获得可靠消息、听取中肯意见的重要渠道和途径。

2003年社情民意工作在围绕中心，服务大局的原有工作基础上，在上半年，面对突如其来的非典疫情，常委会以疫情为号令，及时把疫情防治工作作为履行参政议政职能的重点。及时召开有关会议，传达中央、市区委指示精神，研究部署防控工作，机关工作人员每天通过电话、传真、网站等多种渠道，保持与各界委员的联系，主动收集社会热点、思想动态、物价情况、防控建议等信息，广大委员通过多种形式为抗击非典献计出力。曾任区政协副主席的王晓芝提出的"居民楼垃圾道应有新的管理措施"，一经提出，便以专刊形式上报并封闭居民楼垃圾道，景方红委员提出的"非典时期对价格管理的思考"得到房山区物价局的重视并加以整治。

7月，曾任区政协主席游来柱在社情恳谈会上，就社情民意工作提出要求，一是充分认识此项工作重要意义；二是围绕后非典时期全区经济和社会发展的问题积极建言献策；三是发挥优势、突出重点。针对后非典时期的经济发展，还召开了"区政协促进经济发展座谈会"，提出意见和建议。其中，吴建文委员提出的"加快河床改造及绿化、美化城市"的建议均得到相关部门重视，这一年共计提交社情民意200条，在促进全区经济社会发展中发挥了不可替代的作用。

曾任区政协办公室副主任的骆金萍被评为"区党委系统优秀信息工作者"。

第三节 政协北京市房山区第五届委员会

五届区政协自2004年1月至2006年12月，切实加强和深化社情民意，是五届政协工作提出的新要求。在认真总结社情民意信息工作经验的基础上，调动委员积极性，广泛联系各界群众，利用人才聚集优势，着力在完善制度、规范程序、强化落实等方面下功夫，三年共计收到委员报送社情民意632件，受到市政协、区委、区政府的一致肯定及高度评价，相关信息及时转交有关部门，按照流程办理并落实。

2004年社情民意工作

2004年是五届政协的届首之年。3月，全国政协十届二次全会讨论通过的政协章程修正案，第一次把社情民意作为参政议政的重要内容写进了政协章程。区政协把收集、反映和办理社情民意信息工作纳入了政协整体工作之中，以贴近中心，贴近实际，贴近群众为目标，以强化制度建设为基础，以抓好办理反馈为手段，密切同各界群众的关系，及时准确地反映群众的意见和要求，呈现出委员积极性高、所提建议质量高和有关部门回复率高的三大特点。

通过三次专题研究和讨论，主席会议成员对做好社情民意信息工作，确定了新的思路，要求提高委员素质，建立了领导体制和工作机制，提出"四位一体"的收集渠道，充分利用社情民意恳谈制度，结合视察考察多种方式，定期发送《社情民意用笺》，为有效地开展社情民意信息工作奠定了基础。在《关于开展社情民意的实施意见》（房协办发〔2004〕29号）中，对社情民意的收集内容和渠道、各部门的责任分工、报送及督办、如何加强领导均提出具体要求。建立了社情民意工作奖励机制，制定了《社情民意奖励办法》，对高质量的社情民意规定了不同的奖励标准，有效地激发了委员参政议政的热情。通过抓实基础工作，注重追踪反馈，加快社情民意信息的落实效率。5月份至11月份，积极争取资金建立区政协的网站，委员们可随时登录提交信息。有效提升了社情民意的工作水平，探索出新的经验和做法，成为区委、区政府联系各界群众的桥梁和纽带。在政协房山区委员会办公室关于表彰2004年度优秀提案、优秀调研报告、优秀信息和重视信息工作的委员的通报（房协办发〔2004〕56号）中，评选出李晓娟委员提出的"建议制定有关残疾人就业人员提前退休政策"（被评为2004年度北京市政协系统优秀信息）、沙志云委员提出的"尽快解决纠纷，避免出现民族矛盾"等优秀信息12篇，评选出丁亚军、马志业等重视信息工作的委员21名。

这一年共收集社情民意信息333条。其中：上报市政协、区委，被采用88条，转有关部门办理237条，为推动全区经济和社会的发展发挥了重要作用。2004年12月，在市政协召开的区县社情民意工作经验交流会上我区政协作为远郊区县的唯一代表作了发言，受到市政协领导的充分肯定。房山区政协办公室被评为"2004年度北京市政协系统信息工作先进单位"。

2005年社情民意工作

2005年，全国政协专门制定《反映社情民意工作条例》，进一步规范了这项工作，房山区政协依据此《条例》，社情民意工作完善机制，强化管理，在信息的收集、整理、阅批、办理、反馈等环节有序地开展，使全区各方面关注的热点、难点问题，引起相关部门的重视，促进了问题的解决。

2005年工作要点中要求抓好反映社情民意工作，发挥党派、团体和各界委员的优势，采取走访座谈、问卷调查等形式，积极了解、反映社会各界意见和建议，更加关注困难群体和弱势群体的生产生活，在政协业务通讯第一期至第七期中，下发社情民意参考要点，并按照季度对各个社情民意进展情况汇总，便于及时了解社情民意的落实情况。11月，制定了《政协房山区委员会关于围绕编制房山区"十一五"规划开展建言献策活动的实施方案》（房协发〔2005〕10号），围绕加快经济结构的战略调整，建设资源节约型、环境友好型社会，切实走新型工业化道路，科教兴房和人才强区战略，促进城镇化健康发展，注重社会公平，注重法治民主，不断深化改革开放等方面提出意见和建议供区委、区政府参阅。

这一年共收集社情民意251条，对于收集上来的每条社情民意信息按照规范的要求及时认真地分析和办理，对有影响的、办理效果好的社情民意还在《房山政协》上刊发，如：王洪祥委员反映的"让刺猬河绿水长流"问题，水务局研究决定利用河水干涸之际，清理河道，利用良乡污水处理厂中水回调恢复刺猬河原貌等，极大地改善了刺猬河的周边环境。使委员的参政热情提升到了新的高度。

2006年社情民意工作

2006年是五届政协任期的第三年，2月，中央5号文件《关于加强人民政协工作的意见》中第一次对"加强社情民意工作"做出了明确规定。指出，人民政协"要运用包容各界、联系广泛、人才聚集的有利条件，了解和反映社会不同阶层、不同群体的意愿和诉求"。区政协在社情民意工作中，充分利用政协联系广泛、人才聚集的有利条件，畅通了社会各界愿望和诉求的渠道，密切了党和政府与人民群众的关系。

委员们围绕政协业务通讯第一期至第六期中的反映社情民意参考要点，对我区新农村建设，强化招商引资、培育壮大龙头企业，推进全区工业化进程，加强城市管理，加快小城镇建设，推动民主法治建设，党风廉政建设等方面提出48条社情民意，其中，"关于推进新农村建设和建议出台残疾人提前退休政策"的社情民意，受到市政府的重视，市领导分别做出了批示，责成有关部门研究解决。11月，依据《政协房山区委员会办公室社情民意信息工作评比奖励办法》，政协房山区委员会办公室关于2006年度优秀提案、优秀调查报告、优秀社情民意信息和重视社情民意信息工作的委员评选情况的通报（房协办发〔2006〕26号）中，肖凤云委员提出的《非公经济界委员为新农村建设建言献策》、孟祥春委员提出的"应严格国家建设工程征用土地补偿标准的建议"等11件社情民意信息评为优秀

2006年10月，区政协召开社情民意恳谈会，区委副书记、区长祁红，区政协主席范文彦等领导同志听取政协委员对全区工作的意见和建议

社情民意信息；常福林、侯振海、王宝盛等29名委员评为重视社情民意信息工作的委员，极大地激发了委员参政议政、建言献策的热情。

第四节 政协北京市房山区第六届委员会

六届区政协自2006年12月至2011年12月，在全国政协、市政协、区委的指导下，创新了工作方法，把强化民主监督职能，同委员反映社情民意工作相结合。这五年，先后对区直有关部门扶持中小企业发展、改善城市公共交通管理和加大老旧社区改造等方面工作，组织委员开展了监督视察活动，提出了559条社情民意，使群众普遍关心的热点难点问题得到较好解决。

2007年社情民意工作

2007年是六届政协届首之年，全国政协有史以来第一次召开反映社情民意信息工作座谈会，对反映社情民意工作进行了认真的总结，提出了具体要求。社情民意工作按照制度化、规范化、程序化管理，更加关注民生，采取发放区情材料、提供社情民意参考要点等办法，引导委员深入实际，及时反映各界群众的意愿和诉求，使热点、难点问题得以较好的解决。

委员们按照区政协业务通讯第一期至第七期中的社情民意参考要点，充分发挥特约监督作用，积极报送社情民意，围绕推进社会主义新农村建设，关注和解决"三农"问题，推进和谐社区建设，开展"迎奥运、讲文明、树新风"活动，进一步保障民生和改善民生等方面，报送社情民意信息165条，全部交办有关部门。其中市政协采用5条，牛有成、丁向阳副市长对"流动人口儿童计划免疫工作不容忽视"（被评为2007年度北京市政协系统优秀信息），"建议提高农村老伤残军人遗孀生活补贴"（被评为2007年度北京市政协系统优秀信息）的社情民意作了重要批示。收集和反映政协各类活动信息31条，全部被《房山信息》采用。

房山区政协办公室被评为"2007年度北京市政协系统信息工作先进单位"。依据《政协房山区委员会办公室社情民意信息工作评比奖励办法》，政协房山区委员会办公室关于2007年度优秀提案、优秀调查报告、优秀社情民意信息和重视社情民意信息工作的委员评选情况的通报（房协办发〔2007〕11号）中，评选出李印杰委员提出的"关于解决贫困家庭问题的建议"、云桂荣委员提出"关于加大对南水北调工程工地扬尘治理力度的建议"等优秀社情民意信息13件；丁玉田、于腊梅等重视信息委员25人。

2008年社情民意工作

2008年，全国政协下发《关于坚强和改进反映社情民意信息工作的意见》明确指出，反映社情民意信息工作是人民政协进行政治协商、民主监督、参政议政的重要基础，是发扬社会主义民主、促进科学民主决策的重要形式，是党和国家社会舆情汇集和分析机制的重要组成部分。

区政协活跃有效地推进社情民意工作，组织引导委员深入群众、深入基层，及时反映各界群众的意愿和诉求，使来自全区各方面关注的一些热点难点问题得到了较好解决，受到了人民群众的好评。全年向区委《房山信息》报送信息53条，收集社情民意176条，切实发挥了社情民意作为党和政府联系人民群众的桥梁和纽带作用。其中，"应尽快解决有线电视收视质量下降的问题"的建议，经区广电中心和歌华公司的努力下，在现有可控技术条件下，对重点频道的收视信号作了调整，保证了人民群众通过高质量的电视节目收看奥运盛况；孙爱华委员反映的"关于城市管理中环卫工作的几点建议"得到房山区市政管委的重视和满意答复。

11月，在政协房山区委员会办公室关于2008年度优秀提案、优秀调查报告、优秀社情民意信息和重视社情民意信息工作的委员评选情况的通报（房协办发〔2008〕11号）中，评选出于腊梅委员提出的"关于进一步加强市政基础设施建设与管理的建议"、宋秀兰委员提出"关于点亮良乡西北角的建议"等优秀社情民意信息8件；于国柱、张君秀等重视信息委员17人。

2009年社情民意工作

在市政协的指导和区委的领导下，以迎接新中国和人民政协成立60周年为契机，以"保增长、保民生、保稳定"为主线，围绕中心、服务大局，社情民意工作更加贴近民生，为"三化两区"新房山建设，发挥出积极作用。

委员们通过不同渠道体察民情，了解民意，及时向有关部门反映群众的心声和诉求。12月，中国原子能研究院杨启法、包轶文、刘琼三位区政协委员在院党委的支持下，召开了本院社情民意座谈会（房山政协内部刊物第十八期），来自原子能院基层干部职工代表围绕地区发展、交通建设、社会治安、教育医疗卫生等方面提出了意见和建议。

这一年，委员们围绕区政协业务通讯第一期至第六期中的社情民意参考要点，在实现"保增长、保民生、保稳定"、扩大"百村帮扶"活动成果、推进新农村改革发展、巩固国家卫生区创建工作、提高城市管理与服务水平、加快工业强区战略的实施、推动全区工业发展等方面提出意见和建议。全年收集社情民意信息近百条，向区委区政府及有关部门报送65条，其中，曹志红委员反映的"关于开展共建和谐社区的建议"、刘宏蔚委员反映的"农村附近企业环境污染问题亟待解决"的建议等均受到相关部门重视和答复，使一些群众普遍关心和反映集中的热点难点问题得到了解决。

2010年社情民意工作

2010年，区政协紧紧围绕建设"三化两区"新房山的战略目标，认真履行各项职能，社情民意工作有序开展，深入实际、体察民情，了解民诉，为实现全区经济社会又好又快发展做出贡献。

11月，分别召开议政建言座谈会及房山区"十二五"规划纲要征求意见座谈会，区各民主党派负责人和部分政协委员与部分区直部门和乡镇、村领导及企业界代表，围绕全区"两轴三带五园区"战略的实施、城市化建设、产业结构调整与布局、山区搬迁与替代产业发展、农民就业问题、新农村建设以及教育、卫生、体育事业等方面的发展及规划，提出了意见和建议。12月，区政协主席唐淑荣参加中国原子能研究院征集社情民意座谈会。院内干部群众代表围绕开展经济技术合作、交通管理、教育卫生、食品安全等方面提出了意见和建议。

各界委员通过深入实际，按照区政协业务通讯第一期至第四期中的社情民意参考要点，围绕"十二五"规划编制工作；促进首都西南区域经济发展，完善城市功能、提高城市管理水平、加速推进城市化；开展"政协委员山区行"活动；推进全区重点功能区建设；加快产业结构调整促进经济发展方式转变等方面共提出社情民意信息123条，如：肖武副主席提出的"关于及时更新公交站牌的意见"、孙爱华委员提出的"关于推进房山新型城市化发展的建议"等建议均受到相关部门的重视和满意答复。使整治道路环境、完善基础设施建设、交通管理等群众反映强烈的一些热点难点问题得到较好解决，切实发挥了党和政府与群众的桥梁纽带作用。

2011年社情民意工作

2011年，区政协贯彻落实"三化两区"发展战略，与建设"一区一城"新房山相结合，为融入发展大局，深度参与经济社会发展知情明政。采取形式多样化的协商办法，发挥特约监督职能，把关注、保障和改善民生作为社情民意的重点。

社情民意工作结合主题论坛、专题座谈、小组讨论等集中委员智慧，就全区率先实现城乡一体化发展、新城发展、重点功能区建设、山区转型、燕房合作、创新社会管理、民生工程等重大问题，与区委区政府主要领导和相关部门进行协商。常委会围绕全区工作大局，确定3-4项关系全区经济社会发展的重点问题，通过实地调研、座谈等形式，主动与有关部门深入研究交换意见、提出建议。各专委会认真贯彻《关于进一步加强区委区政府职能部门与区政协专委会对口联系的意见》，通过视察、专题协商会、研讨会、政情通报会等形式，围绕农村卫生事业、城市交通设施、沟域经济、水资源保护与利用等项工作的落实情况，开展对口协商提出意见建议，对推动全区重大战略的实施和工作落实，发挥了积极作用。发挥政协委员的界别优势，有针对性地开展特约监督，促进了相关部门工作的改进和服务水平的提高。社情民意工作通过与广大群众交流沟通，把区委、区政府的关怀带下去，把群众的呼声收集上来，促成一大批民生问题及时解决。

委员们按照区政协业务通讯第一期至第四期中的社情民意参考要点，围绕推进区"十二五"规划实施；推进"首都高端制造业新区"、"现代生态休闲新城"建设；促进首都西南区域经济发展的意见建议；改善民生、促进全区社会和谐稳定、加强民主法制建设等方面提交社情民意信息30条，如：王永军委员提出的"关于窦店地区雨污合流的治理的建议"、包轶文委员提出的"关于改善阎村公交车站卫生条件的建议"等社情民意均按照流程办理。有效促进了群众普遍关心的一些热点难点问题的解决。

第五节 政协北京市房山区第七届委员会

七届区政协自2011年12月至2016年1月，根据区委建设"一区一城"新房山的发展战略，"两轴三带五园区"到"三团、两带、一环"发展格局，京津冀一体化的协调发展，始终坚持围绕中心、突出特色，同心同向，深化社情民意工作，汇集各方智慧，服务大局，五年共计收到委员报送社情民意178件，相关信息及时转交有关部门，按照流程办理并落实。为实现"新城、新业、新生活"的房山梦献计出力。

2012年社情民意工作

2012年是七届区政协的届首之年。区政协在社情民意工作中，通过规范化的履职，多样化的交流方式，发挥优势，创新方法，积极参与抗击"7.21"特大自然灾害。实现七届社情民意工作的良好开局。

借鉴外地政协工作经验，建立了委员履职档案，印发了《政协委员履职记录手册》，在委员中开展了"五个一"履职活动，要求委员在一年内要做到撰写一份提案、反映一条社情民意、开展一次调研活动、参加一次视察考察、参与一次公益活动，委员履职实现了量化管理。建立了政协领导及机关委室主任联系委员制度，采取集中走访慰问、定期座谈和日常联系沟通等方式深入到委员中，倾听委员呼声，了解委员工作生活情况，广泛征求委员对全区经济社会发展和政协工作的意见建议，积极帮助委员解决生产生活中遇到的困难。通过设立"委员活动日"，举办庆"三八"文艺演出、中秋座谈会等活动，使委员交流更加多元，沟通更加顺畅。在北京遭遇"7.21"特大自然灾害面前，区政协与人民群众同舟共济，献计出力，发挥积极作用。

政协委员按照区政协业务通讯第一期至第四期中的社情民意参考要点，在推进现代生态休闲新城建设；推动农村和山区转型发展；加强社会主义核心价值体系建设，繁荣文化事业、发展文化产业，打造文化强区；稳定和扩大就业、提升公共服务水平、加强和创新社会管理；深入实施"十百千"工程，结对帮扶经济发展薄弱村和弱势群体等方面提出意见和建议62条，如：卢宁委员提出的"关于房山城内北大街应加强治理的建议"、陈晓燕委员提出的"关于加强'北京精神'宣传力度的建议"等社情民意均按流程报送相关部门并落实。

2013年社情民意工作

2013年，政协第十一届全国委员会常务委员会第二十次会议上，第一次在会上书面审议了《政协全国委员会办公厅关于十一届全国政协反映社情民意信息工作情况的报告》，7月，全国政协在京召开各民主党派中央、全国工商联反映社情民意信息工作情况通报会。区政协坚持"团结、民主"两大主题，把服务改革、助力发展、促进和谐作为重要任务，发挥协调关系、凝聚力量、建言献策、服务大局的作用，不断创新方式，提升履职效能，为"一区一城"新房山建设做出了应有贡献。

各民主党派、人民团体、专委会和政协委员，通过考察、座谈等形式，开展活动50余次，有效推动了相关工作的开展。组织特邀监督员对全区生态文明建设情况进行监督检查，参与了区财政局"关于社会组织培育扶持项目"绩效评估活动，提出了意见和建议。突出社情民意信息的桥梁纽带作用，积极引导委员关注全区发展和重大民生问题。按季度编发反映社情民意参考要点，委员围绕区政府为群众拟办重要实事、城市环境治理、轨道交通建设和医疗卫生体制等内容撰写了52条社情民意信息，如：廖春迎委员提出的"关于加快轨道交通燕房线建设进度的建议"、李国珍委员提出的"关于加强对京周路大南郊汽配城路段交通安全巡查的建议"等社情民意均按照程序及时办理。

区政协召开委员座谈会，区政协主席唐淑荣、常务副主席高维魁、副主席任振秋、秘书长游来清与委员座谈，指导社情民意工作

2014年社情民意工作

2014年，区政协以党的群众路线教育实践活动为契机，社情民意工作以服务社会，促和谐、保稳定、服务委员岗位建功的工作思路，积极创新方式，注重实效，为促进区域改革发展，推进"一区一城"新房山建设做出了积极贡献。

社情民意工作与视察协商相结合，精心选题，缩小规模，使委员发表意见建议更加深入充分。情况通报、资政恳谈已经初步形成制度化，区委、区政府邀请政协委员列席重要会议形成惯例，各专委会围绕委员关心关注的问题，邀请区相关部门定期通报情况形成制度，为委员知情明政，有的放矢的参与协商议政创造了条件。突出社情民意信息的监督作用，积极引导委员通过社情民意参与民主监督活动。按季度编发反映社情民意参考要点，让委员围绕全区发展和重要民生问题搜集整理社会舆情。

委员围绕治理"城市病"、环境保护、安全生产、河道治理、司法公开、国有资产管理、加强社区文体设施建设、加强政风行风建设等内容，撰写社情民意信息31件，如：黄俩迷委员提出的"关于增加常庄回迁小区健身娱乐设施的建议"等社情民意，受到拱辰街道重视并回复正在完善设施建设。均取得了良好的社会效果。

2015年社情民意工作

2015年，是全面深化改革的关键之年，是全面推进依法治国的开局之年。区政协按照"适应发展新常态，实现发展新转型"的总体部署，紧密团结和依靠各界委员，认真履行"三大"职能，广集智慧、深聚共识，为打造现实版"新城新业新生活"的房山梦做出积极贡献。

2015年4月，区政协召开征求社情民意座谈会，区政协常务副主席高维魁、副主席任振秋等领导出席

完善委员联络方法，面对面征求委员的意见建议，召开政协委员座谈会9次，参加人数105人，围绕加强协商民主政治建设、加强履职能力建设、推进山区行、十百千工程等方面，委员们积极发言，为推进协商民主、加快房山新城建设提出意见建议。参加法院审务督查工作，参加区财政局组织的区级财政支出事前绩效评估会，对法院督查工作及"北京青年创业园房山园企业办公用房租金补贴"、"就业困难劳动力区外就业交通补贴"2个项目提出了意见和建议。落实政协领导联系委员制度，升级政协网站，筹办网上"委员之家"，增强委员队伍的凝聚力。完成新网站建设（投资60万元），开通微博、微信等，利用新媒体技术，强化了政协的宣传、联络互动、网上办公功能，为委员报送社情民意提供便利。

按季度下发"社情民意参考要点"，引导委员撰写有理有据的信息。委员们就北沟道路交通指示牌、京石二通道设立景区宣传标牌、房山城内噪音污染问题等提交信息32条，已按照相关程序处理完毕。为全面推进发展新转型、实现"新城新业新生活"的房山梦，做出了新贡献，谱写出新篇章！

第五编
学习、文史

第一章 委员学习

政协委员是政协组织的构成主体，委员素质高低直接影响政协职能的履行。组织政协委员学习，听取报告通报，使委员了解人民政协理论，了解党的方针政策、国家的法律法规，了解国情、市情、区情，是提高委员素质，提升履职水平的有效方法。1981年3月，政协北京市房山县委员会成立以来，历届政协都非常重视委员的学习培训工作，为委员履职提供了保障。在机构上，设立了学习委员会，专职负责委员的学习培训工作。在学习培训的方法上，主要有以下几种：一是定期组织部分委员和常委参加全国政协和市政协组织的专家报告会或理论培训班，了解国家的大政方针，掌握履行政协职能的方法、程序。二是每年全国"两会"闭幕后，邀请专家为全体委员作"两会"精神学习辅导报告，使委员了解当年国家的新形势、新任务、新举措，更好地围绕中心履职。三是党的代表大会闭幕后，邀请专家给全体区政协委员作学习辅导报告，使委员了解大会盛况，了解中央的执政理念和新理论、新思想。四是开办国学班、兴趣班，请专家围绕委员感兴趣的国学智慧等进行授课，提升委员的传统文化修养。五是制定年度学习计划，向全体委员发出通知，明确学习内容，要求委员结合工作认真学习。六是政协网站建立委员学习平台，将中央党校、市委党校的讲课课件、视频挂在政协网上，要求委员上网学习。七是划分了委员小组，各小组定期组织委员进行学习。八是定期举办交流研讨会，交流学习体会，提高学习效率。九是会议学习，在政协常委扩大会和全会上组织委员学习。十是印发通知、学习资料指导委员学习。十一是举办知识竞赛，引导委员参与竞赛增强学习兴趣。十二是组织委员外出考察，学习借鉴外地政协单位的工作经验，提升房山政协的工作水平。

第一节 政协北京市房山县第一届委员会

政协北京市房山县第一届委员会从1981年3月成立到1985年5月换届，由于是机构初建，人民政协知识、统一战线理论、政协职能都需要了解掌握，因此，第一届委员会设立学习委员会专职抓好委员的学习培训工作。在学习内容、方法和形式上进行了积极的探索，创办政协简报，刊登学习资料和学习体会，指导委员学习。

一届一次会议期间

1981年4月11日，政协北京市房山县第一届委员会常务委员会第一次会议，在县政府207会议室召开，主席张成基及副主席、秘书长、常委共22人出席会议。会上，认真学习了中央统战部关于"新时期统一战线工作的方针、任务"和"中央领导同志对新时期统一战线工作的指示"。学习之后进行了讨论，与会者围绕"只要是爱国的，就要团结起来；批左解决不好，统一战线就搞不好；调动各方面积极性，团结一致才能做好工作；关于知识分子的使用"等问题进行了热烈的讨论，这对于统一思想认识，更好地发挥人民政协在统一战线中的作用起到了积极作用。

一届二次会议期间

1982年4月9日，政协北京市房山县委员会下发了《关于当前学习重点的通知》，明确了毛泽东《在中国共产党第七届中央委员会第二次全体会议上的报告》、全国人大常委会《关于严惩严重破坏经济犯罪的决定》、黄火青就《关于严惩严重破坏经济犯罪的决定》答记者问、王任重《统一思想、认真整顿党风》、人民日报评论员文章《做清醒的马克思主义者》五个方面的学习内容，并提出了三点明确要求，指导委员有重点地进行学习。

1982年4月政协北京市房山县委员会秘书处制定了年度工作要点对委员学习的内容，方法进行了安排，要求委员要认真学习政治时事（赵紫阳总理在全国人大五届四次会议上的《政府工作报告》《陈云同志文稿选编》、党的统一战线理论政策）。在学习方法上以委员自学和单位组织学习为主，学委会组织不脱产委员举办学习讨论会和辅导报告。城关、良乡、窦店成立三个学习小组，每季组织学习一次。同年6月份秘书处又发了【房协发】82·004号文，对6月份委员学习内容进行了明确，要求委员们要认真学习"中宣部关于《中华人民共和国宪法修改草案》的宣传提纲，《试论领导同群众关系中的民主原则》和《我们的旗帜是共产主义》"等内容。1982年4月，全国人大常委会公布《中华人民共和国宪法修改草案》以后，政协北京市房山县委员会常务委员会采取多种形式组织安排委员进行了深入学习。1982年7月政协北京市房山县委员会第四期简报对学习情况进行了总结，刊登了委员学习讨论情况。委员们在讨论中说，修改宪法是我国政治生活中的一件大事，是人民当家作主的具体体现。这次公布的《草案》，认真清理了左倾思想的影响，总结了新中国成立以来社会主义革命和建设中的经验教训，是比较完善和符合我国国情的，必将成为新时期我国社会主义建设的根本大法和四化建设的指路明灯。委员们还说："宪法确定了'四项基本原则'，也是第一次把统战工作和政协组织在国家政治生活中的地位和作用写进了宪法，这对从事统战工作的同志是极大的鼓舞和激励。"此外，委员们还就"知识分子地位，法律面前人人平等、宗教信仰和民族自治"等方面发表了看法。

1982年10月14日上午，召开了政协北京市房山县第一届委员会常务委员会扩大会议，会上副主席张本荣和秘书长毛锡恩就如何学习党的十二大文件和学习安排讲了话，并通过了《学习宣传和贯彻党的十二大文件的安排意见》，意见强调，学习党的十二大文件是当前的头等大事。要求县政协全体委员、常委都要充分认识党的十二大的伟大意义，认真学习宣传和贯彻党的十二大文件，提高认识，统一思想，同心同德，团结一致，为全面开创社会主义现代化建设新局面做出新的贡献。安排意见把学习分为三个阶段，明确了"十二大重要历史意义、新中国成立以来的主要经验教训、奋斗目标和任务，社会主义民主、树立共产主义理想、关于精神文明"等七个方面的学习重点，并确定了"自学为主、集中学习为辅、认真开展学习讨论"的学习方法。

一届三次会议期间

1983年1月17日，政协北京市房山县第一届委员会第三次全体会议上全体委员分组学习讨论了

《中国人民政治协商会议章程》，委员们说："统一战线是法宝，毛主席搞统一战线，把绝大多数人团结在党的的周围，取得了新民主主义革命的胜利。现在我们党发展统一战线，又提出了'肝胆相照，荣辱与共'的方针，共产党和各党派之间的关系，更进一步密切了，一定能够实现四化的宏伟目标。"委员们还说："通过学习，认识到政协工作大有可为，内容多、任务重、政策性强。不要忘记自己是政协委员，自觉加强学习，真正发挥好政协委员和政协组织的作用。"

1983年4月通过的工作要点确定采取报告会、讨论会、学习心得交流会等形式组织好委员的学习，并要求城关、良乡、窦店三个委员小组每季组织委员学习不少于一次，以提高学习效果。在学习内容上，明确了"党的十二大精神、马列毛泽东著作、《陈云文稿选编》"等作为当年的学习重点。

1983年5月，学习委员会开始编印学习参考资料1-3期，指导委员的学习。第一期印发了时事测验百题（一），即1-50时事题，第二期印发了《邓小平文选》主要内容介绍，包括："冲破教条主义和个人崇拜的禁锢，重新确立实事求是的辩证唯物主义思想路线，排除干扰把工作重心转移到经济建设上来，认识国情走中国式的社会主义现代化建设道路，重视知识和知识分子、重视科学和教育事业，充分发挥社会主义制度的优越性、改变党和国家的领导制度，在建设高度的物质文明的同时，建设高度的社会主义精神文明，建立革命爱国的统一战线，建设现代化、正规化的革命军队，把党建设成为领导社会主义现代化建设事业的坚强核心，维护毛泽东同志的历史地位、坚持和发展毛泽东思想"10个部分。

1983年7月25日和26日上午，召开了政协北京市房山县第一届委员会常务委员会第九次扩大会议，主席、副主席、秘书长和常委出席会议。与会者认真学习了邓颖超主席在全国政协六届一次会议上的开幕词和刘澜涛副主席关于"正确总结经验，全面开创人民政协工作新局面"的报告，听取了县委宣传部副部长杜英关于《政府工作报告》的辅导报告，并进行了讨论。委员们认为全国两会开得很好，必将更广泛地调动全国各族人民和各界人士的社会主义积极性，推进我国四化建设的发展。讨论中委员们说："人民政协恢复以来，经过短短几年，发生了很大变化，在共产党的领导下各界人士积极性进一步发挥，统一战线的作用更加明显地显示出来。通过学习体会是'政通人和，任重道远'。我们国家实现了大转变，政协工作出现了新局面，统一战线仍然是新时期的一大法宝，正如邓颖超同志说的'前程远大，大有可为。'我们一要认真学习六届人大和六届政协一次会议精神，用两会精神指导工作。二要认真学习《邓小平文选》，理论联系实际，指导行动。三要搞好自身建设，使政协成为县委、县政府的参谋部，统一战线的总部，更好地发挥政治协商、民主监督作用，为房山县开创社会主义建设新局面做出新的努力，取得更大的成绩"。

1984年1月23日，召开了政协北京市房山县第一届委员会常务委员会第十一次扩大会议，张本荣主席、各位副主席、秘书长及常委参加了会议。会议上，与会者交流了学习《邓小平文选》的体会，副主席郭云祥等围绕科技、统一战线等发了言，认为，"《邓小平文选》是拨乱反正的纲领，切合实际，符合国情，发展了毛泽东思想。科技人员必须在党的领导下，才能发挥所学之长为四化服务；科技人员要深入实际，走与生产相结合的道路；要实现四化必须提高科技水平；我国的人才不足是一项当务之急，没有一支坚强的科技队伍，就不可能实现四化，就无法攀登科技高峰。邓小平同志关于要重视知识，重视知识分子的论述无比正确。"张本荣主席在总结时说："常委们从不同角度，联系本职工作谈了学习体会。一致认为《邓小平文选》总结了各方面经验，是建设中国特色社会主义的纲领，发展了毛泽东思想，是制定各项政策的基础。通过学习，大家提高了认识，看到了形势的巨大变化。

坚冰已经打破，航道已经开通，建设已走上健康的轨道，安定团结的局面已经出现。"

1984年2月28日，政协常委会与县人大常委会召开了联席会议，学习了《首都建设总体规划》及国务院的批复，听取讨论了县人民政府关于我县城乡建设规划方案的报告。县政协主席、副主席和常委19人参加了会议。与会者在讨论中说："中央的批复深刻地总结了首都建设30多年来正反两方面的经验教训，明确了北京的性质，指出了首都今后城市建设工作的方向，特别是'政治中心，文化中心'的明确，给今后首都建设指明了前进方向。《规划方案》的实施，关系到子孙后代和长远发展，必须广泛宣传，统一思想，克服本位主义，下大力量解决乱、散、软的问题。"

1984年4月25日，召开了政协北京市房山县第一届委员会常务委员会第十二次会议，张本荣主席及各位副主席、秘书长、各位常委出席了会议，仇淑兰等5人列席了会议，会议传达了市政协六届二次会议精神，讨论通过了政协北京市房山县第一届委员会常务委员会工作报告。

第二节 政协北京市房山县第二届委员会

政协北京市房山县第二届委员会对学习非常重视，在学习方式方法上不仅继承了一届的好做法，还进行了探索创新，制定年度学习计划，划分学习小组，创建学习交流载体，建立学习制度，认真抓好委员的学习培训工作，对于提高委员的政治理论水平和履职能力起到了积极的推动作用。

二届一次会议期间

1984年7月4日，召开了政协北京市房山县第二届委员会常务委员会二次会议，张本荣主席、各位副主席、秘书长和常委参加了会议。与会者学习了赵紫阳总理报告关于"国内建设部分"，并认真做了讨论。

1984年11月8日，政协北京市房山县委员会下发了关于认真学习《中共中央关于经济体制改革的决定》的通知，指出党的十二届三中全会通过的《关于经济体制改革的决定》、明确了经济体制改革的性质、方向、任务和各项方针政策，是指导我们进行改革、建设具有中国特色、充满生机和活力的社会主义经济体制的纲领性文献。要把学习《决定》作为第四季的学习重点，全体委员要逐条学习，认真研究文件，了解《决定》基本内容，领会精神实质。

1985年2月8日，召开了政协北京市房山县第二届委员会常务委员会第四次会议，张本荣主席、各位副主席、秘书长和常委出席了会议。会上，学习了中共中央1985年1号文件，传达了县委扩大会议及市政协常委扩大会议精神，并进行了热烈的讨论。大家认为，中央一号文件为进一步加快农村致富指出了更广阔的道路，必将对当前搞好经济起到推动作用。

二届二次会议期间

1985年7月6日，召开了政协北京市房山县第二届委员会常务委员会七次会议，张本荣主席、各位副主席、秘书长和常委22人出席会议。与会者学习了《中共中央关于教育体制改革的决定》，传达了市政协第二十四次常委会议精神。讨论中，委员们说："中央出台《关于教育体制改革的决定》是非常必要和及时的，是继中央《关于经济体制改革的决定》之后又一纲领性文件，只有认真学习，贯彻落实《决定》，我国的教育事业才能更迅速地发展。"

1985年10月22日，召开了政协北京市房山县第二届委员会常务委员会第八次会议，张本荣主席、各位副主席、秘书长和常委出席了会议。会上，重点学习了中央政治局五位常委在党的全国代表会议上的讲话，并进行了讨论。

1986年3月，政协北京市房山县第二届委员会印发了"房山县政协学习委员会关于1986年学习工作安排意见"，对当年的学习工作进行了安排：一、继续坚持自愿的学习原则，学习委员会印发学习资料，在职委员以参加本单位组织的学习为主，房良两地委员参加小组学习。二、打破以往框框，吸收与政协工作相关人员参加政协组织的学习，每年举办1-2次报告会。三、房良两个委员小组每季度组织一次小组集中学习活动，学习党的重大方针政策和重要文件，学习统战理论、政协知识。四、政协和各级党政组织举办的学习辅导活动邀请政协委员参加。五、鼓励委员撰写读书笔记和心得体会。学习委员会定期举办学习经验交流会，好文章在《房山政协》上刊登。六、学习委员会每年举办一次时事政策和政协统战知识测验。七、组织编写一套统战和政协知识系列讲稿，由县广播站定期播讲，扩大政协组织的影响力。

二届三次会议期间

1986年7月22-23日，政协学习委员会分别组织良乡、房山两片委员收听了袁木同志关于学习"七五"计划的辅导报告录音，并进行了讨论。

1986年10月31日，召开了政协北京市房山县第二届委员会常务委员会第十一次会议，代主席安法鲁及各位副主席、秘书长、常委出席了会议。会上，就如何认真学习贯彻《中共中央关于社会主义精神文明建设指导方针的决议》精神进行了学习讨论。之后，又传达了习仲勋在全国政协六届委员会常务委员会第十三次会议上的讲话精神。副主席毛锡恩讲了六点体会：一、如何认识社会主义精神文明的战略地位。二、如何认识社会主义精神文明的根本任务。三、怎样理解共同理想与远大理想的关系。四、如何树立和发扬社会主义道德风尚。五、如何理解社会主义民主和法制问题。六、怎么理解党组织和党员在精神文明中的责任。

讨论中，政协常委、大韩继村党总支书记祁凤伶联系本村实际谈了体会："我们国家之大，地域之广，人口之多，如何形成一个精神支柱很重要，这是直接关系到四化建设的大问题。多年来，由于以阶级斗争为纲，造成人与人之间关系紧张，团结差，社会风气也不好。因此，抓精神文明建设非常必要。"代主席安法鲁也谈了学习体会："《决议》是个纲领性文件，精神文明是物质文明建设的精神动力。学习《决议》的要领是一切着眼建设，团结一切能够团结的力量，调动一切积极因素发展社会生产力。对此，政协有着特殊的作用。"

1986年11月15日，政协民族宗教组的委员们学习了《我们党在社会主义时期宗教问题上的基本政策》，听取了市民委主任关于"认真执行党的民族政策，加强民族团结，为首都两个文明建设做贡献"的讲话。

1986年11月20日上午，代主席安法鲁为全体政协委员作了学习《中共中央关于社会主义精神文明建设指导方针的决议》辅导报告，就《决议》中提出的"一切着眼于建设"的思想，"什么是共同理想"、"两个文明建设的一致性"、"共产主义最高理想与社会主义现实建设的关系"等问题进行了讲解辅导。

二届四次会议期间

政协北京市房山县二届四次会议于1987年4月28日召开，由于"两撤一建"设立房山区，5月27日召开了政协北京市房山区一届一次会议，两次会议只间隔不到1个月，故期间未查到学习培训记录。

第三节 政协北京市燕山区第一届委员会

政协北京市燕山区第一届委员会对委员的学习培训工作高度重视，从1984年7月至1987年5月，在近三年的时间里采取多种形式，认真组织委员开展学习、培训、交流、考察等活动，不断提高委员的综合素质和履职能力，为履行好政协职能奠定了基础。一是将委员按界别划分为"学习工作、联络工作、环保工作、教育工作、科技工作、财贸工作、文体工作"七个组，制定学习培训计划，明确学习内容，提出要求，各工作组定期组织委员开展学习、交流、考察活动。二是与市政协加强

燕山区政协举办统一战线理论政策学习班

工作联系，凡是市政协安排的专家教授讲座活动，都分批组织本区委员参加，借助外部力量提升委员的素质。三是常委会每年制定的各工作组活动的安排意见中，都对学习做出部署，根据需要邀请专家为委员做学习辅导报告。指导委员深入学习统一战线理论、政协知识、党的路线方针和领导的重要讲话。四是每年组织一期政协委员暑期学习班，学习中央文件和重要会议材料，并组织委员交流学习心得体会，增强学习的针对性和实效性。五是根据新形势、新任务的需要，召开常委会会议学习传达中央和市委精神，使常委会组成人员了解新形势下党的方针政策。

第四节 政协北京市房山区第一届委员会

政协北京市房山区第一届委员会是根据国务院的批复于1987年5月撤销房山县、燕山区，设立房山区后建立的，至1991年2月换届，在三年多的时间里，第一届委员会针对机构初建、委员变化大的实际，在委员学习方面采取了有针对性的措施和周密的安排部署，统一了思想，凝聚了队伍，为履行好政协职能提供了保障。

一届一次会议期间

1987年7月21日，召开了政协北京市房山区第一届委员会常务委员会第一次会议，通过了《一九八七年下半年工作要点》。《要点》明确要围绕中央提出的年内要抓好的两件大事，组织委员认真学习中央有关文件、邓小平《建设有中国特色社会主义》和《坚持四项基本原则、反对资产阶级自由化》两本书，学习贯彻即将召开的中共十三大会议精神。通过学习讨论会、报告会、参观考察等活动，组织委员学习形势政策，学习马列主义、毛泽东思想和邓小平关于中国特色社会主义的基本论述，以提高认识，身体力行，更好地知情出力。

1987年8月30日，召开了政协北京市房山区第一届委员会常务委员会第三次会议。会上，学习了黄超副市长7月13日在市委、市政府召开的第二季度经济分析会上关于"深化改革，积极推进农业的专业分工和适度规模经营"的讲话。区委农村工作部部长柳广田通报了我区农村推进专业分工和适度规模经营的情况。通报后，与会者进行了热烈的讨论，认为，推进农业的专业分工和适度规模经营是农村深化改革的重要任务，我区当前这项工作势在必行。

1987年9月24日至25日，根据"两山"合并区政协新组建的实际和委员的呼声，区政协学习委员会举办了"统战理论和政协基本知识学习培训班"，40余名新委员参加了学习培训。培训班上，毛锡恩副主席主讲了《新时期统一战线的几个重要问题》《政协的性质、地位和作用》两课，对新时期统一战线的广泛性、长期性和重要性作了系统地论述，对人民政协的性质、地位和作用以及各民主党派与政协的关系进行了详细的阐述。

在分组讨论时，委员们说："通过学习才知道了统一战线的广泛性，不仅统一祖国、推动'一国两制'的实施需要统战工作，而且进行两个文明建设、民主与法制建设都需要统战工作。政协团结了社会各界的代表人物，对国家大政方针及地方重要事务进行'政治协商、民主监督'，责任重大，使命光荣。"在学习培训班上，还播放了清华大学教授李润海《关于社会主义的几个问题》的报告录像，通过学习使委员们对邓小平同志关于社会主义的基本论述加深了理解，提高了认识。

1987年11月28日，政协北京市房山区第一届委员会印发了《关于认真学习中国共产党第十三次全国代表大会文件的意见》《意见》指出："中国共产党第十三次全国代表大会是一次具有重大历史意义和深远影响的会议。会议最突出最重大的贡献就是从我国的历史和现实的基本国情出发，深刻地分析和科学地阐明了我国目前正处于社会主义初级阶段，社会主义初级阶段的基本路线以及经济发展战略、经济体制改革、政治体制改革、党的建设等重大课题，都是在社会主义初级阶段这个立论的基础上展开的。学习党的十三大文件，要着重领会社会主义初级阶段理论的重大意义。"《意见》要求："一定要原原本本、逐字逐句地精读文件，深刻理解文件的精神实质；要坚持理论联系实际的原则，在学习贯彻党的十三大精神中，加强政协自身的思想建设和组织建设。"《意见》规定："政协常委会组织四次学习活动，分三个专题进行讨论，适当时机组织全体委员交流学习心得体会。"

一届二次会议期间

1988年5月17日至20日，政协北京市房山区第一届委员会举办了"三胞"学习培训班，委员中的台胞、台属、归侨、侨眷及特邀人员27名参加了学习培训班。李全熙副主席作了动员，他说："党中央、市、区委和政府对做好'三胞'工作很重视，为了使委员们了解当前的形势，进一步明确党中央的有关方针政策，提高委员们对祖国统一大业重要性、必要性的认识，并为振兴房山经济献计出力，我们举办了这次培训班，希望大家认真学习文件，掌握好政策，为统一战线工作做出贡献。动员之后组织学习了李锡铭等同志的讲话，听取了区外经办关于我区外经外贸情况通报。

学习培训班还邀请市政协常委、市政协文化经济联络室主任张一纯作了《关于当前台湾形势报告》，房山城关片的政协委员和政协机关干部200人参加了报告会，在座谈时，委员们对这次学习培训给予了高度评价，认为是使委员们知情出力的好形式。学习培训期间还组织与会人员参观了昌平县马池口乡的乡办企业。

1988年8月1日，召开了政协北京市房山区第一届委员会常务委员会第十次扩大会议，陈芬圃副主席及各位副主席、常委共26人出席了会议、区政协各委组及机关各室负责人10人列席了会议。

会上，学习了赵紫阳在中央政治局第九次会议上关于《逐步建立社会主义商品经济新秩序》的讲话，通报了区委一届三次全体扩大会议精神，传达了市政协关于区县政协工作研讨班及信息工作会议精神。通过学习，与会者进一步认清了形势，了解了区情，明确了今后的任务和努力方向。

1988年11月3日至4日，召开了政协北京市房山区第一届委员会常务委员会第十一次扩大会议，27名常委出席了会议，市政协秘书长李天绶、区委副书记王绪成应邀参加了会议。会议由陈芬圃副主席主持。会议传达了中共十三届三中全会精神和中共北京市委六届四次全会、中共房山区委一届四次全会精神，并开展讨论。

与会者一致认为，中共十三届三中全会是在我国改革，经济建设进入关键的时刻召开的，是一次非常重要的会议。全会深入分析了我国当前经济发展的形势，认真总结了改革十年来的经验、教训，明确提出治理经济环境、整顿经济秩序、全面深化改革的指导方针和政策、措施，对于我国经济、社会的健康发展具有重大意义。与会者认为，"整治"工作、深化改革要顺利进行，思想方面的问题不容忽视，建议各级党委、政府下大力量解决。要抓从严治党，切实发挥各级党组织及广大党员的先锋模范作用。要加强政治思想工作，在群众中广泛进行形势、理想和纪律、法制教育，提高群众的思想觉悟，为"整治"工作乃至改革和经济健康发展提供思想保障。

一届三次会议期间

1989年4月28日，召开了政协北京市房山区第一届委员会常务委员会第十四次扩大会议，各位副主席、常委出席了会议，各委、组、委员活动负责人，机关全体干部40人参加了会议。会议由陈芬圃副主席主持。首先，学习了《人民日报》4月26日《必须旗帜鲜明地反对动乱》的社论，陈芬圃副主席通报了有关情况，之后进行了讨论。

讨论中委员们说："近日来，极少数别有用心的人借悼念胡耀邦同志逝世之机，制造和散布各种谣言，蛊惑人心，蓄意挑起事端，制造混乱，这是一场动乱的性质，其要害就是否定中国共产党的领导，否定社会主义制度。在这场斗争中，政协委员一定要旗帜鲜明，坚决反对动乱，决不能让十年'文革'内乱的悲剧重演。我们国家几十年革命和建设的实践证明，只有中国共产党的领导，中国才有前途、有出路。社会主义制度是使我国实现四化的最优越、最可信赖的社会制度。安定团结的社会环境是保证和加快四化建设的最基本的条件，这是历史上早已证明的，任何时候也不能动摇。"民主党派的委员说："建国40年，国家建设中虽有失误，但新中国的大厦毕竟建起来了，这是中国共产党领导全国各族人民共同奋斗的结果。民主党派一向与共产党风雨同舟，在大是大非面前，我们要立场坚定，继续与共产党真诚合作，在反对动乱中做出应有的贡献。"

1989年5月30日至6月1日，区政协分别在房山、良乡、燕山举行了委员参加的学习座谈会。在座谈会上，与会者认真学习了李锡铭同志的讲话和市委关于制止当前动乱的宣传提纲。大家一致表示，坚决拥护李鹏、杨尚昆同志在中央和北京市党政军干部大会上的讲话。坚决拥护中共中央、国务院制止动乱，稳定局势做出的正确决策和果断措施。座谈会上，与会者还就如何制止动乱、稳定局势、总结经验教训发表了许多很好的建议和意见。

首先，与会者一致认为，搞动乱是不得人心的，广大人民是迫切希望早些制止动乱，恢复首都的正常的生活、工作、社会秩序。

第二，与会者一致认为，中国离不开共产党的领导，没有共产党的领导就没有新中国，就没有中国的未来。

第三，与会者希望仍在天安门广场静坐的大学生尽快返校，并希望各大学早日复课。

第四，希望政府把动乱对各方面所造成的影响，用数字统计出来并公布之，以此来使大学生们认识到，动乱的危害有多大。

第五，希望党中央和各级党组织应该进一步加强思想政治工作。

第六，希望政府把坏事变好事。从动乱的反面吸取教训，总结经验，争取把我们各方面的工作做得更好。

1989年6月27日，召开了政协北京市房山区第一届委员会常务委员会第十六次扩大会议，各位副主席、常委出席了会议，机关相关人员列席了会议。会议由毛锡恩副主席主持。与会者学习并讨论了党的十三届四中全会公报和邓小平同志接见首都戒严部队军以上干部时的重要讲话。出席会议的常委会组成人员发言踊跃，一致认为，党的十三届四中全会是在平息反革命暴乱取得决定性胜利后召开的,是有非常重要的现实意义和深远历史意义的一次会议。全会对于统一全党、全国人民的思想、稳定全国局势,对于巩固党的领导、维护全党的团结和党与人民群众的团结,对于认真总结历史经验、更好地贯彻党的十一届三中全会以来的路线、方针、政策,以经济建设为中心,坚持四项基本原则,坚持改革开放,都将起到重大的推动作用。

与会者表示完全拥护十三届四中全会关于撤销赵紫阳总书记及其他职务的决定。在讨论邓小平同志的重要讲话时,常委们说:"邓小平同志的讲话,阐述了这场动暴乱产生的根源和必然性,指出了在中国要搞现代化,就要旗帜鲜明地坚持四项基本原则,反对资产阶级自由化。邓小平同志的讲话肯定了党的十一届三中全会以来的路线、方针、政策,坚定了全党全国人民进行改革开放的信心,是统一全党思想认识的纲领性文件。只有认真学好邓小平同志的讲话,才能更好地学习和贯彻党的十三届四中全会精神,明确前进的方向。"

1989年7月3日至4日,区政协联络办公室举办了"三胞"委员学习座谈会,荣桂英副主席主持了会议。会上,认真学习了党的十三届四中全会公报和市委常委扩大会议精神。通过学习,使"三胞"委员进一步统一了认识,他们在发言时说,首都发生反革命暴乱不久,在海外的亲友纷纷打电话或者电报,询问家里是否受到伤害,并表示了极大地不安,这些委员本着实事求是的精神,分别把暴乱的情况告诉了亲友,强调不要听信外国报纸、电台的谣言,国内生活正常。

1989年7月10日,召开了政协北京市房山区第一届委员会常务委员会第十七次扩大会议,市政协副主席甘英、区委副书记王绪成出席了会议并讲了话,钱觉霖副主席主持了会议。

会上,学习了邓小平、李鹏、江泽民等中央领导同志在十三届四中全会召开前和会上的讲话,传达了市委六届六次全会和区委一届六次全会精神。市政协副主席甘英在讲话中指出,当前的学习,主要是深刻理解这场暴乱的性质,从学潮到动乱以至发展到暴乱这是一场严肃的政治斗争。在讨论时,常委们说:"最近2个月内我们召开了三次常委会会议进行学习,对动乱的性质一次比一次清楚,对赵紫阳所犯的错误有了更深刻的认识,坚信党的十三大提出的'一个中心,两个基本点'是非常正确的。在现代化建设中,必须'两手抓',必须坚持四项基本原则、反对资产阶级自由化。"

1989年10月19日,召开了政协北京市房山区第一届委员会常务委员会第十九次扩大会议,陈芬圃及各位副主席和常委出席了会议,各委员会、委员活动组和各室负责人列席了会议,毛锡恩副主席主持了会议。与会人员学习了江泽民同志在庆祝中华人民共和国成立40周年大会上的讲话,并交流了学习体会和认识。

在讨论交流时,民主党派的常委说:"讲话全文有三四处谈到统战工作,重申了人民代表大会制度,中国共产党领导的多党合作和政治协商制度仍然是我国的基本政治制度,党的统战工作方针没有变,中国共产党和各民主党派'长期共存,互相监督,肝胆相照,荣辱与共'的方针没有变,使我们受到鼓舞。中国共产党领导的多党合作制度是我国在长期的革命和建设的实践中形成的。我们民主党派决心与共产党同心同德,坚持四项基本原则,在共产党的领导下,搞好多党合作。"

一届四次会议期间

政协北京市房山区一届四次会议于1989年12月4日召开,五次会议于1990年3月21日召开,由于两次会议间隔仅3个月,未查到学习培训记录。

一届五次会议期间

1990年6月7日，召开了政协北京市房山区第一届委员会常务委员会第二十二次会议，各位副主席、常委共32人出席会议，会议由陈芬圃副主席主持。会议通报了区委贯彻中央十三届六中全会精神情况和房山区乡镇经济工作会议精神并进行了讨论。与会者认为，密切联系群众是我们党的性质和任务所决定的。在社会主义新的历史时期，我们党必须牢记全心全意为人民服务的宗旨；密切联系群众是我们党取得社会主义革命和社会主义建设胜利的根本保证；密切联系群众是我们党挫败国内外反动势力企图以和平演变颠覆社会主义阴谋的保证；密切联系群众是我们党搞好社会主义改革事业和在本世纪内使国民经济好转的需要。

1990年9月20日，召开了政协北京市房山区第一届委员会常务委员会第二十三次会议，各位副主席、常委共32名出席了会议，陈芬圃副主席主持了会议。会议传达了全国、市、区三级统战会议精神，并进行了讨论交流。常委们说："江泽民同志在全国统战工作会议上的讲话和《中共中央关于加强统一战线工作的通知》，是做好新时期统战工作的强大思想武器。

第五节 政协北京市房山区第二届委员会

政协北京市房山区第二届委员会从1991年2月至1994年2月，在三年的任期内采取多种形式，认真组织常委会组成人员和全体委员进行学习。创办了《政协通讯》刊物，指导委员学习，交流学习心得体会，不断提高委员的理论素养和履职能力，为履行好政协职能提供了保障。

二届一次会议期间

1991年7月31日，召开了政协北京市房山区第二届委员会常务委员会第四次会议暨常委学习班，张中兴主席、各位副主席、常委共27人出席会议，会议由张中兴主席主持。会上，学习了江泽民同志在中国共产党成立70周年庆祝大会上的讲话，并进行了讨论。常委们说："江泽民同志的七·一讲话是一篇重要的马克思主义文献，是指导当前和今后工作的指导方针，对于建设有中国特色社会主义事业有长远的指导意义，特别是在国际上，东欧和苏联巨变，南斯拉夫巨变。国内，1989年动暴乱后，一些人披着宗教外衣搞反革命活动，党内也有一些人思想不稳定，许多知识分子担心共产党究竟向何处去。这个时候发表这篇讲话，影响和意义都更加深远。学习讲话，回顾1840年以来的中国历史，说明只有共产党才能救中国。同时讲话弄清了对改革开放的模糊认识，向世界庄严宣布中国共产党坚决走社会主义道路，不管遇到任何风浪，也不会改变。今后几十年是我们国家发展的关键时期，只有国家强大起来，才能应对任何风险，人民的生活水平才能提高。"少数民族和民主党派的常委说："今天在中国共产党的领导下，民族大团结，没有共产党，也就没有少数民族的翻身解放。作为民主党派，我深刻地认识到，没有共产党，也就没有民主党派的今天，中国共产党领导各党派人士，团结各阶层力量，形成最广泛的统一战线，为了共同的事业，前赴后继，才建立了社会主义新中国。从这段历史更可以看出，中国共产党的领导地位不可动摇，各民主党派一致拥护共产党的领导。"

1991年12月30日，召开了政协北京市房山区第二届委员会常务委员会第六次会议，张中兴主席、各位副主席、各位常委共32人出席。会议由张中兴主席主持，传达了市委八中全会精神，王海平通报了区委二届三次全会报告。讨论时常委们说："政治协商制度在这次会上有了进一步的发展，表现出区委对政协的重视，政协也积极参加协商。区委全会报告很全面，建议加上'全心全意为人民服务的人生观教育，加强廉政勤政建设'。"

二届二次会议期间

1992年3月25日，《政协通讯》刊登委员学习动态，根据区政协的统一安排，近期房山、良乡、燕山等地区五个委员活动组相继组织委员学习了中央2号文件和邓小平同志讲话，并结合实际进行了讨论。委员们认为，《讲话》解决了当前国内经济建设和意识形态中一些急需解决的问题，总结了过去，分析了现在，指明了未来。希望区委区政府在市委的领导下，加快改革步伐，放宽政策，扶持企业，拓宽道路，搞好与区内大中型企业的关系，进一步解放思想，充分利用科技第一生产力，充分发挥区属企业和乡镇企业的优势。希望我区抓住当前的有利时机，努力发展自己，特别是把经济建设搞上去，力争几年上一个台阶。

1992年11月4日，召开了政协北京市房山区第二届委员会常务委员会第十二次会议，主席张中兴及各位副主席、常委共28人出席了会议。会议由张中兴主席主持，与会者学习了党的十四大文件并进行了讨论交流。认为，党的十四大确立了以邓小平同志建设有中国特色社会主义理论为指导，选出了以江泽民同志为核心的领导集体，意义深远。学习文件要把握四点：坚持党的基本路线一百年不动摇，（坚持以经济建设为中心不动摇）；建立社会主义市场经济体制；思想上要防"右"但主要是防"左"，办事要摆脱姓"社"姓"资"的束缚，用邓小平同志所讲的三个标准衡量；要牢固树立以经济建设为中心的意识，要开阔思路、使工作向深层次、多方位发展。交流中，容桂英副主席就"市场经济的基本概念，市场经济的基本原则，为什么要树立市场观念，社会主义市场经济与资本主义市场经济的区别等"作了主题发言。

二届三次会议期间

1993年4月28日，召开了政协北京市房山区第二届委员会常务委员会第十六次会议，张中兴主席及各位副主席、常委共26人出席了会议。会议由张中兴主席主持。会上，传达了全国两会精神和市政协主席王大明关于学习贯彻全国两会精神的讲话，学习了李瑞环主席在全国政协八届一次会议闭幕式上的重要讲话。

1993年9月25日，召开了政协北京市房山区第二届委员会常务委员会第十八次会议，张中兴主席及各位副主席、常委共30人出席了会议。会议由张中兴主席主持。会上，学习了江泽民同志在中纪委全会上的讲话，通报了全区反腐败斗争工作部署的实施意见。之后，与会者围绕反腐败工作进行了发言。认为，反腐保廉是取信于民的重要措施。反腐败要从领导干部做起，率先垂范。反腐败工作是一项长期而又艰巨的任务，关系到党和国家的生死存亡。在反腐败斗争中，政协要发挥好民主监督作用。

1993年11月18日，召开了政协北京市房山区第二届委员会常务委员会第十九次会议，张中兴主席及各位副主席、常委共27人出席了会议。会议由张中兴主席主持。与会者全文学习了中共中央关于学习《邓小平文选》第三卷的决定和中共十四届三中全会公报，张中兴主席要求全体委员在积极参加本单位组织的学习活动的同时，抽出时间认真学习原文。

第六节 政协北京市房山区第三届委员会

政协北京市房山区第三届委员会高度重视常委会组成人员和全体委员的学习培训工作，从1994年2月至1999年1月，在五年任期内，采取集中听辅导报告、分小组学习、举办新委员培训班进行培训、召开经验交流会交流学习体会等多种形式，认真抓好常委会组成人员和全体委员的学习工作。五年里组织委员参加全国政协、市政协各种报告会20次，参加委员200余人次；举办大型报告会7次，参加人员上千人次；举办统战理论和政协知识竞赛、香港知识竞赛和各种座谈会20余次，为委员学习和知情明政提供了良好的服务。

三届一次会议期间

1994年4月14日，召开了政协北京市房山区第三届委员会常务委员会第二次会议，魏士宽主席及各位副主席、常委共36人出席了会议。会议由魏士宽主席主持。会上，传达学习了全国政协八届二次会议和市政协八届二次会议精神，重点传达了会议盛况、特点和李瑞环主席在闭幕式上的讲话。最后，魏士宽主席要求全体常委会组成人员要加强学习，提高素质。

1994年5月10日下午，北京燕山石化集团公司委员学习了修订后的政协章程和李瑞环主席在全国政协八届二次会议上的讲话，通报了区政府今年的工作安排。魏士宽主席到会并讲了话，他讲了人民政协在新时期的性质、地位和作用，还向委员们提出了如何履行委员职责的要求。一要学习。当前要学习邓小平文选第三卷，学好党和国家的方针政策。二要搞好调查研究。这是参政议政的基础，要选准"热点"、"难点"和群众关心的问题进行调查。三要找准位置，选好角度，充分发挥政协人才优势。四要为燕房经济技术合作贡献力量。五要做好协调关系，化解矛盾的工作。通过学习，委员们进一步加深了对人民政协性质、地位和作用的认识，明确了新时期人民政协的主要职能和委员如何履行使职能的问题。

1994年5月11日至13日，区政协在十渡培训中心举办新委员学习班，参加这次学习班的政协委员67名，占新委员三分之二以上。魏士宽主席作了动员讲话。学习班上，委员们听取了原政协副主席毛锡恩同志所作的人民政协在各个历史时期所起的重要作用及政协的性质、地位、任务的辅导；听了魏士宽主席关于"学习新章程，更好地参政议政"的辅导。魏士宽主席结合我区实际，对新委员如何参政议政，建言献策，为房山区的两个文明建设做贡献提出了具体希望。他强调：政协委员在学习中要搞好三个结合，即结合学习毛泽东、邓小平同志关于统一战线理论的论述，结合新出台的经济体制改革措施，结合我区龙腾虎跃工程和重大决策；要加强调查研究，当好政府的参谋；要发挥政协人才优势，为本区两个文明建设办实事；要广泛开展联谊活动，促进爱国统一战线的发展；要协调关系，化解矛盾，促进社会稳定。辅导之后，委员们认真学习了修订后的《政协章程》原文和李瑞环同志在全国政协八届二次会议上的讲话，围绕《政协章程》的基本内容体现的时代精神展开了热烈的讨论。

1994年5月24日下午，房山区南片委员活动组召开片会，认真学习了政协新章程和李瑞环同志在全国政协八届二次会议闭幕会上的讲话，并就"房山再辉煌，政协委员怎么办"进行了热烈讨论。大家一致认为，在新形势下，政协委员要增强五个意识。即：统战意识、民主意识、全局意识、团结意识、服务意识，同时要把委员"建言献策办实事"活动与实现"房山再辉煌"目标结合起来。

1994年5月30日，区政协、区委宣传部、统战部、区台办联合举办台湾形势专题报告会，邀请市政协副秘书长、文化经济联络委员会主任张一纯作了"关于台湾形势和两岸关系"专题报告。部分区政协委员、民主党派和无党派人士及部分地区党委宣传干部150余人参加会议。区政协主席魏士宽同志主持了报告会。

1994年8月18日上午，区政协学委会在区委四楼409会议室召开学习社会主义理论经验交流会。学委会副主任张玉泉主持了会议，参加会议的成员包括学委会主任、副主任、委员；五个委员活动组的部分组长、副组长；各组发言代表，一共15人。政协主席魏士宽出席会议，并作了总结性发言。这次理论交流会，主要围绕学习邓小平同志关于建设有中国特色的社会主义理论和社会主义市场经济理论进行了交流。会上，北京燕山石化集团公司侨联主席黄发文作了题为《谈谈社会主义市场经济条件下，必须加强精神文明建设的问题》的发言，通过一些社会现实问题，论述了市场经济的发展对精神文明建设产生的负面影响。区粮食局工业开发部主任苏惠曾作了题为《学习邓小平的有关论述，闯好市场关》的发言，他认为，在市场经济大潮的推动下，国有粮食企业要发挥市场主渠道作用，按照邓小平同志所讲的"要迎着风险、迎着困难、大胆地向前走"，在市场竞争中，要顾大局，求发展。区宣传部办公室主任刘艳苹也围绕发展社会主义市场经济与加强社会主义精神文明的关系发了言。魏士宽同志在小结中指出：加强学习邓小平同志建设有中国特色的社会主义理论是政协委员履行参政议政职能的保证。学习理论的目的在于联系实标，指导政协的工作实践，提高参政议政的自觉性和工作水平。他指出，学习邓小平同志建设有中国特色社会主义理论和社会主义市场经济理论应当重点明确五个方面的问题：（一）坚持解放思想，实事求是的思想路线。（二）坚持党的基本路线不动摇。（三）坚持两手抓，两手都要硬。（四）没有安定团结的政治环境将一事无成。（五）密切多党合作，加强民族团结。

三届二次会议期间

1995年3月15日，区政协、区委统战部、区台办和区海外联谊会联合组织房山区部分政协委员、民主党派人士、海外联谊会会员和部分台胞、台属、归侨、侨眷，举办了学习江泽民同志《为促进祖国统一大业的完成而继续奋斗》的重要讲话专题座谈会。

各界人士围绕江泽民同志关于台湾问题的八点主张踊跃发言，与会者认为，江泽民在讲话中提出的关于促进祖国统一大业早日完成的一系列建议和主张，进一步阐释了邓小平同志关于"和平统一，一国两制"的伟大构想和思想精髓，是推进祖国和平统一进程的重大步骤，代表了海峡两岸亿万人民盼望祖国统一的共同心声。区海联会会员、台属何敏辉在发言中说，江泽民同志的讲话极大鼓舞了海峡两岸同胞和关心祖国统一的志士仁人对和平统一、台湾回归祖国的信心和意志，言真意切，合情合理。是促进两岸尽早统一的强大推动力，是指导我们促进祖国统一大业、积极开展各项交流的思想指针，是实现祖国统一的纲领性文件。区政协委员、黄埔军校同学会房山联络组组长王岗在发言中说，江泽民的八点主张是祖国统一的宣言书、里程碑和动员令，对促进发展两岸关系，揭露和粉碎台湾当局少数人所搞的"一国两府"、"一中一台"等阴谋，具有划时代意义。与会人士在座谈会中纷纷表示，在认真学习，深入领会江泽民的讲话的同时，要通过各种渠道，以各种方式，深交老朋友、广交新朋友，沟通感情，增进友谊，为早日实现祖国的统一大业贡献自己的力量。

区政协主席魏士宽出席了座谈会，对座谈会给予了充分肯定，同时向与会者提出了希望；希望各民主党派、各界人士在认真学习江泽民讲话基础上，深入领会讲话精神，广泛地、全方位地宣传讲话精神；希望充分发挥各界人士的自身优势，为实现祖国统一大业贡献力量。

1995年3月23日上午，区政协在工商银行房山支行六楼会议室召开了1994年度优秀政协委员经验交流会，会议由政协副主席容桂英主持。政协主席魏士宽出席会议并作了重要讲话。45名不同行业、不同界别的政协委员被推选为1994年度优秀委员。会上，王国亮、刘福元、黄发文、宋湘等8名优秀委员畅谈了过去一年中，积极参政议政，立足本职，发挥优势，为基层服务，为乡镇企业服务，为全区两个文明建设服务的做法和体会。魏士宽主席希望委员们加强学习，不断提高参政议政能力；进一步树立"全区一盘棋"思想，把全区各项事业的健康发展作为己任；要积极探索发挥政协组织优势的办法，广泛联系，广交朋友，树立人民政协整体形象；要继续立足基层，面向全局，加强调查研究，充分履行职能。

1995年6月8日上午，区政协会同区委统战部、区台办、区海外联谊会举办了香港澳门形势报告会，来自全区的政协委员、"三胞"亲属、海联会会员和各部门主管统战工作的党政领导和统战干部109人参加了报告会。会议由区委统战部部长张静惠主持。国务院港澳办社会文化司副司长卫陵彦在会上向大家介绍了香港问题的由来和前途问题的解决、中国政府的政策、英国对香港政策的改变、当前中英就香港问题的关系和澳门问题的情况。

各界人士认为，这次报告会使我们对邓小平同志关于"一国两制"的构想和中国政府对港澳所采取的方针政策进一步加深了理解，为做好今后的政协工作和海外统战工作增强了信心。区政协副主席、九三学社房山支社主委容桂英说，听了港澳形势报告，澄清了原来一些模糊认识，对有些问题有了更深入的了解，增长了知识，开阔了眼界。区政协副主席、无党派人士马文仲说，听了形势报告后，增强了对中国政府恢复香港主权的信心，对弱国无外交有了切身体会，我们要齐心协力把经济建设搞好，把国内的事情办好，只要我们的实力强大了，无论彭定康要什么花招，都不能阻拦香港回归祖国，相信1997年7月1日五星红旗必将在香港高高飘扬。

1995年6月15日，召开了政协北京市房山区第三届委员会常务委员会第八次扩大会议，听取全国政协研究室邬旦生副主任所作的《政协全国委员会关于政治协商、民主监督、参政议政的规定》的辅导报告。邬副主任结合李瑞环主席在全国政协八届三次会议和全国政协八届十三次常委会议上的讲话，阐述了如何认识《规定》和如何贯彻《规定》等问题，他说《规定》是人民政协履行主要职能的规范性文件。它的公布和实施，对于人民政协工作的各个方面、现在和未来都有广泛而深刻的影响。中共中央对这个文件十分重视，正式发出《通知》，要求各地区、各部门结合实际认真贯彻执行。

《通知》强调了人民政协在建设有中国特色社会主义中的重要作用,要求各级党委进一步加强和改善对政协工作的领导,并对有关问题做出了具体规定。中共中央的《通知》既加重了人民政协的任务,又为政协开展工作提供了有利条件。会议要求各位委员要认真学习《规定》,不断提高自身素质,抓住机遇,奋发努力,使政协工作取得实实在在的进展。

1995年7月13日,区政协举办了提案基础知识培训班,100余位委员参加了培训。培训班由提案委主任张静惠主持,市政协提案委副主任俞棉做了辅导报告,她从对提案的认识、提案的基本要求及近几年提案工作发展情况等方面作了专题辅导。

1995年7月14日,区政协会同区妇联、区海外联谊会举办了迎'95世妇会报告会,区政协委员、海联会会员和基层妇联干部70余人参加了报告会。报告会上,市妇联主席吴秀平从联合国在女子领域的工作、第四次世妇会非政府组织论坛筹备及中国人民迎接世妇会等方面作了报告,区政协副主席、海联会副会长容桂英参加并主持了报告会。

1995年7月27日,区政协科技委会同区科协举办了"科技发展形势报告会",邀请中国科协研究中心主任、中国科学技术讲学团袁正光教授作"科技发展趋势及对策"主题报告。报告会由政协秘书长张静惠主持,区政协副主席容桂英、袁贵珠、马文仲出席了报告会。

1995年8月9日上午,区政协与区委宣传部在区委413会议室联合举办了"纪念抗战胜利五十周年报告会",中央党校党建研究部主任陈登才教授作了题为"抗日战争的历史地位"的报告。报告会由区政协秘书长张静惠主持。区政协主席魏士宽、副主席容桂英、马文仲和区委宣传部副部长张志元出席了报告会。参加这次专题报告会的人员有区政协委员、区直机关主管党务和宣传的干部共140余人。

1995年10月25日,召开了政协北京市房山区第三届委员会常务委员会第十次扩大会议。区政协主席魏士宽主持了会议。区政协常委、各委员活动组召集人、专门委员会主任及各民主党派负责人出席了会议。区政协主席魏士宽、副主席刘存泽、容桂英、马文仲参加了会议。与会同志重点学习和讨论了江泽民同志在党的十四届五中全会闭幕式上关于《正确处理社会主义现代化建设中的若干重大关系》的论述,常委们认为,政协组织常委集中学习中共十四届五中全会文件,体现了区政协对理论学习的重视。通过学习,大家加深了理解,提高了认识,坚定了信心。

三届三次会议期间

1996年4月16日下午,区政协与区委统战部、区台办、区海外联谊会在宾馆二楼报告厅联合举办了台湾形势报告会,请北京市台湾事务办公室常务副主任周英同志就台湾形势作了专题报告。报告会由区政协秘书长、区统战部部长张静惠主持,区政协主席、区海外联谊会会长魏士宽,副主席容桂英、袁贵珠、马文仲、戈承和区台办副主任廉亚强出席了报告会。参加这次报告会的区政协委员、区海联会会员以及各民主党派负责人共180多人。

报告会上,周副主任结合当前台湾李登辉当选和我军近日在东南沿海进行军事演习的情况,分析了海峡两岸发展的总趋势,使与会者认清了我军事演习的战略意义,同时也了解了一些海峡两岸的发展动态。报告会后,与会的政协委员、海联会会员以及各民主党派负责人对这次报告会表示很满意,认为通过这次报告会,认清了形势,有助于更好地理解江泽民同志对台湾问题八点建议的精神实质。

1996年5月20至23日，北京燕山石油化工公司党委统战部举办了由民主党派、侨联负责人及房山区政协常委参加的统战理论学习班，系统学习党在新时期的统战理论和方针政策，重点学习了中共中央关于共产党领导下的多党合作的有关文件和《关于进一步加强人民政协工作的通知》。在理论学习的基础上，结合北京燕山石化集团公司统战工作的实际，对北京燕山石化集团公司统战工作的管理办法、关于做好民主党派工作的规定（草案）等制度征求了党外人士的意见。

1996年6月10日至17日区政协委员一行10人赴山东省淄博市、栖霞市、烟台市等地政协就基层政协如何参政议政和如何加强精神文明建设进行了学习考察。在学习考察期间，委员们还分别考察了蓬莱、威海市的城市文明建设情况，当地政协为委员们提供了大力帮助，并介绍了工作经验。

三届四次会议期间

1997年4月9日，召开了政协北京市房山区第三届委员会常务委员会第十八次扩大会议。会上全文学习了江泽民同志在全国人大和全国政协八届五次会议中共党员负责人会上的讲话及李瑞环同志在全国政协八届五次会议闭幕式上的讲话。魏士宽主席指出，江泽民同志和李瑞环同志的讲话为今后政协工作指明了方向，希望各位委员要加强学习，深入了解全国两会精神，并在实际工作中加以贯彻落实。

1997年5月至7月，在喜迎香港回归前，区政协组织委员开展了征文活动，《房山政协》连续刊登了区政协常委姜之杰《努力学习香港基本法，迎接香港回归》、中央统战部关于《一国两制的重大意义》、区政协委员王志鸿《庆祝九七香港回归》、区政协委员赵润东《不忘国耻、展望未来》等文章、

区政协副主席刘存泽、荣桂英等领导与委员一起学习座谈

诗词。通过开展征文活动,在全体政协委员中形成了学习香港基本法的良好氛围。

1997年6月下旬,区政协组织学习考察团赴辽宁省本溪市、丹东市学习考察,两市从"在履行职能过程中自觉坚持中国共产党的领导,紧紧围绕党委和政府中心工作履行职能,注重发挥委员主体作用,加强与有关部门配合,积极争取社会各界支持"等方面交流了经验。

1997年9月24日下午,区政协在房山宾馆召开了政协委员学习十五大精神座谈会。座谈会由区政协主席、学委会主任魏士宽主持。区政协副主席容桂英,区政协各界别委员、各民主党派代表20人参加了座谈。座谈会上,魏士宽主席说,党的十五大刚刚闭幕,全区人民正在认真学习贯彻十五大精神。今天我们政协学习委员会召开区政协委员及各界人士座谈会,委员们可以相互交流初步学习的感受,进一步领会江泽民总书记的报告,从而更好地学习十五大精神,做好本职工作。委员们一致认为,党的十五大是在我国改革和社会主义现代化建设承前启后、继往开来的重要时期召开的一次历史性会议。江泽民同志的报告是指引全党全国人民奔向21世纪的纲领性文件。十五大把邓小平理论写进中国共产党党章,作为党的指导思想,是以江泽民同志为核心的中国共产党的政治宣言。

魏士宽主席强调,政协委员学习、宣传、贯彻、落实十五大精神时:一要精学原著,要认认真真地学,准确把握报告的精神实质。二要联系实际,首先是联系自己的思想实际。要进一步解放思想,如对非公有制能否正确认识等方面,要打消心中的疑虑;其次要联系本职工作的实际,深入领会报告精神。三要联系政协工作的实际,真正理解报告中"坚持和完善中国共产党领导的多党合作和政治协商制度"的政治内涵,为房山区的两个文明建设更好地参政议政,建言献策。

三届五次会议期间

党的十五大召开以后,区政协向全体委员发出通知,要求委员在认真学习的基础上,结合工作实际写出学习体会。1998年4月至7月,共收到委员征文50余篇,在《房山政协》刊登了陈华莹委员《实行依法治国、必须加强社会主义法治建设》、韩宗喆委员《解放思想、实事求是》、白秀兰委员《认真学习十五大精神,努力搞好教育教学工作》、陈华中委员《健全民主制度、积极参政议政》、杨静萍委员《认清形势、努力工作》5篇学习体会,在委员中引起了共鸣。

1998年5月28日至6月7日,区政协组织部分委员到辽宁省本溪、丹东、大连等市学习考察,听取了三市关于做好换届选举工作经验介绍。

1998年10月22日,召开了政协北京市房山区第三届委员会常务委员会第二十五次扩大会议。会上,魏士宽主席全文传达了《贾庆林同志在传达贯彻十五届三中全会精神的全市党员领导干部大会上的讲话》。他要求全体常委及委员要认真学习中共十五届三中全会精神,特别要围绕"一个中心,三条制度,十个方针"抓好全会《决定》的学习,深刻领会和牢牢把握全会的精神实质,并结合工作实际抓好落实。

第七节 政协北京市房山区第四届委员会

政协北京市房山区第四届委员会自1999年1月至2004年1月,在五年任期内采取举办新委员培

第五编 学习、文史

训班、知识竞赛、报告会、座谈会、外出考察、政策研讨会、开展读书活动和征文等多种形式，认真抓好委员们的学习培训工作，不断提高委员的理论水平和专业素养，为委员知情知政、履行职责提供服务。

四届一次会议期间

1999年4月1日下午，区政协召开农村政策学习研讨会，重点学习了今年市政府出台的九项富民政策。区长助理、农委主任任全胜为委员作了深入细致的讲解，区落实九项政策领导小组成员刘春作了重点发言。会议由容桂英副主席主持。

1999年4月20日至22日，区政协第四届新委员学习班在十渡山光宾馆举办。区政协主席游来柱作了动员报告，区委副书记鲁勇在学习班结业式上讲了话。中央统战部及市政协领导分别就新时期统一战线工作，人民政协的性质、地位、作用及《章程》，政协提案和信息工作进行了四次讲解。三位老委员在学习班上介绍了自己履行委员职责的体会。委员们就学习情况进行了讨论和交流。常务副主席王晓芝，副主席万金峰出席了学习班。115名新委员参加了学习培训活动。

1999年8月27日，区政协、区委统战部、台办联合召开民主党派、"三胞"、台属座谈会，愤怒声讨李登辉"两国论"分裂言行。区民革、民建、民盟、农工、九三和工商联负责人，"三胞"、台属代表人士参加了座谈会。区政协常务副主席、统战部部长、台办主任王晓芝，区政协副主席容桂英出席了座谈会。座谈会上，大家愤怒声讨李登辉"两国论"的分裂言论，深刻揭露其分裂本质，并一致表示坚决和党中央保持一致，努力把各项工作做好，以实际行动回击李登辉的分裂言行。民主党派和工商联负责人容桂英、屈东升、李晓云、赵润东、王峙和杨学贞等同志说作了重点发言。最后，

游来柱主席出席四届新委员培训活动

王晓芝同志强调指出，在批判李登辉"两国论"这个大是大非的政治问题上，各位民主党派、工商联和"三胞"、台属代表立场坚定，旗帜鲜明，坚决捍卫国家和民族利益，与党中央保持高度一致。她希望大家把对李登辉的批判与做好本职工作有机结合起来，以更优异的成绩和出色的实际行动回击李登辉分裂祖国的罪行。

1999年9月17日，区政协与区委统战部，区台办联合举办台湾形势报告会，邀请中科院台湾研究所政研室主任朱卫东作报告，朱卫东就"两国论"的产生及危害，中国政府对于台湾问题的立场等问题进行了深入细致的阐述。区政协委员，区直各部、委、办、局、公司及各乡镇二百余人听取了报告。

区政协举办"庆祝建国五十周年、人民政协成立五十周年征文"活动。1999年9月中旬向全体委员发出通知，要求委员结合自己工作、生活或身边发生的喜人变化，回顾过去，展望未来，就本职或人民政协工作如何面向新世纪，面向我国民主政治发展的新形势畅所欲言，就如何当好跨世纪的政协委员发表真知灼见。征文活动的宗旨是在全体委员中开展一次爱国主义教育活动，使委员更多地了解祖国五十年来日新月异的深刻变化，把21世纪的中国建设得更加辉煌。稿件体裁以散文和评论为主。区政协将择优在《房山政协》及《北京观察》《房山报》刊登。

1999年10月11日，区政协组织各界别委员代表和机关干部认真学习江泽民总书记在纪念建国和人民政协成立五十周年大会上的讲话及中共十五届四中全会《决定》精神。赵润东、贡麟、李晓云、陈华中、韩宗喆、刘素媛、景方红、王贵、莘德艺、陶树芬等委员结合江泽民总书记的两个讲话和观看国庆盛典的所见所闻，围绕五十年来祖国发生的翻天覆地的喜人变化先后发言。学习活动由常务副主席王晓芝主持，游来柱主席出席活动并讲话。

1999年12月20日，我国政府将恢复对澳门行使主权，这是继香港回归之后中华民族的又一盛事。为使全体区政协委员和机关干部全面了解澳门的历史和现状，认识澳门回归祖国的重大意义，区政协于5月中旬至7月上旬举办了澳门知识竞赛活动，竞赛共发出试卷258份，收回答题卡150份。通过举办知识竞赛使委员们对澳门几百年的沧桑历史，有了较为系统的了解，激发了爱国主义热情。同时对中国共产党经过长期不懈的努力，洗雪百年国耻的历史有了更深刻的认识。

四届二次会议期间

2000年2月29日下午，区政协、区委统战部、区台办在区政协常委会议室联合召开了房山区各界人士学习《一个中国的原则与台湾问题》白皮书座谈会。区政协常务副主席、区委统战部部长、区台办主任王晓芝，区政协副主席、九三学社房山支社主委容桂英，区委统战部常务副部长马军，区委统战部副部长、区台办副主任廉亚强和区政协委员及全区各界人士代表共40余人参加了座谈。会议由王晓芝常务副主席主持。座谈开始前，王晓芝常务副主席首先简要介绍了国务院台湾事务办公室、国务院新闻办公室于2月21日发表的《一个中国的原则与台湾问题》白皮书的主要内容。随后，与会人员各抒己见，畅谈了学习的体会。民盟房山支部主委李晓云、民革房山支部主委赵润东、民建房山支部主委屈东升说，《一个中国的原则与台湾问题》白皮书是关于实现祖国完全统一的极为重要的文件，它系统阐述了我国政府坚持一个中国原则的立场和政策，阐述了解决台湾问题的基本方

区政协主席游来柱等领导与区四届政协常委学习中共十五届五中全会精神

针。白皮书的发表对于发展两岸关系、实现祖国的完全统一具有重大现实意义和长远意义，非常正确、及时，我们表示完全拥护。

区政协副主席、九三学社房山支社主委容桂英，农工民主党房山支部主委王峙、副主委赵伟，民进房山支部副主委顾梦红分别发了言。最后，王晓芝副主席希望全体区政协委员和区内各民主党派、无党派人士要学习和宣传好《一个中国的原则与台湾问题》白皮书这一文件精神，认真做好本职工作，为实现祖国的完全统一和中华民族的伟大复兴而共同奋斗。

2000年3月3日下午，区政协、区委统战部、区台办在良乡昊天假日酒店11楼多功能厅联合举办了"中美关系与台湾问题"形势报告会，报告会由中国社会科学院台湾研究所综合研究室主任刘红教授主讲。区政协常务副主席、区委统战部部长、区台办主任王晓芝主持报告会，区人大常委会常务副主任李福田、区政协副主席许志远、林义、万金峰出席了报告会。200多名区政协委员、区各民主党派负责人、无党派人士和区各部委办局负责统战的干部参加了报告会。报告会上，刘红教授就最近台湾岛内政局变化；台湾大选情况、我国政府对台政策以及中美关系等社会关注的热点问题进行了详细介绍。

2000年3月13日，召开了政协北京市房山区第四届委员会常务委员会第七次会议，常务副主席王晓芝主持了会议。会议传达了市、区有关文件精神。会上，与会常委认真学习了房山区人民政府办公室转发的《北京市政府办公厅关于加强办理人大代表建议、政协委员提案的通知》和区委书记王凤江在全区精神文明建设动员大会上的题为《唱响主旋律 打好主动仗》的报告精神。游来柱主席出席并讲了话，要求与会者要认真学习全国政协会议精神。

2000年4月29日，北京燕山石化集团公司政协委员召开了"学习全国政协九届四次会议精神"座谈会，区政协常务副主席王晓芝、副主席林义及北京燕山石化集团公司组织部有关领导出席了座谈会。会上，委员们听取了北京市政协副主席沈仁道关于全国政协九届四次会议情况介绍的讲话录音，学习了解了会议的有关精神。委员们表示一定要认真学习贯彻全国政协九届四次会议精神，切实履行政协职能，努力为我区经济社会发展建言献策。

2000年10月27日，区政协、区委统战部联合举办了中共十五届五中全会精神学习座谈会，区政协常委、民主党派负责人及各专门委员会主任、副主任参加了学习座谈会。学习座谈会由区政协主席游来柱主持，副主席王晓芝、容桂英、马文仲、万金峰出席。会上，王晓芝副主席传达了江泽民同志在中共十五届五中全会上的重要讲话精神；学习了朱镕基总理就制定《国民经济和社会发展第十个五年计划的建议》所作的说明及《建议》全文。

在讨论中，委员们一致认为，中共十五届五中全会及制定的《建议》高瞻远瞩，审时度势。根据党的十五大关于跨世纪发展的总体部署和当前的现实情况，从经济发展、改革开放、科技教育、精神文明与民主法制建设及人民生活等方面提出了"十五"的主要奋斗目标和任务。强调要把发展作为主题，把结构调整作为主线，把改革开放和科技进步作为动力，把提高人民生活水平作为根本出发点，是非常正确的，是深得民心的。

四届三次会议期间

2001年4月5日，区政协召开统战、政协工作座谈会，学习座谈全国统战工作会议和全国政协九届四次会议精神。会上，委员们踊跃发言，畅谈了自己的学习体会和感想，对全国统战和政协工作所取得的伟大成就给予高度赞扬，对新世纪统战与政协工作充满信心和希望。容桂英副主席出席会议。

2001年4月29日，燕化委员活动组召开全国政协九届四次会议精神学习座谈会。会上，听取了市政协副主席沈仁道关于全国政协九届四次会议情况介绍的讲话录音。在座谈中，委员们表示要认真学习贯彻全国政协九届四次会议精神，切实履行政协职能，努力为我区经济社会发展建言献策。常务副主席王晓芝出席并介绍了第七届旅游文化节的筹办情况。委员们还就北京燕山石化集团公司改革和燕化地区今后的发展问题进行了讨论。

2001年6月13日，区政协在区房土局举办了各专委会和委员活动组负责人培训班。市政协研究室副主任夏潮就如何发挥界别作用进行了辅导；市政协学委会副主任宁奭就政协的学习工作与委员们进行了座谈。培训班由常务副主席王晓芝主持，游来柱主席，容桂英、马文仲、万金峰副主席出席。

夏潮同志主要讲了以下几个问题：一、人民政协必须重视界别的特点，加强政协委员的队伍建设；二、人民政协只有突出界别的特点，发挥界别的作用，才能更好地履行职能；三、政协组织要认真研究新时期社会各阶层的状况，重视各种利益群体的变化，从实际出发合理设置界别；四、要根据界别的特点和要求开展活动，充分调动各界委员参政议政的积极性。辅导后，与会同志对如何发挥专委会及委员活动组作用，提高委员素质，更好的参政议政进行了热烈的讨论。常务副主席王晓芝做了总结。指出，这个培训班办得很成功，层次很高，理论性很强，对大家启发很大。通过学习和培训，使大家开拓了思路，进一步明确了政协参政议政职能和如何发挥界别的作用，对今后更好地开展我区政协工作起到了指导和推动作用。

2001年6月14日，区政协举办了房山区"三五"普法情况通报会，区司法局局长刘纪敏就我区

"三五"普法工作实施情况及"四五"普法初步设想向部分政协常委、社法委成员及良乡地区委员做了详细的介绍。会议由区政协副主席、社法委主任万金峰主持。常务副主席王晓芝、副主席容桂英出席会议。

2001年6月15日，区政协党组书记、主席游来柱为机关全体干部职工作了题为《正确对待权力，甘作人民公仆》的党课报告，结合政协工作的实际，着重讲了三个方面的问题：一、树立正确的权力观，是加强执政党地位的重要保证；二、当前错误权力观的几种突出表现；三、树立正确的权力观，应注意的几个问题。游来柱主席要求区政协机关全体干部职工要充分认识加强政协"权力观"教育的重大意义，从成克杰、胡长清等腐败典型案件中汲取教训，进一步坚定理想信念，树立正确的世界观、人生观、价值观；正确对待同志、正确对待组织、正确对待群众；树立正确的利益观、保持平和的心态；慎交朋友、远离小人；坚持原则，从我做起，廉洁从政，为党的事业、为人民政协工作做出新的贡献。

2001年7月4日上午，区政协、区委统战部共同召开了学习江泽民总书记"七一"重要讲话座谈会。区政协党组书记、主席游来柱，区政协副主席万金峰，秘书长唐荣等出席座谈会。区各民主党派和工商联负责人、区政协部分常委共20余人参加了座谈。在座谈中，与会者一致认为，江泽民总书记"七一"重要讲话高屋建瓴，总揽全局，通篇贯穿解放思想、实事求是的思想路线，是一个马克思主义的纲领性文献，对我们按照"三个代表"的要求进一步做好政协工作有着非常重要的指导意义。区政协常务副主席、区委统战部部长王晓芝主持了座谈会。

2001年9月29日，区政协、区委统战部召开学习十五届六中全会精神座谈会。座谈中，与会者表示拥护党的十五届六中全会公报，拥护全会对江泽民同志在建党80周年大会上的讲话的高度评价，并表示要以这次会议为契机，全面贯彻六中全会精神，开拓进取，扎实工作，以新的精神面貌创造新的辉煌。区政协主席游来柱，就学习六中全会《公报》提出三点要求：一是要站在党的自身使命和历史使命的高度，站在中国共产党永远立于不败之地，永远保持先进性的高度，充分认识六中全会《决定》的重要意义；二是在我国进入新的世纪、面临加入世贸组织的新形势下，全面理解《决定》中的"八个坚持、八个反对"的深刻内容；三是切实抓好《决定》的贯彻落实，全体党员委员和机关党员干部要在实际工作中起模范带头作用。副主席容桂英，秘书长唐荣出席了会议。常务副主席王晓芝主持了会议。

四届四次会议期间

2002年5月13日，区政协召开调研工作研讨会，邀请原国务院调研室副主任姬业成，市政协副秘书长、研究室主任张平夫，区研究室主任康宝和及部分委员就如何做好政协的调研工作进行了研讨。会上，姬业成同志结合多年从事调研工作的实际，强调了搞好调查工作的重要性，特别是针对当前调研工作中普遍存在的一些问题谈了体会。研讨会由区政协常务副主席王晓芝主持，区政协主席游来柱、副主席荣桂英、区政府区长助理赵瑾璐、区政协秘书长唐荣出席了会议。

2002年5月23日，区政协学委会委员赴延庆县参观学习，听取了延庆县政协主席王孝彬关于县城城镇规划与建设等方面的情况介绍，参观了县城的国际会议中心、夏都公园、万人体育馆和妫河广场等体育、文化设施，并游览了龙庆峡风景区，使委员们真切地感受到了延庆县在经营现代化城镇过程中给人们带来的喜人的变化。王晓芝常务副主席出席活动并讲话。

2002年7月30日，区政协召开了进一步发挥民主党派作用研讨会。会上，各民主党派负责人围绕"如何发挥民主党派作用"、"如何更好地参政议政"、"民主党派委员在履行政协职能中的体会和认识"以及"在发挥民主党派作用中存在的问题"等畅所欲言。区政协主席游来柱、副主席容桂英、秘书长唐荣出席了研讨会。研讨会由区政协常务副主席、区委统战部部长王晓芝主持，区委统战部领导应邀出席了研讨会。

2002年11月15日上午，区政协召开学习中共十六大精神座谈会。会上，部分常委、委员和各民主党派负责人结合本职工作，纷纷畅谈了学习体会。一致认为，中共十六大开得非常成功，是一次团结的大会、胜利的大会、催人奋进的大会，与会者对大会的圆满成功表示热烈的祝贺。

四届五次会议期间

2003年3月17日，区政协机关召开"实践'三个代表'，优化发展环境"主题教育活动动员会。区政协党组副书记、常务副主席兼领导小组组长王晓芝结合传达区委副书记范文彦在全区动员会上的报告精神，就区政协机关开展"实践'三个代表'，优化发展环境"主题教育活动作了动员和部署。区政协党组书记、主席游来柱，副主席容桂英，秘书长唐荣出席动员会。机关党支部书记刘永成主持会议。

2003年3月17日，区政协机关召开学习十六大精神交流会，政协机关全体党员、干部、职工以及机关离退休的老同志交流了学习十六大精神的感受和体会。区政协主席游来柱，常务副主席王晓芝，副主席容桂英，秘书长唐荣出席会议。机关党支部书记刘永成主持会议。

2003年3月19日，区政协城关南片活动组在召集人张志宏委员组织下，就如何落实区政协综合工作会议精神在城关镇南关村组织了学习活动。区政协副主席容桂英出席了活动。

2003年3月20日，区政协、区委统战部联合组织部分政协常委、委员和各民主党派、工商联负责人、少数民族代表，召开了学习"全国政协十届一次会议和十届全国人大一次会议"精神座谈会，区政协主席游来柱，副主席万金峰出席座谈会。座谈会由区政协常务副主席、统战部部长王晓芝主持。

2003年6月24日，区政协机关党支部组织全体党员、干部职工开展学习活动，区政协党组书记、主席游来柱就如何优化发展环境、保持先进性、加强党风廉政建设问题作了专题辅导。副主席容桂英、秘书长唐荣出席会议。会议由政协机关党支部书记刘永成主持。

第八节 政协北京市房山区第五届委员会

政协北京市房山区第五届委员会从2004年1月至2006年12月，在三年任期内，常委会从提高政协队伍素质入手，加大学习培训力度，创新方式方法，完善学习制度和学习计划，搭建学习平台，积极为委员学习提供服务，使委员及时了解党的方针政策、国情、市情、区情，知情明政。同时引导组织委员围绕中心议大事，积极履行政协三大职能。

第五编
学习、文史

五届一次会议期间

2004年3月25日上午，区政协召开了部分常委、各民主党派、工商联负责人、少数民族委员代表、机关各室主任参加的学习贯彻"两会"精神座谈会。区政协主席范文彦出席。座谈会由秘书长唐荣主持。座谈会上，区政协学习委员会常务副主任沙秀英组织学习了《人民日报》发表的"两会"社论和全国政协十届二次会议政治决议。之后，与会人员进行了热烈的座谈发言，一致认为，"两会"高举邓小平理论和"三个代表"重要思想的伟大旗帜，深入贯彻中共十六大和十六届三中全会精神，是民主、求实、团结、鼓劲的大会，对于全国各族人民把全面建设小康社会伟大事业推向前进，必将起到重要的作用。委员们对新通过的《宪法》修正案和政协《章程》修正案表示坚决拥护，并给予了高度评价，对"两会"的圆满成功表示热烈的祝贺。

2004年3月29日至4月1日，区政协第五届委员会新委员培训班在昊天假日酒店举办，100余名新委员参加了培训。区政协主席范文彦，常务副主席王晓芝，副主席万金峰、赵润东、邵进，秘书长唐荣出席培训活动。培训班上，北京市政协副秘书长孙聿，副秘书长、研究室主任张平夫，提案办公室主任杜德平就人民政协的性质、地位、作用、政协如何反映社情民意、如何做好提案工作分别做了辅导报告；老委员代表及参加培训的委员们一起交流了学习体会。范文彦主席在培训班总结会上向新委员们提出三点要求：一是要不断加强政协理论知识的学习。二是要认真履行各项职能，要坚持权利和责任的统一。三是要努力提高自身素质，增强组织纪律观念。

2004年4月21日第四委员活动组开展学习交流活动，收听了全国政协四局局长原冬平关于"认真学习政协章程，努力做好政协工作"的报告录音并座谈了全年的活动组工作计划，区政协主席范文彦，秘书长唐荣出席。范文彦主席在讲话中强调政协委员要做到两个提高：一要提高个人素质，注重统战理论、政协知识的学习。二要提高组织纪律观念，积极参加政协活动。

2004年4月29日至6月底，利用两个月时间，在政协机关干部中开展"学习政协章程，加强作风建设"大讨论活动。大讨论以"三个代表"重要思想为指导，以学习政协章程为内容，以营造良好的机关氛围和工作环境为目标，进一步整顿机关作风，健全机关工作制度，增强机关工作人员服务大局的观念，重点解决在工作创新方面、行为规范方面、合作共事方面存在的问题，把政协机关建成优质高效的服务枢纽和委员之家。大讨论安排了党课教育、征求意见、知识竞赛等一系列教育活动。根据活动安排，范文彦主席于4月29日为机关全体人员讲了题为《加强学习，提高素质，进一步加强作风建设》的党课。

2004年6月24日上午，区政协举办"迎七一、学章程、爱委员"知识竞赛，区政协主席范文彦，常务副主席王晓芝，副主席许志远、万金峰、肖武、邵进及秘书长唐荣出席。区政协离退休老领导，各民主党派主委及机关工委，区委办、区人大办、区政府办支部的主要负责人应邀出席了知识竞赛活动。各委员活动组组长及部分委员参加了此次活动。参加竞赛的区政协机关及党派委员共四支代表队经过激烈角逐，分别获得一、二、三等奖。

2004年8月28日，区政协、区委统战部举行纪念邓小平诞辰100周年座谈纪念活动，组织区各民主党派主委、副主委和部分委员到中华世纪坛，参观《亲切的关怀，深切的思念——邓小平在北京图片展》。区政协主席范文彦，副主席赵润东、肖武，秘书长唐荣等出席活动。在参观后的座谈会上，各界人士联系我国改革开放后，给国家和人民生活带来的巨大变化，缅怀了一代伟人邓小平同志的丰功伟绩，缅怀他为中国革命、建设、改革事业建立的不朽历史功勋，追思他的崇高思想品德和伟大人格魅力。

2004年9月24日上午，区政协、区委统战部联合在区政府东二楼报告厅举办台湾形势报告会，邀请全国政协港澳台侨局乐美真局长作了一场专题报告。区政协领导许志远、万金峰、赵润东、肖武、邵进、容桂英、唐荣出席报告会，区政协全体委员、区各民主党派全体成员、区直各部委办局乡镇主管统战工作的负责人共300多人参加了报告会。报告会由区政协常务副主席、区委统战部部长王晓芝主持。

报告会上，乐美真局长从台湾的地理概况及历史、台湾问题的由来及实质、目前台湾岛内局势、中央对台方针政策的发展及主要内容四个方面进行了认真分析。对台湾目前的形势以及中央对台湾的态度等作了介绍。从战略和全局的高度，客观、全面、辩证地分析了台湾问题的总体形势和发展趋势。并就今年台湾地方选举的相关情况、陈水扁的"台独"阴谋及我中台办"5.17"声明精神实质等向与会人员作了详细介绍。

2004年10月20日，区政协党组召开了动员会，对区政协学习贯彻中共十六届四中全会精神做出了安排，即从10月15日到12月底，利用两个月的时间集中进行学习，学习活动分为学习研讨、查摆问题及整改三个阶段。整个活动将在全面学习《决定》的基础上，紧密围绕政协工作，突出"不断提高参政议政促发展"和"不断提高推进社会主义民主政治"及"不断提高构建社会主义和谐社会"的三个能力。区政协党组副书记、常务副主席王晓芝对全体干部提出三点要求：一要充分认识学习中共十六届四中全会精神的重大意义。二要紧密结合政协工作实际，深入贯彻四中全会精神。三要紧密联系当前的工作实际，做到学用结合。学习活动要严格按照区委的要求，分阶段、分步骤抓好落实，确保收到实效。

2004年10月27日，区政协机关举办学习十六届四中全会精神专题报告会，聘请区第一指导团成员、区委党校教研室副主任刘国锋作了"全面深刻的认识理解社会主义民主政治的深刻内涵，为学习贯彻《决定》打下牢固的思想基础"的专题辅导报告。刘国锋同志主要阐述了三个方面问题：一是不断提高对发展社会主义民主政治的能力的重要性的认识；二是社会主义民主政治的内涵和基本特征；三是充分发挥政协作用，深入贯彻四中全会精神。区政协领导王晓芝、容桂英、唐荣出席报告会。

2004年12月10日上午，区政协在区政府东二楼报告厅举办国际形势报告会，邀请北京大学国际关系学院副院长贾庆国教授作了题为"世界格局与我国安全"的专题报告。区政协领导范文彦、游来柱、王晓芝、赵润东、邵进、容桂英、唐荣出席报告会。区政协全体委员、区各民主党派全体成员、区直各部委办局、乡镇主管统战工作的负责人共200多人参加了报告会。报告会由区政协常务副主席、区委统战部部长王晓芝主持。

2004年12月24日，区政协召开了《中共中央关于坚持和完善中国共产党领导的多党合作和政治协商制度的意见》颁布15周年座谈会。区政协主席范文彦，副主席赵润东、肖武，秘书长唐荣出席座谈会，各民主党派负责人和部分委员代表参加了座谈会。区政协常务副主席王晓芝主持了会议。座谈会上，区内各民主党派负责人和委员代表就如何更好地坚持和完善中国共产党领导的多党合作和政治协商制度，切实履行好参政议政职能等问题进行了交流和探讨。各民主党派负责人结合自身特点和实际畅谈了对坚持中国共产党领导的多党合作和政治协商这一基本政治制度重大意义的认识，还就进一步贯彻落实好《意见》精神，切实搞好参政党建设，推进我区各项事业的发展提出了明年的工作思路。

范文彦主席讲话指出，要真正贯彻和落实好《意见》精神，首先做到四点：一要站在中共十六届四中全会提出的构建和谐社会的高度认识和理解《意见》颁布的历史意义和现实意义。二要落实好《意见》精神，各级党委要对《意见》加深理解，真心诚意地为各民主党派开展工作创造有利条件；三要在建立制度保障的同时，还要制定实施细则，从而促进落实的力度；四要不断加强和提高各民主党派组织及其成员的自身素质，努力提高其构建和谐社会的综合能力。

五届二次会议期间

2005年3月1日，区政协机关召开全体党员干部职工和离退休老党员大会。会上，范文彦主席讲了题为《把握先进性内涵，充分发挥党员先锋模范作用》的党课。

范文彦主席强调指出，胡锦涛同志在新时期保持共产党员先进性专题报告会上的讲话中所讲到的"两个必须"，对每位共产党员更好地保持先进性提出了明确要求，希望全体同志要深入领会，自觉地用其指导自己的学习和实践。范文彦主席还就新时期保持共产党员先进性与做好政协工作二者如何有机地结合提出四点要求。一是勤奋学习。要结合各自的岗位职责，加强学习，不断提高理论、业务水平和工作能力，为此要制定个人的学习计划和目标。二是勤奋工作。要端正工作态度，振奋工作精神，提高工作标准，兢兢业业地创造出一流的工作业绩，无愧于共产党员这个光荣的称号。三是团结同志，构建和谐的人际关系。每名共产党员都要成为"黏性颗粒"，做团结的模范，既要有求同存异的思想认识，还要有宽容大度、虚怀若谷的胸襟。四是讲求道德，不断增强个人修养。在工作中坚持严格遵守党的纪律，廉洁从政，在社会生活中要展示良好的道德修养，真正做到"在政协机关做个好党员，在社会做个好公民"。

2005年3月25日，区政协、区委统战部召开《反分裂国家法》学习座谈会，区各民主党派负责人和区政协台胞、台属等界别委员代表参加了座谈会。区政协主席范文彦，副主席许志远、赵润东、肖武及秘书长唐荣出席。会议由区政协常务副主席、区委统战部部长王晓芝主持。与会人员认为，新颁布的《反分裂国家法》是中国政府和人民反对外部干涉台湾问题、促进祖国统一的重大举措和战略部署，是海内外中华儿女的共同愿望和坚定意志的集中体现，符合海峡两岸人民的根本利益和共同福祉；《反分裂国家法》的颁布，对促进两岸关系、争取祖国和平统一将起到重要的推动和保障作用。大家表示，作为民主党派成员和政协委员坚决拥护《反分裂国家法》的颁布和实施，绝不允许"台独"分裂势力以任何名义、任何方式把台湾从中国分裂出去，要利用多种形式积极宣传这部法律，为祖国的和平统一做出自己的贡献。

2005年3月31日上午，区政协、区委统战部在区政府东二楼报告厅联合举办学习《反分裂国家法》辅导报告会，邀请中国社会科学院台湾研究所副所长周志怀作专题报告。区政协委员、各民主党派成员以及区直各部委办局、乡镇主管统战工作的负责人等300多人参加了报告会。区政协领导范文彦、许志远、万金峰、赵润东、肖武、邵进、容桂英、唐荣等出席报告会。报告会由区政协常务副主席、区委统战部部长王晓芝主持。报告会上，周志怀副所长对《反分裂国家法》的立法过程、立法背景、立法依据、主要内容以及重要意义等六个方面进行了认真分析和阐述。周志怀强调，《反分裂国家法》

不是战争动员法,而是战争预防法。从法律地位上来说,属于宪法中的相关法,因为它涉及国家主权、领土完整、一国两制等国家的基本制度。是维护国家主权和领土完整的法律,表达的是国家的核心利益、人民的共同利益和民族的根本利益。《反分裂国家法》通篇体现了和平统一、一国两制这条主线,与胡锦涛同志的四点意见构成了新的中央领导集体的对台方针,成为今后对台工作的纲领性文件。

2005年8月3日,区政协举办提案工作培训班,特邀北京市政协提案委员会专职副主任任英英辅导讲课。区政协常委,各党派、团体及各专委会、委员活动组负责人,燕山、良乡、城关人大政协联络室主任参加了培训。区政协领导范文彦、许志远、万金峰、赵润东、肖武、邵进、唐荣出席了培训活动。任英英副主任结合市政协第四次提案工作会议精神,从理论与实践的结合上就提案的性质、地位和作用进行了全面阐述,尤其对如何撰写高质量的提案提出了明确的要求。通过讲解,参加培训的委员进一步提高了对提案工作的认识,掌握了撰写好提案的要领和技巧,为提高提案的撰写质量奠定了基础。

2005年11月24日,区政协、区委统战部联合举办学习中共十六届五中全会精神辅导报告会,邀请中央党校教授、博士生导师周锡荣围绕学习中共十六届五中全会精神作专题辅导,并请区政府王忠海副区长就全区新农村建设问题作专题报告。区政协委员、各民主党派、工商联成员以及全区各单位主管统战工作的负责人等300多人参加了报告会。区政协主席范文彦,副主席许志远、万金峰、肖武及秘书长唐荣出席会议。报告会由副主席许志远主持。

报告会上,周锡荣教授从制定国民经济和社会发展第十一个五年规划的指导思想、《中共中央关于制定国民经济和社会发展第十一个五年规划的建议》的主要特色、《建议》全文的创新之处、"十一五"规划的主要任务和奋斗目标等四个方面分析和阐述了十六届五中全会的重大意义和深刻内

中央党校教授周锡荣为委员作学习中共十六届五中全会辅导报告

涵，为大家全面深入地了解和把握全会精神起到重要的指导作用。

五届三次会议期间

2006年4月6日，区政协、区委统战部举办学习《中共中央关于加强人民政协工作的意见》报告会，邀请全国政协研究室理论局副局长、房山区政府副区长王贵平作专题报告。区政协委员、各民主党派成员以及全区各单位主管统战工作的负责人等200多人参加了报告会。区政协主席范文彦，副主席万金峰、肖武、邵进出席报告会。报告会由秘书长唐荣主持。

报告会上，王贵平同志就《意见》出台的背景、基本内容和重要理论、如何深入学习贯彻《意见》等三个方面的内容进行了讲解，深入阐述了人民政协事业在中国特色社会主义事业中的性质、地位和作用。

2006年9月21日，区政协召开学习《江泽民文选》辅导报告会，与会的区政协常委、学习委员会委员观看了中央党校副校长李君如所作的专题辅导录像。区政协主席范文彦、副主席肖武及秘书长唐荣出席会议。报告会由常务副主席王晓芝主持。报告中，李君如教授从《江泽民文选》的理论贡献、创立"三个代表"重要思想历史过程的生动记录、学习"三个代表"重要思想的现实意义、学习江泽民同志的科学态度和创新精神等四个方面作了详细论述。

2006年10月17日，区政协、区委统战部联合召开学习中共十六届六中全会精神座谈会，区政协主席范文彦、副主席万金峰、赵润东、肖武等领导出席会议。座谈会由区政协常务副主席王晓芝主持。与会人员学习了中共十六届六中全会公报，各民主党派负责人和部分政协委员代表就学习全会精神、构建和谐社会的体会发了言。大家一致表示，坚决拥护中共十六届六中全会作出的《中共中央关于构建社会主义和谐社会若干重大问题的决定》，要认真学习领会、深入贯彻全会精神，发挥民主党派、人民团体和政协委员的优势，积极为我区和谐社会建设做出贡献。范文彦主席就中共十六届六中全会精神的学习贯彻提出要求，学习中共十六届六中全会精神是当前首要的政治任务。通过学习要明确构建社会主义和谐社会的现实意义，深刻领会全会提出的构建和谐社会的指导思想、目标任务、工作原则和重大部署。他强调，和谐社会建设需要在中国共产党的领导下，全社会共同努力，我们区政协以及参加政协的各民主党派、各个团体、各个界别和全体政协委员，都要着眼于全区和谐社会建设的全局，发挥各自的优势，做好本职工作，积极为和谐房山建设献计出力。

第九节 政协北京市房山区第六届委员会

房山政协成立以来，随着历届政协的不断探索创新、政协职能的不断规范，委员的学习和培训工作也逐步进入制度化、规范化的轨道。政协北京市房山区第六届委员会自2006年12月至2011年12月，在五年任期内，注重政协队伍建设，采取多种形式对常委、委员和政协机关干部进行理论和专业知识培训，不断提高政协工作者的理论素养和履职能力。

六届一次会议期间

2007年2月4日,农村委集中学习中央文件精神,常务副主席王晓芝带领大家认真学习了《中共中央、国务院关于积极发展现代农业扎实推进社会主义新农村建设的若干意见》精神,并就有关问题作了重点辅导。委员们结合中央文件精神,围绕2007年农村委的工作,纷纷发表意见。一致认为,农村委2007年工作计划,围绕全区中心工作开展活动,符合实际,切中重点。农村委全年将围绕加强农业产业基地建设、山区农民增收致富等问题开展调研和考察视察活动。

2007年3月21日至23日,区政协举办新委员培训班,区委书记聂玉藻、区政协主席范文彦出席并讲话。常务副主席王晓芝,副主席李惠英、高维魁、赵润东、肖武及秘书长李金田出席了培训活动。市政协副秘书长孙聿、张平夫和提案委员会副主任任英英围绕人民政协的性质、地位、作用,调研与反映社情民意,政协提案的撰写等内容作了报告,老委员李晓云、田新华、顾梦红向新委员介绍了多年来参政议政的体会。

聂玉藻书记对近几年来区政协工作给予了充分肯定,对广大政协委员在履行政协职责中发挥的突出作用,以及在群众中树立的较高形象给予了高度评价,结合全区经济社会的发展实际对全体委员提出四点要求:一、珍惜职务,积极参政议政,在推进全区经济社会又快又好地发展中发挥应有的作用。二、不辱使命,充分发挥参政议政作用。三、模范在先,在推进经济社会发展中首当其冲。四、把握区情,全面履行好职责。围绕建设富裕、靓丽、文明、和谐的新房山,积极发挥委员作用。

2007年7月12日,学习与文史委员会举办首都隐蔽战线工作报告会,北京市国家安全局驻房山区工作站站长、区政法委副书记杨四奇介绍了首都隐蔽战线工作情况。播放了反映以美国为首的西方世界对东欧和平演变的内部专题资料。范文彦主席、李金田秘书长出席报告会。

2007年7月13日,政协机关党支部组织学习胡锦涛总书记"6.25"讲话并举行党员承诺仪式,区政协党组书记范文彦要求:一、胡锦涛总书记的重要讲话,旗帜鲜明,内涵丰富,为十七大的胜利召开奠定了政治、思想和理论基础。讲话中鲜明提出的四个"坚定不移",是对建党以来、执政以来、改革开放以来以及十六大以来党的成功经验的总结、继承和发展,为全党进一步指明了方向。作为政协机关工作者要在深入学习的基础上,通过组织专题讲座、交流学习体会等形式,进一步提高思想认识,为加快我区经济与社会发展做出新成绩。二、在党员承诺活动中,机关每位共产党员要结合自身思想与工作实际,制定切实可行的承诺内容,并认真落实到实际工作当中,以此促进机关各项工作更加有效地开展。区政协党组成员和机关全体工作人员出席了承诺仪式。

2007年7月24日,区政协、区委统战部召开学习胡锦涛同志"6.25"讲话座谈会,区各民主党派、各人民团体负责人、部分政协委员参加了座谈会。区政协主席范文彦,副主席李惠英、万金锋,秘书长李金田出席座谈会。会议由区政协常务副主席、区委统战部部长王晓芝主持。许兆雄、李晓云、高德民、李庆海、翟东等委员畅谈了学习体会。

范文彦主席在座谈会上发表重要讲话:一、要提高对"讲话"重大意义的认识,把学习"讲话"作为当前一项重要政治任务来抓。二、要准确把握"讲话"的基本观点和思想内涵,切实学深、学透、学扎实。三、要联系实际。要联系当前我国经济与社会发展实际,明确"讲话"的针对性和重大意义;要联系我区现代化建设实际,对照"讲话"精神,研究改革发展中的问题,提出意见和建议;要联系本单位以及本人的思想与工作实际,通过学习提高思想认识,明确工作方向,切实发挥好职能作用。

2007年10月25日,区政协、区委统战部举办学习中共十七大精神座谈会,与会人员交流了学习心得体会。一致表示要发挥民主党派、人民团体和政协委员的优势,紧紧围绕区委区政府中心工作,认真履行职能,扎实贯彻十七大会议精神,把全部智慧和力量凝聚到实现十七大提出的目标任务上来,更加主动地融入我区经济社会发展的大格局中,为全面推进我区经济社会又好又快地发展而努力。范文彦主席讲话指出,刚刚闭幕的中共十七大,是在我国改革发展关键阶段召开的一次十分重要的大会。这次大会全面回顾了改革开放以来中国共产党团结带领全国各族人民建设中国特色社会主义的伟大历史进程和宝贵经验,对继续推进我国改革开放和社会主义现代化建设、实现全面建设小康社会的宏伟目标指明了方向。这次大会的召开,影响深远,意义重大。认真学习贯彻中共十七大精神,是人民政协当前和今后一个时期的重大政治任务。他要求全体委员:一、认真学好十七大报告,深刻领会其精神实质;二、认真学习十七大报告中关于统一战线、人民政协工作的论述,把学习贯彻大会精神与履行政协职能,推进政协工作制度化、规范化和程序化结合起来;三、认真履行政协委员职责,做好本职工作,为我区各项事业健康发展做出新贡献。座谈会由副主席肖武主持。区各民主党派和人民团体负责人、各界别委员代表参加了座谈会。区政协常务副主席王晓芝、副主席李惠英、秘书长李金田出席了座谈会。

六届二次会议期间

2008年3月25日,区政协、区委统战部联合举办学习中共十七大精神报告会,北京市十七大精神宣讲团成员、首都师范大学教授郭海燕从十七大报告主题、中国特色社会主义道路的内涵及理论体系、深入贯彻落实科学发展观、进一步壮大爱国统一战线等七个方面分析和详细阐述了十七大的主要内容和深刻内涵。区政协委员,区各民主党派成员,区工商联执委及部分社区干部参加了报告会。大家表示,要更加深入学习宣传贯彻中共十七大精神,把思想、认识、行动统一到中共十七大精神上来,为推动我区经济和社会又好又快地发展,构建和谐房山做出积极贡献。报告会由区政协常务副主席、区委统战部部长王晓芝主持。区政协主席范文彦,副主席万金峰、赵润东、肖武,秘书长李金田出席了报告会。

2008年10月15日,区政协举办第二届首都西南区域经济发展论坛房山分论坛,区政协主席范文彦,区政府副区长王忠海,区政协副主席万金峰、赵润东以及丰台区、石景山区、门头沟区、大兴区政协的领导出席论坛。部分政协委员、民主党派负责同志以及政府有关部门、各乡镇有关领导140余人出席论坛。论坛由区政协副主席李惠英主持。

房山分论坛的主题是"首都西南区域旅游及文化创意产业发展",来自民主党派、国家和市有关科研单位、旅游局的负责人和政协委员代表围绕主题发表了演讲,从构建北京市西南五区旅游文化产业集群、发挥历史文化资源作用,加强五区合作等方面阐述了促进西南五区旅游和文化创意产业发展的建议。

2008年11月6日,区政协召开学习中共十七届三中全会精神座谈会,副主席肖武主持会议。范文彦主席在讲话中提出三点要求:一、要认真学习,提高认识。十七届三中全会做出的战略决策,标志着我国总体上已进入以工促农、以城带乡的发展阶段,进入加快改造传统农业、走中国特色农业现代化道路的关键时刻,进入着力破除城乡二元结构、形成城乡经济社会发展一体化新格局的重要时期。政协委员要对新形势有充分认识,积极参与进来,建言献策。二、要联系实际,解放思想。首先要认真研读全会《决定》和相关辅导材料,做到准确理解和把握。同时,要注重学习各级文件,找准市、区落实全会精神的落脚点。三、要选准角度,履行职责。在学习过程中,要从市、区实际出发,以全会精神为指导,对我区农村改革发展进行深入思考,找准政治协商、民主监督、参政议政的切入点,在我区农村改革发展中充分发挥政协组织和委员的作用。

六届三次会议期间

2009年3月18日,区政协召开深入学习实践科学发展观教育活动动员会,会议由高维魁副主席主持。范文彦主席在动员讲话中要求:一、充分认识开展学习实践活动的重要意义。开展深入学习实践科学发展观活动,是用科学理论武装党员干部的需要,是促进"三保"任务实现,建设"产业友好、生态宜居新房山"的需要,是进一步做好政协工作、实现科学履职的需要。二、学习实践活动的目标要求。一要把握学习实践活动的指导思想。二要坚持四个原则。坚持解放思想;突出实践特色;贯彻群众路线;正面教育为主。三要解决"八个问题"。四要实现五大目标。在提高思想认识上取得实效;在查找薄弱环节、解决实际问题上取得实效;在"三化"建设上取得实效;在振奋精神,改进作风上取得实效;在切实加强今年的政协工作上取得实效。三、切实加强对学习实践活动的组织领导。一要提高认识,认真组织。二要深入学习,打好基础。三要有的放矢,务求实效。四要统筹协调,加强领导。做到领导到位、认识到位、措施到位、工作到位,切实把握好学习实践活动的方向,

区政协主席范文彦等领导参加新任政协委员培训班

保证学习实践活动的顺利进行。

区委指导检查组组长许世君在讲话中对区政协开展科学发展观教育活动提出要求：要认清形势，提高认识；要精心组织，扎实推进；要抓住特点，创新特色；要加强领导，确保实效。副主席李惠英、秘书长李金田、党组成员肖凤云出席了动员会。

2009年3月26日，区政协、区委统战部联合举办学习中共十七届三中全会精神辅导报告会，报告会由副主席肖武主持。全体政协委员，区各民主党派成员，区工商联会员，区私个协会员，拱辰、西潞街道部分社区干部，政协机关离退休老干部及机关全体人员300余人参加了报告会。区政协主席范文彦，副主席李惠英、高维魁、万金峰、赵润东，秘书长李金田出席报告会。国务院发展研究中心市场经济研究所副所长程国强教授在报告中剖析了在金融危机背景下的"三农"问题，阐述了我国应对当前经济形势和"三农"问题的策略，展望了我国经济发展和新农村建设的美好前景。

2009年4月8日，区政协召开学习科学发展观交流研讨会，机关全体副处级以上党员干部及全体党员紧紧围绕为什么要科学发展、什么是科学发展、如何科学发展这个主题，紧密结合全区"三化两区"建设和区政协工作实际，交流研讨了对科学发展观的认识和体会，决心把科学发展观落实到履行政协三大职能工作中，为促进全区经济社会全面、协调、可持续发展做出新的贡献。

范文彦主席出席会议并讲话。副主席李惠英、秘书长李金田、党组成员肖凤云出席了交流会。

2009年4月17日，区政协机关召开学习实践科学发展观报告会，范文彦主席从科学发展观是马克思主义中国化的最新成果，用科学发展观正确认识政协的职能、地位、作用和以科学发展观为指导做好区政协工作三方面做了辅导。他强调：中国共产党领导的多党合作和政治协商制度是我国政治体制的重要组成部分。人民政协要在马克思列宁主义、毛泽东思想、邓小平理论和"三个代表"重要思想指引下，以科学发展观为指导，坚持团结民主两大主题，围绕党和政府中心工作、经济社会发展的重大问题和广大人民群众关心的热点难点问题，认真履行政治协商、民主监督、参政议政三大职能，不断总结经验，不断创新形式。进一步完善重大问题协商机制；不断深化建议案办理等工作制度；进一步加强对监督员工作的指导，促进民主监督工作有效开展；进一步协调政府各部门，增强调查研究的实效性。要认真查找履行三大职能的差距，研究进一步加强政协工作的措施，不断开创政协工作新局面。副主席李惠英、秘书长李金田出席了报告会。

2009年4月23日，区政协机关召开解放思想大讨论暨调研成果交流会，与会人员围绕加快"三化两区"建设和区委书记刘伟提出的房山经济社会发展的第一拉动力、制约房山发展的瓶颈、山区发展的突破口问题，结合调研成果展开热烈讨论。

2009年10月29日，区政协举办委员培训班，新增补的六届政协委员、各民主党派主委、各专委会主任及部分委员参加培训。市政协副秘书长张平夫作了学习胡锦涛同志在庆祝中国人民政治协商会议成立60周年大会上的讲话精神辅导报告，市政协巡视员、提案委专职副主任任英英讲授了撰写提案的有关知识。范文彦主席结合区政协当前工作对委员提出要求：要加强学习，深刻理解胡锦涛同志的讲话精神，扎实有效地履行好政治协商、民主监督、参政议政职能，切实发挥政协委员在本职工作中的带头作用、政协工作中的主体作用、界别群众中的代表作用。副主席高维魁、赵润东，秘书长李金田出席培训活动。

六届四次会议期间

2010年4月23日，区政协举办学习全国"两会"精神报告会，邀请全国政协理论研究会秘书长原冬平同志作专题辅导。原冬平同志重点讲了四个专题：政协的由来；政协是什么；政协干什么；政协怎么干。政协委员和与会人士一致认为，报告透彻清晰，生动深刻，使大家对胡锦涛同志的重要讲话和全国"两会"精神有了更清楚的认识，为正确认识当前经济形势，提供了思想支持和理论支撑。区政协委员，各民主党派、人民团体、工商联，西潞、拱辰街道社区干部300余人参加报告会。报告会由副主席李惠英主持。李惠英副主席强调：深入学习胡锦涛同志的重要讲话精神，全面贯彻全国政协十一届三次会议精神是人民政协当前一项重要政治任务。广大政协委员、各民主党派、工商联、人民团体，要结合贾庆林主席所作的政协常委会工作报告和在闭幕大会上的重要讲话，切实把思想统一到中央的部署要求上来，团结方方面面的力量，充分发挥人民政协人才荟萃、智力密集、联系广泛、资源丰富的优势，调动一切积极因素，为实现今年全区经济社会发展目标献计出力。区政协主席唐淑荣、副主席万金峰、秘书长李金田出席了报告会。

六届五次会议期间

2010年9月17日，区政协机关全体中共党员到河北省平山县西柏坡革命教育基地接受革命传统教育。重温了入党誓词，参观了党的七届二中全会会址、毛泽东等老一辈无产阶级革命家旧居，全体党员在回顾我党的光荣历史，深入体会、学习"西柏坡精神"的基础上，决心充分发挥先锋模范作用，为"三化两区"新房山做贡献。常务副主席高维魁、副主席周文海出席活动。

2010年10月21日，区政协召开学习贯彻北京市第三次政协工作会议精神专题辅导报告会，邀请市政协原副秘书长、研究室主任张平夫做辅导报告。全体政协委员、区各民主党派成员参加报告会。报告会由常务副主席高维魁主持。区政协主席唐淑荣，副主席李惠英、万金峰、赵润东、肖武出席会议。

张平夫同志就北京市第三次政协工作会议召开的目的意义、历史背景、主要任务和刘淇书记、阳安江主席的重要讲话以及市委《意见》的主要精神做了辅导；对政治协商的根本原则、主要内容、基本程序、主要形式和履职特点与基本要求做了深入浅出、易于理解的讲解。会议要求全区政协委员要按照区委的统一部署，组织开展多种形式的学习交流活动，积极配合做好我区第四次政协工作会议的筹备工作。希望各民主党派、人民团体和全体委员以北京市第三次政协工作会议精神为指南，深入思考问题，查摆工作中的不足，明确目标任务，努力开创政协工作新局面，为建设"三化两区"新房山做出新贡献。

2010年11月10日，区政协举办学习中共十七届五中全会精神暨国际形势报告会，邀请中央财经大学统计学院院长助理吕光明教授和中国人民大学国际关系学院副院长金灿荣教授作专题辅导。区政协委员，各民主党派、人民团体、工商联负责人，西潞、拱辰街道社区干部近300人参加报告会。区政协主席唐淑荣，原主席范文彦，副主席周文海、万金峰出席了报告会。报告会由副主席李惠英主持。两位教授分别就学习贯彻全会精神和国际形势进行了深入讲解。与会人士一致认为，两个报告高屋建瓴，观点鲜明、分析精辟，具有很强的思想性和指导性。

2010年11月10日，中央财经大学吕光明教授为委员作区政协举办学习中共十七届五中全会精神暨国际形势辅导报告

六届六次会议期间

2011年3月28日，区政协、区委统战部联合举办学习全国"两会"精神辅导报告会，邀请全国政协委员、中国社科院刘树成教授作专题辅导。报告会由副主席李惠英主持。区政协领导唐淑荣、范文彦、周文海、万金峰、赵润东和部分离退休老干部出席。区政协委员、各民主党派、工商联、人民团体负责人，区政协机关的同志及西潞、拱辰街道社区干部200余人参加报告会。报告会上，刘树成教授重点围绕《政府工作报告》起草过程，就提高收入、城镇化、物价、房价、改善民生行动计划等五大热点问题以及"十二五"时期中国经济走势作了深入浅出的阐释和讲解。会后，与会人士一致表示，这场报告会非常必要和及时，对深入学习全国"两会"精神，了解"十二五"期间经济发展形势、把握发展趋势，具有重要的指导作用；要认真学习、深刻领会"两会"精神，以饱满的精神状态和扎实的工作作风，开创政协工作新局面。

2011年4月26日，房山区第四次政协工作会议召开，会议由区委副书记、区长祁红主持。区政协常委，各专委会主任、副主任；各民主党派主委和部分成员；部分市、区政协委员；部分区工商联成员；区法院院长、区检察院院长；燕山工委、燕山办事处主要负责人及所属各街道党政正职；区直各部、委、办、局、中心、公司、人民团体党政正职，北京理工大学房山分校党委书记；各街道、乡镇党政正职参加了会议。唐淑荣主席在讲话中回顾了我区第三次政协工作会以来，区政协各项工作取得的成绩，一是围绕中心、服务大局更加主动；二是关注民生、促进和谐更为自觉；三是工作方式、工作方法更富实效；四是委员主体作用发挥更加突出；五是团结民主氛围更显浓厚。唐淑荣主席强调指出，要认真学习《中共北京市房山区委关于加强人民政协政治协商制度建设的意见》，不断提高政协工作的科学化水平；全面贯彻房山区第四次政协工作会议精神，努力开创政协工作新局面。

区委书记刘伟在讲话中对房山区第三次政协工作会以来区政协认真履行职能，围绕全区科学发展、跨越发展取得的成绩给予充分肯定。一是坚持围绕中心，服务大局，有效发挥了政协的职能作用。二是坚持创新工作，积极探索政协履行职能的新形式。三是坚持夯实基础，大力推进政协工作的科学化建设。在肯定政协工作的基础上，刘伟书记提出了具体要求：一、面对新形势，要进一步提高对人民政协性质、地位、作用的认识。二、在投身"三化两区"建设的实践中，努力开创政协工作新局面。三、加强改善党对政协工作的领导，进一步提高政协履职的能力和水平。

2011年8月2日至3日，区政协召开2011年度调研报告研讨会，对《关于提高房山区水资源利用效率的调研报告》等12篇调研报告进行研讨。常务副主席高维魁主持研讨会。区政协主席唐淑荣，副主席李惠英、周文海、万金峰、赵润东、肖武，代秘书长游来清出席了研讨会。区政协机关各委室主任，各民主党派、人民团体负责人和调研报告执笔人参加研讨。

唐淑荣主席在讲话中对研讨会给予了充分肯定：一是调研报告的选题立意好。各专委会、民主党派、人民团体和委员的调研报告都紧密结合全区发展实际，紧扣"三化两区"建设的主题，做到了与时俱进。二是调研报告研讨的形式好。与会人员本着认真负责的精神，对调研报告提出了中肯的意见建议，使执笔人对所撰写的报告有了新的认识，提高了写作水平。唐淑荣主席要求各民主党派、人民团体、专委会、调研课题组和调研报告执笔人要根据研讨中大家提出的建设性意见，投入时间和精力，通过补充调研，认真分析思考，对调研报告进一步修改和完善，形成高质量的调研报告，为区委区政府提供决策参考，并为调研报告转化为政协七届一次会议相关材料打下基础。

第十节 政协北京市房山区第七届委员会

政协北京市房山区第七届委员会自2011年12月换届以来，继续采取报告会、座谈会、研讨会等形式，加强对委员进行政治理论，党的方针政策的学习培训，认真落实习近平总书记视察北京工作重要讲话精神，举办了"京津冀协同发展研讨会"。根据委员需要举办了"国学智慧"、"摄影知识"、"健康知识"等多个培训班。这种根据委员爱好需求进行培训的方法，受到了委员的欢迎。同时，也对提高委员的综合素质起到了很好的效果。

七届一次会议期间

2012年3月26日区政协、区委统战部联合举办学习全国"两会"精神暨人民政协理论知识、经济形势辅导报告会，邀请中国人民政协理论研究会秘书长、中国政协《理论研究》杂志执行主编原冬平和十一届全国人大财政经济委员会副主任委员贺铿分别就人民政协理论知识和经济形势作了专题报告。区政协委员、各民主党派成员以及区政协离退休干部等200余人参加了报告会。报告会分别由副主席李惠英、任振秋主持。区政协主席唐淑荣，副主席肖武、秘书长游来清出席了报告会。

报告会上，原冬平教授就人民政协的性质、职能、主要工作等，回答了"人民政协是什么"、"人民政协做什么"、"人民政协怎么做"三个问题，使政协委员对全国两会精神和人民政协有了更清楚的认识。贺铿教授以大量的事例和丰富准确的数据，深入浅出地讲解了当前国际经济形势以及对我国经济的影响、去年的经济运行情况和当前经济生活中面临的主要问题、今年宏观经济的基本走势政策和主要任务等。与会人士一致表示，两场报告会非常必要和及时，使大家对人民政协的发展历程和工作性质有了更深入全面的了解，为更好地履行职能、参政议政打下了坚实的理论基础。

2012年4月23日，贾公祠举办贾岛纪念馆、图书馆开馆仪式暨我区第17个世界读书日活动。此次活动的目的是为了进一步发挥贾公祠保存人类文化遗产、传承中华文化的职能，提升我区历史文化旅游集聚区的文化内涵。故宫博物院院长单霁翔、原故宫博物院院长张忠培、郑欣淼，国家文物局副局长董保华，市旅游委主任鲁勇，市文物局局长孔繁峙，故宫博物院副院长王亚民，故宫博物院研究员杨晶，首都图书馆副馆长陈坚等领导及区委书记刘伟，区委副书记、区长祁红，区人大常委会主任史全富，区政协主席唐淑荣，区委常委、宣传部部长赵佳琛，区委常委、区委办主任赵军，区人大常委会副主任刘顺林，区政府副区长曹蕾，区政协副主席李惠英，全国人大代表、韩建集团董事长田雄出席活动。

单霁翔院长在讲话中充分肯定了我区文化事业取得的发展成就。他指出，贾岛纪念馆、图书馆的建立，彰显出不同凡响的文化价值，积累了不同凡响的文化底蕴，拥有了不同凡响的文化身份，充满了不同凡响的文化气质。建立贾岛图书馆是为了帮助青少年更多的认知历史、认知祖先、认知中华，为了五千年文明的传承不竭，弘扬光大。他希望今天的青年人潜心读书，远离浮躁，善于因借，多下苦功。不断的传承历史文化，发展和繁荣先进文化，以更加昂扬的精神风貌投身到"一区一城"新房山建设中去。

活动中，单霁翔、张忠培、郑欣淼、王亚民、董保华、刘伟、祁红等领导为贾岛纪念馆、贾岛图书馆、汲引室揭牌。田雄致辞并向捐赠图书嘉宾颁发证书。全区1100名中小学生及朗诵爱好者参加了"山水清韵·推敲诗魂"贾岛诗词咏诗会。

2012年7月7日，国学智慧领导力研修班——房山区政协班开班，中央民族大学教授、民族史学家、国务院参事王尧，区政协主席唐淑荣、副主席李惠英、秘书长游来清出席开班仪式，近40名区政协委员参加首期研修班培训。

本次研修班将利用一年时间，邀请北京大学、清华大学等高等院校的专家学者分十个单元为政协委员教授《四书》《五经》《孙子兵法》等中华传统文化知识。

开班仪式后，北京大学考古系教授张辛和中国文化书院院长、北京大学哲学系教授王守常进行了第一单元课程讲授，内容包括《孔子智慧与国学的基本价值》《国学的智慧》等。李惠英副主席要求全体学员结合学习市十一次党代会精神，深入贯彻落实科学发展观，继承发扬中华民族优秀传统文化，增强民族文化认同感，为和谐社会建设打下坚实的思想基础。

2012年9月13日，区政协召开2012年度调研报告研讨会，围绕助推经济发展、构建和谐社会等方面问题，精选出了8篇调研成果进行了深入研讨和点评。区政协主席唐淑荣，副主席李惠英、肖武出席研讨会。常务副主席高维魁主持会议。唐淑荣主席强调，调查研究是政协围绕党政中心工作建言献策的重要载体，是助推"一区一城"新房山建设的有效途径。政协委员和相关人员要充分认识调研工作的重要性，对研讨的每一篇调研报告进行认真修改完善，增强针对性，不断提高质量。她要求，各有关委室要及时转化这次研讨会的成果，形成一批有分量的调研报告，为开好政协七届二次会议打下基础，为促进社会和谐稳定、服务区委区政府科学决策做出贡献。

七届二次会议期间

2012年12月20日，区政协举办学习贯彻中共十八大精神辅导报告会，邀请全国政协理论研究会秘书长、中国政协《理论研究》杂志社执行主编原冬平教授做专题辅导报告。区政协副主席赵润东、秘书长游来清出席，报告会由常务副主席高维魁主持，区政协委员、各民主党派、工商联成员200余人参加了报告会。原冬平教授做了主题为《以十八大精神为指导，在新起点上推进政协工作》的辅导报告，他从社会主义协商民主制度是一大新亮点、充分发挥人民政协协商民主渠道作用是一项新要求、健全社会主义协商民主制度是一个新课题三个方面阐述了人民政协理论和工作的新起点、新天地。辅导报告使委员们对十八大精神的理解更加深刻，对协商民主制度的理解更加透彻，进一步统一了思想，增强了责任意识。大家表示要全面、准确地领会十八大精神，并用以指导履职实践。

区政协常务副主席高维魁讲话指出，学习贯彻十八大精神是人民政协当前和今后一段时期的首要政治任务，也是指导和推动政协工作的强大动力；委员们要充分认识学习贯彻十八大精神的重要性和必要性，进一步增强做好政协工作的使命感和责任感，深刻理解十八大的精神实质，注重学习，学以致用，用十八大精神指导实践、推动工作，以奋发有为的精神状态和真抓实干的工作作风，不断开创政协工作的新局面。

2013年3月26日，区政协举办学习贯彻全国"两会"精神暨经济形势报告会，区政协委员、各民主党派成员以及工商联成员等200余人参加报告会。区政协主席唐淑荣、副主席李惠英、赵润东，秘书长游来清出席报告会。报告会由常务副主席高维魁主持。报告会邀请了国务院发展研究中心资

全国政协理论研究会秘书长原冬平为委员作学习贯彻中共十八大精神辅导报告

源与环境政策研究所副所长李佐军教授就国内经济形势进行专题讲解。高维魁常务副主席讲话要求：要学习好、宣传好、贯彻好全国"两会"精神，切实把思想和行动统一到全国"两会"精神上来。要加强作风建设，切实维护好政协委员的良好形象。要结合全区实际履行好政协职能，不断开创我区政协工作新局面。

2013年3月29日，区政协农村委组织召开"学习中央一号文件，推进农村生产经营机制创新"座谈会，委员们在分别听取了区农委、区工商分局、区经管站从不同角度对我区农民专业合作社发展情况的汇报后，结合相关文件精神及我区实际情况，针对今后农民专业合作组织发展提出了建议。高维魁常务副主席对区农委、区工商分局、区经管站的工作给予了充分肯定。并提出两点希望：一、有关职能部门要紧密结合中央一号文件精神，认真总结在合作组织建设工作中的经验。同时，部门与部门之间、部门与合作组织和龙头企业之间、企业与合作组织和农户之间要加强协调、密切配合，形成合作组织健康发展的氛围。二、政协委员要认真学习中央一号文件，积极发挥自身优势，高度关注我区农民专业合作组织发展状况，多渠道多角度了解农民需求，建言献策，为全区农业发展贡献一分力量。

2013年4月2日，区政协党支部组织机关党员干部深入学习贯彻全国"两会"精神，认真学习了贾庆林同志在全国政协十二届一次会议上作的政协常委会工作报告和俞正声同志在全国政协十二届一次会议闭幕会上的讲话。通过学习，机关全体同志统一了思想认识，明确了工作方向。区政协党组副书记、常务副主席高维魁对政协机关干部学习贯彻"两会"精神提出三点要求：一是要学深学透，学懂弄通。二是要学以致用，指导工作。三是要立足岗位，认真履职。机关党员、干部要保持昂扬的精神状态和饱满的工作热情，紧密结合政协实际，在本职岗位上扎实工作，团结全体政协委员，为推动"一区一城"新房山建设取得新成绩贡献力量。

2013年6月25日，区政协举行委员综合素质培训班开学典礼，区政协副主席任振秋、赵润东、肖武出席。70余名有摄影爱好的委员参加了开学典礼。典礼由区政协秘书长游来清主持。本次培训班将利用4年时间对摄影、养生保健、书法、绘画、礼仪常识、团队管理、插花、茶道、健身运动等课目进行培训。任振秋副主席讲话要求：一是要提高认识。举办政协委员综合素质培训班，是更广泛地调动委员的学习兴趣，提高委员各方面的综合素养的需要，目的是通过寓教于乐的培训使委员们的兴趣爱好更专业化，个人综合素质更高。二是要学有所获。要处理好工学关系，积极参与，认真学习，力争使自己在综合素养方面有新的提升。三是要遵守纪律。要服从学校的管理，强化自我约束能力，确保学习取得实效。

2013年9月6日，区政协召开2013年度调研报告研讨会，对2013年度调研报告进行了研讨交流。区政协主席唐淑荣，常务副主席高维魁，副主席李惠英、任振秋、赵润东、肖武，秘书长游来清出席会议。区政协机关各委室主任、副主任，部分政协委员和调研报告执笔人参加研讨会。唐淑荣主席在讲话中指出，做好调研报告的撰写工作是政协委员履行政治协商、民主监督和参政议政职能的重要方式，将调研报告转化为实际成果对"一区一城"新房山建设具有积极的推进作用。她要求区政协各专委会、各调研课题组和调研报告起草人要根据研讨会期间提出的意见建议，认真分析和思考，深入挖掘，对调研报告进行进一步修改和完善，提高报告质量，切实发挥调研报告为政府决策参考和推动工作实践的作用。

2013年9月27日，区政协与区发改委、区工商联和区金融工作办公室联合举办以"坚持创新驱动,加快转型升级,促进区域经济发展"为主题的研讨会。北京市政协经济委员会主任吴杰,区政协主席唐淑荣,区委副书记、政法委书记曾赞荣,区委常委、常务副区长李江,区政协副主席李惠英、任振秋、赵润东出席研讨会。区政协常务副主席高维魁主持研讨会。区政府部分职能部门和各街道、乡镇的领导,各民主党派、工商联、人民团体负责人和部分政协委员、经济界人士共120余人参加研讨会。研讨会上,区发改委通报了我区区域经济发展情况。北京汇通百家房地产经纪有限责任公司总经理赵洪生,北京泰华房地产开发集团董事长、总经理肖希鹏,北京东湖港旅游开发有限公司董事长孙振芳等6名政协委员,分别就坚持开放引进、打造高端服务聚集区,搞好土地流转、促进农民增收致富,坚持创新驱动、做大做强实体经济,努力建设高端旅游幸福产业等问题做了研讨发言,从不同角度展示了我区区域经济发展取得的成绩,对存在问题的成因进行了分析和解剖,并结合实际,就促进区域经济发展提出了意见建议。

区委常委、常务副区长李江在讲话中充分肯定了区政协为促进区域经济发展在开展民主监督、建言献策、调研实践活动,特别是深度参与重点功能区建设中发挥的作用。

唐淑荣主席在讲话中要求,广大政协委员要充分发挥人脉广泛、智力密集的优势,在履职过程中,紧紧围绕"一区一城"新房山建设这个中心,深入开展调查研究,深度参与经济社会建设,为区域经济均衡快速发展建真言、献实策,在区委区政府坚强领导下,为共圆"新城、新业、新生活"房山梦,实现房山跨越发展做出新的更大的贡献。

2013年10月18日,区政协举办"我的梦·中国梦"专题辅导报告会。报告会上,区政协主席唐淑荣以"践行中国梦,成就房山梦,加快推进房山世界地质公园建设"为题,做了一场生动的专题辅导报告。区政协副主席周文海、肖武,秘书长游来清出席报告会,区政协常务副主席高维魁主持报告会。区政协委员、区旅游委、房山世界地质公园成员单位及公园范围内乡镇党政正职及主管副职、市级民俗村党支部书记、区内各景区负责人、区政协机关干部共400余人参加报告会。辅导报告结合实际,对"中国梦、房山梦"进行了精辟解读,详细阐述了建设房山世界地质公园与践行中国梦、成就房山梦的关系,并结合房山梦,为房山世界地质公园描绘了一幅美好神奇的画卷。

唐淑荣主席要求全体政协委员,要切实发挥在本职工作中的带头作用、政协工作中的主体作用、界别群众中的代表作用,深度参与到房山梦的实践当中去,在区委的领导下,一条心、一股劲,共同为实现"新城、新业、新生活"的美好梦想挥洒汗水、贡献力量。

2013年10月29日,区政协召开提案工作专题辅导报告会,邀请市政协提案委副主任李春增就提案的基本概念、基本要求以及提案的办理作了专题辅导。区政协副主席李惠英、赵润东,秘书长游来清参加报告会。报告会由区政协副主席任振秋主持。任振秋副主席要求全体委员要积极履行委员职责,围绕区委区政府的中心工作及人民群众关心的热点问题,广泛了解社情民意,发挥好联系各界别群众的桥梁纽带作用,通过深入调查研究,不断提高提案的科学性、前瞻性、可行性,为建设美丽房山多建诤言、多献良策,齐心协力共同推动全区经济社会健康发展。

2013年11月26日,故宫博物院院长单霁翔到我区作题为《把壮美的紫禁城完整的交给下一个六百年》的专题报告。区人大常委会副主任刘顺林,区政协常务副主席高维魁,副主席李惠英、周文海、任振秋、赵润东、肖武,秘书长游来清出席报告会。区政协委员,区宣传、文化、旅游口干部,区政协机关共计260余人参加报告会。区政协主席唐淑荣主持报告会。报告中,单霁翔院长回顾了故宫辉煌的历史、现状和问题,并结合自己的工作经历,就如何实现"把壮美的紫禁城完整地交给

北京故宫博物院单霁翔院长为委员作专题报告

下一个600年"的目标、实施"平安故宫"工程、由"故宫"向"故宫博物院"转变等方面内容进行了深入浅出的阐述。

2013年12月24日，区政协举办学习贯彻中共十八届三中全会精神辅导报告会，邀请国务院发展研究中心资源与环境政策研究所副所长李佐军对全会精神进行专题辅导。区政协委员、各民主党派成员以及工商联成员共200余人参加报告会。区政协主席唐淑荣，常务副主席高维魁，副主席李惠英、周文海出席。报告会由副主席任振秋主持。

李佐军通过改革的决心、广度、深度、力度、难度、释放的红利、引起的反响"七个前所未有"，对全会进行了全面评价；从权力的优化、公平配置这一独特视角，深刻剖析了中国共产党与其他各个主体、政府与市场、公有制经济与非公有制经济、中央政府与地方政府、农村与城市、当代人与后代人、特权与民权、国际与国内等八种关系；科学分析了全会给经济发展、价格、结构带来的影响以及认清新形势、迎接新挑战、找准定位、创新制度等应对措施，对各界人士学习贯彻好中共十八届三中全会精神具有重要的指导意义。

七届三次会议期间

2014年5月5日，区政协机关举办党的群众路线教育实践活动党课辅导，区政协常务副主席高维魁作了题为《群众路线需要牢固于心转化于行》的党课辅导。高维魁常务副主席首先深入阐述了新形势下开展好教育实践活动的重大意义。同时，要求党员干部从历史经验角度认识群众路线是党的优良传统和作风，是党由弱到强、不断取得胜利的法宝；从现实角度认识坚持党的群众路线，是全面建成小康社会的时代要求。作为政协机关的每一名党员干部要树立为民的责任，增强务实的意识，做清廉的典范；坚持知行合一，不断增强密切联系群众的思想自觉和行动自觉；以焦裕禄为榜样，做勤廉双优的好干部。

2014年5月8日，区政协机关召开党的群众路线教育实践活动学习交流会，区政协机关各位处级干部以学习习近平总书记系列讲话精神为主题，结合"新城新业新生活"房山梦的发展目标与各自分管工作，重点围绕党的群众路线的时代内涵，围绕"四风"问题具体表现和危害，围绕为民务实清廉的具体要求，开展马克思主义群众观点和党的群众路线学习交流。区政协常务副主席高维魁出席会议。区委第四督导组组长刘贵生对区政协机关在群众路线教育实践活动学习阶段取得的收获给予了肯定。并对做好下一阶段工作提出要求：继续把活动热情保持好，把第一环节工作做真做实做到位；把后续活动安排好、衔接好，做到工作、学习"两手抓、两不误"，用新业绩展示区政协工作的新成效。

2014年6月27日，区政协机关开展党支部书记讲党课活动，区政协机关党支部书记游来清以《紧抓反"四风"主题，详细阐述了深入开展党的群众路线教育实践活动的意义、党的群众路线的内涵，并就如何践行党的群众路线，推动政协各项工作开展提出了明确要求。游来清书记认为，坚持群众路线，以人为本、执政为民，是党的建设科学化的本质体现。违背群众路线、脱离群众是党执政后的最大危险，用密切联系群众的最大优势来化解最大危险。他指出，在这次教育实践活动中，机关全体党员领导干部首先要对党的群众路线及其时代内涵有新的认识，更要对群众路线面临的挑战有新的认识，要通过"照镜子、正衣冠、洗洗澡、治治病"，使自己在思想上、作风上保持共产党人的本色，增强党的纯洁性，统一思想，汇聚力量，全力助推"一区一城"新房山建设。

2014年10月28日，京津冀六区市县协同发展研讨会在昊天假日酒店召开，会议围绕习近平总书记关于京津冀协同发展的重要讲话精神，就如何推动三地协同发展进行了广泛交流。北京市政协副主席沈宝昌，区委书记刘伟，区委副书记、区长祁红，区委副书记、政法委书记曾赞荣，河北省保定市政协副主席岳文民，天津市北辰区政协主席张金锁，涞源县政协主席张德勇，涞水县政协主席宋冀中出席会议。区领导李江、赵佳琛、吴会杰、卢国懿、曹蕾、高维魁、李惠英、周文海、任振秋、赵润东、肖武，区政协秘书长游来清出席活动。六区市县部分政协委员、企业家代表以及北京部分专家、学者二百余人参加研讨会。研讨会由房山区政协主席唐淑荣主持。研讨会上，房山区区长祁红、天津市北辰区副区长吴丽祥、河北省涿州市委书记王月衡、涞源县委书记高文才、涞水县县长于舒心、易县政协主席杨春立、北京市科学技术研究院博士刘利永分别作了主旨发言。刘伟书记在致辞中指出，本次研讨会是六区市县政协落实习近平总书记重要讲话精神，助推京津冀协同发展的主动作为，是有效发挥人民政协参政议政作用的创新举措，为在新形势下党委政府倾听民声、集聚民智搭建了一个崭新平台，房山区委、区政府将对研讨会的继续举办给予大力支持。同时，刘伟希望与会领导、专家、各界人士充分利用这个平台，围绕京津冀协同发展会诊把脉，建言献策，拓宽思路，提供高水平的智力成果，为六区市县融入京津冀协同发展的广阔天地助力奉献。

沈宝昌副主席在讲话中指出，推进京津冀协同发展，不但是破解"城市病"的必然要求，也是实现六区市县转型跨越的重大战略。京津冀协同发展研讨会是新形势下政协创新思路，推动发展的好平台，对探索和丰富地方政协和民主党派有效发挥职能作用的方式和渠道，进一步提高参政议政水平，具有重要意义。他希望通过持续举办研讨会，充分发挥政协部门人才荟萃、智力密集的优势，认真履行职能，搭建交流平台，积极建言献策，真正把活动变成京津冀协同发展的助推器。

2014年12月23日，区政协举办学习贯彻中共十八届四中全会精神辅导报告会，区法院党组书记、院长邵明艳，区人民检察院党组书记、代检察长孙玲玲就司法体制改革做专题报告。区政协主席唐淑荣，副主席李惠英、赵润东，秘书长游来清出席会议。副主席任振秋主持会议。区政协委员、各民主党派成员150人参加了报告会。

邵明艳院长解读了党的十八大、十八届三中、四中全会对推进依法行政和司法体制改革的部署，通报了房山法院落实司法体制改革的工作情况，从行政审判的视角对我区推进依法行政建设法治政府提出了建议。孙玲玲代检察长从明确检察工作定位、认真履行各项检察职能、严格规范执法行为、积极推进检察改革、加强队伍建设五个方面做了专题报告。会议要求，学习贯彻中共十八届四中全会精神是区政协的一项重要政治任务，广大政协委员要抓好全会精神的学习，真正用会议精神武装头脑，不断增强法制观念，树立法律信仰，争做社会主义法治的模范践行者。要紧密结合履职实践，通过提案、社情民意以及视察调研等方式，关心支持司法改革，为推动依法治区、建设法治政府献计出力。

七届四次会议期间

2015年3月5日，区政协举办庆"三八"暨职场女性健康讲座。邀请资深心理咨询师、全国妇联特聘心理专家荀焱就职场女性心理健康做专题讲座。讲座由李惠英副主席主持，肖武副主席出席。区政协女委员、区民主党派女成员、区工商联女会员、区知联会女会员共计90余人听取了讲座。荀焱以《加一点温暖的力量》为主题，用幽默风趣的语言、丰富的案例资料，分析了职场婚姻给女性造成的心理压力、心理压力对女性健康的影响，并从关爱自己、打造良好心态等方面提出了建议，帮助与会者用心理学视角看待自己当下的职业和家庭，最终达到拓展、丰富并精彩职业生涯和家庭生活的目的。

中央社会主义学院张峰副院长为委员作学习贯彻全国"两会"精神辅导报告

2015年3月18日，区政协举办学习贯彻全国"两会"精神辅导报告会，邀请了中央社会主义学院副院长张峰就社会主义协商民主和人民政协进行专题讲解。区政协委员、各民主党派成员以及工商联成员等120余人参加报告会。区政协主席唐淑荣，常务副主席高维魁，副主席李惠英、肖武、赵润东，秘书长游来清出席会议。报告会由副主席任振秋主持。

张峰副院长结合贯彻落实习近平总书记在人民政协成立65周年大会上讲话和中共中央《关于加强社会主义协商民主建设的意见》，从加强社会主义协商民主建设的重大意义，协商民主是中国社会主义民主政治的特有形式和独特优势，构建程序合理、环节完整的协商民主体系，推进协商民主广泛多层制度化发展，充分发挥人民政协作为协商民主重要渠道和专门协商机构的作用等方面，对《人民政协与社会主义协商民主》专题进行了全面、系统的讲解。报告思想内容丰富、形势分析透彻、启发感染力强，对贯彻落实"两会"精神具有重要的指导意义。

2015年5月21日、6月4日，区政协邀请北京中医药大学教授、中华中医药学会养生康复分会副主任委员兼秘书长张保春，北京市健康科普专家、房山区健康教育所主任医师郭艳梅，分别以《改变生活方式 享受美好人生》和《饮食营养与健康》为题，就中医养生保健智慧和科学饮食做专题讲座。任振秋副主席、游来清秘书长出席。区政协委员、区民主党派成员、区工商联会员、区知联会成员共计120余人听取了讲座。

第二章 文史资料

文史资料是政协的一项重要工作,是具有统一战线特色的社会主义文化事业,在"存史、资政、团结、育人"方面发挥着重要作用。

1954年4月29日,时任政协全国委员会主席的周恩来,在招待60岁以上全国政协委员的茶话会上指出,戊戌以来是中国社会变更极大的时期,有关这个时期的历史资料要从各个方面记载下来。他希望过了60岁的委员都能把自己的知识和经验留下来,作为对社会的贡献,并指示政协全国委员会成立工作组时要有收集历史资料组。根据周恩来的指示,政协全国委员会于1959年7月20日成立了文史资料研究委员会(后改为文史资料委员会),专门从事文史资料的收集工作。随后,各省、自治区、直辖市政协也相继成立了文史资料工作机构,1982年全国政协五届五次会议把文史资料工作列入了《中国人民政治协商会议章程》,使其成为三大职能之外的一项重要工作。

1981年3月,政协房山县委员会成立。1985年10月,随着职能不断完善,房山县政协第二届委员会正式设立了文史工作委员会,专门负责县政协文史资料的征集,整理和编辑出版工作,从此,文史资料工作开始起步。30年来,政协换了一届又一届,人员也换了一批又一批,政协内设机构几次改革或名称更换,但文史资料工作从未停止或间断,一直健康、有序地传承了下来,且成果丰硕,先后编辑出版了《房山文史》1-10期(文件合订形式),《房山政协》文史掇拾栏目4期,《房山文

四届区政协主席游来柱与部分文史撰稿员合影

史资料选辑》1-29辑,并合订成《房山文史资料全编》甲集上下卷和乙集上下卷。根据房山历史文化和人文特点,还编辑出版了《房山历代寺观》《房山历代人物》《房山历代陵墓》《北京文史资料精选·房山卷》《首都文史精粹·房山卷·七十万年走来的文明》,所出书刊共计607万字,1637篇文章,1000张照片图片。

在30年的文史工作中,经过各界政协领导、文史工作委员会、撰稿和编纂人员的共同努力,房山政协文史资料工作不断取得新成绩,多次参加市政协文史工作会议介绍经验,并获得多个奖项,《北京文史资料精选》18卷本被评为北京市政协优秀文史资料图书特等奖、《房山文史资料全编·甲集》被评为北京市政协文史资料优秀图书一等奖、《房山历代人物》被评为优秀奖。

第一节 文史资料征集

1985年10月,房山县政协文史工作委员会成立以来,历届政协都非常重视文史资料工作,文史资料编辑工作每年都列入常委会工作要点,主席亲自任编委会主编,参加文史资料工作会议并亲自进行动员,讲文史工作意义,强调文史标准,提出任务要求;主席会议定期听取文史工作汇报;主管副主席亲自抓文史资料工作,从选题计划、撰稿员座谈会到稿件征集整理全程参与,工作一级抓一级,层层落实到位。文史工作委员会在主管副主席的直接领导下具体负责文史资料工作。每年初,制定出当年的选题计划,发布征稿启示,根据房山的历史文化、革命斗争史、英模人物和经济社会发展实际,确定"新中国成立前革命斗争史资料,新中国成立后,经济建设、军政往事、教科文卫体、重大运动、历史事件、驻房山的中央市属单位、非物质文化遗产、房山人物"等10个方面、30多类选题范围。

区政协主席范文彦等领导与学习文史委员会委员、专家顾问合影

每年组织召开文史资料工作会议2—3次，向撰稿员通报选题计划和征稿重点，征询撰稿员对做好文史资料工作的意见建议。要求撰写文史资料要坚持实事求是的原则，写亲历、亲见、亲闻的人或事，客观、公正、准确地还原历史，力戒夸张虚构，避免个人主观意志进入文史资料，保证文史资料的真实性、政治性、权威性和服务性，更好地发挥存史资政、团结育人作用。30年来，共征集各类文史文章4900余篇，1800余万字，照片图片3000余张。

文史资料稿件收集上来后，文史编辑人员始终坚持"五"字方针，一选：从大量文史资料稿件中挑选出精品作为当年编入选集的稿件；二查：对于稿件中存在疑问的地方多方查询求证，力求还原真实历史，避免出现重大差错引起争议；三校：对于文史资料稿件从文章结构语法、文字到标点进行三次精细校对；四返：将修改后的稿件返还作者进行再确定和再校对；五关：正式定稿前，组织部分文史经验丰富、文字功底深厚的撰稿员对文稿进行最后的交叉审阅，集体把关，通过后才交付编辑印刷，从而保证了每辑文史资料的质量，受到了社会各界的欢迎和好评。

第二节 文史撰稿员队伍

文史撰稿员是政协文史资料工作的基础。房山政协文史资料工作开展以来，历届政协文史工作委员会都非常重视撰稿员队伍建设，撰稿员队伍不断发展壮大，每届聘任的撰稿员都在50名以上，加上偶写稿件的文史爱好者100名以上。这些撰稿员主要由以下几方面人士构成：一是部分老政协委员。他们连任几届政协委员，对政协有深厚的感情，对文史资料专辑接触多，逐渐由读到写，成为政协文史资料撰稿员。二是一些离退休老干部。他们在房山工作生活多年，经过了建国前后一些重要的历

区政协副主席李惠英、肖武与撰稿员座谈

史事件，是这段历史的亲历者、亲见者或亲闻者，是文史资料的宝库。他们有回忆、记录历史的愿望，政协文史资料专辑为他们实现愿望提供了舞台。同时，他们也为文史资料提供了大量珍贵翔实的史料，成为"以史资政、团结育人"的宝贵财富。三是一些文化工作者甚至文化名人。他们多年生活工作在房山，爱房山、写房山，对房山的历史文化遗存和民俗文化有着较深入地研究，他们撰写的一些文章不仅具有较高的学术价值，也在一定程度上提升了《房山文史资料》专辑的权威性。

为不断提升撰稿员写作技能，各界政协文史工作委员会主要采取以下措施：一是在每年召开的文史资料工作会上向撰稿员通报选题计划和征稿启示，明确当年的征集重点及写作要求，引导撰稿员在选题和撰写时有的放矢。二是定期举办撰稿员培训班，请老撰稿员讲授多年的撰稿体会、经验和写作技巧并对新撰稿员提出的疑惑进行讨论，群策群力解决问题。三是组织撰稿员到先进单位学习考察，请先进单位介绍经验，开阔撰稿员视野。四是每年定稿前组织撰稿员集中进行汇稿，既提高了稿件质量，又为撰稿员提供了学习交流的机会。通过以上措施的实施，逐步造就了一批热爱文史资料工作、有事业心、有历史责任感、文字功底扎实、素质高、作风过硬的文史资料撰稿员队伍，为做好文史资料工作提供了强有力的人才保障。

第三节 文史资料编辑出版

自1985年起，房山县二届政协、房山区一至七届政协历时30年，不懈努力地开展文史资料工作，编辑出版了一大批文史资料出版物，其中不乏精品和巨著，文章从远古文化的"北京人"到房山改革开放时期，纵向跨度70万年；涉及政治、经济、军事、文化、宗教、民俗、自然、人物等方方面面，为了解房山历史，宣传房山文化提供了翔实的资料，为团结育人提供了教材。

政协北京市房山县第二届委员会

本届政协在文史资料工作中做了三项开创性工作：一是于1985年10月底成立了文史工作委员会，建立了文史资料工作专门机构，配备了专职人员。二是开创了房山文史资料编辑出版的先河，从1986年3月15日开始了房山政协文史资料编辑出版工作。三是对文史资料涉及的内容和载体进行了积极探索，先后以信息专刊形式出版文史资料10期，收录文章10篇，以报纸专栏"文史掇拾"形式出版四期，收录文章4篇。

《房山文史》第一期刊登了吴祥祉的文章，文章记录了抗日战争时期共产党领导的平西抗日根据地"房涞涿联合县、房良联合县、昌宛房联合县、房山县、良乡县、涿良宛联合县、县委县政府创建的时间、经过和主要领导人物。

《房山文史》第二期刊登了赵润东的文章，对上方山的孤山口、中院村、七十二座庵以及一些文化遗存进行了考证。

《房山文史》第三期刊登了周景和回忆父亲周硕臣投身抗日、为民族独立和解放英勇斗争的事迹。

《房山文史》第四期刊登了张东升关于国民党军队在房良地区抗击日寇的情况。

《房山文史》第五期刊登了秦有鹏的文章，介绍了清朝对永定河的治理以及新中国成立后永定河管理机构建立和治理情况。

《房山文史》第六期刊登了史志办的文章，记录了"七七"事变后共产党对晋汉臣民团武装的改编经过。

《房山文史》第七期刊登了赵润东的文章，回忆了房山县第二届政协委员郭维农的传奇人生。

《房山文史》第八期刊登了方存恒的文章，记录了日寇在房山地区的暴行。

《房山文史》第九期刊登了王庆宽的文章，记录了赵然烈士的传奇壮烈人生。

《房山文史》第十期刊登了杨亦武对房山贾岛墓与贾公祠的考证文章。

《房山政协》文史掇拾栏目重登了"新中国成立前房山革命政权建制沿革"和"七十二座庵"考证等文章。

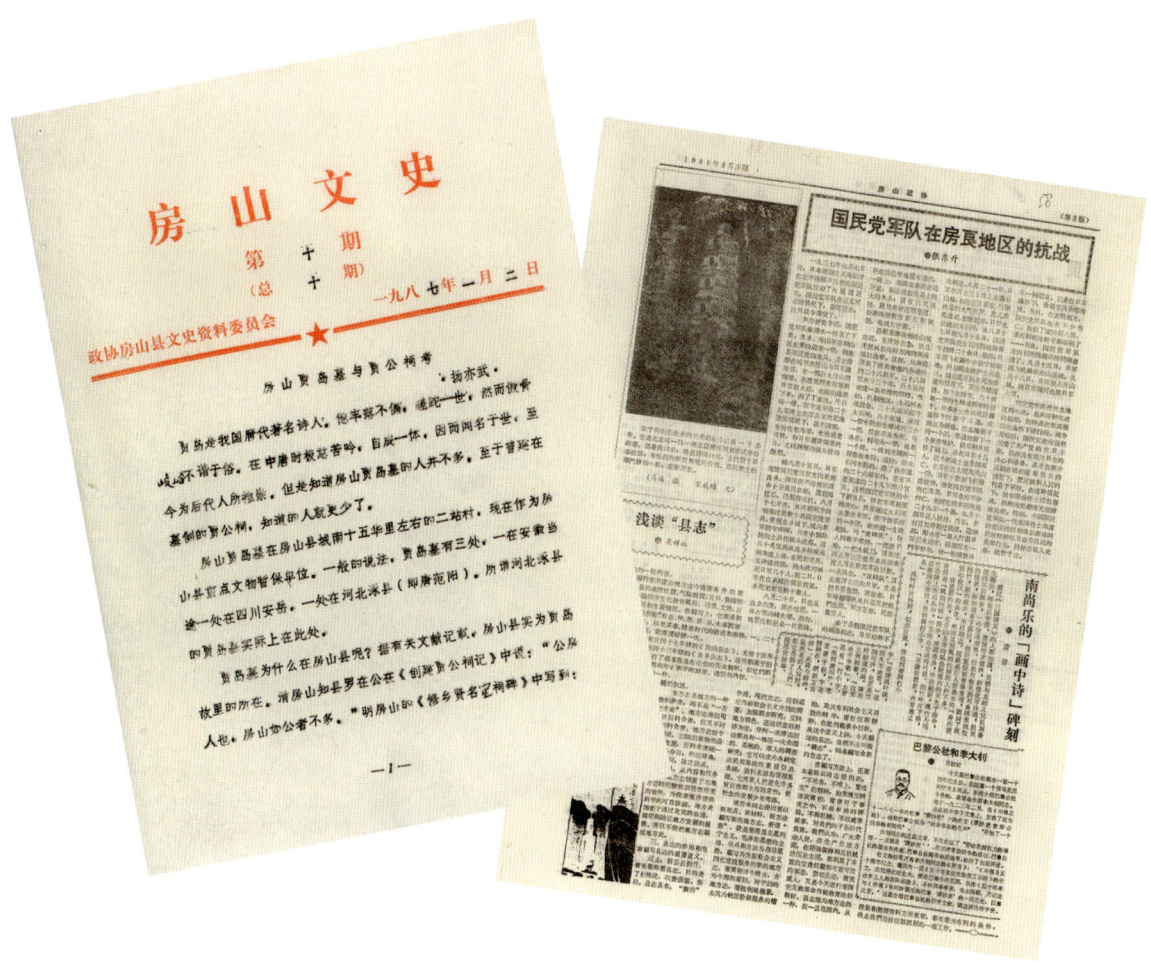

县政协编印的文史资料

政协北京市房山区第一届委员会

经过不断探索，政协北京市房山区第一届委员会对文史资料的载体进行了改革，采取集文成书、每年一辑的方法对政协文史资料的载体进行了创新，这种方法即扩大了政协文史资料读者群，也便于保存，因此，一直延续至今。从1987年5月政协北京市房山区第一届委员会成立到1991年2月换届，在4年中共编辑出版《房山文史选辑》四辑，即《房山文史选辑》第一辑、第二辑、第三辑、第四辑。选辑设"建置沿革、人物春秋、钩沉备忘、胜迹寻踪、军政往事、民俗风物、读史撷拾、水文拾贝和域外史料、文卫史料、工商史话"11个栏目，共收录文章123篇，照片图片20张。其中，工商史话栏目13篇，文卫史料栏目8篇，军政往事栏目19篇，胜迹寻踪栏目25篇，民俗风物栏目14篇，人物春秋栏目17篇，特别是第二辑增设了"纪念房山解放四十周年特辑"，收录了解放房山城总指挥、原华北军区七纵二十旅旅长刘秉彦专门为房山解放40周年而作的"平津战役事已陈，房山风物焕然新，人间不知昨日苦，细察残碉认弹痕"题诗。同时，收录了《房山解放概况》《良乡解放》《解放军入城工作报告》等7篇纪念文章，从不同侧面回忆了房山、良乡两城解放的历史事件。

《房山文史选辑》第三辑：设"文卫史料、工商史话、胜迹寻踪、人物春秋、军政往事、民俗风物、民族史话和读史撷拾"8个栏目。文卫史料栏目收录了《房山区医药发展简史（二）》《十渡抗日小学及根据地教育建设》2篇文章；工商史话栏目收录了《房山坨里高线风潮事略》《民国时期的房良合作社》《解放战争时期的房良合作社》《白手起家建矿机风雨同舟三十载》4篇文章；胜迹寻踪栏目收录了《琉璃河商周遗址概述》《镇江营遗址》《敕建弘恩禅寺》《毂积山院》《云居寺被毁经过》《北京的金陵（二）》《贾岛原籍考》《乐毅墓考》《郊劳台》《青芝岫》10篇文章；人物春秋栏目收录了《锄奸英雄于振边》《知识分子走向革命的典范——江石之》《忆赵亚平校长二三事》《伶仃瘦骨却铮铮》4篇文章；军政往事栏目收录了《我在沿河城三年的地下斗争》《房良一区事变》《革命情谊暖心田》《房山历史上第一个党支部》《攻打公议庄》《夜袭周口店》《跟随聂帅的三个月》《平西抗日游击队独立二营建营始末》《九位无名烈士永垂不朽》9篇文章；民俗风物栏目收录了《良乡风土辑略（二）》《漫谈庙会集市花会》《房山城垣沿革纪略》3篇文章；民族史料栏目收录了《房山的三座清真寺》1篇文章；读史撷拾栏目收录了《房山义和团运动纪略》1篇文章。

《房山文史选辑》第四辑：设"农工商史话、文卫史料、军政往事、人物春秋、胜迹寻踪、民俗风物、钩沉备忘、民族史料、求同存异"9个栏目。农工商史话栏目收录了《对原房山县农业互助合作运动的回顾》《六十年代的房山"背篓商店"》《两个兄弟企业的兴衰》《坨里高线引起的国际纠纷》《城关的小楼煤矿》5篇文章；文卫史料栏目收录了《民国时期的长育小学》《女教师赵文琴碑记略》《五侯业余剧团建团始末》3篇文章；军政往事栏目收录了《巧施反间计消灭汉奸》《东港村—平西抗日的前沿阵地》《杨林水事件记述》《侯家坟破袭战》《山后八路考辨》5篇文章；人物春秋栏目收录了《李琪同志在黄辛庄》《浩然正气风范长存——张晓梅传》《李雅三小传》《胡春波小传》《张德祥其人》《彭老总二三事》6篇文章；胜迹寻踪栏目收录了《北京的金陵（三）》《金代磐宁宫地址简析》《明张北川墓杂记》《〈重修三官庙碑记〉发现记》《房山文物出土年鉴》《玉石群雕皇后台》《燕山得名的历史渊源》7篇文章；民俗风物栏目收录了《饶乐府的九月庙》《长沟峪庙会与天开寺庙会》《过去的长沟庙会》《良乡板栗》《良乡风土辑略（三）》《从孔水仙舟到神龙降雨》《窑上鸟类资源考》7篇文章；钩沉备忘栏目收录了《房山旧志一瞥》《不开宴的房山县》《房山游记》3篇文章；民族史料栏目收录了《沙广禄阿訇在抗日战争中》《窦店清真寺碣文浅谈》2篇文章。

政协北京市房山区第二届委员会

从1991年2月到1994年2月，在3年任期内，政协北京市房山区第二届委员会共编辑出版《房山文史选辑》三辑，即第五辑、第六辑、第七辑，共收录文章121篇，照片图片16张。

《房山文史选辑》第五辑：设立了8个栏目。其中，农工商史话栏目收录了《房山良乡生产推进社建置》《房山第一条柏油路——京周路建设》《六十年代顾册铁业社》《六十年代北市村》《房山农村人民公社化运动》《房山煤矿矿名演变》等8篇文章；文卫史料栏目收录了《长沟小学开创史》《房山文坛往事》《房山地区地震测报工作》3篇文章；胜迹寻踪栏目收录了《第一个"北京人"头骨发现记》《房山（南郭）唐诗人贾公祠记》《北京猿人遗址》《天开寺舍利塔记》《景教遗址十字寺》《黑龙潭小记》《西汉将军纪信墓记》《凤凰亭今昔》《郊劳台》《晋征君霍原祠墓记》《镇江营今昔》11篇文章；军政往事栏目收录了《房山革命史概要》《回忆战争年代的王佐地区》《二站惨案》《太平庄惨案》《〈没有共产党就没有新中国〉词曲诞生》《南窖矿区的罢工斗争》《难忘的一课》《夜袭侯家坟火车站》8篇文章；人物春秋栏目收录了《张晋龄生平记略》《日伪时期第一任房山县长项振安》《民兵英雄隗合宽》《忆白文如同志》4篇文章；龙乡歌谣栏目收录了《永定河畔的歌谣》《房山煤矿诗选》2篇文章；民俗风物栏目收录了《琉璃河旧闻轶事》《玉塘泉》2篇文章。

《房山文史选辑》第六辑：设置了8个栏目。其中，农工商史话栏目收录了《六十年代的房山农机站》《六十年代惠南庄村》《原房山县手工行业记略》《一个不断进取的大牲畜配种站》《京易御路》《北京采煤史上最大的事故》6篇文章；文卫史料栏目收录了《五十年代房山群众文化工作》《房良地区古代最高学府——书院》《房良地区古代官办学校——官学》《解放初期的房山中学》《记忆中的孔庙》5篇文章；人物春秋栏目收录了《袁载民传略》《铁脚板任成水》《陈东来其人其事》《伪房山县临时参议会议长殷祖豪》《乌林达氏与金世宗》5篇文章；军政往事栏目收录了《对日寇建立庙安据点的斗争》《解放战争中的二三事》《我所了解的张令德》《投奔八路军》《中央军来去纪事》《回忆抗战后

区政协编印的文史资料

的一段经历》《取缔道会门活动概述》《建国初期贯彻〈婚姻法〉纪实》8篇文章；钩沉备忘栏目收录了《龙宝峪惨案》《血洗定府辛庄》《黄山店叛乱经过》《坟庄惨案》《三年劳工生活》5篇文章；胜迹寻踪栏目收录了《石楼金墓考》《百花山的古庙及民俗轶事》《庄公院》3篇文章；民俗风物栏目收录了《潘庄少林会》《沿村神会》《瓦井高跷会》《顾册杂技》《房山商业习俗》5篇文章。

《房山文史选辑》第七辑：设置了10个栏目。其中，农工商史话栏目收录了《六十年代富合村》《热心为群众服务的大安山信用社》《陪同黄炎培副委员长视察石羊农业合作社》《房山石墨的开采》《房良私营商业兴衰史》《乾隆年间的一起煤窑官司》《赵家院煤窑官司》7篇文章；胜迹寻踪栏目收录了《房山贾岛祠墓记》《千年古寺复庄严》《红螺岭》《玉虚宫》《金门闸》《古刹常乐寺》《大南峪奕绘园寝》《谷积山院游记》《燕昌国君乐毅祠墓记》9篇文章；文卫史料栏目收录了《房良抗高二三事》《平西抗日根据地的小学教育》《房良地区的熟学》《古代房良地区的社学与义学》《房山县教育史上的四君子》《日伪时期的良乡中心校》《原良乡县的畜牧兽医事业》《房良历史上的地震及其他》《房山药铺杂记》9篇文章；民俗风物栏目收录了《房山节日习俗》《黄辛庄龙灯会》《公议庄少林会》3篇文章；军政往事栏目收录了《回忆房山解放前的斗争片断》《我在抗战中的二三事》《夜闯石楼村》《挖壕沟》《五十年代初房良地区的中苏友好协会》5篇文章；钩沉备忘栏目收录了《坨里惨案》《羊头岗惨案》《日寇在坨里一带的统治》3篇文章；人物春秋栏目收录了《景松年烈士生平追忆》《韩营村武卫会主任刘国珍》《房山名医方徽伍》3篇文章；建置沿革栏目收录了《房山人口演变》《房山境域变迁》《房山区村名由来》3篇文章。

政协北京市房山区第三届委员会

政协北京市房山区第三届委员会从1994年2月至1999年1月，在五年任期内共编辑出版《房山文史》五辑，即《房山文史》第八辑、《纪念抗日战争胜利五十周年》专辑（第九辑）、《房山文史》第十辑、《房山文史》第十一辑、《房山文史》第十二辑。共收录文章227篇，照片图片53张。

《房山文史》第八辑：共设10个栏目。农工商史话栏目收录了《合作化时期的吴春山》《解放初期的全国劳动模范卢翠英》《怀念龚澎同志》《房山第二大国营煤矿——长沟峪矿》《房山农业银行的发展历程》5篇文章；胜迹寻踪栏目收录了《我发现了"北京人"》《王老铺古洞探访》《香光寺和姚广孝》《天元寺》《广智禅寺》《瀑水岩》6篇文章；文卫史料栏目收录了《〈没有共产党就没有新中国〉诞生经过》《房山教育源远流长》《房山小学教育的诞生和发展》3篇文章；军政往事栏目收录了《回顾房山解放前战斗的片断》《平西第一个抗日模范村》《英勇抗日的上石堡村民兵中队》《孙连仲将军抗战记》《黄埔军校回顾及同学会的建立》《记忆中的平西兵工厂》6篇文章；史海拾贝栏目收录了《房山近百年洪灾纪实》《房山历代大灾及赈灾略记》《1939年的水灾》《住持盗版县令查办》4篇文章；人物春秋栏目收录了《引导我步入革命的师长》《智勇双全的"碗儿田"》《在兴修水利中牺牲的女教师》《苏志超其人其事》《为革命捐躯的一家》5篇文章；钩沉备忘栏目收录了《佛子庄惨案》《日寇在南窖统治的六年》《日军飞机坠毁紫金岭始末》《石楼惨案》4篇文章；读史撷拾栏目收录了《奕绘贝勒的煤炭诗及其他》《澶渊之盟与房山石经》《羊头岗之战》《袁枚及其房山怪异故事》4篇文章。

《房山文史》第九辑：纪念抗日战争胜利五十周年专辑，设"名人题字、照片专辑、抗战史册、抗日英杰、苦难岁月、抗战杂忆、立此存照、抗战歌谣"8个栏目。名人题字栏目刊登了抗日战争时

区政协编印的文史资料

期冀中军区十一军分区司令员杨成武将军所题"房山区抗日战争专集"和抗战时期平西地委书记李德仲所题"纪念抗日战争胜利五十周年",书前登了"日军驻河北镇河南村据点大门,陈志烈士牺牲地,抗战时期八路军平西第六支队司令员、晋察冀军区第五分区司令员兼政委邓华,营救美军飞行员的王凤楼老人,抗战时期邓华司令部在史家营乡金鸡台村旧址,抗战初期房涞涿县政府在十渡镇西庄村的办公地点,日伪在大安山村修筑的岗楼残迹,除奸英雄于振边烈士牺牲地点,'二站惨案'幸存者张润生,从'石楼惨案'幸存者赵连成身上取出的日军子弹头,抗日战争后期平西根据地兵工厂所在地——史家营乡曹家坊村"等12幅照片。抗战史册栏目收录了《房良抗日后方工作纪略》《粉碎日寇三路进攻的经过》《大安山革命斗争片断》《霞云岭地区抗日斗争概述》《抗日前哨——下石堡村》《曾来房山抗战的部队》《房良地区的除奸反特斗争》《为兵工厂采运红煤始末》《永定河畔的枪声》《扩军遇险记》《高庄围歼战》《拔掉北白岱据点》《在房山矿区的最后一仗》13篇文章;抗日英杰栏目收录了《缅怀我的父亲隗永泽烈士》《回忆抗战二三事》《英勇不屈的战士刘月明》《忆上石堡村党支部书记于进深烈士》《狼牙山五壮士式的英雄——刘兴》《毛泽东给康换保改名》《深入虎穴探敌情》《普通一兵李春森》《郭春元掩护赵然脱险记》《陈志牺牲始末》《抗战中的张晋龄》《营救美军飞行员记事》12篇缅怀革命先烈的文章;苦难岁月栏目收录了《日军在房良地区的暴行大事记》《日军在米粮屯、詹庄一带的暴行》《日伪时期孤山口村人民的生活》《跟日本工头的斗争》《回忆日军在房良一区犯下的罪行》《烽火连天忆当年》《一位老人的控诉》《在逃难的日子里》《受训》9篇控诉日军在房良地区所犯罪行的文章;抗战杂忆栏目收录了《军民同仇破强敌》《回忆张家村抗日斗争生活》《丰碑永存英魂长在》《在抗战的日子里》《送灵记》《幼小心灵的创伤》6篇回忆文章;抗战歌谣栏目收录了《八大劝》《妈妈别担忧》等 6 首抗日民谣和《百花山在望》《悼 1940 年堂上事变死难战友》等 11 首房山抗战纪事诗；立此存照栏目收录了《民族败类冯毓梅》《东山再起的孙殿英》2 篇文章，警醒世人汉奸卖国贼遗臭万年。

《房山文史》第十辑：设 8 个栏目。名人与房山栏目收录了《浩然在新街》《难忘的回顾》《陪同陈少敏视察的一天》《房山文史上的重要一页》4 篇文章；农工商史话栏目收录了《全民所有制的良乡公社试点》《立下愚公志，山沟变良田》《房山滑石的开采》《长沟峪旧煤窑记事》《关于工会工作回忆》《房良两县工商联的建立》《房山第一个水泥厂的建立》《房山交道管理机构的初期发展》《房山邮政事业的初期发展》9 篇文章；文卫史料栏目收录了《知识分子训练班概况》《原良乡文化馆的初建与发展》《解放初期房山几个文化机构的建立与发展》《回忆我在良中"三反"运动中》《解放初期房良地区的业余教育》《为建纪念堂开采汉白玉的经过》《房良地区流传的扫盲民谣》《房山碘缺乏病的防治》《五十年代初的一组摄影作品》9 篇文章；人物春秋栏目收录了《忆良乡一区大队长谭巨隆》《回忆父亲韩晓耕烈士》《养猪状元杜宝珍》《合作化运动中的宋希儒》《百花山上的末代和尚》《拔贡王邦屏轶事》6 篇文章；军政往事栏目收录了《房良两县解放初期肃特斗争概况》《第一次镇反运动回顾》《解放战争琐忆》《回忆解放战争二三事》《房山县国民党组织的诞生与发展简述》《李仲三被劫获始末》《马德福尤茂志股匪被歼记》《抗战时期的一场官司》《巧俘傅作义残部》《段淑兰智救董春山》《侦查员王喜福二三事》《难忘的扇子港》12 篇文章；史海拾贝栏目收录了《历尽沧桑话链车》《房良文史钩沉》《被困矿井的九天》《〈重建龙泉大历禅寺之碑〉考》《房山历代赈灾史料》5 篇文章；胜迹寻踪栏目收录了《圣米石塘和蟠桃宫杂记》《房山景教十字寺及文物价值》《云居寺石经库修建记》《开掘猿人洞工作回顾》《文昌阁与魁星楼》《重游谷积山院》6 篇文章；建置沿革栏目收录了《房山地名由来两则》。

《房山文史》第十一辑：设 11 个栏目。名人与房山栏目收录了《胡耀邦同志视察大韩继铁厂纪实》《曾宪梓先生为修复云居寺捐资》《雷加在石楼村》《芦川北平与梅傲雪》4 篇文章；农工商史话栏目收录了《几项农村工作的回顾》《兴修水利造福人民》《我在十渡的几年》《高庄水电站建设始末》《房山第一个职工俱乐部的建立与发展》《高庄玉塘米琐记》《回忆参加修建宫厅水库》《房山七种名特优药材》8 篇文章；文卫史料栏目收录了《我当乡村教师的回忆》《一位文化站干部的足迹》《解放初期的葫芦垡区孪生评剧团》《纪录房山生产跃进的第一步电影》《引进〈跑驴〉》《解放前后的房山民谣民歌》《我教小水电》《参加"思想改造会"的回忆》8 篇文章；人物春秋栏目收录了《热血春秋》《普道党员楷模》《龙乡英雄李宝》《忆父亲刘岗甫二三事》4 篇文章；军政往事栏目收录了《日寇第二次进攻宛平四区》《八里塘阻击战》《我做地下工作的回顾》《日寇在天开一带的统治》《上石堡村的反资敌斗争》《考验》《上万脱险记》《千河口战斗》《元港村抗日纪事》《我当民兵中队长的回忆》《抗战小邮局》《房山县五十年代"肃反"运动》《参加通县四清会战的回忆》13 篇文章；胜迹寻踪栏目收录了《隋唐古迹——孔水洞万佛堂》《房山石经与名人书法》《开发云水洞》《上方山的植物景观》4 篇文章；史海拾贝栏目收录了《辽〈大安山莲花峪延福寺观音堂记〉碑疏证》《一方良乡封泥印》2 篇文章；古城往事栏目收录了《良乡胡同名称的由来及轶事》一文；立此存照栏目收录了《刘振池落网记》一文；钩沉备忘栏目收录了《永寿禅寺惨案》一文；建置沿革栏目收录了《周口店区的定名》和《房山党校建设初始》2 篇文章。

《房山文史》第十二辑：设 7 个栏目并配"裴文中教授陪同刘少奇、朱德、董必武、林伯渠参观周口店猿人遗址，邓小平来周口店猿人遗址题词，郭沫若来周口店猿人遗址题词，良乡保安队在铁路修建的碉堡，华北野战军炮击敌人，华北野战军围歼敌人，敌人碉堡在炮火中土崩瓦解"等10幅照片图片。其中，纪念房良两城解放五十周年栏目收录了《七纵攻克房山城、人民彻底得解放》《一次收缴"地枪"的战斗》《良乡五区"破交"战斗二三事》《一次特殊的战斗》《炮声隆隆迎解放》5篇文章；农工商史话栏目收录了《房、良两县耕地被"旗圈"》《旧煤窑"关民屋子"纪实》《房、良两县商业的社会主义改造》《房良两县合并后的农村工作部工作》《房、良合并后的第一次下乡》《"大跃进"时期的长沟人民公社》《"大跃进"时期的几个浮夸典型》《房山大炼钢铁运动片断》《我印象中的岗上村》《石窝胜天渠修筑过程》10篇文章；文卫史料栏目收录了《民国时期出版的一册〈房山游记汇编〉》《解放初期几次重要的教师会议》《漫话取材于房山地区的戏剧》《韩营村的座腔戏》《娄子水花会》《观石经山拓经记》《建国初期的周口店猿人遗址博物馆》《五十年代房山县贯彻〈婚姻法〉运动》《从"屋顶广播"说起》《近年房山出土的石刻与石雕》10篇文章；军政往事栏目收录了《一次亲身经历的战斗》《被日寇抓去的日子里》《房、良两县解放初期反动党团的登记工作》《五十年代初期良乡县的抗美援朝运动》《"文革"前房山县法院人员、机构的变迁》《我在房山县法院工作的回顾》《边区赞》7篇文章；人物春秋栏目收录了《我所知道的蒋维平》《废除科举后房山的三位普教人物》《仁理和尚记事》《张晋伶的堡垒户》《董存瑞式的英雄——张林》5篇文章；胜迹寻踪栏目收录了《琉璃河馆壁题诗记》《琉璃河石桥》《曹锟别墅及其他》3篇文章。

政协北京市房山区第四届委员会

政协北京市房山区第四届委员会从1999年1月至2004年1月，在五年任期内共编辑出版《房山文史资料》五辑，即：《房山文史资料》第十三辑、《房山文史资料》第十四辑、《房山文史资料》第十五辑、《房山文史资料》第十六辑、《房山文史资料》第十七辑。从第四届委员会起，《房山文史》更名为《房山文史资料》并延续至今。《房山文史资料》第十三辑至第十七辑共收录文章200篇，照片图片54张。为了方便读者保存，政协第四届委员会还将《房山文史资料》1—17辑合订成《房山文史资料全编甲集上下卷》。

《房山文史资料》第十三辑：设6个栏目并配"1955年9月中共房山县委组织员合影，石岩先生挥毫题字，良乡的竹筋楼，'文革'前北京市公安局造林大队宿舍，燕都遗址及出土文物，云居寺压经塔，云居寺石经山，清代陵墓碑楼，辽代石塔"等13幅照片图片。庆祝建国五十周年栏目收录了《伪房山县保安团长张德祥落网记》《我所经历的民国三十二年》《一次特殊的任务》《我在北平军营会的一段经历》《解放初期良乡中学的文化生活》《房良两县的镇压反革命运动》《建国初期房山县委的组织员工作》《五十年代的房山县人民政府文印打字工作》《房山县首届人民代表大会代表选举工作》9篇文章；农工商史话栏目收录了《民国时期周口店的煤炭业和石灰业》《周口店洪顺灰窑发展始末》《回忆良乡县初级农业生产合作社》《1956年前良乡县公私合营概况》《关于"共产风"及其后的整顿》《三年困难时期的群众生活》和《良乡竹筋楼及其设计者》7篇文章；文卫史料栏目收录了《云居寺已毁文物纪略》《回忆河北乡广播网建设》《小陶村农民篮球队发展始末》《解放前石楼村的"上四调"》4篇文章；军政往事栏目收录了《八国联军侵占良乡城》《日寇进攻平西根据地纪实》《曹家房惨案纪实》《抗战时期的大安山沦陷经过》《五十年代房山县的"划乡撤区"经过》《"文革"前房山县检察院机构的变迁》《娄子水村与北京市公安局造林大队》7篇文章；人物春秋栏目收录了《房山三姐妹革命纪略》《周文龙的一生》《四进葫芦垡的张晋伶》《李明同志葬礼侧记》《陪同钱三强教授参加劳动》《徐庆文同志二三事》《徐庆文同志逝世前后》和《石岩先生生平纪略》8篇文章；胜迹寻踪栏目收录了《云居寺石经的发掘、收藏与研究》《西周燕都遗址的发掘始末》《古刹中山寺》《房山的石碑坊》《张坊的黄廷桂墓》《张坊辽代石塔》《燕桓侯徙都临易》和《上方山九洞十二峰》8篇文章。

《房山文史资料》第十四辑：设6个栏目并编配"晋察冀边区房良县二区合作社使用的升斗，开凿胜天渠动员大会及场景"等5幅照片。日寇罪行栏目收录了《日寇在房山的血腥暴行》《日寇在房山的血腥暴行录》《日寇在房山修筑"惠民壕"》3篇控诉日军罪行的文章；农工商史话栏目收录了《房山蜂蜜生产概况》《房山县工商业联合会建立》《解放初期房山县的粮食统购统销》《初级农业社时韩营村的风波》《在开凿胜天渠的日子里》《"大跃进"时的南尚乐千亩方》6篇文章；文卫史料栏目收录了《回忆在河北广播站工作的日子》《回忆东庄子腰鼓队》《五十年代初期上万中心学校的共青团工作》《忆房山县毛泽东思想宣传队》《一册残本〈房山文史〉》《我演"宝山参军"》6篇文章；军政往事栏目收录了《良乡县历史沿革及县城变迁》《后金在房山》《北峪沟军民抗日往事追忆》《马鞍山阻击战》《建国前解放区的诉讼收费制度》《房良两县土改运动概况》《建国初期房良两县的"三反""五反"运动》《五十年代初良乡县的兵役工作》《房山县"贫协"始末》《五十年代的县直机关生活》《在中共良乡县委机关工作的日子》《五十年代初房山县委农村工作部工作》《我所经历的一段山区生活》《下放劳动时的生活片段》14篇文章；人物春秋栏目收录了《悼念老红军王世清》《金百万浮沉记》2篇文章；胜迹寻踪栏目收录了《关于房山孔庙的追忆》《兵马元帅陈珪之墓》《房山的石刻文字》和《吉羊村的寺庙》4篇文章。

《房山文史资料》第十五辑：设6个栏目并配"江泽民题词'没有共产党就没有新中国'、没有共产党就没有新中国词曲、周恩来总理视察北京石化总厂、外交部新闻司司长龚澎在周口店体验生活、房山县供销合作社社员代表大会"等11幅照片图片。纪念中国共产党成立八十周年栏目收录了《岁月难隔一支歌》《周恩来总理视察北京石油化工总厂实录》《"一·二九"运动在良乡》《房良两县过渡时期的党建工作》《回顾原良乡县一区的工作》5篇文章；农工商史话栏目收录了《房山县供销合作总社发展概况》《房山县的农村"小四清"》《公社化时期的农民食堂》《大战"旱高台"》《房山小铁厂的建设经过》《房山最大的公路桥梁》6篇文章；军政往事栏目收录了《强志国火烧敌岗楼》《日寇在天开一带的统治（续）》《激战平汉线》《突袭伪据点》《解放战争时期的房山县民兵连》《房山县人民法院审判程序的发展》《房良两县抗美援朝运动纪略》《五十年代的审干工作》《五十年代房良两县的新"三反"斗争》《在三年困难时期》《房山县剿匪纪实》《房山保安团的罪证》《房山县早期的一份死刑布告》13篇文章；文卫史料栏目收录了《高克恭与〈房山集〉》《袁枚与一首良乡题壁诗》《〈水曹清暇录〉中的房山风物》《"大跃进"时期房山的文化工作》《解放初期的饶乐府村评剧团》《六十年代的良乡中学》《流传于房山地区的五首民歌》7篇文章；人物春秋栏目收录了《龚澎同志在房山》《张晋伶三抓邓凡清》《怀念小烈士唐亮》《回忆黄志华大夫》《忆老校长王赞青》5篇文章；胜迹寻踪栏目收录了《房山古镇史话》《金门闸与清代永定河水患治理》《清代二行宫》《房山八座清代官吏墓记》《公主坟村的三座墓葬》《房山的古矿遗址》6篇文章。

《房山文史资料》第十六辑：设5个栏目并配"周恩来总理、陈毅、贺龙副总理同外宾在钱三强陪同下视察原子能院，'两弹'功勋王淦昌，研制我国第一颗原子弹点火中子源的简易工棚，战争时期王建中夫妇，平西抗日烈士纪念碑落成典礼"等15幅照片图片。

农工商史话栏目收录了《东方红炼油厂的创建回顾》《房山县手工业的社会主义改造》《良乡县手工业联合社的发展》《房山木业社的创建与发展》《房山地区棉花的生产与购销》《人民英雄纪念碑采石略记》《参加修建密云水库的回忆》《民国二十八年良乡地区的水灾》8篇文章；军政往事栏目收录了《原子能院的历史性贡献》《房山县农村的"大四清"运动》《房山县的社会主义教育运动》《平西抗日烈士陵园建园始末》《西甘池的烈士陵园》《日伪侵袭昌宛房根据地》《原良乡县五区民兵连追忆》《难忘的一次战斗》《一场惊险的遭遇》《张晋伶脱险记》《黄院村惨案》《一张镇压反革命的布告》《良乡县的第一次团代会》13篇文章；文卫史料栏目收录了"《〈高枏日记〉与房良地区的义和团运动》《"三袁"笔下的房良风物》《云居寺的元代铜火铳》《溥儒与〈上方山志〉》《河北村的高跷会》《北甘池村的小评剧团》《解放初期的良乡中学》《原房山县"五七"大学简记》《"周口店支队"的大戏台》9篇文章；人物春秋栏目收录了《两弹功勋王淦昌》《一代清宫高骧云》《王建中传略》《徐庆文事迹记略》《人民教师赵松柏》《回忆三区区长方锡智》6篇文章；胜迹寻踪栏目收录了《抚今追昔话窦店》《燕国故地琉璃河》和《云居别所香树庵》3篇文章。

《房山文史资料》第十七辑：设5个栏目并配"四届政协主席游来柱与部分文史撰稿员合影、1936年6月房山县简易师范学校第一班毕业生合影、1951年7月房山中学参加军事干部学校学生合影，两弹功勋钱三强作报告"等9幅照片图片。

经济史话栏目收录了《激情的年代、辉煌的壮举》《北京市琉璃河水泥厂恢复生产经过》《首都电业职工的骄傲》《落户在良乡的北京送变电公司》《房山供销合作社支援生产救灾情况》《良乡农业社的过渡》《我在农业战线的一段经历》《"厂办商店"始末》8篇文章；军政往事栏目收录了《房山根据地的补军工作》《抗战时期房山革命老区的经济政策》《平西兵工厂》《萧克在森水村的日子里》《霍梁引导堂兄走上革命道路》《抢粮与反抢粮的斗争》《房山县城解放简记》《回忆在良乡县委的工作片段》《房山县1954年的征兵工作》《五十年代的房山县委交通班》《六十年代初期房山县的国民经济政策调整》《六十年代房山县法院检查案件纪实》《宝水村叛变事件》13篇文章；文卫史料栏目收录了《房山最早的师范学校》《原良乡县初级师范学校简记》《房山中学首届高中班记事》《房山中学首批参加军干校的回忆》《房山二区小学教育的回顾》《日伪时期的奴化教育》《一组反映敌占区生活的老照片》《长沟地区民谣四首》《车王府曲本中的良乡城》《北甘池村的太平鼓花会》《解放初期的一次救火纪实》《高山顶上的学校》12篇文章；人物春秋栏目收录了《中国原子能事业的奠基人钱三强》《我的同学侯隽》《宿光明的一生》《烈士英灵永存》4篇文章；胜迹寻踪栏目收录了《良乡古镇史话》《黑龙关村史话（上）》《燕山白水寺》《上方山七十二庵》4篇文章。

政协北京市房山区第五届委员会

政协北京市房山区第五届委员会的文史资料工作逐步进入丰产时期，从2004年1月至2006年12月，在三年任期内不仅编辑出版了房山文史资料三辑即：《房山文史资料》第十八辑、《房山文史资料》第十九辑、《房山文史资料》第二十辑，还编辑出版了《北京文史资料精选·房山卷》。收录文章189篇，照片图片57张。

《房山文史资料》第十八辑：设5个栏目并配"1959年3月中共周口店区委工业部全体合影、1953年2月房山县初级师范第二班毕业师生合影、1983年7月黄华副委员长视察云居寺、2002年秋全国政协副主席白立忱考察张坊镇磨盘柿生产基地、侯隽在天津宝坻县插队留影、周口店遗址第27地点田园洞发掘现场"等12幅照片图片。

经济史话栏目收录了《东方红炼油厂的建厂决策》《"东炼厂"筹建经过简记》《华北第一座超高压变电所的建设》《北京化工四厂二三事》《牛口峪水库第一期工程施工侧记》《丁家洼水库建设追记》《天开水库的修建经过》《房山特产磨盘柿》《1962年参加出国援阿建设经过》《我在工口八年工作的回顾》《从背包社到塑料厂》11篇文章；军政往事栏目收录了《原良乡县六区工作回顾》《忆平西房良联合县妇女抗日救国会》《房山抗日根据地的大生产运动》《良乡县民兵团建立始末》《蒲洼抗日根据地的开辟》《六年政协工作回顾》《党和国家领导人关怀北京市琉璃河水泥厂二三事》《房山县法院复查"文革"案件情况纪实》《活捉中统特务刘国俊》《骨肉分离四十年》10篇文章；文卫史料栏目收录了《怀念敬爱的周总理》《黄华副委员长两次来房山视察纪实》《张南生中将、卓琳同志在娄子水村》《参加全国首次青年社会主义建设积极分子大会的经过》《房山解放区的妇女》《五十年代房山师范学校琐忆》《五十年前的双柳树村》《五十年代的房山县委宣传部》《一段不为常人所知的历史》《黄山店煤矿事故的抢救工作》《镌刻房山石经的社会背景初探》《京剧〈三不愿意〉与良乡》《解放前房良地区的"驼户"》13篇文章；人物春秋栏目收录了《秦芝楼生平传略》《忘我拼搏的由培先》《杨浚与中国第一套30万吨乙烯工程》《葬于良乡的窦燕山》《无偿献血的苗忠》5篇文章；胜迹寻踪栏目收录了《二十世纪二三十年代的云居寺与石经山》《云居寺雷音洞千佛柱考》《发现周口店田园洞记事》《上方名山、佛国净土》《黑龙关史话（下）》《铁瓦殿》6篇文章。

《房山文史资料》第十九辑：设5个栏目并配"1986年4月国务院副总理田纪云视察云居寺"、"1950年6月良乡二区工作人员合影"、"1955年春中共良乡县委、县政府部分领导在昊天塔前合影"、"房山晋商隆福局粮仓一角"、"石花洞一角"等15幅照片图片。经济史话栏目收录了《解放前及解放初期房良两县的农业》《房山三项农业气象科技成果的研究》《龙骨山下"红旗渠"》《三八干渠与房涞涿灌区》《开山填渠建东炼》《表盘厂的创业历程》《房山印刷厂的初期发展》《房山山区的荆编》《房

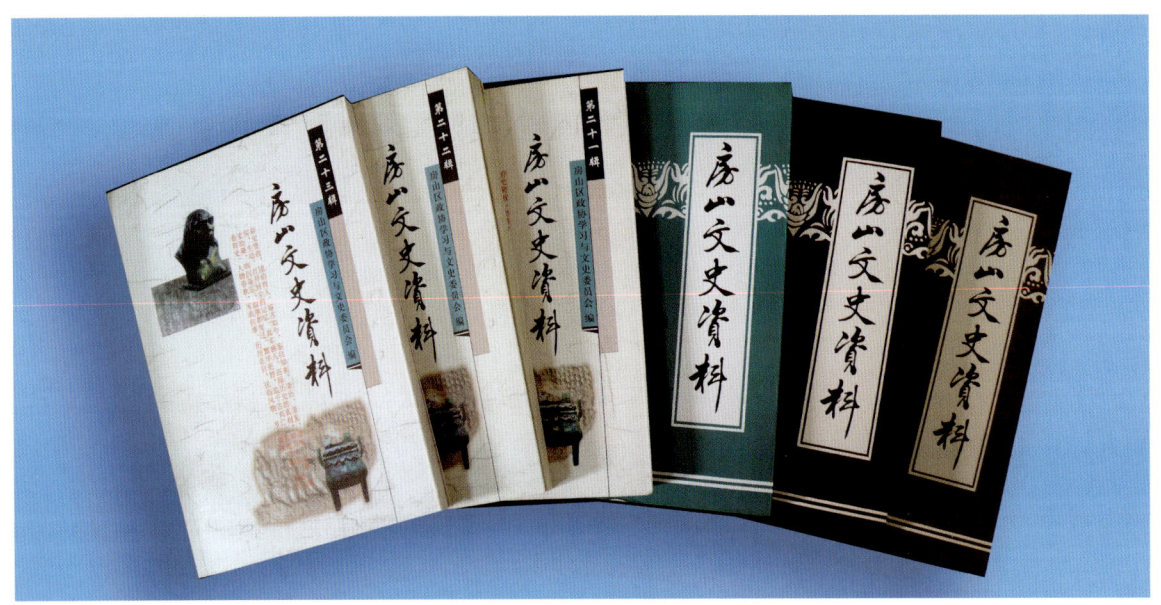

区政协编印的文史资料

山的石头器具》9篇文章;军政往事栏目收录了《田纪云副总理视察房山纪实》《回顾原良乡县二区工作》《房良两县县直机关的"三反"运动》《房山县委机关精简工作的回忆》《回顾参加河北省劳模大会的情景》《北白岱下乡纪事》《房山第一个抗日民主政权的建立》《民国时期的房山县议参两会》《发生在尤家坟村的一场战斗》《日军飞机轰炸下英水村》10篇文章;文卫史料栏目收录了《我为何走访黄山店》《房山旅游文化节标志的设计》《房山运煤高线始末(上)》《参加1950年首都国庆活动的回忆》《北京龙腾杂技艺术团记事》《一册记录黑龙关村风情的珍贵志料》《一册未能出版的〈房山人民公社史〉》《房山的集市贸易与行会行语》《房山的民间花会》《杏园村名的由来及其他》《房山特色小吃两种》等11篇文章;人物春秋栏目收录了《房山县出席中共十大的代表——李金》《志愿军归国代表马维华来房山》《曹庶民县长二三事》《河南中学首任校长姬锡瑞》《北京市劳模徐忠》5篇文章;胜迹寻踪栏目收录了《国家地质公园石花洞》《半壁店行宫乾隆诗碑考》《房山城八景》《丁家洼陶窑遗址》《鳌头寨》5篇文章。

《房山文史资料》二十辑:设4个栏目并配"1983年6月朝鲜大使金明洙来房山参观、1949年11月河北省良乡县供销合作社全体人员合影、房山最早的彩色照片、著名作家管桦夫妇在良乡"等7幅照片图片。

经济史话栏目收录了《房山地区供电网络的建设与发展》《解放前后房山县粮食管理纪略》《房良两地落实粮食"统购"工作》《三年困难时期经济政策的调整》《名冠一时的窦店砖瓦厂》《潘庄皮记草纸厂》《燕化化工一厂乙烯装置的安装与改造》《房良地区的驼运》《大石河畔的捕鱼习俗》《百花山名产》《房山核桃》《刘家鞍子铺的绝技》12篇文章;军政往事栏目收录了《日军轰炸云居寺》《磁家务地雷战》《"土改"工作中的一次遇险》《房山东关的一次劫难》《在良乡县委工作的回忆》《房山县"革委会"的组建》《下放劳动琐记》《一段难忘的劳动生活》《难忘的房山城关铁道民兵第二十三连》《朝鲜大使参观房山》10篇文章;文卫史料栏目收录了《房山煤运高线始末(下)》《日本对京西煤田的调查》《霞云岭地区的霸王鞭》《房山最早的彩色照片》《李学鳌与南韩继》《管桦夫妇在良乡》《〈广阔天地炼红心〉的编写过程》《房山百货商场早期的商业美术工作》《为毛主席纪念堂敬献汉白玉》《房山区经济社会综合发展规划编制侧记》《清公案小说与房山》11篇文章;人物春秋栏目收录了《抗日烈士白文如》《全国战斗英雄孔祥元》《蔡雄其人》《房山唐代高僧可止》4篇文章。

《北京文史资料精选·房山卷》是由北京市政协统一组织、全市18个区县各自精编一卷而成的文史资料系列丛书。《房山卷》收录了房山文史资料工作20年的一批精选文章,该卷设"古迹胜境、工商史话、人文纪实、军政往事、人物春秋"5个栏目,共有文章67篇,照片图片23幅,代表了当时房山文史资料的最高水平,该系列丛书获得北京市政协优秀文史资料图书特等奖。

政协北京市房山区第六届委员会

自2006年12月至2011年12月,政协北京市房山区第六届委员会在5年的任期内不仅编辑出版了五辑文史资料,即:《房山文史资料》第二十一辑、《房山文史资料》第二十二辑、《房山文史资料》第二十三辑、《房山文史资料》第二十四辑和《房山文史资料》第二十五辑,还结合房山历史文化遗存编辑出版了《房山历代人物》《房山历代寺观》和《房山历代陵墓》,从不同视角挖掘梳理了房山的历史文化。这八部文史资料共收集文章467篇,照片图片489张。

《房山文史资料》第二十一辑：设6个栏目。经济史话栏目收录了《房山煤炭业的变迁》《建国后房山粮食机构的建立及发展》《房山的副食品供应溯源》《五十年代房山县畜牧工作的一面红旗》《建国初期房良两地的粮食市场》《韩营村"唐记土碱"老字号》《房山的烧炭业》《房山区第一次飞机防治麦蚜虫》8篇文章；军政往事栏目收录了《唐幽州良乡县十二乡考》《直皖战争期间房良地区的兵祸》《侵华日军在房良地区的暴行》《接管北平干部良乡培训纪事》《"两弹一星"发祥地》《房山县二区工作回顾》《"四清"见闻》《房山小矿区建撤始末》《房山区区址东移纪事》《良乡老干部活动站的建立》10篇文章；岁月追忆栏目收录了《彭真四次视察南韩继村》《陈叔通副委员长到房山视察》《国务委员谷牧视察房山》《房山县下放干部管理工作回顾》《吴庄村房良分治的回忆》《在房山二区工作的几点记忆》6篇文章；文卫史料栏目收录了《房山旧志概说》《云居寺历史上的禅律之争（上）》《大石窝石匠的传统习俗》《南窖乡水峪村中幡会始末》《张锡山与练字石板》《陪同前苏联〈真理报〉记者的一次采访》《房山区的第一项植物保护科研成果》《昔日房山篮球赛事》8篇文章；人物春秋栏目收录了《留得清操证素心（上）》《苗培时访谈录》《无怨无悔的刘占职》《大鼓名家章翠凤》《汉末三国之际的风云人物阎柔》《明代高僧不二和尚》6篇文章；胜迹寻踪栏目收录了《南水北调中线一期工程北京段文物保护工程》《琉璃河遗址与北京建城》《公主坟古迹追踪》《奕赓东游孔水洞》《云蒙山下王禅洞》《高鹤年游上方山和云居寺》6篇文章。

《房山文史资料》第二十二辑：设5个栏目。经济史话栏目收录了《房山粮仓史话》《房山县粮食种植制度和种植方式的演变》《解放前房良两县的粮行油号》《房山的禽蛋生产与购销》《新街村的手工业》《焦若愚到房山县视察流水养鱼》《百花山地区历史上的狩猎活动》7篇文章；军政往事栏目收录了《唐代侨治于幽州良乡县的几个羁縻州》《华北抗战的中流砥柱》《房山县入城接管时形势纪实》《在中共房山县委工作的回顾》《房山城关公社的建立与初期情况》《长阳中柬友好人民公社命名始末》《房山县的红卫兵接待站》《京西供销社建撤纪实》《房山区国合商业改革历程的回忆》9篇文章；文卫史料栏目收录了《云居寺历史上的禅律之争（下）》《房山区红十字会的建立与发展》《广播情缘六十年》《房山县供销社系统商业美术回顾》《赵朴初出席云居寺天王殿毗卢殿竣工典礼纪实》《溥仪参观南韩继》《房山的第一部新志书——〈房山区志〉》《编著全国"普法"系列教材的回忆》《公议庄五虎少林会的传承与发展》《房山最早的灯箱》《关于〈贾岛研究〉》11篇文章；人物春秋栏目收录了《留得清操证素心（下）》《张寿龄将军其人其事》《诗人赵日升》《浩然先生二三事》《房山的第一代女送电工》5篇文章；胜迹寻踪栏目收录了《话说磁家务》《良乡寿因寺及遗碑》《徐文长的房山情结》《漫话良乡胡同》《古往今来良乡城》《顾太清与大南峪》《富察敦崇秋游梨儿峪》7篇文章。

《房山文史资料》第二十三辑：设5个栏目。经济史话栏目收录了《解放前房良两县供销合作事业的发展》《民国时期良乡城的店铺商号》《民国至建国初期顾册村的商业》《房山区引种推广猕猴桃》《房山地区畜禽的饲养》《我区平原历史上对秸秆的利用》6篇文章；军政往事栏目收录了《在良乡县五区武装部工作的回顾》《日军在华北实施五次强化治安运动》《土改工作的回忆》《接管北平干部在良乡培训纪事（续）》《我参加了首批援越政治顾问团》《忆国庆十周年游行》《良乡县人民银行反右运动的回忆》《到房山参加锻炼的外交部首批下放干部》《毛驴"下放"》《"跑片"小记》《我在坨里公社工作的一段经历》《1983年"严打"斗争琐忆》《改革开放初期的区总工会》13篇文章；文卫史料栏目收录了《奥运火炬在周口店北京人遗址传递纪实》《"5·12"汶川大地震援救行动》《北京燕山收藏欣赏联谊会成立经过》《房山"宝光"发现记》《房山商场排演的话剧〈约会〉》《城关零售商

区政协编印的文史资料专辑

店的美化宣传工作》《忆〈光辉的十年〉》《一本国庆征文》《陪同林汉雄部长考察房山》《蜀派古琴名家俞伯孙》《云居寺与杨乃武案卷》《房山南关杠箱会》12篇文章;人物春秋栏目收录了《全国劳模吴春山》《回忆老书记李明》《党员楷模阎爱众》《养蚕姑娘李秀荣》4篇文章;胜迹寻踪栏目收录了《天开塔出土佛舍利的经过》《中国最大的园林置石青芝岫》《百花山瑞云寺》《古代良乡八景》《圣莲山长星观与长生观》《房山汉白玉》《再说良乡寿因寺》《文殊道场显光禅寺》《玉室洞天张良洞》9篇文章。

《房山文史资料》第二十四辑:设5个栏目。经济史话栏目收录了《修建崇青水库的岁月》《房山县玉米品种的演变》《房山区的印刷业》《房山的池塘养鱼》《房良两县供销合作社的发展》《房山县国营商业的组织结构》《房山地区几种农副产品经营之道》《官庄村集市》《房山境内的几条铁路线》《山区交通六十年》《焦庄子石子厂》《赴大庆油田参观考察》《解放前的房山浴池》《五十年前的"麻雀战"》《我家六十年住房的变迁》《我区农村的用火》《下英水村抗旱回忆》17篇文章;军政往事栏目收录了《用鲜血和生命捍卫"钢铁走廊"》《戳穿国民党反动派的谎言》《北京市扩大行政区划的一个小插曲》《一次干部下放的经历》《在备战的日子里》《一张老照片的回忆》6篇文章;文卫史料栏目收录了《民国时期石经的破坏与保护》《房山农民画的兴起与发展》《蒋叔南的〈房山游记〉》《房山县解放初期的农村小学》《与浩然在一起的日子》《一位山区教育工作者的回忆》6篇文章;人物春秋栏目收录了《房山与耆英的生前身后》《史树青与房山》《黄埔将才苏济吾》《忆彭老总的一段往事》《张玉全脱险二三事》《父亲牺牲之后》6篇文章;胜迹寻踪栏目收录了《大次洛村云盖寺》《房山碑刻拾遗》《原贾岛墓祠情况补遗》《前朱各庄名胜》《房山的乡野古迹》5篇文章。

《房山文史资料》第二十五辑:设5个栏目。经济史话栏目收录了《清宫御酒"菊花白"的发掘与传承》《房山县政府农业技术顾问团的活动》《记北京市公安局直属造林大队》《房山商业的三大变化》《三访"背篓商店"》《房山老城的商铺》《京西凤眼油》7篇文章；军政往事栏目收录了《中央团校在良乡培训纪事》《忆原子能院八十年代的改革转型》《难忘的三次试验》《原子能科学研究院初建琐忆》《房山县整风运动的回顾》《长沟公社"四清"亲历回眸》《回忆破拆高线架》《一次惊险的遭遇》《隗朝水与庚戌之变》9篇文章；文卫史料栏目收录了《〈青峰〉与新时期房山文学的繁荣》《周氏兄弟与房山》《北窖村银音会古乐谱探源》《房山的元代窖藏》《山村草台演话剧》《刘平庄"李记盆窑"老字号》《昊天塔下的"元九"庙会》《顾册村的庙会与花会》《一部民国十三年的〈良乡县志〉》《一支活跃在解放区的小学乐队》《解放初吴庄村及附近教育情况回忆》《吴春山纪念碑建造始末》《黄辛庄的"通臂拳"》《记河南中学"山花诗画社"的成立》《我为〈房山文史资料〉刻印章》15篇文章；人物春秋栏目收录了《吴有训先生二三事》《回忆老县长曹庶民》《特级飞行员教练魏建华》《叶祖孚的文史情怀》《苏适先生的笔墨人生》5篇文章；胜迹寻踪栏目收录了《房山贾岛墓李东阳诗碑》《贾岛在房山云盖寺修行的碑证》《明末四大师之真可、德清与云居寺佛舍利》《保存完好的黑龙关传统民居》《杏园村风景述略》5篇文章。

《房山历代人物》是房山区政协编著的第一部文史专著。全书23万字，图片51幅，收入自西周燕国至中华人民共和国建立的历代人物150位，是目前有关房山人物的著作中历史年限最长，收录人物最多，内容最丰富的一部。这部志述房山历代人物的专著具有知识性、学术性、权威性。本书采取纪传体，文风严谨，语言精当，品位高雅，准确把握历史人物，客观真实地还原历史人物的本来面貌。既是一部房山文化的力作，又是北京文化的精品之作。

《房山历代陵墓》是一部较为系统地介绍房山区墓葬文化的专著。全书18.8万字，刊入文物图片200余幅，记述了自西周燕国到清明时期近三千年期间分布于房山区历朝历代的墓葬，具有浓郁的地域文化特色和强烈的文化震撼力。全书由《西周燕国墓葬》《汉代墓葬》《大房山金代帝王陵》《清代诸王贝勒园寝》和《历代名人墓葬》等五部分组成。《西周燕国墓葬》介绍了西周燕国分封的背景，琉璃河遗址墓葬区的分布，重点墓葬和出土文物，再现了三千多年前古燕都的辉煌；《汉代墓葬》介绍了历年来房山区所发现的汉代墓葬，重点介绍了顾册村及岩上汉墓村，大量的随葬陶器的出土，反映了汉代房山地区经济的繁荣；《大房山金代帝王陵》介绍了以大房山为中心的庞大的金代帝王陵群，包括山陵营建、陵区分布、诸陵迁（安）葬，陵区范围、祭祀、行宫等等；《清代诸王贝勒园寝》介绍了分布于全区6个乡镇的8处清代诸王贝勒园寝及所葬的34位亲王、郡王、贝勒；《历代名人墓葬》介绍了自战国至清代15位历史名人的墓葬及生平。该书内容翔实、行文严谨、笔触生动，是一部集文史性、学术性为一体的精品佳著。

《房山历代寺观》是《房山历史文化系列专辑》的礼成之作，《房山历史文化系列专辑》始于《房山历代人物》，续之《房山历代陵墓》，告竣于《房山历代寺观》。

《房山历代寺观》首次对房山区的宗教发展史进行了积极研究和清晰揭示，记述了房山自晋代以来的110余座寺观，以佛教为主兼述道教、伊斯兰教、基督教、天主教等本土和外来的几大宗教，涉笔虽有详略，可鉴房山宗教文化之大观。

封面设计凸显房山的宗教文化特征，主体选取北魏太和二十三年（公元499年）僧欣造像，意在展示房山悠久的佛教渊源，封面背景为唐代石刻浮雕瑰宝《万菩萨法会图》；封底走马造型活灵活现，取自万佛堂辽代花塔上的砖雕；勒口的坐僧念珠则是金代燃身明坟幢上的佛教浮雕。由此，以点睛之笔显现了房山佛教发展的脉络和历史上的佛教繁荣期。

北魏僧欣造像尤值一述,这尊造像,高94.6厘米,高肉髻,上有水波纹,面相平颐适中,通肩式大衣,右手施无畏印,左手叉腰,持大衣一角。双腿突显,大衣下露出内着之裙,如重叠水波状。这尊北魏中期有代表性的佛教造像,是六朝时期精美的佛教造像之一,原出土于房山云居寺附近的大石窝一带,后来流失海外,现存于美国克利夫兰艺术博物馆。

政协北京市房山区第七届委员会

政协北京市房山区第七届委员会自2011年12月至2015年12月政协志成书前,在4年中,编辑出版了四辑《房山文史资料》,即:《房山文史资料》第二十六辑、《房山文史资料》第二十七辑、《房山文史资料》第二十八辑、《房山文史资料》第二十九辑(纪念抗日战争胜利70周年专辑)。根据北京市政协文史学习委的统一部署,在全市率先编辑出版了《首都文史精粹:房山卷·七十万年走来的文明》。五部书共收录文章243篇,照片图片147张。

为了方便阅读和保存,政协北京市房山区第七届委员会还编辑出版了《房山文史资料全编·乙集(上下卷)》,将《房山文史资料》第十七至二十六辑合订成集,全编200万字,收录文章412篇,与《房山文史资料全编·甲集(上下卷)》成为姊妹篇,共同构成了房山文史资料全编。

《房山文史资料》第二十六辑:设5个栏目。经济史话栏目收录了《中华瑰宝汉白玉》《房山良乡县城老药铺》《张坊地区的商业》《房山县经管站建站经过》《房山商办工业发展回顾》《窦店砖瓦厂建厂始末》《房山历史上的农业用具》7篇文章;军政往事栏目收录了《窑上伏击战》《永不能忘日军的侵略罪行》《房山县城第一个党支部》《"土改"回忆》《我亲历的"肃反"工作》《"大跃进"年代忆事》《我陪部长走基层》《在南韩继村蹲点的回顾》《六十年代的一次下放劳动》9篇文章;文卫史料栏目收录了《我参加了歌舞剧〈东方红〉演出》《房山初级师范建校历程》《解

区政协编印的文史资料全编甲集乙集

放初期房山县的收音员》《河南中学的建立与撤销》《忆周口店中学二三事》《娄诗白与燕山石化职工的一段情谊》《〈阅微草堂笔记〉中的房山故事》《林斤澜与房山》《清末房山诗人王邦屏》《渔儿沟往事》《创办〈房山人口报〉的回顾》《八十年代的地方小报》《我家的土地房产证》《我家保存的园田字据》《房山地区的恐龙化石》《麻将解禁、定局房山》16篇文章;人物春秋栏目收录了《新中国大众文学的奠基人苗培时》《陈英才烈士》《民主人士周硕臣先生》《抗美援朝老兵高桐的战争经历》《市人大代表、劳动模范傅宝良》《缅怀杨祥麟先生》6篇文章;胜迹寻踪栏目收录了《发掘房山石经、开启矿世宝藏》《"四古"村落水峪》《房山城关山顶庙》3篇文章。

《房山文史资料》第二十七辑:设5个栏目。经济史话栏目收录了《房山的商业》《"文革时期"

房山农村经济工作的回顾》《胜利化工厂大会战》《羊耳峪商店往事》《对吴庄附近道路和运输的回忆》《西潞园小区的开发建设》6篇文章；军政往事栏目收录了《周恩来总理来到云居寺》《采访杨成武将军》《邓力群视察房山》《河北公社"四清"运动亲历记》《周口村乡共青团工作回顾》5篇文章；文卫史料栏目收录了《近现代贾岛研究专著略谈》《蒋维乔与〈大房山游记〉》《关门弟子来福永心目中的刘丙森先生》《刘丙森在亚新迎春书画笔会》《北京人艺与房山》《张仃和叶浅予的十渡作品》《电影〈周恩来〉在大董村拍摄散记》《房山教师进修学校的发展历程》《记房山评剧团一次下乡演出》《山区露天电影放映记》《房山电视台第一代台标的设计》11篇文章；人物春秋栏目收录了《民团司令"招安"当区长》《浩然——我的启蒙老师》《追忆张成基同志》《怀念老领导——张成基》《忆王凤梧先生》5篇文章；胜迹寻踪栏目收录了《贾岛与贾岛墓》《刘济墓前话刘济》《磁家务村庄王墓》《房山石楼村王辅三墓表》《百花山庙会》《猫耳山下古村落——南窖》《房山区内的古槐》《远近闻名的石村庙会》8篇文章。

《房山文史资料》第二十八辑：设4个栏目。经济史话栏目收录了《房山煤矿的历史变迁》《房山最早的农场》《西班各庄水力发电站的始末》《家乡吴庄用水的回忆》《东风化工厂建厂回忆》《房山区冷饮食品生产业发展初期情况忆述》《房山统计机构的发展历程》《昔日农村的五行八作》8篇文章；军政往事栏目收录了《老八路王凤桐的往事追记（上）》《王家台烈士公墓》《从李氏宗祠碑谈明清时期良乡的圈地状况》《历史的纪念》《周口店供销社职工全心全意为农业生产服务的往事》《"大跃进"时期长沟公社的"五凤"》《回顾贫下中农管理学校的一段往事》7篇文章；文卫史料栏目收录了《蒲洼乡芦子水村的"山梆子"戏》《〈林则徐传牌良乡县〉故事考证》《清末纳捐入监的房山人》《民国名人咏莲花山》《故乡记忆》《赴大寨参观学习》《忆大紫草坞公社广播站》《房山县医院和"四大金刚"》《良乡综合商场开业时的美术工作》《雷震和他的英汉词语扑克》《房山农户及商家岁时习俗》11篇文章；胜迹寻踪栏目收录了《唐代幽州节度使刘济及墓葬》《元代抱玉里文靖书院》《大房山与大金古刹灵峰寺》《房山境内的几座古桥和古井》4篇文章。

《房山文史资料》第二十九辑是纪念中国人民抗日战争胜利七十周年专辑，设5个栏目。历史记忆栏目收录了"日军飞机轰炸云居寺、日军冈崎部队行进在良乡城外、日军轰炸房山城、云居寺被炸毁后的山门、二站惨案、日军残害平西人民的罪行、宋时轮邓华开辟以百花山为中心的平西抗日根据地、挺进军成立、萧克作百花山在望、抗战时的平西地图、反扫荡作战图、房涞涿县政府旧址、抗日模范村——马安村、发动群众宣传统战、曹火星与战友合奏、小学生用霸王鞭形式传唱《没有共产党就没有新中国》、房山抗日根据地军民凿刻标语、母亲送儿打东洋、进行抗战的房山民兵、女民兵连支前活动、根据地军民开展大生产运动、根据地军民破坏敌人交通线、摧毁封锁壕、民兵埋地雷、八路军攻打日军据点、侵华日军投降、中国人民庆祝抗日战争胜利"等共27张历史老照片和图片；日军罪行栏目收录了《侵华日军在房良地区的暴行》《追忆二站惨案》《牢记日军侵略罪行》《日本侵略房山罪行采访录》《日寇铁蹄下的八年琐忆》《日寇统治下的矿工生活》《日寇兽行》《太和庄的祭奠日》共8篇记录日军所犯罪行的文章；中流砥柱栏目收录了《华北抗战的中流砥柱》《包森创建房山抗日根据地》《平西芦子水兵工厂》《军民同仇破强敌》《张坊烽火》《强志国火烧敌岗楼》《抗战中的张晋伶》《陈克光智降小日本》《逼上梁山》《高庄围歼战》《侦察员王喜福》《奋起反抗》《八路军突袭伪据点》《在房山矿区最后一仗》《八路军夜袭房山城》共15篇平西抗日根据地军民反抗侵略、打击日本侵略者的文章；抗日英烈栏目收录了《热血春秋——记张廷瑞烈士》《杜伯华烈士传略》

《赵然烈士传略》《记抗战英烈我的父亲李振东》《民兵英雄隗合宽》《抗日英雄晋耀臣》《锄奸英雄于振边》《怀念抗日英雄周德喜》《隗合强讲述其父隗永泽抗日事迹》等11篇缅怀抗日英烈的文章；抗战诗歌栏目收录了抗战老将军萧克所作的《七七后誓师抗敌》《八路军上前线》《百花山在望》《百花山夜眺》《晋察冀游击战》5篇抗战诗作，抗战老战士张明远所作《登百花山》，抗战老战士史进前所作《忆杜伯华同志》《平西游击战纪事》2篇诗作，抗战老战士叶家林所作《咏卢沟桥石狮》诗，抗日英烈赵然所作《悼杨天鹏》《除夕寄以慰父》《悼1940年堂山事变死难战友》3篇诗作，抗战老战士刘力生所作《平西上清水村受训》《平西黄安村教导队入党》《平西军民公审处决汉奸高志远》《白乙化同志指挥平西沿河城歼灭战》《平西马兰村八一大会代表抗日联军一大队二中队接受政治模范连奖旗》《房山公主坟突围》《平西齐家庄军民讨汪》等8篇诗作，抗战老战士陈辉所作《反扫荡小纪》《拒马河之歌——民谣五则》《为祖国而歌》等诗作和收集整理的5篇民谣，抗战老战士刘靖所作《自我介绍——给日本大佐》，抗战老战士刘云所作《参军》《游击战》2篇诗作，抗战老战士张成基所作《童年遇炮击》，抗战老战士张一虹所作《日寇投降后由平西奔赴张家口》，抗战老战士肖文玖所作《抗日五十周年纪念》，段天顺所作《老帽山六壮士碑》《平西抗日烈士陵园》《赵然烈士墓》3篇纪念抗日英烈的诗作。此外，还收录了抗战时期在平西抗日根据地广为流传的《打土城》《兄妹逃荒》《革命歌谣》《房宛城抗战民歌》《平西抗日歌谣及小调》等民歌民谣。总之，《房山文史资料》第二十九辑是对70多年前平西军民抗战历史的回忆，是对日本帝国主义侵略中国在平西地区所犯罪行的控诉，是对中国共产党领导下的平西根据地军民坚持敌后游击战争、英勇抗击外敌入侵所发挥中流砥柱作用的讴歌，是对英勇不屈、为抗日战争取得伟大胜利献出宝贵生命的英烈们的缅怀，是对革命英雄主义精神的颂扬。

《首都文史精粹·房山卷·七十万年走来的文明》：该书32.8万字，照片图片144张。该书以房山的历史文化为主线，重点记述了房山的古人类文化、都城文化、佛教文化、陵寝文化、民俗文化和红色文化，全书共分《"北京人"的家园》《灿烂的西周燕都》《北京的敦煌》《崇福寺余晖》《上方山圣迹》《千古法会图》《景教石刻传奇》《谷积山梵声》《开京华帝陵之先河》《清王园寝漫话》《大南峪的诗魂》《古都文明的基石》《大山深处的幡影》《圣歌在这里诞生》《平西抗战的丰碑》15篇，用"悠远文明"、"伽蓝遭珠"、"陵墓沧桑"、"民俗玫宝"和"红色记忆"五部分把房山70万年的人类文明之珠串了起来，成为展示房山历史文明的精辟之作，也成为《首都文史精粹》的重要一篇。

第六编
党派团体

第六编 党派团体

第一章 民主党派

政党制度是现代民主政治的重要组成部分。一个国家实行什么样的政党制度，由该国国情所决定。各国政党制度的不同体现了人类文明发展的多样性。

中国实行的政党制度是中国共产党领导的多党合作和政治协商制度（以下简称中国多党合作制度），它既不同于西方国家的两党或多党竞争制，也有别于有的国家实行的一党制。这一制度在中国长期的革命、建设、改革实践中形成和发展起来，是适合中国国情的一项基本政治制度，是具有中国特色的社会主义政党制度，是中国社会主义民主政治的重要组成部分。

《中华人民共和国宪法》明确规定：中国共产党领导的多党合作和政治协商制度将长期存在和发展。在中国，中国共产党和各民主党派都必须以宪法为根本活动准则，维护宪法尊严，保证宪法实施。

中国多党合作制度中包括中国共产党和八个民主党派。八个民主党派是中国国民党革命委员会（简称民革）、中国民主同盟（简称民盟）、中国民主建国会（简称民建）、中国民主促进会（简称民进）、中国农工民主党（简称农工党）、中国致公党（简称致公党）、九三学社、台湾民主自治同盟（简称台盟）。人民政治协商会议（简称人民政协）是中国共产党领导的多党合作和政治协商的重要机构。在中国多党合作制度中，中国共产党与各民主党派长期共存、互相监督、肝胆相照、荣辱与共，共同致力于建设中国特色社会主义，形成了"共产党领导、多党派合作，共产党执政，多党派参政"的基本特征。中国多党合作制度在中国的政治和社会生活中显示出独特的政治优势和强大的生命力，发挥了不可替代的重要作用。

房山区现有民主党派基层组织7个，共有党派成员498人，具体包括中国国民党革命委员会房山区总支部、中国民主同盟房山区总支部、中国民主促进会房山区支部、中国民主建国会房山区总支部、中国农工民主党房山区总支部、九三学社房山区工委、中国致公党房山区支部。

第一节 中国国民党革命委员会房山区总支部

中国国民党革命委员会（简称民革）章程指出，民革是具有政治联盟性质的、致力于建设中国特色社会主义和祖国统一事业的政党，是中国共产党领导的多党合作和政治协商制度中的参政党。民革由原中国国民党民主派和其他爱国民主人士所创建。中国民主革命的伟大先行者孙中山先生领导辛亥革命，于1911年推翻封建帝制，创建了共和国。孙中山先生逝世以后，中国国民党内的民主派和其他爱国民主人士，坚持"联俄、联共、扶助农工"三大政策，继续参加民族民主革命。在此过程中，国民党各派爱国民主力量逐步发展和联合，于1948年1月1日成立了中国国民党革命委员会。

在新民主主义革命时期，民革同中国共产党风雨同舟，共同战斗，为推翻帝国主义、封建主义、官僚资本主义的反动统治，建立中华人民共和国，做出了重要贡献。新中国成立以后，民革作为中国共产党领导的多党合作的成员，参加人民政权和人民政协的工作，为巩固人民民主专政，发展爱国统一战线，顺利实现社会主义改造和促进社会主义事业的发展，发挥了积极的作用。民革的基本职能就是参政议政、民主监督。在履行基本职能的过程中，民革始终坚持以发展为第一要务，深入贯彻落实科学发展观，紧紧围绕经济建设这一中心，自觉服务于改革发展稳定的大局，努力促进中国特色社会主义经济建设、政治建设、文化建设和社会建设的协调发展。民革重视加强参政议政能力建设，不断建立和健全参政议政工作机制，动员和鼓励党员与所联系人士发挥主动性、积极性和创造性，在各自岗位上努力工作，做出成绩，同时积极参与各级组织的参政议政、民主监督工作，以发挥整体优势，形成合力。

民革房山区总支自1988年12月成立三人小组，负责人刘建廷，成员赵润东、许海文。当时被编入民革丰台区支部并参加活动。1989年民革房山区支部正式成立，当时有5名党员，主委刘建廷，组织委员赵润东，宣传委员贾麟，党员有许海文、马玉桥。随着形势的发展和组织不断壮大，经民革北京市委第十三届委员会第二十七次主委会议决定，于2009年12月成立民革房山区总支，现有党员87人。总支设主委1人，副主委2人，支委2人；总支下设三个支部：第一支部，主委1人，副主委2人，支委2人，成员29人；第二支部，主委1人，副主委2人，支委2人，成员29人；第三支部，主委1人，副主委2人，支委2人，成员29人；成员中有6名区政协委员，总支主委是区政协常委、副主席。

民革房山区总支每年在"两会"之前都要召开全体党员大会，讨论研究当前社会上存在的热点和难点问题，做好重点课题的选题和研究。然后深入实际，深入群众，积极开展调研活动，力争探索调研的新形式、新方法，努力提高调研报告质量和参政议政水平。关注群众的切身利益，关注困难群体的生产生活，了解群众呼声，反映群众诉求，以党派提案的形式提交大会。切实当好区委、区政府与人民群众密切联系的桥梁与纽带。截至目前，民革房山区支部及总支共撰写提案300余件，调研报告20余篇。"十一五"期间，在"十佳提案"评选活动中获得两项大奖，《失地农民社会保障问题应引起政府高度重视》等多篇调研获得一等奖。

在构建和谐社会，促进社会文明活动中，民革房山区总支"发挥自身优势，为本地区办实事"。与民革中央、民革北京市委以及有关部门联系，多次组织并邀请著名表演艺术家、书画家和义务工作者，深入乡村和社区开展"三下乡"活动。邀请延安时期"娃娃剧团"的老前辈，为学校师生演出节目，进行革命传统教育；积极响应区政协提出的"献智出力，富民强区"和"走进山区"的号召，结合本地区农业结构调整和山区致富无门的现状，提出科学种植红薯及包装、深加工，形成产业化的建议，使该地区300家农户组成红薯协会，产品荣获第三届北京市农业博览会精品奖；组织党员奉献爱心，捐款5000元为残疾人家庭装修住房，资助贫困学生就读；抗击非典期间，党员积极捐款共计18000元；"5·12"汶川大地震后，积极捐款6万余元；"7·21"特大汛情为房山捐款10万余元；呼吁政府出资1000万元为学校修建道路；关注地震、洪水等自然灾害形势，积极向灾区捐款计10万余元；积极参加区政协组织的"构建和谐社区"联牵和帮扶活动，组织北京中山文化交流协会贫困人群救助基金管理委员会为我区中小学生捐资助学，陆续捐资50万元，资助困难学生130余名（在捐助家庭贫困的50名小学生20名中学生完成学业的基础上，继续扩大资助范围，缓解贫困学生家庭负担，又资助了南尚乐中学和大石窝中学的60名中学生）。写房山、赞房山，宣传房山悠久的历史文化，先进的人物事迹，先后撰写并出版专著近10部300余万字，为房山地区经济发展和文化创意产业以及旅游业的发展提供了有利的历史文化资料。

民革还有一项重要任务，就是以促进祖国和平统一为工作重点，拥护"和平统一、一国两制"的方针，努力完成祖国统一大业，坚定维护国家的主权和领土完整，坚决反对任何旨在制造台湾独立和分裂祖国的企图和行动；赞同和推动台湾海峡两岸加强经贸合作和各方面的交流。重视以孙中山爱国思想为纽带，团结海内外所联系人士，为祖国统一大业而努力。

几分耕耘，几分收获，民革房山总支自成立以来，受到了各级领导和兄弟党派的关心与支持，在全体党员的共同努力下，取得了可喜的成绩：1999-2002年度，被民革北京市委会评为先进集体；1999年被民革北京市委会评为先进支部；2004年被民革中央授予全国先进支部称号；2004年被民革北京市委会评为先进支部；2006年被民革市委会评为先进支部；2007年被民革北京市委会评为先进集体；2010年被民革中央评为全国先进基层组织。2012年被中共北京市委统战部评为统战系统先进典型并介绍经验。

民革房山区支部第一届
(1989—1991)

职务	姓名	任期
主　委	刘建廷	1989—1991
组　委	赵润东	1989—1991
宣　委	贡　麟	1989—1991

民革房山区支部第二届
(1992—1995)

职务	姓名	任期
主　委	刘建廷	1992—1995
组　委	赵润东	1992—1995
宣　委	马　济	1992—1995

民革房山区支部第三届
(1996—1999)

职务	姓名	任期
主　委	赵润东	1996—1999
组　委	韩宗喆	1996—1999
宣　委	马　济	1996—1999
委　员	陈晓燕	1996—1999
	刘宝新	1996—1999

民革房山区支部第四届
(2004—2009)

主　委	赵润东	2004—2009
组　委	陈晓燕	2004—2009
宣　委	刘宝新	2004—2009
委　员	张　明	2004—2009
	张东升	2004—2009

民革房山区总支第一届
(2009.12—　)

主　委	赵润东	2009.12—
副主委	陈晓燕	2009.12—
	刘宝新	2009.12—
组　委	陈晓燕（兼）	2009.12—
宣　委	刘宝新（兼）	2009.12—
委　员	于淑云	2009.12—
	郑红蕾	2009.12—

民革房山区总支下设三个支部，即民革房山一支部、民革房山二支部、民革房山三支部：

民革房山一支部第一届
(2009.12—2015.9)

主　委	陈晓燕	2009.12—2015.9
副主委	张　明	2009.12—2015.9
委　员	王亚利	2009.12—2015.9

民革房山一支部第二届
(2015.9—　)

主　委	张　明	2015.9—
副主委	王亚利	2015.9—
	李永智	2015.9—
委　员	冯大军	2015.9—
	温　和	2015.9—

民革房山二支部第一届
(2009.12—2015.9)

主　　委	刘宝新	2009.12—2015.9
副 主 委	郑红蕾	2009.12—2015.9
委　　员	刘　鹏	2009.12—2015.9

民革房山二支部第二届
(2015.9—　)

主　　委	沙文军	2015.9—
副 主 委	肖海静	2015.9—
	刘　鹏	2015.9—
委　　员	李新凤	2015.9—
	晋怀硕	2015.9—

民革房山三支部第一届
(2009.12—2015.9)

主　　委	于书云	2009.12—2015.9
副 主 委	张东升	2009.12—2015.9
委　　员	李凤荣	2009.12—2015.9

民革房山三支部第二届
(2015.9—　)

主　　委	张东升	2015.9—
副 主 委	李凤荣	2015.9—
	褚潇炜	2015.9—
委　　员	刘永霞	2015.9—
	隗　楠	2015.9—

第二节　中国民主同盟房山区总支部

中国民主同盟简称"民盟"，主要由从事文化教育以及科学技术工作的高、中级知识分子组成，具有政治联盟特点的，接受中国共产党领导、同中国共产党通力合作，进步性与广泛性相统一、致力于中国特色社会主义事业的参政党。

1944年9月，在中国共产党的抗日民族统一战线政策影响下，在民族危机空前严重的时刻，重庆主张"团结、民主、抗日"的政团，成立了中国民主政团同盟。1949年改组为中国民主同盟。

中国民主同盟坚持高举中国特色社会主义伟大旗帜，以邓小平理论、"三个代表"重要思想、科学发展观为指导，继续解放思想，坚持改革开放，推动科学发展，促进社会和谐，坚定不移沿着中国特色社会主义道路前进，为全面建成小康社会、建设富强民主文明和谐的社会主义现代化国家而奋斗。

1986年，民盟房山区支部的前身——燕山支部成立，当时盟员共5人，主委韩幸，副主委刘静璇、张淑华。1987年，随着国务院批准北京市撤销燕山区和房山县，合并为房山区。同年，民盟燕山支部改为房山支部，成为本区较早成立基层组织的民主党派之一。

1998年，民盟房山区支部共有盟员26人，其中在北京燕山石化集团公司系统工作的盟员20人。经过几次的申请，他们获批脱离房山支部，单独组建燕化支部。这样，非北京燕山石化集团公司系统的6个盟员成立了民盟房山区第一届支部委员会，主委李晓芸，副主委张秀芬、李瑞祥。1999年，民盟燕化支部成立，韩幸辞去主委职务，由王义华任主委，副主委柴淑萍、郑秋丽，郑秋丽退休换范军。2014年12月，民盟房山区第一届总支委员会成立，设主委一人，副主委2人，委员2人。总支有盟员45人，下设房山、良乡、燕山三个支部。

民盟房山区支部、总支部自成立以来，秉承民盟"奔走国是、关注民生"的优良传统，以民盟先贤缔造的出主意、想办法、做实事、做好事的优良作风，深入房山区实际工作，察民情、体民意，以提高房山区各项事业发展水平，提高房山区群众生产生活质量为己任。撰写提案200余件，调研报告30余篇，社情民意信息150余件。"十一五"期间，在政协"十佳提案"评选活动中获得表彰，多篇调研报告获得不同等级的奖励。

民盟房山区支部第一届
(1998—2003)

主　　委	李晓芸	1998—2003
副 主 委	张秀芬	1998—2003
	李瑞祥	1998—2003

民盟房山区支部第二届
(2003—2006)

主　　委	李晓芸	2003—2006
副 主 委	张海波	2003—2006
	李瑞祥	2003—2006

民盟房山区支部第三届
(2006—2013)

主　委	李晓芸	2006—2013
副主委	张海波	2006—2013
	赵庶吏	2006—2013

民盟房山区支部第四届
(2013—2014)

主　委	张海波	2013—2014.12
副主委	赵庶吏	2013—2014.12
	马　军	2013—2014.12

民盟房山区总支第一届
(2014.12—　)

主　委	张海波	2014.12—
副主委	赵庶吏	2014.12—
	马　军	2014.12—
组　委	王振玲	2014.12—
宣　委	赵君倜	2014.12—

民盟房山区总支下设三个支部，即燕山支部、良乡支部、房山支部：

民盟燕山支部第一届
(2014.12—　)

主　委	马　军	2014.12—
支　委	渠淑红	2014.12—

民盟良乡支部第一届
(2014.12月—　)

主　委	赵君倜	2014.12—
支　委	惠迎斌	2014.12—
	邹华群	2014.12—

民盟房山支部第一届

(2014.12—)

主　　委	李增海	2014.12—	
支　　委	王娟增	2014.12—	

第三节　中国民主促进会房山区支部

中国民主促进会（简称民进），是以从事教育文化出版工作的高中级知识分子为主、具有政治联盟性质、致力于建设中国特色社会主义事业的政党，是同中国共产党通力合作的参政党。

民进创始人是抗日战争时期留居上海的部分文化教育界进步知识分子和工商业者，主要有马叙伦、王绍鏊、周建人、许广平、林汉达、徐伯昕、赵朴初、雷洁琼、郑振铎、柯灵等著名爱国民主人士。根据斗争需要，于1945年12月30日在上海正式成立了一个以"发扬民主精神，推进中国民主政治之实践"为宗旨的政治组织，定名为中国民主促进会。

民进房山区支部成立于1997年9月，正式会员为9人，姜之杰任主委。截止到2014年，有正式会员64人，教师占60%以上，律师、企业等其他界别占40%左右。

民进房山区支部增强自身建设，不断学习，提高理论知识、思想觉悟；积极建言献策，深入调研，反映社情民意，为百姓办实事，推动政府工作。在社会服务方面，民进房山区支部与北关东路社区、园林局动物保护科联牵共建，就百姓关心的社会问题共同探讨，提出合理的意见和建议。

改革开放的不断深入，给民主党派履行职能创造了良好的环境和氛围，为建言献策、参政议政搭建了平台。民进房山区支部以求真务实精神，围绕区域经济发展中的问题深入调查研究。一方面发挥界别优势，积极建言献策；另一方面主动迎接挑战，坚持在顺势中开拓"新领域"，根据全面建设小康社会的需要，在诸多新领域主动介入，围绕可持续发展中的资源节约和环境保护，经济转型、社会建设、科技创新、区域发展等方面持续反映社情民意，积极贡献智慧和力量。民进坚持社会服务工作的政治性、公益性、务实性原则，发挥智力密集优势，团结社会力量，拓宽服务渠道，丰富服务内涵。

围绕"参政议政要有高度、发挥作用要有力度、反映民意要有广度、服务社会要有深度"的工作方针，对每次调研课题，精心筹备，反复修改，精益求精，在每次政协会议上，都得到了区领导以及政协委员们的认可。从2006年至今，优秀调研报告23篇，政协提案221篇。其中，《做好楼宇经济和夜经济的建议》《关于改造我区老旧社区的建议》《关于进一步深化"防盲治盲"工作的建议》等获得优秀调研奖和优秀提案奖，《关于改造我区老旧社区的建议》在"十佳提案"评选活动中受到表彰。《关于完善我区社区心理咨询服务站的建议》，帮助北关东路社区引进价值20万元的设备，组建了心理咨询室。此外，帮助社区中解决20多户400余人的吃水难题。《关于在十渡拒马河建设"黑鹳保护区"的建议》引起了政府高度关注，在拒马河建立23处保护小区，"中国黑鹳之乡"落户房山。民进房山区支部两名政协委员的提案在政协会议上做了发言。

民进房山区支部一届
(1997.9—2000.9)

主　委	姜之杰	1997.9—2000.9
副主委	顾梦红	1997.9—2000.9

民进房山区支部二届
(2000.9—2003.7)

主　委	顾梦红	2000.9—2003.7
副主委	许兆雄	2000.9—2003.7
	史英潭	2000.9—2003.7

民进房山区支部三届
(2003.7—2006.7)

主　委	顾梦红	2003.7—2006.7
副主委	许兆雄	2003.7—2006.7
	王建华	2003.7—2006.7

民进房山区支部四届
(2006.7—2011.7)

主　委	许兆雄	2006.7—2011.7
副主委	顾梦红	2006.7—2011.7
	许玉生	2006.7—2011.7

民进房山区支部五届
(2011.7—　)

主　委	许兆雄	2011.7—
副主委	张葆宁	2011.7—
	王华明	2011.7—2011.11

第四节 中国民主建国会房山区总支部

中国民主建国会（简称民建），是主要由经济界人士组成的、具有政治联盟特点的、致力于建设中国特色社会主义事业的政党，是中国共产党领导的多党合作和政治协商制度中的参政党。1945年12月16日，民建在重庆成立，成员主要是爱国的民族工商业者和有联系的知识分子，发起人有黄炎培、胡厥文、章乃器、施复亮、孙起孟等。民建成立后，积极参加新民主主义革命斗争。1948年，民建响应中国共产党5月1日关于召开政治协商会议、成立民主联合政府的号召，派代表赴解放区参加筹备工作。1949年9月，民建代表出席了中国人民政治协商会议第一届全体会议，参与制订《共同纲领》，选举中央人民政府，为中华人民共和国的建立作出了贡献。

新中国成立后，民建确定了接受中国共产党领导、为社会主义服务的政治路线，参加人民政权和人民政协工作，为巩固人民民主专政，恢复和发展经济，特别是实现从新民主主义到社会主义的转变，积极配合国家对资本主义工商业的社会主义改造，确立社会主义制度，发挥了重要的作用。进入改革开放和现代化建设新的时期以来，民建各级组织和广大成员努力弘扬民主、团结、创新、奉献的精神，坚定不移地贯彻社会主义初级阶段的基本路线，坚持中国共产党同各民主党派"长期共存、互相监督、肝胆相照、荣辱与共"的方针，积极履行参政议政和民主监督职能，在参加国家政权，参与国家大政方针和国家领导人选的协商，参与国家事务的管理，参与国家方针、政策、法律、法规的制定执行过程中，发挥了越来越显著的作用。特别是近年来，围绕国家经济建设和社会发展的重大问题，认真组织力量开展调查研究，有计划地就建设资源节约型、环境友好型社会，鼓励、引导非公有制经济发展，统筹城乡发展、推进社会主义新农村建设，深化财税、金融体制改革，推动区域协调发展等重大问题，深入调查研究，积极建言献策，提出很多建设性意见和建议，为促进改革开放和现代化建设、坚持和发展中国共产党领导的多党合作和政治协商制度、发展社会主义民主和法制建设、巩固和扩大爱国统一战线、维护安定团结做了大量的工作。

1999年8月，房山区委统战部、燕山石化公司党委组织部会同民建北京市委组织处，经过协商一致，计划成立民建北京市房山区直属支部。经过一段时间筹备和开展工作，中国民主建国会房山直属支部于1999年9月22日正式成立。民建北京市房山区直属支部将包括所属房山区籍的散落在民建北京市其他各支部的会员，也包括燕山石化公司所属职工会员在内。2013年1月18日，民建北京市委主任委员会议任命郝文书同志为房山区直属支部主任委员，原则同意房山支部筹备成立民建房山区总支部委员会，任命郝文书同志兼任总支筹备小组组长。筹备工作自此正式启动。2013年9月14、15日，5个片区相继举行支部选举，良乡、房山、燕山、燕化、靠山居五个支部正式成立，支部涵盖了房山、良乡、燕山、国企和民营企业的所有会员，目前有会员101人。2013年10月26日，召开民建房山区第一次代表大会，9位总支委员候选人均以全票当选。民建房山区总支部委员会正式成立，9名委员分别来自政府、教育、国企、私企、法律等界别，改善了上一届领导班子主要由企业界人士组成的格局，使组织结构得到进一步优化。在参政议政、社会服务、精准扶贫活动中，民建房山支部发挥自身优势，始终与国家政策、地区发展保持高度一致。

针对不同时期的大事、要事，民建房山支部及时组织专人撰写稿件。其中，反映房山民建升总支经验交流的《践行"群众路线"理念、房山民建在改革创新中成长》、在民建中央网站工作交流栏目、民建市委专刊《北京民建》上发表。反映民建房山支部社会服务方面的《民建捐爱普乐园、养老助残暖佛满》、反映会中央领导调研基层经验的《民建中央画院召开第五次会议，马培华常务副主席深入房山调研》、反映民建市委和民建房山总支交流经验的《民建房山总支与民建北京市委机关支部互动座谈交流》等在民建市委网站的首页今日关注栏目中刊登。《拆迁户致富上楼，生活方式不当又返贫现象》《关于养老健康产业的建议》的提案荣获房山区政协2014、2015年度优秀提案，《浅谈加强民主党派基层组织建设》《关于小微企业融资难的问题》的调研报告分别获统战系统、民建会中央高度重视。此外，支部及广大会员广泛利用房山信息网、房山电视台、房山区统战部《统战信息》、民建市委网站、《北京民建》《民讯》《人民政协报》等舆论平台积极民主协商、参政议政。

响应中央号召，民建房山总支关注社会公益，积极帮扶受难群众，有的放矢、精准扶贫。在区统战部、民建北京市委领导下，开展了从"5.12"汶川大地震赈灾至"7.21"特大汛情抗洪、捐助贵州毕节、重庆和齐齐哈尔等边远山区建设，到常年开展的法律援助、敬老助残、捐建助学等活动，迄今为止累计捐款捐物上亿元。由于房山民建工作开展日新月异，全国政协副主席、民建中央常务副主席马培华，副主席辜胜阻等先后来房山视察和调研，对民建房山总支的工作表示肯定和赞许。2015年民建中央庆祝建会70周年，房山民建总支被会中央评选为全国优秀集体组织。

民建房山区支部第一届
(1999.9—2004)

主　　委	屈东升	1999.9—2004
副 主 委	王宝盛	1999.9—2004
	蒲来喜	1999.9—2004
委　　员	李泽民	1999.9—2004
	郭香福	1999.9—2004
	王　寂	1999.9—2004

民建房山区支部第二届
(2004—2009)

主　　委	王　寂	2004—2009
副 主 委	蒲来喜	2004—2009
	王宝盛	2004—2009
支　　委	李泽民	2004—2009
	郭香福	2004—2009

民建房山区支部第三届
(2009—2013.10)

主　　委	王　寂	2009—2013.1

	郝文书	2013.1—2013.10
副 主 委	王宝盛	2009—2013.10
	李长雨	2009—2013.10
	雷 和	2009—2013.10
支 委	郭香福	2009—2013.10
	李东林	2009—2013.10
	孙海潮	2009—2013.10

民建房山区总支第一届
(2013.10—)

主 委	郝文书	2013.10—
副 主 委	陈 亮	2013.10—
	高 峰	2013.10—
	张东梅	2013.10—
支 委	田继成	2013.10—
	王冬建	2013.10—
	王 成	2013.10—
	郭中立	2013.19
	刘贵阳	2013.10—

民建房山区总支下设五个支部，即房山支部、良乡支部、燕山支部、燕化支部、靠山居支部：

民建房山支部第一届
(2013.10—)

主 委	王冬建	2013.10—
支 委	赵 杰	2013.10—
	安 欣	2013.10—

民建良乡支部第一届
(2013.10—)

主 委	田继成	2013.10—
支 委	王亚东	2013.10—
	贾振来	2013.10—

民建燕山支部第一届
(2013.10—)

主　委	郭中立	2013.10—
支　委	何忠荣	2013.10—
	杨安民	2013.19—

民建燕化支部第一届
(2013.19—)

主　委	王　成	2013.19—
支　委	易湘华	2013.19—
	乔　威	2013.19—

民建靠山居支部第一届
(2013.19—)

主　委	刘贵阳	2013.19—
支　委	王建刚	2013.19—
	廖仕富	2013.19—

第五节 中国农工民主党房山区总支部

中国农工民主党（简称农工党）于1930年8月9日在上海成立，是以医药卫生界高中级知识分子为主、具有政治联盟特点、致力于建设中国特色社会主义事业的政党，是同中国共产党通力合作的参政党。目前，农工党在30个省、自治区、直辖市建立了组织，现有党员12.56万人。农工党的主要创始人和历届领导人有邓演达、黄琪翔、章伯钧、彭泽民、季方、周谷城、卢嘉锡、蒋正华、桑国卫，现任主席陈竺。

中国农工民主党自成立以来，经历艰难曲折、不断发展的道路，与中国共产党风雨同舟、荣辱与共，无论在民主革命时期，还是在社会主义革命和建设时期，都做出了重要贡献。

新中国成立后，本党参加人民政权和人民政协的工作，为巩固人民民主专政，完善和发展社会主义制度，推进改革开放和现代化建设，促进祖国统一发挥了重要作用。本党遵循的政治准则是：坚持以邓小平理论和"三个代表"重要思想为指导，深入贯彻落实科学发展观，坚持中国共产党的领导，坚持社会主义初级阶段的基本理论、基本路线、基本纲领和基本经验，坚持中国共产党领导的多党合作和政治协商制度，坚持"长期共存、互相监督、肝胆相照、荣辱与共"的基本方针。

农工党的最高领导机关是全国代表大会和由它产生的中央委员会。中央委员会下设组织部、宣传部、咨询服务工作部和妇女工作委员会、医药卫生工作委员会、科技文教工作委员会等工作部门。地方组织的领导机关是地方各级成员大会或代表大会及由它产生的委员会。基层组织是支部。

农工房山支部于1986年成立，主任杨万钟。1990年6月成立农工房山总支，主委李国民，下设3个支部，分别是房山支部、矿机支部、燕山支部。1999年12月30日总支进行了换届，由王峙负责党派工作，并将矿机支部合并到房山支部，保留燕山支部，新成立了良乡支部。房山总支也在农工北京市委和中共房山区委、统战部的领导和支持下取得了重大的进步和发展。2011年王峙退休，由王海平接任党派工作。由于王海平工作调动，辞去党派工作，农工房山总支于2015年9月26日进行了换届，由郭艳红接任党派工作。

农工房山总支现有党员68人，其中区政协委员6人，市人大代表1人。农工民主党房山总支注重发挥民主党派职能，紧紧围绕区委区政府中心工作和社会关注、人民群众关心的热点、难点问题，广泛深入开展调查研究，积极建言献策。一是通过人大建议、政协提案形式建言献策；二是通过统战部提交党派和党员建议；三是通过农工市委会的形式进行参政议政。

农工房山总支还以专题调研、专题论坛、民主监督、组织考察等多种形式进行参政议政。2003年"非典"期间，农工房山总支发挥医药卫生界优势，积极投身到抗击"非典"的战斗中，深入一线开展流调、接收病人，不顾自己安危，舍小家为大家，为房山区取得抗击"非典"的胜利做出了贡献。2006年7月14日，在良乡昊天宾馆，农工房山总支与房山区司法局共同举办了"房山区社区矫正工作研讨会"。出席会议的领导有农工北京市委秘书长梁金銮，房山区政协主席范文彦，区政法委书记、区常委孙新军，副区长任全胜，区政协副主席、民革房山总支主委赵润东，市社区矫正处处长马捷，区政协秘书长唐荣，区委统战部常务副部长贾斌，区司法局局长孙玉成，区卫生局党委副书记李芳玲等。

农工房山总支充分发挥党派特色，围绕医药卫生等方面开展深入调研，如关于提高农村基层卫生人员待遇问题、社区卫生服务机构改革问题、新农合问题、公共卫生服务均等化问题、医疗保险问题、健康教育与健康素养问题，医疗养老等问题都开展了深入的调研，所形成的调研报告被区政协评为优秀调研报告，相关提案被评为区政协优秀提案、十佳提案。

农工房山支部第一届
(1986—1990)

主　委	杨万钟	1986-1990
组　委	张春元	1986-1990
宣　委	李国民	1986-1990

农工房山总支第一届
(1990—1999)

| 主　委 | 李国民 | 1990-1999 |
| 组　委 | 赵　伟 | 1990-1999 |

宣　　委	任爱爱		1990-1999
支　　委	张春元		1990-1999

农工房山总支第二届
(1999—2006)

主　　委	王　峙	1999—2006
组　　委	赵　伟	1999—2006
宣　　委	董聚慧	1999—2006
秘 书 长	郭艳梅	1999—2006

农工房山总支第三届
(2006—2011)

主　　委	王　峙	2006—2011
支　　委	赵　伟	2006—2011
	董聚慧	2006—2011
	郭艳梅	2006—2011
	王利荣	2006—2011
	崔广田	2006—2011
	童晓红	2006—2011

农工房山总支第四届
(2011—2015)

主　　委	王海平	2011—2015
副 主 委	郭艳梅	2011—2015
	王利荣	2011—2015
秘 书 长	柳艳静	2011—2015
支　　委	崔广田	2011—2015
	童晓红	2011—2015
	郭艳红	2011—2015

农工房山总支第五届
(2015—　)

主　　委	郭艳红	2015—

副主委	郭艳梅	2015—
	魏淑凤	2015—
支　委	崔广田	2015—
	柳艳静	2015—
	童晓红	2015—
	祁　娟	2015—

农工房山总支下设四个支部，即房山支部、燕山支部、矿机支部、良乡支部：

农工房山支部第一届
(1990—1999)

主　委	赵　伟	1990—1999

农工房山支部第二届
(1999—2006)

主　委	赵　伟	1999—2006

农工房山支部第三届
(2006—2011)

主　委	崔广田	2006—2011
副主委	赵　伟	2006—2011
	卢景辉	2006—2011

农工房山支部第四届
(2011—2015)

主　委	崔广田	2011—2015
副主委	魏淑凤	2011—2015
	祁　娟	2011—2015

农工房山支部第五届
(2015—)

主　委	祁　娟	2015—

副 主 委	崔广田	2015—
	张春秋	2015—

农工燕山支部第一届
(1990-1999)

主　　委	任爱爱	1990-1999

农工燕山支部第二届
(1999—2006)

主　　委	董聚慧	1999—2006

农工燕山支部第三届
(2006—2011)

主　　委	童晓红	2006—2011
副 主 委	董聚慧	2006—2011
	王京立	2006—2011

农工燕山支部第四届
(2011—2015)

主　　委	童晓红	2011—2015
副 主 委	董聚慧	2011—2015
	王京立	2011—2015

农工燕山支部第五届
(2015—)

主　　委	童晓红	2015—
副 主 委	董聚慧	2015—
	成培章	2015—

农工矿机支部第一届
(1990—1999)

主　委　张春元　　　　　　　　　　　1990—1999

农工良乡支部第一届
(2006—2011)

主　委　郭艳梅　　　　　　　　　　　2006—2011
副主委　李长江　　　　　　　　　　　2006—2011
　　　　李　刚　　　　　　　　　　　2006—2011

农工良乡支部第二届
(2011—2015)

主　委　郭艳红　　　　　　　　　　　2011—2015
副主委　柳艳静　　　　　　　　　　　2011—2015
　　　　李长江　　　　　　　　　　　2011—2015

农工良乡支部第三届
(2015—)

主　委　柳艳静　　　　　　　　　　　2015—
副主委　李长江　　　　　　　　　　　2015—
　　　　郭晓轩　　　　　　　　　　　2015—

第六节 九三学社房山区工委

九三学社的前身是民主科学座谈会。抗战胜利后，在国共两党的重庆谈判期间，毛泽东、周恩来会见进步教授时的鼓励与指导，为了纪念抗战胜利，由民主科学座谈会所改名的九三学社。成为中国共产党领导的多党合作和政治协商制度下的一个参政党。并在中国共产党的领导下，认真履行参政党的职责。

九三学社成员多从高教、科技和医卫界的中高级知识分子发展。九三学社先后拥有159位中国科学院院士（学部委员）和中国工程院院士。1999年荣获中共中央、国务院、中央军委颁发的"两弹一星功勋奖章"的23人有中王淦昌、邓稼先、赵九章、陈芳允、程开甲5位九三学社的前辈。王选、黄昆、师昌绪、谢家麟、程开甲5位获国家最高科学技术奖。2006年以梁希、严济慈、周培源、茅以升4位九三学社前辈发行了第四组《中国现代科学家》纪念邮票。在周口店龙骨山，这个不算太大的地方，彰显九三人为追寻科学与真理而孜孜以求的灵魂，安睡着为考古事业奉献一生的5名九三前辈：较早主持周口店发掘和研究工作的杨钟健院士；有发现第一具"北京人"头盖骨的裴文中院士；有连续发现3具"北京人"头盖骨的贾兰坡院士；以及尹赞勋院士、周明镇院士。

北京市房山区支社是从农学院支社分离出的北京市农业学校小组发展演变而来。

1985年6月，北京市农业学校高级农艺师陈赤农经曲泽洲和姚雍介绍入社，在北京农学院支社过组织生活。1987年1月至6月，北京市农业学校的高级讲师王慧、刘锡田和高级农艺师相继入社，为便于过组织生活和开展活动，社市委批准成立北京农学院农校小组，陈赤农为组长。1990年，郭英（1989年3月入社）调入农校工作，1992年3月，农校牧医专业副主任、高级畜牧师袁光俊入社后，农校小组社员增至6人。

1990年6月，社市委农林委员会成立科技服务房山工作组。小组成员积极发挥专业技能的优势，围绕果树、农田、畜牧、乡镇企业及技术培训等方面，加强科技服务并取得良好成效，深受欢迎。1991年5月到1994年4月，陈赤农、李济生被聘为房山区政府农业顾问。

1990年3月，容桂英入社。农校小组成员达到了成立支社组织的7人要求。

1992年3月社市委同意农校小组成员的提议，批准筹建房山区支社。由容桂英和陈赤农任房山区支社（筹）负责人。

社市委于1993年9月5日批准九三学社北京市房山区支社成立，12月14日在中共房山区委统战部召开了成立大会。

九三学社北京市房山区支社在社市委和中共房山区委统战部的领导下，围绕房山区的社会建设和经济发展的中心工作，以深入实际的调研活动和视察考察及座谈多种形式的活动认真履行政治协商、参政议政和民主监督的职能，同琉璃河镇贾河村联牵共建新农村，积极参加社会实践，加强科技服务，使该村成功打造成为北京最美乡村。发挥优势，努力做好送文化下乡，到社区和乡村义诊，给予中草药种植产业发展技术支持，广泛开展社会服务工作。

2015年12月，有社员110人。经九三学社北京市委会批准，成立九三学社北京市房山区工作委员会。下设三个支社：九三学社房山区房山支社、九三学社房山区燕山支社、九三学社房山区良乡支社。

九三学社房山区支社第一届
(1993.9—1997.10)

主　委	容桂英		1993.9—1997.10
组　委	陈赤农		1993.9—1997.10
宣　委	李济生		1993.9—1997.10

九三学社房山区支社第二届
(1997.10—2000.12)

主　委	容桂英		1997.10—2000.12

| 组 委 | 胡国强 | 1997.10—2000.12 |
| 宣 委 | 袁光俊 | 1997.10—2000.12 |

九三学社房山区支社第三届
(2000.12—2005.6)

主 委	容桂英	2000.12—2005.6
组 委	胡国强	2000.12—2001.2
	张君秀	2001.2 —2005.6
宣 委	刘焕龙	2000.12—2005.6

九三学社房山区支社第四届
(2005.6—2011.10)

主 委	万金峰	2005.6—2011.10
组 委	张君秀	2005.6—2011.10
宣 委	刘焕龙	2005.6—2011.10

九三学社房山区支社第五届
(2011.10—2015.12)

主 委	万金峰	2011.10—2015.12
组 委	张君秀	2011.10—2015.12
宣 委	刘焕龙	2011.10—2015.12

九三学社北京市房山区工委第一届
(2015.12—)

主　委	万金峰			
副主委	王　忆	刘　琼	王喜文	
委　员	张君秀	刘焕龙	苏艳玲	白振寰	张继红

九三学社北京市房山区工委下设两个支社，即房山科技支社、房山医药卫生支社：

九三学社北京市房山科技支社第一届
(2015.12—)

主　委	刘焕龙	2015.12—
组　委	张　力	2015.12—
宣　委	李　珍	2015.12—

九三学社北京市房山医药卫生支社第一届
(2015.12—)

主　委	张君秀	2015.12—
组　委	苏燕玲	2015.12—
宣　委	王福科	2015.12—

第七节 中国致公党房山区支部

中国致公党是以归侨、侨眷中的中上层人士和其他有海外关系的代表性人士为主组成的，具有政治联盟特点的，致力于发展中国特色社会主义的政党。中国致公党是接受中国共产党领导、同中国共产党通力合作的亲密友党，是进步性与广泛性相统一、致力于中国特色社会主义事业的参政党。

中国致公党由华侨社团美洲洪门致公总堂发起，于1925年10月10日在美国旧金山成立。1947年5月，中国致公党在香港举行第三次代表大会，由旧民主主义政党转变为新民主主义政党。1948年6月9日，中国致公党发表《响应中共中央"五一号召"宣言》，声明接受中国共产党的领导，从此走上了同中国共产党真诚合作、共同奋斗的道路，为新民主主义革命的胜利和建立新中国，为社会主义革命和建设事业，为推进改革开放和祖国统一大业做出了积极贡献。

致公党房山区支部于2011年5月成立，党员7人。2015年底，支部党员人数发展为23人。致公党房山区支部始终努力践行"致力为公"这一宗旨，积极参政议政、助力房山区域发展；在政治协商、民主监督中不断探索，为促进房山区经济发展做出贡献。

2012年5月，致公党房山区支部与朝阳区第二支部缔结友好支部；2013年9月，与致公党宁波市北仑区支部缔结友好支部。2013年4月，致公党员义务植树基地"致公林"碑（位于张坊镇南白岱村）揭牌。2013年9月，党员张颖辉为霞云岭乡和蒲洼乡图书室捐赠百万元图书。2014年6月，支部党员参加区旅游委党的群众路线教育实践活动民主党派座谈会，为房山区旅游产业发展建言献策。2011年至2014年，提交房山区政协提案多篇，涉及区域产业发展、环境保护、公共交通等民生领域，荣获房山区政协优秀提案奖。多次参与房山区政协调研活动，提交调研报告。2013年荣获致公党北京市委员会表彰的优秀基层支部。

致公党房山区支部第一届
(2011—)

主　委	卢国懿	2011—
组　委	廖春迎	2011—
宣　委	赵　圳	2011—

第六编
党派团体

第二章 人民团体

房山区工商业联合会
(1993.8—2011.9)

房山区工商业联合会（简称区工商联）是在房山区委领导下由工商界组成的人民团体和民间商会，是房山区委区政府联系非公有制经济人士的桥梁和纽带，是政府管理非公有制经济的助手。其基本职能是：加强思想政治工作，团结、帮助、教育、引导非公有制经济人士学习贯彻党的路线方针政策，培养拥护党的领导、走中国特色社会主义道路的非公有制经济人士队伍；参加政治协商，发挥民主监督作用，积极参政议政；推动经贸交流和协作，促进经济社会发展；加强行业协会商会建设，服务非公有制企业发展；参与协调劳动关系，促进社会和谐稳定；反映非公有制企业和非公有制经济人士利益诉求，维护其合法权益。

工商联事业的开端可以上溯到中华人民共和国建国前页。解放战争时期，中国共产党就在东北解放区的少数城市建立了工商联组织。1949年8月，在解放战争即将赢得全面胜利的时候，中共中央高瞻远瞩，适时做出了成立工商业联合会的重要决定。尔后，一些大中城市先后成立了工商联地方组织。1949年，工商界作为一个方面参加了中国人民政治协商会议筹备会议和第一届人民政协全体会议。1951年10月，周恩来总理在全国政协一届三次会议的《政治报告》中提出成立工商业联合会，1952年8月，中华人民共和国中央人民政府政务院发布《工商业联合会组织通则》，规定了工商联的组织构成和基本任务。

1953年10月，全国工商联举行第一届会员代表大会，宣告正式成立。北京市工商联作为全国工商联的地方组织，其建立时间为1951年6月，在时间上早于全国工商联。房山工商联的建立及其隶属关系的变化是伴随着房山历史沿革的变化而变化的。房山区的行政辖域，在历史上数经变迁。从1949年新中国成立以后直到1958年，由房山县和良乡县两县分治，两县均隶属河北省通县专区。1954年河北省工商业联合会成立，同年，房山县和良乡县分别成立了工商联组织，成为河北省工商联的基层组织。到1958年3月之前，两县已分别召开了一至三次会员代表大会。1958年3月，两县合并为周口店区划入北京市以后，两县工商联在隶属关系上发生了变化，成为北京市工商联的基层组织。1958年3月至1958年10月这段时间，在周口店区委和人委的领导下，两县工商联仍然相对独立的开展工作。此后，根据行政区划调整后工作上的需要，于1958年10月20日至22日召开了周口店区工商联第四届会员代表大会。本次大会选举产生了新一届周口店区工商业联合会领导班子，完成了两县工商联组织实际意义上的合并。1960年随着周口店区改为房山县，周口店区工商业联合会更名为房山县工商业联合会。1962年2月14日至15日，房山县工商联召开了第五届会员代表大会。此后，房山县工商联在房山县委的领导和北京市工商联的指导下继续开展工作，直到1966年5月文化大革命开始后，房山县工商联同全国各级工商联一样被迫停止了组织活动。从1954年到1966年5

月前近 12 年的时间，房山工商联始终坚持与中国共产党同心同德、风雨同舟，认真贯彻党在过渡时期的总路线和全面建设社会主义的方针政策，为国民经济恢复、社会主义改造基本完成和社会主义建设做出了突出贡献。

1976 年 10 月粉碎"四人帮"以后，党和国家的工作重点转移到社会主义现代化建设上来，全国各级工商联组织开始恢复活动。1977 年 12 月，全国工商联正式恢复活动。1978 年 2 月北京市工商联开始恢复组织工作。1993 年 4 月，房山区委做出了恢复工商联组织的决定并成立了筹备工作领导小组。1993 年 8 月 16 日，房山区工商联第六届会员代表大会在房山宾馆召开。这次会议是文化大革命以后首次召开的工商联会员代表大会。以此为标志，从 1966 年到 1993 年，房山工商联在中断了 27 年的组织活动后重新恢复了组织建设和组织工作，并由北京市工商联的基层组织变为地方组织。此后，房山区工商联分别于 1997 年 3 月 6 日在区人大六楼会议室召开第七届会员代表大会，2001 年 12 月 18 日在良乡昊天宾馆召开第八届会员代表大会，2006 年 7 月 31 日在北京鑫湖苑观光园召开第九届会员代表大会，2011 年 9 月 28 日在良乡昊天假日酒店召开第十次会员代表大会暨区民间商会成立大会。

1993 年 5 月至 2011 年 9 月，区工商联先后组织召开了五届会员代表大会，选举了五届区工商联领导成员。历届区工商联紧紧围绕区委的中心工作，积极抓好基层组织建设，最大限度地将非公有制经济人士组织起来，先后建立了南关分会、西街分会、燕山分会、长阳分会以及青年商会、旅游行业商会等分会组织，累计发展会员企业 880 多家，其中规模以上企业近 300 家。强化非公有企业人士培训，组织上市需求的企业家参加培训 5 期，举办中小企业税法、物权法、担保法等讲座 18 期，举办各类培训班 50 余次，累计培训企业法人代表、中层管理人员及专业技术人员 5000 多人次。使企业知法、懂法、守法、依法办事，用法律维护企业合法权益。强化健全民营企业服务体系，2000 年与北京市愿望律师事务所联合成立法律服务中心，隶属区工商联。2001 年成立法律服务部，帮助企业协调解决纠纷，累计受理各种法律诉讼 90 起，起草法律文书 470 余件，提供法律咨询 1100 多人次，为企业挽回经济损失 14000 多万元。2007 年，成立房山区中小企业信用促进协会，争取互保联保、向担保公司推荐等方式，为各企业获得贷款担保资金年均在 1.6 亿元以上，企业之间相互拆解资金，每年解决企业资金困难 2 亿元左右，5 年累计突破 20 亿元；加大企业扶持力度，利用区工商联网站及时将政策、商务动态、新产品等信息进行发布，与北京美好印象广告公司合作，策划创建《龙乡工商界》刊物，累计出刊 18 期，向全国友好商会、市区工商联等单位宣传企业 35 家，宣传产品近百种，受到了我区非公有经济企业人士的好评，有效促进了我区非公有制经济健康发展。至 2010 年共组织培养推荐政协委员 42 名，人大代表 10 名；68 家企业荣获"首都文明单位"、统战系统精神文明建设单位、北京市就业与社会保障先进单位、新农村建设先进单位、绿色企业先进单位等称号。2010 年，荣获北京市工商联系统光彩事业工作奖。

2011 年至 2015 年，区工商联进入了发展的新阶段。根据《中共中央国务院关于加强和改进新形势下工商联工作的意见》（中发〔2010〕16 号）、《中共北京市委北京市人民政府关于贯彻落实〈中共中央国务院关于加强和改进新形势下工商联工作的意见〉的实施意见》（京发〔2010〕17 号）两个文件精神，房山区委出台了《中共北京市房山区委房山区人民政府关于加强和改进新形势下工商联工作的实施意见》（京房发〔2012〕15 号）。面对新形势新任务，于 2011 年 9 月完成换届工作的十届工商联，坚持以中央、市委和区委三个文件精神为指导，紧紧围绕全区"十二五"发展大局，明确并全面实施以"六项工程"为重点的五年工作规划，开创了工商联工作的新局面，为建设"一区一城"

新房山做出了重要贡献。

强化服务职能，实施助推经济发展工程。搭建资金融通、项目对接、人才支撑、政策解读、法律援助等服务平台，有效促进了全区非公经济发展。四年来，通过银行、小贷公司等金融机构，为各类中小企业融通资金近7亿元；组织50多家会员企业赴上海、新疆、内蒙古、霸州市、南阳市、十堰市、房县等地，开展友好交流、商贸考察与项目洽商，落实建设项目10余个，推动了非公企业走出去开发和合作开发；每年定期或不定期的组织人才招聘、政策解读、法律咨询等活动，有效地服务了企业需求。

强化教育培训和学习交流，实施素质提升工程。按照全国和北京市工商联的部署，2013年至2015年连续三年开展了非公经济人士理想信念教育实践活动；4年来通过报告会、专题讲座、经验交流等形式，每年组织会员有针对性地开展党的路线、方针、政策和经济形势、企业经营、资本运作、融资上市等专题培训，并参加市、区有关部门组织开展的相关活动，各类活动超过100场次，参加人员上千人次，促进了非公经济人士政治素质和专业素质的提升。

发挥组织和界别优势，实施参政议政工程。以开展调查研究工作为基础，组织非公经济代表人士，深入100多家民营企业开展调研活动，形成了《关于房山区非公经济发展情况的调查与思考》《对人民政协协商民主的几点初步认识》《关于房山区工商联基层组织建设的调查》《坚持科技创新，助推民营企业做大做强》《增强品牌意识，提高民营企业竞争力》等调研报告。组织非公经济人士中的人大代表、政协委员，积极撰写提交人大议案、政协提案，其中每年提交的政协提案占区政协提案的比例均高于20%，《关于促进和扶持房山非公经济发展的建议》的团体提案获得六届区政协十佳优秀提案。

投身公益事业，实施回报社会工程。引导动员会员企业关注社会和谐、投身光彩事业，每年集中组织开展公益活动2—3次。区工商联界别的政协委员在"政协委员山区行"活动中，先后捐款捐物近500万元；"7·21"特大自然灾害发生后，会员企业和企业家个人捐款捐物折合人民币1000多万元；四家会员企业在乌兰察布市察哈尔右翼中旗启动的资助四名贫困大学生项目，累计捐助资金17万元；与青龙湖镇水峪村结对共建4年来，帮助水峪村梳理发展思路，为村集体和贫困户累计捐助款物13万元。

加大组织建设力度，实施基础建设工程。始终把工商联组织建设和发展摆在重要位置，进一步夯实了组织基础。2012年11月完成了区工商联第二家异地商会——雄州商会的登记注册；2013年8月组织历届老领导和新老会员代表100余人，以"回顾历史薪火相传，展望未来梦圆复兴"为主题，召开了房山区恢复工商联组织20周年暨房山区工商联建会59周年座谈会和《房山工商业联合会20年专刊（1993—2013）》发行仪式；2013年12月至2014年2月启动并完成了乡镇、街道工商联（商会）基层组织的健全完善工作，实现了工商联（商会）基层组织在全区24个乡镇、街道的全覆盖；积极稳妥地开展会员发展工作，到2015年底，区工商联发展的会员总数达到919个，实现了区工商联组织建设和会员发展的双推进。

切实提高履职能力，深入实施机关建设工程。4年多来，在区工商联领导班子和机关建设上，先后开展了"创先争优"、"三敢"精神大讨论、"我的梦·中国梦"大讨论、"党的群众路线"教育实践和"三严三实"教育实践活动，启动实施了创建学习型、创新型、服务型、和谐型机关等建设管理活动，改进了机关面貌和作风，为有效履行工商联机关职能奠定了思想和实践基础。

第六次会员代表大会
(1993.8—1997.3)

1993年,房山区个体工商户发展到1.3万户,私营企业发展到100多家,中断了27年的房山县工商业联合会开始恢复。经过四个多月的筹备工作,房山区工商业联合会(以下简称区工商联)第六次代表大会于1993年8月16日在房山宾馆召开。应到代表144名,实到代表142名。大会选举产生了第六届执行委员会委员23名,其中主任委员1名,副主任委员兼秘书长1名,兼职副主任委员4名,区工商联正式恢复工作,履行职能。

主任委员	李希文	1993.8—1997.3
副主任委员	张宗彪	1993.8—1997.3
	蔡连琨	1993.8—1997.3
	宋万明	1993.8—1997.3
	王 寂	1993.8—1997.3
	文 山	1993.8—1997.3
秘书长	张宗彪(兼)	1993.8—1997.3

党　组
党组书记	张静惠	1993.8—1994.2

第七次会员代表大会
(1997.3—2001.12)

1997年3月6日,区工商联在房山区人大常委会六楼会议室召开第七次代表大会。应到代表200名,实到代表187名,会议听取审议区工商联第七届执行委员会题为《发挥政治优势,坚持务实创新,不断拓展工商联工作的局面》的工作报告。大会选举产生了第七届执行委员会委员21名,其中:会长1名,驻会副会长兼秘书长1名,不驻会副会长7名。

会 长	杨学贞	1997.3—2000.7
	耿春奉	2000.7—2001.12
副会长	张宗彪	1997.3—1999.2
	宋万明	1997.3—2001.12
	王 寂	1997.3—2001.12
	戴 富	1997.3—2001.12
	孙书新	1997.3—2001.12
	李汝英	1997.3—2001.12
	李泽民	1997.3—2001.12
	孙伯山	1997.3—2001.12
	杨 勇	1999.2—2001.12

秘 书 长	张宗彪（兼）	1997.3—1999.2
	杨 勇	1999.2—2001.12
党 组		
党组书记	马 军（回族）	1999.2—2000.7
	杨学贞（兼）	2000.7—2001.12

第八次会员代表大会
(2001.12—2006.7)

房山区工商联第八次会员代表大会于 2001 年 12 月 18 日在昊天假日酒店召开。应到代表 210 名，实到代表 200 名。会议听取审议了第七届执委会《发挥优势，扎实工作，共创新时期工商联的新辉煌》的工作报告。大会选举产生了第八届执行委员会委员 36 名，其中：会长 1 名，副会长 11 名，秘书长 1 名。

会 长	耿春奉	2001.12—2006.7
副 会 长	杨 勇	2001.12—2006.7
	刘长河	2001.12—2006.7
	孙书新	2001.12—2006.7
	孙志强	2001.12—2006.7
	张玉河	2001.12—2006.7
	张松洲	2001.12—2006.7
	李永林	2001.12—2006.7
	李汝英	2001.12—2006.7
	李泽民	2001.12—2006.7
	郭中华	2001.12—2006.7
	常 亮	2001.12—2006.7
秘 书 长	杨 勇（兼）	2001.12—2006.7
党 组		
党组书记	杨学贞	2001.12—2002.1
	隗功跃	2002.1—2006.7

第九次会员代表大会
(2006.7—2011.9)

房山区工商联第九次会员代表大会于 2006 年 7 月 31 日在北京鑫湖苑观光园商务会馆召开。参加大会代表 250 名，其中正式代表 201 名。审议并通过了工商联第八届执行委员会工作报告，选举产生了第九届执行委员会委员 34 名，其中，会长 1 名，常务副会长 1 名，副会长 14 名，秘书长 1 名，副秘书长 2 名。

会　　　长	孙志强	2006.7—2008.3
常务副会长	耿春奉	2006.7—2008.3
副 会 长	杨　勇	2006.7—2008.3
	王永军	2006.7—2008.3
	任成学	2006.7—2008.3
	刘少宾	2006.7—2008.3
	张士英（女）	2006.7—2008.3
	张文占	2006.7—2008.3
	张玉河	2006.7—2008.3
	张松洲	2006.7—2008.3
	李永林	2006.7—2008.3
	李金华	2006.7—2008.3
	陈彦雄	2006.7—2008.3
	郭秀敏（女）	2006.7—2008.3
	常　亮	2006.7—2008.3
	臧长泉	2006.7—2008.3
秘 书 长	杨　勇（兼）	2006.7—2008.3

2008年3月根据房统文〔2008〕7号文件，工商联合会主要负责人改称主席、副主席。本届期间，对区工商联领导班子进行了调整，隗功跃2010年7月任常务副主席。

主　　　席	孙志强	2008.3—2011.9
常务副主席	耿春奉	2008.3—2010.7
	隗功跃	2010.7—2011.9
副 主 席	杨　勇	2008.3—2009.7
	王永军	2008.3—2011.9
	任成学	2008.3—2011.9
	刘少宾	2008.3—2011.9
	张士英（女）	2008.3—2011.9
	张文占	2008.3—2011.9
	张玉河	2008.3—2011.9
	张松洲	2008.3—2011.9
	李永林	2008.3—2011.9
	李金华	2008.3—2011.9
	陈彦雄	2008.3—2011.9
	郭秀敏（女）	2008.3—2011.9
	常　亮	2008.3—2011.9

	臧长泉	2008.3—2011.9
	王德强	2010.3—2011.3
秘 书 长	杨 勇（兼）	2008.3—2009.7
	王德强	2010.3—2011.3
党　　组		
党组书记	隗功跃	2006.7—2011.5
	焦启超	2011.5—2011.9

第十次会员代表大会

（2011年9月— ）

房山区工商联第十次会员代表大会暨区民间商会成立大会于2011年9月28日在昊天假日酒店召开。区相关职能部门的领导及189名会员代表参加会议。审议并通过了房山区工商联第九届执行委员会所作的工作报告。印发了给老同志的致敬信。依照工商联章程和大会通过的选举办法，会议选举产生了由68名执委组成的区工商联第十届执行委员会。会议还聘请了12个区直单位的领导为工商联特邀（席位制）顾问，并颁发了证书。选举产生了由35名常委组成的区工商联第十届常务委员会，分别选举产生了房山区工商联和区民间商会领导班子。其中房山区工商联主席1名，常务副主席1名，副主席16名，秘书长1名；民间商会会长1名，民间商会常务副会长1名，副会长13名，区民间商会监事长1名，区民间商会秘书长1名。

主　　席	孙志强	2011.9—
常务副主席	隗功跃	2011.9—2014.3
副 主 席	焦启超	2011.9—
	晋显存	2011.9—2014.4
	张玉河	2011.9—
	刘少宾	2011.9—
	张士英（女）	2011.9—
	陈彦雄	2011.9—
	马全福	2011.9—
	苏建军	2011.9—
	崔爱军	2011.9—
	赵一弘	2011.9—
	牛振明	2011.9—
	孙　威	2011.9—
	马小兰（女）	2011.9—
	关胜兵	2011.9—
	安春祥	2011.9—
	王建民	2011.9—

	刘　询	2013.3—
秘 书 长	刘　询（兼）	2011.9—2013.3
	隗功新	2013.3—
民间商会会长	孙志强	2011.9—
常 务 副 会 长	隗功跃	2011.9—
副 会 长	焦启超	2011.9—
	晋显存	2011.9—2014.4
	张松洲	2011.9—
	李永林	2011.9—
	常　亮	2011.9—
	张文占	2011.9—
	刘晓军	2011.9—
	严　生	2011.9—
	张　兵	2011.9—
	吴海涛	2011.9—
	赵　岚（女）	2011.9—
	王红军	2011.9—
	肖　悦（女）	2011.9—
监 事 长	王永军	2011.9—
秘 书 长	刘　询	2011.9—

党　　组

党 组 书 记　焦启超　　　　　　　　　2011.9—

房山政协大事记

1981 年

3月

6日至11日，中国人民政治协商会议北京市房山县第一届委员会第一次会议在房山城召开。

4月

9日，召开了县政协一届委员会主席会议，听取了政协机构设置情况汇报，研究了主席、副主席分工。

11日，召开了县政协一届委员会常务委员会会议，学习了全国统战会议文件，讨论了1981年工作要点，决定了县政协机构设置及副秘书长人选。

17日、25日，文史资料委员会和学习委员会分别召开会议，研究年度工作计划。

5月

中下旬，学习委员会分别在城关、良乡、窦店、琉璃河建立了四个学习小组并组织了第一次学习活动。

6月

16日至18日，县政协工交城建、财贸、卫生三个组分别组织委员对石楼、南召、东营三个公社及县服务公司、田各庄酿造厂等地冰棍厂进行视察。

25日至27日，县政协工交城建组委员视察城关、良乡两镇的市政建设及市容卫生情况。

7月

上旬，学委会召集城关、良乡地区部分委员举行座谈会，交流学习十一届六中全会通过的《关于建国以来党的若干历史问题的决议》和胡耀邦同志在庆祝中国共产党成立六十周年大会上的讲话的体会。

9月

16日，县政协组织除农村以外其他行业的74名委员到我县农村参观视察。县政协副主席张本荣、田树屏、杨万钟、郭云祥出席活动。

10月

7日，县政协组织部分委员座谈会，学习和座谈叶剑英委员长关于进一步阐明台湾回归祖国、实现和平统一的讲话精神。会议由副主席张本荣主持，副主席王新华、田树屏、郭云祥出席座谈会。

12月

月初，县政协财贸、教育、农村、科技等委员工作组分别到东营公社韩村河四队、坨里中学、房山二中、良乡镇小、琉璃河公社兴礼大队参观视察。

7日，县政协卫生工作组视察窦店公社、窑上公社农村合作医疗工作。

16日，县政协文化工作组视察十渡公社文化站和周口店公社文化站。

18至19日，县政协民族工作组视察房良两地少数民族饮食业开展和副食品供应以及良乡公社常庄大队、窦店公社窦店大队、周口店公社新街大队的三处清真寺和常庄回民小学、新街民族学校的教育教学情况。

1982 年

1 月

月初，县政协召开春节茶话会。县委书记李平，县委副书记、县长吕镒，县人大常委会副主任孟常友，副县长张进儒，县委常委、组织部部长李永芳应邀出席。县委常委、县政协副主席张本荣主持会议。县政协副主席王新华、田树屏、郭云祥出席茶话会。

3 月

10日，召开了县政协一届委员会常务委员会会议，讨论通过了县政协常委会工作报告、提案处理情况报告及一届二次会议有关事项。

22日至27日，中国人民政治协商会议北京市房山县第一届委员会第二次会议在房山县城召开。

4 月

县政协组织全体常委和城关、良乡、窦店地区的部分委员学习和讨论了全国人民代表大会常务委员会颁布的《中华人民共和国宪法修改草案》。

5 月

12日至13日，县政协民族宗教组视察我县民族工作。县政协主席张成基，副主席王新华、秘书长毛锡恩出席活动。

19日至20日，县政协工交城建组委员视察我县地下水源及节约用水情况。

7 月

28日至29日，县政协卫生组对城关、良乡两镇的市容和食品卫生情况进行视察。县政协副主席王新华、秘书长毛锡恩出席活动。

8 月

27日至28日，县政协财贸组委员对房山百货商场、人民商场和周口店百货、副食门市部、饭店等单位进行视察。副主席王新华出席活动。

10 月

14日，召开了县政协一届委员会常务委员会会议，收听了袁木关于学习中共十二大文件辅导报告的录音并交流了学习体会。

11 月

10日、11日，县政协组织农村、科技、教育、文体四个工作组委员视察坨里公社水峪大队实行农业生产责任制和周口店公社大韩继大队建设社会主义精神文明情况。副主席王新华、杨万钟、田树屏，秘书长毛锡恩出席活动。

1983 年

1 月

7 日，召开了县政协一届委员会常务委员会会议，听取了县政协一届三次会议筹备情况汇报，讨论通过了县政协常委会工作报告。

12 日至 18 日，中国人民政治协商会议北京市房山县第一届委员会第三次会议召开。

4 月

下旬，在"五一"国际劳动节来临之际，县政协教育组委员走访、慰问了我县部分中小学教师。主席张成基，副主席田树屏出席活动。

8 月

2 日、3 日，县政协卫生组委员对房山城关、良乡两镇市容卫生进行视察。副主席张本荣、田树屏出席活动。

9 月

7 日，县政协农村组和科技组委员参加了我县工、农业新成果观摩团活动，共视察十六个科技成果点。8 日上午，委员们参加了科技成果表彰大会，副主席张本荣、杨万钟、田树屏、秘书长毛锡恩出席表彰大会。

中旬，县政协学委会组织部分委员学习了《邓小平谈大陆和台湾和平统一设想》和邓颖超主席在全国政协六届一次会议上的开幕词。

27 日、28 日，县政协民族宗教组和财贸组委员对良乡、城关两镇的民族和商业工作进行视察。副主席张本荣、杨万钟、郭云祥、田树屏出席活动。

10 月

13 日，县政协工交城建组委员视察工业局所属的服装一厂、塑料厂、纺织厂和北京煤矿机械厂。副主席杨万钟、田树屏，秘书长毛锡恩出席活动。

11 月

9 日，县政协组织常委和部分工作组组长视察南尚乐乡、石楼和城关镇部分队办企业。副主席张本荣、田树屏出席活动。

10 日，召开了县政协一届委员会常务委员会会议，传达了市委统战工作会议精神，增补陈芬圃等 12 名同志为县政协一届委员会委员，根据县委建议对县政协领导班子做了调整。

12 月

8 日，县政协文化体育组委员视察紫草坞乡文化站和房山县业余体校。新当选的县政协主席张本荣，副主席田树屏、郭云祥，秘书长毛锡恩出席活动。

1984 年

3 月

21 日，县政协卫生组医务界委员赴十渡山区开展了义诊、咨讯服务活动。副主席杨万钟出席活动。

4月

25日，召开了县政协一届委员会常务委员会会议，传达了市政协六届二次会议精神，讨论通过了县政协常委会工作报告、提案处理情况报告，决定尹昆等67名同志为县政协二届委员会委员。

5月

5日，召开了县政协一届委员会主席会议，听取了县政协二届一次会议筹备情况汇报。

14日至19日，中国人民政治协商会议北京市房山县第二届委员会第一次会议在房山县城召开。

6月

6日，召开了县政协二届委员会常务委员会会议，学习了全国政协六届二次会议精神，通过了县政协四个专委会主任和十个工作组组长人选名单，增补曹存珍等2名同志为县政协二届委员会委员。

7月

3日，召开了县政协二届委员会主席会议，讨论了县委关于进一步放宽政策、搞好改革、加速发展商品生产的规定。

16日至20日，中国人民政治协商会议北京市燕山区第一届委员会第一次会议在燕山区召开。

31日，县政协组织法制、科技、卫生、妇女四个工作组的部分委员赴霞云岭山区开展综合性咨询服务活动。副主席陈芬圃、杨万钟、郭云祥，秘书长仉淑兰出席活动。

8月

22日，为配合搞好十渡旅游区的规划和建设，县政协组织工交城建组部分委员，并特邀了部分北京市旅游建筑专家，到十渡旅游区进行座谈指导。主席张本荣主持座谈会。

9月

5日，为了更好地落实党的民族政策，县政协民族宗教组和财贸组联合组织视察活动。副主席陈芬圃、田树屏，秘书长仉淑兰出席活动。

10日，县政协部分台胞、台属委员在中国科学院古脊椎动物与古人类研究所周口店北京猿人遗址举行中秋赏月茶话会。会议由县政协主席张本荣主持，副主席陈芬圃、田树屏、杨万钟、郭云祥、毛锡恩，秘书长仉淑兰出席茶话会。

18日、19日，县政协卫生组部分委员视察城关、良乡两镇六十三个单位的环境食品卫生、商业网点服务、市容市貌情况。县政协主席张本荣，副主席田树屏、毛锡恩、郭云祥，秘书长仉淑兰出席活动。

19日，召开了燕山区政协一届委员会主席会议，决定了内设机构。

10月

30日，县政协农村组部分委员对交道乡、葫芦垡乡、石楼乡等部分乡村企业和"两村一户"进行视察。县政协副主席陈芬圃、田树屏、郭云祥，秘书长仉淑兰出席视察活动。

11月

8日，燕山区政协成立环保工作组。

21日、22日，县政协教育组部分委员视察周口店、窦店两个乡的小学教育普及情况，副主席陈芬圃、田树屏、杨万钟，秘书长仉淑兰出席活动。

27日，燕山区政协环保工作组视察北京燕山石化集团公司污水隔油的治理项目。

12月

8日，县政协文体组开展活动，听取了县体委传达的全国县级体育工作会议精神，参观了丰台区大葆台汉墓。副主席田树屏、杨万钟、郭云祥，秘书长仇淑兰、副秘书长廉亚强出席活动。

1985年

1月

燕山区政协相继成立学习工作组、联络工作组、财贸工作组。

2月

6日，燕山区委统战部、区政协联络工作组在元宵佳节举办座谈会，座谈会由区委统战部部长、区政协联络工作组组长肖玉琴主持，区委副书记冯正磊，区政协主席韩正非，副主席李全熙出席座谈会。

13日，县政协和县委统战部联合召开春节座谈会。县政协主席张本荣，副主席陈芬圃、田树屏、杨万钟、郭云祥、唐广雩，秘书长仇淑兰、副秘书长廉亚强出席。座谈会由副主席毛锡恩主持。

3月

20日，县政协卫生、科技、妇女组部分委员赴窖上乡开展了以医疗、畜牧、农业科技、林果为主的咨询服务活动。副主席杨万钟、郭云祥，秘书长仇淑兰、副秘书长廉亚强出席活动。

4月

10日，召开了县政协二届委员会常务委员会会议，决定了县政协二届二次会议召开时间及相关事项，增补杜川明等6名同志为县政协二届委员会委员。

16日，中国人民政治协商会议北京市燕山区第一届委员会第二次会议召开。

22日至26日，中国人民政治协商会议北京市房山县第二届委员会第二次会议召开。

5月

14日，燕山区政协教育工作组举行书法、手风琴和声乐三个业余学习班结业典礼。副主席王笃之出席。

15日，燕山区政协教育工作组在迎风小学召开会议，研究下半年工作。会议由副主席王笃之主持，韩正非主席出席。

31日，县政协妇女组部分委员慰问了长沟、张坊、南尚乐乡残疾儿童。秘书长仇淑兰、副秘书长廉亚强出席活动。

6月

3日，为纪念世界环境日，燕山区政协环保工作组对槽车洗涤站和液化气总站的环境污染问题进行现场调查。副主席王笃之出席活动。

7日，燕山区政协教育工作组开办满文学习班。开学典礼由副主席王笃之主持。

12日，燕山区政协教育工作组召开幼教情况调查汇报会。主席韩正非出席会议。会议由副主席王笃之主持。

25日，县政协卫生组部分委员慰问房山、良乡离休干部，并进行健康咨询服务活动。副主席杨万钟、郭云祥，秘书长仇淑兰出席活动。

本月，燕山区政协联络工作组召开会议，传达全国黄埔军校同学会第一次代表大会情况。

7月

6日，召开了县政协二届委员会常务委员会会议，学习讨论了中共中央关于教育体制改革的决定，通过了工作组和副秘书长人选名单。

13日，县政协财贸组委员进一步落实物价政策，搞活市场、促进商品经济的发展，对我县蔬菜、蛋禽市场供应进行调查。秘书长仇淑兰出席活动。

8月

15日，燕山区政协成立文体卫工作组。

9月

4日、5日，县政协主席张本荣，副主席陈芬圃、田树屏，秘书长仇淑兰分别到琉璃河、南召、史家营等乡的七所中小学进行走访慰问。

13日，县政协工交城建组委员对交道乡规划建设进行咨询服务，秘书长仇淑兰出席活动。

20日，燕山区政协教育工作组在北京燕山石化集团公司举办科学育儿报告会。报告会由副主席王笃之主持，韩正非主席出席。

23日，燕山区政协成立科技工作组。

25日，县政协民族宗教组委员考察了城关、周口店、琉璃河、窦店、良乡五个乡镇地区的节日供应情况。秘书长仇淑兰出席活动。

25日、26日，县政协主席张本荣，副主席陈芬圃，秘书长仇淑兰、副秘书长廉亚强，走访慰问了台胞台属和归侨侨眷委员，向他们表达了节日的问候。

10月

24日，燕山区政协组织委员到房山县窦店村、拴马庄村和北京大观园参观学习。主席韩正非，副主席李全熙出席活动。

11月

8日，燕山区政协组织委员听取北京燕山石化集团公司环保处召开的洗罐站改进槽车洗涤试验汇报。副主席李全熙出席。

15日，县政协组织科技组委员到十渡乡进行科技咨询服务。秘书长仇淑兰出席活动。

22日，县政协组织法制组委员到北京市收容管教所考察。县政协主席张本荣，副主席杨万钟，秘书长仇淑兰出席活动。

12月

4日，市政协幼教工作组视察燕山区幼教工作。燕山区政协主席韩正非陪同视察。

5日，县政协组织农村组委员到周口店乡拴马庄村、南韩继村和大韩继村参观考察。副主席杨万钟、田树屏，秘书长仇淑兰、副秘书长廉亚强出席活动。

21日，召开了燕山区政协一届委员会主席会议，讨论了政协1985年工作总结。

1986 年

1 月

30 日，县政协和县委统战部联合召开了房山县统战系统为四化服务经验交流会。县四大部门领导李永芳、王俊起、张成基、张本荣出席会议。交流会由副主席、县委统战部部长毛锡恩主持。

31 日，燕山区政协召开燕山区消费者协会筹备委员会成立会。主席韩正非出席会议。

31 日，北京燕山石化集团公司职工医院为燕山区政协委员进行义诊活动。

2 月

2 日、4 日，县政协主席张本荣，副主席陈芬圃、唐广雩，秘书长仉淑兰、副秘书长廉亚强分别慰问了部分台胞台属、老红军老干部、个体户、党外人士以及年迈多病的委员，向他们恭贺新春。

3 日，燕山区政协举行迎春联欢会。主席韩正非出席。

4 日，燕山区政协环保工作组听取了北京燕山石化集团公司供销公司洗槽站改进槽车洗涤工作情况汇报。

5 日，县政协组织卫生组部分委员对房良两镇的市容、部分餐饮副食店、三个县办企业的卫生状况进行视察。副主席陈芬圃，秘书长仉淑兰出席活动。

3 月

8 日，在"三八节"到来之际，县政协部分女委员到县四所幼儿园所慰问女教师。副主席陈芬圃，秘书长仉淑兰出席活动。

4 月

1 日至 4 日，中国人民政治协商会议北京市燕山区第一届委员会第三次会议召开。

2 日，县政协妇女组组织农村组部分委员到城关镇顾册村林场参观视察。主席张本荣，副主席陈芬圃、毛锡恩，副秘书长廉亚强出席活动。

14 日，召开了县政协二届委员会常务委员会会议，讨论通过了县政协常委会工作报告、提案处理情况报告和县政协二届三次会议有关文件。

17 日至 22 日，中国人民政治协商会议北京市房山县第二届委员会第三次会议召开。

6 月

10 日，县政协卫生组部分委员先后到房山县橡胶塑料厂、岳各庄乡和长沟乡两个敬老院慰问。县政协副主席杨万钟，秘书长仉淑兰出席活动。

17 日，燕山区政协联络工作组召开会议，研究如何贯彻落实区政协第十次常委会"关于1986年工作组活动安排意见（草案）"。

8 月

20 日，县政协组织科技组部分委员赴周口店乡新建的水泥厂进行技术咨询服务活动。副主席陈芬圃，秘书长仉淑兰出席活动。

本月29日至9月2日，燕山区政协在十三陵北京燕山石化集团公司职工疗养院举办了政协委员统战理论学习班。

30 日，召开了县政协二届委员会常务委员会会议，会议同意安法鲁等3名同志为县政协二届委员会委员，接受张本荣辞去县政协主席的请求，根据区委建议决定由安法鲁担任县政协代主席。

9月

1日,周口店乡大韩继小学举行庆祝新校落成和新学期开学典礼大会。副主席陈芬圃,秘书长仉淑兰出席活动。

6日,县政协副主席陈芬圃到蒲洼乡慰问中小学教师。

11日、12日,县政协财贸组部分委员视察城关地区部分商业、服务网点。副主席田树屏,秘书长仉淑兰出席活动。

17日,县政协和房山县委统战部联合举办中秋茶话会。县委书记王俊起,县人大主任张成基,县政协代主席安法鲁,县委副书记王福来,区政协副主席陈芬圃,副主席、统战部部长毛锡恩,副主席田树屏、杨万钟、郭云祥,秘书长仉淑兰,统战部副部长刘文俊出席茶话会。

10月

10日,召开了县政协二届委员会主席会议,研究了学习贯彻中共十二届六中全会精神有关安排。

11月

14日,燕山区政协环保工作组对供销公司铁路运输部洗罐站进行视察。副主席李全熙出席活动。

15日,县政协民族宗教组委员组织学习活动,讨论北京市人民政府宗教事务处编发的《我们党在社会主义时期宗教问题上的基本政策》。

18日,燕山区政协科技组召开扩大会议,为区工业公司开发生产新项目,新产品献计献策,韩正非主席出席会议。

20日,县政协代主席安法鲁为全体委员作了学习《中共中央关于社会主义精神文明建设指导方针的决议》专题辅导。

1987 年

1月

14日、15日,县政协文化体育组部分委员到房山中学、周口店乡大韩继村开展书画笔会。县政协前任主席张本荣,代主席安法鲁,秘书长仉淑兰主席活动。活动由副主席田树屏主持。

16日,县政协和县委统战部联合召开了房山县知名人士春节座谈会。座谈会由县政协副主席、县委统战部部长毛锡恩主持。县领导王俊起、安法鲁、马向凤、李炳田出席座谈会。

3月

19日,县政协召开驻房山地区部分中央、市属厂矿中的政协委员座谈会。副主席陈芬圃主持座谈并传达了房山经济第二次腾飞动员大会精神,县政协代主席安法鲁,副主席毛锡恩,秘书长仉淑兰,副秘书长张珍出席会议。

4月

22日,召开了县政协二届委员会常务委员会会议,传达了区委关于筹建区政协的通知,决定成立筹备委员会。

5月

27日至6月1日,中国人民政治协商会议北京市房山区第一届委员会第一次会议在房山召开。

7月

9日，召开了房山区政协一届委员会主席会议，通报了领导分工，研究了政协内设机构。

8月

4日，召开了区政协一届委员会常务委员会会议，讨论通过了机关四个科室主任、副主任人选。

9月

4日，区政协工作组委员会召开第一次会议。副主席钱觉霖、秘书长肖玉琴出席会议。副主席王笃之主持会议。

24日、25日，区政协学委会举办了"新委员统战理论和政协基本知识学习班"。区政协领导陈芬圃、钱觉霖、毛锡恩、唐广雩，区委统战部部长王素英出席。

10月

6日，区政协、区委统战部联合举办"房山区中秋茶话会"。区四大部门领导王作升、王绪成、梁国柱、单发、杨忠杰、李炳田、马向凤、安法鲁、陈芬圃、王笃之、毛锡恩、李全熙、杨万钟、唐广雩、容桂英、钱觉霖，北京燕山石化集团公司党委副书记王甫成出席茶话会。茶话会由区政协秘书长肖玉琴主持。

17日，区政协工作组委员会召开第二次会议，围绕区委区政府中心工作，进一步商定了区政协各工作组活动计划，副主席钱觉霖出席会议。会议由副主席王笃之主持。

下旬，区政协科学技术工作组开展对全区深化乡镇企业改革情况进行专题调查。副主席容桂英受区政协常委会委托，主持调查活动。

本月，区政协联络办公室根据区政协常委会决定，先后在房山城关、良乡、燕山、交道等地成立了五个政协委员活动组。副主席陈芬圃、钱觉霖、容桂英，秘书长肖玉琴分别出席活动。

30日，区政协在周口店龙骨山上召开"九九"重阳节老人座谈会。区委、区政府、区政协领导王作升、王绪成、张中兴、白宗泉、陈芬圃、毛锡恩、容桂英、王笃之、李全熙、杨万钟出席座谈会。

1988年

1月

15日、29日，区政协科技工作组委员分两次视察周口店乡精细化工厂、酞菁蓝厂、纯碱厂、炼油厂。副主席钱觉霖、王笃之，秘书长肖玉琴出席活动。

23日，区政协工作组委员会召开第三次会议，就如何安排一届二次会议后的工作组活动进行研究。副主唐钱觉霖出席。副主席王笃之主持会议。

2月

区政协、区委统战部举行春节茶话会。区四大部门领导王作升、李庆余、王绪成、蒲怀英、杨忠杰、马向凤、安法鲁、陈芬圃、毛锡恩、李全熙、容桂英、王笃之、杨万钟、唐广雩等出席茶话会。

3月

23日，召开了区政协一届委员会常务委员会会议，听取了政府工作报告起草说明并进行了讨论协商。

4月

6日至8日，中国人民政治协商会议北京市房山区第一届委员会第二次会议在房山科委报告厅召开。

28日，区政协工作组委员会召开扩大会议，审定了各工作组一届二次会议后工作计划，商定了政协常委会部署的"两个专题"调查的具体办法。副主席钱觉霖、秘书长肖玉琴出席会议。

5月

13日，区政协工作组委员会围绕发展房山区外向型经济举行了第一次区政协委员"沙龙"活动。区政协副主席、工作组委员会主任王笃之出席，副主席钱觉霖主持活动。

17日至20日，区政协联络委员会举办了为期四天的"三胞"委员学习班。副主席陈芬圃、容桂英、唐广雩，秘书长肖玉琴出席，学习班由副主席李全熙主持。

28日、30日，区政协教育组到蒲洼、十渡乡调查山区中学教学情况。副主席钱觉霖出席活动。

6月

24日，区政协工作组委员会举办第二次"沙龙"活动，副主席王笃之出席，副主席钱觉霖主持活动。

7月

15日，区政协文史工作委员会召开第三次文史工作会议。副主席毛锡恩出席。

9月

25日，区政协、区委统战部在房山宾馆举行中秋联谊会。区四大部门领导王作升、王绪成、蒲怀英、白宗泉、马向凤、张中兴、夏方伟、陈芬圃、毛锡恩、容桂英、唐广雩、王笃之出席联谊会。

10月

14日，区政协卫生组和农工民主党房山支部到南尚乐乡联合进行义诊活动。副主席、农工民主党房山支部主任杨万钟出席活动。

15日，区政协开展"重阳节"敬老走访活动。副主席陈芬圃、毛锡恩、容桂英、钱觉霖出席活动。

11月

3日至4日，召开了区政协一届委员会常务委员会扩大会议，传达了中共十三届三中全会、市委六届四次全会精神并进行了讨论。

18日，区政协组织教育组部分委员围绕如何深化中、小学教育改革举行教育沙龙活动。副主席王笃之、钱觉霖活动。

23日，区政协召开引进科技项目座谈会。副主席钱觉霖主持会议。

12月

8日，区政协工作组委员召开会议，专题研究了如何充分发挥政协基本职能、深入开展工作组活动等内容。副主席钱觉霖出席会议，会议由副主席王笃之主持。

22日，区政协联络委员会召开扩大会议，与会人员听取了联络委一年来工作汇报。副主席容桂英、唐广雩出席会议。会议由副主席李全熙主持。

1989 年

1 月

27 日,区人大、区政协联合召开会议,请区委区政府向区人大代表、区政协委员通报全区一年来工作情况。区委常委、副区长张中兴作了题为"以改革为动力,推动全区各项工作的开展"的报告。市政协副主席甘英应邀出席会议。区委书记王作升,区委副书记、区长李庆余,区委常委、组织部部长蒲怀瑛出席会议。

30 日,区政协、区委统战部在房山宾馆联合举行春节联谊会。区四大部门领导王作升、王绪成、白宗泉、张中兴、李炳田、安法鲁、陈芬圃、毛锡恩、李全熙、杨万钟、容桂英出席联谊会。联谊会由区委统战部部长王素英主持。

2 月

16 日,区政协工作组委员会召开会议,讨论 1989 年各工作组活动安排。副主席钱觉霖出席会议。会议由副主席王笃之主持。

24 日,召开了区政协一届委员会常务委员会会议,讨论了区政府工作报告和区政协常委会工作报告,增补王素英等 2 名同志为区政协一届委员会委员。

3 月

1 日,区政协工作组委员会召开第二次会议,讨论 1989 年各工作组活动安排。副主席钱觉霖出席会议。

13 日至 16 日,中国人民政治协商会议北京市房山区第一届委员会第三次会议在房山宾馆召开。

30 日,区政协工作组委员会组织召开 1989 年第一季度"沙龙"会议,集中议论了区政协如何更好地参与治理整顿的问题。副主席陈芬圃、杨万钟、王笃之出席会议。会议由副主席钱觉霖主持。

4 月

7 日,区政协在房山宾馆举行了由 13 个乡镇和 6 个部门有关人员近 50 人参加的技术项目洽谈会。市政协副主席封明为出席洽谈会并讲话。区政协副主席陈芬圃、钱觉霖出席会议。会议由副主席容桂英主持。

5 日至 7 日,区政协农村组到周口店乡、石楼乡、崇各庄乡开展了"把我区粮食生产搞上去"的专题调查。副主席毛锡恩出席调研活动。

5 月

26 日,区政协召开文史工作会议,总结了《房山文史选辑》前两辑的出版工作,讨论了下一步的文史工作思路。会议由副主席毛锡恩主持。

30 日至 6 月 1 日,区政协分别在房山、良乡、燕山举行"坚决拥护中共中央、国务院为制止动乱稳定局势做出的正确决策和果断措施"学习座谈会。副主席陈芬圃、钱觉霖、毛锡恩、容桂英、杨万钟、王笃之出席会议。

6 月

17 日,区政协文化体育组到史家营乡开展义务慰问演出活动。副主席钱觉霖出席活动。

27 日,召开了区政协一届委员会常务委员会会议,学习了中共十三届四中全会公报和邓小平接见首都戒严部队军以上领导干部的讲话。

28日，区政协联络委员会召开本年度第三次会议，学习了十三届四中全会公报副主席容桂英传达了邓小平同志接见首都戒严部队军以上干部时的重要讲话。会议由副主席李全熙主持。

7月

3日至4日，区政协联络办公室召开"三胞"委员学习座谈会，学习了党的十三届四中全会公报和市委常委扩大会议精神。副主席杨万钟、唐广零出席会议并讲话。座谈会由副主席容桂英主持。

8日，区政协召开今年以来第三次工作组委员会（扩大）会议，副主席、兼秘书长钱觉霖传达了北京市政协常委（扩大）会议精神，对下半年工作进行安排。会议由副主席王笃之主持。

20日，区政协文史委召开文史工作会议。副主席毛锡恩出席会议。

9月

8日，区政协教育组委员在工人俱乐部举行庆祝教师节联欢会。副主席陈芬圃、容桂英出席活动。

13日，区政协、区委统战部在云居寺举行中秋赏月会，区领导王绪成、刘文秀、安法鲁、陈芬圃、钱觉霖、毛锡恩、容桂英、杨万钟出席活动。

15日，区政协工作组委员会召开第四次会议，就今年第四季度工作进行研究。副主席兼秘书长钱觉霖主持会议。

21日，区政协举行庆祝人民政协成立四十周年活动。市政协常务副主席关世雄出席并作重要讲话。区委副书记王绪成作了题为《人民政协的光辉历程》的主题报告。

10月

14日，区政协农村组委员先后到官道乡江村和石楼乡坨头村考察商品蔬菜基地和稻麦两茬高产田。副主席钱觉霖出席考察活动。

16日、17日，区政协教育工作组到石褛中学和赵各庄中学进行德育工作情况的调查。副主席王笃之出席活动。

20日，区政协医药卫生组、农工民主党房山支部到蒲洼乡送医上门。副主席、农工民主党房山支部负责人杨万钟出席活动。

12月

8日，中国人民政治协商会议北京市房山区第一届委员会第四次会议在房山宾馆召开。

20日，区政协联络委员会举行扩大会议，总结联络委员会今年的工作。副主席容桂英出席会议。副主席李全熙主持会议。

21日，区政协工作组委员会召开本届工作组经验交流会，副主席兼秘书长钱觉霖总结全年工作。副主席主任王笃之主持会议。

1990年

1月

22日，区政协、区委统战部在工人俱乐部联合召开房山区各界人士春节联谊会。区四大部门领导高海量、王绪成、张中兴、安法鲁出席联谊会。区委统战部部长王素英主持联谊会。

2月

15日，区政协、区委统战部邀请本地区各民主党派负责人和部分政协委员座谈学习《中共中央关于坚持和完善中国共产党领导的多党合作和政治协商制度的意见》。副主席陈芬圃主持会议。

3月

13日，召开了区政协一届委员会常务委员会会议，听取了区政府工作报告起草说明并进行了讨论。

21日至24日，中国人民政治协商会议北京市房山区第一届委员会第五次会议在房山召开。

4月

25日至26日，区政协联络委员会举办统战政策学习班。

8月

20日，区政协财贸组委员对房山、良乡、燕山地区百货和副食场店进行视察。副主席钱觉霖出席活动。

9月

20日，召开了区政协一届委员会常务委员会会议，传达了全国、市、区统战工作会议精神，研究了机关干部任免问题。

10月

12日，召开了区政协一届委员会主席会议，讨论了换届和工作分工事项。

11月

2日，区政协民族宗教组委员到河北省大厂回族自治县参观学习。副主席毛锡恩出席活动。

1991年

1月

23日，召开了区政协一届委员会常务委员会会议，讨论了区政府工作报告、区政协常委会工作报告，决定了二届委员会委员名单及相关事项。

2月

21日至27日，中国人民政治协商会议北京市房山区第二届委员会第一次会议在燕化宾馆召开。

7月

10日，召开了区政协二届委员会主席会议，讨论了上半年工作总结。

8月

10日，区政协召开文史工作会，市政协原文史资料研究委员会副主任、编审叶祖孚就文史资料征集的方法、内容、撰稿、编辑作了讲解。会议由副主席毛锡恩主持。

9月

13日，区政协文史工作委会邀请文史委员、文史撰稿员就《房山文史选辑》第四辑的出版举行座谈会。副主席毛锡恩出席会议。

16日，市政协常务副主席封明为我区政协委员、参加区处级干部培训班的干部作关于当前国际形势的报告。

21日，区政协与区委统战部联合召开房山区各界人士中秋联谊会。区委副书记张朝兴，区人大主任蒲怀瑛，区政府副区长魏贵训，区政协主席张中兴、副主席毛锡恩、钱觉霖、容桂英、唐广雩、孙钺出席。联谊会由区委统战部部长张静惠主持。

10月

16日,区政协召开"九九重阳"老年联谊会。区政协主席张中兴,副主席钱觉霖、毛锡恩、孙钺出席活动。联谊会由副主席钱觉霖主持。

24日,区政协农村委组织委员考察了南尚乐果园和南韩继猪场。副主席钱觉霖出席活动。

24日,区政协文教系统委员对石楼乡贾岛墓、岳各庄乡伊桑阿墓等区级文物进行视察。副主席孙钺出席活动。

11月

14日、20日,区政协组织部分燕化委员考察我区部分村镇企业。主席张中兴,副主席钱觉霖、杨旭出席活动。

29日,召开了区政协二届委员会常务委员会会议,通报了区委工作安排,通过了区政协提案工作条例。

12月

11日,区政协良乡、燕山两地部分委员召开联谊会。副主席钱觉霖、孙钺出席。

1992年

1月

4日,区政协工交科技工作委委员到我区三益化工厂开展考察和咨询服务。副主席杨旭出席活动。

24日,召开了区政协二届委员会常务委员会会议,讨论了召开区政协二届二次会议的相关事项,通过了优秀委员名单。

25日,区政协与区委统战部在房山工人俱乐部联合举行了房山区各界人士春节联谊会。区委书记邵干坤,区人大主任蒲怀瑛,区政府常务副区长赵振隆、副区长魏贵训,区政协主席张中兴,副主席毛锡恩、容桂英、孙钺、唐广雩出席活动。联谊会由张中兴主席主持。

2月

17日至20日,中国人民政治协商会议北京市房山区第二届委员会第二次会议在房山宾馆召开。

3月

4日,区政协召开了房山、良乡和燕山三地五片活动组召集人会议,商定1992年各组活动计划。副主席钱觉霖出席会议。

13日至17日,区政协文教工作委员会组织部分文教和工交科技界委员对我区校办企业现状进行调查。区政协副主席孙钺出席活动。

19日,新成立的区政协经济技术咨询委员会召开第二次会议,就咨询委员会工作规则进行讨论。副主席孙钺、唐广雩出席会议。副主席钱觉霖主持会议。

26日,区政协财贸工作委员会部分委员考察燕山、房山,良乡等地粮食统销价格出台后市场情况。副主席容桂英出席活动。

9月

2日,区政协社会法制委对房山区工、青、妇工作情况进行视察。副主席钱觉霖出席活动。

29日，区政协协力经济技术咨询服务站成立。

29日，区政协组织部分高龄委员赴石景山区举行"重阳节"登山活动。主席张中兴出席活动。

11月

4日，召开了区政协二届委员会常务委员会会议，学习了中共十四大文件，听取了全区农业生产情况通报，决定了办公室主任和委员任免事项。

1993年

1月

13日，区政协与区委统战部在房山工人俱乐部联合举行了房山区各界人士春节联谊会。区委书记邵干坤，副书记高海量，区人大主任李友发，区政府常务副区长赵振隆，区政协副主席钱觉霖、毛锡恩、孙钺、杨旭、容桂英、唐广雩出席活动。联谊会由区政协主席张中兴主持。

2月

2日，召开了区政协二届委员会常务委员会会议，听取了区政协二届三次会议筹备情况汇报，决定了会议相关事项和办公室副主任人选。

15日至17日，中国人民政治协商会议北京市房山区第二届委员会第三次会议召开。

3月

11日，北京燕山石化集团公司委员对良乡地区黄辛庄村经济发展状况进行视察。主席张中兴出席活动。

12日，区政协农村委委员到周口店地区瓦井村视察麦田和果园生长情况。副主席钱觉霖出席活动。

4月

9日，区政协财贸委员会会同区工商局、商委等部门对房山、良乡、燕山三地农贸市场进行视察。副主席容桂英出席活动。

22日，区政协文史工作委员会召开会议。会议由副主席毛锡恩主持。区委统战部部长张静惠出席会议。

29日，区政协财贸委部分委员就我区人民群众吃"放心肉"问题视察良乡、燕山、房山三地农贸市场。副主席容桂英出席活动。

5月

14日，市政协主席王大明率市政协委员到周口店地区视察。区政协主席张中兴、区政府副区长金玉玱陪同视察。

24日，区政协联络工作委员会举办外经外贸报告会。副主席容桂英、唐广雩出席报告会。报告会由副主席钱觉霖主持。

7月

28日，区政协组织部分驻区中央市属单位的委员视察十渡旅游区、韩村河村等地发展情况。副主席钱觉霖、孙钺出席活动。

8月

10日，市政协主席王大明到我区调研。区委书记邵干坤，区政协副主席钱觉霖、容桂英等参加座谈。

9月

6日，市政协民族宗教界委员到我区视察，听取区政府关于房山区民族宗教工作情况的汇报。区政协主席张中兴出席活动。

27日，区政协与区委统战部联合召开房山区各界人士中秋联谊会。区委副书记冯正磊，区政府常务副区长刘文秀，区委常委、宣传部部长王晓芝出席活动。区政协主席张中兴，副主席钱觉霖、容桂英、孙钺出席联谊会。联谊会由区委统战部部长张静惠主持。

10月

26日，医疗卫生界委员对紫草坞卫生院、窦店卫生院、东营卫生院进行视察。副主席孙钺出席。

11月

11日，召开了区政协二届委员会主席会议，学习了中共中央关于学习《邓小平文选》的决定，决定了召开常务委员会会议的有关事项。

12月

22日，召开了区政协二届委员会常务委员会会议，听取了我区反腐倡廉工作情况通报。

1994年

2月

19日至23日，中国人民政治协商会议北京市房山区第三届委员会第一次会议在北京燕山石化集团公司二楼大厅召开。

22日，召开了区政协三届委员会常务委员会会议，讨论通过了专门委员会组成人员名单和区政协三届一次会议政治决议。

4月

8日，召开了区政协三届委员会主席会议，传达了市政协八届二次会议精神，讨论了工作要点。

21日，区政协文教工作委员会组织委员对我区成教工作进行视察。副主席马文仲出席视察活动。

27日，区政协召开第一次委员活动组召集人会议，研究了本组工作。主席魏士宽出席会议。

5月

10日，区政协北京燕山石化集团公司委员活动组委员就如何开展"建言献策办实事"活动召开座谈会。主席魏士宽出席会议。

11日至13日，区政协在十渡培训中心举办新委员学习班。主席魏士宽主持学习班。

27日，区政协社会法制委对区消费者协会工作进行视察。副主席袁贵珠出席活动。

30日，区政协、区委宣传部、统战部、区台办联合举办台湾形势专题报告会，市政协副秘书长、文化经济联络委员会主任张一纯作了"关于台湾形势和两岸关系"的专题报告。区政协主席魏士宽主持报告会。

6月

2日，区政协农村委部分委员赴紫草坞乡小十三里村该村农业生产指导。副主席容桂英出席活动。

6日，区政协财贸委视察全区明码标价情况。副主席刘存泽出席活动。

22日，区政协联络委委员及部分区职能部门委员视察我区"三资"企业发展情况。副主席刘存泽出席活动。

7月

16日，房山区海外联谊会成立。区政协党组书记、主席魏士宽当选会长。

8月

18日，区政协学委会围绕学习邓小平建设中国特色社会主义理论和社会主义市场经济理论召开了经验交流会。主席魏士宽出席会议。

9月

8日、9日，区政协文史委部分委员赴河北省正定县学习考察。副主席马文仲出席活动。

23日，区政协医务界部分委员和区第一医院专家为蒲洼乡群众进行义诊活动。主席魏士宽、副主席马文仲出席活动。

10月

20日，召开了区政协三届委员会常务委员会会议，听取了良乡卫星城建设情况通报。

27日，区政协工交科技委部分委员视察我区东营乡韩村河村及石楼镇乡村工业发展情况。副主席戈承出席活动。

11月

1日，区政协提案委召开提案工作会议。主席魏士宽出席会议。

15日，区政协文史委召开第八辑《房山文史》审稿会。文史委员会顾问毛锡恩、夏方伟出席审稿会。

1995 年

2月

9日至11日，中国人民政治协商会议北京市房山区第三届委员会第二次会议在房山宾馆召开。

3月

9日，召开了区政协三届委员会常务委员会会议，传达学习了全国政协关于政治协商、民主监督、参政议政的规定和市政协八届三次会议精神。

15日，区政协、区委统战部、区台办、区海外联谊会共同举办学习江泽民《为祖国统一大业的完成而继续奋斗》重要讲话专题座谈会。主席魏士宽出席会议。

15日，区政协农林界部分委员对我区春耕物资的准备和使用情况进行视察。副主席容桂英出席视察活动。

23日，区政协召开了1994年度优秀政协委员经验交流会。主席魏士宽出席会议。会议由副主席容桂英主持。

30日，房山、顺义、通县、大兴、平谷五区县政协召开联谊会，围绕"如何调动政协委员参政议政积极性"进行研讨。主席魏士宽出席会议。市政协秘书长杜审微、副秘书长蒋建国到会并讲话。

4月

13日，区政协、区海外联谊会联合召开区情通报会，听取房山区旅游文化节的筹备情况和有关全区大农业开发现状和前景的通报。会议由区政协副主席刘存泽主持。

6月

8日，区政协、区委统战部、区台办、海外联谊会举办港澳形势报告会。国务院港澳办社会文化司卫陵彦副司长作报告。报告会由区委统战部部长张静惠主持。

12日，区政协举办提案基本知识培训班，邀请北京市政协提案委副主任俞棉就提案有关情况作辅导报告。培训班由区政协秘书长、提案工作委员会主任张静惠主持。

14日，全国政协教卫体委员会部分委员视察房山区文化、文物工作。区长焦志忠、区政协主席魏士宽陪同视察。

14日，区政协、区妇联、区海外联谊会联合举办迎"95世妇会"报告会，市妇联副主席吴秀萍作专题报告。报告会由区政协副主席、区海外联谊会副会长容桂英主持。

21日，区政协医药、卫生界委员对我区精神卫生保健院、南尚乐乡卫生院的医疗设施情况进行视察。副主席马文仲出席活动。

25日，区政协社会法制委对房山、良乡两个城镇社会治安情况进行视察。副主席袁贵珠出席活动。

26日，区政协常委视察全区林果生产基地建设情况。主席魏士宽出席。

27日，区政协科技委与区科协联合举办了科技发展形势报告会。副主席容桂英、袁贵珠、马文仲出席报告会。报告会由区政协秘书长张静惠主持。

8月

9日，区政协与区委宣传部联合举办纪念抗战胜利五十周年报告会。主席魏士宽，副主席容桂英、马文仲出席报告会。

9月

6日、7日，区政协、区委统战部举办房山区各界人士中秋联谊会。区人大主任李永忠，区政协主席魏士宽，区委副书记刘永富，区委副书记、燕山办事处主任倪有冰，区委常委、常务副区长罗文阁，区政协副主席刘存泽、容桂英，北京燕山石化集团公司党委副书记王甫成出席会议。联谊会由区政协秘书长、统战部部长张静惠主持。

14日，区政协举办慰问山区优秀教师座谈会。区政协主席魏士宽，副区长郭先英，区政协副主席刘存泽、容桂英出席座谈会。

23日，市九三学社医药界部分社员到佛子庄乡开展义诊活动。市九三学社文卫委副主任王秀明，区政协副主席容桂英出席活动。

26日，区政协南片委员活动组会同区技术监督局联合组织食品质量检查活动。副主席容桂英出席活动。

10月

25日，召开了区政协三届委员会常务委员会会议，讨论了调查报告，通报了区政协机构调整情况。

26日，区政协文史委召开第九辑《房山文史》审稿会。区政协副主席马文仲、文史委顾问毛锡恩出席会议。

1996 年

1月

24日，召开了区政协三届委员会常务委员会会议，讨论通过了召开三届二次会议的有关事项，听取并讨论了房山区"九五"计划，通过了机关办事机构调整方案。

2月

26日至28日，中国人民政治协商会议北京市房山区第三届委员会第三次会议在房山宾馆召开。

3月

14日，区政协文教文史委员会召开文史工作会议。副主席马文仲出席会议。

4月

9日和19日，区政协文史委分别召开部分文史撰稿员和区部分离退休老干部座谈会。主席魏士宽出席座谈会。

11日，区政协在石花洞风景区会议室召开1995年度优秀调查报告、建议案、提案表彰会。主席魏士宽，副主席袁贵珠，秘书长张静惠出席了表彰会。会议由副主席容桂英主持。

16日，区政协与区委统战部、区台办、区海外联谊会联合举办台湾形势报告会。北京市台湾事务办公室常务副主任周英就台湾形势作专题报告。区政协主席、区海外联谊会会长魏士宽，副主席容桂英、袁贵珠、马文仲、戈承出席报告会。报告会由区政协秘书长、区统战部部长张静惠主持。

24日，区政协农村工作委召开工作会议，研究落实本委联系点的工作。副主席容桂英出席会议。

29日，区政协社会法制委对区司法局工作进行视察。副主席袁贵珠出席活动。

5月

13日，区政协委员代表到房山公安分局慰问战斗在我区"严打"第一线的政法干警。区政协主席魏士宽、副主席容桂英出席活动。

14日，区政协工交财贸委和农村委部分委员到我区种子公司、种子管理站视察。区政协副主席容桂英出席活动。

15日，区政协教育界委员对东营乡赵各庄完小、韩村河教育中心、燕山向阳小学的德育工作进行视察。副主席马文仲出席活动。

15日，大兴、通县、顺义、平谷、房山五区县政协就如何加强政协在新形势下民主监督工作进行研讨。市政协副主席卢松华出席。研讨会由区政协主席魏士宽主持。

28日，区委邀请部分区政协委员及民主党派、工商联负责人，通报全区"严打"工作开展情况。主席魏士宽，副主席马文仲出席通报会。

6月

16日，区政协工交财贸委组织部分委员召开燕房合作座谈会。副主席刘存泽出席。

25日，全国政协副主席孙孚凌率科教文卫体委员会委员到房山视察文物工作。副主席马文仲出席活动。

7月

23日，区政协工交财贸委委员视察周口店地区水泥厂等建材企业。副主席刘存泽出席活动。

24日，召开了区政协三届委员会主席会议，讨论了半年工作总结，决定了召开常务委员会会议有关事项。

25日，区政协举办履行政协职能报告会，请北京市政协副秘书长王毅就地方政协委员如何贯彻全国政协《规定》、落实政协工作规范化、制度化问题作专题报告。主席魏士宽出席报告会。报告会由副主席容桂英主持。

8月

2日，召开了区政协三届委员会常务委员会会议，听取了全区上半年经济发展情况通报和精神文明建设情况通报，增补李景森等6名同志为区政协三届委员会委员。

21日，工交财贸委委员视察瓦窑头、韩村河和长沟小城镇建设情况。副主席刘存泽、戈承出席活动。

9月

25日，区政协、区委统战部与区海外联谊会在燕山举行房山区各界人士中秋联谊会。区政协主席魏士宽，区委副书记刘文秀，区委常委、宣传部部长王晓芝，副区长余海星，区政协副主席刘存泽、容桂英、袁贵珠出席联谊会。联谊会由区政协秘书长、区委统战部部长张静惠主持。

10月

7日，市政协在房山区召开政协工作座谈会。市政协副主席卢松华，区委书记李庆余，区政协主席魏士宽出席座谈会。

10日至16日，区政协工交财贸委视察全区工业企业盘活资产情况。主席魏士宽，副主席刘存泽出席活动。

23日，区政协文教委就我区《教育法》《教师法》贯彻落实情况召开座谈会。主席魏士宽、副主席马文仲出席会议。

30日，区政协农村委委员视察阎村建公主坟村柿子园。副主席容桂英出席活动。

31日，区政协提案委举行提案办复工作情况交流会。区政协主席魏士宽，秘书长张静惠出席会议。

11月

22日，房山区第一次政协工作会议在房山宾馆召开。会上形成了《中共房山区委关于加强政协工作的决定》《房山区人民政府关于支持政协履行职能的规定》和《政协房山区委员会关于政治协商、民主监督、参政议政的决定》三个文件。市政协副主席卢松华、区委书记李庆余、区人大主任李永忠、区长焦志忠、区政协主席魏士宽出席会议并作重要讲话。市政协副秘书长蒋建国，区领导李永忠、游来柱、王晓芝、倪有水、刘文秀、容桂英、戈承、马文仲出席会议。会议由区委副书记赵克忠主持。

12月

26日，区政协文教委委员视察区体委及门球协会。副主席马文仲出席活动。

1997年

2月

24日至26日，中国人民政治协商会议北京市房山区第三届委员会第四次会议在房山宾馆召开。

3月

29日，区政协委员到西周燕都遗址开展植树活动。主席魏士宽，副主席刘存泽、容桂英、戈承出席活动。

4 月

9 日，召开了区政协三届委员会常务委员会会议，传达了全国人大和全国政协八届五次会议精神，讨论通过了区政协 1997 年主要工作和活动安排。

16 日，区政协农村委召开农业专题座谈会，听取了区农办关于全区农业的基本情况、农业布局以及今后的发展形势和思路的情况介绍。副主席容桂英出席活动。

25 日，区政府邀请部分委员视察"引磁入房"工程。区长焦志忠，区政协主席魏士宽，副区长魏贵训出席活动。

5 月

6 日、7 日，区政协农村委委员分别视察蒲洼乡和史家营乡山林虫害防治工作情况。副主席容桂英出席视察活动。

14 日，区政协组织部分医务界委员到窑上乡开展义诊活动。主席魏士宽、副主席马文仲出席活动。

15 日，区政协在燕山办事处召开 1996 年度委员提案和调查研究工作座谈会。副主席容桂英出席会议，秘书长张静惠主持会议。

20 日，区政协举办香港形势报告会。国务院港澳事务办公室副主任王凤超作了香港问题专题报告。区政协主席，区海联会会长魏士宽，副主席容桂英、戈承出席报告会。报告会由区政协秘书长、区委统战部部长张静惠主持。

21 日，区政协农村委组织部分委员视察岳各庄乡上方山香椿基地和韩村河村高科技蔬菜示范园。副主席容桂英出席活动。

22 日，区政协工交财贸委委员视察阎村镇砖厂和燕化星城小区内用该厂新型产品建造的住宅楼建设情况。副主席刘存泽出席活动。

29 日，区政协举行赠书仪式，将 17000 余册图书分别赠给佛子庄、蒲洼等十所贫困乡村中小学、幼儿园。副主席刘存泽、容桂英、马文仲，秘书长张静惠出席活动。

6 月

5 日，区政协农村委组织部分委员视察阎村镇公主坟村柿子园。副主席容桂英出席活动。

7 日，区政协与区文化文物局、燕山文卫分局赴葫芦垡乡开展迎香港回归文化下乡活动。主席魏士宽、副主席马文仲出席活动。

19 日，区政协工交财贸委委员视察长沟镇雪蜂羊绒制品公司。副主席刘存泽出席活动。

8 月

28 日，经区政协牵线搭桥，国际狮子会葵青分会创会会长，香港爱国人士谭华正博士捐资 70 万元，市、区、乡三乡政府投资 90 万元建立的佛子庄"谭华正医院"落成。市政协副主席卢松华、区长焦志忠、区政协主席魏士宽、副区长郭先英出席落成典礼。

9 月

11 日，区政协工交财贸委部分委员视察琉璃河地区办事处企业重组转制、盘活闲置资产的工作情况。副主席刘存泽出席活动。

15 日，区政协和统战部举办"庆十五大，迎中秋"座谈会。区委书记单霁翔、代区长王凤江、区政协主席魏士宽、区委副书记赵克忠，区政协副主席刘存泽、容桂英、马文仲出席座谈会。

24日，区政协在房山宾馆召开学习中共十五大精神座谈会。主席魏士宽主持座谈会。副主席容桂英出席会议。

29日，区政协社会法制委员会、文教文史联络委员会联合对我区文化市场管理情况进行视察。副主席马文仲出席活动。

10月

28日，区政协和市文史研究馆组织书画家到周口店镇开展文化下乡活动。市文史馆党组副书记、副馆长李宝俊，副馆长张学琪，区政协主席魏士宽出席活动。

30日，区政协医务界委员到坨里镇开展义诊活动。主席魏士宽出席活动。

1998年

1月

21日，区政协、区委统战部联合举办房山区各界人士春节联谊会。区政协主席魏士宽，区委副书记赵克忠，常务副区长罗文阁，区政协副主席容桂英、马文仲出席联谊会。联谊会由区政协秘书长、区委统战部部长张静惠主持。

2月

9日，召开了区政协三届委员会主席会议，研究了政协三届五次会议有关事项。

12日至14日，中国人民政治协商会议北京市房山区第三届委员会第五次会议在房山宾馆召开。

3月

11日，召开了区政协三届委员会常务委员会会议，讨论通过了区政协常委会1998年主要工作及活动安排，听取了提案审查情况通报。

12日，区政府办公室召开人大代表议案、政协委员提案交办会。区委常委、常务副区长罗文阁、区人大副主任金玉珍，区政协秘书长张静惠出席会议。

20日，农村委委员视察石楼镇万亩中低产田综合开发工程。副主席容桂英出席活动。

4月

15日，区政协组织社法委、工交财贸委部分委员对我区贯彻执行《消费者权益保护法》情况进行视察。副主席刘存泽出席活动。

16日，区政协农村委委员视察窑上乡种、养殖业和万亩沙荒地治理开发工程。副主席容桂英出席活动。

23日，区政协召开1997年度优秀提案及调研成果交流会。主席魏士宽、副主席容桂英出席会议。

5月

5日，市政协主席陈广文来房山指导区政协工作。区政协主席魏士宽汇报了区政协五年来履行职能的主要情况和全年工作安排，区委副书记赵克忠介绍了区政协工作情况。陈广文主席对区政协今后工作提出三点要求：一要坚持依靠区委的领导，坚持围绕区委区政府的中心任务开展工作。二要继续发挥委员的积极性，继续加强委员和机关两支队伍建设。三要总结工作经验和问题，使之成为下届区政协工作的借鉴和财富。区领导单霁翔、王凤江、刘存泽、容桂英出席活动。

13日，区政协文教文史委组织委员视察我区文物管理所和市级文物保护单位万佛堂孔水洞、白水寺。副主席马文仲出席活动。

6月

10日，区政协工交财贸委组织部分委员视察房桥涂料厂和北京利民物资有限责任公司等民营企业。副主席刘存泽出席活动。

7月

16日，区政协社会法制委组织部分委员对《档案法》的贯彻落实情况进行视察。副主席刘存泽出席活动。

28日，区政协农村委委员视察粮食局所属窦店粮管所、琉璃河粮管所。副主席容桂英出席活动。

8月

13日，区政协提案委召开了区政协三届五次会议以来委员提案办理情况交流会。区政协秘书长、提案委员会主任张静惠出席会议。

9月

本月中旬，区政协组织在窑上乡举行了"房山区各界人士迎中秋畅谈农业大好形势座谈会"。主席魏士宽，副主席刘存泽、容桂英、戈承，秘书长张静惠出席活动。

10月

15日，区政协组织部分委员视察区看守所。副主席刘存泽出席活动。

22日，召开了区政协三届委员会常务委员会会议，传达了贾庆林在全市党员、领导干部大会上的讲话和市委关于区县换届工作文件精神，讨论了区政协常委会工作报告。

27日，区政协组织老龄委员和机关离退休干部在张坊镇举办重阳节登高赏秋活动。主席魏士宽，秘书长张静惠出席活动。

12月

18日，区政协召开离任委员座谈会。主席魏士宽，副主席刘存泽、马文仲、戈承出席座谈会。

21日，区政协召开留任委员座谈会。主席魏士宽，副主席容桂英、马文仲出席座谈会。

1999年

1月

15日至20日，中国人民政治协商会议北京市房山区第四届委员会第一次会议在昊天假日酒店召开。

18日，召开了区政协四届委员会主席会议，研究了专委会设置、人员名单。

18日，召开了区政协四届委员会常务委员会会议，研究了专门委员会设置，通过了专委会主任、副主任名单。

2月

3日，区政协与区委统战部联合举行各界人士春节联谊会。区委书记单霁翔、区政协主席游来柱出席活动。

24日，区政协机关召开界首之年工作动员大会，主席游来柱作动员讲话。

4月

1日，区政协召开农村政策学习研讨会。副主席容桂英出席会议。

1日，原子能院政协委员组织本院干部职工第三次座谈会，围绕全区的社会治安、经济建设等问题提出建议。区政协常务副主席王晓芝、副主席万金峰，中国原子能院副书记李林虎出席。

19日，以新疆维吾尔自治区政协副主席朱振中为团长的新疆爱国宗教界人士参观团到我区参观考察。区政协主席游来柱、常务副主席王晓芝出席活动。

20日至22日，区政协举办第四届新委员学习班。区政协主席游来柱作动员报告，区委副书记鲁勇在学习班结业式上讲话。中央统战部及市政协领导分别就新时期统一战线工作，人民政协的性质、地位、作用及《章程》以及政协提案和信息工作进行讲解。常务副主席王晓芝、副主席万金峰出席学习班。

28日，市政协副主席卢松华、副秘书长王毅来房山调研。区政协主席游来柱，常务副主席王晓芝，副主席许志远、容桂英出席活动。

5月

5日，全国政协民族宗教委委员视察云居寺。区政协主席游来柱、常务副主席王晓芝陪同视察。

11日，区政协经科委视察区第四水泥厂。常务副主席王晓芝出席活动。

12日，区政协社法委就外来人口管理工作中的房屋出租问题，会同有关部门在房山城关地区开展视察活动。副主席万金峰出席活动。

13日，市政协港澳委员来我区考察云居寺修复和石经回藏等工作。区政协主席游来柱、常务副主席王晓芝出席活动。

14日，区"三讲"学习教育领导小组召开市、区政协委员座谈会，征求对区级领导班子、领导干部的意见。区领导单霁翔、游来柱、鲁勇、范文彦、王晓芝出席。

19日，区政协组织医务界委员到佛子庄乡视察谭华正医院并进行义诊。常务副主席王晓芝出席活动。

6月

9日，区政协教育界委员视察我区素质教育。常务副主席王晓芝出席活动。

10日，区政协经科委召开了以"为燕房合作深入发展建言献策"为主题的研讨会。主席游来柱出席会议。会议由副主席林义主持。

21日，政协提案委部分委员和提案人对刘素媛等委员提出的有关加强环保意识、禁止焚烧麦秸的提案的落实情况进行视察。副主席容桂英出席。

29日，区政协召开信息工作会议。常务副主席王晓芝出席会议。

7月

8日，区政协社法委对我区学前教育情况进行视察。副主席万金峰出席活动。

10日，区政协组织文化界委员和文艺工作者到蒲洼乡开展文化下乡活动。常务副主席王晓芝出席活动。

29日，召开了区政协四届委员会常务委员会会议，听取了全区上半年经济运行情况通报和党风廉政责任制落实情况通报。

8月

4日，区政协机关离退休干部"三讲"学习活动在经过两次集中学习的基础上进行交流总结。主席游来柱、常务副主席王晓芝参加活动。

27日，区政协、区委统战部、区台办召开声讨李登辉"两国论"座谈会。常务副主席王晓芝、副主席容桂英出席座谈会。

9月

3日，区政协举办"云居寺诗文书法作品展"开展暨捐赠仪式。区委书记单霁翔出席活动并讲话。区政协主席游来柱、区委副书记鲁勇、区委宣传部部长崔国民、区政协副主席万金峰出席活动。

15日，区政协部分委员视察我区环境综合整治工作。区领导游来柱、倪有水、王晓芝、梁顺出席活动。

17日，区政协与区委统战部、区台办联合举办台湾形势报告会，邀请中科院台湾研究所政研室主任朱卫东就"两国论"的产生及危害等问题进行阐述。区领导游来柱、郭先英、贾清刚、崔国民、王福来、孙新军、李惠英、王晓芝、容桂英、许志远、万金峰、马文仲出席报告会。

21日，区政协召开民营科技企业和工业企业改革发展情况通报会。通报会由副主席林义主持。常务副主席王晓芝、副主席万金峰出席。

23日，区政协与区委统战部举办国庆中秋各界人士联谊会。区委书记单霁翔，区长王凤江，区政协主席游来柱以及区领导鲁勇、李福田、王晓芝、容桂英、万金峰出席活动。

10月

11日，区政协组织各界别委员代表和机关干部认真学习江泽民总书记建国和人民政协成立五十周年讲话及中共十五届四中全会《决定》精神。主席游来柱出席活动并讲话。学习活动由常务副主席王晓芝主持。

15日，区政协举办重阳节登高赏秋活动。主席游来柱，常务副主席王晓芝，副主席容桂英、万金峰出席活动。

29日，区政协组织部分委员视察区看守所工作。主席游来柱，常务副主席王晓芝，副主席容桂英、林义、万金峰出席活动。

11月

10日，区政协召开第二次社情恳谈会，就"三讲"教育提出建议和希望。主席游来柱出席恳谈会。恳谈会由副主席容桂英主持。

18日，区政协常委视察长阳地区经济工作。区政协主席游来柱、副主席万金峰出席。活动由副主席容桂英主持。

25日，区政协召开提案办理情况交流会。副主席许志远出席会议。

2000年

1月

5日，召开了区政协四届委员会常务委员会会议，做出增补委员和撤销委员资格的决定，通过了四届二次会议相关事项。

19日至21日，中国人民政治协商会议北京市房山区第四届委员会第二次会议在昊天假日酒店召开。

26日，区政协与区委统战部联合举办各界人士春节联谊会。区长王凤江、区政协主席游来柱、区委副书记鲁勇先后致辞。区领导李瑞、邓珏、李惠英、贾清刚、王晓芝、容桂英、林义、万金峰与各界人士共度佳节。

29日，区政协与区委统战部、区台办联合举办房山区各界人士学习《一个中国的原则与台湾问题白皮书》座谈会。常务副主席王晓芝主持会议。

3月

3日，区政协与区委统战部、区台办联合举办中美关系与台湾问题形势报告会，邀请中科院台湾研究所综合研究室主任刘红教授作了专题报告。报告会由常务副主席王晓芝主持。

3日，区政协农村委视察我区畜牧工作。副主席容桂英出席活动。

23日，区政协召开信息工作会议。主席游来柱出席会议。

29日，区政协社法委视察我区清真饮食服务行业。副主席万金峰出席活动。

29日，区政协召开机关处级干部"三讲"教育工作动员会。常务副主席王晓芝作动员报告，游来柱主席及区委巡视组领导到会提出要求。

29日，区政协召开1999年优秀提案、优秀调研成果表彰座谈会。副主席许志远出席。

4月

13日，市政协年鉴工作会在我区召开。市政协社会法制委、民主宗教委副主任常元恒主持会议并讲话。区政协主席游来柱出席会议。

26日，市、区政协委员视察旅游文化节筹备情况和环境整治工作。主席游来柱，常务副主席王晓芝，副主席容桂英、林义出席活动。

5月

11日，原子能院政协委员组织了第三次本院干部职工座谈会。常务副主席王晓芝出席活动。

31日，区政协教育界委员视察霞云岭乡山区教育三年工程。常务副主席王晓芝出席活动。

6月

1日，区政协委员考察我区建筑企业。主席游来柱，常务副主席王晓芝出席活动。

8日，区邮政局召开政协委员提案"燕山地区通邮到户"和"燕化星城设立邮局"恳谈会。常务副主席王晓芝出席活动。

9日，区政协机关处级干部"三讲"教育总结会，游来柱主席出席并讲话。

14日，区政协召开社情民意恳谈会。区政协主席游来柱、常务副主席王晓芝出席活动。

23日，区政协常委视察城关地区工作。主席游来柱，副主席容桂英、林义、万金峰出席。活动由常务副主席王晓芝主持。

27日，市政协副主席朱育诚率港澳台侨委员会、提案委员会的全体中共党员到房山视察平西抗日烈士陵园、十渡风景区。区政协主席游来柱、常务副主席王晓芝陪同。

7月

27日，区政协经科委召开企业体制改革情况通报会。常务副主席王晓芝，副主席万金峰出席。通报会由副主席林义主持。

8月

上旬，区政协文史委员视察市级文物保护单位大南峪奕绘园寝和迁址后的文物管理所。区政协副主席马文仲出席活动。

24日，区政协就加强府前广场建设与管理工作召开座谈会。主席游来柱，常务副主席王晓芝，副主席林义出席会议。

9月

6日，区政协常委视察"引万入良"工程。主席游来柱出席活动。

12日，区政协、区委统战部联合举办全区各界人士中秋联谊会。区领导王凤江、杨德宏、游来柱、王海平、范文彦、李福田、李惠英、容桂英、许志远、马文仲、林义、万金峰出席活动。联谊会由区政协常务副主席、区委统战部部长王晓芝主持。

15日，区政协经科委部分委员视察区属企业改革转制工作。副主席林义出席活动。

19日，区政协社法委委员视察房山看守所。副主席容桂英、万金峰出席活动。

26日，区政协常委委员视察琉璃河大街改造等全区重点工程，主席游来柱，常务副主席王晓芝，副主席容桂英、万金峰出席活动。

10月

9日，区政协组织老龄委员与机关老领导开展共庆重阳活动。主席游来柱，常务副主席王晓芝，副主席容桂英出席活动。

27日，区政协、区委统战部联合召开中共十五届五中全会精神学习座谈会。常务副主席王晓芝，副主席容桂英、马文仲、万金峰出席。座谈会由主席游来柱主持。

27日，区政协经科委部分委员与区工商局联合对我区部分民营企业进行视察。副主席林义出席活动。

27日，区政协机关召开处级干部"三讲"教育"回头看"活动动员大会，区政协党组副书记、常务副主席王晓芝出席并提出要求。

31日，区政协组织部分委员视察房山公安分局巡察支队。副主席容桂英出席活动。

11月

5日，区政协组织文艺卫生界委员和文艺工作者到周口店地区办事处新街村开展下乡义诊活动。常务副主席王晓芝出席活动。

7日，区政协组织部分常委和社会法制委员会的委员视察区检察院。主席游来柱，常务副主席王晓芝，副主席容桂英、万金峰出席活动。

8日，区政协提案工作委员会与区政府办公室联合召开提案工作座谈会。副主席许志远出席会议。

20日，区政协农村委视察我区农业结构调整情况。副主席容桂英出席。

28日，召开了区政协四届委员会常务委员会会议，听取了我区与"法轮功"斗争情况通报，讨论通过了机关人事任免事项和增补撤销委员资格事项。

12月

6日，区政协召开历届主席座谈会，通报了四届以来区政协工作开展情况。主席游来柱，常务副主席王晓芝，副主席许志远出席。

26日，区政协、区委统战部联合召开迎接新世纪座谈会。区长杨德宏，区政协主席游来柱，区委副书记倪有水出席会议。

2001 年

1月

13日至16日，中国人民政治协商会议北京市房山区第四届委员会第三次会议在昊天假日酒店召开。

15日，召开了区政协四届委员会常务委员会会议，审议了区政协常委会工作报告和政治决议。

19日，全区各界人士举办新春茶话会。区领导王凤江、杨德宏、游来柱、王海平、王晓芝、容桂英、许志远、万金峰出席。

2月

14日，区政协、区委统战部联合召开各界人士声讨"法轮功"座谈会。主席游来柱，副主席容桂英、万金峰出席。

3月

23日，百名政协委员在良乡府前街参加植树活动。主席游来柱、秘书长唐荣出席活动。

4月

3日，谭华正博士捐资助学签字仪式举行。市政协副主席朱育诚、区政协主席游来柱出席活动。

5日，区政协召开统战政协工作座谈会。学习座谈全国统战工作会议和全国政协九届四次会议精神。副主席容桂英出席。

5日，游来柱主席参加市政协召开的工作交流座谈会，作题为《发挥委员主体作用的几点思考》的发言。

6日，区政协机关召开"三个代表"重要思想学习教育活动民主生活会。游来柱主席要求机关干部要加强服务意识、主动意识、团结意识、奉献意识。

10日，区政协召开信息工作会议，总结了2000年信息宣传工作情况。市政协副秘书长、研究室主任张平夫，区政协主席游来柱出席并讲话。会议由唐荣秘书长主持。

27日，原子能院政协委员组织召开本院干部职工座谈会，听取去年提案办理情况的汇报。副主席容桂英出席。

27日，区政协机关召开老干部工作会议，听取市政协副主席沈仁道关于全国政协九届四次会议精神的录音报告。主席游来柱讲话。

29日，燕化委员活动组召开学习全国政协九届四次会议精神座谈会。常务副主席王晓芝出席。

5月

16日、17日，区政协农村委召开增加山区农民收入座谈会。副主席容桂英出席。

24日，区政协机关召开"三个代表"教育整改措施交流会。区政协党组书记、主席游来柱出席活动。

29日，区政协召开首次特约监督员座谈会，学习了区政协的《规定》及关于人民政协履行民主监督职能的有关文章，并就如何展开特约监督工作进行了座谈。游来柱主席出席。

30日，区政协常委视察十渡镇农业结构调整工作。主席游来柱，常务副主席王晓芝，副主席容桂英、万金峰出席。

6月

13日，区政协举办专委会、委员活动组负责人培训班。市政协研究室副主任夏潮就如何发挥界别作用进行辅导；市政协学委会副主任宁奭就政协的学习工作与委员们进行座谈。主席游来柱，副主席容桂英、马文仲、万金峰出席。培训班由常务副主席王晓芝主持。

14日，区政协举办"三五"普法情况通报会。区司法局就我区"三五"普法工作实施情况作了通报。常务副主席王晓芝、副主席容桂英出席。会议由副主席万金峰主持。

15日，游来柱主席为机关全体干部职工讲党课，作关于《正确对待权力，甘作人民公仆》的党课报告。

19日，区政协教文卫体委组织医务、文化界委员到张坊镇东关上村开展义诊及文化下乡活动。常务副主席王晓芝出席活动。

30日，区政协与区委统战部联合举办庆"七一"演讲演唱会。区领导游来柱、范文彦、李惠英、王晓芝、容桂英、万金峰、林义出席。

7月

4日，区政协、区委统战部召开学习江泽民"七一"讲话座谈会。常务副主席、区委统战部部长王晓芝主持座谈会。

5日，区政协社法委委员视察区城管监察大队工作。副主席容桂英出席活动。

12日，区政协常委视察我区小城镇建设情况。常务副主席王晓芝，副主席容桂英、马文仲、万金峰，秘书长唐荣出席。

30日，游来柱主席率队慰问驻区部队。区领导崔国民、任全胜陪同。

8月

23日，十渡兰芳小学落成典礼仪式举行。市政协副主席朱育诚、秘书长黄以云，区领导张效廉、游来柱、郭先英、王海平、王福来、容桂英出席活动。

9月

5日，召开了区政协四届委员会主席会议，讨论了区委二次政协工作会议文件和召开常务委员会会议有关事项。

12日，召开了区政协四届委员会常务委员会会议，听取了区委第二次政协工作会议筹备情况说明，增补白学如等2名同志为四届政协委员会委员。

18日，区政协召开揭批"法轮功"座谈会。常务副主席王晓芝出席。

20日，区委召开第二次政协工作会议。会上，区委制定了《进一步加强人民政协工作的意见》，并转发了区政协《关于进一步推进政治协商规范化、制度化建设的意见》，区政府做出了进一步支持政协履行职能的决定。市政协主席陈广文、区委书记杨德宏、代区长张效廉及区政协主席游来柱出席并发表了重要讲话。参加会议的领导还有市政协副秘书长蒋建国、研究室副主任夏潮，区领导刘文秀、鲁勇、郭先英、范文彦、李硕夫、崔国民、余海显、李惠英、任全胜、王晓芝、容桂英、许志远、林义、万金峰和区政协秘书长唐荣。会议由区委副书记鲁勇主持。

27日，区政协、区委统战部联合举办各界人士中秋联谊会。区领导杨德宏、张效廉、鲁勇、李福田、容桂英、许志远、马文仲、林义、区政协秘书长唐荣出席。联谊会由常务副主席王晓芝主持。

29日，区政协、区委统战部召开学习十五届六中全会精神座谈会。主席游来柱，副主席容桂英，秘书长唐荣出席。座谈会由常务副主席王晓芝主持。

10月

12日，全国政协副主席白立忱到我区调研基层供销社参与农业产业化经营及农业专业合作组织建设情况。区政协主席游来柱，副区长余海星、任全胜陪同调研。

16日，区政协农村委委员视察农业高效园区建设，听取了城关办事处关于该地发展农业高效园的经验和做法，并到八十亩地、瓜市、田各庄村进行视察。副主席容桂英出席活动。

18日，区政协召开档案管理晋升市一级考评会。经过考评组认定，区政协档案管理工作达到市一级标准，并颁发了证书。市政协副秘书长张一纯，市档案局副局长姜之茂、区政协主席游来柱，副区长余海星出席。

19日，区政协常委视察我区旅游市场管理及服务体系建设情况。区政府常务副区长李硕夫，区政协常务副主席王晓芝，副主席容桂英、林义、万金峰、秘书长唐荣出席。

23日，区政协、区委统战部联合举行深入学习江泽民总书记"七一"讲话报告会。中央党史研究室副主任石仲泉教授作专题辅导报告。主席游来柱，副主席容桂英、万金峰，秘书长唐荣出席报告会。

31日，区政协视察区公安分局。常务副主席王晓芝，副主席林义、万金峰出席活动。

11月

22日，区政协召开提案办理工作座谈会。主席游来柱，副主席许志远出席。

23日，区政协机关召开"立党为公，执政为民"教育活动动员会。主席游来柱出席并讲话。

25日，市政协组织文艺界委员到南尚乐镇文化下乡。市政协教文卫主任徐天民致辞，副主任张国义，市文化局副局长马欣，区委副书记鲁勇、郭先英、区政协常务副主席王晓芝，副主席容桂英出席活动。

12月

13日，区政协提案委召开全体会议，审议2001年《提案工作报告》。副主席许志远出席。

2002年

1月

17日至19日，中国人民政治协商会议北京市房山区第四届委员会第四次会议在昊天假日酒店召开。

2月

1日，区政协、区委统战部、区海外联谊会在昊天假日酒店联合召开房山区各界人士新春联谊会。会议由政协常务副主席、区委统战部部长王晓芝主持。区领导杨德宏、张效廉、游来柱、李福田、李惠英、容桂英、许志远、马文仲，秘书长唐荣出席会议。

3月

1日，区政协文史委召开第十六辑《房山文史资料》征稿座谈会。副主席马文仲出席。

8日，房山区召开办理人大代表建议、政协委员提案交办会。常务副区长李硕夫对提案的办理工作提出要求。

11日，区政协机关召开机构改革动员会。游来柱主席出席会议并作动员报告。副主席容桂英出席会议。动员会由常务副主席王晓芝主持。

20日，区政协农村委部分委员视察长坊镇北白岱村老柿树低产园改造情况。副主席容桂英出席。

22日，近百名政协委员来到阎村镇参加义务植树活动。主席游来柱出席活动。

27日，市政协副主席卢松华、黄以云，副秘书长蒋春凤，区县联络委副主任李永芳就我区政协社情民意工作进行调研。区领导杨德宏、张效廉、游来柱、范文彦、王晓芝、容桂英陪同调研。

28日，召开了区政协四届委员会常务委员会会议，听取了机关机构改革和人事任免通报，表彰了优秀提案、优秀信息员、获奖调研报告和知识竞赛获奖人员，审议通过了提案工作条例。

4月

5日，全国政协副主席、全国治沙协会理事长赵南起一行二十余人到房山区石楼镇雨露润田苗木有限公司进行治沙调研。市林业局副局长康德铭，区领导张效廉、游来柱、任全胜等陪同调研。

14日，全国政协副主席胡启立到我区视察水泥行业产业结构调整情况。区领导杨德宏、张效廉、游来柱、刘顺林陪同视察。

17日，区政协召开各委员活动组负责人座谈会。主席游来柱出席。会议由秘书长唐荣主持。

18日，区政协社会法制委召开会议，围绕《法制环境建设与经济发展的关系》调研题目的进展情况进行研究和座谈。区政协副主席万金峰出席了座谈会。

19日，区政协机关召开机关机构改革总结会议暨2002年岗位目标责任书签字仪式。游来柱主席出席。秘书长唐荣主持签字仪式。

23日，区政协经科委委员对我区部分乡镇企业进行视察。副主席万金峰出席活动。

5月

13日，区政协召开调研工作研讨会。邀请原国务院调研室副主任姬业成，市政协副秘书长、研究室主任张平夫，区研究室主任康宝和及部分委员就如何做好政协的调研工作进行研讨。区政协主席游来柱、副主席容桂英、区政府区长助理赵瑾璐、区政协秘书长唐荣出席了会议。研讨会由常务副主席王晓芝主持。

17日，区政协文教文史联络委委员对良乡行宫园小区、北师大良乡附中等地体育设施现状进行视察。副区长李惠英、常务副主席王晓芝出席视察活动。

20日，游来柱主席到佛子庄乡搞调研。视察正在修建中的下英水至英水岩环村路，就乡党委如何发展经济、稳定民心、安排农民就业、促进两个文明建设，提出了具体要求。

20日，市政协经科委副主任马守平到我区考察农村居民低保工作。副区长任全胜、副主席容桂英陪同考察。

21日，区政协召开各委员活动组负责人工作会议。主席游来柱，常务副主席王晓芝，副主席容桂英出席会议。会议由秘书长唐荣主持。

22日，区政协经科委组织部分委员视察房山华冠商贸有限公司。副主席王晓芝出席活动。

24日，区政协召开社情民意恳谈会，委员代表围绕良乡卫星城管理等问题提出意见和建议。主席游来柱出席会议。

29日，区政协常委就良乡卫星城建设情况进行专题协商，重点视察"五区"建设重点工程。听取了关于"五区"建设情况的多媒体演示通报，围绕卫星城在规划、设计、管理等方面存在的问题提出了意见和建议。主席游来柱、常务副主席王晓芝，副主席马文仲、万金峰，秘书长唐荣出席。区政府常务副区长李硕夫、副区长傅华陪同视察。

30日，区政协机关党支部召开换届大会，选举出了新一届党支部委员会。区政协党组书记、主席游来柱，秘书长唐荣出席。区政协副主席、九三学社房山支社主委容桂英列席大会。

31日，区政协召开特约监督工作座谈会。主席游来柱出席会议并讲话。会议由秘书长唐荣主持。

6月

12日，区政协社法委召开会议，对本委调研报告进行认真的讨论。副主席万金峰出席会议。

17日，区政协社法委委员视察房山区"法轮功"教育转化工作基地。副主席万金峰出席活动。

27日，区政协常委专题协商非公经济发展情况。区政府副区长傅华通报了全区非公经济发展情况。会议由常务副主席王晓芝主持。主席游来柱出席会议。

7月

3日，就香港爱国人士捐建山区卫生院有关事宜，市政协副主席朱育诚来房山调研。市政协港澳台侨委员会副主任路舒平、市卫生局副局长郭纪勇等陪同调研。区领导游来柱、范文彦、王晓芝、容桂英陪同调研。

13日，市政协副主席朱相远、朱育诚来房山视察十渡平西烈士陵园。区政协主席游来柱，区委副书记范文彦，区政协常务副主席王晓芝陪同视察。

17日，召开了区政协四届委员会常务委员会会议，听取了全区上半年经济工作情况和党风廉政建设情况通报，增补郝建民等6名同志为区政协四届委员会委员。

25日，区政协会同区农委联合召开了"中国磨盘柿之乡"建设研讨会。区委书记杨德宏、区政协主席游来柱、副区长任全胜、秘书长唐荣、区农委主任王忠海出席研讨会。会议由区政协副主席容桂英主持。

28日，区政协第三委员活动组视察我区文化体育工作开展情况。常务副主席王晓芝出席活动。

30日，区政协召开进一步发挥民主党派作用研讨会。主席游来柱、副主席容桂英、秘书长唐荣出席研讨会。研讨会由常务副主席、区委统战部部长王晓芝主持。

8月

2日，市政协副主席朱育诚就香港爱国人士捐建山区卫生院选址事宜到我区史家营乡进行调研。市政协港澳台侨委员会副主任路舒平，区政协主席游来柱，秘书长唐荣陪同调研。

12日，区政协部分常委和经科委委员视察北京双山水泥集团。区政协副主席万金峰出席。

21日，区政协召开机关工会成立大会，选举出政协机关工会委员会和经费审查委员会委员。区政协党组书记、主席游来柱，常务副主席王晓芝、副主席容桂英、秘书长唐荣出席。

9月

19日，区政协简报全区各界人士中秋联谊会。区领导张效廉、范文彦、张继增、李硕夫、李瑞、李惠英、容桂英、许志远、马文仲、林义、万金峰出席活动。

24日，区政协部分常委及农村委委员对我区农业标准化、产业化建设情况进行视察。副主席容桂英、秘书长唐荣出席活动。

10月

10日，区政协围绕全区社会和经济发展中的重大问题召开社情民意恳谈会。副主席容桂英、秘书长唐荣出席恳谈会。

11日，区政协组织医药卫生界部分委员视察我区医疗卫生工作开展情况。常务副主席王晓芝、副主席容桂英、秘书长唐荣等出席了视察活动。

14日，史家营乡医院协议签字暨奠基仪式举行。市政协副主席朱育诚，北京市卫生局党委书记史炳忠，市政协港澳台侨委员会副主任路舒平，区政协主席游来柱，副区长李惠英出席仪式。

15日，区政协召开提案工作交流座谈会。区政协常务副主席王晓芝，副主席容桂英、许志远、万金峰，秘书长唐荣及政府办公室有关领导出席会议。

23日至25日，区政协会同区委、区政府对全区各单位贯彻落实区委第二次政协工作会议精神情况进行检查。主席游来柱、常务副主席王晓芝、副主席容桂英、秘书长唐荣出席活动。

31日，区政协社法委召开专题座谈会，听取区总工会关于全区实行厂务公开的情况。副主席万金峰出席会议。

11月

6日，区政协常委专题协商转变政府职能、优化区域发展环境情况。区政协主席游来柱，常务副区长李硕夫，区政协副主席容桂英、万金峰出席。协商活动由区政协秘书长唐荣主持。

7日，市政协社会和法制委员会主任吕玉东到我区进行考察。听取了区政协社法委近年来开展考察视察和调查研究活动的情况介绍。区长张效廉、区政协主席游来柱、副主席万金峰、秘书长唐荣出席活动。

7日，区政协文史委召开第十六辑《房山文史资料》审稿会。副主席马文仲出席会议。

15日，区政协召开中共十六大精神座谈会。区政协党组书记、主席游来柱，副主席容桂英、万金峰，秘书长唐荣出席座谈会。

19日，区政协社法委和经科委部分委员对我区安全生产工作进行视察。常务副主席王晓芝出席活动。

27日，区政协领导到我区刚成立不久的泰华建筑集团进行调研。主席游来柱、副主席容桂英、秘书长唐荣出席活动。

12月

5日，区政协农村委部分委员对房山水资源管理局进行视察。副主席容桂英出席活动。

19日，区政协举行政协委员为水峪村水利富民工程捐款仪式。主席游来柱、秘书长唐荣出席捐款仪式。

2003年

1月

9日，区政协社法委委员视察区公安分局看守所。常务副主席王晓芝、副主席万金峰出席活动。

20日至22日，中国人民政治协商会议北京市房山区第四届委员会第五次会议在昊天假日酒店召开。

21日，召开了区政协四届委员会常务委员会会议，听取了提案审查情况说明，审议了政治决议和政协常委会工作报告的决议。

28日，房山区各界人士春节联谊会在昊天假日酒店举行。区委书记杨德宏，区政协主席游来柱，区委副书记范文彦，区人大常务副主任李福田，区政协副主席容桂英、许志远、马文仲、万金峰，秘书长唐荣出席活动。联谊会由区政协常务副主席、区委统战部部长王晓芝主持。

2月

11日，区政协召开机关全体会议。游来柱主席就进一步做好2003年工作，对机关全体干部职工提出要求。

3月

7日，区政协机关举行2003年岗位目标责任书签字仪式。游来柱主席与机关各室主任签订了2003年岗位目标责任书。签字仪式由秘书长唐荣主持。

7日，区政协机关举行"三八"节庆祝活动。主席游来柱、副主席容桂英、秘书长唐荣出席活动。

12日，区政协召开部分文史撰稿员座谈会。主席游来柱，副主席马文仲出席会议。

13日，区政府召开房山区办理人大代表建议、政协委员提案工作会。区领导李硕夫、李福田、许志远出席会议。

14日，区政协召开2003年度社情民意信息暨委员活动组工作会议。主席游来柱出席。

17日，区政协机关召开"实践'三个代表'，优化发展环境"主题教育活动动员会。区政协党组副书记、常务副主席兼领导小组组长王晓芝就区政协机关开展"实践'三个代表'，优化发展环境"主题教育活动作动员和部署。区政协党组书记、主席游来柱，副主席容桂英，秘书长唐荣出席动员会。

17日，区政协机关召开学习十六大精神交流会。主席游来柱，常务副主席王晓芝，副主席容桂英，秘书长唐荣出席会议。

19日，区政协城关南片活动组就如何落实区政协综合工作会议精神组织学习活动。副主席容桂英出席活动。

20日，区政协、区委统战部联合组织部分政协常委、委员和各民主党派、工商联负责人、少数民族代表，召开学习全国政协十届一次会议和十届全国人大一次会议精神座谈会。主席游来柱，副主席万金峰出席座谈会。座谈会由常务副主席、区委统战部部长王晓芝主持。

27日，市政协主席程世峨到我区调研。听取了区委书记杨德宏关于区委、区政府重视和支持政协履行职能的情况和区政协主席游来柱关于区政协五年来工作情况汇报。区领导范文彦、刘顺林、王晓芝、容桂英、许志远、马文仲、林义、万金峰陪同调研。

4月

10日，区政协会同区科委、区农委组织我区农业专家来到琉璃河镇官庄村开展送农业科技下乡活动。常务副主席王晓芝、秘书长唐荣出席活动。

5月

7日，区政协向全体委员下发"要为夺取抗击'非典'斗争胜利献计出力"的通知，要求委员统一思想，提高认识；发挥优势，增强信心；热心公益，积极助捐；深入调研，献计献策。

23日，区政协机关党支部召开全体党员大会，对"学习实践'三个代表'，保持先进性"主题教育活动和"党风廉政建设教育宣传月"活动分别进行动员。区政协主席、党组书记游来柱，秘书长唐荣出席会议。

23日，截止到本日，共有40余名委员捐款566890元支援抗击"非典"工作。

28日，区政协主席游来柱走访慰问战斗在抗击"非典"一线的政协委员其家属。副主席容桂英、秘书长唐荣陪同。

30日，区政协主席游来柱到长沟镇调研。听取长沟镇党委近期抗击"非典"工作及经济建设的情况汇报，对加快小城镇的建设步伐提出要求。区政协秘书长唐荣陪同。

6月

4日，区政协主席游来柱到史家营乡检查指导工作。听取了史家营乡抗"非典"抓生产的情况汇报，并实地视察由香港爱国人士捐建中的卫生院和区重点工程之一的圣米石塘旅游景区。区政协秘书长唐荣陪同。

10日，市政协副主席王长连到房山调研，听取了区委书记杨德宏关于全区经济和社会发展及抗击"非典"情况的汇报；听取了区政协常务副主席王晓芝关于房山区民族宗教工作情况的汇报。区政协秘书长唐荣陪同。

10日，区政协农村委视察农民专业合作经济组织。副主席容桂英出席活动。

12日，区政协召开了"促进经济发展"座谈会。委员们围绕后"非典"时期的经济发展等问题提出了意见和建议。主席游来柱、副主席容桂英、秘书长唐荣出席座谈会。

13日，区政协主席游来柱到阎村镇调研。秘书长唐荣陪同调研。

18日，区政协提案委委员到区招商局现场办案，结合于淑云、姚志明等委员提出的"关于招商引资、公开本区优惠政策的建议"和"关于认真贯彻落实《房山区扩大开放引进强区的规定》的建议"提案的落实情况与招商局领导进行座谈。副主席许志远出席。

19日，区政协主席游来柱，区委常委、武装部政委胡振键到长阳镇就进一步做好双拥工作进行调研。

24日，区政协机关党支部组织全体党员、干部职工学习活动。区政协党组书记、主席游来柱就如何优化发展环境、保持先进性、加强党风廉政建设问题作专题辅导。副主席容桂英、秘书长唐荣出席会议。

25日，区政协常委视察高教园区建设情况。主席游来柱，常务副主席王晓芝，副主席容桂英、马文仲、林义、万金峰，秘书长唐荣出席活动。

27日，区政协机关党支部组织全体党员、干部职工举行建党82周年庆祝活动。党组书记、主席游来柱，副主席容桂英、秘书长唐荣出席活动。

7月

2日，区政协就"非典"过后全区的经济和社会发展问题召开社情民意恳谈会。主席游来柱，秘书长唐荣出席会议。

3日，游来柱主席到蒲洼乡调研。秘书长唐荣陪同调研。

31日，市政协民族宗教委员会主任王耀平一行受陈丽华女士的委托，向周口店新街小学捐赠10台价值2.5万元的澳柯斯空调，副区长李惠英、常务副主席王晓芝出席仪式。

8月

5日，市政协副主席黄承祥到史家营乡调研。听取了该乡的工作汇报，实地视察了由香港爱国人士林海涵先生捐助新建医院工地。原市政协副主席朱育诚出席调研。区政协主席游来柱，市政协港澳台侨委员会副主任路舒平陪同调研。

9月

11日，房山区举行各界人士中秋联谊会。区委副书记范文彦，区人大副主任李福田，副区长李惠英，常务副主席王晓芝，副主席万金峰出席。联谊会由副主席容桂英主持。

25日至28日，区政协主席游来柱，常务副主席王晓芝，副主席容桂英、许志远分别实地检查了燕山工业区、云居寺等单位的安全生产情况。

10月

28日，区政协部分常委视察市场管理和小城镇建设情况。主席游来柱出席。副区长梁顺陪同视察。

11月

5日，史家营乡林海涵医院落成典礼仪式举行。北京市政协常委、香港林海涵会计师东主、港澳狮子总会前总监林海涵先生及夫人林方绮霞女士及女儿，市政协副主席黄承祥，原市政协副主席卢松华、朱育诚，市卫生局副局长梁万年，房山区委书记聂玉藻，区长张效廉，区人大主任刘文秀，区政协主席游来柱及谭华正博士等嘉宾为医院落成剪彩。林海涵夫妇、黄承祥副主席、聂玉藻书记为医院揭碑。港澳台侨委员会主任蒋春凤，副主任郭迎明、路舒平，区委副书记郭先英，副区长刘顺林，区政协常务副主席王晓芝，区政协副主席容桂英、许志远出席。区长张效廉讲话。副区长李惠英主持剪彩仪式。

19日，区政协举行表彰优秀撰稿员颁牌仪式。主席游来柱、常务副主席王晓芝、副主席马文仲，秘书长唐荣出席活动。

12月

3日，区政协在昊天假日酒店召开实施"献智出力、富民强区"工程表彰会。区政协主席游来柱，区委副书记范文彦，区政协副主席容桂英、许志远、马文仲、万金峰，秘书长唐荣出席。会议由常务副主席王晓芝主持。

16日，召开了区政协四届委员会主席会议，听取了委员遴选情况和五届一次会议筹备情况汇报。

19日，召开了区政协四届委员会常务委员会会议，听取了区政协五届一次会议筹备情况汇报，审议了区政协四届委员会常务委员会工作报告和提案工作情况报告，决定了五届一次会议有关事项。

2004年

1月

10日至14日，中国人民政治协商会议北京市房山区第五届委员会第一次会议在昊天假日酒店召开。

13日，召开了区政协五届委员会常务委员会会议，审议通过了区政协五届委员会设置专门委员会的决定和主任、副主任、委员名单。

17日，区政协在昊天假日酒店举行春节联谊会。主席范文彦致新春贺词，区委副书记祁红讲话。区领导陈永、李福田、王晓芝、许志远出席。

2月

9日，区政协召开离退休老干部座谈会，范文彦主席等新老政协领导就老干部工作及政协整体工作的开展听取意见和建议。

10日至11日，区政协召开工作务虚会。听取各专门委员会、机关各室2004年工作思路的汇报，并就如何搞好区政协的全局工作听取了意见和建议。区政协新老领导范文彦、游来柱、王晓芝、赵润东、肖武、邵进、容桂英出席会议。

24日，区政协召开离任委员座谈会。主席范文彦，副主席许志远、万金峰、肖武、邵进；原四届区政协主席游来柱，副主席容桂英、马文仲、林义出席座谈会。座谈会由秘书长唐荣主持。

3月

3日，区政协召开委员活动组召集人会议，就进一步开展好活动组工作做出部署。主席范文彦出席。

4日，区政府召开区政协五届一次会议委员提案办理工作会议。区委常委、常务副区长陈永，区政协副主席许志远出席。

9日，区政协主席范文彦就抓好全区全程办事代理制到交通局调研。

10日，召开了区政协五届委员会常务委员会会议，审议通过了2004年工作要点和反映社情民意工作规定、政治协商民主监督参政议政的规定，通报了区委关于政协党组组成人员的批复。

16日，区政协社法委组织委员到窦店、黄元井、新街等5个民族村就当地经济发展情况进行视察。副主席赵润东出席。

18日，区政协召开调研工作座谈会，区委研究室就全区2004年调研工作重点以及如何进行调研作了重点发言。主席范文彦及秘书长唐荣出席。

23日，区政协召开第十八辑《房山文史资料》征稿座谈会。主席范文彦出席。会议由秘书长唐荣主持。

25日，区政协召开学习贯彻"两会"精神座谈会。部分常委、各民主党派、工商联负责人、少数民族委员代表、机关各室主任参加。主席范文彦出席。座谈会由秘书长唐荣主持。

29日至4月1日，区政协在昊天假日酒店举办新委员培训班。市政协副秘书长孙聿，副秘书长、研究室主任张平夫，提案办公室主任杜德平就人民政协的性质、地位、作用、政协如何反映社情民意、如何做好提案工作分别作辅导报告。主席范文彦，常务副主席王晓芝，副主席万金峰、赵润东、邵进，秘书长唐荣出席。

4月

2日，区政协召开民主监督工作座谈会。副主席赵润东出席。秘书长唐荣主持。

14日，市政协民族和宗教委员会主任王耀平、副主任陈广元一行到我区对少数民族经济发展状况进行视察。区政协主席范文彦、副区长李惠英、常务副主席王晓芝、副主席赵润东及秘书长唐荣陪同。

15日，区政协常委对全区工业园区建设情况进行视察。副区长高言杰陪同视察。

20日，区政协组织部分委员就大气环境污染治理提案办理情况进行视察。主席范文彦，常务副主席王晓芝，副主席许志远出席。

22日，区政协召开专门委员会主任、副主任和机关各室主任参加的联席会议。主席范文彦，常务副主席王晓芝，副主席赵润东出席。会议由秘书长唐荣主持。

29日，区政协主席范文彦为机关全体人员作题为《加强学习，提高素质，进一步加强作风建设》的专题党课。

29日至6月底，区政协机关开展"学习政协章程，加强作风建设"大讨论活动。

5月

8日，区政协机关党支部就加强机关建设召开离退休老党员征求意见座谈会。主席范文彦，常务副主席王晓芝，秘书长唐荣出席会议。

9日，区政协召开兼职调研员工作会议。主席范文彦出席。

12日，区政协主席范文彦，副主席肖武，秘书长唐荣出席中国原子能研究院召开的社情民意座谈会。

13日，区政协、区委统战部联合召开党派提案工作座谈会，就《中共北京市房山区委办公室关于进一步做好党派提案工作暂行办法》（草案）征求区六个民主党派主委意见。常务副主席、区委统战部部长王晓芝主持。

13日，区府大楼政协委员活动组视察旅游文化节举办地沿线环境整治工作。区政协领导范文彦、游来柱、容桂英、唐荣出席视察活动。

18日，区政协委员视察我区青龙湖、韩村河、阎村三镇社区卫生服务工作开展情况。常务副主席王晓芝出席。

21日，区城管大队召开征求政协委员提案办理意见座谈会。常务副主席王晓芝出席。

26日，区政协就如何改进政协机关作风以及推动全区经济社会发展的热点问题，分两组召开改进机关作风暨社情民意恳谈会。主席范文彦，常务副主席王晓芝，副主席万金峰、赵润东、肖武、邵进出席。会议由秘书长唐荣主持。

6月

1日，区旅游局邀请部分政协经济科技界委员就制定房山旅游产业近中期实施规划召开座谈会，主席范文彦，秘书长唐荣出席。副主席邵进主持座谈会。

2日，区政协召开《北京市文史资料精选·房山卷》一书编辑座谈会。常务副主席王晓芝出席。

2日，区政协部分委员应邀参加区交通支队宣传工作会。副主席肖武，秘书长唐荣出席。

17日，区政协农村委员会全体委员视察我区磨盘柿产业化建设情况。主席范文彦、副主席万金峰，秘书长唐荣出席。

24日，区政协举办"迎七一、学章程、爱委员"知识竞赛。主席范文彦，常务副主席王晓芝，副主席许志远、万金峰、肖武、邵进，秘书长唐荣出席。

28日，区直机关工委举办庆祝建党83周年"强联杯"歌咏比赛活动。区政协主席范文彦，常务副主席王晓芝，副主席许志远出席。活动中，区政协机关合唱队获一等奖。

30日，区政协部分委员参加房山区区域空间发展战略座谈会。主席范文彦，秘书长唐荣出席。

7月

6日，区政协社法委部分委员到区司法局视察社区矫正工作。常务副主席王晓芝出席活动。

9日，区政协常委对我区农业绿色产业示范区建设情况进行视察。区政协主席范文彦，常务副主席王晓芝，副主席万金峰、赵润东、肖武、邵进、容桂英，秘书长唐荣出席。

11日，反映区政协工作的"参政议政、建言献策"栏目的在房山电视台首播。

12日，《房山报》开设"走进政协"栏目。

23日，区政协文教文史联络委员会委员就我区镇、村两级体育设施建设情况进行视察。常务副主席王晓芝出席。

8月

3日，区政协、区委统战部召开各民主党派、工商联负责人座谈会，研讨提案质量问题。主席范文彦，副主席许志远，秘书长唐荣出席。常务副主席、区委统战部部长王晓芝主持会议。

4日，区政协在城关办事处召开乡镇政协工作座谈会。主席范文彦，秘书长唐荣出席。常务副主席王晓芝主持会议。

10日，市政协在我区举行各区县离任政协主席联谊活动。原市政协副主席卢松华，秘书长李建华，副秘书长孙聿，区领导聂玉藻、张效廉、郭先英、范文彦、祁红、田雄、许志远、游来柱出席。

28日，区政协、区委统战部举行纪念邓小平诞辰100周年纪念活动，参观了《亲切的关怀，深切的思念——邓小平在北京图片展》。主席范文彦，副主席赵润东、肖武及秘书长唐荣出席。

31日，区政协组织社法委部分委员旁听区法院的案件审理。副主席赵润东，秘书长唐荣参加了旁听。

9月

3日，市政协文史委员会主任何卓新，副主任贾凯林、陶信成一行来我区政协指导文史资料编选工作。区政协主席范文彦就做好《北京市文史资料精选·房山卷》编纂工作提出要求。

3日，区政协召开磨盘柿产业化建设情况调研工作会。主席范文彦，副区长王忠海，秘书长唐荣出席。

3日，区政协召开机关团支部换届会议。区政协党组书记、主席范文彦，党组成员、秘书长唐荣出席会议。

23日，区政协农村委在区供销总社会议室召开磨盘柿产业化建设调研工作会。副主席万金峰，秘书长唐荣出席。

24日，区政协、区委统战部联合举办台湾形势报告会，由全国政协港澳台侨局乐美真局长作专题报告。区政协领导许志远、万金峰、赵润东、肖武、邵进、容桂英、唐荣出席报告会。

27日，房山区各界人士中秋联谊会在区广播电视中心举行。主席范文彦致辞，区委常委、组织部长苗立峰讲话。区人大主任郭先英，区政府副区长任全胜，市政协副秘书长林义，区政协副主席许志远、万金峰、赵润东、肖武、邵进及原县、区政协老领导出席。联谊会由区政协常务副主席、区委统战部部长王晓芝主持。

27日，区政协经科委委员视察全区盘活闲置资产情况。常务副主席王晓芝，秘书长唐荣出席。

29日，区政协举办庆祝建国五十五周年"祖国在我心中"书画展。主席范文彦出席。副主席肖武主持。

10月

12日，区政协召开党组扩大会议，学习胡锦涛总书记同北京市基层干部座谈时的讲话精神。范文彦主席就进一步学习贯彻胡锦涛总书记同北京市基层干部座谈时的讲话精神提出要求。党组成员王晓芝、唐荣出席，副主席容桂英列席会议。

13日，区政协农村委部分委员到河北满城就磨盘柿产业化建设进行考察。主席范文彦、秘书长唐荣出席。

14日，区政协文教文史联络委员会部分委员就周口店北京猿人遗址保护情况进行视察，常务副主席王晓芝出席。

20日，区政协党组召开动员会，就机关开展学习贯彻十六届四中全会精神活动做出安排。

21日，区政协组织社法委委员召开流动人口调研座谈会。常务副主席王晓芝，副主席赵润东出席。

22日，区政协部分学委会委员到海淀区政协学习交流。副主席肖武出席。

25日，区政协文教工作办公室与区卫生局、燕山文卫分局联合在青龙湖镇开展文化下乡和义诊活动。常务副主席王晓芝出席。

26日，天津市宝坻区政协主席侯隽，副主席谭景俊、云凤和、王洪云带领城建环境委员会部分委员到我区学习考察"如何运用当地文化、自然优势开发旅游业"情况。区委书记聂玉藻，区政协新老领导游来柱、魏士宽、王晓芝、唐荣出席接待活动。

26日，区政协召开2004年提案办理情况座谈会。副主席许志远出席会议。

27日，区政协机关举办学习十六届四中全会精神专题报告会。区第一指导团成员、区委党校教研室副主任刘国锋作了"全面深刻的认识理解社会主义民主政治的深刻内涵，为学习贯彻《决定》打下牢固的思想基础"的专题辅导报告。区政协领导王晓芝、容桂英、唐荣出席。

28日，区政协委员与部分区人大代表共同视察市政工程建设情况。区政协领导范文彦、王晓芝、容桂英、唐荣出席。

29日，区政协常委、部分社法委委员听取劳动和社会保障工作汇报。主席范文彦，副区长任全胜，副主席许志远、万金峰、赵润东及秘书长唐荣出席。会议由常务副主席王晓芝主持。

11月

2日至4日，区委办、区政府办、区政协办、区委统战部联合检查全区各单位政协工作开展情况。听取了区直机关、燕山、乡镇2004年政协工作开展情况的工作汇报。主席范文彦、区委副书记祁红，副区长王忠海，常务副主席王晓芝，副主席万金峰、赵润东、肖武、邵进及秘书长唐荣出席会议。

4日，区政协机关邀请区委党校副校长刘卫军作"构建社会主义和谐社会"的专题报告。区政协党组成员范文彦、王晓芝、唐荣、肖凤云出席会议。

10日，区政协农村委召开会议，就磨盘柿产业化建设调研报告讨论稿进行研讨。主席范文彦、副主席万金峰，秘书长唐荣出席。

12日，范文彦主席出席第四委员活动组活动，视察了良乡污水处理厂和良乡地税所全程办事代理一站式服务大厅。副主席万金峰，秘书长唐荣陪同。

18日，区政协召开务虚会，从思想建设、履职水平、工作作风等方面确定了明年的工作思路和主要目标。主席范文彦出席。

19日，区政协农村委在张坊镇召开第二次磨盘柿产业化建设调研座谈会。主席范文彦、副主席万金峰，秘书长唐荣出席。

23日，市政协原副主席朱育诚，市政协副秘书长孙聿一行到我区考察北京一机床良工机床零件制造有限公司和北京助野袜业有限公司。区领导聂玉藻、高言杰、王晓芝陪同。

24日，部分区人大代表、政协委员视察区工商局注册大厅和良乡工商所。主席范文彦、常务副主席王晓芝及秘书长唐荣出席。

26日，区政协在地税局二楼会议室召开区情通报会。主席范文彦，副主席赵润东、肖武及秘书长唐荣出席。会议由常务副主席王晓芝主持。

12月

8日，区规划局邀请部分区政协委员就房山区房山新城中心控制性详细规划进行座谈讨论。主席范文彦，常务副主席王晓芝，副主席赵润东、邵进，秘书长唐荣出席参加了座谈会。

10日，区政协举办国际形势报告会，邀请北京大学国际关系学院副院长贾庆国教授作题为"世界格局与我国安全"的专题报告。区政协领导范文彦、游来柱、赵润东、邵进、容桂英、唐荣出席报告会。常务副主席、区委统战部部长王晓芝主持。

24日，区政协召开《中共中央关于坚持和完善中国共产党领导的多党合作和政治协商制度的意见》颁布15周年座谈会。各民主党派负责人和部分委员代表参加了座谈会。范文彦主席就全面认识和落实《意见》提出要求。副主席赵润东、肖武及秘书长唐荣出席。常务副主席王晓芝主持会议。

28日，区政协召开五届二次会议专题协商预备会。主席范文彦，常务副主席王晓芝出席。

2005年

1月

14日至16日，中国人民政治协商会议北京市房山区第五届委员会第二次会议在昊天假日酒店召开。

25日，提案委员会召开全体会议，会议对五届二次会议及会后提案进行复审；讨论并原则通过了《关于办理政协提案的试行办法》，讨论研究了提案委员会2005年工作计划，并初步确定了2005年重点提案。副主席许志远主持会议。

26日，房山区各界人士春节联谊会在昊天假日酒店举行。区政协主席范文彦，区委副书记祁红，副主席万金峰、赵润东、邵进，秘书长唐荣出席联谊会。联谊会由常务副主席、区委统战部部长王晓芝主持。

27日，区政协召开2005年工作研讨会。会议由主席范文彦主持。区政协领导王晓芝、许志远、万金峰、赵润东、肖武、邵进、容桂英、唐荣出席。

30日，区政协主席范文彦分别到区地税局、国税局调研，区政协领导游来柱、王晓芝、许志远、唐荣出席活动。

2月

1日，区政协召开党派主委会议，范文彦主席就进一步发挥党派作用提出要求。常务副主席王晓芝、秘书长唐荣出席。

1日，区政协机关举办干部职工家属春节联欢会。区政协领导范文彦、王晓芝、许志远、容桂英、唐荣出席活动。

3日，区政协机关召开"保持共产党员先进性"教育活动动员会。范文彦主席作动员讲话，游来柱、王晓芝、许志远等区政协领导班子成员出席会议。动员会由常务副主席王晓芝主持。

24日，召开了区政协五届委员会主席会议，审议了工作要点和办理政协提案试行办法。

24日，区政协召开各人民团体座谈会，就发挥好各人民团体的界别优势和作用进行座谈。主席范文彦、常务副主席王晓芝、秘书长唐荣出席。

26日，区政协机关全体党员到河北省乐亭县李大钊故居接受革命传统教育，并重温入党誓词。区政协领导范文彦、游来柱、王晓芝、许志远、唐荣出席。

28日，区政协提案交办工作会在区建委二楼会议室召开。主席范文彦、副主席许志远出席。区委常委、常务副区长陈永到会并讲话。

3月

1日，区政协机关召开"保持共产党员先进性"教育活动专题报告会。主席范文彦，秘书长唐荣出席会议。

2日，区政协召开燕山、良乡、城关三地政协联络室负责人会议。主席范文彦、常务副主席王晓芝、副主席许志远、秘书长唐荣出席。

8日，区政协召开《北京市文史资料精选·房山卷》编辑座谈会，主席范文彦、常务副主席王晓芝出席会议。

9日，召开了区政协五届委员会常务委员会会议，讨论通过了区政协常委会2005年工作要点，听取了提案复审情况通报。

9日，区政协召开第十九辑《房山文史资料》征稿座谈会。主席范文彦、常务副主席王晓芝出席。

11日，区政协机关举办"保持共产党员先进性"教育活动演讲交流会。区委"保持共产党员先进性"教育活动督导组第八组全体同志参加活动，区政协主席范文彦、常务副主席王晓芝、副主席许志远、秘书长唐荣出席会议。

15日，区政协召开人民团体政协委员座谈会。范文彦主席就增强界别意识、增强参政议政意识提出要求，区总工会、妇联、工商联等单位的政协委员参加。常务副主席王晓芝、副主席许志远，秘书长唐荣及各室主任、副主任出席。

15日，区政协召开各民主党派提案工作务虚会。区内各民主党派的主委和工商联负责人参加。主席范文彦、常务副主席王晓芝、副主席许志远，秘书长唐荣及各室主任、副主任出席。

16日，区政协召开推进民主监督工作研讨会。主席范文彦、常务副主席王晓芝、副主席许志远，秘书长唐荣及各室主任、副主任出席。

25日，区政协、区委统战部召开《反分裂国家法》座谈会。主席范文彦，副主席许志远、赵润东、肖武，秘书长唐荣出席。会议由常务副主席、区委统战部部长王晓芝主持。

25日，区政协机关召开"保持共产党员先进性"教育活动分析评议阶段动员会。区政协党组书记、主席范文彦作分析评议阶段动员报告，区政协常务副主席王晓芝作专题辅导报告。

31日，区政协、区委统战部联合举办学习《反分裂国家法》报告会。邀请中国社会科学院台湾研究所副所长周志怀作专题报告。区政协领导范文彦、许志远、万金峰、赵润东、肖武、邵进、容桂英、唐荣等出席报告会。报告会由常务副主席、区委统战部部长王晓芝主持。

4月

7日，组织政协常委及经科委委员开展推进工业强区建设视察协商活动。主席范文彦，区委副书记祁红，副区长高言杰，常务副主席王晓芝、副主席万金峰、赵润东、肖武，秘书长唐荣出席。

13日，区政协党组和机关党支部分别召开民主生活会和组织生活会，按照党员标准，认真开展批评与自我批评。区政协党组书记、主席范文彦，常务副主席王晓芝、副主席许志远、秘书长唐荣参加评议活动。区委"保持共产党员先进性"教育活动督导组第八组全体同志亲自指导机关分析评议活动。

14日，全国政协办公厅研究室副主任陈惠丰、李松晨，研究室新闻局局长杜亚利，研究室理论局局长翟有林一行到霞云岭乡堂上村《没有共产党就没有新中国》词曲创作地开展先进性教育活动。常务副主席王晓芝、秘书长唐荣等出席活动。副区长王桂平陪同。

21日，范文彦主席到昊远隆基房地产开发公司调研。区政协领导游来柱、王晓芝、许志远陪同，秘书长唐荣及各委室主任参加。

22日，中国原子能科学研究院陈华中等三位政协委员与本院干部职工代表组织座谈会。副主席王晓芝、原子能院党委副书记李林虎出席。

22日，区政协社会和法制委员会组织部分委员在张坊镇瓦沟学校举行捐资助学活动。张海波、常福林、薛俊山、王永军、王书学、李永林委员为该校捐赠了价值13000元的图书和彩电等教学用具。副主席赵润东出席。

27日，区政协召开发挥政协界别作用座谈会。主席范文彦，常务副主席王晓芝出席。

27日，区政协召开防范和处理邪教情况通报会。主席范文彦、副主席赵润东出席。

28日，区政协召开各人民团体提案、调研工作汇报会。主席范文彦、副主席许志远出席。

29日，区政协先进性教育活动办公室召开机关部分党员和群众座谈会，对机关分析评议阶段工作进行"回头看"。副主席容桂英、秘书长唐荣出席。

30日，区政协召开先进性教育活动分析评议阶段通报会。党组书记、主席范文彦，秘书长唐荣出席会议，副主席许志远主持会议。

5月

11日，区政协提案委督办原华尔森啤酒厂污水治理的提案办理情况。副主席许志远、万金峰出席活动。

13日至14日，区政协举办首届"和谐杯"乒乓球赛。主席范文彦，常务副主席王晓芝，副主席许志远、万金峰、赵润东、肖武、邵进，秘书长唐荣出席。

16日，区政协就发挥政协界别作用召开第二次座谈会。主席范文彦、常务副主席王晓芝出席。

17日，区政协机关召开"保持共产党员先进性"整改提高阶段动员会。党组书记、主席范文彦作动员讲话。第八督导组的全体同志，领导范文彦、王晓芝、许志远、唐荣出席会议。动员会由常务副主席王晓芝主持。

18日，区政协经科委就我区煤炭行业的发展形势和应采取的对策召开煤炭行业调整座谈会。主席范文彦、副主席邵进出席。

19日，区政协组织全体常委及部分委员对建筑、建材、房地产开展视察协商活动。区政协领导范文彦、王晓芝、许志远、万金峰、赵润东、肖武、邵进，副区长刘顺林出席活动。

23日，区政协召开民主监督小组负责人会议。主席范文彦，副主席赵润东、邵进及秘书长唐荣出席。

25日，区城市管理监察大队召开提案办理工作座谈会。副主席许志远出席。

26日，区政协召开城市建设与管理工作民主监督小组会议，原则通过了城建民主监督小组工作规则。主席范文彦出席并讲话。副主席邵进、秘书长唐荣出席会议。

26日，区政协学委会视察全区地震预测工作。区政协副主席肖武出席。

6月

1日，区政协召开社会治安综合治理工作民主监督小组第一次全体成员会议，通过了房山区社会治安综合治理工作民主监督小组工作规则。副主席赵润东出席。

2日，区政协农村委视察磨盘柿产业化建设情况。常务副主席王晓芝出席活动。

3日，市政协主席程世峨到我区调研。分别听取了区委书记聂玉藻、区政协主席范文彦关于全区经济社会发展情况和五届政协工作情况汇报，视察了绿城百合公寓和首创轮胎一期工程。市政协秘书长兼办公厅主任李建华，副秘书长兼人事联络室主任崔顺年及区委副书记、代区长祁红，区政协领导游来柱、王晓芝、许志远、唐荣陪同调研。

17日，区政协举行"春风"捐资助学活动启动仪式。区政协主席范文彦，区政府副区长王贵平，区政协副主席许志远、万金峰、赵润东、邵进，秘书长唐荣出席启动仪式。启动仪式由常务副主席王晓芝主持。仪式上，共有251名政协委员捐款73500元。

22日，区政协农村委听取区水务局关于平原地区饮水情况通报。副主席万金峰，秘书长唐荣出席。

23日，区政协经科委部分委员视察我区旅游工作。范文彦主席参加并讲话，副主席邵进，秘书长唐荣出席。

24日，区政协机关召开"保持共产党员先进性"教育总结会。区委"保持共产党员先进性"教育活动督导组第八组全体同志，区政协领导范文彦、许志远、唐荣出席会议。会议由常务副主席王晓芝主持。

24日，区政协召开首次特约监督员座谈会，就如何有效履行好监督员职责进行座谈，本届区政协共推荐了47名委员担任区直10个部门的特约监督员。范文彦主席出席并讲话，常务副主席王晓芝、副主席赵润东出席。

7月

7日，区政协社会法制委员会和社会治安综合治理民主监督小组组织部分委员视察北京创安安保服务发展有限责任公司。副主席赵润东出席。

8日，区政协召开发挥政协界别作用研讨会。就发挥政协界别作用重要性以及发挥政协界别作用的组织形式和活动方式等方面进行研究。主席范文彦，副主席万金峰、赵润东，秘书长唐荣出席。研讨会由常务副主席王晓芝主持。

12日，区政协提案委员会召开全体会议总结上半年工作。范文彦主席、唐荣秘书长出席。会议由副主席许志远主持。

25日，区政协经科委部分委员和城建民主监督小组成员视察窦店和长沟镇小城镇建设。副主席邵进出席活动。

8月

3日，区政协举办提案工作培训班。为加强提案工作，进一步提高提案的撰写质量，特邀北京市政协提案委员会专职副主任任英英辅导讲课。区政协领导范文彦、万金峰、赵润东、肖武、邵进、唐荣出席。副主席许志远主持培训班。

4日，区政协召开特约监督工作座谈会。主席范文彦，副主席许志远、万金峰、赵润东出席。

15日，区委第六十二次常委会听取政协工作汇报。常务副主席王晓芝从加强思想理论建设，夯实履行政协职能的思想基础五个方面进行汇报。区委书记聂玉藻和区委副书记、代区长祁红代表常委对政协工作给予肯定。

18日，区政协举办文史撰稿员培训班，邀请海淀区政协三、四届主席张宝章作了专题辅导。区内文史撰稿员、驻区中央市属厂矿文史负责人参加了培训班。常务副主席王晓芝出席。

9月

6日，区政协召开减少文山会海情况通报会。区委办公室向委员们通报了区委办公室关于精简文件材料、严格会议管理的情况。区政协主席范文彦，副主席许志远、赵润东，秘书长唐荣出席。常务副主席王晓芝主持会议。

8日，区政协学习委员会视察我区社区工作开展情况。主席范文彦、常务副主席王晓芝出席活动。

12日，区政协召开综合考评教委工作动员会。主席范文彦，副主席万金峰、赵润东、肖武、邵进及秘书长唐荣出席。动员会由副主席许志远主持。

15日，区政协区委统战部联合举行房山区各界人士迎中秋活动。区政协主席范文彦，常务副主席、区委统战部部长王晓芝，副主席许志远、万金峰、赵润东，秘书长唐荣出席。

16日，区政协文史委召开全区"十一五"期间卫生事业发展规划座谈会。区政府副区长李惠英，区政协副主席赵润东，秘书长唐荣出席会议。座谈会由常务副主席王晓芝主持。

21日，区政协召开党派、团体提案研讨会，就提案选题及调研情况进行研讨。主席范文彦，常务副主席王晓芝，副主席赵润东，秘书长唐荣出席。副主席许志远主持会议。

26日，区政协召开部分乡镇教育工作座谈会，良乡、城关等13个乡镇、办事处主管教育的负责人分别汇报了本乡镇教育工作情况。主席范文彦，副主席许志远、万金峰、赵润东、肖武、邵进及秘书长唐荣出席。会议由常务副主席王晓芝主持。

27日，区政协组织部分委员慰问良乡、城关等地的残疾人家庭困难户。主席范文彦，常务副主席王晓芝，副主席许志远、赵润东，秘书长唐荣出席活动。

28日，区政协召开综合考评教委工作汇报会。区政协主席范文彦，区委副书记崔国民，副区长李惠英，常务副主席王晓芝，副主席许志远、万金峰、赵润东、肖武、邵进及秘书长唐荣出席。区教委的全体领导成员面对面地听取常委和委员的意见和建议。会议由范文彦主席主持。

10月

13日，区政协开展城市基础设施建设与管理视察协商活动。实地视察房、良两地市政建设、道路改造等9项重点工程。主席范文彦，副区长刘顺林，常务副主席王晓芝，副主席万金峰、赵润东、肖武、邵进及秘书长唐荣出席。

20日，区政协组织各民主党派主委、人民团体委员考察区残联工作。主席范文彦，副主席万金峰、赵润东、肖武、邵进及秘书长唐荣出席。

26日，区政协召开《房山区经济和社会发展"十一五"规划纲要》编制情况通报会。主席范文彦，常务副主席王晓芝，副主席万金峰、肖武、邵进及秘书长唐荣出席。会议由常务副主席王晓芝主持。

28日，区政协文教室组织部分文史撰稿员参观首都城市发展规划展览。常务副主席王晓芝出席。

31日，蒲洼乡富合村为表达山区贫困学生对穆建山、孟凡凯、曹文峰三位政协委员的资助行为的感激之情，为区政协机关赠送锦旗。常务副主席王晓芝，秘书长唐荣出席捐赠仪式。

11月

1日，区政协召开推进"三化"建设研讨会。主席范文彦、常务副主席王晓芝、副主席许志远，秘书长唐荣出席。

2日，区政协组织全体常委及农村委委员视察全区农业发展。主席范文彦，常务副主席王晓芝，副主席许志远、赵润东、肖武及秘书长唐荣出席。副区长王忠海陪同。

3日，区政协主席范文彦、副区长王忠海出席窦店镇伊斯兰教开斋节活动暨慰问捐赠仪式。

3日至4日，区政协召开房山区"十一五"规划编制情况征求意见座谈会。区政协主席范文彦，副区长李惠英，常务副主席王晓芝，副主席许志远、万金峰、赵润东、邵进及秘书长唐荣出席。

5日，区政协与北京中山书画社赴大石窝镇开展文化下乡活动。主席范文彦、常务副主席王晓芝出席。

11日，区委书记聂玉藻、代区长祁红就编制我区国民经济和社会发展"十一五"规划听取区政协委员的意见和建议。区政协主席范文彦，副主席许志远、万金峰、赵润东、肖武、邵进及秘书长唐荣出席。

15日，全国政协"世界文化遗产"考察团到我区考察云居寺、周口店北京人遗址。北京市政府办公厅副主任薄钢，市政协文史委主任何卓新，市文物局副局长孔繁峙，市政协文史委主任匡国良、陶信成及区政府代区长祁红，区政协主席范文彦，副区长李惠英、王贵平陪同。

20日，区政协组织各民主党派主委、人民团体委员考察区残联工作。主席范文彦，副主席万金峰、赵润东、肖武、邵进及秘书长唐荣出席。

24日，区政协、区委统战部联合举办学习中共十六届五中全会精神辅导报告会。主席范文彦，副主席许志远、万金峰、肖武及秘书长唐荣出席。报告会由副主席许志远主持。

12月

21日，召开了区政协五届委员会常务委员会会议，听取了全区党风廉政建设情况通报，审议通过了区政协常委会工作报告、关于开展调查研究年活动意见。

2006年

1月

4日至7日，中国人民政治协商会议北京市房山区第五届委员会第三次会议在北方温泉会议中心举行。

12日，城关街道办事处举办城关地区政协委员迎新春座谈会。主席范文彦，副主席赵润东出席。

19日，区政协、区委统战部联合举办房山区各界人士春节联谊会。主席范文彦致新春贺词，区委副书记、区长祁红出席并讲话。区委常委、组织部部长苗立峰，区人大常务副主任李福田，副区长刘顺林，区政协副主席万金峰、赵润东、邵进，秘书长唐荣出席。联谊会由区政协常务副主席、区委统战部部长王晓芝主持。

25日，区政协举办机关干部及家属联欢会。区政协领导范文彦、王晓芝、许志远、容桂英、唐荣等与机关全体干部职工和家属们欢聚一堂，共贺新春。

2月

15日，区政协召开2006年工作务虚会。主席范文彦，常务副主席王晓芝，副主席万金峰、赵润东、肖武及秘书长唐荣出席。

16日，区委区政府召开办理人大代表建议、政协委员提案工作会。对在2005年度办理人大代表议案、建议和政协委员提案的组织部、市政管委、燕山办事处等18个先进单位进行表彰。会上，对在区政协五届三次会议期间收到221件的委员提案。全部交付承办单位办理。

16日，区政协召开专委会主任会议。研究部署了2006年各专委会的重点工作及主要任务。范文彦主席主持会议。常务副主席王晓芝、副主席万金峰、赵润东、肖武、秘书长唐荣及六个专委会副主任和机关各室主任参加了会议。

17日，区政协召开界别小组召集人座谈会。就界别小组2006年工作进行研究部署。会议由范文彦主席主持。常务副主席王晓芝，秘书长唐荣出席。

23日，区政协召开区民主党派、工商联负责人座谈会，安排党派调研工作。范文彦主席结合"调查研究年"的任务和目标，就深入开展好调研工作提出要求。

24日，召开了区政协五届委员会常务委员会会议，讨论通过了区政协常委会2006年工作要点和工作委员会副主任名单。

27日，区政协召开特约监督单位座谈会，就如何进一步推动各单位特约监督工作的开展，充分发挥特约监督员作用，促进各单位的工作进行座谈会。主席范文彦、常务副主席王晓芝、副主席赵润东，秘书长唐荣出席会议。

3月

1日，区政协召开特约监督员座谈会。范文彦主席对近年来特约监督员认真履行职责，积极对特约监督单位开展监督工作取得的效果给予了肯定，并就如何更好地履行职责，做好2006年特约监督工作提出要求。副主席赵润东，秘书长唐荣出席。

2日，区政协召开文史撰稿员座谈会，总结回顾了2005年文史资料工作，就征集第二十辑《房山文史资料》稿件工作做了安排。常务副主席王晓芝出席并讲话。

15日，区政协召开民主党派、工商联负责人会议，就2006年的调研课题进行讨论。主席范文彦、常务副主席王晓芝，秘书长唐荣出席。

21日，市政协副主席黄承祥就落实中共中央《关于加强人民政协工作的意见》到我区调研。听取了区政协主席范文彦关于五届区政协工作的汇报及提案工作汇报，视察北京中旺投资集团琉璃河生产基地和城关镇波龙堡酒业有限公司。市政协提案委员会主任任殿华、港澳台侨委员会主任周焱云、提案委员会副主任任英英、港澳台侨委员会副主任路舒平一同调研。区长祁红，区政协常务副主席王晓芝陪同调研。

22日，区政协到交通大队督办"合理设置良乡城内商场、学校、医院门前道路隔栏"重点提案的办理情况。副主席邵进出席活动。

23日，区政协到区文委督办"加强农村文化基础设施建设"重点提案的办理情况。副主席赵润东、肖武出席。

30日，区政协组织全体常委及经科委委员视察全区社区建设情况。主席范文彦，常务副主席王晓芝，副主席万金峰、邵进，秘书长唐荣出席。

4月

3日,区政协主席范文彦到区经管站调研,听取了我区农业经济合作组织情况汇报,对经管站工作给予了充分肯定并提出要求。

5日,区政协主席范文彦到区市政管委督办重点提案。就"京周公路良乡至房山城关段安装路灯"和"治理农村生活垃圾"两件提案办理情况到市政管委进行督查。

6日,区政协、区委统战部举办学习《中共中央关于加强人民政协工作的意见》报告会。邀请全国政协研究室理论局副局长、房山区政府副区长王贵平作专题报告。主席范文彦,副主席万金峰、肖武、邵进出席。报告会由秘书长唐荣主持。

6日,区政协召开工商联界推进新农村建设活动座谈会。主席范文彦出席。

7日,区政协举办调查研究专题讲座。邀请市政协副秘书长、研究室主任张平夫针对政协调研工作的实际,从政协调研的重要意义等六个方面做了阐述。主席范文彦、副主席肖武及秘书长唐荣出席。

11日,区政协提案委召开燕山、良乡、城关办事处政协联络室主任会议,专题研究提案办理工作。常务副主席王晓芝出席。

14日,区政协农村委就发展设施农业赴大兴区考察。副主席万金峰出席。

19日,区政协主席范文彦就我区农业经济合作组织建设情况到长阳镇调研。先后对夏场村的葡萄大棚、水碾屯的果蔬大棚进行实地考察。

20日,区政协归侨、侨眷、台胞、台属界别组和第九委员活动组委员参观了北京市城市规划展和东易日盛装饰公司。主席范文彦、常务副主席王晓芝、副主席肖武出席。

21日至22日,区政协举办第二届"和谐杯"乒乓球赛。主席范文彦,常务副主席王晓芝,副主席万金峰、赵润东及秘书长唐荣出席。

25日,区城管大队召开办理政协委员提案座谈会。常务副主席王晓芝出席。

28日,区政协农村委、经科委召开设施农业情况通报会。副主席万金峰、邵进出席。

28日,区政协常务副主席王晓芝及秘书长唐荣出席原子能研究院群众代表社情民意征集会。

5月

10日,区政协召开综合考评建委工作动员会。就区政协综合考评建委工作进行部署,主席范文彦作动员讲话。副主席万金峰、赵润东、肖武、邵进及秘书长唐荣出席。会议由常务副主席王晓芝主持。

15日,区政协召开区建委工作汇报会。主席范文彦,副主席万金峰、赵润东、肖武、邵进及秘书长唐荣出席。会议由常务副主席王晓芝主持。

16日,区政协召开综合考评建委工作座谈会。区直有关单位、乡镇、建委企业单位负责人参加。各单位针对建委工作行业指导、业务服务、工作作风等提出了意见和建议。主席范文彦、常务副主席王晓芝、副主席赵润东及秘书长唐荣出席。

17日至18日,建筑、建材、房地产开发、房屋管理四个考评组分别深入到23个相关企业、单位对建委工作进行实地考察视察。区政协领导范文彦、王晓芝、赵润东、万金峰、肖武、邵进出席活动。

25日,范文彦主席就新农村建设情况到周口店镇调研。

26日,召开综合考评区建委工作汇报会。会议由范文彦主席主持。副区长刘顺林出席并讲话。

区政协46名常委及委员对建委工作进行测评，测评结果满意率和基本满意率达到100%。常务副主席王晓芝，副主席万金峰、赵润东、肖武、邵进及秘书长唐荣出席。

6月

6日，区政协召开了有200多家民营企业参加的"联百家民营企业、牵百村新农村建设"动员大会。区政协主席范文彦讲话，区人大副主任梁顺，区政协副主席万金峰、赵润东、肖武、邵进及秘书长唐荣出席。会议由常务副主席王晓芝主持。

7日，区政协提案委就我区新农村建设有关提案落实情况进行视察。范文彦主席、王忠海副区长、王晓芝常务副主席及唐荣秘书长出席。

8日至28日，区政协在全体政协委员中开展了"春风"捐资助学活动，再次对我区霞云岭、史家营、大安山、十渡、蒲洼、南窖、河北、佛子庄等八个山区乡镇的贫困学生给予力所能及的帮助。本次共有211名政协委员参加了捐款活动，捐款64500元。

14日，区政协文教文史联络委视察我区体育设施建设情况。常务副主席王晓芝出席。

19日，北京中山文化交流协会贫困人群救助基金管理委员会向我区贫困中小学生捐资助学仪式在长沟中心校举行。市政协副主席、民革北京市委主委韩汝琦，民革北京市委常务副主委叶捷，区政协常务副主席王晓芝，副主席赵润东，美方代表路加博士和欧文博士出席。

23日，区政协社法委组织部分委员参加区检察院法律宣传日活动。副主席赵润东出席。

30日，区政协机关党支部举行庆"七一"活动。组织全体党员及入党积极分子到霞云岭乡堂上村参观了《没有共产党就没有新中国》纪念馆，并举行了重温入党誓词仪式。

7月

4日，区政协召开界别小组召集人会议，各界别小组的召集人先后汇报了上半年本组活动开展情况及下半年工作安排。范文彦主席出席并讲话，秘书长唐荣出席。会议由常务副主席王晓芝主持。

5日，区政协提案委员会召开半年工作总结会，对上半年工作进行总结。主席范文彦，秘书长唐荣出席。

6日，区政协"联牵"活动领导小组召开会议，与会单位就村企结对情况进行汇报。范文彦主席出席。

14日，农工房山总支与区司法局联合举办房山区社区矫正工作研讨会。农工市委秘书长梁金鸾，区政协主席范文彦，区委常委、政法委书记孙新军，区政府副区长任全胜出席。

26日，区政协主席范文彦到区工业总公司调研。常务副主席王晓芝、秘书长唐荣陪同调研。

27日，区政协组织委员开展新农村建设视察活动。主席范文彦，常务副主席王晓芝，副主席万金峰、肖武及秘书长唐荣出席。区政府副区长王忠海陪同视察并讲话。

8月

14日至18日，区政协调研报告研讨会在辽宁省兴城市财政干部培训中心召开。主席范文彦出席并讲话，常务副主席王晓芝，副主席赵润东、肖武及秘书长唐荣出席。

22日，区政协社法委组织委员参观北京市道路交通安全展览，区政协主席范文彦、常务副主席王晓芝、副主席赵润东及秘书长唐荣出席。

23日，市政协主席阳安江到我区调研。视察长阳镇牛家场、保合庄、闫仙垡村新农村建设情况、琉璃河镇天鸿顺鸭业有限公司、西地村红芷苑手袋厂生产建设情况，听取了区委书记聂玉藻关于全区经济社会发展情况和区政协主席范文彦关于五届政协工作情况汇报。市政协秘书长李建华、研究室副主任董援朝、人事联络室副主任陈昕及副区长高言杰、常务副主席王晓芝、秘书长唐荣等陪同调研。

29日，区政协首次举行向市民公开征集提案线索启动仪式。主席范文彦出席并讲话。区政协常务副主席王晓芝主持仪式，秘书长唐荣出席。

30日，区政协召开推进新农村建设座谈会。主席范文彦，常务副主席王晓芝，副主席万金峰、赵润东、肖武、邵进及秘书长唐荣出席。

9月

13日，区政协文教文史联络委员会视察国家级文物古迹金陵和景教十字寺。常务副主席王晓芝出席。

15日，召开了区政协五届委员会主席会议，研究了换届工作和召开六届一次会议的有关事项。

19日至28日，区政协主席范文彦分别到新成立的西潞街道办事处、拱辰街道办事处、良乡地区办事处进行调研。常务副主席王晓芝、秘书长唐荣陪同。

19日，区政协部分委员应邀参加了区劳动局、财政局召开的农村社会养老保险和公费医疗改革座谈会。主席范文彦，秘书长唐荣出席。

21日，区政协召开学习《江泽民文选》辅导报告会。区政协常委、学习委员会委员观看了中央党校副校长李君如所作的专题辅导录像。主席范文彦、副主席肖武，秘书长唐荣出席。报告会由常务副主席王晓芝主持。

22日，区政协开展推进工业发展视察活动。主席范文彦，常务副主席王晓芝，副主席万金峰、赵润东、邵进及秘书长唐荣出席。

22日，区政协卫生界别小组召开座谈会。听取了区卫生局今年全区卫生事业的发展情况介绍。主席范文彦、常务副主席王晓芝出席。

26日，区政协召开和谐社区建设研讨会。主席范文彦、副区长任全胜、副主席赵润东及秘书长唐荣出席。

30日，区政协召开迎国庆、庆中秋座谈会。主席范文彦，常务副主席王晓芝，副主席万金峰、赵润东、肖武及秘书长唐荣出席。

10月

17日，区政协、区委统战部联合召开学习中共十六届六中全会精神座谈会。主席范文彦，副主席万金峰、赵润东、肖武出席。座谈会由常务副主席王晓芝主持。

17日，区政协农林界委员与农口单位座谈。主席范文彦、副主席万金峰出席座谈会。

19日，区政协在拱辰街道办事处召开征集提案线索座谈会。主席范文彦、常务副主席王晓芝等领导出席。

19日，区政协召开新农村建设座谈会。主席范文彦，常务副主席王晓芝，副主席万金峰、赵润东、肖武和区政协委员中的民营企业家、部分工商联会员和私个协会员参加了会议。区长祁红到会听取了政协委员关于新农村建设的意见和建议。

25日，区政协在良乡镇召开征集提案线索座谈会。主席范文彦、常务副主席王晓芝出席。

26日，区政协组织部分委员参加区工商分局开放日活动。副主席赵润东出席。

11月

1日,区政协提案委员会召开全体会议。会议对五届政协常委会提案工作报告(草案)提出了修改意见;通报了区政协向社会征集提案线索活动的情况;通过了2006年度优秀提案和先进承办单位推荐名单。主席范文彦、常务副主席王晓芝等领导出席。

14日,区政协组织部分委员视察区公安分局工作。主席范文彦、常务副主席王晓芝、副主席赵润东出席。

15日,区政协召开优秀文史撰稿员表彰会。区政协主席范文彦、常务副主席王晓芝等领导向罗玉源、宋湘、魏志华等18名优秀文史撰稿员颁发了"优秀撰稿员"证书及奖金。

24日,召开了区政协五届委员会常务委员会会议,审议了六届一次会议有关事项。

28日,区政协召开2006年度表彰会。会上对23名2006年度优秀政协委员、21件优秀提案、27篇优秀调研报告、11篇优秀社情民意信息、29名重视社情民意信息的委员和57篇"我当政协委员"征文进行表彰。主席范文彦,常务副主席王晓芝,副主席万金峰、赵润东、肖武、邵进出席。

28日,区政协召开离任委员座谈会。区政协主席范文彦讲话中对离任委员为区政协工作所做出的贡献给予了充分肯定,常务副主席王晓芝,副主席万金峰、赵润东、肖武、邵进等领导出席会议。

29日,区政协召开六届新委员见面会。范文彦主席就新委员如何履行职责提出了要求。常务副主席王晓芝出席会议。

12月

11日至15日,中国人民政治协商会议北京市房山区第六届委员会第一次会议在昊天假日酒店召开。

2007年

1月

10日至11日,区政协召开2007年工作务虚会。常务副主席王晓芝,副主席李惠英、万金峰、赵润东、肖武,秘书长李金田出席。区委副书记苗立峰到会并讲话。会议由区政协主席范文彦主持。

11日,区政协主席范文彦带队视察区民防局工作。副主席李惠英、秘书长李金田出席。

12日,区政府召开办理政协委员提案工作会议。主席范文彦,区委常委、常务副区长陈永出席。

19日,区政协在十渡镇六合村开展"和谐新房山,温情进万家"慰问活动。区政协机关捐资5000元,区政协农村委委员刘长安、马全福、赵洪兰、刘春玲捐助价值20000元的米、面、油等生活用品,慰问了89家贫困户,主席范文彦,秘书长李金田出席活动。

22日,区政协主席范文彦带队视察区交通局工作。常务副主席王晓芝,副主席李惠英、高维魁,秘书长李金田陪同视察。

24日,部分区政协委员分别慰问了城关、青龙湖、窦店、石楼、西潞街道五个乡镇、街道办事处共50户贫困残疾人家庭。主席范文彦,常务副主席王晓芝,副主席李惠英、万金峰、赵润东、肖武,秘书长李金田分别带队慰问。

2月

7日,区政协、区委统战部联合举办房山区各界人士春节茶话会。区委书记聂玉藻,区人大主任郭先英,区政协主席范文彦,区委副书记苗立峰,区委常委、区政府常务副区长陈永,区政协常务副主席王晓芝，副主席李惠英、万金峰、赵润东，秘书长李金田以及历届区政协老领导出席。范文彦主席致新春贺词。茶话会由区政协常务副主席、区委统战部部长王晓芝主持。

14日，区政协主席范文彦到区体育局调研，听取了区体育局路建华局长关于2007年全区体育工作思路的汇报。

3月

14日，范文彦主席出席西潞街道和谐社区建设研讨会。副主席李惠英、秘书长李金田出席研讨会。

14日至29日，区政协主席范文彦，常务副主席王晓芝，副主席李惠英、高维魁、万金峰、赵润东、肖武及秘书长李金田分别率领部分提案委员到区建委、区委统战部、区文委、区卫生局、区新农村办、区水务局、区公安分局、区规划分局进行提案督办。

28日，召开了区政协六届委员会主席会议，研究确定了重点调研课题。

28日，区政协联合区委统战部、区新农村办、区工商联、区私个协召开"联百家民营企业，牵百村新农村建设"活动再动员大会。主席范文彦，区人大副主任梁顺，副主席李惠英、万金峰、赵润东及秘书长李金田出席。常务副主席王晓芝作动员报告，副区长王忠海在动员会上讲话。会议由副主席李惠英主持。

21日至23日，区政协举办新委员培训班。市政协副秘书长孙聿、张平夫和提案委员会副主任任英英围绕人民政协的性质、地位、作用，调研与反映社情民意，政协提案的撰写等内容作了报告。区委书记聂玉藻、区政协主席范文彦出席并讲话。常务副主席王晓芝，副主席李惠英、高维魁、赵润东、肖武及秘书长李金田出席。

30日，市政协新型农村合作医疗调研组到房山调研。市政协教文卫体委员会主任杜金香、副主任张国义出席调研活动。区政协主席范文彦、副区长卢国懿、常务副主席王晓芝、副主席李惠英陪同调研。

4月

4日，区政协专委三室组织召开文史专辑《房山历代人物》编辑工作会。主席范文彦，副主席肖武出席。

5日，区政协主席范文彦到中国原子能科学研究院督办"房山区区域发展规划统筹考虑中国原子能科学研究院发展规划"提案。副主席肖武出席。

9日，区政协主席范文彦到燕山办事处了解提案办理工作情况。

10日，区政协召开提案先进承办单位座谈会。区委常委、常务副区长陈永讲话出席并讲话。区政协主席范文彦，副主席李惠英及秘书长李金田出席。

11日，区政协委员捐款支持阎村镇新农村建设。主席范文彦、秘书长李金田出席捐款仪式。

12日，区政协常委、教文卫体委员会部分委员对新农村公共卫生建设进行视察。主席范文彦，副主席李惠英、万金峰及秘书长李金田出席。副区长王忠海陪同视察。

17日，区政协城建环保委员会部分委员视察区规划分局、区燃气中心。主席范文彦出席。

18日至26日，区政协分别召开由区直部门、乡镇、街道办事处、民主党派、人民团体、经济界代表人士及部分政协委员参加的8个座谈会，听取有关加强政协工作的意见和建议。主席范文彦，区委副书记苗立峰，区委常委、组织部部长张祝华，常务副主席王晓芝，副主席李惠英、高维魁及秘书长李金田出席。

24日，区政协召开"共建和谐社区"活动动员会。主席范文彦、区委副书记苗立峰讲话，副区长马丽英讲话，副主席李惠英、高维魁、万金峰、赵润东、肖武，秘书长李金田出席。会议由副主席赵润东主持。

26日，区政协社会法制与民族宗教委员会召开会议。讨论开展"共建和谐社区"活动的有关事宜；研究制定了调研报告实施方案。副主席赵润东出席。

26日，区政协机关党支部举办"知委员、认委员"竞赛活动。主席范文彦、常务副主席王晓芝、秘书长李金田出席。

27日，区政协城关街道地区委员举办"共建和谐社区"活动启动仪式。常务副主席王晓芝出席。

27日，区政协学习与文史委员会部分委员视察周口店北京人遗址。副主席肖武出席。

5月

17日至31日，区政协开展民主评议区劳动和社会保障局活动。这次评议活动，紧紧围绕就业、社会保险、劳动关系三项重点工作进行。对区劳动和社会保障局的三项重点工作进行客观评价，并提出了意见和建议，对区劳动和社会保障局进行测评。60名委员参加测评，满意率为100%。主席范文彦，区委常委、常务副区长陈永，常务副主席王晓芝，副主席李惠英、万金峰、赵润东、肖武，秘书长李金田出席。

6月

2日至3日，区政协举办第三届"和谐杯"乒乓球赛。主席范文彦，常务副主席王晓芝，副主席李惠英、万金峰、赵润东、肖武，秘书长李金田出席。

6日，丰台区政协主席初建华、副主席胡燕率队到我区考察土地现状和使用情况。主席范文彦、副主席李惠英及秘书长李金田出席。

7日至8日，区政协召开《中共北京市房山区委关于进一步加强人民政协工作的意见》（草案）征求意见座谈会。主席范文彦出席。

7日，区政协学习与文史委员会为燕山迎风街道社区捐赠了《房山文史资料全编》100套，并向"金秋舞蹈队"捐赠人民币3000元，用于购买演出服装；为官道中心校捐赠《房山文史资料全编》120套。副主席李惠英出席捐赠仪式。

8日，区政协主席范文彦出席评选"和谐社区"活动启动仪式。副主席李惠英、秘书长李金田出席。

15日，区政协农村委举行捐助西潞街道西潞园社区、西潞东里社区活动。主席范文彦出席并讲话。常务副主席王晓芝、副主席李惠英、秘书长李金田出席。

26日，区委召开第三次政协工作会议。会上，印发了《中共北京市房山区委关于进一步加强人民政协工作的意见》《中共北京市房山区委北京市房山区人民政府关于进一步办理政协建议案的办法（讨论稿）》和《中共北京市房山区委北京市房山区人民政府关于进一步加强区委区政府职能部门与政协专门委员会对口联系的意见（讨论稿）》。区委书记聂玉藻、区长祁红、区政协主席范文彦讲话。区领导郭先英、苗立峰、史全富、唐淑荣、刘欣国、王锁群、张祝华、李福田、王晓芝、高维魁、赵润东、肖武出席。

27日，区政协提案委员会委员及有关提案人就加强我区公共交通建设提案的办理情况进行视察。副区长吴会杰、常务副主席王晓芝、秘书长李金田出席视察活动。

7月

4日，区政协教文卫体委员会召开全体会议，对半年工作进行总结。副主席李惠英出席。

6日，区政协教文卫体委员会、学习与文史委员会举行共建和谐社区捐助活动。副主席李惠英、肖武，秘书长李金田出席。

12日，区政协学习与文史委员会举办首都隐蔽战线工作报告会。主席范文彦，秘书长李金田出席。

24日，区政协、区委统战部召开学习胡锦涛同志6.25讲话座谈会。主席范文彦，副主席李惠英、万金锋，秘书长李金田出席。座谈会由常务副主席、区委统战部部长王晓芝主持。

25日，召开了区政协六届委员会常务委员会会议，听取了全区上半年经济社会发展情况通报和党风廉政建设情况通报。

29日，区政协社会法制与民族宗教委员会委员视察区第二看守所。副主席赵润东、秘书长李金田出席。

8月

4日至6日，区政协在山东省青岛市召开2007年度调研报告研讨会。研讨会由范文彦主席主持。常务副主席王晓芝，副主席李惠英、万金峰、赵润东，秘书长李金田出席。

23日，区政协主席范文彦就老旧小区改造和管理进行专题调研。秘书长李金田陪同调研。

27日，区政协城建环保委与拱辰街道举办齐心协力共建和谐社区活动。区政协领导范文彦、王晓芝、李惠英、万金峰、肖武、李金田出席活动。

29日，区政协主席范文彦就和谐社区建设到拱辰街道调研。秘书长李金田陪同调研。

9月

7日，区政协常委、农村委委员视察新农村农业产业。区委常委、常务副区长陈永对委员们的发言给予充分肯定。范文彦主席出席并讲话。常务副主席王晓芝主持座谈会。副主席万金峰、赵润东、肖武，秘书长李金田出席。

11日，区政协主席范文彦出席党派团体负责人会议。他要求各党派、团体根据需要与可能，发挥自身优势，认真抓好与社区结对工作，抓实让社区群众真正受益的活动，使"共建和谐社区"活动开展得更扎实、更有效。

11日，区政协农村委组织部分委员参加佛子庄乡北窖村"百年栗王精品板栗"拍卖活动。副主席李惠英出席。

13日，区政协部分委员视察泰华房地产开发集团有限公司。主席范文彦，副主席李惠英、万金峰、赵润东，秘书长李金田出席。

15日，区政协城建环保委与私个协部分会员开展"义务服务居民，共建和谐社区"活动。常务副主席王晓芝，副主席万金峰、赵润东，秘书长李金田出席活动。

21日，区政协、区委统战部联合召开庆中秋迎国庆联谊会。常务副主席王晓芝致节日贺词。区委副书记苗立峰发表讲话。区委常委、区政府副区长高言杰，区人大常务副主任李福田，区政协常务副主席王晓芝，副主席高维魁、赵润东，秘书长李金田出席。联谊会由副主席赵润东主持。

27日，民盟房山支部积极响应区政协"共建和谐社区"倡议，为北潞园社区捐款款物。副主席李惠英、秘书长李金田出席捐赠仪式。

10月

17日，区政协教文卫体委、学习与文史委部分委员赴十渡镇西石门村开展送卫生文化下乡活动。副主席李惠英出席。

18日，区政协组织常委、经科委委员视察工业发展情况。主席范文彦出席并讲话。副主席万金峰主持座谈会。常务副主席王晓芝，副主席李惠英、赵润东、肖武，秘书长李金田出席。

23日，区政协教文卫体委委员到高教园区视察。主席范文彦，常务副主席王晓芝，副主席李惠英，秘书长李金田陪同视察。

25日，区政协、区委统战部举办学习中共十七大精神座谈会。常务副主席王晓芝，副主席李惠英、秘书长李金田出席。座谈会由副主席肖武主持。

26日，区政协召开民主党派、人民团体负责人会议。主席范文彦就共建和谐社区影像资料的收集及区政协六届二次会议"和谐社区论坛"的发言准备提出了要求。副主席赵润东、秘书长李金田出席会议。

11月

5日，区政协城建环保委部分委员视察良乡三街、四街污水坑改造情况。区政协主席范文彦出席并讲话，副主席李惠英陪同。

6日，房山区拱辰街道残疾人职业康复站举行揭牌仪式。主席范文彦，副主席李惠英出席。

7日，区政协学习与文史委召开《房山历代人物》顾问座谈会。主席范文彦，副主席李惠英、肖武出席。

16日，区政协经科委组织部分委员参加首都西南五区经济发展论坛。主席范文彦、常务副主席王晓芝，副主席万金峰，秘书长李金田出席论坛。

28日，区政协举办新农村建设项目招商洽谈会。洽谈会由常务副主席王晓芝主持，区政协主席范文彦致辞，区委常委、常务副区长陈永在洽谈会上讲话。区委常委、宣传部部长唐淑荣，区人大副主任刘顺林，秘书长李金田出席活动。

31日，区政协部分委员参加了区政府2008年拟办重要实事征求意见座谈会。座谈会由副主席李惠英主持。区委常委、常务副区长陈永出席。

12月

20日，召开了区政协六届委员会常务委员会会议，讨论通过了区政协常委会工作报告和关于提案工作情况报告。

2008年

1月

7日，区政协召开2007年度表彰会，对于腊梅等20名优秀政协委员及27篇优秀调研报告、20件优秀提案、13条优秀社情民意信息及25名重视社情民意信息工作的委员进行表彰。

8日至10日，中国人民政治协商会议北京市房山区第六届委员会第二次会议在昊天假日酒店召开。

2月

28日，区政协农村委召开主任扩大会议，讨论2008年农村委工作计划。常务副主席王晓芝出席。

3月

4日，区政协召开2008年工作务虚会。常务副主席王晓芝，副主席李惠英、万金峰、赵润东，秘书长李金田出席。会议由范文彦主席主持。

6日，区政协组织部分委员到北京石油交易所视察。主席范文彦、常务副主席王晓芝、副主席李惠英、秘书长李金田出席。

25日，区政协、区委统战部联合举办学习中共十七大精神报告会。北京市十七大精神宣讲团成员、首都师范大学教授郭海燕从十七大报告主题等七个方面分析和详细阐述了十七大的主要内容和深刻内涵。主席范文彦，副主席万金峰、赵润东、肖武，秘书长李金田出席。报告会由区政协常务副主席、区委统战部部长王晓芝主持。

26日，区政协主席范文彦、常务副主席王晓芝出席第二届首都西南区域经济发展论坛组委会第一次会议。

4月

3日，区政协主席范文彦就"百村帮扶"工作到周口店镇娄子水村调研。常务副主席王晓芝、秘书长李金田等陪同调研。

3日，区政协召开推进"百村帮扶工程"座谈会。主席范文彦出席。常务副主席王晓芝主持座谈会。

8日，区政协副主席高维魁到燕山办事处督办重点提案。

9日，区政协副主席肖武率领部分委员到文委视察提案办理情况。就"关于大力发展我区文化创意产业的建议"重点提案的办理情况，听取了区委宣传部和文委责任人的汇报。

9日，区政协召开各民主党派2008年调研工作座谈会。主席范文彦，副主席李惠英、秘书长李金田出席。

10日，区政协主席范文彦出席区建委承办提案座谈会。吴会杰副区长就委员和群众关注的城镇建设问题做了介绍。副主席高维魁、万金峰出席。

11日，召开了区政协六届委员会常务委员会会议，审议通过了区政协常委会2008年工作要点和增补委员的决定。

15日，区政协召开"共建和谐社区"活动帮扶结对工作会。副主席李惠英讲话。副主席万金峰、赵润东出席。

16日，区政协学习与文史委部分委员赴平谷区政协就文史资料工作进行学习交流。副主席高维魁出席。

18日，区政协主席范文彦就百村帮扶工作到周口店镇娄子水村调研。常务副主席王晓芝、副主席高维魁、秘书长李金田等出席。

23日，区政协主席范文彦就生态保护和生态建设到区林业局调研。副主席高维魁、秘书长李金田陪同调研。

23日，区政协常务副主席王晓芝到区劳动保障局督办提案办理工作。

25日，区政协召开"共建和谐社区"活动动员会。副主席李惠英作动员报告。范文彦主席讲话并提出要求。副主席赵润东、肖武，秘书长李金田出席。会议由常务副主席王晓芝主持。 30日，区政协常务副主席王晓芝到周口店镇车厂村就帮扶工作进行调研。

5月

6日，区政协主席范文彦带队视察加州水郡住宅小区。常务副主席王晓芝，副主席李惠英、高维魁陪同调研。

14日，区政协学习与文史委员会召开《房山历代陵墓》编著专家座谈会，对《房山历代陵墓》编写工作进行研讨。范文彦主席讲话并提出了要求。副主席高维魁、肖武出席。

16日，市政协副主席沈宝昌到我区调研。听取了区委书记聂玉藻对全区经济社会发展情况的汇报和区政协主席范文彦关于区政协工作情况的汇报，实地视察恒通创新木塑科技发展有限公司。市政协人事联络室主任王荔茹、副主任陈昕，区委副书记、区长祁红，常务副主席王晓芝，副主席李惠英、高维魁、万金峰、肖武等陪同调研。

16日，区政协主席范文彦率部分政协委员视察民防工作。副主席李惠英、高维魁，秘书长李金田陪同视察。

20日，区政协主席范文彦对我区老旧小区改造和"无城镇危房户"工作进行视察。副主席李惠英、高维魁，秘书长李金田陪同调研。

22日，区公路分局邀请部分政协委员座谈2008年提案办理工作。副主席肖武出席。

27日，区政协召开民主评议全区卫生工作动员会。范文彦主席就如何开展好评议工作进行，会议由常务副主席王晓芝主持。副主席李惠英、高维魁、万金峰、赵润东、肖武，秘书长李金田出席。

30日至31日，区政协举办第四届"和谐杯"乒乓球赛。区政协主席范文彦，常务副主席王晓芝，副主席李惠英、高维魁、万金峰、赵润东、肖武，秘书长李金田出席。

6月

2日，区政协民主评议卫生工作全面展开。召开了全区卫生工作汇报会，听取了区卫生局关于全区卫生工作的汇报，分组听取了医疗卫生服务、公共卫生服务、新型农村合作医疗推进及基础设施建设四个方面的专项汇报。区政协主席范文彦，区委副书记苗立峰，副区长马丽英，常务副主席王晓芝，副主席李惠英、高维魁、万金峰、赵润东、肖武，秘书长李金田出席。

10日，区政协在西潞园社区举行巧姑靓嫂公司西潞园手工制作室开办仪式。常务副主席王晓芝出席开办仪式。

17日，区政协召开民主评议卫生工作总结汇报会，并对卫生工作进行测评，65名委员参加了测评，满意率和基本满意率为100%。副区长马丽英对区政协的民主评议工作给予了高度评价。范文彦主席讲话。会议由常务副主席王晓芝主持。副主席李惠英、高维魁、万金峰、赵润东、肖武，秘书长李金田出席。

24日至25日，市政协文史和学习委员会召开的北京市政协文史工作座谈会上，区政协学习与文史委员会参与编辑的《北京文史资料精选》18卷本被评为优秀文史资料图书特等奖、《房山文史资料全编·甲集》被评为北京市政协优秀文史资料图书一等奖、《房山历代人物》被评为优秀奖。主席范文彦、副主席肖武出席座谈会。

25日，范文彦主席就和谐社区建设工作到城关街道调研。

7月

2日，区文委邀请政协部分文化界别委员视察我区奥运文化广场。副主席高维魁出席。

3日，区政协主席范文彦就"百村帮扶"工作到周口店镇调研。常务副主席王晓芝、秘书长李金田出席。

8日，范文彦主席带队视察政协委员参与百村帮扶工程情况。常务副主席王晓芝出席活动。

9日，区政协主席范文彦出席西潞街道西潞东里社区手工制作室成立仪式。副主席高维魁陪同。

10日，区政协部分委员视察我区奥运火炬传递线路。主席范文彦，副主席李惠英、高维魁、万金峰、赵润东、肖武，秘书长李金田出席。

16日，区政协组织全体常委、经科委委员视察现代服务业建设情况。区委常委、常务副区长陈永讲话并提出希望。主席范文彦，常务副主席王晓芝，副主席李惠英、高维魁、万金峰、赵润东，秘书长李金田出席。

16日，区政协城建环保委员会召开全体会议。副主席李惠英出席活动。

18日，区政协、区委统战部联合举办房山区各界人士积极投身平安奥运誓师会。范文彦主席出席并讲话。赵润东副主席宣读了房山区政协、区委统战部向全区政协委员和各民主党派、人民团体以及各族各界人士发出的《积极投身平安奥运建设倡议书》。会议由常务副主席、区委统战部部长王晓芝主持。副主席李惠英、高维魁、万金峰、肖武，秘书长李金田出席。

18日，区政协举行共建和谐社区捐赠活动。区政协领导范文彦、王晓芝、李惠英、高维魁、赵润东、肖武、李金田出席。

23日，区政协主席范文彦到区环保局调研。常务副主席王晓芝，副主席李惠英、高维魁，秘书长李金田陪同调研。

23日，区政协开展共建和谐社区捐助活动。主席范文彦，常务副主席王晓芝，副主席李惠英、高维魁，秘书长李金田出席活动。

25日，区政协主席范文彦到良乡工业开发区调研。常务副主席王晓芝，副主席李惠英、高维魁，秘书长李金田陪同调研。

28日至31日，区政协召开2008年度调研工作研讨会。范文彦主席出席并讲话。常务副主席王晓芝，副主席李惠英、高维魁、万金峰、赵润东、肖武，秘书长李金田出席。

8月

6日，民进房山支部举办"拥有健康心理，构建和谐社区"大型图片展开展仪式。区政协领导范文彦、王晓芝、李惠英、高维魁、万金峰、赵润东、肖武出席。

12日至13日，区政协学习文史委和教文卫体委召开工作会议，就上半年工作进行总结。主席范文彦，副主席高维魁、肖武出席。

14日，区政协委员为房山中学首届宏志毕业生捐助学费。北京市慈善协会副会长杨得成，区政协主席范文彦，区委常委、组织部部长张祝华，副区长马丽英，区政协常务副主席、区委统战部部长王晓芝，区政协副主席李惠英，区长助理李静云，市慈善协会副秘书长张坤义等领导出席捐助仪式。

19日至20日，区政协召开山区转型产业发展座谈会。主席范文彦，常务副主席王晓芝、副主席万金峰出席。

21日，区政协组织全体常委、城建环保委委员视察创建国家卫生区工作。主席范文彦，常务副主席王晓芝，副主席李惠英、高维魁、万金峰、赵润东、肖武，秘书长李金田出席。副区长吴会杰陪同视察。

27日，区政协教文卫体委委员对"十一五"规划卫生工作开展中期考察。副主席高维魁出席。

9月

3日，区政协学习与文史委员会为燕山公安分局和区第二看守所捐赠了《房山文史资料全编》和《房山历代人物》各100套。副主席肖武出席捐赠活动。

3日至4日，区政协经科委召开新型工业发展座谈会。主席范文彦、副主席万金峰出席活动。

4日，区政协社会法制与民族宗教委员会对区劳动和社会保障局"十一五"规划执行情况进行考察。副主席赵润东出席。

9日，民进房山支部、区文委、城关街道以及北京社会心理健康中心共同举办了"拥有健康心理，构建和谐社会"大型图片展览。范文彦主席出席活动。

10月

10日，区政协提案委召开征集提案线索座谈会。主席范文彦，副主席高维魁出席。

14日，区政协城建环保委员会召开主任会议。副主席李惠英出席。

15日，区政协举办第二届首都西南区域经济发展论坛房山分论坛。房山分论坛的主题是"首都西南区域旅游及文化创意产业发展"。区政协主席范文彦，区政府副区长王忠海，区政协副主席万金峰、赵润东以及丰台区、石景山区、门头沟区、大兴区政协的领导出席。论坛由区政协副主席李惠英主持。

23日，区政协召开"十一五"规划中期评估座谈会。范文彦主席出席并讲话。副主席高维魁、万金峰、赵润东，秘书长李金田出席。座谈会由副主席李惠英主持。

24日，区政协主席范文彦率部分委员视察拱辰街道一街、长虹社区创建和谐社区情况。副主席李惠英、万金峰出席。

28日，区政协教文卫体委员会组织教育界别委员对教育事业"十一五"规划执行情况进行中期考察。副主席高维魁出席。

29日，区政协召开提案分析会。全面总结六届二次会议以来提案征集、办理的情况，各委室主任、副主任参加会议。主席范文彦，副主席李惠英、高维魁、赵润东、肖武，秘书长李金田出席会议。

31日，区政协组织常委、农村委委员视察新农村建设。范文彦主席出席并讲话。副区长卢国懿陪同视察。副主席李惠英、高维魁、赵润东、肖武，秘书长李金田出席。副主席万金峰主持座谈会。

11月

4日，区政协主席范文彦就首都西南生态涵养区建设到区林业局调研。秘书长李金田陪同调研。

4日，区政协城建环保委委员视察我区危旧房改造工作。范文彦主席出席并讲话。副主席李惠英陪同视察。

5日，区政协召开民营医院院长座谈会。范文彦主席出席并讲话。副主席高维魁、秘书长李金田出席。

6日，区政协召开学习中共十七届三中全会精神座谈会。范文彦主席讲话并提出了要求。副主席万金峰、秘书长李金田出席。副主席肖武主持会议。

6日，区政协主席范文彦就"百村帮扶工程"实施情况到周口店镇娄子水村调研。副主席李惠英、秘书长李金田陪同调研。

10日，区政协主席范文彦就我区公交改革工作到区交通局调研。副区长吴会杰陪同调研。秘书长李金田出席。

12日，区政府就房山区2009年在直接关系群众生活方面拟办的重要实事征求政协委员意见和建议。区政协主席范文彦、副区长卢国懿出席。秘书长李金田主持会议。

14日，区政协社会法制与民族宗教委员会视察良乡监狱和窦店镇窦店民族村。副主席赵润东出席。

28日，区政协主席范文彦到周口店镇娄子水村调研。区委常委、组织部部长张祝华，副主席李惠英陪同调研。

20日，区政协主席范文彦听取各民主党派六届三次全会提案准备情况。

12月

10日，部分政协委员应邀参加区公安分局座谈会。主席范文彦出席并讲话。副主席李惠英、高维魁、赵润东，秘书长李金田出席。

16日，召开了区政协六届委员会常务委员会会议，讨论通过了区政协常委会工作报告和提案工作情况报告及选举事项。

2009年

1月

4日，区政协召开2008年度优秀政协委员表彰会。会议对23名优秀政协委员、20篇优秀提案、24篇优秀调研报告、8篇优秀社情民意信息及17名重视社情民意信息工作的委员进行表彰和奖励，区政协主席范文彦讲话，副主席肖武主持会议。

5至7日，中国人民政治协商会议北京市房山区第六届委员会第三次会议在昊天假日酒店召开。

7日，召开了区政协六届委员会常务委员会会议，听取了提案审查情况报告，审议了政治决议和常委会工作报告的决议。

2月

13日，召开2009年工作务虚会。会议由范文彦主席主持并讲话。

3月

12日，范文彦主席到区设施农业发展办公室督办民盟房山支部提出的"关于加强设施农业建设和管理工作的建议"提案。副主席高维魁出席。

18日，区政协召开深入学习实践科学发展观教育活动动员会。范文彦主席发表动员讲话。副主席李惠英、秘书长李金田出席。会议由副主席高维魁主持。

24日，区政协学习与文史委召开文史撰稿员会。主席范文彦出席。

24日，区政协召开"保增长、保民生、保稳定"调研活动动员会。范文彦主席就开展调研活动的目的、方法和步骤等进行动员和部署。副主席李惠英、万金峰，秘书长李金田出席会议。

25日，李惠英副主席到区交通局督办"关于开通燕山至良乡公交专线的建议"提案。

26日，区政协举办学习中共十七届三中全会精神辅导报告会。邀请国务院发展研究中心市场经济研究所副所长程国强教授就金融危机背景下的"三农"问题进行专题辅导。区政协主席范文彦，副主席李惠英、高维魁、万金峰、赵润东，秘书长李金田出席。报告会由副主席肖武主持。

31日，肖武副主席到区市政管委督办"关于创建国家卫生区长效管理机制的建议"提案。

4月

1日，万金峰副主席到区卫生局督办"关于进一步强化房山区社区卫生服务的建议"提案。

1日，赵润东副主席到区旅游局督办"关于整合旅游资源，推动我区经济发展的建议"提案。

2日，范文彦主席就推进"百村帮扶工程"到周口店镇调研。

16日，区政协召开纪念人民政协成立60周年征稿座谈会。主席范文彦出席并讲话。

16日，范文彦主席带领部分政协委员督办"关于加强设施农业建设和管理的建议"提案。

17日，区政协机关召开学习实践科学发展观报告会。主席范文彦从科学发展观是马克思主义中国化的最新成果，用科学发展观正确认识政协的地位、职能、作用和以科学发展观为指导做好区政协工作三方面作了辅导。

21日，区政协召开深化"共建和谐社区活动"动员大会。副主席李惠英作了题为《进一步发挥政协在和谐社区建设中的作用》的动员报告，副区长马丽英讲话，主席范文彦提出要求。副主席万金峰、肖武，秘书长李金田出席。会议由副主席高维魁主持。

23日，区政协机关召开解放思想大讨论暨调研成果交流会。主席范文彦，副主席李惠英，秘书长李金田出席。

27日，区政协常委和城建环保委委员实地视察轻轨、长周路、京石客运专线建设情况。副区长吴会杰通报了有关情况。主席范文彦，副主席李惠英、高维魁、赵润东、肖武，秘书长李金田出席。

5月

7日，区政协学习与文史委部分委员到中国原子能研究院参观学习。副主席赵润东、肖武出席。

12日，范文彦主席出席区交通局集中答复提案协商会。副主席高维魁、秘书长李金田陪同。

13日，高维魁副主席就"解决房山区中小企业融资难"提案落实情况听取了区发改委、区工业局、区财政局情况汇报。

14日，区政协联合区工商联、区私个协召开"保增长、保民生、保稳定"专题座谈会。会议由主席范文彦主持。区长祁红出席并讲话。区委常委、副区长高言杰，副主席万金峰，秘书长李金田出席。

15日，城关街道办事处召开"城关地区政协委员共建和谐社区表彰暨动员会"。主席范文彦、区政协副主席李惠英出席活动。

18日，区政协召开学习实践科学发展观阶段工作会。主席范文彦出席。会议由秘书长李金田主持。

30日至31日，区政协举办第五届"和谐杯"乒乓球赛。主席范文彦，副主席李惠英、高维魁、万金峰、赵润东、肖武，秘书长李金田出席。

6月

10日，范文彦主席率农村委委员就我区食用菌产业发展进行调研。王忠海副区长陪同。

22日，区政协召开民主评议交通运输管理工作动员会。主席范文彦作动员部署。

22日，区政协召开《政协党组学习实践科学发展观分析检查报告》评议会。

23日，市政协副主席赵文芝到长沟镇太和庄、琉璃河镇立教村天主教堂旧址调研。市民委主任、市宗教局局长申建军，市政协民族宗教委员会办公室主任聂胜利，市天主教爱国会副主席石洪喜，区政协主席范文彦，副主席李惠英陪同调研。

24日，区政协召开区交通运输管理工作汇报会。主席范文彦，副区长吴会杰，副主席李惠英、高维魁、万金峰、赵润东，秘书长李金田出席。会议由副主席李惠英主持。

25日至30日，政协委员实地考察全区交通运输管理工作。

7月

2日，市政协主席阳安江到我区调研。视察了北一良工数控机床有限公司和北京奥特舒尔保健品开发有限公司，听取了区委书记刘伟关于全区经济和社会发展情况的汇报、区政协主席范文彦关于区政协在促进全区经济和社会发展中的作用的汇报和区委常委、纪委书记史全富关于燕房合作进展情况的汇报。市政协党组副书记、副主席沈宝昌，市政协党组成员、秘书长阎仲秋，市政协副秘书长、研究室主任张平夫，市政协副秘书长、办公厅主任孙新军，市政协人事联络室副主任陈昕，区委副书记苗立峰，区委常委、区政府副区长高言杰，区政府副区长卢国懿，区政协副主席李惠英、高维魁、万金峰、赵润东，秘书长李金田陪同调研。

9日，区政协召开民主评议交通运输管理工作总结汇报会。52名与会委员对交通运输管理工作进行测评，满意率和基本满意率为100%。副区长吴会杰对区政协的民主评议工作给予高度评价。会议由范文彦主席主持。副主席李惠英、高维魁、万金峰、赵润东、肖武，秘书长李金田出席。

18日，区政协召开学习实践科学发展观活动测评会。邀请区委办、区政府办、拱辰街道等单位及部分政协委员和机关党员干部代表共30人对区政协学习实践活动进行测评，满意率为100%。

22日，召开了区政协六届委员会常务委员会会议，听取了全区上半年经济工作情况通报和党风廉政建设情况通报。

24日，区政协社会法制与民族宗教委员会就民族村经济发展进行视察。副主席赵润东出席活动。

8月

20日，农工房山总支在西潞街道办事处西潞园社区举办"共建和谐社区书画笔会"。范文彦主席讲话。农工北京市委副主委赵荣国、区政协秘书长李金田出席。

22日至26日，区政协召开2009年调研报告研讨会。主席范文彦，副主席高维魁、赵润东，秘书长李金田出席会议。

9月

2日，区政协城建环保委员视察长阳镇土地储备项目进展情况。副区长吴会杰通报了我区道路交通和功能区建设情况。主席范文彦，副主席李惠英、高维魁，秘书长李金田出席活动。

8日，范文彦主席到区发改委调研。副主席李惠英、高维魁，秘书长李金田陪同调研。

10日，西潞园社区召开"共建和谐社区现场会"。主席范文彦，副主席李惠英，秘书长李金田出席。

10日，部分政协委员与拱辰街道罗府街社区、三街社区举办"迎接国庆、构建和谐"社区居民联欢活动。副主席李惠英、万金峰、肖武，秘书长李金田出席活动。

12日，区政协联合区工商分局、区私个协开展共建和谐社区活动，到苏庄一里社区为居民义务服务。副主席李惠英、高维魁，秘书长李金田出席。

13日，区政协与九三学社房山支社在罗府街社区开展"便民义诊咨询，共建和谐社区"活动。九三学社北京市委常务副主委王琳，区政协主席范文彦，副主席李惠英、高维魁、万金峰，秘书长李金田出席。

15日，范文彦主席到区民防局调研。副主席李惠英，秘书长李金田陪同视察。

16日，范文彦主席到昊远隆基房地产开发公司调研。副主席李惠英、高维魁，秘书长李金田陪同调研。

17日，区政协常委、农村委委员视察设施农业建设情况。主席范文彦，副主席李惠英、高维魁、万金峰、赵润东、肖武，秘书长李金田出席。副区长王忠海陪同视察。

17日，范文彦主席到周口店镇调研。副主席李惠英、高维魁，秘书长李金田陪同调研。

24日，房山区庆祝人民政协成立60周年大会召开。范文彦主席发表讲话。李晓云委员代表民主党派、王宝盛委员代表各族各界委员发言。区委书记刘伟代表区委、区人大、区政府向共同致力于振兴房山大业的全体政协委员、各民主党派、各人民团体和无党派人士表示感谢。区领导祁红、苗立峰、史全富、唐淑荣、王锁群、张祝华、高言杰、李福田、高维魁、万金峰、赵润东、肖武出席。会议由副主席李惠英主持。

28日，区政协召开区情通报会，区委常委、副区长高言杰通报了全区经济发展情况。主席范文彦，副主席李惠英、赵润东，秘书长李金田出席。

10月

21日，区政协在拱辰街道鸿顺园社区举行健身器械场启动仪式。主席范文彦，副主席李惠英、秘书长李金田出席活动。

21日，区政协在西潞街道西潞大街社区举行共建和谐社区情况汇报会。主席范文彦，副主席李惠英，秘书长李金田出席活动。

22日，区政协在周口店镇召开对口帮扶工作会。主席范文彦，副主席李惠英、高维魁，秘书长李金田出席。

23日，区政协召开区情通报会。副区长王忠海通报了2009年1至9月全区农业农村工作情况、2010年工作重点。主席范文彦，副主席高维魁、万金峰、肖武，秘书长李金田出席。

27日，第四届首都西南区域经济发展论坛筹备工作会召开。丰台区、石景山区、大兴区、门头沟区政协主席及五区政协有关专委会主任、副主任出席会议。会议由区政协主席范文彦主持。

28日，范文彦主席率领部分委员视察窦店镇芦村设施农业建设。副主席李惠英陪同视察。

29日，区政协举办委员培训班。新增补的六届政协委员、各民主党派主委、各专委会主任及部分委员参加。市政协副秘书长张平夫作了学习胡锦涛同志在庆祝中国人民政治协商会议成立60周年大会上的讲话精神辅导报告，市政协巡视员、提案委专职副主任任英英讲授了撰写提案的有关知识和要求。主席范文彦，副主席高维魁、赵润东，秘书长李金田出席。

30日，区政协委员视察全区重点工程建设。主席范文彦，副主席李惠英、赵润东、肖武出席。

11月

3日，召开了区政协六届委员会主席会议，研究了召开六届四次会议的有关事项。

4日，范文彦主席到区环保局调研。副主席李惠英、秘书长李金田陪同调研。

6日，区政协常委及部分委员视察区卫生体育工作。主席范文彦，副主席高维魁、赵润东，秘书长李金田出席。

13日，区政协农村委召开全体会，对本委全年工作进行总结。副主席万金峰出席。

25日，区政协召开共建和谐社区工作总结会。主席范文彦，区委副书记苗立峰，副主席高维魁、万金峰、赵润东、肖武，秘书长李金田出席。

26日，区政协就水务局承办的相关提案办理落实情况实地视察刺猬河治理二期工程。主席范文彦，副区长王忠海、区政协副主席高维魁、秘书长李金田出席活动。

12月

7日，范文彦主席到歌华有线公司房山分公司调研。秘书长李金田陪同调研。

9日，区政协委员视察区公安分局工作。主席范文彦，副主席李惠英、高维魁、赵润东，秘书长李金田出席活动。

9日，中国原子能研究院召开社情民意座谈会，干部职工代表围绕地区发展、交通建设、等方面提出意见和建议。院党委副书记李林虎主持会议。区政协副主席高维魁、肖武出席。

23日，区政协提案委员会召开全体会。原则通过了提案工作报告（草案）。副主席高维魁出席并主持会议。

29日，范文彦主席出席民建北京市委参与共建新农村建设签字仪式。市政协副秘书长、民建北京市委常务副主委任学良讲话。副主席李惠英出席。

2010 年

1月

11日至14日，中国人民政治协商会议北京市房山区第六届委员会第四次会议在昊天假日酒店召开。

14日，召开了区政协六届委员会常务委员会会议，听取了提案审查情况报告，审议了政协常委会工作报告的决议和政治决议。

21日，区政协主席唐淑荣到周口店镇调研，听取了镇党委关于周口店镇总体规划和2010年发展思路的汇报。

29日，区政协召开2010年工作务虚会。会议对区政协2010年工作思路、工作目标、重点工作进行研讨。原区政协主席范文彦，副主席李惠英、高维魁、万金峰、赵润东、肖武，秘书长李金田出席。务虚会由唐淑荣主席主持。

2月

2日，唐淑荣主席率机关干部到周口店镇娄子水村慰问贫困群众。副主席李惠英、高维魁，秘书长李金田出席。

7日，区政协召开机关退休老干部座谈会，通报了区政协常委会2009年主要工作和2010年工作思路。区政协主席唐淑荣、原区政协主席范文彦，常务副主席高维魁出席座谈会。会议由副主席李惠英主持。

10日，区政协举行机关春节联欢会。主席唐淑荣、原主席范文彦，副主席李惠英、高维魁，秘书长李金田出席活动。

3月

16日，唐淑荣主席就云居国际石经文化产业园规划建设情况到大石窝镇调研，重点听取了石经博物馆选址、石经碑林项目进展情况的汇报。

16日，区政协学习与文史委召开文史撰稿员会。副主席肖武出席。

16日，2010年房山区办理政协委员提案工作会召开。区委常委、常务副区长高言杰，常务副主席高维魁出席会议。

24日，区政协召开2010年度调研工作会。主席唐淑荣、常务副主席高维魁、副主席李惠英出席。

4月

14日，区政协常委视察中央休闲购物区（CSD）及永定河绿色生态发展带建设情况。主席唐淑荣，原主席范文彦，常务副主席高维魁，副主席李惠英、万金峰、赵润东、肖武，秘书长李金田出席。副区长吴会杰陪同视察。

15日，唐淑荣主席就世界地质公园建设情况到河北镇调研。

21日，唐淑荣主席到区旅游局督办"关于整合全区旅游资源，规范旅游秩序的建议"提案落实情况。常务副主席高维魁陪同。

23日，区政协举办学习全国"两会"精神报告会。邀请全国政协理论研究会秘书长原冬平作专题辅导。主席唐淑荣、副主席万金峰、秘书长李金田出席。报告会由副主席李惠英主持。

27日，区政协开展支持永定河绿色生态发展带建设推进首都西南区域经济发展植树活动。主席唐淑荣，原主席范文彦，副主席李惠英、万金峰、赵润东、肖武，秘书长李金田出席活动。

27日，区政协常务副主席高维魁区卫生局督办"关于改善第一医院医疗环境的建议"提案落实情况。

30日，李惠英副主席到区交通支队督办"关于治理良乡地区交通环境的建议"提案落实情况。

5月

6日至7日，唐淑荣主席陪同市国土资源局领导检查中国房山世界地质公园达标建设情况。

6日，赵润东副主席到区教委督办"关于加强房良两地公办幼儿园建设的建议"提案落实情况。

13日，肖武副主席城关街道督办"关于加强老旧小区基础设施建设，改善居民生活环境的建议"的提案落实情况。

21日，万金峰副主席到人力社保局督办"关于促进农村失地农民就业的建议"提案落实情况。

25日，唐淑荣主席就园林绿化工作到区园林绿化局调研。常务副主席高维魁、秘书长李金田陪同调研。

25日，唐淑荣主席到窦店镇调研。常务副主席高维魁、副主席李惠英、秘书长李金田陪同调研。

26日，区政协社会法制与民族宗教委员会和城建环保委员会委员视察大石窝镇石雕艺术园和云居寺。副主席李惠英、赵润东出席。

27日，区政协教文卫体委员会委员视察区文化馆、图书馆。主席唐淑荣，副主席李惠英出席。

28日，唐淑荣主席到石楼镇调研。常务副主席高维魁、秘书长李金田陪同调研。

6月

1日，唐淑荣主席到青龙湖镇调研。副主席李惠英陪同调研。

2日，唐淑荣主席到阎村镇调研。常务副主席高维魁，副主席李惠英、赵润东、肖武，秘书长李金田陪同调研。

9日，唐淑荣主席就交通运输提案办理情况到区交通局调研。常务副主席高维魁陪同调研。

10日，唐淑荣主席就煤矿关闭替代产业发展情况到史家营乡调研。常务副主席高维魁、秘书长李金田陪同调研。

11日，唐淑荣主席到区市政市容委调研。常务副主席高维魁、副主席李惠英、秘书长李金田陪同调研。

11日，区政协学习与文史委员会委员视察琉璃河西周燕都遗址和中粮集团企业五谷道场。李惠英副主席出席活动。

29日，区政协召开区"十二五"规划建言献策座谈会。主席唐淑荣，常务副主席高维魁，副主席万金峰、肖武参加座谈。

7月

1日，高维魁常务副主席就社区健身设施情况到新镇办事处调研。

13日，区政协召开创先争优活动动员会，就活动的落实作了具体部署。党组副书记、常务副主席高维魁，秘书长李金田出席动员会。

16日，区政协委员视察房山世界地质公园。主席唐淑荣，常务副主席高维魁，副主席李惠英、万金峰、赵润东、肖武，秘书长李金田出席。副区长吴会杰陪同视察。

21日至22日，区政协召开2010年调研报告研讨会。主席唐淑荣，原主席范文彦，常务副主席高维魁，副主席李惠英、赵润东、肖武，秘书长李金田出席。

8月

27日，区政协召开"政协委员山区行"动员大会，对"山区行"活动进行安排部署。主席唐淑荣，区委副书记张祝华，副主席李惠英、万金峰、赵润东、肖武，秘书长李金田出席会议。会议由常务副主席高维魁主持。

9月

3日，召开了区政协六届委员会常务委员会会议，审议了召开六届五次会议的相关事项，增补毛大庆等4名同志为区政协六届委员会委员。

9日，第四届首都西南区域经济发展论坛在房山区会议中心举行。会议由组委会领导小组组长、区政协主席唐淑荣主持。中共房山区委书记刘伟发表致辞。市政协主席阳安江在论坛上作重要讲话。北京市水务局局长程静全面介绍了永定河绿色生态发展带建设情况。石景山区区长周茂非、门头沟区区长王洪钟，房山区区长祁红，丰台区代区长崔鹏，大兴区委常委、副区长李春亭，就如何加快永定河绿色生态发展带建设及首都西南区域经济发展等问题发表了主题演讲。北京市原市长焦若愚，北京市委常委、统战部部长牛有成，市政府副市长苟仲文，市政协副主席沈宝昌，市发改委、市旅游局等部门有关领导，河北省涿州市及固安县党委、政府、政协的主要领导出席论坛，首都大专院校、科研院所的专家学者代表及50多家新闻媒体参加活动。

15日，中国人民政治协商会议北京市房山区第六届委员会第五次会议在区委党校召开。

17日，区政协机关全体中共党员到河北省平山县西柏坡革命教育基地接受革命传统教育。常务副主席高维魁、副主席周文海出席活动。

19日，区政协召开老干部中秋座谈会。主席唐淑荣，常务副主席高维魁，副主席周文海、秘书长李金田出席座谈会。

10月

12日，唐淑荣主席到区国土分局调研。常务副主席高维魁，副主席李惠英、周文海陪同调研。

14日，唐淑荣主席到区国资委调研。常务副主席高维魁，副主席李惠英、周文海陪同调研。

15日，区政协组织部分政协委员和民主党派、人民团体负责人，就关闭煤矿后山区转型发展问题到南窖乡调研视察。主席唐淑荣，常务副主席高维魁，副主席李惠英、万金峰、赵润东出席活动。

21日，区政协召开学习贯彻北京市第三次政协工作会议精神专题辅导报告会。邀请市政协原副秘书长、研究室主任张平夫做辅导报告。主席唐淑荣，副主席李惠英、万金峰、赵润东、肖武出席会议。报告会由常务副主席高维魁主持。

26日，区政协召开帮扶工作座谈会。主席唐淑荣，常务副主席高维魁，副主席李惠英、周文海出席座谈会。

26日，区政协召开征集提案线索座谈会。副主席周文海出席会议。

27日，区政协常委视察轨道交通房山线和窦店高端现代制造业产业基地建设情况。主席唐淑荣，常务副主席高维魁，副主席李惠英、周文海、万金峰、赵润东、肖武，秘书长李金田出席视察活动。区政协历届主席应邀视察。

28日，区政协组织部分政协委员和民主党派、人民团体负责人，就关闭煤矿后山区的产业转型发展问题到蒲洼乡山野菜繁育基地调研座谈。主席唐淑荣，副主席李惠英出席活动。

11月

4日，区政协农村委部分委员到区农科所食用菌产业园视察。常务副主席高维魁出席。

5日，区政协城建环保委视察旧城改造和设施农业。副主席李惠英出席。

8日，由农工北京市委、房山区政协联合主办，周口店镇政府及农工房山总支协办的第二十二届"中国国际科学与和平周、政协委员山区行"活动在房山区周口店娄子水村正式启动。农工北京市委副主委赵荣国、秘书长刘迎，区政协副主席李惠英，农工房山总支主委王峙出席启动仪式。

10日，区政协举办学习中共十七届五中全会精神暨国际形势报告会。邀请中央财经大学统计学院院长助理吕光明教授和中国人民大学国际关系学院副院长金灿荣教授作专题辅导。主席唐淑荣，原主席范文彦，副主席周文海、万金峰出席。报告会由副主席李惠英主持。

10日，区政协召开议政建言座谈会，与会人员围绕全区"两轴三带五园区"战略的实施、城市化建设山区搬迁与替代产业发展等方面提出意见和建议。主席唐淑荣、副主席万金峰、秘书长李金田出席会议。副主席周文海主持座谈会。

15日，部分区政协委员应邀参加房山区"十二五"规划纲要征求意见座谈会。主席唐淑荣，副主席李惠英、周文海、万金峰、赵润东、肖武，秘书长李金田出席。

18日，区政协常委视察北京石化新材料科技产业基地。区人大主任史全富，区政协主席唐淑荣，副区长马继业，副主席李惠英、赵润东、肖武，秘书长李金田出席活动。

26日，区政协主席唐淑荣率领部分委员视察区人力资源和社会保障工作。副主席李惠英、周文海、万金峰、赵润东，秘书长李金田陪同视察。

12月

3日，区政协委员视察区公安分局工作。主席唐淑荣，副主席李惠英、周文海、万金峰、赵润东、肖武，秘书长李金田出席。

14日，区政协开展"政协委员山区行"活动，就关闭煤矿后山区产业转型发展问题与佛子庄、河北等五个乡镇进行座谈。主席唐淑荣、副区长卢国懿、副主席李惠英出席活动。

21日，区政协主席唐淑荣参加中国原子能研究院征集社情民意座谈会。院党委书记张昌明，区政协副主席肖武，秘书长李金田出席会议。

21日，副主席李惠英参加第五届首都西南区域经济发展论坛筹备会。

2011 年

1月

5日至7日，中国人民政治协商会议北京市房山区第六届委员会第六次会议在昊天假日酒店召开。

6日，召开了区政协六届委员会主席会议，听取了分组讨论情况汇报。

26日，唐淑荣主席到周口店镇走访慰问。常务副主席高维魁、副主席李惠英、秘书长李金田陪同慰问。

30日，区政协机关举办2011年春节联欢会。主席唐淑荣致新春贺词。

2月

12日，区政协召开2011年工作研讨会。与会人员就进一步做好2011年政协工作提出意见和建议。会议由唐淑荣主席主持。常务副主席高维魁、副主席李惠英、周文海、万金峰、赵润东，秘书长李金田出席。

24日，房山区办理人大代表建议和政协委员提案工作会召开。区委常委、常务副区长高言杰，区人大常务副主任李福田，区政协副主席周文海出席。

3月

1日，区政协农村委就我区水资源形势到区水务局进行调研。常务副主席高维魁出席。

2日，区政协学习与文史委员会召开文史撰稿员会。肖武副主席出席会议。

4日，召开了区政协六届委员会常务委员会会议，审议通过了关于增补委员的决定和补选秘书长的建议，通过了区政协常委会2011年工作要点。

9日，房山区第四次政协工作会议筹备工作领导小组办公室会议召开。常务副主席、领导小组办公室主任高维魁主持会议。主席唐淑荣出席会议。

18日，区政协召开提案委员会会议，就"十佳"提案评选活动方案以及入围的提案进行讨论。主席唐淑荣、常务副主席高维魁、副主席周文海、代秘书长游来清出席会议。

24日，周文海副主席就开展"十佳"提案评选与社区群众代表进行座谈。

25日，房山区第四次政协工作会议筹备工作领导小组办公室召开征求意见座谈会。就《中共房山区委关于加强人民政协政治协商制度建设的意见》（代拟稿）征求各民主党派、人民团体和各族各界委员代表意见。常务副主席高维魁主持会议。副主席万金峰、赵润东出席会议。

28日，区政协、区委统战部联合举办学习全国"两会"精神辅导报告会，邀请全国政协委员、中国社科院刘树成教授作专题辅导。报告会由副主席李惠英主持。区政协领导唐淑荣、范文彦、周文海、万金峰、赵润东和部分离退休老干部出席。

30日，房山区"政协委员山区行"公益活动惠山区捐赠仪式在大安山乡举行。区政协主席唐淑荣，常务副主席高维魁，副主席李惠英、赵润东，代秘书长游来清出席。仪式由副主席李惠英主持。

4月

15日，唐淑荣主席参加区法院"开放日"活动。常务副主席高维魁、副主席李惠英、代秘书长游来清陪同参加。

20日，区政协教文卫体委员会赴南窖乡开展"政协委员山区行"送文化、卫生下乡活动。副主席李惠英、肖武出席活动。

22日，区政协举行六届政协"十佳"提案评选揭晓仪式。民进房山支部提出的《关于改造我区老旧社区的提案》等十件提案获选六届区政协"十佳"提案。区委副书记、区长祁红，区政协主席唐淑荣，区委副书记张祝华，区政协原主席范文彦，区人大常务副主任李福田，区政协常务副主席高维魁，副主席李惠英、周文海、万金峰、赵润东、肖武出席仪式。

26日，房山区第四次政协工作会议召开。会议由区委副书记、区长祁红主持。区人大主任史全富，区委副书记张祝华，区政协原主席范文彦，区委常委、区政法委书记刘欣国，区委常委、区纪委书记王智慧，区委常委、区人武部政委韩裕，区委常委、区委办主任赵军，区人大常务副主任李福田，区人大副主任段维鹏、苗宗启，区政协常务副主席高维魁，区政协副主席李惠英、周文海、万金峰、赵润东、肖武出席会议。

5月

5日，区政协常委及部分农村委委员视察水资源开发利用与保护情况。主席唐淑荣，常务副主席高维魁、副主席李惠英、周文海、万金峰、赵润东、肖武，代秘书长游来清出席。区"三化两区"建设咨询委员会副主任委员崔山陪同视察。

11日，李惠英副主席带领部分委员督办"关于统筹规划沟域经济发展的建议"重点提案。

12日，万金峰副主席到老龄办督办重点提案。

17日，市政协经济委主任李进山率领市政协经济委委员，到我区南窖乡就山区经济发展情况进行考察。区政协主席唐淑荣、副主席李惠英陪同考察。

20日，区政协教文卫体委员会视察全区职业教育发展情况。副主席李惠英出席。

25日，区政协教文卫体委员会到理工大学房山分校视察。副主席李惠英出席。

27日，区政协视察青龙湖镇红酒城建设情况。主席唐淑荣、常务副主席高维魁、副主席李惠英、代秘书长游来清出席。区"三化两区"建设咨询委员会副主任委员崔山陪同视察。

6月

2日，区政协召开民主评议区"十二五"规划编制、重点工作、重大项目推进情况动员会。主席唐淑荣，常务副主席高维魁、代秘书长游来清出席。会议由李惠英副主席主持。区政协常委及各专委会部分委员参加。会议决定，从6月8日至21日，区政协对全区发展改革工作进行民主评议。

8日，区政协召开区发展改革工作汇报会。主席唐淑荣，副区长马继业，副主席李惠英、周文海、赵润东、肖武及代秘书长游来清出席。会议由常务副主席高维魁主持。

9日，肖武副主席带队到区人力社保局督办"关于建立大学生就业安置路径的建议"的提案。

10日，区政协召开民主评议全区发展改革工作座谈会。常务副主席高维魁、副主席李惠英、万金峰、赵润东、肖武，代秘书长游来清出席。

13日，唐淑荣主席到张坊镇调研。常务副主席高维魁、副主席李惠英、代秘书长游来清陪同。

14日，唐淑荣主席到区综合行政服务中心调研。常务副主席高维魁、副主席李惠英、周文海，代秘书长游来清陪同。

14日，市政协教文卫体委员会委员到我区调研文化创意产业发展情况。副区长卢国懿、副主席李惠英、代秘书长游来清陪同调研。

15日，区政协城建环保委部分委员实地视察拱辰街道新型城市化发展建设工作。主席唐淑荣，常务副主席高维魁，副主席李惠英、周文海、万金峰、赵润东、肖武，代秘书长游来清出席。

16日，市政协城建环保委视察我区生态环境建设。副主席李惠英陪同视察。

16日，周文海副主席到区市政市容委督办"关于房山新城良乡组团交通疏堵的建议"的提案。

21日，区政协召开民主评议全区发展改革工作总结汇报会，与会的56名政协常委及委员对发改委工作填写了测评表，满意率和基本满意率为100%。主席唐淑荣，区委常委、常务副区长高言杰，常务副主席高维魁，副主席李惠英、周文海、万金峰、赵润东、肖武及代秘书长游来清出席。会议由常务副主席高维魁主持。

23日，唐淑荣主席到长阳镇调研。副主席万金峰、肖武，代秘书长游来清陪同调研。

29日，区政协教文卫体委员会视察我区民办幼教工作。副主席李惠英，代秘书长游来清出席。

7月

5日，首都西南区域经济发展工作总结大会在大兴区召开。原区政协主席范文彦荣获先进个人奖，区政协经科委荣获先进集体奖，区长祁红、区政协主席唐淑荣主编的《首都西南新型城镇化研究》一书及孔凡生委员执笔的论文《采取切实有效措施，全力打造首都西南生态屏障》荣获优秀成果奖，由区政协推荐的市水务局、市农村经济研究中心荣获优秀协作单位奖。市委副书记、市政协主席、市委政法委书记王安顺在会上作了重要讲话。区委书记刘伟、区政协主席唐淑荣、原区政协主席范文彦、代秘书长游来清出席。

5日，唐淑荣主席就我区教育工作到区教委调研。副主席李惠英、周文海、万金峰、赵润东，代秘书长游来清陪同调研。

15日，唐淑荣主席率领部分委员督办《关于全面加快中国房山世界地质公园建设进程的建议》提案。

25日，召开了区政协六届委员会常务委员会会议，听取了全区上半年经济运行情况通报、党风廉政建设情况通报和提案办理情况通报。

8月

2日至3日，区政协召开2011年度调研报告研讨会。区政协主席唐淑荣，副主席李惠英、周文海、万金峰、赵润东、肖武，代秘书长游来清出席。常务副主席高维魁主持研讨会。

9月

8日，唐淑荣主席出席长阳镇庆祝教师节大会。

26日，房山区扶贫助残基地资金发放仪式暨"政协委员山区行"活动在十渡镇平峪村扶贫助残基地举行。市残疾人联合会副理事长吴学文、市残疾人就业服务中心副主任徐勇，区政协主席唐淑荣、区政府副区长卢国懿、区政协常务副主席高维魁，副主席李惠英、万金峰、肖武，代秘书长游来清出席。

27日，区政协常委视察北京高端制造业基地。主席唐淑荣，常务副主席高维魁，副主席李惠英、周文海、万金峰、赵润东、肖武，代秘书长游来清出席。副区长马继业陪同视察。

10月

12日，唐淑荣主席、高维魁常务副主席出席房山区2011年度蜂具发放仪式。

11月

16日，市政协委员、同仁堂集团联合开展的"革命老区光明行——走进房山"活动在北京同仁堂中医医院举行。市政协副主席沈宝昌，秘书长闫仲秋，市卫生局副局长、市医管局副局长毛羽，市中医药局副局长屠志涛，区政协主席唐淑荣、副主席李惠英，代秘书长游来清出席启动仪式。

17日，唐淑荣主席就经济社会发展情况到城关街道调研。常务副主席高维魁、副主席李惠英、代秘书长游来清陪同调研。

22日，唐淑荣主席到区种植中心调研。常务副主席高维魁、副主席李惠英，代秘书长游来清陪同调研。

12月

13日至16日，中国人民政治协商会议北京市房山区第七届委员会第一次会议在昊天假日酒店召开。

22日，区政协、区委统战部、团区委、区青联在大安山乡政府共同举办"献智沟域经济发展，助力生态新城建设"房山区政协委员、青联委员山区行活动。主席唐淑荣，区委常委、组织部部长、统战部部长孙强，副主席李惠英、赵润东，秘书长游来清出席活动。

28日，区政协召开六届离任委员代表座谈会。区政协主席唐淑荣，常务副主席高维魁、副主席李惠英、赵润东，秘书长游来清出席。

2012年

1月

5日，区政协召开2012年工作务虚会。与会人员对2012年区政协的工作思路和措施进行研讨。常务副主席高维魁，副主席李惠英、周文海、任振秋、赵润东、肖武，秘书长游来清出席。会议由唐淑荣主席主持。

17日，唐淑荣主席到周口店镇涞沥水村、娄子水村走访慰问。常务副主席高维魁、秘书长游来清一同参加慰问活动。

19日，区政协举办机关2012年春节团拜会，唐淑荣主席致新春贺词。

31日，唐淑荣主席出席周口店镇2012年"四个文明"建设总结表彰暨工作动员大会。

2月

13日至16日，高维魁常务副主席带领部分委室主任就进一步做好政协工作赴山东省青岛市政协学习考察。秘书长游来清出席活动。

3月

2日，区政协召开文史撰稿员座谈会议。副主席肖武出席。

5日，召开了区政协七届委员会常务委员会会议，审议通过了区政协常委会2012年工作要点。

6日，区政协举办庆"三八"国际劳动妇女节茶话会。区政协主席唐淑荣，区委常委、宣传部部长赵佳琛，区政府副区长曹蕾，区政协常务副主席高维魁，副主席李惠英、周文海、任振秋、肖武，秘书长游来清出席。

9日，市政协教文卫体委员会主任牛继升来我区就推进教文卫体城乡基本公共服务均等化进行专题调研。副主席李惠英陪同调研。

20日，区政协学习文史委、教科文卫体委召开主任扩大会议。副主席李惠英出席会议。

26日、27日，区政协、区委统战部联合举办学习全国"两会"精神暨人民政协理论知识、经济形势辅导报告会。邀请中国人民政协理论研究会秘书长原冬平和十一届全国人大财政经济委员会副主任委员贺铿分别就人民政协理论知识和经济形势作了专题报告。主席唐淑荣，副主席肖武、秘书长游来清出席。报告会分别由副主席李惠英、任振秋主持。

27日，市政协城建环保委来我区调研重点小城镇基础设施建设情况。市政协城建环保委员会主任张燕生出席活动。区政协副主席、北京高端制造业基地管委会主任周文海陪同调研。

29日，区政协教文卫体委部分委员到北京中医药大学调研。副主席李惠英、肖武出席调研。

30日，区政协提案委召开工作会议，就部署落实2012年提案委工作计划以及改进提案工作和修订优秀提案评选表彰办法等事宜进行研究。副主席任振秋出席会议。

4月

11日，区政协常委视察全区保障性住房建设情况。主席唐淑荣，常务副主席高维魁，副主席任振秋、赵润东、肖武，秘书长游来清出席。区政府副区长吴吉杰陪同视察。

12日，市政协经济委员会主任李进山到我区就"生态环境建设补偿机制"进行调研。常务副主席高维魁陪同调研。

13日，副主席任振秋、肖武就"关于对农村、社区健身器材进行维修、更新的建议"提案办理情况到区体育局视察。副区长曹蕾出席。

16日，副主席任振秋就"关于进一步加强食品安全监管，保障食品安全的建议"提案办理情况到房山工商分局视察。

17日，副主席李惠英带领部分教育卫生界别委员到区卫生局调研。

18日，副主席赵润东就"关于发展中药种植产业的建议"提案办理情况到区种植中心视察。

19日，市政协《北京观察》杂志主编薄茹来我区调研"政协委员山区行"活动开展情况。副主席李惠英出席活动。

23日，贾公祠举办贾岛纪念馆、图书馆开馆仪式暨我区第17个世界读书日活动。故宫博物院院长单霁翔、原故宫博物院院长张忠培、郑欣淼，国家文物局副局长董保华，市旅游委主任鲁勇，市文物局局长孔繁峙，故宫博物院副院长王亚民，故宫博物院研究员杨晶，首都图书馆副馆长陈坚等领导及区委书记刘伟，区委副书记、区长祁红，区人大常委会主任史全富，区政协主席唐淑荣，区委常委、宣传部部长赵佳琛，区委常委、区委办主任赵军，区人大副主任刘顺林，区政府副区长曹蕾，区政协副主席李惠英，全国人大代表、韩建集团董事长田雄出席活动。

5月

3日，区政协部分常委和经济委员就促进中小企业发展进行调研。主席唐淑荣，副主席李惠英、任振秋，秘书长游来清出席调研，区政府副区长马继业陪同调研。

3日，区政协教文卫体委员会部分委员视察歌华有线电视网络有限公司。副主席李惠英出席活动。

3日，周文海副主席就"关于我区老旧小区天然气入户全覆盖的建议"提案办理情况到区燃气中心视察。

4日，区政协社会法制与民族宗教委就"关于建立老年餐厅的建议"提案办理情况到区老龄办视察。副主席赵润东出席。

7日，唐淑荣主席就"关于治理大石河河道的建议"提案办理情况到区水务局视察。副主席任振秋、肖武，秘书长游来清出席活动。

13日，区政协2012年"革命老区光明行——走进房山"活动仪式启动。市政协民宗委专职副主任李宝俊出席仪式。

15日，区政协文化界别委员应邀参观中国核工业科技馆、中国实验快堆。副主席肖武出席活动。

16日，高维魁常务副主席视察"关于开展蜂蜜及蜜蜂产品深加工"等提案办理情况。

18日，社会法制与民族宗教委委员视察社会治安防控体系建设情况。副主席赵润东出席。

24日，区政协教育界别委员就"关于抓好职成教育"提案办理情况到区职业高中视察。副主席李惠英参加视察。

6月

14日，唐淑荣主席就山区文化旅游产业发展情况到佛子庄乡调研。常务副主席高维魁、副主席李惠英，秘书长游来清出席活动。

20日，区政协常委视察全区文化创意产业发展情况。主席唐淑荣，常务副主席高维魁、副主席李惠英、周文海、任振秋、赵润东，秘书长游来清出席。

23日，房山区举行第二十二次全国助残日活动暨政协委员为贫困残疾人捐赠轮椅发放仪式。主席唐淑荣，副区长吕守军，副主席李惠英、周文海、任振秋出席活动。

26日，唐淑荣主席带队视察房山新城滨水森林公园。副主席李惠英、赵润东、肖武出席活动，副区长卢国懿陪同视察。

27日，区政协"连心共建"活动正式启动。主席唐淑荣、副主席李惠英、秘书长游来清出席。

27日，唐淑荣主席到周口店镇良各庄村和车厂村走访慰问了新中国成立前老党员、优秀共产党员和困难党员代表。

7月

7日，国学智慧领导力研修班——房山区政协班开班。中央民族大学教授、民族史学家、国务院参事王尧，区政协主席唐淑荣，副主席李惠英，秘书长游来清出席开班仪式，近40名区政协委员参加首期研修班培训。

18日，区政协城建环保委委员视察我区大气污染控制工作情况。区委常委、区政府副区长吴会杰，区政协副主席任振秋出席。

21日，"7·21"灾害发生后，区政协主席唐淑荣，常务副主席高维魁，副主席李惠英、周文海、任振秋，秘书长游来清等领导分别深入到周口店、张坊、南窖、十渡、河北、青龙湖、窦店、新镇等乡镇街道视察灾情、指导救灾工作，并慰问了奋战在救灾抢险一线的干部群众。

"7·21"水灾发生后，区政协与区统战部、民进房山支部协调台盟中央、东城区台商联合会、开国元勋后代合唱团于7月29日向重灾区南窖乡送去了1000箱群众急需的救灾食品。7月30日又协调市心理咨询服务中心和壹佳陆拍卖公司向北车营村送去了价值2万元的救灾物品。

8月

1日，区政协在周口店镇举行"抗洪救灾献爱心"捐赠仪式。区政协办公室、区政协"连心共建"工作领导小组积极协调组织区政协委员和社会各界慷慨解囊，奉献爱心。

6日至8日，区政协领导回访"7·21"特大自然灾害捐款单位。受区委、区政府委托，常务副主席高维魁、副主席李惠英、任振秋分别到西城区委区政府、北京经济技术开发区管委会、北京首都农业集团有限公司等14家单位回访，对他们在我区遭受"7·21"特大暴雨后给予的无私援助表示感谢。

"7·21"特大暴雨发生后，全区各族各界政协委员分别以不同形式，通过各种渠道，踊跃捐款捐物支援抗洪抢险工作。据不完全统计，截止到8月5日，区政协委员共捐款400余万元，捐赠了价值300余万元的净化设备以及米、面、油等救灾物资，用实际行动表达了政协委员们的真情厚意，受到了社会各界的普遍赞誉。

9月

5日，区政协组织部分常委和委员视察我区灾后重建工作。主席唐淑荣，常务副主席高维魁，副主席李惠英、任振秋、赵润东、肖武出席视察，区委常委、副区长吴会杰陪同视察。

7日，区政协召开养蜂产业发展调研座谈会。区政协副主席任振秋出席。

13日，区政协召开2012年度调研报告研讨会。主席唐淑荣，副主席李惠英、肖武出席研讨。常务副主席高维魁主持会议。

20日，区政协召开启动"十百千"工程动员会。会议就实施"十百千"工程做了动员部署。区政协主席唐淑荣，副区长马继业，区政协副主席李惠英、周文海、肖武出席。秘书长游来清主持会议。

24日，区政协举办庆中秋迎国庆活动。主席唐淑荣，副区长卢国懿，副主席李惠英、周文海、任振秋、肖武出席。

27日，区政协与区经信委、区工商联和区金融工作办公室联合举办"抢抓机遇，开拓创新——房山区促进中小企业发展"研讨会。市政协经济委员会副主任吴杰，区政协主席唐淑荣，区委副书记、政法委书记曾赞荣，区委常委、常务副区长李江，副区长马继业，区政协副主席李惠英、肖武，秘书长游来清出席研讨会。区政协副主席任振秋主持会议。

10月

10日，区政协主席唐淑荣视察我区卫生工作。常务副主席高维魁，副主席李惠英、任振秋、赵润东、肖武，秘书长游来清出席视察。

13日，"革命老区光明行——走进房山"活动在张坊镇卫生院举行。市政协常委、市政协教文卫体委员会副主任邓小虹，北京同仁堂集团党委副书记陆建国，区政协主席唐淑荣，副主席李惠英、肖武出席活动。

17日，区政协提案委在拱辰街道召开征集提案线索座谈会。副主席任振秋出席。

30日，区政协召开推进"十百千"工程，促进养蜂产业发展座谈会。主席唐淑荣、常务副主席高维魁、副主席任振秋、秘书长游来清出席座谈会。

11月

7日，召开了区政协七届委员会主席会议，研究了七届二次会议有关事项，确定了召开常务委员会会议有关事项。

12日，召开了区政协七届委员会常务委员会会议，审议通过了关于召开区政协七届二次会议的相关事项。

13日，区政协主席唐淑荣到琉璃河镇调研。常务副主席高维魁、副主席李惠英、任振秋，秘书长游来清陪同调研。

20日至23日，中国人民政治协商会议北京市房山区第七届委员会第二次会议在昊天假日酒店召开。

12月

20日，区政协举办学习贯彻中共十八大精神辅导报告会。邀请全国政协理论研究会秘书长、中国政协《理论研究》杂志社执行主编原冬平教授做专题辅导报告。报告会由常务副主席高维魁主持。区政协副主席赵润东、秘书长游来清出席。

28日，为积极参与区委部署的"连心共建"工程和区政协的"十百千"工程，北京云居寺慈善基金会向张坊镇穆家口村捐赠50万元，用于解决村民安全饮水问题，区政协主席唐淑荣，常务副主席高维魁，秘书长游来清出席捐赠仪式。

2013年

1月

5日，区政协召开2013年工作务虚会。主席唐淑荣，常务副主席高维魁，副主席李惠英、任振秋、赵润东、肖武，秘书长游来清出席会议。

9日，唐淑荣主席到城关街道调研。常务副主席高维魁，副主席李惠英、任振秋，秘书长游来清陪同调研。

10日，房山区办理人大代表建议和政协委员提案工作会召开。区委常委、常务副区长李江，区人大常务副主任刘欣国，区政协副主席任振秋出席。

11日，北京理工大学及校友会与我区举行项目合作洽谈会。区政协主席唐淑荣，副主席周文海，北京理工大学副校长杨宾出席会议。

24日，任振秋副主席到新镇调研。副主席肖武，原子能院副院长姜兴东出席。

27日，区政协召开2013年新春茶话会。区政协主席唐淑荣，区委副书记、政法委书记曾赞荣，原区政协主席范文彦，区委常委、组织部部长、统战部部长孙强，区政协常务副主席高维魁，副主席李惠英、周文海、任振秋、赵润东、肖武，秘书长游来清，区政协离退休老领导老干部，全区各民主党派、工商联、人民团体和各界委员代表出席活动。

31日，唐淑荣主席到周口店镇长矿社区、娄子水村和区政协对口帮扶村云峰寺村走访慰问。

3月

6日，区政协召开庆"三八"暨"女性委员走山区，情暖百姓做贡献"活动动员会。主席唐淑荣，副主席李惠英、赵润东、肖武出席。

7日，召开了区政协七届委员会常务委员会会议，审议通过了区政协常委会2013年工作要点。

13日，任振秋副主席带领部分委员就"关于加快山区搬迁进度，确保山区人民群众生命和财产安全的建议"提案办理情况进行视察。

14日，区政协学习文史委、教科文卫体委召开主任扩大会议。副主席李惠英、肖武出席会议。

20日，区政协召开"女性委员走山区，情暖百姓做贡献"活动工作联席会。副主席李惠英出席。

20日，高维魁常务副主席率队督办"关于发挥资源优势，打造养蜂产业强区"提案办理情况。

21日，区政协副主席肖武率队督办"关于进一步提升房山区信息化水平，建设智慧房山"提案办理情况。

22日、29日，区政协社会法制与民族宗教委员会调研民族宗教工作。副主席赵润东出席调研活动。

26日，区政协举办学习贯彻全国"两会"精神暨经济形势报告会。区政协主席唐淑荣，副主席李惠英、赵润东，秘书长游来清出席。报告会由常务副主席高维魁主持。

28日，李惠英副主席督办关于进一步深化"防盲治盲"工作提案办理情况。

28日，赵润东副主席督办关于加大投入力度，建设改造农村排水系统提案办理情况。

29日，区政协农村委组织召开"学习中央一号文件，推进农村生产经营机制创新"座谈会。常务副主席高维魁出席会议。

4月

10日，区政协积极发挥专委优势，举办用工招聘会。副主席赵润东、肖武出席招聘活动。

16日，区政协常委视察我区民政民生工程。主席唐淑荣，常务副主席高维魁，副主席李惠英、任振秋、赵润东、肖武，秘书长游来清出席视察。副区长吕守军陪同视察。

19日，赵润东副主席带领区政协部分委员就"关于传统企业利用自身产业优势转型升级的建议"提案办理情况进行视察。

27日，北京市政协纪念"五一口号"发布65周年春天长走活动在长沟湿地公园举办。市政协副主席沈宝昌、赵文芝、闫仲秋，副秘书长、办公厅主任孙新军，房山区委书记刘伟，区长祁红，区政协主席唐淑荣，区委副书记、政法委书记曾赞荣，区委常委、宣传部部长赵佳琛，区政协常务副主席高维魁，副主席李惠英、周文海、任振秋、赵润东、肖武，秘书长游来清参加活动。活动由唐淑荣主席主持。

5月

21日，区政协召开民主评议全区民政工作动员会。主席唐淑荣，常务副主席高维魁，副主席李惠英、任振秋、赵润东、肖武，秘书长游来清出席动员会。

23日，区政协召开民主评议全区民政工作汇报会。主席唐淑荣，常务副主席高维魁，副主席李惠英、周文海、任振秋、赵润东、肖武，秘书长游来清出席，副区长吕守军到会并讲话。

6月

25日，区政协举行委员综合素质培训班开学典礼。副主席任振秋、赵润东、肖武出席。70余名有摄影爱好的委员参加了开学典礼。典礼由区政协秘书长游来清主持。

28日，区政协召开民主评议全区民政工作总结汇报会。常务副主席高维魁代表区政协作了民主评议全区民政工作总体评议报告。区政协主席唐淑荣，副主席李惠英、任振秋、赵润东、肖武，秘书长游来清出席。副区长吕守军到会并讲话。会议由周文海副主席主持。

30日，唐淑荣主席到周口店镇周口店村和娄子水村走访慰问新中国成立前老党员和困难党员。

7月

2日，区政协机关党支部开展"登狼牙山，走英雄路"革命传统教育活动。区政协党组副书记、常务副主席高维魁，副主席李惠英、任振秋，秘书长、机关党支部书记游来清出席活动。

15日，区政协召开"我的梦·中国梦"大讨论动员部署会。主席唐淑荣，副主席任振秋、肖武出席。动员会由区政协常务副主席高维魁主持。

17日，区政协社会法制与民族宗教委的部分委员到圣莲山调研宗教工作。副主席赵润东出席活动。

8月

28日，李惠英副主席到大安山乡调研。

9月

6日，区政协召开2013年度调研报告研讨会。主席唐淑荣，常务副主席高维魁，副主席李惠英、任振秋、赵润东、肖武，秘书长游来清出席会议。

10日，赵润东副主席带领城建环保委和社会法制与民族宗教委委员视察北京高端制造业基地。副主席、北京高端制造业基地管委会主任周文海出席视察。

11日，区政协在霞云岭乡举办"政协委员山区行"图书捐赠暨图书室揭牌仪式。副主席李惠英主持仪式。

12日，区政协常委和部分农村委委员视察全区景观农业建设情况。主席唐淑荣，常务副主席高维魁，副主席李惠英、任振秋、赵润东、肖武，秘书长游来清出席活动。区政府副区长卢国懿陪同视察。

27日，区政协与区发改委、区工商联和区金融工作办公室联合举办以"坚持创新驱动，加快转型升级，促进区域经济发展"为主题的促进区域经济发展研讨会。北京市政协经济委员会主任吴杰，区政协主席唐淑荣，区委副书记、政法委书记曾赞荣，区委常委、常务副区长李江，副主席李惠英、任振秋、赵润东出席研讨会。区政协常务副主席高维魁主持研讨会。

10月

14日，区政协常委视察全区城乡环境建设工作。主席唐淑荣，常务副主席高维魁，副主席李惠英、周文海、任振秋、肖武，秘书长游来清出席活动。区委常委、副区长吴会杰陪同视察。

16日，唐淑荣主席到房燃集团和房开集团进行调研。常务副主席高维魁、副主席李惠英、任振秋，秘书长游来清陪同调研。

18日，区政协举办"我的梦·中国梦"专题辅导报告会。报告会上，区政协主席唐淑荣以"践行中国梦，成就房山梦，加快推进房山世界地质公园建设"为题作了专题辅导报告。副主席周文海、肖武，秘书长游来清出席报告会，常务副主席高维魁主持报告会。

22日，区政协组织部分常委视察我区交通基础设施建设情况。政协常务副主席高维魁，副主席李惠英、周文海、任振秋、赵润东、肖武，秘书长游来清出席活动。

23日，唐淑荣主席就经济社会发展情况到蒲洼乡调研。

29日，区政协召开七届三次会议提案工作专题辅导报告会。市政协提案委副主任李春增就提案的基本概念、基本要求以及提案的办理作了专题辅导。区政协副主席李惠英、赵润东，秘书长游来清参加。报告会由副主席任振秋主持。

31日，市政协经济委员会主任吴杰带队调研我区中小企业发展。区政协副主席任振秋、秘书长游来清陪同视察。原区政协主席范文彦出席活动。

11月

5日，下石堡村扶贫助残基地落成仪式在霞云岭乡下石堡村举行。区政府副区长刘胜国为扶贫助残基地颁牌，区政协主席唐淑荣出席仪式。

7日，区政协副主席李惠英、肖武率领教文卫体委员到区体育局就体育设施情况进行视察。

8日，区政协在区园林绿化局召开养蜂产业发展调研座谈会。常务副主席高维魁、副主席任振秋出席会议。

13日，唐淑荣主席、高维魁常务副主席视察张坊镇穆家口村饮水改造工程。

20日，区政协主席唐淑荣到南窖乡调研。常务副主席高维魁、秘书长游来清陪同调研。

21日，周文海副主席带领城建环保委的部分委员视察大气污染防治工作。

26日，房山区图书馆贾公祠文博分馆联网启动暨故宫博物院捐书仪式在贾公祠举行。中纪委驻文化部纪检组长、党组成员王铁，故宫博物院院长单霁翔，文化部机关服务局局长兼办公厅副主任都海江，故宫博物院党委书记、副院长纪天斌，房山区政协主席唐淑荣，房山区委副书记、政法委书记曾赞荣等领导出席。

26日，故宫博物院院长单霁翔到我区作题为《把壮美的紫禁城完整的交给下一个六百年》的专题报告。区政协主席唐淑荣主持报告会。区人大副主任刘顺林，区政协常务副主席高维魁，副主席李惠英、周文海、任振秋、赵润东、肖武，秘书长游来清出席报告会。

12月

18日，召开了区政协七届委员会主席会议，审议了常务委员会工作报告和提案工作报告，决定了召开常务委员会会议的有关事项。

20日，唐淑荣主席到窦店镇调研。副主席李惠英、任振秋，秘书长游来清陪同调研。

24日，区政协举办学习贯彻中共十八届三中全会精神辅导报告会。邀请国务院发展研究中心资源与环境政策研究所副所长李佐军对全会精神进行专题辅导。主席唐淑荣，常务副主席高维魁，副主席李惠英、周文海出席。报告会由副主席任振秋主持。

25日，召开了区政协七届委员会常务委员会会议，审议通过了关于召开区政协七届三次会议的相关事项。

2014 年

1月

6日至8日，中国人民政治协商会议北京市房山区第七届委员会第三次会议在昊天假日酒店召开。

8日，召开了区政协七届委员会常务委员会会议，听取了提案审查情况报告，审议了区政协常委会工作报告决议和政治决议。

2月

24日，召开了区政协七届委员会主席会议，听取了提案审查立案和重点提案情况汇报，讨论了工作要点。

26日，区政协动员和部署党的群众路线教育实践活动。按照区委的安排部署，区政协机关党的群众路线教育实践活动从2014年2月开始，9月基本结束，分为学习教育、听取意见，查摆问题、开展批评，整改落实、建章立制三个环节。区政协党组书记、主席唐淑荣，秘书长游来清出席会议。区政协常务副主席高维魁主持动员会。区政协机关处级以上干部以及机关全体党员干部、部分退休处级干部参加动员会。

4月

10日，市政协经济委员会主任吴杰带领部分市政协委员来我区调研新型城镇化建设。区政协常务副主席高维魁、秘书长游来清陪同视察。

11日，区政协召开教育卫生工作通报会。副主席李惠英、肖武出席会议。

15日，区政协部分常委和城建环保委委员视察我区环保工作。主席唐淑荣，常务副主席高维魁，副主席李惠英、赵润东、肖武，秘书长游来清出席活动。

23日，唐淑荣主席带队到区妇联调研。常务副主席高维魁、副主席李惠英陪同调研。

25日，任振秋、肖武副主席带队督办关于巩固国家卫生区成果提案办理情况。

28日，区政协召开首都西南五区市县协同发展研讨会筹备会。区政协主席唐淑荣，常务副主席高维魁、副主席李惠英，河北省涿州市政协主席姚世峰、涞水县政协主席宋冀中、易县政协主席杨春立、涞源县政协主席张德勇出席会议。

5月

5日，区政协机关举办党的群众路线教育实践活动党课辅导。区政协常务副主席高维魁作了题为《群众路线需要牢固于心转化于行》的党课辅导。

7日，任振秋副主席带队督办关于加强拆迁户管理提案办理情况。

8日，市政协主席吉林带队到我区调研。先后前往北京迅邦润泽物流有限公司、北京东炼石化公司、良乡高教园区、房山万亩滨水森林公园、中央休闲购物区等地进行考察。区委书记刘伟，区人大主任史全富，区政协主席唐淑荣，区委常委、区委办主任赵军，副区长翟东，区政协常务副主席高维魁，副主席李惠英、周文海、任振秋、赵润东、肖武，秘书长游来清陪同调研。

8日，区政协机关召开党的群众路线教育实践活动学习交流会。常务副主席高维魁，区委第四督导组组长刘贵生出席会议。

9日，区政协部分常委和社会法制与民族宗教委委员视察区法院司法公开工作。主席唐淑荣，常务副主席高维魁，副主席李惠英、周文海、任振秋、赵润东、肖武，秘书长游来清出席活动。

13日，区政协召开统计工作情况通报会。主席唐淑荣，副主席李惠英、任振秋、赵润东，秘书长游来清出席会议。常务副主席高维魁主持会议。

16日，高维魁常务副主席带队督办加强湿地资源保护工作提案办理情况。

22日，周文海副主席带队督办缓解房山城内交通压力提案办理情况。

28日，唐淑荣主席带队督办"关于山区转型发展建议"提案办理情况。副主席任振秋、秘书长游来清陪同调研。

29日，区政协与部分在京高校召开座谈会，共议首都西南五区市县协同发展。常务副主席高维魁，区"三化两区"建设咨询委员会副主任委员高培军出席。

30日，李惠英副主席带队督办加强慢性病防控工作的提案办理情况。

6月

4日，市政协文史委领导和部分委员就房山区古村落保护情况赴我区调研。市政协文史学习委主任吴世民出席调研，区政协常务副主席高维魁，副主席赵润东、肖武陪同调研。

5日，市政协民宗委组织部分少数民族界别的委员到我区窦店镇窦店村调研。区政协副主席李惠英、赵润东以及区民政局、窦店镇等有关领导一起陪同调研。

9日，区政协部分常委和委员视察全区安全生产工作。主席唐淑荣，常务副主席高维魁，副主席李惠英、周文海、任振秋、赵润东、肖武，秘书长游来清出席活动。

13日，区政协副主席李惠英带队到大安山乡调研。

17日，区政协部分常委和委员视察我区河道治理工作。主席唐淑荣，常务副主席高维魁，副主席李惠英、任振秋、赵润东，秘书长游来清出席活动，副区长卢国懿陪同视察。

25日，区政协召开首都西南五区市县协同发展宣传工作会。常务副主席高维魁出席。

27日，区政协组织教科文卫体委和学习文史委委员视察我区文物工作。副主席李惠英、肖武出席活动。

7月

1日，房山区、涿州市、北辰区政协召开协同发展座谈会。房山区政协主席唐淑荣，河北省涿州市政协主席姚世峰，天津市北辰区政协主席张金锁出席会议。房山区政协常务副主席高维魁主持会议。

9日，区政协召开缓解交通拥堵和停车难情况通报会。主席唐淑荣，区委常委、区政府副区长吴会杰，区政协常务副主席高维魁，副主席李惠英、周文海、任振秋、赵润东、肖武出席会议。

10日，区政协党组班子召开专题民主生活会。市委第八督导组第一副组长张书领、副组长付晓辉出席会议。区政协党组书记、主席唐淑荣主持会议。区政协党组班子成员高维魁、周文海、任振秋、游来清、于平、贾斌出席会议。非中共党员身份的区政协副主席李惠英列席会议。

22日，蒲洼乡森水村月联兴中华蜂养殖专业合作社成立揭牌。副主席李惠英出席活动。

31日，区政协机关召开处级干部专题民主生活会。常务副主席高维魁，副主席周文海、任振秋出席会议。

8月

5日，区政协机关召开专题民主生活会情况通报会。区政协副主席任振秋，区委第四督导组副组长冯承华出席会议。秘书长游来清进行情况通报。区政协机关全体党员干部参加会议。

21日，区政协组织部分委员企业家和专家学者赴河北省易县考察。政协常务副主席高维魁、易县政协主席杨春立出席活动。洽谈会由易县政协副主席陈东主持。

25日，区政协机关党支部召开专题组织生活会。与会党员分别作了对照检查发言，并进行民主评议和民主测评。常务副主席高维魁，副主席任振秋出席会议。

28日，区政协组织部分企业家和专家学者赴河北省涞水县考察。区政协副主席任振秋，涞水县政协主席宋冀中，涞水县常委、政府副县长刘清源出席活动。

9月

5日，区政协举行政协委员山区行暨区妇联"禾苗"救助工程启动仪式。副主席李惠英出席仪式。

11日，区政协召开关于延长长阳地区公交线路提案办理情况工作座谈会。副主席任振秋出席会议。

16日，区政协委员视察周口店北京猿人遗址博物馆建设情况。副主席任振秋，秘书长游来清出席活动。

17日，区政协机关召开处级干部民主测评工作动员会。秘书长游来清主持会议。区政协常务副主席高维魁出席动员会。

18日，区政协就区农委承办的关于农产品加工企业转型升级的提案办理情况召开评议座谈会。副主席任振秋出席。

27日，北京市房山区张坊镇与天津市北辰区双街镇在张坊镇举行缔结友好镇签约仪式。区政协主席唐淑荣，常务副主席高维魁，天津市北辰区政协主席张金锁出席。

10月

14日，区政协组织部分教科文卫体委和学习文史委委员视察北京文化硅谷、周口店国际艺术区。副主席李惠英、肖武出席活动。

16日，区政协召开京津冀六区市县协同发展研讨会筹备会。主席唐淑荣，常务副主席高维魁，天津市北辰区政协主席张金锁出席会议。

16日，区政协召开大气环境治理提案办理评议工作座谈会。副主席任振秋出席会议。

23日，区政协组织部分常委视察十渡景区环境建设情况。主席唐淑荣，常务副主席高维魁，副主席李惠英、周文海、任振秋、肖武，秘书长游来清出席视察。

24日，区政协组织部分教科文卫体委委员到南窖乡开展送医、送法、送文化下乡服务活动。区政协副主席李惠英、肖武出席活动。

24日，区政协在燕山地区召开提案线索征集座谈会。区政协副主席任振秋出席会议。

28日，京津冀六区市县协同发展研讨会在昊天假日酒店召开。会议围绕习近平总书记关于京津冀协同发展的重要讲话精神，就如何推动三地协同发展进行广泛交流。北京市政协副主席沈宝昌，区委书记刘伟，区委副书记、区长祁红，区委副书记、政法委书记曾赞荣，河北省保定市政协副主席岳文民，天津市北辰区政协主席张金锁，涞源县政协主席张德勇，涞水县政协主席宋冀中出席会议。区领导李江、赵佳琛、吴会杰、卢国懿、曹蕾、高维魁、李惠英、周文海、任振秋、赵润东、肖武，区政协秘书长游来清出席活动。研讨会由房山区政协主席唐淑荣主持。

30日，区政协机关党支部召开换届选举大会，投票选举产生了新一届政协机关党支部委员会。

30日，区政协机关召开党的群众路线教育实践活动总结大会。区委第四督导组全体同志，区政协党组副书记、区政协常务副主席高维魁，副主席任振秋，秘书长游来清出席会议，区政协机关全体党员干部和部分退休处级干部参加会议。

11月

18日，区政协召开"新城新业新生活"建言议政会。主席唐淑荣，区委副书记、政法委书记曾赞荣，副区长吕守军，区政协副主席李惠英、肖武出席会议。副主席任振秋主持会议。

12月

3日，区政协召开城乡规划建设情况通报会。主席唐淑荣，区委常委、区政府副区长吴会杰，副主席任振秋、赵润东、肖武出席会议。

9日，京津冀六区市县协同发展研讨会总结会在涿州市政协召开。房山区政协主席唐淑荣、天津市北辰区政协副主席赵建华、涞源县政协主席张德勇、涞水县政协副主席杨宝楼出席会议。涿州市政协主席姚世峰主持会议。

23日，区政协举办学习贯彻中共十八届四中全会精神辅导报告会。区法院党组书记、院长邵明艳，区人民检察院党组书记、代检察长孙玲玲就司法体制改革做专题报告。主席唐淑荣，副主席李惠英、赵润东，秘书长游来清出席会议。副主席任振秋主持会议。

25日，召开了区政协七届委员会常务委员会会议，通过了关于召开区政协七届四次会议的相关事项。

26日，任振秋副主席参加中国原子能研究院征集社情民意座谈会。副主席肖武出席会议。原子能院党委书记周刘来主持座谈会。

2015年

1月

5日至7日，中国人民政治协商会议北京市房山区第七届委员会第四次会议在昊天假日酒店召开。

13日，区政协主席唐淑荣带队视察龙乡腾飞种植专业合作社联合社。

19日，区政协召开2015年工作务虚会。主席唐淑荣，常务副主席高维魁，副主席李惠英、任振秋、赵润东、肖武，秘书长游来清出席会议。

26日，区政协召开新委员座谈会。副主席任振秋，区委统战部常务副部长王文洪出席会议。

2月

12日，召开了区政协七届委员会主席会议，讨论了工作要点和协商计划。

3月

4日，召开了区政协七届委员会常务委员会会议，审议通过了区政协常委会2015年工作要点和协商工作计划。

5日，区政协举办庆"三八"暨职场女性健康讲座。邀请心理咨询师、全国妇联特聘心理专家荀焱就职场女性心理健康做专题讲座。讲座由副主席李惠英主持。副主席肖武出席活动。

18日，区政协举办学习贯彻全国"两会"精神辅导报告会。邀请中央社会主义学院副院长张峰作了题为《社会主义协商民主与人民政协》的辅导报告。主席唐淑荣，常务副主席高维魁，副主席李惠英、赵润东、肖武，秘书长游来清出席会议，报告会由副主席任振秋主持。

26日，市政协卫生界别委员到我区调研镇村卫生服务能力情况。市政协教文卫体委主任李然出席活动，区政协副主席李惠英陪同调研。

27日，区政协常委视察长阳镇生态环境建设情况。主席唐淑荣，常务副主席高维魁，副主席李惠英、周文海、任振秋、赵润东、肖武出席活动，区委常委、副区长吴会杰陪同视察。

4月

9日，市政协民宗委委员就《北京市宗教事务条例》实施情况到我区调研。区政协副主席李惠英、赵润东陪同调研。

21日，《首都文史精粹·房山卷》举行首发式。市政协文史委主任吴世民，北京出版集团总编辑吕克农，区政协主席唐淑荣，副主席李惠英、任振秋、赵润东，秘书长游来清出席，首发式由区政协副主席肖武主持。

24日，区政协社会法制与民族宗教委部分委员视察我区残疾人温馨家园建设。副主席赵润东出席活动。

28日，区政协召开2015年房山区农口情况通报会。主席唐淑荣、副主席李惠英出席会议。

28日，高维魁常务副主席、李惠英副主席带队督办《提升全区农产品质量安全成果的建议》的提案办理情况。

29日，区政协学习文史、教科文卫体两委部分委员参观中国核工业创建60周年成就展。副主席李惠英、肖武出席活动。

29日，区政协部分委员视察窦店镇城市基础设施建设情况。主席唐淑荣，常务副主席高维魁，副主席任振秋，秘书长游来清出席活动。座谈会由副主席周文海主持。

5月

14日，区政协组织政协常委和部分委员视察青龙湖镇环境建设和产业发展情况。主席唐淑荣，常务副主席高维魁，副主席李惠英、任振秋、赵润东、肖武出席活动，副区长卢国懿陪同视察。

19日，周文海副主席带队督办《关于优化公交线路设置打造房山公交升级版》的提案办理情况。

20日，第二届京津冀六区市县协同发展研讨会暨"拒马同源——百名诗书画家采风活动启动仪式"在涿州市政协举行。主席唐淑荣、常务副主席高维魁出席启动仪式。河北省涞水县、易县、涞源县政协副主席，五地文联负责人及书画家代表参加了活动。

21日，区政协召开房山棚户区改造进展情况通报会。副主席任振秋出席通报会。

21日，区政协邀请北京中医药大学教授、中华中医药学会养生康复分会副主任委员兼秘书长张保春，就中医养生保健智慧作健康知识讲座。副主席任振秋、秘书长游来清出席。

22日，唐淑荣主席带队到区委社会工委和区社会办督办《关于社区服务与管理工作应当引起政府高度重视》的提案办理情况。

28日，李惠英副主席带队督办《关于进一步加快城关中心区棚户区改造步伐》提案办理情况。

28日，区政协机关"三严三实"专题教育正式启动。区政协党组书记、主席唐淑荣以"对照'三严三实'，科学履行政协职能"为主题，为区政协委员、机关全体党员干部作了专题党课辅导报告。报告会由区政协党组副书记、常务副主席高维魁主持，副主席李惠英、赵润东、肖武，秘书长游来清出席会议。

29日，教科文卫体委和学习文史委委员视察我区传统村落保护工作。副主席李惠英、肖武出席活动。

6月

1至3日，河北省散文协会秘书长梁剑章一行就拒马河专题片脚本撰写工作来房山调研。区政协常务副主席高维魁出席活动。

12日，任振秋副主席带队督办《关于养老产业健康发展》的提案办理情况。

17日，高维魁常务副主席带队调研蒲洼乡中华蜂产业发展情况。副主席李惠英出席活动。

7月

3日，区政协主席唐淑荣出席蒲洼乡首届摇蜜体验季启动仪式，并听取森水村中华蜂产业发展的情况汇报。

8日，区政协召开房山区"十三五"规划编制情况通报会。主席唐淑荣，常务副主席高维魁，副主席李惠英、任振秋、赵润东出席会议。

9月

11日，区政协召开推进全面清退疏解低端产业座谈会。主席唐淑荣，区委副书记、政法委书记李江，副区长刘胜国，副主席李惠英、周文海、赵润东、肖武出席座谈会。会议由常务副主席高维魁主持。

12日，区政协组织政协委员、各民主党派成员及政协机关干部50余人，参加了市政协在丰台区卢沟桥畔的宛平广场举办的"纪念中国人民抗日战争暨世界反法西斯战争胜利70周年——北京第二十九届卢沟桥醒狮越野跑活动"。主席唐淑荣，秘书长游来清出席活动。

15日，区政协召开我区棚户区改造议政性恳谈会。主席唐淑荣，区政府副区长魏广勋，区政协常务副主席高维魁，副主席李惠英、赵润东、肖武，秘书长游来清出席会议，会议由副主席任振秋主持。

22日，区政协主席唐淑荣带领部分政协委员视察周口店镇清退疏解低端产业工作。常务副主席高维魁，副主席任振秋，秘书长游来清陪同调研。

23日，区政协召开关于加强和优化我区人才引进和培育服务保障体系工作提案办理情况座谈会。副主席任振秋出席会议。

24日，区政协常委视察我区众创空间发展情况。区政协主席唐淑荣，区委常委、副区长赵军，常务副主席高维魁，副主席李惠英、周文海、任振秋、赵润东、肖武，秘书长游来清出席活动。

10月

10日，市政协区县联络组组织各区县政协领导到房山参观考察。市政协党组副书记、副主席沈宝昌，市政协副秘书长、人事联络室主任王荔茹，市政协人事联络处副主任李莹，区政协主席唐淑荣，副主席李惠英、任振秋及各区县政协领导出席活动。

14日，区政协召开"新常态、新转型、新发展"议政会。主席唐淑荣，区委常委、常务副区长吴会杰，区政协副主席李惠英、赵润东，秘书长游来清出席会议。会议由常务副主席高维魁主持。

15日，区政协就关于在京津冀协同发展战略下推动全区旅游业发展开展视察暨提案办理评议座谈会。副主席李惠英、肖武出席会议。

18、19日，以"携手新起点，助力一体化之拒马同源——建设母亲河、扮靓母亲河"为主题的第二届京津冀六区市县协同发展研讨会在河北省涿州市召开。北京市政协副主席闫仲秋，天津市政协副主席李文喜，河北省政协副主席边发吉，河北省保定市委副书记党晓龙，北京市房山区委书记刘伟，副书记、区长曾赞荣，区政协主席唐淑荣，常务副主席高维魁，副主席任振秋等京津冀六区市县党政领导出席会议。

22日，区政协组织教科文卫体和学习文史委委员视察我区全民健身工作。副主席李惠英、肖武出席活动。

23日，区政协主席唐淑荣带领部分政协委员调研我区中草药产业发展情况。区政府副区长卢国懿，区政协副主席李惠英出席调研。

29日，我区举行"十三五"规划编制协商议政会。区委副书记、区长曾赞荣，区政协主席唐淑荣，常务副主席高维魁，副主席李惠英、周文海、任振秋、赵润东、肖武出席议政会。区委常委、常务副区长吴会杰主持会议。

11月

17日，区政协参加第二届京津冀六区市县协同发展研讨会总结会。区政协主席唐淑荣，常务副主席高维魁出席会议。

19日，区政协召开征集提案座谈会，听取了区政协七届五次会议提案准备情况。区政协副主席任振秋出席会议。

20日，区政协召开推进山区转型发展建言议政会。区政府副区长卢国懿，区政协常务副主席高维魁出席会议。会议由副主席李惠英主持。

12月

24日，召开了区政协七届委员会常务委员会会议，审议通过了关于召开区政协七届五次会议的相关事项。

附录一：委员名录

政协北京市房山县第一届委员会政协委员

丁清鸿（回族）	于春友	于福顺	马　敏（女）
马远斋	马芳礼	马金太（回族）	马淑惠（女）
王　贵	王　德	王　巍	王凤梧
王凤朝	王世清	王旭东	王佩贤（女）
王砚香	王俊奎	王素琴（女）	王健美（女）
王铭德	王喜福	王新华	毛锡恩
仇淑兰（女，回族）	方存恒（满族）	方锡智	尹富华
孔凡坤	邓述哲	石　光	石　崖
石佩兰（女）	申仲武	田国增	田树屏
田燕生	史正学	白玉亭	包静中
冯守信	冯卓如	冯捷南	冯维勤
吕宗生	吕桂清（女）	朱法喜	刘　洁
刘正谊	刘兰英（女）	刘汉洲	刘述祖
刘昆垣	刘建平（回族）	刘建庭	刘俊超
刘静鋆	齐钟庆	许士英（女）	杜生聪
杜宝珍	李　玉	李　军	李　瑞
李连云	李茂椿	李荣光	李昭英（女）
李闽仙（女）	李振权	李栖良	李润华
李祥加	李培中	李敬芳（女）	杨　岭
杨万钟	杨志强	杨志勤	肖汝俊
吴宝发	吴祥祉	邱利元	何宏昌
邹以珍	邹知华	辛润生	沙　奎（回族）
沙志云（回族）	宋希儒	宋思明	张　旭
张　健	张　镇	张广伶	张本荣
张成基	张寿彭	张秀山	张学贞（女）
张宝林	张建国	张贵福	张振华
张淑贞（女）	张锡元	陈　秀（女）	陈芬圃
陈启贤	苗俊楷	林钟云	罗兰棠
金　奎	金保巨	金家麒	庞亚祥

郑玉亭	郑树春	赵悌	赵熙
赵一水	赵永明	赵民俊	赵光启
赵宝林（回族）	郝信	郝志东	郝素珍（女）
胡宝彦	胡春波	皇甫元（朝鲜族）	饶岚
施大钧	洪玉桥（回族）	秦芝楼	袁德印
夏方宝	夏金华（女，回族）	钱亚泉	徐忠
殷河	高少峰	高齐天	高明允
高基安	郭云祥	郭文安	郭维农
唐广雩（女）	龚志源	崔宝华	阎希贤
阎桂芳（女）	阎爱众	梁文锦	梁志芳（满族）
隗有顺	彭清泉	董英	董志林
韩筠辉	谢亮（回族）	谢士强（回族）	廉亚强
谭九皋	翟绪范	缪德盈	黎日伦
穆希泉	戴富	魏天启	

政协北京市房山县第二届委员会政协委员

丁清鸿（回族）	于春友	于清昌	于福顺
卫中岳	马敏（女）	马大军（回族）	马会芬（女）
马芳礼	马金太（回族）	王贵	王巍
王旭东	王佩贤（女）	王俊奎	王素琴（女）
王健美（女）	王爱卿	毛锡恩	仇淑兰（女，回族）
方存恒（满族）	尹昆	邓述哲	石光
石岩	石强	石佩兰（女）	石淑平（女）
申仲武	田亚兰（女）	田国增	田树屏
田燕生	白玉亭	冯守信	冯卓如
冯维勤	邢敏	巩立英（女）	毕宝恒
曲伟光	吕兴洲	吕杰兵（女）	吕宗生
吕桂清（女）	朱法喜	向群英（女）	刘洁
刘文俊	刘正谊	刘兰英（女）	刘汉洲
刘述祖	刘昆垣	刘建平（回族）	刘建庭
刘俊超	刘清秀	刘静鋆	刘履镇
齐钟庆	关金明	安法鲁	祁凤伶
孙洪章	苏瑛璐（女）	苏惠增	杜瑛
杜明川	杜宝珍	李军	李克

李 明	李 瑞	李长恩	李克军
李连云	李怀立	李茂椿	李荣光
李树昌	李昭英（女）	李闽仙（女）	李振权
李润华	李祥加	李硕夫	李增祜
杨 岭	杨万钟	杨祥麟	连维全
肖锡珑	吴宝发	吴祥祉	吴菊英（女）
邱仲安	何丽荣（女，蒙古族）	何宏昌	狄振远
邹以珍	沙 奎（回族）	沙志云（回族）	沙秀珍（女，回族）
宋思明	张 旭	张 志	张广伶
张云江（女）	张巨全	张凤芹（女）	张玉纯
张本荣	张庆吉	张志仁	张秀山
张宝林	张贵福	张振华	张家成
张锡元	陆金庆	陈 秀（女）	陈凤英（女）
陈芬圃	陈启贤	奉友鹏	苗俊楷
林 梦	林钟云	金家麒	周志波
庞亚祥	郑树春	郑修臣	赵 熙
赵一水	赵玉明	赵玉葵（女）	赵民俊
赵光启	赵农辉	赵宝林（回族）	郝志东
郝素珍（女）	胡学仁	胡春波	皇甫元（朝鲜族）
侯长伯	饶 岚	施大钧	秦济仲
袁景春	夏方伟	夏方宝	钱亚泉
徐振信	殷 河	殷成基	高齐天
郭云祥	郭志忠	郭启寿	郭焕启
郭维农	唐广雩（女）	陶碧玉（女）	黄清亮
萝秀荣（女）	曹存珍	曹树森	龚志源
龚媛媛（女）	常凤荣（女）	崔宝华	阎希贤
梁文锦	彭清泉	董仲良	焦瑞增
曾宪祥	温隐蕾（女）	谢士强（回族）	谢爱英（女）
鲍秉铎	廉亚强	缪德盈	颜景河
潘 明	穆希泉	戴 富	魏天启
魏仲华			

政协北京市燕山区第一届委员会政协委员

万泰仁	王 岗	王凤云（女）	王江泽
王笃之	王洪斌	王浩英	王雪琴（女）

勾洪武	文惠兰（女）	卢玉华（女）	卢业强
田广见	冯金玉（女）	回巨祥（回族）	刘济湘
安　华（女）	孙凤来（女）	孙智正	李　力（锡伯族）
李之洋	李玉山	李全熙	李建能
李绍云（女）	李春盛（朝鲜族）	李隽华（女）	李新菊（女）
杨　敏	杨柏年	杨继文	肖玉琴（女，回族）
肖光全	吴建生	吴崇连	邱瑞祺
邱碧昌	何步升	沙文岚（女，回族）	沙文培（满族）
张　荣	张宝贵（回族）	张淑芹（女）	张福忠（女，回族）
陈继红（女）	罗希珠（女）	郑伟良	单　发
赵作玺	赵毓璋（女，满族）	郝传昆	祝　宁（女）
姚宝瑄	敖　菊（女）	郭　深	黄英惠（女，满族）
黄恩有	曹振义	董清华（女）	董聚慧
韩正非	韩俊杰（女，回族）	程　蓉（女）	谢济谋
谢登宏	薛玉兰（女）	薛树平	

政协北京市房山区第一届委员会政协委员

丁　科	丁清鸿（回族）	于清昌	万泰仁
卫中岳	马　纲（满族）	马　敏（女）	马文彰（女）
马会芬（女）	马国平	马金太（回族）	王　丽（女）
王　岗	王　贵	王　涛	王凤云（女）
王亚新	王江泽	王志忠	王秀荫（女）
王佑民	王佩贤（女）	王学荣（女）	王姗梅（女）
王笃之	王洪斌	王素英（女）	王素琴（女）
王铁成	王健美（女）	王爱卿	王浩英
王雪琴（女）	支桂芹（女）	毛锡恩	仉淑兰（女，回族）
文惠兰（女）	方存恒（满族）	邓国平（女）	石　岩
石　强	卢玉华（女）	卢业强	卢铁成
田国增	田树屏	田燕生	白玉亭
冯守信	玄　龙（朝鲜族）	邢　敏	巩立英（女）
毕宝恒	曲伟光	吕兴洲	朱昆荣
刘凤英（女）	刘文俊	刘玉荣（女，满族）	刘述祖
刘建平（回族）	刘建庭	刘振祥	刘清秀
刘淑兰（女）	刘殿升	齐国璋	关金明
祁凤伶	许海文	孙凤来（女）	孙智正

纪朋远	苏瑛璐（女）	苏惠增	杜瑛
杜明川	李　力（锡伯族）	李　军	李　亮
李长友	李玉山	李全熙	李怀立
李茂椿	李国民（回族）	李建华	李绍云（女）
李玲珑	李荣光	李树昌	李闽仙（女）
李彧波	李隽华（女）	李祥加	李惇苏
李新菊（女）	李增祜	杨万钟	杨永俊
杨柏年	杨祥麟	肖玉琴（女，回族）	肖锡珑
吴武之	吴宝发	吴建生	吴菊英（女）
吴崇连	邱仲安	邱碧昌	何丽荣（女，蒙古族）
何洪昌	狄振远	邹仁年	邹以珍
沙文岚（女，回族）	沙文培（回族）	沙志云（回族）	沙秀珍（女，回族）
沈茹璞（女）	宋玉芳（女，满族）	宋思明	张　旭
张　珍	张　荣	张广伶	张云江（女）
张玉纯	张庆吉	张进文	张志仁
张宝林	张宝贵（回族）	张树鹤	张俊卿
张素芬（女）	张益民	张淑琴（女）	张韵钰（女，回族）
张福忠（女，回族）	陈芬圃	陈耀珍	邵文古
奉友鹏	林　梦	林忠云	林桂春
罗希珠（女）	周志波	郑树春	郑灌生
单　发	赵　芹（女）	赵士奎	赵玉明
赵光启	赵作玺	赵明藩	赵宝林（回族）
赵润东	赵瑞芝（女）	赵毓璋（女，满族）	胡学仁
胡建伟	胡淑敏（女）	皇甫元（朝鲜族）	侯长伯
饶　岚	施大钧	姚宝瑄	秦玉山（蒙古族）
秦济仲	敖　菊（女）	袁振新	袁景春
顾玉兰（女）	顾国英（女）	钱觉霖	徐振信（满族）
殷　河	高　英	高　杰	高　洁（交道）
高红厚（女）	高海量	郭　深	郭云祥
郭志忠	郭启寿	郭维农	唐广雩（女）
容桂英（女）	陶碧玉（女）	黄恩有	黄清亮
曹振义	龚媛媛（女）	常立新	常爱英（女）
崔宝华	阎希贤	彭清泉	董华
董仲良	董清华（女）	董聚慧	韩秀琴（女）
韩俊杰（女，回族）	程　蓉（女）	傅燕玲（女）	曾建成
曾宪祥	温连元	温隐蕾（女）	谢士强（回族）
谢爱英（女）	鲍秉铎	蔡　茂	颜景河

潘　明	薄广君	戴　富	魏仲华

政协北京市房山区第二届委员会政协委员

丁　科	丁玉田（回族）	卫中岳	马　纲（满族）
马文强（回族）	马文彰（女）	马国平	王　岗
王　贵	王　彦	王　莉（女）	王　健
王书樵	王立民	王江泽	王秀荫（女）
王邱平	王佑民	王君英（女）	王国亮
王京立	王学荣（女）	王姗梅（女）	王洪斌
王素英（女）	王振宗	王恩旭	王铁成
王爱卿	王家年	王梦麟	王德充
支桂芹（女）	毛锡恩	仇淑兰（女，回族）	方存恒（满族）
邓　珏（女）	邓国平（女）	石　强	卢玉华（女）
卢业强	卢铁成	卢景辉	田　正
田国增	田树屏	田燕生	史长义
巩立英（女）	成克先	迈恩元	毕宝恒
吕兴洲	朱昆荣	任成清	任爱爱（女）
刘　春	刘凡慧（女）	刘凤英（女）	刘文俊
刘玉荣（女，满族）	刘永成	刘永强	刘仲琴
刘克功	刘述祖	刘泽民	刘建平（回族）
刘绍尧	刘振祥	刘清秀	刘殿升
刘德才	齐仲贞	安　恒	祁凤伶
阮德瑞	孙　钺	孙克欣	纪朋远
苏宝光	苏瑛璐（女）	苏惠增	杜　瑛
杜明川	李　仲	李　军	李　新（女，锡伯族）
李玉山	李怀利	李国民（回族）	李绍云（女）
李玲珑	李荣光	李树昌	李闽仙（女）
李彧波	李隽华（女）	李淑兰（女）	李惇苏
李惠卿（女）	李瑞祥	李新菊（女）	李增祜
杨　旭	杨祥麟	杨静萍（女）	杨燕伯（满族）
肖金芳（女）	肖勋泽	肖淑婷（女）	肖锡珑
吴　严	吴吉平	吴武之	吴秉纳
吴宝发	吴建生	吴菊英（女）	邱碧昌
何丽荣（女，蒙古族）	邹仁年	沙志云（回族）	沙秀珍（女，回族）
沙淑芬（女，回族）	宋　湘	宋中文	宋玉芳（女，满族）
张　旭	张　珍	张　荣	张　鸿（女）

张中兴	张志仁	张志军（女）	张英堂（女）
张明德	张宝林	张春源	张洪吉（满族）
张益民	张淑华（女）	张韵钰（女，回族）	张静惠
陈　光	陈万金	陈玉钧	陈乐寿
陈华中	奉友鹏	林　梦	林其荦
林桂春	欧阳志	周志波	周桂玲（女）
周祥义	郑云广	郑玉坡	郑灌生
赵士魁	赵光启	赵明藩	赵宝林（回族）
赵润东	赵继平	赵淑懿（女）	贡　麟
胡平曜（女）	胡建伟	胡淑敏（女）	柳湘亭
侯长伯	饶　岚	施大钧	洪玉琪
秦济仲	袁振新	顾春生	钱觉霖
徐介三	徐振信（满族）	殷　河	高　英
高　洁	高　原	郭　深	郭云祥
郭志忠	唐　荣	唐广雩（女）	唐占忠
唐枝荣（女）	唐桂华（女）	容桂英（女）	谈庆勇
黄发文	黄国平	黄恩有	黄家骥
黄清亮	曹振义	龚媛媛（女）	常爱英（女）
崔宝华	阎凤祥	梁　缨（女）	梁惠明
梁翠英（女）	隗合田	彭清泉	董　华
董清华（女）	董聚慧	韩　幸（回族）	韩　喆
韩秀琴（女）	韩俊杰（女，回族）	程　蓉（女）	傅燕玲（女）
曾建成	曾宪祥	温隐蕾（女）	雷祥霖
廉亚强	窦长富	颜景河	潘　明
薄广君	戴　富		

政协北京市房山区第三届委员会政协委员

丁　科	丁玉田（回族）	于金兰（女）	于淑云（女）
马　纲（满族）	马文仲（回族）	马志宏	马希坡（回族）
马国平	马淑芳（女）	王　莉（女）	王　岗
王　贵	王　彦	王　寂	王　维
王　森	王三贵	王书云（女）	王书樵
王立民	王江泽	王志鸿（女）	王国亮
王秉军	王京立	王建一	王振忠
王铁成	王爱卿	王润喜	王梦麟

王德充	支桂芹（女）	戈　承	仉淑兰（女，回族）
方自生	石化宇	卢业强	卢景辉
田树屏	田燕生	史长义	付淑华（女）
白云芝（女）	白秀兰（女，满族）	白树林	巩立英（女）
吕兴洲	朱昆荣	任成清	任爱爱（女）
刘　春	刘凡慧（女）	刘巨召	刘长顺
刘凤英（女）	刘永成	刘存泽	刘仲琴
刘克功	刘泽民	刘泽林	刘宗亮
刘建平（回族）	刘建军	刘艳萍（女）	刘栓强
刘恩元	刘福元	刘德才	阮德瑞
孙立宗	孙克欣	苏宝光	苏瑛璐（女）
苏惠增	杜　瑛	李　军	李长军
李方义	李书明	李光耀	李运启
李志琴（女）	李希文	李怀利	李国民（回族）
李建华	李绍云（女）	李玲珑	李树芳
李树昌	李桂华（女）	李焕新	李淑兰（女）
李惇苏	李惠英（女，彝族）	李惠卿（女）	李景周
李景森	李瑞祥	李增禄	李德瑞
杨晓惠（女）	杨锡伟（女）	杨静萍（女）	杨增力
杨燕伯（满族）	肖金芳（女）	肖勋泽	肖淑婷（女）
肖锡珑	吴进发	吴武之	吴秉纳
吴宝发	邱碧昌	何丽荣（女，蒙古族）	何法章
佟松柏（锡伯族）	谷远祥	邹仁年	邹以珍
沙志云（回族）	沙秀英（女，回族）	沙淑芬（女，回族）	宋　湘
宋中文	张　鸿（女）	张士珍（女）	张水田
张玉泉	张永文	张全利	张明德
张和平（女）	张建国	张海红（女）	张淑华（女）
张淑芬（女）	张维勋	张韵钰（女，回族）	张静惠
陈　芮	陈万金	陈长青	陈玉钧
陈光明	陈华中	陈华莹	陈赤农
林其荦	林德宝	欧阳志	周天才（满族）
周祥义	郑　涛	郑云广	郑玉坡
郑永芳	郑灌生	宗志简	屈东升
孟凡凯	赵　成	赵明藩	赵宝林（回族）
赵树启	赵润东	赵淑玲（女）	赵淑懿（女）
赵德全	贡　麟	郝伟莉（女）	胡卫民
胡平曜（女）	柳湘亭	段宗明（女）	侯玉荣（女）

侯作山	施大钧	姜之杰	洪玉琪
宫丽清（女）	姚志明	袁贵珠	莫正林
莘德艺	夏雪松（女）	徐振信（满族）	高　英
高　洁	高　原	高洪燕（女）	郭　深
唐　荣	容桂英（女）	谈庆勇	陶树芬（女）
黄　莘	黄发文	黄国平	黄恩有
黄家骥	曹焕文（女）	常　生	常宝恒
常爱英（女）	崔建初	商金香（女）	阎凤祥
梁　昆	梁　缨（女）	梁凤兰（女）	梁翠英（女）
彭清泉	葛　辉	董　平	董　华
董跃进	董聚慧	韩　幸（回族）	韩　喆
韩秀琴（女）	韩宗喆	韩俊杰（女，回族）	程　蓉（女）
傅燕玲（女）	鲁　琪	谢春园	窦长富
蔡文丽（女）	蔡炳溪	颜景河	潘龄鹤
薛宝华（女）	薛俊山	薄广君	戴　富
戴双均	魏士宽		

政协北京市房山区第四届委员会政协委员

丁　科	丁玉田（回族）	丁亚军（回族）	于国柱
于金兰（女）	于洪友	于淑云（女）	万金峰
马文仲（回族）	马志业	马志宏	马希坡（回族）
马铁松	马淑芳（女）	王　岗	王　贵
王　莉（女）	王　维	王　森	王三贵
王义华	王文军	王书学	王书樵
王立民	王志利	王志钧（女）	王国亮
王秉军	王金山	王京立	王京科
王宝盛	王建一	王建文	王春云（女）
王桂荣（女）	王晓芝（女）	王梦麟	王雪梅（女）
王新成	方桂敏（女）	孔凡生	卢景辉
田文东	田兴学	付伯伶	白秀兰（女，满族）
白学如	白树林	白德欣	冯小强
巩立英（女）	毕彩虹（女）	朱玉兰（女）	朱海良（满族）
任群先	刘　春	刘　静（女）	刘长河
刘凤祥（回族）	刘永成	刘泽林	刘建平（回族）
刘建军	刘素媛（女）	刘捍中	刘栓强

刘恩元	刘清栋	刘增会	刘德才
祁桂华	祁新会	许志远	那立春（满族）
阮德瑞	孙立宗	孙志强	芦　田
苏建英（女）	苏瑛璐（女）	杜　瑛	李　刚
李　强	李长喜	李永林	李永智
李有刚	李光耀	李红伟（女）	李运启
李希文	李国民（回族）	李泽民	李桂华（女）
李晓云（女）	李惠卿（女）	李景森	李福贵
李增禄	杨文常	杨文淑（女）	杨安民
杨秀兰（女）	杨学贞	杨桂珠（女）	杨锡伟（女）
杨静萍（女）	肖　武（女）	肖凤云（女）	肖春明
肖星翔（土家族）	吴月斌	吴金华（女）	吴建文
吴显明	邱碧昌	何法章	何德胜
佟海山	沙志云（回族）	沙秀英（女，回族）	沙淑芬（女，回族）
宋云峰	宋中文	宋春莲（女）	宋福增
张　玉	张　源	张士珍（女）	张广毅
张水田	张文战	张文彪	张志宏
张杜生	张连元	张宏为	张君秀（女）
张明德	张建国	张桂芳（女）	张铁志
张淑芳（女）	张维勋	张福金	张增宅
陈　芮	陈华中	陈华莹	陈兴杰
陈国香（女）	陈海忠	林　义	林德宝
郑玉坡	郑永芳	郑秋丽（女）	郑铁汉
宗志简	屈东升	孟凡凯	赵　伟
赵　利	赵凤岗	赵永安	赵红燕（女）
赵忠贤	赵润东	赵淑艳（女）	赵淑懿（女）
赵德全	贡　麟	郝伟莉（女）	郝建民
荣　明	胡卫民	胡立华	胡国强
胡淑苹（女）	宫丽清（女）	费揆君（女）	姚龙清
姚志明	骆金萍（女）	秦　康（侗族）	秦立成
莫正林	莘德艺	晋国常	贾　斌
贾河武	夏雪松（女）	顾梦红	柴淑萍（女）
徐志军	高　原	高凤芝（女）	高金宝
高洪燕（女）	高家宜（女）	郭少将	郭中华
郭志族	郭春萍（女）	郭香福	郭艳梅（女）
唐　荣	唐金玲（女）	涂仁强	容桂英（女）
陶士先（女）	陶树芬（女）	曹文峰	常爱英（女）

常福林	梁 昆	梁 缨（女）	梁凤兰（女）
梁惠明（女）	梁翠英（女）	隗永贤（女）	隗永敏
隗合旺	彭文润	彭清泉	董 华
董聚慧	韩世明	韩秀琴（女）	韩宗喆
景方红（女，回族）	程 蓉（女）	傅燕玲（女）	焦 林
鲁 琪	童晓红（女）	游来柱	游煌珑（女）
谢根荣	蒲来喜	蔡炳溪	樊庆玺
颜景河	潘宝斌	潘政荫（女）	潘龄鹤
薛宝华（女）	薛俊山	霍 忠	戴 富
戴燕春	魏永奎		

政协北京市房山区第五届委员会政协委员

丁玉田（回族）	丁亚军（回族）	于 勇	于国柱
于淑云（女）	万金峰	马 军（回族）	马 杰
马万路	马文明	马文强（回族）	马向丽（女）
马全福	马志业	马志宏	马俊怀
马铁松	王 莉（女）	王 会	王 岗
王 峙	王 寂	王义华	王长青
王心松（女，蒙古族）	王书学	王书樵	王永生
王永军	王志利	王京立	王宝盛
王建一	王建华（女，满族）	王荆生	王洪祥
王振华	王桂荣（女）	王晓芝（女）	王晓芳（女）
王晓燕（女）	王继会	王雪梅（女）	王喜艳（女，满族）
王雅薇（女）	王普全	王新成	王新锋
王福生	王德军	云桂荣（女）	尤淑华（女）
牛建华（女）	方桂敏（女）	孔凡生	邓丽娟（女）
邓思博	卢 宁	卢威燕（女）	卢香梅（女）
卢景辉	田 杰	田兴学	田金元
田新华	史长义	史甫臣	白文祥
白学如	白树林	冯建秀（女）	冯润娣（女）
曲 肃（女）	吕迎春（女）	任群先	向章羚
刘 杰	刘 罡	刘少宾	刘长河
刘志刚	刘兵兵（女）	刘希广	刘宏蔚（女）
刘宝新	刘建平（回族）	刘建军	刘素媛（女）
刘栓强	刘恩元	刘焕龙	刘森源

刘增会	安　浩（朝鲜族）	安春祥	安黎明（女）
祁新会	许兆雄	许志远	孙志强
孙伯山	孙桂华（女，回族）	孙爱华（女）	苏一凡（女）
苏瑛璐（女）	李　刚	李　悦（女，蒙古族）	李　谦
李长生	李东林（女）	李印杰	李永林
李永智	李庆海	李红伟（女）	李芳玲（女）
李克建	李金田	李泽民	李桂凤（女）
李晓云（女）	李晓娟（女）	李爱芹（女）	李清泉
李景森	李福贵	李增禄	杨　劲（女）
杨　奎	杨文淑（女）	杨进则	杨启法
杨海峰	肖　武（女）	肖凤云（女）	肖希鹏
肖春明	吴建文	何忠荣	佟海山
沙志云（回族）	沙秀英（女，回族）	宋秀兰（女）	宋福增
张　玉	张　宇	张　宝	张　昱
张　磊（女，蒙古族）	张士英（女）	张文战	张文新
张玉河	张世珍（女）	张志宏	张杜生
张君秀（女）	张明德	张艳珍（女）	张海波
陈　琛（女）	陈华中	陈志高	陈秀玲（女）
陈忠华（满族）	陈晓燕（女）	邵　进	范文彦
罗永红	金永男（朝鲜族）	金洪生	周玉江
郑玉坡	郑铁汉	屈东升	孟凡凯
孟祥春	赵　伟	赵长彬	赵玉萍（女）
赵伟谊（女）	赵红燕（女）	赵丽梅（女，满族）	赵国先
赵洪兰（女）	赵振华	赵润东	赵继锋
赵德全	郝伟莉（女）	胡广霞（女，回族）	胡卫民
胡淑苹（女）	相志洪	段静文（女）	侯振海
秦　康（侗族）	班善军	袁承新	耿春奉
晋国常	贾　斌	贾河武	顾梦红
柴海泉（满族）	柴淑萍（女）	钱文臣（回族）	徐　瑛（女）
徐志军	徐惠玲（女，满族）	高　胜	高红燕（女）
高建荣（女）	高家宜（女）	高德民	郭少将
郭中华	郭志平	郭春恒	郭香福
郭艳梅（女）	唐　荣	容桂英（女）	陶士先（女）
陶延黎	黄卫红（女）	曹文峰	曹志红（女）
常福林	崔学君	梁大学	梁凤兰（女）
隗永贤（女）	隗永敏	隗永勤	彭清泉
董　华	董丽芳（女）	董聚慧	蒋小钢

蒋勤军（土家族）	韩世君	韩世明	景方红（女，回族）
焦启超	鲁 琪	童晓红（女）	游来柱
蔡秀丽（女）	廖 辉	薛宝华（女）	薛俊山
穆建山			

政协北京市房山区第六届委员会政协委员

丁长海（回族）	丁玉田（回族）	于 平（女）	于国柱
于明振	于彩宏（女）	于淑云（女）	于腊梅（女）
万金峰	万映红（女）	马 军（回族）	马 杰
马文明	马平绣（女，回族）	马向丽（女）	马全福
马红光	马志宏	马连杰（女）	马育川（回族）
马俊怀	王 中	王 会	王 玮（女，蒙古族）
王 峙	王 剑（女）	王 寂	王义华
王子平	王中旺	王书樵	王立民
王永生	王永军	王志利	王利荣（女）
王玥玮（女，满族）	王英开	王京立	王宝盛
王建华（女，满族）	王艳芳（女）	王晓芝（女）	王晓伟
王晓燕（女）	王海平（土家族）	王雪梅（女）	王喜艳（女，满族）
王普全	王新成	王新锋	王福生
王德军	云桂荣（女）	尤建英（女）	尤淑华（女）
牛建华（女）	毛大庆	方桂敏（女）	孔凡生
邓思博	石 福	卢 宁	卢景辉
田 杰	田兴学	田金元	田新华
史长义	史甫臣	白文祥	白学如
包轶文（蒙古族）	冯润娣（女）	兰云龙（畲族）	曲 聿（女）
延淑洁（女，满族）	任成学	伊尼亚娜（女，蒙古族）	刘 娜（女）
刘 海（回族）	刘 琼（女）	刘大龙	刘少宾
刘长安	刘长河	刘亚军	刘军超（女）
刘志刚	刘希广	刘宏蔚（女）	刘忠全
刘宝新	刘建平（回族）	刘春玲（女）	刘晓军
刘焕龙	刘森源	刘增会	安春祥
许文泽	许玉生	许兆雄	孙 威
孙志强	孙伯山	孙桂华（女，回族）	孙爱华（女）
孙海潮	苏一凡（女）	杜成喜	李 刚
李 伟	李 兵（女）	李 悦（女，蒙古族）	李长雨

李凤荣（女）	李东林（女）	李东明	李印杰
李永林	李庆海	李芳玲（女）	李克建
李秀红（女）	李国珍	李金田	李京生
李泽田	李建力	李建国	李晓云（女）
李晓梅（女）	李惠英（女，彝族）	李雅军（女）	李景森
李新凤（女）	李增禄	杨 劲（女）	杨文淑（女）
杨启法	杨宝峰	杨建峰	杨树德
杨晓娟（女，满族）	杨海峰	肖 武（女）	肖凤云（女）
肖正权	肖希鹏	肖春明	时鸣玲（女）
吴金华（女）	吴海涛	吴嵩岩（女）	邱玉珊（女，满族）
宋永田	宋秀兰（女）	宋福增	张 玉
张 宇（女）	张 杰	张 昱	张 峰
张 磊（女，蒙古族）	张力峰	张士英（女）	张文战
张文新	张玉河	张东梅（女）	张永生
张仲侠	张旭东	张守良	张志宏
张志鹏	张杜生	张君秀（女）	张国平
张学会	张振江	张莉华（女）	张桂立（女）
张海波	张雪莲（女）	张耀春	陈少林
陈志高	陈晓燕（女）	陈海忠	邵志杰（满族）
苗 松	范文彦	林红云（女）	罗永红
金 华	金永男（朝鲜族）	金英华（女，朝鲜族）	周文海
周玉江	周德鹏	郑建萍（女）	宛玉霞（女，回族）
孟繁欣（女）	赵 伟	赵一弘	赵国先
赵洪兰（女）	赵振东	赵振华	赵润东
郝伟莉（女）	胡广霞（女，回族）	胡淑苹（女）	柏 林
段向红（女）	段致禄	段静文（女）	禹作胜
禹艳霞（女）	侯振海	胜 利（蒙古族）	饶明彦（女）
姜 森（满族）	姜胜军	秦美荣（女）	班善军（女）
敖静波（女，满族）	袁承新	袁晓波	耿纪民
耿春奉	晋国常	晋朝晖（女）	贾 斌
贾河武	顾梦红	柴海泉（满族）	柴淑萍（女）
徐 瑛（女）	徐 蔚（女）	徐忠立（苗族）	徐淑霞（女，满族）
徐惠玲（女，满族）	高 明（女）	高金珠	高建荣（女）
高维魁	高德民	郭香福	郭艳梅（女）
唐淑荣（女）	黄 伟	黄新卫（女）	曹志红（女）
常士怀	常福林	崔广田	崔占社
崔爱军	梁大学	隗功跃	隗永敏

隗永博	隗永勤	董聚慧	蒋小钢
韩世君	韩树权	黑建民（回族）	程美生
焦启超	童晓红（女）	游来清	谢秀英（女）
靳红利（女）	雷　和	廖　辉	阚立英（女）
翟　东	翟瑞莲（女）	樊毅平	薛春莲（女）

政协北京市房山区第七届委员会政协委员

丁长海（回族）	于　平（女）	于冬梅（女）	于建明（蒙古族）
于腊梅（女）	万金峰	万映红（女）	马　奔（满族）
马　强	马平绣（女，回族）	马向丽（女）	马全福
马连杰（女）	马育川（回族）	王　中	王　忆（女）
王　成	王　凯	王　剑（女）	王　琨（女）
王　斌	王　燕（女）	王子平	王文洪
王玉红（女）	王东晖（女）	王永军	王庆革
王红英（女）	王利荣（女）	王玥玮（女，满族）	王忠朝
王金恒	王建民	王建华（女，满族）	王艳芳（女）
王晓伟	王海平（土家族）	王朝军	王新成
王慧丽（女）	王德军	牛振明	毛大庆
乌兰图雅（女，蒙古族）	方　超（女）	尹志刚	孔凡生
邓展渤（满族）	石　福	石一峰	卢　宁
卢景辉	叶　翔	田继成	史长义
史甫臣	冉保会	包轶文（蒙古族）	冯　雷
吉章红	曲　肃（女）	吕宝新	任正建
任成学	任国强	任振秋	邬国强
刘　杰	刘　明	刘　勇	刘　海（回族）
刘　琼（女）	刘　斌	刘少波	刘长安
刘文礼	刘亚军	刘兆亮	刘军超（女）
刘希广	刘宏蔚（女）	刘宝新	刘晓军
刘焕龙	刘清生	刘森源	关胜兵
安春祥	许传林	许兆雄	那立民（满族）
孙　威	孙宇辉	孙志强	孙英俊
孙国水	孙凯峰	孙洪立	孙振芳
孙爱华（女）	孙海潮	杜金全	杜晓东
李　刚	李　刚（房安）	李　学	李　树
李　悦（女，蒙古族）	李　铮	李　雷（回族）	李　磊

李东林（女）	李永林	李进伟	李秀红（女）
李秀梅（女）	李宏明	李国珍	李昌俊
李泽田	李宝虎	李建力	李建坡
李惠英（女，彝族）	李雅军（女）	李新凤（女）	李震环（女，满族）
杨昆	杨明炯	杨宝峰	杨树林
杨树德	杨洪涛	杨海峰	肖武（女）
肖英（女）	肖悦（女）	肖培（回族）	肖正权
肖希鹏	时鸣玲（女）	吴秀芬（女）	吴金华（女）
吴艳京（女）	吴海涛	吴嵩岩（女）	何朝兵
佘静雯（女）	沙文军	沈冲（女）	宋永田
宋秀兰（女）	张志	张亮	张峰
张斌	张磊（女，蒙古族）	张文国	张文战
张玉河	张东梅（女）	张永生	张旭东
张进建	张志宏	张志鹏	张君秀（女）
张劲楠	张国平	张学会	张艳蓉（女）
张振江	张莉华（女）	张桂平（女）	张桂学（女）
张海波	张海滨	张雪莲（女）	张葆宁
张颖辉（满族）	张殿明	陆晟（满族）	陈亮（满族）
陈玉珍（女）	陈志高	陈晓燕（女）	陈海忠
武宏	苗松	林红云（女）	欧阳国欣
罗建军（女）	金永男（朝鲜族）	周蕾（女）	周文海
周昊嵬	周海涛	庞文军	郑建萍（女）
单连超（满族）	宛玉霞（女，回族）	孟书凤（女）	孟繁欣（女）
赵圳（女）	赵一弘	赵东升	赵永祥
赵洪生	赵振东	赵润东	赵庶吏（女）
赵智超（满族）	赵瑞兰（女）	赵福英（女）	郝文奎
段向红（女）	段静文（女）	禹作胜	骆金萍（女）
秦庆伟	秦美荣（女）	袁泽路	袁承新
袁晓波	袁宽林	耿纪民	贾斌
顾淑莲（女）	柴林峰	徐瑛（女）	徐蔚
徐惠玲（女，满族）	高明（女）	高峰	高冬梅（女）
高良洁	高建荣（女）	高维魁	郭秀妍（女）
郭宗凯	郭艳梅（女）	郭振江	唐淑荣（女）
黄少平	黄文明（女，满族）	黄俩迷（回族）	曹志红（女）
常亮	崔华（女）	崔广田	崔玉红（女）
崔占社	崔红跃	崔爱军	梁志辉
梁丽芳（女）	寇毅	隗功民	隗永敏

附录一：委员名录

隗永博	隗合煜	彭世松	彭立新
蒋小钢	韩树权	韩显辉	韩晓明（女）
程旭东	程美生	傅春江	焦启超
释延佛	童晓红（女）	游来清	靳红利（女）
赖晓润	蔡本睿	廖　辉	廖承涛
廖春迎（女，壮族）	樊毅平	滕昭智	薛春连（女）

附录二：文件选编

在新政治协商会议筹备会上的讲话

(1949年6月15日)

毛泽东

诸位代表先生：

我们的新的政治协商会议的筹备会，今天开幕了。这个筹备会的任务，就是：完成各项必要的准备工作，迅速召开新的政治协商会议，成立民主联合政府，以便领导全国人民，以最快的速度肃清国民党反动派的残余力量，统一全中国，有系统地和有步骤地在全国范围内进行政治的、经济的、文化的和国防的建设工作。全国人民希望我们这样做，我们就应当这样做。

新的政治协商会议，是中国共产党在一九四八年五月一日向全国人民提议召开的。这个提议，迅速地得到了全国各民主党派、各人民团体、各界民主人士、国内少数民族和海外华侨的响应。中国共产党、各民主党派、各人民团体、各界民主人士、国内少数民族和海外华侨都认为：必须打倒帝国主义、封建主义、官僚资本主义和国民党反动派的统治，必须召集一个包含各民主党派、各人民团体、各界民主人士、国内少数民族和海外华侨的代表人物的政治协商会议，宣告中华人民共和国的成立，并选举代表这个共和国的民主联合政府，才能使我们的伟大的祖国脱离半殖民地的和半封建的命运，走上独立、自由、和平、统一和强盛的道路。这是一个共同的政治基础。这是中国共产党、各民主党派、各人民团体、各界民主人士、国内少数民族和海外华侨团结奋斗的共同的政治基础，这也是全国人民团结奋斗的共同的政治基础。这个政治基础是如此巩固，以至于没有一个认真的民主党派、人民团体和民主人士提出任何不同的意见，大家认为只有这一条道路，才是解决中国一切问题的正确的方向。

全国人民拥护自己的人民解放军，取得了战争的胜利。这一次伟大的人民解放战争，从一九四六年七月开始，到现在，业已三年了。这一次战争是由国民党反动派在获得外国帝国主义的援助之下发动的。国民党反动派背信弃义，撕毁了一九四六年一月的停战协定和政治协商会议的决议，发动了这一次反人民的国内战争。可是，仅仅三年时间，即已被英勇的人民解放军所打败。不久以前，在国民党反动派的和平阴谋被揭穿以后，人民解放军既已奋勇前进，横渡长江。国民党反动派的都城南京，已被夺取。上海、杭州、南昌、武汉、西安，已被解放。现在，人民解放军的各路野战军，正在向南方和西北各省，举行着自有中国历史以来未曾有过的大进军。三个年头中，人民解放军共已消灭反动的国民党军五百五十九万人。截至现时为止，残余的国民党军，包括它的正规部队、非正规部队和后方军事机关军事学校等在内，只有一百五十万人左右了。肃清这一部分残余敌军，还需要一些时间，但已为期不远了。

这是全中国人民的胜利，也是全世界人民的胜利。整个世界，除了帝国主义者和各国反动派，对于中国人民的这个伟大的胜利，没有不欢欣鼓舞的。中国人民反对自己的敌人的斗争和世界人民反对自己的敌人的斗争，其意义是同一的。全中国人民和全世界人民一齐看见了这样的事实：帝国主义者指挥中国反动派用反革命战争残酷地反对中国人民，中国人民用革命战争胜利地打倒了反动派。

在这里，我认为有必要唤起人们的注意，这即是：帝国主义者及其走狗中国反动派对于他们在中国这块土地上的失败，是不会甘心的。他们还会要互相勾结在一起，用各种可能的方法，反对中国人民。例如，派遣他们的走狗钻进中国内部来进行分化工作和捣乱工作。这是必然的，他们决不会忘记这一项工作。例如，唆使中国反动派，甚至加上他们自己的力量，封锁中国的海港。只要还有可能，他们就会这样做。再则，假如他们还想冒险的话，派出一部分兵力侵扰中国的边境，也不是不可能的。所有这些，我们都必须充分地估计到。我们决不可因为胜利，而放松对于帝国主义分子及其走狗们的疯狂的报复阴谋的警惕性，谁要是放松这一项警惕性，谁就将在政治上解除武装，而使自己处于被动的地位。在这种情况下，全国人民必须团结起来，坚决、彻底、干净、全部地粉碎帝国主义者及其走狗中国反动派的任何一项反对中国人民的阴谋计划。中国必须独立，中国必须解放，中国的事情必须由中国人民自己作主张，自己来处理，不容许任何帝国主义国家再有一丝一毫的干涉。

中国的革命是全民族人民大众的革命，除了帝国主义者、封建主义者、官僚资产阶级分子、国民党反动派及其帮凶们而外，其余的一切人都是我们的朋友，我们有一个广大的和巩固的革命统一战线。这个统一战线是如此广大，它包含了工人阶级、农民阶级、城市小资产阶级和民族资产阶级。这个统一战线是如此巩固，它具备了战胜任何敌人和克服任何困难的坚强的意志和源源不竭的能力。我们现在所处的时代是帝国主义制度走向全部崩溃的时代，帝国主义者业已陷入不可解脱的危机之中，不论他们还要如何继续反对中国人民，中国人民总是有办法取得最后胜利的。

同时，我们向全世界声明：我们所反对的只是帝国主义制度及其反对中国人民的阴谋计划。任何外国政府，只要它愿意断绝对于中国反动派的关系，不再勾结或援助中国反动派，并向人民的中国采取真正的而不是虚伪的友好态度，我们就愿意同它在平等、互利和互相尊重领土主权的原则的基础之上，谈判建立外交关系的问题。中国人民愿意同世界各国人民实行友好合作，恢复和发展国际间的通商事业，以利发展生产和繁荣经济。

诸位代表先生：我们召集新的政治协商会议成立民主联合政府的一切条件，均已成熟。全中国人民是如此热烈地盼望我们召开会议和成立政府。我相信，我们现在开始的工作，是能够满足这个希望的，并且不需要多久的时间就能满足这个希望。

中国民主联合政府一经成立，它的工作重点将是：（一）肃清反动派的残余，镇压反动派的捣乱；（二）尽一切可能用极大力量从事人民经济事业的恢复和发展，同时恢复和发展人民的文化教育事业。

中国人民将会看见，中国的命运一经操在人民自己的手里，中国就将如太阳升起在东方那样，以自己的辉煌的光焰普照大地，迅速地荡涤反动政府留下来的污泥浊水，治好战争的创伤，建设起一个崭新的强盛的名副其实的人民共和国。

中华人民共和国万岁！

民主联合政府万岁！

全国人民大团结万岁！

中国人民政治协商会议组织法

(1949年9月27日中国人民政治协商会议第一届全体会议通过)

第一章　总　则

第一条　中国人民政治协商会议（以下简称中国人民政协）为全中国人民民主统一战线的组织，旨在经过各民主党派及人民团体的团结，去团结全中国各民主阶级、各民族，共同努力，实行新民主主义，反对帝国主义、封建主义及官僚资本主义，推翻国民党的反动统治，肃清公开的及暗藏的反革命残余力量，医治战争创伤，恢复并发展人民的经济事业及文化教育事业，巩固国防，并联合世界上以平等待我之民族及国家，以建立及巩固由工人阶级领导的以工农联盟为基础的人民民主专政的独立、民主、和平、统一及富强的中华人民共和国。

第二章　参加单位及代表

第二条　凡赞成本组织法第一条之规定的民主党派及人民团体，经中国人民政协全国委员会协商同意，得参加中国人民政协；个人经中国人民政协全国委员会协议邀请者，亦得参加中国人民政协的全体会议，并得被选为全国委员会委员。

第三条　每届中国人民政协全体会议的参加单位、名额及代表人选，由上届中国人民政协全国委员会协商定之，但第一届由中国人民政协筹备会协商定之。

第四条　凡经中国人民政协全体会议及全国委员会通过的决议，各参加单位及代表均有信守及实行的义务。

凡参加中国人民政协的民主党派或人民团体，对全体会议及全国委员会所通过的决议如有不同意时，除根据少数服从多数的民主原则负责遵行不得违反外，其有不同意见得保留之，以待下届会议提出讨论；如对重要决议根本不同意时，有申请退出中国人民政协的自由。

第五条　中国人民政协的参加单位或代表或全国委员会委员，如有违反中国人民政协的组织法、共同纲领或重要决议而情节严重者，得由中国人民政协全体会议或全国委员会视其情节严重的程度，分别予以警告，撤换代表，撤销委员资格或撤销参加单位等处分。由全国委员会所给予的处分，如被处分者不服，得向下届全体会议提出申诉。

第三章　全体会议

第六条　中国人民政协全体会议，每三年开会一次，由全国委员会召集之。全国委员会认为有必要时，得提前或延期召集之。但第一届由中国人民政协筹备会召集之。

第七条　中国人民政协全体会议的职权如下：

一、制定或修改中国人民政治协商会议组织法；

二、制定或修改由参加中国人民政协的各民主党派及人民团体共同遵守的新民主主义的纲领即中国人民政治协商会议共同纲领；

三、在普选的全国人民代表大会召开以前，执行全国人民代表大会的职权：

甲、制定或修改中华人民共和国中央人民政府组织法；

乙、选举中华人民共和国中央人民政府委员会，并付之以行使国家权力的职权；

丙、就有关全国人民民主革命事业或国家建设事业的根本大计或重要措施，向中华人民共和国中央人民政府委员会提出决议案。

四、在普选的全国人民代表大会召开以后，就有关国家建设事业的根本大计或重要措施，向全国人民代表大会或中央人民政府委员会提出建议案；

五、选举中国人民政协全国委员会。

第八条　中国人民政协全体会议，须有参加代表过半数的出席，始得开会；须有出席代表过半数的同意，始得通过决议。

第九条　中国人民政协全体会议设主席团，由全体会议选举之。主席团名额，由每届全体会议临时规定之。

第十条　中国人民政协全体会议设秘书长一人，由全体会议选举之。设副秘书长若干人，由主席团选任之。在秘书长及副秘书长之下，设秘书处。

第十一条　中国人民政协全体会议得设各种委员会，其组织办法另定之。

第十二条　中国人民政协全体会议议事规则，由主席团制定之。

第四章　全国委员会

第十三条　在中国人民政协全体会议闭幕后，设立全国委员会，其职权如下：

一、保证实行中国人民政协全体会议及全国委员会的决议；

二、协商并提出对中华人民共和国中央人民政府的建议案；

三、协助政府动员人民参加人民民主革命及国家建设的工作；

四、协商并提出参加中国人民政协的各单位在全国人民代表大会代表选举中的联合候选名单；

五、协商并决定下届中国人民政协全体会议的参加单位、名额及代表人选，并召集之；

六、指导地方民主统一战线的工作；

七、协商并处理其他有关中国人民政协内部合作的事宜。

第十四条　中国人民政协全国委员会的委员及候补委员，由中国人民政协全体会议选举之；其名额由每届全体会议临时规定之。

中国人民政协全国委员会每半年开会一次，由全国委员会常务委员会召集之。常务委员会认为有必要时，得提前或延期召集之。

第十五条　中国人民政协全国委员会互选常务委员若干人，主席一人，副主席若干人，组织常务委员会主持会务。

第十六条　中国人民政协全国委员会设秘书长一人，由全国委员会选举之。设副秘书长若干人，由全国委员会常务委员会选任之。在秘书长及副秘书长之下，设秘书处。

第十七条　中国人民政协全国委员会的工作条例，由全国委员会常务委员会制定之。

第五章　地方委员会

第十八条　在中心城市、重要地区及省会，经中国人民政协全国委员会决议，得设立中国人民政协地方委员会，为该地方各民主党派及人民团体的协商并保证实行决议的机关。

第十九条　中国人民政协地方委员会的组织条例，由中国人民政协全国委员会制定或批准之。

第六章　附则

第二十条　本组织法经中国人民政协全体会议通过后施行。

中国人民政治协商会议全国委员会关于地方委员会的决定

(1950年6月23日中国人民政治协商会议第一届全国委员会第二次会议通过)

一、本决定依据中国人民政治协商会议组织法第十三条、第十八条、第十九条的规定制定之。

二、人民政协组织法第十八条规定的省、市地方委员会,在普选的省、市人民代表大会召开以前,由各省、市人民代表会议所产生的省、市协商委员会代行其职权。

三、全国委员会对省、市协商委员会的关系:

(1) 接受并处理协商委员会的报告与建议;

(2) 搜集并研究协商委员会的工作资料,并交流经验;

(3) 协助协商委员会解答关于共同纲领及中央人民政府的政策法令在执行中所发生的问题;

(4) 协助协商委员会加强当地各民主党派、各人民团体及各民族间的团结及合作。

四、省、市协商委员会对全国委员会的关系:

(1) 接受全国委员会的各种工作指示;

(2) 有重点地分别报告每届人民代表会议及协商委员会开会的经过及各项决议案的实施情况;

(3) 搜集并汇报有关政法、财经、文教、土改,以及统一战线工作的情况;

(4) 汇报县、市及县以下各界人民代表会议开会经过及其工作。

五、驻在各省、市的全国委员会委员,得出席各该省、市协商委员会的会议。

六、全国委员会的每次会议,省、市协商委员会得依全国委员会常务委员会之决定,派代表一至二人列席。

七、各大行政区成立协商委员会时,亦适用上列各项决定。

八、全国委员会于必要时,派代表至各地视察协商委员会工作及一般统一战线工作。

九、在中心城市、重要地区及省会,于普选的人民代表大会召开以后,依照人民政协组织法,全国委员会得在各该地设立全国委员会的地方委员会。

中国人民政治协商会议章程

(1954年12月15日中国人民政治协商会议第二届全国委员会第一次全体会议通过)

总纲

中国人民在反对帝国主义、封建主义和官僚资本主义的伟大的革命斗争中,结成了以中国共产党为领导的人民民主统一战线。1949年9月,在中国人民革命伟大胜利的基础上,中国人民民主统一战线的组织——中国人民政治协商会议,举行了第一届全体会议,执行了全国人民代表大会的职权,制定了共同纲领,组织了中央人民政府,代表全国人民的意志宣告中华人民共和国的成立。

中国人民政治协商会议第一届全体会议选出了全国委员会,在地方由省、市协商委员会代行了地方委员会的职权。五年多来,全国委员会和各省、市协商委员会在各种社会改革运动中,在伟大的保卫祖国保卫和平的抗美援朝斗争中,在协助政府动员人民参加政治、经济、文化各方面的建设工作中,在巩固和扩大统一战线的组织工作中,在进行思想改造工作中,都发挥了重要的作用。

现在,中华人民共和国第一届全国人民代表大会第一次会议已经召开。中华人民共和国宪法已经颁布。中国人民政治协商会议共同纲领的基本内容已经列入宪法,这个共同纲领已经为宪法所代替。中国人民政治协商会议全体会议代行全国人民代表大会职权的任务已经结束。但是中国人民政治协商会议,作为团结全国各民族、各民主阶级、各民主党派、各人民团体、国外华侨和其他爱国民主人士的人民民主统一战线的组织,仍然需要存在。正如宪法序言中所说,"今后在动员和团结全国人民完成国家过渡时期总任务和反对内外敌人的斗争中,我国的人民民主统一战线将继续发挥它的作用。"

中国人民政治协商会议在1954年12月举行第二届全国委员会第一次全体会议,一致认为工人阶级领导的、以工农联盟为基础的人民民主制度已经开辟了我国社会主义发展的广阔的道路。为着加强对国内外敌人的斗争,巩固人民民主制度,胜利地实现国家在过渡时期的总任务,使我国能够通过和平的方法逐步消灭剥削制度,建成社会主义社会,就更加需要统一和集中全国人民的力量。因此,中国人民民主统一战线必须进一步巩固和发展,中国共产党的领导核心作用必须进一步加强。中国人民政治协商会议在中国共产党领导下,将继续通过各民主党派、各人民团体的团结,更广泛地团结全国各族人民,共同努力,克服困难,为建设一个伟大的社会主义国家而奋斗。

中国人民政治协商会议第二届全国委员会第一次全体会议制定本章程,并决定,以下列各项为参加中国人民政治协商会议的各单位和个人共同遵守的准则:

一、拥护中华人民共和国宪法,全力贯彻宪法的实施。

二、巩固工人阶级领导的、以工农联盟为基础的人民民主制度;加强社会主义经济力量在国民经济中的领导地位。

三、协助国家机关,推动社会力量,实现国家关于社会主义工业化和社会主义改造的建设计划。

四、密切联系群众,向有关国家机关反映群众的意见和提出建议。

五、在全国各族人民中加强团结工作,发扬爱国主义精神,提高革命警惕性,保卫国家建设,坚持对国内外敌人的斗争。

六、继续巩固和发展中国同苏维埃社会主义共和国联盟、同各人民民主国家的牢不可破的友谊，增进中国同一切爱好和平的国家的友谊，加强中国人民同全世界爱好和平的人民的友谊，反对侵略战争，保卫世界和平，维护人类的正义事业。

七、在自愿的基础上学习马克思列宁主义的理论，积极学习国家的政策，提高政治水平，展开批评和自我批评，努力进行思想改造。

第一章　组织总则

第一条　中国人民政治协商会议以各民主党派、各人民团体为基础组成。

第二条　中国人民政治协商会议设全国委员会和地方委员会。

第三条　参加中国人民政治协商会议全国委员会和地方委员会的单位和个人，都有遵守和实行中国人民政治协商会议章程的义务。

第四条　中国人民政治协商会议全国委员会全体会议和常务委员会会议的决议，地方委员会全体会议和常务委员会会议的决议，都应当以全体委员的过半数通过。各参加单位和个人对会议通过的决议，都应当遵守和实行。如果有不同的意见，可以声明保留，等待下次会议提出讨论，但应当根据少数服从多数的原则执行决议，不得违反；如果对重要决议根本不同意，有声明退出中国人民政治协商会议的自由。

第五条　中国人民政治协商会议全国委员会的参加单位和个人如果严重地违反了中国人民政治协商会议章程或者全国委员会的决议，由全国委员会依据情节严重的程度分别给以警告、撤销委员资格或者撤销单位参加资格的处分。

中国人民政治协商会议地方委员会的参加单位和个人如果严重地违反了中国人民政治协商会议章程、全国委员会全国性的决议或者地方委员会的决议，由地方委员会依据情节严重的程度分别给以警告、撤销委员资格或者撤销单位参加资格的处分。

被处分的单位或者个人如果对处分不服，可以请求复议；地方委员会被处分的单位或者个人可以向上级委员会提出申诉。

第六条　中国人民政治协商会议地方委员会对全国委员会的全国性的决议和号召，都有遵守和实行的义务。

第七条　中国人民政治协商会议全国委员会和各级地方委员会对下一级地方委员会的关系是指导关系。

第二章　全国委员会

第八条　中国人民政治协商会议全国委员会由各民主党派、各人民团体推出的代表组成，有必要的时候可以邀请个人参加。少数民族和华侨应当有适当的名额。

每届全国委员会的参加单位、名额和委员人选，由上届全国委员会常务委员会协商决定。

每届全国委员会任期内，有必要增加或者变更参加单位或名额和决定委员人选的时候，由本届全国委员会常务委员会协商决定。

第九条　中国人民政治协商会议全国委员会根据中国人民政治协商会议章程的总纲，就有关国家政治生活和人民民主统一战线的重要事项，进行协商和工作。

第十条　中国人民政治协商会议全国委员会每届任期四年。

第十一条　中国人民政治协商会议全国委员会设名誉主席、主席、副主席若干人和秘书长。

第十二条　中国人民政治协商会议全国委员会设常务委员会主持会务。

常务委员会由全国委员会的主席、副主席若干人、秘书长和常务委员若干人组成。

第十三条　中国人民政治协商会议全国委员会全体会议每年举行一次，由常务委员会召集。常务委员会认为有必要的时候，可以提前或延期召集。

第十四条　中国人民政治协商会议全国委员会的下列职权必须由全体会议行使：

一、修改中国人民政治协商会议章程；

二、推举全国委员会名誉主席，选举全国委员会主席、副主席、秘书长和常务委员；

三、听取和审查常务委员会的工作报告。

第十五条　中国人民政治协商会议全国委员会设副秘书长若干人，由常务委员会选任。设秘书处，在秘书长领导下进行工作。

第十六条　中国人民政治协商会议全国委员会可以按照工作需要设若干组，在秘书长领导下进行工作。

每组设组长、副组长若干人，由常务委员会指定。

第三章　地方委员会

第十七条　省、自治区、直辖市和市设中国人民政治协商会议的省委员会、自治区委员会、直辖市委员会和市委员会。其他地方有必要的时候也可以设地方委员会。

第十八条　中国人民政治协商会议地方委员会由当地各民主党派、各人民团体推出的代表组成，有必要的时候可以邀请个人参加。当地少数民族应当有适当的名额。

每届地方委员会的参加单位、名额和委员人选，由上届地方委员会常务委员会协商决定。

每届地方委员会任期内，有必要增加或者变更参加单位或名额和决定委员人选的时候，由本届地方委员会常务委员会协商决定。

第十九条　中国人民政治协商会议地方委员会是人民民主统一战线的地方组织，它们的任务是：遵守和实行中国人民政治协商会议章程，推行中国人民政治协商会议全国委员会的全国性的决议和号召，协商和进行地方的人民民主统一战线工作。

第二十条　中国人民政治协商会议的省委员会、自治区委员会每届任期四年，直辖市委员会、市委员会和其他的地方委员会每届任期二年。

第二十一条　中国人民政治协商会议地方委员会设主席、副主席一人或若干人，并且可以按照需要设秘书长。

第二十二条　中国人民政治协商会议地方委员会设常务委员会主持会务。

常务委员会由地方委员会的主席、副主席一人或若干人、秘书长（设秘书长的地方）和常务委员若干人组成。

第二十三条　中国人民政治协商会议地方委员会的全体会议，由常务委员会根据需要召集，每年至少举行一次。

第二十四条　中国人民政治协商会议地方委员会的下列职权必须由全体会议行使：

一、选举地方委员会主席、副主席、秘书长（设秘书长的地方）和常务委员；

二、听取和审查常务委员会的工作报告。

第二十五条　中国人民政治协商会议地方委员会可以按照需要设工作机构，或者只设若干工作人员。

设秘书长的地方委员会可以按照需要设副秘书长一人或若干人。

中共中央办公厅关于县（市）和市辖区设立政协问题的通知

(1983年1月25日)

人民政协是我国统一战线的重要组织。党的十一届三中全会以后，政协各地方组织逐步恢复和发展。据不完全统计，目前我国已有一千六百个县（市）和市辖区设立了政协，地方委员会，占全国县（市）和市辖区总数的百分之五十六，还有一千二百个左右的县（市）和市辖区没有设立政协。

现在，统一战线工作正在逐步深入到基层。统战工作的对象，有相当大的数量在县里。一般县（市）和市辖区都有相当数量的非党知识分子干部；很多县（市）和市辖区还有人数不等的原工商业者、少数民族、宗教界爱国人士，去台人员家属、亲友、归侨、侨眷，国民党起义投诚人员；有些县（市）和市辖区还有民主党派和无党派民主人士以及台湾同胞等等。我们要加强同他们的团结和合作，把他们中间有适当条件的、有代表性的人士，吸收到政协中来，以利于打开统战工作的新局面。

实践证明，在统战对象较多的县（市）和市辖区设立政协，并加强党对它的领导，可以适当安排党外人士（他们占大多数）和适当数量的党内老干部；可以宣传党和国家的方针、政策；推动各方面的力量积极参加社会主义建设；可以密切联系各方面人士，反映他们和他们所联系群众的意见；可以开展工作研究、专题调查、接受政府和有关方面的咨询；可以加强同港澳同胞、国外侨胞的联系和团结，积极开展同台湾各界人士的联系，促进祖国统一大业的实现；可以进行文史资料的征集和研究；可以组织他们在自愿的基础上学习马列主义、毛泽东思想和时事政治，进行参观访问等活动；可以同他们就国家和地方的大政方针进行民主协商，并通过批评和建议发挥民主监督的作用。

为此，中央书记处指示，请各省、市、自治区党委认真研究一下这个问题。中央认为，没有设立政协的县（市）和市辖区，统战对象较多的可以设立政协；统战对象很少的也可以不设立政协。哪些县（市）和市辖区需要设立政协，参加政协的单位和委员人数，请各省、市、自治区党委根据当地情况确定，不强求一律。同时要注意不要把政协变成一个安排党内老干部的机构。省、市、自治区和县（市）、市辖区党委统战部都要加强对政协工作的研究和协商。

中共中央关于坚持和完善中国共产党领导的多党合作和政治协商制度的意见

(1989年12月30日)

中国共产党领导的多党合作和政治协商制度是我国一项基本政治制度。中国共产党和各民主党派团结合作，互相监督，共同致力于建设有中国特色的社会主义和统一祖国、振兴中华的伟大事业。我国实行的共产党领导、多党合作的政党体制是我国政治制度的特点和优点。它根本不同于西方资本主义国家的多党制或两党制，也有别于一些社会主义国家实行的一党制。它是马克思列宁主义同中国革命与建设相结合的一个创造，是符合中国国情的社会主义政党制度。坚持和完善这项制度，是我国政治体制改革的一项重要内容，对巩固扩大爱国统一战线，发扬社会主义民主，促进全国各族人民大团结，实现党和国家的总任务具有重要意义。

中国共产党领导的多党合作和政治协商制度是在长期革命与建设中形成和发展起来的。在民主革命时期，各民主党派同中国共产党长期合作，共同奋斗，为争取新民主主义革命胜利和建立中华人民共和国做出了重要贡献。新中国成立后，各民主党派参加了人民政权和人民政协的工作，为巩固人民民主专政，顺利实现社会主义改造和促进社会主义事业的发展，推进改革开放，进行社会主义现代化建设，发挥了重要作用。实践证明，各民主党派是同中国共产党长期风雨同舟、患难与共的亲密战友，是我国爱国统一战线的一支重要力量，也是维护我国安定团结、促进社会主义现代化建设和祖国统一的一支重要力量。中国共产党和各民主党派的共同任务，就是坚持社会主义初级阶段的基本路线，为把我国建设成为富强、民主、文明的社会主义现代化国家，为统一祖国、振兴中华而奋斗。

我国是人民民主专政的社会主义国家。中国共产党是社会主义事业的领导核心，是执政党。各民主党派是各自所联系的一部分社会主义劳动者和一部分拥护社会主义的爱国者的政治联盟，是接受中国共产党领导的，同中共通力合作、共同致力于社会主义事业的亲密友党，是参政党。我国的多党合作必须坚持中国共产党的领导，必须坚持四项基本原则，这是中国共产党同各民主党派合作的政治基础。中共对各民主党派的领导是政治领导，即政治原则、政治方向和重大方针政策的领导。中共各级党委都要加强和改善对民主党派的领导，进一步加强和发展同民主党派的合作，支持各民主党派为社会主义物质文明和精神文明建设服务，为推进"一国两制"，实现祖国统一服务。

"长期共存、互相监督、肝胆相照、荣辱与共"，是中国共产党同各民主党派合作的基本方针。中共处于执政党的地位，领导着拥有十一亿人口的国家政权，非常需要听到各种意见和批评，接受广大人民群众的监督。各民主党派是反映人民群众意见、发挥监督作用的一条重要渠道。充分发挥和加强民主党派参政和监督的作用，对于加强和改善共产党的领导，推进社会主义民主政治建设，保持国家长治久安，促进改革开放和现代化建设事业的发展，具有重要的意义。

民主党派参政的基本点是：参加国家政权，参与国家大政方针和国家领导人选的协商，参与国家事务的管理，参与国家方针、政策、法律、法规的制定执行。

发挥民主党派监督作用的总原则是：在四项基本原则的基础上，发扬民主，广开言路，鼓励和支持民主党派与无党派人士对党和国家的方针政策、各项工作提出意见、批评、建议，做到知无不言，言无不尽，并且勇于坚持正确的意见。

中国共产党和各民主党派都必须以宪法为根本活动准则，负有维护宪法尊严、保证宪法实施的职责。民主党派享有宪法规定的权利和义务范围内的政治自由、组织独立和法律地位平等。中共支持民主党派独立自主地处理自己内部事务，帮助他们改善工作条件，支持他们开展各项活动，维护本组织成员及其所联系群众的合法利益和合理要求。

中国共产党和各民主党派共同负有保卫国家安全、维护社会安定团结的责任，决不允许存在反对四项基本原则、危害国家政权的政治组织，一经发现，应依法取缔。

一、加强中国共产党和各民主党派之间的合作与协商

（1）中共同民主党派进行政治协商，是中国共产党领导的多党合作和政治协商制度的一项重要内容。总结建国以来行之有效的经验，主要采取以下几种协商形式：

中共中央主要领导人邀请各民主党派主要领导人和无党派的代表人士举行民主协商会，就中共中央将要提出的大政方针问题进行协商。这种会议一般每年举行一次。

中共中央主要领导人根据形势需要，不定期地邀请民主党派主要领导人和无党派的代表人士举行高层次、小范围的谈心活动，就共同关心的问题自由交谈、沟通思想、征求意见。

由中共召开民主党派、无党派人士座谈会，通报或交流重要情况，传达重要文件，听取民主党派、无党派人士提出的政策性建议或讨论某些专题。这种会议大体每两月举行一次。重大事件随时通报。有的座谈会亦可委托中共全国政协党组举行。

除会议协商以外，各民主党派和无党派人士可就国家大政方针和现代化建设中的重大问题向中共中央提出书面的政策性建议，也可约请中共中央负责人交谈。

上述各种协商形式，原则上也适用于中共地方党委和民主党派地方组织之间的协商活动。

（2）中共各级党委的负责人要同民主党派负责人保持联系，交知心朋友，交诤友，在政治上、思想上互相了解和帮助。中共党委有关部门要加强与民主党派的协作，积极支持他们开展工作。在有民主党派组织的基层单位，中共党组织应经常召开座谈会，认真听取民主党派的意见，发挥他们的作用。中共同民主党派在团结合作中也会出现矛盾，应当在四项基本原则的基础上，进行民主协商，按照"团结—批评—团结"的公式，求得正确解决。

（3）中共各级党委统战部负责协助党委同各民主党派保持密切联系，了解情况，协调关系，贯彻中共中央的方针政策，帮助民主党派解决工作中的实际问题。

二、进一步发挥民主党派成员、无党派人士在人民代表大会中的作用

（4）人民代表大会制度是我国的根本政治制度。人民代表大会是我国人民行使国家权力的机关，也是民主党派成员、无党派人士参政议政和发挥监督作用的重要机构。

民主党派成员、无党派人士中的人大代表在人大中以人民代表的身份，依照《宪法》及《全国

人民代表大会组织法》《全国人民代表大会议事规则》等法律进行活动。

(5) 要保证民主党派成员、无党派人士在全国人大代表、人大常委会委员和人大常设专门委员会委员中占有适当比例，并可聘请有相应专长的民主党派成员、无党派人士担任专门委员会顾问。

在省、自治区、直辖市的人大中应保证民主党派成员、无党派人士占适当比例。

在市、州、县人大中应保证无党派人士占适当比例。在有民主党派组织的市、州、县应保证民主党派成员在人大中占适当比例。

(6) 中共人大党组成员应与担任人大领导职务的民主党派和无党派人士经常交流情况，沟通思想，交换意见。

(7) 人大、人大常委会在组织关于特定问题的调查委员会，人大各专门委员会在组织有关问题的调查研究时，吸收人大代表中的民主党派成员和无党派人士参加，并可聘请民主党派、无党派的专家。

三、举荐民主党派成员、无党派人士担任政府及各级司法机关的领导职务

(8) 民主党派成员和无党派人士担任国家和政府的领导职务，是实现共产党领导的多党合作的一项重要内容。应采取切实措施，选配民主党派成员、无党派人士担任国务院及其有关部委和县以上地方政府及其有关部门的领导职务。

(9) 选配民主党派成员和无党派人士担任政府领导职务，要坚持德才兼备原则和干部"四化"方针。考虑到目前的实际情况，对民主党派成员、无党派人士的年龄要求和任职资历可适当放宽。中共各级党委统战部门、组织部门和政府人事部门要对民主党派推荐的适合任职条件的人选，做好考察和培养工作。

(10) 国务院和各级地方政府召开全体会议和有关会议讨论工作时，可视需要邀请有关民主党派和无党派人士列席。

政府及其有关部门可聘请民主党派成员和无党派人士兼职、任顾问或参加咨询机构，也可就某些专题，请民主党派进行调查研究、提出建议。政府有关部门可就专业性问题同民主党派对口协商，在决定某些重大政策措施前，组织有关民主党派座谈，征求意见。注意在政府参事室中适当安排民主党派成员和无党派人士，发挥他们的咨询作用。

(11) 推举符合条件的民主党派成员和无党派人士担任检察、审判机关的领导职务。聘请一批符合条件和有专门知识的民主党派成员、无党派人士担任特约监察员、检察员、审计员和教育督导员等。

政府监察、审计、工商等部门组织的重大案件的调查，以及税收等检查，可吸收民主党派成员、无党派人士参加。

(12) 民主党派要按照国家的政策规定，有计划地开展对台湾同胞、港澳同胞、海外侨胞和外籍华人的联谊工作，协助引进资金、技术和人才，发展经济往来，推进大陆与台湾、香港、澳门及海外的科技、文化、学术、体育交流。有关部门要积极给予协助和指导。

(13) 民主党派开展经济、科技、教育、法律、医卫、文化等咨询及社会服务工作，要以服务为宗旨，注重社会效益。政府有关部门要创造必要的条件，积极支持民主党派为社会主义现代化建设和统一祖国事业多做贡献。

(14) 在政府部门任职的共产党员和非共产党人士都是国家公务人员，必须严格遵守政纪、法纪，

全心全意为人民服务。中共组织及中共党员尤其是领导干部，应当尊重非共产党人士的职权，同他们建立起良好的合作共事关系。

四、进一步发挥民主党派在人民政协中的作用

（15）人民政协是我国爱国统一战线组织，也是共产党领导的多党合作和政治协商的一种重要组织形式。人民政协应当成为各党派、各人民团体、各界代表人物团结合作、参政议政的重要场所。

人民政协要对国家大政方针、地方重要事务、政策法令的贯彻、群众生活和统一战线中的重大问题，加强政治协商和民主监督。政协全国委员会制定的《关于政治协商、民主监督的暂行规定》，应当认真贯彻执行。

（16）在政协的各种会议上，要切实保障政协委员提出批评的自由和发表不同意见的自由。

在政协会议上，民主党派可以本党派名义发言、提出提案。

（17）要保证民主党派和无党派人士在政协常委和政协领导成员中占有一定比例。政协各专门委员会要有民主党派和无党派人士参加，政协机关中应有一定数量的民主党派和无党派人士担任专职领导干部，并真正做到有职、有权、有责。政协机关要更好地为民主党派开展活动创造条件。注意安排民主党派和无党派人士参加有关的出国访问和国际活动。

（18）尊重民主党派和无党派政协委员的视察、举报及参与调查和检查活动的权利。对他们的提案和举报，有关部门应认真研究处理，及时答复。

（19）中共和政府有关部门应同政协及其有关专门委员会建立联系，发挥它们在决策咨询中的作用。

（20）政协要根据政协章程的规定，组织和推动政协委员在自愿的基础上学习马克思列宁主义、毛泽东思想，学习中国共产党和国家的方针政策，学习时事政治，以利于统一认识，增进共同政治基础上的团结合作。

五、支持民主党派加强自身建设

（21）为了坚持和不断完善中国共产党领导的多党合作和政治协商制度，民主党派需要加强思想建设和组织建设，首先是民主党派各级领导班子的建设。民主党派中央和省级组织的老一辈领导人，为国家做出了重要贡献，要继续发挥他们的影响和作用。同时，要积极培养一批拥护四项基本原则、拥护改革开放、有一定群众基础和组织领导能力的中青年，逐步充实到领导班子。中共各级党委和有关部门要协助各民主党派做好这项工作。

（22）各民主党派要注意提高成员的素质。吸收新成员要注意政治质量，德才并重。发展组织要坚持已协商确定的范围和对象，坚持以大中城市、有一定代表性的人士为主。各民主党派之间在发展组织上遇有交叉时，应在尊重本人自愿的基础上，由有关党派相互协商解决。

（23）民主党派应发扬自我教育的优良传统，对成员加强思想政治工作，深入进行坚持四项基本原则和反对资产阶级自由化的教育、爱国主义和社会主义的教育、国情教育以及民主党派同中共长期合作的优良传统的教育。

办好中央和省一级的社会主义学院,作为民主党派和无党派人士的联合党校。马克思列宁主义、毛泽东思想应列为社会主义学院的必修课。政府应从师资和经费上给予切实支持。

民主党派报刊要坚持四项基本原则,宣传国家的方针政策,并有自己的特色。

(24)民主党派需要采取有效措施加强机关建设,提高机关干部的政治素质和业务水平,并根据国家的干部政策、人事制度和有关规定,加强对机关干部任免、调动的管理。

中共中央关于进一步加强中国共产党领导的多党合作和政治协商制度建设的意见

(2005年2月18日)

《中共中央关于坚持和完善中国共产党领导的多党合作和政治协商制度的意见》下发以来，爱国统一战线和多党合作事业蓬勃发展，在促进我国改革开放和社会主义现代化建设、推动祖国统一大业中，发挥了重大作用。为适应国际国内形势的深刻变化，发展社会主义民主政治，建设社会主义政治文明，推进中国特色社会主义伟大事业，必须进一步加强中国共产党领导的多党合作和政治协商制度建设。

一、中国共产党领导的多党合作和政治协商制度是我国的一项基本政治制度，是具有中国特色的社会主义政党制度

1. 确立和实行中国共产党领导的多党合作和政治协商制度，是中国社会历史发展的必然选择，是中国共产党和中国人民政治智慧的结晶。以毛泽东同志为核心的中共第一代中央领导集体，把马克思主义政党理论和统一战线理论同中国实际相结合，与民主党派和无党派人士一起，创立了中国共产党领导的多党合作和政治协商制度。1949年人民政协的成立，标志着这项制度的确立。以邓小平同志为核心的中共第二代中央领导集体，提出了一整套有关多党合作和政治协商的理论和政策，进一步巩固和发展了中国共产党领导的多党合作和政治协商制度。以江泽民同志为核心的中共第三代中央领导集体，适应时代发展要求，对坚持和完善中国共产党领导的多党合作和政治协商制度提出了一系列新思想、新观点、新论断。八届全国人大一次会议把这项制度将长期存在和发展载入宪法。中共十六大以来，以胡锦涛同志为总书记的中共中央继往开来、与时俱进，着眼于社会主义政治文明建设，继续推进我国多党合作事业的发展。

2. 坚持和完善中国共产党领导的多党合作和政治协商制度是建设社会主义政治文明的重要内容。我国是人民民主专政的社会主义国家，同这种国体相适应的政权组织形式是人民代表大会制度，同这种国体相适应的政党制度是中国共产党领导的多党合作和政治协商制度。这一政党制度的显著特征是：共产党领导、多党派合作，共产党执政、多党派参政。这反映了人民当家作主的社会主义民主的本质，体现了我国政治制度的特点和优势，具有巨大的优越性和强大的生命力。在新的历史条件下，发展社会主义民主政治、建设社会主义政治文明，其中一个重要方面就是坚持和完善中国共产党领导的多党合作和政治协商制度，扩大各界人士有序的政治参与，拓宽社会利益表达渠道，促进社会和谐发展，实现中国共产党的领导、人民当家作主和依法治国的有机统一。

3. 中国共产党和各民主党派在多党合作和政治协商的长期实践中形成了一些重要政治准则，必须认真坚持和遵循。主要是：坚持以马克思列宁主义、毛泽东思想、邓小平理论和"三个代表"重要思想为指导，坚持中国共产党的领导，坚持社会主义初级阶段的基本路线、基本纲领和基本经验，

坚持长期共存、互相监督、肝胆相照、荣辱与共的基本方针，保持宽松稳定、团结和谐的政治环境。中国共产党和各民主党派都必须以宪法为根本活动准则，负有维护宪法尊严、保证宪法实施的职责。

4．发展是中国共产党执政兴国的第一要务，也是各民主党派参政议政的第一要务。多党合作和政治协商要牢牢把握发展这个根本任务，树立和落实科学发展观，紧紧围绕经济建设这个中心，自觉服务于改革发展稳定的大局，把各方面的智慧和力量凝聚到实现全面建设小康社会的奋斗目标上来，促进社会主义物质文明、政治文明、精神文明的协调发展和人的全面发展，实现中华民族的伟大复兴。

5．坚持从我国国情出发，不断发展和完善我国社会主义政党制度。衡量我国的政治制度和政党制度，最根本的是要从我国的国情出发，以能否促进社会生产力持续发展和社会全面进步，能否保持和发挥社会主义制度的特点和优势，能否实现和发展人民民主、增强党和国家的活力，能否保持国家政局的稳定和社会安定团结，能否实现和维护最广大人民的根本利益为标准。坚持和完善我国的政党制度，要借鉴人类政治文明的有益成果，但绝不能照抄照搬别国政治制度的模式。

6．各民主党派同中国共产党长期风雨同舟、患难与共，为中国革命、建设、改革事业做出了重要贡献。在新世纪新阶段，民主党派是各自所联系的一部分社会主义劳动者、社会主义事业建设者和拥护社会主义爱国者的政治联盟，是接受中国共产党领导、同中国共产党通力合作的亲密友党，是进步性与广泛性相统一、致力于中国特色社会主义事业的参政党。民主党派组织各自成员积极参与社会主义现代化建设，反映和代表各自所联系群众的具体利益和要求，同香港特别行政区同胞、澳门特别行政区同胞、台湾同胞和海外侨胞有着广泛联系，是发展先进生产力、社会主义民主政治、社会主义先进文化和构建社会主义和谐社会的一支重要力量，也是实现祖国统一、民族振兴的一支重要力量。

7．发挥无党派人士的作用是坚持和完善中国共产党领导的多党合作和政治协商制度的必然要求。无党派人士是我国政治生活中的一支重要力量。目前，无党派人士是指没有参加任何党派、对社会有积极贡献和一定影响的人士，其主体是知识分子。应充分发挥无党派人士的自身优势，鼓励和支持无党派人士在参政议政、民主监督中发挥积极作用。要积极稳妥地培养、选拔和安排新一代无党派代表人士，推进新老交替。

8．人民政协是中国人民爱国统一战线的组织，是中国共产党领导的多党合作和政治协商的重要机构，是我国政治生活中发扬社会主义民主的重要形式。人民政协要围绕团结和民主两大主题，认真履行政治协商、民主监督、参政议政的职能。要围绕中心、服务大局，突出特点、发挥优势，努力促进参加政协的各党派、无党派人士开展协商，团结合作。要广泛联系社会各界人士，畅通反映社情民意的渠道，广开言路、广求良策、广谋善举，为巩固和发展民主团结、生动活泼、安定和谐的政治局面发挥积极作用。

二、进一步完善政治协商的内容、形式和程序

9．坚持政治协商的原则。政治协商是中国共产党领导的多党合作和政治协商制度的重要组成部分，是实行科学民主决策的重要环节，是中国共产党提高执政能力的重要途径。把政治协商纳入决策程序，就重大问题在决策前和决策执行中进行协商，是政治协商的重要原则。

10．完善中国共产党同各民主党派的政治协商。中国共产党同各民主党派政治协商，主要采取

民主协商会、小范围谈心会、座谈会等形式。除会议协商外，民主党派中央可向中共中央提出书面建议。协商的内容包括：中共全国代表大会、中共中央委员会的重要文件；宪法和重要法律的修改建议；国家领导人的建议人选；关于推进改革开放的重要决定；国民经济和社会发展的中长期规划；关系国家全局的一些重大问题；通报重要文件和重要情况并听取意见，以及其他需要同民主党派协商的重要问题等。

要进一步完善协商的程序。中共中央根据年度工作重点，研究提出全年政治协商规划；协商的议题提前通知各民主党派和有关无党派代表人士，并提供相关材料；各民主党派应对协商议题集体研究后提出意见和建议；在协商过程中充分发扬民主，广泛听取意见，求同存异，求得共识；对民主党派和无党派人士提出的意见和建议要认真研究，并及时反馈情况。

11．要完善人民政协的政治协商。中国共产党在人民政协同各民主党派和各界代表人士的协商，主要采取政协全体会议、常务委员会会议、主席会议、常务委员专题座谈会、各专门委员会会议等形式。要按照《中国人民政治协商会议章程》的要求，推进人民政协政治协商的制度化、规范化和程序化。

三、充分发挥民主党派和无党派人士的参政议政作用

12．民主党派参政的基本点是：参加国家政权，参与国家大政方针和国家领导人选的协商，参与国家事务的管理，参与国家方针政策、法律法规的制定和执行。

13．充分发挥民主党派成员和无党派人士在国家政权中的参政作用。人民代表大会是我国人民行使国家权力的机关，也是民主党派成员和无党派人士参政议政和发挥监督作用的重要机构。要保证民主党派成员和无党派人士在各级人大代表、人大常委会委员和人大专门委员会委员中占有适当比例，在各级人大领导班子成员中有适当数量。在全国和省级人大常委会中应有民主党派成员或无党派人士担任副秘书长。

民主党派成员和无党派人士担任国家和政府领导职务，是实现中国共产党领导的多党合作的一项重要内容。县级以上地方政府要选配民主党派成员或无党派人士担任领导职务。重点在涉及行政执法监督、与群众利益密切相关、紧密联系知识分子、专业技术性强的政府工作部门领导班子中选配民主党派成员、无党派人士担任领导职务。符合条件的可以担任正职。国务院有关部委领导班子中要注意选配民主党派成员和无党派人士。各省、自治区、直辖市可根据各级政府机构设置情况，明确需要选配的工作部门的适当比例。

各级法院、检察院要逐步选配符合任职条件的民主党派成员和无党派人士担任领导职务，重点做好省级法院、检察院领导职务的选配工作，带动市、县两级法院、检察院的选配工作。

14．充分发挥民主党派和无党派人士在人民政协中的作用。要保证民主党派可以以本党派的名义在政协大会上发表意见和主张，可以提出代表本党派组织的提案，可以自主开展调查研究等活动。要保证民主党派成员和无党派人士等在各级政协中占有较大比例。其中，在换届时，政协委员不少于百分之六十，政协常委不少于百分之六十五，政协副主席不少于百分之五十（此项要求不包括民族自治地方）。民主党派成员和无党派人士在政协各专门委员会负责人中应有适当数量，在委员中应占有适当比例。政协机关中要有一定数量的民主党派成员和无党派人士担任专职领导职务。其中在

全国政协至少有 1 位专职副秘书长。

15. 加强政府同民主党派的联系。国务院和地方各级政府根据需要召开有民主党派负责人和无党派人士参加的座谈会，就拟提交人民代表大会审议的政府工作报告、有关重大政策措施和关系国计民生的重大建设项目征求意见，通报国民经济和社会发展的有关情况。政府召开全体会议和有关会议，可视情邀请民主党派负责人和无党派人士列席；政府组织的有关廉政建设、社会治安综合治理和规范市场经济秩序等检查工作，可根据需要邀请民主党派成员和无党派人士参加。政府有关部门根据工作业务范围同相关民主党派建立和加强联系，重要专业性会议和重要政策、规划的制定，根据需要邀请相关的民主党派负责人参加。政府参事的聘任，以民主党派成员和无党派人士为主体，发挥他们参政议政、建言献策、咨询国是、统战联谊的作用。

16. 健全民主党派负责人参加重要外事、内事活动制度。中共中央和国家领导人会见、宴请外宾可视情邀请民主党派负责人参加；出席重要庆典、慰问、纪念活动，可视情邀请有关民主党派负责人和无党派人士参加。

17. 健全民主党派考察调研制度。民主党派和无党派人士通过考察调研建言献策，是发挥参政议政作用的重要形式。中共党委（以下简称党委）和政府要积极支持民主党派和无党派人士就全局性和战略性问题进行有组织的考察调研，也可委托民主党派就有关问题进行考察调研。对民主党派和无党派人士的调研成果，要认真研究并反馈情况。

18. 拓宽民主党派和无党派人士发挥作用的渠道。党委和政府及有关部门要积极创造条件，支持民主党派和无党派人士紧密围绕全面建设小康社会开展各种形式的社会服务活动；充分发挥民主党派和无党派人士在反映社情民意、协调社会关系、维护社会稳定方面的作用；支持民主党派成员和无党派人士积极开展对香港特别行政区同胞、澳门特别行政区同胞、台湾同胞和海外侨胞的联谊工作，推进经贸、科技、文化等领域的交流交往，为维护香港、澳门的繁荣稳定，促进祖国完全统一做出贡献。

四、充分发挥民主党派的民主监督作用

19. 中国共产党与民主党派实行互相监督。这种监督是在坚持四项基本原则的基础上通过提出意见、批评、建议的方式进行的政治监督，是我国社会主义监督体系的重要组成部分。由于中国共产党处于领导和执政地位，更加需要自觉接受民主党派的监督。

20. 民主党派民主监督的内容主要是：国家宪法和法律法规的实施情况；中国共产党和政府重要方针政策的制定和贯彻执行情况；党委依法执政及党员领导干部履行职责、为政清廉等方面的情况。

21. 民主党派民主监督的形式主要是：在政治协商中提出意见；在深入调查研究的基础上，向党委及其职能部门提出书面意见；人大及其常委会和各专门委员会在组织有关问题的调查研究时，可邀请民主党派成员和无党派人士参加；通过在政协大会发言和提出提案、在视察调研中提出意见或其他形式提出批评和建议；参加有关方面组织的重大问题调查和专项考察等活动；应邀担任司法机关和政府部门的特约人员等。

进一步拓宽民主监督的渠道。党委主要负责人要定期召开会议，听取民主党派负责人和无党派人士对领导班子及其成员的意见；每年就党风廉政建设和反腐败工作向民主党派通报情况，听取意见；

进一步完善特约人员工作制度，拓宽政府部门和司法机关聘任特约人员的领域，明确特约人员的职责和权利，切实发挥他们的作用；党委和政府开展的就贯彻执行中央重要方针政策情况和党风廉政建设情况的检查、其他专项检查和执法监督工作，可邀请民主党派负责人参加。

22．党委要切实完善民主监督机制，自觉接受监督。要在知情环节、沟通环节、反馈环节上建立健全制度，及时通报重要情况和重大问题，畅通民主监督的渠道；对民主党派提出的批评意见要认真研究，及时反馈。党委及其领导干部要真诚接受民主党派的监督，鼓励和支持民主党派做到知无不言、言无不尽，并勇于坚持正确的意见，做中国共产党的诤友；要保护民主党派和无党派人士民主监督的正当权利。

五、加强中国共产党同党外人士的合作共事

23．加强同党外人士的合作共事，是中国共产党坚定不移的方针。党外干部是国家干部队伍的重要组成部分。要坚持平等相待、民主协商、真诚合作，不断巩固中国共产党同党外人士的联盟。

24．进一步加强培养选拔党外干部工作。要坚持干部队伍"四化"方针和德才兼备原则，充分发扬民主，注重实绩和群众公认，努力建设一支政治坚定、素质优良、结构合理、代表性强、同中国共产党亲密合作的党外干部队伍。要把培养选拔党外干部纳入干部队伍建设和人才工作的总体规划，统筹考虑。拓宽选拔渠道，优化党外干部队伍结构，通过学习培训和实践锻炼，不断提高党外干部的整体素质。根据工作需要，各级后备干部队伍中应有适当数量的党外干部。要改进和完善选拔任用方式，逐步形成有利于优秀党外干部脱颖而出的机制。

25．拓宽党外干部的选配领域。除做好人大、政府、政协及司法机关党外干部的选配工作外，高等院校领导班子中一般应有民主党派成员和无党派人士担任领导职务；注意在人民团体、科研院所和国有企业领导班子中配备民主党派成员和无党派人士担任领导职务。

26．充分发挥党外领导干部的作用。要坚持民主集中制原则，健全集体领导和个人分工负责相结合的制度，保证党外领导干部对其分管的工作享有行政管理的指挥权、处理问题的决定权和人事任免的建议权；根据工作需要，可邀请他们列席党组会议，有关文件要送他们阅知，重大问题要向他们通报。中共党员领导干部要同领导班子中的党外领导干部建立良好的合作共事关系，互相学习，共同提高。党外领导干部要自觉服从党组（党委）的领导，切实履行岗位职责。

六、支持民主党派加强自身建设

27．党委要把支持民主党派加强自身建设作为一项重要政治责任。支持民主党派根据各自章程规定的参政党建设目标，按照坚持中国共产党的领导、发扬社会主义民主、体现政治联盟特点、体现进步性和广泛性相统一的原则，以思想建设为核心，以组织建设为基础，以制度建设为保障，把自身建设提高到新的水平。

28．支持民主党派加强思想建设。学习邓小平理论和"三个代表"重要思想，提高成员的政治素质和思想道德水平，增强对建设中国特色社会主义的共识，提高贯彻基本路线和基本纲领的自觉性，深化对参政党地位、性质和历史使命的认识，为巩固和发展同中国共产党的团结合作奠定坚实的思

想基础。

29．支持民主党派加强组织建设。贯彻民主集中制原则，提高领导班子成员的政治把握能力、参政议政能力、组织领导能力和合作共事能力。要着眼于多党合作事业的长远发展，支持民主党派加强后备干部队伍建设。按照"三个为主"（以协商确定的范围和对象为主，以大中城市为主，以有代表性的人士为主）、注重质量、保持特色、组织发展与后备干部队伍建设相结合的原则，协助民主党派做好组织发展和成员的教育管理工作。支持民主党派加强机关建设，配备好机关工作班子；通过教育培训、轮岗交流、挂职锻炼等途径，加强对机关干部的培养；健全以岗位责任制为核心的管理机制，提高工作质量和工作效率。

30．支持民主党派加强制度建设。逐步建立一套适合民主党派自身特点、有利于促进民主党派工作规范化和科学化运行的制度，健全参政党的工作机制。

31．办好社会主义学院。社会主义学院是中国共产党领导的统一战线性质的政治学院，是民主党派和无党派人士的联合党校。党委要关心和支持社会主义学院的建设。

七、加强和改善中国共产党对多党合作和政治协商的领导

32．坚持中国共产党的领导是多党合作的首要前提和根本保证。各级党委要从提高党的执政能力、发展社会主义民主、构建社会主义和谐社会、推进改革开放和现代化建设胜利发展的战略高度，进一步提高认识，加强和改善对多党合作和政治协商的领导，充分发挥民主党派在国家政治生活中的作用。要加强对同级政协的领导，及时研究并统筹解决人民政协工作中的重大问题，支持人民政协依照章程开展工作。充分发挥政协党组的领导核心作用和党员干部的先锋模范作用，贯彻党的理论和路线方针政策，贯彻党委的重大决策和工作部署。

33．中国共产党对民主党派的领导是政治领导，即政治原则、政治方向和重大方针政策的领导。要依靠中国共产党正确的路线方针政策和思想政治工作、共产党员的先锋模范作用，团结民主党派为实现全面建设小康社会的宏伟目标而共同奋斗；要坚持团结—批评—团结的公式，在重大是非、重大原则问题上，做好政治引导工作，坚持正确的政治方向。

34．在多党合作和政治协商中进一步改善中国共产党的领导。要善于通过广泛深入的协商和讨论，使中国共产党的主张成为各民主党派的共识。要充分发扬社会主义民主，支持民主党派独立自主地处理内部事务，维护本党派成员及其所联系群众的合法利益，照顾民主党派和无党派人士的政治利益和物质利益，做到政治上充分信任、工作上大力支持、生活上关心照顾。党委负责人要同民主党派负责人和无党派人士交知心朋友。

35．党委要把多党合作和民主党派工作纳入重要议事日程，定期研究多党合作方针政策贯彻落实情况和民主党派工作中的重要问题；要把统一战线和多党合作理论政策教育作为党委理论学习中心组的重要学习内容，并纳入各级党校、行政学院的教学计划。党委主要领导和分管领导同志要带头做民主党派工作，模范贯彻执行民主党派工作的方针政策。党委宣传部门和主要新闻媒体，要把宣传我国政党制度列入年度计划，加大宣传的力度。有民主党派基层组织的单位，要明确中共基层党组织在加强民主党派工作方面的任务，经常召开座谈会，认真听取民主党派的意见，发挥他们的作用。

36．切实为民主党派和无党派人士履行职能、发挥作用创造条件。要把民主党派的办公经费和

考察调研、教育培训等专项经费列入同级财政预算。根据民主党派组织发展和开展工作的需要，研究解决民主党派地方机关在人员编制方面存在的问题，不断改善民主党派机关办公条件。建立健全无党派人士工作机制，为无党派人士开展工作创造条件。注意发挥党委统战部在无党派人士工作中的牵头协调作用。

各省、自治区、直辖市党委要根据以上精神，结合本地实际，制定措施，认真贯彻执行。

中共中央关于加强人民政协工作的意见（摘要）

(2006年2月8日)

中国人民政治协商会议是中国人民爱国统一战线的组织，是中国共产党领导的多党合作和政治协商的重要机构，是我国政治生活中发扬社会主义民主的重要形式。人民政协成立以来，为建立和巩固新生的人民政权、促进社会主义革命和建设、推动改革开放和社会主义现代化建设，做出了重大贡献。在全面建设小康社会、加快推进社会主义现代化的新的发展阶段，提高党的执政能力、发展社会主义民主政治、构建社会主义和谐社会、推进中国特色社会主义伟大事业，必须大力加强人民政协工作，充分发挥人民政协的作用。

一、人民政协事业是中国特色社会主义事业的重要组成部分

人民政协是中国共产党把马克思列宁主义统一战线理论、政党理论和民主政治理论同中国具体实践相结合的伟大创造，是中国共产党同各民主党派、人民团体和各族各界人士风雨同舟、团结奋斗的伟大成果。中国共产党历来高度重视和关心人民政协事业的发展。以毛泽东同志为核心的党的第一代中央领导集体，提出了一系列具有独创性的重要思想，有力地指导了人民政协事业的创立和发展；以邓小平同志为核心的党的第二代中央领导集体，提出了新时期人民政协的性质和任务，全面开创了新时期人民政协事业的新局面；以江泽民同志为核心的党的第三代中央领导集体，对人民政协事业提出了许多重要的新思想、新观点、新论断，推动了人民政协事业的发展。党的十六大以来，以胡锦涛同志为总书记的党中央，对新世纪新阶段人民政协事业的发展提出了明确要求，做出了新的重要部署，把人民政协事业继续推向前进。

中国共产党领导的多党合作和政治协商制度是我国的一项基本政治制度。要坚持走中国特色社会主义政治发展道路，立足我国国情，总结实践经验，借鉴人类政治文明的有益成果，绝不照搬西方政治制度的模式。人民政协是实行中国共产党领导的多党合作和政治协商制度的重要政治形式和组织形式。要认真贯彻中国共产党同各民主党派和无党派人士长期共存、互相监督、肝胆相照、荣辱与共的方针，促进参加人民政协的各党派和无党派人士的团结合作，充分体现和发挥我国社会主义政党制度的特点和优势。

人民政协是我国政治体制的重要组成部分，在我国政治生活中具有不可替代的作用。在我们这个幅员辽阔、人口众多的社会主义国家里，关系国计民生的重大问题，在中国共产党领导下进行广泛协商，体现了民主与集中的统一。人民通过选举、投票行使权利和人民内部各方面在重大决策之前进行充分协商，尽可能就共同性问题取得一致意见，是我国社会主义民主的两种重要形式。坚持和完善人民政协这种民主形式，既符合社会主义民主政治的本质要求，又体现了中华民族兼容并蓄的优秀文化传统，具有鲜明的中国特色。发展社会主义民主政治，建设社会主义政治文明，要善于运用人民政协这一政治组织和民主形式。

人民政协是中国共产党领导的各党派、各团体、各民族、各阶层大团结大联合的组织。人民政协的基本属性、主要职能、组织构成、工作原则和活动方式，与构建社会主义和谐社会的要求是完全一致的，同构建社会主义和谐社会的各项工作是紧密相连的。构建社会主义和谐社会，必须充分发挥人民政协的作用。

人民政协在新世纪新阶段的任务是：高举爱国主义、社会主义旗帜，在热爱中华人民共和国、拥护中国共产党的领导、拥护社会主义事业、共同致力于中华民族伟大复兴的政治基础上，进一步巩固和发展爱国统一战线，把全体社会主义劳动者、社会主义事业的建设者、拥护社会主义的爱国者和拥护祖国统一的爱国者都团结起来，同心同德，群策群力，为推进社会主义经济建设、政治建设、文化建设、社会建设，为实现祖国完全统一，为维护世界和平、促进共同发展而奋斗。

人民政协工作必须坚持的原则是：坚持以马克思列宁主义、毛泽东思想、邓小平理论和"三个代表"重要思想为指导，坚持中国共产党的领导，坚持在宪法和法律范围内开展工作，坚持社会主义初级阶段的基本路线、基本纲领、基本经验，坚持团结和民主两大主题，坚持科学发展观、把促进发展作为人民政协履行职能的第一要务，坚持把实现和维护最广大人民的根本利益作为人民政协工作的出发点和落脚点。

人民政协的主要职能是政治协商、民主监督、参政议政。要支持政协围绕团结和民主两大主题履行职能，把加强团结和发扬民主贯穿于政协工作的各个方面，推进政治协商、民主监督、参政议政的制度化、规范化和程序化。

二、认真搞好人民政协的政治协商

人民政协的政治协商是中国共产党领导的多党合作的重要体现，是党和国家实行科学民主决策的重要环节，是党提高执政能力的重要途径。把政治协商纳入决策程序，就国家和地方的重要问题在决策之前和决策执行过程中进行协商，是政治协商的重要原则。各级党委要高度重视人民政协的政治协商，统一部署和协调，并认真组织实施。

人民政协政治协商的主要内容是：国家和地方的大政方针以及政治、经济、文化和社会生活中的重要问题；各党派参加人民政协工作的共同性事务，政协内部的重要事务以及有关爱国统一战线的其他重要问题。

人民政协政治协商的主要形式有：政协全体会议，常务委员会会议，主席会议，常务委员专题协商会，政协党组受党委委托召开的座谈会，秘书长会议，各专门委员会会议，根据需要召开由政协各组成单位和各界代表人士参加的内部协商会议。

三、积极推进人民政协的民主监督

人民政协的民主监督是我国社会主义监督体系的重要组成部分，是在坚持四项基本原则的基础上通过提出意见、批评、建议的方式进行的政治监督。它是参加人民政协的各党派团体和各族各界人士通过政协组织对国家机关及其工作人员的工作进行的监督，也是中国共产党在政协中与各民主党派和无党派人士之间进行的互相监督。对于我们党来说，更加需要接受来自各个方面的监督。

人民政协民主监督的主要内容是：国家宪法、法律和法规的实施，重大方针政策的贯彻执行，国家机关及其工作人员的工作，参加政协的单位和个人遵守政协章程和执行政协决议的情况。

人民政协民主监督的主要形式有：政协全体会议、常委会议、主席会议向党委和政府提出建议案；各专门委员会提出建议或有关报告；委员视察、委员提案、委员举报、大会发言、反映社情民意或以其他形式提出批评和建议；参加党委和政府有关部门组织的调查和检查活动；政协委员应邀担任司法机关和政府部门特约监督人员等。

各级党委和政府要认真倾听来自人民政协的批评和建议，自觉接受民主监督。要完善民主监督机制，在知情环节、沟通环节、反馈环节上建立健全制度，畅通民主监督的渠道。党委和政府的监督机构以及新闻媒体要密切与人民政协的联系，加强工作协调和配合，提高民主监督的质量和成效。要切实发挥政协提案、建议案在民主监督方面的作用，对政协的提案和建议案要认真办理，及时给予正式答复。

四、深入开展人民政协的参政议政

人民政协的参政议政是人民政协履行职能的重要形式，也是党政领导机关经常听取参加人民政协的各民主党派、人民团体和各族各界人士的意见和建议、切实做好工作的有效方式。人民政协的参政议政是对政治、经济、文化和社会生活中的重要问题以及人民群众普遍关心的问题，开展调查研究，反映社情民意，进行协商讨论，通过调研报告、提案、建议案或其他形式，向党和国家机关提出意见和建议。

人民政协要选择经济社会发展中具有综合性、全局性、前瞻性的课题，深入调查研究，开展咨询论证，提出意见和建议。要运用包容各界、联系广泛、人才聚集的有利条件，了解和反映社会不同阶层、不同群体的愿望和要求。人民政协的重要考察活动及重大外事活动要请参加政协的民主党派有关负责人参加，政协专门委员会要积极开展与参加政协的各党派团体的联合调研。要建立健全人民政协参政议政的各项工作制度，形成合理有效的工作机制。

各级党委和政府要加强与人民政协的联系和沟通，为人民政协参政议政创造良好条件。对政协提出的重要意见和建议，要认真研究、积极采纳。党委和政府有关部门要密切同政协专门委员会的协作和配合，对他们的工作提供必要的支持和帮助。

五、切实抓好人民政协的自身建设

各民主党派和无党派人士是人民政协的重要组成部分。要充分发挥人民政协作为中国共产党领导的多党合作和政治协商的重要机构的作用，支持各民主党派和无党派人士参与国家重大方针政策的讨论协商及其履行职责的各种活动。尊重和保障各民主党派在政协的各种会议上以本党派名义发表意见的权利；尊重和保障各民主党派和无党派人士开展视察、提出提案、举报、反映社情民意以及参与调查和检查活动的权利；保证民主党派成员和无党派人士在政协委员、常务委员和政协领导成员中占有较大比例；政协各专门委员会要有民主党派和无党派人士参加；政协机关中应有一定数量的民主党派和无党派人士担任专职领导职务，并做到有职、有权、有责。

由界别组成是人民政协组织的显著特色。要根据界别的特点和要求开展活动，充分调动各界别参政议政的积极性，认真探索发挥界别作用的方法和途径。要适应改革开放和经济社会发展的实际情况，研究并合理设置界别，扩大团结面，增强包容性。要通过界别渠道密切联系群众，努力协调关系、化解矛盾、理顺情绪，增进社会各阶层和不同利益群体的和谐。

政协委员是人民政协履行职能的主体。要认真组织政协委员的学习和培训，促进政协委员提高自身素质，遵守政协章程，履行委员职责，密切联系群众，积极参加政协组织的会议和活动。要尊重和依法保护政协委员的各项民主权利，为他们发挥作用提供方便。政协委员所在单位要支持其参加政协活动，保障其各项待遇不因参加政协活动而受到影响。

大力加强人民政协的机关建设。要重视政治理论学习，坚持以邓小平理论和"三个代表"重要思想为指导，牢固树立和全面落实科学发展观，弘扬与时俱进和改革创新精神，大兴求真务实之风，提高全局观念、服务意识和政策水平。要适应壮大爱国统一战线和发展社会主义民主政治的要求，完善为政协履行职能服务的各项工作制度，提高工作水平和效率。要着眼于统一战线和人民政协事业的长远发展，高度重视并切实加强人民政协组织的干部队伍建设，配备好工作班子，加强干部选拔、交流和任用，加大干部培训工作、挂职锻炼的力度，努力造就一支政治坚定、作风优良、学识丰富、业务熟练的高素质政协工作干部队伍。

六、加强和改善党对人民政协的领导

按照党总揽全局、协调各方的原则，进一步加强和改善党对人民政协的领导，支持人民政协依照章程独立负责、协调一致地开展工作。各级党委要深刻认识人民政协工作的重要性，认真贯彻《中共中央关于进一步加强中国共产党领导的多党合作和政治协商制度建设的意见》，善于运用人民政协这一政治组织和民主形式为实现党的总任务、总目标服务。要把政协工作纳入重要议事日程，听取政协党组的工作汇报，及时研究并统筹解决人民政协工作中的重大问题。党委和政府负责同志在政协全体会议期间参加讨论、共商国是和在政协常委会议期间通报情况、听取意见，应形成制度。不是同级党委常委的地方政协党员主席或党组书记，可请他们列席党委常委会议和其他有关重要会议。国务院和各级地方政府召开全体会议和有关会议时，可视需要邀请政协有关领导同志列席。各级党委和政府对政协干部交流、活动经费等方面存在的问题，要切实帮助解决。各级党委要把是否重视人民政协工作、能否发挥好人民政协的作用作为检验领导水平和执政能力的一项重要内容。

发挥政协组织中共产党员的先锋模范作用。政协委员中的共产党员和政协机关中的共产党员，要增强政治责任感，努力提高自身修养和能力，积极贯彻党的方针政策，带头遵守政协章程，继承和发扬党的统一战线和人民政协的优良传统，广交、深交党外朋友，努力成为合作共事的模范、发扬民主的模范、廉洁奉公的模范。

努力创造全党全社会重视和支持人民政协工作的新局面。各级党委要积极组织并大力推动关于人民政协的理论研究、宣传和教育工作，把人民政协理论列入各级党校、行政学院、干部学院、社会主义学院的教学计划。要有计划、有重点地组织新闻媒体宣传中国共产党领导的多党合作和政治协商制度，宣传人民政协的性质、地位和作用，以及各级政协组织履行职能的情况，形成有利于人民政协事业发展的良好氛围。

中共中央办公厅关于加强人民政协协商民主建设的实施意见

(2015年6月25日)

人民政协是社会主义协商民主的重要渠道和专门协商机构,是国家治理体系的重要组成部分。为深入贯彻落实党的十八大和十八届三中、四中全会精神,按照《中共中央关于加强社会主义协商民主建设的意见》,现就进一步加强人民政协协商民主建设提出如下实施意见。

一、加强人民政协协商民主建设的重要意义、指导思想和重要原则

1. 重要意义。人民政协协商民主是在中国共产党领导下,参加人民政协的各党派团体、各族各界人士履行政治协商、民主监督、参政议政职能,围绕改革发展稳定重大问题和涉及群众切身利益的实际问题,在决策之前和决策实施之中广泛协商、凝聚共识的重要民主形式。

社会主义协商民主是中国共产党和中国人民的伟大创造。人民政协协商民主是社会主义协商民主的重要组成部分。1949年中国人民政治协商会议第一届全体会议的召开,标志着中国共产党领导的多党合作和政治协商制度正式确立。1954年第一届全国人民代表大会召开后,人民政协作为中国共产党领导的多党合作和政治协商机构、作为统一战线组织继续发挥重要作用。改革开放以来,人民政协的性质、作用被庄严载入宪法,党中央对加强人民政协工作作出一系列重要部署。党的十八大和十八届三中、四中全会强调,健全社会主义协商民主制度,推进协商民主广泛多层制度化发展,为人民政协事业发展指明了方向。

人民政协以宪法、政协章程和相关政策为依据,以中国共产党领导的多党合作和政治协商制度为保障,集协商、监督、参与、合作于一体,是各党派团体和各族各界人士发扬民主、参与国是、团结合作的重要平台,是适合中国国情、具有鲜明中国特色的制度安排。充分发挥人民政协作为协商民主重要渠道和专门协商机构的作用,有利于广纳群言、广谋良策、广聚共识,有利于促进党和政府决策科学化、民主化,有利于更好实现人民当家作主,有利于化解矛盾、促进社会和谐稳定,有利于推进国家治理体系和治理能力现代化。

2. 指导思想。加强人民政协协商民主建设,必须贯彻落实党的十八大和十八届三中、四中全会精神,高举中国特色社会主义伟大旗帜,以马克思列宁主义、毛泽东思想、邓小平理论、"三个代表"重要思想、科学发展观为指导,深入贯彻落实习近平总书记系列重要讲话精神,坚持围绕协调推进"四个全面"战略布局,坚持和完善中国共产党领导的多党合作和政治协商制度,坚持团结和民主两大主题,把协商民主贯穿履行职能全过程,重点推进政治协商、民主监督、参政议政制度化、规范化、程序化,拓展协商内容、丰富协商形式、规范协商程序、增加协商密度、提高协商成效,广泛凝聚各党派团体、各族各界人士的智慧和力量,为实现"两个一百年"奋斗目标、实现中华民族伟大复兴的中国梦做出更大贡献。

3. 重要原则。加强人民政协协商民主建设，必须坚持党的领导，坚定不移走中国特色社会主义政治发展道路；坚持宪法和政协章程确定的人民政协性质定位，始终围绕中心、服务大局；坚持协商于决策之前和决策实施之中，切实提高协商实效；坚持民主协商、平等议事、求同存异、体谅包容，努力营造良好协商氛围。

二、明确政协协商的内容

4. 政协协商的主要内容。国家大政方针和地方的重要举措以及政治、经济、文化和社会生活中的重要问题，各党派参加人民政协工作的共同性事务，政协内部的重要事务，以及有关爱国统一战线的其他重要问题等。

5. 制定政协年度协商计划。党委会同政府、政协制定年度协商计划，对明确规定需要协商的事项必须经协商后提交决策实施。政协专题议政性常务委员会会议议题、专题协商会议题及其他协商形式的重要议题，应列入年度协商计划，做到协商议题和协商形式相匹配。

建立健全制定年度协商计划的工作机制。政协办公厅（室）在广泛征求政协参加单位、政协委员和有关部门意见的基础上，形成年度协商计划草案。党委办公厅（室）会同政府办公厅（室）、政协办公厅（室）修改完善年度协商计划草案。经政协主席会议审议后，报党委常委会会议确定。

6. 在实践中丰富协商内容。鼓励各级政协根据形势发展，围绕党和国家中心工作，结合实际丰富协商内容，拓宽协商范围。政府起草一些重要法律法规的过程中，视情可在政协听取意见。充分发挥政协委员、民主党派、工商联、无党派人士、人民团体等在立法协商中的作用。

三、规范政协协商的形式

7. 完善政协全体会议协商制度。政协全体会议期间，党委、人大常委会、政府和人民法院、人民检察院领导同志出席开幕会、闭幕会，参加界别联组和委员小组讨论；党委和政府有关领导同志听取大会发言；有关部门负责同志参加界别联组和委员小组讨论、听取意见。可安排跨界别联组讨论；界别联组和小组会议应安排时间讨论界别提案、推荐界别大会发言。规范会议活动程序和机制。完善大会发言遴选机制，提高发言质量。改进会议成果报送工作，如实反映委员意见建议。

8. 健全专题议政性常务委员会会议制度。全国政协一般每年召开2次专题议政性常务委员会会议，地方政协可视情安排。会议按专题分组讨论，进行大会发言。根据议题需要，政协邀请党政有关领导同志出席会议通报情况，听取意见，并可与委员互动交流；邀请有关部门负责同志到会听取意见，参加讨论。会议成果以政协党组报告、大会发言专报、政协信息等多种形式报送党委和政府及有关部门。

9. 规范专题协商会。全国政协一般每年召开2次专题协商会，地方政协可视情安排。根据议题需要，政协邀请党政分管相关工作的领导同志及有关部门负责同志，出席会议，听取意见，与委员互动交流。组织相关委员和专家学者参加。会议发言应充分反映政协专门委员会专题调研、委员视察、界别调研和民主党派调研等成果。会后，相关意见建议以政协党组报告、政协信息等形式报送党委和政府及有关部门。

10. 完善双周协商座谈会制度。全国政协应选择内容具体、针对性强的问题作为双周协商座谈会的议题，部分重要议题列入政协年度协商计划。视情每年召开若干次双周协商座谈会。根据议题需要，政协邀请有关部门负责同志参加并介绍情况。优化参会人员结构，以委员中的民主党派成员和无党派人士为主，视情邀请有关专家学者参加。会前，全国政协相关专门委员会和有关方面应深入开展调研。会后，及时将会议主要内容、形成的共识和重要意见建议，以信息专报等形式报送党委和政府及有关部门参阅。推动协商过程和协商成果公开，增加影响力和共识度。地方政协可结合实际，对协商座谈会等活动做出安排。

11. 开展对口协商和界别协商。政协各专门委员会与对口联系的有关部门以议题为纽带建立健全对口联系工作机制，开展对口协商。加强走访交流，建立信息共享机制，确定对口协商议题。对口部门根据情况邀请政协相关专门委员会参加重要工作会议或重要活动，政协组织的视察和调研活动可邀请对口部门参加。

充分发挥界别在视察、调研、提案、大会发言、反映社情民意信息等工作中的作用。完善政协领导同志和专门委员会联系界别的制度。专门委员会根据工作整体部署组织界别委员开展专题调研，举行界别协商会、座谈会等活动。政协主席会议成员根据工作需要参加界别协商活动。健全政协办公厅（室）和专门委员会服务界别协商的工作机制和保障机制。

12. 健全提案办理协商制度。修订提案审查工作细则，严格立案标准，提高提案质量。加大专门委员会和界别提交提案力度，增加集体提案比重。建立交办、办理、督办提案协商机制。在提案交办环节，建立共同交办机制，召开提案交办会，做好落实责任的协商。在提案办理环节，建立健全联系沟通、办理询问、研讨交流机制，把沟通协商作为提案办理的必经环节。在提案督办环节，建立健全跟踪督查和成果反馈机制，做好成果转化的协商。建立和完善台账制度，把提案办理纳入政府年度督查计划。完善提案办理考核评价机制，逐步将提案办理工作纳入绩效考核体系。落实提案及办理结果公开的有关规定。制定政协提案办理协商办法。落实政协办公厅（室）和专门委员会参与重点提案遴选与督办的工作制度。全国政协完善主席办公会议协商督办重点提案的做法。

13. 拓展协商形式。政协在党委和政府重大决策形成过程中及时召开专题座谈会，有关方面负责同志到会听取意见建议。在视察、考察、专题调研等活动中开展协商。通过视察报告、调研报告、提案、建议案等形式开展协商。整合现有网络资源，探索网络议政、远程协商等新形式。

四、加强政协协商与党委和政府工作的有效衔接

14. 规范协商议题提出机制。认真落实由党委、人大、政府、民主党派、人民团体等提出议题的规定。建立党委同政府、政协重点协商议题会商机制，议题可由党委和政府交办，可由党委召开的秘书长联席会议研究提出，可由政协与党委和政府及有关部门沟通协商提出。建立政协内部选题机制，通过常务委员会会议、专门委员会会议以及座谈会、发函等形式征集议题，积极探索由界别、委员联名、委员小组提出议题。

15. 健全知情明政制度。党委召开的有关重要工作会议可安排政协领导同志参加。国务院或地方政府召开全体会议和有关会议，可视情邀请政协有关领导同志列席。有关部门召开的重要会议可视情邀请政协有关方面负责同志参加。建立相关部门定期通报情况制度，为政协委员履行职责提供便

利、创造条件。政协全体会议召开前，根据需要可组织情况通报会，请有关部门通报年度工作情况。协商活动举办前，有关部门应提供需要协商的相关材料。组织委员视察调研，可邀请有关部门同志介绍情况、交换意见。

16. 完善协商成果采纳、落实和反馈机制。党委会同政府、政协制定协商成果采纳、落实和反馈办法。协商后形成的视察报告、调研报告、政协信息、大会发言专报、重要提案摘报等成果，党政领导同志做出批示的，应及时告知政协办公厅（室）；对领导同志要求有关部门落实的，应将落实情况抄送政协办公厅（室）。

五、加强人民政协制度建设

17. 政协全国委员会研究制定规范政治协商、民主监督、参政议政的具体意见。认真贯彻《中共中央关于加强人民政协工作的意见》对政治协商、民主监督、参政议政的规定。加强政治协商的制度建设，把政治协商作为重要环节纳入决策程序，明确党委、政府和政协在协商活动中的职责。

适时制定民主监督的专项规定，完善民主监督的组织领导、权益保障、知情反馈、沟通协调机制。重视发挥协商会议、视察、提案、建议案、专题调研、大会发言、反映社情民意信息、委员举报等在民主监督中的作用。政协各种协商活动特别是专题议政性常务委员会会议、专题协商会、协商座谈会等，增加民主监督内容，加大民主监督力度。政协办公厅（室）和专门委员会应开展监督性的视察和专题调研。参加有关部门组织的调查和检查活动。政协可应有关行政执法部门邀请推荐特约监督员。密切与党委和政府监督机构以及新闻媒体的联系，加强工作协调和配合。总结推广专题民主监督、民主评议的做法。

建立健全参政议政的各项工作制度，加强和改进经常性工作。修订专门委员会通则，发挥专门委员会在政协工作中的基础作用。修订视察工作条例。做好党委和政府委托政协开展的重大课题调研和邀请委员参与的重大项目研究论证，集中优势资源，发挥委员主体作用，形成整体合力，提出高质量的意见建议。

18. 研究制定规范委员履职工作的指导性意见。进一步明确委员的权利和义务，规范委员履职服务管理，建立委员履职档案，实行委员履职情况统计，将委员履职情况作为换届时继续提名的重要参考；严格会议请假制度，委员出席会议和参加活动的情况书面通知本人并在一定范围通报；探索建立委员每届任期内就履职情况向本级政协报告的制度。强化廉洁自律，逐步建立委员履职的利益冲突回避机制，制定委员违反政协章程的处理办法。

19. 在政协建立健全委员联络机构，完善委员联络制度。建立覆盖全体委员的联系网络，充分发挥政协参加单位、专门委员会、界别、机关、所在地全国政协委员活动召集人等联络服务委员的作用。完善发挥全国政协委员作用的意见。各级政协领导考察调研，可视情与当地同级政协委员座谈。政协的视察考察和专题调研活动可安排当地相关同级政协委员参加。全国政协定期向京外委员和港澳地区委员通报工作情况。建立健全与委员联络的具体机构，明确职责，做好委员日常联络工作，为委员履行职责提供服务管理，依法维护委员依照政协章程履行职责的权利；配合专门委员会，联系政协参加单位和界别召集人，及时通报政协会议精神和工作情况；做好接待委员信访的工作。

六、提高政协协商能力

20. 提高政治把握能力。完善政协常务委员会会议和主席会议学习制度，组织委员专题学习研讨。加强委员对党的路线方针政策和宪法法律的学习，在履行职责的实践中，提高运用科学理论分析判断形势，运用法治思维和法治方式研究解决问题的能力和水平，坚定理想信念，增进政治认同。

21. 提高调查研究能力。坚持问题导向，重视调查研究，制定加强和改进调研工作实施办法。视察和专题调研课题应与政协年度协商计划和政协重点工作相衔接，由主席会议或主席办公会议统筹审定。优化调研队伍构成，采取集中调研、分散调研、蹲点调研等形式摸清真实情况。加强对调研成果的研究论证。加强人民政协智库建设，整合各级政协组织、政协委员等各方面智力资源，发挥中国经济社会理事会、中国宗教界和平委员会、中国人民政协理论研究会作用。

22. 提高联系群众能力。坚持党的群众路线，建立健全社情民意表达和汇集分析机制，畅通和拓宽各界群众的利益诉求表达渠道，积极反映社情民意。修订政协反映社情民意信息工作条例。密切政协各专门委员会与人民团体等界别的联系，积极组织委员参与协商、视察、调研等活动，及时向有关部门反映其提供的相关信息和意见建议。有条件的地方可推广委员联系点、委员网上信箱等联系群众的新形式。委员应主动向群众宣传党的路线方针政策，解疑释惑，引导群众理性有序合法表达诉求。

23. 提高合作共事能力。完善工作机制，搭建更多平台，加强政协组织与党委统战部门的沟通协调，为民主党派委员和无党派人士委员在政协履行职能、协商议政、发挥作用创造条件。建立政协主席、副主席联系各界别委员制度。强化政协开展统战工作的职责要求。政协委员中的共产党员和政协机关中的共产党员应广交、深交党外朋友。在工作中既增进对党的路线方针政策的共识，又包容不同意见的存在和表达，提高合作共事的质量和水平。

七、加强和完善党对人民政协协商民主建设的领导

24. 高度重视人民政协协商民主建设。中国共产党的领导是人民政协事业发展进步的根本保证。人民政协事业要沿着正确方向发展，就必须毫不动摇坚持中国共产党的领导。按照党总揽全局、协调各方的原则，支持人民政协依照宪法法律和政协章程独立负责、协调一致地开展工作。各级党委要充分认识加强人民政协协商民主建设的重大意义，认真贯彻落实《中共中央关于加强社会主义协商民主建设的意见》，善于运用人民政协这一政治组织和民主形式为实现党的总任务、总目标服务。

25. 建立健全党领导人民政协协商民主建设的工作制度。各级党委应把人民政协协商民主建设纳入总体工作部署和重要议事日程，及时研究并统筹解决工作中的重大问题。按照党委统一领导、各方分工负责的原则，统筹制定加强党委和政府工作与政协协商有效衔接的相关制度。支持政协制定并实施政治协商、民主监督、参政议政的专项制度。建立健全党委常委会会议听取政协党组工作汇报，讨论政协常务委员会工作报告和年度协商计划等的制度。深入研究发挥政协界别作用的思路和办法，拓展有序政治参与空间。深入开展调查研究，在条件成熟时对政协界别适当进行调整。完善委员推荐提名工作机制，优化委员构成。改进委员产生机制，严把委员素质关，真正把代表性强、议政水平高、群众认可、德才兼备的优秀人士吸收到委员队伍中来。加强政协机关领导班子和干部队伍建设，

加强干部选拔、交流和任用，加大干部培训学习、挂职锻炼的力度。加强对人民政协协商民主建设落实情况的监督检查。

26. 发挥政协党组领导核心作用。政协党组肩负着实现党对人民政协领导的重大政治责任，要发挥领导核心作用，坚定不移贯彻执行党关于人民政协的方针政策，把党的有关重大决策和工作部署贯彻到政协全部工作中去。按照民主集中制原则，确保协商依法开展、有序进行。健全政协重大工作向党委报告制度。认真落实党风廉政建设主体责任，抓好委员队伍建设和政协机关干部队伍建设，强化正风肃纪、反腐倡廉。

27. 营造全党全社会重视和支持人民政协协商民主建设的良好氛围。坚持"不打棍子、不扣帽子、不抓辫子"的方针，营造畅所欲言、各抒己见、理性有度、合法依章的良好协商氛围。大力推动关于人民政协协商民主的理论研究，将其列入各级党校、行政学院、干部学院、社会主义学院的教学计划。把对人民政协协商民主的宣传列入各级党委宣传部门的工作计划，积极宣传各级政协和政协委员履职的生动实践，形成有利于推进人民政协协商民主建设的良好环境。

房山政协志

上 册

中国人民政治协商会议北京市房山区委员会 编

学苑出版社

图书在版编目（CIP）数据

房山政协志／中国人民政治协商会议北京市房山区委员会编.— 北京：学苑出版社，2016.9
ISBN 978-7-5077-5090-4

Ⅰ.①房… Ⅱ.①中… Ⅲ.①中国人民政治协商会议－地方委员会－概况－房山区 Ⅳ.①D628.13

中国版本图书馆CIP数据核字(2016)第212085号

出 版 人：	孟　白
责任编辑：	潘占伟
装帧设计：	徐道会
出版发行：	学苑出版社
社　　址：	北京市丰台区南方庄2号院1号楼
邮政编码：	100079
网　　址：	www.book001.com
电子信箱：	xueyuanpress@163.com
联系电话：	010-67601101（销售部）67603091（总编室）
印 刷 厂：	北京信彩瑞禾印刷厂
开本尺寸：	889×1194　1/16
印　　张：	49
字　　数：	1240千字
版　　次：	2016年9月第1版
印　　次：	2016年9月第1次印刷
定　　价：	380.00元（精装上下册）

| 顾　　问 | 高海量 | 张中兴 | 魏士宽 | 游来柱 | 范文彦 |

编纂委员会

主　　任	唐淑荣				
常务副主任	高维魁				
副　主　任	李惠英	周文海	任振秋	赵永祥	赵润东
	肖　武	游来清			

委　　员	唐淑荣	高维魁	李惠英	周文海	任振秋
	赵永祥	赵润东	肖　武	游来清	于　平
	王金恒	陈海忠	杨树德	刘清生	韩晓明
	刘文礼	骆金萍			

编纂工作办公室

| 主　　任 | 游来清 | | | | |
| 副　主　任 | 于　平 | 刘清生 | | | |

主　　编	唐淑荣				
副　主　编	高维魁	李惠英	周文海	任振秋	赵永祥
	赵润东	肖　武	游来清	刘清生	杨亦武

总　　纂	杨亦武				
编　　务	赵润东	李金田	刘文礼	刘清生	栗景鸿
	邱鸿伟	林晓燕	隗合军	辛艳茜	郑明果
	张颖巍	隗永泽	张彬彬	谢秋阳	王　萌
	李梦楠				

序

修志存史，以启未来。编纂房山政协志，翔实记载房山政协发展历程，以史鉴今，对促进政协工作不断创新发展具有十分重要的意义。

房山政协成立于1981年。1981年3月，政协房山县委员会成立；1984年7月，政协燕山区委员会成立；1986年经国务院批准撤销房山县、燕山区，成立房山区。1987年5月，政协房山区委员会成立。从政协房山县委员会成立至今，房山政协已走过了35个年头，35年来，历届政协始终坚持中国共产党的领导，坚持中国共产党领导的多党合作和政治协商制度，高举爱国主义和社会主义旗帜，坚持团结民主两大主题，团结带领全体政协委员，围绕中心，服务大局，积极开展协商议政、视察调研、建言献策活动，认真履行政治协商、民主监督、参政议政职能，在促进房山改革发展、社会和谐稳定方面，发挥了不可替代的重要作用。通过多年的履职实践与探索，在制度建设、队伍建设、履职能力提升、创新协商形式以及发挥委员在本职工作中的带头作用、政协工作中的主体作用、界别群众中的代表作用，深度参与经济、社会事业发展方面，探索出一系列好做法和成功经验，为今后政协工作的开展提供了很好的参考和借鉴。把这些经验和做法记述下来，把房山政协的发展历程全面、系统地整理出来，不仅是历史赋予政协房山区第七届委员会的使命，也是历届政协人共同的心愿。

编纂工作始于2013年11月，政协党组进行研究，决定成立政协志编纂委员会和办公室，抽调精干力量编纂《房山政协志》。在志书编纂中，政协党组高度重视，定期听取工作进展情况汇报，提出要求，把握方向，协调解决遇到的困难和问题，保证编纂工作有序地进行。编纂工作办公室的全体同志，以高度负责和严肃认真的态度，从制定规划、编章设计，到征集整理资料、走访当事人、召开座谈会、考证史料，几易其稿，精益求精，保证了志书资料的全面和客观。经过两年多的辛劳工作和不懈努力，《房山政协志》终于正式出版，这是房山区民主政治建设和精神文明建设的一项重要成果，是历届政协团结带领各族各界委员履职足迹的记述和事实佐证，是献给房山政协成立三十五周年的礼成之作。

《房山政协志》坚持以党的实事求是思想路线为准则，坚持运用辩证唯物主义和历史唯物主义的思想、方法，围绕人民政协的性质、任务和统一战线特点进行谋篇布局，按照政协的组织机构和履职方法安排编章，既围绕三大职能、体现政协特色，又避免了相互交叉多点重述。在写作方法上以概述为纲，时经事纬，横排纵述，实事实写。全书分概述、组织机构编、政协会议编、职能履行编、提案和社情民意编、学习和文史编、党派团体编、大事记、附录共九大部分，一百二十余万字，比较完整、系统地反映了房山县政协一至二届、燕山区政协、房山区政协一至七届工作的全貌，突出了政协工作的创新和经验总结。志书资料真实详备，结构合理，主线明晰、脉络清楚，文风严谨、简洁流畅，是一部真实记述房山政协35年发展历程的重要文献和宝贵的历史资料。

在志书编纂中，从事编纂的同志认真负责，一丝不苟，在时间紧、任务重、要求高的情况下，夜以继日，辛勤工作。各党派团体和政协机关各委室密切配合，提供了大量翔实的资料。同时，政协历届老领导、老同志以及区委组织部档案室、燕山工委组织部及档案科、区民政局、区档案局、长阳镇给了大力支持和无私帮助,使志书的编纂工作得以圆满完成。《房山政协志》即将付梓,借此机会,谨向为完成这部志书付出艰辛劳动和智慧的同志们,向给予这部志稿编纂工作指导和帮助的各级领导和各相关单位以及参与此项工作的同志们致以诚挚的谢意。

唐淑荣

政协北京市房山区第七届委员会主席

2016年8月

凡 例

一、《房山政协志》以邓小平理论、"三个代表"重要思想和科学发展观及政协统战理论为指导，坚持辩证唯物主义和历史唯物主义的观点和方法，全面、准确、系统、客观地反映房山区政协的发展历程，力求思想性、科学性和资料性的统一。

二、全书以志体为主，兼用记、述、图、录等诸体。志，叙事；记，大事记；述，总概述，分述；图，照片；录，收录非著述性资料。

三、记述时限上起1981年3月中国人民政治协商会议房山县第一届委员会召开，下迄2016年1月中国人民政治协商会议房山区第七届委员会第五次会议结束。

四、结构上设编、章、节、目四个层次，以"目"为基本记事单位。除概述、大事记、附录外，共设置六编。

五、大事记为编年体，记载房山区政协发展过程中的重要活动和事件。在专志中翔实记述的，大事记中略记。

六、修志遵循横排纵写、述而不论原则。横排门类，纵志事实，记述一个事件起止、过程。只作客观记述，不加主观评论。

七、在记述行文中，按照志书要求规范书写。如对于政协用名称的表述，第一次出现时用全称，以后用简称，"中国人民政治协商会议北京市房山区委员会"习惯简称为"房山区政协"，"专门委员会"简称为"专委会"；又如在数字书写方面，除历届历次会议等固定表达模式外，一般用阿拉伯数字。

八、节题为表达方便，涉及政协名称，不用全称，用习惯简称，"政协北京市房山县委员会"、"政协北京市燕山区委员会"、"政协北京房山区委员会"。目题亦简称，只书届次和会次，如："一届一次会议、三届三次会议"等等。

九、房山建区前，境内分别为房山县和燕山区，1981年3月6日-11日，召开房山县政协一届一次会议，房山县政协成立，历两届；1984年7月16日，召开燕山区政协一届一次会议，燕山区政协成立，历一届。1986年9月15日，撤销房山县和燕山区，合并成立房山区。1987年5月，房山区政协一届一次会议召开。至本志撰写，历七届。

本志中，便于结构完整和清晰有序，房山县政协、燕山区政协，不单设编章。在节、目的志述中，按时间的先后顺序安排，先房山县政协，再燕山区政协，然后写房山区政协。

十、本志设《第一编 组织机构》第三章 政协领导简历：设主席简历、副主席简历、秘书长简历三节。

（一）每节人物简历以届别先后为序：房山县一届、二届，燕山区一届，房山区一届、二届……

（二）连任主席或副主席的，在先任届内志述，历述连续任职的时间、职务，后任届内不再志述。如：范文彦，房山区第五、六届政协主席，在五届中志述，六届中不再志述；容桂英，房山区第一、二、三、四届政协副主席，在一届中志述，此后二、三、四届不再志述。

（三）有的人物在政协先后任不同级别的职务，则在级别高的节中志述，历述先后任职的时间、职务，在级别低的节中不再志述。比如，张本荣，房山县政协第一届副主席，后任县政协第一届主席，写志时便在"第一节主席"中志述，在"第二节副主席"中不再志述；毛锡恩，房山县第一届政协秘书长，后任房山县第二届政协副主席，则在"第二节副主席"中志述，"第三节秘书长"中不再志述。

（四）人物的志述上限为出生、参加工作时间，下限为政协职务终止时间。

十一、资料来源主要录自档案记载，档案失考的，以口碑为据，档案和口碑无据的，以阙如处理。

目 录

序 /1
凡 例 /1
概 述 /1

第一编 组织机构 /7

第一章 政协委员会 /9
第一节 政协委员会 /9
第二节 政协常委会 /14
第三节 政协专委会 /17

第二章 政协机关 /39
第一节 政协党组 /39
第二节 工作机构 /42

第三章 政协领导简历 /51
第一节 主席简历 /51
第二节 副主席简历 /56
第三节 秘书长简历 /68

第二编 政协会议 /71

第一章 全体会议 /73
第一节 政协北京市房山县第一届委员会会议 /73
第二节 政协北京市房山县第二届委员会会议 /77
第三节 政协北京市燕山区第一届委员会会议 /81
第四节 政协北京市房山区第一届委员会会议 /84
第五节 政协北京市房山区第二届委员会会议 /89
第六节 政协北京市房山区第三届委员会会议 /92

第七节 政协北京市房山区第四届委员会会议 /98
第八节 政协北京市房山区第五届委员会会议 /104
第九节 政协北京市房山区第六届委员会会议 /109
第十节 政协北京市房山区第七届委员会会议 /118

第二章 常委会议 /127

第一节 政协北京市房山县第一届委员会常务委员会会议 /127
第二节 政协北京市房山县第二届委员会常务委员会会议 /131
第三节 政协北京市燕山区第一届委员会常务委员会会议 /135
第四节 政协北京市房山区第一届委员会常务委员会会议 /138
第五节 政协北京市房山区第二届委员会常务委员会会议 /145
第六节 政协北京市房山区第三届委员会常务委员会会议 /151
第七节 政协北京市房山区第四届委员会常务委员会会议 /159
第八节 政协北京市房山区第五届委员会常务委员会会议 /168
第九节 政协北京市房山区第六届委员会常务委员会会议 /173
第十节 政协北京市房山区第七届委员会常务委员会会议 /182

第三章 主席会议 /189

第一节 政协北京市房山县第一届委员会主席会议 /189
第二节 政协北京市房山县第二届委员会主席会议 /192
第三节 政协北京市燕山区第一届委员会主席会议 /197
第四节 政协北京市房山区第一届委员会主席会议 /207
第五节 政协北京市房山区第二届委员会主席会议 /216
第六节 政协北京市房山区第三届委员会主席会议 /220
第七节 政协北京市房山区第四届委员会主席会议 /225
第八节 政协北京市房山区第五届委员会主席会议 /232
第九节 政协北京市房山区第六届委员会主席会议 /239
第十节 政协北京市房山区第七届委员会主席会议 /250

第三编 职能履行 /257

第一章 讨论政府工作报告 /259

第一节 政协北京市房山县第一届委员会 /259
第二节 政协北京市房山县第二届委员会 /263
第三节 政协北京市燕山区第一届委员会 /267

第四节 政协北京市房山区第一届委员会 /271
第五节 政协北京市房山区第二届委员会 /276
第六节 政协北京市房山区第三届委员会 /277
第七节 政协北京市房山区第四届委员会 /284
第八节 政协北京市房山区第五届委员会 /293
第九节 政协北京市房山区第六届委员会 /298
第十节 政协北京市房山区第七届委员会 /306

第二章 民主评议政府工作 /315
第一节 政协北京市房山区第五届委员会 /315
第二节 政协北京市房山区第六届委员会 /318
第三节 政协北京市房山区第七届委员会 /323

第三章 委员视察 /325
第一节 政协北京市房山县第一届委员会 /325
第二节 政协北京市房山县第二届委员会 /327
第三节 政协北京市燕山区第一届委员会 /328
第四节 政协北京市房山区第一届委员会 /329
第五节 政协北京市房山区第二届委员会 /331
第六节 政协北京市房山区第三届委员会 /333
第七节 政协北京市房山区第四届委员会 /336
第八节 政协北京市房山区第五届委员会 /341
第九节 政协北京市房山区第六届委员会 /345
第十节 政协北京市房山区第七届委员会 /353

第四章 建言献策 /361
第一节 大会发言 /361
第二节 专题座谈 /377
第三节 专题论坛 /393
第四节 专题研讨 /400
第五节 区域论坛 /407

第五章 调查研究 /421
第一节 政协北京市房山县第一届委员会 /421
第二节 政协北京市房山县第二届委员会 /422

第三节 政协北京市燕山区第一届委员会 /422
第四节 政协北京市房山区第一届委员会 /423
第五节 政协北京市房山区第二届委员会 /423
第六节 政协北京市房山区第三届委员会 /424
第七节 政协北京市房山区第四届委员会 /425
第八节 政协北京市房山区第五届委员会 /426
第九节 政协北京市房山区第六届委员会 /427
第十节 政协北京市房山区第七届委员会 /429

第六章 特色活动 /443

第一节 共建和谐社区 /443
第二节 政协委员山区行 /454

第四编 提案、社情民意 /465

第一章 政协提案 /467

第一节 提案办理 /467
第二节 重点提案督办 /474
第三节 提案表彰 /481
第四节 提案工作质量年 /499
第五节 提案咨询交流 /501
第六节 提案线索征集 /502
第七节 提案办理评议 /505

第二章 社情民意 /509

第一节 政协北京市房山区第三届委员会 /509
第二节 政协北京市房山区第四届委员会 /511
第三节 政协北京市房山区第五届委员会 /514
第四节 政协北京市房山区第六届委员会 /517
第五节 政协北京市房山区第七届委员会 /519

第五编 学习、文史 /523

第一章 委员学习 /525

第一节 政协北京市房山县第一届委员会 /525

　　　　第二节　政协北京市房山县第二届委员会 /528
　　　　第三节　政协北京市燕山区第一届委员会 /530
　　　　第四节　政协北京市房山区第一届委员会 /531
　　　　第五节　政协北京市房山区第二届委员会 /535
　　　　第六节　政协北京市房山区第三届委员会 /537
　　　　第七节　政协北京市房山区第四届委员会 /542
　　　　第八节　政协北京市房山区第五届委员会 /548
　　　　第九节　政协北京市房山区第六届委员会 /553
　　　　第十节　政协北京市房山区第七届委员会 /560

　　第二章　文史资料 /569
　　　　第一节　文史资料征集 /570
　　　　第二节　文史撰稿员队伍 /571
　　　　第三节　文史资料编辑出版 /572

第六编　党派团体 /591

　　第一章　民主党派 /593
　　　　第一节　中国国民党革命委员会房山区总支部 /593
　　　　第二节　中国民主同盟房山区总支部 /597
　　　　第三节　中国民主促进会房山区支部 /600
　　　　第四节　中国民主建国会房山区总支部 /602
　　　　第五节　中国农工民主党房山区总支部 /605
　　　　第六节　九三学社房山区工委 /610
　　　　第七节　中国致公党房山区支部 /613

　　第二章　人民团体 /615
　　　　房山区工商业联合会 /615

房山政协大事记 /623

附录 /709

　　附录一：委员名录 /709
　　附录二：文件选编 /727

在新政治协商会议筹备会上的讲话 /727
中国人民政治协商会议组织法 /729
中国人民政治协商会议全国委员会关于地方委员会的决定 /733
中国人民政治协商会议章程 /735
中共中央办公厅关于县（市）和市辖区设立政协问题的通知 /739
中共中央关于坚持和完善中国共产党领导的多党合作和政治协商制度的意见 /741
中共中央关于进一步加强中国共产党领导的多党合作和政治协商制度建设的意见 /747
中共中央关于加强人民政协工作的意见（摘要）/755
中共中央办公厅关于加强人民政协协商民主建设的实施意见 /759

概 述

房山政协自1981年成立以来已经走过35年的历程。1981年3月6日至11日，中国人民政治协商会议北京市房山县第一届委员会第一次会议召开，政协房山县委员会作为本县的地方性组织机构，首次创建，历经两届。1984年7月16日至20日，中国人民政治协商会议北京市燕山区第一届委员会第一次会议召开，政协燕山区委员会正式成立，历经一届。1986年11月，经国务院批准，撤销房山县和燕山区，设立房山区。1987年5月27日至6月1日，中国人民政治协商会议北京市房山区第一届委员会第一次会议召开，由房山县政协和燕山区政协合并成立房山区政协，历经七届。

35年来，房山历届区（县）委认真贯彻落实中共中央、中共北京市委关于加强人民政协工作的文件精神，区（县）政协主动接受区（县）委的领导，积极争取区（县）政府的支持。为进一步加强政协工作，中共房山区委于1996、2001、2007、2011、2016年先后召开了五次政协工作会。1996年，中共房山区委转发了《区政协关于政治协商、民主监督、参政议政的规定》，制定了《中共北京市房山区委关于进一步加强政协工作的决定》《北京市房山区人民政府关于积极支持政协履行职能的决定》；2001年，制定了《中共北京市房山区委关于进一步加强人民政协工作的意见》，转发了区政协《关于进一步推进政治协商规范化制度化建设的意见》的通知；2007年，制定了《中共北京市房山区委北京市房山区人民政府关于印发办理区政协建议案的办法的通知》《中共北京市房山区委办公室北京市房山区人民政府办公室关于进一步加强区委、区政府职能部门与区政协专门委员会对口联系的意见》；2011年，制定了《中共北京市房山区委关于加强人民政协政治协商制度建设的意见》；2016年，制定了《关于加强政协协商民主的实施意见》。多年来，中共房山区（县）委不断加强对政协工作的领导，积极支持政协履行职能，为政协各项工作的有效开展创造了良好的条件。

房山历届政协在中共房山区（县）委的领导下，高举爱国主义和社会主义伟大旗帜，牢牢把握团结、民主两大主题，坚持不懈地贯彻执行"长期共存、互相监督、肝胆相照、荣辱与共"的方针，从政协的特点和优势出发，紧紧围绕房山经济社会发展的任务和目标，广泛团结各民主党派、人民团体和各族各界人士，紧贴全区（县）不同时期的工作重点积极参政议政，建言献策。历届政协按照人民政协章程所赋予的任务和中共中央、中共北京市委、中共房山区（县）委有关文件要求，认真履行职能，不断探索创新。注重发挥政协常委会的核心作用、专委会的基础作用和委员的主体作用，积极探索履行职能的方式和途径，组织和引导各专委会、各民主党派、人民团体和各界委员通过视察、调研、提案、社情民意等多种形式发挥职能作用。在推进房山改革开放、促进经济社会发展及各项社会事业建设等方面发挥了重要作用，历届政协不断适应新形势的要求，政治协商逐步深入，民主监督力度加大，参政议政形式活跃，团结联谊紧密广泛，自身建设不断加强。目前，房山政协工作已逐步形成了"党委高度重视、政府大力支持、政协积极主动、各部门紧密配合"的工作局面。

历届政协始终坚持高举爱国主义、社会主义两面旗帜，坚持突出团结、民主两大主题，重视提高委员政治思想水平，注重马列主义、毛泽东思想、邓小平理论、"三个代表"重要思想、科学发展观，以及统战理论的学习培训，强化委员对人民政协地位、性质、作用的认识，不断增强做好政协工作的责任感和使命感。通过委员学习班、培训班、形势报告会，开展座谈、联谊、参观、视察、考察等多种形式加强对委员教育引导，提升委员政治理论素养和履职能力。举办"三胞"委员座谈会、中秋联谊会、春节联谊会等多种形式，加强与"归侨、侨眷、台胞、台属"委员和少数民族、宗教界委员的联系，弘扬中华民族的优良传统和爱国主义精神，增进各界人士在爱国主义旗帜下的大团结。重视发挥民主党派、人民团体、工商联和无党派代表人士在政协组织中的作用，协商议政活动及重要会议，优先安排民主党派、人民团体和无党派代表人士参加，重要调研、视察，重要议政活动，及时邀请各民主党派、人民团体和无党派代表人士参与，为他们履行职责搭建平台、创造条件，使他们在政协工作中的作用得到了充分发挥。重视加强对委员的爱国主义和社会主义教育。通过组织委员学习《邓小平文选》《建设有中国特色社会主义》《坚持四项基本原则、反对资产阶级自由化》《中共中央关于坚持和完善中国共产党领导的多党合作和政治协商制度的意见》《反分裂国家法》等活动，加强爱国主义和社会主义教育引导。特别针对制止动乱、平息暴乱，东欧剧变、苏联解体，李登辉"两国论"、"法轮功"练习者转化等，开展专题学习教育活动，统一思想，形成共识，使广大委员站稳政治立场，增强明辨是非的能力，激发爱国热情，坚定社会主义信念。高度重视学习贯彻中共中央的方针政策。特别是中共"十八大"以来，区政协通过报告会、研讨会等不同形式的学习教育活动，不断凝聚各界委员思想共识，使广大委员充分认识到中共"十八大"对于中国共产党团结带领全国各族人民全面建设小康社会、实现中华民族伟大复兴的中国梦、开创中国特色社会主义事业新局面的深远意义，使广大委员在思想上、行动上与中共中央保持同心、同向、同行。历届政协积极发挥文史资料在联系团结社会各界，进行爱国主义、社会主义宣传教育等方面的作用。围绕拟定不同时期的文史征集提纲，积极开展文史资料的征集、抢救工作。县政协期间通过简报、内部报刊等形式编辑文史材料。区一届政协开始编印《房山文史资料》，至2015年，已编辑29辑。出版了《京西风物典故》《房山历代人物》《与共和国同行——庆祝人民政协成立60周年文集》《纪念抗日战争七十周年专辑》《北京市文史资料精选·房山卷》《首都文史精粹房山卷·七十万年走来的文明》等，编印出版文物、人物等多种文史书籍，充分发挥了文史工作在"存史资政、团结育人"方面的积极作用。

历届政协紧紧围绕全区（县）经济社会发展和人民群众关心的热点和难点问题开展协商，并在提高协商质量和效果上进行了探索和创新。一是全体会议协商。全体会议协商是协商议政的重要形式，充分利用全体会议的形式搞好集中协商，围绕全区经济社会发展中的重要问题进行建言协商，切实增强了协商的效果。历届政协全体委员会议上，各界委员认真听取讨论政府工作报告、审议财政预决算报告、国民经济和社会发展计划报告、区域发展规划（计划）、人民法院和人民检察院工作报告，通过大会发言、分组讨论、协商恳谈会等形式开展协商议政。在此基础上，通过多种协商形式，深入开展协商，利用专题论坛、专题座谈等形式，就"新农村建设"、"促进产业发展，扩大经济总量"、"加快城市基础设施建设，提高城市管理与服务水平"、"发挥政协优势，构建和谐房山"、"和谐社区建设"、"促进卫生事业发展"、"山区建设与发展"、"文化旅游产业发展"进行广泛协商。二是常委会专题协商，专委会对口协商。县政协期间就县委县政府制定的《关于巩固和完善农业生产责任制的意见》、全县表彰的劳动模范人选等问题参与协商讨论，针对县委制定的《关于进一步放宽政策，搞好改革，加速发展商品生产的规定》（草案），以及《房山县城建设总体规划方案》开展协商，提出意见建议。"两撤一建"后，围绕房山卫星城规划建设方案的制定、"龙腾"计划和"虎跃"工程战略计划的制定、燕房合作、"三大战略、五项重点工程"开展协商。区府东移后，就良乡卫星城为"龙头"的经济发展战略、燕房卫星城建设、良乡卫星城建设、优化区域发展环境等开展专题协商，为房山统筹协调发展建言献策。随着中共房山区委"三化两区"、"一区一城"新房山战略的实施，选取全区发展的重要问题开展协商，针对非公经济发展、工业强区战略、新农村建设、城市建设与管理、促进产业发展、发展循环经济、现代服务业发展、促进中小企业发展、促进区域经济发展、城乡环境建设、水资源开发利用与保护情况等开展协商。三是协商民主工作深入开展。2015年，为贯彻落实《中共中央关于加强社会主义协商民主建设的意见》《中共北京市委办公厅〈印发关于制定实施北京市政协协商年度工作计划的意见〉的通知》，房山区政协按照区委的工作要求，积极参与制定房山区政协年度协商工作计划，协商计划紧紧围绕深化生态宜居示范区和中关村南部创新城的功能定位、打造京保石发展轴桥头堡的奋斗目标，为"一区一城"新房山建设凝聚智慧、汇集合力，切实发挥人民政协作为协商民主的重要渠道和专门协商机构的作用。围绕全区改革发展的重大问题和关系人民群众切身利益的热点问题，经区委常委会研究确定了房山区国民经济和社会发展"十三五"规划编制、加快京津冀协同发展战略实施、推进山区转型发展问题、推进国资国企改革的有关问题、全区棚户区改造五个方面的内容作为协商工作重点。提高了协商规格，扩大了协商范围，推动了协商民主的制度化、规范化、程序化。

历届政协根据不同时期的工作需要，按照突出重点、注重实效的原则，积极探索民主监督的方法与途径，民主监督力度不断加大。针对不同时期重点工作，通过开展考察、视察活动，不断强化日常监督。一是选准角度，开展经常性监督。县政协期间，为配合县委落实知识分子政策，通过慰问、座谈，广泛听取教师的意见和要求。参加县四大部门落实知识分子政策的检查活动，为县委制定关于加强知识分子工作的五项"规定"和"意见"提供了有价值的意见建议。区政协成立以来，针对商业、服务业、重点旅游区迎"亚运会"各项工作准备情况和《劳动法》《体育法》《城市规划法》等法律法规贯彻执行情况开展视察监督活动。为保证中共十三届三中全会提出的"治理经济环境、整顿经济秩序、全面深化改革"的一系列政策、措施的落实，对房山区如何开展"整治"工作建言献策，积极参与监督。在改善全区投资环境"为经济建设服务、为纳税人服务、为人民群众服务"活动中，针对良乡卫星城建设、小城镇改造、市政重点工程、安全生产工作进行视察，提出意见建议，加大追踪监督力度。从二届区政协至今，推荐界别代表性强的政协委员担任区政府特约监督员，特约监督员以兼职的形式，定期或不定期地通过明察暗访，着重加强对行政机关、执法部门及其工作人员的监督检查，在经济、政治、教育、文化、卫生、城市管理等领域发挥监督作用，为促进相关部门转变工作作风、提高工作效率、密切党群干群关系发挥了积极作用。二是创新形式，开展对政府重点工作的监督。2005年，建立了社会治安综合治理和城市建设与管理民主监督小组，对小城镇建设中落实规划、发展循环经济、社会治安管理机制等问题开展了专项监督。特别是在强化对政府部门的民主监督方面进行了有效尝试，把民主监督领域拓展到政府的重点工作，抓住人民群众最直接、最关心的热点问题，对政府职能部门的工作开展民主评议活动。2005年至2013年，组织政协常委和相关专委会委员先后对全区教育、建筑建材房地产、劳动和社会保障工作、卫生事业、交通运输管理、发展改革工作、民政工作分别开展评议。并将评议结果以建议案的形式报送区委区政府，提出的整合全区教育资源、努力拓展就业空间、完善"新农合"运行管理机制、进一步完善全区综合交通发展规划、进一步完善社会养老服务体系建设等意见建议得到了充分采纳，为改善和促进政府工作发挥了积极作用。一方面，通过民主评议工作的开展，帮助政府部门在经济社会各项事业发展中查找问题，理清思路，进一步明确今后工作的方向；另一方面，民主评议工作视角延伸到了企业、学校、建筑工地，使政府与群众之间架起了沟通的桥梁。

历届政协充分发挥委员队伍人才荟萃、智力密集的优势，积极参政议政、建言献策。围绕区（县）委区（县）政府的中心工作和人民群众普遍关心的问题，通过调研、提案、社情民意，以及视察、研讨会、恳谈会、议政会等多种形式发挥参政议政作用。1995年，中国人民政治协商会议第八届全国委员会常务委员会第九次会议通过了《政协全国委员会关于政治协商、民主监督、参政议政的规定》，参政议政确定为政协三大职能后，房山区政协不断深化参政议政内容和形式，进一步推动了履行参政议政职能的深度和广度。一是围绕中心，关注民生，开展建言献策活动。房山区举办首届旅游文化节，区政协参与了开幕式大型文艺演出方案的制定和节徽的设计及有关宣传展览活动；针对"后非典"时期的经济发展，召开"促进经济发展座谈会"；围绕"工业强区"、"三化两区"发展战略，以推进工业强区建设、新农村公共卫生事业发展、现代服务业发展、全国卫生区创建和新农村建设为重点建言献策；围绕"一区一城"新房山建设，召开促进中小企业发展、促进区域经济发展研讨会，以及"新城新业新生活"、"新常态、新转型、新发展"建言议政会等多种形式建言献策；围绕群众关心关注的交通基础设施建设情况、水资源开发利用与保护情况、保障性住房建设情况、大气污染控制工作、城乡环境建设工作、促进中小企业发展、产业转型升级等热点问题，开展建言献策活动，提出多项意见建议。二是立足长远，着眼全局，开展建言献策活动。2007年至2011年，房山区政协与丰台、石景山、大兴、门头沟区政协共同举办了五届首都西南区域经济发展论坛。2010年，房山区政协主办了以"把握机遇，跨越发展"为主题的第四届论坛，为首都西南区域经济发展建言献策，推动了市委市政府关于永定河绿色生态发展带建设规划和南城行动计划的制订和实施。2009年，面对金融危机影响，区政协联合区工商联、区私个协和区工业总公司等部门开展"应对金融危机，促进经济平稳发展"为主题的"保增长、保民生、保稳定"调研活动，为受困企业渡过难关、实现区域经济企稳回升建言献策，发挥了重要的推动作用。2014年，为落实京津冀协同发展战略实施，房山区政协倡议并牵头与河北省涿州市、涞水县、易县、涞源县和天津市北辰区政协联手举办京津冀六区市县协同发展研讨会。房山区政协承办了以"携手新起点，助力一体化"为主题的首届研讨会，至2016年共举办三届，共同为助推区域经济协同发展献智出力。由房山区政协提议，拒马河沿岸五区市县政协主席共同签署的"关于加强京冀合作，推动拒马河绿色水岸经济带建设"的联合建议案，分别被全国政协和北京市政协立案，并已责成水利部和市水务局承办，此举对打造生态宜居示范区和推动京津冀协同发展必将产生重大影响。三是通过开展提案工作，开展建言献策活动。历届政协从加强制度建设入手，先后建立健全了《政协北京市房山区委员会关于提案审查工作的试行办法》《政协北京市房山区委员会提案工作条例》《关于开展评议政协提案办理工作的暂行办法》等10余项提案工作制度，对提案撰写的内容、形式及征集、登记、审查、立案、交办、催办、落实、答复、反馈等都做了明确规定，使提案工作制度化建设水平不断提高。历届政协把提案工作作为履行政协职能的重要抓手，通过开展重点提案督办、优秀提案评选、提案质量年、提案线索征集、十佳提案评选、提案办理评议等不同形式的活动，推动提案自身质量、提案办理质量、提案工作服务质量不断提高。30多年来来，共收到提案6000多件，围绕全区经济社会各项事业发展，以及群众关心关注的热点难点问题提出了许多好的建议。四是通过深入调查研究，开展建言献策活动。历届政协围绕区

(县)委区(县)政府中心工作、群众关心关注的热点问题,发挥各专委会、各民主党派、人民团体、各界委员的优势,深入实际调查研究,为区(县)委区(县)政府提供决策参考。2006年,开展了"调查研究年"活动,逐步建立了相对稳定的专兼职调研队伍,形成了主席、副主席、专委会、民主党派、人民团体、兼职调研员及政协委员分别承担调研任务的工作机制。30多年来,共撰写调研报告400余篇。《关于建设中国磨盘柿之乡的建议》《关于加快房山区林业发展推进生态涵养区建设的建议》等15篇调研报告转化为常委会、主席会建议案,为区委区政府科学决策提供了参考。多篇调研报告在市政协有关会议上进行发言交流或在市级刊物上发表。《乡镇工业问题》《深化农业改革的正确途径》《关于发展山区经济的几点建议》《加快我区边远山区农民收入》《浅谈金融体制改革形势下的乡镇企业发展》《关于良乡旧城改造的调查报告》《对房山农民专业合作经济组织发展情况的调查》等调查报告在《北京农村经济》等市级杂志刊登。《关于推进基层协商民主的实践与思考》在市政协《政协研究》刊物刊登。《关于北京石油化工和新材料产业基地发展循环经济》《关于进一步完善房山区新型农村合作医疗制度的调查报告》《关于进一步提高政协提案质量的调查与思考》《以人为本,搭建平台,努力营造委员主体作用的良好氛围》《房山区政协开展提案质量年活动的做法和效果》《探索创新,努力实践,推进政协履行职能的制度化规范化程序化建设》等调研报告在市政协相关会议上进行了交流。《科学规划,多措并举,加快我区中小企业自主创新能力的调查与思考》被市政协评为优秀调研报告。《关于充分发挥人民政协界别作用的调查与思考》荣获2003—2007年度北京市人民政协理论与实践研究优秀论文。五是通过收集社情民意,开展建言献策活动。1996年,三届区政协期间成立了信息小组,聘请了16名委员为特约信息员,社情民意工作逐步开展起来。为规范社情民意工作,先后制定了《关于报送社情民意的参考意见》《关于反映社情民意信息工作的规定》等制度,就社情民意的收集、整理、批转、督办、反馈等环节进行了规范。近20年来,围绕群众普遍关心的热点难点问题,各界委员积极建言献策,共提出2500余条社情民意,报送市政协、区委区政府和有关部门,市政协《诤友》采用近30篇信息,在关注全市发展的同时,为全区的经济社会发展做出了积极的贡献。多篇社情民意得到市区领导的高度重视。《关于成立主席顾问组的建议》《对顺利关闭煤矿搞好社会稳定的建议》《关于南梨园垃圾消纳场的建设应慎重》《关于解决常庄村回民村义地的迁移问题》等社情民意,区委区政府领导作了批示。《充分发挥区县供销社在农村专业合作经济组织发展中的特殊优势和作用》《建议国家出台残疾人提前退休政策》《关于推进新农村建设的建议》《流动人口中儿童计划免疫工作不容忽视》和《建议提高农村老伤残军人遗孀生活补贴》等社情民意信息,市政府领导作了批示,转交市政府有关部门研究参考。

历届政协在履行职能过程中,注重发挥政协委员联系广泛的优势,为促进房山发展牵线搭桥,献智出力。一是为促进经济发展做贡献。历届政协在服务地区经济发展中,通过联系引进项目,协调引进资金,引进各类人才,为基层解决生产原料,参与企业技技改项目,开展技术咨询服务,协助谋划发展计策,开展各种帮扶活动等多种形式为区域经济社会各项事业发展做贡献。通过在委员中开展"建言献策办实事"、"献智出力、富民强区"、"联百家民营企业,牵百村新农村建设"、"共建和谐社区"、"十百千工程"、"调研献计进山区、产业发展助山区、公益活动惠山区"为主要内容的"政协委员山区行"活动,以及围绕"一区一城"新房山建设重点工程建言献策,为房山经济社会发展,特别是民营经济发展、山区产业转型献智出力。二是关注社会各项事业发展。在履行职能过程中,历届政协采取多种措施,关注各项社会事业发展。关注山区卫生事业。为改善山区群众就医条件，协调引进香港爱国人士捐款，建设了佛子庄谭华正医院、史家营乡林海涵医院。关注教育事业。协调引进资金，建设了十渡兰芳小学，并为多所学校协调资金修缮校舍、解决改善教学和办公设备。关注山区群众。多年来，坚持开展医疗卫生、文化下乡活动。通过专家义诊、送文艺节目下乡、举办书画笔会、捐赠图书等，为山区群众解决看病难和文化生活匮乏问题。关注弱势群体。通过开展"春风助学"、"和谐新房山，温情进万家"、"女性委员走山区，情暖百姓做贡献"、"革命老区光明行"等活动，为贫困地区学生捐资助学，为生活困难群众免费做白内障手术，开展各种帮扶活动。关注大局，奉献爱心。政协委员和政协机关干部为长江流域、松花江流域特大洪灾，抗击非典，汶川地震和北京"7.21"特大自然灾害捐款物总额2800余万元。

在房山转型发展的关键时期，第六、第七届区政协领导深度参与重点功能区建设，按照区委分工，主抓北京高端制造业基地和中国房山世界地质公园建设。北京高端制造业基地立足首都发展新定位，全力打造中关村新兴产业前沿技术研究院，成为科技创新中心的发力点、承接高端产业新平台、区域创新发展的重要增长极，为打造中关村南部科技创新城打下了扎实的基础。中国房山世界地质公园在围绕保护生态环境与地质遗迹、提升景区品位与推动旅游产业发展等方面，做了大量卓有成效的工作，特别是先后两次顺利通过联合国教科文组织严格的考察与评估，中国房山世界地质公园被誉为全球最好的地质公园之一。良好的生态环境、知名的地质品牌，为房山建设生态宜居示范区奠定了坚实基础。

回顾35年来的历史，历届政协高举旗帜，探索创新，为社会主义民主政治建设、社会主义经济建设、社会主义文化建设、社会主义文明建设，不辱使命，履职尽责，为房山的发展做出了贡献。展望未来，催人奋进，必将激励一代又一代的政协工作者不断与时俱进，砥砺前行，续写房山政协工作的新篇章，为实现中华民族伟大复兴的中国梦而努力奋斗！

第一编
组织机构

第一章 政协委员会

1980年8月，中国人民政治协商会议五届三次会议宣布，历史上的人民民主统一战线，在社会主义和爱国主义的基础上已经发展成为爱国统一战线。为适应不断发展的统一战线工作的需要，为适应社会主义现代化建设的需要，人民政协的各级组织应该得到迅速的恢复和发展。1981年3月，中国人民政治协商会议房山县第一届委员会第一次会议召开，政协房山县委员会作为本县的地方性组织机构，首次创建。

1984年7月，中国人民政治协商会议燕山区第一届委员会第一次会议召开，政协燕山区委员会正式成立。

1986年9月，根据国务院的批复，撤销房山县、燕山区，建立房山区。 1987年5月，中国人民政治协商会议北京市房山区第一届委员会第一次会议召开，政协房山区委员会作为本地区的政协地方性组织机构，正式成立。至2011年11月，先后选举产生七届委员会。

第一节 政协委员会

房山县政协第一届委员会
(1981年3月至1984年5月)

1981年3月6日至11日，中国人民政治协商会议房山县第一届委员会第一次会议在房山县城召开。会议选出了政协北京市房山县第一届委员会主席、副主席和秘书长。

主　　席	张成基	1981.3—1984.5
	张本荣	1983.11—1984.5
副 主 席	张本荣	1981.3—1984.5
	王新华	1981.3—1984.5
	李栖良	1981.3—1982.4
	李敬芳（女）	1981.3—1984.5
	杨万钟	1981.3—1984.5
	田树屏	1981.3—1984.5
	郭云祥	1981.3—1984.5
秘 书 长	李栖良（兼）	1981.3—1982.3
	毛锡恩	1982.3—1984.5
副秘书长	毛锡恩	1981.3—1982.3

廉亚强	1981.3—1984.5
邓述哲	1981.3—1984.5
郝志东	1981.3—1984.5
仉淑兰（女，回族）	1983.11—1984.5

房山县政协第二届委员会
(1984年5月至1987年5月)

1984年5月，政协北京市房山县第二届委员会第一次会议正式召开。会议选出了政协房山县第二届委员会主席、副主席和秘书长。

1986年8月，张本荣辞去政协北京市房山县委员会主席职务，安法鲁同志担任政协北京市房山县委员会代主席。

主　　席	张本荣	1984.5—1986.8
	安法鲁（代）	1986.8—1987.5
副 主 席	陈芬圃	1984.5—1987.5
	田树屏	1984.5—1987.5
	杨万钟	1984.5—1987.5
	郭云祥	1984.5—1987.5
	毛锡恩	1984.5—1987.5
	唐广雯（女）	1984.5—1987.5
秘 书 长	仉淑兰（女，回族）	1984.5—1987.5
副秘书长	廉亚强	1984.5—1987.5
	邓述哲	1985.5—1987.5
	张　珍	1985.5—1987.5
	刘振祥	1985.5—1987.5

燕山区政协第一届委员会
(1984年7月至1987年5月)

1984年2月，中共北京市委员会批准燕山区建立中国人民政治协商会议燕山区委员会。中共燕山区委根据市委的指示，成立了政协燕山区筹备委员会。经过三个多月的筹备，1984年7月16日至20日，中国人民政治协商会议北京市燕山区第一届委员会第一次会议在燕山召开，会议选出政协北京市燕山区第一届委员会主席、副主席和秘书长。

主　　席	韩正非	1984.7—1987.5
副 主 席	王笃之	1984.7—1987.5
	李全熙	1984.7—1987.5
秘 书 长	肖玉琴（女，回族）	1984.7—1987.5

房山区政协第一届委员会

(1987年5月至1991年2月)

1987年1月22日，中共北京市委员会在房山宾馆礼堂召开房山县、燕山区干部大会，正式宣布撤销房山县和燕山区，建立房山区，并组建了以王作升为书记的中共房山区委员会。同时组建了以齐国璋为书记、陈芬圃、单发为副书记的政协北京市房山区党组以及房山区政协筹备工作组，着手政协北京市房山区第一届委员会的筹备工作。1987年5月27日至6月1日，中国人民政治协商会议北京市房山区第一届委员会第一次全体会议在房山宾馆召开，来自全区工业、农业、交通、财贸、文教、卫生等各方面的委员221人参加大会。会议审议了题为《继往开来、团结奋斗、开创房山区人民政协新局面》的工作报告，选举产生了政协北京市房山区第一届委员会主席、副主席和秘书长。

1989年12月，政协北京市房山区第一届委员会第四次会议，审议批准了政协主席齐国璋辞去主席职务的请求；选举高海量为政协北京市房山区第一届委员会主席。

主　　席	齐国璋	1987.5—1989.12
	高海量	1989.12—1991.2
副 主 席	王笃之	1987.5—1991.2
	毛锡恩	1987.5—1991.2
	李全熙	1987.5—1991.2
	杨万钟	1987.5—1990.7
	陈芬圃	1987.5—1991.2
	唐广雩（女）	1987.5—1991.2
	容桂英（女）	1987.5—1991.2
	钱觉霖	1987.5—1991.2
秘 书 长	肖玉琴（女，回族）	1987.5—1989.3
	钱觉霖（兼）	1989.3—1991.2

房山区政协第二届委员会

(1991年2月至1994年2月)

1991年2月21日至27日，政协北京市房山区第二届委员会第一次会议在燕化宾馆召开。会议选举产生了政协北京市房山区第二届委员会主席、副主席和秘书长。

主　　席	张中兴	1991.2—1994.2
副 主 席	毛锡恩	1991.2—1994.2
	孙　钺	1991.2—1994.2
	杨　旭	1991.2—1994.2
	钱觉霖	1991.2—1994.2
	唐广雩（女）	1991.2—1994.2
	容桂英（女）	1991.2—1994.2

秘 书 长　钱觉霖（兼）　　　　　　　1991.2—1994.2

房山区政协第三届委员会
(1994年2月至1999年1月)

1994年2月19日至23日，政协北京市房山区第三届委员会第一次会议在燕化宾馆召开，会议选举产生了政协北京市房山区第三届委员会主席、副主席和秘书长。

主　　席	魏士宽	1994.2—1999.1
副 主 席	刘存泽	1994.2—1999.1
	容桂英（女）	1994.2—1999.1
	王振忠	1994.2—1994.12
	戈　承	1994.2—1999.1
	袁贵珠	1994.2—1999.1
	马文仲（回族）	1994.2—1999.1
秘 书 长	张静惠	1994.2—1999.1

房山区政协第四届委员会
(1999年1月至2004年1月)

1999年1月15日至19日，政协北京市房山区第四届委员会第一次会议在良乡昊天宾馆召开。会议选举产生了政协北京市房山区第四届委员会主席、副主席和秘书长。

主　　席	游来柱	1999.1—2004.1
副 主 席	王晓芝（女）	1999.1—2004.1
	容桂英（女）	1999.1—2004.1
	许志远	1999.1—2004.1
	马文仲（回族）	1999.1—2004.1
	林　义	1999.1—2004.1
	万金峰	1999.1—2004.1
秘 书 长	王晓芝（女，兼）	1999.1—2001.1
	唐　荣	2001.1—2004.1

房山区政协第五届委员会
(2004年1月至2006年12月)

2004年1月10日至14日，政协北京市房山区第五届委员会第一次会议在良乡昊天假日酒店召开。会议选举产生了政协北京市房山区第五届委员会主席、副主席和秘书长。2006年10月，本届委员会主席会议研究决定，撤销许志远副主席职务。

主　　席	范文彦	2004.1—2006.12
副 主 席	王晓芝（女）	2004.1—2006.12
	许志远	2004.1—2006.10
	万金峰	2004.1—2006.12
	赵润东	2004.1—2006.12
	肖　武（女）	2004.1—2006.12
	邵　进	2004.1—2006.12
秘 书 长	唐　荣	2004.1—2006.12

房山区政协第六届委员会
(2006年12月至2011年12月)

2006年12月11日至15日，政协北京市房山区第六届委员会第一次会议在昊天假日酒店召开。会议选举产生了政协北京市房山区第六届委员会主席、副主席和秘书长。

2010年1月，经中共北京市委批准和政协北京市房山区第六届委员会第四次全委会选举，唐淑荣（女）任政协北京市房山区第六届委员会主席。

2010年9月，经中共北京市委批准和政协北京市房山区第六届委员会第五次全委会选举，周文海任政协北京市房山区第六届委员会副主席。

主　　席	范文彦	2006.12—2010.1
	唐淑荣（女）	2010.1—2011.12
副 主 席	王晓芝（女）	2006.12—2011.12
	高维魁	2006.12—2011.12
	李惠英（女，彝族）	2006.12—2011.12
	周文海	2010.9—2011.12
	万金峰	2006.12—2011.12
	赵润东	2006.12—2011.12
	肖　武（女）	2006.12—2011.12
秘 书 长	李金田	2006.12—2011.2

房山区政协第七届委员会
(2011年12月—　　)

2011年11月15日，政协北京市房山区第七届委员会召开第一次全体会议，选举产生了政协北京市房山区第七届委员会主席、副主席和秘书长。

2016年1月，经中共北京市委批准和政协北京市房山区第七届委员会第五次会议选举，赵永祥任政协北京市房山区第七届委员会副主席。

主　　席	唐淑荣（女）	2011.12—

副 主 席	高维魁	2011.12—
	李惠英（女，彝族）	2011.12—
	周文海	2011.12—2016.1
	任振秋	2011.12—
	赵永祥	2016.1—
	赵润东	2011.12—2016.1
	肖　武（女）	2011.12—
秘 书 长	游来清	2011.2—

第二节　政协常委会

政协北京市房山区常务委员会，由主席、副主席，秘书长和常务委员组成，政协北京市房山区委员会常务委员的候选人，由参加政协北京市房山区委员会的各民主党派、人民团体、各族各界人士协商提名，经全体会议选举产生。常务委员会组成人员中，中共党员常委与非中共党员常委具有一定的比例，通常情况，中共党员常委少于非中共党员常委。

政协北京市房山区委员会常务委员会的职责为，每届第一次全体会议闭会之后，召集并主持政协北京市房山区委员会全体会议；组织实施《政协章程》规定的任务；执行政协北京市房山区委员会全体会议决议；政协北京市房山区委员会全体会议闭会期间，审议、通过、提交政协委员会的决议、建议、提案；对决议、建议、提案的落实情况做必要的跟踪考察；决定政协北京市房山区委员会工作机构设置、变动和领导成员的任免。

政协北京市房山区委员会常务委员会的工作由主席主持，副主席、秘书长协助主席工作。

1981年3月至1987年4月选举产生两届县政协常务委员会。自1987年5月起，先后选举产生一至七届区政协常务委员会。

房山县第一届政协常务委员

（1981年3月至1984年5月）

方锡志	史正学	冯捷南	刘建庭	阎爱众	金宝巨
李闽仙（女）	杜宝珍	张淑贞（女）	杨志强	赵民俊	赵宝林（回族）
胡春波	唐广雾（女）	龚志源	翟绪范		

房山县第二届政协常务委员

| 马芳礼 | 王健美（女） | 尹　崑 | 石　强 | 田亚兰（女） | 田国增 |
| 刘正谊 | 刘建庭 | 祁凤伶 | 苏惠增 | 石淑平（女） | 李长恩 |

李树昌	李振泉	沙秀珍（女）	宋思明	张宝林	秦济仲
奉友鹏	郑树春	赵光启	赵民俊	赵宝林（回族）	龚志源

燕山区第一届政协常务委员

(1984年7月至1987年5月)

万泰仁	邱碧昌	陈继红（女）	李建能	李芝泽	杨柏华
单　发	姚宝瑄	郝传琨	敖　菊（女）		

房山区第一届政协常务委员

(1987年5月至1991年2月)

万泰仁	邓国平（女）	王学荣（女）	仉淑兰（女，回族）	玄　龙（朝鲜族）	
石　强	田国增	田树屏	祁凤伶	刘建庭	张　珍
张宝林	张树鹤	宋思明	李惇苏	侯长伯	赵光启
赵明藩	姚保瑄	敖　菊（女）	郭云祥	顾国英（女）	苏惠曾
邱碧昌	单　发	林　梦	奉友鹏	郑灌生	秦济仲
袁振新	赵宝林（回族）				

房山区第二届政协常务委员

(1991年2月至1994年2月)

王素英（女）	仉淑兰（女，回族）	邓　珏（女）	石　强	田树屏
田国增	刘玉荣（女，满族）	成克先	齐仲贞	祁凤伶
李　仲	李国民（回族）	李惇苏	肖勋泽	宋　湘
张春源	邱碧昌	陈　光	林　梦	林其荦	郑灌生
赵宝林（回族）	奉友鹏	赵明藩	侯长伯	贡　麟	韩　幸（回族）
袁振新	郭云祥	黄国平	廉亚强	戴　富	孙世新
宋中文	张静惠	孙克欣	黄发文		

房山区第三届政协常务委员

(1994年2月至1999年1月)

于淑云（女）	方自生	白秀兰（女，满族）	田树屏	卢业强	刘凡慧（女）
刘永成	刘泽林	孙克欣	宋　湘	杨锡伟（女）	李国民（回族）
何法章	李景周	邹仁年	肖勋泽	肖锡珑	张玉泉
张全利	张维勋	周天才（满族）	林其荦	姜之杰	赵宝林（回族）

胡平曜（女）　侯作山　　唐　荣　　商金香（女）　贡　麟　　黄发文
黄家骥　　　韩　幸（回族）韩宗喆　彭清泉　　　戴　富

房山区第四届政协常务委员

(1999年1月至2004年1月)

于淑云（女）　王　岗　　王志钧（女）王宝盛　　白秀兰（女，满族）任群先
刘永成　　　刘恩元　　刘素媛（女）李希文　　李国民（回族）　李泽民
李晓云（女）杨秀兰（女）杨学贞　　肖　武（女）吴月斌　　　　何法章
宋春莲（女）沙志云（回族）张桂芳（女）张维勋　　郑永芳　　　　屈东升
姚志明　　　贡　麟　　胡卫民　　顾梦红　　陶树芬（女）　　郭志族
常福林　　　韩宗喆　　景方红（女，回族）薛宝华（女）戴　富　马志宏
贾　斌　　　肖凤云（女）沙秀英（女，回族）赵润东

房山区第五届政协常务委员

(2004年1月至2006年12月)

马　军（回族）马向丽（女）马志宏　　马俊怀　　王　岗　　　　王　峙
王　寂　　　王宝盛　　王雪梅（女）孔凡生　　刘希广　　　　刘素媛（女）
孙志强　　　李泽民　　李晓云（女）肖凤云（女）沙志云（回族）沙秀英（女，回族）
张　玉　　　张　磊（女，蒙古族）张文战　　陈秀玲（女）金永男（朝鲜族）
赵红燕（女）胡卫民　　耿春奉　　贾　斌　　顾梦红　　　　常福林
蒋小钢　　　景方红（女，回族）薛宝华（女）穆建山　　安　浩（朝鲜族）

房山区第六届政协常务委员

(2006年12月至2011年12月)

丁长海（回族）于　平（女）马向丽（女）马志宏　　王　峙　　　　王　寂
王宝盛　　　王英开　　王雪梅（女）孔凡生　　卢　宁　　　　石　福
刘长安　　　刘军超（女）刘希广　　孙志强　　孙桂华（女、回族）
孙爱华（女）许兆雄　　张　玉　　张　磊（女、蒙古族）张文战
李晓云（女）肖凤云（女）肖希鹏　　杨树德　　陈海忠　　　　苗　松
金永南（朝鲜族）金英华（女、朝鲜族）耿纪民　耿春奉　　贾　斌
高　明（女）常福林　　程美生　　蒋小钢　　焦启超　　　　阚立英（女）

房山区第七届政协常务委员
（2011年12月至2016年12月）

丁长海（回族）	于 平（女）	万金峰	马向丽（女）	王 忆（女）	王金恒
王海平（土家族）	孔凡生	石 福	卢 宁	刘长安	刘文礼
刘军超（女）	刘希广	刘清生	许兆雄	孙 威	孙志强
杨树德	肖希鹏	张 磊（女，蒙古族）		张文战	张海波
陈 亮（满族）	陈玉珍（女）	陈海忠	苗 松	金永男（朝鲜族）	
赵庶吏（女）	骆金萍（女）	耿纪民	贾 斌	徐 蔚（女）	高 明（女）
高良洁	高建荣（女）	黄俩迷（回族）	蒋小钢	程美生	释延佛
廖承涛	廖春迎（女 壮族）		滕昭智	韩晓明	王文洪
孙宇辉					

第三节 政协专委会

根据中国人民政治协商会议章程第49条规定，中国人民政治协商会议北京市房山区委员会设置若干个专门委员会。

政协北京市房山区委会员专门委员会，由区政协委员组成，在当届政协第一次常委会上产生，各专门委员会设主任一名，副主任若干人，委员若干人。政协北京市房山区第三届至第六届委员会设常务副主任一名。

政协北京市房山区委员会专门委员会，是在政协北京市房山区常务委员会议和主席会议的领导下，组织委员开展经常性活动的工作机构。

专门委员会的日常工作，由主任或主任委托的副主任主持，区政协秘书长负责协调。

政协北京市房山区历届委员会专门委员会的设立，根据工作需要进行调整。专门委员会的设置和变动由本届常务委员会研究决定。

1981年3月至1987年1月，政协北京市房山县两届委员会分别设立三至四个专门委员会。

1984年5月至1987年1月，政协北京市燕山区委员会未设专门委员会。

1987年1月至2006年，政协北京市房山区一至七届委员会均设专门委员会，并根据工作需要进行了调整、充实、完善和撤并。其中第三届委员会设立十个专门委员会，接着又调整到六个，第七届委员会调整为七个。

房山县第一届政协专委会
（1981年3月至1984年5月）

1981年3月至1984年5月，政协北京市房山县委员会第一届委员会设三个工作委员会，分别是学习委员会、文史资料委员会和工作组委员会。工作组委员会由工交、城建等八个工作组组成。

学习委员会

主　　任	毛锡恩	1981.3—1984.5
副 主 任	谭九皋	1981.3—1984.5
委　　员	刘　杰	1981.3—1984.5
	闫爱众	1981.3—1984.5
	邱利元	1981.3—1984.5
	张建国	1981.3—1984.5
	郭文安	1981.3—1984.5

文史资料委员会

主　　任	邓述哲	1981.3—1984.5
副 主 任	秦芝楼	1981.3—1984.5
委　　员	王凤梧	1981.3—1984.5
	方锡志	1981.3—1984.5
	史正学	1981.3—1984.5
	高少峰	1981.3—1984.5
	袁德印	1981.3—1984.5

工作组委员会

工交城建组、卫生组、农村组、科技组、财贸组、文化体育组、教育组、民族宗教组

房山县第二届政协专委会
（1984年5月至1987年5月）

1984年5月至1987年5月，政协北京市房山县第二届委员会在维持县一届政协专委会机构的基础上增设了提案工作委员会。四个工作委员会，分别是学习委员会、文史资料委员会、提案工作委员会和工作组委员会。工作组委员会，分管公交城建、农村、财贸、教育、卫生、文化体育、科技和民族宗教工作。

学习委员会

主　　任	毛锡恩	1984.5—1987.5
副 主 任	刘玉荣（女）	1984.5—1987.5
	田　正	1984.5—1987.5

文史工作委员会

主　　任	毛锡恩	1984.5—1987.5
副 主 任	田树屏	1984.5—1987.5

袁振新　　　　　　　　　1984.5—1987.5
刘玉荣（女）　　　　　　1984.5—1987.5

提案工作委员会
主　　任　容桂英（女）　　　1984.5—1987.5
副 主 任　田国增　　　　　　1984.5—1987.5
　　　　　廉亚强　　　　　　1984.5—1987.5

工作组委员会
工交城建组、卫生组、农村组、科技组、财贸组、教育组、文化体育组、民族宗教组

燕山区第一届政协专委会
(1984年7月至1987年5月)

1984年7月至1987年5月，政协北京市燕山区委员会未设工作委员会，设七个工作组。分别是学习工作组、教育工作组、环保工作组、联络工作组、财贸工作组、文体卫工作组、科技工作组。

学习工作组
组　　长　单　发　　　　　　1984.7—1987.5
成　　员　文惠兰（女）、李玉山、陈继红（女）、程蓉（女）、曹振义

教育工作组
组　　长　王笃之　　　　　　1984.7—1987.5
成　　员　姚保瑄、孙凤来、罗希珠（女）、陈继红（女）、张淑琴（女）、
　　　　　王浩英、王雪琴（女）、程蓉（女）、李隽华（女）、芦玉华（女）

环保工作组
组　　长　李全熙　　　　　　1984.7—1987.5
成　　员　肖玉琴（女）、万泰仁、杨柏年、赵作玺、李建能、宁桂芬（女）、
　　　　　王维凤（女）、尹玉英、孙卓良、杨素静（女）

联络工作组
组　　长　肖玉琴（女）　　　1984.7—1987.5
成　　员　李全熙、邱碧昌、李建能、吴建生、吴崇连、文惠兰（女）、
　　　　　王　岗、王雪琴（女）、芦业强、孙智正

财贸工作组

组　　长	吴新菊（女）	1984.7—1987.5
成　　员	肖光全（女）、王凤云（女）	

文体卫工作组

组　　长	敖　菊（女）	1984.7—1987.5
副 组 长	李玉山	1984.7—1987.5
成　　员	张玄贵、杨　敏、董清华（女）、董聚慧	
	王浩英、张福忠（女）、勾洪武、沙文培、王景林	
	张武勤、周学同、翟凤荣（女）	

科技工作组

组　　长	万泰仁	1984.7—1987.5
副 组 长	郑伟良	1984.7—1987.5
成　　员	肖玉琴（女）、李　力、谢济谋、黄思有、王江泽、芦业强	
	李建能、赵玉璋、薛树平、韩俊杰、邱瑞祺、文惠兰（女）　郭　深、王洪斌	

房山区第一届政协专委会
（1987年5月至1991年2月）

1987年7月21日，经政协北京市房山区第一届委员会第一次常委会研究通过决定，为顺利开展区政协的各项工作，设五个工作委员会，分别是工作组委员会、学习委员会、文史工作委员会、联络工作委员会和提案工作委员会。

工作组委员会

主　　任	王笃之	1989.10—1991.2
副 主 任	张　珍	1989.10—1991.2
委　　员	田树屏　万泰仁　敖　菊（女）　玄　龙　祁凤伶	
	赵宝林　林　梦　赵作玺	

学习委员会

主　　任	唐广雩（女）	1989.10—1991.2
副 主 任	张树鹤	1989.10—1991.2
委　　员	杜　瑛　孙凤来（女）　李荣光　　狄振远　　邱碧昌	

文史工作委员会

主　　任	毛锡恩	1989.10—1991.2

副 主 任　田树屏　　　　　　　　1989.10—1991.2
委　　员　王 岗　王雪琴（女）　李　力　　　赵润东　　颜景河

联络工作委员会
主　　任　李全熙　　　　　　　　1989.10—1991.2
副 主 任　田国增　　　　　　　　1989.10—1991.2
委　　员　卢铁成　李玲珑（女）　吴武之　　　吴建生　　吴崇连
　　　　　张韵玉（女）　　　　　赵明藩

提案工作委员会
主　　任　杨万钟　　　　　　　　1989.10—1990.7
副 主 任　赵作玺　　　　　　　　1989.10—1991.2
委　　员　卢业强　刘振祥　　　　沙文岚（女）　李或波　　魏仲华

房山区第二届政协专委会
（1991年2月至1994年2月）

1991年2月至1994年2月，政协北京市房山区第二届委员会，设九个专门工作委员会。分别是：学习委员会、提案工作委员会、工业交通科技工作委员会、农村工作委员会、财贸工作委员会、文教工作委员会、文史工作委员会、社会和法制工作委员会和联络工作委员会。

学习委员会
主　　任　毛锡恩　　　　　　　　1991.2—1994.2
副 主 任　刘玉荣（女）　　　　　1991.2—1994.2
　　　　　田　正　　　　　　　　1991.2—1994.2
委　　员　杜 瑛　黄发文　刘文俊　高 原　　邱碧昌　　杜明川

提案工作委员会
主　　任　容桂英（女）　　　　　1991.2—1994.2
副 主 任　田国增　　　　　　　　1991.2—1994.2
　　　　　廉亚强　　　　　　　　1991.2—1994.2
委　　员　李或波　刘 春　卢业强　黄国平　　李绍云（女）安 恒

工业交通科技工作委员会
主　　任　杨 旭　　　　　　　　1991.2—1994.2
副 主 任　成克先　　　　　　　　1991.2—1994.2
　　　　　邓 珏（女）　　　　　1991.2—1994.2

	戴　富		1991.2—1994.2		
委　　员	张春源	窦长富	韩　喆	林其荦	郑灌生
	秦济仲	刘述祖	闫凤祥	肖勋泽	刘清秀

农村工作委员会
　　主　　任　钱觉霖　　　　　　　1991.2—1994.2
　　副 主 任　祁凤伶　　　　　　　1991.2—1994.2
　　　　　　　成克先　　　　　　　1991.2—1994.2
　　　　　　　张　珍　　　　　　　1991.2—1994.2
　　委　　员　侯长伯　郭云祥　张明德　韩秀琴（女）吕兴洲　马文强

财贸工作委员会
　　主　　任　容桂英（女）　　　　1991.2—1994.2
　　副 主 任　张志仁　　　　　　　1991.2—1994.2
　　　　　　　林　梦　　　　　　　1991.2—1994.2
　　　　　　　成克先　　　　　　　1991.2—1994.2
　　委　　员　石　强　刘克功　刘泽民　任成清　王家年
　　　　　　　藩　明　苏惠曾

文教工作委员会
　　主　　任　孙　钺　　　　　　　1991.2—1994.2
　　副 主 任　田树屏　　　　　　　1991.2—1994.2
　　　　　　　刘玉荣（女）　　　　1991.2—1994.2
　　　　　　　苏宝光　　　　　　　1991.2—1994.2
　　委　　员　李国民　李惠卿（女）陈　光　王京立　李　军　王学荣（女）

文史工作委员会
　　主　　任　毛锡恩　　　　　　　1991.2—1994.2
　　副 主 任　田树屏　　　　　　　1991.2—1994.2
　　　　　　　袁振新　　　　　　　1991.2—1994.2
　　　　　　　刘玉荣（女）　　　　1991.2—1994.2
　　委　　员　颜景河　奉友鹏　韩　幸　王　岗　赵润东
　　　　　　　贡　麟　刘振祥

社会和法制工作委员会
　　主　　任　钱觉霖　　　　　　　1991.2—1994.2
　　副 主 任　仇淑兰（女）　　　　1991.2—1994.2

　　　　　宋　湘　　　　　　　　1991.2—1994.2
　　　　　梁惠明（女）　　　　　1991.2—1994.2
　委　　员　赵宝林　　李　仲　　赵继平　　肖淑婷（女）沙淑芬（女）
　　　　　　王　健　　颜景河

联络工作委员会
　主　　任　唐广雩（女）　　　　1991.2—1994.2
　副 主 任　王素英（女）　　　　1991.2—1994.2
　　　　　　齐仲贞　　　　　　　1991.2—1994.2
　　　　　　仉淑兰（女）　　　　1991.2—1994.2
　委　　员　赵明藩　　吴武支　　李惇苏　　张韵钰（女）黄清亮
　　　　　　李玲珑　　吴建生

房山区第三届政协专委会
（1994年2月至1999年1月）

　　1994年2月，政协北京市房山区第三届委员会设十个专门委员会。分别是：学习委员会、提案工作委员会、工业交通科技工作委员会、农村工作委员会、财贸工作委员会、文教工作委员会、文史工作委员会、社会和法制工作委员会、联络工作委员会和经济技术咨询委员会。

　　1995年12月18日，中共北京市房山区委批准政协北京市房山区委员会关于《政协北京市房山区委员会机关机构改革方案》，在原十个专门委员会的基础上进行合并，重新设置六个专门委员会。具体为：学习委员会、提案委员会、农村工作委员会、工交财贸委员会、社会法制委员会、文教文史联络委员会。随着专门委员会的调整，经过1月8日召开的第十一次主席会议提出了主任、副主任任职调整意见，并经1月24日召开的政协三届十一次常委会讨论通过。

　　根据工作需要，经主席会议研究，政协三届十一次常委会议讨论决定，每个专门委员会设常务副主任。增补了副主任三名，调整了九名。王森，原社会和法制委员会委员，增补为社会法制委员会副主任；李玲珑，原联络委员会委员，调整后增补为文教文史联络委员会副主任；沙秀英，原社会和法制委员会委员，增补为社会法制委员会副主任；王立民，增补为文教文史联络委员会委员。

学习委员会
　主　　任　魏士宽　　　　　　　1994.2—1995.12
　副 主 任　张玉泉　　　　　　　1994.2—1995.12
　　　　　　杜　瑛　　　　　　　1994.2—1995.12

提案工作委员会
　主　　任　张静惠　　　　　　　1994.2—1995.12
　副 主 任　唐　荣　　　　　　　1994.2—1995.12

　　　　侯作山　　　　　　　　1994.2—1995.12
　　　　张维勋　　　　　　　　1994.2—1995.12

工业交通科技委员会
主　　任　戈　承　　　　　　1994.2—1995.12
副 主 任　白树林　　　　　　1994.2—1995.12
　　　　王国亮　　　　　　　1994.2—1995.12
　　　　戴　富　　　　　　　1994.2—1995.12
　　　　王江泽　　　　　　　1994.2—1995.12

农村工作委员会
主　　任　容桂英（女）　　　1994.2—1995.12
副 主 任　韩秀琴（女）　　　1994.2—1995.12
　　　　张建国　　　　　　　1994.2—1995.12
　　　　彭清泉　　　　　　　1994.2—1995.12

财贸工作委员会
主　　任　刘存泽　　　　　　1994.2—1995.12
副 主 任　刘　春　　　　　　1994.2—1995.12
　　　　李希文　　　　　　　1994.2—1995.12
　　　　孟凡凯　　　　　　　1994.2—1995.12

文教工作委员会
主　　任　马文仲　　　　　　1994.2—1995.12
副 主 任　张玉泉　　　　　　1994.2—1995.12
　　　　颜景河　　　　　　　1994.2—1995.12
　　　　贡　麟　　　　　　　1994.2—1995.12
　　　　苏宝光　　　　　　　1994.2—1995.12
　　　　张永文　　　　　　　1994.2—1995.12
　　　　李惠卿（女）　　　　1994.2—1995.12

文史工作委员会
主　　任　马文仲　　　　　　1994.2—1995.12
副 主 任　张玉泉　　　　　　1994.2—1995.12
　　　　颜景河　　　　　　　1994.2—1995.12
　　　　贡　麟　　　　　　　1994.2—1995.12

社会和法制工作委员会

主　　任	袁贵珠	1994.2—1995.12
副 主 任	刘永成	1994.2—1995.12
	宋　湘	1994.2—1995.12
	赵　成	1994.2—1995.12

联络工作委员会

主　　任	刘存泽	1994.2—1995.12
副 主 任	刘永成	1994.2—1995.12
	黄发文	1994.2—1995.12
	黄国平	1994.2—1995.12
	陈　芮	1994.2—1995.12

经济技术咨询委员会

主　　任	王振忠	1994.2—1995.12
副 主 任	刘凡慧（女）	1994.2—1995.12
	宋中文	1994.2—1995.12
	林其荦	1994.2—1995.12
	张明德	1994.2—1995.12

区政协第三届专委会调整后，六个专委会的组成人员如下：

学习委员会

主　　任	魏士宽	1995.12—1999.1
常务副主任	张玉泉	1995.12—1999.1
	黄发文	1995.12—1999.1
副 主 任	杜　瑛	1995.12—1999.1
	白树林	1995.12—1999.1

委　　员（按姓氏笔画为序）

刘艳萍（女）　　邱碧昌　　杨静萍（女）　　高　原　　莘德艺　　崔建初

提案委员会

主　　任	张静惠	1995.12—1999.1
常务副主任	刘永成	1995.12—1999.1
	张维勋	1995.12—1999.1
副 主 任	侯作山	1995.12—1999.1

| | 刘凡慧（女） | 1995.12—1999.1 |

委　　员　王三贵　　　王铁成　　　方自生　　　史长义　　　卢业强
　　　　　刘仲琴　　　巩丽英（女）李绍云（女）陈华中　　　苏惠曾　　　梁凤兰（女）

农村工作委员会
主　　任　容桂英（女）　　　　　　1995.12—1999.1
常务副主任　张建国　　　　　　　　1995.12—1999.1
　　　　　彭清泉　　　　　　　　　1995.12—1999.1
副　主　任　韩秀琴（女）　　　　　1995.12—1999.1
　　　　　张明德　　　　　　　　　1995.12—1999.1
　　　　　孟凡凯　　　　　　　　　1995.12—1999.1
委　　员　吕兴洲　　　刘建平　　　何法章　　　邹以珍　　　杨锡伟（女）
　　　　　郑永芳　　　常　生

工交财贸委员会
主　　任　刘存泽　　　　　　　　　1995.12—1999.1
　　　　　戈　承　　　　　　　　　1995.12—1999.1
常务副主任　宋中文　　　　　　　　1995.12—1999.1
　　　　　戴　富　　　　　　　　　1995.12—1999.1
　　　　　李希文　　　　　　　　　1995.12—1999.1
副　主　任　刘　春　　　　　　　　1995.12—1999.1
　　　　　王国亮　　　　　　　　　1995.12—1999.1
　　　　　林其荦　　　　　　　　　1995.12—1999.1
　　　　　王江泽　　　　　　　　　1995.12—1999.1
委　　员　于淑云（女）王志红（女）王爱卿　　　王德充　　　田燕生
　　　　　朱昆荣　　　李光耀　　　李树芳　　　李焕新　　　李德瑞
　　　　　刘克功　　　刘泽民　　　任澄清　　　阮德瑞　　　张水田
　　　　　邹仁年　　　陈长青　　　陈　芮　　　吴秉纳　　　肖勋泽
　　　　　郑云广　　　郑灌生　　　周天才　　　侯玉荣（女）洪玉琪
　　　　　阎凤祥　　　黄国平　　　鲁　琪　　　窦长富　　　戴双均

社会法制委员会
主　　任　袁贵珠　　　　　　　　　1995.12—1999.1
常务副主任　宋　湘　　　　　　　　1995.12—1999.1
　　　　　沙秀英（女）　　　　　　1995.12—1999.1
副　主　任　赵　成　　　　　　　　1995.12—1999.1
　　　　　王　森　　　　　　　　　1995.12—1999.1

委　　员	王　莉（女）	仉淑兰（女）	孙克欣	沙淑芬（女）	张全利
	陈华莹	赵淑玲（女）	高　英	商金香（女）	谢春园
	潘龄鹤				

文教文史联络委员会

主　　任	马文仲	1995.12—1999.1
常务副主任	颜景河	1995.12—1999.1
	贲　麟	1995.12—1999.1
副 主 任	苏宝光	1995.12—1999.1
	李惠卿（女）	1995.12—1999.1
	张玉泉	1995.12—1999.1
	张永文	1995.12—1999.1
	李玲珑	1995.12—1999.1

委　　员	王　岗	王立民	王京立	王梦麟	白秀兰（女）
	田树屏	刘泽林	李　军	李国民	李淑兰（女）
	肖锡珑	杨燕伯	姜之杰	赵树启	赵润东
	赵明藩	韩　幸	韩宗喆	蔡炳溪	薛宝华（女）

房山区第四届政协专委会
(1999年1月至2004年1月)

1999年1月，根据中共十五大关于坚持和完善中国共产党领导的多党合作和政治协商制度，继续推进人民政协政治协商、民主监督和参政议政的规范化、制度化，使之成为党团结各界的重要渠道的要求，依据《中国人民政治协商会议章程》第49条的有关规定和中国人民政治协商会议北京市房山区委员会专门委员会有关规定，中国人民政治协商会议北京市房山区第四届委员会常务委员会第一次会议决定：中国人民政治协商会议北京市房山区第四届委员会设置六个专门委员会，分别是：学习委员会；提案工作委员会；经济科技委员会；农村工作委员会；社会和法制工作委员会和文教文史联络工作委员会。

学习委员会

主　　任	王晓芝	1999.1—2004.1
常务副主任	姚志明	1999.1—2004.1
副 主 任	刘德才	1999.1—2004.1
	颜景河	1999.1—2004.1
	杜　瑛	1999.1—2004.1

委　　员	高　原	郭春萍（女）	白德欣	肖　武（女）
	王雪梅（女）	杨静萍（女）	潘宝斌	莘德艺

提案工作委员会

主　　任	许志远	1999.1—2004.1			
常务副主任	刘永成	1999.1—2004.1			
	张维勋	1999.1—2004.1			
副 主 任	任群先	1999.1—2004.1			
	那立春	1999.1—2004.1			
	陶树芬（女）	1999.1—2004.1			
委　　员	陈华中	于洪友	刘长河	王义华	芦　田
	赵忠贤	张铁志	张宏为	李永智	梁　缨（女）
	高凤芝（女）	秦立成	景方红（女）	张广毅	梁凤兰（女）

经济科技委员会

主　　任	林　义	1999.1—2004.1			
常务副主任	荣　明	1999.1—2004.1			
	戴　富	1999.1—2004.1			
	宋中文	1999.1—2004.1			
副 主 任	李希文	1999.1—2004.1			
	白树林	1999.1—2004.1			
	王国亮	1999.1—2004.1			
	李福贵	1999.1—2004.1			
委　　员	于淑云（女）	李光耀	张水田	陈　芮	鲁　琪
	张君秀（女）	宋春莲（女）	王　贵	郑铁汉	杨安民
	孙志强	王新成	王志钧	祁新会	焦　林
	谢根荣	贾河武	苏建英（女）	晋国常	刘栓强
	张淑芳（女）	李长喜	杨学贞	戴燕春	陶士先（女）
	于国柱	郭中华	张志宏	沙秀英（女）	
	薛俊山	宋云峰	李泽民	屈东升	李泽民

农村工作委员会

主　　任	容桂英（女）	1999.1—2004.1			
常务副主任	张建国	1999.1—2004.1			
	韩秀琴（女）	1999.1—2004.1			
副 主 任	孟凡凯	1999.1—2004.1			
	刘建平	1999.1—2004.1			
	刘　春	1999.1—2004.1			
	彭清泉	1999.1—2004.1			
委　　员	郑永芳	霍　忠	张明德	何法章	杨锡伟（女）

杨秀兰（女）	佟海山	肖春明	吴建文	张福金
李永林	郭少将	丁玉田	杨文常	李景森
张杜生	唐金玲（女）	胡国海		

社会和法制工作委员会

主　　任	万金峰	1999.1—2004.1
常务副主任	付伯伶	1999.1—2004.1
	王　森	1999.1—2004.1
副 主 任	张桂芳（女）	1999.1—2004.1
	马希坡	1999.1—2004.1
	陈华莹	1999.1—2004.1

委　员	王　莉（女）	张　源	沙淑芬（女）	刘凤祥	张连元
	祁桂华	肖星翔	胡淑苹（女）	常福林	吴月斌
	姚龙清	王立民			

文教文史联络工作委员会

主　　任	马文仲	1999.1—2004.1
常务副主任	姚志明	1999.1—2004.1
副 主 任	郭志族	1999.1—2004.1
	李惠卿（女）	1999.1—2004.1
	王京立	1999.1—2004.1
	贲　麟	1999.1—2004.1

委　员	刘清栋	白秀兰（女）	王三贵	梁翠英（女）	李晓云（女）
	赵凤岗	隗永贤	童晓红（女）	顾梦红	刘恩元
	李国民	傅燕玲（女）	胡卫民	张世珍（女）	蒲来喜
	潘政荫（女）	韩世明	高金宝	郑玉坡	田兴学
	张文彪	董聚慧	陈兴杰	刘泽林	卢景辉
	于金兰（女）	王　岗	王梦麟	赵润东	韩宗喆
	王书樵	李有刚	蔡炳溪	薛宝华（女）	柴淑萍
	郝伟莉				

房山区第五届政协专委会

(2004年1月至2006年12月)

2004年1月，政协北京市房山区第五届委员会，设工作委员会六个。分别是学习委员会、提案工作委员会、农村工作委员会、经济科技委员会、社会和法制工作委员会、文教文史联络工作委员会。

学习委员会

主　　任　肖　武（女）		2004.1—2006.12	
常务副主任　沙秀英（女）		2004.1—2006.12	
副 主 任　邓思博		2004.1—2006.12	
贾　斌		2004.1—2006.12	
刘希广		2004.1—2006.12	
王心松（女）		2004.1—2006.12	

委　　员　牛建华（女）　　白文祥　　　刘宏蔚（女）　　徐兆雄　　　安黎明
　　　　　张　磊（女）　　李　悦（女）陈　琛（女）　　赵继锋
　　　　　柴海泉　　　　　钱文臣　　　高　胜　　　　童晓红（女）　韩世明

提案工作委员会

主　　任　许志远　　　　　　　　　　2004.1—2006.10
常务副主任　马　军　　　　　　　　　2005.3—2006.12
副 主 任　任群先　　　　　　　　　　2004.1—2006.12
　　　　　陈华中　　　　　　　　　　2004.1—2006.12
　　　　　赵红燕（女）　　　　　　　2004.1—2006.12
　　　　　刘素媛（女）　　　　　　　2004.1—2006.12
　　　　　马俊怀　　　　　　　　　　2004.1—2006.12
委　　员　于　勇　　　王福生　　　田金元　　　刘增会　　　张海波
　　　　　张艳珍（女）　杨文淑（女）胡淑苹（女）赵德全　　　顾梦红
　　　　　穆建山　　　　王继会　　　金洪生　　　蒋小钢

经济科技委员会

主　　任　邵　进　　　　　　　　　　2004.1—2006.12
常务副主任　马　军　　　　　　　　　2004.1—2006.12
副 主 任　耿春奉　　　　　　　　　　2004.1—2006.12
　　　　　李福贵　　　　　　　　　　2004.1—2006.12
　　　　　白树林　　　　　　　　　　2004.1—2006.12
　　　　　张玉河　　　　　　　　　　2004.1—2006.12
委　　员　于国柱　　　马　杰　　　王长青　　　王宝盛　　　王晓燕（女）
　　　　　冯建秀（女）田新华　　　刘长河　　　孙志强　　　曲　肃
　　　　　张君秀（女）张　宝　　　李　刚　　　李泽民　　　肖希鹏
　　　　　屈东升　　　郑铁汉　　　晋国常　　　袁承新　　　郭忠华
　　　　　贾河武　　　高德民　　　蒋勤军　　　李东林　　　孟祥春
　　　　　焦启超

农村工作委员会

主　　任	万金峰	2004.1—2006.12	
常务副主任	马　军	2004.1—2006.12	
副 主 任	刘建平	2004.1—2006.12	
	马文明	2004.1—2006.12	
	孟凡凯	2004.1—2006.12	
	孔凡生	2004.1—2006.12	
	隗永勤	2004.1—2006.12	

委　　员　丁玉田　　王　寂　　卢　宁　　田　杰　　佟海山
　　　　　　吴建文　　张明德　　李永林　　李景森　　肖春明
　　　　　　相志洪　　赵洪生　　郭少将　　梁大学　　彭清泉
　　　　　　方桂敏（女）

社会和法制委员会

主　　任	赵润东	2004.1—2006.12	
常务副主任	马　军	2004.1—2006.12	
副 主 任	陈秀玲（女）	2004.1—2006.12	
	杨进则	2004.1—2006.12	
	曹志红	2004.1—2006.12	
	刘志刚	2004.1—2006.12	
	郭志平	2004.1—2006.12	
	胡广霞（女）	2004.1—2006.12	

委　　员　马文强　　　尤淑华（女）　史甫臣　　　孙爱华（女）　李晓娟（女）
　　　　　李永智　　　李长生　　　李印杰　　　李庆海　　　李桂凤（女）
　　　　　柴淑萍（女）高建荣（女）常福林　　　曹文峰　　　景方红（女）
　　　　　韩世君　　　蔡秀丽（女）王　会　　　赵振华　　　赵国先

文教文史联络工作委员会

主　　任	王晓芝（女）	2004.1—2006.12	
常务副主任	沙秀英（女）	2004.1—2006.12	
副 主 任	史长义	2004.1—2006.12	
	李金田	2004.1—2006.12	
	李芳玲（女）	2004.1—2006.12	
	王京立	2004.1—2006.12	

委　　员　云桂荣（女）　王书樵　　　王建华（女）　王雪梅（女）　刘兵兵（女）
　　　　　刘恩元　　　　刘焕龙　　　安　浩　　　　韩世明　　　　何忠荣
　　　　　宋秀兰（女）　李晓云（女）杨海峰　　　　周玉江　　　　金永男

| 胡卫民 | 郝伟莉（女） | 班善军（女） | 郭艳梅（女） | 董聚慧 |
| 薛宝华（女） | 侯振海 | 孙桂华（女） | | |

房山区第六届政协专委会
（2006年12月至2011年12月）

政协北京市房山区第六届委员会，按照中共中央关于"坚持和完善中国共产党领导的多党合作和政治协商制度"，"保证人民政协发挥政治协商、民主监督和参政议政的作用"的要求等相关规定，设七个专门委员会。

2008年12月16日，根据城建环保委员会、社会法制与民族宗教委员会工作需要，政协北京市第六届委员会第七次常委会决定，程美生任城建环保委员会主任和社会法制与民族宗教委员会常务副主任；李增禄任城建环保委员会副主任和社会法制与民族宗教委员会副主任。

提案委员会

主　　任	于　平（女）	2006.12—2009.12
	陈海忠	2009.12—2011.12
常务副主任	杨文淑（女）	2006.12—2011.12
副 主 任	刘建平	2006.12—2011.12
	马俊怀	2006.12—2011.12
	胜　利	2006.12—2011.12
	许兆雄	2006.12—2011.12

委　　员	马　杰	邵志杰	耿春奉	侯振海	贾　斌
	王　峙	王宝盛	王喜艳（女）	白文祥	牛建华（女）
	于腊梅（女）	田金元	王晓燕（女）	李景森	张　峰
	耿纪民	刘军超（女）	胡淑苹（女）	赵振东	马文明
	杜成喜	李芳玲（女）			

经济科技委员会

主　　任	杨树德	2006.12—2011.12
常务副主任	张　杰	2006.12—2011.12
副 主 任	孙志强	2006.12—2011.12
	张耀春	2006.12—2011.12
	曲　肃（女）	2006.12—2011.12
	高德民	2006.12—2011.12

委　　员	隗永敏	李长雨	苏一凡（女）	于淑云（女）	刘少宾
	延淑洁（女）	张士英（女）	张志宏	张志鹏	李东林（女）
	李新凤（女）	段致禄	王立民	杨启法	万映红（女）

于彩宏（女）	王忠旺	王永生	宋福增	张力峰
张学会	杨建峰	陈少林	周德鹏	罗永红
徐　瑛（女）	贾河武	于国柱	王子平	王普全
包轶文	张　宇（女）	陈志高	黄　伟	廖　辉
薛春连（女）	张玉河	郭香福	蒋小钢	张文战
王晓伟	姜胜军	隗功跃	王　中	王海平
刘　琼（女）	李　伟	赵一弘		

农村工作委员会

主　　任	马文明	2006.12—2011.12
常务副主任	杨树德	2006.12—2011.12
副 主 任	王　寂	2006.12—2011.12
	孔凡生	2006.12—2011.12
	刘长安	2006.12—2011.12
	张君秀（女）	2006.12—2011.12

委　　员	马全福	马红光	王永军	王德军	卢　宁
	白学如	任成学	刘春玲（女）	李　刚	张永生
	刘长河	赵洪兰（女）	翟瑞莲（女）	禹艳霞（女）	马连杰
	尤建英（女）	方桂敏（女）	刘忠全	刘增会	李克建
	梁大学	杨宝峰	肖春明	赵振东	耿纪民
	崔占社	常士怀	隗永勤	徐　蔚（女）	崔爱军
	张旭东	张东梅（女）	张莉华（女）	李东明	

注：刘春玲（女），2008年4月1日，政协房山区第六届委员会常务委员会第五次会议，通过撤销刘春玲政协委员资格（房协发【1008】4号）。

教文卫体委员会

主　　任	李芳玲（女）	2006.12—2011.12
常务副主任	马志宏	2006.12—2009.12
	王英开	2009.12—2011.12
副 主 任	杜成喜	2006.12—2011.12
	王京立	2006.12—2011.12
	郭艳梅（女）	2006.12—2011.12
	陈晓燕（女）	2006.12—2011.12

委　　员	王利荣（女）	刘焕龙	刘宝新	崔广田	金永男
	许玉生	段向红（女）	赵　伟	雷　和	谢秀英（女）
	吴嵩岩（女）	林红云（女）	段静文（女）	童晓红（女）	王　玮（女）
	张　磊（女）	李　悦（女）	李凤荣（女）	杨晓娟（女）	宛玉霞（女）

金英华（女）	徐慧玲（女）	班善军（女）	隗永博	王书樵
王建华（女）	宋秀兰（女）	董聚慧	王 剑（女）	王艳芳（女）
田兴学	石 福	刘亚军	肖正权	金 华
敖静波（女）	晋朝辉（女）	李晓云（女）	禹作胜	袁晓波

学习文史委员会

主　　任	马志宏	2006.12—2009.12
	王英开	2009.12—2011.12
常务副主任	李晓云（女）	2006.12—2011.12
副 主 任	邓思博	2006.12—2011.12
	杨海峰	2006.12—2011.12
	李晓梅（女）	2006.12—2011.12
	侯振海	2006.12—2011.12

委　　员	李增禄	刘希广	孙海潮	史长义	云桂荣（女）
	黄新卫（女）	李 兵（女）	王义华	尤淑华（女）	王雪梅（女）
	卢景辉	郝伟莉（女）	秦美荣（女）	顾梦红	樊毅平
	孙桂华（女）	翟 东	田新华	周玉江	安春祥
	苗 松				

城建环保委员会

主　　任	程美生	2008.12—2011.12
常务副主任	胡淑苹（女）	2006.12—2011.12
副 主 任	韩树权	2006.12—2011.12
	于明振	2006.12—2011.12
	孙爱华（女）	2006.12—2011.12
	马 杰	2006.12—2011.12
	李增禄	2008.12—2011.12

委　　员	张 玉	肖希鹏	袁承新	柴海泉	张君秀（女）
	刘晓军	孙伯山	吴海涛	张 昱	张文新
	李永林	靳红利（女）	王 会	吴金华（女）	杨 劲（女）
	王志利	王新成	王新峰	冯润娣（女）	田 杰
	刘 娜（女）	刘大龙	刘森源	许文泽	宋永田
	张雪莲（女）	时鸣玲（女）	李国珍	李秀红（女）	李建力
	李雅军（女）	高金珠	马 军	马向丽（女）	郑建萍（女）
	张海波	杨文淑（女）	于腊梅（女）	张杜生	张振江
	毛大庆	孙 威	孟繁欣（女）		

社会法制与民族宗教委员会

主　　任	韩世君		2006.12—2011.12
常务副主任	程美生		2008.12—2011.12
副　主　任	张仲侠		2006.12—2011.12
	曹志红（女）		2006.12—2011.12
	马育川		2006.12—2011.12
	李增禄		2008.12—2011.12
	阚立英（女）		2006.12—2011.12

委　　员　　史甫臣　　　柴淑萍（女）　　赵国先　　　　丁玉田　　　丁长海
　　　　　　卢　宁　　　兰云龙　　　　伊尼亚娜（女）刘　海　　　胡广霞（女）
　　　　　　黑建民　　　马平绣（女）　　刘宏蔚（女）　李庆海　　　李建国
　　　　　　李泽田　　　邱玉珊（女）　　姜　森　　　　赵振华　　　徐忠立
　　　　　　徐淑霞（女）晋国常　　　　高　明（女）　王玥玮（女）王福生
　　　　　　刘志刚　　　李印杰　　　　高建荣　　　　饶明彦（女）张守良
　　　　　　张桂立（女）柏　林　　　　常福林　　　　张国平　　　李京生

房山区第七届政协专委会
（2011年12月至2016年）

2011年12月15日，政协北京市房山区第七届委员会第一次常委会研究决定，政协北京市房山区第七届委员会各专门工作委员会组成人员如下：

2012年11月12日，政协北京市房山区第七届委员会常务委员会根据工作需要，对部分专门委员会主任、副主任进行调整：决定韩晓明任城建环保委员会主任和社会法制与民族宗教委员会副主任。

提案委员会

主　　任	陈海忠	2011.12—
副　主　任	任国强	2011.12—
	曲　肃（女）	2011.12—
	贾　斌	2011.12—
	于腊梅（女）	2011.12—

委　　员　　王东晖（女）刘　杰　　　　刘军超（女）　安春祥　　　许传林
　　　　　　吴艳京（女）李　学　　　　杜金全　　　　陈　亮　　　陈晓燕（女）
　　　　　　赵振东　　　赵福英（女）　耿纪民　　　　郭艳梅（女）顾淑莲（女）
　　　　　　高　峰　　　隗永敏　　　　樊毅平　　　　李建坡

农业与科技委员会

主　　任	杨树德	2011.12—

副 主 任	郭秀妍（女）	2011.12—
	张　志	2011.12—
	孔凡生	2011.12—
	刘长安	2011.12—

委　员	万金峰	万映红	于建明	马全福	马连杰（女）
	王永军	王晓伟	王朝军	王德军	王　燕（女）
	邓展渤	包轶文	任正建	任成学	刘　琼（女）
	孙国水	孙洪立	那立民	吴秀芬（女）	张东梅（女）
	张君秀（女）	张进建	张　亮	张振江	张桂平（女）
	张莉华（女）	李　刚	李泽田	李　树	李雅军（女）
	杨宝峰	蔡本睿	肖　悦（女）	赵庶吏（女）	徐　蔚（女）
	高冬梅（女）	崔占社	崔爱军	常　亮	梁丽芳（女）
	彭立新	蒋小钢	靳红利（女）	薛春连（女）	王文洪
	尹志刚	王忠朝			

学习与文史委员会

主　任	史长义	2011.12—
副 主 任	刘清生	2011.12—
	杨海峰	2011.12—
	李进伟	2011.12—
	许兆雄	2011.12—

委　员	卢　宁	卢景辉	刘希广	刘宝新	孙振芳
	孙海潮	吴金华（女）	张旭东	张艳蓉（女）	隗永博
	李　悦（女）	宛玉霞（女）	林红云（女）	廖　辉	梁志辉
	武　宏	苗　松	禹作胜	童晓红（女）	

教文卫体委员会

主　任	刘清生	2011.12—
副 主 任	赵瑞兰（女）	2011.12—
	李秀梅（女）	2011.12—
	金永男	2011.12—
	赵　圳（女）	2011.12—

委　员	王利荣（女）	王建华（女）	王　剑（女）	王艳芳（女）	王慧丽（女）
	石　福	刘亚军	刘焕龙	吕宝新	邬国强
	吴嵩岩（女）	宋秀兰（女）	张　磊（女）	张海滨	张葆宁（女）
	李　雷	李昌俊	杜晓东	杨树林	沈　冲（女）
	沙文军	肖正权	周昊嵬	秦美荣（女）	段向红（女）

袁晓波	寇　毅	崔广田	崔玉红（女）	段静文（女）
黄少平	傅春江	韩显辉	王忠朝	张桂学

城建环保委员会

主　任	程美生	2011.12—2012.11
	韩晓明（女）	2012.11—
副 主 任	韩树权	2011.12—
	张劲楠	2011.12—
	时鸣玲（女）	2011.12—
	肖希鹏	2011.12—

委　员	丁长海	于冬梅（女）	马　强	马向丽（女）	乌兰图雅（女，蒙古族）
	牛振明	王　忆（女）	王新成	叶　翔	关胜兵
	刘晓军	孙　威	孙凯峰	孙爱华（女）	佘静雯（女）
	吴海涛	宋永田	张海波	李永林	李　铮
	李秀红（女）	李震环	杨明炯	陈志高	孟书凤（女）
	庞文军	郑建萍（女）	赵智超	秦庆伟	袁承新
	袁宽林	黄文明（女）	彭世松	刘兆亮	李　刚

社会法制与民族宗教委员会

主　任	隗功民	2011.12—
副 主 任	程美生	2011.12—
	韩晓明（女）	2012.11—
	廖春迎（女）	2011.12—
	马育川	2011.12—
	曹志红（女）	2011.12—

委　员	马　奔	马平绣（女）	方　超（女）	王　成	王玉红（女）
	王红英（女）	王玥玮（女）	史甫臣	刘少波	刘宏蔚（女）
	刘　海	吉章红	张　斌	张国平	张　峰
	肖　培（女）	陆　晟	陈玉珍（女）	单连超	徐　瑛（女）
	徐惠玲（女）	高　明（女）	高良洁	高建荣（女）	崔　华（女）
	崔红跃	隗合煜	黄俩迷	释延佛	赖晓润
	滕昭智	孙宇辉	赵东升	李宝虎	

经济委员会

主　任	刘文礼	2011.12—
副 主 任	孙志强	2011.12—
	柴林峰	2011.12—

　　　　　张玉河　　　　　　　　2011.12—
　　　　　王海平　　　　　　　　2011.12—
委　　员　毛大庆　　　　王子平　　　　王　中　　　　王庆革　　　　王　凯
　　　　　王建民　　　　王　斌　　　　王　琨（女）　冉保会　　　　冯　雷
　　　　　田继成　　　　石一峰　　　　刘　斌　　　　刘　明　　　　刘森源
　　　　　孙英俊　　　　何朝兵　　　　张文占　　　　张永生　　　　张志鹏
　　　　　张学会　　　　张雪莲（女）　张殿明　　　　张颖辉　　　　李东林（女）
　　　　　李宏明　　　　李国珍　　　　李建力　　　　李新凤（女）　李　磊
　　　　　杨　昆　　　　杨洪涛　　　　肖　英（女）　周　蕾（女）　周海涛
　　　　　孟繁欣（女）　欧阳国欣　　　罗建军（女）　赵一弘　　　　赵洪生
　　　　　郝文奎　　　　郭宗凯　　　　焦启超　　　　程旭东　　　　廖承涛
　　　　　张乂国　　　　刘　勇　　　　郭振江　　　　张志宏　　　　袁泽路

第二章 政协机关

第一节 政协党组

房山县第一届政协党组
(1981年4月至1984年5月)

按照《中国共产党章程》的相关规定，房山区（县）政协设立党组。

1981年4月，经中共北京市房山县委员会批准，政协北京市房山县第一届委会员建立党组。1982年8月25日，中共房山县委印发（房发[1982]036号文件通知，毛锡恩任政协北京市房山县第一届委员会党组副书记。1983年8月，张成基退休离任，经中共房山县委批准，张本荣接任政协北京市房山县委员会党组书记。

书　　记	张成基	1981.4—1983.6
	张本荣	1983.6—1984.5
副 书 记	张本荣	1981.4—1983.8
	毛锡恩	1982.8—1984.5
成　　员	王新华	1981.4—1984.5
	李栖良	1981.4—1984.5
	李敬芳（女）	1981.4—1984.5
	刘　英	1983.6—1984.5
	仇淑兰（女）	1983.6—1984.5

房山县第二届政协党组
(1984年5月至1987年1月)

1984年1月，经中共北京市房山县委员会批准，政协北京市房山县第二届委会员建立党组。

书　　记	张本荣	1984.5—1987.1
副 书 记	毛锡恩	1984.5—1987.1
	陈芬圃	1984.5—1987.1

燕山区第一届政协党组
(1984年7月至1987年5月)

1984年7月20日，经中国共产党燕山区委员会批准，北京市燕山区政协委员会建立党组。

书　　记	韩正非	1984.9—1987.1
成　　员	肖玉琴（女）	1984.9—1987.1
	单　发	1984.9—1987.1
	李全熙	1984.9—1987.1

房山区第一届政协党组
(1987年10月至1991年2月)

1987年10月，经中共北京市房山区委员会批准，政协北京市房山区第一届委员会建立党组。

书　　记	齐国璋	1987.10—1990.4
	高海量	1990.4—1991.2
副 书 记	陈芬圃	1987.10—1991.2
	单　发	1987.10—1991.2
成　　员	毛锡恩	1987.10—1991.2
	钱觉霖	1987.10—1991.2
	肖玉琴	1987.10—1991.2
	田国增	1987.10—1991.2

房山区第二届政协党组
(会议记录三人参加，1993年7–11月)

(1991年4月至1994年2月)

1991年4月，经中共北京市房山区委员会批准，政协北京市房山区第二届委员会建立党组。

书　　记	张中兴	1991.4—1994.2
成　　员	毛锡恩	1991.4—1994.2
	钱觉霖	1991.4—1994.2

房山区第三届政协党组
(1994年2月至1999年1月)

1994年2月，经中共北京市房山区委员会批准，政协北京市房山区第三届委员会建立党组。

书　　记	魏士宽	1994.2—1998.12
	游来柱	1998.12—1999.1

成　　员	刘存泽	1994.2—1999.1
	唐　荣	1994.2—1999.1
	张静惠	1994.2—1999.1

房山区第四届政协党组
(1999年2月至2004年2月)

1999年2月，经中共北京市房山区委员会批准，政协北京市房山区第四届委员会建立党组。2003年12月22日，经中共北京市房山区委员会批准（京房文[2003]43号），范文彦任政协党组书记。

书　　记	游来柱	1999.1—2003.12
	范文彦	2003.12—2004.1
副 书 记	王晓芝（女）	1999.2—2004.2
成　　员	许志远	1999.2—2004.2
	唐　荣	1999.2—2004.2
	刘永成	1999.2—2004.2
	肖凤云（女）	2001.5—2004.2

房山区第五届政协党组
(2004年2月至2006年12月)

2004年2月9日，经中共北京市房山区委员会批准（京房文[2004]7号），政协房山区第五届委员会建立党组。2006年10月，本届政协党组召开会议研究决定，撤销许志远党组成员职务。

书　　记	范文彦	2004.2—2006.12
副 书 记	王晓芝（女）	2004.2—2006.12
成　　员	许志远	2004.2—2006.10
	游来柱	2004.2—2006.12
	唐　荣	2004.2—2006.12
	肖凤云（女）	2004.2—2006.12
	马　军	2005.6—2006.12

房山区第六届政协党组
(2006年12月至2011年12月)

2006年12月25日，经中共北京市房山区委员会（京房文[2006]64号文件）批准，政协北京市房山区第六届委员会党组正式成立。2009年12月，经中共北京市房山区委员会批准，唐淑荣（女），任政协北京市房山区第六届委员会党组书记。

书　　记	范文彦	2006.12—2009.12

	唐淑荣（女）	2009.12—2011.12
副书记	王晓芝（女）	2006.12—2010.3
	高维魁	2010.3—2011.12
成　员	高维魁	2006.12—2010.3
	游来柱	2006.12—2008.2
	李金田	2006.12—2011.12
	游来清	2011.2—2011.12
	肖凤云（女）	2006.12—2009.9
	程美生	2009.9—2011.12
	于　平（女）	2009.9—2011.12

房山区第七届政协党组
（2011年12月至2016年12月）

2011年12月，经中共北京市房山区委员会（京房文[2011]48号文件）批准，政协北京市房山区第七届委员会建立党组。

书　记	唐淑荣（女）	2011.12—
副书记	高维魁	2011.12—
成　员	周文海	2011.12—2016.1
	任振秋	2011.12—
	程美生	2011.12—2012.11
	游来清	2011.12—
	于　平（女）	2011.12—
	贾　斌	2011.12—2016.4
	王文洪	2016.4—

第二节 工作机构

1981年3月至1987年1月，政协北京市房山县两届委员会设秘书处，未建专门的工作机构，机关编制包括驻会领导干部10人左右。

1984年5月至1987年1月，政协北京市燕山区委员会未设专门工作机构，机关设办公室，编制1人。

1987年至2015年，政协北京市房山区历届委员会，为适应政协工作发展的需要，先后对政协机关常设机构进行了多次改革调整。1991年，政协房山区第二届委员会在保留一届区政协设置办公室的基础上，为加强对经济、文化教育工作的研究与指导，撤销了联络办公室、学习文史办公室、工作组办公室，设置了联络工作室、经济工作室、文教工作室。1995年12月，政协房山区第三届委员会，撤销了联络工作室、经济工作室，增设了专门委员会办公室，负责经济工作领域专门委员会的工作。2002年，政协北京市房山区第四届委员会，在保留办公室、文教工作室、专门委员会办公室的基础上，为加强调查研究，增设了研究室。2004年11月，政协北京市房山区第五届委员会，在保留办公室、文教工作室、专门委员会办公室和研究室四个办事机构的基础上，为加强提案的日常工作，提高提案的质量与落实效率，增设了提案工作办公室。2006年12月，按照北京市政协的统一要求，政协北京市房山区第六届委员会在保留办公室、研究室的基础上，设立了专委一室、专委二室、专委三室和专委四室，分别服务于提案委员会、农村工作委员会、学习与文史委员会、教文卫体委员会、社会法制与民族宗教委员会和城市环保委员会、经济科技委员会共七个委员会。

2011年8月，在保留办公室、研究室和专委一、二、三、四室的基础上，增加了专委五室和专委六室。

房山县第一届政协工作机构
(1981年3月至1984年5月)

1981年3月至1984年5月，政协北京市房山县第一届委员会建立工作机构1个，为秘书处。设秘书长和副秘书长，开始机关编制职数4人。后增至7人。至1983年增至9人（包括驻会主席、副主席、秘书长和副秘书长），其中工作人员4人。

房山县第二届政协工作机构
(1984年5月至1987年5月)

1984年5月至1987年5月，政协北京市房山县第二届委员会的工作机构仍为秘书处，工作机构维持原状，人员略有增加。

燕山区第一届政协工作机构
(1984年7月至1987年5月)

1984年7月，政协北京市燕山区委员会根据中共燕山区委员会的指示和工作需要，建立政协北京市燕山区委员会工作机构1个，为办公室。设副主任职数1人。

办公室
副 主 任　　张宝贵（回族）　　　　　　　　1984.7—1987.5

房山区第一届政协工作机构
(1987年5月至1991年2月)

1987年5月至1991年2月，政协房山区第一届委员会的常设机构设置为：办公室、工作组办公室、学习文史办公室和联络办公室四个工作机构。

办公室

主　任	田国增	1987.10—1990.9
	廉亚强	1990.9—1991.2
副主任	廉亚强	1987.10—1990.9

联络办公室

主　任	仉淑兰（女，回族）	1987.10—1991.2

学习文史办公室

主　任	刘玉荣（女，满族）	1987.10—1991.2
副主任	李浩	1987.10—1991.2

工作组办公室

主　任	张宝贵（回族）	1987.10—1990.9
	成克先	1990.9—1991.2
副主任	李增禄	1990.9—1991.2

房山区第二届政协工作机构
(1991年2月至1994年2月)

1991年2月，政协北京市房山区第二届委员会调整了机关常设机构，在保留办公室的基础上，撤销了工作组办公室、学习文史办公室，新建联络工作室、经济工作室和文教工作室。

1991年4月，联络办公室更名为联络工作室，工作组办公室更名为经济工作室，学习文史办公室更名为文教工作室。

办　公　室

主　任	廉亚强	1991.2—1992.11
	唐荣	1993.7—1994.2
副主任	史长义	1993.2—1994.2

联络办公室

主　任	仉淑兰（女，回族）	1991.2—1991.4

联络工作室

主　任	仉淑兰（女，回族）	1991.4—1993.4
	刘永成	1993.7—1994.2
副主任	马志宏	1992.1—1994.2

工作组办公室

主　任	成克先	1991.2—1991.4
副主任	李增禄	1991.2—1991.4

经济工作室

主　任	成克先	1991.4—1993.4
副主任	李增禄	1991.4—1994.2

学习文史办公室
主　　任　刘玉荣（女，满族）　　　　1991.2—1991.4
副 主 任　李　浩　　　　　　　　　　1991.2—1991.4

文教工作室
主　　任　张玉泉　　　　　　　　　　1991.4—1994.2

房山区第三届政协工作机构
(1994年2月至1999年1月)

1994年2月至1999年1月，政协北京市房山区第三届委员会设置常设机构为：办公室、联络工作室、经济工作室、文教工作室。

1995年12月，联络工作室、经济工作室合并组建专门委员会办公室。

办 公 室
主　　任　唐　荣　　　　　　　　　　1994.2—1999.1
副 主 任　史长义　　　　　　　　　　1994.2—1995.12
　　　　　马志宏　　　　　　　　　　1996.1—1999.1
　　　　　隗合旺　　　　　　　　　　1997.1—1999.1

联络工作室
主　　任　刘永成　　　　　　　　　　1994.2—1996.1
副 主 任　马志宏　　　　　　　　　　1994.2—1996.1

经济工作室
副 主 任　李增禄　　　　　　　　　　1994.2—1996.1

文教工作室
主　　任　张玉泉　　　　　　　　　　1994.2—1996.1
　　　　　姚志明　　　　　　　　　　1997.1—1999.1

专门委员会办公室
主　　任　刘永成　　　　　　　　　　1996.1—1999.1
副 主 任　李增禄　　　　　　　　　　1996.1—1999.1

房山区第四届政协工作机构
(1999年1月至2004年1月)

1999年1月至2004年1月，政协北京市房山区第四届委员会机关设办公室、文教工作室和专门委员会办公室，2002年增设了研究室。

办 公 室
主　　任　唐　荣　　　　　　　　　　1999.1—2001.2
　　　　　肖凤云（女）　　　　　　　2001.2—2004.1

副 主 任	马志宏	1999.1—2002.3
	隗合旺	1999.1—2002.3
	骆金萍（女）	2002.3—2004.1
	李增禄	2002.3—2004.1

专门委员会办公室
主 任	刘永成	1999.1—2004.1
副 主 任	李增禄	1999.1—2002.3
	陈海忠	2002.3—2004.1

文教工作室
主 任	姚志明	1999.1—2000.11
	沙秀英（女，回族）	2000.11—2004.1
副 主 任	赵润东	2000.11—2003.12

研 究 室
主 任	马志宏	2002.3—2004.1
副 主 任	隗合旺	2002.3—2004.1

房山区第五届政协工作机构
（2004年1月至2006年12月）

2004年1月至2006年12月，政协北京市房山区第五届委员会机关设办公室、研究室、文教工作室和专门委员会办公室。2004年11月，增设了提案工作办公室。

办 公 室
主 任	肖凤云（女）	2004.1—2006.12
副 主 任	李增禄	2004.1—2006.12
	骆金萍（女）	2004.1—2006.12

研 究 室
主 任	马志宏	2004.1—2005.1
	焦启超	2005.1—2006.12
副 主 任	隗合旺	2004.1—2006.12

专门委员会办公室
主 任	刘永成	2004.1—2004.2
	马 军（回族）	2004.2—2005.1
	马志宏	2005.1—2006.9
	杨树德	2006.9—2006.12
副 主 任	陈海忠	2004.1—2006.12

文教工作室
主 任	沙秀英（女，回族）	2004.1—2006.9

		马志宏	2006.9—2006.12

副 主 任　栗景鸿　　　　　　　　　2005.1—2006.12

提案工作办公室

主　任　马　军（回族）　　　　　　2005.1—2006.9
　　　　 于　平（女）　　　　　　　2006.9—2006.12

房山区第六届政协工作机构
（2006年12月至2011年12月）

2006年12月至2011年12月，政协北京市房山区第六届委员会机关设办公室、研究室、专门委员会办公室、文教工作室和提案工作室。2007年4月进行调整，保留办公室、研究室；撤销了文教工作室、提案工作室和专门委员会办公室；设专委会工作一室、专委会工作二室、专委会工作三室和专委会工作四室；2011年8月增设专委会工作五室和专委会工作六室。

办 公 室

主　任　肖凤云（女）　　　　　　　2006.12—2009.7
　　　　 于　平（女）　　　　　　　2009.7—2011.12
副 主 任　骆金萍（女）　　　　　　　2006.12—2011.8
　　　　 李增禄　　　　　　　　　　2006.12—2007.4

研 究 室

主　任　焦启超　　　　　　　　　　2006.12—2011.5
　　　　 王金恒　　　　　　　　　　2011.8—2011.12
副 主 任　隗合旺　　　　　　　　　　2006.12—2009.7
　　　　 邱鸿伟　　　　　　　　　　2009.7—2011.12

专门委员会办公室

主　任　杨树德　　　　　　　　　　2006.12—2007.4
副 主 任　陈海忠　　　　　　　　　　2006.12—2007.4

文教工作室

主　任　马志宏　　　　　　　　　　2006.12—2007.4
副 主 任　栗景鸿　　　　　　　　　　2006.12—2007.4

提案工作办公室

主　任　于　平（女）　　　　　　　2006.12—2007.4

专委会工作一室

主　任　于　平（女）　　　　　　　2007.4—2009.7
　　　　 陈海忠　　　　　　　　　　2009.7—2011.12
副 主 任　辛艳茜（女）　　　　　　　2009.7—2011.8

专委会工作二室

主　任　杨树德　　　　　　　　　　2007.4—2011.12

| 副 主 任 | 陈海忠 | 2007.4—2009.7 |
| | 林晓燕（女） | 2009.7—2011.12 |

专委会工作三室
主 任　马志宏　　　　　　2007.4—2009.7
　　　　王英开　　　　　　2009.7—2010.12
　　　　刘清生　　　　　　2010.12—2011.12
副 主 任　栗景鸿　　　　　2007.4—2011.12

专委会工作四室
主 任　程美生　　　　　　2008.8—2011.12
副 主 任　李增禄　　　　　2007.4—2010.7
　　　　隗合军　　　　　　2010.9—2011.12

专委会工作五室
主 任　刘文礼　　　　　　2011.8—2011.12
副 主 任　辛艳茜（女）　　2011.8—2011.12

专委会工作六室
主 任　骆金萍（女）　　　2011.8—2011.12

房山区第七届政协工作机构
(2011年12月至2016年)

2011年12月至2016年，政协北京市房山区第七届委员会机关设办公室、研究室、专委一室、专委二室、专委三室、专委四室、专委五室和专委六室。

办 公 室
主 任　于 平（女）　　　2011.12—
副 主 任　栗景鸿　　　　　2011.12—

研 究 室
主 任　王金恒　　　　　　2011.12—
副 主 任　邱鸿伟　　　　　2011.12—

专委一室
主 任　陈海忠　　　　　　2011.12—

专委二室
主 任　杨树德　　　　　　2011.12—
副 主 任　林晓燕　　　　　2011.12—

专委三室
主 任　刘清生　　　　　　2011.12—
副 主 任　董永娟（女）　　2011.12—

专委四室

主　　任	程美生	2011.12—2012.9
主　　任	韩晓明（女）	2012.9—
副 主 任	隗合军	2011.12—

专委五室

主　　任	刘文礼	2011.12—
副 主 任	辛艳茜（女）	2011.12—

专委六室

主　　任	骆金萍（女）	2011.12—

第三章 政协领导简历

第一节 主席简历

张成基 房山县第一届政协主席。男，汉族，1927年3月出生，中共党员。房山区史家营人。

1942年至1943年，在家种地又在本村青联会当主任。1943年至1944年9月，本村支部和抗联会支部文体委员、抗联会主任。1944年10月至1945年7月，本村支部书记。1945年7月至1950年12月，良乡一区、五区、宛平四区、一区组宣委、副书记。1950年12月至1956年4月，京郊矿区金鸡台区委、河北区委副书记、书记。1956年5月至1960年3月，河北公社书记、社长。1960年4月至1961年1月，房山县商业局副局长。1961年2月至1966年10月，房山县农机局副局长、局长兼党委书记。1966年10月至1968年1月，"文革"。1968年2月至1980年11月，房山县委常委、革委会副主任。1980年11月至1983年7月，房山县委副书记。1981年3月至1984年5月，任房山县第一届政协党组书记、主席。

张成基

张本荣 房山县政协第一届副主席、主席，房山县第二届政协主席。男，汉族，1922年7月出生，中共党员，高中文化，房山县佛子庄乡人。

1945年12月至1947年6月，房山国营煤矿、北窖村农民合作社、西铁公营煤矿材料员、会计。1947年6月至1951年8月，驻北窖村土改工作组组员、北窖村小学教员、良乡文化馆馆长。1951年8月至1953年3月，原良乡县委宣传部干部。1953年3月至1958年4月，原良乡县委办公室主任。1958年4月至1958年9月，原周口店区委办公室主任。1958年9月至1959年4月，原良乡大台社书记、副书记。1959年4月至1966年4月，良乡公社党委书记。1966年4月至1966年12月，房山县委党校负责人。1966年12月至1970年4月，"文革"期间受冲击，下放劳动。1970年4月至1972年4月，房山钢铁厂书记、主任。1972年4月至1973年10月，房山县工业局党委副书记、革委会副主任。1973年10月至1984年11月，房山县委办公室主任。1981年3月至1984年5月，任房山县第一届政协党组副书记、副主席。1984年5月至1986年8月，任房山县第二届政协党组书记、主席。

张本荣

安法鲁

安法鲁 房山县第二届政协代主席。男，汉族，1933年出生，中共党员，大学文化。河南省丰县人。

1957年10月至1958年5月，外交部干部司干部。1958年5月至1960年11月，房山县委理论室教员。1960年12月至1962年6月，赵各庄中学党支部书记。1962年6月至1964年2月，娄子水中学校长、党支部书记。1964年3月至1968年，县评剧团支部书记。1968年至1969年初，城关镇小学党支部书记。1969年初至1970年9月，城关公社文教组组长。1970年10月至1972年6月，县宣传队指导员。1972年7月至1979年4月，房山县委党校党委成员、教员。1979年4月至1980年10月，房山县第一医院党总书记、院长。1980年11月至1986年7月，房山县委宣传部。1986年8月至1987年5月，任房山县第二届政协代主席。

韩正非

韩正非 燕山区第一届政协主席。男，汉族，1924年出生，中共党员，高中文化。河北省沧县人。

1942年6月至1944年8月，在茅草汗村抗日民主村政权任财粮会计。1944年9月至1945年9月，沧县四区区政府文书、中共沧县县委会文书。1945年9月至1949年11月，沧南地委宣传部干事、新华书店沧南分店经理、新华社沧南支社编辑副主任。1949年12月至1950年5月，渤海日报社服务组主编。1950年5月至1951年11月，山东临邑县委宣传部部长。1951年12月至1953年11月，华东贸易部党委编辑科长、华东局城乡物资交流办公室政工组组长。1953年12月至1958年5月，中央商业部政治部副处长。1958年6月至1960年9月，中共中央财贸部组织处巡视员。1960年10月至1973年12月，中共中央组织部组织处巡视员。1964年冬下放石家庄锻炼，1969年春至1973年冬，下放干校劳动。1974年1月至1982年4月，燕山石油化工总厂曙光化工厂党总支书记。1982年5月至1987年5月，北京市燕山区委副书记、北京市燕山区人民代表大会常委会主任。1984年5月至1987年5月，任燕山区第一届政协党组书记、主席。

齐国璋

齐国璋 房山区第一届政协主席。男，汉族，1929年3月出生，中共党员，初中文化，山东昌乐人。

1942年至1945年，抚顺市石油一厂工人。1945年11月至1946年4月，抚顺市石油一厂、抚顺市总工会工作队队员。1946年4月至1946年10月，清原县夏家堡子区委会工作队队员。1946年10月至1947年1月，辽宁省抚松县辽宁省委工作团队员。1947年1月至1948年7月，吉林省辉南县抚民屯区副区长。1948年7月至1949年9月，吉林省辉南县人民政府司法科副科长，民政科科长。1949年9月至1950年10月，吉林省辉南县人民秘书室政务秘书。1950年10月至1951年10月，吉林省辉南县合作总社主任。1951年10月至1954年3月，吉林省辉南县人民政府县长。1954年3月至1954年7月，冶金部有色局电装公司办公室主任。1954年7月至1956年1月，吉林市冶金部电装公司工程处主任。1956年1月至1956年10月，哈尔滨市冶金部电装公司副经理。1956年10月至1957年12月，太原市电装总公司第二电装公司副经理。1957年12月至1961年7月，太原市化工建安公司经理。1961年7月至1962年3月，山西省化工厅计划处基建处处长。1962年3月至1963年2月，太原市化工建安公司副经理。1963年2月至1964年12月，太原市化工建安公司经理。1964年12月至1970年4月，化工部石家庄化建公司副经理。1970年4月至1971年10月，北京石化总厂胜利化工厂基建组副组长。1970年10月至1980年3月，北京石化总厂向阳化工厂副厂长、党委书记。1980年3月至1981年10月，北京燕山石油化学总公司副总经理。1981年10月至1983年2月，中共北京市燕山区委员会副书记、北京市燕山区政府区长，中共北京燕山石油化学总公司党委常委、副总经理。1983年2月至1987年6月，中共北京市燕山区委员会书记、中共北京燕山石油化学总公司党委常委、副总经理。1987年5月至1989年12月，任房山区第一届政协党组书记、主席。

高海量

高海量 房山区第一届政协主席。男，汉族，1935年出生，中共党员，中专文化，河北省廊坊市万庄镇高家营村人。

1957年7月至1961年10月，房山良乡农业局科员。1961年10月至1964年9月，房山县水利局副科长。1964年10月至1965年6月，通县后寨府四清工作队队员。1965年7月至1966年2月，周口店公社四清工作队队员。1966年3月至1969年4月，周口店公社党委书记、革委会副主任。1969年4月至1970年10月，赵各庄公社书记、主任。1970年10月至1974年1月，中共房山县委政治组副组长。1974年1月至1976年6月，中共房山县委宣传组副组长。1976年6月至1981年3月，县科委副主任。1981年3月至1986年5月，房山县人民政府副县长。1986年6月至1987年1月，中共房山县委副书记。1987年1月至1989年12月，中共房山区委副书记。1989年12月至1990年11月，房山区第一届政协党组书记、主席。

张中兴

张中兴 房山区第二届政协主席。男，汉族，1934年出生，中共党员，大专文化，农艺师，河北省固安县人。

1952年7月至1955年8月，房山县农场技术员。1955年8月至1963年1月，房山农林局农技股副股长。1963年1月至1966年8月，房山县农业技术推广站副站长。1966年9月至1969年3月，"文革"期间在房山县农林局"群众专政"。1969年4月至1970年4月，房山县班各庄公社下放劳动。1970年4月至1973年3月，房山县班各庄公社生产组组长。1973年4月至1975年12月，房山县农业科学研究所副所长。1975年12月至1980年12月，房山县农业局副局长兼农科所所长。1981年1月至1987年1月，房山县人民政府副县长。1987年7月至1991年1月，任房山区人民政府常务副区长。1991年2月至1994年2月，任房山区第二届政协党组书记、主席。

魏士宽

魏士宽 房山区第三届政协主席。男，汉族，1939年4月出生，中共党员，大专文化，房山区交道镇一街人。

1966年加入中国共产党。1962年7月至1979年10月，房山县人民银行信贷科科长、副行长。1979年10月至1986年10月，中共房山县委组织部干事、科长、副部长。1986年11月到1987年7月，房山县环保局党组书记、局长。1987年7月到1991年11月，房山区人事局党组书记、局长。1991年11月到1992年11月，中共房山区委组织部部长。1992年7月到1993年12月，中共房山区委常委、组织部部长。1994年2月至1999年1月，任房山区第三届政协党组书记、主席。

游来柱

游来柱 房山区第四届政协主席。男，汉族，1945年7月出生，中共党员，大专学历。房山区长阳镇西场村人。

1961年7月至1963年7月，初中毕业后在北京市房山区葫芦垡乡西场村务农。1963年7月至1968年10月，在良乡中学读高中。1968年10月至1970年2月，在北京市房山区葫芦垡乡西场村务农。1970年2月至1973年1月，在北京市房山区葫芦垡乡农机修配厂工作。1973年1月至1975年1月，在房山师范学习。1975年1月至1977年4月，在北京市房山区窑上乡辛庄中学工作。1977年4月至1978年5月，在中共北京市委党校理论班学习。1978年5月至1984年3月，在中共北京市委研究室工作。1984年3月至1986年12月，任中共房山县委研究室副主任。1986年12月至1987年8月，任北京市房山县窦店乡党委书记。1987年8月至1988年12月，任北京市房山区政府办公室主任。1988年12月至1989年3月，任中共北京市房山区委办公室主任。1989年3月至1992年7月，任中共北京市房山区委常委兼办公室主任。1992年7月至1998

年12月，任中共北京市房山区委常委、区纪委书记。1998年12月，任房山区政协党组书记。1999年1月至2004年1月，任房山区第四届政协党组书记、政协主席。

范文彦 房山区第五、六届政协主席。男，汉族，1949年12月出生，中共党员，大学文化，高级政工师。河北省安新县人。

范文彦

1968年6月至1979年3月，黑龙江生产建设兵团6师23团战士、指导员。1979年3月至1983年8月，丰台区物资回收公司政工科干事、副科长、宣教科科长。1983年8月至1985年6月，北京大学经济系学员。1985年6月至1985年10月，丰台区物资回收公司副经理。1985年10月至1988年9月，中共丰台区委宣传部副部长。1988年9月至1991年4月，中共丰台区委党校党委副书记、校长。1991年4月至1994年5月，中共丰台区委党校党委书记、常务副校长。1994年5月至1996年3月，中共丰台区委政策研究室主任、党校党委书记。1996年3月至1996年11月，丰台区区长助理、旅游局局长。1996年11月至1998年10月，丰台区区长助理、卢沟桥乡党委书记、乡农工商总公司经理。1998年10月至1999年1月，中共房山区委常委。1999年1月至2001年12月，中共房山区委常委、组织部部长。2001年12月至2002年7月，中共房山区委副书记兼组织部部长、党校校长。2002年7月至2003年12月，中共房山区委副书记兼区委党校校长。2003年12月至2004年1月，房山区政协党组书记。2004年1月至2010年1月，任房山区第五、六届政协党组书记、主席。

唐淑荣 房山区第六、七届政协主席。女，汉族，1957年12月出生，中共党员，研究生学历，房山区琉璃河镇人。

唐淑荣

1979年12月加入中国共产党。1978年4月参加工作，首都经济贸易大学产业经济专业毕业，研究生学历。1977年1月至1978年4月，房山县窑上公社韩营大队农民。1978年4月至1979年12月，房山县窑上公社知青队指导员。1979年12月至1983年3月，中共窑上乡党委办公室办事员。1983年3月至1984年2月，中共窑上乡党委宣传委员。1984年2月至1985年10月，房山县委党校自学考试大专班学生。1985年10月至1986年4月，窑上乡妇联主任。1986年4月至1987年7月，窑上乡副乡长兼妇联主任。1987年7月至1990年2月，窦店乡副乡长。1990年2月至1991年2月，窦店镇党委副书记。1991年2月至1992年12月，窦店镇党委副书记、镇长。1992年12月至1995年7月，琉璃河地区工委副书记、办事处主任。1995年7月至1998年2月，崇各庄乡党委书记。1998年2月至1998年12月，崇各庄乡党委书记、农工商总公司经理。1998年12月至2001年10月，房山区城市规划管理局党组副书记、局长。2001年10月至2002年11月，房山区规划局党组书记、局长。2002年11月至2003年8月，房山区规划局党组副书记、局长。2003年8月至2004年1月，市规划委员会房山分局党组书记、局长。2004年1月至2004年2月，中共房山区委常委、北京市规划委员会房山分局党组书记、局长。2004年2月至2004年11月，中共房山区委常委、宣传部部长、区文联党组书记、北京市规划委员会房山分局党组书记。2004年11月至2009年12月，中共房山区委常委、宣传部部长、区文联党组书记。2009年10月，任房山世界地质公园及拓展区建设管理委员会主任、中国房山世界地质公园管理委员会常务副主任。2009年12月至今，任房山区第六、七届政协党组书记、主席。

第二节 副主席简历

王新华

王新华 房山县第一届政协副主席兼秘书长。男，汉族，1909年2月出生，中共党员，河北省蓟县人。

1940年7月参加工作，1940年7月加入中国共产党，1982年12月离休。1938年7月至1938年12月在本乡参加抗日救会。1939年至1944年6月在寇各庄小学任教兼做地下工作。1945年至1948年在河北蓟县民教科、公安司法处等单位工作。1949年至1953年9月在通州市、通县任教育科长。1953年10月至1956年9月在通州专区扫盲办、劳动科工作任主任、科长。1956年10月至1981年3月任房山县副县长等职。1981年3月至1984年5月，任房山县第一届政协党组成员、副主席。

李栖良

李栖良 房山县第一届政协副主席兼秘书长。男，汉族，1925年出生，中共党员，河北乐亭县人。

1943年5月至1945年11月，冀东军政干校学习、军区司令部文书。1945年11月至1947年12月，冀东行署财政厅、承德四区区长。1947年12月至1950年1月，新华社十四支社通县支社记者。1950年1月至1953年10月，中苏友协通专办事处副主任。1953年12月至1955年2月，怀柔县文教科副科长。1955年2月至1962年，房山县委文教部、宣传部部长。1962年至1973年，房山师范坨里中学、周口店中学校长、党支部书记。1973年至1974年，房山县教育局副书记、革委会书记。1974年11月至1979年8月，房山革委会文卫组、党校组长、校长。1979年8月至1980年10月，房山县委宣传部部长。1980年12月至1981年2月，房山县委统战部部长。1981年3月至1982年4月，任房山县第一届政协党组成员、副主席兼秘书长。

李敬芳 房山县第一届政协副主席。女，汉族，中共党员。1920年10月出生，河北省饶阳县人。

李敬芳

1938年11月至1941年2月，河北省饶阳县西里满村妇联会委员。1941年3月至1944年2月，河北省饶阳县四区妇联会委员。1944年2月至1944年12月，河北省饶阳县四区妇联会主任。1944年12月至1945年12月，河北省深县八区妇联会主任。1945年12月至1947年3月，河北省深县八区妇联会组织部部长。1947年3月至1947年11月，河北省深县公安局侦安股股员。1947年11月至1948年4月，河北省深县第一区妇联会主任。1948年4月至1948年11月，河北省深县公安局股员。1948年11月至1949年1月，冀中公安学校学员。1949年1月至1949年5月，冀中公安局侦安队队员。1949年5月至1949年12月，安国县公安局股员。1949年12月至1950年3月，定县专区医院养病。1950年3月至1950年6月，曲阳县公安局保卫股副股长。1950年6月至1950年10月，安国县城关派出所副所长。1950年10月至1950年12月，安国县公安局保卫股副股长。1950年12月至1951年10月，保定市公安局一分局局员。1951年10月至1952年11月，保定市第一区区委会组织干事。1952年至1956年1月，保定市第一区区委会区委统战委员。1956年1月至1957年6月，保定市委统战部干事。1957年7月至1960年12月，中共房山县委统战部副部长。1960年12月至1969年4月，房山县妇联会主任。1969年4月至1970年，坨里公社农村劳动。1970年至1971年，坨里公社办事组组长。1971年至1973年10月，房山县被服厂党支部副书记、革委会副主任。1973年10月至1980年1月，房山县工业局党委委员、革委会副主任。1980年1月至1981年4月，房山县工业局党组副书记、副局长。1981年3月至1984年5月，任房山县第一届政协党组成员、副主席。

田树屏

田树屏 房山县第一、二届政协副主席。男，汉族，1926年7月出生，无党派，大学文化，高级教师，房山区大石窝镇人。

1946年10月至1948年3月，北京中国大学法律系学生。1948年3月至1948年11月，房山县初级中学教师。1948年11月至1993年12月，房山中学教师。1981年3月至1984年5月，任房山县第一届政协副主席。1984年5月至1987年7月，任房山县第二届政协副主席。

杨万钟

杨万钟 房山县第一、二届政协副主席，房山区第一届政协副主席。男，汉族，1930年出生，农工民主党，大学文化。浙江省宁波人。

1955年9月至1956年2月，北京市立第三医院外科医师。1956年2月至1970年2月，北京市积水潭医院外科医师。1970年2月至1973年3月，北京房山县坨里公社下放干部。1973年3月至1979年7月，北京房山县医院外科医师、副组长。1979年7月至1983年9月，北京房山第一医院外科主治医师、副主任。1983年9月至1987年9月，北京房山第一医院，外科副主任医师、主任。1981年3月至1984年5月，任房山县第一届政协副主席。1984年5月至1987年7月，任房山县第二届政协副主席。1987年10月至1990年7月，任房山区第一届政协副主席。

郭云祥

郭云祥 房山县第一、二届政协副主席。男，汉族，1926年出生，群众，高中文化。河北省饶阳县人。

1950年至1952年，被选为良乡卫生协会副主任。1952年至1955年，被选为良乡县人民法院陪审员。1952年至1957年，被选为良乡兽医联合会主任。1952年至1964年，被选为三届县人民代表。1954年1月至1957年10月，良乡联合诊所当兽医。1957年10月至1960年12月，良乡县兽医门诊部负责人。1961年1月至1962年12月，调房山县兽医诊所当兽医。1962年12月至1981年调回良乡兽医诊所当兽医。1970年10月，被选为县兽医协会常务理事。1980年12月，被评为市兽医协会副理事长。1981年3月至1984年5月，任房山县第一届政协副主席。1984年5月至1987年7月，任房山县第二届政协副主席。

陈芬圃

陈芬圃 房山县第一、二届政协副主席，房山区第一届政协副主席。男，汉族，1929年出生，中共党员，中等专业师范学校毕业，河北省青县人。

1951年3月至1954年8月，通州师范附属小学教员、教导主任。1954年8月至1959年9月，良乡琉璃河中学教员、工会主席。1959年9月至1968年8月，中共房山县委文教部干事。1968年8月至1969年4月，参加天开二院学习班。1969年4月至1971年3月，房山大石河"五七"农场劳动。1971年3月至1979年4月，房山县良乡人民公社副主任、副书记。1979年4月至1980年10月，房山县教育局党组副书记、副局长，书记、局长。1980年至1983年5月，中共房山县委常委、教育卫生部部长。1983年11月至1984年5月，任房山县第一届政协副主席。1984年5月至1987年5月初，任房山县第二届政协副主席。1987年5月至1991年2月，任房山区第一届政协党组副书记、政协副主席。

毛锡恩

毛锡恩 房山县第一届政协秘书长、房山县第二届政协副主席，房山区第一、二届政协副主席。男，汉族，1934年出生，中共党员，高中文化。房山区窦店镇人。

1949年7月至1950年2月，良乡县马厂村小学教师。1950年2月至1951年7月，良乡县稻田小学教师。1951年7月至1952年5月，良乡县辛庄小学教师。1952年5月至1954年7月，良乡县总工会职业学校教导主任。1954年7月至1958年4月，良乡县委宣传部干部。1958年4月至1970年9月，中共房山县委宣传部干部。1970年9月至1975年9月，中共北京市委农村组干部。1975年9月至1982年2月，中共房山县委宣传部副部长。1981年3月至1982年3月，任房山县第一届政协副秘书长。1982年3至1984年5月，任房山县第一届政协秘书长。1984年5月至1987年5月，任房山县第二届政协党组成员、副主席。1987年5月至1994年2月，任房山区第一、二届政协党组成员、副主席。

唐广雩

唐广雩 房山县第二届政协委员会副主席，房山区第一、二届政协副主席。女，汉族，1937年出生，民革党员，中专文化，工程师。辽宁省辽阳市人。

1955年8月至1957年4月，广州水泥厂技术科技术员。1957年4月至1958年10月，昆明水泥厂烧成车间技术员。1958年10月至1968年9月，北京市琉璃河水泥厂机械室技术员。1968年9月至1971年10月，北京市琉璃河水泥厂烧成车间劳动。1971年10月至1981年3月，北京市琉璃河水泥厂机械室技术员、工程师。1981年3月至1984年4月，当选为政协房山县第一届委员会常委。1984年5月至1987年5月，政协北京市房山县第二届委员会副主席。1987年10月至1991年2月，任房山区第一届政协副主席。1991年2月至1994年2月，任房山区第二届政协副主席。

李全熙

李全熙 燕山区第一届政协副主席，房山区第一届政协副主席。男，汉族，1923年出生，无党派，大学文化。山东省济南市人。

1947年10月至1949年5月，上海天原电化厂技术员。1949年5月至1952年12月，上海天原电化厂车间主任。1953年1月至1955年4月，上海天原化工厂厂工程师。1955年4月至1958年初，化工部化工设计院制碱科专业组长。1958年初至1971年，化工部化工设计院第一设计院主任工程师。1971年至1980年8月，北京石化总厂设计院燕化总公司设计院主任工程师。1980年8月至1984年6月，燕山石油化工公司设计院副总工程师。1984年5月至1987年5月，任燕山区第一届政协副主席。1987年10月至1991年2月，任房山区第一届政协副主席。

王笃之

王笃之 燕山区第一届政协副主席,房山区第一届政协副主席。男,汉族,1915年出生,无党派,大学文化。山东省枣庄市人。

1952年9月至1959年9月,哈尔滨航空工业学校教师。1959年9月至1980年12月,哈尔滨工业大学教师。1980年12月至1984年6月,北京石油专科学校副教授。1984年5月至1987年5月,任燕山区第一届政协副主席。1987年10月至1991年2月,任房山区第一届政协副主席。

钱觉霖 房山区第一届政协副主席兼秘书长、第二届政协副主席兼秘书长。男,汉族,1934年出生,中共党员,中专文化。江苏省吴县人。

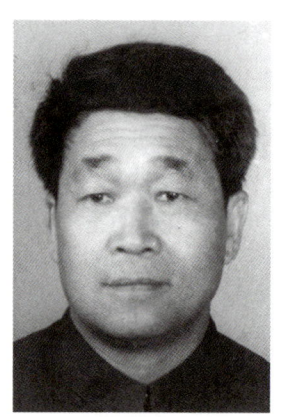

钱觉霖

1950年10月至1951年11月,江苏吴县土改工作队黄埭工作组任队员。1951年12月至1952年12月,吴县速成识字法推广站任群众教师。1953年1月至1953年2月,华东新训四团三营七连任战士。1953年3月至1955年10月,铁道兵十五团修理连任战士。1955年10月至1957年7月,铁道兵十五团施工技术处任绘图员。1957年8月至1959年11月,石家庄铁道兵学校机械系任学员。1959年12月至1961年3月,铁道兵四师十七团机械连任排长。1961年4月至1971年4月,铁道兵四师十七团政治处任宣传、青年股股长。1971年5月至1971年6月,铁道兵四师十七团政治处任副主任。1971年7月至1979年1月,房山县委组织组任组长。1979年1月至1979年10月,燕山石化办事处邮局任书记。1979年11月至1981年4月,燕山石化办事处纪委筹备组任负责人。1981年5月至1983年2月,燕山石化办事处财贸组任负责人。1983年2月至1987年5月,燕山区人大常委会任一、二届副主任。1987年5月至1994年2月,任房山区第一、二届政协党组成员、副主席兼秘书长。

容桂英 房山区第一、二、三、四届政协副主席。女,汉族,1943年10月出生,九三学社成员,大学文化,工程师,广东省新会县人。

容桂英

1990年3月加入九三学社,1997年7月经九三学士北京市第九届委员会第二次会议决定任命为农林委员会副主任。1967年9月至1968年4月,在哈尔滨工业大学参加工作。1968年4月至1976年3月,在重庆汽车配件制造厂工作。1976年3月至1984年5月,在中国原子能研究所实验工厂工作。1984年5月至1987年5月,房山县第七届人民政府副县长。1987年5月至1991年2月,房山区第一届政协副主席。1991年2月至1994年2月,房山区第二届政协副主席。1994年2月至1999年1月,房山区第三届政协副主席。1999年1月至2004年1月,房山区第四届政协副主席。

孙钺

孙　钺　房山区第二届政协副主席。男，汉族，1932年5月出生，无党派，大学文化，高级工程师。天津市和平区人。

1958年9月至1959年10月，北京水电部北京修造厂实习生。1959年10月至1979年10月，北京水电部北京修造厂技术员。1979年10月至1988年10月，北京水电部北京修造厂工程师（其中1983年4月至1984年9月，北京水电部北京修造厂质量管理科副科长。1984年9月至1986年，北京水电部北京修造厂技术管理科科长。1986年至1988年10月，北京水电部北京修造厂研究所技术管理室标准化室主任）。1988年至今，北京水电部修造厂北京电力设备总厂高工。1989年1月至1991年2月，北京水电部北京修造厂总工办干部。1991年2月至1994年2月，房山区第二届政协副主席。

杨旭

杨　旭　房山区第二届政协副主席。男，汉族，1943年3月出生，无党派，大学文化，高级工程师。江苏省大丰县人。

1968年7月至1970年5月，安徽城西湖县农场劳动。1970年5月至1981年3月，胜利化工厂实验室技术员、教育科教员。1981年3月至1982年9月，胜利化工厂教育科副科长。1982年9月至1985年3月，胜利化工厂教育科教员。1985年3月至1989年1月，胜利化工厂生产科副科长、科长。1989年1月至1990年3月，北京燕山石化集团公司聚酯厂厂长助理。1991年2月至1994年2月，任房山区第二届政协副主席。

刘存泽

刘存泽　房山区第三届政协副主席。男，汉族，1939年10月出生，中共党员，初中文化，房山区琉璃河镇人。

1961年4月加入中国共产党。1956年1月至1971年8月，在房山县供销社系统工作。1971年8月至1972年10月，在牛口峪水库指挥部工作。1972年10月至1973年2月，在房山县民政局安置办公室工作。1973年2月至1974年4月，房山县商业局水泥厂商店工作。1974年4月至1982年2月，房山县劳动科知青办副主任。1982年2月至1987年7月，房山县政府办公室副主任、主任。1987年8月至1993年12月，房山区财政局党组书记、局长。1994年2月至1999年1月，房山区第三届政协党组成员、副主席。

王振忠

王振忠 房山区第三届政协副主席。男，汉族，1938年4月出生，中共党员，大专文化，高级政工师。河北省沧州市人。

1960年11月加入中国共产党，1956年4月至1957年7月，沈阳化工研究院学习。1957年7月至1966年12月，吉林石油化工总公司染料厂工人、干事、副科长。1967年1月至1972年4月，中国吉林市委组织部干事。1972年4月至1984年9月，燕山石油化工公司胜利化工厂政治部主任、东风化工厂副书记、研究院党委副书记、书记。1984年9月至1993年12月，北京燕山石化集团公司党委常委、工会主席。1987年荣获北京市总工会"职工之友"称号。1988年荣获北京市优秀工会干部称号。1989年被授予首都"五一"劳动奖章，1991年荣获全国优秀思想政治工作者称号。1993年荣获全国优秀工会工作者称号，曾任房山区人民代表大会第一、二届常委会副主任。1994年2月至12月，任房山区第三届政协党组成员、副主席。

戈承

戈　承 房山区第三届政协副主席。男，汉族，1938年1月出生，无党派，大学文化，江苏省泰州市人，高级工程师。江苏省泰州市人。

1958年11月至1959年9月湖北省江汉学院干部专修科教员。1959年9月至1964年8月，华中工学院电力自动化专业学生。1964年8月至1971年8月，电力建设研究所技术员。1971年8月至1980年12月，北京电力设备总厂研究所助理工程师。1980年12月至1988年4月，北京电力设备总厂研究所工程师。1988年4月到1993年12月，北京电力设备总厂高级工程师。多年从事电气产品研制开发、设计工作，1981年被总厂评为先进职工，1985年获电力设备总厂科技一等奖，1997年获华北电管局优秀论文二等奖。1994年2月至1999年1月，任房山区第三届政协副主席。

袁贵珠

袁贵珠 房山区第三届政协副主席。男，汉族，1937年8月出生，无党派，大学文化，高级工程师，河北省无极县人。

1965年9月至1984年6月，北京煤矿机械厂工艺所技术员，助理工程师、工程师、高级工程师。1984年6月至1988年7月，北京煤矿机械厂工艺所研焊分厂副主任工程师。1988年7月至1993年12月，北京煤矿机械厂工艺所副主任工程师。1994年2月至1999年1月，任房山区第三届政协副主席。

马文仲

马文仲 房山区第三、四届政协副主席。男,回族,1944年5月出生,无党派,初中文化,邮政业务师,河北省定兴县人。

1962年9月至1987年9月房山县邮政局乡邮员、营业员。1987年10月至1992年10月房山区邮政局城关支局城内所副主任。1992年10月至1993年12月房山区邮政局城关支局副支局长。1989年市总工会评选为爱国立功标兵。1990年被北京市邮政局评为先进生产者标兵,1992年被北京市政府评为先进生产者,1993年被评为北京市全国五一劳动奖章获得者。1994年2月至1999年1月,任房山区第三届政协副主席。1999年1月至2004年1月,任房山区政协第四届副主席。

王晓芝 房山区第四届、五届、六届政协副主席。女,汉族,1952年2月生,中共党员,研究生学历。河北省乐亭县人。

王晓芝

1969年11月至1971年10月,河北省乐亭县东罗各庄务农。1971年11月至1979年3月,黑龙江省山市种马场农工、场政治处干事、团委干事、秘书科秘书。1979年3月至1980年3月,燕山区教育局政工组干事。1980年3月至1985年5月,燕山区委宣传部干事。1985年5月至1987年8月,共青团燕山区委副书记。1987年8月至1989年2月,房山区文明城市建设协调办主任。1989年2月至1989年4月,房山区委宣传部部长。1989年4月至1999年1月,房山区委常委、区委宣传部部长兼区文联党组书记。1999年1月至2004年1月,任房山区第四届政协党组副书记、常务副主席兼秘书长、区委统战部部长、台湾工作办公室主任、区政府台湾事务办公室主任。2004年1月至2011年12月,任房山区第五、六届政协党组副书记、常务副主席。

许志远 房山区第四、五届政协副主席。男,汉族,1952年4月出生,中共党员,大学文化,房山区张坊镇人。

1968年6月至1971年8月,房山县张坊公社广录庄大队务农。1971年9月至1972年8月,房山县张坊公社机关办事员。1972年8月至1986年3月,山县供销社售货员、工会办事员、供销社党委常委、团委书记、政工科副科长、科长、副主任。1986年3月至1988年9月,任史家营乡党委书记。1988年9月至1989年7月,房山区外经委副主任。1989年7月至1995年7月,房山区工业品公司党委书记、经理,1995年7月至1998年2月,房山区外经委党组书记、常务副主任。1998年2月,任区委办公室主任。1999年1月至2004年1月,任房山区第四届政协党组成员、副主席、中共房山区委办公室主任。2004年1月至2006年10月,任房山区第五届政协党组成员、副主席。

林义

林　义　房山区第四届政协副主席。男，汉族 1947 年 10 月出生，无党派，大学文化，高级工程师。福建省福州市人。

1965 年 9 月至 1970 年 7 月浙江大学电机工程系学习。1970 年 7 月至 1984 年 10 月北京燕山石化集团公司东风化工厂技术员、工程师。1984 年 10 月至 1991 年 2 月北京燕山石化集团公司计算中心应用二室主任、工程师。1991 年 2 月至 1994 年 6 月，燕化兴业技术开发公司高级工程师、副经理。1994 年 6 月至 1998 年 7 月，北京兴业实业股份有限公司副总经理。1998 年 7 月至 2004 年 1 月，燕化集团公司经济研究所高工。1999 年 1 月至 2004 年 1 月，任房山区第四届政协副主席。

万金峰　房山区第四、五、六届政协副主席。男，汉族，1961 年 11 月出生，九三学社社员，大学文化，高级工程师，河南省项城人。

万金峰

2001 年 6 月加入九三学社。1983 年参加工作。1978 年 7 月至 1979 年 8 月，河南项城县新桥乡东村务农。1979 年 8 月至 1983 年 7 月，湖南大学机械系铸造专业学习。1983 年 8 月至 1984 年 9 月，北京发电设备修造厂铸钢车间做技术工作。1984 年 10 月至 1992 年 12 月，北京电力设备总厂铸造做技术工作。1993 年 1 月至 1994 年 11 月，北京电力设备总厂生产技术处主任工程师。1994 年 12 月至 1995 年 12 月，北京电力总厂铸造厂任铸铁车间主任。1996 年 1 月至 1996 年 12 月，北京电力总厂铸造厂任铸钢车间主任。1997 年 1 月至 2002 年 12 月，北京电力设备总厂铸造厂技术厂长。2008 年 10 月至 2014 年 1 月，北京电力设备总厂电力机械研究所任副所长。1999 年 1 月至 2004 年 1 月，任房山区第四届政协副主席。2004 年 1 月至 2006 年 12 月，任房山区第五届政协副主席。2006 年 12 月至 2011 年 12 月，任房山区第六届政协副主席。

赵润东　房山区第五、六、七届政协副主席。男，汉族，1955 年 6 月出生，民革党员，大学文化，房山区韩村河镇五侯村人。

赵润东

1973 年 8 月参加工作，1988 年 2 月加入民革。1996 年至 2009 年任民革房山区支部主委。2009 年 12 月至今任民革房山区总支主委。1973 年 8 月至 1989 年 7 月，房山区岳各庄中学教师。1989 年 8 月至 1990 年 10 月，房山区政协文教室干部。1990 年 10 月至 1996 年 3 月，房山区政协文教室副主任科员。1996 年 3 月至 2000 年 9 月，房山区政协文教室主任科员。2000 年 9 月至 2003 年 12 月，房山区政协文教室副主任。2003 年 12 月，房山区文化委员会副主任（正处级）。2004 年 1 月至 2006 年 12 月，任房山区第五届政协副主席。2006 年 12 月至 2011 年 12 月，任房山区第六届政协副主席、房山区文化委员会副主任。2011 年 12 月至 2016 年 1 月 7 日，任房山区第七届政协副主席。

肖武

肖　武　房山区第五、六、七届政协副主席。女，汉族，1963年6月出生，无党派，理学硕士，研究员，北京市朝阳区人。

1985年7月参加工作。1985年7月至1997年7月，在北京核工业学校从事教学和班主任工作。1997年7月至1998年4月，在核工业研究生部从事教学和机房管理工作。1998年4月至1999年7月，任核工业研究生部成教部副主任，从事成人教育管理和教学工作。1999年7月至2002年5月，任核工业研究生部教务处副主任，从事研究生和培训班的教学管理及教学工作。2002年5月至2003年7月，任核工业研究生部主任助理兼教务处主任，全面负责教务处各部门、各教研室的管理和教学工作。2003年7月至2008年6月，任核工业研究生部副主任兼教务处主任，分管教学、培训、科研工作。2008年6月至今，任核工业研究生部副主任，分管教学、科研、教材建设、资产管理、安全保卫保密、基建、后勤、信息化建设和地区事务等工作。1999年1月至2004年1月，任房山区第四届政协常委。2004年1月至2006年12月，任房山区第五届政协副主席。2006年12月至2011年12月，任房山区第六届政协副主席。2011年12月至今，任房山区第七届政协副主席。

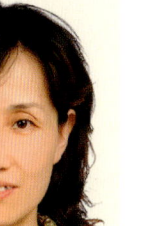

邵进

邵　进　房山区第五届政协副主席。男，汉族，1968年10月出生，无党派，大学文化，工程师，浙江省镇海人。

1990年7月至1991年7月，北京燕山石化集团公司大修厂检验室见习。1991年7月至1997年4月，北京燕山石化集团公司大修厂检验室施工员。1997年4月至1998年2月，北京燕山石化集团公司大修厂供应科科员。1998年2月至1999年11月，北京燕山石化集团公司大修厂供应科副科长。1999年11月至2002年7月，燕化建安公司物资装备处物资计划科副科长。2002年7月2002年9月，北京燕山石化集团公司物资装备中心计划部主任。2002年9月，任燕化建筑安装工程公司检测中心经理兼锅炉压力容器检验站站长。后任北京汇丰方圆石化科技发展有限公司总经理。2004年1月至2006年12月，任房山区第五届政协副主席。

李惠英

李惠英　房山区第六、七届政协副主席。女，彝族，1958年10月出生，无党派，大学文化，理学学士，云南省楚雄市人。

1977年10月参加工作，中共北京市委党校经济管理专业毕业，研究生学历，中教高级。1977年3月至1977年10月，云南省楚雄市北城小学代课老师。1977年10月至1978年2月，云南省楚雄州卷烟厂工人。1978年3月至1982年2月，云南省师范大学学生。1982年2月至1987年12月，云南省楚雄州民族中学教师、校团委副书记。1988年1月至1995年8月，房山区第一职业高中教师。1995年8月至1998年9月，房山区第一职业高中教导处副主任、职教处主任。1998年9月至1999年1月，房山区第一职业高中副校长。1999年1月至2005年7月，任房山区人民政府副区长。2005年7月至2005年11月，任房山区人民政府副区长、区红十字会会长。2005年11月至2006年12月，任房山区人民政府副区长、区红十字会会长、北京理工大学房山分校校长。2006年12月至2007年3月，任房山区第六届政协副主席、区红十字会会长、北京理工大学房山分校校长。2006年12月至2011年12月，任房山区第六届政协副主席。2011年12月至今，任房山区第七届政协副主席。

高维魁 房山区第五、六、七届政协副主席。男，汉族，1956年9月出生，中共党员，研究生学历。房山区大石窝镇半壁店村人。

高维魁

1984年6月加入中国共产党。1982年12月参加工作。1976年1月至1979年11月房山县南尚乐乡石窝中学代课教师。1979年11月至1982年12月，房山县财税局助征员。1982年12月至1984年11月，房山县财政局农财科科员。1984年11月至1986年11月，房山县财政局农财科副科长。1986年11月至1987年9月，房山县财政局预算科副科长。1987年9月至1988年12月，房山区财政局办公室副主任。1988年12月至1991年9月，房山区财政局办公室主任。1991年9月至1995年12月，房山区国有资产管理局副局长。1995年12月至1998年10月，房山区财政局副局长。1998年10月至1999年11月，房山区国有资产管理局局长、区财政局副局长。1999年11月至2002年2月，房山区河北镇党委书记、人大主席。2002年2月至2004年2月，房山区财政局党组副书记、局长。2004年2月至2008年2月，房山区财政局党组书记、局长。2006年12月至2010年3月，任第六届政协党组成员、副主席。2010年3月至今，任第六、七届政协党组副书记、常务副主席。

周文海 房山区第六、七届政协副主席。男，汉族，1955年12月出生，中共党员，研究生学历，河南省淅川人。

周文海

1977年6月加入中国共产党。1974年12月参加工作。1972年10月至1974年12月，河南省淅川滔河周营村务农。1974年12月至1977年1月，解放军步兵116团战士。1977年1月至1978年11月，解放军步兵116团班长。1978年11月至1978年12月，解放军步兵116团二营五连排长。1978年12月至1979年9月，解放军步兵特务连副指导员。1979年9月至1986年4月，解放军步兵116团特务连指导员。1986年4月至1989年9月，解放军步兵116团二营政治教导员。1989年9月至1992年10月，房山区委组织部干部。1992年10月至1994年8月，房山区委组织部组织员。1994年8月至1994年12月，房山区委组织部调研科科长。

1994年12月至1998年12月,房山区委组织部调研科科长、助理调研员。1998年12月至1999年12月,崇各庄乡乡长、党委副书记。1999年12月至2002年1月,城关街道办事处副主任。2002年1月至3月,周口店镇党委、地区工委副书记。2002年3月至2004年2月,周口店镇党委、地区工委副书记、镇长、办事处主任。2004年2月至3月,房山区周口店镇党委、地区工委书记、人大主席人选、人大代表联络室主任。2004年3月至2006年6月,周口店镇党委、地区工委书记、人大主席、人大代表联络室主任。2006年6月至9月,房山区交通局党委副书记。2006年9月至2010年7月,房山区交通局党委副书记、局长。2010年7月至2010年9月,房山区"三化两区"咨询委员会副主任、区交通局党委副书记、北京高端制造业基地管委会主任。2010年9月至2011年8月,房山区交通局党委副书记。2010年9月至2016年1月,北京高端制造业基地管委会主任。2010年9月至2016年1月,任房山区第六、七届政协党组成员、副主席。

任振秋 房山区第七届政协副主席。男,汉族,1956年6月出生,中共党员,研究生学历,高级政工师,房山区长阳镇长阳一村人。

任振秋

1986年2月加入中国共产党。1976年10月参加工作。1973年12月至1974年5月,房山县长阳大队一队农民。1974年5月至1976年10月,燕山石化总厂长阳支建民工连副连长。1976年10月至1979年2月,长阳公社民政助理。1979年2月至1980年8月,北京市卢沟桥砂石厂工人。1980年8月至1985年10月,房山县对外贸易公司办公室负责人。1985年11月至1986年2月,房山县财委政治处干事。1986年2月至1987年9月,房山县财委政治处副主任。1987年9月至1990年7月,房山区商委政治处主任。1990年7月至1993年10月,房山区商业工委副书记。1993年10月至1994年3月,房山区委商业工委副书记、纪工委书记、商委副主任。1994年3月至1999年2月,房山区委商业工委书记。1999年2月至2002年11月,房山区阎村镇党委书记、人大主席。2002年11月至2005年2月,房山区国土资源和房屋管理局局长、党组副书记。2005年2月至2010年9月,北京市国土资源局房山分局党组书记、局长。2010年9月至2011年1月,房山区"三化两区"建设咨询委员会副主任委员、房山国土分局党组书记、局长。2011年1月至2012年2月,房山区"三化两区"建设咨询委员会副主任委员、房山国土分局党组书记、局长,房山区整规办主任。2011年12月至今,任房山区第七届政协党组成员、副主席。

赵永祥

赵永祥 房山区第七届政协副主席。男，汉族，1963年7月出生，中共党员，研究生学历，房山区窦店镇人。

1980年8月至1994年7月，先后任房山县窦店乡办事员、管委办公室副主任、团委书记、窦店乡（镇）党委宣传委员、窦店镇党委宣传委员、党委组织委员、副镇长。1994年7月至1995年7月，房山区经济体制改革委员会副主任。1995年7月至1999年2月，先后任房山区十渡镇党委副书记、镇长、农工商总公司经理。1999年2月至2002年1月，先后任房山区石楼镇党委书记、人大主席。2002年1月至2004年2月，先后任房山区韩村河镇党委书记、人大主席。2004年2月至2010年8月，先后任房山区农委主任、区农村工作委员会主任。2010年8月至今，房山区经济和信息化委员会主任，房山区工业园区建设管理委员会办公室主任、中关村房山园办公室主任。2016年1月至今，任房山区第七届政协党组成员、副主席。

第三节 秘书长简历

仇淑兰

仇淑兰 房山县第二届政协秘书长。女，回族，1939年11月出生，中共党员，房山区窦店镇人。

1956年9月加入共产党。1956年7月至1966年3月，房山区窦店公社副社长、副主任兼妇联主任。1966年4月到1972年9月，周口店公社副主任兼妇联主任。1972年10月至1973年5月，北京市朝阳区政工组干部。1973年6月至1980年9月周口店公社副主任、副书记。1980年10月至1983年6月，房山县民政局副局长。1983年11月至1984年5月，任房山县第一届政协副秘书长。1984年5月至1987年5月，任房山县第二届政协党组成员、秘书长。

肖玉琴

肖玉琴 燕山区第一届政协秘书长、房山区第一届政协秘书长。女，回族，1930年出生，中共党员，大学文化，辽宁省锦州市人。

1949年参加工作。1949年12月至1952年6月，在锦州石油六厂还原车间工作。1952年6月至1955年9月，辽石工农速成中学学习。1955年9月至1961年8月，大连工学院化系学习。1961年8月至1966年1月，中国科学院西北分院化学研究所焊化组长。1966年1月至1972年11月，银川化工厂负责人，宁夏电子仪器厂政工组负责人。1972年11月至1975年，燕山石化总厂综合利用室负责人。1975年至1984年2月，燕山石化总厂环保处副处长、工程师。1984年5月至1987年5月，任燕山区第一届政协党组成员、政协秘书长。1987年10月至1989年3月，任房山区第一届政协党组成员、秘书长。

张静惠 房山区第三届政协秘书长。1938年9月出生,汉族,中共党员,高中,广西壮族自治区柳州市人。

张静惠

1968年加入中国共产党。1958年12月至1982年12月,在中国人民解放军服役,历任战士、班长、排长、干事、组长、政治处副主任等职。在部队立三等功三次,授各级嘉奖十八次。1982年12月至1984年9月,燕山区委办公室干部。1984年10月至1987年6月,燕山区政府办公室副主任。1987年7月至1991年3月,燕山工委组织部部长。1991年3月至1993年12月,中共房山区委统战部部长。1994年2月至1999年1月,任房山区第三届政协党组成员、秘书长。

唐　荣 房山区第五届政协秘书长。1951年10月出生,男,汉族,中共党员,大专文化,房山区拱辰街道办事处东羊庄村人。

唐荣

1974年1月29日加入中国共产党。1974年11月至1982年5月,良乡公社党委宣传干事。1982年6月至1983年9月,葫芦垡乡党委宣传委员、办公室主任。1983年10至1985年2月,葫芦垡乡管理委员会主任兼党委副书记。1985年3月至1987年8月,葫芦垡乡党委书记。1987年9月至1989年6月,北京大学经济管理学院干休班学习。1989年7月至1989年11月,中共房山区委组织部工作。1989年12月至1992年6月,房山区东南召乡党委书记。1992年7月至1993年4月,区办良乡工业开发区实业公司经理。1993年5月至2000年12月,区政协办公室主任、政协委员、提案委员会副主任。2001年1月至2006年12月,任房山区第四、五届政协党组成员、秘书长。

李金田 房山区第六届政协秘书长。男,汉族,1955年1月出生,中共党员,大学文化,房山区蒲洼乡人。

李金田

1969年7月至1972年1月,房山县蒲洼公社东村大队务农。1972年1月至1974年1月,房山县师范学校学生。1974年1月至1976年10月,房山县蒲洼学区芦子水中学教师。1976年10月至1977年3月,房山县蒲洼公社党校教员。1977年3月至1978年10月,房山县蒲洼中学教师。1978年10月至1985年12月,房山县蒲洼中学教务副主任。1985年12月至1989年9月,房山县(区)蒲洼中学副校长。1989年9月至1992年4月,房山区教育局办公室科员。1992年4月至1995年3月,房山区教育局行政办公室副主任。1995年3月至1999年6月,房山区教育局行政办公室主任科员。1999年6月至1999年10月,中共房山区委组织部调研科科长。1999年10月至2000年12月,中共房山区委组织部助理调研员、调研科科长。2000年12月至2001年10月，房山区教育局党委副书记。2001年10月至2006年9月，中共房山区委教育工作委员会副书记。2006年9月至2006年12月，房山区政协秘书长人选。2006年12月至2011年12月，房山区第六届政协党组成员、秘书长。

游来清 房山区第七届政协秘书长。男，汉族，1956年7月出生，中共党员，研究生学历，高级政工师，房山区长阳镇西场村人。

游来清

1983年5月加入中国共产党。1986年11月参加工作。北京市委党校经济管理专业毕业，研究生学历。1974年1月至1980年1月，房山县葫芦垡公社西场大队农民。1980年1月至1983年12月，房山县葫芦垡乡广播站编采员，期间兼任机关团支部副书记。1983年5月至1985年5月，房山县葫芦垡乡团委副书记、机关团支部书记。1983年12月至1985年5月，房山县葫芦垡乡党委办公室宣传干事。1985年5月至1986年8月，房山县葫芦垡乡党委宣传委员。1986年8月至1991年3月，房山县（区）葫芦垡乡管委副主任。1991年3月至1992年8月，房山区葫芦垡乡党委副书记、管委主任。1992年8月至1994年7月，北京市委党校思想政治工作与管理专业学生。1994年7月至1995年7月，中共房山区委组织部干部。1995年7月至1999年12月，房山区南尚乐镇党委书记、人大主席。1999年12月至2004年2月，房山区法制办主任。2004年2月至2006年9月，中共房山区委政法委副书记、区综治办主任。2006年9月至2007年8月，中共房山区委政法委副书记、区综治办主任、区维稳办主任。2007年8月至2009年7月，中共房山区委政法委副书记、区综治办主任、区维稳办主任、区流管办主任。2009年7月至2011年2月，中共房山区委政法委副书记、区综治办主任、区维稳办主任。2011年2月至2011年12月，房山区第六届政协党组成员、代秘书长，2011年12月至今，任房山区第七届政协党组成员、秘书长。

第二编
政协会议

第一章 全体会议

中国人民政治协商会议全体会议,是政协围绕团结和民主两大主题,履行政治协商、民主监督、参政议政职能的最高形式。

中国人民政治协商会议北京市房山区(县)委员会,自1981年成立,至2016年1月政协北京市房山区第七届委员会第五次会议闭幕,共10届,召开全体会议42次。其中,房山县政协二届,召开全体会议7次;燕山区政协1届,召开全体会议3次;房山区政协7届,召开全体会议32次。

第一节 政协北京市房山县第一届委员会会议

中国人民政治协商会议北京市房山县第一届委员会,1981年3月至1984年5月任期内,共召开三次全体会议。

大会主席团主席张成基在县政协一届一次会议上作报告

第一次会议

中国人民政治协商会议北京市房山县第一届委员会第一次会议，1981年3月6日至11日在房山县城召开。

政协北京市房山县第一届委员会，有中国共产党、民主党派、人民团体、各界和特邀人士，共18个界别153名委员。

3月6日下午4时30分，召开预备会议。会议由房山县政协筹备委员会主持。通过了大会主席团和秘书长名单。大会主席团由19名委员组成，李栖良为大会秘书长。主席团第一次会议，推举张成基为大会主席团主席，张本荣、王新华为副主席。

3月6日下午5时，大会开幕。147名委员出席会议。大会主席团主席张成基致开幕词。通过了大会议程、日程，提案审查委员会名单和关于提案截止日期的决议。北京市政协副主席林彤出席会议并讲话。中共房山县委各位常委出席会议。

3月7日上午，列席县人大六届一次会议，听取了县革委会主任吕镒作的工作报告，听取了县革委会财政预算和决算报告。下午，委员分组讨论报告。

3月8日上午，继续讨论县革委会工作报告及其他报告。下午，列席县人大六届一次会议，听取房山县法院、房山县检察院工作报告。

政协北京市房山县第一届委员会第一次会议

3月9日上午，分组讨论县革委会工作报告及其他报告。下午，全体会议。听取中共房山县委书记李平讲话。李平阐述了人民政协的性质、地位和作用，政协的发展历史和成立县政协的重要意义，对县政协的工作提出了五点意见：积极开展政治协商活动，发挥政协在政治生活中的民主监督作用；组织和推动政协委员及各界人士，学习马列主义、毛泽东思想，学习时事政治；发挥政协委员的积极性，为实现四个现代化贡献力量；开展对台湾同胞、港澳同胞、海外侨胞的工作和外事工作，积极扩大爱国统一战线和国际反霸统一战线；做好文史资料收集和动员撰写工作。

3月10日，分组学习有关文件，酝酿县政协第一届委员会主席、副主席、秘书长、常务委员候选人。

3月11日上午，闭幕会议。选举产生了政协北京市房山县第一届委员会主席、副主席、秘书长和常务委员。主席张成基，副主席张本荣、王新华、李栖良、李敬芳、杨万钟、田树屏、郭云祥，秘书长李栖良（兼）。通过了《中国人民政治协商会议北京市房山县第一届委员会第一次会议提案审查委员会关于提案审查的报告》和《中国人民政治协商会议北京市房山县第一届委员会第一次会议决议》。县政协副主席王新华致闭幕词。希望各位委员，按照"长期共存，互相监督"的原则，广泛联系各方面群众，对宪法、法律和法令的实施发挥监督作用；对政府工作、四化建设和群众生活中的重大问题，积极提出批评和建议，为完成大会提出的各项任务而努力。李平、吕镒、张革夫、陈芬圃等县领导出席会议。

3月11日上午，中国人民政治协商会议北京市房山县第一届委员会第一次会议闭幕。

政协北京市房山县第一届委员会第一次会议主席团和秘书长名单

主席团（共19名，按姓氏笔画为序）

王新华	田国增	田树屏	冯捷南	刘建平	杜宝珍	李栖良
李敬芳	杨万钟	赵宝林	张本荣	张成基	张　建	张淑贞
胡春波	唐广雪	秦芝楼	郭云祥	龚志源

秘书长　李栖良

第二次会议

中国人民政治协商会议北京市房山县第一届委员会第二次会议，1982年3月22日至27日召开。

3月22日下午，大会开幕。县政协主席张成基，副主席张本荣、王新华、杨万钟、田树屏、郭云祥等121名委员出席。大会秘书长毛锡恩主持。副主席张本荣致开幕词。大会一致通过了会议议程、日程，通过了提案审查委员会名单和关于提案截止日期的决议。县政协主席张成基作《政协北京市房山县第一届委员会常务委员会工作报告》，副主席杨万钟作《政协北京市房山县第一届委员会第一次会议以来提案处理情况的报告》。北京市政协副主席罗青出席会议并讲话。

3月23日上午，听取中共房山县委书记李平讲话。下午，分组讨论。

3月24日上午，列席县人大六届二次会议，听取了县长吕镒作的《房山县人民政府工作报告》，副县长张进儒作的《1981年财政决算和1982年财政预算的报告》。下午，分组讨论。

3月25日，继续分组讨论县政府工作报告及其他报告，

3月26日上午,列席县人大六届二次会议,听取县人大常委会工作报告、县法院工作报告和县检察院工作报告。下午,分组讨论。

3月27日上午,闭幕式。副主席郭云祥主持。大会增补毛锡恩为中国人民政治协商会议北京市房山县第一届委员会常务委员,鉴于李栖良因病不能主持工作,改选毛锡恩为秘书长。通过了《中国人民政治协商会议北京市房山县第一届委员会第二次会议决议》和副主席田树屏作的《中国人民政治协商会议北京市房山县第一届委员会第二次会议关于提案审查情况的报告》。副主席王新华致闭幕词。

3月27日上午,中国人民政治协商会议北京市房山县第一届委员会第二次会议闭幕。

政协北京市房山县第一届委员会第二次会议主席团和秘书长名单

主席团(共19名,按姓氏笔画为序)

仇淑兰(女)	王新华	毛锡恩	刘建平	田国增	冯捷南	田树屏
杜宝珍	杨万钟	张 健	张本荣	张成基	张淑贞(女)	赵宝林
胡春波	唐广雱(女)	郭云祥	秦芝楼	龚志源		

秘书长 毛锡恩

第三次会议

中国人民政治协商会议北京市房山县第一届委员会第三次会议,1983年1月13日至18日召开。

1月13日上午,大会开幕。132名委员出席会议。县政协副主席王新华主持。副主席张本荣致

政协北京市房山县第一届委员会第三次会议

开幕词。县政协主席张成基作《政协北京市房山县第一届委员会常务委员会工作报告》，副主席田树屏作《政协北京市房山县第一届委员会第二次会议以来提案处理情况的报告》。中共房山县委书记李永芳讲话。他指出，政协是"智囊团"，要发挥智囊作用，积极献计献策；政协是协调各方面关系的"统战网"，要协助党和政府把全县各方面的代表人物和人才的积极性调动起来；政协是"生力军"，是实现"四化"的重要力量，要充分发挥作用。代理县长邢春华出席会议。下午，分组讨论。

1月14日上午，列席县人大六届三次会议，听取副县长张进儒作《政府工作报告》，听取《关于1982年财政执行情况和1983年财政预算的报告》。下午，分组讨论。

1月15日上午，继续分组讨论。下午，列席县人大六届三次会议，听取县人大常委会工作报告、县法院工作报告和县检察院工作报告。

1月16日，酝酿房山县县长候选人和北京市人大代表候选人。

1月17日上午，列席县人大六届三次会议，学习全国人大五届五次会议精神。下午，学习全国政协五届五次会议通过的《中国人民政治协商会议章程》。

1月18日上午，列席县人大六届三次会议。下午，闭幕式。通过了《中国人民政治协商会议北京市房山县第一届委员会第三次会议决议》，听取并通过了副主席李敬芳作的《中国人民政治协商会议北京市房山县第一届委员会第三次会议提案审查委员会关于提案审查情况的报告》。副主席王新华致闭幕词。

1月18日下午，中国人民政治协商会议北京市房山县第一届委员会第三次会议闭幕。

第二节 政协北京市房山县第二届委员会会议

中国人民政治协商会议北京市房山县第二届委员会，1984年5月至1987年5月任期内，共召开四次全体会议。

第一次会议

中国人民政治协商会议北京市房山县第二届委员会第一次会议，1984年5月14日至19日召开。第二届委员会由20个界别182名委员组成。

5月14日上午，召开预备会议。通过了大会主席团、秘书长名单，大会议程、日程，大会提案审查委员会名单和关于提案截止日期的决议。大会主席团由21人组成，仉淑兰为大会秘书长。

5月14日下午3时，大会开幕。145名委员出席会议。大会执行主席毛锡恩主持。大会执行主席陈芬圃致开幕词。受第一届县政协常务委员会委托，大会执行主席张本荣作了题为《总结工作，乘胜前进，努力开创我县人民政协工作的新局面》的工作报告，大会执行主席杨万钟作了《政协北京市房山县第一届委员会第三次会议以来提案处理情况的报告》。中共房山县委书记李永芳，北京市政协副主席林彤出席会议并讲话。中共房山县委副书记、县长邢春华，副书记王俊起，县人大常委会党组书记张成基，县委常委、组织部长蒲怀瑛，县委常委、宣传部部长安法鲁，县委常委、纪检书记王福来，老干部咨询处主任张革夫出席会议。

县政协第二届委员会主席张本荣作常委会工作报告

政协北京市房山县第二届委员会第一次会议

5月15日，分组讨论县政协常委会工作报告。

5月16日上午，列席县人大七届一次会议，听取县长邢春华作《政府工作报告》。下午，分组讨论。

5月17日上午，列席县人大七届一次会议，听取国民经济和社会发展计划的报告，1983年财政决算和1984年财政预算的报告。下午，分组讨论。

5月18日上午，分组学习《中国人民政治协商会议章程》。协商县人大常委会、县政府、县法院、县检察院领导候选人名单，酝酿县政协主席、副主席、秘书长、常务委员候选人名单。下午，列席县人大七届一次会议，听取县人大常委会工作报告、县法院工作报告和县检察院工作报告。

5月19日上午，全体会议。大会以举手表决的方式，选举张本荣为政协北京市房山县第二届委员会主席，陈芬圃、田树屏、杨万钟、郭云祥、毛锡恩、唐广雯为副主席，仉淑兰为秘书长，马芳礼等23人为常务委员。下午3时，闭幕式。副主席陈芬圃主持。中共房山县委书记李永芳、老干部咨询处主任张革夫出席会议。大会听取并通过了副主席田树屏作的《中国人民政治协商会议北京市房山县第二届委员会第一次会议提案审查委员会关于提案审查情况的报告》，通过了《中国人民政治协商会议北京市房山县第二届委员会第一次会议政治决议》和《中国人民政治协商会议北京市房山县第二届委员会第一次会议关于常务委员会工作报告的决议》。副主席毛锡恩致闭幕词。

5月19日下午，中国人民政治协商会议北京市房山县第二届委员会第一次会议闭幕。

政协北京市房山县第二届委员会第一次会议主席团和秘书长名单

主席团（共21名，按姓氏笔画为序）

马芳礼	尹　昆	王健美（女）	仉淑兰（女）	毛锡恩	田国增	田树屏
刘健庭	祁凤伶	李长恩	何丽荣（女）	陈芬圃	杨万钟	张本荣
赵民俊	赵光起	赵宝林	唐广雯（女）	郭云祥	秦济仲	龚志源

秘书长　仉淑兰（女）

第二次会议

中国人民政治协商会议北京市房山县第二届委员会第二次会议，1985年4月22日至26日在中共房山县委会议室召开。

4月22日下午3时，大会开幕。应到委员182人，实到147人。县政协主席张本荣，副主席田树屏、杨万钟、郭云祥、毛锡恩、唐广雯，秘书长仉淑兰出席会议。副主席陈芬圃主持会议。通过了政协北京市房山县第二届委员会第二次会议议程和日程。县政协主席张本荣作《政协北京市房山县第二届委员会常务委员会工作报告》，副主席杨万钟作《政协北京市房山县第二届委员会提案工作委员会关于第一次会议提案处理情况的报告》。中共房山县委书记李永芳、北京市政协秘书长李天绶在会上讲话。中共房山县委副书记、县长王俊起，县委副书记王福来，县人大常委会主任张成基，副主任白璧、袁景荣，常务副县长马文舫，副县长李炳田、张中兴、容桂英，县委常委、组织部长蒲怀瑛，县委常委、宣传部部长安法鲁，县委常委、农村工作部部长康煜，老干部咨询处主任张革夫、副主任胡振常出席大会，县委、县政府各部、委、办负责同志，本县的市政协委员列席大会。

4月23日上午，分组讨论县政协常委会工作报告。下午，列席县人大七届二次会议，听取县长王俊起作《政府工作报告》，听取县政府关于国民经济和社会发展计划的报告、关于财政预算与决算的报告。

4月24日，讨论县政府工作报告及其他报告。

4月25日上午，学习体会交流会。副主席毛锡恩主持。郭云祥、刘正谊、戴富、刘建廷、田燕生、赵光启、赵宝林、苏惠增8位委员，介绍了学习《中共中央关于经济体制改革的决定》和中共中央1985年一号文件精神的体会，以及发挥政协委员作用，积极为"四化"建设献计出力的情况。下午，列席县人大七届二次会议，听取县人大常委会工作报告、县法院工作报告和县检察院工作报告。

4月26日上午8时30分，闭幕式。副主席郭云祥主持。中共房山县委、县人大、县政府、县老干部咨询处的领导王俊起、孟长友、高海量、李炳田、容桂英、蒲怀瑛、张革夫、胡振常等出席会议。会议通过了《中国人民政治协商会议北京市房山县第二届委员会第二次会议政治决议》，听取并通过了副主席杨万钟作的《中国人民政治协商会议北京市房山县第二届委员会提案工作委员会关于二届二次会议提案审查情况的报告》。县政协主席张本荣作总结讲话。

4月26日上午9时30分，中国人民政治协商会议北京市房山县第二届委员会第二次会议闭幕。

第三次会议

中国人民政治协商会议北京市房山县第二届委员会第三次会议，1986年4月17日至22日召开。

4月17日下午2时30分，大会开幕。县政协主席张本荣，副主席田树屏、杨万钟、郭云祥、毛锡恩、唐广雩，秘书长仉淑兰等145名委员出席大会。副主席陈芬圃主持。会议通过了政协北京市房山县第二届委员会第三次会议议程、日程。县政协主席张本荣作《政协北京市房山县第二届委员会常务委员会工作报告》，副主席杨万钟作《政协北京市房山县第二届委员会第二次会议以来提案处理情况的报告》。中共房山县委书记王俊起，北京市政协副秘书长、办公厅主任王志诚在大会上讲话。中共房山县委副书记、代理县长李庆余，县人大常委会主任张成基，县委、县人大、县政府其他领导出席会议，各部、委、办的领导，本县的市政协委员列席会议。

4月18日上午，列席县人大七届三次会议，听取代理县长李庆余作《政府工作报告》以及其他报告。下午，分组讨论。

4月19日，分组讨论县政府工作报告及其他报告。

4月20日，分组讨论县政协常委会工作报告。

4月21日上午，列席县人大七届三次会议，听取《关于房山县县城建设总体规划方案（草案）的报告》。下午，分组讨论房山县县城建设总体规划方案。

4月22日上午，举行闭幕式。副主席毛锡恩主持。县委、县人大、县政府的负责同志应邀出席大会。县政协主席张本荣传达了全国政协地方工作座谈会精神。听取并通过了副主席杨万钟作的《中国人民政治协商会议北京市房山县第二届委员会第三次会议提案审查情况的报告》，通过了《中国人民政治协商会议北京市房山县第二届委员会第三次会议关于常务委员会工作报告的决议》和《中国人民政治协商会议北京市房山县第二届委员会第三次会议政治决议》。张本荣主席作总结讲话。

4月22日上午，中国人民政治协商会议北京市房山县第二届委员会第三次会议闭幕。

第四次会议

中国人民政治协商会议北京市房山县第二届委员会第四次会议,1987年4月28日召开。

县政协代理主席安法鲁,原县政协主席张本荣,县政协副主席陈芬圃、田树屏、杨万钟、毛锡恩、郭云祥、唐广雩,秘书长仇淑兰及120名委员出席会议。

4月28日上午,大会开始。代理主席安法鲁讲话。充分肯定了本届委员会和全体委员的工作,通报了新一届政协筹备工作情况,对委员提出了殷切期望。会议为委员颁发了荣誉证书。

第三节 政协北京市燕山区第一届委员会会议

中国人民政治协商会议北京市燕山区委员会,从建立到撤销,共一届。1984年7月至1987年5月任期内,共召开三次全体会议。

第一次会议

中国人民政治协商会议北京市燕山区第一届委员会第一次会议,1984年7月16日至20日在北京燕山石化集团公司外宾招待所召开。

政协北京市燕山区第一届委员会,共有12个界别57名委员。

7月16日下午2时30分,大会开幕。应到委员57人,实到52人。北京市政协主席刘导生,中共北京市委统战部副部长兼北京市政协秘书长李天绶,北京市政协办公厅副主任王允桢;北京燕山石化集团公司党委副书记田成平,顾问林源、李警民,总工程师吴嘉祥;中共燕山区委书记齐国璋,副书记冯正磊,区长梁国柱等燕山区委、区人大、区政府主要领导出席会议。区较大单位负责人列席会议。

开幕式由大会执行主席韩正非主持。单发致开幕词,王笃之作《关于筹建政协燕山区委员会的工作报告》,齐国璋代表燕山区委、区人大、区政府讲话,阐述了人民政协的性质、任务和作用,提出了搞好区政协工作的意见。希望区政协坚定不移地贯彻执行"长期共存、互相监督、荣辱与共、肝胆相照"的方针;推动社会力量积极参加全区的物质文明和精神文明建设;充分发挥民主监督作用;搞好党内外合作共事;帮助区委搞好整党;搞好自身建设。刘导生、李天绶也在会上讲话。

7月16日下午,委员分组讨论领导讲话。

7月17日上午,继续分组讨论。下午,列席燕山区人大二届一次会议,听取区政府工作报告。

7月18日,委员分组讨论区政府工作报告。

7月19日上午,列席燕山区人大二届一次会议,听取会议报告。下午,委员分组学习政协章程,协商区政协和区人大、区政府领导候选人名单。

7月20日上午,委员分组学习全国政协主席邓颖超的讲话,继续协商区政协和区人大、区政府领导候选人名单。下午,闭幕式。大会执行主席黄恩有主持会议。会议以举手表决的方式,选举韩正非为政协北京市燕山区第一届委员会主席,王笃之、李全熙为副主席,肖玉琴为秘书长,万泰仁

政协北京市燕山区第一届委员会第一次会议

等为常务委员。会议听取了提案审查委员会主任李全熙作的《关于提案审查情况的报告》,通过了《中国人民政治协商会议北京市燕山区第一届委员会第一次会议政治决议》。区政协主席韩正非致闭幕词。

7月20日下午,中国人民政治协商会议北京市燕山区第一届委员会第一次会议闭幕。

政协北京市燕山区第一届委员会第一次会议主席团和秘书长名单

主席团成员（11名,按姓氏笔画为序）

  王笃之 刘济湘 李春盛 李绍云（女） 李全熙 吴建生 肖玉琴（女）

  单　发 张宝贵 韩正非 郝传锟

秘书长 肖玉琴（女）

第二次会议

中国人民政治协商会议北京市燕山区第一届委员会第二次会议,1985年4月16日至19日在北京燕山石化集团公司外宾招待所召开。

4月16日下午2时30分,大会开幕。应到委员60人,实到50人。区政协主席韩正非主持会议,副主席王笃之、李全熙,秘书长肖玉琴出席会议。北京市人大常委会副主任夏钦林,北京市政协副秘书长王丙戌，北京燕山石化集团公司领导张立文、李警民，中共燕山区委、区政府、区人大领导齐国璋、梁国柱、冯正磊、张建秋、张合仪、杨忠杰等应邀出席会议。区政府各委、办、局领导列席会议。韩正非作了《认清形势，围绕体制改革努力做好政治协商工作》的报告，王笃之代表政协燕山区第一届常委会作了工作报告。北京燕山石化集团公司常务副经理张立文讲话，对大会表示祝贺。

4月17日上午，列席区人大二届二次会议，听取区长梁国柱作《政府工作报告》。下午，委员分组讨论区政府工作报告，学习邓小平讲话。

4月18日上午，继续讨论区政府工作报告。下午，学习邓颖超在全国政协六届三次会议上的讲话，讨论区政协常委会工作报告。

4月19日上午，继续讨论区政协常委会工作报告。下午，闭幕会议。区政协主席韩正非主持。首先进行大会发言，李之洋、李绍云、王江泽、罗希珠、赵作玺五位委员发言。会议听取了区政协提案委员会主任李全熙作的《关于提案审查情况的报告》，通过了《中国人民政治协商会议北京市燕山区第一届委员会第二次会议政治决议》。中共燕山区委书记齐国璋在会上讲话，希望区政协发挥优势，不断创新，与全区人民齐心协力，把燕山区建成文明区。中共北京燕山石化集团公司党委书记吴仪，燕山区人大常委会主任林雷川，燕山区区长梁国柱等出席会议。

4月19日下午5时，中国人民政治协商会议北京市燕山区第一届委员会第二次会议闭幕。

第三次会议

中国人民政治协商会议北京市燕山区第一届委员会第三次会议，1986年4月1日至4月4日在北京燕山石化集团公司会议室召开。

4月1日上午9时30分，大会开幕。应到委员59人，实到50人，区政协主席韩正非，副主席王笃之，秘书长肖玉琴出席会议。副主席李全熙主持会议。韩正非主席代表常务委员会作工作报告。中共北京市委统战部副部长任宁芬、北京市政协副秘书长王志成在会上讲话。北京燕山石化集团公司领导张立文，北京燕山石化集团公司和燕山区的老领导林源、李警民、曹力，中共燕山区委、区人大、区政府领导齐国璋、梁国柱、林雷川、李永忠、杨忠杰、张建秋、李国家、陈有昌出席会议，各部、委、办、局负责同志列席会议。下午，委员分组学习习仲勋在全国地方政协工作座谈会上的讲话，讨论区政协常委会工作报告。

4月2日上午，列席区人大二届三次会议，听取区长梁国柱作《政府工作报告》。下午，委员分组学习全国人大会议精神，讨论区政府工作报告。

4月3日，继续讨论区政府工作报告和区政协常委会工作报告。

4月4日上午，闭幕式。区政协主席韩正非主持。会议听取了提案审查委员会主任李全熙作的《关于提案审查情况的报告》，通过了《中国人民政治协商会议北京市燕山区第一届委员会第三次会议政治决议》。中共燕山区委书记齐国璋讲话，充分肯定了区政协的工作，希望认真总结经验，发扬优良传统和作风，把工作推向一个新高度。副主席王笃之致闭幕词。

4月4日上午10时，中国人民政治协商会议北京市燕山区第一届委员会第三次会议闭幕。

第四节 政协北京市房山区第一届委员会会议

中国人民政治协商会议北京市房山区第一届委员会，1987年5月至1991年2月任期内，共召开五次全体会议。

第一次会议

中国人民政治协商会议北京市房山区第一届委员会第一次会议，1987年5月27日至6月1日在房山宾馆召开。

5月26日下午，举行预备会议。中共房山区委副书记、房山区政协筹备委员会主任高海量主持。房山区政协筹备委员会副主任兼办公室主任单发宣读了国务院关于撤销房山县、燕山区，成立房山区的批复和北京市的指示；高海量作了《政协北京市房山区第一届委员会筹备工作报告》。报告指出，房山区首届政协的筹备工作，是在按照国务院的批复，撤销房山县和燕山区，宣布成立房山区，以及原房山县政协和燕山区政协均已届满的情况下，依照政协章程的规定和有关政策进行的。经协商，政协北京市房山区第一届委员会，由221名委员组成。会议通过了区政协一届一次会议议程、日程、主席团、秘书长名单，提案审查委员会主任、副主任、委员名单。大会主席团由25人组成，陈芬圃为大会秘书长。

5月27日上午9时，大会开幕。大会执行主席李全熙主持。200多名委员出席会议。受大会主席团委托，大会执行主席容桂英致开幕词，大会执行主席齐国璋作了《继往开来，团结奋斗，开创房山区政协工作的新局面》的讲话，就区政协今后的主要工作，讲了几点意见，请委员审议，并供选举产生的区政协常务委员会参考。北京市政协副主席关世雄、中共北京市委统战部副部长王宝亮、中共房山区委书记王作生讲话，对房山区政协一届一次会议的召开表示热烈祝贺，并提出了希望和要求。王作

大会执行主席齐国璋在区政协一届一次会议上讲话

生首先讲了"两撤一建"的现实意义和长远意义，介绍了建立房山区后工农业生产情况和全区的政治形势。他特别强调，要提高对新时期人民政协工作重要性的认识，充分发挥人民政协政治协商、民主监督的职能作用，切实加强党对人民政协工作的领导。各级党政部门都要虚心听取政协的意见，认真接受政协的监督，善于和非党同志合作共事，支持政协组织的专题调查、考察咨询等活动，关心政协组织的自身建设，为政协顺利开展工作创造必要的条件。中共房山区委副书记李庆余、梁国柱、高海量、王绪成，各位区委常委，原燕山区、房山县人大、政府、政协领导出席会议，原燕山区、房山县各部、委、办负责人列席会议。下午，委员分组讨论上述领导的讲话。

5月28日上午，列席房山区第一届人民代表大会第一次会议，听取了有关报告。下午，分组讨论。

5月29日，阅读原房山县政协和燕山区政协工作总结，讨论区人大一届一次会议有关文件。

5月30日上午，酝酿区政协第一届委员会主席、副主席、秘书长、常务委员候选人。下午，全体会议。大会执行主席毛锡恩主持。以举手表决的方式，选举齐国璋为政协北京市房山区第一届委员会主席，王笃之、毛锡恩、李全熙、杨万钟、陈芬圃、唐广雩、容桂英、钱觉霖为副主席，肖玉琴为秘书长，万泰仁等31人为常务委员。还讨论协商了区人大常委会主任、副主任，区政府区长、副区长，区法院院长，区检察院检察长候选人。

5月31日上午，参观石花洞、云居寺。下午，列席区人大一届一次会议，听取新当选的区长李庆余关于政府工作任务的讲话。

6月1日上午，分组讨论区长李庆余关于政府工作任务的讲话。下午，闭幕式。副主席唐广雩主持。通过了《中国人民政治协商会议北京市房山区第一届委员会第一次会议政治决议》，通过了副主席杨万钟作的《中国人民政治协商会议北京市房山区第一届委员会第一次会议提案审查委员会关于提案审查情况的报告》。中共房山区委副书记高海量出席会议并讲话。区委、区人大、区政府部分领导应邀出席会议。副主席王笃之致闭幕词。

6月1日下午，中国人民政治协商会议北京市房山区第一届委员会第一次会议闭幕。

政协北京市房山区第一届委员会第一次会议主席团和秘书长名单

主席团（共25名，以姓氏笔画为序）

王笃之	毛锡恩	仇淑兰（女）	田树屏	齐国璋	刘建庭	李全熙
杨万钟	陈芬圃	宋思明	肖玉琴	张树鹤	邱碧昌	杨柏年
侯长伯	赵士奎	赵宝林	姚保宣	敖 菊（女）	唐广雩（女）	郭云祥
容桂英	钱觉霖	黄恩有	戴 富			

秘书长 陈芬圃

第二次会议

中国人民政治协商会议北京市房山区第一届委员会第二次会议，1988年4月6日至8日在区科委报告厅召开。

4月6日上午9时，大会开幕。区政协副主席陈芬圃、王笃之、毛锡恩、杨万钟、唐广雩、容桂英、钱觉霖，秘书长肖玉琴等170余名委员出席。副主席李全熙主持。副主席陈芬圃作《政协北京市房山区第一届委员会常务委员会工作报告》，副主席杨万钟作《政协北京市房山区第一届委员会提案工作委员会关于提案处理情况的报告》。北京市政协秘书长李天绶、中共房山区委书记王作升在会上讲话。李天绶指出，房山区政协的工作报告很有新意。他希望房山区政协继续发挥政治协商、民主监督的职能作用，围绕经济建设这个中心，深入开展政协工作。王作升指出，区政协成立以来，积极参与全区各项大政方针决策的协商，为全区的两个文明建设做出了积极贡献。他希望：政协工作要围绕经济腾飞这个中心任务开展，深入到经济建设第一线；积极开展协商对话活动，做好宣传教育工作，为发展巩固安定团结的政治局面服务；重视海外联谊工作，为经济建设多做实事。中共房山区委副书记、区长李庆余，区委副书记、区人大常委会主任梁国柱，区委副书记王绪成，区委常委单发、刘国连，副区长夏方伟，区人大常委会副主任马向风、安法鲁，中共燕山工委书记冯正磊、副书记李逢春，北京燕山石化集团公司组织部部长赵芳，原燕山区、房山县政协老领导韩正非、张本荣应邀出席会议。本区的市政协委员，区委、区政府相关部、委、办、局领导列席会议。

4月6日下午，分组讨论区政协常委会工作报告和市、区领导讲话。

4月7日上午，列席区人大一届三次会议，听取区长李庆余作《政府工作报告》。下午，分组讨论区政府工作报告。

4月8日上午，分组收看第七届全国人大第一次会议关于选举国家领导人的电视实况转播。下午，闭幕式。首先进行大会发言。杨万钟、王笃之、曾建成、赵作玺、祁凤伶委员在大会上发言，王贵、胡建伟委员作书面发言，就正确认识和发挥民主党派作用，加快教育事业发展，发挥"三胞"作用，巩固发展乡镇企业，加快企业改革步伐等问题发表意见。大会通过了《中国人民政治协商会议北京市房山区第一届委员会第二次会议政治决议》和《中国人民政治协商会议北京市房山区第一届委员会第二次会议关于提案审查情况的报告》。

4月8日下午，中国人民政治协商会议北京市房山区第一届委员会第二次会议闭幕。

第三次会议

中国人民政治协商会议北京市房山区第一届委员会第三次会议，1989年3月13日至16日在房山宾馆召开。

政协北京市房山区第一届委员会第三次会议会场

3月13日上午10时，大会开幕。150余名委员出席。区政协副主席陈芬圃主持。副主席毛锡恩作《政协北京市房山区第一届委员会常务委员会工作报告》，副主席杨万钟作《政协北京市房山区第一届委员会提案工作委员会关于一届二次会议以来提案处理情况的报告》。北京市政协副主席关世雄、中共房山区委书记王作升出席会议并讲话。王作升阐述了房山区面临的形势和任务，希望区政协和政协委员，积极参与治理整顿和深化改革，努力为全区经济建设和社会发展服务。中共房山区委副书记、区长李庆余，区委副书记高海量、王绪成、白宗全，区人大常委会代主任马向凤、副主任安法鲁，燕山工委副书记李逢春，北京燕山石化集团公司党委工作部部长阳安江，原燕山区政协主席韩正非出席会议。区政府有关部、委、办、局领导，本区的市政协委员列席会议。

3月13日下午，委员分组讨论区政协常委会工作报告和市、区领导讲话。

3月14日上午，列席区人大一届四次会议，听取区长李庆余作《政府工作报告》。下午，分组讨论报告。

3月15日，分组讨论区政府工作报告，酝酿区政协秘书长、常务委员候选人名单。

3月16日上午，全体会议。决定钱觉霖副主席兼任政协北京市房山区第一届委员会秘书长，选举王素英、刘玉荣、张宝贵为政协北京市房山区第一届委员会常务委员。

3月16日下午，闭幕式。县政协副主席兼秘书长钱觉霖主持。听取并通过了政协提案委员会副主任田国增作的《中国人民政治协商会议北京市房山区第一届委员会提案委员会关于提案审查情况的报告》，通过了《中国人民政治协商会议北京市房山区第一届委员会第三次会议政治决议》。中共房山区委副书记高海量，区委常委、常务副区长张中兴出席会议。中共房山区委副书记白宗全代表区委讲话，对大会圆满成功表示祝贺，对政协委员表示感谢。希望各位委员，认真执行"关于政治协商、民主监督的暂行规定"，在各自的岗位上发挥聪明才智，与全区人民同心同德、共渡难关，夺取全区各项事业的新胜利。

3月16日下午，中国人民政治协商会议北京市房山区第一届委员会第三次会议闭幕。

第四次会议

中国人民政治协商会议北京市房山区第一届委员会第四次会议，1989年12月8日在房山宾馆召开。

12月8日上午9时，大会开幕。区政协副主席陈芬圃作关于召开政协北京市房山区第一届委员会第四次会议的说明，中共房山区委领导出席会议并介绍有关情况。全体会议后，分组讨论。

下午1时30分，全体会议。通过了齐国璋因健康原因，辞去政协北京市房山区第一届委员会主席职务的请求，选举高海量为政协北京市房山区第一届

区政协主席高海量在区一届四次会议上讲话

委员会主席。通过了全体委员给齐国璋的慰问信,对齐国璋从党的事业出发,实事求是,顾全大局的精神表示钦佩和敬意。区政协主席高海量和中共房山区委领导在会上讲话。

12月8日下午,中国人民政治协商会议北京市房山区第一届委员会第四次会议闭幕。

第五次会议

中国人民政治协商会议北京市房山区第一届委员会第五次会议,1990年3月21日至24日在房山宾馆召开。

3月21日上午9时30分,大会开幕。首先通过了大会议程。区政协主席高海量致开幕词,副主席李全熙作《政协北京市房山区第一届委员会常务委员会工作报告》,副主席杨万钟作《政协北京市房山区第一届委员会提案工作委员会关于一届三次会议以来提案处理情况的报告》。北京市政协副主席王大明讲话,着重就学习贯彻中共中央14号文件精神讲了几点意见。希望政协委员加强学习,提高认识,在政治上与中共中央保持一致;要广交朋友,密切联系群众,把社会各界的意见和呼声反映给党和政府,把党和政府的方针政策向群众解释;要搞好调查研究,做好参政议政、咨询服务工作,努力促进社会稳定和经济持续协调发展。下午,委员分组讨论区政协常委会工作报告。

3月22日上午,全体会议。听取了区长李庆余关于政府工作报告主要内容的介绍。下午,委员分组讨论政府工作报告。

政协北京市房山区第一届委员会第五次会议会场

3月23日上午，全体会议。听取副区长夏方伟和从善本教授关于制定《房山区经济社会综合发展规划》的说明。下午，分组讨论《房山区经济社会综合发展规划》。

3月24日上午，大会发言。杨万钟、侯长伯、杜瑛、王笃之、张宝贵、颜景河、林梦、高英委员，就学习贯彻中共中央14号文件精神，依靠科技振兴农业，加强思想政治工作，做好学生德育工作，乡镇企业渡难关，加强文化、文物、旅游工作，发挥商业企业作用，加强民主法治建设等问题，发表意见和建议。

3月24日下午2时30分，闭幕式。通过了《中国人民政治协商会议北京市房山区第一届委员会第五次会议政治决议》。会议认为，区政协一届三次会议以来，各项工作取得了新的进展。在制止动乱，平息反革命暴乱中做了许多工作，坚持了正确政治方向，为全区的社会稳定做出了贡献；积极开展协商和监督活动，为推动治理整顿、深化改革和民主政治建设发挥了积极作用。会议充分肯定了区政府的工作，同意房山区经济社会发展规划。中共房山区委书记邵干坤在闭幕会上讲话。希望政协委员，积极维护社会稳定，在保持政局稳定方面发挥更大作用；充分发挥"人才库"的优势，在促进全区经济社会协调发展方面发挥更大作用；广泛宣传经济社会发展规划，在监督实施方面发挥更大作用；充分发挥人民政协联系广泛的特点，在加强党和政府与人民群众密切联系方面发挥更大作用；认真贯彻执行党的统战政策，在推进爱国统一战线方面发挥更大作用。

3月24日下午，中国人民政治协商会议北京市房山区第一届委员会第五次会议闭幕。

第五节 政协北京市房山区第二届委员会会议

中国人民政治协商会议北京市房山区第二届委员会，1991年2月至1994年2月任期内，共召开三次全体会议。

第一次会议

中国人民政治协商会议北京市房山区第二届委员会第一次会议，1991年2月21日至27日在燕化宾馆召开。

2月21日上午，召开预备会议。通过了区政协二届一次会议主席团和秘书长名单、会议议程、会议日程和提案审查委员会名单。主席团由17人组成，毛锡恩为大会秘书长。

2月21日下午2时，大会开幕。大会执行主席唐广雾致开幕词。受区政协第一届委员会常务委员会委托，大会执行主席容桂英作题为《总结经验，积极进取，为坚持和完善共产党领导的多党合作和政治协商制度做出新贡献》的工作报告。中共房山区委书记邵干坤讲话，结合国际国内形势，阐述了政协的性质、地位和作用，希望区政协在维护社会安定团结，搞好改革开放、治理整顿、两个文明建设，推进民主法制建设和党政机关廉政建设，促进祖国统一等方面发挥更大作用。北京市政协常务副主席关世雄讲话，对房山区政协二届一次会议的召开表示祝贺，希望认真学习贯彻《中共中央关于坚持和完善中国共产党领导的多党合作和政治协商制度的意见》和《中共中央关于制定国民经济和社会发展十年规划和八五计划的建议》。

2月22日上午，分组讨论区政协常委会工作报告和市、区领导讲话。下午，列席区人大二届一次会议，听取区长李庆余作《政府工作报告》。

2月23日，分组讨论《政府工作报告》。

2月24日，分组酝酿政协北京市房山区第二届委员会主席、副主席、秘书长、常务委员候选人名单，协商讨论区人大、区政府、区法院、区检察院领导候选人名单。

2月25日上午，全体会议。以无记名投票方式，选举张中兴为政协北京市房山区第二届委员会主席，毛锡恩、孙钺、杨旭、钱觉霖、唐广雩、容桂英为副主席，钱觉霖兼任秘书长，王素英等32人为常务委员。新当选的区政协主席张中兴讲话，对委员的信任表示感谢，并对今后一个时期区政协的工作讲了意见。下午，分组讨论。

2月26日上午，宣布区政协专门委员会组成。下午，各专门委员会通报1991年工作初步设想。

2月27日上午，闭幕式。听取了提案审查委员会副主任田国增作的《中国人民政治协商会议北京市房山区第二届委员会第一次会议提案审查委员会关于提案审查情况的报告》，通过了《中国人民政治协商会议北京市房山区第二届委员会第一次会议政治决议》。会议同意区政协第一届常务委员会的工作报告，充分肯定区政府的工作成绩。会议要求，全体委员要从巩固和完善我国基本政治制度的高度，进一步加深对新时期政协工作的认识，努力加强自身建设，充分发挥特点和优势，卓有成效地开展工作，切实肩负起历史赋予的重任。副主席孙钺致闭幕词。

2月27日上午10时，中国人民政治协商会议北京市房山区第二届委员会第一次会议闭幕。

政协北京市房山区第二届委员会第一次会议大会主席团和秘书长名单

主席团（共17名，按姓氏笔画为序）

王素英	毛锡恩	田树屏	祁凤伶	齐仲贞	孙　钺	张中兴
杨　旭	张春源	林　梦	赵宝林	贾　麟	唐广雩	郭云祥
钱觉霖	容桂英	韩　幸

秘书长　毛锡恩

第二次会议

中国人民政治协商会议北京市房山区第二届委员会第二次会议，1992年2月18日至20日在房山宾馆召开。

2月18日上午，大会开幕。区政协主席张中兴，副主席毛锡恩、孙钺、杨旭、唐广雩、容桂英等191名委员出席会议。副主席兼秘书长钱觉霖主持。主席张中兴代表常务委员会作《总结经验，不断进取，进一步开创我区政协工作的新局面》的工作报告，副主席容桂英作《政协北京市房山区第二届委员会提案工作委员会关于二届一次会议以来提案工作的报告》。北京市政协副主席张明义讲话，希望房山区政协，继续围绕中心，搞好调查研究，做好提案工作，为建设房山、建设北京多做贡献。中共房山区委书记邵干坤讲话，通报了全区的政治经济形势，希望区政协和政协委员，进一步提高对政协工作的认识，进一步发挥政协的优势，为全区两个文明建设做出更大成绩。区政府区长李庆余，区人大常委会主任蒲怀瑛，区委、区人大、区政府各位副书记、副主任、副区长，北京市政协副秘

政协北京市房山区第二届委员会第二次会议开幕式

书长蒋建国应邀出席会议。下午,委员分组讨论区政协常委会工作报告。

2月19日上午,全体会议。听取副区长金玉舱作关于区政府工作报告的说明。下午,分组讨论区长李庆余拟在区人大二届二次会议上作的政府工作报告。

2月20日上午,大会发言。任成清、林其荦、彭清泉、田树屏、宋湘、贡麟等委员,就搞活国合商业,发展塑料加工业,农业科技队伍建设,做好教育工作,推进社会治安综合治理,发挥民主党派作用等问题发表意见。

2月20日下午,闭幕式。会议增选张静慧、张玉泉、孙克欣、宋中文为政协北京市房山区第二届委员会常务委员,通过了《中国人民政治协商会议北京市房山区第二届委员会第二次会议政治决议》。区政协主席张中兴作总结讲话,要求全体委员认真贯彻区政协二届二次会议精神,积极参政议政,做好调查研究工作,提高提案质量和建议质量;充分发挥自身优势,搞好咨询服务,做好牵线搭桥、引进技术、引进项目、引进人才等工作,为经济建设和两个文明建设多做实事;希望全体委员自尊、自爱、自重,力戒骄傲,保持荣誉。

2月20日下午2时30分,中国人民政治协商会议北京市房山区第二届委员会第二次会议闭幕。

第三次会议

中国人民政治协商会议北京市房山区第二届委员会第三次会议,1993年2月15日至17日在房山宾馆召开。

2月15日上午，大会开幕。区政协主席张中兴，副主席毛锡恩、孙钺、杨旭、钱觉霖、唐广雩、容桂英出席会议。主席张中兴代表常务委员会作《积极参政议政，充分发挥优势，为我区两个文明建设而努力奋斗》的工作报告，副主席容桂英作《政协北京市房山区第二届委员会提案工作委员会关于二届二次会议以来提案工作的报告》。中共房山区委书记邵干坤讲话。指出，区政协1992年做了大量工作，收到了良好的社会效益，在群众中产生了很好的反响。希望认真贯彻区委二届六次全会精神和区直机关经济发展再上一个新台阶的动员大会精神，为促进房山经济的繁荣与发展多做贡献。下午，委员分组审议区政协两个报告。

2月16日上午，全体会议。听取了常务副区长赵振隆代表区政府作的关于政府工作报告的说明，听取了区政府关于良乡卫星城开发建设进展情况的通报。下午，分组讨论区政府工作报告。

2月17日上午，全体会议。增选黄发文为政协北京市房山区第二届委员会常务委员。进行大会发言。邓珏、任成清、李彧波、吕兴州、宋湘、苏宝光、李国民等委员，就搞好燕房经济技术合作，搞活商业流通，发展旅游产业，发展高产优质高效农业，加强民主法制建设，促进教育事业更快发展，发挥民主党派作用等问题发表意见。

2月17日下午，闭幕式。通过了《中国人民政治协商会议北京市房山区第二届委员会第三次会议政治决议》。会议认为，区政协二届二次会议，先于区人大二届二次会议召开，区委、区人大、区政府领导及区直委办局领导应邀出席会议，听取意见，体现了区委对政协工作的重视，贯彻了"协商于决策之前"的精神。会议赞同区长李庆余拟在区人大二届二次会议作的政府工作报告，赞同区政协主席张中兴作的区政协常委会工作报告。区政协主席张中兴作总结讲话。指出，1993年，区政协要解放思想，坚持一切从实际出发，找准自身优势，力求作一些实实在在的工作，在不干扰、不代替党政部门工作的前提下和政策允许的范围内，为房山区的经济和社会发展多办实事。

2月17日下午5时，中国人民政治协商会议北京市房山区第二届委员会第三次会议闭幕。

第六节 政协北京市房山区第三届委员会会议

中国人民政治协商会议北京市房山区第三届委员会，1994年2月至1999年1月任期内，共召开五次全体会议。

第一次会议

中国人民政治协商会议北京市房山区第三届委员会第一次会议，1994年2月19日至23日在北京燕山石化集团公司会议室召开。

2月18日下午，召开预备会议。区政协第二届委员会副主席容桂英主持。通过了大会主席团名单和秘书长名单，魏士宽为大会主席团主持人，张静惠为大会秘书长；通过了大会议程；宣布了大会提案截止时间。

2月19日上午，大会开幕。大会执行主席张静惠主持。大会执行主席魏士宽致开幕词。大会执行主席容桂英代表区政协第二届委员会常务委员会作题为《总结经验，开拓进取，进一步开创我区政协工作的新局面》的工作报告；唐荣作区政协第二届委员会提案工作报告。北京燕山石化集团公司党委书记阳安江代表来宾单位向大会致贺词。北京市政协副主席卢松华在大会上讲话，对人民政协在新时期的性质、地位、作用和任务作了阐述；并就1996年的政协工作提出六点要求：大兴调研之风，在提高参政议政水平和实效上下功夫；进一步加强协商监督的规范化、制度化建设；进一步扩大海外统战工作，拓宽海外工作领域；加强宣传工作，提高信息质量；进一步畅通民主渠道；进一步加强政协机关建

大会执行主席魏士宽在区政协三届一次会议上致开幕词

设。中共房山区委书记李庆余在讲话中，对政协房山区第二届委员会的工作给予高度评价，希望新一届政协，发扬优良传统，发挥自身优势，为全区的改革开放和现代化建设，为维护安定团结的政治局面做出新的贡献。北京市政协副秘书长蒋建国，中共房山区委副书记、代区长焦志忠，区委副书记高海亮、刘永富、刘文秀、倪有水，区人大常委会主任蒲怀英应邀出席开幕式。

2月20日上午，列席区人大三届一次会议，听取代区长焦志忠作《政府工作报告》。会后分组讨论。

2月22日上午，全体会议。采取无记名投票方式，选举产生了政协北京市房山区第三届委员会主席、副主席、秘书长和常务委员。主席魏士宽，副主席刘存泽、容桂英、王振忠、戈承、袁贵珠、马文仲，秘书长张静惠。

2月23日上午，举行闭幕会。区政协秘书长张静惠主持。通过了《中国人民政治协商会议北京市房山区第三届委员会第一次会议政治决议》。区政协主席魏士宽讲话，代表新当选的各位副主席和秘书长，对各位委员的信任和支持表示感谢。对新一届政协工作提出三点意见：要加深对中国特色社会主义政治建设的理解，进一步提高对人民政协性质、地位和作用的认识，为开创政协工作的新局面增进共识，奠定坚实的思想基础；要紧紧围绕新一届中共房山区委确定的全区改革和建设的奋斗目标与主要任务，切实发挥人民政协在政治生活、经济生活中的重要作用；发扬注重学习、自我教育的优良传统，努力提高自身素质，更好地担负起参政议政的重任。

2月23日上午，中国人民政治协商会议北京市房山区第三届委员会第一次会议闭幕。

政协北京市房山区第三届委员会第一次会议主席团和秘书长名单
主席团（共19名，按姓氏笔画为序）

马文仲	方自生	王振忠	戈　承	田树屏	刘凡慧	刘存泽
宋　湘	张维勋	李景周	张静惠	林其荦	贡　麟	侯作山
容桂英	袁贵珠	黄发文	彭清泉	魏士宽		

秘书长　张静惠

政协北京市房山区第三届委员会第一次会议

第二次会议

中国人民政治协商会议北京市房山区第三届委员会第二次会议，1995年2月10日至11日在房山宾馆召开。

2月10日上午，大会开幕。区政协主席魏士宽，副主席刘存泽、容桂英、戈承、袁贵珠、马文仲等198名委员出席会议。秘书长张静惠主持。副主席刘存泽致开幕词。主席魏士宽代表常务委员会作题为《紧紧围绕区委中心工作，全面履行政协职能，为实现房山区再度辉煌的宏伟目标做贡献》的工作报告。区政协提案工作委员会副主任唐荣作了题为《进一步提高提案质量和办案质量，充分发挥政协提案在参政议政中的重要作用》的提案工作报告。北京市政协副主席黄纪诚讲话，对政协房山区新一届委员会的工作给予了高度评价。就进一步做好1995年政协工作提出了几点意见：要加强对建设有中国特色的社会主义理论和政协职能的学习；要通过各种行之有效、切合实际的形式，最大限度地调动全体委员的积极性，使其在改革开放、促进发展和维护社会稳定方面发挥作用；要加强调研工作，把政治协商、民主监督寓于调查研究中；要加强政协机关建设，使政协真正成为全体委员参政议政、发挥作用的重要场所。中共房山区委书记李庆余在开幕式上讲话。他对政协房山区第三届委员会的工作给予了充分肯定；希望区政协充分发挥自身优势，继续在促进全区经济建设和扩大开放，保持全区社会稳定，帮助区委和区政府提高决策水平上发挥更大作用。中共房山区委副书记、区长焦志忠，区人大常委会主任李永忠，区委副书记高海亮、刘永富、刘文秀，区政府常务副区长罗文阁，区人大常委会副主任李有发，区委常委、团区委书记王洪钟，北京燕山石化集团公司、中国原子能研究院、北京煤矿机械厂、北京电力设备总厂、海军政治部研究所等驻区中央、市属单位的领导应邀出席开幕式。本区的市政协委员及区直各部、委、办、局领导列席会议。下午，委员分组讨论。

2月11日上午，听取了区政府常务副区长罗文阁关于《政府工作报告》（征求意见稿）的说明，并分组进行了讨论。

2月11日下午，举行闭幕式。区政协副主席刘存泽主持。通过了《中国人民政治协商会议北京市房山区第三届委员会第二次会议政治决议》。会议认为，区政府一年来，认真贯彻党的基本路线，解放思想，真抓实干，全区经济建设保持了持续快速发展的势头，城乡建设和管理得到了加强，教育、卫生、文化等各项事业有了新发展，提前两个月完成了1994年"双超百亿"奋斗目标。"龙腾"计划、"虎跃"工程取得了突破性进展，社会主义精神文明建设和民主法制建设取得了新成绩。会议赞同《政府工作报告》。会议指出，1995年是我国实施"八五"计划的最后一年，人民政协肩负着艰巨而光荣的任务，要认真学习邓小平建设中国特色社会主义理论，紧紧围绕经济建设这个中心，进一步开拓政协工作的新局面。副主席容桂英致闭幕词。

2月11日下午，中国人民政治协商会议北京市房山区第三届委员会第二次会议闭幕。

第三次会议

中国人民政治协商会议北京市房山区第三届委员会第三次会议，1996年2月26日至28日在房山宾馆召开。

2月26日上午9时，大会开幕。区政协主席魏士宽，副主席刘存泽、容桂英、戈承、袁贵珠、马文仲出席会议。秘书长张静惠主持会议。副主席刘存泽致开幕词。主席魏士宽作《政协北京市房山区第三届委员会常务委员会工作报告》，政协提案委员会常务副主任刘永成作《政协北京市房山区第三届委员会第二次会议以来的提案工作报告》。北京市政协副主席卢松华向大会表示祝贺。中共房山区委书记李庆余，对区政协的工作给予充分肯定。他指出，1996年是实施"九五"计划的开局之年，实现全区"九五"计划，离不开各位委员的积极参与。区委要更加重视人民政协工作，上半年将召开全区政协工作会议，使各级党委和政府进一步提高对政协工作重要性的认识。希望区政协，继续贯彻中央和市委有关文件精神，推进政协工作规范化、制度化建设，进一步拓展参政议政的领域；发挥政协社会联系面广的优势，广开门路、牵线搭桥、协调关系、化解矛盾，为全区各项事业发展献计出力。

2月27日上午，召开全体会议。副主席容桂英主持。听取了区政府常务副区长罗文阁作的《区政府工作报告》（征求意见稿）的说明，区财政局局长郑克玉作的《关于1995年财政预算执行情况的通报》，听取了区政协主席魏士宽关于政协房山区委员会机构改革后机构设置情况的通报。

2月27日下午，大会发言。区政协主席魏士宽主持。杜瑛、白树林、赵成、姜之杰、宋湘、张明德、刘建平、吕兴洲、孟凡凯、黄发文、戴富、张永田等委员在会上发言，就企业管理、处置闲置资产、提高教育质量、加强燕房合作等问题发表意见，献计献策。区政府区长焦志忠，常务副区长罗文阁，

政协北京市房山区第三届委员会第三次会议开幕式

副区长郭先英、魏贵训、李福田、余海星出席大会，听取委员对区政府工作的意见和建议，并与委员座谈交流。

会议期间，全体委员认真审议了区政协常务委员会工作报告和关于提案工作情况的报告，讨论了区政府工作报告及其他报告，讨论了房山区"九五"计划和2010年远景目标纲要。

2月28日下午，举行闭幕会。副主席刘存泽主持。通过了《中国人民政治协商会议北京市房山区第三届委员会第三次会议政治决议》。副主席容桂英致闭幕词。

2月28日下午，中国人民政治协商会议北京市房山区第三届委员会第三次会议闭幕。

第四次会议

中国人民政治协商会议北京市房山区第三届委员会第四次会议，1997年2月24日至26日在房山宾馆召开。

2月24日上午9时，大会开幕。区政协主席魏士宽，副主席刘存泽、容桂英、戈承、袁贵珠、马文仲等209名委员出席。秘书长张静惠主持。副主席刘存泽致开幕词。主席魏士宽作《政协北京市房山区第三届委员会常务委员会工作报告》，区政协提案委员会常务副主任刘永成作《政协北京市房山区第三届委员会第三次会议以来的提案工作报告》。北京市政协副主席卢松华向大会表示祝贺，并对进一步做好政协工作提出了几点要求：把握大局，同心攻坚；围绕中心，帮忙出力；突出团结，维护稳定；多办实事，促进发展；加强自身建设，推进政协工作规范化、制度化。中共房山区委书记李庆余讲话，对政协工作提出三点希望：发挥自身优势，继续在全区改革开放和经济建设上发挥更大的作用；继续在促进全区的民主法制建设上发挥更大的作用；继续在保持全区社会稳定方面发挥更大的作用。区领导李永忠、赵克忠、游来柱、罗文阁，北京燕山石化集团公司、中国原子能研究院、北京煤矿机械厂、北京电力设备总厂、52922部队等单位的领导出席开幕式。

2月25日上午，全体会议。听取区政府常务副区长罗文阁作的关于《政府工作报告》（征求意见稿）的说明；听取区财政局长郑克玉作的《关于1996年财政预算执行情况和1997年财政预算（草案）的报告》。增选姚志明为政协北京市房山区第三届委员会常务委员。

2月25日下午，委员分精神文明建设、文教卫体、政法、计划财政金融、农业科技、工交商贸等七个组，与区委、区政府及相关部门领导对口座谈。黄发文、杜瑛、史长义、王京立、孙克欣等委员在会上发言，就深入实施区委、区政府确定的"龙腾"计划、"虎跃"工程，促进全区两个文明建设，开创房山各项事业新局面发表意见和建议。区长焦志忠，区委副书记赵克忠，常务副区长罗文阁，副区长郭先英、魏贵训、李硕夫、余海星、李福田、孙新军，以及有关部委办局的领导出席会议。中共房山区委书记李庆余到各组了解座谈情况，听取委员的意见。

2月26日下午，闭幕式。副主席刘存泽主持。通过了《中国人民政治协商会议北京市房山区第三届委员会第四次会议政治决议》。中共房山区委副书记、区长焦志忠和区委副书记赵克忠在大会上讲话，对区政协工作给予了高度评价，并提出了期望和要求。副主席容桂英致闭幕词。

2月26日下午，中国人民政治协商会议北京市房山区第三届委员会第四次会议闭幕。

第五次会议

中国人民政治协商会议北京市房山区第三届委员会第五次会议，1998年2月12日至14日在房山宾馆召开。

2月12日上午9时，大会开幕。区政协主席魏士宽，副主席容桂英、戈承、袁贵珠、马文仲，秘书长张静惠等203名委员出席。副主席刘存泽主持。主席魏士宽作《政协北京市房山区第三届委员会常务委员会工作报告》。政协提案委员会常务副主任刘永成作《政协北京市房山区第三届委员会第四次会议以来的提案工作报告》。北京市政协副主席卢松华向大会表示祝贺，希望房山区政协按照中共北京市第八次代表大会的工作部署，在继续履行政协主要职能的同时，把总结本届政协工作经验作为一项重要任务认真抓好，为下一届区政协工作开创新局面打好基础；为把建设有中国特色社会主义伟大事业全面推向21世纪，为房山区两个文明建设做出更大贡献。

2月13日上午，召开全体会议，听取区政府常务副区长罗文阁作的关于《政府工作报告》（征求意见稿）的说明和区财政局局长郑克玉作的《关于1997年区财政预算执行情况的通报》。

2月13日下午，与会委员与区委、区政府领导举行专题座谈。就关于进一步贯彻落实党在农村的基本政策，加快农业产业化进程；关于工交、商贸、旅游、建筑建材等行业扶优组团，发展规模经济；关于鼓励非公有制经济大力发展，解放和发展生产力；关于搞好城镇建设及绿化美化、社会秩序综合整治；关于进一步发展教科文卫体事业；关于搞好普法教育，实施依法治区，保持社会稳定和政治安定；关于深入学习贯彻中共十五大精神，加强社会主义精神文明建设等七个专题坦诚建言。区委、区政府领导单霁翔、王凤江、赵克忠、罗文阁、王晓芝、李福田、李硕夫、郭先英、魏贵训、余海星、李星泽、翟鸿儒，以及区各大委口的主要领导到会听取委员的意见和建议。

2月14日下午，举行闭幕会议。副主席容桂英主持。通过了《中国人民政治协商会议北京市房山区第三届委员会第五次会议政治决议》。中共房山区委书记单霁翔在闭幕会上讲话。充分肯定区政协的工作成绩。指出，1998年是全面贯彻党的十五大精神的第一年，需要全区干部群众共同努力。希望区政协和各位委员发挥更大的作用，围绕全区中心工作，认真履行职能。

2月14日下午2时50分，中国人民政治协商会议北京市房山区第三届委员会第五次会议闭幕。

第七节 政协北京市房山区第四届委员会会议

中国人民政治协商会议北京市房山区第四届委员会，1999年1月至2004年1月任期内，共召开五次全体会议。

第一次会议

中国人民政治协商会议北京市房山区第四届委员会第一次会议，1999年1月15日至19日在昊天假日酒店召开。

1月14日下午3时，召开预备会议。区政协第三届委员会主席魏士宽主持。通过了大会主席团成员和秘书长名单、会议议程、提案审查委员会名单和决议起草委员会名单。大会主席团第一次会议，推举游来柱、王晓芝、容桂英、许志远、马文仲、林义、万金峰为常务主席，游来柱为大会主席团常务主席会议主持人。

1月15日上午9时，大会开幕。大会常务主席游来柱主持。235名政协委员出席大会。大会常务主席容桂英代表政协北京市房山区第三届常委会向大会作工作报告，第三届区政协提案委员会常务副主任刘永成作区政协三届一次会议以来提案工作情况的报告。北京燕山化工集团公司党委副书记王玉英致贺词。北京市政协副主席宋维良在大会讲话，他高度评价了房山区政协的工作，希望新一届政协加强学习，提高认识，增进共识，讲政治，顾大局，认真贯彻党的基本路线，坚持人民政协的正确方向；认真贯彻落实中共十五大精神，为房山区现代化建设做出更大的贡献。北京市政协副秘书长蒋建国，中共房山区委书记单霁翔，区人大常委会主任李永忠，区政府区长王凤江，区政协第三届委员会主席魏士宽，区委副书记鲁勇，区政府副区长余海星，中国原子能研

区政协主席游来柱在区政协四届一次会议上讲话

究院党委副书记李林虎，北京电力设备总厂党委书记刘志刚，北京市琉璃河水泥厂工会主席王信德，中国人民解放军38609部队政治部主任王衡文等应邀出席开幕式。本区的市政协委员，各民主党派和工商联负责人，区委、区政府各部、委、办、局、公司，各人民团体的有关领导列席会议。

1月16日上午，列席区人大三届一次会议，听取《政府工作报告》及其他报告。

1月18日上午，召开全体会议，大会常务主席容桂英主持。通过选举办法，通过总监票人、监票人名单，以无记名投票方式，选举游来柱为政协北京市房山区第四届委员会主席，王晓芝、容桂英、许志远、马文仲、林义、万金峰为副主席，王晓芝兼秘书长，于淑云等36人为常务委员。

会议期间，与会委员审议了区政协第三届委员会常务委员会五年工作总结报告和关于提案工作情况的报告，讨论了区政府工作报告及其他报告，讨论了《房山区1999年至2010年发展总体战略和总体规划》，围绕全区改革发展稳定提出了许多建设性意见和建议。

1月19日下午，举行闭幕式。区政协副主席王晓芝主持。副主席林义宣读区政协常委会《关于设置专门委员会的决定》，副主席万金峰宣读专门委员会主任、副主任名单。会议听取并通过了提案审查委员会《关于四届一次会议提案审查情况的报告》；审议通过了《中国人民政治协商会议北京市房山区第四届委员会第一次会议政治决议》和《中国人民政治协商会议北京市房山区第四届委员会第一次会议关于第三届常务委员会工作报告的决议》。区政协主席游来柱代表新当选的各位副主席、秘书长和常务委员表示，一定不辜负委员的信任和期望，加强学习，克己奉公，兢兢业业，开拓进取，努力把本届政协工作做好。中共房山区委书记单霁翔出席会议并讲话，充分肯定了第三届区政协对全区经济建设和现代化建设所做的贡献。希望新一届政协，充分发挥自身优势，为经济建设做出更

政协北京市房山区第四届委员会第一次会议会场

大贡献；积极参与和支持改革，不断推进全区的改革事业；积极推进民主政治建设，在维护安定团结方面发挥更大作用；广泛宣传经济社会发展规划，在监督规划实施方面发挥重要作用；加强学习，搞好自身建设，努力提高政协工作质量和水平。区政府区长王凤江，第三届区政协主席魏士宽，区委副书记鲁勇应邀出席会议。

1月19日下午3时，中国人民政治协商会议北京市房山区第四届委员会第一次会议闭幕。

政协北京市房山区第四届委员会第一次会议主席团和秘书长名单

主席团（共23名，按姓氏笔画为序）

万金峰	马文仲	王岗	王晓芝（女）	白秀兰（女）	任群先	刘永成
许志远	李希文	李国民	杨学贞	张维勋	郑永芳	屈东升
林义	姚志明	贡麟	陶树芬	唐荣	容桂英（女）	游来柱
韩宗琵	景方红（女）					

秘书长 王晓芝

第二次会议

中国人民政治协商会议北京市房山区第四届委员会第二次会议，2000年1月19日至21日在昊天假日酒店召开。

1月19日上午9时，大会开幕。应到委员235名，实到208名。区政协主席游来柱，副主席容桂英、许志远、马文仲、林义、万金峰出席会议。副主席王晓芝主持会议。主席游来柱作《政协北京市房山区第四届委员会常务委员会工作报告》，副主席许志远作《政协北京市房山区四届一次会议以来提案工作情况的报告》。北京市政协副主席卢松华向大会表示祝贺。希望在世纪交替之年的政协工作：一要加强学习，提高认识，增强做好政协工作的使命感；二要在区委的领导下，发挥主动性；三要积极主动地争取各方面的支持，共同做好政协工作；四要提高履行政协职能水平，进一步推进"两化"建设；五要协调关系、化解矛盾，全力维护社会稳定；六要发挥政协优势，为实现祖国的完全统一多做贡献；七要加强自身建设，增强政协工作的生机和活力。中共房山区委书记单霁翔通报了全区经济和各项事业发展情况，对区政协紧紧围绕改革、发展、稳定大局，全面履行政治协商、民主监督、参政议政职能，为促进全区经济健康发展和社会全面进步做出的贡献给予充分肯定。希望区政协及各位委员继续积极投身经济建设，满腔热情地支持改革、参与改革，在保持全区社会稳定方面发挥更大作用。北京市政协副秘书长蒋建国，中共房山区委副书记、区长王凤江，区人大常委会主任刘文秀，区委副书记鲁勇，区纪委书记王海平，燕化集团公司、中国原子能研究院、北京电力设备总厂、北京市琉璃河水泥厂、北京煤矿机械厂、中国人民解放军38609部队等单位的领导出席开幕式。本区的市政协委员，各民主党派和工商联负责人，区委、区政府各部、委、办、局、公司，各人民团体的领导列席会议。

1月20日上午，听取区政府常务副区长李硕夫作的关于《区政府工作报告》的说明，区财政局局长刘顺林作的《关于1999年财政预算执行情况和2000年财政预算（草案）的报告》。之后，委员分组进行讨论。

1月21日下午，举行闭幕式。中共房山区委书记单霁翔，区委副书记、区长王凤江，区委副书记鲁勇、郭先英，区人大常务副主任李福田应邀出席闭幕式。副主席王晓芝主持。会议听取了提案审查委员会《关于区政协四届二次会议提案审查情况的说明》；审议通过了《中国人民政治协商会议北京市房山区第四届委员会第二次会议政治决议》和《中国人民政治协商会议北京市房山区第四届委员会第二次会议关于常务委员会工作报告的决议》。区政协主席游来柱讲话，要求全体委员，找准位置，理顺关系，进一步增强工作的主动性和创造性；充分认识新形势下政协委员学习的重要性；加强调查研究，提高参政议政水平；振奋精神，保持良好的精神状态，树立主动意识、合力意识、精品意识和奉献意识，努力为全区的两个文明建设多做贡献。

1月21日下午3时，中国人民政治协商会议北京市房山区第四届委员会第二次会议闭幕。

第三次会议

中国人民政治协商会议北京市房山区第四届委员会第三次会议，2001年1月13日至16日在昊天假日酒店召开。

1月13日上午，大会开幕。应到委员238名，实到210名。区政协主席游来柱，副主席容桂英、许志远、马文仲、林义、万金峰出席会议。副主席王晓芝主持会议。主席游来柱作《政协北京市房山区第四届委员会常务委员会工作报告》，中共房山区委副书记、区长杨德宏作《政府工作报告》，副主席许志远作《政协北京市房山区四届二次会议以来提案工作情况的报告》。北京市政协副主席朱育诚向大会表示祝贺，希望房山区政协保持良好的精神状态，积极主动地争取各方面的支持与配合，努力提高政协工作水平。北京市政协副秘书长蒋建国；房山区人大常委会主任刘文秀，中共房山区委副书记倪有水、郭先英，区委常委、纪委书记王海平，区委常委、武装部长贾清刚，区委常委、区政府常务副区长李硕夫，区政府副区长梁顺；北京燕山石化集团公司、中国原子能研究院、北京电力设备总厂、北京煤矿机械厂、北京市琉璃河水泥厂、中国人民解放军92117部队等单位的领导应邀出席开幕式。本区的市政协委员，各民主党派和工商联负责人，区委、区政府各部、委、办、局、公司和人民团体的领导列席会议。

1月15日上午，听取区计划委员会主任崔山代表区政府作的《北京市房山区国民经济和社会发展第十个五年计划纲要（草案）》的说明。下午，全体会议。选举唐荣为政协北京市房山区第四届委员会秘书长，沙秀英、肖凤云、赵润东为常务委员。

1月16日上午，全体会议，进行大会发言。容桂英、赵润东、刘永成、荣明、杨学贞、顾梦红等委员，就"十五"期间房山区农业结构调整，发展旅游产业，建立社会保障体系等问题发表意见和建议。

1月16日下午，举行闭幕式。副主席王晓芝主持。会议听取了区政协四届三次会议提案审查情况的说明，审议通过了《中国人民政治协商会议北京市房山区第四届委员会第三次会议政治决议》和《中国人民政治协商会议北京市房山区第四届委员会第三次会议关于常务委员会工作报告的决议》。中共房山区委书记王凤江出席会议并讲话。对区政协围绕经济建设中心、围绕优化区域发展环境、围绕维护全区稳定，全面履行政协职能，为全区两个文明建设所做的卓有成效的工作表示衷心感谢。希望在全面推进经济建设和社会各项事业的发展等方面做出更大贡献。区政协主席游来柱作总结讲话。

指出，区政协2001年的主要任务，就是贯彻落实全国统战工作会议和区委四届五次全会精神，围绕经济建设中心，突出团结、民主两大主题，坚持和维护党对政协工作的领导，不断提高政协履行职能的质量和水平。

1月16日下午3时，中国人民政治协商会议北京市房山区第四届委员会第三次会议闭幕。

第四次会议

中国人民政治协商会议北京市房山区第四届委员会第四次会议，2002年1月17日至19日在昊天假日酒店召开。

1月17日上午9时，大会开幕。区政协主席游来柱，常务副主席王晓芝，副主席容桂英、许志远、马文仲、林义、万金峰，秘书长唐荣出席会议。区政协主席游来柱作《政协北京市房山区第四届委员会常务委员会工作报告》，区政府代区长张效廉作《政府工作报告》。北京市政协副主席宋维良讲话，对房山区委、区政府和区政协的工作给予充分肯定。希望房山区政协，不断完善工作机制，探索履行职能的新思路、新途径和新方法，提高工作实效。充分发挥专委会的基础作用和政协委员的主体作用，把各方面的积极因素凝聚到实现房山区经济和社会发展的宏伟目标上来。

1月18日上午，全体会议。听取副主席许志远作《政协北京市房山区四届三次会议以来提案工作情况的报告》，听取房山区人民政府《关于2001年度财政预算执行情况和2002年财政预算的报告》，听取中共房山区委《关于全区干部人事制度改革情况的通报》。

政协北京市房山区第四届委员会第四次会议开幕式

1月18日下午，分农业、建筑、教育、市政、社会保障五个组，召开对口协商座谈会。区委、区政府领导杨德宏、张效廉、李硕夫、梁顺、刘顺林、任全胜、傅华，以及区政府相关职能部门的主要领导与委员座谈。

1月19日上午，大会发言。贡麟、孙志强、吴月斌、王宝盛、李晓云、张明德、杨学贞、胡书苹委员，就实施"献智出力、富民强区"工程，发挥政协的民主监督作用，转变政府职能，培养创新人才，果品产业结构调整，非公有制经济发展，贯彻《公民道德建设实施纲要》等问题发言。

1月19日下午，举行闭幕式。听取了《关于政协北京市房山区四届四次会议提案审查情况的说明》，通过了《中国人民政治协商会议北京市房山区第四届委员会关于开展"献智出力、富民强区"工程的实施意见》，通过了《中国人民政治协商会议北京市房山区第四届委员会第四次会议关于常务委员会工作报告的决议》和《中国人民政治协商会议北京市房山区第四届委员会第四次会议政治决议》。中共房山区委书记杨德宏和区政协常务副主席王晓芝在闭幕会上讲话。杨德宏希望区政协与时俱进，开拓创新，围绕中心和大局，建言献策，献智出力；认真贯彻落实《关于进一步加强人民政协工作的意见》《关于进一步支持政协履行职能的决定》和《关于进一步推进政治协商规范化制度化的意见》，努力开创政协工作新局面。

1月19日下午3时，中国人民政治协商会议北京市房山区第四届委员会第四次会议闭幕。

第五次会议

中国人民政治协商会议北京市房山区第四届委员会第五次会议，2003年1月20日至22日在昊天假日酒店召开。

1月20日上午9时，大会开幕。区政协主席游来柱主持会议，副主席容桂英、许志远、马文仲、万金峰，秘书长唐荣出席会议。常务副主席王晓芝作《政协北京市房山区第四届委员会常务委员会工作报告》。中共房山区委副书记、区长张效廉作《政府工作报告》。北京市政协副主席黄以云出席大会并讲话，对房山区政协的工作给予高度评价。希望认真贯彻落实中共十六大会议精神，取得更大的成绩。北京市政协人事联络室主任崔顷年，中共房山区委书记杨德宏，区人大常委会主任刘文秀，区委副书记倪有水、郭先英、范文彦，区委副书记、区纪委书记张继增，区委常委、宣传部部长崔国民，区委常委、区武装部政委宫兆良，区委常委、组织部长苗立峰，区政府副区长李惠英；曾担任房山区（县）政协主席、副主席的老领导张本荣、张中兴、魏士宽、陈芬圃、刘存泽；北京燕山石油化工股份公司总经理许红星，北京电力设备总厂党委书记刘志刚，中国原子能科学研究院党委副书记李林虎，北京煤矿机械厂党委副书记张人健，北京市琉璃河水泥厂纪委书记尹常勤，海军后勤技术装备研究所副所长宋建军应邀出席开幕式。本区的市政协委员，各民主党派和工商联负责人，区委、区政府各部、委、办、局、公司和人民团体的领导列席会议。

1月21日上午，全体会议。听取副主席许志远作《政协北京市房山区第四届委员会提案工作报告》，区财政局副局长王长青作《北京市房山区2002年财政预算执行情况和2003年财政预算报告》。增选马志宏、贾斌为政协北京市房山区第四届委员会常务委员。

1月22日上午，分组进行专题协商。李泽民、屈东升、沙淑芬、丁亚军、李希文、陈华中、刘恩元等委员，就经济、教育、科技、文化、体育、卫生、农林等问题发言。区领导张效廉、郭先英、崔国民、宫兆良、苗立峰、孙新军、李惠英、刘顺林、付华,以及区政府各职能部门的主要领导参加座谈会,对委员提出的问题或建议当场给予解释或答复。

会议期间,委员分组审议了区政协常委会工作报告和关于提案工作情况的报告,讨论了区政府工作报告及其他报告,提出了许多建设性意见和建议。

1月22日下午,闭幕式。副主席许志远代表提案工作委员会就区政协四届五次会议期间提案审查情况做了说明。会议审议通过了《中国人民政治协商会议北京市房山区第四届委员会第五次会议政治决议》和《中国人民政治协商会议北京市房山区第四届委员会第五次会议关于常务委员会工作报告的决议》。中共房山区委书记杨德宏讲话。对区政协四届四次会议以来的工作给予了高度评价,希望与时俱进,开拓创新,围绕实现跨越式发展,认真履行政协职能,充分发挥政协委员的作用。区政协主席游来柱致闭幕词,要求深入学习贯彻中共十六大精神,围绕区委四届七次会议精神,富有成效地履行政协职能;进一步突出团结、民主两大主题,巩固和壮大最广泛的爱国统一战线;进一步贯彻落实区委第二次政协工作会议精神,全力推进政协工作。区委、区人大、区政府领导张效廉、范文彦、张继增、苗立峰、王福来、梁顺、李惠英、任全胜,曾担任区政协主席、副主席的老领导张中兴、魏士宽、陈芬圊、刘存泽应邀出席闭幕式。

1月22日下午3时,中国人民政治协商会议北京市房山区第四届委员会第五次会议闭幕。

第八节 政协北京市房山区第五届委员会会议

中国人民政治协商会议北京市房山区第五届委员会,2004年1月至2006年12月任期内,共召开三次全体会议。

第一次会议

中国人民政治协商会议北京市房山区第五届委员会第一次会议,2004年1月10日至14日在昊天假日酒店召开。

1月9日下午3时,召开预备会议。区政协第四届委员会主席游来柱主持。通过了五届一次会议议程,大会主席团、主席团会议主持人和秘书长名单,提案审查委员会名单和决议起草委员会名单。五届一次会议主席团由25名成员组成,范文彦为主持人,王晓芝为秘书长。主席团第一次会议决定:范文彦、王晓芝、许志远、万金峰、赵润东、肖武、邵进为常务主席,范文彦为常务主席会议主持人。

1月10日上午9时,大会开幕。应到委员243名,实到212名。大会常务主席范文彦主持。受第四届区政协常务委员会委托,大会常务主席王晓芝作《政协北京市房山区第四届委员会常务委员会工作报告》,大会常务主席许志远作《政协北京市房山区第四届委员会常务委员会关于提案工作情况的报告》。北京市政协副主席陈难先出席会议并讲话,对房山区政协五届一次会议召开表示热烈祝贺,希望各位委员充分认识政协的地位、性质和作用,不断加强学习,夯实思想理论根基,为首都改革开放和现代化建设,为人民政协事业的兴旺发达再创新的业绩。中共房山区委书记聂玉藻,区政府区长张效廉,区人大常委会主任刘文秀,第四届区政协主席游来柱,区委副书记祁红,区委常

区政协主席范文彦在区政协五届一次会议上讲话

委、常务副区长陈永,区政府副区长李惠英;历届区(县)政协领导张本荣、高海量、张中兴、魏士宽、陈芬圃、刘存泽、马文仲、林义;北京燕山石化集团公司党委副书记尚勃,中国原子能科学研究院党委副书记李林虎,海军后勤技术装备研究所副所长宋建军,北京煤矿机械厂副厂长林良清,北京电力设备总厂党委副书记李军,北京市琉璃河水泥厂厂长助理庄振国等应邀出席会议。

1月11日上午,列席区人大五届一次会议,听取区长张效廉作《政府工作报告》,以及其他报告。

1月13日上午,全体会议。大会常务主席范文彦主持。通过选举办法和总监票人、监票人名单,以无记名投票方式,选举范文彦为政协北京市房山区第五届委员会主席,王晓芝、许志远、万金峰、赵润东、肖武、邵进为副主席,唐荣为秘书长,马军等35人为常务委员。

1月14日下午2时,举行闭幕式。副主席王晓芝主持。听取并通过了《关于区政协五届一次会议提案审查情况的报告》,审议通过了《中国人民政治协商会议北京市房山区第五届委员会第一次会议关于四届区政协常务委员会工作报告的决议》和《中国人民政治协商会议北京市房山区第五届委员会第一次会议政治决议》。会议认为,过去的五年,全区人民积极实施"龙头带动、科教兴房、可持续发展"三大战略,抢抓机遇,开拓创新,优化环境,加快发展,圆满完成"九五"计划,顺利实施"十五"计划,全面实现了全区经济和社会发展的各项任务目标。区政府提出的今后五年的工作任务符合房山实际,经过努力一定能够实现。会议认为,第四届区政协紧紧围绕经济建设中心,服从服务大局,积极反映民意,广泛集中民智,政治协商取得新的成效;认真履行民主监督职能,民主监督迈出新步伐;充分发挥委员专长,参政议政取得新成绩,为房山区物质文明、政治文明和精神文明建设做出了重要贡献。会议同意第四届区政协常务委员会工作报告提出的各项建议,要求第五届区政协常务委员会认真组织实施。中共房山区委书记聂玉藻在闭幕会上讲话,指出,四届区政协和政协委员,开展调查研究,建言献策,协调关系,化解矛盾,牵线搭桥,服务建设,为房山区经济社会发展发挥了不可替代的作用。希望五届区政协和各位委员发扬优良传统,认真履行职能,求真务实,献智出力,与时俱进,勇于探索,不断开拓政协工作的新局面。区政协主席范文彦在讲话中表示,要坚持以"三个代表"重要思想为指导,认真贯彻落实中共房山区第五次代表大会精神,为振兴龙乡经济,弘扬龙乡文化,富裕龙乡人民,增创区域、产业、科技三大优势,加快工业强区、城市新区、旅游大区、文化名区和绿色产业示范区"五区"建设,实现房山的跨越式发展而努力奋斗!区人大常委会主任刘文秀,第四届区政协主席游来柱,中共房山区委副书记祁红,区委常委、常务副区长陈永,副区长李惠英;历届区政协领导张本荣、张中兴、魏士宽、陈芬圃、刘存泽应邀出席闭幕式。

1月14日下午3时,中国人民政治协商会议北京市房山区第五届委员会第一次会议闭幕。

政协北京市房山区第五届委员会第一次会议主席团和秘书长名单
主席团（共25名，按姓氏笔画为序）
　　　　万金峰　　　马　军（回族）　马志宏　　　王　峙　　　王　寂　　　王心松（女、蒙古族）
　　　　王晓芝（女）　刘希广　　　　许志远　　　孙志强　　　李晓云（女）　沙秀英（女、回族）
　　　　肖　武（女）　肖凤云（女）　邵　进　　　范文彦　　　赵红燕（女）　赵润东
　　　　唐　荣　　　　容桂英（女）　耿春奉　　　贾　斌　　　顾梦红　　　　游来柱　　　穆建山
秘书长　王晓芝（女）

第二次会议

中国人民政治协商会议北京市房山区第五届委员会第二次会议，2005年1月14日至16日在昊天假日酒店召开。

1月14日上午9时，大会开幕。应到委员248名，实到212名。区政协主席范文彦，副主席许志远、万金峰、赵润东、肖武、邵进，秘书长唐荣出席。常务副主席王晓芝主持。主席范文彦作《政协北京市房山区第五届委员会常务委员会工作报告》，区委副书记、区长张效廉作《房山区人民政府工作报告》。播放了《2004年奏响房山城市建设新乐章》电视专题片。北京市政协副主席满运来；中

政协北京市房山区第五届委员会第二次会议

共房山区委书记聂玉藻,区人大常委会主任郭先英,区委副书记、区纪委书记张继增,区委副书记祁红、崔国民,区工会主席李忠;原房山区(县)政协领导张本荣、高海量、张中兴、魏士宽、游来柱、陈芬圃、刘存泽;北京燕山石化集团公司党委常委崔国旗,中国原子能科学研究院党委副书记李林虎,北京市琉璃河水泥厂机关党支部书记杨成海,北京电力设备总厂党委副书记李军,北京煤矿机械厂党委副书记张人健,中国人民解放军92117部队政治部副主任罗德胜应邀出席会议;本区的市政协委员;各民主党派和工商联负责人;区委、区政府各部、委、办、局、公司和人民团体的领导列席会议。

1月15日上午,大会发言。副主席许志远主持。赵润东、刘希广、王峙、张玉河、常福林、曹志红、许兆雄、马文明、孙爱华、张明德等委员,就失地农民社会保障,弘扬龙乡文化,民族村经济发展等问题发言。区领导郭先英、张继增、祁红、孙新军、苗立峰、唐淑荣、刘欣国、王福来、王淑红、李惠英、王忠海、高言杰出席会议。

1月15日下午,分别召开"加快非公经济发展"和"城市建设和管理"专题协商会。"加快非公经济发展"协商会由常务副主席王晓芝主持。王永军、屈东升、卢宁、蒋小钢、刘长河、田新华、孙志强、蒋勤军、王寂、赵长彬、常福林、孙伯山等委员,就促进非公经济发展,石油化工和新材料产业基地建设,防治污染,工业开发区统一管理等问题发言。区委、区政府领导祁红、王忠海、高言杰,以及18个区直单位的主要领导与委员座谈。"城市建设和管理"协商会由副主席许志远主持。刘宝新、陈华中、王宝盛、顾梦红、刘素媛等委员,就城市定位与安全,水土资源开发与利用,居民小区生活环境等问题,与出席会议的领导进行了问答式的交流。区委、区政府领导崔国民、陈永、孙新军、李惠英,及29个区直委办局的领导出席会议。

会议期间,与会委员认真审议了区政协常委会工作报告和关于提案工作情况的报告(书面报告),讨论了区政府工作报告及其他报告,开展了提案咨询交流活动。

1月16日上午,举行闭幕式。常务副主席王晓芝主持。会议听取并通过了副主席许志远作的《中国人民政治协商会议北京市房山区第五届委员会第二次会议关于提案审查情况的报告》。通过了《中国人民政治协商会议北京市房山区第五届委员会第二次会议关于开展提案工作质量年活动的决议》《中国人民政治协商会议北京市房山区第五届委员会第二次会议关于常务委员会工作报告的决议》和《中国人民政治协商会议北京市房山区第五届委员会第二次会议政治决议》。中共房山区委书记聂玉藻在会上讲话。他对区政协的工作给予了高度评价,希望区政协把思想和行动统一到建设现代化新房山上来,特别要以发展循环经济,建设节约型、节能型社会,建设和谐房山等八个课题为切入点,对全区各项事业的健康快速发展进行认真探讨,共唱同心曲,合力建房山。区政协主席范文彦讲话,希望全体委员,切实加强学习,努力提高自身素质,为全面加快北京经济重心建设、全面加快房山新城建设、全面加快富民增收步伐、全面加快文明房山建设做出新贡献。

会议认为,2004年,区政协常务委员会紧密围绕中共房山区第五次代表大会确定的"振兴龙乡经济、弘扬龙乡文化、富裕龙乡人民"的总体目标,针对关系全区经济社会发展的热点问题、人民群众关心的难点问题,以及保持社会稳定的重点问题,通过组织视察、座谈、协商、专题调研等形式,以提高提案工作质量和提高机关为委员服务水平为重点,全面履行职能,为构建和谐房山,推动全区经济社会协调发展做出了重要贡献。会议同意报告中关于2005年常务委员会工作的指导思想和主要任务,要求常务委员会认真组织实施。会议决定,2005年开展"提案工作质量年"活动,要求全体委员,充分认识活动的重要意义,进一步强化提案质量意识,努力把提案工作提高到一个新水平。

区人大常委会主任郭先英，区委副书记、区纪委书记张继增，区委副书记祁红、崔国民，区委常委、常务副区长陈永，副区长李惠英，区政协老领导张中兴、魏士宽、陈芬圃应邀出席会议。

1月16日中午12时，中国人民政治协商会议北京市房山区第五届委员会第二次会议闭幕。

第三次会议

中国人民政治协商会议北京市房山区第五届委员会第三次会议，2006年1月5日至7日在北方温泉会议中心召开。

1月5日上午9时，大会开幕。应到委员252名，实到219名。区政协主席范文彦，副主席许志远、万金峰、赵润东、肖武、邵进，秘书长唐荣出席。常务副主席王晓芝主持。主席范文彦作《政协北京市房山区第五届委员会常务委员会工作报告》，副主席许志远作《政协北京市房山区第五届委员会常务委员会关于提案工作情况的报告》。播放了反映区政协提案工作和房山新城建设两个电视专题片。北京市政协副主席满运来；中共房山区委书记聂玉藻，区委副书记、代区长祁红，区人大常委会主任郭先英，区委副书记、区纪委书记张继增，区委副书记崔国民，区政府副区长李惠英；区政协老领导张中兴、魏士宽、陈芬圃、刘存泽；北京燕化集团公司党委副书记崔国旗，中国原子能科学研究院党委副书记李林虎，北京市琉璃河水泥厂党委副书记孟铁山，北京电力设备总厂党委副书记李军，北京煤矿机械厂党委副书记张人健，海军后勤技术装备研究所副所长陈玉山等领导应邀出席会议。本区的市政协委员，各民主党派和工商联负责人，区委、区政府各部、委、办、局、公司和人民团体的领导列席会议。

1月6日上午，列席区人大五届三次会议，听取区委副书记、代区长祁红作《政府工作报告》，听取区发改委主任崔山对《房山区国民经济和社会发展"十一五"规划纲要》的编制背景、形成过程、文本结构、主要内容等情况的介绍。

1月6日下午，举办"新农村建设论坛"。常务副主席王晓芝主持。肖希鹏、李晓云、穆建山、相志洪、李金田、王峙、赵润东、顾梦红、王寂、赵国先、张君秀委员在会上发言，马俊怀、任群先、白树林等委员作了书面发言。区委、区政府领导崔国民、唐淑荣、梁顺、李惠英、王忠海，以及区发改委、区农委、区新农村建设办公室、区建委、区财政局等15个区政府职能部门的领导到会听取委员发言，与委员共商新农村建设大计。

会议期间，委员分组审议了区政协常委会工作报告和关于提案工作情况的报告，讨论了区政府工作报告及其他报告，讨论了《房山区国民经济和社会发展"十一五"规划纲要》，提出了许多建设性意见和建议。分城镇建设、经济科技、教文卫体、社会法制四个组，与区委办公室、区发改委、区市政管委等区委、区政府有关部门领导开展了提案咨询交流活动。

1月7日上午，闭幕式。常务副主席王晓芝主持。中共房山区委书记聂玉藻，区人大常委会主任郭先英，区委副书记、代区长祁红，区委副书记崔国民，副区长李惠英，原区政协主席游来柱、副主席容桂英应邀出席闭幕式。大会听取并通过了副主席许志远作的《中国人民政治协商会议北京市房山区第五届委员会第三次会议关于提案审查情况的报告》，通过了《中国人民政治协商会议北京市房山区第五届委员会常务委员会关于积极投身社会主义新农村建设的倡议书》《中国人民政治协商会议北京市房山区第五届委员会第三次会议关于常务委员会工作报告的决议》和《中国人民政治协商会议北京市房山区第五届委员会第三次会议政治决议》。中共房山区委书记聂玉藻在会上讲话指出，区政协工作年年有创新，更加前置化、规范化、制度化和程序化，把政协一年一度的会议拓展为日常的工作，将政协工作与全区的中心工作真正融合在一起，在全区经济和社会发展中发挥了重要作用。委员的议政能力也在不断增强，突出表现在理论上有高度，分析问题有深度，涉足的问题有广度，推进问题

政协北京市房山区第五届委员会第三次会议会场

解决有力度。希望区政协和全体委员要准确把握房山所处的新的历史起点的内涵，充分发挥政协委员的整体力量和个体优势，合力推进实力房山、文明房山、和谐房山建设。区政协主席范文彦讲话，希望委员加强政治理论学习，不断深化对房山区情的认识，密切联系界别群众，积极参加政协活动，为推进全区产业结构调整、社会主义新农村建设、房山新城建设、构建和谐房山做出积极努力。

会议认为，"十五"期间，全区人民在中共房山区委的正确领导下，一心一意谋发展，聚精会神搞建设，顺利完成了"十五"规划目标，全区经济社会发展已经站在了新的历史起点上。区政府关于全区"十一五"发展的总体部署和2006年的工作安排，顺应时代要求，符合房山区情，体现了全区人民加快发展的共同意愿。会议认为，2005年，区政协切实加强制度化、规范化、程序化建设，全面履行各项职能，集中精力抓好提高提案工作质量、强化民主监督和发挥界别作用等重点工作，各项工作取得了明显成效。会议要求，2006年，区政协要紧密结合工作实际，围绕"十一五"规划的实施，突出社会主义新农村建设，认真开展好"调查研究年"活动，充分发挥各党派、团体和各族各界委员的主体作用，全面提升履行职能的总体水平。

1月7日中午，中国人民政治协商会议北京市房山区第五届委员会第三次会议闭幕。

第九节 政协北京市房山区第六届委员会会议

中国人民政治协商会议北京市房山区第六届委员会，2006年12月至2011年12月任期内，共召开六次全体会议。

第一次会议

中国人民政治协商会议北京市房山区第六届委员会第一次会议，2006年12月11日至15日在昊

天假日酒店召开。

2月10日下午3时，举行预备会议。区政协第五届委员会主席范文彦主持。审议通过了区政协六届一次会议主席团成员、秘书长名单、会议议程、日程，决议起草委员会名单和提案审查委员会名单。大会主席团共43人，王晓芝为秘书长。大会主席团第一次会议决定：范文彦、王晓芝、李惠英、高维魁、万金峰、赵润东、肖武为常务主席，范文彦为常务主席会议主持人。

12月11日上午9时，大会开幕。应到委员255人，实到242人。大会常务主席王晓芝主持会议。受区政协第五届委员会常务委员会委托，大会常务主席范文彦作《政协北京市房山区第五届委员会常务委员会工作报告》，大会常务主席肖武作《政协北京市房山区第五届委员会常务委员会关于提案工作情况的报告》，大会常务主席高维魁宣布大会提案截止时间。北京市政协副主席张和平；中共房山区委书记聂玉藻，区人大常委会主任郭先英，中共房山区委副书记、区政府区长祁红，中共房山区委副书记苗立峰；北京燕化集团公司党委副书记许光，中国原子能科学研究院党委副书记李林虎，北京电力设备总厂副书记李军；原房山区（县）政协主席、副主席张本荣、张中兴、魏士宽、游来柱、陈芬圃、刘存泽、容桂英等应邀出席开幕式。本区的市政协委员，各民主党派和工商联负责人，区委、区政府部分部、委、办、局、公司的领导列席会议。开幕式上，播放了《联牵共建新农村》电视专题片。

12月12日上午，列席区人大六届一次会议，听取区长祁红作《政府工作报告》。

12月13日上午，举办"发挥政协优势，构建和谐房山"专题论坛。赵润东、万金峰、陈晓燕、郭艳梅、张海波、马文明、孙志强、李长雨、周玉江、李芳玲、赵国先、侯振海、尤淑华、许兆雄、韩世军、孙桂华等16名委员，分别从构建和谐政党关系、新农村建设、社会保障、民主法制建设等方面，在论坛上发言。区委常委、宣传部部长唐淑荣，区委常委、组织部长张祝华，区委常委、副区长高言杰，区人大常委会副主任梁顺，以及区发改委、区农委、区市政管委等区政府职能部门的领导出席会议。

12月13日下午，举行"新农村建设"专题座谈会。大会常务主席李惠英主持。安春祥、张杰、王晓燕、田新华、张君秀、卢宁、高德民、隗永勤、肖希鹏等委员，围绕新农村建设发言。区委、区政府领导唐淑荣、王忠海，以及区新农村办、区发改委、区农委等12个区政府职能部门的领导与委员座谈。

会议期间，全体委员认真审议了第五届区政协的两个报告，讨论了《区政府工作报告》及其他报告，开展了提案咨询交流等活动。

12月14日上午，举行全体会议。以无记名投票方式，选举范文彦为政协北京市房山区第六届委员会主席，王晓芝、李惠英、高维魁、万金峰、赵润东、肖武为副主席，李金田为秘书长，丁长海等35人为常务委员。

12月15日上午，举行闭幕式。副主席王晓芝主持。会议听取并通过了副主席高维魁作的《中国人民政治协商会议北京市房山区第六届委员会第一次会议关于提案审查情况的报告》，通过了《中国人民政治协商会议北京市房山区第六届委员会第一次会议关于第五届区政协常务委员会工作报告的决议》和《中国人民政治协商会议北京市房山区第六届委员会第一次会议政治决议》。中共房山区委副书记、区长祁红和区政协主席范文彦先后讲话。会议认为，第五届区政协在中共房山区委领导下，团结依靠各界委员，坚持围绕中心，服务大局，抓住事关全区改革发展稳定的战略性、前瞻性、全局性问题，集中精力做好调查研究、提案、民主监督、视察考察、社情民意等工作，开创了区政协工作新局面。在推进工业强区建设、新农村建设、城市建设与管理、社区建设与管理、社会事业发展、维护全区和谐稳定等方面发挥了重要作用，为全区的现代化建设做出了重要贡献。会议同意第五届区政协常务委员会工作报告对第六届区政协提出的各项建议。区人大常委会主任郭先英，区委常委、副区长陈永，区委常委、区政法委书记孙新军，区委常委、区纪委书记史全富，区委常委、良乡卫星城管委会主任刘欣国，区委常委、区武装部部长王锁群；区政协老领导游来柱、容桂英出席闭幕式。

12月15日中午12时，中国人民政治协商会议北京市房山区第六届委员会第一次会议闭幕。

政协北京市房山区第六届委员会第一次会议主席团和秘书长名单

主席团（共43名，以姓氏笔画为序）

丁长海（回族） 于 平（女） 万金峰 马向丽（女） 马志宏 孔凡生
王 峙 王 寂 王宝盛 王晓芝（女） 王雪梅（女） 卢 宁
石 福 刘长安 刘军超（女） 刘希广 孙志强
孙桂华（女，回族） 孙爱华（女） 许兆雄 张 玉 张 磊（女蒙古族）
张文战 李金田 李晓云（女） 李惠英（女彝族） 肖 武（女）
肖凤云（女） 肖希鹏 杨树德 范文彦 金永男（朝鲜族）
金英华（女，朝鲜族） 赵润东 耿纪民 耿春奉 贾 斌 高 明（女）
高维魁 常福林 蒋小钢 焦启超
阚立英（女）

秘书长 王晓芝（女）

第二次会议

中国人民政治协商会议北京市房山区第六届委员会第二次会议，2008年1月8日至10日在昊天假日酒店召开。

1月8日上午9时，大会开幕。应到委员255人，实到233人。区政协主席范文彦，副主席李惠英、高维魁、万金峰、赵润东、肖武，秘书长李金田出席。常务副主席王晓芝主持。主席范文彦作《政协北京市房山区第六届委员会常务委员会工作报告》，副主席高维魁作《政协北京市房山区第六届委员会常务委员会关于提案工作情况的报告》。会上，还播放了反映区政协与政协委员关注和参与和谐社区建设的《心系社区共建和谐》电视专题片。北京市政协副主席唐晓青，中共房山区委书记聂玉藻，中共房山区委副书记、区长祁红，房山区人大常委会主任郭先英，中共房山区委副书记苗立峰；北京燕化集团公司党委副书记许光，中国原子能科学研究院党委副书记李林虎，北京电力设备总厂党委书记古青；区政协历届主席、副主席张中兴、魏士宽、游来柱、陈芬圃、刘存泽、容桂英等应邀出席开幕式。本区的市政协委员，区委、区政府部分部、委、办、局和乡镇领导列席会议。

1月8日下午，举行"和谐社区建设"专题论坛。常务副主席王晓芝主持。万金峰、赵润东、许兆雄、王寂、马杰、胡淑苹、王峙、赵国先、耿纪民、马俊怀、尤淑华、孙桂华、李晓云委员在会上发言。中共房山区委副书记、区长祁红，区委副书记苗立峰，区委常委、常务副区长陈永，区委常委、宣传部部长唐淑荣，区委常委、副区长高言杰，区人大常委会副主任王淑红，副区长王忠海、卢国懿、吴会杰；区发改委、区建委、区市政管委、区文委、区教委等13个区政府职能部门和部分乡镇领导；拱辰、西潞、城关、燕山四个街道的社区居民代表出席论坛。

1月9日上午，列席区人大六届三次会议，听取区长祁红作《政府工作报告》。

1月9日下午，召开专题座谈会。"新农村建设"座谈会由常务副主席王晓芝主持。马连杰、崔占社、延淑洁、李长雨、高德民、邓思博、金永男、李建国、孔凡生9名委员发言。区委副书记苗立峰，副区长王忠海、马丽英出席会议。"新城建设与管理"专题座谈会由副主席李惠英主持。田新华、卢宁、于腊梅、蒋小钢、李印杰、王宝盛6名委员，就新城建设、旧城改造、交通建设等问题发言。区委常委、宣传部部长唐淑荣，副区长吴会杰，区长助理高培军、张英与委员座谈。

会议期间，委员认真审议了区政协常委会工作报告和关于提案工作情况的报告，讨论了区政府工作报告及其他报告。分城建经济、教文卫体与社会法制、"三农"三个组，与区政府相关职能部门的领导就提案问题进行了咨询和交流。

1月10日上午11时，举行闭幕式。常务副主席王晓芝主持。会议听取并通过了副主席高维魁作的《中国人民政治协商会议北京市房山区第六届委员会第二次会议关于提案审查情况的报告》，通过了《中国人民政治协商会议北京市房山区第六届委员会第二次会议关于常务委员会工作报告的决议》和《中国人民政治协商会议北京市房山区第六届委员会第二次会议政治决议》。中共房山区委书记聂玉藻出席会议并讲话。他对第六届区政协届首之年的工作给予高度评价，希望区政协认真学习中共"十七大"精神，为北京奥运会的成功举办营造良好氛围，为房山发展再做新贡献。区政协主席范文彦讲话，要求全体委员把思想和行动统一到中共房山区委六届五次全会精神上来，推动政协各项工作深入开展。中共房山区委副书记、区长祁红，区人大常委会主任郭先英，区委副书记苗立峰，区委常委、区纪委书记史全富，区委常委刘欣国，区委常委、组织部长张祝华，区委常委、副区长高言杰，副区长卢国懿，区政协老领导游来柱出席闭幕式。

1月10日中午12时，中国人民政治协商会议北京市房山区第六届委员会第二次会议闭幕。

第三次会议

中国人民政治协商会议北京市房山区第六届委员会第三次会议，2009年1月5日至7日在昊天假日酒店召开。

1月5日上午9时，大会开幕。应到委员257人，实到236人。区政协主席范文彦，副主席高维魁、万金峰、赵润东、肖武，秘书长李金田出席，副主席李惠英主持。主席范文彦作《政协北京市房山区第六届委员会常务委员会工作报告》，副主席高维魁作《政协北京市房山区第六届委员会常务委员会关于提案工作情况的报告》。会上，还播放了反映区政协提案工作情况的《反映民意关注民生》电视专题片。北京市政协副主席马大龙；中共房山区委书记刘伟，区委副书记、区政府区长祁红，区人大常委会主任郭先英，区委副书记苗立峰，区政府副区长卢国懿；北京燕化集团公司党委副书记许光，中国原子能科学研究院党委副书记李林虎，北京电力设备总厂党委副书记李军；区政协历届老领导张中兴、魏士宽、游来柱、陈芬圃、刘存泽、容桂英等应邀出席开幕式。本区的市政协委员，区委、区政府部分部、委、办、局和乡镇领导列席会议。

1月5日下午，围绕"促进卫生事业发展"进行专题论坛。副主席万金峰主持。王峙、许兆雄、段静文、王利荣、晋朝晖、崔广田、郭艳梅、刘宝新、谢秀英、孙海潮、张峰、肖正权、李晓云等13名委员,就卫生事业人才队伍建设、卫生资金投入和硬件设施建设、农村医疗卫生网络建设、建立个人健康档案等问题发言。区委副书记、区长祁红,区委常委赵佳琛,副区长马丽英;区财政局、区发改委、区卫生局等委、办、局领导出席论坛,并与委员进行深入交流。

1月6日上午,列席区人大六届四次会议,听取区长祁红作《政府工作报告》。会后,分组进行讨论。

1月6日下午,召开座谈会。一是"促进产业发展、扩大经济总量"座谈会。副主席高维魁主持。王子平、姜胜军、张杰、蒋小钢、王宝盛、孙志强、延淑洁、刘长安、孔凡生委员发言。中共房山区委书记刘伟,区委常委、宣传部部长唐淑荣,区委常委、组织部长张祝华,区委常委、副区长高言杰,以及区发改委、农委、科委、国资委、财政局、工业局、旅游局、新农村办、工业公司、经管站、种植中心、设施办等区政府职能部门领导到会听取委员发言,与委员深入交流。二是"加快城市基础设施建设,提高城市管理与服务水平"座谈会。副主席李惠英主持。张君秀、孙伯山、徐忠立、吴海涛、马平绣、田新华、李庆海、李印杰、禹艳霞委员发言。区委常委、政法委书记刘欣国,区委常委赵佳琛,副区长吴会杰,区长助理张英,以及区政府相关委、办、局和拱辰、西潞、城关、燕山街道办事处的领导与委员座谈;还特别邀请了部分社区居民代表参加座谈会。

1月7日上午,举行闭幕式。副主席赵润东主持。会议听取并通过了副主席高维魁作的《中国人民政治协商会议北京市房山区第六届委员会第三次会议关于提案审查情况的报告》,通过了《中国人民政治协商会议北京市房山区第六届委员会第三次会议关于常务委员会工作报告的决议》和《中国人民政治协商会议北京市房山区第六届委员会第三次会议政治决议》。增选程美生为政协北京市房山区第六届委员会常务委员。中共房山区委书记刘伟出席会议并讲话,对区政协2008年的工作给予了高度评价。希望在认真履行政协职能方面取得新进展,强化对重大决策的政治协商,强化对全区工作的民主监督,强化参政议政的实际效果;在充分发挥政协委员作用方面取得新进展,围绕区域经济发展献计出力,围绕统筹城乡发展出谋划策,围绕社会事业发展建言献策。区政协主席范文彦讲话。希望全体委员,增强大局意识、发展意识,紧紧围绕区委区政府的工作部署,团结全区各族各界群众,同心协力把各项工作落到实处,共同谱写房山发展的新篇章。中共房山区委副书记、区长祁红,区人大常委会主任郭先英,区委副书记苗立峰,区委常委、纪委书记史全富,区委常委、宣传部部长唐淑荣,区委常委、政法委书记刘欣国,区委常委、武装部长王锁群,区委常委、组织部长张祝华,区委常委赵佳琛,副区长卢国懿、吴会杰应邀出席闭幕式。

1月7日中午12时,中国人民政治协商会议北京市房山区第六届委员会第三次会议闭幕。

第四次会议

中国人民政治协商会议北京市房山区第六届委员会第四次会议,2010年1月11日至14日在昊天假日酒店召开。

1月11日上午9时,大会开幕。应到委员269人,实到248人。区政协主席范文彦,党组书记唐淑荣,副主席高维魁、万金峰、赵润东、肖武,秘书长李金田出席会议。副主席李惠英主持。主席范文彦作《政协北京市房山区第六届委员会常务委员会工作报告》,副主席高维魁作《政协北京市房山区第六届委员会常务委员会关于提案工作情况的报告》。会上还播放了反映区政协开展社区工作情况的《心系社区共建和谐》电视专题片。北京市政协副主席赵文芝，中共房山区委书记刘伟，区人大常委会主任郭先英，区人大党组书记史全富，区委副书记苗立峰，区政府副区长卢国懿，区政协历届老领导张中兴、魏士宽、游来柱、陈芬圃、刘存泽、容桂英，北京燕化集团公司党委副书记许光，中国原子能科学研究院党委副书记李林虎，北京电力设备总厂党委书记古青应邀出席会议。本区的市政协委员，区委、区政府部分部、委、办、局和乡镇领导列席会议。

1月11日下午，举行全体会议。副主席赵润东主持。万金峰、王宝盛、李伟、孙志强、郭艳梅、李雅军、李印杰、李泽田、肖正权委员，围绕推进"三化两区"战略的实施，分别就加快工业发展，加强"燕房合作"，推动房地产业平稳健康发展，落实招商引资政策，提高依法行政水平，促进新型农村合作医疗制度可持续发展等问题发言。区委副书记、区长祁红，区委常委、宣传部部长赵佳琛，副区长卢国懿、吴会杰，部分区直委、办、局、乡镇领导参加会议。

1月12日上午，列席区人大六届五次会议，听取区长祁红作《政府工作报告》。下午，委员分组讨论。

1月13日上午，召开专题座谈会。一是"完善城市功能，建设宜居房山"座谈会。副主席李惠英主持。韩树权、吴海涛、于腊梅、肖希鹏、刘森源、孟繁欣、孙伯山等7名委员，分别就推进城市化，土地资源开发，破解拆迁难，加快旧城改造，改善城市交通，饮用水安全等问题发言。区委副书记、区长祁红，区长助理张英与委员座谈。二是"新农村建设与产业发展"座谈会。副主席万金峰主持。

前任区政协主席范文彦与新任区政协主席唐淑荣亲切握手

马连杰、徐蔚、孔凡生、张君秀、刘长安、杨宝峰、李雅军等委员发言。副区长马丽英，区农委、农业局、水务局、园林绿化局、旅游局、经管站、种植中心等有关部门领导出席座谈会。三是"促进社会事业发展"座谈会。副主席高维魁主持。王剑、李晓云、郭艳梅、王京立、宋秀兰、卢宁、陈晓燕、郝伟莉、金永男、许玉生等委员发言。区委常委、副区长李江，副区长卢国懿，区教委、区文委、区卫生局、区体育局、区成教中心、区第一医院、良乡医院等单位领导参加座谈会。

1月13日下午，举行全体会议，副主席高维魁主持。大会接受范文彦因年龄原因不再担任政协北京市房山区第六届委员会主席职务的请求。对他担任区政协主席期间，牢记使命，恪尽职守，锐意进取，扎实工作，团结和带领全体政协委员，紧紧围绕区委区政府中心工作和全区改革发展稳定大局，认真履行政治协商、民主监督、参政议政职能，积极发挥协调关系、汇聚力量、建言献策、服务大局作用，将全区政协工作提高到一个新水平，为推动科学发展，促进社会和谐，建设"三化两区"新房山做出的突出成绩与贡献，给予充分肯定。出席大会的委员以长时间的热烈掌声表示崇高敬意！大会以无记名投票方式，补选唐淑荣为政协北京市房山区第六届委员会主席，增选王英开、陈海忠、苗松为常务委员。

1月14日上午，举行闭幕会。副主席李惠英主持。会议听取并通过了副主席高维魁作的《中国人民政治协商会议北京市房山区第六届委员会第四次会议关于提案审查情况的报告》，通过了《中国人民政治协商会议北京市房山区第六届委员会第四次会议关于常务委员会工作报告的决议》和《中国人民政治协商会议北京市房山区第六届委员会第四次会议政治决议》。离任区政协主席范文彦讲话，希望全体政协委员，全力支持唐淑荣主席的工作，共同谱写人民政协事业的崭新篇章。中共房山区委书记刘伟讲话，充分肯定区政协和范文彦主席的工作；希望新任区政协领导班子面对新形势、新阶段，要有新气象、新作为。新任区政协主席唐淑荣讲话，对全体委员的信任表示衷心感谢，对范文彦主席表示崇高敬意。表示在新的岗位上，刻苦学习，不辱使命，忠诚履职，发奋工作，努力把政协工作做好。中共房山区委副书记、区长祁红，区人大常委会主任郭先英，区委副书记苗立峰，区人大党组书记史全富，区委常委、政法委书记刘欣国，区委常委、区纪委书记王智慧，区委常委、组织部长张祝华，区委常委、常务副区长高言杰，区委常委、副区长李江，区委常委、宣传部部长赵佳琛，区委常委、武装部政委韩裕，副区长卢国懿、马丽英应邀出席闭幕式。

1月14日中午12时，中国人民政治协商会议北京市房山区第六届委员会第四次会议闭幕。

第五次会议

中国人民政治协商会议北京市房山区第六届委员会第五次会议，2010年9月15日上午在房山会议中心召开。

9月15日上午9时，大会开幕。应到委员270名，实到241名。区政协主席唐淑荣主持会议，常务副主席高维魁，副主席李惠英、万金峰、赵润东、肖武，秘书长李金田出席会议。会议通过了《政协北京市房山区第六届委员会第五次会议议程》，听取了中共房山区委副书记、区长祁红作的《房山区2010年1月至8月经济社会发展情况通报》。之后，委员分组讨论。

上午11时，全体会议。常务副主席高维魁主持。大会以无记名投票方式，增选周文海为政协北京市房山区第六届委员会副主席。

11时30分，举行闭幕式。常务副主席高维魁主持。中共房山区委书记刘伟、区政协主席唐淑荣讲话。希望全体委员再接再厉，不断推进房山又好又快发展。中共房山区委副书记、区长祁红，区人大常委会主任史全富，区委副书记张祝华，区委常委、常务副区长高言杰，区委常委、组织部长孙强，区政协老领导范文彦出席会议。

9月15日中午12时，中国人民政治协商会议北京市房山区第六届委员会第五次会议闭幕。

第六次会议

中国人民政治协商会议北京市房山区第六届委员会第六次会议，2011年1月5日至7日在昊天假日酒店召开。

1月5日上午9时，大会开幕。应到委员270名，实到237名。区政协主席唐淑荣，副主席李惠英、周文海、万金峰、赵润东、肖武，秘书长李金田出席会议。常务副主席高维魁主持会议。主席唐淑荣作《政协北京市房山区第六届委员会常务委员会工作报告》，副主席周文海作《政协北京市房山区第六届委员会常务委员会关于提案工作情况的报告》。会上，还播放了反映第四届首都西南区域经济发展论坛情况的《把握机遇跨越发展》电视专题片。北京市政协副主席蔡国雄，副秘书长、人事联络室主任王荔茹；中共房山区委书记刘伟，区委副书记、区长祁红，区人大常委会主任史全富，区委副书记张祝华，区委常委、组织部长、统战部部长孙强，区政府副区长卢国懿，区政协历届老领导张中兴、魏士宽、游来柱、范文彦、陈芬圃、刘存泽；北京燕化集团公司党委副书记许光，中国原子能科学研究院党委副书记李林虎，北京电力设备总厂党委副书记李军等应邀出席开幕式。本区的市政协委员，区委、区政府部分部、委、办、局和乡镇领导列席会议。

1月5日下午，举行全体会议。常务副主席高维魁主持。万金峰、王宝盛、李泽田、孙志强、孙海潮、孙爱华、杨宝峰、时鸣玲、杨海峰、王海平、张君秀等委员，紧扣"建言'十二五'，共话新发展"主题，围绕中共房山区委六届九次全会提出的全力打造首都高端制造业新区和现代生态休闲新城的目标，分别就加快重点功能区建设，深化燕房合作，打造新城示范区，节约集约利用土地，促进非公经济发展，推进沟域经济发展等问题作大会发言。区委副书记、区长祁红，区委常委、宣传部部长赵佳琛，区政府副区长卢国懿，以及区发改委、经信委、农委、旅游局等单位的领导出席会议，听取委员发言。

1月6日上午，列席区人大六届六次会议，听取区长祁红作《政府工作报告》。

1月6日下午，召开"山区建设与发展"专题座谈会。副主席李惠英主持。张文新、孙志强、刘长安、王寂、马连杰、赵国先、张莉华、孔凡生、姜胜军、顾梦红、陈晓燕、张君秀等委员，结合山区发展形势，围绕山区产业转型、生态建设、基础设施建设等问题发言。中共房山区委副书记张祝华，副区长马丽英，区农委、新农村办、农业局、水务局、园林绿化局、旅游局、经管站、残联、种植中心等有关职能部门领导出席座谈会。

会议期间，全体委员认真审议了区政协常委会工作报告和关于提案工作情况的报告，讨论了区政府工作报告及其他报告，讨论了《北京市房山区国民经济和社会发展第十二个五年规划纲要（草案）》。重点围绕全面推进"三化两区"建设，着力构建"两轴三带五园区"发展格局，打造首都高端制造业新区和现代生态休闲新城等，提出了许多建设性意见和建议。

中共房山区委书记刘伟在区政协六届六次会议上作重要讲话

1月7日上午,举行闭幕式。副主席李惠英主持。会议听取并通过了副主席周文海作的《中国人民政治协商会议北京市房山区第六届委员会第六次会议关于提案审查情况的报告》,通过了《中国人民政治协商会议北京市房山区第六届委员会第六次会议关于常务委员会工作报告的决议》和《中国人民政治协商会议北京市房山区第六届委员会第六次会议政治决议》。中共房山区委书记刘伟讲话。指出,区政协工作政治协商有成效,民主监督有特色,参政议政有新意。要求区政协立足新起点,顺应新形势,不断开创新局面,在凝聚发展合力上做出新贡献,在推进重点工作上创造新业绩,在加强自身建设上实现新突破。区政协主席唐淑荣讲话要求,认清形势,明确任务,把思想和行动统一到中共房山区委六届九次全会精神上来,始终保持与区委区政府政治同向、目标同一、工作同步,同心协力推进"三化两区"建设;统筹安排,充分履职,落实"六围绕、六促进"的工作思路和重点,确保全年各项工作圆满完成;加强学习,提高素质,夯实履行职能的思想理论基础,不断深化国情、市情、区情认识,不断提高发现问题、分析问题、解决问题的能力,切实担负起政协的历史责任。中共房山区委副书记、区长祁红,区人大常委会主任史全富,区委副书记张祝华,区委常委、政法委书记刘欣国,区委常委、纪委书记王智慧,区委常委、常务副区长高言杰,区委常委、副区长李江,区委常委、宣传部部长赵佳琛,区委常委、武装部政委韩裕,区委常委、组织部部长、统战部部长孙强,区委常委、区委办公室主任赵军,副区长卢国懿、马丽英应邀出席闭幕式。

1月7日中午12时,中国人民政治协商会议北京市房山区第六届委员会第六次会议闭幕。

第十节 政协北京市房山区第七届委员会会议

中国人民政治协商会议北京市房山区第七届委员会，2011年12月至2016年1月，共召开五次全体会议。

第一次会议

中国人民政治协商会议北京市房山区第七届委员会第一次会议，2011年12月13日至16日在昊天假日酒店召开。

12月12日下午，举行预备会议。区政协第六届委员会常务副主席高维魁主持。审议通过了政协北京市房山区第七届委员会第一次会议主席团成员、秘书长名单，会议议程、日程，决议起草委员会名单和提案审查委员会名单。七届一次会议主席团成员共51名，高维魁为大会秘书长。主席团第一次会议决定：唐淑荣、高维魁、李惠英、周文海、任振秋、赵润东、肖武为主席团常务主席，唐淑荣为主席团常务主席会议主持人。

区政协主席唐淑荣作常委会工作报告

12月13日上午9时，大会开幕。应到委员268人，实到247人。大会常务主席高维魁主持。受第六届区政协常务委员会委托，大会常务主席唐淑荣作《政协北京市房山区第六届委员会常务委员会工作报告》，大会常务主席周文海作《政协北京市房山区第六届委员会常务委员会关于提案工作情况的报告》。大会常务主席肖武宣布大会提案截止时间。北京市政协副主席沈宝昌、人事联络室副主任李莹，中共房山区委书记刘伟，区委副书记、区长祁红，区人大常委会主任史全富，区委副书记张祝华，区委常委、组织部长、统战部部长孙强，区委常委、区委办公室主任赵军，区政府副区长卢国懿，区政协历届老领导张中兴、魏士宽、游来柱、陈芬圃、刘存泽、容桂英，北京燕山石化公司党委副书记许光，中国原子能科学研究院党委副书记李合香，北京电力设备总厂党委副书记杨悦民等应邀出席开幕式。本区的市政协委员，区委、区政府部分部、委、办、局和乡镇领导列席会议。

12月13日下午，举行全体会议，大会常务主席李惠英主持。赵润东、许兆雄、杜晓东、徐蔚、张君秀、刘长安、于腊梅等委员，围绕推进"一区一城"新房山建设和经济社会发展，就加强民主党派自身建设，推进城市经济全面发展，加大生态涵养区建设力度，确保水资源有效利用，提高社会管理水平等问题建言献策。 中共房山区委副书记、区长祁红，区委常委、宣传部部长赵佳琛，区委常委、副区长吴会杰，副区长曹蕾，以及相关区直单位、乡镇街道领导，与委员共谋发展大计。

与会委员分组审议了第六届区政协常务委员会工作报告和关于提案工作的报告。认为，两个报告思路清晰，重点突出，实事求是地反映了区政协围绕区委、区政府中心工作所取得的成绩；今后的工作安排主题鲜明，任务明确，符合实际，充分体现了区政协工作与时俱进的时代特色。

12月14日上午，列席区人大七届一次会议，听取区长祁红作《政府工作报告》。下午，与会委员围绕《政府工作报告》及其他报告，分组进行讨论。委员们认为，《政府工作报告》思路清晰，重点突出，实事求是地总结了过去五年取得的成绩；科学地分析了当前面临的形势和任务，明确了建设"一区一城"新房山的目标；提出的"五大工程"符合实际，具有很强的指导性与可操作性，充分体现了区政府求真务实、开拓创新的精神。

12月15日上午，召开全体会议。大会常务主席高维魁主持。按照《中国人民政治协商会议章程》的规定，通过了《中国人民政治协商会议北京市房山区第七届委员会第一次会议选举办法》，通过了总监票人、副总监票人、监票人名单。以无记名投票方式，选举政协北京市房山区第七届委员会主席、副主席、秘书长和常务委员。唐淑荣当选为主席，高维魁、李惠英、周文海、任振秋、赵润东、肖武当选为副主席，游来清当选为秘书长，丁长海等43名委员当选为常务委员。

12月16日上午，举行闭幕式。副主席李惠英主持。新当选的主席、副主席、秘书长与全体委员见面，表示一定不辜负委员的信任与期望，紧紧依靠中共房山区委的领导，积极争取区政府和社会各界的支持，发挥全体委员的聪明才智，开拓进取，不辱使命。会议听取并通过了副主席周文海作的《中国人民政治协商会议北京市房山区第七届委员会第一次会议关于提案审查情况的报告》，审议通过了《中国人民政治协商会议北京市房山区第七届委员会第一次会议关于六届政协常务委员会工作报告的决议》和《中国人民政治协商会议北京市房山区第七届委员会第一次会议政治决议》。中共房山区委书记刘伟讲话，区政协主席唐淑荣致闭幕词。区委副书记、区长祁红，区人大常委会主任史全富，原区政协主席范文彦，区委常委、区纪委书记王智慧，区委常委、副长李江，区委常委、宣传部部长赵佳琛，区委常委、区公安分局局长鹿进宝，区委常委、区武装部政委韩裕，区委常委、组织部长、统战部部长孙强，区委常委、区委办公室主任赵军，区委常委、副区长吴会杰，区政府副区长卢国懿、曹蕾应邀出席闭幕式。

12月16日上午11时30分，中国人民政治协商会议北京市房山区第七届委员会第一次会议闭幕。

政协北京市房山区第七届委员会第一次会议主席团和秘书长名单

主席团（共51人名，按姓氏笔画为序）

丁长海（回族）　于　平（女）　　万金峰　　马向丽（女）　孔凡生　　王　忆（女）
王金恒　　　　王海平（土家族）　卢　宁　　石　福　　　任振秋　　刘文礼
刘长安　　　　刘军超（女）　　　刘希广　　刘清生　　　孙　威　　孙志强
徐兆雄　　　　张文占　　　　　　张海波　　张　磊（女、蒙古族）
李惠英（女、彝族）　杨树德　　　肖　武（女）　肖希鹏　　陈玉珍（女）
陈　亮（满族）　陈海忠　　苗　松　　金永男（朝鲜族）　　周文海　　赵润东
赵庶吏（女）　　骆金萍（女）　　　徐　蔚（女）　耿纪民　　贾　斌　　高良洁
高建荣（女）　　高　明（女）

高维魁	唐淑荣（女）	黄俩迷（回族）	蒋小钢	程美生	释延佛
游来清	廖承涛	廖春迎（女 回族）	滕昭智		

秘书长 高维魁

第二次会议

中国人民政治协商会议北京市房山区第七届委员会第二次会议，2012年11月21日至23日在昊天假日酒店召开。

11月21日上午9时，大会开幕。应到委员269人，实到243人。区政协主席唐淑荣，副主席李惠英、周文海、任振秋、赵润东、肖武，秘书长游来清出席。常务副主席高维魁主持。主席唐淑荣作《政协北京市房山区第七届委员会常务委员会工作报告》，副主席任振秋作《政协北京市房山区第七届委员会常务委员会关于提案工作情况的报告》，副主席周文海宣读关于表彰2012年度优秀提案的决定。北京市政协副主席唐晓青，中共房山区委书记刘伟，区委副书记、区长祁红，区人大常委会主任史全富，区委副书记、政法委书记曾赞荣，区委常委、组织部部长、统战部部长孙强，区委常委、区委办公室主任赵军，区政府副区长卢国懿，区政协历届老领导张中兴、魏士宽、游来柱、范文彦、陈芬圃、刘存泽、容桂英，北京燕化集团公司党委副书记许光，中国原子能科学研究院副院长邵焕会应邀出席会议。本区的市政协委员，区委、区政府部分部、委、办、局和乡镇领导列席会议。

11月21日下午，大会发言。副主席周文海主持。廖承涛、时鸣玲、孙志强、关胜兵、马连杰、赵一弘、张磊委员，围绕中小企业发展，房山新城建设，繁荣房山文化事业等作大会发言。王晓伟、郭艳梅、常亮、李磊、张殿明、史甫臣委员作书面发言。中共房山区委副书记、区长祁红，区委副书记、政法委书记曾赞荣，区委常委、宣传部部长赵佳琛，副区长卢国懿、马继业，以及区发改委、住建委、市政市容委、文委、经信委、农委、商务委、财政局、人力社保局、园林绿化局、水务局、统计局、规划分局、国土分局主要领导出席会议。

11月22日上午，列席区人大七届二次会议，听取区长祁红作《政府工作报告》。会后，分组进行讨论。

11月22日下午，召开"建言文化旅游产业科学发展，助推现代生态休闲新城建设"专题座谈会。副主席李惠英主持。赵圳、段向红、刘宝新、杜晓东、万金峰、沙文军、邬国强、张海滨、宋永田委员发言。区委常委、区政府常务副区长李江讲话，代表区委、区政府向区政协和全体政协委员表示感谢，对委员提出的意见和建议给予肯定。

11月23日上午，举行闭幕会议。常务副主席高维魁主持。会议增选韩晓明为政协北京市房山区第七届委员会常务委员；听取并通过了副主席任振秋作的《中国人民政治协商会议北京市房山区第七届委员会第二次会议关于提案审查情况的报告》；审议通过了《中国人民政治协商会议北京市房山区第七届委员会第二次会议关于常务委员会工作报告的决议》和《中国人民政治协商会议北京市房山区第七届委员会第二次会议政治决议》。中共房山区委书记刘伟讲话。他指出，区政协紧紧围绕"一区一城"新房山建设，认真履行职能，积极建言献策，为推动全区经济社会又好又快发展做了大量卓有成效的工作。表现在：胸怀大局，紧扣中心履职尽责；情系民生，促进社会和谐稳定；同心同德，广泛凝聚各方力量；创新引领，不断强化自身建设。他希望：紧紧围绕全面建设"三化两区"、加快推进"一区一城"新房山建设，精心选择具有综合性、全局性、前瞻性的重大课题，深入开展调查研究，多献有用之策，多建务实之言；要关注民生，凝聚民心，积极反映社情民意，多谋民生之利，多解民生之忧，切实维护人民群众的根本利益；要牢牢把握团结和民主两大主题，更加富有成效地推进民主政治建设；要进一步加强自身建设，更加富有成效地提升履职能力。区政协主席唐淑荣讲话，号召全体委员在中共房山区委的领导下，发挥优势，扎实工作，积极进取，奋发有为，以更加振奋的精神、更加骄人的成绩，为首都高端制造业新区强势崛起，现代生态休闲新城闪耀京南做出新贡献。区人大常委会主任史全富，区委常委、纪委书记王智慧，区委常委、常务副区长李江，区委常委、宣传部部长赵佳琛，区委常委、武装部政委韩裕，区委常委、副区长吴会杰，原区政协主席范文彦出席闭幕式。

11月23日上午11时50分，中国人民政治协商会议北京市房山区第七届委员会第二次会议闭幕。

第三次会议

中国人民政治协商会议北京市房山区第七届委员会第三次会议，2014年1月6日至8日在昊天假日酒店召开。

1月6日上午10时，大会开幕。应到委员267名，实到235名。区政协主席唐淑荣，副主席李惠英、周文海、任振秋、赵润东、肖武，秘书长游来清出席会议。常务副主席高维魁主持会议。主席唐淑荣作《政协北京市房山区第七届委员会常务委员会工作报告》，副主席任振秋作《政协北京市房山区第七届委员会常务委员会关于提案工作情况的报告》，副主席周文海宣读《关于表彰区政协七届二次会议以来优秀提案和优秀调研成果的决定》。北京市政协副主席闫仲秋，中共房山区委书记刘伟，区委副书记、区长祁红，区人大常委会主任史全富，区委副书记、政法委书记曾赞荣，区委常委、纪委书记王智慧，区委常委、常务副区长李江，区委常委、宣传部部长赵佳琛，区委常委、组织部长、统战部部长孙强，区委常委、区委办公室主任赵军，区委常委、副区长吴会杰，区政府副区长卢国懿、曹蕾、吕守军、刘胜国、翟东，北京燕化集团公司总法律顾问曾年初，中国原子能科学研究院副院长姜兴东，房山区政协历届老领导应邀出席会议。本区的市政协委员，区委、区政府部分部、委、办、局和乡镇（街道）领导列席会议。

1月6日下午，举行全体会议。副主席李惠英主持。肖英、赵洪生、黄文明、孙志强、王红英、孙爱华、张颖辉、马连杰委员，围绕全面加快"一区一城"新房山建设，发展商贸服务业，打造高端服务聚集区，加快残疾人小康步伐，治理大气污染，发展农民专业合作社等问题，作大会发言。区委、区政府领导祁红、曾赞荣、李江、赵佳琛、吴会杰、卢国懿、曹蕾、吕守军、刘胜国，以及区政府相关职能部门和乡镇的主要领导听取委员发言。

1月7日上午，列席区人大七届三次会议，听取区长祁红作《政府工作报告》。会后，对《政府工作报告》及其他报告分组进行讨论。

1月8日上午，举行闭幕会议。会议听取并通过了副主席任振秋作的《中国人民政治协商会议北京市房山区第七届委员会第三次会议关于提案审查情况的报告》，审议通过了《中国人民政治协商会议北京市房山区第七届委员会第三次会议关于常务委员会工作报告的决议》和《中国人民政治协商会议北京市房山区第七届委员会第三次会议政治决议》。中共房山区委书记刘伟讲话。他指出，区政

政协北京市房山区第七届委员会第三次会议会场

协团结全体政协委员和社会各界人士，紧紧围绕"一区一城"新房山建设，创造性地履行政治协商、民主监督、参政议政职能，积极建言献策，为推进全区快速发展、社会民生改善和民主协商做出了突出贡献。希望区政协和政协委员深入学习领会中共十八届三中全会精神，结合国家发展大势、首都发展要求和房山发展实际，进一步找准政协定位，全力服务房山发展，高度关注民生改善，加快推进协商民主，不断凝聚推动全区跨越发展的强大合力；进一步发挥好政协委员模范带头作用，带头退低端、引高端，带头做宣传、促发展，带头转作风、促落实，努力在"一区一城"新房山建设中实现更大作为。区政协主席唐淑荣主持闭幕会。她指出，区政协七届三次会议，严格贯彻落实中央八项规定，精简了日程，开得生动朴实，富有成效，充分发扬了民主，广泛凝聚了共识。要认真贯彻落实中共十八大和十八届三中全会精神，不断夯实团结协作的思想政治基础；要深刻把握房山发展的阶段性特征，深度参与"一区一城"新房山建设；要大力加强政协自身建设，以党的群众路线教育实践活动为契机，不断提高思想政治理论水平和履职效能，在共筑"新城新业新生活"房山梦的实践中做出新贡献。

1月8日上午11时35分，中国人民政治协商会议北京市房山区第七届委员会第三次会议闭幕。

第四次会议

中国人民政治协商会议北京市房山区第七届委员会第四次会议，2015年1月5日至7日在昊天假日酒店召开。

1月5日上午10时，大会开幕。应到委员268人，实到237人。区政协主席唐淑荣，副主席李惠英、周文海、任振秋、赵润东、肖武，秘书长游来清出席会议。常务副主席高维魁主持会议。主席唐淑荣作《政协北京市房山区第七届委员会常务委员会工作报告》，副主席任振秋作《政协北京市房山区第七届委员会常务委员会关于提案工作情况的报告》，副主席赵润东宣读《关于表彰区政协七届三次会议以来优秀提案和优秀调研成果的决定》。北京市政协副主席赵文芝，中共房山区委书记刘伟，区委副书记、政法委书记、区政府代区长曾赞荣，区人大常委会主任史全富，区委常委、常务副区长李江，区委常委、宣传部部长赵佳琛，区委常委、组织部长、统战部部长孙强，区委常委、纪委书记高云峰，区委常委、区委办公室主任赵军，区委常委、副区长吴会杰，区委常委、武装部长郝恭平，区政府副区长卢国懿、曹蕾、吕守军、刘胜国，北京燕化集团公司党委副书记许光，中国原子能科学研究院党委书记周刘来，房山区政协历届老领导应邀出席会议。本区的市政协委员，区委、区政府部分部、委、办、局和乡镇（街道）领导列席会议。

1月5日下午，全体会议。副主席周文海主持。李进伟、柴林峰、廖春迎、邓展渤、赵圳、肖希鹏、张殿明、蔡本睿、禹作胜委员，围绕加快新型城市化建设、深化国资国企改革、推进依法治区进程、打造生态宜居新城、促进文化旅游开发、建设美好乡村等问题作大会发言。

1月6日上午，列席区人大七届四次会议，听取代区长曾赞荣作《政府工作报告》。下午，委员们围绕《政府工作报告》及相关报告，分组进行讨论。

1月7日上午，举行闭幕会议。听取并通过了副主席任振秋作的《中国人民政治协商会议北京市房山区第七届委员会第四次会议关于提案审查情况的报告》，审议通过了《中国人民政治协商会议北京市房山区第七届委员会第四次会议关于常务委员会工作报告的决议》和《中国人民政治协商会议北京市房山区第七届委员会第四次会议政治决议》，增选王文洪、孙宇辉为政协北京市房山区第七届

政协北京市房山区第七届委员会第四次会议会场

委员会常务委员。中共房山区委书记刘伟讲话，充分肯定了区政协工作的成绩，要求进一步解放思想，开拓创新，团结依靠各界委员，认真履行三大职能，为全面加快转型发展，开创"一区一城"新房山建设新局面做出更大贡献。区政协主席唐淑荣主持闭幕会，号召全体委员，在中共房山区委的领导下，坚定信心，开拓进取，同心协力，扎实工作，适应发展新常态，实现发展新转型，为推动房山经济、政治、社会、文化及生态文明建设贡献力量，共同谱写"新城新业新生活"房山梦的新篇章。 中共房山区委副书记、政法委书记、区政府代区长曾赞荣，区人大常委会主任史全富，区委常委、宣传部部长赵佳琛，区委常委、组织部长、统战部部长孙强，区委常委、纪委书记高云峰，区委常委、副区长吴会杰、区委常委、武装部长郝恭平，区政府副区长卢国懿、吕守军应邀出席会议。

1月7日上午11时40分，中国人民政治协商会议北京市房山区第七届委员会第四次会议闭幕。

第五次会议

中国人民政治协商会议北京市房山区第七届委员会第五次会议，2016年1月5日至7日在昊天假日酒店召开。

1月5日上午9时30分，大会开幕。应到委员269人，实到238人。区政协主席唐淑荣，副主席李惠英、周文海、任振秋、赵润东、肖武，秘书长游来清出席会议。常务副主席高维魁主持会议。主席唐淑荣作《政协北京市房山区第七届委员会常务委员会工作报告》，副主席任振秋作《政协北京市房山区第七届委员会常务委员会关于提案工作情况的报告》，副主席周文海宣读了区政协关于表彰2015年度优秀提案和优秀调研成果的决定。北京市政协副主席蔡国雄，北京燕化集团公司党委副书记许光，中国原子能科学研究院党委书记周刘来，中共房山区委书记刘伟，区委副书记、区政府区长曾赞荣，区人大常委会主任孙强，区委副书记、政法委书记李江，区委常委、组织部长于波，区政府副区长卢国懿，区政协历届老领导张中兴、游来柱、范文彦等出席会议。驻区的市政协委员，区研究室、商务委、财政局、司法局、国税局、地税局、长沟镇、河北镇等单位的领导列席会议。

1月5日下午，举行全体会议。副主席李惠英主持。杨树德、杜金全、肖英、刘长安、张葆宁、廖承涛、马连杰、王晓伟、李进伟、徐蔚、肖正全、杜晓东、李磊、刘宝新、郭秀妍、张海波、焦启超、邓展渤、高峰、郭振江17位委员，围绕建设中关村南部创新城、推进生态宜居示范区建设、加强人口规模调控、有效盘活利用农村闲置宅院、"实体商业＋互联网"带动生活服务业发展等作大会发言或书面发言。区委、区政府领导曾赞荣、赵佳琛、吴会杰、赵军、卢国懿、翟东到会听取委员发言。

1月6日上午，列席区人大七届五次会议，听取区长曾赞荣作《政府工作报告》和常务副区长吴会杰作《关于〈北京市房山区国民经济和社会发展第十三个五年规划纲要〉的说明》。会后，与会委员分组讨论了两个《报告》和《北京市房山区国民经济与社会发展第十三个五年规划纲要》。

1月7日上午10时，举行全体会议。会议接受中共北京市委建议，同意周文海、赵润东因年龄原因，辞去政协北京市房山区第七届委员会副主席职务，补选赵永祥为政协北京市房山区第七届委员会副主席。

1月7日上午11时，举行闭幕会议。听取并通过了副主席任振秋代表区政协提案工作委员会作的关于提案审查情况的报告，审议通过了《中国人民政治协商会议北京市房山区第七届委员会第五次会议关于常务委员会工作报告的决议》和《中国人民政治协商会议北京市房山区第七届委员会第五次会议政治决议》。中共房山区委书记刘伟讲话。他认为，区政协服务大局有高度，建言献策有深度，民主监督有力度，团结联合有广度，自身建设有硬度。他指出，房山正处在爬坡过坎、全面转型的关键阶段，面对京津冀协同发展、首都建设国际一流的和谐宜居之都的新形势，区委七届七次全会提出了打造京、保、石发展轴桥头堡、建设生态宜居示范区和中关村南部创新城的奋斗目标，这既对政协工作提出了更高要求，又为政协委员发挥作用提供了广阔空间。要创新工作思路，围绕中心凝聚共识，立足转型认真履职，高度关注民生改善，努力形成推动全区转型发展的强大合力；要发挥委员作用，在退出低端、引进高端、宣传推介房山上有更大作为，在推进地区经济社会发展中发挥更大作用。要求各级党委按照总揽全局、协调各方的原则，自觉把政协工作作为全局工作的重要内容，真正做到思想上重视、政治上关心、组织上保证、工作上支持，推动新时期人民政协事业不断向前发展。区政协主席唐淑荣主持闭幕会。指出，区政协七届五次会议充分发扬民主，广泛凝聚共识，开得生动朴实，富有成效，是一次鼓舞人心、催人奋进的大会。面对新的历史起点，区政协要深入学习贯彻中共十八届五中全会精神和习近平总书记系列重要讲话精神，增强大局意识、担当意识、创新意识，不断提高政治把握能力、调查研究能力、联系群众能力、合作共事能力，汇聚起强大的正能量，集众智、促发展。要切实发挥协商民主重要渠道和专门协商机构作用，全面贯彻落实中共北京市委第四次政协工作会议精神，将协商民主贯穿履职全过程，积极探索政协协商民主的有效途径和方式，推进协商民主规范化、制度化建设。要牢牢把握"十三五"时期房山面临的重大战略机遇，按照区委七届七次全会的总体部署，高举生态文明建设大旗，积极助推助力生态宜居示范区和中关村南部创新城建设，为房山融入京津冀协同发展大局，建设"一区一城"新房山，打造京保石发展轴桥头堡，实现"新城新业新生活"的房山梦而努力奋斗！区委、区人大、区政府领导曾赞荣、孙强、李江、赵佳琛、鹿进宝、高云峰、于波、郝恭平、卢国懿、魏广勋应邀出席会议。

1月7日上午11时40分，中国人民政治协商会议北京市房山区第七届委员会第五次会议闭幕。

第二章 常委会议

政协常务委员会，由委员会主席、副主席、秘书长和常务委员组成。主持委员会的会务，在委员会全体会议闭会期间，处理委员会的工作。

政协北京市房山区（县）委员会常务委员会，自1981年3月政协北京市房山县第一届委员会成立，至2016年1月政协北京市房山区第七届委员会第五次会议闭幕，共召开常务委员会会议（简称常委会议）190次。其中，房山县政协2届，召开常委会议28次，燕山区政协1届，召开常委会议14次，房山区政协7届，召开常委会议148次。

第一节 政协北京市房山县第一届委员会常务委员会会议

政协北京市房山县第一届委员会常务委员会，1981年3月至1984年5月任期内，共召开14次会议。

第一次会议

政协北京市房山县第一届委员会常务委员会第一次会议，1981年4月11日召开。应出席24人，实际出席22人。县政协主席张成基主持会议，副主席王新华、李栖良、李静芳、杨万钟、田树屏、郭云祥出席会议。

会议学习了中共中央批转全国统战工作会议文件和中共中央领导同志对新时期统一战线工作的指示，讨论了县政协1981年工作要点，决定了县政协机构设置及副秘书长人选。

会议认为，1981年县政协工作总的指导思想是，认真学习和坚定不移地执行党的十一届三中全会以来的路线、方针、政策，中央工作会议精神和中央书记处关于首都建设的四项指示，在中共房山县委领导下，团结全县政协委员和各界人士，振奋精神，和衷共济，为贯彻执行经济调整、政治安定的重大方针而努力奋斗。

会议认为，当前应主要抓好的工作是：积极开展政治协商和民主监督活动，充分发挥政协组织在政治生活中的作用；组织政协委员和各界人士，学习马列主义、毛泽东思想，学习时事政治；做好台胞、侨胞和有海外关系人员的工作；做好文史资料的征集和动员撰写工作，抓紧做好编写《房山县志》的准备工作。

会议决定，建立学习委员会和文史资料委员会，分别由7名委员组成，设正、副主任各1名。为便于开展活动，建立工交城建、农林、财贸、教育、卫生、文化体育、科技、民族宗教8个工作组，由委员自愿选择参加。

会议决定，政协北京市房山县委员会设秘书处，由秘书长、副秘书长主持日常工作。毛锡恩、邓述哲、郝志东、廉亚强为县政协副秘书长。

会议决定了会议制度。秘书长办公会每月召开一次，主席办公会每年召开四至六次，常委会议每年召开四至六次，全体会议每年召开一次。

第二次会议

政协北京市房山县第一届委员会常务委员会第二次会议，1982年3月10日召开。出席18人，缺席6人。县政协主席张成基主持，副主席张本荣、王新华、杨万钟、田树屏、郭云祥出席。

副主席张本荣传达了中共北京市委统战工作会议精神。

会议研究了关于召开政协北京市房山县第一届委员会第二次会议的有关事项：通过了县政协常委会工作报告和关于县政协一届一次会议以来提案处理情况的报告；审议了会议议程、日程，大会主席团成员、秘书长名单，提案审查委员会名单及关于提案截止日期的决议；

会议审议了增补县政协常务委员，补选县政协秘书长的决定及候选人名单；决定增补马淑惠、石岩、白玉亭、吴祥祉、高基安、廉亚强6人为政协北京市房山县第一届委员会委员。

第三次会议

政协北京市房山县第一届委员会常务委员会第三次会议，1982年4月8日召开。出席20人，缺席5人。县政协主席张成基主持，副主席张本荣、王新华、杨万钟、田树屏、郭云祥，秘书长毛锡恩出席。

会议传达了北京市政协五届五次会议精神和中共北京市委统战工作会议精神，讨论了房山县政协1982年工作设想。金保巨、杨万钟、郭云祥、闫爱众、刘建庭、赵民俊、史正学在会上发言。

第四次会议

政协北京市房山县第一届委员会常务委员会第四次会议，1982年5月27日至28日召开。出席17人，缺席8人。县政协主席张成基、副主席杨万钟主持，副主席田树屏、郭云祥，秘书长毛锡恩出席。

会议学习讨论了《中华人民共和国宪法》修改草案。

第五次会议

政协北京市房山县第一届委员会常务委员会第五次会议，1982年8月20日至21日召开。县政协副主席张本荣主持。副主席王新华、杨万钟、田树屏、郭云祥等出席会议。

会议学习讨论了《中国人民政治协商会议章程》修改草案。

第六次会议

政协北京市房山县第一届委员会常务委员会第六次（扩大）会议，1982年10月14日召开。县政协副主席张本荣主持，副主席王新华、田树屏、杨万钟等22人出席。

会议收听了袁木学习党的十二大文件辅导报告的录音，副主席张本荣就深入学习党的十二大文件讲话，秘书长毛锡恩讲了学习党的十二大文件的安排意见。

会议要求，全体委员要充分认识党的十二大的伟大意义，认真学习、宣传和贯彻党的十二大文件精神，统一思想，同心同德，为全面开创社会主义现代化建设新局面做出新贡献。

会议要求县政协秘书处，深入了解委员的学习情况，发现典型，总结经验，搞好学习经验交流和辅导，使学习深入开展下去，切实抓出成效。

第七次会议

政协北京市房山县第一届委员会常务委员会第七次会议，1983年1月7日召开。出席20人，缺席5人。县政协主席张成基主持，副主席王新华、杨万钟、田树屏、李静芳、郭云祥出席。

会议听取了秘书长毛锡恩关于县政协一届三次会议筹备情况的汇报，讨论通过了县政协常委会工作报告。

第八次会议

政协北京市房山县第一届委员会常务委员会第八次会议，1983年4月21日召开。出席17人，缺席8人。县政协主席张成基主持，副主席张本荣、杨万钟、田树屏，秘书长毛锡恩出席。

会议听取了廉亚强关于列席北京市政协六届一次会议情况的汇报，讨论通过了县政协1983年工作要点。

第九次会议

政协北京市房山县第一届委员会常务委员会第九次会议，1983年7月25日至26日召开。县政协主席张成基，副主席张本荣、田树屏、杨万钟，秘书长毛锡恩等19人出席会议，县政协学习委员会、文史委员会委员，各工作组组长列席会议。副主席张本荣主持会议。

会议学习了全国政协主席邓颖超在全国政协六届一次会议上的开幕词和副主席刘澜涛作的《正确总结经验，全面开创人民政协工作的新局面》的工作报告，听取了中共房山县委宣传部副部长杜英学习全国人大六届一次会议《政府工作报告》的辅导报告，并进行了讨论。

会议要求，要认真学习全国六届人大和六届政协会议文件，学习《邓小平文选》，抓好政协自身建设，使政协更加适应新时期发展的需要，成为县委、县政府的参谋部，成为统一战线的总部，更好地发挥政治协商、民主监督作用，为开创房山县社会主义建设新局面做出更大成绩。

第十次会议

政协北京市房山县第一届委员会常务委员会第十次会议，1983年11月10日召开。县政协副主席张本荣主持，副主席杨万钟、田树屏、唐广雩等15人出席，仉淑兰等人列席。

张本荣传达了中共北京市委统战工作会议和中共房山县委农村工作会议精神。

会议决定，增补陈芬圃、张锡元、王贵、李荣光、戴富、张广伶、冯维勤、刘正谊、宋思明、饶岚、吴保发、施大钧12名同志为政协北京市房山县第一届委员会委员。

会议根据机构改革后的新变化，根据中共房山县委建议，对县政协领导班子做了调整。同意张本荣为县政协主席，增补陈芬圃为县政协副主席，提请下一次县政协全体会议通过。

会议决定，增补仉淑兰为县政协副秘书长。

中共房山县委书记李永芳出席会议并讲话，介绍了党的十一届三中全会以来，全县农村出现的大好形势，对统战、政协工作提出了希望和要求。

第十一次会议

政协北京市房山县第一届委员会常务委员会第十一次（扩大）会议，1984年1月19日召开。县政协主席张本荣主持。副主席田树屏、杨万钟、郭云祥、陈芬圃，秘书长毛锡恩等出席会议。

会议交流了学习《邓小平文选》的心得体会，副秘书长廉亚强汇报了赴外地参观学习的情况。田树屏、郭云祥、刘建庭、史正学、赵宝林，就学习邓小平关于教育工作、科技工作、统一战线工作等方面的论述，畅谈了心得体会。

张本荣作总结讲话。

第十二次会议

政协北京市房山县第一届委员会常务委员会第十二次会议，1984年2月24日与房山县人大常务委员会联合召开。县政协主席、副主席、常务委员19人出席。会议由县政协主席张本荣和县人大常委会主任孟长友共同主持。县政府副县长高海量出席会议并讲话。

会议学习讨论了中共中央、国务院对《北京城市建设总体规划方案的批复》和《北京城市建设总体规划方案》，听取并讨论了房山县人民政府关于房山县城乡建设规划方案的报告。杨万钟、田树屏、郭云祥、毛锡恩等发言。张本荣作总结讲话，要求县政协委员深入学习中共中央《批复》精神，对全县的各项建设知情出力，献计献策。

第十三次会议

政协北京市房山县第一届委员会常务委员会第十三次会议，1984年4月25日召开。应到26名，实到17名。县政协主席张本荣主持，副主席陈芬圃、杨万钟、田树屏、郭云祥，中共房山县委统战部部长、县政协秘书长毛锡恩出席会议。

县政协主席张本荣传达了北京市政协六届二次会议精神,讨论通过了县政协常务委员会在政协北京市房山县第二届委员会第一次会议上的工作报告和政协北京市房山县第一届委员会第三次会议以来提案处理情况的报告。

会议决定:尹昆、于清昌、李怀立、毕宝恒、刘清秀、曹树森、常凤荣、杨香麟、祁凤伶、陶碧襄、郭志忠、曾宪祥、侯长伯、赵玉葵、潘明、殷成基、吕杰兵、罗秀荣、张凤芹、秦济仲、黄清亮、陆金庆、马大军、李宽、颜景河、田亚兰、郭焕启、孙洪章、李明、何丽荣、林梦、张云江、苏惠增、陈凤英、石强、谢爱英、关金明、焦瑞增、周志波、连维全、沙秀珍、向群英、魏仲华、狄振远、肖西龙、张巨全、鲍秉铎、李树昌、李增祜、曲伟光、李克军、张玉纯、巩立英、吕兴洲、吴菊英、善仲良、郭启寿、赵农辉、奉友鹏、李硕夫、王爱卿、邢敏、邱仲安、徐振信、卫中岳、龚媛媛、郑修臣 67 名同志为政协北京市房山县第二届委员会委员。

第十四次会议

政协北京市房山县第一届委员会常务委员会第十四次会议,1984 年 5 月 7 日召开。应到 26 名,实到 17 名。县政协主席张本荣主持,副主席陈芬圃、杨万钟、郭云祥、田树屏,中共房山县委统战部部长、县政协秘书长毛锡恩出席会议。

会议根据有关方面提名,研究决定,李长恩、张家成、胡学仁、赵玉明、张庆吉、刘履镇、张志 7 名同志为政协北京市房山县第二届委员会委员。

第二节 政协北京市房山县第二届委员会常务委员会会议

政协北京市房山县第二届委员会常务委员会,1984 年 5 月至 1987 年 5 月任期内,共召开 14 次会议。

第一次会议

政协北京市房山县第二届委员会常务委员会第一次会议,1984 年 6 月 6 日召开。县政协主席张本荣主持,副主席陈芬圃、田树屏、毛锡恩、杨万钟、唐广雾,秘书长仉淑兰等 22 人出席。

会议学习了全国人大六届二次会议、全国政协六届二次会议精神,传达了北京市政协常务委员会会议精神,通过了增补曹存珍、袁景春为政协北京市房山县第二届委员会委员的决定,通过了县政协四个专门委员会主任、十个工作组组长名单。

第二次会议

政协北京市房山县第二届委员会常务委员会第二次会议,1984 年 7 月 4 日召开。应到 31 名,实到 19 名。县政协主席张本荣主持,副主席陈芬圃、田树屏、毛锡恩、杨万钟、唐广雾,秘书长仉淑兰出席。

会议学习了国务院总理赵紫阳作的《政府工作报告》，并结合中共房山县委关于认真搞好改革，加速发展商品生产的意见，进行了讨论。

会议认为，中共房山县委提出的《关于进一步放宽政策，搞好改革，加速发展商品生产的规定》（讨论稿）可行，符合中央精神。

会议根据县委要求，讨论了帮助乡、镇发展企业问题。一致同意，发挥政协的优势，从人才、技术等方面协助良乡镇办好安装公司和电器厂，组织力量进行利用煤矸石发电的调查研究，帮助县、乡、镇举办设计技术人员培训班。

会议决定，县政协常务委员赴天津市静海县大邱庄参观学习。

第三次会议

政协北京市房山县第二届委员会常务委员会第三次会议，1984年10月29日召开。县政协主席张本荣主持会议，副主席陈芬圃、田树屏、郭云祥、毛锡恩，秘书长仇淑兰等23人出席会议。

会议传达并学习讨论了中共北京市委31号文件精神，以及中央领导的有关讲话。

第四次会议

政协北京市房山县第二届委员会常务委员会第四次会议，1985年2月8日召开。县政协主席张本荣主持，副主席陈芬圃、毛锡恩、杨万钟、郭云祥、唐广雩，秘书长仇淑兰等出席。

会议学习了中共中央1985年1号文件，传达了中共房山县委扩大会议和北京市政协常委扩大会议精神，围绕新形势下为经济改革献计出力问题，进行了讨论。

会议还研究了其他事项。

第五次会议

政协北京市房山县第二届委员会常务委员会第五次会议，1985年2月28日召开。县政协主席张本荣主持，副主席陈芬圃、田树屏、杨万钟、唐广雩、毛锡恩，秘书长仇淑兰等20人出席。

会议根据中共房山县委关于整党工作安排，张本荣代表县政协党组作对照检查报告，听取意见。龚志源、马芳、唐广雩、奉友鹏、宋思明等发言，对政协党组的工作给予充分肯定，并提出了建设性意见。中共房山县委常委、宣传部部长安法鲁出席会议并讲话。

第六次会议

政协北京市房山县第二届委员会常务委员会第六次会议，1985年4月10日召开。县政协主席张本荣主持，副主席陈芬圃、田树屏、杨万钟、郭云祥、唐广雩、毛锡恩，秘书长仇淑兰等20人出席。

会议决定，政协北京市房山县第二届委员会第二次会议，1985年4月22日在县委413会议室召开。本次会议不设主席团，由本届政协常务委员会领导。会议通过了县政协常委会工作报告和关于提案工作情况的报告,通过了县政协二届二次会议议程和日程。

会议决定,增补杜川明、温隐蕾、苏瑛路、杜英、石淑平、张志仁为政协北京市房山县第二届委员会委员。

第七次会议

政协北京市房山县第二届委员会常务委员会第七次会议,1985年7月6日召开。县政协主席张本荣主持,副主席陈芬圃、田树屏、杨万钟、郭云祥、毛锡恩、唐广雩,秘书长仉淑兰等22人出席。

会议学习讨论了《中共中央关于教育体制改革的决定》,传达了北京市政协第二十四次常委扩大会议精神。

会议同意增补石淑平为政协北京市房山县第二届委员会常务委员,报中共房山县委批准。决定李振权委员为县政协科技组组长,侯长伯委员为副组长;石淑平委员为县政协妇女组组长;穆希泉委员为县政协卫生组副组长;张玉纯委员为县政协工交城建组副组长;皇甫元委员为县政协民族宗教组副组长;苏惠增委员为县政协财贸组副组长。

根据秘书长提名,会议决定,聘请县畜牧水产局督导员张珍、良乡镇督导员刘振祥为县政协兼职副秘书长。

第八次会议

政协北京市房山县第二届委员会常务委员会第八次会议,1985年10月22日召开。县政协主席张本荣主持,副主席陈芬圃、田树屏、杨万钟、毛锡恩、唐广雩等21人出席。

会议学习讨论了中共十二届四中全会、五中全会精神;通过了《关于认真学习和贯彻党的全国代表会议文件的安排意见》。

会议认为,党中央的三个会议开得及时,问题抓得准,今后的努力方向明确,增强了大家"团结奋斗,再展宏图"的必胜信心和决心。

县政协主席张本荣就深入学习会议精神,讲了四点意见:要全面地、历史地、辩证地认识形势;正确认识出现的问题与改革的关系;大力抓好精神文明建设;加强马克思主义理论的学习。

会议安排部署了县政协1985年第四季度的工作。

第九次会议

政协北京市房山县第二届委员会常务委员会第九次会议,1986年4月14日召开。县政协主席张本荣主持,副主席陈芬圃、杨万钟、田树屏、毛锡恩、郭云祥、唐广雩,秘书长仉淑兰等22人出席,副秘书长廉亚强等列席。

会议讨论通过了政协北京市房山县第二届委员会常务委员会工作报告和政协北京市房山县二届二次会议以来提案处理情况的报告;原则通过了提请政协北京市房山县二届三次会议审议的有关文件。

第十次会议

政协北京市房山县第二届委员会常务委员会第十次（扩大）会议，1986年8月30日召开。县政协主席、副主席、秘书长和常务委员共25人出席，副秘书长和各工作组负责人，学习、提案、文史资料等四个专门委员会的副主任列席。中共房山县委书记王俊起，副书记高海量、王福来，以及县委组织部、统战部、办公室的负责同志应邀参加会议。会议由县政协副主席陈芬圃主持。

会议同意安法鲁、夏方伟、刘文俊为本届政协委员；同意接受张本荣辞去政协北京市房山县第二届委员会主席的请求；同意中共房山县委的建议，由安法鲁担任县政协代理主席，主持县政协全面工作，待召开全体委员会议，正式选举通过。

会议对张本荣在县政协建立和发展过程中所付出的辛勤劳动，出色的工作成绩表示满意，对以革命事业为重，主动辞去领导职务表示钦佩，并一致通过了《致全体政协委员的一封信》。

中共房山县委书记王俊起讲话，对县政协和张本荣的工作，给予了高度评价和充分肯定，并对政协工作提出了希望和要求。

第十一次会议

政协北京市房山县第二届委员会常务委员会第十一次会议，1986年10月31日召开。县政协代理主席安法鲁主持。

会议学习讨论了《中共中央关于社会主义精神文明建设指导方针的决议》。县政协副主席毛锡恩传达了习仲勋在全国政协六届十三次常委会议上的讲话精神。杨万钟、祁凤伶等在会上发言。

副主席陈芬圃就政协北京市房山县二届十次常委会议提出的，关于设立县政协名誉主席的建议作了答复：根据中共房山县委领导意见，县政协不设名誉主席。

第十二次会议

政协北京市房山县第二届委员会常务委员会第十二次会议，1986年12月30日召开。县政协代理主席安法鲁主持。

会议听取了县政协秘书长仉淑兰关于北京市政协区县政协工作座谈会精神的汇报，听取并讨论了副主席陈芬圃作的县政协1986年工作总结和1987年工作安排意见，听取了代理主席安法鲁关于一些大学生闹事及有关情况的通报。杨万钟、刘建庭、苏惠增、祁凤伶、奉友鹏等在会上发言。

第十三次会议

政协北京市房山县第二届委员会常务委员会第十三次会议，1987年2月19日召开。县政协代理主席安法鲁主持。

会议学习讨论了中共中央文件。毛锡恩、马兴礼、刘建庭、赵宝林、龚志源等在会上发言，表示坚决拥护中共中央文件精神。会议认为，必须坚持四项基本原则，坚决反对资产阶级自由化，大力加强社会主义民主法制教育。

第十四次会议

政协北京市房山县第二届委员会常务委员会第十四次会议，1987年4月22日召开。到会22名，缺席8名。原县政协主席张本荣出席会议。

会议由县政协代理主席安法鲁主持。副主席陈芬圃传达了中共北京市房山区委关于筹建中国人民政治协商会议北京市房山区委员会有关事项的通知。区委决定成立房山区政协筹备委员会，区委副书记高海亮任主任。

会议同意县政协主席办公会议做出的安排，要求善始善终地做好政协北京市房山县第二届委员会的结束工作。一是认真总结县政协第二届委员会常务委员会的工作，二是召开县政协全体会议，向全体委员通报国务院关于"两撤一建"的指示精神，传达中共房山区委关于筹建房山区政协的通知，通报了房山区政协的筹建情况。

会议听取并讨论了《政协北京市房山县第二届委员会常务委员会工作总结报告》。要求县政协秘书处，根据常委们的意见，对报告进行认真修改，由驻会主席定稿。

县政协代理主席安法鲁作总结讲话。

第三节 政协北京市燕山区第一届委员会常务委员会会议

政协北京市燕山区第一届委员会常务委员会，1984年7月至1987年5月任期内，共召开14次会议。

第一次会议

政协北京市燕山区第一届委员会常务委员会第一次会议，1984年7月30日在燕山邮局三楼会议室召开。区政协主席韩正非主持。

会议研究了区政协1984年下半年工作。确定要抓好组织学习，协助有关部门落实政策，对燕山卫星城规划提出建议，帮助区委搞好整党，帮助解决中学教师缺乏问题，为治理污染、保护环境提出建议等六项工作。

第二次会议

政协北京市燕山区第一届委员会常务委员会第二次会议，1984年10月12日在燕山邮局三楼会议室召开。区政协主席韩正非主持。

会议听取了区规划委员会的汇报，与区人大常委一起进行了实地视察，讨论了燕山区卫星城建设规划方案。就卫星城建设目标，控制环境污染，加强生产安全，改善物资供应和住房、交通、通讯条件，健全配套的商业、文化、福利设施，争取北京市政府支持等问题提出了意见和建议。

第三次会议

政协北京市燕山区第一届委员会常务委员会第三次会议，1984年12月22日在燕山邮局三楼会议室召开。区政协主席韩正非主持。副主席王笃之，秘书长肖玉琴等8人出席。

会议听取并讨论了韩正非关于学习兄弟区县政协工作经验的报告；讨论了区政协建制问题，决定，在已有教育工作组、环境保护工作组的基础上，成立学习工作组、财贸工作组、联络工作组，分别由单发、吴建生、肖玉琴任组长。

第四次会议

政协北京市燕山区第一届委员会常务委员会第四次会议，1985年4月11日在燕山区委会议室召开。区政协主席韩正非主持。副主席王笃之、李全熙，秘书长肖玉琴等11人出席。

会议传达了北京市政协会议精神；讨论通过了区政协常委会工作报告和关于召开燕山区政协一届二次会议相关事宜；通过了增补张荣、王岗、芦业强、曹振义4人为政协北京市燕山区第一届委员会委员和任命李之洋为区政协财贸组组长的决定。

第五次会议

政协北京市燕山区第一届委员会常务委员会第五次会议，1985年7月19日在燕山邮局三楼会议室召开。区政协主席韩正非主持。副主席王笃之，秘书长肖玉琴等10人出席。

会议研究了贯彻北京市政协工作组会议精神问题，决定在已有五个工作组的基础上，再建立科技工作组和文体工作组两个工作组，分别由万泰仁、敖菊任组长。会议还研究了教育工作组关于学龄前儿童教育情况的调查报告，以及成立消费者协会等问题。

第六次会议

政协北京市燕山区第一届委员会常务委员会第六次会议，1985年10月11日在燕山区委会议室召开。区政协主席韩正非主持。副主席王笃之、李全熙，秘书长肖玉琴等10人出席。

会议学习了《中共中央关于改革学校思想品德和政治理论课程教学的通知》，听取了区教育局副局长崔雁云、张淑荣关于燕山区中小学贯彻中央通知精神的汇报，围绕加强中小学生的思想政治工作问题，提出了多项意见和建议。

第七次会议

政协北京市燕山区第一届委员会常务委员会第七次会议，1985年10月30日在燕山区委一楼会议室召开。区政协主席韩正非主持。副主席王笃之，秘书长肖玉琴等12人出席。

会议学习了中国共产党全国代表会议和中共中央十二届四中、五中全会文件；传达了北京市政协六届二十八次常委会议关于学习贯彻中共全国代表会议和中央全会精神的意见;讨论通过了《燕山区政协关于学习贯彻中国共产党全国代表会议文件精神的决议》。

第八次会议

政协北京市燕山区第一届委员会常务委员会第八次会议,1985年12月13日在燕山区委一楼会议室召开。区政协主席韩正非主持。副主席王笃之、李全熙,秘书长肖玉琴等11人出席。

会议讨论了区政协财贸工作组的调查报告。燕山区副区长杨忠杰、区政府财办主任等出席会议,听取意见。

第九次会议

政协北京市燕山区第一届委员会常务委员会第九次会议,1986年3月25日在燕山邮局会议室召开。区政协主席韩正非主持。副主席王笃之、李全熙,秘书长肖玉琴等12人出席。

会议决定,1986年4月1日召开政协北京市燕山区一届三次会议。讨论通过了区政协常委会工作报告和区政协一届三次会议议程等有关事项。决定增补郭深、张福忠、王洪斌、董清华为政协北京市燕山区第一届委员会委员。

第十次会议

政协北京市燕山区第一届委员会常务委员会第十次会议,1986年6月3日在燕山邮局三楼会议室召开。区政协主席韩正非,秘书长肖玉琴等12人出席会议,副主席王笃之主持会议。

会议传达了北京市政协会议和北京市人大会议精神,讨论通过了区政协1986年工作组活动安排意见。

第十一次会议

政协北京市燕山区第一届委员会常务委员会第十一次会议,1986年7月8日在燕山区委一楼会议室召开。区政协主席韩正非主持。副主席王笃之等11人出席。

会议听取了燕山区副区长杨忠杰关于贯彻北京市服务工作会议精神的安排意见,以及关于商业、服务业若干政策的实施细则的报告;听取中共燕山区委宣传部部长单发传达了区委、区政府关于在全区开展服务工作大讨论的意见。会议围绕提高服务质量问题,提出了20多条意见和建议。

第十二次会议

政协北京市燕山区第一届委员会常务委员会第十二次会议,1986年10月10日在燕山区委一楼会议室召开。区政协主席韩正非主持。副主席王笃之、李全熙,秘书长肖玉琴等8人出席。

会议传达了中共北京市委召开的宣传部部长会议精神，听取了燕山区副区长杨忠杰关于开展提高服务质量大讨论情况，以及关于劳动制度改革的四个规定和七种商品价格放开等问题的通报。会议还研究了区政协工作组活动安排问题。

第十三次会议

政协北京市燕山区第一届委员会常务委员会第十三次会议，1987年3月24日在燕山区委一楼会议室召开。区政协主席韩正非主持。副主席王笃之，秘书长肖玉琴等8人出席会议。

会议传达了北京市政协六届五次会议精神，通报了燕山区与房山县合并的相关情况，并对合并前的区政协工作进行了安排。

第十四次会议

政协北京市燕山区第一届委员会常务委员会第十四次会议，1987年5月4日在燕山邮局三楼会议室召开。区政协主席韩正非主持。副主席王笃之、李全熙，秘书长肖玉琴等12人出席。中共房山区委书记王作生出席会议并讲话。

会议讨论通过了燕山区政协三年工作总结，听取了中共房山区委宣传部部长单发关于政协北京市房山区第一届委员会筹备情况的通报，协商推荐了政协北京市房山区第一届委员会委员。

第四节 政协北京市房山区第一届委员会常务委员会会议

政协北京市房山区第一届委员会常务委员会，1987年5月至1991年2月任期内，共召开26次会议。

第一次会议

政协北京市房山区第一届委员会常务委员会第一次会议，1987年7月21日召开。副主席陈芬圃主持，副主席王笃之、毛锡恩、李全熙、杨万钟、唐广蓴、容桂英、钱觉霖，秘书长肖玉琴等35人出席。

副主席容桂英通报了中共房山区委、区政府1987年上半年的工作情况及下半年的主要工作安排，副主席钱觉霖传达了全国地方政协工作组会议精神，副主席毛锡恩传达了中共北京市委统战工作会议精神。

会议讨论通过了区政协工作机构设置、区政协机关工作机构设置、区政协主要会议制度、区政协专门委员会组成人员名单。秘书长肖玉琴就有关问题作了说明。

会议决定：区政协工作机构，设置工作组委员会、学习委员会、文史工作委员会、联络工作委员会、提案工作委员会5个专门委员会，设置科技工作组、城建环保工作组、农村工作组、财贸工作组、教育工作组、医药卫生工作组、文化体育工作组、民族宗教工作组8个工作组。区政协机关工作机构，设置4个办公室:政协办公室,负责秘书、行政、提案等工作;工作组办公室,负责工作组的各项活动;学习文史办公室,负责委员学习、对内对外宣传、征集文史资料等工作;联络办公室,负责与委员的联络、与"三胞"的联络,以及联络接待外地政协来访等项工作。

会议通过了区政协的主要会议制度:每年召开一次全体会议;每两月召开一次常委会议,如遇特殊情况可酌情增加会议次数;每两周召开一次主席会议;委员较集中的地区建立委员活动组,每季度活动一次。

会议还讨论通过了区政协常委会1987年下半年工作要点。

第二次会议

政协北京市房山区第一届委员会常务委员会第二次会议,1987年8月4日在区委四楼会议室召开。副主席陈芬圃主持会议,副主席毛锡恩、李全熙、杨万钟、容桂英、钱觉霖,秘书长肖玉琴等27人出席会议。中共房山区委统战部部长王素英、副部长刘文俊,区政协机关各委室主任、副主任列席会议。

会议讨论通过了区政协机关四个委室主任、副主任人选。田国增任办公室主任,廉亚强任副主任;刘玉荣任学习文史办公室主任,李浩任副主任;张宝贵任工作组办公室主任;仉淑兰任联络办公室主任。

第三次会议

政协北京市房山区第一届委员会常务委员会第三次会议,1987年8月28日召开。副主席陈芬圃主持会议,副主席毛锡恩、李全熙、杨万钟、容桂英、钱觉霖,秘书长肖玉琴等27人出席会议,中共房山区委统战部部长王素英、副部长刘文俊,区政协机关各委室主任、副主任列席会议。

会议学习了北京市副市长黄超在中共北京市委、市政府召开的1987年第二季度经济分析会上关于"深化改革,积极推进农业的专业分工和适度规模经营"的讲话;听取了中共房山区委农村工作部部长柳广田关于房山区农村推进专业分工和适度规模经营情况的通报。会议围绕推进农业专业分工和适度规模经营问题进行了讨论。

会议通过了区政协各工作组组长、副组长名单,调整增补了部分专门委员会领导成员。

会议根据中共房山区委书记王作升的建议,学习讨论了中共北京市东城区委关于"充分发挥我区各民主党派在两个文明建设中的积极作用"的经验材料。

第四次会议

政协北京市房山区第一届委员会常务委员会第四次会议,1987年11月10日在区委409会议室召开。区政协副主席陈芬圃、王笃之、毛锡恩、李全熙、杨万钟、容桂英、钱觉霖,秘书长肖玉琴等25人出席会议,区政协机关各委室负责人,委员活动片、组负责人列席会议。副主席毛锡恩主持会议。

上午,会议传达了中共十三大会议精神和中共中央对台工作会议精神,学习了国务院总理赵紫阳作的《政府工作报告》。

下午，出席中共房山区委、区政府经济工作通报会，听取了区政府1987年经济计划指标完成情况和1988年工作设想的通报，并进行了讨论。

第五次会议

政协北京市房山区第一届委员会常务委员会第五次会议，1987年12月11日在区委409会议室召开。区政协副主席陈芬圃、毛锡恩、王笃之、杨万钟、唐广雪等25人出席会议，副主席毛锡恩主持会议。

会议学习了党的十三大报告关于社会主义初级阶段的理论和基本路线；收听了有关辅导报告的录音，围绕上述专题进行了讨论。

第六次会议

政协北京市房山区第一届委员会常务委员会第六次会议，1988年1月6召开。

会议审议了政协科技组和农村组《关于我区乡镇工业发展问题的调查报告》和容桂英副主席所作的说明。会议认为，调查报告既肯定了乡镇工业在振兴房山经济中的地位、作用及几年来所取得的成绩，又分析了当前存在的主要问题，提出了进一步发展乡镇工业的建议，这些意见和建议比较符合实际。决定以这份调查报告的内容作为建议案，报送区委区政府研究参考。

第七次会议

政协北京市房山区第一届委员会常务委员会第七次会议，1988年2月5日在区委409会议室召开。区政协副主席陈芬圃、王笃之、毛锡恩、李全熙、杨万钟、钱觉霖，秘书长肖玉琴等25人出席会议，副主席毛锡恩主持会议。

会议传达、学习、讨论了北京市政协七届一次会议精神和中共房山区委扩大会议精神，收听了袁木关于经济体制改革辅导报告的录音。

第八次会议

政协北京市房山区第一届委员会常务委员会第八次（扩大）会议，1988年3月23日在区委409会议室召开。区政协副主席陈芬圃主持会议，副主席毛锡恩、容桂英、杨万钟、钱觉霖、唐广雪，秘书长肖玉琴等出席会议。各工作组组长，委员活动片召集人，专委会成员列席会议。

会议按照协商于决策之前的精神，对区政府提请区人大审议的《政府工作报告》进行了讨论协商。会议听取了区政府副区长张中兴关于《政府工作报告》起草过程、框架结构和主要内容的说明。杨万钟、赵宝林、吕兴州、李荣光、林梦、顾国英、戴富、容桂英、李彧波、王笃之、刘建庭、石强、毛锡恩、田树屏、杜英、肖玉琴、吴崇连、钱觉霖、张宝贵、张志仁、张珍、田国增、吕兴洲、敖菊等在会上发言。

第九次会议

政协北京市房山区第一届委员会常务委员会第九次会议，1988年3月31日在区委409会议室召开。区政协副主席陈芬圃主持，副主席毛锡恩、容桂英、杨万钟、钱觉霖、王笃之、唐广雩，秘书长肖玉琴等29人出席。

会议讨论通过了区政协常务委员会工作报告，决定提请区政协一届二次会议审议。会议还研究了召开区政协一届二次会议的有关事宜。

第十次会议

政协北京市房山区第一届委员会常务委员会第十次（扩大）会议，1988年7月29日召开。副主席陈芬圃主持会议，副主席王笃之、毛锡恩、李全熙、杨万钟、容桂英、钱觉霖等26人出席会议，区政协各专门委员会、委员活动组及区政协机关委室负责人列席会议。

会议学习了赵紫阳在中共中央政治局第九次会议上关于逐步建立社会主义商品经济新秩序的讲话；通报了中共房山区委一届三次全会（扩大）精神；传达了北京市政协召开的区县政协工作研讨班及信息工作会议精神；审议通过了房山区政协常务委员会议事规则；安排部署了有关工作。

第十一次会议

政协北京市房山区第一届委员会常务委员会第十一次（扩大）会议，1988年11月3日至4日召开。区政协副主席陈芬圃主持会议，副主席、常务委员共27人出席会议，区政协各专门委员会主任、副主任，各工作组组长，各委员活动组召集人，机关各室主任、副主任列席会议；北京市政协秘书长李天绶，中共房山区委副书记王绪成应邀出席会议。

会议传达了中共十三届三中全会、中共北京市委六届四次全会、中共房山区委一届四次全会精神，并进行了讨论。王绪成在会上讲话，希望区政协全面理解中共十三届三中全会精神，在政治上与中共中央保持一致，围绕当前开展的治理整顿工作发挥协商监督作用，维护安定团结的政治局面，保证改革和建设的顺利进行，为经济和各项事业的发展做出贡献。李天绶对房山区政协的工作及区委对政协工作的重视给予高度评价，并对政协如何参与治理整顿工作提出了要求。

陈芬圃作总结讲话，对区政协学习贯彻中共十三届三中全会精神、参与治理整顿工作作了安排部署。

第十二次会议

政协北京市房山区第一届委员会常务委员会第十二次会议，1989年1月19日在区委409会议室召开。区政协副主席陈芬圃主持会议，副主席毛锡恩、容桂英、杨万钟、钱觉霖、王笃之，秘书长肖玉琴等28人出席会议，各专委会、委员活动组、机关委室负责人列席会议。

会议听取了中共房山区委办公室主任兼房山区治理整顿办公室主任游来柱关于全区治理整

作进展情况的通报；听取了秘书长肖玉琴关于区政协 1988 年工作情况和 1989 年工作设想的汇报。

会议学习了中共中央关于治理整顿的指示，对房山区治理整顿工作提出了意见和建议。

会议讨论了区政协 1988 年工作总结和 1989 年工作计划，并对 1989 年春节期间的工作进行了安排部署。

第十三次会议

政协北京市房山区第一届委员会常务委员会第十三次会议，1989 年 2 月 24 日在区委 409 会议室召开。区政协副主席陈芬圃主持，副主席毛锡恩、李全熙、容桂英、杨万钟、钱觉霖、王笃之等出席。

会议讨论了区政府工作报告，提出了意见和建议；讨论通过了区政协常务委员会在区政协一届三次会议上的报告。

会议决定，增补王素英、刘玉荣为政协北京市房山区第一届委员会委员；同意肖玉琴辞去区政协秘书长、单发辞去常务委员职务，同意增选王素英、张宝贵、刘玉荣为政协北京市房山区第一届委员会常务委员；同意钱觉霖副主席兼任区政协秘书长。

第十四次会议

政协北京市房山区第一届委员会常务委员会第十四次（扩大）会议，1989 年 4 月 28 日在区委 409 会议室召开。区政协副主席陈芬圃主持会议，副主席毛锡恩、容桂英、杨万钟、钱觉霖等出席会议，区政协各专委会成员、工作组负责人、机关全体工作人员列席会议。

会议学习了人民日报《必须旗帜鲜明地反对动乱》的社论，并进行了座谈讨论。委员们认为，近日，极少数别有用心的人借悼念胡耀邦总书记逝世之机，制造和散布谣言，蛊惑人心，蓄意挑起事端，制造混乱，其目的是否定党的领导，否定社会主义制度。在这场政治斗争中，政协组织一定要立场坚定，旗帜鲜明，坚决反对动乱，不让十年"文革"的悲剧重演。

第十五次会议

政协北京市房山区第一届委员会常务委员会第十五次（扩大）会议，1989 年 5 月 9 日在区委 409 会议室召开。区政协副主席毛锡恩主持会议，副主席陈芬圃、容桂英、钱觉霖、王笃之等出席会议，专委会委员、工作组和机关委室负责人列席会议。区政府副区长赵振隆应邀出席会议并讲话。

会议学习了全国政协关于政治协商、民主监督的暂行规定；讨论了区政协《关于发展粮食生产的几点建议》的调查报告；讨论了《房山区政协提案工作试行条例》。

第十六次会议

政协北京市房山区第一届委员会常务委员会第十六次（扩大）会议，1989 年 6 月 27 日在区委 409 会议室召开。区政协副主席毛锡恩主持，副主席陈芬圃、容桂英、钱觉霖、杨万钟、王笃之、唐广雩等34人出席，各专委会、工作组负责人和机关各委室工作人员列席。

会议学习了中共十三届四中全会公报和邓小平接见首都戒严部队军以上领导干部的讲话。会议认为，中共十三届四中全会，是在平息反革命暴乱取得决定性胜利的时候召开的，对于统一全党、全民思想，稳定形势，维护党的领导，坚持以经济建设为中心，坚持四项基本原则，坚持改革开放，增强人民团结，具有重大作用。会议坚决拥护中共中央的决定，拥护邓小平同志的讲话。

会议听取了区政府副区长赵振隆关于房山区三夏生产情况的通报。

第十七次会议

政协北京市房山区第一届委员会常务委员会第十七次（扩大）会议，1989年7月10日在房山宾馆五楼会议室召开。区政协副主席钱觉霖主持，副主席陈芬圃、毛锡恩、李全熙、容桂英、杨万钟、王笃之等34人出席，区政协各工作组组长、各民主党派负责人等列席。北京市政协副主席甘英，中共房山区委副书记王绪成出席会议并讲话。

会议学习了邓小平、江泽民、李鹏等中央领导同志在中共十三届四中全会之前和会上的讲话，传达了中共北京市委六届六次全会和中共房山区委一届六次全会精神。会议要求，全区政协委员要加强学习，统一思想，紧跟形势，宣传群众，努力工作，同全区人民一道，把动乱造成的损失夺回来。

第十八次会议

政协北京市房山区第一届委员会常务委员会第十八次（扩大）会议，1989年8月24日在区委409会议室召开。区政协副主席陈芬圃主持会议，副主席毛锡恩、容桂英、钱觉霖、杨万钟等27人出席会议，区政协各工作组组长等列席会议。

会议学习讨论了中共中央、北京市委、房山区委关于加强廉政建设的规定；传达了中共房山区委、区政府关于彻底清查、坚决镇压反革命暴乱分子工作的安排意见。

会议研究了纪念人民政协成立四十周年的活动安排。

第十九次会议

政协北京市房山区第一届委员会常务委员会第十九次会议，1989年10月19日召开。区政协副主席毛锡恩主持会议，副主席陈芬圃、容桂英、钱觉霖、王笃之、李全熙、杨万钟出席会议，区政协各专门委员会、委员活动组和机关委室负责人列席会议。

会议学习了江泽民在庆祝中华人民共和国成立40周年大会上的讲话。杨万钟、刘建庭、祁凤伶、田树屏、王笃之、李全熙、钱觉霖、袁振新、苏惠增、林梦、李荣光、毛锡恩等委员在会上发言，畅谈学习体会。

会议通过了关于撤销王浩英房山区政协委员资格的决定。

第二十次会议

政协北京市房山区第一届委员会常务委员会第二十次会议，1989年12月1日召开。区政协副主席陈芬圃主持会议，副主席王笃之、李全熙、杨万钟、唐广雩、容桂英、钱觉霖等27人出席会议。中共房山区委书记邵干坤，副书记王绪成，区委常委、组织部长刘文秀应邀出席会议。

会议协商了区政协主要领导人事变动问题。王绪成代表区委就区政协主要领导人事变动问题作了说明；邵干坤在会上讲话，通报了区委当前主要工作情况。

会议协商决定：同意接受齐国璋因健康原因，辞去政协北京市房山区第一届委员会主席职务的请求，同意高海量为区政协主席候选人，并决定召开政协北京市房山区第一届委员会第四次会议，经全体委员协商决定。一致同意增补高海量为政协北京市房山区第一届委员会委员。

会议传达并学习讨论了《中共中央关于治理整顿和深化改革的决定》《江泽民在中央工作会议上的讲话》《邓小平同志同江泽民、李鹏、乔石、姚依林、宋平、李瑞环、杨尚昆、万里同志谈话要点》。

第二十一次会议

政协北京市房山区第一届委员会常务委员会第二十一次（扩大）会议，1990年3月13日在区委409会议室召开。区政协主席高海量主持，副主席陈芬圃、毛锡恩、容桂英、钱觉霖、王笃之、杨万钟等27人出席，区政协机关干部列席。区长李庆余等区政府领导应邀出席会议。

会议听取了区长李庆余关于《区政府工作报告》的起草过程和主要内容的说明。会议对政府工作报告给予充分肯定，并提出了修改意见。

会议学习了中共北京市委转发的《政协北京市委员会关于政治协商、民主监督的暂行规定》；讨论并原则通过了区政协常委会工作报告，研究了召开区政协一届五次会议有关事项及工作安排。

第二十二次会议

政协北京市房山区第一届委员会常务委员会第二十二次会议，1990年6月7日在区委409会议室召开。区政协副主席陈芬圃主持，副主席毛锡恩、容桂英、钱觉霖、杨万钟、李全熙、王笃之等32人出席。区政协机关干部列席。

会议传达了中共房山区委贯彻中共十三届六中全会精神的决定和区委一届五次会议决议；通报了区委经济工作会议精神，并围绕区委会议精神进行了讨论；通报了北京亚运会筹备情况。

第二十三次会议

政协北京市房山区第一届委员会常务委员会第二十三次会议，1990年9月20日在区委409会议室召开。区政协主席高海量，副主席毛锡恩、容桂英、钱觉霖、李全熙、王笃之等31人出席。副主席陈芬圃主持。

会议传达讨论了全国、市委、区委统战工作会议精神；研究了区政协机关干部任免问题，决定：

廉亚强任办公室主任，成克先任工作组委员会主任，李增禄任工作组委员会副主任。

区政协主席高海量讲话。通报了房山区开展北京亚运会安保工作，推进农业适度规模经营，开展工业企业第二轮承包工作的情况。

第二十四次会议

政协北京市房山区第一届委员会常务委员会第二十四次会议，1990年11月7日在区委409会议室召开。区政协副主席陈芬圃主持，副主席毛锡恩、容桂英、钱觉霖、李全熙、唐广雩等25人出席。

会议通报了区人大代表选举工作；学习了中共北京市委、房山区委关于区政协换届工作的精神，并就相关问题进行了讨论。

第二十五次会议

政协北京市房山区第一届委员会常务委员会第二十五次会议，1990年12月20日在区委409会议室召开。区政协副主席陈芬圃主持，副主席容桂英、唐广雩等15人出席。

会议传达了中共北京市委、市政府和中共房山区委、区政府加强廉政建设工作会议精神，讨论了加强廉政建设，反对腐败，纠正不正之风问题。

第二十六次会议

政协北京市房山区第一届委员会常务委员会第二十六次会议，1991年1月23日在区委409会议室召开。区政协主席高海量，副主席毛锡恩、容桂英等25人出席。区政协机关委室负责人列席。副主席陈芬圃主持。

会议讨论了区政府工作报告；讨论并原则通过了区政协常务委员会工作报告。协商决定了区政协第二届委员会委员名单。第二届政协委员共223人，其中第一届留任128人，新增95人。通过了区政协二届一次会议召开的时间、建议议程、大会主席团成员和秘书长建议名单等相关事宜。

第五节 政协北京市房山区第二届委员会常务委员会会议

政协北京市房山区第二届委员会常务委员会，1991年2月至1994年2月任期内，共召开21次会议。

第一次会议

政协北京市房山区第二届委员会常务委员会第一次会议，1991年2月25日在燕化宾馆举行。区政协主席张中兴主持，副主席毛锡恩、孙钺、钱觉霖、唐广雩、容桂英等36人出席。

会议研究了区政协工作机构设置问题。决定，将上届区政协委员会设置的五个专门委员会、八个工作组，改设为九个专门委员会，即学习委员会、提案工作委员会、工交科技委员会、农村工作委员会、财贸工作委员会、文史工作委员会、文教工作委员会、社会和法制工作委员会、联络工作委员会。研究通过了九个专门委员会主任、副主任和委员组成名单。

会议对区政协机关工作机构作了调整。决定设置政协办公室、经济工作室、文教工作室、联络工作室。政协办公室负责提案工作委员会活动的组织、联络、秘书等服务工作；经济工作室负责工交科技工作委员会、农村工作委员会、财贸工作委员会活动的组织、联络、秘书等服务工作；文教工作室负责文教工作委员会、学习委员会、文史工作委员会活动的组织、联络、秘书等服务工作；联络工作室负责联络工作委员会、社会和法制工作委员会活动的组织、联络、秘书等服务工作。会议通过了各室主任、副主任名单。

第二次会议

政协北京市房山区第二届委员会常务委员会第二次会议，1991年4月29日在区委409会议室召开。区政协主席张中兴主持，副主席毛锡恩、孙钺、钱觉霖、唐广雺、容桂英等28人出席。中共房山区委统战部部长张静惠等应邀出席会议。

会议讨论通过了区政协第二届常务委员会1991年工作要点；讨论通过了区政协常委会工作规则和专委会工作通则；研究了机关人事任免事项，决定，张玉泉任区政协文教室主任。会议还通报和研究了其他工作。

第三次会议

政协北京市房山区第二届委员会常务委员会第三次会议，1991年7月15日在区委409会议室召开。区政协主席张中兴主持，副主席毛锡恩、容桂英、钱觉霖、孙钺、杨旭、唐广雺等29人出席。

会议听取了区监察局局长宿廷增作的房山区廉政建设情况的通报；听取了区政协1991年上半年工作情况的汇报；研究通过了区政协1991年下半年工作安排意见；讨论了区政协专委会下设工作组，实行委组结合问题；通过了关于建立区政协专门委员会与区政府职能部门对口联系和协商制度的意见。

第四次会议

政协北京市房山区第二届委员会常务委员会第四次会议，1991年7月31日在良乡财贸干校会议室召开。区政协主席张中兴主持，副主席钱觉霖、毛锡恩、容桂英、孙钺、唐广雺等27人出席。

会议的主要议程是，学习讨论中共中央总书记江泽民在中国共产党成立七十周年庆祝大会上的讲话。

第五次会议

政协北京市房山区第二届委员会常务委员会第五次会议，1991年11月29日在区委409会议室召开。区政协主席张中兴主持，副主席钱觉霖、毛锡恩、容桂英、孙钺等26人出席。

会议通报了中共房山区委1991年冬和1992年春工作安排意见；通过了关于表彰优秀区政协委员、召开表彰大会的意见；通过了区政协提案工作条例。

会议讨论了《新街村在学习窦店经验中崛起》《关于供销社经营和作用情况的调查报告》两篇调查报告，决定以报告的主要内容作为建议案，报送区委研究参考。

第六次会议

政协北京市房山区第二届委员会常务委员会第六次会议，1991年12月30日召开。区政协主席张中兴主持，副主席钱觉霖、毛锡恩、容桂英、孙钺、唐广雩等29人出席。

会议传达了中共十三届八中全会精神，以及中共中央政策研究室副主任回良玉在全国政协七届十七次常委会议上作的《中共中央关于进一步加强农业和农村工作的决定》有关问题的报告。

会上，中共房山区委常委、区研究室主任王海平，代表区委作了关于1991年工作总结及1992年工作意见的通报，并就准备在区委全会上作的题为《认真贯彻八中全会精神，进一步解放思想，开拓进取，努力开创现代化建设的新局面》的报告征求意见。会议认为，区委的工作报告，首先拿到区政协常委会协商讨论，充分体现了"协商于决策之前"的精神。建议区委今后对类似的文件或报告，提前印发给区政协常委，以便更深入地进行研究讨论。

第七次会议

政协北京市房山区第二届委员会常务委员会第七次会议，1992年1月24日在房山区委409会议室召开。区政协主席张中兴主持，副主席钱觉霖、毛锡恩、容桂英、孙钺、唐广雩等24人出席。

会议讨论了召开区政协二届二次会议的时间、议程和常务委员会工作报告；决定增补宋中文、孙克欣、张静惠、王国亮四人为区政协第二届委员会委员；同意增选张静惠、宋中文、张玉泉、孙克欣为区政协第二届委员会常务委员，提交区政协二届二次会议选举；任命马志宏为区政协联络工作委员会副主任。

会议讨论通过了区政协优秀委员名单，28名委员被评为1991年度优秀委员。

第八次会议

政协北京市房山区第二届委员会常务委员会第八次会议，1992年2月19日在房山宾馆召开。区政协主席张中兴主持，副主席钱觉霖、毛锡恩、孙钺、唐广雩等25人出席。

会议讨论了区政协二届二次会议政治决议；通过了增选区政协第二届常务委员的决议，张玉泉、赵明藩、田树屏、袁振新为常务委员候选人；决定将上述决议提请区政协二届二次会议审议。

第九次会议

政协北京市房山区第二届委员会常务委员会第九次会议，1992年5月6日在北京电力设备总厂招待所二楼会议室召开。区政协主席张中兴主持，副主席钱觉霖、容桂英、孙钺、杨旭、唐广雱等29人出席。

会议传达了北京市政协七届二次会议精神；讨论通过了区政协常委会1992年工作要点；讨论通过了区政协咨询委员会工作规划，决定区政协专委会下设四个咨询服务站。会议还组织参观了北京电力设备总厂。

第十次会议

政协北京市房山区第二届委员会常务委员会第十次会议，1992年6月18日在区委309会议室召开。区政协主席张中兴主持，副主席钱觉霖、毛锡恩、容桂英、孙钺、唐广雱等24人出席。

会议听取了区商委主任荣亮关于房山区商业"四开放"情况的通报，参观了聚源商场和人民商场，对搞好全区的商业工作提出了意见和建议。

会议还听取了张中兴主席关于区委、区政府工作情况的通报；听取并讨论了钱觉霖副主席作的区政协1992年上半年工作总结。

第十一次会议

政协北京市房山区第二届委员会常务委员会第十一次会议，1992年8月26日在房山宾馆召开。区政协主席张中兴主持，副主席钱觉霖、毛锡恩、容桂英、孙钺、唐广雱等35人出席。

会议听取了区委、区政府相关部门领导张振旗、张文东、郑树柏、赵俊、赵森等关于房山区旅游发展情况的介绍，围绕全区旅游工作的现状、存在的问题和发展前景，旅游规划的完善与实施，旅游景点的确定与开发，以及投资、管理、宣传等方面的问题进行了讨论，提出了许多建设性意见。

第十二次会议

政协北京市房山区第二届委员会常务委员会第十二次会议，1992年11月4日在房山宾馆六楼会议室召开。区政协主席张中兴主持，副主席钱觉霖、毛锡恩、容桂英、唐广雱等27人出席。

会议学习了中共第十四次代表大会文件，毛锡恩、容桂英作了中心发言。

会议决定，免去廉亚强区政协办公室主任职务，增补史长义为区政协第二届委员会委员。

会议听取了区政府农业办公室干部李振元、景瑞田关于全区农业生产情况的通报，围绕全区农业生产形势及主要经验，山区抗旱工作，调整农业生产结构等问题进行了讨论。

第十三次会议

政协北京市房山区第二届委员会常务委员会第十三次会议，1992年12月15日召开。区政协主席张中兴主持，副主席钱觉霖、毛锡恩、容桂英、孙钺、杨旭、唐广雳等26人出席。

会议通过了1992年优秀区政协委员名单，杨旭等36名委员被评为区政协1992年度优秀委员；讨论并原则通过了区政协常务委员会工作报告。

第十四次会议

政协北京市房山区第二届委员会常务委员会第十四次会议，1993年2月2日在房山宾馆东一楼会议室召开。区政协主席张中兴主持，副主席钱觉霖、毛锡恩、孙钺、杨旭、唐广雳等26人出席。

会议听取了区政协二届三次会议筹备情况的汇报，研究确定了召开的时间、议程等相关问题。决定任命史长义为区政协办公室副主任。

第十五次会议

政协北京市房山区第二届委员会常务委员会第十五次会议，1993年2月16日在房山宾馆423会议室召开。区政协主席张中兴，副主席钱觉霖、毛锡恩、孙钺、杨旭等27人出席。副主席唐广雳主持。

会议讨论了区政协二届三次会议政治决议；决定增选黄发文为区政协二届委员会常务委员，提请区政协二届四次会议通过。

第十六次会议

政协北京市房山区第二届委员会常务委员会第十六次会议，1993年4月28日在房山宾馆东一楼会议室召开。区政协主席张中兴主持，副主席钱觉霖、毛锡恩、容桂英、杨旭、孙钺、唐广雳等26人出席。

会议听取了副主席容桂英关于全区第一季度经济形势和今后经济工作部署情况的通报；讨论并原则通过了区政协常委会1993年工作要点。

会议学习讨论了全国人大、全国政协八届一次会议精神和李瑞环主席在全国政协八届一次会议闭幕式上的重要讲话，区政协副主席毛锡恩作了中心发言。副主席钱觉霖传达了北京市政协主席王大明关于学习贯彻全国"两会"精神的讲话精神。

会议根据中共房山区委建议，同意免去成克先经济工作室主任、仉淑兰联络工作室主任职务。

第十七次会议

政协北京市房山区第二届委员会常务委员会第十七次会议，1993年7月15日在房山宾馆东一楼会议室召开。区政协主席张中兴主持，副主席钱觉霖、毛锡恩、容桂英、孙钺、杨旭等27人出席。

会议听取了区长助理、区农委主任柳广田关于全区农业生产形势的通报；听取了副主席容桂英作的区政协1993年上半年工作情况的汇报；学习了中共房山区委常委扩大会议和区委全委扩大会议文件，副主席钱觉霖传达了中共房山区委书记邵干坤在区委全委扩大会议上的报告精神。

会议研究了人事问题。根据中共房山区委建议，同意唐荣为区政协办公室主任，刘永成为区政协联络工作室主任。决定增补唐荣、刘永成为政协北京市房山区第二届委员会委员，唐荣担任区政协提案工作委员会副主任，刘永成担任区政协联络工作委员会副主任和社会法制工作委员会副主任。

第十八次会议

政协北京市房山区第二届委员会常务委员会第十八次会议，1993年9月25日在房山宾馆东一楼会议室召开。区政协主席张中兴主持，副主席钱觉霖、容桂英、孙铖、唐广雩等26人出席。中共房山区委副书记冯正磊、区监察局局长宿廷增等应邀出席会议。

会议学习了中共中央总书记江泽民在中纪委第二次全会上的讲话；听取了区监察局局长宿廷增关于全区反腐倡廉工作情况的通报和区委副书记冯正磊的讲话。会议围绕学习贯彻江泽民总书记的讲话精神，加强反腐倡廉工作进行了讨论。

第十九次会议

政协北京市房山区第二届委员会常务委员会第十九次会议，1993年11月18日在北京市琉璃河水泥厂召开。区政协主席张中兴主持，副主席钱觉霖、毛锡恩、容桂英、孙铖、唐广雩等27人出席。

会议学习了中共中央关于学习《邓小平文选》第三卷的决定和中共十四届三中全会公报，决定

政协北京市房山区第二届委员会第十九次常委会议

下发区政协关于认真学习《邓小平文选》第三卷的通知。

会议讨论并通过了1993年度区政协优秀委员名单和《区政协关于向优秀政协委员学习的决议》。会议决定，1993年11月22日召开"优秀政协委员经验交流会"，对杨旭、邹仁年等13名委员予以表彰。

会议讨论并原则通过了第二届区政协工作总结报告。

第二十次会议

政协北京市房山区第二届委员会常务委员会第二十次会议，1993年12月22日在房山宾馆东一楼会议室召开。区政协主席张中兴主持，副主席钱觉霖、毛锡恩、容桂英、孙钺、杨旭、唐广雩等25人出席。

会议听取了中共房山区委副书记冯正磊作的关于全区反腐倡廉工作情况及区委关于反腐倡廉工作意见的通报；听取了区纪委常务副书记宿廷增关于反腐倡廉检查评议工作情况的通报。会议围绕全区的反腐倡廉工作进行了讨论。一致认为，区委落实中央、市委有关反腐败斗争会议精神的态度是坚决的，措施是得力的，成效是显著的。

张中兴主席作总结讲话。要求区政协委员积极投身反腐败斗争，并做到廉洁自律，以身作则。

第二十一次会议

政协北京市房山区第二届委员会常务委员会第二十一次会议，1994年1月22日在房山宾馆东一楼会议室召开。区政协主席张中兴主持，副主席钱觉霖、容桂英、孙钺等22人出席。

会议听取了区政协第三届委员会委员协商推荐情况的通报。区政协换届工作办公室主任刘永成通报了第三届区政协委员组成及委员协商推荐情况。第三届区政协共设委员235名，来自中共、民主党派、无党派等十四个界别。会议原则通过了第三届区政协委员名单，并就个别委员和界别的调整提出了意见。

会议通过了区政协三届一次会议筹备组名单，听取了副主席钱觉霖关于区政协三届一次会议筹备情况的通报。决定，区政协三届一次会议1994年2月18日至23日在燕化外招会议室举行。

第六节 政协北京市房山区第三届委员会常务委员会会议

政协北京市房山区第三届委员会常务委员会，1994年2月至1999年1月任期内，共召开26次会议。

第一次会议

政协北京市房山区第三届委员会常务委员会第一次会议，1994年2月22日在北京燕山石化集团公司二楼大厅召开。区政协主席魏士宽主持，副主席容桂英、刘存泽、袁贵珠、马文仲，秘书长张静惠等39人出席。

会议讨论并通过了政协北京市房山区第三届委员会专门委员会组成人员名单。第三届区政协设置学习委员会、提案工作委员会、工交科技委员会、农村工作委员会、财贸工作委员会、文教工作委员会、文史工作委员会、社会和法制工作委员会、联络工作委员会、经济技术咨询委员会10个专门委员会。

会议讨论了《政协北京市房山区第三届委员会第一次会议政治决议》，决定提请政协北京市房山区第三届委员会第一次会议审议。

第二次会议

政协北京市房山区第三届委员会常务委员会第二次会议，1994年4月14日在房山宾馆东一楼会议室召开。区政协主席魏士宽主持，副主席刘存泽、容桂英、戈承、袁贵珠、马文仲，秘书长张静惠等36人出席。

会议学习了全国政协八届二次会议和北京市政协八届二次会议精神。区政协常委、文教室主任张玉泉传达了李瑞环在全国政协八届二次会议闭幕会议上的讲话，区政协秘书长张静惠传达了北京市政协八届二次会议精神。

会议讨论并原则通过了《政协北京市房山区第三届常委会1994年工作要点》《区政协常委会议工作规则》《区政协专门委员会工作通则》和《区政协提案工作条例》；通报了《区政协主席会议工作规则》。

会议讨论并原则通过了关于在全体政协委员中开展"建言献策办实事"活动，致全体政协委员的一封信和委员所在单位的一封信。号召全体委员，为促进全区经济持续、快速、健康发展献策出力，"提一条建议，办一件实事"。

魏士宽主席通报了换届后的几项主要工作，要求全体委员加强学习，提高素质。

第三次会议

政协北京市房山区第三届委员会常务委员会第三次会议，1994年7月14日在房山宾馆东一楼会议室召开。区政协主席魏士宽，副主席容桂英、马文仲，秘书长张静惠等25人出席会议。副主席刘存泽主持会议。

会议听取了区政府常务副区长罗文阁作的房山区1994年上半年经济形势的通报，区税务局局长傅瑞增作的关于房山区税制改革情况的通报，区政协秘书长张静惠作的关于"房山区海外联谊会"筹备情况的汇报。

区政协主席魏士宽总结了区政协1994年上半年工作。会议对区政府上半年工作和区政协上半年工作给予充分肯定，并就全区经济建设和政协工作的深入开展，提出了意见和建议。

第四次会议

政协北京市房山区第三届委员会常务委员会第四次会议，1994年10月20日召开。区政协主席魏士宽主持，副主席刘存泽、容桂英、戈承，秘书长张静惠等26人出席。

会议对房山区的乡镇、企业和良乡卫星城建设情况进行了视察。重点视察了石楼镇支楼玻璃钢厂、石楼精细化工厂和石楼燕房合作小区中的企业，听取了石楼镇党委书记刘水的汇报；视察了区畜牧水产局生猪饲、养、加、供、销"一条龙"，听取了局党组书记韩秀琴和局长姚蟠森的相关情况介绍；听取了区长助理、良乡卫星城领导小组常务副组长翟鸿儒作的良乡卫星城建设情况的通报，并进行了座谈讨论。

会议对石楼镇、区畜牧水产局的工作和良乡卫星城建设给予充分肯定，针对燕房合作中的一些问题提出了意见和建议。

第五次会议

政协北京市房山区第三届委员会常务委员会第五次会议，1995年1月11日在区供电局会议室召开。区政协主席魏士宽主持会议，副主席刘存泽、容桂英、戈承、马文仲、袁贵珠，秘书长张静惠等31人出席会议。

会议传达学习了全国政协副主席叶选平在全国地方政协工作经验座谈会上的讲话。讨论并原则通过了区政协第三届常务委员会工作报告。会议决定，区政协三届二次会议1995年2月9日至11日在房山宾馆召开。

第六次会议

政协北京市房山区第三届委员会常务委员会第六次会议，1995年2月10日在房山宾馆报告厅召开。区政协主席魏士宽主持会议，副主席刘存泽、容桂英、戈承、袁贵珠、马文仲，秘书长张静惠等35人出席会议。

会议审议了《政协北京市房山区第三届委员会第二次会议政治决议》，决定提请区政协三届二次会议通过。

第七次会议

政协北京市房山区第三届委员会常务委员会第七次会议，1995年3月9日在燕化供销公司培训中心召开。区政协主席魏士宽，副主席戈承、马文仲、袁贵珠，秘书长张静惠等27人出席会议。副主席容桂英主持会议。

会议听取区政协秘书长张静惠传达了北京市政协八届三次会议精神，学习了全国政协《关于政治协商、民主监督、参政议政的规定》，讨论并原则通过了《政协北京市房山区第三届委员会1995年工作要点》。

会议听取了房山区首届旅游文化节有关情况的通报。中共房山区委常委、宣传部部长王晓芝从办节目的、办节内容、办节方案三个方面作了通报。会议要求，全体委员要以极大的热情，积极为房山区旅游文化节活动的开展献计出力。

会议通过了《房山区政协1994年度优秀委员名单》。45名委员被评为房山区政协1994年度优秀委员。

第八次会议

政协北京市房山区第三届委员会常务委员会第八次（扩大）会议，1995年6月15日在房山宾馆东一楼会议室召开。区政协主席魏士宽主持会议。副主席、秘书长、常务委员出席会议。

会议听取了全国政协研究室邬旦生副主任作的《政协全国委员会关于政治协商、民主监督、参政议政的规定》的辅导报告，听取了房山区首届旅游文化节举办情况的通报和魏士宽主席关于区政协1995年上半年工作情况的总结报告。

会议讨论并原则通过了《区政协关于在政协委员中开展调查报告、提案和建议案评优活动的决定》和《关于加强政协工作的几项补充规定》，包括《建立委员出席各种会议和参政议政活动情况登记和通报制度》《关于列席常委会议的意见》《关于建立专门委员会主任碰头会议制度》等。

全国政协地方处处长王九英，九三学社房山支社支委陈赤农，民盟房山支部支委刘静璇，民革房山支部主委刘建庭，农工房山支部主委赵伟应邀参加会议。

第九次会议

政协北京市房山区第三届委员会常务委员会第九次（扩大）会议，1995年8月16日在燕山工委会议室召开。区政协主席魏士宽，副主席容桂英、戈承和常务委员出席。常务副主席刘存泽主持。区政协各委员活动组召集人、专门委员会主任，房山区民主党派负责人列席。

会议听取魏士宽主席传达了中共房山区委三届五次会议精神；听取了区纪委副书记、监察局局长李云飞关于处级以上领导干部廉政建设情况的通报，区政府办公室副主任张立忠关于区政协三届二次会议以来委员提案办复情况的通报，燕山办事处主任倪有水关于燕山办事处1995年上半年经济工作情况的通报，燕山办事处副主任康振有关于燕山东流水工业小区开发进展情况的介绍，并实地参观了小区建设情况。

第十次会议

政协北京市房山区第三届委员会常务委员会第十次（扩大）会议，1995年10月25日在区财政局培训中心召开。区政协主席魏士宽主持，副主席刘存泽、容桂英、马文仲和常务委员出席，区政协委员活动组召集人、专门委员会主任及房山区民主党派负责人列席。

会议学习了中共十四届五中全会精神。重点学习讨论了江泽民在中共十四届五中全会闭幕式上的讲话、关于正确处理社会主义现代化建设中的若干重大关系的论述，交流了学习体会。

会议讨论了区政协社会法制委员会《推行居民区封闭式管理，确保城镇地区一方平安》和区政协财贸委员会李希文、商金香、王彦等委员《关于加快良乡地区市场建设的思考》两篇调查报告。会议认为，这两篇调查报告选题好，抓住了全区人民关心的热点问题，符合加强社会管理的需要。决定将两篇报告根据委员们的意见修改后，作为建议案报送区委、区政府，供决策参考。

会议通报了区政协机构调整情况。根据北京市政协和房山区机构改革领导小组的要求，提出了机构设置的初步方案。区政协设置六个专门委员会：学习委员会、提案委员会、工交财贸委员会、农村委员会、社会法制委员会、文教文史委员会；区政协机关设置三个办事机构：办公室、专门委员会办公室、文教工作办公室。

主席魏士宽传达了中共北京市委七届七次会议关于今冬明春工作的安排，并就近期区政协工作提出了意见。

第十一次会议

政协北京市房山区第三届委员会常务委员会第十一次（扩大）会议，1996年1月24日在房山宾馆东一楼会议室召开。区政协主席魏士宽主持，副主席刘存泽、容桂英、戈承、袁贵珠、马文仲，秘书长张静惠等34人出席。

会议讨论并原则通过了区政协第三届委员会常务委员会工作报告。决定，区政协三届三次会议，1996年2月26日至28日在房山宾馆召开。会议议程：听取并审议区政协第三届常务委员会工作报告和区政协提案工作委员会关于三届二次会议以来的提案工作报告；听取区政府关于《区政府工作报告》征求意见稿的说明，并讨论《区政府工作报告》；听取区政府关于1995年度财政预算执行情况的通报；讨论《房山区国民经济和社会发展"九五"计划及2010年远景目标规划纲要》（草案）；听取区政协机构改革情况的通报；讨论通过区政协三届三次会议政治决议。秘书长张静惠通报了区政协三届三次会议筹备工作情况，魏士宽主席就开好区政协三届三次会议提出了希望和要求。

会议同意区政协专门委员会及主任、副主任调整方案和区政协机关办事机构调整方案。原来的十个专门委员会合并为六个专门委员会，即学习委员会、提案委员会、工交财贸委员会、农村工作委员会、社会法制委员会、文教文史联络委员会。区政协机关办事机构设置办公室、专门委员会办公室和文教工作室。会议通过了各专门委员会主任、副主任人员名单和机关各室主任、副主任任免名单。

第十二次会议

政协北京市房山区第三届委员会常务委员会第十二次会议，1996年2月28日在房山宾馆三楼会议室召开。区政协主席魏士宽主持会议，副主席刘存泽、容桂英、戈承、马文仲，秘书长张静惠等39人出席会议。

会议审议了《政协北京市房山区第三届委员会第三次会议政治决议》，决定提请区政协三届三次会议通过。

第十三次会议

政协北京市房山区第三届委员会常务委员会第十三次（扩大）会议，1996年4月11日在石花洞风景区会议室召开。区政协主席魏士宽主持会议，副主席容桂英、袁贵珠，秘书长张静惠等25人出席会议，区政协各专门委员会副主任、委员活动组召集人和部分区民主党派负责人列席会议。

会议听取张静惠秘书长传达了北京市政协八届四次会议精神；讨论通过了区政协常委会1996年工作安排；听取了区政协三届三次会议期间提案办理情况的汇报。

第十四次会议

政协北京市房山区第三届委员会常务委员会第十四次（扩大）会议，1996年8月2日在房山宾馆东一楼会议室召开。区政协主席魏士宽，常务副主席刘存泽，副主席容桂英等26人出席会议。秘书长张静惠主持会议。

会议听取了中共房山区委常委、区政府常务副区长罗文阁关于房山区1996年上半年经济发展情况的通报，区委副书记刘永富关于房山区精神文明建设情况的通报。

主席魏士宽作了区政协1996年上半年工作小结，常务副主席刘存泽传达了中共房山区委三届七次全体（扩大）会议精神。

会议决定，增补李景森、王贵、薛俊山、陶树芬、马志宏、李增禄6人为政协北京市房山区第三届委员会委员。

第十五次会议

政协北京市房山区第三届委员会常务委员会第十五次会议，1996年11月20日在房山宾馆四楼会议室召开。区政协主席魏士宽主持会议，常务副主席刘存泽，副主席容桂英、戈承、马文仲，秘书长张静惠等33人出席会议。

会议讨论并原则通过了《政协北京市房山区委员会关于政治协商、民主监督、参政议政的规定》，决定作进一步修改后，作为中共房山区委召开的政协工作会议文件，由区委转发执行。会议还通报了中共房山区委政协工作会议的筹备情况。

第十六次会议

政协北京市房山区第三届委员会常务委员会第十六次（扩大）会议，1997年1月22日在房山宾馆东一楼会议室召开。区政协主席魏士宽，常务副主席刘存泽，副主席容桂英、戈承、马文仲等31人出席会议。秘书长张静惠主持会议。

会议听取魏士宽主席传达了中共房山区委三届八次会议精神；讨论并原则通过了政协北京市房山区第三届委员会常务委员会工作报告。会议决定，区政协三届四次会议1997年2月24日至2月26日在房山宾馆召开。

会议决定，增补姚志明为区政协第三届委员会委员。任命姚志明为区政协文教工作办公室主任，隗合旺为区政协办公室副主任。

第十七次会议

政协北京市房山区第三届委员会常务委员会第十七次会议，1997年2月26日在房山宾馆223会议室召开。区政协主席魏士宽主持会议，常务副主席刘存泽，副主席容桂英、戈承、马文仲、袁贵珠，秘书长张静惠等36人出席会议。

会议听取了区政协三届四次会议各委员讨论组的汇报，审议了《政协北京市房山区第三届委员会第四次会议政治决议》，决定将决议提请区政协三届四次会议通过。

第十八次会议

政协北京市房山区第三届委员会常务委员会第十八次（扩大）会议，1997年4月9日在房山宾馆召开。区政协主席魏士宽主持会议。常务副主席刘存泽，副主席容桂英、戈承、马文仲，秘书长张静惠等25人出席会议。部分委员列席会议。

会议传达了全国人大和全国政协八届五次会议精神。学习了中共中央总书记江泽民在全国人大和全国政协八届五次会议中共党员负责人会议上的讲话，以及全国政协主席李瑞环在全国政协八届五次会议闭幕会议上的讲话。区政协主席魏士宽要求，要深入学习讲话精神，并在实际工作中认真贯彻落实。

会议听取了区政协秘书长、提案工作委员会主任张静惠关于区政协三届四次会议提案处理情况的汇报；讨论并原则通过了《区政协1997年主要工作和活动安排》。

第十九次会议

政协北京市房山区第三届委员会常务委员会第十九次会议，1997年7月23日在房山宾馆召开。区政协主席魏士宽主持会议，常务副主席刘存泽，副主席容桂英、戈承、马文仲，秘书长张静惠等31人出席会议。

会议听取了区政府常务副区长罗文阁关于房山区政府1997年上半年工作情况及下半年工作安排的通报；听取了区科委副主任白树林关于房山区"星火计划"实施情况的通报；听取了区政协秘书长张静惠关于区政协1997年上半年工作情况的通报；对区政协1997年下半年工作进行了安排部署。

第二十次会议

政协北京市房山区第三届委员会常务委员会第二十次（扩大）会议暨第三次委员活动日活动，1997年10月23日在区委413会议室举行。区政协主席魏士宽主持。常务副主席刘存泽，副主席容桂英，秘书长张静惠等31人出席。72名委员列席。

会议听取了中共房山区委常委、宣传部部长王晓芝关于房山区精神文明建设情况的通报；收看了中共中央党校教授周锡荣关于中共十五大报告的辅导录像。

第二十一次会议

政协北京市房山区第三届委员会常务委员会第二十一次（扩大）会议，1998年1月7日在工商银行培训中心召开。区政协主席魏士宽主持会议。常务副主席刘存泽，副主席容桂英、戈承、马文仲，秘书长张静惠等35人出席会议。区政协有关人员列席会议。

会议听取了中共房山区纪委常务副书记、区监察局局长李云飞关于1997年房山区贯彻执行中共中央和国务院廉政建设指示精神情况的通报。

会议讨论并原则通过了区政协第三届常务委员会工作报告，研究了召开区政协三届五次会议有关事宜。决定，区政协三届五次会议1998年2月12日至14日在房山宾馆召开。会议还通报了区政协三届五次会议筹备组分工及工作进展情况。

第二十二次会议

政协北京市房山区第三届委员会常务委员会第二十二次会议，1998年2月14日在房山宾馆召开。区政协主席魏士宽主持会议，常务副主席刘存泽，副主席容桂英、戈承、马文仲，秘书长张静惠等34人出席会议。

会议审议了《政协北京市房山区第三届委员会第五次会议政治决议》，决定提请政协北京市房山区第三届委员会第五次会议通过。

第二十三次会议

政协北京市房山区第三届委员会常务委员会第二十三次（扩大）会议，1998年3月11日在中经信会议中心召开。区政协主席魏士宽主持会议。常务副主席刘存泽，副主席容桂英，秘书长张静惠等31人出席会议。有关委员列席会议。

会议讨论并原则通过了《区政协常委会1998年主要工作及活动安排》和《区政协各专委会1998年主要工作及活动安排》；听取了区政协提案委员会常务副主任刘永成关于区政协三届五次会议期间提案审查情况的通报。

会议还举行了《房山区政协十年》赠书仪式。

第二十四次会议

政协北京市房山区第三届委员会常务委员会第二十四次（扩大）会议，1998年7月15日在房山宾馆召开。区政协主席魏士宽主持会议。常务副主席刘存泽，副主席容桂英、马文仲、戈承，秘书长张静惠等33人出席会议。部分委员列席会议。

会议听取了中共房山区委常委、区政府常务副区长罗文阁作的关于区政府1998年上半年工作情况的通报；听取了张静惠秘书长作的区政协1998年上半年工作小结；讨论通过了关于做好房山区政协五年工作总结的安排意见，决定，对第三届区政协五年的工作进行全面总结。戴富、黄发文、杨锡伟等 10 位委员发言，就做好总结工作提出了意见和建议。

第二十五次会议

政协北京市房山区第三届委员会常务委员会第二十五次（扩大）会议，1998 年 10 月 22 日在房山宾馆召开。区政协主席魏士宽主持会议。常务副主席刘存泽，副主席容桂英、戈承，秘书长张静惠等 29 人出席会议。部分委员列席会议。

会议全文传达了《贾庆林同志在传达贯彻中共十五届三中全会精神的全市党员领导干部大会上的讲话》；传达了中共北京市委关于区县人大、政协换届工作的文件精神；讨论了《政协北京市房山区第三届委员会常务委员会工作报告》。魏士宽主席通报了区政协换届工作安排意见，强调，要善始善终，将本届政协工作画上一个圆满的句号。

第二十六次会议

政协北京市房山区第三届委员会常务委员会第二十六次会议，1998 年 12 月 16 日在区政协会议室召开。区政协主席魏士宽主持会议，常务副主席刘存泽，副主席容桂英、马文仲、戈承，秘书长张静惠等 32 人出席会议。

会议审议并原则通过了《政协北京市房山区第三届委员会常务委员会五年工作总结报告》。

审议通过了政协房山区第四届委员会委员协商推荐名单。中共房山区委组织部副部长刘福田作了区政协第三届委员会换届说明，区政协换届领导小组成员、专委会办公室主任刘永成介绍了第四届区政协委员基本情况。按照市、区有关文件精神，第四届政协委员仍保持第三届的规模，实际安排 235 名，分为中共、民主党派等 12 个界别。

会议决定，政协北京市房山区四届一次会议 1999 年 1 月 15 日至 19 日召开。会议授权区政协第三届主席会议，审议决定政协北京市房山区四届一次会议主席团成员、常务主席、秘书长建议名单，建议议程，常委会工作报告的报告人等事宜。

第七节 政协北京市房山区第四届委员会常务委员会会议

政协北京市房山区第四届委员会常务委员会，1999 年 1 月至 2004 年 1 月任期内，共召开 25 次会议。

第一次会议

政协北京市房山区第四届委员会常务委员会第一次会议，1999 年 1 月 18 日在昊天宾馆第四会议室召开。区政协主席游来柱主持会议，常务副主席王晓芝，副主席容桂英、马文仲、林义、万金峰等 40 人出席会议。

会议研究了区政协第四届委员会专门委员会的设置，决定设置学习委员会、提案工作委员会、经济科技委员会、农村工作委员会、社会和法制工作委员会、文教文史联络工作委员会6个专门委员会。通过了专门委员会组成名单和专门委员会主任、副主任名单。

第二次会议

政协北京市房山区第四届委员会常务委员会第二次（扩大）会议，1999年3月31日在区政协202会议室召开。区政协主席游来柱，副主席容桂英、许志远、万金峰、马文仲等36人出席，王京立、颜景河、张建国等区委、区政府相关部门负责人和区政协机关委室负责人13人列席。会议由常务副主席兼秘书长王晓芝主持。

会议讨论通过了区政协1999年工作要点；通报了区政协主席、副主席工作分工；通报了委员活动组划分办法及各组召集人名单，决定将委员划分为6个活动组；讨论并原则通过了区政协关于加强与委员联系的暂行办法，建立主席、副主席联系常委，常委联系委员制度。

游来柱主席讲话强调，要转变观念，增强信心，正确理解"尽职不越位，帮忙不添乱，切实不表面"，努力学习，提高素质，做好政协工作。

第三次会议

政协北京市房山区第四届委员会常务委员会第三次会议，1999年5月28日在区政府434会议室召开。区政协主席游来柱，副主席容桂英、万金峰、林义等30人出席会议。常务副主席王晓芝主持会议。

会议审议并原则通过了《政协北京市房山区委员会关于政治协商、民主监督、参政议政的规定》《政协北京市房山区委员会常务委员会工作规则》《政协北京市房山区委员会提案工作条例》《政协北京市房山区委员会专门委员会工作通则》和《政协北京市房山区委员会关于专门委员会与区委、区政府对口部门加强联系的意见》等五项工作制度，委托驻会主席办公会议作进一步修改，定稿后打印下发。

会议听取了王晓芝常务副主席关于区政协四届四次主席会议主要内容的通报。区政协四届四次主席会议，审议通过了五项工作制度：《房山区政协主席会议工作规则》《房山区政协关于主席、副主席、秘书长检查督促提案工作办理的暂行办法》《房山区政协建议案试行办法》《房山区政协关于收集和反映社情民意工作的实施办法》《房山区政协关于评选表彰优秀提案的暂行办法》。

游来柱主席讲话。总结了区政协四届一次会议以来，常委会及各专委会工作情况。要求全体委员保持良好精神状态，围绕中心，讲求实效，做好工作。

第四次会议

政协北京市房山区第四届委员会常务委员会第四次（扩大）会议，1999年7月29日在区政协常委会议室召开。区政协主席游来柱，常务副主席王晓芝，副主席万金峰、林义等25人出席会议。部分委员列席会议。副主席容桂英主持会议。

会议听取了中共房山区委常委、区政府常务副区长李硕夫关于房山区1999年上半年国民经济运行情况的通报；听取了中共房山区委常委、区纪委书记王海平关于房山区党风廉政建设责任制落实情况的通报。

王晓芝常务副主席作了区政协1999年上半年工作总结，游来柱主席通报了区政协党组成员及领导干部进行"三讲"教育的情况。

第五次会议

政协北京市房山区第四届委员会常务委员会第五次会议，2000年1月5日在区政协202会议室召开。区政协主席游来柱主持会议，常务副主席王晓芝，副主席容桂英、马文仲、万金峰等34人出席会议。

会议决定，增补梁惠明、王金山、刘捍中、赵永安为政协北京市房山区第四届委员会委员；撤销彭文润第四届区政协委员资格；王春云委员因涉嫌经济犯罪正在调查之中，不通知其参加区政协四届二次会议，待结案时再作进一步处理。

会议审议通过了召开区政协四届二次会议有关事宜。决定，区政协四届二次会议2000年1月19日至21日在昊天假日酒店召开。会议还审议了四届二次会议议程、委员分组办法及召集人名单、大会执行主席名单、决议起草委员会名单等。讨论并原则通过了区政协第四届常务委员会工作报告，委托秘书长及驻会主席办公会议修改定稿。

游来柱主席讲话。要求深入学习邓小平理论，不断提高政策理论水平；积极开展各种形式的参政议政活动；加强调研立论，进一步提高政协履行职能的质量；振奋精神，内强素质，外树形象，把政协工作提高到一个新水平。

第六次会议

政协北京市房山区第四届委员会常务委员会第六次会议，2000年1月21日上午在昊天假日酒店召开。区政协主席游来柱主持会议，常务副主席王晓芝，副主席容桂英、许志远、马文仲、林义、万金峰等31人出席会议。

会议审议了政协北京市房山区第四届委员会第二次会议政治决议和关于区政协常委会工作报告的决议；听取了副主席许志远关于区政协四届二次会议提案审查情况的说明，决定将上述决议提交区政协四届二次会议审议通过。

第七次会议

政协北京市房山区第四届委员会常务委员会第七次会议，2000年3月13日在区政协常委会议室召开。区政协主席游来柱，副主席容桂英、马文仲、林义、万金峰等35人出席会议。常务副主席王晓芝主持会议。

会议审议并原则通过了《政协北京市房山区第四届委员会常务委员会2000年工作要点》；传达了

市、区有关文件精神；学习了房山区人民政府办公室转发的《北京市政府办公厅关于加强办理人大代表建议、政协委员提案的通知》和中共房山区委书记王凤江在全区精神文明建设动员大会上作的《唱响主旋律 打好主动仗》的报告。

游来柱主席作总结讲话。要求认真学习全国政协九届三次会议精神，紧贴区委、区政府的工作中心，调研深一点儿，立论高一点儿，为全区的两个文明建设做出更大的贡献。

第八次会议

政协北京市房山区第四届委员会常务委员会第八次会议，2000年7月20日在区政协机关会议室召开。区政协主席游来柱，副主席容桂英、马文仲、林义、万金峰等29人出席会议。常务副主席王晓芝主持会议。

会议听取了区政府常务副区长李硕夫关于房山区2000年上半年经济工作情况的通报；听取了区纪委书记王海平关于房山区"三服务"开展情况的通报；听取了常务副主席王晓芝关于区政协常委会2000年上半年工作情况的报告。

游来柱主席讲话。针对上半年工作中存在的不足，希望各位委员深入思考，多做工作；加强委员活动组的工作，使活动组的活动真正开展起来。

第九次会议

政协北京市房山区第四届委员会常务委员会第九次会议，2000年11月28日在区政协202会议室召开。区政协主席游来柱主持会议，常务副主席王晓芝，副主席容桂英、万金峰、林义等35人出席会议。

会议听取了中共房山区委常委、区政法委书记周信关于房山区与"法轮功"斗争情况的通报。

政协北京市房山区第四届委员会第九次常委会议

会议讨论通过了区政协机关人事任免事项；研究决定了增补和撤销委员资格的有关事宜。

常务副主席王晓芝通报了区政协四届三次会议筹备工作安排意见。会议决定，区政协四届三次会议2001年1月13日至16日在昊天假日酒店召开。会议审议了区政协四届三次会议议程等文件。

第十次会议

政协北京市房山区第四届委员会常务委员会第十次会议，2000年12月27日在区政协机关会议室召开。区政协主席游来柱，副主席容桂英、马文仲、林义等28人出席会议，常务副主席王晓芝主持会议。

会议讨论并原则通过了区政协第四届常务委员会在区政协四届三次会议上的工作报告；研究决定了区政协四届三次会议有关事宜。

会议根据中共房山区委建议，同意王晓芝不再兼任区政协秘书长职务，唐荣任区政协秘书长，提请区政协四届三次会议审议。

会议同意任命肖凤云为区政协办公室主任，免去唐荣区政协办公室主任职务。

第十一次会议

政协北京市房山区第四届委员会常务委员会第十一次会议，2001年1月15日在昊天假日酒店召开。

会议审议了政协北京市房山区四届三次会议政治决议和关于政协常务委员会工作报告的决议，决定提请政协北京市房山区四届三次会议通过。

第十二次会议

政协北京市房山区第四届委员会常务委员会第十二次会议，2001年2月18日在区政协机关会议室召开。区政协主席游来柱，副主席容桂英、许志远、马文仲、林义、万金峰，秘书长唐荣等28人出席。区政协机关各委室负责人列席。常务副主席王晓芝主持。

会议总结了区政协四届三次会议的成功做法和经验；研究了起草区政协常委会2001年工作要点等问题。

第十三次会议

政协北京市房山区第四届委员会常务委员会第十三次（扩大）会议，2001年3月21日在区政协机关会议室召开。区政协主席游来柱，副主席容桂英、马文仲、林义、万金峰，秘书长唐荣等36人出席会议。部分委员列席会议。常务副主席王晓芝主持会议。

会议表彰了区政协2000年度优秀提案和优秀调研成果；讨论并原则通过了《政协北京市房山区第四届委员会常务委员会2001年工作要点》；研究了有关人事任免事项，决定：任命沙秀英为区政协学习委员会、文教文史联络委员会常务副主任，免去姚志明区政协学习委员会、文教文史联络委员会常务副主任职务；通报了区政协主席、副主席、秘书长工作分工；听取了北京市政协副主席沈仁道传达全国政协九届四次会议精神的录音报告。

游来柱主席讲话。强调：要加强学习；加强调研工作；抓好提案工作；加大履行民主监督职能的力度；加强对政党理论的研究；加强政协队伍的建设。

第十四次会议

政协北京市房山区第四届委员会常务委员会第十四次（扩大）会议，2001年7月19日在区政协202会议室召开。区政协常务副主席王晓芝，副主席许志远、万金峰，秘书长唐荣等24人出席会议。部分委员列席会议。副主席容桂英主持会议。

会议听取了中共房山区委常委、区政府常务副区长李硕夫关于房山区2001年上半年经济工作情况的通报；听取了区委常委、区纪委书记王海平关于房山区2001年上半年党风廉政建设情况的通报；讨论并原则通过了《政协北京市房山区第四届委员会常务委员会2001年上半年工作总结》。

常务副主席王晓芝讲话，对做好下半年工作提出了要求。

第十五次会议

政协北京市房山区第四届委员会常务委员会第十五次（扩大）会议，2001年9月12日在区政协机关会议室召开。区政协主席游来柱，副主席容桂英、万金峰，秘书长唐荣等34人出席会议。部分委员列席会议。常务副主席王晓芝主持会议。

会议听取了王晓芝常务副主席关于中共房山区委第二次政协工作会议筹备情况的说明；审议并原则通过了《政协北京市房山委员会关于进一步推进政治协商规范化、制度化建设的意见》；讨论了游来柱主席在中共房山区委政协工作会议上的讲话。

会议研究决定，增补白学如、李刚为政协北京市房山区第四届委员会委员。

游来柱主席讲话。要求：深入学习中共中央总书记江泽民"七一"讲话精神；认真开好、全面贯彻中共房山区委政协工作会议精神。

第十六次会议

政协北京市房山区第四届委员会常务委员会第十六次会议，2001年12月28日在区政协机关会议室召开。区政协主席游来柱，副主席容桂英、许志远、马文仲、万金峰、林义，秘书长唐荣等39人出席会议。常务副主席王晓芝主持会议。

会议听取了唐荣秘书长关于区政协四届四次会议筹备情况的汇报。讨论并原则通过了区政协第四届常务委员会工作报告。审议了区政协四届四次会议议程，分组原则和召集人名单，对口协商座谈会分组及召集人名单，决议起草委员会名单，大会执行主席和秘书长名单，常务委员会工作报告报告人名单，大会日程安排等会议文件。会议决定，区政协四届四次会议2002年1月17日至19日在昊天假日酒店召开。

会议讨论并原则通过了区政协关于"献智出力、富民强区"工程的实施意见，决定提请区政协四届四次会议审议。

游来柱主席讲话。要求认真开好区政协四届四次会议，特别要搞好《政府工作报告》的讨论，搞好对口协商，搞好提案工作，带头实施"献智出力、富民强区"工程，为全区两个文明建设做出新贡献。

第十七次会议

政协北京市房山区第四届委员会常务委员会第十七次会议，2002年1月18日在昊天假日酒店召开。区政协主席游来柱，副主席容桂英、许志远、马文仲、林义、万金峰，秘书长唐荣等43人出席会议。常务副主席王晓芝主持会议。

会议审议了《政协北京市房山区第四届委员会第四次会议关于常务委员会工作报告的决议》和《政协北京市房山区第四届委员会第四次会议政治决议》；听取了区政协提案委员会关于区政协四届四次会议提案审查情况的说明。

第十八次会议

政协北京市房山区第四届委员会常务委员会第十八次（扩大）会议，2002年3月28日在区政协机关202会议室召开。区政协主席游来柱，副主席容桂英、许志远、马文仲、林义、万金峰，秘书长唐荣等38人出席会议。部分委员列席会议。常务副主席王晓芝主持会议。

会议听取了区政协办公室主任肖凤云作的中共房山区委关于区政协机关机构改革的意见及人事任免的通报。经区委研究决定，区政协机关设置四个处级工作机构，即：政协办公室、研究室、专门委员会办公室、文教工作办公室。政协办公室下设秘书科、综合科、老干部科。

会议表彰奖励了区政协2001年度优秀提案、优秀信息员、获奖调研报告和"党史区情"知识竞赛获奖人员。25件优秀提案，9名优秀信息员，24篇调研报告，20名"党史区情"知识竞赛优胜者受到表彰奖励。

会议讨论了区政协常委会2002年主要工作安排意见。全年共安排专题协商、调查研究以及考察、视察等活动45项。

会议审议并原则通过了《政协北京市房山区委员会提案工作条例》。要求提案委员会责成专人进行修改，并委托驻会主席会议审定下发。

游来柱主席讲话。要求认真做好2002年的工作。发扬主动精神，积极协商，主动建议；要在"尽职"、"帮忙"和"切实"三方面下功夫，发挥政协"人才库""智囊团"作用；要讲究工作方法，做到不越位、不添乱，明确职责范围，摆正自己的位置。

第十九次会议

政协北京市房山区第四届委员会常务委员会第十九次会议，2002年7月17日在区政协机关202

会议室召开。区政协主席游来柱，副主席容桂英、许志远、马文仲、林义、万金峰，秘书长唐荣等33人出席会议。常务副主席王晓芝主持会议。

会议听取了区政府副区长刘顺林关于全区2002年上半年经济工作情况的通报；听取了区委副书记、区纪委书记张继增关于全区2002年上半年党风廉政建设情况的通报；听取了区政协秘书长唐荣关于区政协常委会2002年上半年工作情况的汇报。

会议决定，增补郝建民、张文战、王书学、郭艳梅、隗永敏、赵红燕六名同志为区政协第四届委员会委员。

第二十次会议

政协北京市房山区第四届委员会常务委员会第二十次会议，2003年1月3日在区政协机关常委会议室召开。区政协主席游来柱，副主席容桂英、许志远、马文仲、林义、万金峰，秘书长唐荣等40人出席会议。区政协机关各室主任、副主任列席会议。常务副主席王晓芝主持会议。

会议听取了秘书长唐荣关于区政协四届五次会议筹备工作情况的汇报；审议并通过了区政协常委会工作报告和提案工作报告；研究决定了区政协四届五次会议召开的时间、会期、地点；审议了大会议程，大会日程，大会执行主席名单，大会决议起草委员会名单，委员分组办法和各组召集人名单和提案截止时间；研究商定了常委会工作报告报告人、提案工作报告报告人名单。

会议听取了关于"献智出力，富民强区"工程实施情况及总结评选情况的汇报。

会议决定，增补贾斌、骆金萍、隗合旺、陈海忠为政协北京市房山区第四届委员会委员；贾斌、马志宏为常务委员候选人，提请区政协四届五次会议选举通过。

游来柱主席讲话，对开好区政协四届五次会议提出了要求。

第二十一次会议

政协北京市房山区第四届委员会常务委员会第二十一次会议，2003年1月19日在昊天假日酒店召开。区政协主席游来柱主持会议。常务副主席王晓芝，副主席容桂英、许志远、马文仲、林义、万金峰，秘书长唐荣等39人出席会议。

会议研究决定，在区政协四届五次会议上的《政协北京市房山区第四届委员会常务委员会工作报告》，报告人由游来柱改为王晓芝。

第二十二次会议

政协北京市房山区第四届委员会常务委员会第二十二次会议，2003年1月21日在昊天假日酒店召开。区政协主席游来柱，副主席容桂英、许志远、马文仲、林义、万金峰，秘书长唐荣等39人出席会议。常务副主席王晓芝主持会议。

会议审议了《政协北京市房山区第四届委员会第五次会议政治决议》和《政协北京市房山区第四届委员会第五次会议关于常务委员会工作报告的决议》；听取了关于区政协四届五次会议提案审查

情况的说明。决定将决议提交政协北京市房山区第四届委员会第五次会议审议通过。

第二十三次会议

政协北京市房山区第四届委员会常务委员会第二十三次会议，2003年4月4日在区政协机关202会议室召开。区政协主席游来柱，副主席容桂英、许志远、万金峰、林义等34人出席会议。秘书长唐荣主持会议。

会议听取了区政府副区长傅华关于全区优化发展环境情况的通报；讨论并原则通过了《关于在全体区政协委员中开展"为优化发展环境，加快全区发展献计出力"活动的通知》。会议认为，在全体委员中开展这项活动，是实施"献智出力、富民强区"工程的深化，是2003年区政协围绕中心、服务大局的重要工作。会议决定，根据委员提出的建议对《通知》作进一步修改后印发。

游来柱主席讲话要求：进一步加强对中共十六大精神的学习，发挥政协优势，注意研究深层次制约房山发展的问题，充分利用提案、社情民意等形式，积极建言献策。

第二十四次会议

政协北京市房山区第四届委员会常务委员会第二十四次会议，2003年7月24日在区政协机关202会议室召开。区政协主席游来柱，副主席容桂英、许志远、万金峰，秘书长唐荣等32人出席会议。常务副主席王晓芝主持会议。

会议听取了区政府副区长李硕夫关于全区2003年上半年经济工作情况的通报；听取了区纪委副书记、区监察局局长李树民关于全区2003年上半年党风廉政建设情况的通报；听取了区政协常委会2003年上半年工作情况的通报。

游来柱主席讲话。要求全体政协委员，认真学习贯彻"三个代表"重要思想。

第二十五次会议

政协北京市房山区第四届委员会常务委员会第二十五次会议，2003年12月19日在区政协机关202会议室召开。区政协主席游来柱，副主席容桂英、许志远、马文仲、林义、万金峰，秘书长唐荣等37人出席会议。常务副主席王晓芝主持会议。

会议听取了秘书长唐荣关于政协北京市房山区第五届委员会第一次会议筹备工作情况的汇报；听取了专委会办公室主任刘永成关于政协北京市房山区第五届委员会委员协商推荐情况的说明，并审议通过了政协北京市房山区第五届委员会委员名单和界别设置方案；审议并原则通过了《政协北京市房山区第四届委员会常务委员会五年工作报告》和《政协北京市房山区第四届委员会常务委员会关于五年提案工作情况的报告》；会议决定，政协北京市房山区第五届委员会第一次会议，2004年1月10日至14日召开。会议还审议了会议议程等会议文件。

游来柱主席讲话，对区政协第四届委员会的工作给予充分肯定，对新一届区政协的工作提出了建议和希望。

第八节 政协北京市房山区第五届委员会常务委员会会议

政协北京市房山区第五届委员会常务委员会，2004年1月至2006年12月任期内，共召开13次会议。

第一次会议

政协北京市房山区第五届委员会常务委员会第一次会议，2004年1月13日在区政协机关202会议室召开。区政协主席范文彦主持。副主席、秘书长、常务委员出席，区政协机关委室负责人列席。

会议审议通过了《政协北京市房山区第五届委员会关于设置专门委员会的决定》；审议通过了区政协第五届委员会专门委员会主任、副主任和委员名单。

第二次会议

政协北京市房山区第五届委员会常务委员会第二次会议，2004年3月10日在区政协机关202会议室召开。区政协主席范文彦，副主席万金峰、赵润东、肖武、邵进，秘书长唐荣等39人出席会议。常务副主席王晓芝主持会议。

会议审议并原则通过了区政协常委会2004年工作要点。审议并原则通过了《政协北京市房山区委员会关于反映社情民意信息工作的规定（试行）》《政协北京市房山区委员会关于政治协商、民主监督、参政议政的规定》等7项规则、规定、条例，决定经驻会主席修改审定后印发实施。

会议听取了区政协第五届委员会专门委员会常务副主任、副主任调整充实情况的说明，审议通过了调整充实后的专门委员会主任、副主任名单。

会议通报了中共房山区委《关于区政协党组组成人员请示的批复》《关于马军等同志职务任免的通知》。区政协党组成员为范文彦、王晓芝、游来柱、许志远、唐荣、肖凤云，范文彦任区政协党组书记，王晓芝任党组副书记。马军任专门委员会办公室主任，免去其区委统战部副部长职务；刘永成为调研员，免去其专门委员会办公室主任职务。

范文彦主席讲话。要求全体政协常务委员，要在提高提案质量方面发挥带头作用，提升提案工作质量；在推动政协工作制度化、规范化建设方面发挥参谋作用，不断推进民主政治建设进程；在提高自身素质方面发挥模范作用，把政协自身建设提高到新水平。

第三次会议

政协北京市房山区第五届委员会常务委员会第三次会议，2004年7月21日在区政府东二楼报告厅和区政协机关202会议室召开。区政协主席范文彦，副主席万金峰、赵润东、肖武、邵进，秘书长唐荣等36人出席会议。常务副主席王晓芝主持会议。

会议听取了区政府常务副区长陈永关于全区2004年上半年经济运行情况的通报；听取了区政协常务委员会2004年上半年工作总结的汇报；听取了区政协提案委员会关于提案工作情况的报告。

会议讨论并原则通过了《政协北京市房山区第五届委员会常务委员会关于加强自身建设的意见》和《政协北京市房山区第五届委员会常务委员会关于加强政协委员自身建设的规定》。

范文彦主席讲话强调，政协作为统一战线的组织，合作共事的机构，平等协商的平台，要重视制度化、规范化建设，通过建立各项制度，增强广大委员的责任感和使命感，自觉履行好政协职能。要围绕全区发展中的重大问题深入思考，抓住群众关心、政府有能力解决的问题提出真知灼见；围绕提高提案质量开展工作，选准课题，深入调查研究，为区委、区政府科学决策提供依据；围绕政协自身建设开展工作，不断加强常委会自身建设、委员管理和政协机关制度化建设。

第四次会议

政协北京市房山区第五届委员会常务委员会第四次会议，2004年12月17日在区政协202会议室召开。区政协主席范文彦，副主席许志远、万金峰、赵润东、肖武、邵进，秘书长唐荣等35人出席会议。常务副主席王晓芝主持会议。

会议听取了中共房山区委副书记、区纪委书记张继增《关于房山区2004年党风廉政建设情况的通报》。

会议审议并原则通过了《政协北京市房山区第五届委员会常务委员会工作报告》和《政协北京市房山区第五届委员会常务委员会关于提案工作情况的报告》。会议委托驻会主席对报告文字修改后，提交区政协五届二次会议审议。研究决定了区政协五届二次会议召开的时间、地点、会期、议程、日程、执行主席及分组名单等事项。

政协北京市房山区第五届委员会第四次常委会议

会议讨论并原则通过了《政协北京市房山区第五届委员会常务委员会关于进一步推进房山区磨盘柿产业化建设的建议案》。

会议讨论并原则通过了《政协北京市房山区委员会关于开展提案工作质量年活动的安排意见》。会议委托驻会主席对《意见》作进一步修改后，提交区政协五届二次会议审议。

会议讨论通过了区政协2004年度优秀委员名单，王峙、王宝盛等12名委员被评选为2004年度优秀委员，并决定在区政协五届二次会议预备会议上予以表彰。

会议决定增补王会等6名同志为第五届区政协委员。

范文彦主席讲话。要求全体常委，围绕区政协五届二次会议召开的形式、内容深入研究，提出意见和建议；根据会议确定的内容，充分做好讨论协商的准备。

第五次会议

政协北京市房山区第五届委员会常务委员会第五次会议，2005年1月16日在昊天假日酒店十一层茉莉厅召开。区政协主席范文彦，副主席许志远、万金峰、赵润东、肖武、邵进，秘书长唐荣等出席，区政协机关有关人员列席。常务副主席王晓芝主持。

会议听取了《政协北京市房山区五届二次会议关于提案审查情况的报告》，审议了《政协北京市房山区五届二次会议关于开展提案工作质量年活动的决议》《政协北京市房山区五届二次会议政治决议》和《政协北京市房山区五届二次会议关于政协常务委员会工作报告的决议》，决定提请政协北京市房山区五届二次会议通过。

第六次会议

政协北京市房山区第五届委员会常务委员会第六次会议，2005年3月9日在区政协202会议室召开。区政协主席范文彦，副主席许志远、万金峰、赵润东、肖武、邵进，秘书长唐荣等35人出席。常务副主席王晓芝主持。

会议讨论通过了《政协北京市房山区第五届委员会常务委员会2005年工作要点》；听取了区政协提案工作委员会关于区政协五届二次会议提案复审情况的汇报；审议通过了区政协4个专门委员会常务副主任、副主任任免名单；审议通过了增补区政协委员的决定。

范文彦主席在讲话中强调。要服务全区工作大局，创新政协工作方式；突出重点工作，注重发挥政协的特点和优势；切实发挥各民主党派、工商联的作用，不断提高参政议政水平。

第七次会议

政协北京市房山区第五届委员会常务委员会第七次会议，2005年7月22日在区政协202会议室召开。区政协主席范文彦，副主席许志远、万金峰、赵润东、肖武、邵进，秘书长唐荣等31人出席。常务副主席王晓芝主持。

会议听取了中共房山区委常委、区政府常务副区长陈永关于2005年上半年经济和社会发展情况的通报；听取了区委组织部副部长穆建山关于全区开展保持共产党员先进性教育活动情况的通报。

会议讨论了区政协常务委员会2005年上半年工作总结；听取了区政协提案委员会关于2005年上半年提案工作情况的汇报；审议并原则通过了《政协北京市房山区委员会视察工作条例》和《政协北京市房山区委员会关于进一步发挥界别作用的意见》，决定作进一步修改后印发实施。

范文彦主席讲话，要求继续抓好提案工作，发挥界别作用，深化民主监督工作，推进政协工作的制度化、规范化、程序化建设。

第八次会议

政协北京市房山区第五届委员会常务委员会第八次会议，2005年12月21日在区政协机关202会议室召开。区政协主席范文彦，副主席许志远、万金峰、赵润东、肖武、邵进，秘书长唐荣等37人出席。常务副主席王晓芝主持。

会议听取了中共房山区纪委副书记、区监察局局长杨玉香关于2005年全区党风廉政建设情况的通报。

审议并原则通过了《政协北京市房山区第五届委员会常务委员会工作报告》和《政协北京市房山区第五届委员会常务委员会关于提案工作情况的报告》，委托驻会主席对报告进一步修改后，提交区政协五届三次会议审议。研究决定了召开区政协五届三次会议的时间、地点、会期等事项，审议了会议议程、会议日程、执行主席名单、决议起草委员会名单、委员分组办法及召集人名单、提案截止时间，决定了区政协常委会工作报告和提案工作报告的报告人。

审议并通过了《政协北京市房山区委员会关于开展"调查研究年"活动的安排意见》；审议通过了区政协常委会关于新农村建设的倡议书。

讨论通过了区政协2005年度优秀委员名单。决定，对评选出的王峙等15名优秀区政协委员，在区政协五届三次会议预备会议上予以表彰。

范文彦主席在讲话中要求：充分认识开好区政协五届三次会议的重要性，认真做好准备，圆满完成会议的各项议程。

第九次会议

政协北京市房山区第五届委员会常务委员会第九次会议，2006年1月7日在北方温泉会议中心第四会议室召开。区政协主席范文彦主持会议。常务副主席王晓芝，副主席许志远、万金峰、赵润东、肖武、邵进，秘书长唐荣等38人出席会议。

会议听取了政协五届三次会议期间提案审查情况的报告；审议了《政协北京市房山区第五届委员会第三次会议关于常务委员会工作报告的决议》和《政协北京市房山区第五届委员会第三次会议政治决议》。决定提请区政协五届三次会议通过。

第十次会议

政协北京市房山区第五届委员会常务委员会第十次会议，2006年2月24日在区政协机关202会议室召开。区政协主席范文彦，副主席万金峰、赵润东、肖武、邵进，秘书长唐荣等29人出席。常务副主席王晓芝主持。

会议讨论并原则通过了《政协北京市房山区委员会常务委员会2006年工作要点》；审议通过了区政协农村工作委员会、社会和法制委员会副主任名单。

范文彦主席讲话要求：要认清形势，在维护全区稳定，促进经济社会发展中，特别是在全力推进社会主义新农村建设中，充分发挥作用；全体区政协常委要当表率，做模范，多做调查研究工作，多做化解矛盾、促进稳定工作，尤其是在促进"调查研究年"有效开展方面，率先垂范，推动区政协工作再上新水平。

第十一次会议

政协北京市房山区第五届委员会常务委员会第十一次会议，2006年5月10日在区政协机关202会议室召开。区政协主席范文彦，副主席万金峰、赵润东、肖武、邵进，秘书长唐荣等33人出席会议。常务副主席王晓芝主持会议。

根据中共北京市房山区委《关于免去许志远区政协副主席职务的通知》精神，依据许志远具有重大犯罪嫌疑，已移送司法机关的情况和《政协章程》的有关规定，会议决定，撤销许志远政协北京市房山区第五届委员会委员资格及副主席职务。

第十二次会议

政协北京市房山区第五届委员会常务委员会第十二次会议，2006年7月21日在区政协机关202会议室召开。区政协主席范文彦，副主席万金峰、赵润东、肖武、邵进，秘书长唐荣等35人出席会议。常务副主席王晓芝主持会议。

会议听取了区政府副区长王忠海关于全区2006年上半年经济社会发展情况的通报；听取了区政协提案委员会关于2006年上半年提案工作情况的汇报；听取了区政协常务委员会2006年上半年工作总结情况的通报。

范文彦主席在会上作了题为《自觉树立社会主义荣辱观，努力做好政协工作》的学习辅导报告。结合胡锦涛总书记的讲话精神及区政协工作面临的新形势、新任务，要求全体委员，充分认识树立社会主义荣辱观的重大意义，自觉树立社会主义荣辱观，努力做好政协工作，为全区的经济社会发展做出新的贡献。

第十三次会议

政协北京市房山区第五届委员会常务委员会第十三次会议，2006年11月24日在青龙湖镇锦绣山庄召开。区政协主席范文彦，副主席万金峰、赵润东、肖武、邵进，秘书长唐荣等36人出席，容桂英、李金田等列席。常务副主席王晓芝主持。

会议审议通过了《政协北京市房山区第六届委员会委员的决定》；审议并原则通过了《政协北京市房山区第五届委员会常务委员会工作报告》和《政协北京市房山区第五届委员会常务委员会关于提案工作情况的报告》；审议了《政协北京市房山区第六届委员会第一次会议主席团人选名单》《秘书长人选名单》《政协北京市房山区第六届委员会第一次会议主席、副主席、秘书长、常务委员选举办法》《政协北京市房山区第六届委员会第一次会议建议议程、建议日程》等，决定将上述决议提交区政协六届一次会议预备会议审议。会议决定，政协北京市房山区第六届委员会第一次会议2006年12月11日至15日召开。

会议通过了房山区政协2006年度优秀委员名单。马文明等23名委员被评选为2006年度优秀区政协委员。审议并原则通过了《关于加快我区设施农业发展的建议案》，决定经修改后，报送区委研究参考。

范文彦主席讲话要求，认真履行职责，严谨细致地工作，确保区政协六届一次会议圆满成功。

第九节 政协北京市房山区第六届委员会常务委员会会议

政协北京市房山区第六届委员会常务委员会，2006年12月至2011年12月任期内，共召开21次会议。

第一次会议

政协北京市房山区第六届委员会常务委员会第一次会议，2006年12月14日在昊天假日酒店召开。区政协主席范文彦主持，常务副主席王晓芝，副主席李惠英、高维魁、万金峰、赵润东、肖武，秘书长李金田等43人出席。

会议审议通过了《政协北京市房山区第六届委员会常务委员会关于设置专门委员会的决定》。决定，区政协第六届委员会设置提案委员会、经济科技委员会、农村工作委员会、学习与文史委员会、教文卫体委员会、城建环保委员会、社会法制与民族宗教委员会7个专门委员会，分别由区政协机关一室、二室、三室和四室承担服务工作。

审议通过了《政协北京市房山区第六届委员会专门委员会主任、副主任名单》。

审议并原则通过了《政协北京市房山区第六届委员会常务委员会2007年工作要点》，委托驻会主席修改后印发。

第二次会议

政协北京市房山区第六届委员会常务委员会第二次会议，2007年7月25日在区政协机关202会议室召开。区政协主席范文彦，副主席李惠英、万金峰、赵润东，秘书长李金田等32人出席会议。

常务副主席王晓芝主持会议。

会议听取了区政府常务副区长陈永关于全区2007年上半年经济社会发展情况的通报；听取了区纪委副书记马俊怀关于全区2007年上半年党风廉政建设情况的通报。

会议听取了区政协提案委员会2007年上半年提案工作情况的汇报；讨论了区政协常务委员会2007年上半年工作总结。

范文彦主席讲话要求，认真学习胡锦涛总书记"6.25"重要讲话，全面贯彻中共房山区委六届三次（扩大）会议精神，认真抓好和谐社区建设、新农村建设、提案工作、调查研究等几项重点工作，着力关注和谐社区基础设施建设及精神文明建设；关注新农村建设中的产业发展，促使人民群众最关心、最直接、最现实的问题得到解决。

第三次会议

政协北京市房山区第六届委员会常务委员会第三次会议，2007年12月20日在区政协机关202会议室召开。区政协主席范文彦，副主席万金峰、赵润东、肖武，秘书长李金田等35人出席。常务副主席王晓芝主持。

会议讨论并原则通过了《政协北京市房山区第六届委员会常务委员会工作报告》和《政协北京市房山区第六届委员会常务委员会关于提案工作情况的报告》。委托驻会主席对报告进一步修改后，提交区政协六届二次会议审议。

会议决定，区政协六届二次会议2008年1月8日至10日召开，并审议了会议议程、日程等会议文件。

会议审议通过了区政协2007年度优秀委员名单。于腊梅等20名委员被评选为2007年度优秀区政协委员，决定召开会议予以表彰。

范文彦主席讲话指出，政协全体会议，是政协在社会上影响最大、委员发挥作用最有效的载体，是委员对政府各部门工作提出意见建议的最好平台。希望全体常委在全会期间，发挥模范带头作用和凝聚力量的作用，积极主动与委员沟通交流，提高委员参政议政的积极性。

第四次会议

政协北京市房山区第六届委员会常务委员会第四次会议，2008年1月10日在昊天假日酒店11层会议室召开。区政协主席范文彦，副主席李惠英、高维魁、万金峰、赵润东、肖武，秘书长李金田等37人出席。常务副主席王晓芝主持。

会议听取了政协北京市房山区六届二次会议关于提案审查情况的报告；审议了《政协北京市房山区六届二次会议关于政协常务委员会工作报告的决议》和《政协北京市房山区六届二次会议政治决议》，决定提请政协北京市房山区六届二次会议审议通过。

会议审议通过了政协北京市房山区第六届委员会常务委员会《关于推进房山区和谐社区建设与管理的建议案》。

政协北京市房山区第六届委员会第四次常委会议

第五次会议

政协北京市房山区第六届委员会常务委员会第五次会议，2008年4月11日在区政协机关202会议室召开。区政协主席范文彦，常务副主席王晓芝，副主席高维魁、万金峰、赵润东、肖武，秘书长李金田等36人出席。副主席李惠英主持。

会议审议通过了《政协北京市房山区第六届委员会常务委员会2008年工作要点》。

审议通过了《关于增补区政协有关专门委员会主任、常务副主任的决定》《关于撤销刘春玲区政协委员资格的决定》《关于增补区政协第六届委员会委员的决定》。会议接受王福生、伊尼亚娜、宋福增、张守良、黄伟辞去政协北京市房山区第六届委员会委员的申请，决定增补王晓伟、李京生、张国平、张振江、姜胜军、徐蔚、崔爱军为区政协第六届委员会委员。

范文彦主席讲话，要求全体委员，积极参与区"十一五"规划执行情况的政治协商活动；积极探索民主监督工作的方式，以民主评议全区卫生工作为突破口，加大民主监督力度；围绕工业强区、社区环境卫生、新农村建设开展专项视察，积极建言献策；结合"百村帮扶工程"，充分发挥区政协机关和委员的优势，全力做好结对帮扶工作；深入开展"共建和谐社区"活动，继续做好专委会、党派、团体结对帮扶工作，并就有关和谐社区建设的建议案及提案办理情况进行追踪督办，有效发挥建议案和提案的推动作用。

第六次会议

政协北京市房山区第六届委员会常务委员会第六次（扩大）会议，2008年7月11日在区政协机关 202 会议室召开。区政协主席范文彦，副主席李惠英、高维魁、万金峰、赵润东、肖武，秘书长李金田等 33 人出席。各专委会主任、副主任列席。常务副主席王晓芝主持。

会议听取了区政府副区长吴会杰关于 2008 年上半年全区经济社会发展情况的通报和区政府 2007 年以来政协建议案办理情况的通报；听取了区政府督查室主任杨凤海关于 2008 年上半年提案办理情况的通报。

范文彦主席就区政协开展"十一五"规划中期考察工作进行了动员。强调：要加强对考察工作目的意义的认识，通过对"十一五"规划执行情况的中期考察，推进规划的科学实施，维护规划的严肃性，为制定下一个五年规划奠定基础；突出重点，注重实效，重点抓住产业结构调整、城市建设与管理、教育卫生、就业和社会保障四个方面开展考察；密切与区政府各部门合作，加强对口联系，在全面掌握"十一五"规划内容、目标、措施的基础上，制定考察工作计划，明确考察内容、考察措施和考察方式。

第七次会议

政协北京市房山区第六届委员会常务委员会第七次会议，2008 年 12 月 16 日在区政协机关 202 会议室召开。区政协主席范文彦，副主席高维魁、万金峰、赵润东、肖武，秘书长李金田等 38 人出席。副主席李惠英主持。

会议讨论并原则通过了《政协北京市房山区第六届委员会常务委员会工作报告》和《政协北京市房山区第六届委员会常务委员会关于提案工作情况的报告》。委托驻会主席对报告作进一步修改后，提交区政协六届三次会议审议。会议审议了区政协六届三次会议议程、日程及其他会议文件。决定，区政协六届三次会议 2009 年 1 月 5 日至 7 日召开。

会议通过了《政协北京市房山区第六届委员会关于增补委员的决定》；审议了《政协北京市房山区第六届委员会第三次会议增选常务委员的选举办法》；协商讨论了《中共房山区委、各民主党派、无党派人士和各人民团体关于政协北京市房山区第六届委员会第三次会议补选常务委员的联合建议书》，同意程美生为政协北京市房山区第六届委员会常务委员候选人，提交政协北京市房山区第六届委员会第三次会议审议。

会议通过了《关于任免区政协专门委员会主任、常务副主任、副主任的决定》；通过了《关于加快房山区山区林业发展，推进生态涵养区建设》的建议案，决定报送区委研究参考；通过了区政协 2008 年度优秀委员名单，丁长海、于腊梅等 23 名委员被评选为 2008 年度优秀区政协委员。

范文彦主席讲话，要求全体委员，认清形势，明确任务，认真履职，以科学发展观为指导，通过提案、社情民意、调研等形式，立发展之论，献务实之策，促进全区经济社会又快又好发展。

第八次会议

政协北京市房山区第六届委员会常务委员会第八次会议，2009 年 1 月 7 日在昊天假日酒店十一层会议室召开。区政协主席范文彦，副主席高维魁、万金峰、赵润东、肖武，秘书长李金田等 40 人出席。副主席李惠英主持。

会议听取了政协北京市房山区六届三次会议关于提案审查情况的报告；审议了《政协北京市房山区六届三次会议关于政协常务委员会工作报告的决议》和《政协北京市房山区六届三次会议政治决议》，决定提请政协北京市房山区六届三次会议审议通过。

第九次会议

政协北京市房山区第六届委员会常务委员会第九次会议，2009年2月26日在区政协机关202会议室召开。区政协主席范文彦，副主席赵润东、肖武，秘书长李金田等34人出席会议。副主席高维魁主持会议。

会议讨论并原则通过了《政协北京市房山区第六届委员会常务委员会2009年工作要点》。

范文彦主席讲话。强调：要围绕"保增长、保民生、保稳定"的大局，抓住全区经济社会发展的重大问题，就燕房合作、工业落地项目的推进搞好政治协商；围绕产业结构调整、城市建设管理、交通建设中的重大项目推进、设施农业发展等方面问题，开展调查研究和有针对性地进行视察；以民主评议交通局工作及对重大项目资金使用、工程质量状况进行追踪监督为重点，履行好民主监督职能；继续参与"百村帮扶工程"，搞好"和谐社区共建"活动，为推进全区经济社会发展献计出力。

第十次会议

政协北京市房山区第六届委员会常务委员会第十次会议，2009年7月22日在区政协机关202会议室召开。区政协主席范文彦，副主席李惠英、万金峰、赵润东、肖武，秘书长李金田等37人出席会议。副主席高维魁主持会议。

会议听取了中共房山区委常委、区纪委书记史全富关于全区2009年上半年党风廉政建设情况的通报；听取了区委常委、区政府副区长高言杰关于全区2009年上半年经济工作及功能区建设情况的通报；听取了区政府督查室主任杨凤海关于2009年上半年区政协提案办理情况的通报。听取并讨论了区政协常委会2009年上半年工作总结和提案委员会关于2009年上半年提案工作情况的汇报。

会议审议通过了关于增补委员的决定。同意增补王中、王海平、刘琼、孙威、李伟、李东明、张东梅、张莉华、孟繁欣、赵一弘为政协北京市房山区第六届委员会委员。

范文彦主席讲话，希望各位委员，进一步关注全区经济社会发展，特别是功能区建设情况，在做好本职工作的基础上，为全区各项事业发展建言献策，献智出力。要关注正在开展的科学发展观学习实践活动，帮助区政协党组改进工作，推动区政协工作再上新台阶。

第十一次会议

政协北京市房山区第六届委员会常务委员会第十一次会议，2009年12月25日在昊天假日酒店召开。区政协主席范文彦，副主席高维魁、万金峰、赵润东、肖武，秘书长李金田等34人出席会议，副主席李惠英主持会议。

会议审议并原则通过了《政协北京市房山区第六届委员会常务委员会工作报告》和《政协北京

市房山区第六届委员会常务委员会关于提案工作情况的报告》，委托驻会主席对报告作进一步修改后，提交区政协六届四次会议审议。

审议通过了关于召开政协北京市房山区第六届委员会第四次会议的决定；审议了区政协六届四次会议议程，会议日程，决议起草委员会委员名单，委员分组办法及各组召集人名单等会议文件。

审议通过了关于增补委员的决定。同意增补唐淑荣、王英开、陈海忠、苗松、隗功跃为政协北京市房山区第六届委员会委员；审议了关于补选主席的决议和增选常务委员的决议以及选举办法，同意补选唐淑荣为区政协第六届委员会主席，增选王英开、陈海忠、苗松为区政协第六届委员会常务委员，提交区政协六届四次会议选举。

审议通过了政协北京市房山区第六届委员会常务委员会关于任免专门委员会主任、常务副主任的决定。同意陈海忠任提案委员会主任；王英开任学习与文史委员会主任、教文卫体委员会常务副主任，免去于平提案委员会主任和马志宏学习与文史委员会主任、教文卫体委员会常务副主任职务。

范文彦主席讲话，对开好区政协六届四次会议提出了要求。

第十二次会议

政协北京市房山区第六届委员会常务委员会第十二次会议，2010年1月13日在昊天假日酒店召开。区政协主席范文彦，副主席高维魁、万金峰、赵润东、肖武，秘书长李金田等40人出席。副主席李惠英主持。

会议听取了李金田秘书长关于区政协六届四次会议各委员讨论组审议补选主席和常务委员的决议、选举办法及候选人名单情况的汇报。会议决定：将选举办法，总监票人、监票人名单，提请区政协六届四次会议审议通过；唐淑荣作为区政协六届委员会主席候选人，王英开、陈海忠、苗松作为常务委员候选人，提请区政协六届四次会议选举。

第十三次会议

政协北京市房山区第六届委员会常务委员会第十三次会议，2010年1月14日在昊天假日酒店召开。区政协主席唐淑荣，副主席高维魁、万金峰、赵润东、肖武，秘书长李金田等42人出席。副主席李惠英主持。

会议听取了区政协六届四次会议期间提案审查情况的报告；审议了《政协北京市房山区第六届委员会第四次会议关于政协常务委员会工作报告的决议》和《政协北京市房山区第六届委员会第四次会议政治决议》，决定提请区政协六届四次会议审议通过。

第十四次会议

政协北京市房山区第六届委员会常务委员会第十四次会议，2010年3月10日在区会议中心第十会议室召开。区政协主席唐淑荣，副主席高维魁、万金峰、赵润东、肖武，秘书长李金田等37人出席。副主席李惠英主持。

会议审议通过了《政协北京市房山区第六届委员会常务委员会 2010 年工作要点》；听取了第四届首都西南区域经济发展论坛筹备工作情况和区政协 2010 年调研工作安排的汇报。

唐淑荣主席讲话要求，要紧紧围绕中共房山区委六届八次全会做出的深化"三化两区"认识，坚定不移地走新型城市化道路，加快构建"两轴、三带、五园区"区域发展新格局的战略决策履行职责。自觉地围绕党和政府的中心工作开展工作，自觉围绕党和政府的决策部署谋划工作，自觉围绕党和政府的工作重点推进工作。做到与党和政府政治同向、目标同一、工作同步。要围绕编制"十二五"规划建言献策，围绕承办第四届首都西南区域经济发展论坛工作献智出力，围绕促进五大功能区建设发挥作用。要带头发挥好"三个作用"。即在本职工作中发挥带头作用，在政协工作中发挥主体作用，在界别群众中发挥代表作用。

第十五次会议

政协北京市房山区第六届委员会常务委员会第十五次会议，2010 年 8 月 4 日在区会议中心第十会议室召开。区政协主席唐淑荣，副主席李惠英、万金峰、赵润东、肖武，秘书长李金田等 33 人出席。常务副主席高维魁主持。

会议听取了中共房山区委常委、区政府常务副区长高言杰关于 2010 年上半年全区经济工作及功能区建设、30 件实事进展情况的通报；听取了区纪委副书记李学关于全区 2010 年上半年党风廉政建设情况和反腐败工作情况的通报；听取了区政府关于《政协房山区第六届委员会主席会议关于推进房山交通运输业发展的建议案》《政协房山区第六届委员会主席会议关于做大做强房山区食用菌产业的建议案》和区政协六届四次会议以来提案办理情况的通报。

会议讨论了区政协常委会 2010 年上半年工作总结；听取了区政协提案委员会 2010 年上半年提案工作情况的汇报；研究了"政协委员山区行"活动方案。

唐淑荣主席在讲话中要求，面对城市化推进、功能区建设、关闭煤矿与发展替代产业等工作快速推进中出现的职工安置、生产生活等诸多问题和困难，要发挥政协人才荟萃、智力密集的优势，积极参与，助推发展。要积极为区"十二五"规划编制，房山区政协承办的第四届首都西南区域经济发展论坛，以及"政协委员山区行"等活动，出实招、建真言、献良策。

第十六次会议

政协北京市房山区第六届委员会常务委员会第十六次会议，2010 年 9 月 3 日在区政协机关 202 会议室召开。区政协主席唐淑荣，副主席万金峰、赵润东、肖武，秘书长李金田等 40 人出席。常务副主席高维魁主持。

会议审议了《关于召开政协北京市房山区第六届委员会第五次会议的决定》及会议议程，会议日程，委员分组办法和各组召集人名单，选举办法等会议文件。决定，区政协六届五次会议 9 月 15 日召开。

会议审议通过了关于增补委员的决定。同意增补毛大庆、周文海、禹作胜、袁晓波为政协北京市房山区第六届委员会委员；审议通过了关于增选副主席的建议，同意周文海作为区政协第六届委员会副主席候选人，提交区政协六届五次会议选举。

唐淑荣主席在讲话中强调，要开好六届五次会议，确保大会圆满成功；要认真学习贯彻落实中共北京市委第三次政协工作会议精神，为开好中共房山区委第四次政协工作会议建言献策。

第十七次会议

政协北京市房山区第六届委员会常务委员会第十七次会议，2010年12月16日在区会议中心召开。区政协主席唐淑荣，副主席李惠英、周文海、万金峰、赵润东、肖武，秘书长李金田等37人出席。常务副主席高维魁主持。

会议审议并原则通过了《政协北京市房山区第六届委员会常务委员会工作报告》和《政协北京市房山区第六届委员会常务委员会关于提案工作情况的报告》，委托驻会主席对报告作进一步修改后，提交区政协六届六次会议审议。

会议决定，区政协六届六次会议2011年1月5日至7日召开。审议了区政协六届六次会议议程、日程、决议起草委员会委员名单、委员分组办法及各组召集人名单等会议文件。

唐淑荣主席在讲话中指出，区政协各位常委，在房山区"十二五"规划编制、北京石化新材料科技产业基地、轨道交通及窦店现代高端制造业基地、房山世界地质公园、中央休闲购物区建设工作中，积极建言献策，为推动重点功能区建设做出了贡献。2011年是"十二五"规划开局之年，区政协要围绕区"十二五"规划提出的"首都高端制造业新区、现代生态休闲新城"的核心功能定位履行职责。抓住城市发展新区、新城建设，以及民营企业发展等重点，发挥优势，献计出力，助推发展。

政协北京市房山区第六届委员会第十七次常委会议

第十八次会议

政协北京市房山区第六届委员会常务委员会第十八次会议，2011年1月7日在昊天假日酒店十一层茉莉厅召开。区政协主席唐淑荣，副主席李惠英、周文海、万金峰、赵润东、肖武，秘书长李金田等37人出席。区政协机关有关人员列席。常务副主席高维魁主持。

会议听取了《政协北京市房山区六届六次会议关于提案审查情况的报告》，审议了《政协北京市房山区六届六次会议政治决议》和《政协北京市房山区六届六次会议关于政协常务委员会工作报告的决议》，决定提请政协北京市房山区六届六次会议通过。

第十九次会议

政协北京市房山区第六届委员会常务委员会第十九次会议，2011年3月4日在区会议中心第十会议室召开。区政协主席唐淑荣，副主席李惠英、周文海、万金峰、赵润东、肖武，秘书长李金田等37人出席。常务副主席高维魁主持。

会议审议通过了关于增补委员的决定和关于补选秘书长的建议。决定增补游来清为区政协第六届委员会委员。同意李金田辞去政协北京市房山区第六届委员会秘书长职务；同意游来清为秘书长候选人，在全体会议召开之前，代理秘书长职务。

会议审议通过了区政协常务委员会2011年工作要点。

唐淑荣主席讲话。强调：要认真履行职能，为加快"一区一城"建设和区"十二五"规划开好局做出贡献。要善始善终，做到思想不浮动，精神不萎靡，工作不懈怠，圆满完成全年的工作任务；积极做好中共房山区委第四次政协工作会议的筹备工作，并以此为契机，不断强化政协政治协商职能，进一步推动区政协工作制度化、规范化、程序化建设；深入开展调研视察，关注非公经济发展、劳动力就业等难点问题，做到选题要准、调研要深、建议要实；深入抓好"政协委员山区行"活动，围绕煤矿关闭后，山区百姓面临的生产、生活方式转型等问题，有针对性地做一些实实在在的工作，为山区发展做贡献。

第二十次会议

政协北京市房山区第六届委员会常务委员会第二十次会议，2011年7月25日在区会议中心第十会议室召开。区政协主席唐淑荣，副主席李惠英、周文海、万金峰、赵润东，代理秘书长游来清等37人出席。常务副主席高维魁主持。

会议听取了中共房山区委常委、区政府常务副区长高言杰关于2011年上半年全区经济运行情况的通报；听取了区纪委副书记王永年关于全区2011年上半年党风廉政建设情况和反腐败工作情况的通报；听取了区政府关于区政协六届六次会议以来提案办理情况的通报。

会议讨论了区政协常委会2011年上半年工作总结；听取了区政协提案委员会2011年上半年提案工作情况的汇报。

唐淑荣主席讲话，要求认真学习领会胡锦涛总书记"七一"重要讲话精神，提高综合能力和履职水平；认真做好区政协换届工作，把新一届政协委员队伍组建好，为七届区政协开展工作奠定坚实的基础。

第二十一次会议

政协北京市房山区第六届委员会常务委员会第二十一次会议，2011年12月1日在区会议中心召开。区政协主席唐淑荣，副主席李惠英、周文海、万金峰、赵润东、肖武等36人出席。常务副主席高维魁主持。

会议协商通过了政协北京市房山区第七届委员会委员名单。政协北京市房山区第七届委员会委员267名。

会议决定，政协北京市房山区第七届委员会第一次会议2011年12月13日至16日召开。会议审议了政协北京市房山区第七届委员会第一次会议主席团成员建议名单，秘书长人选建议名单，会议建议议程，会议建议日程，决议起草委员会建议名单，提案审查委员会建议名单，主席、副主席、秘书长、常务委员选举办法等。决定将上述文件提交区政协七届一次会议预备会议审议。

会议审议并原则通过了《政协北京市房山区第六届委员会常务委员会工作报告》和《政协北京市房山区第六届委员会常务委员会关于提案工作情况的报告》，决定根据会议提出的意见修改后，提交区政协七届一次会议审议。

唐淑荣主席讲话。强调指出：六届区政协认真履职，努力工作，委员的地位得到了提升，区政协的社会影响力越来越大，赢得了良好的声誉，开创了良好局面。希望连任的常务委员和委员在区政协七届一次会议上，带头发挥作用，确保七届一次会议圆满成功。

第十节　政协北京市房山区第七届委员会常务委员会会议

政协北京市房山区第七届委员会常务委员会，自2011年12月政协北京市房山区第七届委员会第一次会议开幕，至2016年1月政协北京市房山区第七届委员会第五次会议闭幕，共召开16次会议。

第一次会议

政协北京市房山区第七届委员会常务委员会第一次会议，2011年12月15日在昊天假日酒店召开。区政协主席唐淑荣主持，副主席、秘书长、常务委员43人出席，区政协机关各委室负责人列席。

会议审议通过了《政协北京市房山区第七届委员会常务委员会关于设置专门委员会的决定》《政协北京市房山区第七届委员会专门委员会组成人员名单》和《政协北京市房山区第七届委员会专门委员会主任、副主任名单》。

第二次会议

政协北京市房山区第七届委员会常务委员会第二次会议，2012年3月5日在区会议中心第十会议室召开。区政协主席唐淑荣，副主席李惠英、周文海、任振秋、赵润东、肖武，秘书长游来清等40人出席。常务副主席高维魁主持。

会议审议通过了《政协北京市房山区第七届委员会常务委员会2012年工作要点》。

唐淑荣主席讲话强调：区政协常务委员会2012年工作要点，突出了重点，抓住了热点，明确了创新点。各位常委要带头落实好工作要点，为全体委员起模范带头作用。各专委会和界别小组，要立足于发挥全体政协委员的主体作用，积极主动地搭平台，筑桥梁，全力开创七届区政协工作新局面。

政协北京市房山区第七届委员会第二次常委会议

第三次会议

政协北京市房山区第七届委员会常务委员会第三次会议，2012年11月12日在区会议中心第十会议室召开。区政协主席唐淑荣，副主席李惠英、任振秋、赵润东，秘书长游来清等37人出席。常务副主席高维魁主持。

会议通过了《关于召开政协北京市房山区第七届委员会第二次会议的决定》；审议了会议议程，会议日程，决议起草委员会名单，委员分组办法和各组召集人名单；审议通过了《政协北京市房山区第七届委员会常务委员会工作报告》和《政协北京市房山区第七届委员会常务委员会关于提案工作情况的报告》。

通过了《政协北京市房山区第七届委员会常务委员会关于增补委员的决定》；审议了《政协北京市房山区第七届委员会常务委员会关于增选常务委员的建议》；通过了《政协北京市房山区第七届委

员会常务委员会关于调整部分专门委员会主任、副主任的决定》。

通报了区政协表彰优秀提案的有关事宜。

唐淑荣主席讲话强调：要认真开好区政协七届二次会议，着力提升提案质量，为"一区一城"新房山建设做出新贡献。

第四次会议

政协北京市房山区第七届委员会常务委员会第四次会议，2012年11月23日在昊天假日酒店召开。区政协主席、副主席、秘书长、常务委员共51人出席。常务副主席高维魁主持。

会议审议了《政协北京市房山区七届二次会议关于常务委员会工作报告的决议》和《政协北京市房山区七届二次会议政治决议》；听取了政协北京市房山区七届二次会议关于提案审查情况的报告；听取了分组审议政协北京市房山区第七届委员会增选常务委员办法和候选人名单的情况汇报。

第五次会议

政协北京市房山区第七届委员会常务委员会第五次会议，2013年3月7日在区会议中心第十会议室召开。区政协主席唐淑荣，副主席李惠英、周文海、赵润东、肖武，秘书长游来清等40人出席。常务副主席高维魁主持。

会议审议通过了《政协北京市房山区第七届委员会常务委员会2013年工作要点》。

唐淑荣主席讲话强调：要充分调动广大委员的积极性，围绕中心，服务大局，全力助推重点功能区建设。要进一步发挥专委会、界别小组的作用，选准课题，搞好调研，为全区经济发展做出新贡献。

第六次会议

政协北京市房山区第七届委员会常务委员会第六次会议，2013年7月23日在区会议中心第十会议室召开。区政协主席唐淑荣，副主席周文海、任振秋、赵润东，秘书长游来清等35人出席。常务副主席高维魁主持。

会议听取了中共房山区委常委、区政府常务副区长李江关于2013年上半年全区经济社会发展情况的通报；听取了区纪委副书记王永年关于2013年上半年全区党风廉政建设情况的通报；听取了区政府办公室关于区政协七届二次会议以来提案办理情况的通报。

会议讨论了区政协常委会2013年上半年工作总结；听取了区政协提案委员会2013年上半年提案工作情况的汇报；审议通过了政协北京市房山区委员会《关于加强政协委员队伍建设的规定》和《关于撤销委员资格的决定》。

唐淑荣主席讲话强调：要正确认识和把握当前经济形势，抓住当前发展机遇，努力做好下半年工作。各位常委要率先垂范，搞好"政协委员山区行"、"十百千"工程等工作。

第七次会议

政协北京市房山区第七届委员会常务委员会第七次会议，2013年12月25日在区会议中心第十会议室召开。区政协主席唐淑荣，副主席李惠英、周文海、任振秋、赵润东、肖武，秘书长游来清等39人出席。常务副主席高维魁主持。

会议审议通过了《关于召开政协北京市房山区第七届委员会第三次会议的决定》；审议了《政协北京市房山区第七届委员会第三次会议议程、日程》《政协北京市房山区第七届委员会第三次会议决议起草委员会名单》《政协北京市房山区第七届委员会第三次会议委员分组办法和各组召集人名单》《政协北京市房山区第七届委员会第三次会议提案截止时间》；通过了《政协北京市房山区第七届委员会常务委员会工作报告》和《政协北京市房山区第七届委员会常务委员会关于提案工作情况的报告》；通过了《政协北京市房山区第七届委员会常务委员会关于增补委员的决定》。

会议通报了区政协表彰优秀提案工作和2013年区政协委员履职情况。

唐淑荣主席讲话强调：要认真做好区政协七届三次会议的准备工作。希望全体政协委员，深入群众，了解民情，体察民意，汇集民智，提出高水平的提案，为全区经济社会发展贡献力量。

第八次会议

政协北京市房山区第七届委员会常务委员会第八次会议，2014年1月8日在昊天假日酒店十一层茉莉厅召开。区政协主席唐淑荣，副主席李惠英、周文海、任振秋、赵润东、肖武，秘书长游来清等46人出席。常务副主席高维魁主持。

会议听取了区政协七届三次会议关于提案审查情况的报告；审议了《政协北京市房山区七届三次会议政治决议》和《政协北京市房山区七届三次会议关于政协常务委员会工作报告的决议》，决定提请区政协七届三次会议通过。

第九次会议

政协北京市房山区第七届委员会常务委员会第九次会议，2014年3月6日在区会议中心第十会议室召开。区政协主席唐淑荣，副主席李惠英、任振秋、赵润东、肖武，秘书长游来清等34人出席。常务副主席高维魁主持。

会议审议通过了《政协北京市房山区第七届委员会常务委员会2014年工作要点》。

唐淑荣主席讲话强调：区政协常务委员会2014年工作要点已确定，各位委员要积极投入到新房山的建设中，积极参与到房山区新的规划修编及其新的功能定位上，推动房山经济社会持续健康发展。要服务社会，关注百姓所关注的热点和难点问题，想为百姓所想、急为百姓所急、做为百姓所做，以党的群众路线教育实践活动为契机，认认真真做好区政协全年工作。

第十次会议

政协北京市房山区第七届委员会常务委员会第十次会议，2014年7月31日在区会议中心第十会议室召开。区政协主席唐淑荣，副主席李惠英、周文海、任振秋、赵润东、肖武，秘书长游来清等31人出席。常务副主席高维魁主持。

会议听取了2014年上半年全区经济社会发展情况的通报；听取了2014年上半年全区党风廉政建设情况的通报；听取了区政府办公室关于区政协七届三次会议以来提案办理情况的通报。

会议讨论了区政协常委会2014年上半年工作总结；听取了区政协提案委员会关于2014年上半年提案工作情况的汇报。

唐淑荣主席讲话强调：要在中共房山区委的领导下，团结带领各民主党派、人民团体和各族各界人士，进一步统一思想，凝心聚力，不断开创区政协工作新局面；全力以赴做好六区市县"京津冀协同发展研讨会"的筹备工作，为实现"新城、新业、新生活"的房山梦做出新贡献。

第十一次会议

政协北京市房山区第七届委员会常务委员会第十一次会议，2014年12月25日在区会议中心第十会议室召开。区政协主席唐淑荣，副主席周文海、任振秋、赵润东，秘书长游来清等35人出席。副主席李惠英主持。

会议通过了关于召开政协北京市房山区第七届委员会第四次会议的决定；审议了区政协七届四次会议议程、日程，决议起草委员会名单，分组办法和各组召集人名单；通过了《政协北京市房山区第七届委员会常务委员会工作报告》和《政协北京市房山区第七届委员会常务委员会关于提案工作情况的报告》。

会议审议通过了政协北京市房山区第七届委员会常务委员会关于不再担任委员、增补委员的决定；审议了补选常务委员的建议和补选常务委员办法。

会议通报了区政协表彰优秀提案、优秀调研成果的有关情况。

唐淑荣主席讲话。要求各位常委，发挥好表率和榜样作用，把区政协七届四次会议开成团结务实、振奋精神、鼓舞干劲的大会。

第十二次会议

政协北京市房山区第七届委员会常务委员会第十二次会议，2015年1月7日在昊天假日酒店十一层茉莉厅召开。区政协主席、副主席、秘书长、常务委员48人出席，常务副主席高维魁主持。

会议审议了《政协北京市房山区七届四次会议政治决议》和《关于政协常委会工作报告的决议》；听取了《政协北京市房山区七届四次会议关于提案审查情况的报告》；听取了分组审议补选常务委员办法和候选人名单情况的汇报，决定提请政协北京市房山区七届四次会议审议通过。

第十三次会议

政协北京市房山区第七届委员会常务委员会第十三次会议，2015年3月4日在区会议中心第十会议室召开。区政协主席唐淑荣，副主席李惠英、周文海、任振秋、赵润东、肖武，秘书长游来清等31人出席。常务副主席高维魁主持。

会议审议通过了《政协北京市房山区第七届委员会常务委员会2015年工作要点》；研究了《房山区政协2015年协商工作计划》。

唐淑荣主席讲话强调：各位常委要按照协商民主抓突破、履职能力抓提升、特色工作抓创新的思路，狠抓区政协常委会2015年工作要点的落实。要以高度的政治责任感和使命感，紧紧围绕全区的中心和重点工作，主动参政议政，积极建言献策。在履职能力建设上，要提高政治把握能力，提高参政议政能力，提高组织领导能力，提高合作共事能力。充分发挥常委的模范带头作用，带动广大政协委员积极参与到新房山建设上来，为实现"新城、新业、新生活"的房山梦贡献力量。

第十四次会议

政协北京市房山区第七届委员会常务委员会第十四次会议，2015年7月28日在区会议中心第十会议室召开。区政协主席唐淑荣，副主席李惠英、任振秋、赵润东、肖武，秘书长游来清等35人出席。常务副主席高维魁主持。

会议听取了2015年上半年全区经济社会发展情况的通报和党风廉政建设情况的通报；听取了区政府办公室关于区政协七届四次会议以来提案办理情况的通报；听取了区政协提案委员会关于提案工作情况的汇报；讨论了区政协常委会2015年上半年工作总结。

唐淑荣主席讲话强调：全体政协委员要统一思想，凝聚共识，抢抓机遇，主动作为，把学习贯彻中共房山区委七届六次全会精神和《京津冀协同发展规划纲要》作为首要任务来抓，为全区退低端、优环境、迎承接、促转型，出谋划策，献智出力；要全力以赴推进区"十三五"规划编制、京津冀协同发展、山区转型发展、国资国企改革、棚户区改造等年度协商重点议题的落实，广泛深入开展协商民主活动，建言房山新发展。要不断提高履职建言能力和工作服务水平，推进政协工作实现新突破，为促进房山转型发展做出新贡献。

第十五次会议

政协北京市房山区第七届委员会常务委员会第十五次会议，2015年12月24日在区会议中心第十会议室召开。区政协主席唐淑荣，副主席周文海、任振秋、赵润东、肖武，秘书长游来清等39人出席。常务副主席高维魁主持。

会议决定，政协北京市房山区第七届委员会第五次会议2016年1月5日至7日召开。审议通过了政协北京市房山区第七届委员会常务委员会工作报告和关于提案工作情况的报告；审议了政协北京市房山区第七届委员会第五次会议议程、日程，委员分组办法和各组召集人名单，决议起草委员会名单，提案截止时间等会议文件。

会议决定，石一峰、叶翔、周昊嵬不再担任区政协第七届委员会委员，增补赵永祥、王忠朝、刘兆亮、袁泽路为区政协第七届委员会委员。审议了补选副主席的建议及选举办法。决定将上述决议提请政协北京市房山区七届五次会议审议。

唐淑荣主席讲话强调：区政协七届五次会议即将召开，希望各位委员认真贯彻区委七届七次全会精神，围绕我区打造京保石发展轴桥头堡、建设"一区一城"新房山的目标，积极建言献策，充分发挥人民政协政治协商、民主监督、参政议政的职能，将此次大会开成统一思想、鼓舞人心的大会，为助推区域发展和"十三五"的良好开局做出积极贡献。

第十六次会议

政协北京市房山区第七届委员会常务委员会第十六次会议，2016年1月7日在昊天假日酒店十一层茉莉厅召开。区政协主席、副主席、秘书长、常务委员共46人出席。常务副主席高维魁主持。

会议审议了《政协北京市房山区七届五次会议关于政协常务委员会工作报告的决议》和《政协北京市房山区七届五次会议政治决议》；听取了政协北京市房山区七届五次会议关于提案审查情况的报告；听取了分组审议政协北京市房山区七届五次会议选举办法和补选政协副主席候选人名单的情况汇报；审议了总监票人、监票人名单，决定将上述决议等提请政协北京市房山区第七届委员会第五次会议审议。

政协北京市房山区第七届委员会第十六次常委会议

第三章 主席会议

《中国人民政治协商会议章程》规定：主席会议由政协主席、副主席和秘书长组成，处理政协常务委员会的重要日常工作。

政协北京市房山区（县）委员会，自1981年3月建立，至2016年1月政协北京市房山区第七届委员会第五次会议闭幕，共召开292次主席会议。

第一节 政协北京市房山县第一届委员会主席会议

政协北京市房山县第一届委员会主席会议，共召开13次。

第一次会议

政协北京市房山县第一届委员会第一次主席会议，1981年4月9日召开。县政协主席张成基主持，副主席张本荣、王新华、李栖良、田树屏、杨万钟、郭云祥出席。廉亚强、刘文俊、郑玉民列席。

会议听取了廉亚强关于县政协组织机构设置及1981年县政协工作设想的汇报，拟定：成立学习委员会、文史资料委员会，并建立八个工作组；设立秘书处，为县政协常设机构；提名廉亚强、毛锡恩、邓述哲和郝志东为副秘书长。会议研究了县政协1981年工作设想。会议要求多安排一些学习活动，对需要传达到主席、副主席的文件，要及时组织传达和阅读。会议指出，主席、副主席应有分工，在抓全面工作的同时，结合自己较熟悉的专业，侧重抓各工作组的活动。会议决定，4月11日召开常委会议，学习有关文件，决定县政协机构设置，研究县政协1981年工作要点，通过县政协副秘书长人选。

第二次会议

政协北京市房山县第一届委员会第二次主席会议，1982年3月8日在县政协会议室召开。县政协主席张成基主持，副主席张本荣、田树屏、杨万钟、郭云祥出席。

会议传达了中共中央、中共北京市委统战工作会议精神。研究了县政协一届二次会议议程、日程。决定，增加请县委书记李平讲话的内容，会期由原定五天延长至五天半。讨论了县政协一届二次会议主席团、秘书长名单和提案审查委员会名单。讨论了提案立案原则的规定，不同意搞成几条规则的决议，防止阻塞言路。讨论了县政协常委会工作报告及提案处理情况的报告。决定了县政协一届二次会议主持人及报告人。讨论了增补委员事宜，同意增补石岩、杨泽林、王守存、马慧芳、白玉亭、张庆云、李翠文、吴祥祉、高基安、廉亚强10人为县政协第一届委员会委员，增补毛锡恩为常务委员。

第三次会议

政协北京市房山县第一届委员会第三次主席会议，1982年8月17日在县政协会议室召开。县政协副主席张本荣主持，副主席王新华、杨万钟、田树屏、郭云祥出席。

会议传达了刘宁和孙起孟关于修改政协章程的说明；学习讨论了政协章程（草案）；研究了征求政协章程（草案）修改意见的办法，决定8月20日至21日召开县政协常委扩大会议，学习讨论政协章程（草案），并在城关、良乡两地召开座谈会，征求意见。

第四次会议

政协北京市房山县第一届委员会第四次主席会议，1982年12月27日在张成基办公室召开。县政协主席张成基主持，副主席王新华、李敬芳、杨万钟、田树屏，秘书长毛锡恩出席。廉亚强列席。

会议研究了筹备召开县政协一届三次会议问题。

第五次会议

政协北京市房山县第一届委员会第五次主席会议，1983年1月5日在县委三楼会议室召开。县政协副主席张本荣主持，副主席王新华、李敬芳、杨万钟、田树屏、郭云祥，秘书长毛锡恩出席。邓述哲、廉亚强、李增禄列席。

会议研究了县政协一届三次会议议程、日程，提案审查委员会名单，提案截止日期，执行主席分工；讨论了县政协常务委员会工作报告；决定1月7日召开县政协常委会议。

第六次会议

政协北京市房山县第一届委员会第六次主席会议，1983年2月28日在县委三楼会议室召开。县政协主席张成基主持，副主席张本荣、田树屏、杨万钟、郭云祥，秘书长毛锡恩出席。邓述哲、郝志东、廉亚强、李增禄列席。

会议听取了廉亚强列席北京市政协六届一次会议情况的汇报；讨论了县政协1983年工作。会议要求，根据会议讨论情况，写出1983年工作要点，适时召开常委会议研究。会议决定，以县政协党组名义，给县委写报告，汇报政协工作，提出需要解决的问题。

第七次会议

政协北京市房山县第一届委员会第七次主席会议，1983年8月31日在县委115会议室召开。县政协副主席张本荣主持，副主席郭云祥、杨万钟、田树屏，秘书长毛锡恩出席。廉亚强、李增禄列席。

会议传达了北京市统战工作会议精神；听取了县政协秘书长办公会情况的汇报；讨论了关于增补刘正谊、戴富、李荣光、王贵、张希元、陈芬圃六人为政协北京市房山县第一届委员会委员的决定等事宜。

第八次会议

政协北京市房山县第一届委员会第八次主席会议，1983年11月5日在县政协秘书处办公室召开。县政协副主席张本荣主持，副主席杨万钟、田树屏、郭云祥，秘书长毛锡恩出席。仉淑兰、李增禄列席。

会议传达了北京市政协常委扩大会议精神；讨论了县政协常委会议内容和县政协11月、12月工作安排；讨论了增补张广玲、冯维勤、吴保发、施大筠、宋思明、饶岚六人为政协北京市房山县第一届委员会委员的决定。

第九次会议

政协北京市房山县第一届委员会第九次主席会议，1983年12月在县政协秘书处办公室召开。县政协主席张本荣主持，副主席田树屏、杨万钟、郭云祥，秘书长毛锡恩出席。仉淑兰、廉亚强、李增禄列席。

会议传达了北京市政协工作座谈会精神；讨论了县政协文化体育组的活动安排；研究了向中共房山县委汇报政协工作的内容。

第十次会议

政协北京市房山县第一届委员会第十次主席会议，1984年2月29日在县政协秘书处办公室召开。县政协主席张本荣主持，副主席田树屏、杨万钟、郭云祥、陈芬圃，秘书长毛锡恩出席。仉淑兰、廉亚强、游勇列席。

会议听取了县政协三年工作总结的汇报，决定由廉亚强起草县政协常委会工作报告，提交下次主席会议讨论。会议还研究了委员、常委名单调整和落实政策问题。

第十一次会议

政协北京市房山县第一届委员会第十一次主席会议，1984年3月27日在县政协秘书处办公室召开。县政协主席张本荣主持，副主席陈芬圃、田树屏、杨万钟、郭云祥，秘书长毛锡恩出席。仉淑兰、廉亚强、潘文斌、游勇列席。

会议讨论了县政协常委会工作报告；研究了县政协换届人选问题。

第十二次会议

政协北京市房山县第一届委员会第十二次主席会议，1984年4月12日在县政协秘书处办公室召开。县政协主席张本荣主持，副主席陈芬圃、田树屏、杨万钟、郭云祥，秘书长毛锡恩出席。仇淑兰、廉亚强、潘文斌、游勇列席。

会议传达了北京市政协六届二次会议精神；听取了为政协委员落实政策情况的汇报；研究了县政协换届工作。

第十三次会议

政协北京市房山县第一届委员会第十三次主席会议，1984年5月5日在县政协秘书处办公室召开。县政协主席张本荣主持，副主席陈芬圃、田树屏、郭云祥、杨万钟，秘书长毛锡恩出席。仇淑兰、廉亚强、游勇列席。

会议听取了县政协二届一次会议筹备工作情况；研究确定了5月7日召开县政协常委会议的安排。

第二节 政协北京市房山县第二届委员会主席会议

政协北京市房山县第二届委员会主席会议，共召开20次。

第一次会议

政协北京市房山县第二届委员会第一次主席会议，1984年5月24日召开。县政协主席张本荣主持，副主席陈芬圃、田树屏、杨万钟、郭云祥、毛锡恩、唐广雩，秘书长仇淑兰出席。

会议传达了北京市政协召开的区县政协换届工作会议精神。研究决定了主席分工：张本荣主持常务委员会全面工作，陈芬圃主管工作组委员会及文教、卫生、体育工作，田树屏主管文史资料委员会及财贸工作，杨万钟主管提案工作委员会及民族、宗教、侨务、对台工作，郭云祥主管农林工作，毛锡恩主管学习委员会及妇女、法制工作，唐广雩主管工交、城建工作。研究确定了会议制度：主席会议每月一次，常委会议每季度一次，全体委员会议每年一次，各专委会会议每年三至五次，各工作组活动每年一至二次。在主席分工及制定各项制度的基础上，制定岗位责任制。研究了工作组委员会、学习委员会、文史资料委员会、提案工作委员会及十个工作组组长的人选。研究了走访离会委员问题，决定：给每名委员发一封慰问信，并在近期内走访部分委员，征求意见，保持联系。研究了帮助良乡镇建设文明单位问题，决定由张本荣、陈芬圃、郭云祥与镇党委联系，以陈芬圃为主，做好有关工作。会议根据北京市政协统一部署，县政协秘书处改设为办公室。

第二次会议

政协北京市房山县第二届委员会第二次主席会议，1984年7月3日在县政协秘书长办公室召开。县政协主席张本荣主持，副主席陈芬圃、田树屏、杨万钟、郭云祥、毛锡恩，秘书长仉淑兰出席。

会议学习了国务院总理赵紫阳作的政府工作报告；讨论了中共房山县委《关于进一步放宽政策，搞好改革，加速发展商品生产的规定》；决定：联系两个乡镇企业，帮助良乡镇机电安装公司加快发展，开展利用煤矸石发电的调查，去天津市静海县大邱庄参观学习。

第三次会议

政协北京市房山县第二届委员会第三次主席会议，1984年8月29日在县政协秘书长办公室召开。县政协主席张本荣主持，副主席陈芬圃、田树屏、杨万钟、郭云祥，秘书长仉淑兰出席。

会议总结了县政协上半年工作，提出了下半年工作任务。对9月份工作作了具体安排：主要是视察房山、良乡环境卫生；组织政协委员在龙骨山举行中秋赏月活动；视察农村形势和"两户一体"情况；举行国庆35周年形势报告会。

第四次会议

政协北京市房山县第二届委员会第四次主席会议，1985年1月11日在陈芬圃办公室召开。县政协主席张本荣主持，副主席陈芬圃、田树屏、杨万钟、郭云祥、毛锡恩、唐广雩，秘书长仉淑兰出席。

会议传达了北京市政协第十五次常委会议精神；讨论了县政协1985年工作设想。

第五次会议

政协北京市房山县第二届委员会第五次主席会议，1985年4月5日在陈芬圃办公室召开。县政协主席张本荣主持，副主席陈芬圃、田树屏、杨万钟、郭云祥、毛锡恩、唐广雩，秘书长仉淑兰出席。

会议研究了召开政协北京市房山县二届二次会议相关事宜；讨论了县政协常委会工作报告和关于提案处理情况的报告；研究了增补政协委员问题；确定了召开县政协常委会议的时间、地点和议程。

第六次会议

政协北京市房山县第二届委员会第六次主席会议，1985年5月6日在陈芬圃办公室召开。县政协主席张本荣主持，副主席陈芬圃、田树屏、杨万钟、郭云祥、毛锡恩、唐广雩，秘书长仉淑兰出席。

会议传达了国务院、北京市政府和中共房山县委扩大会议关于物价调整的精神，要求高度重视，认真贯彻，做好宣传工作，必要时，组织视察，检查落实情况。

第七次会议

政协北京市房山县第二届委员会第七次主席会议，1985年6月27日在张本荣办公室召开。县政协主席张本荣主持，副主席陈芬圃、田树屏、杨万钟、郭云祥、毛锡恩、唐广雩，秘书长仉淑兰出席。

会议研究了参加北京市政协统战工作经验交流表彰大会的发言材料。讨论通过了县政协工作组活动计划和编写十渡导游册安排。讨论了增补县政协常务委员和工作组组长、副组长问题，增补石淑平为常务委员；李振权为科技组组长，苏惠增为科技组副组长，石淑平为妇女组组长，穆希泉为卫生组组长，张玉纯为公交组副组长，皇甫元为民族组副组长；聘请张珍、刘振祥为县政协副秘书长，提请区政协常委会议通过。会议决定，7月10日左右召开常委会议，听取上半年工作汇报，通过有关人事任免事项。

第八次会议

政协北京市房山县第二届委员会第八次主席会议，1985年9月24日在陈芬圃办公室召开。县政协主席张本荣主持，副主席陈芬圃、田树屏、杨万钟、郭云祥、毛锡恩、唐广雩，秘书长仉淑兰出席。

会议讨论了开展做文明人活动问题，决定下发一封公开信。会议要求民族宗教组，开展对台胞台属走访活动。会议还听取了唐广雩副主席到北戴河学习情况的汇报。

第九次会议

政协北京市房山县第二届委员会第九次主席会议，1985年10月19日在张本荣办公室召开。县政协主席张本荣主持，副主席陈芬圃、田树屏、杨万钟、郭云祥、毛锡恩、唐广雩出席。邓述哲、刘振祥、张珍、廉亚强、史长义列席。

会议传达讨论了北京市政协常委会议精神和中共房山县委会议精神；研究了县政协1985年第四季度的工作，重点是学好党代会文件，开展新农村建设视察，召开为"四化"服务、做文明人活动经验交流会，搞好科技咨询服务，开好县政协第八次常委会议。

第十次会议

政协北京市房山县第二届委员会第十次主席会议，1985年12月18日在张本荣办公室召开。县政协主席张本荣主持，副主席陈芬圃、毛锡恩、杨万钟、田树屏、郭云祥、唐广雩，秘书长仉淑兰出席。

会议学习了中共中央办公厅、国务院办公厅关于解决机关作风几个严重问题的通知；研究了县政协1985年工作总结和1986年工作设想。

第十一次会议

政协北京市房山县第二届委员会第十一次主席会议，1986年1月11日在县委三楼会议室召开。

县政协主席张本荣主持，副主席陈芬圃、毛锡恩、杨万钟、田树屏、郭云祥、唐广雩，秘书长仉淑兰出席。

会议传达了中共中央1986年1号文件，以及中央领导同志的讲话；安排了春节前召开为"四化"服务经验交流会和走访委员等事宜。

第十二次会议

政协北京市房山县第二届委员会第十二次主席会议，1986年3月10日在陈芬圃办公室召开。县政协主席张本荣主持，副主席陈芬圃、毛锡恩、杨万钟、田树屏、唐广雩，秘书长仉淑兰出席。

会议传达了全国政协地方政协工作会议精神；讨论了县政协常委会工作报告和关于提案工作情况的报告；研究了召开县政协二届三次会议相关事宜。还研究了创办政协刊物等问题。

第十三次会议

政协北京市房山县第二届委员会第十三次主席会议，1986年8月11日在陈芬圃办公室召开。县政协主席张本荣主持，副主席陈芬圃、毛锡恩、杨万钟、郭云祥、唐广雩，秘书长仉淑兰出席。

会议研究了贯彻中共房山县委办公会议精神问题。会议要求，要围绕县委中心工作，突出重点，发挥优势，搞好调查研究，积极建言献策，开展服务活动。

第十四次会议

政协北京市房山县第二届委员会第十四次主席会议，1986年8月29日召开。县政协主席张本荣主持，副主席陈芬圃、毛锡恩、郭云祥、杨万钟、田树屏、唐广雩，秘书长仉淑兰出席。中共房山县委副书记王福来应邀参加会议。

会议传达了北京市政协常委会议精神。

会议同意增补安法鲁、夏方伟、刘文俊为政协北京市房山县第二届委员会委员；同意张本荣关于辞去县政协主席职务的请求。会议认为：张本荣从1980年参与主持县政协筹建工作，至1983年主持县政协的全面工作以来，无论在创建县政协，还是在开创政协工作新局面方面，都做了大量工作，取得了显著成绩，为政协赢得了荣誉，也为今后政协工作的全面开展奠定了有力的基础。会议高度评价张本荣因年事高，主动请求辞去主席职务，以革命事业为重的精神，并就此印发一封致全体政协委员的信。王福来代表县委建议：中共房山县委常委、宣传部部长安法鲁，代理县政协主席职务。会议同意县委建议。决定，将上述协商通过的问题，一并提交政协北京市房山县第二届委员会常务委员会第十次扩大会议协商通过。

第十五次会议

政协北京市房山县第二届委员会第十五次主席会议，1986年10月10日在政协会议室召开。县政协代理主席安法鲁主持，副主席陈芬圃、毛锡恩、郭云祥、杨万钟、田树屏、唐广雯，秘书长仉淑兰出席。张本荣、邓述哲、刘振祥、张珍等列席。

会议研究了学习贯彻党的十二届六中全会精神问题；研究了1986年第四季度工作安排。

第十六次会议

政协北京市房山县第二届委员会第十六次主席会议，1986年10月25日召开。县政协代理主席安法鲁主持，副主席陈芬圃、毛锡恩、杨万钟、田树屏、唐广雯，秘书长仉淑兰出席。张本荣、邓述哲、刘振祥、李增禄、史长义列席。

会议听取了安法鲁参加北京市政协常委会议情况、唐广雯参加北戴河学习情况的汇报；学习了中共中央关于加强精神文明建设的决议。

第十七次会议

政协北京市房山县第二届委员会第十七次主席会议，1986年12月12日在陈芬圃办公室召开。县政协代理主席安法鲁，副主席毛锡恩、郭云祥、田树屏，秘书长仉淑兰出席。张本荣、邓述哲、刘振祥列席。副主席陈芬圃主持。

会议传达了北京市区县政协工作座谈会精神和中共中央统战部领导讲话精神；传达了中共房山县委常委会关于撤销房山县和燕山区，建立房山区的安排部署；研究了元旦、春节前的工作安排。

第十八次会议

政协北京市房山县第二届委员会第十八次主席会议，1986年12月27日在陈芬圃办公室召开。县政协代理主席安法鲁主持，副主席陈芬圃、毛锡恩、郭云祥、田树屏、杨万钟、唐广雯，秘书长仉淑兰出席。张本荣、邓述哲、刘振祥列席。

会议介绍了上海学生闹事的有关情况；讨论了县政协1986年工作总结和1987年工作计划；对春节前的工作进行了具体安排。

第十九次会议

政协北京市房山县第二届委员会第十九次主席会议，1987年2月召开。县政协代理主席安法鲁主持，副主席陈芬圃、毛锡恩、郭云祥、田树屏、唐广雯，秘书长仉淑兰出席。张本荣、邓述哲、刘振祥列席。

会议传达了中共房山县委、县政府领导的讲话精神，围绕房山县经济腾飞计划进行了讨论。

第二十次会议

政协北京市房山县第二届委员会第二十次主席会议，1987年4月17日在县政协会议室召开。县政协代理主席安法鲁主持，副主席陈芬圃、毛锡恩、郭云祥、杨万钟、田树屏、唐广雯，秘书长仉淑兰出席。张本荣、邓述哲、刘振祥列席。

会议传达了北京市政协六届五次会议精神；听取了房山区"两撤一建"及房山区政协筹建情况的通报；讨论了县政协第二届常委会工作总结报告；决定召开全体委员会议，善始善终地做好本届政协的工作及房山区政协的筹建工作。

第三节 政协北京市燕山区第一届委员会主席会议

政协北京市燕山区第一届委员会主席会议，共召开58次。

第一次会议

政协北京市燕山区第一届委员会第一次主席会议，1984年9月19日召开。区政协主席韩正非主持，副主席王笃之、李全熙，秘书长肖玉琴出席。

会议研究了区政协办公地点、商调工作人员、建立文件传阅制度和会议制度问题。决定，主席会议每月召开一次，常委会议根据情况决定，委员学习每三个月组织一次。研究了开展文物保护和环境绿化工作视察，成立区政协教育工作组问题。

第二次会议

政协北京市燕山区第一届委员会第二次主席会议，1984年10月5日召开。区政协主席韩正非主持，副主席王笃之、李全熙，秘书长肖玉琴出席。

会议研究了组织政协委员参观昌平县农村新面貌的安排；讨论并决定成立区政协教育工作组、环保工作组，王笃之、李全熙兼任组长。

第三次会议

政协北京市燕山区第一届委员会第三次主席会议，1984年11月2日召开。区政协主席韩正非主持，副主席王笃之、李全熙，秘书长肖玉琴出席。张宝贵等列席。

会议讨论决定了召开学习中共中央决议座谈会、少数民族座谈会，去西城区、石景山区参观学习等事项。

第四次会议

政协北京市燕山区第一届委员会第四次主席会议，1984年11月9日召开。区政协主席韩正非主持，副主席王笃之、李全熙，秘书长肖玉琴出席。张宝贵等列席。

会议研究了召开少数民族表彰大会的具体安排；讨论了区政协教育工作组开办补习班的问题。

第五次会议

政协北京市燕山区第一届委员会第五次主席会议，1984年11月16日召开。区政协副主席王笃之，秘书长肖玉琴出席。

会议讨论了举办燕山区政协业余学校中师班问题，决定了课程设置、师资来源等事项。

第六次会议

政协北京市燕山区第一届委员会第六次主席会议，1984年12月8日召开。区政协主席韩正非主持，副主席王笃之，秘书长肖玉琴出席。区政协办公室负责人列席。

会议研究了起草区政协年度工作总结，丰富工作组活动，举办业余学校培训班，走访慰问委员等工作。

第七次会议

政协北京市燕山区第一届委员会第七次主席会议，1984年12月15日召开。区政协主席韩正非主持，副主席王笃之、秘书长肖玉琴出席。区政协办公室负责人列席。

会议听取了开办音乐班、美术班准备情况的汇报，研究了开展中小学教育质量调查、建立提案工作组、召开常委会议等问题。

第八次会议

政协北京市燕山区第一届委员会第八次主席会议，1984年12月29日在燕山邮局412会议室召开。区政协主席韩正非主持，秘书长肖玉琴出席。张宝贵等列席。

会议研究了向中共燕山区委报送1984年工作总结和1985年工作计划，以及春节前的工作安排等问题。

第九次会议

政协北京市燕山区第一届委员会第九次主席会议，1985年1月7日召开，区政协副主席王笃之主持，秘书长肖玉琴出席。王雪琴等列席。

会议传达了北京市政协会议精神，研究了开办书法、手风琴等业余培训班事宜。

第十次会议

政协北京市燕山区第一届委员会第十次主席会议，1985年1月19日召开，区政协主席韩正非主持，副主席王笃之、李全熙，秘书长肖玉琴出席。张宝贵等列席。

会议讨论了召开区政协第二次全体会议和第四次常委会议，增补区政协委员相关事宜，研究了书法和手风琴两个培训班开班典礼等问题。

第十一次会议

政协北京市燕山区第一届委员会第十一次主席会议，1985年1月26日召开。区政协主席韩正非主持，副主席王笃之、秘书长肖玉琴出席。

会议研究了区政协1985年工作任务，春节期间活动安排，区政协财贸组、联络组组长人选等问题。

第十二次会议

政协北京市燕山区第一届委员会第十二次主席会议，1985年2月2日召开。区政协主席韩正非主持。副主席王笃之、李全熙，秘书长肖玉琴出席。

会议讨论了区政协一届二次会议相关工作，研究了春节期间活动的具体安排，通报了举办书法和手风琴两个培训班的进展情况。

第十三次会议

政协北京市燕山区第一届委员会第十三次主席会议，1985年2月9日召开。区政协主席韩正非主持。副主席王笃之、李全熙，秘书长肖玉琴出席。

会议研究了召开区政协春节茶话会问题。

第十四次会议

政协北京市燕山区第一届委员会第十四次主席会议，1985年3月23日召开。区政协主席韩正非主持。副主席王笃之、李全熙，秘书长肖玉琴出席。

会议传达了北京市政协六届三次会议和北京市人大八届四次会议精神。

第十五次会议

政协北京市燕山区第一届委员会第十五次主席会议，1985年3月30召开，区政协主席韩正非主持。副主席王笃之、李全熙，秘书长肖玉琴出席。

会议听取了区政协一届二次会议准备情况的汇报，研究了修改区政协常委会工作报告和提案处理情况的报告，安排大会发言等事项。

第十六次会议

政协北京市燕山区第一届委员会第十六次主席会议，1985年4月27召开。区政协主席韩正非主持，副主席李全熙、秘书长肖玉琴出席。张宝贵等列席。

会议讨论了区政协1985年工作要点。重点研究了5、6月份工作安排：主要是开展学龄前儿童情况调查，开办满文学习班，举办报告会。

第十七次会议

政协北京市燕山区第一届委员会第十七次主席会议，1985年5月11召开。区政协主席韩正非主持，副主席王笃之出席。张宝贵、王雪琴、张振凯等列席。

会议听取了举办满文、手风琴、书法等培训班准备情况的汇报，决定了招生规模、经费筹措及使用等相关问题，安排了开展幼儿教育状况调查等工作。

第十八次会议

政协北京市燕山区第一届委员会第十八次主席会议，1985年5月18召开。区政协主席韩正非主持，副主席王笃之、李全熙出席。张宝贵等列席。

会议听取了举办满文学习班的进展情况的汇报，研究决定了相关问题。

第十九次会议

政协北京市燕山区第一届委员会第十九次主席会议，1985年6月1日召开。区政协主席韩正非主持。副主席王笃之、李全熙，秘书长肖玉琴出席。

会议通报了开展燕山区幼儿教育调查的情况，研究了开展"六五"环保日活动和经济技术咨询活动等工作。

第二十次会议

政协北京市燕山区第一届委员会第二十次主席会议，1985年6月15日召开。区政协主席韩正非主持。副主席王笃之、李全熙，秘书长肖玉琴出席。

会议讨论了关于幼儿教育的调查报告；研究了区政协常委阅读文件事宜。

第二十一次会议

政协北京市燕山区第一届委员会第二十一次主席会议，1985年6月22日召开。区政协主席韩正非主持。副主席王笃之、李全熙，秘书长肖玉琴出席。

会议研究了召开区政协一届六次常委会议问题；决定了召开区政协联络组会议的相关事宜。

第二十二次会议

政协北京市燕山区第一届委员会第二十二次主席会议，1985年7月6日召开。区政协主席韩正非主持，副主席李全熙、秘书长肖玉琴出席。

会议讨论了修改区政协工作组经验材料，召开工作组会议问题。

第二十三次会议

政协北京市燕山区第一届委员会第二十三次主席会议，1985年7月15日召开。区政协主席韩正非主持，副主席王笃之、秘书长肖玉琴出席。

会议研究决定，建立两个工作组：科技组，万泰仁任组长；文体卫组，董聚慧任组长。还研究决定了召开区政协常委会议的时间和议程。

第二十四次会议

政协北京市燕山区第一届委员会第二十四次主席会议，1985年7月27日召开。区政协主席韩正非主持，副主席王笃之、秘书长肖玉琴出席。

会议研究决定，李玉山任区政协文体工作组副组长、郑伟良任区政协科技组副组长。

第二十五次会议

政协北京市燕山区第一届委员会第二十五次主席会议，1985年8月3日召开。区政协主席韩正非主持，副主席王笃之、秘书长肖玉琴出席。

会议研究决定：区政协常委会学习时间改为每月第一周星期二；与区图书馆和区科协联合举办英语培训班。

第二十六次会议

政协北京市燕山区第一届委员会第二十六次主席会议，1985年8月10日召开。区政协主席韩正非主持，副主席王笃之、秘书长肖玉琴出席。

会议研究了视察燕山区统战工作的安排。

第二十七次会议

政协北京市燕山区第一届委员会第二十七次主席会议，1985年8月17日召开。区政协主席韩正非主持。副主席王笃之、李全熙，秘书长肖玉琴出席。

会议研究了庆祝教师节活动和举办报告会等事宜。

第二十八次会议

政协北京市燕山区第一届委员会第二十八次主席会议，1985年8月31日召开。区政协主席韩正非主持，副主席王笃之出席。

会议传达了中共燕山区委领导对区政协幼儿教育调查报告的意见；通报了视察燕山区卫生、财税、成教系统落实统战政策的情况。

第二十九次会议

政协北京市燕山区第一届委员会第二十九次主席会议，1985年9月21日召开。区政协主席韩正非主持。副主席王笃之、李全熙，秘书长肖玉琴出席。

会议讨论了参加北京市政协学习经验交流会的发言内容；决定了国庆节前召开"三胞"座谈会的相关事宜。

第三十次会议

政协北京市燕山区第一届委员会第三十次主席会议，1985年9月28日召开。区政协主席韩正非主持，副主席王笃之出席。

会议决定，召开会议，传达中共中央会议精神；研究了评选出席北京市统战工作表彰大会先进集体、先进个人问题。

第三十一次会议

政协北京市燕山区第一届委员会第三十一次主席会议，1985年10月5日召开。区政协主席韩正非主持，副主席王笃之出席。

会议研究决定了召开区政协常委会议的时间、地点、内容、列席人员等相关问题。

第三十二次会议

政协北京市燕山区第一届委员会第三十二次主席会议，1985年10月26日召开。区政协主席韩正非主持，副主席王笃之、李全熙，秘书长肖玉琴出席。张宝贵等列席。

会议传达了北京市区县政协主席会议精神和北京市政协关于表彰统战工作先进集体、先进个人的通知，决定申报区政协环保组为北京市统战工作先进集体，李绍云、王凤云为北京市统战工作先进个人。

第三十三次会议

政协北京市燕山区第一届委员会第三十三次主席会议，1985年11月2日召开。区政协主席韩正非主持，副主席王笃之，秘书长肖玉琴出席。张宝贵等列席。

会议研究了上报北京市统战工作表彰大会材料，落实统战政策，开展健康咨询，开办满文培训班，以及区政协委员退休或调动工作后的联系等问题。

第三十四次会议

政协北京市燕山区第一届委员会第三十四次主席会议，1985年11月9日召开。区政协主席韩正非主持。副主席王笃之、李全熙，秘书长肖玉琴出席。

会议研究了区政协1985年年底前的主要工作。

第三十五次会议

政协北京市燕山区第一届委员会第三十五次主席会议，1985年11月16日召开。区政协主席韩正非主持。副主席王笃之、李全熙，秘书长肖玉琴出席。

会议传达了北京市政协工作会议精神，研究安排了工作。

第三十六次会议

政协北京市燕山区第一届委员会第三十六次主席会议，1985年11月23日召开。区政协主席韩正非主持。副主席王笃之、李全熙，秘书长肖玉琴出席。

会议研究了做好1985年工作总结等工作。

第三十七次会议

政协北京市燕山区第一届委员会第三十七次主席会议，1985年12月7日召开。区政协主席韩正非主持。副主席王笃之、李全熙，秘书长肖玉琴出席。

会议讨论了区政协财贸工作组的调查报告。

第三十八次会议

政协北京市燕山区第一届委员会第三十八次主席会议，1985年12月21日召开。区政协主席韩正非主持。副主席王笃之、李全熙，秘书长肖玉琴出席。

会议讨论了区政协1985年工作总结。

第三十九次会议

政协北京市燕山区第一届委员会第三十九次主席会议，1986年1月18日召开。区政协主席韩正非主持。副主席王笃之、李全熙，秘书长肖玉琴出席。

会议进一步明确了区政协1986年的主要任务，研究了召开春节联欢会和统战工作表彰会的相关事宜。

第四十次会议

政协北京市燕山区第一届委员会第四十次主席会议，1986年1月25日召开。区政协主席韩正非主持。副主席王笃之、李全熙，秘书长肖玉琴出席。

会议传达了中共北京市委统战工作会议精神，商定了走访区政协委员等事宜。

第四十一次会议

政协北京市燕山区第一届委员会第四十一次主席（扩大）会议，1986年2月21日召开。区政协主席韩正非主持，副主席王笃之、李全熙，秘书长肖玉琴出席。张宝贵、万泰仁、吴建生等列席。

会议研究了区政协各工作组1986年的活动内容和安排。

第四十二次会议

政协北京市燕山区第一届委员会第四十二次主席会议，1986年3月12日召开。区政协主席韩正非主持。副主席王笃之、李全熙，秘书长肖玉琴出席。

会议研究了区政协一届三次会议的议程和安排，决定了召开区政协常委会议的时间和议程。

第四十三次会议

政协北京市燕山区第一届委员会第四十三次主席会议，1986年4月12日召开。区政协主席韩正非主持，副主席王笃之出席。办公室有关人员列席。

会议听取了区政协各工作组活动计划情况的汇报，研究了开展失足青少年典型调查的问题。

第四十四次会议

政协北京市燕山区第一届委员会第四十四次主席会议，1986年5月14日召开。区政协主席韩正非主持，秘书长肖玉琴出席。办公室有关人员列席。

会议讨论了区政协财贸组、联络组、科技组的工作，研究了做好港澳台胞及海外华侨工作问题。

第四十五次会议

政协北京市燕山区第一届委员会第四十五次主席会议，1986年5月24日召开。区政协主席韩正非主持，副主席王笃之、李全熙，秘书长肖玉琴出席。办公室有关人员列席。

会议研究决定了召开区政协一届十次常委会议的时间、内容和安排，对区政协学习组、教育组、环保组、科技组、财贸组、文体卫组等各工作组的工作提出了要求。

第四十六次会议

政协北京市燕山区第一届委员会第四十六次主席会议，1986年6月7日召开。区政协主席韩正非主持，副主席王笃之、李全熙，秘书长肖玉琴出席。办公室有关人员列席。

会议研究了外出参观学习问题；决定成立区政协台胞联谊组。

第四十七次会议

政协北京市燕山区第一届委员会第四十七次主席会议，1986年6月28日召开。区政协主席韩正非主持，副主席王笃之、秘书长肖玉琴出席。办公室有关人员列席。

会议传达了北京市政协会议精神；研究了组织区政协学习组、财贸组开展商业系统服务工作调查，开办中小学第二课堂等问题。

第四十八次会议

政协北京市燕山区第一届委员会第四十八次主席会议，1986年7月5日召开。区政协主席韩正非主持，副主席王笃之、秘书长肖玉琴出席。办公室有关人员列席。

会议研究了下半年工作安排；讨论了小学教育质量调查提纲。

第四十九次会议

政协北京市燕山区第一届委员会第四十九次主席会议，1986年8月16日召开。区政协主席韩正非主持，副主席李全熙、秘书长肖玉琴出席。办公室有关人员列席。

会议研究了举办区政协委员学习班问题，决定了办班的时间、地点、经费和具体安排，主要内容是学习党的统战政策、政协的性质和任务。

第五十次会议

政协北京市燕山区第一届委员会第五十次主席会议，1986年10月4日召开。区政协主席韩正非主持，副主席王笃之、秘书长肖玉琴出席。办公室有关人员列席。

会议研究决定了召开区政协常委会议的时间和安排，会议的议题是，学习文件，听取区政府工作通报，讨论区政协工作组的活动安排。

第五十一次会议

政协北京市燕山区第一届委员会第五十一次主席会议，1986年10月18日召开。区政协主席韩正非主持，副主席王笃之、李全熙，秘书长肖玉琴出席。张宝贵等列席。

会议听取了各工作组活动汇总情况的汇报，对各组的工作提出了要求。

第五十二次会议

政协北京市燕山区第一届委员会第五十二次主席会议，1986年11月8日召开。区政协主席韩正非主持，副主席王笃之、秘书长肖玉琴出席，张宝贵等列席。

会议听取了关于燕山区科技工作会议情况的介绍，研究了区政协助力科技工作问题。

第五十三次会议

政协北京市燕山区第一届委员会第五十三次主席会议，1986年11月29日召开。区政协主席韩正非主持，副主席王笃之、秘书长肖玉琴出席。

会议通报了燕山区与房山县合并问题；研究了召开联络组会议的时间和内容；要求财贸组做好视察粮食系统工作，教育组继续搞好失足青少年状况调查，办好中小学第二课堂。

第五十四次会议

政协北京市燕山区第一届委员会第五十四次主席会议，1986年12月13日召开。区政协主席韩正非主持。副主席王笃之、李全熙，秘书长肖玉琴出席。

会议传达了北京市政协地方政协工作会议的内容；传达了中共北京市委、北京市政府关于行政区划变动的会议精神，明确了行政区划变动的目的意义、新区组成步骤和要求；研究了有关工作。

第五十五次会议

政协北京市燕山区第一届委员会第五十五次主席会议，1987年1月9日召开。区政协主席韩正非主持。副主席王笃之、李全熙，秘书长肖玉琴出席。

会议学习了中共中央1号文件，讨论了报送中共燕山区委的关于加强政协工作的意见；研究了春节期间的工作安排。

第五十六次会议

政协北京市燕山区第一届委员会第五十六次主席会议，1987年2月7日召开。区政协主席韩正非主持，副主席王笃之、李全熙出席。

会议传达了中共北京市委在房山宾馆召开的处级以上干部会议精神；通报了中共房山区委筹备召开房山区人民代表大会等情况。

第五十七次会议

政协北京市燕山区第一届委员会第五十七次主席会议，1987年2月21日召开。区政协主席韩正非主持。副主席王笃之、李全熙，秘书长肖玉琴出席。

会议研究了区政协1987年3、4、5月的工作安排。

第五十八次会议

政协北京市燕山区第一届委员会第五十八次主席会议，1987年4月25日召开。区政协主席韩正非主持，副主席王笃之出席。

会议研究了推荐政协北京市房山区第一届委员会委员等问题。

第四节 政协北京市房山区第一届委员会主席会议

政协北京市房山区第一届委员会主席会议，共召开40次。

第一次会议

政协北京市房山区第一届委员会第一次主席会议，1987年7月9日召开。区政协主席齐国璋主持。

副主席陈芬圃、毛锡恩、钱觉霖、唐广雰、容桂英、王笃之、杨万钟、李全熙，秘书长肖玉琴出席。

会议通报了中共房山区委、房山区政府领导分工；研究了区政协机构设置、主席分工、会议制度、副秘书长人选；决定了召开区政协常委会议的时间和议程。

第二次会议

政协北京市房山区第一届委员会第二次主席会议，1987年8月22日在陈芬圃办公室召开。区政协副主席陈芬圃主持，副主席毛锡恩、钱觉霖、唐广雰、容桂英、王笃之、杨万钟、李全熙，秘书长肖玉琴出席。区政协机关委室负责人仇淑兰、田国增、廉亚强、李增禄列席。

会议通报了区政协第一届委员会成立以来的工作情况；研究了区政协工作组组长、副组长人选；研究了开展城市规划调查和乡镇企业调查的实施方案。

第三次会议

政协北京市房山区第一届委员会第三次主席会议，1987年9月19日在陈芬圃办公室召开。区政协副主席陈芬圃、毛锡恩、钱觉霖、容桂英、杨万钟、李全熙出席，秘书长肖玉琴主持。

会议通报了区政协各专门委员会和各工作组开展工作的情况；决定了主席、副主席联系工作组的分工。

第四次会议

政协北京市房山区第一届委员会第四次主席会议，1987年10月12日在区政府106会议室召开。区政协副主席陈芬圃主持，副主席毛锡恩、容桂英、王笃之、杨万钟，秘书长肖玉琴出席。田国增、刘玉荣列席。

会议传达了北京市政协征求意见和建议的通知精神，对北京市政协的工作提出了意见和建议。会议还传达了中共房山区代表大会精神。

第五次会议

政协北京市房山区第一届委员会第五次主席会议，1987年10月30日在陈芬圃办公室召开。区政协副主席陈芬圃主持，副主席毛锡恩、钱觉霖、容桂英、王笃之、杨万钟、李全熙，秘书长肖玉琴出席。田国增、刘玉荣、仇淑兰列席。

会议传达了中共中央、中共北京市委、中共房山区委对台工作会议精神；通报了房山区1987年经济工作和经济指标完成情况；研究决定了召开区政协常委会议的时间和议程。

第六次会议

政协北京市房山区第一届委员会第六次主席会议，1987年11月7日在区政府103会议室召开。区政协副主席陈芬圃主持，副主席钱觉霖、容桂英，秘书长肖玉琴出席。田国增、刘玉荣、张宝贵、廉亚强、李浩、游勇列席。

会议研究了区政协常委会议的主要内容和安排；研究了做好全年工作总结、加强提案工作、订阅报刊等事项。

第七次会议

政协北京市房山区第一届委员会第七次主席会议，1987年11月28日在陈芬圃办公室召开。区政协副主席陈芬圃主持，副主席毛锡恩、钱觉霖、唐广雩、容桂英、王笃之、杨万钟、李全熙，秘书长肖玉琴出席。区政协机关委室负责人张宝贵、田国增、刘玉荣、廉亚强列席。

会议研究了学习中共十三大精神的意见；讨论了关于城镇规划的专题调查报告；决定了召开区政协常委会议的时间和议程。

第八次会议

政协北京市房山区第一届委员会第八次主席会议，1988年3月22日在陈芬圃办公室召开。区政协副主席陈芬圃主持，副主席毛锡恩、钱觉霖、容桂英，秘书长肖玉琴出席。区政协各委室主任列席。

会议通报了全区即将召开的乡镇党代表会议、1988年第一季度经济分析会议、区人大和区政协会议的有关情况，围绕开好区政协会议进行了讨论，并作出了相关决定。

第九次会议

政协北京市房山区第一届委员会第九次主席会议，1988年3月25日在陈芬圃办公室召开。区政协副主席陈芬圃主持，副主席毛锡恩、钱觉霖、容桂英，秘书长肖玉琴出席。机关各委室主任列席。

会议讨论了区政协常委会工作报告，研究了区政协一届二次会议的会务工作及分工。

第十次会议

政协北京市房山区第一届委员会第十次主席会议，1988年4月21日在区委106会议室召开。区政协副主席陈芬圃主持，副主席毛锡恩、钱觉霖，秘书长肖玉琴出席。张宝贵、刘玉荣、仇淑兰、廉亚强、李浩、田国增列席。

会议传达了北京市六区县政协提案工作会议精神；听取了各委室关于区政协一届二次会议之后的工作安排情况的汇报；讨论了搞活经济问题。

第十一次会议

政协北京市房山区第一届委员会第十一次主席会议，1988年6月3日在陈芬圃办公室召开。区政协副主席陈芬圃主持，副主席钱觉霖、容桂英，秘书长肖玉琴出席。李浩、廉亚强列席。

会议听取了关于房山区经济体制改革、政治体制改革和"三夏"工作情况的通报；听取了区政协各委室近期工作情况和下一阶段工作计划的汇报。

第十二次会议

政协北京市房山区第一届委员会第十二次主席会议，1988年7月16日在陈芬圃办公室召开。区政协副主席陈芬圃主持会议，副主席毛锡恩、钱觉霖、容桂英、杨万钟、王笃之、李全熙，秘书长肖玉琴出席。廉亚强、李浩等列席。

会议传达了邓小平同志的讲话精神；讨论了区政协常委会议事规则和主席会议规则；研究决定了召开区政协常委会议的议程和安排。

第十三次会议

政协北京市房山区第一届委员会第十三次主席会议，1988年8月25日在陈芬圃办公室召开。区政协副主席陈芬圃主持，副主席钱觉霖、毛锡恩、容桂英出席。田国增、张宝贵、仉淑兰、刘玉荣、廉亚强等列席。

会议研究了区政协1988年9月和10月的主要工作。

第十四次会议

政协北京市房山区第一届委员会第十四次主席会议，1988年8月31日在陈芬圃办公室召开。区政协副主席陈芬圃主持，副主席钱觉霖、毛锡恩、容桂英、王笃之、唐广雩，秘书长肖玉琴出席。田国增、廉亚强等人列席。

会议传达了中共房山区委扩大会议精神；通报了区检察院、民政局、供销社等单位实行干部聘任制的情况；研究了区政协9月份的工作安排。

第十五次会议

政协北京市房山区第一届委员会第十五次主席会议，1988年10月4日在陈芬圃办公室召开。区政协副主席陈芬圃主持，副主席毛锡恩、钱觉霖、容桂英，秘书长肖玉琴出席。田国增、仉淑兰、刘玉荣、廉亚强、张宝贵等列席。

会议研究了区政协10月份工作。主要是：做好北京市六个区县横向联谊工作的接待准备工作；重阳节走访慰问活动；召开区政协常委扩大会，学习中共十三届三中全会文件。

第十六次会议

政协北京市房山区第一届委员会第十六次主席会议,1988年10月24日在陈芬圃办公室召开。区政协副主席陈芬圃主持,副主席毛锡恩、李全熙、杨万钟、王笃之、唐文雯,秘书长肖玉琴出席。田国增、张宝贵、李浩、廉亚强、仇淑兰等列席。

会议学习讨论了赵紫阳作的政府工作报告;研究决定了召开区政协常委扩大会议的时间、地点和议程安排。

第十七次会议

政协北京市房山区第一届委员会第十七次主席会议,1989年1月12日在陈芬圃办公室召开。区政协副主席陈芬圃主持,副主席毛锡恩、容桂英、钱觉霖、杨万钟、王笃之、唐广雯,秘书长肖玉琴出席。田国增、仇淑兰、廉亚强等列席。

会议通报了中共房山区委扩大会议精神和全区的工作安排部署;讨论了区政协1988年工作总结和1989年工作设想;安排部署了1989年1月的工作。

第十八次会议

政协北京市房山区第一届委员会第十八次主席会议,1989年1月16日下午至17日上午在陈芬圃办公室召开。区政协副主席陈芬圃主持,副主席毛锡恩、容桂英、钱觉霖出席。田国增、仇淑兰、廉亚强、刘玉荣、李浩等列席。

会议通报了中共房山区委关于全区重要会议的安排意见;讨论了召开区政协一届三次会议相关问题;研究决定了区政协出席房山区先进集体和先进个人名单;传达了关于调整干部工资的文件及补充规定。

第十九次会议

政协北京市房山区第一届委员会第十九次主席会议,1989年2月14日在陈芬圃办公室召开。区政协副主席陈芬圃主持,副主席毛锡恩、容桂英、钱觉霖、王笃之、李全熙、杨万钟,秘书长肖玉琴出席。仇淑兰、廉亚强、张宝贵、刘玉荣、李浩等列席。

会议通报了全区近期的工作情况;决定分三片,组织区政协委员讨论区政府工作报告;讨论了区政协常委会工作报告;决定了召开区政协常委会议的时间、地点和议程及具体安排。

第二十次会议

政协北京市房山区第一届委员会第二十次主席会议,1989年4月18日在陈芬圃办公室召开。区政协副主席陈芬圃主持,副主席毛锡恩、容桂英、钱觉霖、王笃之、杨万钟,秘书长肖玉琴出席。田国增、仇淑兰、刘玉荣、张宝贵、张珍等列席。

会议学习了《中国人民政治协商会议关于政治协商、民主监督的暂行规定》；讨论了《政协北京市房山区委员会提案工作试行条例》；讨论了区政协农林组《关于加强我区粮食生产的调查和建议》，决定将其进一步修改后，作为建议案，报送区委、区政府研究参考。

第二十一次会议

政协北京市房山区第一届委员会第二十一次主席会议，1989年5月29日在陈芬圃办公室召开。区政协副主席陈芬圃主持，副主席钱觉霖、毛锡恩、容桂英、王笃之、杨万钟、唐广雳出席。田国增、刘玉荣、仇淑兰、张宝贵、廉亚强等列席。

会议学习了中共中央文件和中共北京市委领导的讲话，通报了北京学生闹学潮的情况，要求全体区政协委员和政协工作者，认清形势，保持清醒头脑，紧密团结在以邓小平为首的党中央周围。会议决定，分良乡、城关、燕山三片，组织区政协委员学习。

第二十二次会议

政协北京市房山区第一届委员会第二十二次主席会议，1989年6月20日在陈芬圃办公室召开。区政协副主席钱觉霖主持，副主席毛锡恩、容桂英出席。田国增、刘玉荣、仇淑兰、廉亚强、张宝贵等列席。

会议听取了区政协各委室工作情况的汇报；研究决定了召开区政协常委会议的时间、地点、议程及安排。

第二十三次会议

政协北京市房山区第一届委员会第二十三次主席会议，1989年6月21日在陈芬圃办公室召开。区政协副主席钱觉霖主持，副主席毛锡恩、容桂英出席。张宝贵、刘玉荣、仇淑兰、田国增等列席。

会议传达了中共房山区委会议精神和区办发[1989]023号文件精神。会议要求，要充分认识针对北京发生的动乱和反革命暴乱采取戒严措施的必要性，充分认识人民解放军是无产阶级专政的坚强柱石，必须坚定改革的信心。要把学习邓小平的指示，作为当前的头等大事来抓，坚决维护安定团结的政治局面。会议决定，组织学习，把大家的思想统一到邓小平讲话精神上来。

第二十四次会议

政协北京市房山区第一届委员会第二十四次主席会议，1989年8月16日在陈芬圃办公室召开。区政协副主席陈芬圃主持，副主席钱觉霖、毛锡恩、容桂英、唐广雳、杨万钟出席。廉亚强等列席。

会议学习了中共房山区委关于廉政建设的意见。研究了区政协1989年下半年的工作，决定，下半年重点抓好中共十三届四中全会文件的学习；开展清查工作；召开两次常委会议，讨论廉政建设的意见和房山区经济和社会发展规划；组织开展庆祝建国40周年和人民政协成立40周年活动。研究决定了召开区政协常委会议的时间和议程。

第二十五次会议

政协北京市房山区第一届委员会第二十五次主席会议，1989年10月10日在陈芬圃办公室召开。区政协副主席陈芬圃主持，副主席钱觉霖、毛锡恩、容桂英、王笃之、李全熙、唐广雾，秘书长肖玉琴出席。刘玉荣、田国增、廉亚强、张宝贵等列席。

会议研究了学习贯彻中共中央总书记江泽民的国庆讲话问题，决定下发关于学习的通知，举办报告会，组织区政协委员学习好、贯彻好讲话精神。会议研究了撤销王浩英的区政协委员资格问题。

第二十六次会议

政协北京市房山区第一届委员会第二十六次主席会议，1989年11月29日在陈芬圃办公室召开。区政协副主席陈芬圃主持，副主席钱觉霖、毛锡恩、容桂英、杨万钟、王笃之、李全熙、唐广雾出席。

会议传达了中共十三届五中全会精神。讨论了人事变动问题，同意齐国璋因健康原因，辞去政协北京市房山区第一届委员会主席职务的请求，并对其就任区政协主席期间的工作和主动辞职的做法给予很高评价；同意增补高海量为区政协委员；同意中共房山区委建议，补选高海量为政协北京市房山区第一届委员会主席，提请区政协常委会决定。会议研究决定了召开区政协常委会议的时间和议程。

第二十七次会议

政协北京市房山区第一届委员会第二十七次主席会议，1989年12月27日在区委209会议室召开。区政协主席高海量，副主席毛锡恩、钱觉霖、容桂英、王笃之、杨万钟、唐广雾出席，副主席陈芬圃主持。中共房山区委、区政府领导邵干坤、李庆余、蒲怀瑛、冯正磊、王绪成，原区政协主席齐国璋应邀出席会议。

会议对高海量当选为区政协主席表示祝贺，对原区政协主席齐国璋给予充分肯定和良好评价。

第二十八次会议

政协北京市房山区第一届委员会第二十八次主席会议，1990年2月13日在区委106会议室召开。区政协主席高海量，副主席毛锡恩、钱觉霖、容桂英出席。仉淑兰、刘玉荣、李增禄、史长义、马志宏等列席。副主席陈芬圃主持。

会议讨论了区政协常委会工作报告起草工作；研究了区政协1990年工作要点。

第二十九次会议

政协北京市房山区第一届委员会第二十九次主席会议,1990年2月19日在区委106会议室召开。区政协副主席陈芬圃主持,副主席毛锡恩、钱觉霖、容桂英出席。仇淑兰列席。

会议研究了区政协一届五次会议的日程和会务工作,决定了召开区政协常委会议的议程和相关事宜。

第三十次会议

政协北京市房山区第一届委员会第三十次主席会议,1990年3月2日在陈芬圃办公室召开。区政协主席高海量主持,副主席毛锡恩、钱觉霖、容桂英、王笃之、李全熙、杨万钟、唐广雩出席。史长义、马志宏等列席。

会议研究了区政协一届五次会议的议程和日程安排,决定召开区政协常委会议,审议决定召开区政协一届五次会议相关事宜。

第三十一次会议

政协北京市房山区第一届委员会第三十一次主席会议,1990年4月16日在区委106会议室召开。区政协主席高海量,副主席毛锡恩、钱觉霖、容桂英出席。仇淑兰、廉亚强、刘玉荣、李浩等列席。副主席陈芬圃主持。

会议传达了中共房山区委扩大会议精神,研究了区政协机关管理和其他工作。

第三十二次会议

政协北京市房山区第一届委员会第三十二次主席会议,1990年5月22日在区委106会议室召开。区政协副主席陈芬圃主持,副主席毛锡恩、钱觉霖、容桂英出席。廉亚强、李增禄、刘玉荣、李浩等列席。

会议研究了组织区政协委员视察,举办区政协委员学习班,召开区政协常委会议等事项。

第三十三次会议

政协北京市房山区第一届委员会第三十三次主席会议,1990年5月30日在陈芬圃办公室召开。区政协副主席陈芬圃主持,副主席毛锡恩、钱觉霖、容桂英、王笃之、杨万钟、唐广雩出席。

会议通报了中共房山区委人事变动及有关工作情况;研究了召开区政协常委会议问题。

第三十四次会议

政协北京市房山区第一届委员会第三十四次主席会议，1990年7月2日在陈芬圃办公室召开。区政协副主席陈芬圃主持，副主席毛锡恩、容桂英出席。田国增、廉亚强、刘玉荣、马志宏、李增禄等列席。

会议听取了关于举办区政协委员学习班筹备情况的汇报，并对相关问题做出了决定。

第三十五次会议

政协北京市房山区第一届委员会第三十五次主席会议，1990年7月23日在陈芬圃办公室召开。区政协副主席陈芬圃主持，副主席毛锡恩、钱觉霖、容桂英出席。廉亚强、刘玉荣、李浩、李增禄等列席。

会议研究了召开调资会议、参加领导干部学哲学培训班安排等事项。

第三十六次会议

政协北京市房山区第一届委员会第三十六次主席会议，1990年8月9日在陈芬圃办公室召开。区政协副主席陈芬圃主持，副主席毛锡恩、钱觉霖、容桂英出席。仇淑兰、田国增、廉亚强、刘玉荣、李浩、李增禄等列席。

会议听取了区政协机关各室工作汇报，安排部署了有关工作。

第三十七次会议

政协北京市房山区第一届委员会第三十七次主席会议，1990年8月27日在陈芬圃办公室召开。区政协副主席陈芬圃主持，副主席钱觉霖、容桂英出席。仇淑兰、刘玉荣、李增禄等列席。

会议研究了接待天津市政协到房山参观考察问题。

第三十八次会议

政协北京市房山区第一届委员会第三十八次主席会议，1990年9月11日在陈芬圃办公室召开。区政协副主席陈芬圃主持，副主席钱觉霖、毛锡恩、容桂英、李全熙、唐广雩出席。仇淑兰、刘玉荣、廉亚强等列席。

会议传达了中共中央、中共北京市委、中共房山区委统战工作会议精神；研究了参加迎亚运活动安排；讨论了人事安排；决定了召开区政协常委会议的时间和议程。

第三十九次会议

政协北京市房山区第一届委员会第三十九次主席会议，1990年10月12日在陈芬圃办公室召开。区政协副主席陈芬圃主持，副主席毛锡恩、容桂英出席。仉淑兰、廉亚强等列席。

会议讨论了区政协换届问题，确定了工作安排和工作分工。

第四十次会议

政协北京市房山区第一届委员会第四十次主席会议，1991年1月21日在陈芬圃办公室召开。区政协副主席陈芬圃主持，副主席钱觉霖、毛锡恩、容桂英出席。仉淑兰、刘玉荣、廉亚强、马志宏等列席。

会议研究了区政协二届一次会议的会务工作；研究了召开离任委员恳谈会，走访慰问离退休老同志等工作。

第五节 政协北京市房山区第二届委员会主席会议

政协北京市房山区第二届委员会主席会议，共召开15次。

第一次会议

政协北京市房山区第二届委员会第一次主席会议，1991年4月23日召开。区政协主席张中兴主持，副主席钱觉霖、毛锡恩、容桂英、孙钺、唐广雩出席。廉亚强等列席。

会议传达了关于粮油涨价的紧急会议精神；研究了政协北京市房山区第一届委员会常委会议规则、主席会议规则和专委会工作通则；讨论了区政协1991年工作要点；决定根据中共房山区委建议，拟任张玉泉为区政协文教室主任，增补为区政协委员；决定召开区政协常委会议，通过区政协工作规则、1991年工作要点和人事任免事项。

第二次会议

政协北京市房山区第二届委员会第二次主席会议，1991年7月10日在钱觉霖办公室召开。区政协主席张中兴主持，副主席钱觉霖、毛锡恩、容桂英、孙钺、唐广雩出席。廉亚强、仉淑兰、张玉泉、成克先、史长义等列席。

会议讨论了区政协1991年上半年工作总结；通过了区政协专委会与区政府职能部门对口联系和协商制度的意见；研究决定了召开区政协常委会议的时间和议程；通报了全区重大活动安排；讨论了区政协设置工作组问题。

第三次会议

政协北京市房山区第二届委员会第三次主席会议，1991年11月12日在钱觉霖办公室召开。区政协主席张中兴主持，副主席钱觉霖、毛锡恩、容桂英、孙钺、杨旭、唐广雯出席。廉亚强、仉淑兰、成克先等列席。

会议通报了中共房山区委1991年冬1992年春主要工作安排；讨论通过了召开优秀政协委员表彰大会的意见；讨论了区政协提案工作条例；讨论了《新街村在学习豆店经验中崛起》《关于供销社经营和作用状况的调查报告》两篇调查报告，决定作为建议案提交区政协常委会通过；决定了召开区政协常委会议的时间和议程。

第四次会议

政协北京市房山区第二届委员会第四次主席会议，1992年1月24日在钱觉霖办公室召开。区政协主席张中兴主持，副主席钱觉霖、毛锡恩、容桂英、孙钺、杨旭出席。廉亚强、仉淑兰、成克先等列席。

会议研究了区政协二届二次会议议程；讨论了区政协常委会工作报告；决定增设区政协经济技术咨询工作委员会，下设农业科技咨询服务站和公交科技咨询服务站；同意增补王国亮、张静惠、孙克欣、宋忠文、周天才为区政协委员，增选张玉泉、张静惠、孙可欣、宋中文为常务委员；任命马志宏为区政协联络工作室副主任，决定将上述议题提交区政协常委会讨论通过。会议还讨论通过了优秀区政协委员名单，决定了召开区政协常委会议的时间和议程。

第五次会议

政协北京市房山区第二届委员会第五次主席会议，1992年4月21日在钱觉霖办公室召开。区政协主席张中兴主持，副主席毛锡恩、孙钺、杨旭、唐广雯出席。廉亚强、仉淑兰、成克先、张玉泉、史长义等列席。

会议传达了北京市政协七届五次会议精神；研究了区政协1992年工作要点；讨论了区政协经济技术咨询工作委员会工作规划；通过了召开区政协常委会议的时间和议程。

第六次会议

政协北京市房山区第二届委员会第六次主席会议，1992年6月11日在钱觉霖办公室召开。区政协主席张中兴主持，副主席钱觉霖、毛锡恩、容桂英、孙钺、杨旭、唐广雯出席。廉亚强、仉淑兰、张玉泉、史长义等列席。

会议研究决定了召开区政协二届十次常委会议的时间和议题；讨论了区政协1992年上半年工作总结。

第七次会议

政协北京市房山区第二届委员会第七次主席会议，1992年8月17日在钱觉霖办公室召开。区政协主席张中兴主持，副主席钱觉霖、毛锡恩、容桂英、孙钺、杨旭、唐广雩出席。廉亚强、仇淑兰、成克先、张玉泉、史长义等列席。

会议研究决定了召开区政协常委会议的时间、地点和议程；通报了中共房山区委的工作部署、区政协提案办理、开展经济工作和其他工作的情况。

第八次会议

政协北京市房山区第二届委员会第八次主席会议，1992年10月31日在区政协会议室召开。区政协主席张中兴主持，副主席钱觉霖、毛锡恩、容桂英、唐广雩出席。仇淑兰、成克先、史长义等列席。

会议研究决定了召开区政协常委会议的时间和议程；同意增补史长义为区政协委员，提交区政协常委会议通过；讨论通过了区政协科技咨询服务站管理细则。

第九次会议

政协北京市房山区第二届委员会第九次主席会议，1992年12月8日在区政协会议室召开。区政协主席张中兴主持，副主席钱觉霖、毛锡恩、容桂英、孙钺、杨旭出席。仇淑兰、成克先、张玉泉、史长义等列席。

会议讨论了优秀区政协委员名单；讨论了区政协常委会工作报告；研究决定了召开区政协常委会议的时间和议程。

第十次会议

政协北京市房山区第二届委员会第十次主席会议，1993年1月18日在区政协会议室召开。区政协主席张中兴主持，副主席钱觉霖、毛锡恩、容桂英、孙钺出席。仇淑兰、张玉泉、史长义、马志宏、李增禄等列席。

会议研究了区政协二届三次会议议程、日程和筹备工作安排；讨论了区政协常委会工作报告；同意增选黄发文为区政协常务委员，任命史长义为区政协办公室副主任，将上述决定提交区政协常委会议讨论通过。会议决定了召开区政协常委会议的时间和议程。

第十一次会议

政协北京市房山区第二届委员会第十一次主席会议，1993年4月21日在区政协会议室召开。区政协主席张中兴主持，副主席钱觉霖、毛锡恩、容桂英、孙钺、唐广雩出席。

会议决定了召开区政协常委会议的时间和议程；讨论了区政协1993年工作要点；研究了区政协

机关各室干部配置问题。

第十二次会议

政协北京市房山区第二届委员会第十二次主席会议，1993年7月8日在区政协会议室召开。区政协主席张中兴主持，副主席钱觉霖、毛锡恩、容桂英、孙钺、杨旭、唐广雩出席。唐荣、刘永成、张玉泉、史长义等列席。

会议传达了中共房山区委常委扩大会议精神；听取了区政协1993年上半年工作情况的汇报；根据形势和任务的变化，修订了区政协二届十六次常委会议的时间和议程；同意增补唐荣、刘永成为区政协委员，任命唐荣为区政协提案委员会副主任、刘永成为区政协联络委员会副主任，提交区政协常委会议讨论通过。

第十三次会议

政协北京市房山区第二届委员会第十三次主席会议，1993年9月20日在区政协会议室召开。区政协副主席钱觉霖主持，副主席容桂英、杨旭、孙钺出席。张玉泉、刘永成、史长义、李增禄等列席。

会议研究修订了原定于9月份召开的区政协常委会议的议程，决定增加学习贯彻中共中央反腐倡廉工作会议精神的内容，听取区政府关于开展反腐败工作情况的通报。

第十四次会议

政协北京市房山区第二届委员会第十四次主席会议，1993年11月11日在区政协会议室召开。区政协主席张中兴主持，副主席钱觉霖、毛锡恩、容桂英、孙钺、杨旭、唐广雩出席。唐荣、刘永成、张玉泉、史长义、马志宏等列席。

会议学习了中共中央关于学习《邓小平文选》的决定；通报了房山区人事变动情况；初步审定了优秀区政协委员名单；讨论了区政协第二届委员会三年工作总结报告；决定了召开区政协常委会议的议程和时间；研究了召开区政协委员为经济建设服务经验交流会相关事宜。

第十五次会议

政协北京市房山区第二届委员会第十五次主席会议，1994年1月15日在区政协会议室召开。区政协主席张中兴主持，副主席钱觉霖、毛锡恩、容桂英、杨旭、孙钺出席，张玉泉、唐荣、史长义、刘永成、李增禄、任正通等列席。李庆余、魏士宽及中共房山区委统战部的领导同志出席会议并讲话。

会议听取了中共房山区委书记李庆余关于区人大、区政协换届工作及人事安排的通报，拥护中共房山区委关于魏士宽任区政协主席的建议；听取了区政协委员换届协商情况的汇报；决定了召开区政协二届二十次常委会议的时间和议程；研究了召开各界人士春节座谈会等事项。

第六节 政协北京市房山区第三届委员会主席会议

政协北京市房山区第三届委员会主席会议，共召开24次。

第一次会议

政协北京市房山区第三届委员会第一次主席会议，1994年2月22日上午在北京燕山石化集团公司召开。区政协主席魏士宽主持，副主席刘存泽、容桂英、袁贵珠、马文仲，秘书长张静惠出席。

会议讨论了政协北京市房山区第三届委员会专门委员会主任、副主任及委员名单，决定提请区政协常委会讨论通过。

第二次会议

政协北京市房山区第三届委员会第二次主席会议，1994年4月8日在区政协会议室召开。区政协主席魏士宽主持，副主席容桂英、马文仲、戈承和秘书长张静惠出席。唐荣、刘永成、张玉泉、马志宏、史长义、李增禄等列席。

会议传达了北京市政协八届二次会议精神；讨论了区政协1994年工作要点；讨论了区政协主席会议规则和专委会工作通则；讨论了关于在委员中开展建言献策办实事活动的意见；听取了关于筹建海外联谊会情况的汇报、各专委会1994年工作安排情况的汇报和区政协委员分组活动安排的汇报；决定了召开区政协三届二次常委会议的时间和议程。

第三次会议

政协北京市房山区第三届委员会第三次主席会议，1994年7月6日在区政协会议室召开。区政协主席魏士宽主持，副主席刘存泽、容桂英、马文仲、戈承、袁贵珠和秘书长张静惠出席。唐荣、刘永成、张玉泉、史长义列席。

会议讨论了区政协1994年上半年工作总结；听取了关于"海联会"筹备情况的汇报；决定了召开区政协三届三次常委会议的时间和议程。

第四次会议

政协北京市房山区第三届委员会第四次主席会议，1994年10月8日在区政协会议室召开。区政协主席魏士宽主持，副主席刘存泽、容桂英、马文仲、袁贵珠和秘书长张静惠出席。唐荣、刘永成、史长义、马志宏列席。

会议通报了向中共房山区委汇报1至8月区政协工作的情况；传达了北京市政协领导的讲话精神；决定了召开区政协三届四次常委会议的时间、议程和具体安排；做出了编辑区政协委员风采录的决定；安排了九九重阳节活动。

第五次会议

政协北京市房山区第三届委员会第五次主席会议，1994年12月30日在区委409会议室召开。区政协主席魏士宽主持，副主席刘存泽、容桂英、袁贵珠、戈承和秘书长张静惠出席。唐荣、刘永成、张玉泉、马志宏、史长义、李增禄等列席。

会议传达了全国政协地方政协工作会议精神；讨论了区政协常委会工作报告；研究了区政协三届二次会议的议程、日程，明确了会议筹备工作分工和要求；决定了召开区政协三届五次常委会议的议程和时间。

第六次会议

政协北京市房山区第三届委员会第六次主席会议，1995年3月2日在刘永成办公室召开。区政协主席魏士宽主持，副主席容桂英、马文仲、戈承、袁贵珠和秘书长张静惠出席。刘永成、张玉泉、李增禄、马志宏、史长义等列席。

会议传达了北京市政协八届三次会议精神；讨论了区政协常委会1995年工作要点；通过了优秀区政协委员名单；决定了召开区政协三届七次常委会议的时间、地点和议程。

第七次会议

政协北京市房山区第三届委员会第七次主席会议，1995年6月5日在区政协会议室召开。区政协主席魏士宽主持，副主席刘存泽、容桂英、马文仲、戈承、袁贵珠和秘书长张静惠出席。唐荣、刘永成、李增禄、马志宏、史长义等列席。

会议研究决定了召开区政协三届八次常委会议的时间和议程；讨论了区政协三届七次常委会以来工作情况的总结；研究制定了区政协委员出席会议制度；传达了中共房山区委、房山区政府关于参加会议、文件制发、新闻报道的通知。

第八次会议

政协北京市房山区第三届委员会第八次主席会议，1995年9月4日在区政协会议室召开。区政协主席魏士宽主持，副主席刘存泽、容桂英和秘书长张静惠出席。刘永成、张玉泉、李增禄、史长义、马志宏等列席。

会议学习了《关于北京市区县政协机构改革的意见》；依据中共北京市委组织部和北京市政协的批复，研究了区政协机构改革问题，拟设置学习委员会、提案委员会、工交财贸委员会、农村工作委员会、社会法制委员会、文教文史委员会6个专门委员会，机关设置办公室、专委会办公室、文教工作室3个办事机构；传达了北京市政协提案工作会和秘书长工作研讨会的精神；安排了9月份的工作；研究了举办中秋联谊会的相关工作。

第九次会议

政协北京市房山区第三届委员会第九次主席会议，1996年1月8日在刘存泽办公室召开。区政协主席魏士宽主持，副主席刘存泽、容桂英、马文仲、戈承、袁贵珠和秘书长张静惠出席。唐荣、刘永成、张玉泉、李增禄、马志宏列席。

会议讨论决定了召开区政协常委会议的时间、地点和议程；讨论了区政协专门委员会主任、副主任名单；研究了区政协三届三次会议日程安排及其他筹备工作。

第十次会议

政协北京市房山区第三届委员会第十次主席会议，1996年4月4日在区政协会议室召开。区政协主席魏士宽主持，副主席刘存泽、容桂英、马文仲、戈承、袁贵珠，秘书长张静惠出席。唐荣、刘永成、张玉泉、马志宏等列席。

会议传达了北京市政协会议精神；讨论了区政协1996年工作计划；听取了区政协三届三次会议提案审查情况的汇报；研究了召开区政协1995年度优秀调查报告、优秀提案和建议案表彰会的相关事宜；决定了召开区政协三届十三次常委会议的时间、地点和议程。

第十一次会议

政协北京市房山区第三届委员会第十一次主席会议，1996年7月24日在区政协会议室召开。区政协主席魏士宽主持，副主席刘存泽、容桂英和秘书长张静惠出席。刘永成、马志宏等列席。

会议通报了赴山东考察情况；讨论了区政协1996年上半年工作总结；研究了增补政协委员问题，同意增补陶保芬、薛俊山、李景深、王贵、马志宏、李增禄为区政协委员，提请区政协常委会通过；研究决定了召开区政协常委会议的时间、地点和议程。

第十二次会议

政协北京市房山区第三届委员会第十二次主席会议，1996年11月18日在区政协会议室召开。区政协主席魏士宽主持，副主席容桂英、刘存泽、马文仲和秘书长张静惠出席。区政协机关委室负责人唐荣、刘永成、张玉泉等列席。

会议通报了中共房山区委召开房山区政协工作会议的安排意见；讨论了须经区政协常委会审议通过的会议文件；研究决定了召开区政协常委会议的时间和议程。会议还决定了其他事项。

第十三次会议

政协北京市房山区第三届委员会第十三次主席会议，1997年1月15日在区委309会议室召开。区政协主席魏士宽主持，副主席刘存泽、容桂英、马文仲、戈承和秘书长张静惠出席。区政协机关委室负责人唐荣、刘永成、张玉泉、姚志明、马志宏、李增禄、隗和旺等列席。

会议研究了人事任免事项，同意增补姚志明为区政协委员，任区政协文教室主任；隗合旺任区政协办公室副主任，提请区政协常委会通过。研究了区政协三届四次会议议程和日程；讨论并原则通过了区政协常委会工作报告；决定了召开区政协三届十六次常委会议的时间和议程。

第十四次会议

政协北京市房山区第三届委员会第十四次主席会议，1997年2月21日在魏士宽办公室召开。区政协主席魏士宽主持，副主席刘存泽、容桂英、马文仲、戈承和秘书长张静惠出席。区政协机关委室负责人唐荣、刘永成、姚志明、马志宏、李增禄等列席。

会议听取了区政协三届四次会议筹备情况的汇报，针对邓小平同志逝世的情况，对会议内容及具体安排做了适当调整。

第十五次会议

政协北京市房山区第三届委员会第十五次主席会议，1997年4月2日在区政协会议室召开。区政协主席魏士宽主持，副主席刘存泽、容桂英、马文仲、戈承和秘书长张静惠出席。区政协机关委室负责人刘永成、姚志明、马志宏、李增禄等列席。

会议研究决定了召开区政协三届十八次常委会议的议程和时间；研究了区政协1997年工作要点。

第十六次会议

政协北京市房山区第三届委员会第十六次主席会议，1997年7月14日在区政协会议室召开。区政协主席魏士宽主持，副主席刘存泽、容桂英、马文仲、戈承和秘书长张静惠出席。区政协机关委室负责人唐荣、刘永成、姚志明、马志宏、隗合旺、李增禄等列席。

会议总结了区政协1997年上半年工作，研究了下半年工作安排；决定了召开区政协三届十九次常委会议的时间和议程。

第十七次会议

政协北京市房山区第三届委员会第十七次主席会议，1997年10月16日在区政协会议室召开。区政协主席魏士宽主持，副主席刘存泽、容桂英、马文仲、戈承和秘书长张静惠出席。区政协机关委室负责人刘永成、马志宏、李增禄等列席。

会议传达了中共房山区委的工作安排和经济分析会精神；通报了区政协的工作进展情况；研究决定了召开区政协三届二十次常委会议的时间和议程；对学习中共十五大会议精神作出了安排部署。

第十八次会议

政协北京市房山区第三届委员会第十八次主席会议，1997年12月29日在区档案局二楼会议室召开。区政协主席魏士宽主持，副主席刘存泽、容桂英、马文仲、戈承和秘书长张静惠出席。区政协机关委室负责人唐荣、刘永成、姚志明、马志宏、隗合旺、李增禄等列席。

会议研究决定了召开区政协三届二十一次常委会议的时间、地点和议程；讨论了区政协三届五次会议的议程和日程安排；讨论并原则通过了区政协常委会工作报告；安排部署了春节期间的主要工作。

第十九次会议

政协北京市房山区第三届委员会第十九次主席会议，1998年2月9日在区政协会议室召开。区政协主席魏士宽主持，副主席刘存泽、容桂英、马文仲、戈承和秘书长张静惠出席。区政协机关委室负责人唐荣、刘永成、姚志明、马志宏、隗合旺、李增禄等列席。

会议进一步明确了区政协三届五次会议的日程安排和主席工作分工，对文秘、会务等工作提出了严格要求。

第二十次会议

政协北京市房山区第三届委员会第二十次主席会议，1998年3月6日在区政协会议室召开。区政协主席魏士宽主持，副主席刘存泽、容桂英、马文仲、戈承和秘书长张静惠出席。区政协机关委室负责人唐荣、刘永成、姚志明、马志宏、隗合旺、李增禄等列席。

会议讨论了区政协1998年工作要点；研究决定了召开区政协三届二十三次常委会议的时间和议程。

第二十一次会议

政协北京市房山区第三届委员会第二十一次主席会议，1998年6月9日在区政协会议室召开。区政协主席魏士宽主持，副主席刘存泽、容桂英、马文仲和秘书长张静惠出席。区政协机关委室负责人唐荣、刘永成、姚志明、马志宏、隗合旺、李增禄等列席。

会议研究了做好区政协第三届委员会五年工作总结问题，决定成立领导小组，具体抓好此项工作。

第二十二次会议

政协北京市房山区第三届委员会第二十二次主席会议，1998年7月6日在区政协会议室召开。区政协主席魏士宽主持，副主席刘存泽、容桂英、马文仲、戈承和秘书长张静惠出席。区政协机关委室负责人刘永成、姚志明、马志宏、隗合旺、李增禄等列席。

会议讨论了区政协1998年上半年工作总结；决定了召开区政协三届二十四次常委会议的时间和议程。

第二十三次会议

政协北京市房山区第三届委员会第二十三次主席会议，1998年12月10日在区政协接待室召开。区政协主席魏士宽主持，副主席刘存泽、容桂英、马文仲、戈承和秘书长张静惠出席。区政协机关委室负责人唐荣、刘永成、姚志明、马志宏、隗合旺、李增禄等列席。

会议研究了区政协四届一次会议的筹备工作；审议了政协房山区第三届常委会五年工作总结报告；决定了召开区政协三届二十六次常委会议的时间和议程；研究了召开留任政协委员座谈会和离任政协委员座谈会的相关事宜。

第二十四次会议

政协北京市房山区第三届委员会第二十四次主席会议，1998年12月29日在区政协216会议室召开。区政协主席魏士宽主持，副主席刘存泽、容桂英、马文仲，秘书长张静惠出席。区政协党组书记游来柱，区政协机关委室负责人唐荣、刘永成、姚志明、马志宏、隗合旺、李增禄等列席。

会议审议了区政协四届一次会议建议议程，主席团成员和秘书长建议名单，提案审查委员会建议名单，决议起草委员会建议名单，委员分组办法及召集人建议名单，主席团会议主持人建议名单，常务主席建议名单；推举了区政协第三届常委会工作报告的报告人；听取了区政协四届一次会议筹备情况的汇报。

第七节 政协北京市房山区第四届委员会主席会议

政协北京市房山区第四届委员会主席会议，共召开26次。

第一次会议

政协北京市房山区第四届委员会第一次主席会议，1999年1月18日在昊天假日酒店十一层会议室召开。区政协主席游来柱主持，副主席王晓芝、容桂英、许志远、马文仲、林义、万金峰出席。区政协机关委室负责人姚志明、马志宏、唐荣、刘永成等列席。

会议研究了区政协专门委员会的设置、人员名单和主任、副主任人选，决定将设置方案和主任、副主任、委员名单提交区政协常委会通过；研究通过了召开区政协常委会议的时间和议程。

政协北京市房山区第四届委员会第一次主席会议

第二次会议

政协北京市房山区第四届委员会第二次主席会议，1999年1月27日在区政协接待室召开。区政协主席游来柱主持，副主席王晓芝、容桂英、许志远、马文仲、林义、万金峰出席。区政协机关委室负责人唐荣、姚志明、马志宏、刘永成、隗合旺、李增禄等列席。

会议对区政协四届一次会议进行了总结；部署了区政协四届一次会议的善后工作；通过了区政协主席、副主席分工；讨论了区政协工作制度修改完善问题；研究了召开春节联欢会、举办新委员培训班等工作；决定了召开区政协常委会议的时间和议程。

第三次会议

政协北京市房山区第四届委员会第三次主席会议，1995年3月22日在区政协接待室召开。区政协副主席王晓芝主持，副主席容桂英、林义、万金峰出席。区政协机关委室负责人唐荣、刘永成、姚志明、马志宏、隗合旺、李增禄等列席。

会议讨论了区政协常委会1999年工作要点；通过了区政协关于联系政协委员的暂行办法，区政协主席、副主席联系常务委员，常务委员联系委员，区政协机关处级以上领导干部联系委员分工名单，区政协委员活动组划分办法及召集人名单；研究决定了召开区政协常委会议的时间和议程。

第四次会议

政协北京市房山区第四届委员会第四次主席会议，1999年5月20日在区政协接待室召开。区政协主席游来柱主持，副主席王晓芝、容桂英、许志远、马文仲、林义、万金峰出席。区政协机关委室负责人唐荣、姚志明、马志宏、刘永成、隗合旺、李增禄列席。

会议讨论通过了《政协北京市房山区委员会常务委员会工作规则》等12项制度，决定将其中5项提交区政协常委会审议；研究决定了召开区政协四届三次常委会议的时间和议程，以及组织视察等事项。

第五次会议

政协北京市房山区第四届委员会第五次主席会议，1999年7月22日在区政协接待室召开。区政协主席游来柱主持，副主席王晓芝、容桂英、许志远、林义、万金峰出席。区政协机关委室负责人唐荣、姚志明、马志宏、刘永成等列席。

会议讨论了区政协1999年上半年工作总结；研究决定了召开区政协四届四次常委会议的时间和议程。

第六次会议

政协北京市房山区第四届委员会第六次主席会议，1999年12月29日在区政协接待室召开。区政协主席游来柱主持，副主席王晓芝、容桂英、马文仲、林义、万金峰出席。区政协机关委室负责人唐荣、刘永成、姚志明、马志宏、李增禄、隗合旺等列席。

会议讨论通过了增补委员名单和除名委员名单，同意增补梁惠明、赵永安、刘悍中、王金山为政协北京市房山区第四届委员会委员，撤销彭文润政协北京市房山区第四届委员会委员资格；讨论了区政协常委会工作报告和关于提案工作的报告；审议了区政协四届二次会议召开的时间、会议议程、会议日程、执行主席名单、决议起草委员会名单、委员分组办法和召集人名单，以及筹备工作安排，决定将上述文件提交区政协四届五次常委会议审议；会议通过了召开区政协四届五次常委会议的时间和议程。

第七次会议

政协北京市房山区第四届委员会第七次主席会议，2000年1月21日在昊天宾馆召开。区政协主席游来柱主持，副主席王晓芝、容桂英、许志远、马文仲、林义、万金峰出席。刘永成等列席。

会议听取了区政协四届二次会议关于提案审查情况的说明；审议了政协北京市房山区四届二次会议政治决议和关于政协常务委员会工作报告的决议，决定将关于提案审查情况的说明和两个决议提交区政协常委会审议。

第八次会议

政协北京市房山区第四届委员会第八次主席会议，2000年3月9日在区政协接待室召开。区政协主席游来柱主持，副主席王晓芝、容桂英、许志远、马文仲、林义、万金峰出席。唐荣、刘永成、姚志明、马志宏、李增禄、隗合旺等列席。

会议讨论了区政协常委会2000年工作要点；研究决定了区政协四届七次常委会议的时间和议程等相关事项。

第九次会议

政协北京市房山区第四届委员会第九次主席会议，2000年7月12日在区政协接待室召开。区政协主席游来柱主持，副主席王晓芝、容桂英、马文仲、林义、万金峰出席。刘永成、姚志明、隗合旺等列席。

会议讨论了区政协常委会2000年上半年工作总结；研究决定了召开区政协四届八次常委会议的时间、议程等相关事项。

第十次会议

政协北京市房山区第四届委员会第十次主席会议，2000年11月21日在区政协接待室召开。区政协主席游来柱主持，副主席王晓芝、容桂英、许志远、马文仲、林义、万金峰出席。唐荣、刘永成、沙秀英等列席。

会议通报了中共房山区委关于区政协机关干部的任免决定，免去姚志明区政协文教工作办公室主任职务，任命沙秀英为区政协文教工作办公室主任，赵润东为副主任。同意增补宋福增、刘增会为政协北京市房山区第四届委员会委员，撤销王春云、李强的政协北京市房山区第四届委员会委员资格。通报了区政协四届三次会议筹备工作安排意见。研究决定了召开区政协四届九次常委会议的相关事宜。讨论通过了《关于加强府前广场管理问题的建议案》，决定将建议案报送中共房山区委研究参考。

第十一次会议

政协北京市房山区第四届委员会第十一次主席会议，2000年12月22日在区政协接待室召开。区政协主席游来柱主持，副主席王晓芝、容桂英、许志远、林义、万金峰出席。唐荣、刘永成、沙秀英等列席。

会议讨论并原则通过了区政协常委会工作报告，决定经修改后提交区政协常委会审议。

第十二次会议

政协北京市房山区第四届委员会第十二次主席会议，2000年12月27日在区政协接待室召开。

区政协主席游来柱主持，副主席容桂英、林义、马文仲出席。

会议根据中共房山区委的建议，同意王晓芝不再兼任区政协秘书长职务，唐荣任区政协秘书长，肖凤云任区政协办公室主任，提请区政协常委会审议。

第十三次会议

政协北京市房山区第四届委员会第十三次主席会议，2001年1月3日在区政协接待室召开。区政协主席游来柱、副主席容桂英和秘书长唐荣出席。刘永成、姚志明、隗合旺、沙建东、骆金萍、任政通等列席。副主席王晓芝主持。

会议听取了区政协四届三次会议筹备工作情况的汇报，研究决定了相关问题。

第十四次会议

政协北京市房山区第四届委员会第十四次主席会议，2001年1月15日在昊天假日酒店十一层会议室召开。区政协副主席王晓芝主持，副主席容桂英、林义、马文仲、万金峰出席。

会议审议了区政协四届三次会议政治决议和关于区政协常委会工作报告的决议，决定提请区政协常委会审议通过。

第十五次会议

政协北京市房山区第四届委员会第十五次主席会议，2001年3月14日在区政协接待室召开。区政协主席游来柱，副主席王晓芝、容桂英、马文仲出席。肖凤云、刘永成、沙秀英等列席。秘书长唐荣主持。

会议讨论了区政协常委会2001年工作要点及计划安排；通过了主席、副主席、秘书长工作分工；讨论了专委会常务副主任调整问题，决定沙秀英为区政协学习委员会和文教委员会常务副主任，提请区政协常委会审议通过；讨论通过了优秀提案、优秀调查报告名单和表彰方案；研究决定了区政协四届十三次常委会议议程等相关事项。

第十六次会议

政协北京市房山区第四届委员会第十六次主席会议，2001年7月13日在区政协接待室召开。区政协主席游来柱，副主席容桂英、马文仲、林义、万金峰和秘书长唐荣出席。肖凤云、刘永成、沙秀英、马志宏等列席。副主席王晓芝主持。

会议讨论了区政协常委会2001年上半年工作总结；研究决定了召开区政协四届十四次常委会议的时间和议程。

第十七次会议

政协北京市房山区第四届委员会第十七次主席会议,2001年9月5日在区政协接待室召开。区政协主席游来柱,副主席王晓芝、容桂英、马文仲、林义、万金峰出席。肖凤云、刘永成、沙秀英、马志宏等列席。秘书长唐荣主持。

会议讨论了中共房山区委第二次政协工作会议文件；讨论了增补委员事宜,同意增补马全福、白学如、李刚为区政协委员,提请区政协常委会审议；研究决定了召开区政协四届十五次常委会议的时间、地点和议程。

第十八次会议

政协北京市房山区第四届委员会第十八次主席会议,2001年12月21日在区政协接待室召开。区政协主席游来柱主持,副主席王晓芝、容桂英、马文仲、林义、万金峰和秘书长唐荣出席。肖凤云、刘永成、沙秀英、马志宏等列席。

会议讨论了区政协常委会工作报告,区政协四届四次会议议程、日程,执行主席名单,委员分组原则和召集人名单,决议起草委员会名单等；研究决定了召开区政协四届十六次常委会议的时间、地点和议程；讨论通过了区政协关于"献智出力、富民强区"工程的实施意见；听取了区政协四届四次会议筹备工作情况的汇报。

第十九次会议

政协北京市房山区第四届委员会第十九次主席会议,2002年1月18日在昊天假日酒店召开。区政协主席游来柱主持,副主席王晓芝、容桂英、许志远、马文仲、林义、万金峰和秘书长唐荣出席。沙秀英等列席。

会议讨论了《政协北京市房山区第四届委员会第四次会议政治决议》和《政协北京市房山区第四届委员会第四次会议关于常务委员会工作报告的决议》,决定提请区政协常委会审议通过。

第二十次会议

政协北京市房山区第四届委员会第二十次主席会议,2002年3月19日在区政协接待室召开。区政协主席游来柱主持,副主席王晓芝、容桂英、马文仲、林义、万金峰和秘书长唐荣出席。肖凤云、刘永成、沙秀英、马志宏、隗合旺等列席。

会议通报了中共房山区委关于区政协机关机构改革的意见及人事任免事项,区政协机关设置办公室、研究室、专门委员会办公室和文教工作办公室,人员编制19人；通过了区政协2001年度优秀提案、优秀调研报告、优秀信息员、党史区情知识竞赛获奖人员名单和表彰大会方案；讨论了《政协北京市房山区委员会提案工作条例》和《区政协常委会2002年主要工作和活动安排》；研究决定了召开区政协四届十八次常委会议的时间和议程。

第二十一次会议

政协北京市房山区第四届委员会第二十一次主席会议,2002年7月19日在区政协216会议室召开。区政协主席游来柱主持,副主席王晓芝、容桂英、马文仲、林义、万金峰和秘书长唐荣出席。肖凤云、刘永成、马志宏、骆金萍等列席。

会议讨论了区政协2002年上半年工作总结;研究了增补委员事宜,同意增补郝建民、隗永敏、赵红燕、郭艳梅、王书学、张文战为政协北京市房山区第四届委员会委员,提交区政协常委会审议通过;研究决定了召开区政协四届十九次常委会议的时间和议程。

第二十二次会议

政协北京市房山区第四届委员会第二十二次主席会议,2002年10月15日在区政协216会议室召开。区政协主席游来柱主持,副主席王晓芝、容桂英、马文仲、林义、万金峰和秘书长唐荣出席。肖凤云、刘永成、马志宏、沙秀英、陈海忠等列席。

会议听取了关于开展房山区"中国磨盘柿之乡建设"调研情况的汇报;讨论通过了《关于抓好房山区中国磨盘柿之乡建设的建议案》,决定送区政府研究参考。

第二十三次会议

政协北京市房山区第四届委员会第二十三次主席会议,2002年12月27日在区政协216会议室召开。区政协主席游来柱主持,副主席王晓芝、容桂英、马文仲、林义、万金峰和秘书长唐荣出席。肖凤云、刘永成、马志宏、沙秀英、陈海忠、隗合旺、骆金萍等列席。

会议审议了区政协常委会工作报告和关于提案工作情况的报告;决定了召开区政协四届五次会议的时间,审议了会议议程、日程及有关事项,听取了会议筹备情况的汇报;决定了召开区政协四届二十次常委会议的时间和议程;听取了关于"献智出力、富民强区"工程实施情况的汇报,并研究了召开总结表彰会议的有关事项。

第二十四次会议

政协北京市房山区第四届委员会第二十四次主席会议,2003年1月21日在昊天假日酒店召开。区政协主席游来柱主持,副主席王晓芝、容桂英、许志远、马文仲、林义、万金峰和秘书长唐荣出席。刘永成、肖凤云、马志宏、沙秀英等列席。

会议审议了《政协北京市房山区第四届委员会第五次会议政治决议》和《政协北京市房山区第四届委员会第五次会议关于常务委员会工作报告的决议》;听取了关于区政协四届五次会议提案审查情况的说明。

第二十五次会议

政协北京市房山区第四届委员会第二十五次主席会议，2003年7月17日在区政协216会议室召开。区政协主席游来柱主持，副主席王晓芝、许志远、马文仲、万金峰和秘书长唐荣出席。肖凤云、马志宏、沙秀英、刘永成等列席。

会议研究决定了召开区政协四届二十四次常委会议的时间、议程等有关事宜；讨论了区政协2003年上半年工作总结。

第二十六次会议

政协北京市房山区第四届委员会第二十六次主席会议，2003年12月16日在区政协216会议室召开。区政协主席游来柱主持，副主席王晓芝、容桂英、马文仲、林义、万金峰和秘书长唐荣出席。肖凤云、刘永成、马志宏、沙秀英等列席。

会议听取了第五届区政协委员遴选情况和区政协五届一次会议筹备情况的汇报；审议了区政协第五届委员会委员人选名单；审议了第四届区政协常委会五年工作总结报告和关于五年提案工作情况的报告；审议了召开区政协五届一次会议的有关事宜；研究决定了召开区政协四届二十五次常委会议的时间和议程。

第八节 政协北京市房山区第五届委员会主席会议

政协北京市房山区第五届委员会主席会议，共召开24次。

第一次会议

政协北京市房山区第五届委员会第一次主席会议，2004年1月13日在昊天假日酒店九层郁金香厅召开。区政协主席范文彦主持，副主席王晓芝、许志远、万金峰、赵润东、邵进、肖武和秘书长唐荣出席。肖凤云、马志宏等列席。

会议决定了召开区政协五届一次常委会议的时间和议程；讨论了区政协专门委员会设置，专门委员会组成名单和专门委员会主任、副主任人选，决定提交区政协常委会审议。

第二次会议

政协北京市房山区第五届委员会第二次主席会议，2004年2月12日在区政协216会议室召开。区政协主席范文彦主持，副主席王晓芝、许志远、赵润东、万金峰、肖武、邵进和秘书长唐荣出席。区政协机关委室负责人肖凤云、刘永成、沙秀英、陈海忠等列席。

会议听取了区政协第五届委员会各专门委员会主任、副主任及组成人员调整情况的说明，审议了区政协第五届委员会专门委员会主任、副主任及组成人员名单；通过了主席、副主席、秘书长工作分工。

第三次会议

政协北京市房山区第五届委员会第三次主席会议，2004年3月2日在区政协216会议室召开。区政协主席范文彦主持，副主席许志远、万金峰、邵进和和秘书长唐荣出席。区政协机关委室负责人肖凤云、沙秀英、马志宏、马军、隗合旺等列席。

会议讨论了区政协2004年工作要点及折子工程；审议了13项区政协工作规则、规定或条例；决定了召开区政协五届二次常委会议的时间和议程；通报了区政协委员活动组分组情况。

第四次会议

政协北京市房山区第五届委员会第四次主席会议，2004年7月1日在区政协216会议室召开。区政协主席范文彦主持，副主席王晓芝、万金峰、赵润东、肖武、邵进和秘书长唐荣出席。区政协机关委室负责人肖凤云、沙秀英、马志宏、马军等列席。

会议讨论了区政协常委会2004年上半年工作总结；审议了区政协常委会关于加强自身建设的意见和关于加强政协委员自身建设的规定；审议了区政协提案委员会关于提案工作情况的报告；决定了召开区政协五届三次常委会议的时间和议程等事宜。

第五次会议

政协北京市房山区第五届委员会第五次主席会议，2004年9月8日在区政协216会议室召开。区政协主席范文彦主持，副主席许志远、赵润东、万金峰、肖武、邵进和秘书长唐荣出席。区政协机关委室负责人肖凤云、沙秀英、马军、隗合旺等列席。

会议审议通过了区政协办公室《关于提高提案工作质量的若干措施》；研究了召开房山区各界人士中秋联谊会的安排意见；部署了区政协2004年下半年重点工作。

第六次会议

政协北京市房山区第五届委员会第六次主席会议，2004年11月24日在区政协216会议室召开。区政协主席范文彦主持，副主席王晓芝、万金峰、肖武、邵进和秘书长唐荣出席。区政协机关委室负责人肖凤云、沙秀英、马志宏、马军等列席。

会议研究了召开区政协五届二次会议的总体思路；审定了《政协北京市房山区委员会关于提案审查工作的试行办法》；初审了区政协2004年度优秀政协委员名单。

第七次会议

政协北京市房山区第五届委员会第七次主席会议，2004年12月9日在区政协216会议室召开。区政协主席范文彦主持，副主席王晓芝、万金峰、赵润东、邵进和秘书长唐荣出席。区政协机关委室负责人肖凤云、沙秀英、马志宏、马军等列席。

会议审议了区政协2004年度优秀委员、优秀提案、优秀调研报告、优秀社情民意信息及重视信息工作委员名单，通过了区政协关于表彰2004年优秀政协委员的决定和关于表彰优秀提案、优秀调研报告、优秀社情民意信息及重视信息工作的委员的通报，研究决定了表彰会召开的形式及奖励事项。审议了区政协常委会工作报告和关于提案工作情况的报告；听取了区政协五届二次会议筹备情况的汇报，审议了会议议程、日程，大会执行主席名单，决议起草委员会名单，委员分组办法和召集人名单等会议文件；研究了大会发言和专题协商等事宜。审议了区政协常委会关于进一步推进房山区磨盘柿产业化建设的建议案和关于2005年开展"提案工作质量年"活动的安排意见。研究了增补委员事宜。决定了召开区政协五届四次常委会议的时间和议程等有关事项。

第八次会议

政协北京市房山区第五届委员会第八次主席会议，2005年1月16日在昊天假日酒店召开。区政协主席范文彦主持，副主席王晓芝、万金峰、赵润东、肖武、邵进和秘书长唐荣出席。区政协机关委室负责人肖凤云、沙秀英、马志宏、马军等列席。

会议审议了区政协五届二次会议政治决议和关于常委会工作报告的决议；审议了关于2005年开展提案工作质量年活动的决议；听取了区政协五届二次会议期间提案审查情况的报告，决定将上述文件提交区政协五届五次常委会议审议。会议通报了区政协机关人事任免事项，马军任提案委员会办公室主任，马志宏任专委会办公室主任，焦启超任研究室主任。

第九次会议

政协北京市房山区第五届委员会第九次主席会议，2005年2月24日在区政协216会议室召开。区政协主席范文彦主持，副主席王晓芝、许志远、万金峰、赵润东、肖武、邵进和秘书长唐荣出席。区政协机关委室负责人肖凤云、马军、焦启超等列席。

会议审议了区政协常委会2005年工作要点；通过了《区政协关于办理政协提案的试行办法》和《区政协关于评选表彰承办提案先进单位的意见》；审议了增补焦启超为区政协委员的决定和关于区政协专门委员会增加委员，调整副主任的意见；决定了召开区政协五届六次常委会议的时间和议程等有关事项。

第十次会议

政协北京市房山区第五届委员会第十次主席会议，2005年5月17日在区政协216会议室召开。

区政协主席范文彦主持，副主席王晓芝、许志远、万金峰、赵润东、肖武、邵进和秘书长唐荣出席。区政协机关委室负责人肖凤云、沙秀英、马志宏、马军、焦启超等列席。

会议通过了区政协开展"春风"捐资助学活动安排意见；通过了成立区政协社会治安综合治理监督小组、城市建设与管理监督小组两个专项民主监督小组，及人员名单和工作简则；研究了召开发挥界别作用研讨会的有关事宜；商定了区政协主席、副主席、秘书长督办重点提案工作分工；通报了区政协举办"和谐杯"乒乓球比赛的情况。

第十一次会议

政协北京市房山区第五届委员会第十一次主席会议，2005年7月14日在区政协216会议室召开。区政协主席范文彦主持，副主席王晓芝、许志远、万金峰、赵润东、肖武、邵进和秘书长唐荣出席。区政协机关委室负责人肖凤云、焦启超、马志宏、沙秀英、马军等列席。

会议讨论了区政协常委会2005年上半年工作总结；审议通过了《政协北京市房山区委员会视察工作条例》和《政协北京市房山区委员会关于进一步发挥界别作用的意见》；听取了区政协提案委员会关于2005年上半年提案工作情况的汇报；研究决定了召开区政协五届七次常委会议的时间和议程等有关事项。

第十二次会议

政协北京市房山区第五届委员会第十二次主席会议，2005年9月7日在区政协216会议室召开。区政协主席范文彦主持，副主席王晓芝、许志远和秘书长唐荣出席。区政协机关委室负责人肖凤云、马志宏、马军、焦启超等列席。

会议研究通过了区政协关于对区教委工作开展综合考评的实施方案；研究了区政协9至12月工作安排。

第十三次会议

政协北京市房山区第五届委员会第十三次主席会议，2005年11月10日在区政协216会议室召开。区政协主席范文彦主持，副主席王晓芝、许志远和秘书长唐荣出席。区政协机关委室负责人肖凤云、沙秀英、马志宏、马军、焦启超等列席。

会议审议通过了《政协北京市房山区第五届委员会主席会议关于"十一五"期间进一步加快全区教育事业发展的建议案》；讨论通过了区政协办公室关于开展评选2005年度优秀政协委员的安排意见；研究了区政协五届三次会议议程。

第十四次会议

政协北京市房山区第五届委员会第十四次主席会议，2005年12月13日在区政协216会议室召开。

区政协主席范文彦主持,副主席王晓芝、许志远、万金峰、赵润东、邵进和秘书长唐荣出席。区政协机关委室负责人肖凤云、沙秀英、马军、马志宏、焦启超等列席。

会议通过了区政协2005年度优秀委员名单,优秀社情民意信息和重视信息工作的委员名单,优秀提案和提案承办先进单位名单,优秀调研报告名单;通过了区政协界别小组的划分和各组召集人名单;讨论通过了关于开展"调查报告年"活动的安排意见;审议了区政协常委会工作报告和关于提案工作情况的报告;研究了召开区政协五届三次会议的时间、地点和会期;审议了区政协五届三次会议议程、日程,执行主席名单,决议起草委员会名单,委员分组办法及召集人名单,常委会工作报告和提案工作报告的报告人名单,大会专题论坛及提案咨询交流活动安排;讨论了区政协五届三次会议关于社会主义新农村建设倡议书;研究决定了召开区政协五届八次常委会议的时间和议程等有关事项。

第十五次会议

政协北京市房山区第五届委员会第十五次主席会议,2006年1月7日在良乡北方温泉会议中心第四会议室召开。区政协主席范文彦主持,副主席王晓芝、许志远、万金峰、赵润东、肖武、邵进和秘书长唐荣出席。区政协机关委室负责人沙秀英、马志宏、马军、焦启超等列席。

会议听取了区政协五届三次会议关于提案审查情况的报告;审议了区政协五届三次会议关于政协常委会工作报告的决议和政治决议,决定提交区政协常委会审议。

政协北京市房山区第五届委员会第十五次主席会议

第十六次会议

政协北京市房山区第五届委员会第十六次主席会议，2006年2月20日在区政协216会议室召开。区政协主席范文彦主持，副主席王晓芝、万金峰、赵润东、肖武、邵进和秘书长唐荣出席。区政协机关委室负责人肖凤云、沙秀英、马志宏、马军、焦启超等列席。

会议讨论了区政协常委会2006年工作要点；审议了关于增补赵国先委员为区政协社会和法制委员会副主任、王寂委员为区政协农村工作委员会副主任的决定；决定了召开区政协五届十次常委会议的时间和议程等相关事宜。

第十七次会议

政协北京市房山区第五届委员会第十七次主席会议，2006年4月24日在区政协216会议室召开。区政协主席范文彦主持，副主席王晓芝和秘书长唐荣出席。区政协机关委室负责人肖凤云、沙秀英、焦启超、马志宏、马军等列席。

会议听取了关于区政协民主考评区建委的材料准备情况和"联牵"活动发言准备情况的汇报，安排部署了相关工作。

第十八次会议

政协北京市房山区第五届委员会第十八次主席会议，2006年4月29日在区政协216会议室召开。区政协主席范文彦主持，副主席王晓芝、赵润东和秘书长唐荣出席。区政协机关委室负责人肖凤云、沙秀英、马军、马志宏等列席。

会议研究决定了区政协考察区建委基层单位名单和相关事宜。

第十九次会议

政协北京市房山区第五届委员会第十九次主席会议，2006年5月10日在区政协216会议室召开。区政协主席范文彦主持，副主席王晓芝、万金峰、赵润东、肖武、邵进和秘书长唐荣出席。区政协机关委室负责人列席。

会议通报了副主席许志远涉嫌犯罪的相关情况，传达了中共北京市委和房山区委关于免去许志远职务的建议，同意免去许志远的政协北京市房山区第五届委员会副主席职务，提交区政协常委会审议。

第二十次会议

政协北京市房山区第五届委员会第二十次主席会议，2006年7月17日在区政协216会议室召开。区政协主席范文彦主持，副主席王晓芝、万金峰、赵润东、邵进和秘书长唐荣出席。区政协机关委室负责人肖凤云、沙秀英、焦启超、马志宏列席。

会议审议通过了《政协北京市房山区第五届委员会主席会议关于"十一五"期间全区建筑建材房地产发展和房屋管理工作的建议案》；听取了区政协提案委员会关于2006年上半年提案工作情况的汇报；讨论了区政协常务委员会2006年上半年工作总结；研究决定了召开区政协五届十二次常委会议的时间和议程等相关事宜。

第二十一次会议

政协北京市房山区第五届委员会第二十一次主席会议，2006年9月15日在区政协216会议室召开。区政协主席范文彦主持，副主席王晓芝、万金峰、赵润东、肖武、邵进和秘书长唐荣出席。区政协机关委室负责人肖凤云、沙秀英、马志宏、马军等列席。

会议研究了区政协换届工作安排和召开区政协六届一次会议的总体思路；听取了开展向广大市民征集提案线索情况的汇报；安排部署了近期工作。

第二十二次会议

政协北京市房山区第五届委员会第二十二次主席会议，2006年10月17日在区政协216会议室召开。区政协主席范文彦主持，副主席王晓芝、万金峰、赵润东、肖武、邵进和秘书长唐荣出席。李金田和区政协机关委室负责人肖凤云、沙秀英、马军、马志宏、于平、杨树德等列席。

会议传达了中共房山区委关于区政协人事调整的意见，李金田任区政协第六届委员会秘书长，于平任提案委员会主任，杨树德任专委会办公室主任；通过了区政协六届一次会议筹备工作方案；通过了区政协办公室关于评选2006年度优秀政协委员的意见；研究了区政协的近期工作。

第二十三次会议

政协北京市房山区第五届委员会第二十三次主席会议，2006年11月13日在区政协216会议室召开。区政协主席范文彦主持，副主席王晓芝、万金峰、赵润东、肖武、邵进和秘书长唐荣出席。李金田、肖凤云、沙秀英、马军、马志宏、焦启超、杨树德等列席。

会议审议了区政协常委会工作报告；通过了政协北京市房山区第五届委员会主席会议《关于加快我区重点城镇生活污水处理设施建设的建议案》和《关于我区设施农业发展的建议案》；听取了区政协2006年度优秀委员初选情况的汇报；通过了重视信息的委员、优秀信息、优秀调研报告、优秀提案、提案承办先进单位名单及"我当政协委员"征文获奖人员名单；安排部署了区政协六届一次会议召开之前的主要工作。

第二十四次会议

政协北京市房山区第五届委员会第二十四次主席会议，2006年11月20日在区政协216会议室召开。区政协主席范文彦主持,副主席王晓芝、万金峰、赵润东、肖武、邵进和秘书长唐荣出席。李金田、肖凤云、马志宏、杨树德、于平、沙秀英、马军、焦启超等列席。

会议通过了区政协2006年优秀委员名单;听取了区政协第六届委员会委员协商推荐情况的说明;审议了区政协第六届委员会委员名单;审议了关于召开区政协六届一次会议的决定;审议了区政协第五届常委会工作报告和关于提案工作情况的报告;审议了区政协六届一次会议主席团和大会秘书长建议名单,建议议程、日程,决议起草委员会建议名单,提案审查委员会建议名单,委员分组办法和召集人建议名单,主席、副主席、秘书长、常务委员选举办法;审议了在区政协六届一次会议上作第五届常委会工作报告和作提案工作情况的报告的报告人名单;决定了召开区政协五届十三次常委会议的时间和议程等相关事宜。

第九节 政协北京市房山区第六届委员会主席会议

政协北京市房山区第六届委员会主席会议,共召开45次。

第一次会议

政协北京市房山区第六届委员会第一次主席会议,2006年12月14日上午在昊天假日酒店会议室召开。区政协主席范文彦主持,副主席王晓芝、李惠英、高维魁、万金峰、赵润东、肖武,秘书长李金田出席。区政协机关委室负责人焦启超等列席。

会议讨论了区政协第六届委员会专门委员会设置方案,专门委员会组成名单和主任、副主任名单;研究决定了召开区政协六届一次常委会议的时间、议程及列席人员等相关事宜。

第二次会议

政协北京市房山区第六届委员会第二次主席会议,2006年12月14日下午在昊天假日酒店会议室召开。区政协主席范文彦主持,副主席王晓芝、李惠英、高维魁、万金峰、赵润东、肖武,秘书长李金田出席。区政协机关委室负责人肖凤云、焦启超、于平、杨树德、马志宏等列席。

会议研究决定了区政协主席、副主席和秘书长联系专门委员会工作分工。

第三次会议

政协北京市房山区第六届委员会第三次主席会议,2007年3月28日在区政协216会议室召开。区政协主席范文彦主持,副主席王晓芝、李惠英、万金峰、赵润东,秘书长李金田出席。区政协机关委室负责人肖凤云、焦启超、于平等列席。

会议研究确定了区政协2007年重点调研课题;通过了区政协界别组成名单,区政协领导和专委会联系各界别分工;通报了区政协常委会2007年工作要点确定的重点工作的进展情况;讨论了区政协常委会 2007 年开展视察工作的初步设想。

第四次会议

政协北京市房山区第六届委员会第四次主席会议，2007 年 4 月 10 日在区政协 216 会议室召开。区政协主席范文彦主持，副主席李惠英、赵润东、肖武，秘书长李金田出席。区政协专委会主任，区民主党派主委，区工商联、个私协、工会、共青团、妇联、残联、文联、科协负责人，区政协机关委室负责人列席。

会议研究了区政协参与和谐社区建设问题；研究了协助中共房山区委做好加强政协工作会议筹备工作问题，并做出了相应决定。

第五次会议

政协北京市房山区第六届委员会第五次主席会议，2007 年 6 月 19 日在区政协 216 会议室召开。区政协主席范文彦主持，副主席王晓芝、李惠英、高维魁、万金峰、赵润东、肖武，秘书长李金田出席。区政协机关委室负责人肖凤云、焦启超、于平、杨树德、马志宏等列席。

会议讨论了《中共北京市房山区委关于进一步加强人民政协工作的意见》《中共北京市房山区委北京市房山区人民政府关于办理政协建议案的办法》《中共北京市房山区委北京市房山区人民政府关于进一步加强区委区政府职能部门与区政协专门委员会对口联系的意见》；审议通过了《政协北京市房山区委员会建议案工作规则》《政协北京市房山区委员会关于民主评议政府工作的实施办法》和《政协北京市房山区第六届委员会主席会议关于推进房山区劳动和社会保障工作的建议案》。

第六次会议

政协北京市房山区第六届委员会第六次主席会议，2007 年 7 月 17 日在区政协 216 会议室召开。区政协主席范文彦主持，副主席王晓芝、李惠英、万金峰、赵润东出席。区政协机关委室负责人肖凤云、焦启超、于平、杨树德、马志宏、李增禄等列席。

会议学习了中共中央总书记胡锦涛"6·25"讲话；讨论了区政协常委会 2007 年上半年工作总结；研究了下半年工作及具体安排。

第七次会议

政协北京市房山区第六届委员会第七次主席会议，2007 年 9 月 3 日在区政协 216 会议室召开。区政协主席范文彦主持，副主席王晓芝、李惠英、万金峰、赵润东，秘书长李金田出席。区政协机关委室负责人肖凤云、焦启超、于平、杨树德、马志宏、李增禄等列席。

会议讨论了区政协 2007 年下半年工作重点；研究了开展共建和谐社区活动和区政协常委会视察农业产业发展工作安排。

第八次会议

政协北京市房山区第六届委员会第八次主席会议,2007年10月30日在区政协216会议室召开。区政协主席范文彦主持,副主席李惠英、万金峰、赵润东、肖武,秘书长李金田出席。区政协机关委室负责人肖凤云、焦启超、于平、杨树德、马志宏、李增禄等列席。

会议审议通过了政协北京市房山区第六届委员会主席会议《关于北京石油化工新材料产业基地发展循环经济的建议案》《关于充分调动农民积极性做大做强养鸭产业的建议案》《关于进一步完善我区新型农村合作医疗制度的建议案》;讨论通过了区政协2007年度优秀政协委员评选办法;研究部署了学习中共十七大会议精神的工作。

第九次会议

政协北京市房山区第六届委员会第九次主席会议,2007年12月6日在区政协216会议室召开。区政协主席范文彦主持,副主席王晓芝、万金峰、赵润东、肖武,秘书长李金田出席。区政协机关委室负责人肖凤云、焦启超、于平、杨树德、李增禄等列席。

会议研究了区政协六届二次会议议程和日程;听取了区政协2007年度优秀政协委员、优秀调查报告、优秀提案、提案承办先进单位、优秀社情民意信息、重视社情民意信息的委员推荐或评选情况的汇报;对区政协六届二次会议筹备和各项先进的评选工作提出了要求。

第十次会议

政协北京市房山区第六届委员会第十次主席会议,2007年12月18日在区政协216会议室召开。区政协主席范文彦主持,副主席王晓芝、李惠英、高维魁、万金峰、赵润东、肖武,秘书长李金田出席。区政协机关委室负责人肖凤云、焦启超、于平、李增禄等列席。

会议审议了区政协常委会工作报告和关于提案工作情况的报告;通过了召开区政协六届二次会议的决定;审议了区政协六届二次会议议程、日程,执行主席名单,决议起草委员会名单,委员分组办法及召集人名单,提案截止时间等会议文件;研究决定了召开区政协六届三次常委会议的时间和议程等有关事宜;讨论通过了区政协2007年度优秀政协委员、优秀调查报告、优秀提案等名单。

第十一次会议

政协北京市房山区第六届委员会第十一次主席会议,2008年1月10日在昊天假日酒店十一层月季厅召开。区政协主席范文彦主持,副主席王晓芝、李惠英、高维魁、万金峰、赵润东、肖武,秘书长李金田出席。区政协机关委室负责人肖凤云、焦启超、于平、杨树德、马志宏等列席。

会议听取了区政协六届二次会议关于提案审查情况的报告;审议了区政协六届二次会议关于区政协常委会工作报告的决议和政治决议;审议了区政协常委会《关于推进房山区和谐社区建设与管理的建议案》;决定了召开区政协六届四次常委会议的时间和议程。

第十二次会议

政协北京市房山区第六届委员会第十二次主席会议,2008年1月31日在区政协216会议室召开。区政协主席范文彦主持,副主席万金峰、赵润东、肖武,秘书长李金田出席。区政协机关委室负责人肖凤云、焦启超、杨树德、马志宏、李增禄等列席。

会议讨论了区政协常委会2008年工作要点。

第十三次会议

政协北京市房山区第六届委员会第十三次主席会议,2008年4月2日在区政协216会议室召开。区政协主席范文彦主持,副主席王晓芝、李惠英、高维魁、万金峰、赵润东、肖武,秘书长李金田出席。区政协机关委室负责人肖凤云、焦启超、于平、杨树德、马志宏、李增禄等列席。

会议研究确定了区政协2008年重点调研课题;决定了主席、副主席联系专委会、联系界别工作分工;审议了增补区政协城建环保委主任、社会法制与民族宗教委常务副主任及人选的决定;审议了增补委员和撤销委员资格的决定,同意增补张国平、王晓伟、李京生、徐蔚、姜胜军、崔爱军、张振江为政协北京市房山区第六届委员会委员,同意撤销刘春玲区政协委员资格,提请区政协常委会审议;研究决定了召开区政协六届五次常委会议的时间和议程等相关事宜。

第十四次会议

政协北京市房山区第六届委员会第十四次主席会议,2008年4月28日在区政协216会议室召开。区政协主席范文彦主持,副主席王晓芝、李惠英、万金峰、赵润东、肖武,秘书长李金田出席。区政协机关委室负责人肖凤云、焦启超、于平、杨树德、马志宏、李增禄等列席。

会议研究通过了《政协北京市房山区委员会关于对全区卫生工作开展民主评议的实施方案》,对民主评议全区卫生工作进行了安排部署。

第十五次会议

政协北京市房山区第六届委员会第十五次主席会议,2008年5月21日在区政协216会议室召开。区政协主席范文彦主持,副主席王晓芝、李惠英、高维魁、万金峰、肖武,秘书长李金田出席。区政协机关委室负责人肖凤云、于平、杨树德、马志宏等列席。

会议研究了民主评议全区卫生工作有关事宜;研究了区政协参与区"十一五"规划进行中期评估工作安排。

第十六次会议

政协北京市房山区第六届委员会第十六次主席会议,2008年7月1日在区政协216会议室召开。

区政协主席范文彦主持，副主席王晓芝、李惠英、高维魁、万金峰、赵润东，秘书长李金田出席。区政协机关委室负责人肖凤云、焦启超、于平、杨树德、马志宏、李增禄等列席。

会议审议通过了《政协北京市房山区第六届委员会主席会议关于推进房山区卫生事业发展的建议案》；讨论通过了区政协对区"十一五"规划实施开展中期评估的工作方案；研究了区政协常委会视察全区物流工作的具体安排。

第十七次会议

政协北京市房山区第六届委员会第十七次主席会议，2008年7月7日在区政协216会议室召开。区政协主席范文彦主持，副主席王晓芝、李惠英、高维魁、万金峰、赵润东、肖武，秘书长李金田出席。区政协机关委室负责人肖凤云、焦启超、于平、杨树德、马志宏、李增禄等列席。

会议讨论了区政协常委会2008年上半年工作总结；通过了《关于积极参与奥运筹办工作的倡议书》；研究了召开房山区各界人士喜迎奥运座谈会的安排；决定了召开区政协六届六次常委（扩大）会议的时间和议程等有关事宜。

第十八次会议

政协北京市房山区第六届委员会第十八次主席会议，2008年10月27日在区政协216会议室召开。区政协主席范文彦主持，副主席李惠英、高维魁、万金峰、赵润东、肖武，秘书长李金田出席。区政协机关委室负责人肖凤云、焦启超、于平、马志宏、程美生等列席。

会议研究了召开区政协六届三次会议问题；研究了召开学习中共十七届三中全会精神座谈会事宜；研究了优秀区政协委员的评选条件和方法步骤；听取了提案委员会关于区政协六届二次会议提案情况的分析报告。

第十九次会议

政协北京市房山区第六届委员会第十九次主席会议，2008年11月25日在区政协216会议室召开。区政协主席范文彦主持，副主席李惠英、高维魁、万金峰、赵润东、肖武，秘书长李金田出席。区政协机关委室负责人肖凤云、焦启超、于平、杨树德、马志宏、程美生等列席。

会议通过了《政协北京市房山区第六届委员会主席会议关于加快房山区山区林业发展推进生态涵养区建设的建议案》；通过了2008年度优秀区政协委员名单；研究了区政协六届三次会议的总体安排。

第二十次会议

政协北京市房山区第六届委员会第二十次主席会议，2008年12月9日在区政协216会议室召开。区政协主席范文彦主持，副主席李惠英、高维魁、万金峰、赵润东、肖武，秘书长李金田出席。区政协机关委室负责人肖凤云、焦启超、于平、杨树德、程美生等列席。

会议审议了区政协常委会工作报告和关于提案工作情况的报告；审议了关于召开区政协六届三次会议的决定，区政协六届三次会议议程、会议日程、执行主席名单、决议起草委员会名单、委员分组办法及召集人名单、选举办法等会议文件；审议了关于增补委员和增选常务委员的决定，同意增补程美生、张旭东为政协北京市房山区第六届委员会委员，增选程美生为常务委员，提请区政协常委会审议通过。研究决定了召开区政协六届七次常委会议的时间和议程；通过了2008年度优秀区政协委员、优秀调研报告、优秀提案、优秀社情民意信息、重视社情民意信息的委员、提案承办先进单位名单。

第二十一次会议

政协北京市房山区第六届委员会第二十一次主席会议，2008年12月16日在区政协216会议室召开。区政协主席范文彦主持，副主席李惠英、高维魁、万金峰、赵润东、肖武，秘书长李金田出席。区政协机关委室负责人肖凤云等列席。

会议研究决定了程美生、张旭东划入相关专委会、界别、活动组等问题。

第二十二次会议

政协北京市房山区第六届委员会第二十二次主席会议，2009年1月7日在昊天假日酒店十一层会议室召开。区政协主席范文彦主持，副主席李惠英、高维魁、万金峰、赵润东、肖武，秘书长李金田出席。区政协机关委室负责人列席。

会议听取了区政协六届三次会议关于提案审查情况的报告；审议了区政协六届三次会议关于政协常委会工作报告的决议和政治决议，决定提请区政协常委会审议通过。

第二十三次会议

政协北京市房山区第六届委员会第二十三次主席会议，2009年2月19日在区政协216会议室召开。区政协主席范文彦主持，副主席李惠英、高维魁、万金峰、赵润东、肖武，秘书长李金田出席。区政协机关委室负责人肖凤云、焦启超、于平、杨树德、程美生等列席。

会议讨论了区政协常委会2009年工作要点；通过了区政协2009年重点提案；决定了召开区政协六届九次常委会议的时间和议程；研究安排了有关工作。

第二十四次会议

政协北京市房山区第六届委员会第二十四次主席会议，2009年6月12日在区政协216会议室召开。区政协主席范文彦主持，副主席高维魁、万金峰、赵润东、肖武，秘书长李金田出席。区政协机关委室负责人肖凤云、焦启超、于平、杨树德、马志宏、程美生等列席。

会议研究了区政协评议全区交通工作的相关事宜；征求了对《区政协党组学习实践科学发展观

活动分析检查报告》的意见和建议。

第二十五次会议

政协北京市房山区第六届委员会第二十五次主席会议，2009年7月8日在区政协216会议室召开。区政协主席范文彦主持，副主席李惠英、高维魁、万金峰、赵润东、肖武，秘书长李金田出席。区政协机关委室负责人肖凤云、焦启超、于平、杨树德、程美生等列席。

会议讨论了区政协常委会2009年上半年工作总结；听取了区政协提案委员会关于2009年上半年提案工作情况的报告；决定了召开区政协六届十次常委会议的时间和议程。

第二十六次会议

政协北京市房山区第六届委员会第二十六次主席会议，2009年7月17日在区政协216会议室召开。区政协主席范文彦主持，副主席李惠英、高维魁、万金峰、赵润东，秘书长李金田出席。区政协机关委室负责人肖凤云、焦启超、杨树德等列席。

会议审议了关于增补委员的决定，同意增补孙威、孟繁欣、李伟、李东明、刘琼、张莉华、赵一泓、张冬梅、王海平、王中为政协北京市房山区第六届委员会委员，提请区政协六届十次常委会议审议。

第二十七次会议

政协北京市房山区第六届委员会第二十七次主席会议，2009年8月6日在区政协216会议室召开。区政协主席范文彦主持，副主席李惠英、高维魁、万金峰、赵润东、肖武，秘书长李金田出席。区政协机关委室负责人于平、焦启超、陈海忠、杨树德、马志宏、程美生等列席。

会议审议通过了《政协北京市房山区第六届委员会主席会议关于推进房山区交通运输事业发展的建议案》；审议通过了关于王中等10名委员划入专门委员会、界别、活动组的决定。

第二十八次会议

政协北京市房山区第六届委员会第二十八次主席会议，2009年9月8日在区政协216会议室召开。区政协主席范文彦主持，副主席李惠英、高维魁、万金峰、赵润东、肖武，秘书长李金田出席。区政协机关委室负责人于平、焦启超、陈海忠、杨树德、王英开、程美生等列席。

会议研究了纪念人民政协成立60周年的安排。

第二十九次会议

政协北京市房山区第六届委员会第二十九次主席会议，2009年11月3日在区政协216会议室召开。区政协主席范文彦主持，副主席李惠英、高维魁、万金峰、赵润东、肖武，秘书长李金田出席。

区政协机关委室负责人于平、焦启超、陈海忠、杨树德、王英开等列席。

会议研究了召开区政协六届四次会议的有关事宜；审议通过了《政协北京市房山区第六届委员会主席会议关于做大做强房山区食用菌产业的建议案》。

第三十次会议

政协北京市房山区第六届委员会第三十次主席会议，2009年12月10日在区政协216会议室召开。区政协主席范文彦主持，副主席李惠英、高维魁、万金峰、赵润东、肖武，秘书长李金田出席。区政协机关委室负责人于平、焦启超、陈海忠、杨树德、王英开等列席。

会议审议了区政协常委会工作报告和关于提案工作情况的报告；审议了关于召开区政协六届四次会议的决定，以及会议议程、日程，决议起草委员会名单，委员分组办法及召集人名单，提案截止时间等会议文件；审议了关于增补政协北京市房山区第六届委员会委员，补选主席，增选常务委员的决定及选举办法；审议了关于任免政协北京市房山区第六届委员会专门委员会主任、常务副主任的决定；研究决定了召开区政协六届十一次常委会议的时间和议程等有关事宜。

第三十一、三十二次会议

政协北京市房山区第六届委员会第三十一次、第三十二次主席会议，2010年1月12日在昊天假日酒店十一层紫荆厅召开。区政协主席范文彦主持，党组书记唐淑荣，副主席李惠英、高维魁、万金峰、赵润东、肖武，秘书长李金田出席。

会议听取了委员讨论组审议区政协常委会工作报告和关于提案工作报告的汇报；听取了讨论区政府工作报告及其他报告的汇报；听取了审议补选主席和增选常务委员的建议、选举办法和候选人情况的汇报；审议了区政协六届四次会议总监票人、监票人名单。

第三十三次会议

政协北京市房山区第六届委员会第三十三次主席会议，2010年1月14日在昊天假日酒店十一层紫荆厅召开。区政协主席唐淑荣主持，副主席李惠英、高维魁、万金峰、赵润东、肖武，秘书长李金田出席。区政协机关委室负责人于平、焦启超、陈海忠、杨树德、王英开、程美生等列席。

会议听取了区政协六届四次会议关于提案审查情况的报告；审议了区政协六届四次会议政治决议和关于政协常委会工作报告的决议，决定提请区政协六届十三次常委会议审议。

第三十四次会议

政协北京市房山区第六届委员会第三十四次主席会议，2010年2月23日在区政协216会议室召开。区政协主席唐淑荣主持，副主席高维魁、万金峰、赵润东、肖武，秘书长李金田出席。区政协机关委室负责人于平、焦启超、陈海忠、杨树德、王英开、程美生等列席。

会议讨论了区政协常委会2010年工作要点；听取了第四届首都西南区域经济发展论坛筹备工作情况的汇报；研究决定了召开区政协六届十四次常委会议的时间和议程等有关事宜。

第三十五次会议

政协北京市房山区第六届委员会第三十五次主席会议，2010年7月20日在区政协216会议室召开。区政协主席唐淑荣主持，副主席高维魁、李惠英、万金峰、赵润东、肖武，秘书长李金田出席。区政协机关委室负责人于平、焦启超、陈海忠、杨树德、王英开、程美生等列席。

会议讨论了区政协常委会2010年上半年工作总结；听取了区政协提案委员会关于2010年上半年提案工作情况的汇报；听取了第四届首都西南区域经济发展论坛筹备工作进展情况的汇报；研究决定了召开区政协六届十五次常委会议的时间和议程等有关事宜。

第三十六次会议

政协北京市房山区第六届委员会第三十六次主席会议，2010年9月1日在区政协216会议室召开。区政协主席唐淑荣主持，副主席高维魁、李惠英、赵润东、肖武，秘书长李金田出席。区政协机关委室负责人于平、焦启超、陈海忠、杨树德、王英开、程美生等列席。

会议审议了关于召开区政协六届五次会议的决定；审议了区政协六届五次会议议程、日程，委员分组办法和召集人名单；审议了关于增补委员和关于增选副主席的决定及选举办法；研究决定了召开区政协六届十六次常委会议的时间和议程等有关事宜。

第三十七次会议

政协北京市房山区第六届委员会第三十七次主席会议，2010年12月10日在区政协202会议室召开。区政协主席唐淑荣主持，副主席高维魁、李惠英、周文海、万金峰、赵润东、肖武，秘书长李金田出席。区政协机关委室负责人焦启超、陈海忠、杨树德、王英开、程美生等列席。

会议审议了区政协常委会工作报告和关于提案工作情况的报告；审议了关于召开区政协六届六次会议的决定；审议了区政协六届六次会议议程、日程，决议起草委员会名单，委员分组办法和召集人名单，提案截止时间等会议文件；研究决定了召开区政协六届十七次常委会议的时间和议程等有关事宜。

第三十八次会议

政协北京市房山区第六届委员会第三十八次主席会议，2011年1月5日在昊天假日酒店十一层会议室召开。区政协主席唐淑荣主持，副主席高维魁、李惠英、周文海、万金峰、赵润东、肖武，秘书长李金田出席。区政协机关委室负责人列席。

会议听取了区政协六届六次会议委员讨论组，审议区政协常委会工作报告和关于提案工作报告

政协北京市房山区第六届委员会第三十八次主席会议

情况的汇报。

第三十九次会议

政协北京市房山区第六届委员会第三十九次主席会议，2011年1月6日在昊天假日酒店十一层会议室召开。区政协主席唐淑荣主持，副主席高维魁、李惠英、周文海、万金峰、赵润东、肖武，秘书长李金田出席。区政协机关委室负责人列席。

会议听取了区政协六届六次会议委员讨论组，讨论《房山区人民政府工作报告》和《房山区"十二五"规划纲要》情况的汇报。

第四十次会议

政协北京市房山区第六届委员会第四十次主席会议，2011年1月7日在昊天假日酒店十一层会议室召开。区政协主席唐淑荣主持，副主席高维魁、李惠英、周文海、万金峰、赵润东、肖武，秘书长李金田出席。区政协机关委室负责人于平、焦启超、陈海忠、杨树德、程美生等列席。

会议听取了区政协六届六次会议关于提案审查情况的报告；审议了区政协六届六次会议政治决议和关于区政协常委会工作报告的决议，决定提请区政协常委会审议。

第四十一次会议

政协北京市房山区第六届委员会第四十一次主席会议，2011年2月23日在区政协216会议室召开。区政协主席唐淑荣主持，副主席高维魁、李惠英、万金峰、赵润东、肖武，秘书长李金田出席。区政协机关委室负责人于平、焦启超、陈海忠、杨树德、刘清生、程美生等列席。

会议讨论了《政协北京市房山区第六届委员会常务委员会2011年工作要点》。

第四十二次会议

政协北京市房山区第六届委员会第四十二次主席会议，2011年3月4日在区政协216会议室召开。区政协主席唐淑荣主持，副主席高维魁、李惠英、周文海、万金峰、赵润东、肖武，秘书长李金田出席。区政协机关委室负责人列席。

会议同意李金田因任职年龄原因，辞去政协北京市房山区第六届委员会秘书长职务的申请；同意增补游来清为政协北京市房山区第六届委员会委员，代理秘书长职务，提请区政协常委会审议；研究决定了召开区政协六届十九次常委会议的时间和议程等相关事宜。

第四十三次会议

政协北京市房山区第六届委员会第四十三次主席会议，2011年4月8日在区政协216会议室召开。区政协主席唐淑荣主持，副主席高维魁、李惠英、周文海、万金峰、赵润东、肖武和代理秘书长游来清出席。区政协机关委室负责人于平、焦启超、陈海忠、杨树德、刘清生、程美生等列席。

会议听取了政协北京市房山区第六届委员会"十佳"提案评选情况的汇报，确定了"十佳"提案，决定对提案人及承办单位给予表彰。

第四十四次会议

政协北京市房山区第六届委员会第四十四次主席会议，2011年9月14日在区政协202会议室召开。区政协主席唐淑荣主持，副主席高维魁、李惠英、周文海、万金峰、赵润东、肖武和代理秘书长游来清出席。区政协机关委室负责人于平、王金恒、陈海忠、杨树德、刘清生、程美生、刘文礼、骆金萍等列席。

会议听取了各专委室工作汇报；研究安排了区政协2011年下半年重点工作。

第四十五次会议

政协北京市房山区第六届委员会第四十五次主席会议，2011年11月30日在区政协216会议室召开。区政协主席唐淑荣主持，副主席高维魁、李惠英、周文海、万金峰、赵润东、肖武和代理秘书长游来清出席。区政协机关委室负责人于平、王金恒、陈海忠、杨树德、刘清生、程美生、刘文礼、骆金萍等列席。

会议审议了关于召开区政协七届一次会议的决定；审议了区政协第七届委员会委员人选的决定；审议了区政协七届一次会议主席团和秘书长人选建议名单、建议议程和日程、决议起草委员会建议名单、提案审查委员会建议名单、委员分组办法和召集人建议名单、主席、副主席、秘书长、常务委员选举办法；通过了在区政协七届一次会议上作区政协第六届常委会工作报告和提案工作报告的报告人名单；审议了区政协常委会工作报告和关于提案工作情况的报告，决定将上述文件提交区政协常委会审议。

第十节 政协北京市房山区第七届委员会主席会议

政协北京市房山区第七届委员会主席会议，自政协北京市房山区第七届委员会第一次会议开幕，至政协北京市房山区第七届委员会第五次会议闭幕，共召开27次。

第一次会议

政协北京市房山区第七届委员会第一次主席会议，2011年12月15日在昊天假日酒店召开。区政协主席唐淑荣主持，副主席高维魁、李惠英、周文海、任振秋、赵润东、肖武，秘书长游来清出席。区政协机关各委室负责人列席。

政协北京市房山区第七届委员会第一次主席会议

会议审议了《政协北京市房山区第七届委员会常务委员会关于设置专门委员会的决定》《政协北京市房山区第七届委员会专门委员会组成人员名单》和《政协北京市房山区第七届委员会专门委员会主任、副主任名单》，决定提请区政协七届一次常委会议通过。

第二次会议

政协北京市房山区第七届委员会第二次主席会议，2011年12月20日在区政协216会议室召开。区政协主席唐淑荣主持，副主席高维魁、李惠英、周文海、任振秋、赵润东、肖武，秘书长游来清出席。区政协机关各委室负责人于平、王金恒、陈海忠、刘清生、程美生、刘文礼、骆金萍等列席。

会议总结了区政协七届一次会议的做法和经验。研究决定：召开区政协2012年工作务虚会；召开离任区政协委员座谈会，向离任委员印发《感谢信》，并做好走访慰问工作。

第三次会议

政协北京市房山区第七届委员会第三次主席会议，2011年12月28日在区政协216会议室召开。区政协主席唐淑荣主持，副主席高维魁、李惠英、任振秋、赵润东，秘书长游来清出席。于平、王金恒、陈海忠、刘清生、程美生、刘文礼、骆金萍等列席。

会议决定了区政协主席、副主席工作分工；审议了区政协专门委员会、界别、机关委室设置方案，及专门委员会主任、副主任，机关委室主任，界别召集人名单；讨论通过了区政协机关工作职能和人员调整方案。

第四次会议

政协北京市房山区第七届委员会第四次主席会议，2012年2月21日在区政协202会议室召开。区政协主席唐淑荣主持，副主席高维魁、李惠英、任振秋、赵润东、肖武，秘书长游来清出席。于平、王金恒、陈海忠、杨树德、程美生、刘文礼、骆金萍等列席。

会议听取了赴山东省青岛市政协学习考察情况的汇报；研究了区政协常委会2012年工作要点。

第五次会议

政协北京市房山区第七届委员会第五次主席会议，2012年11月7日在区政协216会议室召开。区政协主席唐淑荣主持，副主席高维魁、李惠英、周文海、任振秋、赵润东、肖武，秘书长游来清出席。于平、王金恒、陈海忠、杨树德、刘清生、韩晓明、骆金萍等列席。

会议审议了区政协常委会工作报告和关于提案工作情况的报告；审议了关于召开区政协七届二次会议的决定及会议议程、日程，决议起草委员会名单，委员分组办法和召集人名单；审议了关于增补委员和增选常务委员的决定；审议了关于调整部分专门委员会主任、副主任的决定；审定了区政协七届一次会议以来优秀提案及提案承办先进单位名单及表彰办法；决定了召开区政协七届三次常委会议的时间和议程等相关事宜。

第六次会议

政协北京市房山区第七届委员会第六次主席会议，2012年11月21日在昊天假日酒店召开。区政协主席唐淑荣主持，副主席高维魁、李惠英、周文海、任振秋、赵润东、肖武，秘书长游来清出席。

会议听取了区政协七届二次会议委员讨论组，审议区政协常委会工作报告和提案工作报告情况的汇报。

第七次会议

政协北京市房山区第七届委员会第七次主席会议，2012年11月22日在昊天假日酒店召开。区政协主席唐淑荣主持，副主席高维魁、李惠英、任振秋、赵润东、肖武，秘书长游来清出席。

会议听取了区政协七届二次会议委员讨论组，讨论区政府工作报告及其他报告情况的汇报。

第八次会议

政协北京市房山区第七届委员会第八次主席会议，2012年11月23日在昊天假日酒店召开。区政协主席唐淑荣主持，副主席高维魁、李惠英、周文海、任振秋、赵润东、肖武，秘书长游来清出席。

会议听取了区政协七届二次会议关于提案审查情况的报告，审议了政协北京市房山区七届二次会议政治决议和关于区政协常委会工作报告的决议，决定提请区政协常委会审议。

第九次会议

政协北京市房山区第七届委员会第九次主席会议，2013年2月25日在区政协216会议室召开。区政协主席唐淑荣主持，副主席高维魁、李惠英、周文海、任振秋、赵润东、肖武，秘书长游来清出席。区政协机关各室主任于平、王金恒、陈海忠、杨树德、刘清生、韩晓明、刘文礼、骆金萍等列席。

会议讨论了区政协常委会2013年工作要点；听取了区政协提案委员会关于2013年重点提案督办工作安排意见，决定了督办工作分工。

第十次会议

政协北京市房山区第七届委员会第十次主席会议，2013年5月20日在区政协216会议室召开。区政协主席唐淑荣主持，副主席高维魁、李惠英、任振秋、赵润东、肖武，秘书长游来清出席。区政协机关各室主任于平、王金恒、陈海忠、杨树德、刘清生、韩晓明、刘文礼、骆金萍等列席。

会议讨论通过了《政协北京市房山区委员会关于对全区民政工作开展民主评议的实施方案》，对民主评议工作进行了安排部署。

第十一次会议

政协北京市房山区第七届委员会第十一次主席会议，2013年6月20日在区政协202会议室召开。区政协主席唐淑荣主持，副主席高维魁、李惠英、任振秋、肖武，秘书长游来清出席。区政协机关各室主任于平、王金恒、陈海忠、杨树德、刘清生、韩晓明、刘文礼、骆金萍等列席。

会议讨论了《政协北京市房山区委员会关于民主评议全区民政工作情况的报告》，审议了《政协北京市房山区委员会关于加强政协委员队伍建设的规定》。

第十二次会议

政协北京市房山区第七届委员会第十二次主席会议，2013年7月15日在区政协202会议室召开。区政协主席唐淑荣主持，副主席高维魁、李惠英、周文海、任振秋、赵润东、肖武，秘书长游来清出席。区政协机关各室主任于平、王金恒、陈海忠、杨树德、刘清生、韩晓明、刘文礼、骆金萍等列席。

会议讨论了区政协常委会2013年上半年工作总结；听取了区政协提案委员会关于2013年提案工作情况的汇报；审议了《政协北京市房山区委员会关于撤销张永生政协北京市房山区第七届委员会委员资格的决定》。

第十三次会议

政协北京市房山区第七届委员会第十三次主席会议，2013年12月18日在区政协202会议室召开。区政协主席唐淑荣主持，副主席高维魁、李惠英、周文海、任振秋、赵润东、肖武，秘书长游来清出席。区政协机关各室主任于平、王金恒、陈海忠、杨树德、刘清生、韩晓明、刘文礼、骆金萍等列席。

会议审议了区政协常委会工作报告和关于提案工作情况的报告；审议了关于召开区政协七届三次会议的决定和会议议程、日程，决议起草委员会名单，提案截止时间，委员分组办法和召集人名单；审议了关于增补刘勇、李铮为政协北京市房山区第七届委员会委员的决定；通过了关于表彰区政协2013年优秀提案、优秀调研成果的决定和关于开展评议政协提案办理工作的意见；听取了区政协委员2013年履职情况的汇报；研究决定了召开区政协七届七次常委会议的时间和议程。

第十四次会议

政协北京市房山区第七届委员会第十四次主席会议，2014年1月7日在昊天假日酒店十一层茉莉厅召开。区政协主席唐淑荣主持，副主席高维魁、李惠英、周文海、任振秋、赵润东、肖武，秘书长游来清出席。区政协机关各室主任于平、王金恒、陈海忠、杨树德、刘清生、韩晓明、刘文礼、骆金萍等列席。

会议听取了区政协七届三次会议委员讨论组，审议区政协常委会工作报告和提案工作报告，讨论区政府工作报告及其他报告，审议区政协七届三次会议政治决议和关于区政协常委会工作报告的决议，讨论"为提升新房山建设水平、实现房山梦建言"情况的汇报。

第十五次会议

政协北京市房山区第七届委员会第十五次主席会议，2014年1月8日在昊天假日酒店十一层紫荆厅召开。区政协主席唐淑荣主持，副主席高维魁、李惠英、周文海、任振秋、赵润东、肖武，秘书长游来清出席。区政协机关各室主任于平、王金恒、陈海忠、杨树德、刘清生、韩晓明、刘文礼、骆金萍等列席。

会议听取了区政协七届三次会议关于提案审查情况的报告；审议了政协北京市房山区七届三次会议政治决议和关于区政协常委会工作报告的决议，决定提请区政协七届八次常委会议审议。

第十六次会议

政协北京市房山区第七届委员会第十六次主席会议，2014年2月24日在区政协机关202会议室召开。区政协主席唐淑荣主持，副主席高维魁、李惠英、周文海、赵润东、肖武，秘书长游来清出席。区政协机关各室主任于平、王金恒、陈海忠、杨树德、刘清生等列席。

会议讨论了区政协常委会2014年工作要点；听取了区政协提案委员会关于区政协七届三次会议提案审查立案情况和2014年重点提案情况的汇报。

第十七次会议

政协北京市房山区第七届委员会第十七次主席会议，2014年7月28日在区政协202会议室召开。区政协主席唐淑荣主持，副主席高维魁、李惠英、周文海、任振秋、赵润东出席。区政协机关各室主任于平、王金恒、陈海忠、刘清生、韩晓明、刘文礼、骆金萍等列席。

会议听取了区政协2014年提案工作情况的汇报；讨论了区政协常委会2014年上半年工作总结；审议通过了政协北京市房山区委员会关于开展2014年评议政协提案办理工作方案和协商恳谈会工作办法。会议还研究了其他事项。

第十八次会议

政协北京市房山区第七届委员会第十八次主席会议，2014年12月18日在区政协202会议室召开。区政协主席唐淑荣主持，副主席李惠英、任振秋、肖武，秘书长游来清出席。区政协机关各室主任于平、王金恒、陈海忠、杨树德、刘清生、韩晓明、刘文礼、骆金萍等列席。

会议审议了区政协常委会工作报告和关于提案工作情况的报告；审议了关于召开区政协七届四次会议的决定及会议议程、日程，决定起草委员会名单，委员分组办法和召集人名单；审议了因工作调动等原因，王洪英等8名同志不再担任政协北京市房山区第七届委员会委员，增补王文洪、赵东升、李宝虎、孙宇辉、郭振江、梁志辉、张文国、尹志刚、张桂学等9人为政协北京市房山区第七届委员会委员的决定，补选王文洪、孙宇辉为政协北京市房山区第七届委员会常务委员的决定及选举办法；讨论通过了关于表彰区政协2014年优秀提案、优秀调研成果的决定；研究决定了召开区政协七届十一次常委会议的时间和议程。

第十九次会议

政协北京市房山区第七届委员会第十九次主席会议，2015年1月5日在昊天假日酒店十一层紫荆厅召开。区政协主席唐淑荣主持，副主席、秘书长出席。区政协机关各室主任列席。

会议听取了区政协七届四次会议委员讨论组，审议区政协常委会工作报告和提案工作报告情况的汇报。

第二十次会议

政协北京市房山区第七届委员会第二十次主席会议，2015年1月6日在昊天假日酒店十一层紫荆厅召开。区政协主席唐淑荣主持，副主席、秘书长出席。区政协机关各室主任列席。

会议听取了区政协七届四次会议委员讨论组，讨论区政府工作报告及其他报告情况的汇报；听取了审议区政协七届四次会议政治决议和关于政协常委会工作报告决议情况的汇报；听取了审议补选常务委员办法和候选人名单情况的汇报。

第二十一次会议

政协北京市房山区第七届委员会第二十一次主席会议，2015年1月7日在昊天假日酒店十一层紫荆厅召开。区政协主席唐淑荣主持，副主席、秘书长出席。区政协机关各室主任列席。

会议审议了区政协七届四次会议政治决议和关于政协常委会工作报告的决议；听取了区政协七届四次会议关于提案审查情况的报告，决定提请区政协七届十二次常委会议审议。

第二十二次会议

政协北京市房山区第七届委员会第二十二次主席会议，2015年1月19日在区政协202会议室召开。区政协主席唐淑荣主持，副主席高维魁、李惠英、任振秋、赵润东、肖武，秘书长游来清出席。区政协机关各室主任于平、王金恒、陈海忠、杨树德、刘清生、韩晓明、刘文礼、骆金萍等列席。

会议研究了区政协2015年的工作。

第二十三次会议

政协北京市房山区第七届委员会第二十三次主席会议，2015年2月12日在区政协机关202会议室召开。区政协主席唐淑荣主持，副主席高维魁、李惠英、任振秋、赵润东、肖武，秘书长游来清出席。区政协机关各室主任于平、王金恒、陈海忠、刘清生、韩晓明、刘文礼、骆金萍等列席。

会议讨论了区政协常委会2015年工作要点和2015年协商工作计划；安排部署了春节前后的主要工作。

第二十四次会议

政协北京市房山区第七届委员会第二十四次主席会议，2015年12月17日在区政协202会议室召开。区政协主席唐淑荣主持。副主席高维魁、李惠英、任振秋、赵润东、肖武，秘书长游来清出席。区政协机关各室主任于平、王金恒、陈海忠、杨树德、韩晓明、刘文礼、骆金萍等列席。

会议审议了区政协常委会工作报告和关于提案工作情况的报告；审议了关于召开区政协七届五次会议的决定及会议议程、日程，决议起草委员会名单，委员分组办法和召集人名单，区政协七届五次会议提案截止时间；审议了不再担任政协北京市房山区第七届委员会委员、增补政协北京市房山区第七届委员会委员的决定，补选政协北京市房山区第七届委员会副主席的建议及选举办法；讨论通过了关于表彰区政协2015年优秀提案、优秀调研成果的决定；听取了关于2015年区政协委员履职情况的汇报；研究决定了召开区政协七届十五次常委会议的时间和议程。

第二十五次会议

政协北京市房山区第七届委员会第二十五次主席会议，2016年1月5日在昊天假日酒店十一层紫荆厅召开。区政协主席唐淑荣主持，副主席高维魁、李惠英、周文海、任振秋、赵润东、肖武，秘书长游来清出席。区政协机关各室主任列席。

会议听取了区政协七届五次会议委员讨论组，审议区政协常委会工作报告和提案工作报告情况的汇报。

第二十六次会议

政协北京市房山区第七届委员会第二十六次主席会议，2016年1月6日在昊天假日酒店十一层紫荆厅召开。区政协主席唐淑荣主持，副主席高维魁、李惠英、周文海、任振秋、赵润东、肖武，秘书长游来清出席。区政协机关各室主任列席。

会议听取了区政协七届五次会议委员讨论组，讨论区政府工作报告及其他报告、房山区"十三五"规划纲要情况的汇报；听取了审议区政协七届五次会议政治决议和关于政协常委会工作报告决议情况的汇报；听取了审议选举办法、区政协副主席候选人名单和推荐监票人等情况的汇报。

第二十七次会议

政协北京市房山区第七届委员会第二十七次主席会议，2016年1月7日在昊天假日酒店十一层紫荆厅召开。区政协主席唐淑荣主持，副主席高维魁、李惠英、周文海、任振秋、赵润东、肖武，秘书长游来清出席。区政协机关各室主任列席。

会议审议了区政协七届五次会议政治决议和关于区政协常委会工作报告的决议；听取了区政协七届五次会议关于提案审查情况的报告，审议了总监票人、监票人名单，决定将上述决议提请区政协七届十六次常委会议审议。

第三编
职能履行

第一章 讨论政府工作报告

列席人民代表大会，听取并讨论《政府工作报告》及其他报告，是政协委员参政议政的重要形式之一。本章记述的是从政协北京市房山县第一届委员会、第二届委员会，到政协北京市燕山区第一届委员会，再从政协北京市房山区第一届委员会，到第二届、第三届、第四届、第五届、第六届、第七届委员会期间，先后召开了四十一次全体会议，政协委员认真讨论《政府工作报告》的情况。在每次召开的全体会议上，委员们都以饱满的热情认真讨论《政府工作报告》，大家认真履职、踊跃发言、各抒己见，不仅对工作报告和政府工作进行全面、公正的评价，而且围绕推进政府工作和全区发展，围绕区委区政府确定的发展战略和重要方针政策，乃至围绕房山区国民经济和社会发展规划纲要的制定和实施提出了大量有建设性的意见和建议，涉及全区经济与社会发展的方方面面，为助推我区不同时期的全面健康发展建真言、献良策、凝智慧、聚力量。

第一节 政协北京市房山县第一届委员会

政协北京市房山县第一届委员会任期三年，期间共召开了三次全体会议。历次会议期间，与会委员认真听取了《革委会工作报告》和《政府工作报告》，并进行了热烈讨论，积极参政议政、建言献策，共提出了积极中肯的意见与建议125条，主要涉及城镇建设与管理、农业、工业、财贸、公路、交通、教育、干部队伍建设、民族政策、政法工作等方面。

一届一次会议讨论革委会工作报告

中国人民政治协商会议北京市房山县第一届委员会第一次会议于1981年3月6日至11日举行。

3月7日上午，全体政协委员听取了县革委会主任吕镒同志所作的《革委会工作报告》和其他有关报告。下午分组展开了热烈讨论，委员们一致认为报告符合实际，实事求是，任务明确，指标切实，措施可行，是一个鼓舞人心的报告。

委员们在对《革委会工作报告》高度评价的同时，还提出了积极中肯的意见和建议49条，主要涉及9个方面。

城镇建设和环境保护方面6条：一是加强市政建设和管理，建设新房山，不仅要解决好老问题，还要避免产生新问题，尽快改变面貌。二是县的城镇建设问题。需要市里帮助解决的问题，及时提出。三是权力要下放，建议中央明确一下，凡到哪个地区建设，就要服从哪个地区的统一规划领导，县级可以建相应的公司，吸引投资，增加收入。四是不少单位的烟尘、噪音以及空气和水的污染十分严重，应该采取有力措施，加强调查研究，掌握污染程度的数据和危害，才有说服力；可以立个法，区别程度，予以罚款。五是煤矿机械厂有九百多台电视机，受房山塑料厂热合机高频设备的干扰，要求有关部门协助督促解决。六是最近田各庄猪场粪坑污水流入化工四厂厂内水井，造成严重污染，工人不敢吃饭喝水，影响很大。

城镇管理方面4条：一是城镇管理应明确各部门职权范围，城镇、街道建设应统一由市政管理部门批准，按规划要求进行。二是房山城的三街两关农户，应划归城关镇统一领导。三是街道树木应为市政部门管理定出规章，毁树者罚款。四是城关镇定型的街道应定出街名，住户楼群应定出门牌、楼号，以便于邮件、函电投送。

农业科技方面6条：一是建立科技情报资料室。二是要重视科技人员再学习再深造问题。三是科技骨干不宜兼职过多。四是水利上要解决重建轻管的问题。五是应该重视大牲畜的繁殖和黄牛改良。六是要尽力解决科技人员生活上的一些实际问题。

党的民族政策方面4条：一是加强统战工作，调动各方面的积极因素。二是窦店是对外开放的地方，应该将原来的清真寺很好地整修一下。三是进一步加强党的民族政策工作。四是今后市里有关少数民族方面的活动，应尽量组织去参加，有关统一战线方面的政策性材料应转发给大家学习。

医疗卫生方面8条：一是卫生工作要加强管理，搞好整顿。二是加强培训，提高医务人员的业务技术。三是孕妇到医院生产的增多，应尽快在房、良两镇建立产院。四是要加强中西医结合，更好地促进中医学科的研究和发展。五是中医后继无人亟待解决。六是关于中医本身业务技术提高问题，最好建立一所中医医院。七是对于食品卫生的管理，应该立个法，狠抓落实。八是医疗卫生事业存在重医轻药的倾向，对中药行业缺乏重视，不少中草药的加工配方失传，有关部门应想办法解决。

财贸和服务方面5条：一是应精简机构，机关要面向生产、面向基层。二是继续大抓改善服务态度、提高服务质量的问题。三是应在房山城关镇南街、大马路边增建储蓄网点。四是在良乡城内应建起像样的蔬菜门市部。五是房山城内修理业网点太少。

公路交通、办学、青少年教育方面9条：一是解决山区交通问题。二是建议县与市有关部门协商一下，把长途汽车改为公共汽车，增加车次。三是希望县与丰台区联系，尽快把天桥至窑上公社韩营这段路接通、修好。四是建议由县接管中央市属厂矿办学事项。五是要求当地政府帮助解决矿山机械厂学校师资不足，教学质量差等的问题。六是加强石楼中学教学力量，解决职工子女在当地就学的问题。七是希望有关部门对在招工问题上存在的重男轻女的问题加以解决。八是建立各种组织，加强对青少年的政治思想工作，开展爱国主义、前途理想、文明礼貌、民主与法制等教育，要给青年开辟活动场所，多组织些适合青年特点的活动。九是对青少年还要加强革命传统教育，人人都要关心下一代。

干部教育和组织原则方面2条：一是有关部门对基层、中层干部要加强教育，要制订一个干部守则，要充分发挥组织、人事、纪检会等组织的作用。二是要严格组织原则，对于因工作需要而调动的干部，一经组织研究决定，就要坚决执行，不能讲价钱、要条件；对于因不胜任本职工作的要调整，不能轻易地还安排原职。

教育方面5条：一是要重视教师队伍的建设。二是增加教育经费，加强校舍修建和设备配制。三是学校领导班子应该精干，提高工作效率。四是建议对学制的某些方面加以改革。五是对学生进行德、智、体全面教育。

一届二次会议讨论政府工作报告

中国人民政治协商会议北京市房山县第一届委员会第二次会议于1982年3月22日至27日举行。

3月24日上午，全体政协委员列席了我县六届二次人大会议，听取了房山县县长吕镒同志所作的《房山县人民政府工作报告》。下午分组进行了认真讨论，全体政协委员一致认为，报告讲得符合实际，任务明确，要求具体，措施可行，是一个比较全面的、鼓舞人心的报告。

委员们在对《房山县人民政府工作报告》高度评价的同时，还提出了积极中肯的意见和建议56条，主要涉及8个方面。

工业和社队企业发展方面3条：一是建立统一机构，对我县地方工业和社队企业的调整和发展，由县政府统一规划和布局，防止盲目建厂。二是对于已造成污染的企业，环保等有关部门要严格监测，超过规定指标的，要采取具体措施，加以尽快解决。对将要建设的新厂要通盘考虑，加强规划管理，社、队建厂都应经县有关机构批准后方能建设。三是应请有专业技术知识的内行，向社、队企业干部、职工进行宣传教育，讲清利害关系，传授科技知识。

畜牧业发展和用水管水方面6条：一是大牲畜应着重发展驴和马。二是必须解决好优种猪的人工授精，这个任务明确给公社配种站，政府要帮助他们解决投资、技术人员和福利待遇等问题。三是要积极引进推广优种长毛兔，建议政府组织外贸、畜牧、商业等有关部门共同解决。四是畦中打腰沟，既好浇又节水，应推广。五是解决机井重建轻管的问题。六是实行机井责任制，专人管理，计划用水，合理用水，推广南尚乐、琉璃河等地经验。

青少年教育、计划生育和居委会建设方面11条：一是对青少年教育要发动社会力量，经常抓，抓经常，坚持不懈地搞下去。二是要树立青少年的先进典型，宣传他们的好思想、好风格、好经验，扭转部分老年人认为当前这些小青年就知道吃吃喝喝、搞对象的片面认识。三是支持各级青年团干部的工作，关心他们的切身利益，举办短期培训班，不断提高他们的政治思想水平和工作能力。四是对青年中的少数坏人，要召开现场会或公判大会公开处理，从而使广大青少年从正反两个方面接受经验教训。五是基层妇联工作在人员上应该选择调配，时间上要有保障。六是取消重男轻女的土政策。七是加强避孕措施，有关部门要组织好避孕药具供应，保证需要。八是坚持奖惩，要加强思想教育，营造计划生育光荣，不计划生育可耻的强大社会舆论，对不执行计划生育的，要坚持惩处。九是应把居委会规模适当划小。十是居委会应设专职干部，并选派年富力强的人充实到基层，开展工作。十一是对居委会经费应该根据实际需要适当增加。

党的民族政策方面2条：一是建立清真食品供应点，回民饭店要名副其实。二是确定回民"义地"，建立殡葬管理所。

医疗卫生方面5条：一是应加快良乡二医的建设，缓和房山看病人多的压力。二是呼吁有关部门尽快解决中医院的人力、物力和财力问题。三是呼吁各个部门都来重视防病工作。四是建议财政部门拨给一部分资金，补充和改善中小学的卫生设施和卫生条件。五是建议饮食服务部门要加强对从事这项工作的人员定期进行体检，发现有传染病的要及时调离，还要加强饮食用具的消毒工作。

文化教育方面9条：一是加强教师队伍建设。二是狠抓中小学教育。三是做好教师的考核工作。四是房、良两所中学增设重点初中班。五是对高中点的调整应该慎重考虑。六是为培养师资，为实习提供方便，师范学校应该建立附属小学。七是加强对群众爱护公物的宣传教育，对各种体育器材遭到的破坏要采取防范措施，对房山中学体育场拨款建筑围墙。八是体育老师搞达标训练，劳动强度大，建议给予粮食和生活补贴。九是重视公社文化站的建设，在资金、场地和人才等方面都要给予支持，解决一些实际问题。

政法工作方面8条：一是要从重从快严厉打击五类刑事犯罪分子。二是加强法制教育。三是搞好综合治理。四是抓党对政法工作的路线、方针、政策的贯彻落实，抓干部培训，充分发挥领导机关的作用。五是加强政法队伍的建设。六是重视培训政法干部，建立严格的、经常的考核制度，动员全社会都来重视。七是重视司法助理员的工作。八是公、检、法的力量仍然不足，不仅要增加人员，还要解决革命事业心的问题。

农业和市政建设方面12条：一是要搞好水土保持工作，防止水土流失。二是要制订政策，解决好山区人民的口粮。三是平原地区大力发展四旁植树农田林网化，严禁乱砍滥伐。四是要培肥地力活化土层，大搞农田水利建设，建造旱涝保收田，节约用水，合理用水，防渗防漏。五是要发挥我县山区优势，除发展林、牧业外，充分利用荆条、药材、酸枣等野生资源，发展多种经营。六是合理开发我县得天独厚的气候资源。七是要进一步加强农业技术推广机构的建设。八是打好春耕生产资料供应，从人力、资金、运输等方面都优先安排。九是发展多种经营，以种植养殖为主。十是街道命名，搞门牌编号。十一是街道上的违章建筑应该有人管理。十二是城镇居委会应该建立共青团组织，以加强待业青年的管理教育。

一届三次会议讨论政府工作报告

中国人民政治协商会议北京市房山县第一届委员会第三次会议于1983年1月12日至18日举行。

1月14日上午，委员们听取了张进儒副县长所作的《房山县人民政府工作报告》并进行了热烈的讨论。委员们一致赞同《房山县人民政府工作报告》，认为在1982年我县各项工作都有很大的进展，取得了一定成绩。报告中提出的1983年的各项任务，实事求是，措施可行，今后要坚决贯彻执行。

委员们在对《政府工作报告》高度评价的同时，还提出了积极中肯的意见和建议20条，主要涉及4个方面。

农业方面4条：一是冬春生产务必抓紧。二是解决缺磷问题，抓紧磷肥厂的建设。三是重视科技人员，落实技术承包。四是疏通河道，减少涝灾。

文教、计划生育方面7条：一是建立一所名副其实的重点学校，从初中到高中，全县统一招生，择优录取。二是切实抓好中学结构改革，解决中学单一问题，要发展职业技术教育，培养人才，服务四化。三是对现在农村的高中毕业生要使用，进行短期集训，根据个人专长，安排工作，为社会增加财富。四是要重视师范学校的工作，解决有文凭没水平、铁饭碗、误人子弟的问题。五是应该尽快研究，加速解决规划和建造体育场。六是对于计划生育要注重教育，辅之以经济限制。七是优生、扫盲两大工作应列入日程。 对已近亲结婚的进行普查，对其下一代限制生育；对文盲进行普查，尤其对30岁以下的文盲，应立即采取措施加以扫除。

改革、工交、财贸、城建方面5条：一是机构改革问题应抓紧进行，目前已到了非改不可的地步了。二是工交企业应切实整顿好领导班子。三是要搞好与中央、市属厂矿、部队之间的关系。四是要加强财贸战线上服务人员的职业道德教育和基本功训练。五是城镇建设应引起重视。

政法方面4条：一是进一步加强法制宣传教育。二是进一步发动群众搞好社会治安。三是进一步关心失足青年的教育问题。四是进一步提高司法机关工作人员的素质。

第二节 政协北京市房山县第二届委员会

政协北京市房山县第二届委员会任期三年，期间共召开了三次全体会议。历次会议期间，委员们认真听取并讨论了《政府工作报告》，大家积极建言献策，提出了许多意见建议，主要包括人才的开发与利用、改革与发展、城镇建设与规划、领导干部的工作作风与态度、工业建设、农业发展、文卫事业发展等方面。

二届一次会议讨论政府工作报告

中国人民政治协商会议北京市房山县第二届委员会第一次会议于1984年5月14日至19日举行。

5月16日上午，全体委员列席了县第七届人民代表大会第一次会议，听取了邢春华县长所作的《政府工作报告》。下午，分组进行了讨论。讨论中，委员们畅谈了我县的大好形势，对政府工作给予了充分肯定，高度赞扬了三年多来我县两个文明建设所取得的成绩。委员们一致认为，报告实事求是，全面具体，符合我县实际情况；对今后的工作任务提得具体明确，切实可行。

委员们在对《政府工作报告》高度评价的同时，还提出了积极中肯的意见和建议，主要涉及4个方面。

进一步解放思想，搞好人才的开发和利用。委员们普遍认为，振兴房山经济，在一定意义上说，取决于人才的培养、开发和利用。在这方面，必须引起各级领导的足够重视。种子公司农艺师吕兴洲委员、建委工程师杨岭委员说："我县人才不足是一个突出的问题，主要原因，一是政策不落实，现有人才留不住，在使用、培养等方面也缺少办法；二是对老的科技人员知识更新问题没有得力措施；三是思想不够解放，人才引进不大胆，对引进人才的生活待遇、家属、住房、工作条件等问题没有明确的政策规定，因而外边人才引不进来；四是人才培养还缺乏切实可行的规划和措施，出现了青黄不接。"长阳仁和酒厂刘建庭委员建议："要注重发挥社会上科技人员的作用。现在科技人员退休的不少，有本地的，也有外地的，要把他们组织起来，可让他们讲学或开展技术咨询等活动，发挥他们的余热。"

要大胆进行各方面的改革。物资局孙洪章委员说："目前的人事管理条条框框多、关卡多、限制多、统的死，很不适应形势的发展，急需进行改革。我们单位有两个大学生。一个是搞银行的，一个是搞财政的，财政部门要，本人也愿意对口，就是单位不给。还有一个工人在北京经济学院自学，有会计业务专长，审计局想要，就因为是工人不能招用。这不利于人尽其才。"交通局林钟云委员说："我县交通运输比较混乱，急需进行改革，建议县里抓一下，扩大企业自主权，以推动交通运输部门的全面改革。"

城镇建设要量力而行，做出详细周密的规划。县中医医院副院长、主治医师朱发喜委员说："城镇建设要有全面周密的规划，不能朝令暮改，避免建了拆，拆了建和重复建设。同时城镇建设一定要量力而行，战线不要拉得太长，以免影响其他事业的发展。"第十组的委员说："城镇建设，布局要合理。如生活区要建在比较安静的地方，体育场地设施要远离城镇中心。"

要调整好政策。讨论中，委员们一致认为：政策对头与否，对我县经济的发展关系极大。因此，必须把政策调整好。畜牧水产局畜牧兽医师郭起寿说："目前我县鸡、猪下降的主要原因之一是政策问题。如国家收购鸡蛋时不一视同仁，国家、集体的每斤一元一角二分，社员户的每斤九角四分。奖励政策也不一样。有的社员说：'国营的鸡蛋是金蛋，集体的是银蛋，我们社员户的是屎蛋。'这就挫伤了社员的积极性。"大韩继大队党总支书记祁凤伶委员说："农副产品的收购政策要稳定，不要随意减价，否则，就会影响农村'两户'和商品经济的发展。"

二届二次会议讨论政府工作报告

中国人民政治协商会议北京市房山县第二届委员会第二次会议于1985年4月22日至26日举行。4月24日，与会委员列席了房山县第七届人民代表大会第二次会议，听取了王俊起县长所作的《政府工作报告》并展开热烈的讨论，委员们对《政府工作报告》给予了充分的肯定，一致认为，王俊起所作的《政府工作报告》既实事求是地总结了成绩，又具体地分析了我县的经济形势和特点，同时也如实地找出了差距。报告提出了符合我县实际情况的、进一步开创我县社会主义现代化建设新局面的具体要求和有力措施。

委员们在对《政府工作报告》高度评价的同时，还提出了不少诚恳的意见和建议，主要涉及4个方面。

各级领导部门必须适应改革的新形势，加强领导，改进工作。委员们认为，改革领导机关和经济管理部门的机构，使领导机关的工作转到为生产服务、为基层服务的轨道上来尤为重要，必须引起各级领导的高度重视。报告中提出今年要着重抓好三项改革工作，是非常适时、非常必要的。今年只要抓住这三项改革工作，县里领导机关的工作一定能做到面向生产、面向基层、面向广大人民群众。窦店大队赵宝林委员说："要想真正把工作搞上去，机构和干部是关键，没有一个适应改革新形势的领导机构和精干的干部队伍是不行的。我们窦店大队要不是有这两条，到不了今天农林牧结合、农工商综合发展，广大群众勤劳致富的程度。"对于领导机关的机构改革和对科技人员的使用问题，有的委员结合本单位的实际情况提出一些合理化建议。

要加强学习，深入实际，调查研究，不图虚名，不搞形式主义。讨论中，委员们一致认为，当前在全面进行经济体制改革时，建议各级领导必须时刻加强学习，提高认识，保持清醒的头脑，深入实际，调查研究，要一步一个脚印，扎扎实实地工作。长阳仁和酒厂刘建庭委员说："要打算扎实工作，就得深入基层，调查研究，有针对性的指导工作。目前有好多工作互相扯皮，不能有效地落实，就是缺乏实际调查研究和政治思想工作，动不动就向钱看，利大大干，利小小干，没利不干，这种思想意识如不及时纠正，影响极大。"

要坚决纠正新形势下出现的不正之风。在谈到怎样纠正当前新形势的不正之风时，房山师范学校吴祥祯委员说："要彻底纠正新形势下出现的不正之风，首先得从领导机关做起，从我做起，抓典型，教育大家。要大力进行有理想、有道德、有文化、有纪律的宣传教育，要把人们的思想真正统一到党的十一届三中全会以来的路线、方针、政策上来。引导人们正确认识和处理局部与整体、国家利益与局部利益、个人利益的关系。"很多委员建议，县里要根据当地实际情况尽快就经济中的一些问题，按照国家规定精神，制定一套行之有效的政策，要求大家严格遵守。决不能允许有人再搞什么"上有政策，下有对策"。要用经济手段管理经济，必须有法律的制约和保证，有法必依，违法必究。

要群策群力，为开创房山新局面贡献力量。一些中央、市属厂矿和驻军委员，为振兴房山提出了不少好的建议：一是要进一步解放思想，千方百计搞好人才的开发和利用；二是抓经济建设要有新套套，不能墨守成规；三是要加强对科委、科协工作的领导，使其真正发挥作用，适应新形势的要求；四是城市建设战线不宜拉得过长，投资应适当压缩；五是要关心文教事业的发展，特别是山区；六是搞企业应慎重，防止盲动。

二届三次会议讨论政府工作报告

中国人民政治协商会议北京市房山县第二届委员会第三次会议于1986年4月17日至22日举行。4月18日上午，政协委员列席了县七届三次人民代表大会，听取了代理县长李庆余所作的《政府工作报告》和其他报告。下午，委员们分组讨论了报告。委员们一致认为，李庆余代县长所作的《政府工作报告》实事求是，全面具体，符合我县实际情况。

委员们在对《政府工作报告》高度评价的同时，还提出了积极中肯的意见和建议，主要涉及6个方面。

在农业发展方面，委员们认为，1986年一定要认真落实中央一号文件精神，改革要继续深入下去，不断改善农村生产条件，要使全县的农业生产逐步走向专业化、商品化和现代化。南尚乐乡惠南庄村原党支部书记杜宝珍委员说，《报告》中把农业放在首位非常正确，"无农不稳"，农业如果搞不上去，其他各业也就无从谈起了。但也有值得注意的地方，主要是要克服轻农轻粮的思想，"卖粮难"的问题尚未解决。县种子公司经理李兴洲委员提出，报告中有关水利方面的情况未提到。两年三熟制的耕作制度及稻田养鱼等的提法，在我县不太现实。大宁灌区水利助理工程师赵秾辉委员说，我们灌区从八一年开始连续进行了几年地面灌水技术试验，探索小麦节水、节能、增产的途径。目前这项试验成果经县科委、市水利局、水电部等有关专家审定后，一致认为具有科学性和实用性，市政府还专门在我县召开了小麦科学用水现场会。可是由于种种原因，这项节水、节能的措施还不能得到推广。建议政府有关部门下力量抓好此事，使这项科研成果在我县生根、开花，达到提高经济效益，实现农业增产增收之目的。

在工业生产方面，委员们一致认为，在1985年的基础上，要进一步提高效益，注意质量，把工业生产纳入继续稳定协调发展的轨道上来。今年头几个月，工业生产大部分下降，前景不佳，其主要原因，一是缺乏合理规划；二是管理水平低；三是人才没有充分利用；四是科学技术性差。尹昆委员说，对新上项目缺乏可行性研究，存有盲目性。比如絮片和化纤的生产，早已出现厂家多，市场不应时，销路不广的问题，可是我县有的地方还在继续发展。在乡镇企业中也存在着盲目上马，经济效益低，甚至造成企业亏损、停产、转产等问题。王爱卿委员说，房山城关加气板厂每年投资几百万元，到现在还不能正式生产，造成人、财、物极大浪费。长操大理石厂从1983年开始建厂至今，因地处山区，交通不变，石质又不好，销路不广，不能健康发展。

在财贸工作方面，委员们认为，我县财贸工作一年多来，进一步活跃，市场繁荣，购销两旺，成绩都非常突出。大家认为，流通体制的改革是农村第二步改革的中心内容，这是商业体制改革的一项很重要的工作，必须引起高度重视，认真搞好。列席大会的市政协委员王砚香提出四条意见：第一当前对发展农村商品经济打开的方便之门不大，特别是商品丰富、经营灵活、买卖方便、服务周到等做得不够，农村卖猪、卖蛋禽难的问题还未得到解决，而且问题越来越严重，农民怨气也很大。第二商业、服务业应进一步端正经营思想，树立生产观点和群众观点，努力提高经济效益和社会效益。但在工作中问题还不少。如农民卖猪要有卖猪票证，可票证又很难找到。有的商业部门只愿经营赚钱多的买卖，不愿经营赚钱少或赔钱的买卖，造成必需的商品紧缺。第三现在行业不正之风比较严重，主要表现在商品搭配上，如购进一辆名牌自行车，要搭配百元以上的其他商品，而且这些搭配商品大多数是原来库存积压物资，结果还是转地积压、销不出去，使基层单位资金积压。第四建议有关部门应注意消费者急需的大路商品亏损补贴问题，如食盐、化肥等，在一般情况下都是盈利较少甚至亏损，仅经营化肥一项，几年来县社就亏损二十余万元，有关部门应予以重视。

文化教育方面，为保护我县的文化遗产，崔宝华委员提出：云居寺有七个唐塔组成的唐塔群，上面的高浮雕非常宝贵，这在全北京市以至全国都是少见的，现在还被日晒雨淋，应该采取必要措施保护起来。为了把房山县城建成有知识性、趣味性、文化性、艺术性的大街，李荣光委员就东西大街两侧的布景设置提出宝贵建议。他说："应集房山全县名景于东西大街。从卧虎山至朝曦公园两侧，建成若干个有房山地区特色的街头雕塑像、景物群等。"他说："周口店猿人遗址，街头布置更应体现'龙的故乡'的特色。如果就街势依次建成龙骨山猿人塑像、上方林海模型、十渡美景、大佛寺、云居石经样板、百花山瑞云观、石花洞的石花等，使各地游人一到房山县城就能留下美好印象。"成人教育局的魏仲华委员也说了存在的一些问题：一是成人教育的师资力量要进一步加强；二是校舍问题亟待解决；三是尽快建起成人教育中心。县幼儿园吕桂清委员对我县在幼儿教育工作中存在的问题提出建议：一是幼教人员应加强培训，提高业务素质；二是幼儿园儿童活动场地小等，建议有关部门积极协助解决。

加强建设方面，委员们针对一些实际情况，提出了以下建议和改进方法：一是要进一步加强社会治安和社会秩序的整顿。目前，严厉打击经济犯罪和刑事犯罪处理偏轻，造成恶性循环。主要原因：一个是破案不及时，体现不出依法从重从快办案作风，起不到杀一儆百，教育全民的作用；另一个是破案效率低，存在报案不管的现象，这样只能形成恶性循环，造成人心惶惶。大家提出要在法律规定的范围内从严处理，要全民动手进行综合治理。二是基本建设要有统一规划。存在偏重建房山城的现象，各单位各部门在搞建设时要密切配合，要有统一筹划，服从统一指挥，不能各自为政，设计和验收要一致。三是蔬菜价格问题，目前市场价格很高，郊区比市内贵，形成物价倒流，建议加强农贸市场管理工作，方便人民生活。四是公路应加强维修管理，我县交通较发达，柏油路多，但由于管理不善，有的路段年久失修，高低不平，车子一过，上下颠簸。五是农村土地荒芜，主要是因为搞农业赔钱，卖粮难，效益不高，造成弃农经商，因此，县委、县政府要真正重视农业生产，积极推广窦店大队的先进经验。六是乡镇企业建设存在重建轻管的现象，某些乡镇企业虽然建起来了，但因没人扶持，没有加强管理，更重要的是建厂前没进行可行性分析，造成"厂子一大片，挣不了什么钱"的不正常现象。因此，建厂要有一定的审批手续，各级领导机构对机器、技术及合法性要进行认真考察，以防盲目上马，给集体经济造成损失。七是关于教育工作，目前学校存在着一种不良倾向，就是重智商，轻德育，对学生的理想纪律教育不够明确，应全面贯彻党的教育方针，大张旗鼓地宣传尊师重教的良好风气，学校、家庭、社会要进行综合治理，敢于为教师撑腰。八是加强基层政权建设，经济体制改革后，干部的主要精力是抓经济，抓自己的收入，忽视了政权建设，解决这个问题刻不容缓。九是建议盖一座良乡老干部病房楼，解决良乡地区老干部看病、住院难的问题。

文明建设方面：一是在信贷工作中，应注意合理解决供需矛盾。前段私人贷款较多，造成有的使用不当，拖欠贷款严重。也有的集体或个体户偷漏税严重，这些方面使银行、财政、税收都不能很好地发挥经济杠杆作用。今后应注意加强经济监督、搞好宏观控制。二是在军民共建工作中，建议有关单位与驻军单位协商共建任务时应从实际出发，考虑对方的实际情况和特点。如中国人民解放军总参第六十二研究所提出，去年建设县城东西大街挖电缆沟时，按单位人数分给该所的劳务任务，完成时有很大困难，因为该所年岁大的科研人员较多。今后应以多发挥其科研技术咨询方面的优势为宜。三是总参第六十二研究所原总工程师李长恩委员说，据了解，现在中、小学课桌型号都一个样子，不符合要求。根据教育部门要求，每个教室必须有两种型号的桌椅。希望县里建个课桌、椅木器加工厂，我们可提供技术力量。四是当前在绿化方面存有一些问题。主要是规划与技术措施脱节，有浪费现象。京周公路卧虎山绿化，市县投资很大，可是一部分从外地买来的贵重树苗，快放干了，还未栽种，即使现在栽上，成活率也不高。五是良乡镇党委每年对县直属在该地区的几个学校办点实事，师生感到很满意。良乡浴池从去年教师节到现在，教师洗澡廉价收费。希望全县各级亦应多为教育方面办些实事。六是据统计去年我县考入大学、中专的学生仅有590人，占应考生千分之零点九，升学率太低，建议县里为绝大部分落选生进行职业技术方面的教育和培训。七是计划生育存在的普遍问题是超生的多，而且很多都是隐瞒户口，应引起有关部门重视。八是目前农村四级科技网流于形式，没人管理，这对发展社会主义大农业很不利。九是《政府工作报告》对在改革中出现的一些问题、矛盾及解决措施讲得不够；对纠正社会上的不正之风，提的也不够具体明确；农用水利建设工作未提到。十是我县严重的污染问题，应继续积极呼吁解决，以保人民健康。十一是建议有关部门组织对农村残疾儿童发病原因进行调查研究，以便采取积极预防措施，有利于后一代健康成长。

第三节 政协北京市燕山区第一届委员会

政协北京市燕山区第一届委员会任期三年，期间共召开了三次全体会议。历次会议期间，全体委员列席了燕山区人民代表大会。认真听取并讨论了《政府工作报告》和其他的重要报告，积极建言献策，提出了一些具有建设性的意见建议，主要涉及燕山特色工业的发展、教育事业的发展、人民生活的保障措施、文体设施建设等方面。

一届一次会议讨论政府工作报告

中国人民政治协商会议北京市燕山区第一届委员会第一次会议于1984年7月16日至20日在北京燕山石化集团公司外宾招待所召开。

7月18日上午，全体委员列席了燕山区第二届人民代表大会第一次会议，听取并讨论了梁国柱区长作的《政府工作报告》和其他的重要报告。委员们一致认为，区政府成立以来，工作是有成绩的，

燕山区政协一届一次会议委员们讨论政府工作报告

对过去工作的总结是实事求是的。《政府工作报告》提出的今后主要工作任务，是具有求实创新精神的，是鼓舞人心的，一致表示赞成和拥护。

在讨论过程中，委员们还提出了如下建议、意见。

加快改革步伐，开创政府工作新局面。最近商业（主要是副食）出现了一些变化，迎风地区变化大一些，商店关门晚，还有夜市，方便了群众，增加了国家、集体和个人的收入。向阳、东风、栗园地区也可以办起来。夜市是受群众欢迎的，要进一步提高服务质量。卖冷食的放两张桌子也挺好的。凡是受群众欢迎的，我们就要千方百计做好。要知情出力，要积极参加全区重大问题的讨论、协商，为实现今后的主要工作任务积极进行调查研究，协同有关部门督促检查各项政策的落实，调动一切积极因素，团结一起可以团结的力量，为燕山区的"两个文明"建设做贡献。

一届二次会议讨论政府工作报告

中国人民政治协商会议北京市燕山区第一届委员会第二次会议于1985年4月16日至19日在北京燕山石化集团公司谈判楼二楼大厅召开。

4月17日下午和4月18日上午，全体委员听取并讨论了梁国柱区长作的《政府工作报告》。委员们一致认为，《政府工作报告》是符合实际情况的，政府近一年来的工作成绩是显著的，符合我区的实际情况，表示拥护。

在讨论过程中，委员们还提出建议、意见，主要涉及7个方面。

挖潜求能，办有燕山特色的工业。要使燕山区建设好，把区属企业搞上去很重要。这就要破除依赖思想，去掉框框，从本区实际出发，挖掘潜力，求助能人办起有燕山特色的工业。现在北京燕山石化集团公司各厂退居二线的工程技术人员和退休老工人不少，他们懂技术、有专长，但无事可做，如果把他们请出来，发挥一技之长，充实到区属企业中去，那将是一支很了不起的技术队伍，不愁区属企业办不好。办好区属企业，同时要注意充分利用本地有利条件，办成有特色的工业。如现在包水果糖的玻璃纸，可以引进一套设备，生产单向拉伸薄膜取而代之。天津的陶塑材料就搞得很好。我们何不利用现有原料，生产多品种的塑料制品。办这些工业投资少，见效快，是可以办到的。再有，要办好企业还要注意不要搞那么多层机构，道道关卡，给企业以应有的权利，才能有活力，办得好，速度快，收获大。

燕山要发展，教育要跟上。现在普遍反映职工子女升学难，尤其是初中升高中，更是困难。由于高中招生太少，使很多青少年没有读高中的机会，这不能适应四化的要求。可以办私立中学，主要是发展高中教育。在师资力量的来源和经费方面，人大附中采取用招金凤凰，重金聘请等办法，方法不错。根据我区的实际情况，一是想法把现有教师稳定下来，二是也可以采取重金聘请，使更多的能人随之而来，这就为办好学打下了良好基础。办私立中学缺少校舍、设备、资金，可以把东风中学现有的设备折价利用，再则还可以呼吁一下，请各单位给予支持。大家认为利国利民的事是会得到社会和各厂的同情与支持的。根据我区的特点，把教育搞上去已势在必行，应体现出我区的优越性，否则职工子女不能升学，他们怎能安心工作，热爱燕山，一心一意建设燕山呢。

燕山要富，必须广开财路。应该设法广开财源，打开赚钱的路子，以解决经费短缺问题。首先，办事业既要利民，也要考虑赚钱，比如，本区搞了两个公园，但光花钱，不赚钱，如果改建游乐场，岂不可以既利民又赚钱吗？再有，利用汽车搞运输也是可行的。没有汽车可以租国家的。保定一位姑娘租汽车搞运输赚了钱，后来自己又买了车，我们区搞起来总比她要有利得多。还有，我们区没有名胜游览的地方，是否可以在有利的地方投资。铁路分局就已在十渡投资五万元建旅馆。总之要开动脑筋，放开眼界，采取多种方法开辟财源。

要多方支持残疾人福利厂。发展社会福利，对残疾人的问题应该重视。现在全区有五个福利厂，其中三个是由东风、迎风、向阳街道办的。这三个厂的状况是：厂房、设备简陋，技术力量、原料、资金不足。国家对办残疾人的福利厂很关怀，但按规定利润超过8万元部分仍需按50%纳税，这样同大企业竞争就不可能，有倒闭的危险。东风街道等塑料厂每年需聚丙烯400吨，由于现在没有聚丙烯原料，尼龙绳生产只得停工。因此呼吁北京燕山石化集团公司和有关单位要为残疾人办厂提供方便，从原料、技术、资金等多方面给予支持，以体现我们社会主义大家庭的温暖。

要从各方面关心群众疾苦。提高本区服务行业的服务水平和服务质量是个关键问题。尽管我区商业系统服务态度有改进，但还是很不够的。建议一是是否可以在家属区设公用电话，以解决家属平时遇有急事无处打电话的问题；二是炎热的夏季即将来临，迎风路口转盘处夜晚乘凉的人很多，晚上洒水车最好经常洒水；三是建议送信、送报到户，以解决退休工人、家属的不便；四是我区污染严重，据讲北京燕山石化集团公司各厂均有保健费，区属单位职工是否也可以考虑。对曙光厂附近新上的间甲酚群众反应很大，搞得人心惶惶，应妥善加以解决。

建议成立"消费者协会"，维护消费者的合法利益。区里的工作还有不足的地方，群众生活中的"几难"问题，还需要解决。在理发问题上，男活和女活的价钱不一样，做一个女活的价钱顶十个男活的价钱。所以理发店愿接受女活，不愿给男同志理发。群众买菜分量给的不够，不按质量分等论价，以次充好，好坏全是一等，这是不合理的。建议成立消费者协会，对物价进行监督，维护消费者利益，提供消费者需求的信息。并向有关部门呼吁消费者的利益应有人保护。党的纪委最好也对物价进行监督。

中小学教育的经费、师资等问题应抓紧解决。目前区内中小学有地方办的，市里拨款；有厂办的，北京燕山石化集团公司拨款；有燕山区成立后新办的，市里和北京燕山石化集团公司不承认；最近北京燕山石化集团公司正在新办重点高中。学校体制不同，经费来源也不同，经费来源不明确，教师的待遇不一样，差异大，不利于调动中小学教师的积极性。市里经费拨的少，学校条件设备差。北京燕山石化集团公司拨经费也不够及时。在燕山办教育真是难上加难。经费不足，一些市里举办的教研活动，也不能参加，因为报销不了车费。教员医药费的报销也存在着问题。有时校长掏钱、借钱给报了。学校班级增加，师资奇缺。据调查统计，全区有40多名教师，调来后，在工厂干了别的工作。同时，从教员中提拔干部多，学校校长多，教导主任也多，有一个中学除了校长外，有七位主任。招聘教师是对的，但不能认为外来的和尚会念经，在本区工作八年的教师，没房住，还不如在市内等着，等到招聘时再来，什么就都有了。建议要多办几个高中班，以解决孩子们上学的问题。北师大来区办附中，把东风中学的老师和学生都划进去。这所附中只有四个班，最多招200名学生，而今年初中毕业生有1200人，那1000名孩子怎么办？建议政协可以呼吁附中能多开几个班，还可以自费上学。除附中外，区里可多办几个班，现在区里即将毕业的初中生思想不稳定，出现了一些反常现象，值得注意。

一届三次会议讨论政府工作报告

中国人民政治协商会议北京市燕山区第一届委员会第三次会议于1986年4月1日至4日举行。

4月2日下午，全体委员听取并讨论了梁国柱区长作的《政府工作报告》。与会委员一致认为，报告全面、具体、实在，实事求是地反映了我区1985年以经济体制改革为中心的各项工作成绩和存在的问题，一致表示拥护赞同。同时，对我区1986年工作提出了一些建设性的意见，主要涉及4个方面。

工业生产应有自己的特色。一是燕山区的工业生产不一定单纯追求产值，应考虑怎样方便人民生活。燕山区靠近大厂，利用这些有利条件，搞些方便人民生活的生产。二是燕山区里钱不多，应花在刀刃上。区和北京燕山石化集团公司要好好研究，划几个杠杠，哪些是区里搞，哪些是北京燕山石化集团公司搞，不要重复，燕山区小，应有自己的特点。三是燕山区发展工业，应大力发展投资少、见效快、技术不太复杂的生产项目。区里靠近大厂，有大量的事情可做，应该发挥这个优势。如大修厂施工中需要大量的法兰盘、管件等，都要到外地社队去买，这样既增加了运费开支，又不方便。还有保冷材料，大连光明树脂研究所愿意提供技术搞联合，区里可以把这些搞起来，这样既增加了收入，搞活了经济，又便于安排青年就业，也免得大修厂东奔西跑。

教育工作应进一步加强。一是综合治理要提到议事日程上来。现在学生的风气不太好，对学习不够重视，必须加强教育。毕业生就业也是综合治理的一个方面。男生几十分就录取，女生二百多分还进不了厂，这种情况应改变。二是教育好学生，必须学校、家庭、社会三方面结合。从小学起，就应注意思想品德教育，光进行智育教育是不够的。小学抓不好就会影响到中学。管理学生，应有必要的措施，如违犯纪律扣助学金就比较好。个别学生已失去做学生的资格，或他根本就不想接受教育，该开除的就开除，犯罪的就应该少管或判刑。技校的学生有铁饭碗思想，学好学坏一个样，这个问题应解决。

应加强文体设施建设。一是我区文化生活单调，除了看电视外，没有别的去处。二是我区文体活动条件太差，"七五"计划应建体育场，夏天的旱冰场和冬天的滑冰场，小孩去丁家洼水库滑冰很危险。三是少年宫的问题提出几年了，至今没有建立起来，对孩子们的智力开发有影响。使青少年的爱好得不到培养，使人才不能得到发展的机会。

进一步做好方便群众生活的工作。一是现在一些家属住在东岭子，托儿所、商店都不健全，群众生活很不方便。二是我区人民生活水平较高，但有些人还是不安心，原因之一是生活不方便。住房越盖越多，而小青年工作八年分不到楼房，有情绪；住平房不放心，怕丢东西，怕漏雨。三是应大力发展第三产业。个体商贩做馄饨，很赚钱，区里应该占领这个阵地。现在商店货源不足，高档商品太少，应到外地联系，使商品丰富起来。上次利民活动，机修厂做的花盆架，很受群众欢迎，区里可以多搞些这样的项目，搞活经济。

第四节 政协北京市房山区第一届委员会

政协北京市房山区第一届委员会任期四年，期间共召开了五次全体会议。历次会议期间，委员们认真听取了《政府工作报告》，并进行了深入讨论。大家畅所欲言，参政议政，提出了中肯的意见与建议。主要包括在经济领域广泛开展"双增双节"运动、加强规划、发挥人才的作用、大力发展农副产品基地、解决教育面临的问题、做好计划生育工作、搞好治理整顿和深化改革等方面。

一届一次会议讨论政府工作报告

中国人民政治协商会议北京市房山区第一届委员会第一次会议于1987年5月27日至6月1日召开。

5月29日上午，委员们列席了房山区第一届人民代表大会第一次会议，听取了原燕山区、房山县《政府工作报告》。下午，委员们进行了广泛、热烈的讨论。大家对原一区一县政府在市政建设、发展经济、文化、教育等方面所取得的成绩给予了充分肯定，同时对一些问题也提出了中肯的批评和建议，主要涉及3个方面。

要广泛开展"双增双节"运动。第三组的林钟云委员说："我们现在虽然不搞政治运动了，但是在经济领域我们应该广泛开展'双增双节'运动。这是目前的一个大问题。各个部门光有指标不行，还要有措施，要把增产节约落实到深化改革上。各级领导都应走下去，抓一个单位，光在上边听汇报，看报表，起不了什么作用。我们工作在基层，希望上边的领导走下来，解决一些实际问题，才能把增产节约的运动搞好。"林钟云委员还说："'双增双节'是目前经济领域中一项十分重要的工作，我们政协委员要多为上级出谋划策。"其他组的许多委员也提出，房山经济要腾飞，就要广泛开展"双增双节"运动，"双增双节"是我们国家经济建设的根本方针，勤俭建国，勤俭办一切事业这个传家宝，是万万不能丢掉的。

区政协一届一次会议委员们讨论政府工作报告

区委、区政府要加强对规划工作的领导。委员们在讨论新区建设时纷纷提出，规划工作是目前我区的一个亟待解决的问题。王岗委员说："搞规划要有长远的打算，不能图省事。区委、区政府要加强对规划工作的领导。"刘振祥委员说："区里管决策的领导应该统一在规划问题上多下点功夫，这个问题是关系到子孙后代的利益，不能光顾眼前的利益和得失，要向前看。"他还举例说："原房山县曾建了个化肥厂，投资一千多万元，可是搞建厂规划时，没有考虑工厂用水问题，结果水源不足。这个厂只投产二年就下马了，给国家造成很大损失。"刘振祥委员还说："像目前我区遭受污染问题，如不早些考虑统一规划，市政建设的发展就会受到很大限制，就会越陷越深，"损失越来越大，以后子孙后代会埋怨我们的。"第十五组的全体委员都认为，燕山地区和房山县城的居民外迁，越早越好，越早损失越小，这就需要统一规划，统一领导，不能再盲目地搞下去了。

要充分利用房山的资源，发挥房山区人才的作用。广大委员认为，房山地区面积很大，物产资源很丰富，我区应该充分利用自己的资源。如：白灰、水泥、大理石、煤炭等，如果充分利用和发掘这些资源，会对房山的经济腾飞起到很大的促进作用。宋思明委员提出，我们区应该而且能够做到充分利用本区内的物产资源，要有个长远的观点，利用资源时还应注意保护这些资源，不能大手大脚地利用。他说："南尚乐的大理石开采方法很落后，开出一方大理石还要糟蹋几方，这是个很大的浪费，应该改进开采方法，要充分利用资源。"刘振祥委员对人才问题发表了自己的见解。他说："区委发的关于吸引外来人才的文件很好，这符合当前改革的需要，对我区的经济发展会起促进作用。但是，我区的人才也很多，应该注意发挥现有各种专门人才的作用（王岗委员插话说，要防止搞"远来的和尚会念经"），把我区现有人才放着不用，这也是一种浪费。"他强调说："我区在吸引外来人才的同时，应该注意发挥我区现有人才的作用。"

一届二次会议讨论政府工作报告

中国人民政治协商会议北京市房山区第一届委员会第二次会议于1988年4月6日至8日在区科委报告厅召开。

4月7日上午,参加区政协一届二次会议的全体政协委员列席了房山区人民代表大会第三次会议,听取了李庆余区长所作的《政府工作报告》,下午进行了热烈的讨论。委员们一致认为,报告对1987年的工作总结是全面的、实事求是的,提出的1988年的各项任务和措施也是切实可行、鼓舞人心的,对全区总的经济形势的估价是恰当的。同时,委员们对政府工作提出了一些意见和建议。

政协副主席、首都水泥厂工程师唐广雩说,房山境内中央市属厂矿比较多,区政府应大力发展农副产品基地,为这些大厂矿提供服务。这样既可为厂矿居民供应新鲜的菜、肉、鸡、奶、蛋等农副产品,满足他们的需求,又可促进本地区农副业及食品加工业,发展本地区经济。这项工作投资并不大,收效快,效益高,建议区政府抓紧这方面的工作。

区教师进修学校教研员张宝林委员说,在报告中,看到教育经费有所增加,深感欣慰。但遗憾的是,报告中对教育只提了一些抽象的指标,而没有具体措施。教育面临的困难很多,问题也不少,如山区教学点少,不能就近入学;学生每天上学都要走十几里路甚至几十里路,为了照顾学生的承受能力,不得不一再推迟入学年龄。另外,山区学校住宿条件也较差,在一定程度上影响了教学质量。这些问题建议政府予以高度重视。

水泥二厂厂长助理王贵委员说,在引进人才的问题上,我们不能迷信"远来的和尚会念经"。要立足于房山、立足于本地区,充分调动自己技术力量的积极性,挖掘北京燕山石化集团公司、四〇一原子能研究院等大厂矿和研究单位的技术人才,不能舍近求远。

赵宝林委员说,报告中提到1988年肉羊养殖达到17万只,这是全区人民的福音,尤其是区内7000多回族人民的福音,我殷切希望这一指标能落实到实处。他还说,目前,我区境内的回民饭店等服务网点愈来愈少,有的是怕赔钱或其他原因被强行撤了,这种片面追求经济效益的做法,不利于民族政策的落实,希望有关部门注意解决,并建议培训回民管理干部和回民厨师,为广大回民谋福利。

良乡机电安装公司经理戴富委员极其关心房山的能源问题。他提出,要充分利用我区无烟煤储量丰富的优势,在加强安全管理的同时,把各地方的水炉改成气炉,节约能源;同时用小型沸腾炉搞小型火力发电,解决电力紧缺的问题。

在讨论中,委员们集中反映了农业生产资料如化肥、农药、种子的严重缺乏,蔬菜生产的不断萎缩以及对水利建设的日益淡漠等问题。有的委员说,房山境内有好几个大的居民区,蔬菜供应是个大问题,但在政府工作报告中对如何发展蔬菜生产强调不够。奉有鹏委员说,"水利是农业的命脉",其科学性是毋庸置疑的,政府工作报告中没有提水利建设,令人对农业生产的前景担忧。

文化体育界委员对政府应进一步重视和加强文学艺术、文化体育事业的建设提出了建议。

一届三次会议讨论政府工作报告

中国人民政治协商会议北京市房山区第一届委员会第三次会议于1989年3月13日至16日在房山宾馆召开。

3月14日上午，全体政协委员列席了区人大一届四次会议，听取了李庆余区长所作的《政府工作报告》，下午，各组就《政府工作报告》进行了认真的讨论。报告对成绩的总结是实事求是的，1989年的任务是很明确的，措施是有利的、可行的，委员们一致赞同《政府工作报告》。为更好地完成1989年的各项任务，大家在讨论中提出了一些建议，主要涉及5个方面。

事业兴旺，粮食先上。区政府工作报告把发展农业生产摆在了首要位置，但有几个问题必须下力气解决。郭云祥委员说：粮食生产的关键是水、肥、人勤。现在，农民中有"短期经营"的思想，政府必须着重解决这个问题。他还说，现在农村很少见到积农家肥，政府要采取措施，鼓励积肥，为增产粮食打下地力的基础。讨论中，有的委员感到1989年粮食总产计划不应低于1988年指标。吴建生委员讲：政府工作报告中提到，1988年农业在遭受多种自然灾害的影响下，仍然取得粮食总产2.49亿公斤的好收成，而1989年粮食总产计划却为2.3亿公斤，比1988年反而降低了0.19亿公斤。

提高思想认识，发挥人才优势。第六组在讨论中，极为关切我们区科技进步事业。大家认为，区政府提出的1989年抓好科技进步的四项工作是可行的。但要发挥本地区科技人员的作用。唐广雩等委员讲："我们房山区的科技人才并不少，大多数科技人员的水平也不低，但作用没有怎么发挥。大家都想为房山区的建设多做贡献，但普遍感到有劲使不上。今后政府在做出一些重大的建设项目决策前，是否可以让有关科技人员进行科技论证，尽可能减少失误和不必要的损失。"王爱卿委员建议房山区成立一个技术咨询机构。我们自己本来能够搞好的就不必外请人员搞技术咨询。有的委员还建议成立全区性的"人才咨询机构"，有选择的考察一些企业对科技人才的安排和使用。

深化教改要审时度势。百年大计，教育为本已被人们所认识。教育体制改革怎样深化？怎样实行"校长负责制"？区政协常委田树屏说：教改是非常必要的，教育的出路就在于改革。它能体现按劳取酬的分配原则，充分调动教师的工作积极性，提高教育质量。但在五校试点后，要遵循教育的客观规律和特点，认真总结试点经验，在此基础上适度推广。要审时度势、因地制宜，成熟一个搞一个，不搞一刀切。高杰等委员说：校长负责制是好的，但要看校长的素质。要有一个好的校长才能实行校长负责制。应该明确校长的首要任务是抓好教育，不能搞先治厂后治校。一个学校的好与否，不能光看表面建设，应该看校风，看学生的素质。校长不能只注重抓钱，也不应用管理企业的办法管理学校。

"指标"后面的问题。我们区的人口出生率、人口自然增长率都下降了，虽然如此，有些问题还不容忽视。敖菊等委员讲："首先是农村超生严重，其次是外地到京的流动人员超生严重，建议对农村超生人口情况进行一次详细普查，制定切实有效的管理办法；由公安、工商、劳动等部门对外地来京人员进行一次清查登记，建临时户口，严格控制计划外生育。区里应设立一个计划生育中心，做好计划生育的各项工作。

委员们还就体育、城市规划建设方面提出了很多好的意见和建议。如我区体育工作与其他区县相比处于落后地位，应加强领导，增加投资，完善设施，重视人才培养，振兴房山体育。其次两撤一建以后，有些单位形成了三管三不管的状态。如燕山粮油管理处，财政、税收和组织关系归燕山管；人事、行政、业务属房山管。由于关系不顺，给工作带来了许多不便。对教育经费的问题，教育组的委员们建议将经费上缴区财政，再由区财政拨给学校。

一届四次会议

中国人民政治协商会议北京市房山区第一届委员会第四次会议于1989年12月8日在房山宾馆举行。全会通过了齐国璋同志辞去区政协主席职务的请求,选举高海量同志为政协北京市房山区第一届委员会主席。

一届五次会议讨论政府工作报告

中国人民政治协商会议北京市房山区第一届委员会第五次会议于1990年3月21日至24日举行。

会议听取并讨论了房山区《政府工作报告》,充分肯定了区政府的工作成绩,并诚恳地提出了批评和建议。会议认为,在过去的一年里,区政府团结全区人民,旗帜鲜明地反对动乱和反革命暴乱,努力克服困难,千方百计夺回损失,积极搞好治理整顿和深化改革,使我区的经济得以稳定发展,社会主义精神文明建设也得到加强。会议指出,1990年是治理整顿的关键性的一年,工作任务十分艰巨。希望区政府认真贯彻中共十三届五中全会和六中全会的精神,继续深入进行治理整顿和深化改革,采取各种有力措施,使全区经济走上持续、稳定、协调发展的轨道;加强社会主义精神文明建设和社会环境的综合治理,开展"学雷锋,树新风,迎亚运,做贡献"的竞赛活动,维护我区的政治稳定和社会安定;各级干部要深入基层,联系群众,虚心听取人民群众的意见和呼声,自觉接受监督,多办实事,当前特别要注意解决群众最为关心而又有条件解决的问题,以实际行动密切党群和干群关系。

区政协一届五次会议委员们讨论政府工作报告

第五节 政协北京市房山区第二届委员会

政协北京市房山区第二届委员会任期三年，期间共召开了三次全体会议。历次会议期间，委员们认真听取并讨论了《政府工作报告》。大家积极参政议政，建言献策，提出了一些中肯的意见建议，主要涉及强化农业基础地位、抓好工业生产、促进旅游业发展、加强人才培养、抓好基础设施建设、加强精神文明和民主法制的建设、加快市场建设、密切燕房关系等方面。

二届一次会议讨论政府工作报告

中国人民政治协商会议北京市房山区第二届委员会第一次会议于 1991 年 2 月 21 日至 27 日在燕化宾馆举行。

委员们列席了房山区第二届人民代表大会第一次会议，听取并讨论了李庆余区长作的《政府工作报告》。充分肯定了区政府工作的成绩，认为过去几年我区经济建设和社会发展取得了可喜的成就。《政府工作报告》中对全区总的经济形势的估价是恰当的。提出的"八五"期间和 1991 年的工作方针、任务、措施，是鼓舞人心、切实可行的，我们要同全区人民一道，群策群力，促其实现。

二届二次会议讨论政府工作报告

中国人民政治协商会议北京市房山区第二届委员会第二次会议于 1992 年 2 月 17 日至 20 日在房山宾馆举行。

区政协二届二次会议委员们讨论政府工作报告

列席人代会的委员们听取了赵振隆常务副区长代表区政府所作的《关于区政府工作报告的说明》，讨论了李庆余区长拟在区二届人大二次会议上作的《政府工作报告》。认为在市委、市政府和区委的领导下，区政府一年来的工作取得了显著成绩。经济建设持续、稳定、协调发展；城乡规划、建设和管理工作得到加强；教育、卫生、文化等社会事业取得新成绩；社会主义精神文明和民主法制建设也有较大进展。会议赞同《政府工作报告》中对一年来工作的总结，赞同《政府工作报告》中提出的1992年区政府工作的基本思路和工作任务，委员们决心和全区人民一道，为实现1992年工作任务而努力奋斗。

二届三次会议讨论政府工作报告

中国人民政治协商会议北京市房山区第二届委员会第三次会议于1993年2月15日至17日举行。

2月16日上午，出席区政协二届三次会议的全体委员听取并讨论了《政府工作报告》（征求意见稿）。委员们一致认为，《政府工作报告》实事求是，全面具体，经验和成绩总结较得当，问题找得比较准确，1993年的工作重点及奋斗目标符合房山实际，切实可行，振奋人心。大家对一年来区政府认真贯彻邓小平同志南巡重要讲话和党的"十四大"精神，与全区人民一道，坚持党的基本路线，牢牢把握经济建设这个中心，解放思想，深化改革，扩大开放，积极推进社会主义精神文明和民主法制建设，全面超额完成国民经济和社会发展计划所取得的成绩表示满意。

在讨论过程中，委员们畅所欲言，提出了以下几个方面的建议和意见：

一是切实强化农业基础地位，加强农业技术推广，大力开发建设山区，加快脱贫致富的步伐。二是进一步抓好工业生产，努力提高经济效益。三是充分发挥资源优势，促进旅游事业的发展。四是加强人才培养，全面提高教育质量和办学效益。五是狠抓市政基础设施建设，强化城乡管理。六是进一步加强社会主义精神文明和民主法制建设，巩固和发展全区安定团结的政治局面。六是1993年区政府工作的指导思想是正确的，但工作部署缺乏具体的可操作性的实施内容，还没有完全脱离计划经济的束缚，缺乏由计划经济转向市场经济的改革内容。七是在加快市场建设，加速培育市场体系工作中，房山增添了不少商业设施。应该从根本上转变观念，管理方法上应改进，应有计划有目的把这些资金用在办企业上，不要商业过热，造成资金的浪费。对房山的规划应有长期打算，使之百年不变，良乡卫星城规划宏伟，但应考虑北侧崇各庄水库的坚固程度和实地勘察，制定出具体规划措施。八是房山、燕化关系明显转变，今后还应进一步加强房、燕关系。利用好大企业的下脚料，发展地方企业，提高经济效益的社会效益。此外，委员们还对其他问题提出了建议：如加强廉政建设问题；旅游开发区的服务设施和纪念品的问题；文物保护和管理问题；教育和医药卫生等问题。

第六节 政协北京市房山区第三届委员会

政协北京市房山区第三届委员会任期五年，期间共召开了五次全体会议。历次会议期间，委员们对《政府工作报告》进行了认真讨论，大家畅所欲言，建言献策，提出了一些建议意见，主要包括提高房山知名度、重视科技与人才、提高领导干部自身素质、进一步巩固农业基础地位、不断深化经济体制改革、发展区办工业和乡镇企业、加强城镇基础设施建设、发展规模经济、鼓励非公经济发展、搞好城镇建设与绿化、发展科教文卫事业、实施依法治区等方面。

三届一次会议讨论政府工作报告

中国人民政治协商会议北京市房山区第三届委员会第一次会议于1994年2月19日至23日在北京燕山石化集团公司二楼大厅召开。

2月20日下午至21日上午，政协委员听取并分组讨论了焦志忠同志在区三届人代会第一次会议上所作的《政府工作报告》。委员们认为，报告完全符合当前抓住机遇，加快发展的大局；报告对今后五年的规划、目标及任务的确定体现了解放思想，实事求是的精神。

委员们在对《政府工作报告》高度评价的同时，以高度负责的精神，以关心我区发展的强烈责任感，就如何实现《政府工作报告》所确定的发展目标和任务发表了意见。主要涉及以下几个方面。

要加强对外宣传，提高房山的知名度。一些委员说，知名度本身就是重要财富。先进地区经济发展获得成功的一个重要经验，就是他们都很重视宣传自己，让外界了解自己。我们房山应该进一步加强这方面的工作，使外界熟悉我们的人文优势、资源优势和地理优势。

要重视科技，重视人才。讨论中，话题最多的是科技、人才问题。与会委员普遍认为，没有科技和人才做后盾，报告中讲的目标和任务就不可能实现。李景周委员说，要实现今后五年的奋斗目标，关键是人才。在人才培养上，我们要舍得花本钱，要珍惜现有人才。王维委员建议，今后燕、房要

区政协三届一次会议委员们讨论政府工作报告

加强科技方面的合作，充分发挥燕化科技人才集中的优势。委员们认为，经济发展要切实建立在采用高新科学技术和提高经济效益的基础上，摆脱粗放经营的方式。

要突出重点，充分发挥自身优势。委员们认为，要实现我区宏伟目标，就要抓住重点，有所突破。王岗、刘建平等委员认为，要努力解决旅游景点的基础设施差的问题，改善饮食和住宿条件，加强对风景区的宏观管理，尽快使旅游成为我区的一个重要产业。

领导干部要加强学习，提高自身素质。委员们认为，由计划经济转向市场经济，向广大干部提出了更高的要求。广大领导干部只有加强学习，熟悉市场经济的运行规律，了解国际经济活动中的通用规则，才可能管好经济，不辜负人民的重托。他们希望要起用那些思想解放，有开拓创新意识和真才实学的人。

讨论中，委员们畅所欲言，直抒己见。有的委员对报告提出了一些不同意见，认为报告在精神文明建设上讲的较轻，特别是在文化、体育、广播电视事业等方面强调得不够，在具体实施中要加重这方面的分量。

三届二次会议讨论政府工作报告

中国人民政治协商会议北京市房山区第三届委员会第二次会议于1995年2月9日至11日在房山宾馆举行。

委员们听取了区政府常务副区长罗文阁同志作的《关于区政府工作报告的说明》，并对《政府工

区政协三届二次会议委员们讨论政府工作报告

作报告》（讨论稿）进行了讨论。认为在市委、市政府和区委的领导下，区政府一年来认真贯彻党的基本路线，解放思想，真抓实干，工作取得了显著成绩。全区经济建设保持了持续、快速发展的势头；城乡建设和管理工作都得到了加强；教育、卫生、文化等各项事业都有了新的发展；全区提前两个月完成了1994年"双超百亿"的奋斗目标，主要经济指标均比上年有大幅度的增长，经济发展跃上了一个新台阶，"龙腾"计划、"虎跃"工程的实施取得突破性进展；社会主义精神文明建设和民主法制建设也取得了新的成绩。会议赞同政府工作报告，委员们决心在区委的领导下，同全区人民一道艰苦奋斗，努力实现各项奋斗目标。

三届三次会议讨论政府工作报告

中国人民政治协商会议北京市房山区第三届委员会第三次会议于1996年2月26日至28日在房山宾馆举行。

2月27日上午，出席区政协三届三次会议的委员听取了区政府常务副区长罗文阁所作的《政府工作报告（征求意见稿）的说明》和区财政局局长郑克玉所作的《关于1995年财政预算执行情况的报告》，大会后委员们分组进行了认真的讨论。委员们直抒己见，畅所欲言，认为这个报告实事求是，全面详细，充分展现了全区人民在区委、区政府的领导下，同心协力，艰苦奋斗，在努力实践"龙腾"计划、"虎跃"工程和完成"八五"计划中所取得的重大成就。委员们认为，政府工作中关于"九五"计划和2010年远景目标以及1996年全区工作的重点符合房山实际，指导思想明确，目标鼓舞人心，经过全区人民的努力是可以实现的。

三届四次会议讨论政府工作报告

中国人民政治协商会议北京市房山区第三届委员会第四次会议于1997年2月24日至26日召开。

2月25日上午，参加区政协三届四次会议的全体委员在房山宾馆认真听取了常务副区长罗文阁所作的《关于政府工作报告（征求意见稿）的说明》；听取了财政局长郑克玉所作的《关于1996年财政预算执行情况和1997年财政预算草案》的报告。下午，委员们分组进行了热烈讨论。委员们在讨论中普遍认为，报告客观翔实，体现了实事求是的精神；1997年的工作目标明确，内容具体，措施得力，令人振奋。

在讨论过程中，委员们还提出建议、意见31条，主要涉及7个方面。

进一步巩固农业的基础地位，加快农业发展步伐。一是《政府工作报告》提出要使"粮食总产稳定在3亿公斤"，这个目标切实可行，但难度很大。要实现这个目标，从统计数字上讲，应采取"退一步进两步"的策略。"退一步"就是下决心挤掉水分，把一年的产粮数字降下来，去年的2.88亿公斤还是有些水分的；"进两步"就是第二年再把指标提上去，这样形成统计数字的良性循环。二是提高粮食产量要采取综合措施，要从选用良种、提高机械化程度、科学施肥等多方面去考虑。当前应该把管好晚麦当作重要环节，否则小麦的丰产是很难达到的。三是我区有许多村农场和农机站分设，这样容易造成农机站单纯追求经济效益，特别是农忙时的需求。应该在全区推广新街村农场与农机站相结合提高经济效益的经验，创造场站合一的条件，成熟一个合并一个。四是要加强对特色农业

区政协三届四次会议委员们讨论政府工作报告

的推广与管理。当前,在猕猴桃、大棚香椿的推广与管理方面都存有一定的问题,应尽快加以解决。五是区政府应重视村级农场的建设与管理,特别是要限制农场向村级上缴的比例。目前,有许多村向农场挖钱,造成农场缺乏自身发展的能力。

进一步深化经济体制改革,发展区办工业和乡镇企业。一是目前许多区办工业和乡镇企业在激烈的市场竞争中困难重重。要使这些企业摆脱困境,首先要分期分批按行业举办厂长、经理培训班,努力提高经营者的素质;其次要加强企业的经营管理,特别是财务管理;第三要加快产业产品结构调整的步伐,下决心关停并转一些亏损企业。二是要建立区办工业和乡镇企业的管理档案,有条件的应加快信息高速路的建设。三是计划部门应充分发挥对上项目的宏观调控作用,增强决策的科学性、正确性;对已经关闭的企业要尽快盘活资产,例如多糖厂、碱厂等。四是要进一步密切与驻区中央、市属企业的协作关系,要着眼于开展经济技术合作,力争使支持项目成龙配套,形成生产能力,不能只停留在求援原料、边角下料等。如北京化工四厂支持瓜市村的焦渣,如果建设一个焦渣砖厂会产生很高的效益,把焦渣卖掉实在太可惜了。五是区政府有关职能部门应进一步转变工作作风,提高办事效率,努力为企业发展服务。目前群众反映服务质量最差的是供电局,仍然是"事难办",向社会公开的承诺许多都办不到。

充分利用资源优势,大力发展第三产业。一是区政府把旅游当作产业来抓是十分正确的。但怎么抓,由谁来抓,有许多实际问题需要解决。应加强对旅游业的领导,成立专门抓旅游的机构。二是对房山、良乡的商业网点要统一规划，合理布局，防止盲目建设。近几年这两个城镇新建了一大批商场、市场，商战十分激烈，许多商场亏损，这里有企业自身的问题，也有布局不合理的问题。

加强城镇基础设施和市政设施建设。一是房、良地区应该尽快建垃圾消纳场和污水处理厂。二是盲目建设居民住宅楼既影响城市市容，又给居民的生产造成很多困难。建议推广良乡西潞园小区建设和物业管理经验，把房、良两个城市建设好、管理好。三是城市建设应该加大限制使用黏土砖，提倡空心砖的力度，这样做能促使农村认真贯彻执行《土地管理法》，保护和合理利用耕地。四是要增加对房、良两地市政基础设施的投入，尽快解决脏乱差和群众"吃水难"、"行路难"问题。

认真落实十四届六中全会精神，加强精神文明建设。一是为了进一步繁荣我区文化事业，建议恢复房山区文联组织，成立相应的协会，如美协、作协等。二是为进一步推动全民健身运动的深入开展，建议区体委、文化局等单位加强协调，起到牵头引线的作用。如房山区足球爱好者近两万人，但登记注册的足球俱乐部很少，有关部门应给予适当支持和重视。三是应进一步加强我区文化、音像市场的管理力度，可在原有的基础上，给共青团等组织的业余监督员适当的权利，发挥其作用。四是区门球协会作为区内比较有影响的群众组织，区政府应给予重点支持。目前，需要去台湾、韩国比赛问题，区政府应给予考虑和支持。五是要加大对房山区文化、体育场所的管理和使用力度，使群众活动更趋于制度化、规范化，如对老年秧歌队应划定固定的活动场所等。六是应加强精神文明建设的广告宣传，在主要公共场所建立一批公益宣传专栏，同时要恢复农村广播站、放映点。七是加强对各旅游景点的环境整治和建设，使之体现房山的形象，如十渡景区小马车的管理、石花洞等地的道路建设等。八是我区是未来"旅游大国"。文物较多，但无处存放和展出。为充分利用文化旅游优势，建议建立一个文物博物馆，并与区内旅游业结合起来。

大力发展教育、文化、卫生事业。一是要加大对特殊教育的投入，抓好燕山培智学校的建设。二是建议区政府推广区、乡、村、个人四级投入的医疗公基金制度，并作为今年医疗改革的重点。三是要解放思想、转变观念，加快区内各学校由应试教育转为素质教育的转变，不能再搞硬性指标，如及格率、升学率等。四是要加强对医院等部门窗口行业职工的职业道德教育，切实改善服务态度和提高服务质量。

加强法制宣传教育，做好政法和反腐倡廉工作。一是要做好法制宣传教育工作，特别要加强对未成年人犯罪的调查与防范工作，减少未成年人犯罪。二是要加强群防群治，搞好综合治理，把一些措施落到实处。三是要加强对企业、厂长经理反腐倡廉的教育力度。当前，我们区许多企业存有"穷庙富方丈"现象，企业亏损，职工开不出工资，可厂长、经理却高级车坐着，大哥大拿着，高级烟抽着，高档衣服穿着，群众反映十分强烈。

3月5日，区政协办公室将中国人民政治协商会议北京市房山区三届四次会议，委员对我区"两个文明"建设的意见和建议报送区委办公室，供区领导在决策中参考。

三届五次会议讨论政府工作报告

中国人民政治协商会议北京市房山区第三届委员会第五次会议于1998年2月12日至14日召开。

2月13日上午，参加区政协三届五次全会的202名委员满怀喜悦之情，在房山宾馆认真听取了区政府常务副区长罗文阁所作的《关于区政府工作报告（征求意见稿）的说明》和区财政局长郑克玉所作的《关于1997年区财政预算执行情况的报告》。会后，委员们分组进行了热烈的讨论。委员们在讨论中普遍认为，报告结构安排合理有序，层次清楚，十分精炼，简明扼要，实事求是，恰如其分，符合房山人民的心意，是集体智慧的结晶，也体现了认真负责的精神。

在讨论过程中，委员们还提出建议、意见24条，主要涉及7个方面。

关于进一步贯彻落实党在农村的基本政策，加快农业产业化进程的问题。一是关于林果生产方面：目前林果生产只停留在集体果园中，需要向农户家庭果园转移，下大力气抓好科技示范的推广工作，使之起到典型带动作用；发展林果生产，要增加对果树专用肥生产的资金投入。区林业技术服务中心根据柿树生长特点研制的柿树专用肥，已列入林业部中试项目，建议加以推广；鉴于枣疯病是任何枣种不能避免的，特别在半山区比较猖獗，而在碱性土壤中发病率低的情况下，建议发展"大雪枣"基地建设要谨慎，可在属碱性土壤的永定河流域葫芦垡、窑上地区大面积推广。二是优良玉米品种——辽源1号试种后，具有亩产高、便于储藏等优点，同时还是一种很好的青储饲料，可用于发展养殖业，很有推广价值，希望引起重视。三是发展农业生产，要特别重视优良品种的推广工作，否则只重视研究，不注重推广，势必造成中国研制的良种流到国外冠上洋名，又返回中国才得以推广的不利局面。四是农业战线科技人员流失严重，进入青黄不接时期。应重视科技带头人的培养，对年轻科技人员要压担子，给课题，去实践，出成果。

关于工交、商贸、旅游等行业扶优组团，发展规模经济的问题。一是扶优组团，重组改制的关键在改制，建议要充分发挥舆论宣传作用，使人们认识到，企业不改革就没有出路；应组织体改委、计委等有关部门组成专题组，对扶优组团进行调研，摆问题，想办法，对企业的重组转制予以具体指导；应高度重视企业职工下岗带来的不安定因素，开辟多种渠道安排下岗职工的再就业。二是关于旅游业发展问题：我区旅游景点分散，形不成拳头，充分发挥优势不够，希望采取有效措施，真正落实报告中提出的"理顺体制、成龙组团、完善规划、合理投入、加大宣传"的要求；我区旅游景区内交通不够发达，没有用"线"连接起来，不能吸引大批游客。另外，景区之间各吹各的号，互相带动、互相促进、全面发展还不够，这些问题亟待解决；抓好定位。把旅游业作为支柱产业来抓，作为新的经济增长点来抓，带动三产，促进二产发展；理顺旅游业管理体制。报告中提出组建区旅游集团，完全正确，建议狠抓落实；加强领导。区政府要有专人和专门机构负责，不能只是一般的过问和听取汇报。

关于鼓励非公有制经济大力发展，进一步解放和发展生产力的问题。一是非公有制企业必须闯过"观念转变关、技术创新关、规模扩张关、资金来源关、产权结构关"，才会获得更大发展。希望区政府有关部门加强扶持和引导，给予支持和帮助。二是建议区政府对接纳国有企业下岗职工的非公有制企业给予奖励和优惠政策。

关于搞好城镇建设及社会秩序的综合整治的问题。一是目前良乡卫星城建设有许多问题应引起高度重视：一是要明确良乡卫星城的性质；二是应先制定总体规划，并严格按照规划进行，避免盲目建设；三是要做到行政管理与技术管理相结合，城市建设与城市管理相结合。建议区政府在良乡卫星城的建设中，要做到科学化、规范化；总体规划要有权威性，应让内行来参与。二是对居民住宅小区，物业管理要跟上。既要加强宣传教育，又要有一套具体的管理手段。三是要加强市政管理，街道两侧的饭店垃圾处理和黑出租车的乱停乱放应尽快解决。四是在区财力允许的情况下，在几大居民区可适当建设液化气站，以方便群众生活。

关于深入学习贯彻"十五大"精神，进一步发展我区教育、医疗事业的问题。一是提高教育教学质量，应解决好"双流"问题，即教师外流、学生外流的问题。要改善办学条件，建立能吸引教师、留住学生的学校。二是应加强对个体医疗诊所的宏观调控与管理，加大检查力度，坚决取缔非法行医。三是应加强医疗作风建设，采取有力措施，提高医疗工作人员技术水平和服务意识。

关于搞好普法教育，实施依法治区，保持政治稳定和社会安定的问题。一是"三五"普法已进入关键时期，应加强普法教育的宣传力度，全面提高全民法律意识，才能真正实施依法治区。二是针对我区盗窃案件和外来人口犯罪、未成年人犯罪日趋严重的问题，希望区政府组织有关部门进行调查研究，制定相应的措施。三是建议把普法工作列入政府工作的议事日程，对基层干部进行重点培训，做到学法、知法、用法。

关于深入学习贯彻"十五大"精神，进一步加强社会主义精神文明建设问题。一是对中小学生进行素质教育十分重要，在衡量教育教学质量时不能只凭学生的升学率进行单一评价，要把思想道德教育，特别是爱国主义、集体主义、艰苦奋斗教育摆到重要位置。二是建议有规划地多建一些娱乐场所，为群众开展健康有益的文体活动提供方便。三是应该建立区文联组织，使我区文化建设的内容更加丰富。四是我区文物管理所办公条件太差，办公费用缺乏，影响了文物管理工作的正常开展，希望区政府予以重视。五是对委员提案的办理，一些职能部门重视不够，呼吁区政府要认真对待提案的办理。六是房山应建立博物馆，以此来更好地宣传房山悠久的历史文化。

2月20日，区政协办公室将区政协三届五次会议，政协委员对1998年区政府工作报告的建议和意见报送区委办公室，供区领导在决策中参考。

第七节 政协北京市房山区第四届委员会

政协北京市房山区第四届委员会任期五年，期间共召开了五次全体会议。历次会议期间，委员们认真讨论了《政府工作报告》，积极参政议政，建言献策，提出意见建议132条，主要涉及农业、工业、非公经济、人才、科技、城建、公交、旅游、文化教育、司法和社会治安、民族宗教、环境和医疗卫生、精神文明建设等方面。

四届一次会议讨论政府工作报告

中国人民政治协商会议北京市房山区第四届委员会第一次会议于1999年1月15日至20日召开。

1月16日上午，参加区政协四届一次会议的委员满怀喜悦之情，在良乡昊天宾馆认真听取了区长王凤江所作的《政府工作报告》。下午，委员们分组进行了热烈讨论。委员们在讨论中普遍认为，报告层次清楚，语言简练，重点突出，符合我区的实际。奋斗目标鼓舞人心，具有可操作性。

在讨论过程中，委员们还提出建议、意见28条，主要涉及7个方面。

农业方面4条：一是要进一步加大对农业的投入，支持农业发展，政府报告中提出对农业投入400万元，这个数字显得太少。二是要结合本区地理特点，鼓励农民大搞中草药种植，既可促进中医事业发展，又可富民。三是要注重发挥房山林果业优势，加大资金投入，对红果、苹果、柿子等果树品种进行改良。四是《规划》中关于农业发展比例应征求专家意见。有的指标脱离实际，例如绒山羊的存栏量偏高，还有的指标细算起来还停留在原有位置。

工业方面3条：一是建议区委、区政府对区内不景气的企业在全面调研的基础上，发掘企业潜力，同时要树立一批扭亏增盈的企业典型。二是建议区委、区政府增强区属企业和乡镇企业之间的协调，使工业需求能够在本区内解决，并形成良性循环。三是要重视我区建筑、建材业的发展，使之形成规模，带动交通运输业等相关产业的发展。

人才、科技方面2条：一是房山在利用燕化集团等中央、市属单位的人才优势，发展自身经济方面做得不够。利用和引进高科技人才，重在落实，如与大专院校联合，培养一批高层次科技人才等。二是要发展房山经济，应加大和突出科技含量。要有科技意识，要注重发展没有污染的项目，这样既符合环境发展的趋势，也有利于旅游事业的发展。

城建、旅游方面7条：一是要集中人力、物力、财力尽快实施良乡引水工程，否则会影响卫星城的发展速度。二是要重点抓好良乡城的市政建设，旧城改造要有长远规划，有切实的措施，有科学的依据。府前广场建得要好一些、快一些、档次高一些，能充分展示出良乡卫星城的风采。三是要以我区几处著名的文化、文物古迹和自然景点为龙头，进一步加大宣传我区旅游资源优势的力度，让外界全面了解房山。同时，要重点开发一批具有房山特色的旅游纪念品，加大特色产品的生产力度。四是要不断加强对旅游景区的综合管理，尤其是对景区工作人员要加强各种素质培训，提高其服务意识和服务质量。五是要充分发挥旅游集团优势，带动我区旅游业的再次飞跃。目前，新组建的旅游集团作用不突出，有许多问题需要解决。六是建议在良乡城季节性地设置通往我区各大旅游景点的公共汽车站，以方便游客，拓宽客源渠道。七是在大力发展旅游业的同时，要注意现有自然景观的保护，防止乱建人工景点，以免造成乱占耕地、乱砍滥伐等劳民伤财现象。

区政协四届一次会议委员们讨论政府工作报告

环境、卫生方面2条：一是在治理我区大气和水污染的方面，要有针对性、有具体措施，制定出治理的量化标准。二是《政府工作报告》中对今后我区的卫生工作提得不够具体，在投入上缺乏力度。要在政策上对卫生系统给予倾斜，特别要加大对公费医疗的资金投入。另外，房山第二医院作为良乡卫星城内最大的医院，也应加大资金投入，使该医院更快地发展。

教育、社会治安方面3条：一是要加强卫生系统内广大干部职工的专业培训，注重后备人才的培养，使之提高服务质量。二是对房、良两城内大街的摆摊设点要加强管理，建立责任制，依法进行持之以恒的治理。三是"黄、赌、毒"等社会丑恶现象在房山仍有存在，有的还比较严重，要加大打击力度，要落到实处，见到实效。

其他方面7条：一是要加大农村财务工作的管理力度，实行民主理财，财务公开。目前，许多村的民主理财制度是徒有虚名。二是要重视利用信息资源，加大对经济政策的研究力度，并切实落实在实际工作中。三是在我区干部队伍建设方面，要侧重思想的解放和观念的更新，尽快建立一支高素质的领导干部队伍。四是政府形象应进一步加强，对政府工作人员应强化公仆意识。要减少工作环节，提高办事效率，避免互相推诿。五是在今后工作中，建议将《规划》中已落实完成的工作及时向人大代表、政协委员通报，使代表和委员心中有数。六是《规划》在具体实施过程中，必须杜绝报功现象、多变性和浮夸问题。七是建议组织有关部门举办学习和落实《规划》的培训班，在分析、吃透《规划》精神的基础上，然后具体实施。

1月28日，区政协办公室将区政协四届一次会议，政协委员对1999年《政府工作报告》及其有关报告的建议和意见报送区委办公室，供区领导在决策中参考。

四届二次会议讨论政府工作报告

中国人民政治协商会议北京市房山区第四届委员会第二次会议于2000年1月19日至21日召开。

1月20日上午，参加区政协四届二次会议的委员满怀喜悦之情，在昊天假日酒店认真听取了区政府常务副区长李硕夫所作的《关于政府工作报告的说明》和区财政局长刘顺林所作的《关于1999年财政预算执行情况和2000年财政预算（草案）的报告》。会后，委员们分组进行了热烈讨论。委员们在讨论中普遍认为，报告朴实严谨，层次清楚，语言简练，重点突出，符合我区的实际。

在讨论过程中，委员们还提出建议、意见33条，主要涉及6个方面。

关于工业、科技、城建方面10条：一是我区尤其是良乡地区地热资源丰富，区政府应给予重视，加紧开发，综合利用，使之成为一个新的经济增长点。二是应进一步加大我区建筑建材业、旅游业的宣传力度，以扩大我区"建筑建材之区"、"旅游大区"的知名度。三是对我区建材资源的开发要有长远规划，进行科学合理的开采，以避免资源枯竭。四是区内企业的重组转制的力度要加大，应抓住"入世"机遇，对区属企业进行调查，做到有的放矢。同时，要注意改制过程中的资产流失问题，加强财政上的监管力度。五是应重视我区名牌产品的发展，要适当加大此方面的资金和人才投入。六是报告中"科技兴房"的计划不太全面，应进一步具体化，拿出切实可行的方案，以避免"科技兴房"的口号只停留在口头和书面上。七是要注意企业领导人才培养和选拔问题，全面提高他们的综合素质，以适应形势发展的需要。八是目前我区民营企业正处在新生阶段，政府应进一步在政策和资金方面予以适当倾斜和投入，以利于民营企业的发展。九是报告中有些经济方面的统计数字不能理解，

区政协四届二次会议委员们讨论政府工作报告

标准提得过高，脱离了实际，容易造成浮夸问题。十是良乡卫星城的城建工作变化较大，但配套设施的规划和建设也应同步进行，不能只注重房地产的开发，而忽略了其他方面，应有长远的规划。

农业发展方面4条：一是要注意我区林果产品中名、特、优、新品种的引进和培植，政府要给予长期的政策优惠和资金扶持，建立一支以种植、收购、加工、销售于一体的合作经济组织，研究生产出名牌农副产品，通过互联网等信息载体，打入国内外市场。二是针对我区果品以鲜品销售为主的特点，需加快产地市场建设。可以在良乡、张坊等果品集散地建设果品专业市场或综合市场，以开拓更多的销售渠道。三是报告中提出大力发展"六种农业"，为农业结构调整指明了方向。但这需要一个探索实践的过程，主管部门要与农业科技工作者齐心协力，有关部门要搞好服务工作，配备相应的人员做好具体工作。四是要顺利进行农业结构调整，必须处理好调整生产关系与调整农业结构的关系。要使农民甘心情愿地成为经营主体和投资主体。

旅游业方面3条：一是目前我区的旅游景区已基本形成格局，但还需进一步完善。例如要注意景区周边环境的利用和保护，不能只图一时的利益，而对景区的外围环境不闻不问。二是针对旅游景区的某些管理混乱问题，应尽快制定和实施一套行之有效的制度，不断加强综合管理，对工作人员加强各种素质和知识培训，以提高其服务意识和服务质量。三是结合我区的旅游特色，要重点开发一批具有现代意识的旅游纪念品，以树立房山区"旅游大区"的整体形象。

司法和社会治安方面4条：一是针对区内尤其是房、良等城镇黄、赌、毒等丑恶现象不断严重的形势，执法部门要进一步加大综合治理力度，以使社会有一个祥和稳定的生活环境。二是要注重外来人口的管理工作，采取一系列有力度、有效果的措施，避免出现"反弹现象"，以促进社会稳定。三是鉴于房、良两地农贸市场的管理混乱问题，有关部门应在加强管理的同时，注重管理人员的素质培训，要下大力气进行综合管理。四是居民小区的管理仍存在不少问题，建议以行宫小区、西潞园小区为标准，强化其他居民区的管理。

精神文明建设方面5条：一是做好我区的标志工作，如确定区花、区徽等，发挥其凝聚人心的作用。二是做好美化工作，简言之就是包装房山，巧装打扮房山。三是发挥核心形象作用。所谓核心形象，就是区政府所在地的形象，要达到核心形象向美化、净化、绿化的快速过渡，发挥其折射房山整体形象的作用。四是做好宣传工作，要树立宣传大格局意识，做好宣传的外延工作，从广义上定位。五是抓好素质教育，这是塑造房山形象的内在的根本要素。

其他方面7条：一是针对北京城四环内企业外迁的情况，在引进企业时要注意环保问题。对那些具有污染性生产厂家的引进一定要慎重。二是良乡大街、房山南大街的小摊烧烤污染十分严重，不符合房、良两城的形象，建议区政府有关部门予以取缔。三是目前区内废弃电池的污染已超过汽车尾气的污染，建议环保部门采取有效措施，予以回收再利用。四是要重视科普知识的宣传工作，通过多种形式对广大群众进行宣讲，提高群众的文化素质，避免出现类似捉"千年虫"的笑话。五是报告中有关科技方面的文字较多，而有关教育的内容过少，二者同时予以关注。六是公、检、法、司办公楼问题应列入报告当中，并加以尽快落实。七是政府在处理政协提案的工作中，某些办案单位的落实不明确，出现了"自己提案自己办"的问题。建议主管部门在落实办案单位时予以注意。

1月26日，区政协办公室将区政协四届二次会议关于对2000年《政府工作报告》及其有关报告的建议和意见报送区委办公室，供区领导在决策中参考。

四届三次会议讨论政府工作报告

中国人民政治协商会议北京市房山区第四届委员会第三次会议于2001年1月13日至16日召开。

1月14日上午，委员们在昊天假日酒店认真听取了区政府常务副区长李硕夫所作的《政府工作报告》和区财政局副局长刘春所作的《关于北京市房山区2000年财政预算执行情况和2001年财政预算（草案）的报告》。之后，委员们分组进行了热烈讨论。大家普遍认为，报告篇幅精炼，文字言简意明，指导思想明确，既有奋斗目标，又有阶段性要求，符合实际，措施具体，切实可行，深受鼓舞。

在讨论过程中，委员们还提出建议、意见39条，主要涉及6个方面。

工业、科技、城建方面12条：一是科技进步才能发展，否则就要落后。房山区属企业发展状况不好，根本原因是科技力量不足。而驻区的中央、市属企业多，他们的科技力量雄厚，大量的退休科技人员是一笔宝贵财富。因此，要适应市场规律，改变传统的合作方式，树立科技合作的新观念，实现燕房共同发展，共同繁荣。二是2001年及"十五"期间，要为本区经济发展定好位，有什么优势就发挥什么优势，不要一哄而上赶时髦。比如"数字良乡"的提法不够合理，数字化并不是良乡的优势，也不是房山的特长。三是关于财政报告，在财政预算中应建立公共财政框架体系，公共财政资金用于改善环境，进行政策引导，而不是用于直接办企业参加市场竞争。四是全区有职称的人员约1.6万，其中教育卫生占1.1万，企业的会计、出纳占一部分，而经济主战场科技人才相对太少。五是高教园区应该学习南方，要高品位、高起点，不要搞成四不像。六是房山在发展中要吸取国有企业人才大量流失的教训，在规划中注意人才的作用，完善吸引人才的优惠政策，提高工程技术人员的待遇，促进经济的全面发展。七是适当举办中高级科技人员培训班，加大实用型人才的培养，改

区政协四届三次会议委员们讨论政府工作报告

变企业实用型人才青黄不接的现状。八是科技创新是发展的动力，农村科普工作在"十五"期间应该加强。九是要加快实现办公自动化，从设备的投入到人员的培训应及早下手，提高管理水平，加强网络建设，促进现代化管理。十是"十五"规划关于良乡周边地区表述得不够，社会事业发展概括的不全面，应把全区人民生活水平作为出发点体现出来。十一是现在我区的一些大中型企业只将节电纳入降低成本的措施之一，而节水没有提到议事日程，主要原因在于水费在整体生产成本中所占比例较小，应引起各界的高度重视。十二是城镇建设中绿化程度不够，今后应该作为政府一项总体建设形象中的重要工作。

农业方面5条：一是农业产业结构调整，要以切实增加农民收入、富民为主。希望在第三产等经济方面全面发展。多发展民营企业，提高企业素质，全面推动房山经济发展。二是要加强对农民的培训，持证上岗，生产精品农产品。让百姓吃绿色食品，预防或禁止农药给人们带来危害。三是目前我区农业战线的专家处于青黄不接的状态，新老更替问题需引起重视。年轻的农业科技人员应有一个施展才华的空间，但应注意不能让他们来"劳动改造"。应创造条件，使他们深入下去，研究一些新课题，解决一些实际问题。四是农、牧、林果应有计划地发展，不能失衡，目前的养殖业和果林业出现了不够协调发展的状况。如绒山羊的问题，破坏生态植被，应引起重视。五是对农村土地制度的改革，从房山情况看，15年30年不变的提法值得怀疑，有的已调整了2—8次。这就是农民对土地政策产生怀疑的主要原因。现在农民使用土地没有加大投入或不投入，使得土地越来越贫瘠，应引起注意。

旅游业方面4条：一是房山旅游资源丰富，总体发展不够，关键是制定适当的发展方式不够。应加大宣传力度，增强人们对发展房山旅游的意识。房山旅游业应增加横比，向前看。二是应把旅游之乡建设好，把云居寺、周口店、十渡等旅游景区管理好，营造一个良好的氛围。三是旅游环境的治理非常重要，景区沿途环境卫生等问题应引起重视。特别是旅游景区的污染问题更不能忽视。四是旅游产品没有打出房山整体牌，各自为政制约了发展。如能将景区印制套票，统一管理，统一结算会更好。

精神文明建设方面4条：一是社区服务要加强，要美化活动空间，树立房山良好形象。二是应加强老年人活动场所的建设，如老年大学、书画班等。三是良乡卫星城应加大文化教育、体育场馆设施的建设。目前没有像样的活动场地和场所，缺少大型的活动场地或集会的场馆，这与申奥很不相称。四是继续抓好政府和职能部门的"三服务"教育，塑造房山整体形象。

司法和社会治安方面5条：一是房山外来人口很多，是关系房山发展和稳定的重要因素，加强对外来人口的管理工作不能松懈。二是要加大农村和街道不安定隐患的协调工作，防止上访或恶性事故的发生。三是居民小区路口、车站等公共场所还存在不少问题，建议城管部门要加大管理力度，但执法人员必须着装整洁，文明执法，注意形象。四是对收费（停、存车）人员应加强管理。如城关收停车费，一帮老太太追着要钱，影响城镇形象和秩序。五是城镇治安管理十分重要，安排的人员应认真选拔，使其负起责任。但现在有的治安员素质很差，这些人管治安让人担忧。

其他方面9条：一是建议在发展卫星城的同时，要注意加大医疗卫生工作的发展。二是在"十五"规划中，关于交通、道路建设方面分量小。三是区府东移后，城关的脏、乱、差问题越来越突出，这与房山形象很不相称。四是建议尽快考虑解决垃圾消纳场，只是填埋，会造成新的污染。五是在阎村、青龙湖等乡镇发展陶丽砖问题应慎重考虑布局，这两地离区府较近，青龙湖又是旅游区，建材有污染，不要只顾经济效益。六是关于人才后备力量，选拔领导人才要专业对口，最大限度地选用德才兼备的人才，不要任用门外汉。七是建议市人大出台法规或条例，保证个体私营企业发展，使其平等竞争，真正实现多元发展。八是希望区委组织部门要把统战工作这一课给新任领导干部补上。九是加强提案办案的力度，正确对待委员提案问题。

2月5日，区政协办公室将区政协四届三次会议关于对2001年《政府工作报告》及其他有关报告的建议和意见报送区委办公室，供区领导在决策中参考。

四届四次会议讨论政府工作报告

中国人民政治协商会议北京市房山区第四届委员会第四次会议于2002年1月17日至19日召开。

委员们听取并讨论了《政府工作报告》，对区政府一年来的工作给予了充分肯定。大家认为，在过去的一年里，全区上下认真实践江泽民总书记"三个代表"的重要思想，奋发努力，扎实工作，各方面都取得了可喜成就，经济持续健康发展，改革开放步伐加快，城乡面貌明显改善，人民生活水平显著提高，精神文明和民主法制建设取得了新成绩。

在讨论过程中，委员们一致认为，2002年，要以中共"十六大"召开为标志，以我国加入世贸组织和北京启动奥运行动计划为契机，进一步认真分析当前形势，着力解决我区经济发展中在经济结构性矛盾突出，市政基础设施滞后等方面存在的问题，努力在加快城市化建设、推进经济结构调整、增强经济发展的活力和后劲、优化区域经济发展环境、提高人民生活水平等方面实现全区改革开放的新突破。

四届五次会议讨论政府工作报告

中国人民政治协商会议北京市房山区第四届委员会第五次会议于 2003 年 1 月 20 日至 22 日召开。

1 月 20 日上午，区长张效廉在政协房山区第四届委员会第五次会议上向全体委员作了《政府工作报告》。下午，委员们分组进行了热烈的讨论。委员们在讨论中普遍认为，报告鼓舞人心，催人奋进，对区政府过去一年工作和新一年工作思路，给予了很高的评价。

在讨论过程中，委员们还提出建议、意见 32 条，主要涉及 9 个方面。

工交城建方面 6 条：一是在加快我区城市建设健康有序进行的同时，应按照智能化、生态型的城市建设要求，注意加强以良乡卫星城为标志的城市基础配套设施（如体育场馆、游泳池）的建设工作。二是环境建设也是一种文化，必须搞好投资环境，才能使我区的投资领域出现新的活力。希望政府能够积极创造条件，制定针对性更强的政策和措施，多方融资，广泛吸纳民间、私营、个体资金，在全区营造出一个良好的投资环境，真正做到"引进强区"。三是目前我区各种规模不等的工业开发区过于繁多，盲目性大，缺乏宏观上的统一规划，应引起规划部门的高度重视。四是长阳地区房地产开发过程中，由于与当地群众关系未处理好，引发的群众上访现象时有发生，希望有关部门及时进行调查解决。五是良乡卫星城的建设已初具规模，为了加快建设速度，希望"轻轨"工程尽快落实。六是房、良两地的居民小区建设日益兴盛，但除了行宫、北潞园等少数小区外，大多数小区的物业管理问题严重，配套设施滞后，管理人员素质不高，漂亮的楼房与落后的管理形成极大的反差，小区居民顾虑重重，希望政府有关部门加大管理力度。

农村工作方面 5 条：一是要想加快农村经济发展的速度，大幅度提升人民生活水平，实现全面小康，就必须在增加农民收入、增加就业机会上下功夫。对农村经济多指导、多扶持、多帮助，重点发展特色农业，使农民尽快富裕起来。二是建议区统计部门对我区农村中无业、失业人员进行调查统计分析，与各乡镇及区劳动局、民政局等有关部门协商，对这些人员分门别类、有计划地进行培训，为他们提供更多的就业机会。三是鉴于我区农业人才短缺、后继乏人的现象，建议进一步多培养年轻有为的科技人才，同时要多引进外面的农业专家，多方面、多层次地提高农业技术人才的水平。四是目前各乡镇主要领导调换过于频繁，严重影响了农村工作的正常开展，他们很少了解百姓疾苦，造成其他干部也随着缺乏事业心、责任感，干群矛盾突出，百姓反响极大。希望区政府及时加以处理解决。五是建议在区内建立农产品质量监测体系，以确保我区农产品生产及销售渠道畅通。

文化教育方面 5 条：一是我区正在开展的"共建周口店，关爱北京人"系列活动已引起社会的广泛关注，周口店猿人遗址具有世界影响力。但要注意这项活动不应把打造旅游品牌的目的放在第一位，而是要把如何更好地保护好猿人遗址这项文化文物工程放在首位，其次才应是旅游业。二是建议政府及成教部门加大对下岗人员的技能培训和在岗人员的专业及素质培训，逐渐提高全区人民的综合素质，以适应不断发展的形势需要，同时要全力避免"假文凭"的泛滥。三是随着老年化社会的临近，对老年人的文化素质、生命质量、生活质量都有了新的更高的要求，希望政府在资金、政策等方面予以适当倾斜，让全区老年人过上幸福安康的晚年。四是建议区内新闻媒体开展系列的"公民论坛"活动，什么人谈，谈什么，怎么谈，由政府定。目的是要达到"下情上达，上情下知，上下沟通，减少矛盾",以保证社会的进一步稳定。五是落实《公民道德建设实施纲要》。一要加强宣传的力度,努力营造良好的社会氛围;二要把《纲要》融入各项法规、制度、守则当中;三要切忌贪大、空谈,急于求成,应从小事抓起;四要紧紧围绕经济建设和社会反映出来的现实问题,开展积极的思想教育。

旅游方面1条:房山的旅游资源虽然丰富,但旅游产品的开发力度不够,关键是要结合本区旅游资源的特点,生产出一批具有房山特色的产品,真正形成自己的品牌。同时,在现有基础上着力加大宣传力度,增强区外对发展房山旅游产品的认识。

社会治安方面2条:一是我区外来人口问题,一直是影响社会稳定的重要因素,建议公安、城管等部门应继续加强对外来人口的管理工作。二是房、良两地的菜市场秩序一直比较混乱,尤其是一些自发形成的小市场更是处于管理无序的状态,希望有关管理部门下力气进行彻底治理。

民族宗教方面3条:一是区政府应注意发展民族村经济,对民族村经济的发展要给一些优惠政策,各相关部门多给予支持。二是四大宗教在我区都有宗教活动,应加强调查,要摸清底数,研究怎样加强管理,怎样引导宗教为社会主义建设服务。三是区委、区政府在培养少数民族领导干部上应加大力度,在涉及到民族宗教的工作岗位,应适当配备少数民族干部,这样可有利于化解矛盾,有利于社会稳定。

医疗卫生方面3条:一是我区在医疗制度改革方面应尽快加大三项制度的建设力度。即:建立新型的合作医疗制度,建立以大病统筹为主的合作医疗制度,建立医疗救援制度。二是区中医院已被评为市、全国系统的先进单位,有关部门应以此为契机,发挥我区的中医业优势,带动整个房山区的医疗事业的更加健康的发展。三是建议区政府对全区的卫生资源进行合理配置,优化卫生资源,建好农村合作医疗合作网络。主要是建好"三个高水平医院"(妇幼保健院、中医院、综合性医院)、"一个中心"(防治中心)、"一个所"(牙病防治所)。

非公经济方面2条:一是民营企业要发展,最大的难题是贷款担保问题。建议政府每年拿出一部分资金作为民营企业的担保资金。二是建议建立非公经济贷款机制,设立担保机构,以扶持非公经济的发展。

其他方面5条:一是政府及有关部门应充分发挥街道居委会的作用,通过"三个定期"即"定期走访、定期培训、定期组织活动",进一步关注下岗职工生活,加大对下岗职工的管理力度。二是区政府应继续实施名牌战略,让房山的产品真正走出去。要做到这一点,关键要在落实上下功夫,可以采取证明零环节办结制度、限时办结制度、服务承诺制度、责任追究制度,以切实提高办事效率。三是在去年的委员提案办理过程中,有些提案虽然有答复,但没有实际效果。建议加强办复单位对政协委员提案的办案力度,拿出既有针对性又有操作性的措施。四是区政府各级部门政策法规制定了不少,但更重要的任务是狠抓落实,加大监督检查的力度,在到位上下功夫,各项工作就会取得新成效。五是报告中的一些专业术语,如"城市化率"、"贷款额度"等应加以注释说明,编成附件,便于委员和群众理解。

2月17日,区政协办公室将关于在区政协四届五次会议上,委员们对《政府工作报告》等讨论情况的报告报送区委办公室,供区领导在决策中参考。

第八节 政协北京市房山区第五届委员会

政协北京市房山区第五届委员会任期三年，期间共召开了三次全体会议。会议期间，委员们热烈讨论了《政府工作报告》和《房山区"十一五"规划纲要》，各抒己见，建言献策，提出有建设性的意见建议96条，主要涉及工业、农业、非公经济、商业、公交、城建、旅游、文化教育、社会治安、医疗卫生、环境建设等方面。

五届一次会议讨论政府工作报告

中国人民政治协商会议北京市房山区第五届委员会第一次会议于2004年1月10日至14日召开。

1月11日上午，委员们在韩村河山庄会议中心，听取了区长张效廉在五届人代会上所作的《政府工作报告》和其他报告。会后，进行了分组讨论。委员们在讨论中普遍认为，报告实事求是，总揽全局，重点突出，催人奋进，是一个鼓舞人心、承上启下的好报告。

在讨论过程中，委员们还提出建议、意见43条，主要涉及8个方面。

工交城建方面12条：一是利用燕化优势，进一步加强燕房合作，尽量减少燕化资源流失。二是环境也是生产力，目前我区环保问题十分突出，各项指数均低于本市其他各县，严重影响了房山的外部形象，不利于"引进强区"等事业的有效开展，群众也十分不满，希望有关部门采取有效措施，尽快加以解决。三是目前我区各种规模不等的工业开发区过于繁多，盲目性大，科技含量低，不见效益，有"变相圈地"之嫌，应引起规划部门的高度重视。四是良乡卫星城的建设已初具规模，为了加快建设速度，希望"轻轨"工程尽快落实，不能"总提不建"。五是房、良两地的居民小区建设日益兴盛，但大多数小区的物业管理问题严重，配套设施滞后，管理人员素质不高，居民顾虑重重，希望政府有关部门加大管理力度。六是为解决良乡城内交通拥堵问题，建议在主要路口建设过街天桥，避免行人随意穿行公路，以缓解交通拥堵问题。七是良乡、阎村两个乡镇高速路出口收费标准不一致，是造成良乡城内一定程度上的车辆过多，形成交通拥堵的原因之一，建议政府部门进行协调，统一收费标准。八是房山东沙河治理虽已初见成效，但只是做了一些初步工作（仅将部分河段遮盖起来），尚需从源头进行彻底治理。九是目前我区建材产品的生产仍然停留在"粗加工"的水平，资源浪费严重，建议加大力度开发高档次的建材产品，创出特色，减少不必要的资源浪费。十是我区河北至佛子庄路段路况差，货车超载严重，交通堵塞问题十分明显，群众反映强烈，希望尽快加以解决。十一是青龙湖作为防洪重点，建议要适度开发，协调好开发与防洪的关系，以避免因只强调开发而造成的负面影响。十二是区政府的市政规划应尽早出台，并进行社会论证，增强规划的透明度和科学性。

农业方面3条：一是要想加快农村经济发展的速度，大幅度提高人民生活水平，实现全面小康，就必须进一步加强"大农业"意识，不仅仅要重视"种什么"，关键还要在农产品"深加工"上做文章。二是鉴于我区农业人才短缺、后继乏人的现象，建议进一步重视农业人才，多培养年轻有为的科技人才，同时要多引进外面的农业专家，多方面、多层次地提高农业技术人才的水平。三是建议在区内建立农产品质量监测体系，以确保我区农产品生产及销售渠道畅通。

文化教育方面7条：一是记者作为一个特殊群体、特殊的职业，建议设立一个"好记者"奖，以表彰有突出贡献的记者。二是区政府应围绕"博大精深、兼容并蓄、锲而不舍、和谐文明"的"龙乡"文化内涵，全力打造"文化名区"，进一步提高我区对外吸引力和对内凝聚力。三是建议政府及成教部门加大对下岗人员的技能培训、在岗人员的专业及素质培训，逐渐提高全区人民的综合素质，以适应不断发展的形势需要，同时要全力避免"假文凭"的泛滥。四是目前大街上滥发"小广告"者处处皆是，既影响市容，又妨碍交通，希望有关部门对其进行规范管理。五是燕化上缴教育附加费4000万元，能否从中返还给燕化学校一部分或者少上缴一些。六是目前民办学校办学存在着困难，政府能否给予一些宽松的政策或必要的支持。七是报告在总结五年工作时，有关成人教育的内容没有涉及，成人教育作为教育事业的一部分，应在报告中有所体现。

旅游方面2条：一是房山的旅游资源虽然丰富，但在管理上缺乏整体规划，建议有关部门对我区旅游资源重新整合，真正树立起房山旅游业的支柱地位，让外界真正认识到房山作为"旅游大区"的优势，从而促进我区旅游业的全面发展。二是我区旅游产品的开发力度不够，关键是要结合本区旅游资源的特点，生产出一批具有房山特色的产品，真正形成自己的品牌。同时，在现有基础上着力加大宣传力度，增强区外对发展房山旅游产品的认识。

社会治安方面2条：一是我区外来人口问题，一直是影响社会稳定的重要因素，建议公安、城管等部门应继续加强对外来人口的管理工作。二是房、良两地的菜市场秩序一直比较混乱，尤其是一些自发形成的小市场更是处于管理无序的状态，希望有关管理部门下力气进行彻底治理。

医疗卫生方面6条：一是建议政府本着便民、利民的原则，建设一座设施完备、服务一流的体检中心。二是建议政府进一步加强公共卫生事业的"软件"建设，如专业人员的培训、大众健康意识以及环境意识的养成等，形成全社会重视公共卫生事业的良好氛围。三是为确保我区医疗事业的顺利发展，希望多引进一些具有高水平的医疗科技人才和先进技术。四是希望政府加大农民医疗保障力度，制定新型合作医疗制度，切实维护农民切身利益。五是鉴于"非典"的教训，希望政府加强对急性、突发性传染病的预防工作。六是建议政府有关部门加大对农副产品尤其是肉类产品的检疫力度，制定动物疫情发布制度，以避免将来出现"措手不及"的问题。

非公经济方面1条：为保证非公经济发展，建议政府出台切实有效的扶持政策，如建立非公经济贷款机制、设立担保机构、建立行业协会等，以扶持非公经济的发展。

其他方面10条：一是报告中涉及有关"科技兴房"的内容比较少，"科技兴房"是上次党代会提出的目标，在报告中应继续列入，以保证其连续性。二是鉴于目前区内主要领导调动过于频繁，不利于房山各项事业的健康、稳定发展，希望予以关注。三是报告中所提房山国民生产总值与农民收入的比例不协调；"三农"问题作为政府的一项重中之重的工作，其主要指标定的偏低，不利于很好的解决"三农"问题。四是为有效实施再就业工程，建议从居民社区入手，充分发挥社区功能，为失业人员创造更多的就业渠道。五是政府报告中所提高教园区面积是以前的数字，不准确，应是6.74平方公里。六是建议建立离任审计问责制，以避免推诿扯皮现象。七是由于拆迁等原因造成农民失去土地，其就业问题日趋严重，应该引起政府的高度重视，并提到议事日程上来。八是报告中提到的"五区建设"概念有些笼统，应有具体的标准，具体的内涵，明确的总体目标，而且要注意阶段性目标要细化。九是希望政府解决只做表面文章的"政绩工程"，多实施一些实效性工程、为群众谋福利的工程。十是党代会报告与政府工作报告中对一些概念的提法、表述方式应该一致，如在党代会报告中提到"争创全国文明区"，在政府工作报告中又提出"争创首都文明区"，就应该考虑如何统一起来。

1月15日，区政协办公室将关于在区政协五届一次会议期间，委员们对《政府工作报告》等讨论情况的报告报送区委办公室,供区领导在决策中参考。

五届二次会议讨论政府工作报告

中国人民政治协商会议北京市房山区第五届委员会第二次会议于2005年1月14日至16日召开。

1月14日下午,出席区政协五届二次会议的委员围绕张效廉区长所作的《政府工作报告》展开了热烈讨论,为实现我区经济的跨越式发展和社会全面进步建言献策。委员们对政府工作报告给予了高度评价,一致认为报告实事求是,重点突出,鼓舞人心,催人奋进。

委员们在对《政府工作报告》高度评价的同时,还提出了积极中肯的意见和建议30条,主要涉及8个方面。

工交城建方面9条:一是我区在北京市各区县空气质量检测结果中,经常处于末位,建议有关部门在环保、工业大区的问题上,有新思路,制定相应措施,加强对大气污染的治理,提高空气质量。二是京周公路阎村段的桥南、北没有出口,经常发生交通事故,建议区交管部门协调管理。三是燕房路拆迁工程涉及5个自然村,有关部门应加以重视,妥善做好此项工作,以避免矛盾产生。四是建议有关部门加强对南水北调工程和燕化污水处理工程的重视。五是随着我区城市化进程加快,对燕山地区的社区建设管理问题要提到重要议程上来,从而推动全区社区整体工作建设。六是我区在引进企业进驻时,污染治理工作要同步跟上,防患于未然。七是拱辰大街、良乡中路拆迁工程较多,

区政协五届二次会议委员们讨论政府工作报告

为有利于加大工作力度，建议有关部门向执法工作人员颁发拆迁工作执法证，以加强其责任意识。八是对城市建设配套管理工作要进一步加大力度，比如因黑车、摩的、人力三轮车存在而影响正常的交通秩序的老问题，应引起有关部门的重视，尽快拿出解决方案。九是建议在市政建设方面，搞好统一规划，统筹考虑，协同解决，减少"拉链"工程。

文化教育方面2条：一是建议区政府、区教委等有关部门加大对全区教育信息化、现代化的关注及适当投入，从而提升全区人民的教育水平。二是目前良乡地区缺乏一些大型的文化设施，与良乡卫星城整体建设不配套，建议投入财力，尽快完善文化设施。

医疗卫生方面1条：我区2005年将要改造山区三所卫生院，鉴于山区条件较差等原因，建议提高山区卫生院医务人员的待遇。

旅游方面1条：云居寺是1961年列入国家首批文物保护单位，目前正在申报世界文化遗产单位，建议把此项工作列入区政府的重要议事日程。

社会治安方面2条：一是社会不稳定是影响我区经济建设发展的一个重要因素，房、良两地偷盗、拦路抢劫等社会治安问题比较严重，应该引起公安部门重视。二是全区法制环境应进一步加强，基层组织功能有待进一步发挥。

企业方面1条：建议对税收过百万的大企业与中小企业要有不同的扶持政策。

商业方面2条：一是建议建立商会，实行强强联手，整合人力和财力资源，形成合力，共谋我区经济发展。二是希望有关部门对个体户进行相关知识的培训工作，不断提高经营人员的自身素质。

其他方面12条：一是建议有关部门尽快出台关于农民加入养老保险的相关政策。二是希望区民政部门加大对我区常庄、新街、窦店三个回民村清真寺的支持，加强民族村专项资金的管理、使用和监督。三是建议区民政局领导班子配备一名懂民族政策，熟悉民族工作的少数民族干部，对少数民族专项资金的争取、管理和使用监督。四是建议区民政部门要关注老百姓的宗教信仰，正确加以引导，为构建和谐社会提供良好氛围。五是建议燕山化工区与居民生活区隔离，希望政府尽快拿出方案。六是京石高速路收费较高，对房山发展有负面影响，建议有关部门予以协调解决。七是建议在房山、良乡一带建立具有特色的品牌街，繁荣市场，打造房山地域文化。八是建议区委、区政府出面协调，把区检察院在房山的办公楼调剂给房山进修学校，以改善该校现有办公条件。九是山区农民搬迁到平原后，对其子女入学、就业问题应进行专门调研，并建立跟踪服务网络。十是在政府报告中，提出了"四位一体"的目标，建议建立具有操作性强的管理体制。十一是建议关注全区老龄化、"四种险"等问题。十二是目前我区个别小公共汽车线路在天气不好的气候下运营，有乱涨价现象，建议有关部门加强行业管理。

1月15日，区政协办公室将关于在区政协五届二次会议期间，委员们对《政府工作报告》讨论情况的报告报送区委办公室，供区领导在决策中参考。

五届三次会议讨论政府工作报告

中国人民政治协商会议北京市房山区第五届委员会第三次会议于2006年1月4日至7日召开。

1月6日上午，参加区政协五届三次会议的委员列席区人大五届三次会议，听取了区委副书记、代区长祁红所作的《政府工作报告》和区发改委主任崔山对房山区国民经济和社会发展"十一五"规

区政协五届三次会议委员们讨论政府工作报告

划纲要（草案）的编制背景、形成过程、文本结构、主要内容等情况介绍。下午，委员们分组进行了热烈讨论。委员们一致认为，《政府工作报告》实事求是，重点突出，深受鼓舞，催人奋进。"十一五"规划纲要（草案）脉络清晰，内容全面细致，反映了全区经济社会发展的需要，体现了科学发展观和构建和谐社会的要求。

在讨论过程中，委员们还提出建议、意见共23条，主要涉及5个方面。

工业方面1条：建议有关部门加强对工业开发区引进企业的监督检查。

新农村建设和农业方面9条：一是新农村建设中基础设施建设应多征求农民的意见，听取农民的想法，结合实际进行建设。二是在新农村建设中要制定具体政策和措施，富裕农民，扩大农民就业机会，完善农村社会保障制度。三是新农村建设应强化民主监督。四是加大新农村建设中农村建设资金的使用监督管理。五是在新农村建设中，建议区乡两级政府要坚持统筹规划，周密设计；坚持合理规划，集约建设；坚持保护特色，防止千村一貌；坚持一次规划，分步实施。同时要注意维护规划的严肃性。六是要重视新农村建设过程中，旧村改造工作涉及的规划编制和审定问题，要加大与市规划、土地、建设部门的联系和沟通。七是加快新农村建设的基础是产业支撑，建议要发挥农业产业支撑带动作用，推进我区新农村建设。八是建议有关部门对比较落后贫穷的农村地区，加强实地调研，查清落后原因，找出问题所在，促进房山区整体发展。九是我区食用菌产业发展存在产业规模偏低、产业整体素质不高、组织管理模式滞后、资金短缺等问题，建议今后要增加产业专项资金，抓好典型示范户；多种手段综合运用，提高产业从业农户数量；扶持发展合作组织，提高农民组织化程度；加强招商引资宣传，吸引产业资金注入；走集团化经营的产业发展之路。

环境方面1条：治理农村垃圾问题，建议要科学规划、系统治理、完善机构、加强监督。

文化教育卫生等方面5条：一是应进一步加强职成教育直接有效地为区域经济和社会发展服务的能力。二是建议加大对农村青年素质的培养力度。三是建议在农村建立网站，让更多的老百姓了解房山、关心房山。四是呼吁政府加大对卫生管理体制的完善，对医疗卫生人才问题、重点医院管理和农村合作医疗发展等进行重点研究。五是有关部门应提高对人的生命和健康危害较大的动物传染病的防治工作。

其他方面7条：一是建议在房山信息网开辟燕山专栏，使社会更多的了解燕山地区的信息。二是为充分发挥台胞、侨胞作用，建议成立房山区侨联组织。三是建议成立房山区工商联行业协会。四是应提高资源综合利用水平，倡导绿色消费意识。五是建议区委、区政府围绕群众最关心的热点和难点问题开展调查研究。六是建议有关部门规范回收资源市场。七是加大树立房山品牌项目的宣传力度。

1月10日，区政协办公室将关于在区政协五届三次会议期间，委员们对《政府工作报告》《北京市房山区国民经济和社会发展第十一个五年规划纲要（草案）》意见和建议的函报送区委办公室，供区领导在决策中参考。

第九节 政协北京市房山区第六届委员会

政协北京市房山区第六届委员会任期五年，期间共召开了六次全体会议。会议期间，委员们认真听取并讨论了《政府工作报告》和《房山区"十二五"规划纲要》，大家参政议政，建言献策，围绕推进政府工作提出了意见建议156条，主要涉及工业、农业、新农村建设、城市基础设施建设、公交、环保、文化教育体育、旅游、医疗卫生、民族宗教、社会生活等诸多方面。

六届一次会议讨论政府工作报告

中国人民政治协商会议北京市房山区第六届委员会第一次会议于2006年12月11日至15日召开。

12月12日上午，参加区政协六届一次会议的委员列席了区人大六届一次会议，听取了祁红区长所作的《政府工作报告》及其他报告。下午，与会委员围绕《政府工作报告》分组展开热烈讨论。委员们一致认为，报告思路清晰，重点突出，鼓舞人心，催人奋进。五届区政府制定的"振兴龙乡经济、弘扬龙乡文化、富裕龙乡人民"的阶段性任务圆满完成。对今后五年我区实施"工业强区"、"文化兴区"、"城乡联动"三大战略，全面完成"十一五"规划明确了方向，宏观指导性与具体操作性兼备，充分体现了本届区政府开拓奋进、务实创新的精神。

在讨论过程中，委员们还提出建议和意见29条，主要涉及5个方面。

工业方面3条：一是在"工业强区"中，应考虑现实产业，特别是要加大薄弱环节的投入力度。二是鼓励出口企业的发展。三是加大对企业的支持力度，给予适当的政策倾斜。

农村建设方面5条：一是加强对失地农民的社会保障工作。二是加强对农民的技能培训，提高农民的就业能力。三是在拆迁问题及拆迁遗留问题上要加强工作，如良乡长虹小区和黄辛庄村等地的垃圾问题严重，影响了市容。四是社会养老问题日趋严重，建议制定农村养老政策。五是建议政府加大对新农村建设的投资力度，解决经济落后村发展问题。

城市基础设施建设和环境保护方面5条：一是在修建大件路中，建议在沿线设置绿化带、行人通道等，美化周边环境。二是城市基础建设要超前规划，避免"拉链"工程。三是我区电力发展比其他区县相对落后，电网过于沉重，建议大力发展电力事业。四是制定关于基础设施和公共设施日常管理和维护的相关制度。五是妥善解决秸秆燃烧问题，建议加大环保投资。

文化教育卫生等方面6条：一是建议提高教师待遇，解决教师流失严重问题。二是加强乡镇职成教育。三是文化活动相对贫乏，建议加强全区文化建设。四是对教育事业投入较为分散，建议注重品牌效益，加大集中投入，打造品牌学校。五是农村缺少医生，建议制定优惠政策，吸引、鼓励医护人员到农村工作。六是加强卫生救护培训工作，普及急救知识。

其他方面10条：一是建议关注低收入群体的住房问题，增加经济适用住房。二是建议政府控制房价上涨趋势，出台有关住房政策。三是深层次挖掘旅游资源，打造可持续发展之路。四是加强法律援助工作。五是加强基层人民调解委员会工作，把矛盾消灭在萌芽状态。六是建议成立房山区经济文化交流促进会（简称CBF）。七是建议对文化新区的外延、内涵做出明确解释。八是建议把"房山精神"、"房山名片"的概念具体化。九是加强科技投入，引进中小型高新技术企业。十是培养职业经理人等专业人才，适应新形势发展要求。

12月27日，区政协办公室将关于在区政协六届一次会议期间，政协委员对《政府工作报告》提出的意见和建议的函报送区委办公室，供区领导在决策中参考。

六届二次会议讨论政府工作报告

中国人民政治协商会议北京市房山区第六届委员会第二次会议于2008年1月8日至10日召开。

1月9日上午，参加区政协六届二次会议的全体委员列席了区人大六届三次会议，听取了祁红区长所作的《政府工作报告》。会后，与会委员围绕《政府工作报告》分组进行了热烈讨论。委员们畅所欲言，坦陈己见，共谋房山发展大计。委员们一致认为，报告系统、全面总结了过去一年的工作，主题鲜明，内容翔实，文字简练，振奋人心；2008年的目标催人奋进，任务重点突出，措施积极可行，体现了区政府锐意进取、实事求是的工作作风。

在讨论过程中，委员们还提出建议和意见35条，主要涉及6个方面。

工业方面4条：一是政府应加大对非公经济企业的扶持力度，制定具体扶持政策，解决影响非公经济发展的约束性因素，引导企业做大做强。二是建议利用燕山石油化工的优势，通过项目合作、人才引进、资源共享等途径，进一步发展壮大房山工业企业。三是建议制定相应政策，根据本区一些非公企业的经济实力，在一定程度上允许民营资本参与国有企业改革，发挥非公企业的资金优势。四是政府应加强与企业之间的沟通，政府在查询企业关键技术资料时，应事前与企业进行必要的沟通，消除企业的顾虑。

农村农业方面8条：一是建议区政府加大对农民专业合作组织的扶持力度，协调联合不同行业、不同性质的合作组织组成产业链，推动全区新农村的产业发展。二是建议区政府巩固设施农业建设成果，提倡主打天然、绿色品牌，种植以服务北京大市场为主的特色产品。三是建议加大对肉鸡养殖、食用菌产业投入与扶持力度，发挥龙头企业的带动作用。四是建议区、乡镇匹配扶持资金，为各乡

区政协六届二次会议委员们讨论政府工作报告

镇配置2至3名专职技术服务人员，确保能源服务体系正常运行。五是建设供企业与农村之间交流和对接的网络平台，研究制定鼓励、引导民营企业参与新农村建设的政策措施。六是进一步加强新农村文化建设，让农村产业结构调整和文化产业发展有机融合，使文化成为经济与社会又好又快发展的核心要素和推动力。七是建议新农村建设办公室为常设机构，避免人员流动频繁。八是建议在新农村建设中采取抓两头的方法，既要重视重点村、典型村，又要兼顾落后村，防止差距越拉越大。

文化教育医疗卫生等方面5条：一是建议把教育摆在优先发展的战略地位，继续推进教育现代化和均衡化，同时大力发展职业教育与成人教育。二是实行现行公费医疗制度后，增设了起付线，降低了报销比例，个人负担相对较大，建议完善公费医疗制度。三是针对新型农村合作医疗工作，希望有关部门在深入开展调研的基础上，制定切合房山区实际的方案，同时综合考虑城乡衔接等问题。四是根据我区目前医疗资源，建议在专业人才利用、福利待遇、资金投入、硬件设施配置等方面重新整合，以减少资源浪费。五是建议重视早餐卫生问题，责成有关部门开展早餐工程建设，出台行业标准，让老百姓吃上放心早餐。

旅游方面4条：一是建议借助北京奥运会的大好时机，加大我区旅游资源的宣传，提高房山的知名度和影响力。二是建议发挥旅游行业协会的作用，实施精品旅游战略，将自然风光与人文景观相结合，做大创意旅游文化产业。三是建议仿效市里一些博物馆的模式，对房山区文物古迹实行免费参观，以此促进旅游业的发展。四是近年来旅游资源被过度开发，不可再生资源被毁，如：地质公园还未建成，已经变成了市场，建议区政府加强管理。

公交城建方面7条：一是建议将燕山的公交纳入大公交范畴，解决燕山百姓出行难的问题。二是良乡城内公交路线少、运营时间短，不能满足市民的需求，建议增加路线及延长运营时间。三是建议在房山新城建设中，突出城市周边主要交通枢纽地段的特色建设，不断提高新城建设的水平和品位，防止低水平重复建设和"屡建不新"的问题。四是针对良乡华冠购物中心扩建后西门路段交通混乱和良乡二中学生放学的安全问题，建议这个路段实行单行线。五是建议在建设良乡东区过程中，树立精品意识、现代意识，着重突出文化品位建设。同时建议在东区建立行政管理机构。六是建议出台旧城改造的优惠政策，设立旧城改造专项基金，加大综合协调力度，运用市场机制调动社会力量参与旧城改造。七是坚持阳光拆迁、有情拆迁和依法拆迁三项原则，把握好拆迁公告、补偿费评估、协议签订、严格执法四个环节，增强拆迁工作的透明度和公正性。

其他方面7条：一是提高科技工作在全区工作中的地位，整合科技资源，加大科技经费投入。二是建议建立房山科技馆。三是建议重视小区配套设施建设。四是进一步完善社会救助体系，减少重复救助现象，以创造更多的救助机会。五是建议出台方案，解决房地产业中的公共维修基金使用问题。六是南水北调工程破坏了周边地区的生态环境，给群众造成不同程度的经济损失，建议政府出台相应的补偿政策，并提高答复相关问题的效率。七是为保持地区发展的连续性，建议乡镇主要领导保持相对稳定，并把地区变化如农村生活水平提高、税收增长等列入干部考核内容。

1月18日，区政协办公室将关于在区政协六届二次会议期间，政协委员对《政府工作报告》提出的意见和建议的函报送区委办公室，供区领导在决策中参考。

六届三次会议讨论政府工作报告

中国人民政治协商会议北京市房山区第六届委员会第三次会议于2009年1月5日至7日召开。

1月6日上午，参加区政协六届三次会议的全体政协委员列席了区人大六届四次会议，听取了祁红区长所作的《政府工作报告》。下午，与会委员围绕报告展开了热烈讨论。委员们一致认为，报告总结2008年工作成绩实事求是，分析问题客观全面；2009年工作安排目标定位准确，部署科学合理，措施切实可行，为我区经济建设又好又快发展指明了方向。

在讨论过程中，委员们还提出建议、意见17条，主要涉及6个方面。

工业方面5条：一是建议区政府进一步开拓特色产业，形成"王牌"工业、"龙头"产业，带动全区企业全面发展。二是建议区政府在全面落实国家对企业实行的优惠政策的同时，可否在土地出让、土地流转等问题上加大扶持力度。三是在新农村建设中，建议区政府协调各方关系支持民营企业发展，并给予更多优惠政策。四是建议解决企业融资问题，制定有效的政策措施。五是加强第三产业发展，制定具体措施。

农业方面1条：山区建设应形成"政策集成、资金聚交、部门联动"的工作模式，以生态建设为主线，以沟域建设为抓手，促进全区的经济发展。

教育方面2条：一是房山区教育缺乏品牌学校，建议着力打造。二是青少年道德建设应扩展为全民思想道德建设，建议形成长效机制，树立核心价值观。

旅游方面2条：一是建议充分利用旅游资源，建立一个大型休闲娱乐的健身场所，把游客留住。二是上方山作为北京市唯一的原始次生林资源，没有得到有效地开发，造成一定的资源浪费，建议区政府给予关注。

区政协六届三次会议委员们讨论政府工作报告

公交城建方面2条：一是北京燕山石化集团公司在良乡居住的职工很多，但燕、良两地直通车只有37路，燕山居民出行有些困难，建议区政府增加燕山到良乡的直通车数量。二是在轻轨建设中，不要形成"三边"工程，建议在施工过程中有关单位加强监督。

其他方面5条：一是建议提高城市管理水平，目前在城市绿化、农贸市场管理等方面管理水平较差。二是建议加强基层调解组织建设。三是建议建立引进人才机制，发挥人才作用。四是加大对新城建设的力度，加强基础设施建设，使新城建设成为拉动全区经济发展的龙头。五是建议制定享受区级政府津贴政策。

1月14日，区政协办公室将关于在区政协六届三次会议期间，政协委员对《政府工作报告》提出的意见和建议的函报送区委办公室，供区领导在决策中参考。

六届四次会议讨论政府工作报告

中国人民政治协商会议北京市房山区第六届委员会第四次会议于2010年1月11日至14日在昊天假日酒店召开。

1月12日上午，参加区政协六届四次会议的全体委员列席了区人大六届五次会议，听取了祁红区长所作的《政府工作报告》。下午，与会委员分组进行了热烈讨论。委员们一致认为，报告思路清晰、重点突出、求真务实，是一个鼓舞人心、振奋精神、催人奋进的报告。

在讨论过程中，委员们还提出意见和建议30条，主要涉及7个方面。

工业方面4条：一是建议加快工业发展速度，促进城市化进展。二是建议政府协调各方关系支持民营企业发展，并给予更多优惠政策。三是建议解决企业融资问题，制定有效的政策措施。四是希望政府有关部门加快投资者审批时间，并给予开发商多一些优惠政策。

农业方面6条：一是建议按照"优化一产、做强二产、做大三产"的产业发展思路，加大对农业的支持力度，使全区农业发展在全市占有重要位置。二是建议新农村建设与城市化、重点功能区建设紧密结合起来，不搞重复建设。三是建议政府把山区闲置的宅基地利用起来，促进山区经济发展。四是作为全国100个农业服务体系示范县，建议在完善农业社会化服务体系中，填补村一级服务体系空白。五是建议引进和扶持大型农业企业，做大做强农业产业。六是加强农副产品的品牌战略工作。

文化教育卫生等方面5条：一是加强全区中小学生的素质教育，为人才储备打下基础。二是建议建立工人文化宫，为职工提供健康娱乐场所。三是建议建一所传染病医院，防止资源浪费。四是加大公共卫生建设力度。五是建议政府给予非物质文化遗产更多扶植、保护。

旅游方面2条：一是在推进旅游资源建设中，要保护好自然资源。二是建议地质博物馆在建造中，聘请相关专家参与论证。

交通城建环保等方面4条：一是良乡拱辰大街、西门等地交通拥堵严重，建议政府尽快拿出可行性方案，解决百姓出行难问题。二是建议政府加大危险品运输车辆管理力度。三是针对农村城市化进程中的生活垃圾治理问题，建议政府牵头组建堆肥场，既解决污染问题，又提供农业生产用肥。四是建议将水资源保护列入政府规划工作中。

社会生活方面5条：一是房、良两地房屋价格增长过快，政府应采取相应措施抑制房价，有效解决无房户、困难户住房问题。二是建议政府规范残疾人残疾等级评定工作。三是建议关注弱势群体，提供多种就业渠道。四是建议关注拆迁、征地后，农民在就业、生活等方面遇到的困难和问题。五是建议建一所基督教堂，为广大宗教人士提供活动场所。

其他方面4条：一是建议尽快解决人才引进问题，制定具体机制和政策。二是希望政府研究制定相对统一的新城建设标准，打造符合房山特色的城市名片。三是建议充实、完善"房山精神"的内涵，使房山精神具体化。四是建议政府加大社会调处工作的资金投入，以便就地化解矛盾，减少中间环节，提高工作效率。

1月31日，区政协办公室将关于在区政协六届四次会议期间，政协委员对《政府工作报告》提出的意见和建议的函报送区委办公室，供区领导在决策中参考。

六届五次会议

中国人民政治协商会议北京市房山区第六届委员会第五次会议于2010年9月15日上午在区委党校隆重召开。全会选举周文海同志为政协北京市房山区第六届委员会副主席。

六届六次会议讨论政府工作报告

中国人民政治协商会议北京市房山区第六届委员会第六次会议于2011年1月5日至7日在昊天假日酒店召开。

1月6日上午，参加区政协六届六次会议的全体委员到韩村河会议中心，列席了区人大六届六次会议，听取了祁红区长所作的《政府工作报告》及其他报告。会议期间，委员们对《政府工作报告》和《房山区"十二五"规划纲要》进行了热烈讨论。大家一致认为，《政府工作报告》总结工作全面系统，实事求是。2011年工作安排符合区情，重点突出，任务明确，切实可行；《房山区"十二五"规划纲要》思路清晰，鼓舞人心，催人奋进。

在讨论过程中，委员们还针对经济社会发展中的问题提出了意见和建议，经过归纳整理，主要涉及9个方面，共45条。

工业方面5条：一是建议在引进大中型企业同时，应对本地中小型企业进行扶持。二是建议把非公有制企业扶持工作列入《房山区"十二五"规划纲要》，鼓励发展非公有制企业。三是健全北京窦店高端现代制造业产业基地运行体制，建立适应现代产业基地发展的工作架构。四是建议把发展非公有经济与推进城市化相结合，工业园区规划与城市规划相衔接。五是建议在燕房合作中，优选知名企业入住基地，鼓励本地企业参与基地建设。

农业方面10条：一是打造都市型农业产业带，形成山区独特的大农业走廊；二是大力发展农产品加工业，构建现代化大农业的产业体系；三是山区建设要引进现代观念，采取国际招标，统筹规划生态休闲区，将各部门在山区实施的新农村建设、小流域治理、生态修复等工程聚集，形成建设合力；四是在发展沟域经济总体规划上，建议鼓励央企等大型企业进山投资，建立统筹沟域经济发展的部门联动机制；五是尽快编制全区沟域经济发展总体规划，使山区逐步形成统一有序、整体发展的格局；

区政协六届六次会议委员们讨论政府工作报告

六是适度增加山区建设用地指标，促进山区生态与产业发展的良性互动；七是建议编制好"百村千池"集雨工程规划，设立专款，申请专项资金与新农村建设相结合，从新农村建设方面解决部分资金；八是建议设立养蜂产业管理机构，引进高级养蜂专业技术人才，开展植树种草，发展特色蜜源，培养养蜂示范大户，打造品牌；九是加快山区转型，注重解决好粉尘污染和劳动就业两方面问题；十是建议在《房山区"十二五"规划纲要》中，做好山地林木明晰产权工作，吸引民间资本融入山区生态建设，加大政策扶持和考核激励力度。

文化教育体育方面5条：一是将房山教育与燕山教育有机结合在一起，形成大教育体系。二是尽快解决燕山地区居民能收看到房山电视台节目问题。三是建议体育场"二期"规模要达到容纳两万人以上。四是建议在长阳半岛建体育中心。五是建议在各级各类学校放学时间、节假日期间，开放校园场地，为居民提供服务。

医疗卫生等方面4条：一是建议区内医院资源实现共享，以减少资金投入。二是加大健康知识宣传力度，在政府部门成立"公共卫生科"，社区卫生服务中心（站）成立"健康教育科"。三是加强乡村两级残疾人组织建设和服务设施建设。实行特惠政策，加大对山区残疾人的扶持保障力度。四是房山地区农家院基本上没有营业执照，卫生安全问题应引起重视。

旅游方面2条：一是建议中国房山世界地质公园建设，要放大园区的龙头带动作用，通过强化整体营销推介、优化区域发展环境、完善统筹协调机制等手段，推动园区科学、规模、快速、有序和创新发展。二是建议开发山区旅游与开发山区文化相结合，深入挖掘我区深厚的历史文化底蕴。

道路公交方面3条：一是建议科学安排公交线路，加大对黑车的查处力度，对停车难问题进行综合治理，对公交站台进行改造。二是建议在107国道"房山——窦店"段安装路灯，避免发生交通事故。三是良乡西门、家乐福超市、北潞园三个路口堵塞严重，建议建设过街天桥。

城建环保方面7条：一是打造长阳新城示范区，应结合长阳地区的区位和产业特色，以及通过构建城市特色景观系统、印象识别系统、绿色生态环境系统和基础设施系统，提升示范区的形象和品位。二是在长阳CSD核心区建设中，提高区域综合功能及承载力，抓好人才引进与群众就业工作。在土地利用方面，发挥土地利用总体规划的整体控制作用，做到依法依规用地。三是加强用地政策研究，制定具体落实办法，促进节约、集约用地。四是进一步完善五大功能区周边的配套设施。五是垃圾分类的工作应加大科技支持力度。六是加快制定《房山区绿色行动计划》，指导区域低碳经济、绿色经济、循环经济发展。七是建立低碳考核评价体系，全力建设现代生态休闲新城。

社会生活方面7条：一是我区现有小区物业管理满足不了老百姓需求，建议建设大物业，既要注重硬件，也要注重软件。二是建议在《房山区"十二五"规划纲要》中，向民生问题倾斜，多关注老百姓的生活。三是建议在《房山区"十二五"规划纲要》中，重视城市化进程中失地农民的生活问题，避免引发社会问题。四是建议在《房山区"十二五"规划纲要》中，加入人防工程内容。以后建设基础设施，应该同时考虑人防工程建设。五是开展居家养老工作，采取招募社会义工等方式进行服务。六是建议关注35岁以上的山区农民就业问题。七是建议有关部门妥善解决山区饮用水不合格问题。

民族宗教方面2条：一是建议成立房山区伊斯兰教协会。二是建议在良乡太平庄地区建一座基督教堂。

1月11日，区政协办公室将关于在区政协六届六次会议期间，政协委员对《政府工作报告》和《房山区"十二五"规划纲要》提出的意见和建议的函报送区委办公室，供区领导在决策中参考。

第十节 政协北京市房山区第七届委员会

政协北京市房山区第七届委员会任期五年，期间共召开了五次全体会议。会议期间，与会委员认真听取并讨论了《政府工作报告》和《房山区"十三五"规划纲要》，围绕报告和纲要提出意见建议166条，主要包括工农业发展、政府职能转变、经济建设、城市建设、生态建设、农村和山区发展、文化旅游建设、社会民生等方面。

七届一次会议讨论政府工作报告

中国人民政治协商会议北京市房山区第七届委员会第一次会议于2011年12月13日至16日在昊天假日酒店召开。

12月14日上午，参加区政协七届一次会议的委员到韩村河会议中心，列席了区人大七届一次会议，听取了祁红区长所作的《政府工作报告》。会后，与会委员围绕《政府工作报告》及计划和财政报告分组展开热烈讨论。委员们一致认为，《政府工作报告》思路清晰，重点突出，实事求是地总结了过去五年取得的重大成绩；科学地分析了当前面临的形势和任务，明确了建设"一区一城"新房山的目标；今后五年的工作任务明确，"五大工程"符合实际，具有很强的宏观指导性与可操作性，充分体现了六届区政府求真务实、开拓创新的精神。

在讨论过程中，委员们还提出了一些意见和建议，经过归纳整理，主要涉及7个方面，共22条。

区政协七届一次会议委员们讨论政府工作报告

工业方面3条：一是建议加快功能区建设，同时注重引进质量，对引进大企业、大项目进行科学论证。二是建议引进高科技项目、文化创意产业项目，促进投资的多元化。三是加强与企业的对接和沟通，加大对员工的培训力度。

农业方面2条：一是加快农业科技创新，实现产研结合，促进农业高端发展。二是加大沟域经济的宣传和建设力度。

文化教育等方面4条：一是建议加大对文化产业的投入，引进文化创意人才。二是建议建立文化信息平台，以充分展示房山的文化底蕴。三是建设综合性科技馆，服务全区经济社会的发展。四是加强社区图书馆建设，提升居民的素质和修养。

旅游方面3条：一是建议加快山区特色旅游的开发与建设，使其成为房山新的经济增长点。二是加大对旅游业、文化产业的资金投入力度，挖掘历史资源，把房山区未开发的旅游项目发展起来。三是建议整合旅游景点，提升旅游服务质量。

交通城建方面2条：一是公交车站台、站牌损坏严重，应及时维护。二是加强对公交车站的管理，避免黑车侵占，扰乱公交车进出站和乘客通行。

社会生活方面5条：一是建立高端会所或高档酒店，创建服务品牌。二是加大对食品安全的全程监督力度，健全监管体制，使人民群众吃到放心的食品。三是加快民族村建设，增加亮点工程。四是建议改善区内饮用水质量。五是建议夜间路灯照明更亮些。

其他方面3条：一是在"一区一城"新房山建设过程中，进一步加强和创新社会管理，完善城市基础设施建设。二是加强科技创新和科技人才的培养，促进科技成果的转化。三是引进总部经济，弥补房山区的薄弱环节。

12月27日，区政协办公室将关于在区政协七届一次会议期间，政协委员对《政府工作报告》提出的意见和建议的函报送区委办公室，供区领导在决策中参考。

七届二次会议讨论政府工作报告

中国人民政治协商会议北京市房山区第七届委员会第二次会议于2012年11月20日至23日在昊天假日酒店召开。

11月22日上午，参加区政协七届二次会议的委员到韩村河会议中心，列席了区人大七届二次会议，听取了祁红区长所作的《政府工作报告》。会后，与会委员围绕《政府工作报告》分组展开了热烈讨论。委员们一致认为，《政府工作报告》思路清晰，重点突出，实事求是地总结了2012年取得的重大成绩，客观地分析了当前面临的形势和任务，科学地安排部署了2013的工作，具有很强的思想性、针对性和可操作性，是一个求实鼓劲、凝聚人心的好报告。

在讨论过程中，委员们还提出了一些意见和建议，经过归纳整理，主要涉及6个方面，共25条。

经济建设方面6条：一是建议加快功能区建设，带动周边地区经济发展和群众就业。二是建议加大对中小企业的扶持力度。三是建议解决制约企业发展的土地问题。四是建议大力支持本地企业，鼓励和支持技术创新，提升企业核心竞争力，打造房山企业品牌。五是建议大力发展实体经济。六是建议加强对企业跟踪服务。

城市建设方面7条：一是建议加大治理黑出租的力度。二是建议进一步完善公交线路设置，使山区、偏远地区的人民群众能享受到公交的便利。三是建议尽快解决公共交通与轨道交通的对接问题。四是建议增加电动汽车充电站，促进电动汽车的发展。五是建议加大对学校周边环境的整治力度，创造良好的学习环境。六是在加快城市化建设的同时，要加大绿化美化投入，加强生态环境建设。七是建议进一步解决燕山石化环境污染问题。

农业和山区发展方面3条：一是加快农业科技创新，实现产研结合，大力发展生态农业。二是建议不断加大中国房山世界地质公园宣传力度，加强景区软、硬件建设，提升服务水平，打造知名度高、有影响力的旅游品牌。三是进一步加大山区人口搬迁力度，重点解决搬迁人员的就业、社会保障等问题。

文化建设方面2条：一是建议大力发展文化创意产业，将文化创意产业与实体经济结合起来，成立文化创意产业研究机构，推动房山文化创意产业快速发展，使文化创意产业成为全区新的经济增长点。二是在大力发展经济的同时，要注重全民素质的提高。

社会民生方面4条：一是建议关注职业教育和成人教育，加大人才培养和引进力度。二是建议大力开展健康促进工作。三是建议加大对中医发展的支持力度。四是建议继续加大保障性住房的建设力度。

其他方面3条：一是在"一区一城"新房山建设过程中，进一步加强和创新社会管理。二是建议加强公安、维稳、信访部门的人员配置，有效维持社会安全稳定。三是政府要更加注重自身建设，不断增强服务意识，求真务实，为企业创造良好的发展环境。

11月27日，区政协办公室将关于在区政协七届二次会议期间，委员们对《政府工作报告》讨论情况报告的函报送区委办公室，供区领导在决策中参考。

七届三次会议讨论政府工作报告

中国人民政治协商会议北京市房山区第七届委员会第三次会议于2014年1月6日至8日在昊天假日酒店召开。

1月7日上午，参加区政协七届三次会议的委员到韩村河会议中心，列席了区七届人大三次会议，听取了祁红区长所作的《政府工作报告》。会后，与会委员围绕《政府工作报告》分组展开了热烈讨论。与会委员一致认为，《政府工作报告》思路清晰，重点突出，实事求是地总结了2013年取得的重大成绩，客观地分析了当前面临的形势和任务，科学地安排部署了2014的工作，具有很强的思想性、针对性和可操作性，是一个求实鼓劲、凝聚人心的好报告。

在讨论过程中，委员们还提出了一些意见和建议，经过归纳整理，主要涉及8个方面，共37条。

政府职能转变方面2条：一是建议加大力度转变政府职能，着力解决制约发展的瓶颈问题。二是建议进一步简化审批手续。

经济建设方面8条：一是建议做大做强实体经济，引进国企和大型民企，增加功能区税收，解决以基金收入为主要来源的财政税收问题。二是建议大力发展金融服务、总部经济等高端产业，充分利用民间资本，发展会展、文化创意、养老等产业。三是建议抓住首都第二机场建设的契机，探索建设临空经济金融服务区。四是建议搭建产业贸易平台，加快物流中心建设，给予服务业政策补贴。五是建议促进国企、民企融合发展，大力发展混合所有制经济。六是建议对小微企业给予政策扶持。

区政协七届三次会议委员们讨论政府工作报告

七是建议加强招商引资,加大人才引进力度。八是建议对中药产业发展给予政策支持。

城市建设方面5条:一是建议加强老旧城区基础设施改造,着力解决停车难和交通拥堵等问题。二是建议制定拆迁标准,加大拆迁力度,促使京石二通道、轨道交通燕房线等早日开通。三是建议统筹管理好城市地下管网,高水平设计施工,定期检查。四是建议解决华冠购物中心、西门等区域交通拥堵问题和乱停车现象。五是建议划定我区土地保护红线,慎重选商引资,提高土地使用率。

生态建设方面3条:一是建议加大生态建设、环境建设投入,加强顶层设计。二是建议推动燕化实现零排放,解决水污染问题。三是建议加强我区湿地建设和河道治理。

农村和山区发展方面6条:一是建议加强落实"新三起来"工程。二是建议做好农村新建道路绿化美化,统一规划路边产业带。三是建议在重点园区建设的同时,保证农业发展空间。四是建议以农业企业引领、以合作组织带动,真正将农民组织起来。五是建议以农民为主体、以政府为主导、以企业作投资,让农村土地流转起来,解决就业问题。六是建议加强公厕、道路、路灯等农村市政建设,并建立常态化维护机制。

文化旅游建设方面4条:一是建议充分挖掘房山区域资源,加大区域宣传和营销力度,提高房山知名度。二是建议结合房山的历史、传统和文化资源来搞文化创意。三是建议与各大旅游公司联合,促进旅游产业化发展。四是建议加强旅游景区环境治理。

社会民生方面7条:一是建议狠抓教育质量,提升教育软实力,缩小与其他区县差距,解决迁校学生配套问题。二是建议提高医疗质量,改进服务态度,实行人性化管理,满足百姓就医需求。三是建议加强与央企合作,加快解决养老问题。四是建议举全区之力争创北京市学习型社会示范区,加强体系建设、队伍建设、体制建设、机制建设，做好学习和宣传两方面工作。五是建议加强信息化建设，大力发展数字校园，发展城乡一体化教育。六是建议将全民健身促进工程纳入政府工作之中。七是建议加强民主与法制教育。

其他方面2条：一是建议实现房山地区与燕山地区的资源共享与融合。二是建议巩固和保持创卫成果。

1月10日，区政协办公室将关于在区政协七届三次会议期间，委员们对《政府工作报告》讨论情况报告的函报送区委办公室，供区领导在决策中参考。

七届四次会议讨论政府工作报告

中国人民政治协商会议北京市房山区第七届委员会第四次会议于2015年1月5日至7日在昊天假日酒店召开。

1月6日上午，参加区政协七届四次会议的委员到韩村河会议中心，列席了区七届人大四次会议，听取了曾赞荣代区长所作的《政府工作报告》。会后，与会委员围绕《政府工作报告》分组展开了热烈讨论。与会委员一致认为，《政府工作报告》思路清晰，重点突出，实事求是地总结了2014年取得的重大成绩，客观地分析了当前面临的形势和任务，科学地安排部署了2015年的工作，具有很强的思想性、针对性和可操作性，是一个求实鼓劲、凝聚人心的好报告。

在讨论过程中，委员们还提出了一些意见和建议，经过归纳整理，主要涉及8个方面，共36条。

政府职能转变方面2条：一是建议加快政府职能转变和机构改革的步伐，着力解决制约发展的

区政协七届四次会议委员们讨论政府工作报告

体制机制问题。二是建议进一步简化审批手续，尤其要减少对公益项目的审批环节。

经济建设方面9条：一是建议加大与中关村的对接力度，加强中关村房山园的建设。二是建议广泛征求社会各界和人大代表、政协委员的意见建议，高水平做好"十三五规划"编制工作。三是建议对引进的大企业要加大关注、扶持和服务力度。四是建议加强研究重大项目建设中涉及的土地问题。五是建议促进国企、民企融合发展，大力发展混合所有制经济，尤其要注重为企业打造好的环境、提供好的政策。六是建议加强对张坊镇PPP模式的研究，尤其是关于风险的研究，要慎重应用这种模式。七是建议加强对石化基地的政策扶持力度。八是建议大力发展金融服务、总部经济等高端产业，引进社会资本发展会展、文化创意、养老等产业。九是建议推动房山区的历史文化遗产和非物质文化遗产的产业化发展。

城市建设方面6条：一是建议对于三大城市组团要做好城市规划，着力解决新出现的城市病问题。二是建议加快老城区的改造步伐。三是建议加大城市基础设施建设力度，进一步加快城乡一体化进程。四是建议加快建设京良路西延线和城铁房山线西延。五是建议加快提升城市管理能力。六是建议尽快推动鱼儿沟和西潞园北五村拆迁工作有实质性进展。

生态建设方面3条：一是建议加大生态建设、环境建设投入，加强顶层设计。二是建议加强环境污染防治工作，加大环境保护力度。三是建议加大我区几大公园的建设力度，加强资源整合。

农村和山区发展方面5条：一是建议加大"新三起来"工作的力度，着力引进社会资金。二是建议加强关于农村土地流转问题的研究。三是建议研究解决如何靠项目带动把农村的闲置土地集中利用起来的问题。四是建议加大对"三农"工作的支持力度，重点解决山区农民搬迁后的生存问题。五是建议加大对我区最美乡村的扶持力度，多关注我区农民的基本生活。

文化旅游建设方面3条：一是建议大力发展旅游产业，充分整合我区旅游、文化等资源，加强信息化建设，进一步加大特色宣传和营销力度，提高房山知名度和美誉度。二是建议结合房山的历史、传统和文化资源来发展文化产业，打造文化品牌。三是建议加大乡村旅游的扶持力度。

社会民生方面5条：一是建议大力发展职业教育，培育实用技术人才，狠抓教育质量，提升教育软实力。二是建议深入推进全区两个"医联体"的相关落实工作。三是建议加强养老服务体系和基础设施建设，加快解决养老问题。四是建议大力推动学习型房山建设向创新型房山建设提升，加强人力和财力方面的保障。五是建议重点研究当前民生案件判决难的问题。

其他方面3条：一是建议加强社会监督机制建设。二是建议加强宗教事务的管理工作。三是建议在政府工作报告起草过程中，广泛征求人大代表和政协委员的意见建议。

1月9日，区政协办公室将关于在区政协七届四次会议期间，委员们对《政府工作报告》讨论情况报告的函报送区委办公室，供区领导在决策中参考。

七届五次会议讨论政府工作报告

中国人民政治协商会议北京市房山区第七届委员会第五次会议于2016年1月5日至7日在昊天假日酒店召开。

1月6日上午，参加区政协七届五次会议的委员到韩村河会议中心，列席了区七届人大五次会议，听取了区长曾赞荣所作的《政府工作报告》（以下简称《报告》）和常务副区长吴会杰所作的《关于〈北京市房山区国民经济和社会发展第十三个五年规划纲要〉的说明》(以下简称《纲要》)。会后，与会委员围绕《报告》和《纲要》分组展开了热烈讨论。与会委员一致认为，《报告》思路清晰，重点突出，全面总结了2015年取得的重大成绩，客观分析了当前面临的形势和任务，科学安排部署了2016年的工作，具有很强的思想性、针对性和可操作性，是一个鼓舞人心、催人奋进的报告；《纲要》立意深远，提纲挈领，充分体现了科学发展的主题和转变经济发展方式的主线，体现了"十二五"的丰硕成果和宝贵经验，体现了抢抓京津冀协同发展重大机遇、实现房山区第三次转型发展的要求，体现了以人为本、民生为先的出发点和落脚点，体现了全区人民的智慧与力量，是一个解放思想、务实创新、积极可行的规划。

在讨论过程中，委员们还提出了一些意见和建议，经过归纳整理，主要涉及8个方面，共46条。

政府职能转变方面2条：一是建议进一步推广政府授权企业特许经营的政企合作模式。二是建议加强依法行政工作力度，严格按照政府部门权力清单和责任清单履行法定职责。

经济建设方面8条：一是建议保留部分传统制造业，加大扶持力度。二是建议提升大学生创业门槛，加大创业扶持政策宣传力度，提供更多创新创业平台。三是建议加大对低端产业的清退力度，在退低引高的空档期，出台相关发展实体经济的扶持政策。四是建议出台相关引导政策，为企业下一步转型发展指明方向。五是建议给予环保企业更多扶持和奖励政策。六是建议加强我区中小企业发展。七是建议创新招商引资工作机制。八是建议加强对石化基地的政策扶持力度。

城市建设方面6条：一是建议加大对城区交通拥堵问题的治理，特别是非法摩的的治理。二是建议提前做好城市建设规划，充分考虑人口承载力，加大城区功能疏解，着力解决城市病问题。三是建议加大对三大城市组团建设的政策扶持力度。四是建议棚户区改造拆迁工作按照市场价或政府价统一评估标准。五是建议加大乡镇交通道路等市政基础建设力度，进一步加快城乡一体化进程。六是建议加强自行车骑行步道建设，大力推进绿色出行。

生态建设方面5条：一是建议进一步完善环境治理体制机制，加强环境污染防治工作，特别是水污染和燃煤污染治理工作，尽快推动煤改电、煤改气工程项目，明确时间节点和相关政策，加大环境保护力度。二是建议加强我区生态植被保护，已关闭煤矿的存煤要尽快清理。三是建议对"十三五"规划中环保方面进一步细化，制定可行性高的规划方案。四是建议加大"十三五"规划中对农业、旅游业的规划，将农业、旅游业与生态建设相结合。五是建议加大我区绿化程度，加强湿地资源保护和利用。

农村和山区发展方面6条：一是建议推进农村集体用地方式改革，加强政策研究，实现房地分离。二是建议加大对山区发展的关注，特别是加大山区扶贫力度，山区搬迁工作要综合考虑生态、经济、社会效益。三是建议加大对"三农"工作的支持力度，将科技创新与农业发展相结合。四是建议加强新农村建设，完善农村经济管理体系。五是建议大力打造农业品牌，加大农业现代化建设宣传力度。六是建议加大农村垃圾处理力度。

文化旅游建设方面8条：一是建议进一步挖掘我区文化特点，结合房山历史、传统和文化资源来发展文化产业，打造房山文化品牌，加大宣传力度，突出宣传特色，提高房山知名度和美誉度。二是建议充分整合我区旅游资源，大力发展旅游文化产业链。三是建议创建旅游职业学校，引入和培养旅游专业人才。四是建议加大为乡镇村民提供文化服务活动方面的政策支持。五是建议加强民俗旅游发展，大力建设民族村，增加村民收入。六是建议推动非物质文化遗产的产业化发展，整合资源，搭建展示平台，发扬传承我区非物质文化。七是建议加大连通旅游景区交通线路建设。八是建议成立拒马河景观带工作小组，加强景区规划和管理，打造特色商业活动，吸引其他区域消费者。

社会民生方面7条：一是建议加大对体育产业发展的关注。二是建议加大我区公立医院等公共服务建设，加大投资力度，特别是加强我区本土医院的发展建设。三是建议加大社会性问题的关注，特别是大气污染、幼儿园打孩子等问题。四是建议出台相关实施方案，对无理滋事病患进行处理，解决医患纠纷等问题。五是建议加强分级转诊体系建设，多到基层开展调研，加大对医疗资源分散问题的关注。六是建议加大教育领域的关注程度，尤其在师资队伍编制方面给予政策倾斜。七是建议加强疾病预防工作。

其他方面4条：一是建议成立房山区侨联组织。二是建议加强社会监督机制建设。三是建议加大微博、微信、互联网＋等新媒体的宣传和利用。四是建议加强宗教事务管理工作，大力宣传和普及宗教文化，加强对私立道场的整顿管理，促进社会和谐发展。

2月3日，区政协办公室将关于在区政协七届五次会议期间，委员们对《政府工作报告》和《房山区"十三五"规划纲要》讨论情况报告的函报送区委办公室，供区领导在决策中参考。

第二章 民主评议政府工作

民主评议政府工作是政协履行民主监督职能的一种重要方式。政协对政府工作开展的民主评议，是政协发挥自身优势，代表社会各界，对政府工作进行的有组织的集中评议活动。政协民主评议政府工作，对于促进政府更好地履行职责，推动经济与社会健康发展具有重要作用。自2005年至2013年，区政协先后对全区教育、建筑建材房地产、劳动和社会保障、卫生、交通运输管理、发展改革、民政等七个部门的24项政府工作进行了综合考评或民主评议。

为了进一步规范民主评议工作，区政协于2007年6月19日制定通过了《政协北京市房山区委员会关于民主评议政府工作的实施办法》。《办法》明确了民主评议政府工作以"在中共房山区委的领导下，以马克思列宁主义、毛泽东思想、邓小平理论、"三个代表"重要思想和科学发展观为指导，坚持客观公正、注重实效的原则，通过民主评议，促进国家法律法规和党的路线方针政策的贯彻执行，促进区委、区政府重大决策和决定的贯彻落实，促进政府职能部门及其工作人员严格依法行政、勤政为民，推动全区物质文明、政治文明、精神文明健康发展"的指导思想。同时就民主评议的主要内容、民主评议的组织工作、民主评议的方法步骤提出了具体实施安排。

第一节 政协北京市房山区第五届委员会

2005年、2006年，为促进"十一五"期间全区教育和建筑、建材、房地产三大业实现新发展，经与区政府协商，区政协组织常委和部分委员分别对区教委、区建委的工作进行了综合考评。委员们认为，全区教育资源整合成效显著，基础设施建设快速推进，教育干部和师资队伍整体素质明显提高，教育教学质量稳步提升，以公共教育、准公共教育和民办教育为基本框架的大教育格局初步确立，为全区"十一五"期间教育事业的发展和率先基本实现教育现代化奠定了坚实基础；全区建筑、建材、房地产业保持了强劲的发展势头，综合实力明显增强，市场竞争力稳步提高，支柱产业的地位和作用得到巩固与发展，为全区经济社会发展做出了突出贡献。

综合考评全区教育工作

2005年，为客观估价教育工作，分析问题与不足，促进"十一五"期间全区教育现代化事业取得更大成绩，区政协组织常委于9月14日至28日对区教委的工作进行了综合考评，形成了《关于对区教委工作进行综合考评情况的报告》。政协房山区五届委员会第13次主席会议对考评报告进行了认真审议，并提出建议案，送请区委区政府参考。

主席会议认为，"十五"期间，在"科教兴房"战略和教育发展规划的指导下，全区教育事业取

2005年11月,区政协综合考评全区教育工作

得了很大成绩,教育工作思路深入人心,教育资源整合成效显著,基础设施建设快速推进,教育干部和师资队伍整体素质明显提高,教育教学质量稳步提升,以公共教育、准公共教育和民办教育为基本框架的大教育格局初步确立,为全区"十一五"期间教育事业的发展和率先基本实现教育现代化奠定了坚实基础。

委员们认为,全区教育事业发展还面临着一些困难和问题,主要体现在五个方面:一是教育均衡化发展程度还不高,城乡梯级差距比较明显;二是教育体系还不够完善,改善办学条件的任务仍然艰巨;三是职成教育体制需要进一步理顺,运行机制还不够灵活;四是教育队伍的整体素质还不能完全适应教育现代化的要求,激励约束机制尚需完善;五是资金不足仍是教育事业发展的主要制约因素,形成投入与建设的有效机制还需做出新的努力。为加速全区"十一五"期间教育事业的持续快速健康发展,

为此,委员们提出以下建议:一、进一步整合教育资源,加速教育事业均衡发展。二、进一步完善教育体系,促进教育水平整体提升。三、理顺职成教育体制,提高职成教育水平。四、进一步加强教师队伍建设,筑牢现代教育人才基础。五、加大教育投入和工作落实力度,保证教育事业持续发展。

综合考评全区建筑建材房地产工作

2006年,为切实发挥人民政协民主监督的职能作用,促进"十一五"期间全区建筑、建材、房地产三大业实现新发展,区政协组织常委和部分委员于5月10日至26日对区建委实施行业管理、履

行工作职能的情况进行了综合考评。通过考评,委员们对区建委的工作和全区三大业发展及房屋管理工作取得的成绩给予了充分肯定。在有46人参加的总体测评中,满意和基本满意率为100%,其中满意率96%、基本满意率4%。

活动中,委员们认为,"十五"期间特别是近年来,区建委坚持以科学发展观为指导,在区委区政府的领导下,紧紧围绕全区工作大局,团结全行业广大干部职工,明确工作思路,认真履行职能,加强行业管理,强化各项服务,全面推进我区建筑、建材、房地产三大业总体规划、专项规划和房屋管理工作计划的实施,开创了各项工作的新局面。五年来,全区建筑、建材、房地产业保持了强劲的发展势头,综合实力明显增强,市场竞争力稳步提高,支柱产业的地位和作用得到巩固与发展,为全区经济社会发展做出了突出贡献:一是明确工作思路,坚持规划先行,全区三大业发展成绩突出。二是坚持改革创新,优化产业结构,全区三大业战略调整步伐不断加快。三是实施名牌战略,提升三大业美誉度,核心竞争力明显提高。四是实施人才战略,强化队伍建设,全区三大业经营管理和专业技术队伍整体素质得到提升。五是坚持依法行政,强化管理服务,全区三大业和房屋管理法制化、规范化建设进程加快。

委员们对考评中发现的不足与问题进行了客观地分析和归纳:三大业经营领域和发展空间相对较小,抵御市场风险的能力有待提高;三大业产品结构相对单一,高端市场的占有率不高;房屋管理工作处于矛盾凸现期,推进科学化、规范化、法制化管理的任务艰巨;高级管理和高级专业技术人才短缺,应对发展新挑战的智力支撑不足;管理与服务仍有薄弱环节,政策支持引导有待进一步强化。

委员们认为,2006年是实施"十一五"规划的开局之年,展望未来五年的发展,内外环境的综合作用,将给我区三大业发展和房管工作带来诸多的利好因素,同时也将面临多方面的挑战。因此,要努力适应新形势、新任务的要求,审时度势、抢抓机遇、趋利避害,加快发展。要把三大业的发

区政协综合评议建委工作

展摆在推进工业强区战略实施、提升区域经济综合实力的重要位置，切实使三大业成为全区经济结构战略性调整的重要推动力量；要深化房管工作各项改革，努力提高管理水平，促进和谐房山建设。通过努力，力争在"十一五"期间使全区三大业的发展和房管工作取得新的更大的成绩。

第二节 政协北京市房山区第六届委员会

2007年、2008年、2009年、2011年，为切实履行政协民主监督职能，客观估价近年来我区劳动和社会保障、医疗卫生、交通运输管理、全区发展改革工作取得的成绩，分析问题与不足，推进相关方面工作健康持续发展，经与区政府协商，区政协组织常委和部分委员，分别对全区劳动和社会保障、医疗卫生、交通运输管理、全区发展改革等工作进行了民主评议。通过评议，委员们对四项工作取得的成绩给予了充分肯定，对存在的差距与不足进行了深入思考，并积极建言献策，提出了有针对性的意见和建议，对推动劳动和社会保障、医疗卫生、交通运输管理工作发展具有较高的参考借鉴意义。在对本次民主评议情况归纳分析的基础上，形成了主席会议建议案，送请区委、区政府研究参考。

民主评议全区劳动和社会保障工作

2007年，为切实履行政协民主监督职能，客观估价近年来我区劳动和社会保障工作取得的成绩，分析问题与不足，推进全区劳动和社会保障工作又好又快地发展，区政协组织常委和社会法制与民族宗教委员会委员，于5月21日至31日对区劳动和社会保障工作进行了民主评议。同时，对区劳动和社会保障工作进行了民主测评，在有60名委员参加的测评中，满意和基本满意率为100%，其中满意率为77%，基本满意率为23%。

主席会议认为，近年来特别是2006年以来，区劳动和社会保障局坚持以科学发展观为统领，在区委区政府的领导下，紧紧围绕全区改革发展稳定的大局，努力克服当前我区就业形势严峻、社会保障和劳动关系协调任务繁重等方面的压力和困难，团结依靠全行业广大干部职工，明确工作思路，优化职能科室，完善工作机制，认真履行职能，强化各项服务，不断加大全区就业与再就业工作力度，积极完善社会保障体系，切实维护劳动者的合法权益，有效推进了全区劳动和社会保障工作协调、稳定、健康发展。

经过分析归纳，委员们认为以下几个方面的问题应引起区委、区政府的重视：一是全区就业形势依然严峻，就业结构性矛盾尤为突出。二是社会保险总体覆盖率偏低，农村与城镇相比社会保障能力存在明显差距。三是非公企业用工不规范问题较为突出，劳动争议案件呈上升趋势。四是政策支持引导有待进一步强化，工作机制需要不断创新。此外，适应新形势对劳动和社会保障工作的新要求，整合、充实劳动和社会保障工作人员队伍的问题也应引起重视。

根据本次考评的有关情况，共提出以下建议：一、多渠道多层次拓展就业空间，强化劳动者就业技能培训。二、推进覆盖城乡的社会保险体系建设，促进各项政策的有效落实。三、创建和谐劳动关系，切实维护劳动者的合法权益。四、加强重点、难点问题研究，推进相关问题的解决。五、落实完善相关政策，切实发挥政策的导向作用。六、加强劳动和社会保障队伍建设，确保劳动和社会

区政协主席范文彦参加民主评议全区劳动和社会保障工作

保障工作的顺利开展。

民主评议全区卫生工作

2008年,为切实履行政协民主监督职能,推进全区卫生事业又好又快发展,区政协组织常委和教文卫体委员会的委员于6月2日至17日对全区卫生工作进行了民主评议。同时,对全区医疗卫生工作进行了民主测评,在有65名委员参加的测评中,其中满意率为69%,基本满意率为31%。

主席会议认为,"十一五"以来,全区卫生工作坚持以中共十七大精神为指导,以科学发展观为统领,认真落实五统筹战略,紧紧围绕加快建设覆盖全区城乡的公共医疗卫生服务保障体系、推进医疗卫生事业改革发展,不断提高医疗卫生服务水平的目标任务,全力抓好各项工作的组织实施,有效地推进了全区卫生事业快速健康发展。全区基本医疗卫生体系不断完善,基层卫生工作步入全国先进行列;公共卫生体系基本建立,覆盖城乡的公共卫生网络初步形成;新型农村合作医疗制度进入良性循环健康发展的轨道,在全市始终保持了领先水平;振兴农村中医药工程顺利实施,数项工作被评为国家先进;医疗卫生制度改革稳步推进,有力促进了全区卫生事业发展。有效缓解了看病难、看病贵的问题,使全区人民特别是广大农民切实享受到了改革发展的成果,全社会对卫生工作的满意度逐年提高。区卫生局作为全区卫生工作的主管部门,在区委区政府的领导下,团结依靠卫生系统广大干部职工,明确工作思路,科学编制规划,完善工作机制,依法加强管理,强化各项服务,

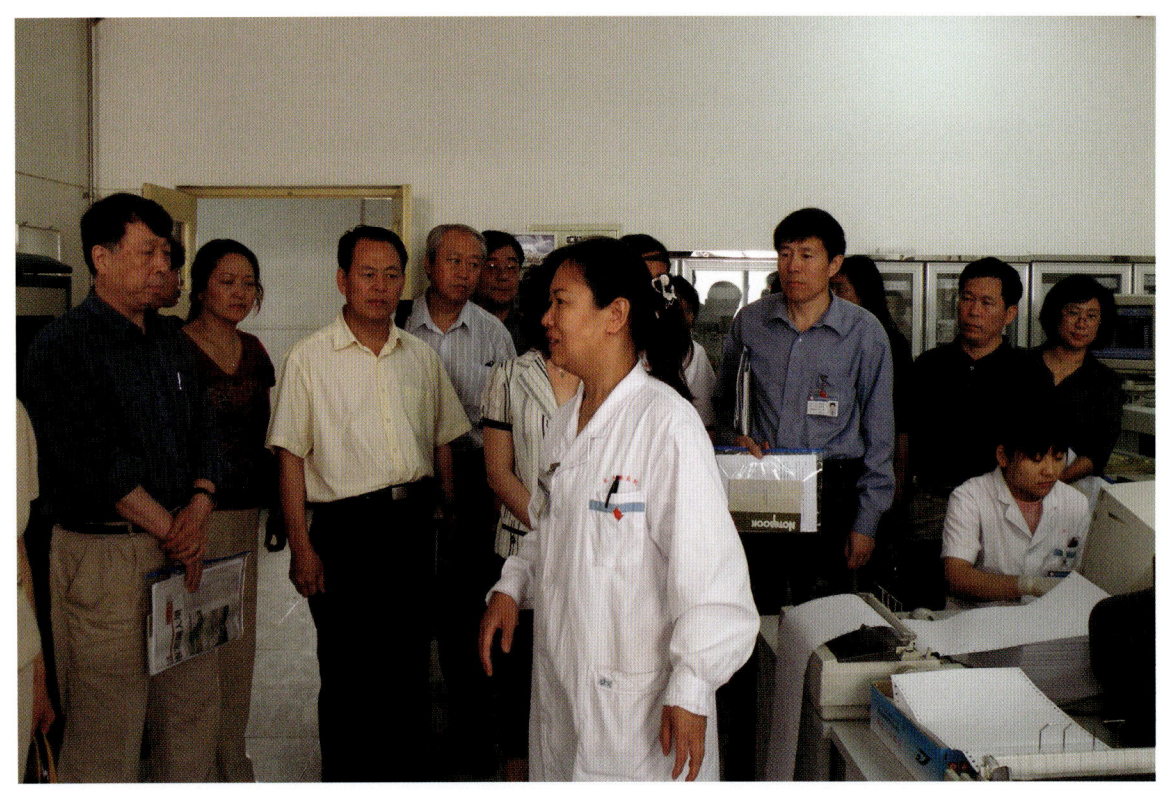

区政协委员民主评议全区卫生工作

确保了全区卫生工作的顺利推进，为全区卫生事业的新发展、为构建和谐房山做出了积极贡献。

在看到成绩的同时，也要客观估价工作中存在的差距与不足。经过分析归纳，我们认为以下几个方面的问题需要引起区委、区政府的重视：一是医疗卫生基础设施建设任务依然繁重，卫生事业发展资金不足。二是卫生队伍结构有待优化，适应新时期卫生事业发展的专业人才总量偏低。三是公共卫生工作仍需强化，健康教育与促进工作仍属薄弱环节。四是"新农合"的运行机制需要不断优化，管理机制尚需进一步完善。五是中医药事业发展不平衡，推广普及的工作力度仍需加大。

根据本次评议的有关情况，提出以下建议：一、加强医疗卫生基础设施建设，优化配置医疗资源。二、完善全区卫生人才发展规划，加快高素质卫生队伍建设。三、强化公共卫生工作，促进全民健康素质不断提升。四、进一步完善"新农合"运行管理机制，确保"新农合"制度健康发展。五、发挥区域特色和优势，大力发展中医药事业。

民主评议全区交通运输管理工作

完善北京西南公路货运、客运枢纽体系，加快交通运输业发展，打造安全快捷的绿色交通环境，是改善民生、推进我区城市化进程的重要任务之一。为切实履行政协民主监督职能，客观评价"十一五"规划实施三年来我区交通运输管理工作取得的成绩，分析问题与不足，推进全区交通运输业又好又快发展，区政协组织常委和城建环保委员会委员，于2009年6月22日至7月9日，对全区交通运输管理工作进行了民主评议。同时对区交通运输管理工作进行了民主测评，52名委员参加测评，满意和基本满意率为100%，其中满意率为85%。

主席会议认为，2006年以来，区交通运输管理工作在区委区政府领导下，以科学发展观为统领，着力构建"大交通、大产业、大发展"战略格局，从提升"三个服务"能力入手，找准定位，锐意改革，全力抓好各项工作的组织实施，实现了我区交通运输业的跨越式发展。

在看到成绩的同时，也要客观评价工作中存在的差距与不足：一是交通基础设施和配套建设仍不完善，交通运输结构和总体服务能力与人民群众的新期望还有差距；二是公车公营和实施低票价政策后，区财政每年拿出巨额补贴，加之客运公司法人治理结构尚不健全，现行运营模式仍然存在较大问题；三是货运行业存在"小、散、乱"问题，运输方式和管理方式相对粗放，难以发挥系统整体效益；四是交通执法人员的综合素质有待提高，交通执法和管理现状与现代化趋势不相适应，交通监管方式仍停留在高风险、低效率的路上巡视执法阶段。

为积极适应新形势新任务的要求，全力打造"交通经济"，推动"三化两区"建设，提出以下建议：一、围绕"三化两区"战略和北京西南综合交通指挥中心的启用，进一步完善我区综合交通发展规划。二、深化公交客运体制改革，为百姓出行提供更加便捷周到的服务。三、加快推进货运机制改革，营造安全有序的交通运营环境。四、积极推行便民行政，不断提升交通执法能力和服务水平。五、夯实交通运输管理工作基础，在构筑交通经济上取得新突破。

区政协委员民主评议全区交通运输管理工作

民主评议全区发展改革工作

为切实履行人民政协的民主监督职能作用,助推"三化两区"战略的顺利实施,区政协组织常委及部分专门委员会的委员,于2011年6月2日至21日,对全区发展改革工作开展了民主评议活动。参评委员以无记名投票的方式,对全区发展改革工作进行了测评。参加民主测评的56名政协常委和委员,除1人评价为基本满意外,其余55人均投了满意票,满意率为98.2%。

委员们一致认为,近几年来,我区"三化两区"发展战略顺利实施,重点功能区和重点工程建设强力推进,社会和民生事业蓬勃发展。作为区委、区政府的综合经济部门,区发改委始终坚持以科学发展观为统领,牢牢把握转变经济发展方式这条主线,紧紧围绕建设"三化两区"新房山的战略目标,以城南行动和西部地区转型发展为契机,立足房山实际,认真谋划和解决全区经济社会发展的重大问题,着力推动固定资产投资、重大项目落地、重点功能区以及资源环境建设,不断推进民生事业改善,为实现全区经济社会科学发展、跨越发展做出了突出的贡献。主要体现在以下几个方面:一、科学编制"十二五"规划,有效发挥了在全区经济社会发展中的引领作用。二、强化宏观预警预测能力,充分发挥了对全区经济运行的指导作用。三、积极落实北京市重大决策部署,我区在首都南部和西部区域的重要地位得到进一步提升。四、充分发挥统筹协调作用,确保了重点功能区和重大项目的扎实有效推进。五、不断加强班子和干部队伍建设,为全区发展改革工作提供了不竭的动力。

委员们认为,"十二五"时期,是我区全面推进"三化两区"建设、加快转变经济发展方式的关

区政协民主评议区"十二五"规划编制及重点工作、重大项目推进情况动员会

键时期，是城市化全面提速、产业化快速提升、现代化加速推进的黄金机遇期。为此建议：一是精心指导，抓紧编制完善专项规划，确保"十二五"规划的有效实施。二是抢抓机遇，加大协调预测力度，确保全区经济社会健康发展。区发改委要进一步深化发展改革工作，加大协调服务工作力度。要继续加强与市发改委的沟通协调。三是创新发展，进一步强化职能建设，确保我区发展改革工作顺利进行。

第三节 政协北京市房山区第七届委员会

2013年，为切实履行人民政协的民主监督职能，促进全区民政事业科学发展，服务"一区一城"新房山建设，经与区政府协商，区政协组织区政协常委和部分委员，对区民政局的工作进行了民主评议。委员们认为，区民政局出色的工作，赢得了社会各界的普遍赞誉，为"一区一城"新房山建设做出了突出贡献。在评议过程中，评议组分别对低保精细化管理、社会福利工程、退役士兵安置三项重点工作提出了具体评议意见。

民主评议全区民政工作

民主评议全区民政工作按照实事求是、客观公正的总体要求，从2013年5月21日开始，利用

区政协组织民主评议全区民政工作

一个多月的时间，对区民政局的工作进行了民主评议。评议期间，集中听取了区民政局两年来的工作汇报。并通过查阅档案资料、实地考察、座谈研讨等形式，深入了解情况，广泛听取意见。全体参评委员以认真负责的态度，为民政事业发展积极建言献策，达到了预期目的。

评议组对区民政局工作的总体评价是：一是工作思路新，服务大局意识强。区民政局坚持以中央提出的民生至上、民生优先的发展战略为指导，把民政工作放在全区经济社会发展和民生保障的大局当中去谋划，有力推动了民政各项事业的健康发展。面对困难和问题，敢于负责担当，主动作为，使一些沉积多年、影响社会和谐稳定的历史遗留问题得到了有效解决，促进了社会的和谐稳定。二是工作作风实，勇于拼搏争先。坚持争创一流的工作业绩，民政各项工作扎实推进，多项工作走在了全市前列，低保精细化管理模式得到了国家民政部的肯定，并作为经验向全国推广。三是班子坚强有力，干部队伍奋发进取。民政队伍是一支特别能战斗的队伍，经受住了"7·21"特大自然灾害的考验，在灾害面前展现出了不畏艰险，冲锋在前，勇挑重担，无私奉献的良好素质和强烈的政治责任感、使命感，在群众安置、灾情核查、物资调拨、款物发放、善后重建等方面实现了"第一时间"，为夺取抗灾重建的胜利发挥了重要作用。

在评议过程中，评议组对低保精细化管理、社会福利工程、退役士兵安置三项重点工作提出了具体评议意见：一、积极探索低保精细化管理模式，有效提升了民政工作的服务质量和管理水平。二、扎实推进社会福利事业，努力践行了以人为本的施政理念。三、创造性落实退役士兵安置政策，有效破解退役士兵安置难题。

针对全区民政工作面临的困难和问题，民主评议领导小组建议：一是积极推进城乡低保标准一体化，进一步完善低保精细化管理模式。二是进一步完善社会养老服务体系建设，满足日益增长的社会需求。三是进一步落实退役士兵安置政策，积极鼓励多渠道多层面就业。

第三章 委员视察

政协常委和委员的视察工作，指人民政协在全体会议闭会期间，组织委员深入实际、深入基层、深入现场，对党和国家重大方针政策的贯彻落实，对经济社会发展中重大项目的规划建设，对人民群众普遍关注的重大问题的研究解决，进行巡视察看，咨政建言，反映社情民意，开展民主监督。开展委员视察工作，是深入实际、了解情况、研究问题、学习提高的重要途径，是政协履行政治协商、民主监督、参政议政职能的重要形式，是党和政府实行科学民主决策的重要环节。人民政协的视察工作，是宪法、法律和政协章程赋予人民政协的职责，是人民政协履行职能的重要形式。自1981年3月房山县政协成立以来，历届区（县）政协充分认识人民政协视察工作的重要意义，每届都有计划、有目的地通过宣传性视察、工作指导性视察、调研性视察和督察性视察，在创新中推进工作，提高委员及整个社会对视察活动重要性的认识，为促进房山各项事业的健康发展做出了积极贡献。

第一节 政协北京市房山县第一届委员会

政协房山县第一届委员从1981年3月成立到1984年5月换届，因机构初建，县政协视察工作从内容到形式进行了探索和尝试。本届政协期间，县政协共组织政协常委和委员视察活动二十余次，围绕食品卫生、市政建设、农村工作、文化建设、民族工作、水资源利用等方面进行了视察，切实起到了民主监督的作用，得到社会各界的肯定。

1981年视察活动

6月16日至18日，县政协工交城建、财贸、卫生三个组分别组织委员对石楼、南召、东营三个公社及县服务公司、田各庄酿造厂等十六处冰棍厂进行了视察。通过实地调查了解，就冰棍生产中存在的亟待解决的问题提出了意见和建议。

6月25日至27日，县政协工交城建组委员视察了城关、良乡两镇的市政建设及市容卫生情况。通过视察，委员们建议政府及有关部门协调一致，共同努力，采取有力措施，改变房、良两镇卫生不整洁问题，把城镇建设得更好。

9月16日，县政协组织除农村工作组以外其他行业的74名委员到我县农村参观视察。委员们沿途经过城关、周口店、石楼、窦店、琉璃河、南召、窑上、葫芦垡、良乡等公社，察看了大秋作物的长势，参观了窦店大队、梨村大队和琉璃河公社知青农场。县政协副主席张本荣、田树屏、杨万钟、郭云祥出席活动。

12月初，县政协财贸、教育、农村、科技等委员工作组分别到东营公社韩村河四队、坨里中学、房山二中、良乡镇小、琉璃河公社兴礼大队参观视察。视察中，委员们听取了所到单位的工作汇报，并进行了座谈。

12月7日，县政协卫生工作组视察了窦店公社、窑上公社农村合作医疗工作，听取了卫生局关于全县农村合作医疗发展情况的汇报。

12月16日，县政协文化工作组视察了十渡公社文化站和周口店公社文化站。

12月18至19日，县政协民族工作组视察了房良两地少数民族饮食业开展和副食品供应以及良乡公社常庄大队、窦店公社窦店大队、周口店公社新街大队的三处清真寺和常庄回民小学，新街民族学校的教育教学情况。

1982年视察活动

5月12日至13日，县政协民族宗教组视察了我县民族工作。活动中，委员们视察了常庄、窦店、新街、城关、良乡、琉璃河、周口店等商业服务网点。县政协主席张成基，副主席王新华、秘书长毛锡恩出席活动。县政府办公室、县社、服务公司、副食品管理处、财办、民政局有关同志参加。

5月19日至20日，县政协工交城建组委员视察了我县地下水源及节约用水情况。重点察看了水厂、磁家务水井、第二水源井（八十亩地大队）工程和县水泥二厂、良乡轮胎厂生产用水情况。活动邀请了县委工交部、人大、建委，水利局领导同志参加视察和讨论，并听取了技术人员关于我县水文、地质方面的情况介绍。

7月28日至29日，县政协卫生组对城关、良乡两镇的市容和食品卫生情况进行了视察。县爱委会和城关、良乡两镇介绍了全县及两镇开展爱国卫生运动的情况，视察了城关、良乡两镇的街道、饭店、冷饮门市部、食品加工厂和冰棍制造厂，并进行了座谈讨论。县政协副主席王新华、秘书长毛锡恩出席视察活动，县爱委会办公室、城关镇、良乡镇、卫生局、工商局、建委、县社、财办等单位有关领导陪同视察。

8月27日至28日，为了迎接党的十二大的召开，县政协财贸组委员对房山百货商场、人民商场和周口店百货、副食门市部、饭店等单位进行了视察。副主席王新华出席活动。县政府财贸办公室、工业品管理处、县供销合作社的负责同志陪同视察。

11月10日、11日，县政协组织农村、科技、教育、文体四个工作组视察了坨里公社水峪大队实行农业生产责任制和周口店公社大韩继大队建设社会主义精神文明情况，听取了县区划办公室关于我县农业自然资源情况介绍。副主席王新华、杨万钟、田树屏，秘书长毛锡恩出席视察活动。

1983年视察活动

8月2日、3日，县政协卫生组委员对房山城关、良乡两镇市容卫生进行了视察，听取了两镇的环境卫生情况介绍。副主席张本荣、田树屏出席视察活动。

9月7日，县政协农村组和科技组委员参加了我县工、农业新成果观摩团活动，共视察了十六个科技成果点。8日上午，委员们参加了科技成果表彰大会，副主席张本荣、杨万钟、田树屏、秘书长毛锡恩出席表彰大会。

9月27日、28日，县政协民族宗教组和财贸组委员对良乡、城关两镇的民族和商业工作进行了视察。副主席杨万钟、郭云祥、田树屏出席了视察活动，张本荣副主席出席了座谈会。县委财贸部、计委、民政局及计量所等单位领导陪同视察。

10月13日，县政协工交城建组委员参观视察了工业局所属的服装一厂、塑料厂、纺织厂和北京煤矿机械厂。副主席杨万钟、田树屏，秘书长毛锡恩出席活动。

11月9日，县政协组织常委和部分工作组组长视察了南尚乐乡、石楼和城关镇部分队办企业和个体专业户，视察了双孝小学和工业局服装一厂。副主席张本荣、田树屏出席活动。

12月8日，县政协文化体育组委员视察了紫草坞乡文化站和房山县业余体校。新当选的县政协主席张本荣，副主席田树屏、郭云祥，秘书长毛锡恩出席活动。

第二节 政协北京市房山县第二届委员会

政协房山县第二届委员会对政协常委和委员的视察工作继续进行了积极的探索和有益的尝试，委员们深入一线，围绕全区旅游发展、落实民族政策、落实物价政策、商业网点服务、小学教育普及、餐饮服务等方面进行了视察。活动中，委员们了解民情，反映民意，针对存在的问题提出了许多有价值的意见和建议，为推动房山经济社会健康发展发挥了积极作用。

1984年视察活动

8月22日，根据县委、县政府加速开发十渡旅游区的部署，为配合有关部门搞好十渡旅游区的规划和建设，县政协组织工交城建组部分委员，并特邀了部分北京市旅游建筑专家，到十渡旅游区进行了视察。县政协主席张本荣出席。

9月5日，为了更好地落实党的民族政策，县政协民族宗教组和财贸组联合组织视察活动。活动中，委员们视察了城关回民饭店、回民牛羊肉门市部、南关副食品商店、琉璃河火车站回民饭店、窦店大队回民饭店、良乡南关回民副食店、回民饭店等单位，参观了窦店大队奶牛场、万只鸡场和正在兴办的屠宰厂等队办企业。县政协副主席陈芬圃、田树屏，秘书长仉淑兰出席活动。

9月18日、19日，县政协卫生组部分委员视察了城关、良乡两镇六十三个单位的环境食品卫生、商业网点服务、市容市貌情况。县政协主席张本荣，副主席田树屏、毛锡恩、郭云祥，秘书长仉淑兰出席活动。

10月30日，政协农村组部分委员对交道乡、葫芦垡乡、石楼乡等部分乡、村企业和"两村一户"进行了视察。县政协副主席陈芬圃、田树屏、郭云祥，秘书长仉淑兰出席视察活动。

11月21日、22日，为贯彻落实县教育工作会议精神，切实普及我县小学教育，政协教育组部分委员视察了周口店、窦店两个乡的小学教育普及情况，县政协副主席陈芬圃、田树屏、杨万钟，秘书长仉淑兰出席活动。

1985年视察活动

7月13日，县政协财贸组委员进一步落实物价政策，搞活市场、促进商品经济的发展，对我县蔬菜、蛋禽市场供应进行了调查。秘书长仉淑兰出席活动。县财委、物价管理所、县社、食品公司、蔬菜公司及畜牧局负责同志陪同调查。

9月25日，县政协民族宗教组全体委员考察了城关、周口店、琉璃河、窦店、良乡五个乡镇地区的节日供应情况。秘书长仉淑兰出席活动。

11月22日，县政协组织法制组委员到北京市收容管教所考察。县政协主席张本荣，副主席杨万钟，秘书长仉淑兰出席活动。

12月5日，县政协组织农村组委员到周口店乡拴马庄村、南韩继村和大韩继村参观考察。县政协副主席杨万钟、田树屏，秘书长仉淑兰、副秘书长廉亚强出席活动。

1986年视察活动

2月5日，县政协组织卫生组部分委员对房良两镇的市容、部分餐饮副食店、三个县办企业的卫生状况进行了视察。副主席陈芬圃，秘书长仉淑兰出席活动。县委宣传部、"五四三"办公室、卫生局、环保局、财政、建委及房良两镇的有关负责同志参加活动。

4月2日，县政协妇女组织农村组部分委员到城关镇顾册村林场参观视察，并在顾册小学栽种了常青树。县政协主席张本荣，副主席陈芬圃、毛锡恩，副秘书长廉亚强出席活动。

9月11日、12日，县政协财贸组部分委员视察了城关地区部分商业、服务网点。副主席田树屏，秘书长仉淑兰出席活动。

第三节 政协北京市燕山区第一届委员会

1984年7月，政协北京市燕山区第一届委员会成立。至1987年5月，在近三年的时间里，燕山区政协积极组织常委和委员围绕燕山区卫星城规化、环境污染、污水处理、计划免疫、服务行业网点实行租赁等方面开展视察、考察活动，提高了委员的综合素质和履职能力，为燕山区经济发展做出了贡献。

1984年视察活动

10月12、13日，区政协组织常委就燕山区卫星城规化进行视察和讨论。12日上午，在规划委员会同志的陪同下，进行了实地视察，下午听取了规划委员会情况汇报；13日上午，在韩正非主席主持下，对规划方案进行了认真的讨论。

11月27日，区政协环保工作组委员视察了北京燕山石化集团公司污水隔油的治理项目。听取了公司环保处负责同志对北京燕山石化集团公司范围内环保工作及治理的情况介绍。委员们一致认为北京燕山石化集团公司在环境保护、污水治理工作比上一年有了新的提高，并对存在问题提出了意见和建议。

1985 年视察活动

6月3日，为纪念世界环境日，区政协环保工作组对槽车洗涤站和液化气总站的环境污染问题进行了现场调查。北京燕山石化集团公司环保处负责同志陪同调查活动，对于调查中谈到的问题，环保工作组与两单位领导交换了意见，并将根据调查结果，进一步研究，以便提出改善建议。王笃之副主席出席活动。

1986 年视察活动

6月27日、7月3日和8月22日，区政协文体卫工作组分别对北化建、机械厂、前进厂、长征厂的计划免疫工作进行了视察。活动中，委员们宣传了计划免疫工作的重要意义，并提出了具体要求，促进了计划免疫工作的开展。

11月14日，区政协环保工作组对供销公司铁路运输部洗罐站进行了视察。这次视察是为了解改进洗槽车工艺后的情况和今后的打算，以便知情出力。活动中，委员们听取了洗罐站的情况介绍，然后现场视察了槽车和其他有关设拖，并进行了座谈，提出了建设性意见。副主席、环保工作组组长李全熙出席活动。

12月11日至12日，区政协财贸组委员对我区服务行业部分网点实行租赁和粮食系统实行承包的情况进行了调查。活动中，听取了服务公司、粮食局的情况介绍，然后到东方红无线电修理部、东风理发店、向阳无线电修理部个人租赁点以及向阳、迎风、东风街道粮店进行了实地考察，并提出了建议。

第四节 政协北京市房山区第一届委员会

1987年5月，根据国务院的批复，撤销房山县、燕山区，设立房山区，政协北京市房山区第一届委员会随之成立。第一届委员会针对机构初建、委员构成变化大的情况，在组织常委和委员视察时采取了有针对性的活动方案，视察活动中，重点围绕饮食摊点卫生、节日市场供应、发展乡村经济、群众文化生活、执行食品卫生法情况、学校德育工作、畜牧业养殖、窗口行业服务等方面开展了视察活动，取得了较明显的效果。

1987 年视察活动

9月25日，区政协医药卫生组部分委员分别视察了房山、燕山两地集贸市场饮食摊点卫生状况，区工商局、卫生局、防疫站有关同志陪同考察。

10月5日，财贸组、民族宗教组进行综合考察。到燕山、房山、良乡等地考察三镇节日市场供应情况，重点视察了商场、副食店、菜站的衡器使用及物价执行情况，对大多数商场、商店情况表示满意，并提出关于回民副食供应、物价计量两方面问题8条建议。

10月15日，区政协财贸工作组和民族宗教组部分委员共同组织活动，分别在燕山、房山、良乡等地，综合考察了三镇节日市场供应情况。区商委、计量所、有关同志陪同考察。

11月16日，针对市场疲软问题，区政协组织财贸组委员考察了全区供销社经营情况。重点到南尚乐供销社进行实地视察，提出了意见建议。

1988年视察活动

1月15日、29日，区政协科技工作组为探讨如何发展乡村经济、深化乡镇企业改革，组织委员分两次视察了周口店乡精细化工厂、酞菁蓝厂、纯碱厂、炼油厂，提出了企业上项目要进行可行性论证等意见建议。区政协副主席钱觉霖、王笃之，秘书长肖玉琴出席活动。

4月26日，区政协组织农村组部分委员分别到窦店乡窦店村，石楼乡梨园店、支楼村，周口店乡大韩继、南韩继村五个村新建和在建的百头种猪场进行了实地考察。

9月21日，区政协城建环保组部分委员参观考察了北京燕山石化集团公司化工二厂大苯酚车间和污水处理厂。

11月23日，区政协文体组部分委员到十渡乡考察了群众文化生活以及中小学体育课教学情况。

1989年视察活动

4月5日至7日，区政协农村组到周口店乡、石楼乡、崇各庄乡开展了"把我区粮食生产搞上去"的专题视察。区政协副主席毛锡恩出席调研活动。

7月20日，区政协医药卫生组、财贸组组织委员对我区冷饮制品厂执行食品卫生法的情况进行了调查。

9月初，区政协农村工作组组织委员视察了六渡乡的流永养鱼、十渡乡的绒山羊养殖、蒲洼乡的果树嫁接情况，委员们认为，我区已开拓出山区经济发展的新路子，一种新型的山区经济结构正在形成。

9月11日至12日，为推动《文物保护法》的贯彻实施，区政协文史工作委员会、学习工作委员会委员及部分文史撰稿员，对琉璃河商周遗址、万佛堂孔水洞等八处文物点进行了视察。

10月14日，区政协农村组部分委员先后到官道乡江村和石楼乡坨头村，视察了商品蔬菜基地和稻麦两茬高产田。副主席钱觉霖出席考察活动。

10月16日、17日，区政协教育工作组委员到石楼中学和赵各庄中学进行德育工作情况的调查。副主席王笃之出席活动。

11月16日，区政协财贸工作组围绕燕、房、良地区的市场供应和商品价格情况，组织委员到南尚乐乡供销社开展了调查活动。

11月25日，区政协城建环保组视察了北京燕山石化集团公司化工三厂间甲酚车间、污水净化厂和牛口峪水库治污情况。

1990 年视察活动

8月20日,为促进窗口行业"迎亚运,优质服务"活动深入开展,区政协财贸组部分委员对房山、良乡、燕山地区主要百货、副食场店进行视察。副主席钱觉霖出席活动。

第五节 政协北京市房山区第二届委员会

政协北京市房山区第二届委员会从1991年2月至1994年2月。本届期间,就我区农业、文化文物保护、教育卫生、校办企业现状、粮食统销情况、农村经济发展、食品卫生与安全、乡镇卫生院建设等方面组织了视察活动,帮助委员了解区情,反映民意,为他们履行参政议政职能发挥了作用。

1991 年视察活动

10月24日,区政协农村委组织本委委员考察了南尚乐果园和南韩继猪场。副主席钱觉霖出席活动。

10月24日,区政协组织文教系统委员,对石楼乡贾岛墓、岳各庄乡伊桑阿墓、南尚乐乡白玉塘及长沟小学的乾隆御诗碑等区级文物进行了视察。副主席孙钺出席活动。

区政协主席张中兴视察新街水泥厂

11月14日、20日，为了更好地发挥中央、市属厂矿企业中的政协委员作用，把科学技术转化为生产力，为乡镇企业发展服务，区政协组织部分燕化地区委员视察了周口店新街村加工厂、城关街道洪寺塑料厂、石楼镇化纤厂，并进行了座谈。主席张中兴，副主席钱觉霖、杨旭出席活动。

1992年视察活动

3月13日至17日，区政协文教工作委员会组织部分文教和工交科技界委员对我区校办企业现状进行了视察。活动中，委员们调查了房山二中、琉璃河中学、良乡中学、良乡一小、辛庄小学、白草洼小学和燕山向阳小学等校办企业，了解了七个学校企业的发展、经营管理以及经济效益等情况。副主席、文教工作委主任孙钺出席活动。

3月26日，区政协财贸工作委员会部分委员视察了燕山、房山、良乡等地粮食统销价格出台后市场情况，副主席容桂英出席活动。区商委、物价局等部门负责同志参加考察活动。

9月2日，区政协社会法制委对房山区工、青、妇工作情况进行了视察，并提出了意见和建议。副主席兼社会法制委主任钱觉霖出席视察活动。

10月6日，区政协农村委部分委员到我区高效农业发展较快的东营乡进行了视察，听取了东营乡农工商总公司关于该乡农业生产方面的工作汇报，并提出了建设性意见。

11月26日，区政协部分常委和委员对周口店地区新街村经济发展进行了视察。委员们听取了新街村经济发展情况介绍，视察了研究所、农机队、纸袋厂、水泥厂、服装厂、皮带轮厂等企业和正在建设中的新街村住宅楼。

1993年视察活动

3月11日，区政协主席张中兴率领由北京燕山石化集团公司委员组成的专家小组，对良乡地区黄辛庄村经济发展状况进行视察。先后到乳胶制品厂、华颖服装有限公司、铝合金厂、家具厂、阀门厂等企业进行摸底调查，并提出了可行性建议。

3月12日，区政协农村委委员到周口店地区瓦井村开展活动，听取了该村关于农业生产情况的汇报，实地视察了麦田和果园，座谈研究了继续协助该村抓好"两高一优"大农业的措施。副主席钱觉霖出席活动并传达了市政协农村委工作会议精神。

4月9日，区政协财贸委员会会同区工商局、商委、食品公司、畜牧水产局等部门对房山、良乡、燕山三地封闭的农贸市场进行视察。为发展农民的"菜篮子"，确保老百姓吃"放心肉"提出了意见建议。副主席容桂英出席视察活动。

4月29日，区政协财贸委部分委员就我区人民群众吃"放心肉"问题，视察了良乡、燕山、房山的农贸市场。协副主席容桂英出席活动。

7月28日，按照区委部署，为了让政协委员进一步了解房山、支持房山、宣传房山，区政协组织部分驻区中央市属单位的委员视察了十渡旅游区开发建设、韩村河村经济发展、东流水工业开发区和良乡卫星城工程进展等情况。副主席钱觉霖、孙钺出席活动。

9月23日，区政协财贸委部分委员于中秋、国庆两节之前视察了我区市场供应情况。区商委、区工商局有关领导参加视察活动。

10月26日，医疗卫生界委员对紫草坞卫生院、窦店卫生院、东营卫生院及七里店村卫生室以及农村改水加压站、卫生局第三产业等进行了视察，参观了韩村河的村容村貌，听取了区卫生局关于全区卫生事业发展情况的介绍。副主席孙钺出席。

第六节 政协北京市房山区第三届委员会

政协北京市房山区第三届委员会从1994年2月至1999年1月，把关注百姓生活、促进全区经济发展作为政协履行职能的落脚点，通过组织视察农用物资准备情况、成人教育、消费者协会工作、"三资"企业发展、精神卫生保健院建设、林果生产基地建设、山林虫害防治、沙荒地治理、企业重组转制等活动，与把群众的呼声收集上来，为区委区政府决策服务。

1994年视察活动

4月1日，农村工作委员会和财贸工作委员会委员实地视察了区生产资料公司、种子公司和植保站，听取了各单位关于农药、化肥、种子等农用物资准备情况的介绍。

4月21日，区政协文教工作委员会组织委员对我区成人教育工作进行了视察。副主席、文教工作委员会主任马文仲出席视察活动。

5月27日，区政协社会法制委对区消费者协会工作进行了视察。副主席、社会法制委员会主任袁贵珠出席活动。

6月6日，区政协财贸委视察了全区明码标价工作，实地视察了房山聚源商场、房山购物中心、良乡百货商场和良乡饭庄。副主席、联络工作委员会主任刘存泽出席活动。

6月22日，区政协联络委委员及部分区职能部门委员视察了我区"三资"企业发展情况。副主席、联络工作委员会主任刘存泽出席活动。

10月27日，区政协工交科技委部分委员视察了我区东营乡韩村河村及石楼镇乡、村工业发展。副主席、工交科技委主任戈承出席活动。

1995年视察活动

3月15日，区政协农林界部分委员对我区春耕物资的准备和使用情况进行了视察，听取了生产资料公司关于今年各项春耕物资的准备及价格、质量的情况汇报。副主席、农村委主任容桂英出席视察活动。

5月9、16日，区政协组织教育、文化、体育界委员开展了两次视察活动。参观了我区第一所私立学校——窦店镇白草洼村私立博文小学和我区第一所教育培养弱智儿童的学校——燕山培智学校，参加了"房山区首届旅游文化节书画楹联集邮展"揭幕式等活动。

6月21日，区政协医药、卫生界部分委员视察了我区精神卫生保健院、区卫生局干部培训中心和南尚乐乡卫生院的医疗设施、食宿条件等情况，听取了三个单位的情况汇报。副主席、文教委主任马文仲出席活动。

6月25日，区政协社会法制委对房山、良乡两个城镇社会治安、综合治理情况进行了视察，听取了房山街道办事处、良乡地区办事处主管领导关于社会治安综合治理工作的情况介绍，并视察了房山城关永安西里和良乡地区市场管理情况。副主席袁贵珠出席视察活动。

6月26日，区政协常委视察全区林果生产基地建设情况。实地视察了河北镇河北村百亩银杏苗圃、南窖乡中窖村板栗基地和霞云岭乡四马台村仁用杏基地，听取了有关情况介绍，就如何加快林果基地建设提出了建议。主席魏士宽出席视察活动。

1996年视察活动

4月29日，区政协社会法制委部分委员及区政府特邀执法监督员对区司法局工作进行视察，并听取了区司法局关于全区"二五"普法情况及"三五"普法规划的介绍。副主席袁贵珠出席视察活动。

5月14日，区政协工交财贸委和农村委部分委员到我区种子公司、种子管理站视察，了解我区农作物种子依法经营管理的情况。副主席、农村委主任容桂英出席视察活动。

5月14日，区政协文教委组织医药卫生界部分委员视察了河北、坨里、紫草坞和石楼四个卫生院的卫生防疫、妇幼保健和"三项建设"情况，听取了相关工作汇报。

5月15日，区政协教育界委员对东营乡赵各庄完小、韩村河教育中心、燕山向阳小学的德育工作进行了视察。副主席、文教委员会主任马文仲出席视察活动。

7月23日，区政协工交财贸委委员视察了周口店地区水泥厂、周口村水泥厂、新街水泥厂等建材企业，副主席刘存泽出席活动。

8月21日，区政协工交财贸委委员视察了瓦窑头、韩村河和长沟小城镇建设情况，听取了区规划局和长沟镇有关工作汇报。常务副主席刘存泽、副主席戈承出席活动。

10月10日至16日，区政协工交财贸委视察全区工业企业盘活资产情况。听取了区工业总公司、房山塑料厂、制桶厂和胶布雨衣厂等单位的汇报。主席魏士宽，副主席刘存泽出席活动。

10月30日，区政协农村委委员视察了阎村建公主坟村柿子园，并就公主坟柿子园存在问题及今后打算进行了座谈。副主席、农村委主任容桂英出席活动。

12月26日，区政协文教委与房山南片委员活动组联合组织房山地区部分委员视察了房山区体委及门球协会。副主席、文教委主任马文仲出席会议。

1997年视察活动

5月6日、7日，区政协农村委组织本委部分委员利用两天时间，分别视察了蒲洼乡和史家营乡山林虫害防治工作的情况。副主席、农村委主任容桂英出席视察活动。

5月21日，区政协农村委组织部分委员视察了岳各庄乡上方山香椿基地和韩村河村高科技蔬菜示范园。副主席、农村委主任容桂英出席视察活动。

5月22日，区政协工交财贸委委员视察了阎村镇砖厂和燕化星城小区内用该厂新型产品建造的

1997年4月25日，区政协主席魏士宽等领导视察引磁入房工程

住宅楼，并与工业经委、阎村镇党委及阎村镇砖厂领导就砖厂当前生产中存在的问题和今后的发展进行座谈。副主席、工交财贸委主任刘存泽出席活动。

6月5日，区政协农村委组织部分委员视察了阎村镇公主坟村200亩柿子园和新建的100亩高标准柿子示范园，听取了该村发展柿子园的情况汇报。副主席、农村委主任容桂英出席活动。

6月19日，区政协工交财贸委组织部分委员视察了长沟镇雪蜂羊绒制品公司，听取了羊绒衫生产和公司的发展规划的情况介绍。副主席、工交财贸委主任刘存泽出席视察活动。

9月11日，区政协工交财贸委部分委员到琉璃河地区办事处视察了当地企业重组转制、盘活闲置资产的工作情况。副主席、工交财贸委主任刘存泽出席视察活动。

1998年视察活动

3月20日，区政协农村委委员视察石楼镇万亩中低产田综合开发工程。听取了有关情况介绍并提出了意见建议。副主席容桂英出席。

4月15日，区政协组织社法委、工交财贸委部分委员对我区贯彻执行《消费者权益保护法》情况进行了视察，区消协认证单位房山商业大楼、北京利民有限责任公司以及良乡商业大楼等单位向委员们介绍了本单位贯彻落实《消法》的情况。副主席刘存泽出席活动。

4月16日，区政协农村委委员视察了窑上乡种、养殖业和万亩沙荒地治理开发工程，听取了窑上乡农工商总公司的情况介绍。副主席、农村委主任容桂英出席活动。

5月13日，区政协文教文史委组织委员视察了我区文物管理所和市级文物保护单位万佛堂孔水洞、自水寺以及区级文物保护单位迎风寺隋代摩崖造像，学习了《北京市人民政府关于进一步加强新时期文物工作的通知》，听取了文化文物局关于我区"八五"期间文物管理工作取得的成绩和近期急需解决的问题的报告，并进行了座谈。副主席、文史委主任马文仲出席活动。

6月10日，区政协工交财贸委组织部分委员视察了房桥涂料厂和北京利民物资有限责任公司等民营企业，并与部分个体民营企业的负责人就非公有制经济在我国社会主义市场经济中的地位、作用以及非公有制经济在发展中存在的困难和问题进行了座谈。副主席刘存泽出席活动。

7月16日，区政协社会法制委组织部分委员对《档案法》的贯彻落实情况进行了视察，并听取了档案局全区贯彻落实《档案法》的情况汇报。副主席刘存泽出席视察活动。

7月28日，区政协农村委委员就粮食流通体制改革后，全区贯彻落实国务院有关粮食收购政策情况，视察了粮食局所属窦店粮管所、琉璃河粮管所，听取了农业发展银行的专题汇报，对区粮食部门的工作给予充分肯定，并提出了建议。副主席容桂英出席活动。

9月30日，区政协文教文史联络委组织归侨、侨眷、台胞、台属界委员视察了良乡卫星城的规划建设情况。

10月15日，区政协组织部分政协委员视察了区看守所，听取了公安分局的情况汇报。副主席刘存泽出席活动。

第七节 政协北京市房山区第四届委员会

政协北京市房山区第四届委员会自1999年1月至2004年1月，围绕我区农村卫生事业、城市交通设施、社会法制等项工作的落实情况，认真组织常委和委员围绕外来人口管理、文物保护、水利富民综合开发、素质教育、畜牧工作、区属企业改革转制、农业结构调整、安全生产、柿树低产园改造、小城镇建设等等方面工作进行了视察，对推动全区重点工作的落实发挥了积极作用。

1999年视察活动

5月11日，区政协经科委委员视察区第四水泥厂。区经委和周口店地区办事处的领导陪同视察并介绍了有关情况。区政协副主席王晓芝参加并主持了该项活动。

5月12日，区政协社法委委员就外来人口管理工作中的房屋出租问题，会同有关部门在房山城关地区开展了视察活动。活动由副主席万金峰主持。

5月13日，区政协文史委委员视察我区区级文物保护单位，听取了区文物管理所关于全区文物保护工作情况的介绍。

5月13日，区政协农村委委员对我区水利富民综合开发工程进行了视察。先后视察了长沟镇、南尚乐镇、张坊镇、十渡镇的重点项目，并听取了有关情况介绍。

5月25日，区政协农村委委员视察我区农民专业合作经济组织。视察了霞云岭乡四马台村农民专业合作经济组织，并听取了汇报。

5月26日，区政协常委视察良乡地区经济工作。听取副区长、良乡地区工委书记王洪钟关于良乡地区发展情况的介绍，参观了维康、支点复合包装材料等高科技公司及菜篮子工程。

6月9日，区政协教育界委员视察我区素质教育。先后到房山中学、区成人中专和良乡二小，听取了三所学校领导关于本校开展素质教育活动的工作汇报，参观了教学设施及有关教育环境，并进行了座谈。常务副主席王晓芝出席了视察活动。

7月8日，区政协社法委对我区学前教育问题进行了视察，先后参观了区幼儿园及良乡中心幼儿园，听取了有关部门的情况介绍，并进行了座谈。活动由副主席万金峰主持。

9月15日，区政协部分委员视察我区环境综合整治工作。听取了区有关部门的情况介绍，视察了良乡地区太平庄村、阎村镇小十三里村、燕化星城小区、燕山迎风大街之后进行了座谈。区领导游来柱、倪有水、王晓芝、梁顺出席视察活动。

10月29日，区政协组织部分委员视察区看守所工作。听取了区公安分局的情况介绍，并进行了座谈。主席游来柱、常务副主席王晓芝、副主席容桂英、林义、万金峰出席视察活动。

11月18日，区政协常委视察长阳地区经济工作，听取了镇党委一年来经济和社会发展情况的介绍，参观了万亩中低产田开发工程、北茋菇种植基地、大型搅拌站、方圆建材市场，并进行了座谈。活动由区政协副主席容桂英主持。主席游来柱、副主席万金峰出席。

2000年视察活动

3月14日，区政协农村委视察我区畜牧工作。先后视察了崇各庄乡、阎村镇、南召乡、交道镇等地区的特种养殖小区，听取了有关部门的情况介绍，并进行了座谈。本次活动由副主席、农村委主任容桂英主持。

3月29日，区政协社法委视察我区清真饮食服务行业，在听取了情况介绍后进行了座谈。活动由副主席、社法委主任万金峰主持。

4月26日，市、区政协委员视察旅游文化节筹备情况和环境整治工作。听取了关于旅游节活动安排及筹备情况的介绍，视察了旅游节主会场、云居寺、十渡、上方山等旅游景区环境整治情况后进行了座谈。区政协主席游来柱讲了话，常务副主席王晓芝，副主席容桂英、林义出席活动。

5月18日，区政协文教文史联络委视察良乡卫星城开发建设情况。视察了北潞园生态小区、良乡高科技园区和昊天公园并进行了座谈，并就卫星城的进一步发展提出了意见和建议。

5月31日，区政协教育界委员视察霞云岭乡山区教育三年工程。先后视察了霞云岭乡中学和中心小学的教学楼、学生宿舍、电教室、实验室、图书室等教学环境；听取了实施山区教育三年工程情况的汇报，提出了意见和建议。常务副主席王晓芝出席视察活动。

6月1日，区政协委员视察我区建筑企业。听取了区建委、区建筑集团总公司及直属第二工程公司关于房山建筑企业发展和获得"长城杯"、"鲁班杯"情况的介绍，并进行了座谈。主席游来柱、常务副主席王晓芝出席活动并讲话。

6月23日，区政协常委视察城关地区工作，听取了当地领导关于经济发展情况的介绍，视察了西沙河治理等工程，之后进行了座谈。主席游来柱，副主席容桂英、林义、万金峰出席。常务副主席王晓芝主持活动。

8月上旬，应区文化文物局邀请，区政协文史委员视察了市级文物保护单位大南峪奕绘园寝和迁址后的文物管理所。副主席、文教文史联络委主任马文仲出席。

9月6日，常委视察"引万入良"工程。先后视察了上万村的水源地、调节水厂的建设以及供水管线的铺设情况，听取了有关情况介绍之后，与市政管委领导进行了座谈，对如何确保工程的质量和进度提出了意见和建议。主席游来柱出席并讲话。

9月15日，区政协经科委部分委员视察区属企业改革转制工作，听取了区经委关于全区中小企业改革转制工作的总体情况和区工业总公司关于所属企业改革转制工作情况的介绍，视察了卷扬机厂和双山水泥集团。副主席林义出席并讲话。

9月19日，区政协组织社法委委员视察了房山看守所，听取了看守所工作汇报。副主席容桂英、万金峰出席活动。

9月26日，区政协常委视察琉璃河大街改造、南尚乐石雕艺术园区、岳圣路修建等全区重点工程，听取了琉璃河镇、南尚乐镇和岳各庄镇领导关于工程进展情况的汇报，就工程的建设提出了意见和建议。主席游来柱，常务副主席王晓芝，副主席容桂英、万金峰出席。

10月27日，区政协经科委部分委员与区工商局联合对我区部分民营企业进行了视察。听取了北京利民物资有限公司、佳悦涂料有限公司、伯山建材有限公司、佳佳丽配件有限责任公司等就本企业情况作的介绍。副主席林义出席。

10月31日，区政协组织部分委员视察了房山公安分局巡察支队。副主席容桂英，北京市公安局巡察总队、区政法委、房山公安分局领导出席活动。

11月7日，区政协组织部分常委和社会法制委员会的委员视察了区检察院。主席游来柱，常务副主席王晓芝，副主席容桂英、万金峰出席。

11月20日，区政协农村委视察我区农业结构调整情况。先后到房山城关顾册村苗圃基地、周口店地区办事处红螺谷生态小区进行了实地视察，听取了区农委关于我区今年农村经济运行总体情况以及明年工作思路的介绍。副主席容桂英出席。

2001年视察活动

5月30日，区政协常委视察十渡镇农业结构调整工作。先后视察了十渡镇西关上村鲟鱼研究中心、正在建设中的十渡旅游葡萄长廊、西庄民俗村、西河流水养鱼专业村、西石门高效设施园区；听取了副区长任全胜关于全区农业发展情况的介绍及十渡镇党委关于十渡镇经济发展特别农业结构调整情况的汇报。主席游来柱，常务副主席王晓芝，副主席容桂英、万金峰出席。

6月29日，区政协组织经科委委员视察良乡卫星城建设情况，听取了良乡卫星城实业开发公司及区规划局关于良乡卫星城规划建设总体情况介绍。

7月5日，社法委视察区城管监察大队工作，听取了区城管监察大队情况介绍。副主席容桂英出席。

7月12日，区政协常委视察我区小城镇建设情况。听取了窦店镇、长沟镇、青龙湖镇关于小城镇建设的总体规划和建设进展情况的介绍，提出了认真总结小城镇建设经验等建议。常务副主席王晓芝，副主席容桂英、马文仲、万金峰，秘书长唐荣出席。副区长梁顺陪同视察。

9月16日，区政协农村委视察了农业高效园区建设，听取了城关办事处关于该地发展农业高效园的经验和做法，并到八十亩地、瓜市、田各庄村进行了视察。容桂英副主席出席活动。

9月16日，区政协文史、文化界委员视察我区文物保护和文物建设工作。先后视察了建于清代的区级文物保护单位文庙和建于明代的市级文物保护单位琉璃河石桥，并听取了区文化局关于文物保护、文化建设方面工作的汇报，并就文物保护等工作提出了建议。

9月19日，区政协常委视察我区旅游市场管理及服务体系建设情况，视察了石花洞景区办公设施、服务中心、景点周边环境、景点建设情况，并听取了区旅游局就旅游工作发展和综合服务体制建设情况工作的汇报。委员们针对当前存在的问题提出了意见和建议。区政府常务副区长李硕夫，区政协常务副主席王晓芝，副主席容桂英、林义、万金峰，秘书长唐荣出席。

9月31日，区政协视察区公安分局及第一看守所，听取了区公安分局领导关于全区各项工作开展情况的汇报，并进行了座谈。常务副主席王晓芝，副主席林义、万金峰出席活动。

11月29日，区政协常委视察非公经济发展情况。先后视察了卓宸畜牧有限责任公司、佳悦涂料有限责任公司、利民物资有限责任公司，并听取了有关情况的介绍。

2002年视察活动

3月20日，区政协农村委部分委员视察长坊镇北白岱村老柿树低产园改造情况，青龙湖、河北、大石窝等八个乡镇的主管领导介绍了有关情况。委员们与区农委、林业局、各乡镇领导进行了认真地讨论，并提出了意见和建议。副主席、农村委主任容桂英出席。

4月23日，区政协经科委委员对我区乡镇企业阎村镇奥远建材有限公司、窦店镇苏村建材专业村、大石窝镇石雕艺术商贸园区的二次创业情况进行了视察，听取了区乡镇企业局关于全区乡镇企业发展情况汇报。副主席万金峰出席视察活动。

5月16日，区政协经科委组织部分委员对房建集团股份有限公司第二分公司进行了视察，听取了房建二公司企业发展的介绍。常务副主席王晓芝出席活动。区建委、房建集团有关领导陪同视察。

5月17日，区政协文教文史联络委组织教育文化体育界委员一行20人就良乡行宫园小区、北师大良乡附中、区体育局等体育设施现状进行了视察。视察后，就我区全民健身运动和体育设施建设进行了座谈。副区长李惠英、常务副主席王晓芝出席视察活动。

5月22日，区政协经科委组织部分委员视察了房山华冠商贸有限公司。座谈中，就华冠购物中心门前秩序、商品摆设、品牌的宣传、行政设施等提出了建议。常务副主席王晓芝出席视察活动。

5月29日，区政协常委就良乡卫星城建设情况进行了专题协商，重点视察了"五区"建设重点工程。听取了关于"五区"建设情况的多媒体演示通报，围绕卫星城在规划、设计、管理等方面存在的问题提出了意见和建议。区政协主席游来柱、常务副主席王晓芝，副主席马文仲、万金峰，秘书长唐荣出席。区政府常务副区长李硕夫、副区长傅华陪同常委视察。

6月17日，区政协社法委及其他界别部分委员视察了房山区"法轮功"教育转化工作基地，听取了区委610办公室的情况通报。副主席、社法委主任万金峰出席活动。

7月28日，区政协第三委员活动组视察有关文化体育工作开展情况。先后视察了夏庄村的市民学校，良乡镇文化体育服务中心的幼儿园、成人教育和老年活动中心及区成教中心。常务副主席王晓芝出席活动。

8月12日，区政协部分常委、经科委委员一行二十余人视察了北京双山水泥集团和磁家务水泥厂。委员们围绕如何整合资源、更好地发挥我区工业自身优势等方面进行了认真的讨论。副主席、经科委主任万金峰出席。区经委、北京双山水泥集团领导陪同视察。

9月24日，区政协部分常委及农村委委员对我区农业标准化、产业化建设情况进行视察。先后视察了韩村河长寿保健品公司、长沟中草药标准化种植基地、长沟奥德华乳品有限公司。副主席容桂英、秘书长唐荣出席了视察活动。区农委主任王忠海陪同视察。

10月11日，区政协组织医药卫生界部分委员视察了我区医疗卫生工作开展情况。先后视察了佛子庄乡谭华正医院、河北镇院和良乡医院，听取了三所医院领导就医疗设施建设、社区医疗服务等方面作的情况介绍。在座谈中，大家围绕目前良乡医院今后的发展和整体规划等热点问题，提出了有针对性的建议。常务副主席王晓芝、副主席容桂英、秘书长唐荣等参加了视察活动。

11月6日，区政协常委专题协商转变政府职能、优化区域发展环境情况。听取了区纪委关于2002年全区党风廉政建设和"三服务"活动开展情况的通报，并围绕进一步转变政府职能、优化区域发展环境问题进行了座谈协商。会前，常委们还对区政府投资服务中心、区工商局、良乡房管所为经济建设服务、为纳税人服务、为人民群众服务的情况进行了视察。区政协主席游来柱，常务副区长李硕夫，区政协副主席容桂英、万金峰出席。协商活动由区政协秘书长唐荣主持。

2002年5月29日，区政协主席游来柱等领导视察"五区"建设重点工程

11月19日,区政协社法委和经科委部分委员对我区安全生产工作进行了视察,听取了区安全生产管理处和周口店办事处领导关于安全生产工作情况的汇报,常务副主席王晓芝出席视察活动。

11月27日,区政协领导到我区刚成立不久的泰华建筑集团进行调研。视察了该企业已经峻工的怡丽园、新泰园小区和正准备施工的昌平西三旗工地,并听取了该公司总经理肖希鹏的工作汇报。主席游来柱、副主席容桂英、秘书长唐荣出席活动。

12月5日,区政协农村委部分委员对房山水资源管理局进行视察。委员们对水资源管理局认真贯彻《中华人民共和国水法》,加强保护意识,合理开发利用水资源,积极开展水利富民工程,并连续五年在市里的评比中夺冠所取得的成绩给予肯定。副主席容桂英出席视察活动。

2003年视察活动

1月9日,区政协组织社法委部分委员视察了区公安分局看守所。常务副主席王晓芝、副主席万金峰出席了视察活动。

3月20日,区政协农村委部分委员到佛子庄乡视察,听取了区林业局关于全区实施磨盘柿产业化标准化建设的情况及今后的工作设想和佛子庄乡建设磨盘柿专业乡的情况。副主席容桂英出席活动。

6月10日,区政协农村委视察农民专业合作经济组织,听取了农委、经管站领导关于我区农民专业合作经济组织基本情况介绍,实地视察了长阳奶牛合作社、葡萄联合体两个农民专业合作经济组织。区政协副主席、农村委主任容桂英出席视察活动,副区长任全胜陪同视察。

25日,区政协常委视察高教园区建设情况。视察了北京工商大学建设工地及园区一期市政工程,听取了傅华副区长关于高教园区规划建设及有关工程进展情况的通报。常委们就进一步加快高教园区的建设等问题提出了意见和建议。主席游来柱,常务副主席王晓芝,副主席容桂英、马文仲、林义、万金峰,秘书长唐荣出席视察活动。副区长傅华陪同视察。

10月28日,区政协部分常委视察市场管理和小城镇建设情况。先后视察了盛通建材市场、瑞祥小商品批发市场和窦店镇小城镇建设情况并提出了意见和建议。主席游来柱出席活动。副区长梁顺陪同视察。

第八节 政协北京市房山区第五届委员会

政协北京市房山区第五届委员会从2004年1月至2006年12月,本届期间,通过组织民族村就当地经济发展、工业园区建设、大气环境污染治理、社区卫生服务、磨盘柿产业化建设、视察社区矫正、农业绿色产业示范区建设、食用菌产业化发展、残联工作、新农村建设、公安分局工作等视察活动,积极引导全体常委和委员围绕区委区政府中心工作积极履行政协三大职能,有效地促进了政府工作的开展。

2004年视察活动

3月16日，社法委组织委员到窦店、黄元井、新街等5个民族村就当地经济发展情况进行了视察。副主席赵润东出席。

4月15日，区政协常委对全区工业园区建设情况进行了视察。副区长高言杰，区经委等有关单位领导陪同视察。

4月20日，区政协组织部分委员就大气环境污染治理提案办理情况进行了视察。主席范文彦、常务副主席王晓芝、副主席许志远出席。副区长刘顺林及有关部门负责人陪同视察。

5月13日，区府大楼政协委员活动组视察了旅游文化节举办地沿线的史家营乡、青龙湖镇、河北镇、佛子庄乡环境整治工作。区政协领导范文彦、游来柱、容桂英、唐荣出席视察活动。区政府办及有关乡镇领导陪同视察。

5月18日，部分区政协委员视察了我区青龙湖、韩村河、阎村三镇社区卫生服务工作开展情况。常务副主席王晓芝出席。

6月17日，区政协农村委员会全体委员视察了我区磨盘柿产业化建设。实地视察了张坊大峪沟磨盘柿生产基地。主席范文彦、副主席万金峰及秘书长唐荣出席。

7月6日，区政协社法委部分委员应邀到区司法局视察社区矫正工作，常务副主席王晓芝出席视察活动。

7月9日，区政协常委对我区农业绿色产业示范区建设情况进行了视察。区政协主席范文彦，常务副主席王晓芝，副主席万金峰、赵润东、肖武、邵进、容桂英，秘书长唐荣出席。

7月23日，区政协文教文史联络委员会委员就我区镇、村两级体育设施建设情况进行了视察。常务副主席王晓芝出席。

9月27日，区政协经科委委员视察了全区盘活闲置资产情况。常务副主席王晓芝及秘书长唐荣出席。

10月14日，区政协文教文史联络委员会部分委员就周口店北京人遗址保护情况进行了视察，常务副主席王晓芝出席。

11月12日，区政协第四委员活动组活动，视察了良乡污水处理厂和良乡地税所全程办事代理一站式服务大厅，并进行了2004年本组的优秀委员推荐评选工作。主席范文彦，副主席万金峰，秘书长唐荣出席。

11月24日，部分区政协委员视察了区工商局注册大厅和良乡工商所。主席范文彦、常务副主席王晓芝及秘书长唐荣出席。

2005年视察活动

3月29日，区政协农村委组织部分委员就食用菌产业化发展调研方案进行了研究，并到张坊镇实地视察了食用菌种植户情况，针对食用菌产业化发展过程中存在的资金不足、市场、技术等问题与当地农民进行了座谈。

4月7日，组织政协常委及经科委委员开展推进工业强区建设视察协商活动。视察了北京原子高科辐射技术应用有限公司、北京首创轮胎有限责任公司等六家企业；听取了区工业局关于全区工业发展情况的通报；委员们围绕工业园区管理体制、加强工业和工业园区服务体系建设、提高执政队伍的整体素质等问题提出了具体的意见和建议。区政协主席范文彦，区委副书记祁红，副区长高言杰，常务副主席王晓芝，副主席万金峰、赵润东、肖武及秘书长唐荣出席。

5月19日，区政协组织全体常委及部分委员对建筑、建材、房地产开展视察协商活动，实地视察了龙建集团施工建设的首科花园京门商住楼工地、房建集团开发的大宁山庄、韩建集团开发的伟业家园、昊远隆基总公司奥远建材加工厂。并就进一步促进建筑、建材、房地产的发展举行了专题协商会议。区政协领导范文彦、王晓芝、许志远、万金峰、赵润东、肖武、邵进出席视察活动，副区长刘顺林陪同。

6月2日，区政协农村委视察磨盘柿产业化建设情况。区农委、林业局、张坊镇等主管领导分别汇报了磨盘柿产业发展的有关情况。常务副主席王晓芝出席。

6月23日，区政协经科委部分委员视察我区旅游工作。主席范文彦、副主席邵进及秘书长唐荣出席。

7月7日，区政协社会法制委员会和社会治安综合治理民主监督小组组织部分委员视察了北京创安安保服务发展有限责任公司。副主席赵润东出席。

7月25日，区政协经科委部分委员和城建民主监督小组成员视察窦店和长沟镇小城镇建设。副主席邵进出席。

2005年10月13日，区政协主席范文彦等领导视察市政基础建设

9月8日，区政协学习委员会视察我区社区工作开展情况。主席范文彦、常务副主席王晓芝出席了视察活动。区民政局、良乡地区办事处、城关街道工委主要负责人陪同视察。

10月13日，区政协开展城市基础设施建设与管理视察协商活动。实地视察了房、良两地市政建设、道路改造等9项重点工程。听取了市政管委主任张英关于全年新城建设全面情况的通报，并与有关部门进行了协商。全体常委及部分委员参加。区发改委、规划局、交通局等区政府有关职能部门的主要负责人参加。区政协主席范文彦，副区长刘顺林，常务副主席王晓芝，副主席万金峰、赵润东、肖武、邵进及秘书长唐荣出席。

10月20日，区政协组织各民主党派主委、人民团体委员视察区残联工作。在实地视察了区残联基地的托养所、养殖场及果园后，全面听取了区残联关于区残联工作近年来发展情况的汇报。主席范文彦，副主席万金峰、赵润东、肖武、邵进，秘书长唐荣出席。

11月2日，区政协组织全体常委及农村委委员视察全区农业发展。实地视察了良乡镇佳能达食品有限公司、青龙湖镇食用菌菌棒加工厂、窦店镇鑫湖苑生态观光园、长阳镇长水农艺园，就促进全区的农业发展提出了意见和建议，主席范文彦，常务副主席王晓芝，副主席许志远、赵润东、肖武，秘书长唐荣出席。副区长王忠海陪同。

11月20日，区政协组织各民主党派主委、人民团体和部分政协委员视察了区残联工作。主席范文彦，副主席万金峰、赵润东、肖武、邵进，秘书长唐荣出席。

2006年视察活动

3月30日，区政协组织全体常委及经科委委员视察全区社区建设情况，实地视察了万宁社区、管道局社区、夏庄社区、行宫园社区管理情况，召开了社区居民代表座谈会和推进社区建设座谈会。区政协主席范文彦，常务副主席王晓芝，副主席万金峰、邵进，秘书长唐荣出席。区政府副区长任全胜及区民政局主要负责人陪同。

4月14日，区政协农村委就发展设施农业赴大兴区视察了礼贤镇祁各庄、小刘庄的温室和大棚设施，就政策扶持、技术指导、产品销售等问题与大兴区政协、农委有关同志和镇村负责人进行了咨询和交流。副主席万金峰出席。

4月28日，区政协农村委、经科委召开设施农业情况通报会。听取了区农委关于我区设施农业发展情况的通报，视察了窦店镇望楚村新农村建设情况，听取了村负责人关于本村发展规划和引进企业项目情况的介绍。副主席万金峰、邵进出席。

6月7日，区政协提案委就我区新农村建设有关提案落实情况进行视察。委员们实地视察了阎村镇二合庄村、城关镇瓜市村、周口店镇龙宝峪村、大石窝镇南河村在垃圾处理、农村改厕、太阳能利用、秸秆燃气使用以及环境治理情况，提出了"关于治理农村生活垃圾"等提案。主席范文彦、副区长王忠海、常务副主席王晓芝及秘书长唐荣出席。区政协提案委员会委员及有关提案人参加视察。新农村办、市政管委、种植中心及有关乡镇领导陪同视察。

6月14日，区政协文教文史联络委视察我区体育设施建设情况。委员们先后对良乡体育中心、良乡健身公园、房山门球场、跆拳道训练馆、射击训练馆施工现场进行了视察。常务副主席王晓芝出席活动。

区政协常委开展推进工业发展视察活动

7月27日，区政协组织委员开展新农村建设视察活动。实地视察了大石窝、韩村河、窦店、长阳镇的新农村建设情况并进行了座谈。主席范文彦，常务副主席王晓芝，副主席万金峰、肖武及秘书长唐荣出席。区政府副区长王忠海陪同视察并讲话。区政协常委、农村委、经科委委员参加活动。

9月13日，区政协文教文史联络委员会视察国家级文物古迹金陵和景教十字寺。听取了区文委关于全区文物保护情况的介绍，参观了南水北调工程中房山段发现的地下文物。常务副主席王晓芝出席活动。

9月22日，区政协开展推进工业发展视察活动，委员们先后实地视察了北一良工数控机床有限公司、北京大华天坛服装有限公司产业园等9家企业生产建设情况，召开了推进工业发展座谈会，听取了区工业局局长赵军的情况汇报并进行了座谈。主席范文彦，常务副主席王晓芝，副主席万金峰、赵润东、邵进及秘书长唐荣出席。区政协常委、经科委委员参加活动。

11月14日，区政协组织部分委员视察区公安分局工作。听取了区公安分局局长关于2006年工作的汇报。主席范文彦、常务副主席王晓芝、副主席赵润东出席活动。

第九节 政协北京市房山区第六届委员会

政协北京市房山区第六届委员会自2006年12月至2011年12月，在组织视察区民防局和交通局工作、新农村公共卫生建设、和谐社区建设、排水系统建设和污水治理问题、北京石油交易所、老旧小区改造、百村帮扶工程、创建国家卫生区工作、轨道交通和市政道路建设、土地储备项目、设施农业建设、山区转型发展、房山世界地质公园建设、北京石化新材料科技产业基地、水资源开发利用与保护、红酒城建设、全区职业教育发展等活动中，注重把视察活动转化为专题协商，增强了视察协商的针对性和实效性。形成了一批推进重点工作的意见、建议，为服务社会、助推发展做出了贡献。

2007年视察活动

1月11日，区政协主席范文彦带队视察区民防局工作。听取了区民防局的工作汇报，视察了区民防局应急指挥中心。副主席李惠英、秘书长李金田等领导出席。

1月22日，区政协主席范文彦带队视察区交通局工作。听取了区交通局整体工作，特别是建设京西南交通枢纽设计规划情况汇报，并视察了交通局服务大厅。常务副主席王晓芝，副主席李惠英、高维魁，秘书长李金田陪同视察。

4月12日，区政协常委、教文卫体委员会部分委员对新农村公共卫生建设进行视察。实地视察了阎村镇炒米店村、焦庄村、开古庄村卫生服务站和窦店镇社区卫生服务中心、交道三街村卫生室、金鑫园社区卫生服务站。听取了区卫生局、窦店镇、阎村镇关于新型农村合作医疗和社区卫生服务工作情况汇报。主席范文彦，副主席李惠英、万金峰及秘书长李金田出席。副区长王忠海和区卫生局、阎村镇、窦店镇等9个有关单位负责人陪同视察。

4月17日，区政协城建环保委员会部分委员视察区规划分局、区燃气中心。主席范文彦出席。

4月27日，区政协学习与文史委员会部分委员视察周口店北京人遗址。听取了遗址管理处的工作汇报，并实地视察了遗址博物馆和遗址的相关地点。副主席肖武出席。

2007年10月18日，区政协主席范文彦等领导与区政协常委、经科委委员视察工业发展情况

7月29日，区政协社会法制与民族宗教委员会视察区第二看守所，听取了房山区第二看守所的汇报。副主席赵润东、秘书长李金田出席。

8月29日，区政协主席范文彦就和谐社区建设到拱辰街道调研。实地视察了宜春里社区、城隍庙街红房子平房区、罗府街平房区等老旧小区，并与区建委、区民政局、拱辰街道和有关社区居委会负责人进行了座谈。秘书长李金田陪同调研。

9月7日，区政协常委、农村委委员视察新农村农业产业。实地视察了窦店镇富恒农业观光园、河口村设施农业和窦店镇务滋村千亩果园；听取了区农委关于全区新农村产业发展情况汇报，并进行了座谈。区委常委、常务副区长陈永对委员们的发言给予充分肯定。范文彦主席出席并讲话。常务副主席王晓芝主持座谈会。副主席万金峰、赵润东、肖武，秘书长李金田出席。区农委、区新农村办、区畜牧水产中心、区经管站、区种植中心、窦店镇、琉璃河镇负责人参加。

9月13日，区政协部分委员视察泰华房地产开发集团有限公司。主席范文彦，副主席李惠英、万金峰、赵润东，秘书长李金田出席。

9月14日，区政协城建环保委员会、社会法制与民族宗教委员会视察城关褚榆树街、良乡三街和良乡四街的三个污水坑。并听取了区水务局关于城关和良乡地区排水系统情况的介绍，委员们围绕排水系统建设和污水治理问题提出意见和建议。秘书长李金田出席视察活动。

10月18日，区政协组织常委、经科委委员视察工业发展情况。视察了首创轮胎有限责任公司、索控欣博通机电工程技术有限公司、极易化工有限公司、博源包装制品有限公司；听取了区工业局关于全区工业发展情况的汇报，并进行座谈。范文彦主席出席并讲话。副主席万金峰主持座谈会。常务副主席王晓芝，副主席李惠英、赵润东、肖武，秘书长李金田出席。

10月23日，区政协文卫体委委员到高教园区视察。听取了高教园区办公室关于园区建设的情况汇报，视察了工商大学、理工大学的部分校区。主席范文彦，常务副主席王晓芝，副主席李惠英及秘书长李金田出席视察。

11月5日，区政协城建环保委部分委员视察良乡三街、四街污水坑改造情况。听取了水务局关于三街、四街污水坑改造情况的汇报。主席范文彦出席并讲话，副主席李惠英陪同视察。

2008年视察活动

2月6日，区政协组织部分委员到北京石油交易所视察，围绕招商与经营管理等问题提出了意见和建议。主席范文彦、常务副主席王晓芝、副主席李惠英、秘书长李金田出席。

4月3日，区政协主席范文彦就"百村帮扶"工作到周口店镇娄子水村调研。听取了镇村负责人关于娄子水村基本情况、新农村建设规划以及未来发展思路的情况汇报，并实地察看了该村的养殖厂和种植小区。常务副主席王晓芝、秘书长李金田等陪同调研。

4月9日，区政协副主席肖武率领部分委员到文委视察提案办理情况。就"关于大力发展我区文化创意产业的建议"重点提案的办理情况，听取了区委宣传部和文委责任人的汇报。

5月6日，区政协主席范文彦带队视察加州水郡住宅小区。听取了区政协委员、日兴房地产开发公司总经理许文泽的汇报。常务副主席王晓芝，副主席李惠英、高维魁陪同调研。

5月16日，区政协主席范文彦率部分政协委员视察民防工作。实地察看了瑞雪春堂小区、佳士

2008年8月27日，区政协副主席高维魁（左三）与政协委员对卫生工作开展视察活动

苑小区、海逸半岛小区民防工程；并听取了民防局的工作汇报。范文彦主席对民防局的工作给予充分肯定。副主席李惠英、高维魁，秘书长李金田陪同视察。

5月20日，区政协主席范文彦对我区老旧小区改造和"无城镇危房户"工作进行视察。实地视察了良乡宜春里小区、聪慧里小区和良乡五街的道路修缮、屋顶防水、上下水改造和"无城镇危房户"情况。范文彦主席对区建委老旧小区改造和"五无"工作给予了充分肯定。副主席李惠英、高维魁，秘书长李金田陪同调研。

7月2日，区文委邀请政协部分文化界别委员视察我区奥运文化广场。委员们围绕文化广场的设计、安保措施等方面提出了建设性意见。副主席高维魁出席。

7月8日，范文彦主席带队视察政协委员参与百村帮扶工程情况。实地视察了孤山口村肉鸭养殖小区和马厂村水泥构件厂两个政协帮扶项目，就帮扶工作进行座谈。常务副主席王晓芝出席视察活动。

7月10日，区政协部分委员视察我区奥运火炬传递线路。主席范文彦，副主席李惠英、高维魁、万金峰、赵润东、肖武，秘书长李金田出席。

7月16日，区政协组织全体常委、经科委委员视察现代服务业建设情况。区发改委、区规划分局、区工业局、区交通局有关负责人参加。实地视察了北京石油交易所、北京西南良乡物流基地及物流园区管委会、交通指挥中心大楼建设工地，并听取了相关工作汇报。区委常委、常务副区长陈永讲话并提出希望。主席范文彦，常务副主席王晓芝，副主席李惠英、高维魁、万金峰、赵润东，秘书长李金田出席。

8月21日，区政协组织全体常委、城建环保委委员视察创建国家卫生区工作。实地视察了宜春里社区、西潞园菜市场等环境整治情况。听取了市政管委今年以来创建国家卫生区工作情况的汇报。区建委、拱辰街道办事处、西潞街道办事处等有关单位负责人参加。主席范文彦，常务副主席王晓芝，副主席李惠英、高维魁、万金峰、赵润东、肖武，秘书长李金田出席。副区长吴会杰陪同视察。

8月27日，区政协教文卫体委员会委员对"十一五"规划卫生工作开展中期考察，实地视察了韩村河镇岳各庄社区卫生服务中心、孤山口村社区卫生站和圣水峪村卫生室，与区卫生局、部分基层卫生工作负责人进行了座谈。副主席高维魁出席。

9月4日，区政协社会法制与民族宗教委员会对区劳动和社会保障局"十一五"规划执行情况进行考察，听取了区劳动和社会保障局关于"十一五"期间全区城乡劳动力就业和社会保障实施的情况汇报。副主席赵润东出席。

10月24日，区政协主席范文彦率部分委员视察了拱辰街道一街、长虹社区创建和谐社区情况，并与两个社区的干部和部分居民代表就"发扬服务奥运精神，进一步推进和谐社区建设"进行了座谈。副主席李惠英、万金峰出席。

10月28日，区政协教文卫体委员会组织教育界别委员对教育事业"十一五"规划执行情况进行中期考察。实地视察了房山中学和良乡二中，并与区教委以及有关学校负责人进行了座谈。副主席高维魁出席并讲话。

10月31日，区政协组织常委、农村委委员视察新农村建设。实地视察了窦店镇河口村、兴隆庄村等新能源建设、农业设施建设和新农村组群式发展情况，听取了区新农村办常务副主任郭志明关于一年来全区新农村建设总体情况的汇报。主席范文彦讲话。副区长卢国懿陪同视察。副主席李惠英、高维魁、赵润东、肖武，秘书长李金田出席。副主席万金峰主持座谈会。

11月4日，区政协城建环保委委员视察我区危旧房改造工作。实地视察了房山体育场东里社区，听取了区建委关于危房改造情况的专题汇报，对进一步提高困难群众的居住水平提出意见建议。范文彦主席出席并讲话。副主席李惠英陪同视察。

11月14日，区政协社会法制与民族宗教委员会视察良乡监狱和窦店镇窦店民族村。副主席赵润东出席。

2009年视察活动

4月27日，区政协常委和城建环保委委员实地视察了轻轨、长周路、京石客运专线建设情况。吴会杰副区长通报了全区轨道交通和市政道路建设情况，并就有关问题与委员们进行了交流沟通。主席范文彦，副主席李惠英、高维魁、赵润东、肖武，秘书长李金田出席。

7月24日，区政协社会法制与民族宗教委员会就民族村经济发展进行视察。委员们先后视察了长沟镇东甘池、周口店镇新街等民族村，分别听取了有关情况介绍。副主席赵润东参加视察。

9月2日，区政协城建环保委委员视察长阳镇土地储备项目进展情况。实地视察了长阳镇土地储备项目回迁楼选房处、回迁周转房东区建设情况，听取了长阳镇的情况汇报。区政府办、区国土分局等相关部门主管领导陪同视察。副区长吴会杰通报了我区道路交通和功能区建设情况。主席范文

2009年4月27日,区政协主席范文彦等领导与委员视察轻轨、长周路、京石客运专线建设情况

彦,副主席李惠英、高维魁,秘书长李金田出席活动。

9月17日,区政协常委、农村委委员视察设施农业建设情况。实地视察了长阳镇葫芦垡村联栋温室花卉基地、良乡镇东石羊村百亩日光温室、佛子庄乡蟹味菇基地。听取了区新农村办关于全区新农村建设的汇报。区政府办、区农委、区设施办、区种植中心主要领导到会听取委员意见建议。副主席李惠英、高维魁、万金峰、赵润东、肖武,秘书长李金田出席。副区长王忠海,主席范文彦分别讲话。

10月28日,范文彦主席率领部分委员视察窦店镇芦村设施农业建设,召开座谈会并观看了专题片。副主席李惠英陪同视察。

10月30日,区政协委员视察全区重点工程建设,视察了拱辰街道一至五街改造工程、轨道交通房山线和京石快客施工现场,听取了区长助理张英关于2009年房山新城建设情况的汇报。范文彦主席讲话。副主席李惠英、赵润东、肖武出席。

11月5日,区政协教文卫体委组织教育界别委员对阎村镇学前教育发展情况进行视察。实地视察了该镇中心幼儿园、王子岛英语幼儿园,听取了区教委关于全区学前教育发展情况的介绍,并进行了座谈。

11月6日,区政协常委及部分委员视察区卫生体育工作。实地视察了长阳甲流定点医院、良乡医院新建急诊综合楼、文体中心建设情况。听取了副区长马丽英关于2009年全区教育卫生体育工作情况的汇报。主席范文彦讲话。副主席高维魁、赵润东,秘书长李金田出席。区政府办、区教委、区卫生局、区体育局有关领导陪同视察并听取了委员意见建议。

11月26日,区政协就水务局承办的相关提案办理落实情况实地视察了刺猬河治理二期工程并进行座谈。主席范文彦、副区长王忠海、区政协副主席高维魁、秘书长李金田出席活动，提案委部分委员和机关各委室主任参加活动。

12月9日，区政协委员视察区公安分局工作。实地视察了看守所、拘留所，观看了公安分局2009年工作专题片，听取了公安分局局长的工作汇报。主席范文彦，副主席李惠英、高维魁、赵润东，秘书长李金田出席座谈会。

2010年视察活动

4月14日，区政协常委视察中央休闲购物区（CSD）及永定河绿色生态发展带建设情况。实地视察了CSD商务广场、万亩滨河公园、奥特莱斯项目、回迁房、东区周转房建设情况，以及永定河生态经济带稻田湖规划建设情况。听取了区发改委关于永定河绿色生态发展带房山行动计划的汇报、永定河管理处关于永定河生态走廊规划的介绍、长阳镇关于中央休闲购物区（CSD）规划建设情况的汇报并进行了座谈。副区长吴会杰参加视察，主席唐淑荣讲话。原区政协主席范文彦，常务副主席高维魁，副主席李惠英、万金峰、赵润东、肖武，秘书长李金田出席。永定河管理处、区政府办、区发改委、区规划分局、区水务局、长阳镇负责人陪同视察。

5月26日，区政协社会法制与民族宗教委员会和城建环保委员会委员视察了大石窝镇石雕艺术园、云居寺展出的由睿吉祥活佛珍藏的数十种佛陀舍利及该寺珍藏的历史文物，听取了石雕艺术园、云居国际佛教园规划，云居寺文物保护管理及南塔恢复筹建情况的汇报。副主席李惠英、赵润东出席。

5月27日，区政协教文卫体委员会委员视察了区文化馆、图书馆，并听取了关于房山区文化馆、图书馆新馆建设项目情况的汇报。主席唐淑荣，副主席李惠英出席。

6月11日，区政协学习与文史委员会组织委员视察了琉璃河西周燕都遗址和中粮集团企业五谷道场，听取了琉璃河镇党委负责人关于本镇经济发展情况和"北京房山生态谷建设"构想的介绍。副主席李惠英出席活动。

7月16日，区政协委员视察房山世界地质公园。实地视察了长沟旅游咨询服务中心、琵琶岛、地质公园博物馆，听取了区旅游局局长、地质公园管理处主任冀显江关于地质公园建设情况的汇报并进行了座谈。主席唐淑荣，常务副主席高维魁，副主席李惠英、万金峰、赵润东、肖武，秘书长李金田出席。副区长吴会杰陪同视察。

10月15日，区政协组织部分政协委员和民主党派、人民团体负责人，就关闭煤矿后山区转型发展问题到南窖乡调研视察，拉开了"政协委员山区行"活动的序幕。主席唐淑荣，常务副主席高维魁，副主席李惠英、万金峰、赵润东出席活动。

10月27日，区政协常委视察轨道交通房山线和窦店高端现代制造业产业基地建设情况。试乘了轻轨列车，视察了轨道交通候车室等公共区建设情况；视察了京西重工减震器建设项目、长安汽车北京项目、拆迁现场及周转房建设工地，并听取了相关情况介绍。区政协主席唐淑荣，常务副主席高维魁，副主席李惠英、周文海、万金峰、赵润东、肖武，秘书长李金田出席视察活动。区政协历届主席应邀一同视察。区长助理张英及区政府办、轨道办、窦店产业基地管委会、窦店镇主要领导陪同视察。

10月28日，区政协组织部分政协委员和民主党派、人民团体负责人，就关闭煤矿后山区的产业

2010年7月16日，区政协主席唐淑荣等领导与政协委员视察世界地质公园

转型发展问题到蒲洼乡山野菜繁育基地调研座谈。主席唐淑荣、副主席李惠英出席活动。

11月4日，区政协农村委部分委员到区农科所食用菌产业园进行实地考察，听取了凯达恒业农业技术开发有限公司发展情况的汇报。常务副主席高维魁出席。

11月5日，区政协城建环保委视察旧城改造和设施农业。视察了拱辰街道旧城改造一至五街回迁楼施工现场、北京泰华芦村种植专业合作社、泰华龙旗广场项目建设现场。副主席李惠英出席。

11月18日，区政协常委视察北京石化新材料科技产业基地。实地视察了威立雅水务有限责任公司，燕化厂中村拆迁安置小区，听取了相关情况介绍。区人大主任史全富，区政协主席唐淑荣，副区长马继业，副主席李惠英、赵润东、肖武，秘书长李金田出席视察活动。区政府办、石化新材料基地管委会主要领导陪同视察。

11月26日，区政协主席唐淑荣率领部分委员视察区人力资源和社会保障工作。实地视察了西潞街道社保所、人力资源管理服务中心、尘肺疾病协调办公室及职业技术学校。听取了区人力社保局工作汇报。委员们针对劳动就业体系建设、高级人才引进、专业技术人才培养等提出建议。副主席李惠英、周文海、万金峰、赵润东，秘书长李金田陪同视察和座谈。

12月3日，区政协委员视察区公安分局工作。观摩了区公安分局警务技能培训班学员汇报表演，观看了公安分局2010年工作专题片，听取了相关情况汇报。主席唐淑荣，副主席李惠英、周文海、万金峰、赵润东、肖武，秘书长李金田出席。

2011 年视察活动

5月5日，区政协常委及部分农村委委员视察水资源开发利用与保护情况，实地视察了祁家坡水厂、滨河森林公园工程建设情况，听取了区水务局局长陈硕林关于全区水资源开发利用与保护情况的汇报。区政协主席唐淑荣，常务副主席高维魁、副主席李惠英、周文海、万金峰、赵润东、肖武，代秘书长游来清出席。区三化两区建设咨询委员会副主任委员崔山及区政府办、区农委领导陪同视察。

5月20日，教文卫体委员会视察全区职业教育发展情况。委员们视察了房山职业学校、第二职业高中教学设施和实训基地，听取了区教委主管领导和两所职业学校的情况介绍，并就我区职业学校更好地服务于重点功能区建设与发展进行了座谈。副主席李惠英出席。

5月25日，教文卫体委员会到理工大学房山分校视察。视察了理工大学房山分校的教学设施和环境，听取了该校发展情况、专业设置及深入重点功能区开展企业用工需求调研情况的介绍，并就我区高职教育如何更好地服务于重点功能区建设与发展、学校管理体制改革方向等进行了座谈。副主席李惠英出席。

5月27日，区政协部分农村委委员视察红酒城建设。实地视察了青龙湖镇晓幼营新民居改造及马家沟葡萄园建设情况，听取了青龙湖镇关于红酒城规划建设情况的汇报。主席唐淑荣、常务副主席高维魁、副主席李惠英、代秘书长游来清及机关各室主任出席。区三化两区建设咨询委员会副主任委员崔山、区农委有关领导陪同视察。

6月15日，区政协城建环保委部分委员实地视察了拱辰街道新型城市化发展建设工作。先后视察了拱辰中心区改造三街回迁区、高教园区北部回迁区、昊华家园土地储备项目、绿地新都会等重点项目建设情况，并进行了座谈。主席唐淑荣，常务副主席高维魁，副主席李惠英、周文海、万金峰、赵润东、肖武，代秘书长游来清出席。

6月29日，区政协教文卫体委员会视察我区民办幼教工作。委员们先后来到渔儿沟隆曦园小区双语艺术园、海逸半岛亲子园、双语碧波园进行实地视察。观看了幼儿园突发事件逃生演练、亲子游戏，并详细了解了民办幼儿园师资力量、幼教基础设施等情况，听取了双语幼儿园负责人的工作汇报。副主席李惠英、代秘书长游来清出席。

9月27日，区政协常委视察北京高端制造业基地。实地视察了京西重工减震器车间、长安汽车北京基地新能源车间、基地回迁楼建设项目，听取了基地管委会关于基地建设情况的汇报。主席唐淑荣，常务副主席高维魁，副主席李惠英、周文海、万金峰、赵润东、肖武，代秘书长游来清出席。副区长马继业以及区政府办、区经信委、基地管委会、窦店镇领导陪同视察。

第十节 政协北京市房山区第七届委员会

政协北京市房山区第七届委员会自2011年12月换届以来，不断加强协商民主政治建设，认真履行参政议政职能，积极为区委区政府重大决策提供服务。坚持把协商议政融入委员的各项视察活动之中，常委会通过视察民政事业、清洁空气行动计划、交通发展、景观农业建设等涉及区域经济社会发展的重大事项，与政府相关部门深入开展专题协商。各专委会围绕"十二五"规划实施、重点功能区建设、山区转型、生态文明建设、文化卫生事业发展等区委区政府确定的重点工作，提出了推进重点工程、重大项目的实施意见和建议，为全面推进发展新转型、实现"新城新业新生活"的房山梦做出了新的贡献。

2012年视察活动

4月11日，区政协常委视察全区保障性住房建设情况。实地视察了城关楮榆树经济适用房、阎村公租房、长阳四号地限价房三处保障房项目建设情况，听取了区住建委关于全区保障性住房建设总体情况的汇报。主席唐淑荣，常务副主席高维魁，副主席任振秋、赵润东、肖武，秘书长游来清出席。区政府副区长吴会杰，区政府督查室及区国土分局等相关部门领导陪同视察。

5月3日，区政协部分常委和经济委委员就促进中小企业发展进行调研。先后视察了北京奥特舒尔保健品有限公司、北京卓宸畜牧有限公司、北京国风建业门窗制造有限责任公司，听取了区经信委关于全区中小企业发展情况的汇报，同时围绕中小企业发展等问题进行了座谈。区政协主席唐淑荣，副主席李惠英、任振秋，秘书长游来清出席调研，区政府副区长马继业陪同调研。

5月3日，区政协教文卫体委员会部分委员视察歌华有线电视网络有限公司。实地视察了该公司有线电视网络信号监控室，听取了工作汇报。副主席李惠英出席视察活动。

5月4日，区政协社会法制与民族宗教委就"关于建立老年餐厅的建议"提案办理情况到区老龄办视察。视察了北潞园食堂老年餐厅，听取了区老龄办关于提案办理情况的汇报。副主席赵润东出席，区老龄办、区社会办主管领导陪同视察。

5月11日，区政协城建环保委视察"关于加强城市出租车建设的建议"提案办理情况。视察了房山乐活城电动汽车充电站和房安出租汽车有限责任公司监控室，听取了区交通局和房安出租汽车有限责任公司主管领导关于提案办理情况的汇报。

5月18日，社会法制与民族宗教委委员视察社会治安防控体系建设情况。视察了良乡镇南刘庄村、刘丈村的村庄社区化建设和拱辰街道城市维稳指挥中心，听取了区综治办关于推进网格化和村庄社区化建设的情况汇报。区政协副主席赵润东出席，区政法委、综治办和拱辰街道、良乡镇的有关领导陪同视察。

5月24日，区政协教育界别委员就"关于抓好职成教育"提案办理情况到区职业高中视察。听取了成教中心关于职成工作发展情况汇报，围绕职成教育服务"一区一城"建设，服务经济社会发展，服务产业结构调整，培养创新型人才等方面提出了意见和建议。副主席李惠英参加视察。

6月20日，区政协常委视察全区文化创意产业发展情况。视察了周口店北京人遗址博物馆迁建工程、首都西南旅游集散中心、北京文化硅谷和云居寺文化景区，听取了区旅游委关于北京源·文化旅游区建设情况的汇报，同时围绕我区文化创意产业发展等问题进行了座谈。主席唐淑荣，常务副主席高维魁、副主席李惠英、周文海、任振秋、赵润东，秘书长游来清出席。区政府督查室及区旅游委、区文委、长沟镇、大石窝镇等相关部门领导陪同视察。

6月26日，唐淑荣主席带队视察房山新城滨水森林公园。先后来到房山滨水森林公园小清河风光带、湿地公园以及长阳公园，实地察看了河道治理和两岸景观绿化工作进展情况，听取了区水务

2012年5月3日，区政协主席唐淑荣等领导与政协委员视察中小企业

局关于房山新城滨水森林公园建设总体情况汇报。副主席李惠英、赵润东、肖武参加视察，副区长卢国懿陪同视察。

7月18日，区政协城建环保委委员视察我区大气污染控制工作情况。实地视察了房安电动出租车充电站、鸿顺园集中供热中心建设和北京四中长阳校区绿色施工现场，听取了区环保局的相关情况汇报。区委常委、区政府副区长吴会杰，区政协副主席任振秋出席，区环保局、交通局有关领导陪同视察。

7月21日，"7·21"灾害发生后，区政协主席唐淑荣，常务副主席高维魁，副主席李惠英、周文海、任振秋，秘书长游来清等领导分别深入到周口店、张坊、南窖、十渡、河北、青龙湖、窦店、新镇等乡镇街道视察灾情、指导救灾工作，并慰问了奋战在救灾抢险一线的干部群众。期间，区政协领导还分别走访慰问了黄文明、肖正权等受灾委员，鼓励他们努力战胜灾害、积极恢复生产、早日渡过难关。

9月5日，区政协组织部分常委和委员视察我区灾后重建工作。先后来到青龙湖镇北车营村、河北镇石花洞景区、城关街道洪寺村和周口店镇等地，就村民安置房建设、旅游景区基础设施恢复重建情况进行了视察，并听取了相关乡镇的介绍。区政协主席唐淑荣，常务副主席高维魁，副主席李惠英、任振秋、赵润东、肖武出席视察，区委常委、副区长吴会杰陪同视察。

10月10日，区政协主席唐淑荣带队视察我区卫生工作。先后视察了琉璃河社区卫生服务中心、区中医医院，并听取了区卫生局相关工作情况汇报。常务副主席高维魁，副主席李惠英、任振秋、赵润东、肖武，秘书长游来清出席视察。

2012年9月5日，区政协组织政协委员视察7·21灾后重建工作

2013年视察活动

4月16日，区政协常委视察我区民政民生工程。先后视察了区应急救灾物资储备中心建设项目、区老年福利院建设项目、区儿童福利院、西潞街道夏庄老年服务中心、文新德隆养老服务中心，听取了区民政局重点工作的情况汇报。区政协主席唐淑荣，常务副主席高维魁，副主席李惠英、任振秋、赵润东、肖武，秘书长游来清出席视察。副区长吕守军陪同视察。

6月27日，区政协部分教育卫生界别委员到区卫生局视察工作。实地视察了区中医院、张坊社区服务中心，听取了区卫生局领导相关工作情况汇报，委员们就医院环境改善、医疗机构资源共享、关注医生的身心健康等问题提出了意见建议。

7月17日，区政协社会法制与民族宗教委的部分委员到圣莲山调研宗教工作。实地考察了圣莲山真武庙和景区设施、景点建设，并听取了史家营乡关于宗教工作开展情况的汇报。区政协副主席赵润东出席调研活动。区委统战部、区委610办公室、区民政局和史家营乡的负责人参加调研。

9月12日，区政协常委和部分农村委委员视察全区景观农业建设情况。先后视察了韩村河镇、长沟镇等地的景观农业和青龙湖镇首诚农业食用菌展示物流中心，并听取了区农委关于我区景观农业建设情况的汇报。区政协主席唐淑荣，常务副主席高维魁，副主席李惠英、任振秋、赵润东、肖武，秘书长游来清出席活动。政府副区长卢国懿，区政府督查室、区农委及区种植中心等相关部门领导陪同视察。

2013年10月14日，区政协常委视察全区城乡环境建设工作

10月14日，区政协常委视察全区城乡环境建设工作。先后前往长虹西路、阳光北大街、长阳大街、长阳一村街头公园、吴店集中供热厂等地进行实地考察，并听取了有关工作情况的汇报。区政协主席唐淑荣，常务副主席高维魁，副主席李惠英、周文海、任振秋、肖武，秘书长游来清出席活动。区委常委、副区长吴会杰陪同视察。

10月22日，区政协组织部分常委视察我区交通基础设施建设情况。先后视察了长阳镇篱笆房客运站、轨道交通房山线长阳站市政综合用房工程建设进展情况，并听取了区委常委、副区长吴会杰关于周边环境、综合配套设施及未来发展规划的介绍。区政协常务副主席高维魁，区政协副主席李惠英、周文海、任振秋、赵润东、肖武，秘书长游来清出席活动。

11月7日，区政协副主席李惠英、肖武率领教文卫体委员到区体育局就体育设施情况进行视察。实地视察了窦店镇窦店村市级门球和网球场地、篮球市级专项场地以及长阳体育公园，听取了区体育局工作情况汇报。

2014年视察活动

4月15日，区政协部分常委和城建环保委委员视察我区环保工作。先后前往北京中设污水处理有限公司、良乡工业开发区二期煤改气锅炉房、区环保局监控平台及实验室实地视察现场情况，听取相关工作汇报。区政协主席唐淑荣，常务副主席高维魁，区政协副主席李惠英、赵润东、肖武，秘书长游来清一同视察。

5月9日，区政协部分常委和社会法制与民族宗教委委员视察区法院司法公开工作。先后视察了城关法庭安检、立案、审判法庭、人民调解室等地，随后召开座谈听取了区法院司法公开工作汇报。区政协主席唐淑荣，常务副主席高维魁，副主席李惠英、周文海、任振秋、赵润东、肖武，秘书长游来清陪同视察。

6月9日，区政协部分常委和委员视察全区安全生产工作。实地视察了中油北京销售有限公司石楼油库和北京电力设备总厂自动化专项整治及安全生产标准化工作情况，听取了区安监局关于全区安全生产总体情况的汇报。主席唐淑荣，常务副主席高维魁，副主席李惠英、周文海、任振秋、赵润东、肖武，秘书长游来清出席活动。

6月17日，区政协部分常委和委员视察我区河道治理工作。先后前往大石河、小清河、哑叭河实地视察，听取了区水务局关于我区河道治理进展情况工作的汇报。区政协主席唐淑荣，常务副主席高维魁，副主席李惠英、任振秋、赵润东，秘书长游来清出席活动，副区长卢国懿陪同视察。

6月27日，区政协组织教科文卫体委和学习文史委委员视察我区文物工作。实地视察了灵鹫禅寺和奕绘贝勒园寝，听取了区文委关于近两年我区文物保护工作情况的通报。副主席李惠英、肖武出席活动。

8月21日，区政协组织部分委员企业家和专家学者赴河北省易县考察。就政策规划、产业发展、资源状况、生态文化旅游建设等方面进行交流洽谈。房山区政协常务副主席高维魁，易县政协主席杨春立出席活动。易县有关部门分别对发展政策及园区建设、文化、旅游、农业、林业、水利、国

2014年5月8日，市政协主席吉林到房山区视察工作

土资源等产业发展情况作了介绍，两地企业家进行了交流洽谈。洽谈会由易县政协副主席陈东主持。

9月16日，区政协委员视察周口店北京人遗址博物馆建设情况。实地考察了改造后的遗址和博物馆新馆，听取了遗址保护、管理等方面介绍。区政协副主席任振秋，秘书长游来清出席活动。

10月14日，区政协组织部分教科文卫体委和学习文史委委员视察北京文化硅谷、周口店国际艺术区。就如何推进我区文化创意产业发展进行了座谈。区政协副主席李惠英、肖武出席活动。

10月23日，区政协组织部分常委视察十渡景区环境建设情况。先后视察了五渡汽车露营地、七渡背斜、十渡园区博物馆，并听取了相关汇报。区政协主席唐淑荣，常务副主席高维魁，副主席李惠英、周文海、任振秋、肖武，秘书长游来清出席视察。

2015年视察活动

1月13日，区政协农科委委员视察了龙乡腾飞种植专业合作社联合社，实地视察了基地建设情况，听取了区经管站、种植中心和龙乡腾飞种植专业合作社联合社的工作汇报。区政协主席唐淑荣出席活动。

3月27日，区政协常委视察长阳镇生态环境建设情况。先后前往兰花大会拆迁现场、长阳公园进行了实地考察，并听取了相关工作的汇报。区政协主席唐淑荣，常务副主席高维魁，副主席李惠英、周文海、任振秋、赵润东、肖武出席活动，区委常委、副区长吴会杰陪同视察。

4月24日，区政协社会法制与民族宗教委部分委员视察我区残疾人温馨家园建设。先后到达青龙湖镇的焦各庄村和长沟镇的北正村，实地察看了两镇的温馨家园建设和残疾人的生活情况。区政协副主席赵润东出席活动。

4月29日，区政协部分委员视察窦店镇城市基础设施建设情况。先后前往田家园村污水处理厂、窦店村供水厂、窦店民族文化宫、窦店中学等地，查看了管网运行、道路拓宽、项目改扩建工程进展情况，并听取了全镇经济社会发展及基础设施建设情况的汇报。区政协主席唐淑荣，常务副主席高维魁，副主席任振秋，秘书长游来清出席活动。座谈会由副主席周文海主持。

5月14日，区政协组织政协常委和部分委员就青龙湖镇环境建设和产业发展情况。先后前往丹世红葡萄酒业有限公司马家沟庄园、青龙湖森林公园、北库一期二期项目现场进行视察，并听取相关情况介绍。委员们对青龙湖镇近年来环境建设和产业发展建设工作取得的成绩给予充分肯定，并就如何加快城市生态文明建设提出中肯意见和建议。区政协主席唐淑荣，常务副主席高维魁，副主席李惠英、任振秋、赵润东、肖武参加活动，副区长卢国懿陪同视察。

5月29日，区政协教科文卫体委和学习文史委委员视察我区传统村落保护工作，实地视察了水峪、南窖传统古村落村。区政协副主席李惠英、肖武出席活动。

6月16日上午，区政协城建环保委部分委员视察了我区水环境治理工作情况。委员们沿巡河路视察了小清河河道和两侧堤岸的治理情况，然后视察了长阳第三供水厂饮用水过滤等处理和供水情况，听取了区水务局关于我区水环境治理情况介绍。与会委员围绕加大污水排放整治和惩治力度，强化污水处理厂的建设运营管理，加大中水回用，加大节约水源宣传力度，提高污水处理率等问题提出了建议。

9月22日，区政协部分政协委员视察了周口店镇清退疏解低端产业工作。先后实地视察了穆岩

区政协常委视察清退低端产业工作

寺沟矿山、辛庄村石板厂和北京市龙乡煤矸石页岩砖有限公司，听取了周口店镇关于清退低端产业工作的汇报。主席唐淑荣，常务副主席高维魁，副主席任振秋，秘书长游来清出席视察活动。

9月24日，区政协常委视察我区众创空间发展情况。先后视察了天洋超级蜂巢、新发展集团创新谷、北京中细软知识经济创新园和绿地启航国际，听取了区经信委关于我区众创空间发展情况的汇报。区政协主席唐淑荣，区委常委、副区长赵军，区政协常务副主席高维魁，副主席李惠英、周文海、任振秋、赵润东、肖武，秘书长游来清出席视察活动。

10月22日，区政协教科文卫体和学习文史委委员视察了我区全民健身工作。实地视察了良乡体育中心、北潞园健身广场、房山门球场、木水台球俱乐部、德宝健身中心等地，并听取了情况介绍。副主席李惠英、肖武出席活动。

10月23日，区政协主席唐淑荣带领部分政协委员调研我区中草药产业发展情况。先后前往城关街道乐义食用菌基地、石楼镇北庄村林药间作及科普休闲园等地，实地察看了两个中草药种植示范地，随行听取相关情况汇报。座谈会上，区种植中心汇报了关于我区中药材产业发展的情况，与会委员们围绕我区中草药产业发展发表了意见和建议。区政府副区长卢国懿，区政协副主席李惠英出席调研。

第四章 建言献策

参政议政建言献策是人民政协三大职能之一,五届政协一次会议以来,围绕区域经济社会发展、围绕群众关注的热点难点问题,区政协组织各民主党派、人民团体、工商联及各界政协委员开展了多种形式的专题座谈、研讨和议政,提出了具有前瞻性、针对性、可操作性的意见和建议。这些意见和建议绝大部分被政府相关部门采纳,有的已成为政府决策。在此期间,共组织八次大会发言,十次专题座谈,四次专题论坛,四次专题研讨,召开了首都西南五区域经济发展论坛,从2014年开始,又组织召开了三届京津冀六区市县协同发展研讨会。政协委员通过政协搭建的平台积极建真言,献良策,助推了区域经济社会发展。

第一节 大会发言

自政协五届一次会议以来,围绕房山改革发展大局,区政协在全会期间共组织召开了八次大会发言。各民主党派、人民团体、工商联及各界政协委员紧紧围绕"三化两区"战略的实施,围绕"一区一城"新房山建设,围绕群众关心的热点和难点问题,深入调研,认真思考,撰写了一批有见地、高质量的大会发言。八次大会发言中,共有85名政协委员提出了258条意见和建议,这些意见和建议集中体现了政协委员强烈的大局意识和责任意识,他们积极履职,参政议政,建言献策,有力地助推了房山经济社会发展。

房山区政协五届二次会议大会发言

2005年1月15日上午,区政协与会委员认真听取了赵润东、刘希广、孙爱华等9位政协委员就我区失地农民社会保障问题、弘扬龙乡文化、非公经济发展、民族村经济发展等方面的专题发言。区领导郭先英、张继增、祁红、孙新军、苗立峰、唐淑荣、刘欣国、王福来、王淑红、李惠英、王忠海、高言杰出席了大会。委员们的发言,深入浅出,有理有据,不仅真切反映了我区在经济社会发展过程中遇到的一系列问题,而且分别就相应问题提出了中肯的建设性意见,充分体现了委员们情系龙乡发展大计,抢抓机遇,加快发展的迫切心情,在与会者中引起了深深的共鸣。

失地农民的社会保障问题是我们在推进城市化进程中,普遍遇到的一个突出问题。赵润东委员在广泛深入调查的基础上,认为我区在征用占用土地问题上存在的征地补偿标准不合理,征地补偿费的分配、使用和管理不规范,失地农民安置困难以及不能合理运用有限的补偿金等问题。提出了有关部门要抓紧制定合理的补偿标准,建立失地农民社会保障制度,完善相关管理办法,加大培训投入以及营造良好的就业氛围等建议。特色产业发展问题是广大农民能否实现增收致富的一个重要

2005年1月15日区领导在五届二次会议上听取委员发言

问题。张明德委员针对我区磨盘柿产业化问题，客观回顾和展望了我区磨盘柿的发展，提出了加大投入力度，强化科技推广工作，扩大基地规模，提高基地建设水平，打造特色精品，培育开发市场等建议。王峙委员谈了目前我区新型农村合作医疗工作中存在的门诊费不能报销，合作医疗制度的性质有待于进一步明确，酬资水平不能满足农民自愿参保需要等问题，同时提出了建立农民大病保障体系，加快制定配套政策以及加快农村卫生改革等建议。

发展非公经济和实行资源型经济改造是我区实现"工业强区"、"产业立区"，转变经济增长方式，提升经济质量，壮大经济实力的重要途径和举措。张玉河、孙爱华委员对此进行了深入的调研，分别就加快我区私营个体经济发展和资源型企业升级转型问题，提出了进一步完善私营个体经济金融服务体系，改善私营个体经济生产经营条件，推进私营企业制度创新，加快制定发展替代产业战略规划，努力发展生态旅游和现代农业，引导转型产业农民再就业等建议。

为贯彻落实区委五届三次会议确定的构建和谐房山的任务目标，刘希广、常福林等委员分别就弘扬龙乡文化、促进民族村建设等问题进行了大会发言。刘希广委员认为，弘扬龙乡文化，必须充分挖掘房山文化的底蕴和内涵，大力推进文化建设，要充分挖掘文化底蕴，深刻认识思想内涵；加强宣传，以文化力提升区域竞争力；发展文化产业，变资源优势为现实的文化生产力优势；塑造对外形象，打造文化名区；发扬优秀文化传统，促进人的全面发展。常福林委员在题为"加强我区软环境建设"的发言中，提出了"通过人大制定切实可行的地方法规，建立督导、检查、通报制度"、"增加工作、政策透明度，对百姓衣、食、住、行关系密切的法律、法规等规章、制度进行公示"等建议。

许兆雄委员针对企业办学体制改革中面临的经费、教师资源流失、生源等方面出现的问题，提出了"要充分调动企业积极性，最大限度发挥地方政府职能；在划转方式上，要因地制宜、多措并举"的良好建议。曹志红委员在发言中，提出建议：要加大对我区民族村的支持力度，抓好各项优惠政策的落实；优先考虑民族村重点项目的立项工作；进一步落实民族村重点发展项目的匹配资金；大力帮助少数民族发展符合民族特点、地区特点和具有资源优势的各类产业。

房山区政协六届四次会议大会发言

孙志强委员发言

2010年1月11日，区政协六届四次会议举行第二次全体会议，万金峰、李伟、肖正权等9位委员围绕推进"三化两区"战略的实施，紧扣建言立论、助推发展的主题，分别就加快我区工业发展、加强"燕房合作"、推动房地产业平稳健康发展、落实招商引资政策、提高依法行政水平和促进新型农村合作医疗制度可持续发展等问题畅所欲言、建言献策，充分体现了政协委员强烈的参政议政意识和企盼房山各项事业全面协调和谐发展的愿望。

区政协副主席赵润东主持会议。区委副书记、区长祁红，区政协主席范文彦，区政协党组书记唐淑荣，区委常委、宣传部部长赵佳琛、副区长卢国懿、吴会杰，区政协副主席李惠英、高维魁、万金峰、肖武，秘书长李金田出席会议。

万金峰委员以加快我区工业发展，为"三化两区"建设提供产业支撑为题，在肯定我区以新型工业化为目标，调整提升中所取得的成绩后建议：要进一步统一思想，坚定信心，营造加快工业发展的舆论氛围。要坚持规划先行，结合全区"十二五"经济社会发展规划的编制，研究制定切实可行的工业园区发展规划，在营造产业集群上取得突破，使园区建设科学有序推进。要加大政府对园区基础设施建设的投入，多措并举，解决融资难问题。完善相关配套政策，引导和促进全区工业科学发展。严格土地管理，依法用地，集约用地，提高土地产出效益。

王宝盛委员就加大"燕房合作"力度，全力推进北京石化新材料科技产业基地建设提出：要着力研究解决产业基地发展空间、公用工程系统配套、行政审批、基础设施建设、高端人才引进等方面涉及的具体问题，合力推进互惠双赢、共同发展目标的实现。

孙志强委员针对我区中小企业面临的突出问题建议：要通过政策引领、简化贷款审批手续、创新金融服务模式，鼓励和支持构建民营企业融资体系等措施，改善和营造宽松的投资环境，有效应对金融危机影响，推进房山区中小企业健康发展。

李伟委员就建设房山都市现代农业示范区提出见解：要建立高效得力的管理机构，确定"以农产品生产加工为基础，以引进生物科技农业产业为重点"的建设总体目标，编制科学、合理、可行的规划，制定入园企业的土地使用、产业扶持、资金支持、税收减免等优惠和奖励政策，为入园项目营造良好的发展空间。

郭艳梅委员在发言中，针对目前我区在招商引资过程中存在的问题，建议要科学分析区情，明确功能定位，通过建立现代招商引资管理体系、整合招商力量、规范招商活动、创新招商方式等措施，在完善土地和税收优惠政策，吸引国内外知名企业投资，改善土地、电力、资金环境，处理好筑巢引凤与引凤还巢、投之以桃与报之以李、一枝独秀与百花齐放之间的关系等方面取得新的突破，着力推进重点功能区建设，为"三化两区"建设提供产业支撑。

李雅军、李印杰、李泽田三位委员紧紧围绕如何确保房山房地产业平稳健康发展，有效制止"小产权房"建设，化解占地拆迁引发的矛盾纠纷，切实维护政府、企业、群众三方利益，提出了富有见地的意见和建议，在全体委员中引起共鸣。肖正权委员还就进一步提高我区农村人口医疗保障水平，更好地实现新型农村合作医疗制度可持续发展提出了独到的建议。为精心准备大会发言，还有一些党派、团体和委员认真选题，数次调研，形成了书面发言材料。

区委副书记、区长祁红在委员发言后作了重要讲话，对委员的发言给予了充分肯定。指出，大会发言紧紧围绕全区"三化两区"建设提出了建设性意见，充分体现了政协委员高度的责任感和使命感，同时表示区政府对委员们的建议将进行认真研究，责成有关部门抓好落实。祁红指出，今年以来，面对国际金融危机和产业结构调整带来的双重压力，全区上下把深入学习实践科学发展观活动与实现"三保"任务有机结合起来，明确了坚持科学发展，加快城市化、工业化、现代化进程，建设"三化两区"的新思路，实施了战时体制、破冰行动，区域经济整体实力实现了新跨越，城市化带动实现了新突破，融入市区步伐实现新进展，民生问题实现新改善，机制创新实现新成效。适应北京建设世界城市的新要求，区委六届八次会议围绕"三化两区"战略的实施，确定了"两轴、三带、五园区"的区域发展布局，描绘了加快房山发展的新蓝图。他希望委员们继续关心房山发展，抓住加快城南发展、生态涵养区发展建设和永定河流域开发等重大机遇，为推动"三化两区"建设献智出力。

部分区直委办局、乡镇有关领导参加会议。

房山区政协六届六次会议大会发言

王晓燕委员发言

2011年1月5日下午，区政协六届六次会议举行第二次全体会议。区委副书记、区长祁红，区委常委、宣传部部长赵佳琛，区政府副区长卢国懿和区发改委、经信委、农委、旅游局等单位的领导出席了会议，听取委员发言。

会议由区政协常务副主席高维魁主持。区政协主席唐淑荣，区政协副主席李惠英、周文海、万金峰、赵润东、肖武，李金田秘书长出席会议。

万金峰、王宝盛、张君秀等9位委员紧扣"建言'十二五'，共话新发展"主题，围绕区委六届九次会议提出的全力打造首都高端制造业新区和现代生态休闲新城的宏伟目标，分别就加快重点功能区建设、深化燕房合作、打造新城示范区、节约集约利用土地、促进非公经济发展、推进沟域经济发展等问题，畅所欲言、建言献策，充分体现了政协委员强烈的责任意识和主动参与"三化两区"建设的积极性。

万金峰委员围绕集成力量，借势发展，全面加快北京窦店高端制造业产业基地建设建议：继续加大领导重视力度，健全基地运行体制，建立适应现代产业基地发展的工作架构；树立长远眼光，按照整体扩容、适度发展、投入合理的要求，完成近期和远期建设规划；以品牌建设为核心，不断提升品牌意识、精品意识和服务意识，努力将基地打造成首都现代制造业中的高端品牌基地；尊重农民意愿，坚持依法拆迁，努力实现百姓利益最大化，确保拆迁工作顺利推进。

王宝盛委员就推动燕房合作向更深、更广、更高领域发展建议：抢抓机遇、借势发展，推动基地做大做强；发挥优势、拓展市场，提升基地竞争力；坚持标准、高端定位，优选知名企业入住基地；合理引导、优势互补，鼓励本地企业参与基地建设；多措并举、强化服务，为基地建设提供支持和保障；总结经验、推广转化，高效推进基地建设。

张君秀委员就高标准建设新城示范区认为：应结合长阳地区的区位和产业特色，进一步明确其作为首都活力之都、低碳之城的总体目标；通过构建城市特色景观系统、印象识别系统、绿色生态环境系统和基础设施系统，不断提升新城示范区的形象和品位；强化建设过程中的人性化要求和管理过程中的精细化要求，把长阳打造成名副其实的新城示范区。

王晓燕委员在肯定中国房山世界地质公园取得成绩的同时，对园区在规划对接、营销推介、旅游环境、跨区域互动机制等方面存在的问题进行了认真分析，并就全面加快中国房山世界地质公园建设提出了切实可行的建议：以规划为引领，进一步放大园区的龙头带动作用；通过强化整体营销推介、优化区域发展环境、完善统筹协调机制等手段，推动园区科学、规模、快速、有序和创新发展。

李泽田委员针对我区在土地利用方面存在的问题建议：发挥土地利用总体规划的整体控制作用，做到依法依规用地；进一步加强用地政策研究，制定具体落实办法，促进节约集约用地；强化土地监督管理机制，提高用地效益；加大对违法违规用地的打击力度，为推进"三化两区"建设营造良好的社会环境。

孙志强委员就发展非公经济建议：营造良好的社会环境、优质的服务环境、宽松的融资环境和公平的人才流动环境，推动非公经济健康发展；把发展非公经济与推进城市化相结合，把工业园区规划与城市规划相衔接，打造非公经济发展平台；加大扶持力度，找准非公经济发展的突破口；实施开发带动战略，增强非公经济发展活力。

孙海潮委员分析了长阳CSD核心区建设中存在的问题，建议：立足国际高端，切实抓好CSD核心区的规划和推进工作；高水平做好CSD核心区的基础设施建设，提高区域综合功能及承载力；强化管理服务创新，着力抓好区域统筹和农村集体资产的经营管理；坚持以人为本，抓好人才引进与群众就业工作。

杨宝峰委员就我区的沟域经济发展建议：应尽快编制全区沟域经济发展总体规划，使山区逐步形成统一有序、整体发展的格局；统筹研究部署沟域经济发展中规划、土地、产业、生态、人口、政策等重大事项，推动沟域经济又好又快发展；站在北京建设世界城市的高度，加大生态修复与保护力度；适度增加山区建设用地指标，促进山区生态与产业发展的良性互动。

孙爱华委员就加快低碳经济发展建议：加快制定《房山区绿色行动计划》，指导区域低碳经济、绿色经济、循环经济发展；全力推进产业结构调整和优化升级，提高能源利用效率；努力调整能源结构，大力发展可再生能源，增强森林碳汇；坚持绿色、低碳理念，建立低碳考核评价体系，全力建设现代生态休闲新城；加大宣传和引导，提倡和鼓励城乡居民过低碳生活。

时鸣玲、杨海峰和王海平委员围绕城乡基础设施建设、文化创意产业发展、招商引资等方面分别提交了书面发言材料。

房山区政协七届一次会议大会发言

2011年12月13日下午，区政协七届一次会议举行第二次全体会议，听取委员发言。各民主党派、人民团体、工商联及部分政协委员就推进区域经济社会发展，加快"一区一城"新房山建设和人民群众普遍关心的问题建言献策。

会议由区政协常务副主席高维魁主持。区委副书记、区长祁红，区政协主席唐淑荣，区委副书记张祝华，区委常委、副区长李江，区委常委、宣传部部长赵佳琛，区委常委、组织部部长、统战部部长孙强，副区长卢国懿、吴会杰、马继业、曹蕾，区政协副主席李惠英、周文海、任振秋、赵润东、肖武，秘书长游来清出席会议。

赵润东委员围绕如何加强民主党派自身建设，更好的发挥参政议政作用，提出建议：要加强学习，提升民主党派参政议政水平，要健全机制，增强民主党派内部团结，要深入调研，提高参政议政的"含金量"，真正把现实生活中出现的新情况，新问题，把群众的各种合理性意见和要求真实的反映出来，做到"参政参到点子上，议政议到关键处"，切实把握好参政与执政的关系，提高参政履职的能力。

2011年12月13日委员听取政协七届一次大会发言

杜晓东委员围绕房山如何从文化大区向文化强区跨越，提出建议：要因地制宜发展文化产业，确立我区具有文化价值和核心内容的标志性文化形象，制定落实相关政策，全面培育文化产业发展的软硬件环境，建议区政府相关部门在市场准入、财政支持、土地利用、资源配置等方面给予全面扶持。促进文化产业发展。要制定切实可行的发展目标，培育和形成一定数量的有影响力的文化项目和产业品牌。积极吸引创意人才的集聚，扶持小微型文化企业的生长和发展。

徐蔚委员围绕实施人才强区战略，提出建议：要积极推进"央地人才一体化"，加大"政产学研"的融合力度，可设置"特设岗位"，打破人才引进的编制瓶颈。要建立"共赢机制"，鼓励驻区央企、高等院校、科研院所和区属单位双向借调，互换专业技术人员，以弥补央地各自的人才"短板"，实现双赢。开展委托培训，依托良乡高教园区，大力引进和培养一批懂城市开发、精通城市管理、擅长土地规划的新型城市化专业人才队伍。着力构建"人才培养阶梯化"，坚持"不求所有，但求所用"的理念，出台相关政策，努力实现"人才效益最大化"。

许兆雄委员对我区楼宇经济和夜经济发展，提出了建议：对楼宇经济发展建议，要重视规划，集中办公，改善楼宇经济的发展环境，政府相关部门要帮助开发商在规划布局上准确定位，引导其建设一批高品质的商务楼宇。要完善体制，建立楼宇经济领导管理机构，给予属地政府一定的管辖权和决策权。要加大引进各类专业人才的力度，制定政策，建立专业人才资源库，摸清资产，整合资源，做好现有楼宇的二次招商。对发展城市夜经济的建议，政府要在政策方向上引导、扶持和管理。要统一规划，协调相关部门，方便居民消费，丰富夜市内容，要做好治安和公共卫生工作，推进亮化工程，打造房山美丽夜景。发展高品位、文化气息浓的夜经济模式。

张君秀委员围绕加大生态涵养区建设，打造生态休闲新城提出了建议：要加快林业管理体制改革和经营机制创新，努力实现"三个转变"，即生态林业向基础产业和公益事业转变，生态林业的养护从兼业向专业转变，养护人员的收入从兼业补偿向职工的"工薪"转变，把发展林业产业和生态涵养区建设有机结合。要认真解决制约果树产业发展问题，鼓励科技人员深入基层指导生产，解决各种技术问题。要制定政策，解决现有果树经营权合理流转问题，加大基础设施建设的投入力度。

刘长安委员就提高全区水资源利用效率提出建议：要强化各级干部的水危机意识，严格水资源管理，提高水资源利用效率，开源节流，多措并举，实现水资源的总量控制，量水发展，要建立水资源与经济社会关系评价指标体系，规范用水行为，将水资源管理纳入领导干部绩效考核内容，定期发布水资源与经济社会评价公报。坚持严格的产业准入标准，完善及规范水资源承载力评估制度，在规划审批环节上，突出水资源的约束性，将水资源论证作为前置条件，实行一票否决制。在公共服务行业用水管控环节上，关停转产高耗水、高耗能、低效率的行业，加大监督执法力度，保证水质运营安全。确保污水处理设施有效运转，提高再生水利用率。

于腊梅委员围绕"加强社区建设和管理，促进社会和谐稳定"提出建议：要坚持统筹规划，整体设计，分类指导，对老旧社区要加大资金支持力度，加强基础设施建设，对城市新建社区要重点加强规划引导，对城乡结合部新型社区要重点创新服务管理模式，探索"村转居"平稳过渡的运行机制。创新社区公共服务模式，建立"农转居"人员长效服务机制，创新物业管理模式，破解转型社区物业管理难题，创新集体经济发展模式，按照现代企业管理制度要求，将原村集体经济组织改造成为股份合作制企业。通过政策引导，控制人口规模，优化人口结构，通过强化服务，解决好流动人口的就业、医疗、生育、入学等问题。

王海平委员就促进我区中小企业融资与科技创新提出建议：要从三个方面破解中小企业融资难，一是政府要努力营造有利于中小企业融资的良好环境，要研究制定有利于扩大中小企业信贷的激励政策，要加强金融生态环境建设，尽快建立集体所有土地评估，交易和登记制度，帮助中小企业解决由于集体所有土地限制难以实现抵押的问题；二是银行业金融机构要加大对中小企业的信贷投入，千方百计满足中小企业融资需求；三是中小企业要不断提高自身融资能力，注重诚信建设，树立良好的企业形象。

民建房山支部、民盟房山支部、杨宝峰、马连杰、张磊委员作了书面发言。

区发改委、市政市容委、住建委、文委、社会工委、经信委、农委、商务委、人力社保局、房山规划分局、水务局、园林绿化局、环保局、旅游局、拱辰街道、西潞街道、长阳镇主要领导参加了会议。

房山区政协七届二次会议大会发言

2012年11月21日下午，区政协七届二次会议举行第二次全体会议，组织部分委员围绕全面加快"一区一城"新房山建设和人民群众普遍关心的问题积极建言献策，为房山未来发展描绘宏伟蓝图。

会议由区政协副主席周文海主持。区委副书记、区长祁红，区政协主席唐淑荣，区委副书记、政法委书记曾赞荣，区委常委、宣传部部长赵佳琛，副区长卢国懿，副区长马继业，区政协常务副主席高维魁，副主席李惠英、任振秋、赵润东、肖武，秘书长游来清出席会议。

廖承涛委员认为，中小企业是我区经济的重要组成部分，在解决农民就业、优化产业结构、推动科技创新、维护社会稳定等方面发挥了重要作用。围绕如何促进我区中小企业健康发展，他建议要制定政策，强化对中小企业的服务；要努力为中小企业发展营造良好环境；要切实抓好大项目建设，

2012年11月21日政协七届二次会议大会发言会场

以大项目带动产业发展；要坚持创新发展与集聚发展，不断增强企业核心竞争力。

时鸣玲委员围绕突出城市文脉，建设特色房山新城提出建议：要借鉴传统风水学加强城市景观建设，体现山水文化名城称誉；要注重城市文化品位的提升，增强城市文化内涵；要注重城市形象建设，提升城市文化品位。

孙志强委员围绕推动民营企业实现绿色发展提出建议：一是建议政府要采取措施，建立激励机制，制定和落实财政、税收、金融、投资、价格、技术、经济等优惠政策，鼓励民营企业发展绿色经济、循环经济和生产环保产品；二是政府要保障民营经济获得与公有经济同等的发展机会；三是政府要加大对民营高科技绿色企业的扶持力度，在人才引进、技术改造和资金、税收优惠方面为这些企业提供更多便利；四是政府采购要更多地向绿色企业、环保产品倾斜，带动全社会更多地使用环保产品，促进绿色民营经济更好更快发展。

关胜兵委员针对目前我区建筑建材业存在的问题提出建议：一是建议区政府摸清建材企业用地情况，制定出解决土地问题的有效办法；二是职能部门要在产品使用上加强信息交流与供求方的对接，引导和指导企业间互惠互利、形成共赢，从事建材产业的企业也要加强联系和交流，规范业内行为准则，走团结合作之路；三是建议区政府使用好中小企业发展基金，形成"一家有难百家帮扶、众人拾柴火焰旺"的互动局面；四是加大招商引资力度，努力引进大企业、大项目，特别是高、精、尖、特、新的产业入驻；五是创新管理体制机制，推进市场化运作、企业化经营，积极探索与建材发展相适应的新途径、新办法。

马连杰委员围绕如何促进养蜂产业健康持续发展提出建议：一是打造知名品牌，突出房山特色；二是结合平原造林，扩繁蜜源植物；三是发展专业合作，促进规模发展；四是将养蜂业纳入农业保险范畴，增强抵御自然灾害能力；五是加大专业培训力度，规范蜂农持证上岗。

赵一弘委员认为，对于企业发展来说，融资上市成功仅是一个开始，未来还有很长的路要走。上市是企业继续发展、寻求壮大的一种手段，是企业发展的新里程碑，是一个开始，而不是结果。围绕破解资金难瓶颈，促进企业融资上市提出建议：一是建议政府设立中小企业发展扶持基金，重点用于帮助解决企业融资困难、扶持企业科技创新和新产品开发等；二是推进融资方式创新，"量身定做"适合中小企业发展的金融服务产品，发展并推介适宜的中小企业融资方式；三是充分发挥政府的公共服务和保障作用，为中小企业搭建综合服务平台。

张磊委员围绕发展繁荣房山文化事业提出建议：一是植根传统文化，扩大已有文化影响；二是结合传统进行创新，依托本土文化，创建文化特色村；三是文化建设要服务民生；四是做大做强旅游产业链，推动房山文化建设；五是加大文化产业宣传力度；六是建立健全文化中介组织；七是为文化发展培养高端人才。

王晓伟、郭艳梅、常亮等委员作了书面发言。

区发改委、住建委、市政市容委、文委、经信委、农委、商务委、财政局、人力社保局、园林绿化局、水务局、统计局、房山规划分局、房山国土分局主要领导参加了会议。

房山区政协七届三次会议大会发言

2014年1月6日下午，区政协七届三次会议举行第二次全体会议，听取各民主党派、人民团体、工商联及部分政协委员的发言，各界委员围绕如何促进全区经济社会发展和生态民生建设，提出了意见和建议。

会议由区政协副主席李惠英主持。区委副书记、区长祁红，区政协主席唐淑荣，区委副书记、政法委书记曾赞荣，区委常委、常务副区长李江，区委常委、宣传部部长赵佳琛，区委常委、副区长吴会杰，副区长卢国懿、曹蕾、吕守军、刘胜国，区政协常务副主席高维魁，副主席周文海、任振秋、赵润东、肖武，秘书长游来清出席了会议。

肖英委员就如何大力发展我区商贸服务业提出了建议：政府要加大对商贸服务业的政策支持力度，研究出台房山区商贸服务业发展促进政策，营造良好的发展环境。要制定民营企业的人才引进政策，树立"不求所有，但求所用"的理念，并为引进人才提供便利，享受医疗、保险、子女入学等优惠政策。要完善新项目的配套商业设施，在推进城市化进程中，建设项目要配备相应商业设施，要建设集购物、休闲、娱乐、餐饮、商务、服务于一体的高端商贸综合体，努力为顾客提供高品质的商品及完备的服务。

赵洪生委员就如何打造高端服务聚集区提出了建议：区政府要把打造高端服务聚集区上升为区级发展战略，成立区级组织机构，研究出台加快楼宇经济和总部经济发展的相关政策，吸引更多的优质、大型企业落户房山。要积极推进属地注册纳税，对三产重点企业、明星企业，在土地征用出让、配套设施费等方面给予政策倾斜，建立扶持高端服务业发展基金，开辟手续办理的绿色通道，简化办事程序，为企业入驻房山提供方便。鼓励民营资本投入，解决资金瓶颈问题，采用BOT、BT模式，允许集体、民营、外资等各类非政府民间资本依法进入市政基础设施、公共事业等及其他行业领域，

2014年1月6日政协七届三次会议听取委员发言

支持民间资本投资进入商业、教育文化事业、医疗卫生事业和民政福利事业。

黄文明委员围绕坚持创新驱动、做大做强实体经济提出建议：政府要对我区中小企业给予特别关注和支持，要帮助企业解决资金短缺、新技术转让、相关手续办理难等问题，设立专项资金，解决中小企业融资难，制定吸引高新技术人才的具体政策，为他们解决落户指标、住房、医疗、子女上学等难题，建立企业互动平台，推动房山区实体经济向规模化、信息化方向发展。使房山区各企业之间，通过互动平台实现信息交流、互通有无，减少同行业之间的恶性竞争。简化行政审批手续，缩短行政审批时限，帮助企业加快新技术向实际产品的转化。建议政府有关部门制定有效的产业政策和相应的产业技术政策，加快科技研发成果转化速度，使企业研发的新产品更快的投入市场，使企业组织集团化，集中资金、人力和物力，发挥整体优势提高技术开发形成规模的能力。

孙志强委员联系我区非公经济近几年走出去开发的实际情况，提出了建议：一是完善政府和有关部门的信息发布机制，通过政府及有关部门信息平台，及时发布有关非公经济发展的政策法规、发展规划、产业导向以及企业在外埠入驻地区的相关信息；二是帮助非公企业选聘引进人才，发挥政府部门引进人才主渠道作用，针对企业用人需求，搞好需求对接；三是进一步完善中小企业投融资机制，加快投融资体制改革，搭建政企合作、政银合作、银企合作的有效平台。同时，建立完善的投融资担保体系，设立鼓励扶持非公企业走出去开发的专项基金；四是加强对非公企业发展的政策引导和支持。

王红英委员针对我区残疾人在就业和社会保障等方面存在的问题提出建议：各党政机关、企事业单位要建立残疾人岗位预留机制，不断扩大残疾人就业人数，使更多的残疾人能够拥有更加稳定的工作。建议区政府要把各单位安置残疾人就业情况纳入年度考核的内容，要积极为残疾人就业搭建服务平台，建立残疾人创业孵化基地，推进残疾人居家就业工程，帮助那些不适宜外出就业的重残人实现居家就业，制定并完善残疾人居家就业扶持奖励政策。建立房山区扶贫助残产业协会，着力完善新农合政策，解决农村贫困残疾人医疗保障问题，有关部门要及时调整参合政策，给予轻度残疾且在低保边缘的人相应的参合补贴，从而提高残疾人参合覆盖面。

孙爱华委员围绕我区大气污染防治提出建议：要建立机制，强化大气污染防治的考核问责。将大气污染防治工作纳入绩效考核体系，实施一票否决制。切实推进能源结构与产业结构的调整，腾出环境容量空间，做好功能分区以及各个生态要素的合理布局，实现产业集中集约发展，城市生活集中点状分布，最大化减少能源消耗和污染排放，构建科学的点、线、面相协调的绿植与水域的生态圈，最大化实现山水林田湖的生态价值和区域生态平衡。加强政策引导，切实推进措施落实，对重点涉及燃煤污染改造、工业污染治理和工业结构调整等措施研究制定完善的财政政策。同时制定促进工业企业搬迁进入工业区的配套政策。

张颖辉委员认为，我区小额贷款公司在经营过程中还存在一些问题，他建议：区政府应给予小贷公司一定的区级税收优惠，应采取开业第一年实行免税，第二年税赋减半，第三年按比例适当减少税赋的政策，以帮助小贷公司快速发展。对小贷公司的客户采取贷款由政府贴息的方式，通过小贷公司发放给贷款客户，以减少小微企业的融资成本。同时，建议政府设立专项资金，对区域内小额贷款公司建立"风险补偿机制"，以降低不良贷款给小贷公司造成的损失。建议区政府制定相关的扶持政策，营造更加宽松的环境，推动金融改革和创新。

马连杰委员就推进农民专业合作社发展，促进农民增收提出建议：发展农民专业合作社需要政府的大力支持，要发挥网络优势，进行政策宣传，产品推介，通过媒体宣传，加强合作社规范化建设。

对合作社理事长、财会人员进行培训，提升队伍综合素质。创新培训方式，开展"一对一"、"一对多"的培训，尤其要注重营销人才的培养，以弥补销售环节的短板。积极推进大学生村官入合作社工作，要坚持两手抓，一手抓农民专业合作社规模化、规范化建设，加大基础设施建设，一手抓新型主体培育。建议区政府加大资金扶持力度，拓宽融资渠道，对有发展潜力的合作社进行重点培育。

区发改委、经信委、住建委、农委、市政市容委、科委、国资委、旅游委、商务委、财政局、统计局、投促局、人力社保局、环保局、经管站、房山国土分局、规划分局、工商分局，以及拱辰街道、城关街道、西潞街道、长阳镇的主要领导参加了会议。

房山区政协七届四次会议大会发言

2015年1月5日下午，区政协七届四次会议举行第二次全体会议，听取委员发言。各民主党派、人民团体、工商联及各界委员紧密联系实际，就推进区域经济社会发展，解决人民群众普遍关心的问题，实现"新城、新业、新生活"的房山梦积极建言献策。

会议由区政协副主席周文海主持。区委副书记、代区长曾赞荣，区政协主席唐淑荣，区委常委、常务副区长李江，区委常委、宣传部部长赵佳琛，区委常委、副区长吴会杰，副区长卢国懿、曹蕾、吕守军、刘胜国、翟东，区政协常务副主席高维魁，副主席李惠英、任振秋、赵润东、肖武，秘书长游来清出席了会议。

李进伟委员围绕窦店镇如何加快新型城市化建设，分析了面临机遇和挑战，提出了城市新的功能定位，即北京"高端智造"研发中心，京冀"创新价值传导"重要节点，"两化融合型"现代新城标杆，针对窦店镇发展存在的问题提出了建议，窦店已经成为全区农村非农业人口和高端产业的主要集聚区，区政府应在水、电、路、气、暖市政基础设施建设方面加大投入，窦店中心区的公共设施管理维护费应纳入区级统筹管理范畴，由区级专业部门负责对公共设施的维护和管理。建议确定窦店镇为农村集体土地建设租赁住房试点地区，着力盘活基地周边的农村集体土地，推进城乡经济发展和新农村建设，探索建立城乡统一的建设用地市场。

柴林峰委员针对我区国资国企改革面临问题提出建议：要凝聚共识，加大国资国企改革力度，认真贯彻《全面深化房山区国资国企改革的意见》，加强顶层设计，坚持统筹推进，加强政策研究，要规范运行，建立现代企业制度，按照先行先试，稳步推进的思路，要健全企业股东会、董事会、监事会，经理层协调运转，有效制衡的法人治理结构，建立房山区国有企业董事会、监事会机构，在政策制定、机构设置、人员编制上给予支持。对有条件的企业通过增发配股、资产置换、收购等形式注入上市公司，实现整体上市或主营业务资产上市。要搭建平台，推进企业转型升级，要大力引进央企资本、民营资本和埠外资本，改组改造区属国有企业，能控则控，能参则参，盘活国有资产。以项目为载体大力发展混合所有制企业。同时，要创新机制，解决国有企业历史遗留问题。

廖春迎委员就贯彻党的十八届四中全会精神，推进依法治区进程提出了建议：要涵养法制文化，提升法制意识，开展形式多样内容丰富的普法宣传活动，要对全区法治工作进行谋划，明确法制建设目标和任务。加强制度建设，严格依法行政，建议各级政府增强行政行为规范化指导，严格执法程序，细化裁量基准，提升执法人性化，从源头上减少行政争议的产生。全面推进政务公开，健全行政机关负责人出庭应诉制度，并将此项工作纳入政绩考核内容，确保出庭、出声、出效果。建立多层次、

2015年1月5日李进伟委员在七届四次会议上发言

多领域依法治理机制。建议基层设立独立的法制办公室，建立行政调解、行业调解、司法调解、人民调解的多元化纠纷解决机制，整合各方面优质资源，创新社会治理，实现社会善治。加强法治队伍建设，严格实行行政执法人员持证上岗和资格管理制度，提升一线执法部门工作人员的执法水平。

邓展渤委员就保障全区水安全，建设生态宜居新房山，提出建议：要把水安全上升到首都战略高度，按照"把地下水管起来，把雨洪水蓄起来，把再生水用起来"的方针，大力发展节水产业，增强群众节水意识。要加强水质的监测，全面掌握用水情况，合理配置水资源，采取多种建设模式，完善配套管网建设，强力拓展用水范围，在河湖景观、施工、洗车、园林绿化、降尘等方面逐步完全使用再生水，实现水尽其用。加大老旧管网改造，努力实现集中供水，确保群众用水安全。要加大重点乡镇、街道的老旧供水管网及用户水表改造升级，对部分乡镇的使用自备井供水的用户，要逐步纳入村镇集中供水厂管网，实行集约化供水。要加大河道治理力度，城市河道综合整治必须高起点高规划，要与整个城市布局相融合，使水安全与水生态、水文化三者有机统一，要采用各种技术提高植被覆盖率，加大生态公园建设力度，同时，妥善处理好截污纳管工作中出现的各种矛盾，从根本上减少污水排放河道，加大污水处理厂建设力度，提高污水处理能力。

赵圳委员围绕房山如何由旅游大区向旅游强区转变提出建议：要创新观念，以"大旅游观"看待区域旅游产业的发展，要举全区之力加大旅游基础设施建设，要坚持以文化旅游、科普旅游、生态旅游为抓手，重点破解如何把旅游资源转变为旅游商品这个难题，使其产生经济效益，带动社会效益和环境效益。建议区政府要大力推动旅游经营机制创新，要通过资源整合，资产重组，收购兼并等方式，整合旅游产业链，构建旅游项目建设、产品开发、投融资服务和市场营销一体化发展平台，成立国有控股旅游开发公司，吸引民营资本，把景区推向市场，实行企业化管理。要制定完善政策，促进旅游经济活动的开展。加大专项资金扶持力度，加快旅游公共服务设施建设，对乡村旅游要重点在硬件建设和整体营销上加大投入，也要和新农村建设相结合，满足旅游消费的需求和功能。加快组建旅游行业协会，加强旅游管理人才队伍建设，以满足旅游产业发展的需要。

肖希鹏委员针对我区实施"新三起来"工程中存在的问题提出建议：区政府及有关部门应尽快制定符合本区实情的乡村发展规划及重点村的详规，建议在原有总规的基础上，对小村合并、中村调整、大村完善，搞好乡村规划，将现代都市农业、服务体验型农业产业规划与村民建设规划有机结合，形成可持续发展，整合服务大都市功能需求的、农村生态与人居环境相融合的发展规划。以发展都市现代农业为切入点，推动美好乡村建设，加强资源整合，实现要素集聚，建设涵盖旅游休闲、科普体验、养生养老等现代都市生态农业产业体系。创新组织模式，完善新型农村管理体系，要坚持"以政府为主导，村民为主体""村委会＋村民＋企业"的模式，村集体或农民以土地或资金入股成

肖英委员发言

立各种专业合作社或股份制企业，建立以"法治、德治、自治"为核心的农村社会治理体系，结合农村土地确权工作，对于农村集体经营性建设用地，要以出让、租赁、入股等形式实行与国有土地同等入市，同权同价，建立新的农村集体经营性建设用地产权流转和增值收益分配制度，将农村土地收益回馈给农村。解决美好乡村建设的资金来源问题。

张殿明、蔡本睿和禹作胜委员围绕实体经济发展、打造智汇城、抓好云居寺文化景区建设分别作了书面发言。

区发改委、住建委、市政市容委、国资委、经信委、旅游委、农委、商务委、教委、科委、法制办、财政局、人力社保局、水务局、司法局、统计局、环保局、投资促进局、经管站、房山工商分局、规划分局、国土分局以及城关、拱辰、西潞街道和长阳、窦店、大石窝镇的负责同志参加了会议。

房山区政协七届五次会议大会发言

2016年1月5日下午，区政协七届五次会议举行第二次全体会议，听取委员发言。各民主党派、人民团体、工商联及各界委员围绕适应发展新常态，实现发展新转型，建设"一区一城"新房山，打造京保石发展轴桥头堡建言献策。

会议由区政协副主席李惠英主持。区委副书记、区长曾赞荣，区政协主席唐淑荣，区委常委、常务副区长吴会杰，区委常委、宣传部部长赵佳琛，区委常委、副区长赵军，副区长卢国懿、翟东，区政协常务副主席高维魁，副主席周文海、任振秋、赵润东、肖武，秘书长游来清出席会议。

杨树德委员就推动"一河一带"建设提出建议：由区政府出面协调五地建立拒马河流域管理委员会，联合有关部门搭建协商对话平台，制定流域整体发展建设和利用规划；做好沿拒马河水域各地规划相互衔接配套工作；各地水务部门，要密切协调，采取措施，合理调配水资源，尽快恢复拒马河全流域畅流，坚持产业协同，打造具有辐射影响力的水域经济；坚持生态同建，打造一条独具特色的生态水域风光带。

杜金全委员围绕坚持创新驱动发展，全力打造"双创"新高地这一主题，建议区政府要强化中关村的引领作用，深化与中关村管委会，中关村发展集团合作，加快重点功能区与中关村国家自主创新示范区项目和产业对接。促进"总部＋研发＋基地"联动发展，全力打造"高端科技研发＋实体"的发展新模式；打造"人才特色"名片，充分发挥良乡高教园区对人才、技术等高端要素的虹吸力，推动高教优势转化为发展优势；完善创新创业服务平台，大力培育以楼宇经济、总部经济为重点的新业态。同时要营造优化创新创业氛围。让"双创"在全社会蔚然成风。

肖英委员围绕"实体商业＋互联网"带动生活性服务业发展提出建议：一是依托规模化连锁商

业企业，大力发展社区型便利店，真正解决老百姓生活需求的不是大型商业综合体，而是社区超市和便利店，随着城市生活节奏的加快，急需发展高品质的生活性服务业网点；二是由区政府牵头，开辟新的供给模式，打造功能丰富，特色鲜明，集购物、休闲娱乐、美食餐饮、居民服务等功能于一体的"高品质＋互联网"相结合的智慧型社区生活街，支持和鼓励企业实施创新。

刘长安委员针对我区景观农业发展提出建议：一是景观农业应与其他行业协同发展，才能长久，从而达到发展经济的目的。要与旅游业相结合，形成休闲、体验、娱乐等全产业链发展模式，实现富民增收。要与本地特色相结合，我区的特色有山区和丘陵，还是世界地质公园，应围绕这个特点，发展我们的休闲观光农业。要与我区的特色产品相结合，有产品融入，才能调动百姓种植养殖的积极性，创造更多的价值；二是要高度重视景观农业服务设施的建设，政府要加大资金投入，解决好景观农业吃、住、行、购、停车等问题，为游客提供优质服务。

张葆宁委员就加快推进生态宜居示范区建设提出建议：一是要突出生态功能，涵养青山绿水，坚持首都重要生态屏障地位不动摇，坚决退出山区低端资源性企业，彻底根治山区体表上的病灶；二是突出休闲功能，建设金山银山，将旅游与生态融合发展；三是突出创新发展，转变发展路径，牢固树立"绿水青山就是金山银山"的理念，抢抓机遇，提升基础设施建设标准，推进生态经济化和经济生态化；四是突出重大项目带动，打造京津冀最美山地生态休闲圣地；五是突出综合治理力度，打造山区优美环境，建设好拒马河、大石河两条生态文化旅游走廊。

廖承涛委员围绕调整结构，退低引高，促进发展提出建议：一是制定扶持小微企业发展优惠政策，在土地使用、税收等方面给予大力支持，搭建企业融资担保平台，支持小微企业转型升级；二是着力打造特色优势产业，在商贸服务业、现代制造业和文化创意产业等方面，加强合作，引进高端人才，延伸产业链，构建现代产业发展体系；三是发挥房山在京津冀一体化中的连接枢纽作用，打造京西南区域中心地位，鼓励房山企业在涿州和涞水建立生产基地。

马连杰委员针对如何盘活农村闲置宅院提出建议：一是要充分调研、加强顶层设计，建议由区政府出面，组织相关部门成立专门机构，深入调研农村闲置宅院现状，了解盘活利用存在的问题，制定闲置宅院盘活利用发展规划及相关政策；二是坚持规划先行，确保农民权益，将农村住宅纳入规划范围，把水、电、路、讯等配套设施融入规划，引导农民向城镇化、规模化发展；三是加大宣传，营造氛围，盘活农宅先要"盘活"农民传统思维方式，在尊重农民意愿的基础上理性推进；四是创新模式，协同发展。要通过不同的模式把农村闲置宅院利用起来，错位经营，协同发展。

王晓伟委员认为，房山区多年来靠传统产业支撑及小城镇建设，涌入了大量的外来人口，出现了"城市病"，退低引高，控制人口已成为当务之急。他建议：第一要靠退低端，疏解人口，建议区政府建立人口综合调控机制，联合区发改、公安、建委、流管等相关部门，制定措施，明确任务，退出低端，清理外来人口；第二要靠疏解功能，减少外来人口，要完善与城市功能相适应，有利于人口规模调控的产业机制，实施"以业控人"；第三疏解人口要处理好三个关系，即处理好当前与长远的关系，行政调控与依法调控、市场调控的关系，人口调控与经济发展、社会稳定的关系。

李进伟委员围绕中关村南部创新城的建设提出建议：一要主动深化对中关村南部创新城的认识，要以科技创新为引领，把房山区的文化资源做大做强为文创产业，把金融创新作为承接高端资源、产业布局的重要保障；二要集中优势打歼灭战，中关村南部创新城建设的突破点在于优化布局。要坚持产业集成打组合拳，政策抱团出连环策，打造城乡一体化示范区；三要用良好环境、优质服务，为我区复合式创新搭建资金、人才、项目引进高平台。聚集更多的高端要素，凸显我们在中关村南部创新城整体布局中的一"核"作用。

徐蔚委员就房山发展临空经济提出建议：一是要推进重大交通设施建设，构建首都西南快速交通体系，推进与中心城区相连接的五条重要通道建设，推进重点功能区外部联络线建设，推进北京新机场四条辐射通道建设；二是做大做强高端产业，实现聚集发展，吸引大企业、大项目和各类高端要素聚集房山；三是依托旅游资源优势，打造生态宜居示范区，大力发展具有首都核心特征的科技创新、金融服务、文化娱乐等现代创意休闲产业；四是以产业基地为依托，发展总部经济；五是发挥房山在京津冀协同发展中的桥头堡作用。

肖正权委员认为，房山区区域医疗服务能力，医疗技术水平，医疗涵养能力不适应地区百姓多层次就医的需要，他提出建议：一是在最短时间内提高区域医疗服务能力，改扩建房山医院、良乡医院、房山中医院，加快硬件设施建设，筑巢引凤，招贤纳士；二是区政府要研究出台社会办医医疗用地鼓励政策，发挥社会办医建设速度快，机制灵活的特点，满足百姓多层次医疗服务需求；三是制定引进三甲医院相关配套政策，吸引市级三甲医院在房山办分院，以提高区域医疗服务能力。

杜晓东委员就引进和涵养实用型高端人才提出建议：一要根据我区未来发展，合理定位人才需求，科学制定人才规划，为地区产业转型打下基础，要制定一套完善的中长期人才培育计划、发展战略和扶持政策，在引进高端人才的同时，也要注重大批实用型人才的培养和使用，建议设立我区人才库；二要优化人才环境，营造吸引人才的良好环境和氛围，为人才提供更大的发展平台；三要建立人才引进的公共发布平台，设立人才引进后的跟踪调查服务。定期向社会公布各类人才的需求信息，及时掌握人才动向，调整人才资源策略。

李磊委员认为，"互联网+"带来了一场声势浩大的革命，但"互联网"怎么"+"要融入行业和企业本身。企业要用户中心化，要重新审视用户的价值，审视产品规划、营销推广、运营管理等方面是不是以用户为中心，企业要运营数据化，企业要组织社群化。建议政府加快"互联网+"的基础设施建设，为企业"触网"提供全方位服务，高度重视互联网经济的发展，给予转型企业更多的政策扶持，要宽容创新，不要急于"规范"，充分发挥政府主导和协调作用，帮助区内传统企业牵手区外互联网企业，搭建交流平台，推动企业转型升级。

刘宝新委员就建设宜居社区提出建议：一是加大对宜居社区建设宏观把握和前瞻性专题研究，力争把建设宜居社区规划编入"十三五"规划之中；二是把建设宜居社区同打造智慧城市结合起来，让更多的社区居民享受现代科技生活；三是把建设宜居社区融入生态宜居示范区当中，力争把每个社区建设成为不是公园胜似公园的居住生活区；四是制定优惠政策，逐步提高社区工作者工资待遇，稳定优秀人才队伍。

郭秀研委员围绕加大房山登山步道建设提出建议：一要加大政策和资金支持力度，建立健全"政策集成、部门联动、资源整合、资金聚焦"的推进机制，提升步道建设水平；二要统一步道建设标准规范，制定出台符合房山实际的登山健身休闲步道建设标准；三要打造特色步道，完善基础设施配套，使每一条步道都具有自己的"个性"，让游客领略不同的登山体验；四是加大宣传力度，扩大影响范围，充分利用广播、电视、报刊，及微博、微信等宣传手段，从多角度、多层次进行宣传，唱响"要登山到房山"这个品牌；五要加大招商引资力度，吸引社会资本进入山区，鼓励民间资本投入，提升步道建设水平，助推山区产业转型。

张海波委员就完善我区社会服务管理体系提出建议：一是建立我区服务管理体系标准，区有关部门应组织编制我区《服务管理体系规范及实施指南》，为政府考核所提供的基本公共服务和购买的公共服务提供参考依据；二是依托我区功能区建设的基础，建立具有我区特色的服务型科技创新创业生态系统，简化行政审批事项，根据功能区定位，制定相应的产业政策和激励政策，以促进企业转型升级；三是发挥文化资源优势，服务各项事业发展。

焦启超委员围绕打造京保石发展轴上的桥头堡提出了自己的想法和建议。京津冀协同发展特别是京保石发展轴的落位，将触发房山从发展理念到实践层面的全新变化，为房山未来的发展增强新的动力。他建议：一要锁定目标奋力推进，打造京保石发展轴上的桥头堡，要在退低端、进高端，强化首都核心功能上做贡献，要在京保石发展轴全段率先突破，为京津冀协同发展做贡献，要在全区发展大局中率先崛起，为房山转型升级做贡献；二要编制规划，导航发展，结合全区"十三五"规划编制，要突出京保石发展轴房山段的建设内容；三要优化布局，错位发展，按照功能清晰，产城融合，绿色发展的原则，形成以轴带面，重点突破，整体推进的格局；四要完善机制，协同推进，建立区级专门机构，负责京保石发展轴房山段的规划建设。

邓展渤、高峰、郭振江委员作了书面发言。

区直有关单位和部分乡镇街道的负责同志参加了会议。

第二节 专题座谈

区政协具有人才荟萃、智力密集的优势，从 2005 年 1 月至 2012 年 11 月，区政协在召开全会期间，组织各界政协委员围绕"城市建设与管理"、"新农村建设与产业发展"、"加快城市基础设施建设"、"建言文化旅游产业科学发展"等主题，开展了十次专题座谈。共有 99 名委员提出了 198 条问题和建议，区委区政府和相关委办局的领导非常重视专题座谈，每次都和政协委员进行面对面互动交流，认真解答委员提出的问题，委员以饱满的政治热情，针对存在的问题，发表自己的真知灼见，积极建言献策。专题座谈氛围热烈，重点突出，效果明显，是政协开展协商民主的具体实践。

区政协五届二次会议"城市建设与管理"专题座谈

2005 年 1 月 15 日下午，出席政协房山区第五届委员会第二次会议的部分委员参加了城市建设与管理专题座谈。区政协副主席许志远主持了会议。

区领导范文彦、崔国民、陈永、孙新军、李惠英、赵润东、肖武和各委办局 29 个单位的负责人出席了会议。会议自始至终在热烈的气氛中进行。

会上，区市政管委主任张英就房山新城建设、城市建设管理中存在的问题；未来三年城市建设与管理的目标和主要任务、加强领导、狠抓落实、确保房山新城建设管理再上新水平等四个方面进行了情况通报。

刘宝新、陈华中、王宝盛、顾梦红、刘素媛等委员就城市定位、安全、水土资源的开发与利用、居民小区生活环境、引进项目的论证、智力支持与奖励、道路交通和人民群众的就医与保健等问题

区政协举办城市建设与管理专题座谈会

与出席会议各部门的领导进行了问答式的交流。委员们说,很感谢政协组织这样的活动,能和区领导就城市建设和管理问题在一起进行协商、讨论,我们感到很高兴。

讨论中,委员们提出了如下问题:城市建设和管理应该并重。觉得房山区政府包括一些部委办局存在着一种重建设、轻管理的思想倾向。比如京周路段修得很漂亮,很好。但是违反交通规则的事时有发生;房山区是一个缺水的地区,水资源不能浪费。南水北调的问题,区境内开三个取水口,城关、燕山和良乡三个取水口每天取水量是130万吨。我们目前用水量是8.4万吨,就算到2010年十几万吨也是和130万吨相差悬殊,我们该怎样应对;急救站、急救中心的建立问题,从良乡到河北这么大一块区域,中间有新镇,没有急救中心,这并不合理。新镇有医院,能否依托这样一个医院比较好的设备、技术力量,建急救站。这样,南到阎村,北到坨里都可以照顾到;燕山的建设问题,生产和生活混在一起,而且危险装置和生活区放在一起,解决这个问题应该放到议事日程上来;在项目招标方面,对施工质量问题应切实抓一下,可不可以以一个检查组的名义进行督查,这个检查组可以邀请各界人士、专家、退休人员或者是在职人员,这个检查组不受行政制约,自由度比较大,敢于说真话。同时要有奖惩制度做保证。

就上述委员们提出的问题,与会的领导做了解答。

对于公路交通安全问题,交通和市政管委共同协调,根据卫星城的建设和发展,由交通部门提供站点和位置,由市政统一设置站牌,达到并满足居民出行方便的目的。

对于建立急救站的问题,按照北京市的总体规划和我区人口布局的实际,逐步建立和完善急救系统,在现有6个急救站的基础上,还要继续向市发改委、急救中心请示,能够建立起来的我们一定建。

在回答委员提出的建立检查组的问题时,建委领导做了这样的回答:有《建筑法》,北京市有建筑管理条例,这个体系从1984年开始有一个政府质量监督站、叫作政府监督,社会监理,企业保障。现在还有一个甲方负责,已经是终身负责人,是追究终身责任的。

对南水北调的问题,2008年还过不来,在这个方面涉及的问题很多,一个是用户的问题,一个是水的价格问题,结合水务局的成立,要把这个水的问题纳入工作范围。相信会得到较好的解决。

对委员们所提出的问题,区各级领导非常重视,并对提出的问题一一进行了答复,对各级领导的解释解答,委员们表示满意。

最后,区委常委、常务副区长陈永讲话指出,在科学发展观的指导下,我区抓住了北京城市总体规划修编的契机,组织了房山区域空间发展战略研究,为适应总体规划和北京市区县功能定位争得了先机,我们一定要抓紧进行良乡和燕房控制性详细规划和乡镇域规划的修编,使我区城乡规划体系进一步完善。我们希望与全体区政协委员和各民主党派成员的通力合作,为房山区域经济社会的发展,为把房山建成社会主义物质文明、政治文明和精神文明强区做出积极的贡献!

区政协六届一次会议"新农村建设"专题座谈

2006年12月13日下午,区政协六届一次会议举行"新农村建设"专题座谈会。座谈会由区政协六届一次会议主席团常务主席李惠英主持。

座谈中,针对我区新农村建设中的提高农民综合素质、打造产业支撑、专业合作组织建设等方面,安春祥、张杰、王晓燕等11位委员先后作了热情洋溢的发言,会场不时报以热烈的掌声。

加快产业发展,为新农村建设提供产业支撑。张杰委员提出,农产品加工业是关联农业、工业、流通业三大领域的大产业,与农业和农民有着紧密地联系,发展农产品加工业可以为新农村建设提供强大的产业支撑。要结合我区实际,制定科学的发展规划;要加快完善农民就业产业基地等载体建设,加大项目引进力度;要加强政策支持,加强领导,强化服务,促使企业做大做强,实现农民增收与企业发展的双赢。

王晓燕委员提出,以"农游结合"为特点的乡村旅游,使农业项目、农业产品、农村资源与旅游业融合对接,拓宽了农民就业渠道,加快了富民增收步伐,但还存在品种单一、基础设施不完善、从业人员素质偏低等突出问题。建议加强总体规划、加大扶持发展力度、严格规范管理、突出特色、打造精品,使乡村游成为新农村建设的重要产业支撑。

新农村建设应当重视民营企业的参与。田新华委员认为,新农村建设"政府是主导,农民是主体,民营企业是主力"。通过区政协组织的"联牵活动",我区民营企业纷纷积极参与到新农村建设当中,但从长远考虑,应当把企业的发展与新农村建设对接,通过政策扶持、项目招商、企业化运作,使企业逐步成为新农村建设的投资主体。

孙伯山委员认为,民营企业在新农村建设中起到了非常重要的作用,虽然有些民营企业目前税收少了点,但安置了大量农村富余劳动力,解决了农民的就业问题,促进了农民的增收。

区领导参加新农村建设专题座谈会

新农村建设必须注重提高农民的综合素质。安春祥委员提出，建设社会主义新农村落点在"村"、重点在"农民"，必须重视提高农民的综合素质，把培育新型农民贯穿于整个社会主义新农村建设的始终。一要充分利用各种学习资源，多渠道、多层次地对农民进行培训；二要充分发挥党员、干部、"能人"的引领带头作用；三要大力营造"人人尊重知识、人人学习知识"的良好氛围；四要鼓励农民在生产实践中应用科学知识。

合理编制规划，同时也要注重发挥农民的主体作用。张君秀委员提出，要切实发挥规划在新农村建设中的先导作用。要保证新农村建设在规划的指导下规范有序地推进；应重视新农村规划体系的完善，使经济、社会、基础设施建设等各类规划相互衔接、协调配套。

卢宁委员提出，新农村建设要充分发挥农民的主体作用。要让农民作编制"规划"的主人，广泛听取、征求农民的意见，用共同美好的愿景凝聚农民；要让农民参与规划的实施和监督，共同建设美好的家园。

新农村建设中要注重新能源的开发利用。高德民委员提出，应重点加强沼气、秸秆气化和太阳能三种新能源开发利用。一要把可再生能源建设纳入我区新农村建设和农业结构调整的整体规划，制定切实可行的措施，加大政策资金扶持力度。二要因地制宜加强重点工程建设。三要积极推广与农业生产相关的可再生能源实用技术。四要加强从业人员技术培训，搞好服务。

加强设施农业发展，促进农民增收。李景森委员建议：要强化设施农业的技术服务，推广优良品种，加强技术培训，尽快形成规模效益；要加快农产品营销体系的完善、加速品牌产品培育、积极组织农产品的销售。

加快农民专业合作经济组织发展，带动农民增收致富。隗永勤委员提出，当前我区农民专业合作经济组织存在着发展规模小、带动能力弱、经营服务内容单一、导向作用不突出等问题。建议把促进合作组织的发展纳入新农村建设的总体布局；完善政策机制，重点扶持一批规模较大、带动力强、农民增收效果明显的合作组织；推进规范化管理，提高合作水平。

合理整合房地产业，形成整体竞争优势。肖希鹏委员指出，目前我区房地产企业大多规模小、实力弱，房地产开发项目分散，缺乏整体竞争实力。建议在政府主管部门的统一指导下进行企业整合，加强政策引导，使之更具规模、更具竞争力。同时，对不同投资渠道的项目，按实施区域、行业特点及用地性质进行统一规划，合理布局，进行项目整合。

区政府有关部门领导首先对委员们热情关注我区新农村建设表示了衷心的感谢，并针对委员们的建议和意见进行了耐心细致的解答。

副区长王忠海称赞政协委员是我区的智囊团，区政协在我区的新农村建设中发挥了重要的作用：一是通过组织委员视察、提案等形式，提供了强大的智力支持；二是通过委员们的广泛参与，在我区已形成良好的舆论氛围；三是通过"联牵活动"，使民营企业参与到新农村建设中来；四是对区政府部门起到了督导作用，促使政府部门更加规范、有效地开展工作。并希望委员们继续关注我区的新农村建设。

区政协六届一次会议主席团常务主席范文彦、王晓芝、高维魁、万金峰、赵润东、肖武，区委常委、宣传部部长唐淑荣，区政府副区长王忠海，以及区新农村办、区发改委、区农委等12个区职能部门的领导参加了座谈。

区政协六届二次会议"新农村建设"专题座谈

2008年1月9日下午，区政协六届二次会议召开"新农村建设"专题座谈会。马连杰、崔占社、张君秀等9名政协委员就如何推进我区新农村建设做了发言。区委副书记苗立峰，副区长王忠海、马丽英出席会议。区政协常务副主席王晓芝主持会议。

着力发展现代农业，壮大农村经济实力。马连杰委员就如何发挥农民专业合作组织作用问题，建议区政府加大扶持力度，协调联合不同行业、不同性质的合作组织组成产业链，推动全区新农村的产业发展。

针对我区设施农业的发展情况，张君秀委员建议区政府巩固设施农业建设成果，提倡主打天然、绿色品牌，种植以服务北京大市场为主的特色产品。

崔占社、延淑洁委员在座谈中希望做大做强肉鸭养殖、食用菌产业，建议政府加大投入、扶持力度，充分发挥龙头企业的带动作用。

李长雨委员根据我区旅游业的现状，建议政府加大宣传力度，发挥行业协会的作用，实施精品旅游战略，将自然风光与人文景观相结合，做大做强创意旅游文化产业。

高德民委员高度评价了我区生物质能源开发利用所取得的成绩，为进一步完善生物质能源的工程建设和管理，建议区、乡镇匹配扶持资金，为各乡镇配置2至3名专职技术服务人员，确保能源服务体系正常运行。

联系区政协开展的"联百家民营企业、牵百村新农村建设"活动，张杰委员希望建立供企业与农村之间交流和对接的网络平台，研究并制定鼓励和引导民营企业参与新农村建设的政策措施。

加大投入力度，重视文体事业。邓思博委员认为，要加强新农村文化建设，应健全机制，创新形式，让农村产业结构调整和文化产业发展有机融合，使文化成为新农村经济与社会又好又快发展

2008年1月9日举办新农村建设专题座谈会

的核心要素和推动力。

金永男委员在发言中，分析了我区体育事业发展现状，建议建立农村体育健康发展的长效机制，深挖体育文化内涵，发挥体育的教育功能与经济功能。

李建国、孔凡生、郭艳梅、李泽田、杨宝峰委员分别从加强农民培训、提高农村医疗卫生服务水平、加快山区农民增收致富步伐等方面作了书面发言。

副区长王忠海在座谈会上，介绍了2007年全区新农村建设的情况，以及今年进一步推进新农村建设的工作思路。在听取委员的建议后发表讲话，充分肯定政协委员对新农村建设所做的突出贡献，赞扬政协委员是一支高素质的人才队伍，为我区各项事业的发展，提供了强大的智力支撑。

区农委、区文委等政府有关部门领导，对委员们提出的问题做了认真解答，并表示，一定要认真汇总、归纳委员们提出的意见和建议，并在工作中给予高度重视。区新农村办、区旅游局、区科委等10个单位以及区政协农村委、经科委、教文卫体委的百余名委员参加座谈。

区政协六届二次会议"新城建设与管理"专题座谈

2008年1月9日下午，区政协六届二次会议召开"新城建设与管理"专题座谈会，田新华、卢宁、于腊梅等6名委员就新城建设、旧城改造、交通建设等问题做了专题发言，会场上始终洋溢着热烈而融洽的和谐气氛，区委常委、宣传部部长唐淑荣，副区长吴会杰，区长助理高培军、张英出席了会议。座谈会由区政协副主席李惠英主持。

在座谈会上，副区长吴会杰首先简要回顾了近三年来房山新城建设与管理情况，详细介绍了2008年房山新城建设的总体思路、主要任务和措施。

田新华委员建议：在房山新城建设中，要突出城市周边主要交通枢纽地段的特色建设，不断提高新城建设的水平和品位，防止低水平重复建设和"屡建不新"的问题。卢宁委员认为，良乡东区应着重突出文化品位建设，尽快在东区建立行政管理机构。蒋小钢委员指出，要强化环境保护意识，禁止无序建设与过度开发，最大限度地保护不能再生的自然资源。

针对旧城改造难与拆迁难问题，于腊梅委员认为，政府应尽快出台旧城改造的优惠政策，加大综合协调力度，运用市场机制调动社会力量参与旧城改造。建议设立旧城改造专项基金，进行统一规划和开发。李印杰委员建议：要坚持阳光拆迁、有情拆迁和依法拆迁三项原则，把握好拆迁公告、补偿费评估、协议签订、严格执法四个环节，增强拆迁工作的透明度和公正性。

针对王宝盛委员提出的房山区轻轨建设和公路交通网络建设的提问，区长助理张英从规划、投资、建设、运营四个方面详细介绍了建设轨道交通问题，交通局局长周文海介绍了2008年公路交通建设的总体思路、重点工作以及推进措施。吴海涛委员认为，加强公路交通网络建设，要与落实我区"西南交通枢纽"的功能定位、与新农村建设、新城建设和北京市区的公交网络建设结合起来，不断完善我区的公交网络，使我区城乡居民享受到更便捷、更舒心的交通服务。

柴淑萍、马向丽、陈晓燕、马军、孙爱华、顾梦红、张玉等委员就交通配套设施建设、环境卫生工作、休闲场所建设、养老服务、城市防灾减灾等问题向会议提交了书面建议。

区委常委、宣传部部长唐淑荣在讲话中，高度赞扬政协委员对全区经济社会发展所做的贡献，并代表区委对委员们表示感谢。副区长吴会杰表示，一定要认真吸取政协委员的真知灼见，努力抓好新城建设与管理。

区发改委、区建委、区市政管委以及拱辰街道、城关街道等15个部门和单位领导参加了本次座谈会。

区政协六届三次会议"促进产业发展扩大经济总量"专题座谈

2009年1月6日下午，区政协六届三次会议召开"促进产业发展、扩大经济总量"专题座谈会。

区委书记刘伟，区政协主席范文彦，区委常委、宣传部部长唐淑荣，区委常委、组织部部长张祝华，区委常委、副区长高言杰，区政协副主席高维魁、万金峰以及区发改委、农委、科委、国资委、财政局、工业局、旅游局、新农村办、工业公司、经管站、种植中心、设施办等政府职能部门领导参加了座谈会。

2008年，区政府对"十一五"规划的执行情况进行了中期评估，区政协也组织委员开展了系列考察活动。其中，对全区工业强区战略的实施和农业发展、农民增收等问题提出了许多深刻而有见地的意见和建议。此次专题座谈会，委员们就上述问题与区委、区政府领导和区有关部门进行面对面地沟通交流。九名委员即席发言。

王子平委员从"社会和经济发展的一般规律、房山新的功能定位、房山发展工业的基础和优势"三个方面对实施工业强区战略的必要性作了分析论证，强调必须坚定不移地实施工业强区战略，绝不能含糊动摇。

姜胜军委员针对我区推进工业强区战略中的"三大基地五大产业"的格局提出："三大基地五大产业"的基本格局是符合房山实际的，并且已经取得了明显成效。他建议：产业的格局应根据发展的

2009年1月6日举办促进产业发展扩大经济总量专题座谈会

不断变化，由低到高逐步进行调整和完善。要按照科学发展的要求和有所为、有所不为的原则，培育扶持新兴产业的发展，对落后的、污染的企业抬高门槛，进行有效控制，对具有成长性的企业相对降低门槛，逐步创造条件，做大做强产业，为将来实现"三二一"的产业格局奠定基础。

来自区工业促进局的张杰委员从"发展速度、产业结构、发展后劲、工业布局、品牌建设、对全区经济的影响"六个方面，以真实可信的数据，阐述了实施工业强区战略取得的显著成就。

来自中外合资企业的蒋小钢委员对实施工业强区战略提出了建议：全区上下要进一步统一思想，营造良好环境，区委主要领导要亲自挂帅，切实加强领导，投入更大的精力，成立专门的机构，加大推进力度。

来自燕化的王宝盛委员分析了我区石油化工和建筑建材产业的优势，提出了进一步加强燕房合作，利用燕化丰富的化工原料，大力发展北京燕山石化集团公司下游产品的建议。

来自区工商联的孙志强委员围绕促进非公经济发展，解决非公企业融资难、用地难、信息难、用人难等问题提出了建议。

延淑洁、刘长安委员提出：近年来，我区大力发展设施农业取得了突出成果。随着十七届三中会议精神的贯彻落实，新一轮设施农业的发展高潮即将到来。为了使设施农业更加健康的发展，真正使广大农民得到实惠，建议：要科学规划指导，防止土地资源和市区政府投入的浪费，解决好技术和市场两个关键环节。做好产业布局、种养殖品种选择、技术服务、信息服务；提高组织化水平，发展农民专业合作组织，建立购销绿色通道、专业市场等。

孔凡生委员就果树产业发展中存在的"产业规模小、特色品牌少、重建轻管、农业科技支撑体系不健全"等问题建议：由政府牵头，促进各部门、各产业协调发展；建立和完善区、乡、村三级科技推广体系；重视现有果树资源的管理，把各项关键技术措施落到实处。

区委常委、副区长高言杰，区农委主任赵永祥在座谈中，充分肯定了政协委员高度的政治责任感和参政议政的热情，感谢委员们对全区经济社会发展的深切关注和提出的意见建议，回答了委员关注的相关问题，并介绍了区政府2009年在工业强区、农业产业发展、新农村建设等方面工作的安排部署。

区委书记刘伟在委员们发言后讲话，对委员们的发言给予高度评价，认为委员们的发言充满感情，有水平、有真招，为促进房山经济发展提出了很好的建议。对委员们提出的坚定不移地坚持工业强区战略、加大对工业发展的领导力度、促进非公经济发展、推进农业产业化等方面提出的建议都给予了充分肯定。他希望政府各职能部门认真研究委员的发言，采取措施进行落实。希望全区各族各界人士携手并肩，共同努力，加快房山区工业化、农业产业化进程。区政协副主席高维魁主持了专题座谈会。

区政协六届三次会议"加快城市基础设施建设提高城市管理与服务水平"专题座谈

2009年1月6日下午，区政协六届三次会议召开"加快城市基础设施建设，提高城市管理与服务水平"专题座谈会。张君秀、孙伯山、吴海涛、田新华、李印杰等十名委员，分别就旧城改造、创卫工作和老旧小区维修及物业管理等方面的问题各抒己见，畅所欲言，与政府有关部门的领导一起探讨交流，共谋房山新城建设与管理的发展大计。委员们发言踊跃，会场气氛热烈。

专题座谈会由区政协副主席李惠英主持。

城市中心区的改造，应本着统一规划，分步实施的原则。张君秀委员建议：老旧街区改造不要追求大体量商业建筑；要筹资加速兴建足够的保障性住房，真正满足老城区拆迁群众（尤其是弱势群体）的合理要求，将有利于老城区的改造；对历史及文化的沿袭，也是旧城改造中要考虑的问题。加强卫生基础设施建设，坚持卫生监督、防疫为主的方针。孙伯山委员建议区政府加大对卫生监督所和疾病控制中心人力、财力的支持；加强对房山医院改造的先期投入。抓紧对脏、乱、差的集贸市场进行改造。加快房山、良乡、燕山公交建设。徐忠立委员建议：在房山、良乡、燕山三城分别建设一个公交总站，并以三个总站为中心分别完善三城的环线公交建设。增加各路公交车的车辆数；提前早上第一班和延后下午最后一班发车时间。加速良乡新城道路建设，让群众出行更加便捷。李雅军委员说，将穿城而过的107国道、京周路彻底移至城外，结束多年来城际主干道与城市内道路功能混杂，造成的交通流量大、事故多发、环境脏乱的情况。希望政府能就这条道路尽快规划出改造方案；良乡城东地区的断头路问题特别突出，希望政府加以解决。房山轻轨即将开工建设，沿途两侧应从长远着想，早作规划，一边考虑拆迁问题，一边考虑周边地带的开发建设。完善城市排水设施，大力提升防灾减灾能力。李庆海委员建议：在京周路太平庄段铺设排水量较大的雨水管道，以解决京周路太平庄段雨污分流问题，缓解污水管网下游排水压力。沿苏庄西街铺设雨水管道，使苏庄西街的雨水能够顺利排入长虹西路现有雨水管道内，解决苏庄西街汛期雨水排出问题。在拱辰北大街铺设大口径雨水管道100米与主要排水管网连接，以解决良乡派出所门前汛期积水严重问题。在长阳路黄辛庄至区委党校路段铺设排水量较大的雨水管道，以解决长阳路的京广铁路桥下严重积水问

2009年1月6日举办加快城市基础设施建设、提高城市管理与服务水平专题座谈会

题。加大良乡城区一些重要部位整治力度。吴海涛委员建议：抓紧对107国道良乡段、碧桂园小区周边以及京周路与长虹路交叉路口的整治。

巩固创卫成果，建立长效机制。马平绣委员建议：一是设立卫生专项基金；二是坚持卫生清洁日制度；三是继续坚持门前"三包"制度。她还建议创卫工作打破部门界限，搞好统一协调，以避免互相推诿，各行其是。

老旧小区改造工作要统一规划与领导。田新华委员建议：要确保老旧小区改造资金到位，把这件得民心、顺民意的好事做到底；一定要建立长效机制，并结合巩固"五无"成果，把老旧小区建设得更加美好。由政府出资为没有物业管理的老旧小区筹办、组建物业管理公司。李印杰委员说，要强化政府对物业公司的监督管理。保证做到24小时有专人接待全区所有小区业主的投诉电话。对于不合格的物业公司采取媒体曝光，并按情节依法做出相应的处罚。他建议由政府出资或以政府为主要股东，组建成立为老旧小区、无主管单位小区提供物业管理服务工作的公益性组织。制定切实可行规划，逐步解决社区的办公用房。禹艳霞委员说，对老旧小区在调查研究的基础上，列出拱辰、西潞、城关最困难的社区，确定先期解决多少个，初步达到什么标准；然后再根据情况解决比较困难的社区，有步骤地逐渐推进。对新建住宅小区，必须按规定完善公共配套设施，建设居委会办公及活动用房并保证达标。

区委常委、政法委书记刘欣国，区委常委赵佳琛，副区长吴会杰，区长助理张英出席了专题座谈会。出席会议的还有区政府各相关委办局和四个街道办事处的领导同志，还特别邀请了部分社区代表参加座谈会。

在座谈中，区长助理张英简要介绍了轻轨房山线建设的进展情况，区市政管委主任苗宗启也和委员交流了创卫工作如何建立长效机制的问题。

副区长吴会杰代表区委区政府对各位委员多年来关注民生、关注房山区经济社会发展、支持关心区委区政府工作，表示衷心的感谢，并对委员提出的建议给予充分肯定。他一一答复了委员提出的主要问题，表示区政府对委员提出的建议经过汇总梳理，具备解决条件的，将分轻重缓急逐步解决。他希望各位委员继续关注全区各方面的情况，为房山新城的建设和发展献计出力。

区政协六届四次会议"新农村建设与产业发展"专题座谈

2010年1月13日上午，区政协六届四次会议召开"新农村建设与产业发展"专题座谈会。区政协主席范文彦，区政府副区长马丽英，区政协副主席赵润东，以及区农委、农业局、水务局、园林绿化局、旅游局、经管站、种植中心等有关部门领导出席座谈会。

专题座谈会由区政协副主席万金峰主持。

区农委主任赵永祥通报了2009年全区新农村建设和农业产业发展情况。

委员们围绕进一步深化新农村建设、大力推进农业产业健康发展等问题踊跃发言，提出了许多有见地的意见和建议。

马连杰委员提出：2010年是以基础设施建设为主的第一轮新农村建设的最后一年，下一轮新农村建设即将启动，实现两轮建设有效对接、深入推进，一要发展壮大集体经济，建立强大的产业支撑，使新农村建设的成果得以巩固；二要坚持规划先行、先谋后动、尊重成果、平稳过渡，避免产生新的矛盾和新的浪费；三要加强沟通协调，共同下活服务"三农"一盘棋。

区政协举办推进新农村产业发展座谈会

徐蔚委员提出：在市区政府大力支持下，经过几年努力，我区大部分农村已经实现了"暖起来、亮起来、循环起来"的目标，但要实现"持久暖、长期亮、真循环"，就必须建立长效管理机制。抓好产业支撑，探索民营企业资金进入农村基础设施经营的新路子。

孔凡生委员建议：在大力发展农业高新技术产业的同时，要进一步加大传统优势产业扶持力度。并提出了支持发展果树种植、养蜂产业、搞好特色种植养殖的具体建议。

张君秀委员围绕做大做强全区食用菌产业发表了意见。建议：加大政府扶持力度，努力营造推动食用菌产业发展的优良环境；加强品牌建设，形成一批具有区域影响力和市场竞争力的企业品牌；支持龙头企业加强专业化建设，发挥原料供应、技术协作、信息交流、仓储运输建设等方面的优势，为中小企业和农户提供综合服务。

刘长安委员分析了我区农业产业化的发展现状，提出：一要以中粮集团为龙头，结合我区食用菌、磨盘柿等主导产业发展，集中力量，抓大放小，打造具有房山特色的都市现代农业体系。二要建立长效机制，加大支持农业产业力度，增加产业发展后劲。三要加大对农业产业化龙头企业、农民专业合作组织、种养大户的信贷支持，引导农业企业开发系列产品，形成地区品牌优势。

杨宝峰委员针对我区设施农业方面存在部分设施闲置、技术支撑不足、组织化程度低、销售渠道不畅等问题，提出：农技部门要各负其责，充分发挥技术人员的积极性，为设施农业的发展提供全程服务；积极引导发展农村经济合作组织，规范组建和运作行为，加大扶持力度，对确实能够指导农户生产、收购农户产品、为农民增加收入、带领农民致富的合作组织，应按照贡献大小给予政策性补贴。同时鼓励合作组织实施品牌带动战略，拉动产业发展。

李雅军委员建议：要立足长远，做好规划；采取引进、外出学习等措施培养技术队伍；抓好管理、种植等环节，提高设施农业的整体发展水平。

副区长马丽英在讲话中充分肯定了政协委员高度的政治责任感和参政议政热情，感谢委员们对全区新农村建设和产业发展的关注与支持，并介绍了2010年区政府关于新农村建设和农业产业发展的思路和主要措施。

区政协六届四次会议"促进社会事业发展"专题座谈

2010年1月13日上午，区政协六届四次会议召开"促进社会事业发展"专题座谈会。区委常委、副区长李江，副区长卢国懿，区政协副主席肖武出席了座谈会。区教委、区文委、区卫生局、区体育局、区成教中心、区第一医院、良乡医院等部门领导参加了座谈会。区政协副主席高维魁主持座谈会。

座谈会上，卢国懿副区长介绍了2009年全区文化、教育、卫生、体育等社会事业发展情况。与会委员围绕进一步促进全区社会事业更好更快地发展积极发言。

王剑委员说：区第一医院规划严重滞后，诊室和病房拥挤，医务人员工作环境和病人的就医环境越来越不能满足需求。希望第一医院扩建工程抓紧组织实施，确保工程取得实质性进展。李晓云委员说，良乡医院作为区域医疗中心，对照三级医院标准在硬件上有较大差距。建议将良乡第一停车场以西作为良乡医院建设用地，满足发展需求。

为了实现"健康环境、健康服务、健康人群"的目标，郭艳梅委员建议：设立区健康促进工作委员会办公室，由区政府统一领导，加强各部门协调，建立联动机制；加大健康教育经费投入，按照《房

2010年1月13日举办促进社会事业发展专题座谈会

山区健康教育与健康促进规划纲要 2006–2010 年》要求，提高健康教育经费投入；发挥健康教育社会团体的作用，积极发展、扶持各类社区健康志愿者队伍，弥补医疗机构人员不足。

由于经济飞速发展和社会进步、城市化进程的加快和民众生活方式改变，使非物质文化遗产的挖掘、保护与传承面临着严重的冲击。宋秀兰委员建议：区政府应建立责任追究制度，责任到乡镇，责任到具体的管理者；设立专项经费对我区入选名录的非物质文化遗产项目给予资金支持；加大宣传，提高社会影响力，提高人们特别是年轻人对非物质文化遗产项目的认识，成为保护和传承非物质文化遗产项目的新生力量。

针对发挥我区的文化资源优势，打造文化品牌问题，王京立委员建议：弘扬龙乡文化，使悠久的历史文化得以继承和发展；注重发挥区内各个领域、各个阶层的人才优势，打造文化品牌；发展文化产业，使我区的文化资源真正实现自身价值。

卢宁委员分析了我区校园文化建设和思想品德教育存在的问题，建议区教育主管部门组织各学校校长讨论确立自己学校的特色校训，开展丰富多彩的校园文化活动，选择自己的发展方向和教学特色，有计划地推进校园文化建设，办出一批有代表性的、优良传统和现代文化特色相结合的高水平学校。

针对我区公办幼儿园较少、特别是城镇地区公办幼儿园较少、农村幼儿入园不便等学前教育匮乏问题。陈晓燕委员建议，政府应加大在政策和资金方面的支持，加强公办幼儿园建设，特别是乡镇中心幼儿园的建设；发挥民办幼儿园在学前教育的补充作用，促进民办幼儿园健康运行。

针对发挥成人教育优势，构建终身教育服务体系问题。郝伟莉委员建议：成人教育的发展应该树立新理念，从发展的战略视角对成人教育科学定位；紧紧围绕我区经济社会的发展需要，把重点放在应用型和创新型人才的培养上,在办学体制、教育模式、专业设置上要与"三化两区"建设所需人才对接;搞好教学改革,注重教学模式、内容、方法、手段的改革;办学层次下移,服务我区新农村建设;大力开展社区教育,服务学习型房山建设。

在发展体育产业,加强良乡体育中心运营管理问题上,金永男委员建议:理顺良乡体育中心管理体制,明确产权方和运营方的管理权限和使用权益;探索政府扶持、自主创新、运营高效、服务完备的企业化运营模式;政府完善税收优惠、贷款贴息、水电暖补贴等方面保障政策;鼓励和支持社会资本参与大型公益性文化体育设施运营,减少政府财政投入,节约运营成本,实现社会效益和经济效益双提高。

许玉生委员就体育进社区,促进和谐社区建设提出建议:针对社区实际,大力推动社区体育运动开展。对具有专业技术和爱好的社区居民,在自愿的基础上,成立如秧歌队、舞蹈队、篮球队等专项运动队;社区居委会每年至少组织一次综合运动会,区体育主管部门每年组织一次以社区为单位参加的综合运动会;区体育主管部门要制定针对社区体育工作的综合评价方案;为创建社区俱乐部提供扶持资金。

区委常委、副区长李江对委员们提出的建议给予了充分肯定,感谢区政协对全区社会事业发展的深入研究和深切关注。并表示,区政府将对委员们提出的建议进行汇总,具备解决条件的,将分层落实解决。对于由于历史"欠账"原因导致的问题,将和各位委员共同认真思考和研究,逐步提出解决办法。他希望各位委员扎实做好本职工作,为我区社会事业发展做出新贡献。

区政协六届六次会议"山区建设与发展"专题座谈

2011年1月6日下午,区政协六届六次会议召开"山区建设与发展"专题座谈会。

区政协主席唐淑荣,区委副书记张祝华,副区长马丽英,区政协常务副主席高维魁,副主席万金峰,区农委、新农村办、农业局、水务局、园林绿化局、旅游局、经管站、区残联、种植中心等有关职能部门领导出席座谈会。

专题座谈会由区政协副主席李惠英主持。

区农委主任刘宝忠首先介绍了近几年我区山区在生态保护、基础设施建设、产业转型等方面所做的工作、取得的成绩及目前存在的问题,以及"十二五"期间山区建设的总体思路。

座谈期间,委员们结合山区当前形势,围绕山区产业转型、生态建设、基础设施建设等问题踊跃发言,提出了许多颇有见地的意见和建议,会场始终洋溢着宽松热烈的气氛。

张文新委员认为,山区关闭煤矿和非煤矿山后,群众生活水平明显下降,如何让相关乡镇培育新兴产业、修复生态环境,尽快走出困境,实现山区可持续发展,意义重大。就大力推进林权制度改革、促进山区生态建设发展问题,张文新委员建议:重点做好山地林木明晰产权工作,吸引民间资本融入山区生态建设,加大政策扶持和考核激励力度。针对山区旅游问题,孙志强委员建议:开发山区旅游应在科学规划的基础上,与山区传统文化相结合,深入挖掘我区深厚的历史文化底蕴。

刘长安委员认为,山区沟域经济规划要符合"十二五"发展目标。他建议:引进现代观念,采取国际招标,统筹规划生态休闲区;集成山区各项政策,将各部门在山区实施的新农村建设、小流域治理、生态修复、生态产业等工程聚集,形成建设合力;产业发展应围绕沟域经济总体规划,鼓

2011年1月6日区政协举办山区建设与发展专题座谈会

励央企等大企业进山投资，建立统筹沟域经济发展的部门联动机制。

王寂委员针对推进"百村千池"集雨工程，建议：编制好规划方案，制定好建设目标；设立集雨工程专款，向市有关部门申请专项资金；集雨工程与新农村建设相结合，从新农村建设方面解决部分资金；尽快出台改善山区农民生存条件及生产用水的政策，将各级政府的相关政策整合成针对性强的专一政策，为制定"百村千池"实施方案起到促进作用。

马连杰委员就加大政府扶持力度，推动养蜂产业发展，建议：一要尽快设立养蜂产业管理机构，大力引进高级养蜂专业技术人才，进行专业技术培训，优化技术服务；二要不断加大对养蜂业的政策支持和资金投入并扩大规模；三要大力开展植树种草，发展特色蜜源；四要加大蜜蜂授粉力度，提高经济效益；五要培植养蜂示范大户，打造统一品牌，拓展国内外蜂产品市场。

赵国先委员就进一步做好我区山区残疾人工作建议：一是加强乡村两级残疾人组织建设，增强服务残疾人能力；二是加强残疾人服务设施建设，提高为残疾人服务的水平；三是加强教育培训，提高山区残疾人整体素质；四是实行特惠政策，加大对山区残疾人的扶持保障力度。

为有效促进山区农业发展，张莉华委员认为，一要打造都市型农业产业带，形成山区独特的大农业走廊；二要大力发展农产品加工业，构建现代化大农业的产业体系；三要创建、开发农产品品牌，提高我区农产品市场竞争力。

孔凡生、姜胜军、顾梦红、陈晓燕、张君秀委员围绕山区果树产业、山区旅游、利用政策扶持山区发展等方面作了书面发言。

座谈会上，副区长马丽英充分肯定了政协委员高度的政治责任感和参政议政热情，感谢委员们对山区建设与发展的关注和支持。她指出："十二五"期间，区政府将继续加快实施山区建设重点工程，再造山区优势；围绕"减少山区人口、拓展山区旅游休闲功能、打造山区绿色品牌"引导山区农民走出困境；综合实施有关政策，动员社会各界人士关心山区、进入山区、建设山区，为再创山区辉煌做出新贡献。

区政协七届二次会议"建言文化旅游产业科学发展助推现代生态休闲新城建设"专题座谈

2012年11月22日下午，区政协七届二次会议召开了"建言文化旅游产业科学发展，助推现代生态休闲新城建设"专题座谈会。

区政协主席唐淑荣，区委副书记、政法委书记曾赞荣，区委常委、区政府常务副区长李江，区委常委、宣传部部长赵佳琛，区政府副区长吕守军，区政协常务副主席高维魁，副主席李惠英、周文海、任振秋、赵润东、肖武，区政协秘书长游来清，区政府办、旅游委、文委、种植中心、历史文化聚集区和周口店镇、长沟镇、大石窝镇、南窖乡的领导以及百余位政协委员参加了座谈会。

区政协副主席李惠英主持了座谈会。

座谈会上，与会委员对我区文化创意产业和旅游业取得的成果给予了充分肯定，并就如何推进文化和旅游产业更好更快地发展积极建言献策。

在谈到文化旅游产业发展时，赵圳、段向红委员建议：在旅游文化之魂的把握上，要以弘扬爱国主义为核心的民族精神为魂，寻找文化之魂与旅游之体的结合点，推进旅游项目的设计与开发，打造文化旅游的立体化产业结构。要研究制定促进文化旅游产业发展的政策，整合文化旅游资源，建立合作运行的体制机制，打造文化旅游示范区。要加强素质培训，推动旅游业整体素质的提升。刘宝新委员建议加强对古建筑修复和民俗文化的挖掘整理，大力发展民俗文化游，促进农民就业增收。

2012年11月22日举办建言文化旅游产业发展专题座谈会

围绕文化产业发展，杜晓东委员建议：要以北京（房山）历史文化旅游聚集区为依托，设立文化创意产业试验与示范区，在政策、金融、税收和土地方面进行配套扶持和集中管理，更加有效地发挥聚集区的引领示范作用。万金峰委员建议成立文化创意设计中心，寻求本区文化特色和差异性文化存在价值，统筹设计我区文化创意产业发展理念和模式，并强化宣传和服务保障，使房山在新型经济发展中抢占先机和主导地位。沙文军委员建议：整合我区画家资源，统一规划我区的书画产业区，搭建政策平台，强化服务保障，推进书画创作向书画产业转变。

邬国强、张海滨委员建议把中医药文化融入文化创意产业之中，发展中草药种植业，打造新鲜精品中药之都，拓展高端养生市场，建立国家级中医药文化创意产业园，为文化旅游产业发展提供产业支撑。

立足于大石窝汉白玉石雕文化资源，宋永田委员建议：根据国家的产业政策，规划建设雕刻工艺品商业街，加强旅游纪念品的设计开发，做精做实汉白玉文化艺术节，推进我区石材加工雕刻企业整体转型，努力打造京西雕刻品销售中心和集散中心。

区委常委、区政府常务副区长李江讲话，代表区委、区政府向区政协和全体政协委员对房山旅游文化产业关心关注表示感谢，对委员们提出的意见和建议给予肯定。李江在讲话中指出，文化创意产业是我区几年来努力推进的一个方向性产业，但也是短板产业，区政府还需要在文化创意产业的发展方式、政策研究、自身挖掘和基础设施投入上进一步加强。李江希望全体委员继续关注房山区的发展，多提涉及发展思路的意见和建议，并表示区政府将对委员们提出的意见建议认真研究，吸收借鉴，在今后的工作中逐步落实。

第三节 专题论坛

为充分发挥人民政协在协调关系、凝聚人心、建言献策、服务大局方面的特殊优势，自2006年1月至2009年1月，区政协组织召开了四次由各民主党派、人民团体、工商联及各界委员参加的专题论坛，论坛紧紧围绕"新农村建设"、"构建和谐房山"、"加强和谐社区建设"、"促进卫生事业发展"的主题，共有62名委员针对存在问题提出了124条建议，这些建议反映了人民群众的意愿和呼声，也反映了政协委员参政议政的极大政治热情，参加论坛的区政府和各委办局的领导给予政协委员充分肯定，并表示对委员提出的建议要认真梳理逐步解决。

区政协五届三次会议"新农村建设"论坛

2006年1月6日下午，区政协五届三次会议召开第二次全体会议，举办"新农村建设论坛"。肖希鹏、穆建山、相志洪、张君秀等12名委员先后在会上发言，马俊怀、任群先、白树林等8位委员作了书面发言。区政协主席范文彦，区委副书记崔国民，区委常委、宣传部部长唐淑荣，区人大副主任梁顺，区政府副区长李惠英、王忠海等出席了会议。区发改委、区农委、区新农村建设办公室、区建委、区财政局等15个区职能部门的领导以及全体委员和各单位列席人员参加了会议。会议由区政协常务副主席王晓芝主持。

2006年1月6日举办新农村建设论坛

发言委员积极踊跃，言真意切，会场不时报以热烈的掌声。与会委员一致认为，新农村建设是落实科学发展观，推进和谐社会建设的重要举措，我区新农村建设全面启动，蓄势待发，"新农村建设论坛"的召开非常必要和及时，充分体现了区政协立足现实，服务大局，开拓创新的精神风貌。发言委员分别就加强农民素质教育，培育新农民，改善农村基础设施，营造新环境，壮大农村经济，发展新产业，加强农村精神文明和文化事业建设，塑造新风尚等问题分别发表了各自的意见和建议。

——新农村建设要规划先行。委员们认为，新农村建设是"十一五"规划期间农村工作的重点，涉及面广、人口多、动作大、投入大，因此，新农村建设首先要重视规划。

张君秀委员在发言中指出，新农村建设大发展的局面，向我们提出了一个严肃的问题，必须重视规划。建议区乡两级政府要坚持统筹规划，周密设计；坚持合理规划，集约建设；坚持保护特色，防止千村一貌；坚持一次规划，分步实施。同时要注意维护规划的严肃性。

肖希鹏委员提出，要高度重视新农村建设过程中旧村改造工作涉及的规划编制和审定问题，要加大与市规划、土地、建设部门的联系和沟通。

李晓云委员就如何治理农村垃圾问题，提出要科学规划、系统治理、完善机构、加强监督的建议。

对山区的新农村建设，穆建山委员认为，山区村庄布局具有特殊性，包括规划、布局、管理和产业在内的山区村庄整合是关键。

——产业发展是新农村建设的基础。委员们认为，加快新农村建设的基础是产业支撑。要发挥产业支撑带动作用，推进我区新农村建设。

相志洪委员针对我区食用菌产业发展指出，目前食用菌产业存在产业规模小、产业整体素质不高、组织管理模式滞后、资金短缺等问题，提出今后要增加产业专项资金、抓好典型示范户；多种手段综合运用、提高产业从业农户数量；扶持发展合作组织、提高农民组织化程度；加强招商引资宣传、吸引产业资金注入；走集团化经营的产业发展之路等五条建议。

——资源整合是新农村建设的关键。委员们认为，山区村庄居住分散、规模小、平地少、建设乱，开展新农村建设必须加大对山区村庄布局的调整和优化力度，走集约化发展村庄的建设之路。

穆建山委员提出，要规划先行，通过规划引导农民因地制宜进行村庄建设。要布局整合，综合各方面因素，按照集中、就近、方便群众生产生活的原则进行整合。要管理和产业整合，充分发挥资源优势，采取兼职、组织联建等方法统一方向、思路和发展，加快村庄整合。

——组织建设是新农村建设的保障。委员们认为，新农村建设能否顺利进行，农村干部的领导能力是决定因素，必须把加强村党支部书记队伍建设摆在核心地位，作为根本措施来抓。

李金田委员认为，加强村党支部书记队伍建设的关键是改善和加强村支部书记的管理体制和管理制度，建议把村党支部书记纳入全区干部统一管理系统，创建农村党支部书记规范管理制度。

穆建山委员提出，区直机关包村干部要通过承担项目、驻村指导、出主意、想办法，积极主动为基层服务。

顾梦红委员提出，由于新农村建设是新生事物，我们对其规律性的认识和把握上还不够深刻，要避免新农村建设中可能发生的重心错位、盲目攀比、不讲民主等种种不良倾向，要尽快制定具有科学性、权威性和可操作性的验收评价体系，不断深化民主管理、民主决策的各项措施。

发言中，王峙委员就加强农村基层卫生人才队伍建设问题，赵润东委员就加强农村文化建设问题，王寂委员就强化农民素质教育问题，赵国先委员就扶助农村残疾人问题提出了意见和建议。

区政协六届一次会议"发挥政协优势构建和谐房山"论坛

2006年12月13日上午，区政协六届一次会议紧紧围绕区六次党代会提出的"建设富裕、靓丽、文明、和谐的现代化新区"的奋斗目标，发挥智力人才密集的优势和特点，举办了"发挥政协优势，构建和谐房山"专题论坛，委员们参与积极，报名踊跃。赵润东、万金峰、郭艳梅、韩世军等16名委员，分别从构建和谐的政党关系、新农村建设、社会保障、民主法制建设等方面，在论坛上作了真挚、热情的发言，会场不时报以热烈的掌声。

论坛由区政协六届一次会议主席团常务主席王晓芝支持。

发挥政协优势，构建和谐政党关系。民革房山支部主委赵润东委员说，和谐的政党关系是建设和谐新区的基础和前提。新一届政协要充分发挥优势，积极履行职能，围绕全区工作中心，谋发展，促发展。民革房山支部副主委陈晓燕委员说，民主党派的基层组织在构建和谐政党中要充分发挥党派作用和优势，不断加强自身建设，做建设和谐新区的拥护者和践行者。

群策群力，建设社会主义新农村。九三房山支社主委万金峰委员说，农村发展存在着技术力量严重不足问题，我们决心通过在本职岗位上建功立业，继续开展科技下乡等活动，为构建和谐新区贡献力量。民盟房山支部副主委张海波委员说，我们要把智力支农作为工作重点，积极关注农民问题。区政协委员马文明说，切实解决农民持续增收问题，关键是继续贯彻落实统筹城乡发展的方略。建议加快农村劳动力转移，拓宽农民增收渠道；强化培训，提高劳动力素质；发展壮大农民合作组织；加大公共财政对农业的投入力度。

加快非公经济组织发展，增强区域综合实力。区工商联会长孙志强委员说，我们要创新机制，探寻非公经济组织参与建设和谐新区的方式方法。建议把"和谐企业"的创建工作纳入全区三个文明

2006年12月13日举办发挥政协优势构建和谐房山论坛

建设的表彰体系。民建房山支部副主委李长雨委员说，重信用，讲诚信，是民营企业发展的重要保证。建议加强信用宣传教育，牢固树立信用意识；加强舆论导向，大力宣传典型事例；完善信用法律体系建设，做到有法必依，执法必严，违法必究。

坚持教育优先发展，促进教育公平。区政协委员周玉江说，"教育公平"的基本内涵是公民受教育权利的平等和受教育机会的均等。今后应实施学校办学条件标准化工程，继续加快教育信息化建设，完善教师队伍可持续发展机制，不断提高优质资源的覆盖率。

加强医疗卫生服务，提高人民健康水平。农工房山总支副主委郭艳梅委员说，医疗卫生事业是构建和谐新区的重要内容。建议加大对健康教育的投入，全社会共同参与健康教育。区政协委员李芳玲说，卫生界别的政协委员要认真履行委员职责，带头倡导"以人为本"，"以健康为中心"的卫生服务价值观，实行政协委员亮牌制，服务于民，取信于民。

完善社会保障制度，促进社会公平。区残疾人联合会理事长赵国先委员说，抓好残疾人工作是建设和谐新区的一个重要方面。应重点加强提高残疾人的收入水平，完善残疾人社会保障体系，让更多的残疾人回归社会等方面工作。区总工会副主席侯振海委员说，区总工会要发挥优势，履行职责，发挥劳动关系三方会议制度的平台作用，促进劳动关系和谐。

建设和谐家庭，夯实和谐基础。区妇联副主席尤淑华委员说，没有家庭的和谐及家庭新风的树立，就谈不上整个社会的和谐。我们力争用三到五年的时间，建立健全和谐家庭创建表彰机制，培养和树立一大批和谐家庭标兵，力争使全区的和谐家庭达到全区总户数的70%以上。民进房山支部主委许兆雄委员说，家长文化素质偏低，缺乏教育子女的知识与方法，重智力轻德育是家庭不和谐的原因之一。建议学校发挥家庭和社会之间的桥梁、纽带作用，聘请专家和经验丰富的教师在房山、良乡、燕山建立品牌家长学校，保障家长学校的制度化、规范化。

促进政法工作，服务和谐新区。区政协委员韩世军委员说，政法工作是构建和谐新区的保障。建议进一步健全维护社会稳定的工作机制，切实落实维护社会稳定的责任机制，完善人民内部矛盾纠纷大调解机制，进一步健全社会治安综合治理的工作机制。

发挥团组织优势，提高青少年思想道德素质。团区委副书记孙桂华委员说，青年的思想道德素质直接影响和谐新区建设。我们要以"今天我们怎样成长"主题教育活动为载体，加强青少年理想信念教育。以"共青团员六种意识"教育，树立青少年社会主义荣辱观。以"房山青少年网络行动"，增强青少年社会责任感。以共青团品牌活动为载体，促进青少年精神文明创建活动。

这次论坛充分展示了全区各民主党派、人民团体和各阶层、各民族的团结和谐，为建设和谐新区提出了积极的建议和措施。论坛号召，全体委员要注重了解和反映人民群众最关心、最直接、最现实的利益问题，把事关全区经济、政治、文化、社会的和谐问题作为参政议政的着力点，充分发挥人民政协在协调关系、凝聚人心、建言献策、服务大局中的特殊优势，为建设和谐新区做出新的更大的贡献。

区政协六届一次会议主席团常务主席范文彦，区委常委、宣传部部长唐淑荣，区委常委、组织部部长张祝华，区委常委、副区长高言杰，区人大副主任梁顺等出席了论坛。区发改委、区农委、区市政管委等8个区职能部门的领导，全体委员参加了论坛。

区政协六届二次会议"和谐社区建设"论坛

2008年1月8日下午，区政协六届二次会议举办了"和谐社区建设"专题论坛，赵润东、万金峰、等13名委员，站在建设富裕、靓丽、文明、和谐新房山的高度，紧紧围绕我区和谐社区建设，就广大人民群众关注的热点难点问题，分别从社区管理体制、社区物业管理、老旧社区改造等方面，积极建言献策。

论坛由区政协常务副主席王晓芝主持。

赵润东委员针对我区社区规模不断扩大的情况和北京市委、市政府加强社会事务管理的新举措，建议对现行社区管理工作机构进行调整，设立独立的社会事务管理机构，对城市社区和农村社区统一管理。

许兆雄委员分析了老旧社区存在的问题和形成的原因，建议政府加大投入，把老旧社区改造维修和物业管理所需资金列入区政府财政预算，并加强各职能部门投入资金的统筹，进一步理顺老旧社区的产权关系，抓好物业管理工作。

王寂委员针对我区社区办公服务用房不足的问题，建议加大投入，制定切实可行的政策，健全长效管理机制，解决好社区办公服务用房问题。

万金峰委员建议整合闲置供暖场地，为广大居民创造更为方便、舒适、和谐的生活环境。

马杰委员针对全区居住小区物业管理现状及存在的突出问题，建议充分认识物业管理的重要性，切实加强物业企业管理，健全物业管理体系。

胡淑苹委员针对社区居委会承担任务过重，有悖于群众性自治组织的状况，提出要进一步明确社区居委会的性质、特点、地位、作用和职责，使居委会真正成为社区居民的自治组织。

赵润东委员发言

王峙委员在发言中高度评价了我区在推进社区卫生服务方面的成就，建议加强社区卫生所需要的全科医生的培训和培养，积极探索社区卫生服务的有效模式。

赵国先委员根据我区残疾人事业发展的实际，建议区政府成立社区残疾人工作考评小组和社区残疾人协会，加强对残疾工作的领导。要在社区建设残疾人"温馨家园"，使残疾人共享改革开放成果。

耿纪民委员建议：要准确把握社区党组织的功能定位，培养过硬的社区工作者队伍，健全社区党建工作机制，充分发挥社区党组织的领导核心作用。

马俊怀委员认为，应该深入开展和谐社区创建活动，以此为载体，全面推进和谐社区建设。

尤淑华委员在发言中建议：要充分发挥妇联组织在构建和谐社区中的独特优势和作用，推进社区文化建设，维护妇女的合法权益，促进社区稳定。

孙桂华委员针对社区中存在的闲散青少年增多的情况，建议增加就业岗位，提供就业信息，帮助闲散青少年实现就业，并切实加强教育与管理。

李晓云委员在发言中围绕"怎样更好发挥政协优势，深化和谐社区共建活动"这一问题，提出了意见和建议。她希望将共建和谐社区活动继续开展下去，动员各党派、团体和政协委员发挥自身优势，为和谐社区建设贡献力量。

区委副书记、区长祁红，区委副书记苗立峰，区委常委、常务副区长陈永，区委常委、宣传部部长唐淑荣，区委常委、副区长高言杰，区人大副主任王淑红，副区长王忠海、卢国懿、吴会杰等领导出席了论坛。区发改委、区建委、区市政管委、文委、教委等13个区职能部门及部分乡镇的领导，拱辰、西潞等四个社区的居民代表参加了论坛。

区政协六届三次会议"促进卫生事业发展"论坛

2009年1月5日下午，区政协六届三次会议举行第二次全体会议，就"促进卫生事业发展"问题举办专题论坛。王峙、许兆雄、段静文、李晓云等13名委员分别就卫生事业人才队伍建设、卫生资金投入和硬件设施建设、农村一级医疗网络建设和建立个人健康档案等方面畅所欲言。会场气氛热烈，不时报以热烈的掌声。

专题论坛由区政协副主席万金峰主持。

增加卫生资金投入，改善就医环境。许兆雄委员说，精神保健医院受占地面积限制，目前设500张病床，仅能满足全区10%的精神疾病患者住院治疗，精神病群体在社会的扩散必然会引发更多矛盾，带来一系列社会问题。建议建立持续稳定科学增长的精神病防治康复经费机制，将我区精神病防治康复经费投入标准由每年每人0.30元提高至人均1.0元，并对精神病人建档立卡、宣传教育以及对贫困精神病患者给予医疗费

李晓云委员发言

补助。努力把具有劳动能力的康复病人安排到福利企业或民营企业工作，使其自食其力，回归社会。王利荣委员说，随着疾病谱的改变、老龄化程度加剧、人口的自然增长和外来人口的增加，现有的健康教育经费已不能满足社会需求。建议健康教育与健康促进经费应不少于每年卫生事业经费的百分之六至十。按此标准计算，到2010年，我区健康教育经费投入应达到每人4至7元。晋朝晖委员说，随着区妇幼保健院门诊病房楼的动工修建，区财政应加大对区妇幼保健院现代化医疗配套设备的支持力度。同时，借助市妇产医院管理、技术、人才优势，加快高职称、高学历专业技术人员的引进，把区妇幼保健院建设成为具有区域优势的品牌医院，切实解决我区妇女儿童看病难的问题。

充分发挥二级医院的龙头作用，带动全区医疗网络运转。崔广田委员建议：继续推进医疗集团制度化、长效化管理，充分发挥医疗集团在二级医院和一级医院之间资源共享、优势互补、互助互利方面的作用，进一步完善双向转诊机制。李晓云委员说，全区医疗网络的顺利运转离不开新农合。建议加大政府支持力度，不断完善新农合筹资增长机制，科学制定补偿方案，合理解决钱怎么来、怎么用的问题，既要实现以收定支、收支平衡，更要使农民普遍满意、最大限度受益。

加强医疗人才队伍建设，改进人员编制体制。段静文委员说，针对我区目前中医人才流失，建议从人员编制、临床传授、中医培训等方面解决我区中医人才匮乏和流失的问题。郭艳梅委员说，推进农村基本医疗卫生制度建设是一个长期系统的工程。建议建立一整套完善的人才引进、培训、使用机制，通过增加补助提高一级医院卫生技术人员待遇，创造更多到二级医院进修学习、轮岗互动的机会，使卫生技术人员感觉到在一级医院工作同样有前途，特别是让投身山区的大学生更有决心、有耐心、有信心。刘宝新委员建议：根据我区实际情况，应尽快制定符合社会发展需要的各级各类医院的人员编制标准，特别是医技人员编制比例应参照市级编制标准和其他区县比例重新核定。打破我区医技人才引进的瓶颈，建议采取措施，将非在编医技人员的考核统一纳入医技人员的考核晋

级的范围，允许晋升高级职称。

广泛开展健康教育宣传，增强居民保健意识。针对目前我区全民建立健康档案工作中存在的问题，谢秀英委员说，应利用报纸、广播、电视等新闻媒体，采取区、乡镇、村三级联动方式，通过广泛宣传使老百姓明白建立农民健康档案的重要意义。从而使广大医务工作者从医疗服务模式为主向健康管理、预防为主、防治结合的模式转变。孙海潮委员建议：在我区建设一家儿童康复综合医疗机构，修缮和更换康复训练器材，培养一专多能的康复老师，为我区残疾儿童提供良好的康复环境。同时建议把儿童康复医疗费用纳入医疗保险支付范畴，从而减轻患儿家庭及社会的负担。张峰委员建议：增加公共卫生投入，坚持预防为主的方针，避免因疾病流行而影响经济和社会的发展。在政府的投入中，应保证卫生事业费的增长与国家财政经常性增长保持同步；在卫生事业费的分配中，应切实扭转重医疗、轻预防的现象，向公共卫生及疾病预防控制倾斜。

转变理念，建立以老年康复为契机的经济增长点。王峙委员说，我区乃至全国人口老龄化所带来的社会问题，使老年人的医疗保障面临严峻形势，建议把对老龄人口的托管帮扶变成一个经济发展的契机，用郊区养老事业促进当地经济发展。吸引北京城区老年人在良乡、房山周边托管，拉动农业产品销售，促进庞大劳动力人群就业向城镇转移，促进上百万城市人次的旅游流动。一个宜居、绿色生态环境必然间接拉动区域饮食业、商业、旅游业、房地产业及其他服务业的发展。

为民营医疗机构营造良好环境，发挥民营医疗资源优势。肖正权委员说，目前民营医院同公立医院由于体制上的差别，导致先进的医疗资源大量浪费，建议我区把民营医院纳入新型农村合作医疗定点单位。希望和公立医院一样享受引进人才解决本地户口的政策。同时建议我区向国家呼吁减轻民营医院的税负，营造一个良好的经营环境，充分发挥我区燕化凤凰医院和北亚骨科医院两所北京市最大的民营医院的作用。

区委副书记、区长祁红，区委常委赵佳琛，副区长马丽英等领导出席了论坛。区发改委、区财政局、区卫生局等各委办局领导参加了论坛。

论坛结束后，祁红区长又与发言委员深入交谈，对委员提出的建议给予了充分的肯定，代表区委、区政府向各位委员对我区卫生事业发展的关心表示感谢。他表示区政府对委员们所提的建议经过汇总梳理后，具备解决条件的，将分层次逐步解决。对于人员编制短缺这类由于机制和体制原因导致的问题，区政府会根据实际情况仔细研究考虑。他希望各位委员继续关注全区各方面的工作，为我区经济社会的发展献计出力。

第四节 专题研讨

区七届政协期间，先后围绕"促进中小企业发展"、"促进区域经济发展"、围绕"新城新业新生活"、"新常态新转型新发展"的主题，组织召开了四次由各民主党派、人民团体、工商联及各界政协委员和区政府相关部门参加的专题研讨和建言议政，共有48名委员提出了192条具有前瞻性、针对性和可操作性的意见和建议，这些意见和建议大部分被区有关部门采纳，有的还转化为委员提案，形成了助推房山科学发展的正能量。

促进中小企业发展研讨会

2012年9月27日，区政协与区经信委、区工商联和区金融工作办公室联合举办《抢抓机遇 开拓创新——房山区促进中小企业发展研讨会》。北京市政协经济委员会副主任吴杰，区政协主席唐淑荣，区委副书记、政法委书记曾赞荣，区委常委、常务副区长李江，副区长马继业，区政协副主席李惠英、肖武，秘书长游来清出席研讨会。区政协副主席任振秋主持会议。

区经信委主任赵永祥首先通报了我区中小企业发展情况。从全区中小企业规模、质量效益、结构调整、面临的挑战及推动中小企业发展的措施等几方面，认真翔实的向委员通报。随后，孙志强委员作了《坚持科技创新，做大做强中小企业》的发言，他围绕如何加快科技创新提出了政府应建立科技创新的成果转化公益性服务机构、大力引进高端人才、扶持创新型企业三点建议。赵一弘委员作了《破解资金瓶颈，促进企业融资上市》的发言，他讲述了碧生源上市的历程，上市的利弊分析，回答了"我们为什么上市"这一问题，提出了政府应设立中小企业发展基金，为中小企业搭建服务平台等三点建议。关胜兵委员作了《我区建材行业面临的问题与对策》的发言，围绕我区建材行业的发展，提出了创新管理体制机制，大力引进高精尖企业，帮助企业解决用地问题等五点建议。常亮委员作了《拓宽国际国内市场，延伸产业链，促进农民增收》的发言，他围绕我区龙头企业如何发展，提出了要建立多元化农业产业投入体系，加强与高教园区合作，引进和培养高端人才，提升龙头企业市场竞争力等四点建议。李磊委员作了《构建出口创汇劳动密集型企业，促进企业转型升级》的发言，他围绕加快企业转型，提出了外贸型企业要加快转型升级，加大研发力度，打造品

唐淑荣主席在研讨会上讲话

牌，政府要帮助企业解决用地问题等三点建议。廖承涛委员作了《加强人才队伍建设，提高企业竞争力》的发言，他围绕企业人才队伍建设，提出了政府应营造宽松环境，做好企业人才服务等三点建议。北京燕鸿融资担保有限公司董事长、首创担保房山分公司总经理刘学东作了《做大做强区域担保平台，助推房山中小企业发展》的发言，他围绕如何为中小企业提供融资担保服务，提出了强化服务职能，拓宽融资渠道，创新业务品种等四项举措，并提出建议：区政府应在银行、担保公司、抵押登记机关等单位之间建立中小企业融资绿色通道，使企业办理融资贷款手续便利快捷。王晓伟、张殿明、王海平三位委员分别围绕树立品牌意识，提升企业竞争力，适应市场、创业转型，为充分履行社会责任强根固基，增强服务意识，创新服务机制，助推房山中小企业健康发展作了书面发言。

市政协经济委员会副主任吴杰对房山区中小企业发展给予充分肯定。他指出，房山区政协举办促进中小企业发展研讨恰逢其时，研讨发言准备精心、言之有物，必将对房山未来经济发展产生深远影响。区政府高度重视中小企业发展，在认真听取大家建议的基础上，广泛深入调研，加大推进中小企业发展的力度，政府、企业联手，政协协调，调动房山区企业家的积极性，为地方经济发展做出了贡献。

区委常委、常务副区长李江表示，区政府将借势积极推进中小企业健康发展，优化集成政策，培育优势产业，加快服务体系建设，积极探索多元化融资模式。他要求各级各部门要把思想和行动统一到中央和市委市政府的要求上来，统一到区委区政府的决策和部署上来，真心实意为企业办实事、做好事、解难事，为房山中小企业发展做出新的更大贡献。

区政协主席唐淑荣讲话指出，这次研讨既是区政协今年的一项重点工作，也是区政协集思广益、为中小企业发展建言献策的重要体现。从研讨发言中可以看到，无论是政协委员、企业界代表，还是政府职能部门，都在深入调研的基础上，多层面、多角度地分析了当前中小企业面临的困难和问题，并着眼长远发展，提出了解决问题的思路和对策。对好的做法经验将认真总结，对建议意见将进行认真梳理和分析研究，供区委区政府决策参考。区政协将积极搭建平台，献良策、出实招，继续全力支持中小企业抢抓机遇、开拓创新，为全区经济社会发展做出应有贡献，以优异成绩迎接党的十八大胜利召开！

区政府部分职能部门、部分乡镇及驻区金融机构主要领导，各民主党派、人民团体、工商联负责人和政协委员、经济界人士200余人参加研讨会。

促进区域经济发展研讨会

2013年9月27日，区政协与区发改委、区工商联和区金融工作办公室联合举办促进区域经济发展研讨会，围绕坚持创新驱动，加快转型升级，促进区域经济发展主题进行研讨交流。北京市政协经济委员会主任吴杰，区政协主席唐淑荣，区委副书记、政法委书记曾赞荣，区委常委、常务副区长李江，区政协副主席李惠英、任振秋、赵润东出席研讨会。区政协常务副主席高维魁主持研讨会。

研讨会上，区发改委主任李光明通报了我区区域经济发展情况，分析了全区发展面临的形势，明确了今后发展的基本思路和工作重点。随后，赵洪生委员作了《坚持开放引进，打造高端服务聚集区》的发言，他提出要把打造高端服务聚集区上升为区级发展战略，建议区政府要加大对楼宇和总部经济发展扶持力度，并制定相关政策，鼓励民营资本进入市政基础设施建设等四点建议。肖英委

2013年9月27日区政协举办促进区域经济发展研讨会

员作了《关于拉动消费，大力发展商贸服务业的思考》的发言，她提出了我区要建设高端商贸服务综合体，完善大项目配套商业设施，建议政府要加大对商贸服务业发展扶持力度等四点建议。杜晓东委员作了《坚持大项目带动，大力发展文化创意产业》的发言，他提出了要抓好我区文化创意产业的战略布局和规划，政府要研究出台扶持政策；坚持大项目带动，优化发展环境等三点建议。肖希鹏委员作了《搞好土地流转，坚持政企合一，促进农民增收致富》的发言，他提出了要加快现代农业产业化发展，积极推进农民专业合作社组织建设；提高农民组织化程度，保证农民的基本利益；加大投入，加快都市乡村社区基础设施建设等建议。黄文明委员作了《坚持创新驱动，做大做强实体经济的实践与思考》的发言，她围绕我区实体经济发展面临的困难，提出了政府要制定实体经济发展扶持政策，简化行政审批手续，缩短、明确行政审批时限；要建立企业互动平台，建立科技成果转化公益性服务机构等四点建议。孙振芳委员作了《努力把房山旅游业建成幸福产业》的发言，他围绕房山旅游发展现状，提出了区政府要建立旅游发展基金，专门用于旅游基础设施建设；要促进旅游与农业深度融合发展，形成"一镇一色"、"一村一品"；加大宣传力度，做大做强旅游产业链等四点建议。廖承涛委员作了《抓好企业文化建设，促进企业和谐发展》的发言，他认为，企业文化对于企业发展尤为重要，是企业迈向成功的不竭动力，他提出要提高民营企业家的素质，打造优秀企业文化，要建立现代企业制度，提高企业文化层次，要培育特色企业价值观，打造个性化企业文化等三点建议。张颖辉委员作了《发挥金融优势，助力区域经济发展》的发言，他建议区政府要给予小贷公司一定的区级税收优惠，对小贷公司的客户要给予贴息政策，以减少小微企业的融资成本，要设立风险补偿机制，以降低不良贷款给小贷公司造成的损失等三点建议。王斌、孙志强、王海平、张玉河四位委员分别围绕餐饮服务业面临的困难与对策，坚持走出去发展战略，提升企业核心竞争力，关于我区生态经济发展的对策与研究，发展实体经济，促进民营企业转型升级作了书面发言。

北京市政协经济委员会主任吴杰对房山区政协围绕中心、服务大局，助推区域经济发展的做法给予充分肯定。在分析区域经济发展的现状、展望区域经济发展的前景后指出，区域经济发展是保持经济、社会、生态发展的重要基础，是关系民生和社会稳定的重大战略任务。近年来，房山区发挥优势，加快转变经济发展方式，推动转型升级，区域经济发展取得突出成效。广大政协委员认真履职、善于实践、深入调研、发现问题、积极建言，为推动房山经济社会发展做出了贡献。他希望房山要继续抢抓机遇，振奋精神，开拓创新，不断推动区域经济健康持续发展。

区委常委、常务副区长李江在讲话中充分肯定了区政协为促进区域经济发展在开展民主监督、建言献策、调研实践活动，特别是深度参与重点功能区建设中发挥的作用。他指出，区域经济发展关系到房山"三化两区"战略目标的实现，要正确认识区域经济发展现状，既看到发展中的难点重点问题，更要抓住发展的历史机遇，进一步增强加快区域经济发展的信心。他表示，要尊重政协委员的劳动成果，认真吸纳委员们的意见建议，围绕结构调整，打造区域经济发展升级版，把"一区一城"新房山建设推向新阶段。

区政协主席唐淑荣在讲话中要求，广大政协委员要充分发挥人脉广泛、智力密集的优势，在履职过程中，紧紧围绕"一区一城"新房山建设这个中心，深入开展调查研究，深度参与经济社会建设，为区域经济均衡快速发展建真言、献实策，在区委区政府坚强领导下，为共圆"新城、新业、新生活"房山梦，实现房山跨越发展做出新的更大的贡献。

区政府部分职能部门和各街道、乡镇的领导，各民主党派、工商联、人民团体负责人和部分政协委员、经济界人士共120余人参加研讨会。

"新城新业新生活"建言议政会

2014年11月18日，区政协召开"新城新业新生活"建言议政会。区政协主席唐淑荣，区委副书记、政法委书记曾赞荣，副区长吕守军，区政协副主席李惠英、肖武出席会议。区政协副主席任振秋主持会议。

会上，丁长海委员作了《发挥优势，找准定位，加快推进窦店组团转型发展》的发言，他针对窦店组团转型发展面临的问题，提出了加快中关村创新基因导入，推动"制造业基地"向"智造研发中心"升级；开展集体可经营性用地试点，推动"农民"向"市民"的真正转变；积极推动规划调整，合理调控新城人口规模等五点建议。禹作胜委员作了《坚持保护与开发并重全力抓好云居寺文化景区建设》的发言，他提出区政府应针对集体土地经营问题研究出台新的办法，先行先试；加快云居寺景区周边基础设施建设，全力打造"环首都京西绿色生态园"；推动京津冀协同发展等三点建议。赵圳委员作了《关于加快房山由旅游大区向旅游强区转变的几点建议》的发言，她提出了推动旅游经营机制创新，建议政府制定完善扶持政策，打造旅游品牌；加快组建旅游协会；加强旅游管理队伍建设等五点建议。袁晓波委员作了《努力把长阳新城打造成"镇景合一"的生态宜居示范区》的发言，他提出了要疏解非首都功能，破解城市发展难题；加大高端要素引入，提升新城的承载力；全力拆除违章建筑，清理外来人口；加强生态环境建设等四点建议。李树委员作了《构筑京西屏障，全力打造房山"后花园"》的发言，他提出了区政府要加大基础设施建设力度；要完善行政审批制度，

2014年11月18日区政协举办"新城、新业、新生活"建言议政会

简化办事程序；广泛吸纳民间资本参与公园建设和生态环境建设，形成投入多元化的格局等四点建议。肖英委员作了《实施"三化一体"战略　提升百姓生活品质》的发言，她提出政府要完善配套设施规划，实行部门联动，营造良好的商业周边环境，要建立大项目一站式审批机制，帮助企业解决项目建设中遇到的实际问题等四点建议。肖希鹏委员作了《实施"新三起来"工程，发展新型农村经济》的发言，他提出了要创新农民组织模式和土地流转方式，组建农村新型集体经济组织；要发挥农村集体资源优势，推动农村资产盘活起来；发展特色都市服务产业，加快都市乡村社区建设等四点建议。张莉华委员作了《坚持高端引领，品牌带动，打造首都西南农产品配送中心》的发言，她提出了政府要建立农业企业专项扶持基金；要简化办事环节，营造农业龙头企业发展的良好氛围；加强监管，确保农产品质量安全。常亮委员作了《坚持龙头带动，促进农产品企业转型升级》的发言，他提出了要制定更加完善的政策，帮助企业解决用地手续办理难的问题；引进高端主管人才营造宽松环境；全面加强农产品质量安全监督，确保食品安全。张殿明委员作了《燕山地区实体经济发展面临的困难及对策》的发言，他提出政府要创造条件降低企业融资成本，减轻企业税负；要研究制定促进企业转型升级的优惠政策，简化办事程序，为实体经济提供便捷服务；要大力培育高科技产业集群。邓展渤、杨宝峰、蔡本睿三位委员分别围绕保障水安全、山区沟域经济发展等作了书面发言。

　　副区长吕守军在讲话中对这次建言议政会给予了充分肯定，认为委员们提出的建议切合房山发展实际，抓住了中心、反映了民意，表示将责成有关部门，对这些建议进行认真梳理和研究，为推进"一区一城"新房山建设提供参考。

唐淑荣主席指出：委员们的建言献策对助推房山经济社会发展是非常重要的。她要求，与会人员要认真学习贯彻习近平总书记在纪念人民政协成立 65 周年大会上的重要讲话精神，不断深化对人民政协重要地位和政协委员参政议政重要作用的认识，创新协商民主的形式，丰富协商民主的内容，积极为破解经济社会发展难题建言献策。在即将召开的七届四次政协全会上，政协委员要充分发挥智力密集，人才荟萃的优势，深入进行调查研究，做好大会发言、提案的准备，建真言，献良策，为房山经济社会发展营造良好氛围，为实现"新城新业新生活"的房山梦贡献才智。

区发改委、住建委、房山规划分局、国土分局等部分职能部门和长阳、窦店等镇的领导，各民主党派、人民团体、工商联负责人和部分政协委员参加会议。

"新常态、新转型、新发展"议政会

2015 年 10 月 14 日，区政协召开"新常态、新转型、新发展"议政会。区政协主席唐淑荣，区委常委、常务副区长吴会杰，区政协副主席李惠英、赵润东，秘书长游来清出席会议。区政协常务副主席高维魁主持会议。

会上，王晓伟委员作了《贯彻落实京津冀协同发展规划纲要，加强人口规模调控》的发言，他针对房山多年来在加快城市化进程的同时，忽视了人口规模调控，造成人口无序增长，城市承载力不足，以至于患上"城市病"的问题，提出了政府要建立人口综合调控机制，要靠退低端，疏解人口，靠疏解功能，减少外来人口等三点建议。任国强委员作了《打造新型城镇化良乡示范区的建议》的发言，他针对良乡示范区建设存在的主要问题，提出了要高标准规划，合理布局，大力引进社会资本，

2015 年 10 月 14 日举办"新常态、新转型、新发展"议政会

加快基础设施和公共服务设施建设，坚持业城融合，发展高端低碳产业等四点建议。尹志刚委员作了《抓好棚户区改造，打造京西现代科技宜居新城》的发言，他提出政府要加大棚户区改造支持力度，全面改善环境，加快基础设施建设，协调相关部门做好保障方案落实，解决历史遗留问题等三点建议。柴林峰委员作了《关于进一步发展混合所有制经济的几点建议》的发言，他提出对国有经济要进行准确定位，实施分类改革，转换国资监管方式，完善国有资产管理体制，拓宽渠道，合作共赢，促进混合所有制健康发展，营造公平竞争的市场环境等四点建议。孙振芳委员作了《关于加快十渡旅游大镇向旅游强镇转变的建议》的发言，他提出政府要加大对十渡景区生态文明建设和基础设施的建设力度，将十渡城市化建设纳入重要议事日程，将村民就地集中安置或将十渡居民整体外迁，强化十渡景区管委会的行政管理职能等四点建议。刘长安委员作了《加快产业转型，大力发展都市型现代农业》的发言，他提出了政府要加强农民专业合作社规范化建设，加大对龙头企业扶持力度，加强生态环境建设，服务新城发展等三点建议。赵一弘委员作了《实体经济发展面临的机遇与挑战》的发言，他提出了政府要制定有关实体经济引进高端人才的优惠政策，搭建企业发展平台，对实体经济企业提供一条龙服务，要在政策上给予实体经济更多的支持等三点建议。沙文军委员作了《加大项目推进力度，大力发展文化创意产业》的发言，他提出了政府要加强对文化创意产业发展的领导，切实解决体制机制问题，特别是对重大项目要做到有专人抓，有标准，有期限，有考核，优化服务环境，完善政策支撑，加大服务平台建设，引进高端人才等四点建议。郭振江、梁丽芳、杨宝峰、蔡本睿四位委员分别围绕打造北京高端智造基地、举办"第四届中国兰花大会"带给我们的思考、促进山区转型发展、创业点燃新引擎创新成就新转型作了书面发言。

区委常委、常务副区长吴会杰充分肯定了政协委员参政议政的极大热情，认为委员们提出的建议切合房山实际，抓住了中心，突出了重点，反映了民意。表示将对委员意见和建议进行梳理和研究，并希望政协委员继续关注支持政府工作，积极建真言，献良策，努力为区域经济社会发展贡献力量。

唐淑荣主席指出，政协委员参政议政建言献策是政协开展协商民主的重要内容，是委员履职的具体体现，当前我区正处于京津冀协同发展的重要历史时期，退出低端，引入高端，加快城市转型，产业转型，山区转型是一项重大的战略任务。政协委员要做清退低端产业的宣传员，勇当先锋；要充分发挥政协委员联络广泛的优势，为产业转型特别是引进高端当好联络员，要勇当实践者；要深入开展调查研究，为即将召开的政协七届五次全会提出高质量的大会发言和提案，为实现房山跨越发展做出新的更大的贡献。

区政府部分职能部门和各街道、乡镇的领导，各民主党派、人民团体、工商联负责人及部分政协委员共计90人参加会议。

第五节 区域论坛

从2007年起至2011年，丰台、石景山、门头沟、房山、大兴五区政协共同倡导主办了五届"首都西南区域经济发展论坛"。其目的是为了加强西南区域经济合作，实现共同发展。五届论坛都以永定河为题，围绕永定河生态环境、沿岸经济建设、京西生态屏障建设、旅游产业发展等重点课题展开了广泛深入的讨论，引起了全市各民主党派、众多专家学者、市有关部门和五区政协委员的广泛关注，发表了诸多深刻的、有重要价值的意见和建议，不仅引起了市领导的高度重视，而且有的已经成为重大决策。

首都西南五区域经济发展论坛

第一届论坛由丰台区政协承办。主题是："统筹资源、协调发展"。论坛紧密围绕首都西南区域发展，从宏观经济、永定河生态建设、旅游产业、现代都市型农业、现代服务业、文化创意产业等方面进行了深入研究。

为保证在论坛上提出高质量的发言，房山区政协进行了精心酝酿和认真筹备，政协经科委和农村委就关闭煤矿后山区农民致富问题联合成立专题调研组四次深入到霞云岭、史家营、南窖、大安山等山区乡镇调研座谈，区政协主要领导带队三次到门头沟座谈研讨，调研组多次召开会议进行修改。同时还接待了九三、农工等民主党派市委调研组到我区调研。

2007年11月16日，第一届首都西南区域经济发展论坛在北京中关村科技园区丰台园大讲堂隆重举办。房山区与门头沟区政协就关闭煤矿后农民增收问题、关闭矿山企业发展旅游业问题；与大兴区合作就建设北京风沙区新型生态农业问题提交了论坛发言。论坛上《关于关闭煤矿后农民增收问题》的调研报告和《建设北京风沙区新型生态农业》的调研报告获优秀论文奖；《关闭矿山企业发展旅游业》的调研报告获二等奖。我区政协经科委委员、经信委副主任张杰围绕《加快良乡物流基地建设，促进西南五区经济发展》作了发言。论坛在全市产生了广泛的影响，论坛上的发言得到各级领导和公众的关注。

第二届首都西南区域经济发展论坛，以"开放合作、创新发展"为主题。经筹委会商定，在石景山设主论坛，四个分论坛分别由丰台、门头沟、房山和大兴四区政协承办。

2008年10月30日，在石景山区"京燕饭店"举行第二届论坛主论坛。专家、学者、政府官员就五区首都西南区域经济发展现状与产业结构调整、首都西南区域基础设施建设与地区经济发展的关系、首都西南区域旅游资源合作与开发等项目进行了深入研究。

10月13日，房山分论坛在我区昊天假日酒店召开。主题是"首都西南区域旅游及文化创意产业发展"。会议由区政协副主席李惠英主持。出席的领导有房山区政协主席范文彦、房山区政府副区长王忠海、丰台区政协常务副主席鲍顺新、石景山区政协副主席赵琦、门头沟区政协常务副主席呆建忠、大兴区政协副主席路志权、房山区政协副主席万金峰、赵润东。出席论坛的还有来自西南五区的政府相关部门的领导和政协委员、房山区民主党派代表、区旅游局及房山区各乡镇主管领导，以及在本次论坛上发言的领导和专家学者，还有来自北京青年报、北京商报、京郊日报、房山区广电中心、房山报、房山区信息中心等市、区媒体同志。

论坛分别由九三学社北京市委文化委员会主任、国家博物馆副研究馆员德永华发言，题目是《关于创建北京市西南五区旅游文化产业集群的建议》，房山区政协常委、北京师范大学良乡附属中学教师张磊发言，题目是《让旅游成为首都西南五区发展的主动力》。中国人民大学区域与城市经济研究所余婧发言，题目是《北京西南部创意产业发展条件的分析》。北京市社会科学院历史研究所所长王岗发言，题目是《历史文化资源是北京西南地区社会和经济发展的重要动力》。石景山区旅游局吴海龙局长发言，题目是《关于推进北京西南五区旅游合作发展的几点建议》。房山区旅游局冀显江局长

2007年，区六届政协主席范文彦出席第一届首都西南五区经济发展论坛

发言，题目是《从房山旅游发展看西南五区旅游合作》。北京达沃斯景观规划研究院院长卜凡舟发言，题目是《西南旅游资源的开发和利用》。

在筹备期间，石景山区政协在北京电视台《议事厅》栏目组织制作了五区政协副主席的两期专访"西南五区论坛专题"节目。我区政协李惠英副主席就分论坛的目的和作用及具体操作情况、对经济发展和产业提升的建议、第一届论坛意见和建议落实情况及整合五区资源，打造西南旅游区品牌等问题接受记者采访。

第二届论坛形成了《首都西南区域经济发展研究》专著，客观地反映了西南区域存在的差距和原因，明确了功能定位，提出了紧抓机遇促进区域发展的措施。同时征集出版近70篇论文，在区域发展定位、基础设施建设、旅游资源整合及永定河流域的整治规划等方面具有一定的参考价值。

主论坛上，五区政协首次联名签署了推进西南区域发展的建议案，提出了制定西南区域发展专项规划、从政策资金项目上加大对西南五区的支持力度、加强西南五区的生态环境建设、加快永定河综合治理等四项建议，并将通过市政协转交市委市政府。会上，五区旅游局还共同签署了《北京西南部地区旅游合作协议》，就加强区域之间旅游资源的整合和开发等7个方面达成了合作意向。

第三届首都西南区域经济发展论坛由门头沟区政协承办，2009年8月18日开幕，论坛主题是"城乡一体、统筹发展"。市政协主席阳安江、市委常委、统战部部长牛有成、市政府副市长夏占义出席了论坛并发表了重要讲话。首都有关专家、学者、政协委员纷纷围绕永定河沿线首都西南区域人文物产资源的保护开发利用，提出了新观点。

在门头沟区委、区政府的大力支持下，由北京市社会科学院专家组研究形成《首都西南区域旅游休闲产业发展研究》专著，为西南五区共同发展旅游休闲产业提出了高水平的政策建议。组委会编辑出版《第三届首都西南区域经济发展论坛文集》，为西南区域一体化发展、基础设施建设、旅游资源整合、永定河治理、永定河文化等方面提供了有价值的参考。

第三届论坛征集共征集论文126篇，编录88篇，内容涉及城乡统筹发展、区域合作、生态建设、永定河治理开发建设和永定河文化、旅游经济、产业发展、基础设施建设、农村和农业发展等八个方面。房山区政协积极做好五区论坛论文征集工作。在房山政协刊物上向全体委员刊发征文通知，并在房山报和房山电视台刊登并多次播发了征文启事。围绕主题积极组织各界委员撰写论文，向组委会共提交了6篇论文。区园林绿化局琉璃河木材检查站站长、政协委员孔凡生执笔作了《采取切实有效措施，全力打造首都西南屏障》的发言，并获得了优秀奖。

房山区政协在筹备论坛工作中，认真组织接待首都西南五论坛调研课题组调研。先后接待了北京农研中心、北京社科院和首经贸大学等四个调研组来房山调研。先后组织本区发改委、旅游局、工业局、物流办、规划局和有关乡镇等参与调研和情况汇报。就西南五区论坛宣传片的拍摄工作与区旅游局领导和有关同志进行商讨，就拍摄重点及有关环节积极做好准备工作。

第四届论坛由房山区政协承办。2010年以来，在中共房山区委的领导下，在北京市政协和房山区政府的大力支持和兄弟区县政协的积极配合下，第四届论坛组委会继承和发扬前三届论坛的成功经验，精心谋划、周密组织，扎实推进论坛的各项工作。

四届论坛筹备和举办之年，恰逢中央做出转变经济发展方式重大决策，市委提出"建设世界城市"的新目标，"十二五规划"编制和市委、市政府推进永定河绿色生态发展带建设、实施南城行动计划的良好机遇，在这种背景下，论坛组委会把四届论坛的主题确定为"把握机遇，跨越发展"。围绕这个主题，本届论坛把推进永定河绿色生态发展带规划的实施与建设作为中心内容，组织各方力量开展系统深入的研讨。同时，把首都西南区域转变经济发展方式，首都西南区域经济城乡一体化建设，首都西南区域生态建设问题作为研讨的重点。

论坛组委会多方奔走、积极联系沟通，多次召开北京市各民主党派负责人、市有关科研机构专家座谈会，走访了市政协相关委室、北京大学、中国社科院、首经贸大学等十多所大专院校、科研院所，动员专家学者、有识之士关注首都西南区域经济发展，参与论坛论文的写作。辛勤的努力，结出了丰硕的成果：第四届论坛组委会共收到各方论文165篇，经过精心编辑，由中国经济出版社出版了论坛文集。与此同时，组织力量围绕"首都西南新型城镇化建设"进行专项深入研究，编写出版了《首都西南区域新型城镇化建设研究》专著。

2010年5月、7月、9月，房山区政协先后三次组织召开五区区长联席会，对促进永定河绿色生态发展带建设深入研究积极建言，发表了共同"推进永定河绿色生态发展带建设"的联合倡议书。专题研究规划实施过程中的操作层面问题、现实问题，五区分别制定行动计划，加强交流，积极采取多种方式参与和推进，共性问题统一行动。五区分别就永定河绿色生态发展带建设和本区实际，选择一个重点项目或重点工作，集中力量加快推进。就永定河绿色生态发展带下一步的建设与发展，五区联合提出建议。

房山区区长祁红指出，永定河流域治理是关乎我们五个区经济社会发展的一件大事。第四届论坛围绕主题、重在行动，以推进永定河绿色生态发展带建设为主要内容组织论坛，通过论坛组织动员五区干部群众及社会各界进一步关注、参与、推动永定河绿色生态发展带的建设，将二者"合二

2010年9月，市政协主席阳安江到房山出席第四届首都西南区域经济发展论坛并发表重要讲话

为一"，使其相得益彰，共同取得良好效果。

围绕永定河绿色生态发展带建设，房山区政协分别组织本区政协委员、民主党派、人民团体开展了视察和植树活动，组织了市政协领导、民主党派领导、市政协城建环保委、经济委部分委员和丰台、石景山、门头沟、房山、大兴、河北省的涿州市、固安县政协领导，对永定河河道治理进行视察，为推进永定河绿色生态发展带建设发挥了积极作用。

永定河中下游沿岸的河北省涿州市、固安县分别与房山区、大兴区或辖区接壤或隔河相望。北京市提出打造"世界城市"新理念，实施"城南行动计划"和永定河绿色生态发展带建设规划以来，两地党委、政府领导高度关注，非常希望借助首都西南区域经济发展论坛的平台，展示自身优势，表达积极融入北京、对接北京的强烈愿望。经过双方政协的积极联系协商，涿州市、固安县政协作为特邀单位参加第四届论坛，形成了第四届论坛"5+2"的新格局。

涿州市、固安县政协积极参与第四届论坛组委会组织的各项活动。协同各区政协考察了永定河金门闸，参与了北京市政协委员、民主党派领导对永定河河道治理情况的视察活动，两市、县政协还组队与北京西南五区政协共同参加了青龙湖端午龙舟赛，为举办论坛造势升温，进一步提升了社会影响力。

9月9日，第四届首都西南区域经济发展论坛在房山区会议中心隆重举办。北京市政协主席阳安江、老领导焦若愚、市委常委、统战部部长牛有成、副市长苟仲文、市政协常务副主席沈宝昌等出席论坛。北京市各民主党派领导、专家学者代表、市政府有关部门领导、西南区域各区市县党委、政府、政协主要领导和政协委员300多人集聚一堂。

房山区区长祁红在论坛主题发言中强调，加快新型城市化是首都西南区域发展的必然要求，他提出推进新型城市化建设要坚持"一条主线、四位一体"的思路和具体建议。丰台区崔鹏区长就进一步推进永定河绿色生态发展带建设新建议；石景山区周茂非区长提出，要抓住世界城市建设机遇，加快首都西南地区发展；门头沟区王洪钟区长提出，门头沟区要着力打造"首都西部综合服务区"，重点发展依托首都、面向世界、服务市民的旅游文化休闲产业；大兴区政府领导提出要重点打造"一廊四区"，力争把永定河绿色生态发展带建设成景色秀丽、产业高端的机场后花园。北京市水务局局长程静具体阐述了建设山清水秀的绿色生态走廊、提升永定河水生态服务价值的设想。涿州市、固安县政府主要领导和北京市发改委相关领导也积极参与了论坛。精彩的演讲表达了北京西南区域人民携手并肩，把握机遇，跨越发展的信心和决心，展示了"十二五"期间一幅幅宏伟的鼓舞人心的发展蓝图。

本届论坛由新华社、人民政协报、北京日报、北京电视台等100多家媒体给予了深入报道和高度评价。

会后，论坛组委会综合民主党派、专家学者及西南五区党委政府的意见，形成了提交市政协十一届四次会议、由首都西南五区政协主席和市民主党派共同签署的三个提案，即《关于进一步推进永定河流域产业发展的建议》《关于加快推进首都西南区域城市化进程的建议》《关于大力推进首都西南生态屏障建设的建议》，供市委市政府决策参考。

11月30日，第四届首都西南区域经济发展论坛组委会召开总结会。房山区政协主席、第四届论坛组委会主任唐淑荣总结了论坛的筹备和举办情况，对市政协领导、市政协相关委室和市民主党派、各区党委、政府对论坛筹办工作的大力支持、各区政协的积极配合表示衷心的感谢。她指出本届论坛收集了大量论文，提出了许多促进区域经济社会发展的建议，论坛组委会将把各位领导和专家学者的重要建言汇集整理，提交市政协全会。同时预祝第五届论坛取得圆满成功。大兴区政协副主席路志权介绍了第五届论坛的筹备方案。第五届论坛将以总结、表彰和展望未来为主线，将五年来各区政协围绕论坛所做的工作，取得的成就，在社会上产生的广泛影响，上级领导的重视，有关部门和各民主党派及社会各界对论坛给予的支持帮助进行一次集中展示，以增强区域合作发展。会上播放了反映第四届论坛各项工作的专题片。

区政协常务副主席高维魁主持会议。丰台区政协主席初建华，石景山区政协主席倪国锋、副主席刘国庆，门头沟区政协主席高连广、副主席杲建忠，大兴区政协主席高树旺、副主席路志权，房山区政协副主席李惠英、周文海及秘书长李金田，五区政协经科委主任、副主任出席会议。

2011年7月5日，首都西南区域经济发展论坛工作总结大会在大兴区召开。主题为"突破结点，超常发展"。中共房山区委书记刘伟、房山区政协主席唐淑荣、区政协原主席范文彦、代秘书长游来清出席。在会上，论坛组委会成员、石景山区政协主席倪国锋代表组委会宣读了《首都西南区域经济发展论坛组委会关于表彰论坛活动先进集体和先进个人的决定》。房山区政协原主席范文彦荣获先进个人奖，经科委荣获先进集体奖，区长祁红、房山区政协主席唐淑荣主编的《首都西南新型城镇化研究》一书及孔凡生委员执笔的论文《采取切实有效措施，全力打造首都西南生态屏障》荣获优秀成果奖，由区政协推荐的市水务局、市农村经济研究中心荣获优秀协作单位奖。

2010年1月，全国政协主席贾庆林视察北京工作，在谈到西南区域经济发展论坛时指出："区一级的政协组织，叫作西南部五区论坛，联合搞了几年的调研，推动永定河流域搞生态建设，昨天我在车上了解到，已被市里接受，纳入市一级层面的发展战略，在永定河流域要搞7片水面和湿地，这是政协发挥作用、市委市政府对政协意见重视的一个具体体现。"

第一届京津冀六区市县协同发展研讨会

2014年2月26日，习总书记在北京主持召开座谈会时，专题听取了京津冀协同发展工作汇报，就此项工作发表了重要讲话。此后，推进三地协同发展上升到国家战略。区政协积极响应。结合第二批群众路线教育实践活动，为深入贯彻落实中央及市区有关精神，为区域经济发展出招，办实事，区政协及时与河北省涿州市、涞水县、易县、涞源县四地政协联手举办首都西南五市县协同发展研讨会，决定承办第一届京津冀六区市县协同发展研讨会。

4月28日，区政协召开首都西南五区市县协同发展研讨会筹备会，成立了组委会，并就五区市县协同发展研讨会工作方案进行了研讨，确定了"携手新起点、助力一体化"的主题。区政协主席唐淑荣，常务副主席高维魁、副主席李惠英，河北省涿州市政协主席姚世峰、涞水县政协主席宋冀中、易县政协主席杨春立、涞源县政协主席张德勇出席会议。研讨会上，唐淑荣主席指出，落实京津冀一体化战略，不仅需要中央市委的顶层设计，更需要基层在实践探索中创新体制，突破合作的瓶颈。她希望五家政协携起手来，紧紧把握京津冀协同发展的这个大好机遇，围绕协同发展的重大课题深入研讨，找准发展契合点，提出深刻而有见地的意见建议，为促进京津冀协同发展做出应有的贡献。与会四地政协主席一致对五区市县协同发展表示赞同，并对研讨主题、内容形式的完善及研讨会的举办提出了意见和建议。

区政协与区内部分在京高校召开座谈会，共议首都西南五区市县协同发展。区政协常务副主席高维魁，区"三化两区"建设咨询委员会副主任委员高培军出席。中国社科院研究生院、北京中医

市政协副主席沈宝昌在第一届京津冀六区市县协同发展研讨会上作重要讲话

药大学的领导，北京理工大学、北京林业大学、北京工商大学、北京市科学技术研究院的部分学科带头人、专家、学者、教授及博士参加座谈。区政协常务副主席高维魁强调社会各方面高度重视和高校强有力的智力支持是办好研讨会的保证。与会专家教授围绕推进《首都西南五区市县协同发展研讨会工作方案》的落实，以及如何进一步拓宽研讨领域、更广泛的吸引学术界人士参与研讨活动，提出更多有价值的成果进行了交流。

区政协常务副主席高维魁带队先后到河北省涞源县、涞水县、易县、涿州市政协进行调研。分别向河北省四地政协介绍了与北京市高校和我区区直部门征集论文情况，并就研讨会的宣传方案及视察计划进行了研究。河北省四地政协围绕对接北京功能、打造成首都功能疏解区等项内容作了介绍。

区政协召开首都西南五区市县协同发展宣传工作会。常务副主席高维魁出席。会上，介绍了首都西南五区市县协同发展研讨会工作方案及近期筹备工作进展情况，就宣传工作进行了部署，区委宣传部、区广电中心、区新闻中心、区信息中心提出了意见和建议。

在研讨会积极筹备的过程中，天津市北辰区政协得知房山区倡议举办京津冀五区市县研讨会的消息，表达了热情参与的愿望。在河北省涿州市政协的引荐下，于7月1日，天津市北辰区政协正式加盟，我区政协召开京津冀六地政协深化合作、协同发展座谈会。房山区政协主席唐淑荣，涿州市政协主席姚世峰，北辰区政协主席张金锁出席会议。房山区政协常务副主席高维魁主持会议。北辰区政协、涿州市政协表示将进一步深入调研区市县协同发展的实际情况，建言立论，加强政协之间关于发展政策、资源及文化优势、产业融合等方面的考察与交流，力求为地区协同发展做出新贡献。唐淑荣主席就涿州市、北辰区政协对研讨会的关心与支持表示感谢，并希望六地政协要发挥自身优势，通过共同努力，提高区域发展的可持续性，助推京津冀协同发展，力争打造首都西南区域协同发展的示范区。

就政策规划、产业发展、资源状况、生态文化旅游建设等方面，房山区政协组织部分委员企业家和专家学者赴河北省易县、涞水县考察。易县有关部门分别对发展政策及园区建设、文化、旅游、农业、林业、水利、国土资源等产业发展情况作了介绍，涞水县刘清源副县长介绍了涞水县京津冀协同发展工作情况。两地企业家进行了深入交流洽谈。

房山区张坊镇与天津市北辰区双街镇在经济、技术、社会发展等方面建立长期的友好合作关系，共同支持双方跨地区、跨行业的合作，建立并完善两地政府间互访协商机制，互相学习对方先进的执政理念和管理经验，促成房山区张坊镇与北辰区双街镇在张坊镇举行缔结友好镇签约仪式。房山区政协主席唐淑荣，常务副主席高维魁，天津市北辰区政协主席张金锁出席。

10月28日，首届京津冀六区市县协同发展研讨会在昊天假日酒店召开。会议围绕习近平总书记关于京津冀协同发展的重要讲话精神，就如何推动三地协同发展进行了广泛交流。北京市政协副主席沈宝昌，房山区委书记刘伟，区委副书记、区长祁红，区委副书记、政法委书记曾赞荣，河北省保定市政协副主席岳文民，天津市北辰区政协主席张金锁，涿州市政协主席姚世峰，涞源县政协主席张德勇，易县政协主席杨春立，涞水县政协主席宋冀中出席会议。房山区领导李江、赵佳琛、吴会杰、卢国懿、曹蕾、高维魁、李惠英、周文海、任振秋、赵润东、肖武，区政协秘书长游来清出席活动。六区市县部分政协委员、企业家代表以及北京部分专家、学者二百余人参加研讨会。研讨会由房山区政协主席唐淑荣主持。

会上，房山区区长祁红、天津市北辰区副区长吴丽祥、河北省涿州市委书记王月衡、涞源县委

2014年10月28日,市政协副主席沈宝昌和区领导刘伟、祁红、唐淑荣出席京津冀六区市县协同发展研讨会

书记高文才、涞水县县长于舒心、易县政协主席杨春立、北京市科学技术研究院博士刘利永分别作了主旨发言。

房山区委书记刘伟在致辞中指出,本次研讨会是六区市县政协落实习近平总书记重要讲话精神,助推京津冀协同发展的主动作为,是有效发挥人民政协参政议政作用的创新举措,为在新形势下党委政府倾听民声、集聚民智搭建了一个崭新平台,房山区委、区政府将对研讨会的继续举办给予大力支持。同时,刘伟希望与会领导、专家、各界人士充分利用这个平台,围绕京津冀协同发展会诊把脉,建言献策,拓宽思路,提供高水平的智力成果,为六区市县融入京津冀协同发展的广阔天地助力奉献。

北京市政协副主席沈宝昌在讲话中指出,推进京津冀协同发展,不但是破解"城市病"的必然要求,也是实现六区市县转型跨越的重大战略。京津冀协同发展研讨会是新形势下政协创新思路,推动发展的好平台,对探索和丰富地方政协和民主党派有效发挥职能作用的方式和渠道,进一步提高参政议政水平,具有重要意义。他希望通过继续举办研讨会,充分发挥政协部门人才荟萃、智力密集的优势,认真履行职能,搭建交流平台,积极建言献策,真正把活动变成京津冀协同发展的助推器。

研讨会后,按照既定工作方案,京冀五地政协将讨论通过的《建设拒马河生态文化旅游走廊》联合提案,经共同签署后提交给中央京津冀协同发展改革领导小组、保定市政协、河北省政协以及北京市政协。通过这些渠道把研讨成果向各自上级部门反映,努力为京津冀协同发展贡献力量。

联合提案认为,拒马河发源于河北省涞源,流经涞源、易县、涞水、房山、涿州至白沟汇入大清河,是该区域唯一的一条常年不断流的河流。但是近年来,随着沿岸经济社会的发展,用水量的不断增加,地下水严重超采,使河道中下游日渐荒凉,拒马河行至张坊镇一渡河段出现断流,河道私挖盗采砂石严重,河堤损毁,风光不再。北京市、河北省应当联手合作,借助文化、旅游产业协同发展的大趋势,共同规划打造拒马河生态文化旅游走廊。特此,提出如下建议:一要在省市级层面,对拒马河生态经济带进行科学统筹规划;二要建立各相关区市县参加的流域管理委员会,作为流域协商与对话的有效平台;三在南水北调通水后,关闭张坊水源地;四在省市级层面设立"京冀拒马河生态文化旅游走廊建设专项资金";五要加大拒马河流域沿岸地方发展政策倾斜力度。

12月9日，在涿州市政协召开首届京津冀六区市县协同发展研讨会总结会。会上房山区政协唐淑荣主席作总结，专委二室主任杨树德介绍了由房山及河北四市县政协提出的联合提案，涿州市政协姚世峰主席介绍了第二届研讨会的工作方案，与会人员进行了认真讨论。

第二届京津冀六区市县协同发展研讨会

根据京津冀六区市县协同发展研讨会组委会决定，第二届研讨会由涿州市政协承办。此次研讨会主题是："携手新起点，助力一体化之拒马同源——建设母亲河，扮靓母亲河"。旨在围绕助力京津冀协同发展的国家战略，从全局高度，选择以穿流五区市县的拒马河的生态建设作为推进区域合作、共赢发展的突破口和切入点，期冀以流域的生态治理合作作为协同发展的示范，通过点的实质突破推动全面的共赢发展。任务目标是以服务推进三地六区市县实现优势互补、良性互动、共赢发展为目标，通过互动交流、调研视察、理论研讨等诸多形式，坚持传承创新，坚持成果导向，继续放大研讨会效应，碰撞思想火花，激发智慧能量，通过研讨活动使认识更加统一，关系更加紧密，逐步建立三地六区市县政协联谊联合的长效机制，使活动成为六地政协的"连心桥"，使活动成果成为推动三省六地协同发展的"催化剂"。

本届研讨会研讨主要内容确定为，围绕如何从政策层面、发展实践层面对拒马河流域生态文化旅游走廊的规划建设和发展以及区域间的协同合作进行研究探讨，出思想、出观点、共谋划、议对策。

按照工作方案的要求，房山区政协与五地政协共同策划了论文征集活动。经过认真安排、大力宣传和积极组织，本届研讨会组委会共收集论文35篇，其中房山区政协论文7篇。这些论文作者通过深入调研走访，掌握了大量的第一手资料，对论文内容精雕细琢，打破了行政区域的藩篱，站在

中共房山区委副书记、区长曾赞荣作主题演讲

拒马河全流域的高度，阐述了京津冀协同发展及产业发展的互通与共融，拒马河的保护开发与利用，京西南旅游的合作与发展，生态环境的建设、优化与改善，交通一体化的先行，资源的开发利用与共享等方面的重要问题，尤其是有多位资深专家学者参与了论文撰写工作，提出了大量有价值的意见、建议。

拒马河是牵连区域发展的纽带，组委会招标专业团队拍摄制作了拒马河风光专题片，以激发共鸣、凝聚共识，展现拒马河流域人民真正是地域相连、文化一脉，约请河北省诗歌散文协会副会长兼秘书长梁剑章撰写专题片脚本。房山区政协，安排区政协有关部门介绍了房山区域内拒马河的有关情况，积极协助其撰稿和拍摄。此过程中，还邀请其创作了5万字的讴歌拒马河的报告文学和纪实散文，作为研讨会的一项重要内容进行了展播。

文化是人类文明传承交流的载体，只有深入挖掘共有的传承一脉的文化，共同发展实现多赢的凝聚力和向心力才能形成，为此，六区市县政协借助六地文联组织这个平台，多团组、多专业人员深入拒马河进行采风活动，引导六地书画家沟通、交流，加深文化交融，激发书画家对于共同母亲河拒马河的认同，激励他们用心去感知，用思想去仰望，用深情去描绘拒马河的壮美，把拒马河的文化，拒马河的历史和文明交融在拒马河流域儿女的心中，让拒马河美名远扬，成为联通发展、推动发展的血脉。活动共征集书画作品131幅，房山区政协共提交书画作品17幅。举办"拒马河放歌"诗歌征集活动，讴歌赞美拒马河，展现拒马河之美、拒马河之未来，增强拒马河流域儿女对保护、利用和发展拒马河的认同感、使命感和紧迫感，增强京津冀六区市县协同发展的信心、决心和同心。活动面向全国，共征集24省市诗歌作品562首，其中8首优秀诗歌作品在研讨会上进行了诵读展示，房山区文联组织区级优秀作家向组委会共报送古体和现代诗共75首。

2015年10月18至19日，研讨会在涿州市隆重举行。参会领导有北京市政协副主席闫仲秋，天津市政协副主席李文喜，河北省政协副主席边发吉，河北省保定市委副书记党晓龙，保定市委常委、常务副市长郭建英，保定市政协副主席吕宝生。与会专家学者有中国科学院生态环境研究中心党委书记、城市与区域生态国家重点实验室主任欧阳志云，中国科学院农业生态研究员田魁祥。六区市县的党委、政府主要领导，政协主席、副主席、秘书长，宣传、发改、水务、旅游、交通、规划、农业、文化等有关部门负责同志，拒马河沿岸乡镇党政主要负责同志，政协委员代表，诗书画界代表出席。《人民政协报》、新华网、新闻网以及三省市媒体、六区市县媒体进行现场采访和报道。

10月18日下午，举办了论文交流研讨会。会上，涿州市政协主席姚世峰代表研讨会组委会致辞；房山区原史志办主任刘文江，北辰区政协副秘书长、研究室主任赵贵起，涞水县委宣传部副部长冀大伟，涞源县国土资源局副局长王继东，易县水利局局长刘学军，涿州市博物馆馆长杨卫东等同志围绕拒马河流域的开发建设保护、旅游资源的一体化发展做了精彩演讲，表达了六区市县协同协作发展的迫切愿望和要求；随后，进行了以讴歌赞美拒马河为主题的原创优秀诗歌作品诵读；晚上举办了"拒马同源"京津冀六区市县书画家交流笔会。

根据研讨会上专家学者提出的思路和建议，经过归纳整理，提出推动拒马河流域"一河一带"建设的建议案，经五区市县政协签字分别已呈报国家京津冀协同发展领导小组办公室、北京市政协和河北省政协，为国家和京津冀有关部门决策提供参考。

10月19日上午举办了研讨会峰会。会上，保定市委副书记党晓龙致欢迎辞；全体与会人员观看了为此次研讨会专门制作的拒马河风光专题片；听取了欧阳志云教授作的题为《京津冀生态系统变化与保护》的专题报告；涿州市委书记王月衡，房山区区长曾赞荣，北辰区委常委、副区长徐华，涞源县委书记李自贤，易县县委书记杨义宝，涞水县委书记王义民依次进行了主旨推介发言。

房山区政府区长曾赞荣发言认为，在京津冀协同发展背景下，六区市县应加强合作、抱团发展，力争打造成为京津冀协同发展的示范区，要强化功能定位、提速转型发展，房山区将自觉担负起在推动六区市县协同发展中的特殊责任，同心携手、群策群力，推动六区市县协同发展再上新台阶。

在全体与会人员的共同见证下，房山区区长曾赞荣和涿州市市长王彦清分别代表两地签署《房山、涿州协同共建京西南生态示范核心区框架协议》，房山区长沟镇与涿州市百尺竿镇签署了以保护和建设生态环境，谋划拓展长沟泉水国家湿地公园建设，共同打造首都西南区域生态涵养空间的友好合作协议；房山区琉璃河镇与涿州市东仙坡镇签署了以生态、规划、交通、经济、文化、治安全面对接为内容的友好合作协议；最后，北京市政协副主席闫仲秋、天津市政协副主席李文喜、河北省政协副主席边发吉三位领导分别作了重要讲话。研讨会结束后，与会领导和全体人员参观了"拒马同源"书画作品展览。

11月17日，区政协到天津市北辰区政协参加第二届京津冀六区市县协同发展研讨会总结会。区政协主席唐淑荣、常务副主席高维魁出席了会议。

会上，听取了由河北省涿州市政协作的关于第二届研讨会的总结报告，京冀五区共同签署了《关于推动"一河一带"建设的联合建议案》，主要包括建立拒马河流域管理委员会、恢复拒马河全水域畅流、打造拒马河流域无障碍交通圈、建立林业科学布局体系、实现拒马河流域旅游资源的通盘规划等建议，会后此联合建议案将上报到中央京津冀协同发展领导小组办公室、北京市政协、河北省政协，以供决策参考。

按照会议约定，第三届京津冀六区市县协同发展研讨会由天津市北辰区政协承办。北辰区政协在会上作了关于《第三届京津冀六区市县协同发展研讨会筹备工作方案（征求意见稿）》的汇报。会上一致讨论通过第三届研讨会以"秉持新理念、引领新发展——推进产城融合、促进新型城镇化建设"为主题，主要围绕推进产城融合以及区域间的协同合作进行研讨和互访，并约定于明年6月举行研讨会峰会。

唐淑荣主席对成功举办第二届研讨会付出的努力表示感谢，对第三届研讨会确定的主题给予了肯定。她希望各地政协全力组织调研和视察，认真落实第三届研讨会的各项安排，为成功举办第三届研讨会继续做出不懈的努力。

第三届京津冀六区市县协同发展研讨会

在第三届研讨会方案确定之后，房山区政协围绕"产城融合"的主题，积极组织在京的高校、专家教授成立课题组，对我区窦店镇以及养老产业发展等五方面进行了多次深入研究，形成了5篇高质量的论文，提交给了第三届研讨会筹备会。

6月21日至22日，第三届京津冀六区市县协同发展研讨会在天津市北辰区召开。天津市政协副主席朱丽萍，北京市房山区委副书记、代区长陈清，房山区政协主席唐淑荣及天津市北辰区政协主席张金锁，保定市政协主席崔启慧，房山区政协常务副主席高维魁、副主席赵永祥，以及河北省涿州市、涞水县、涞源县、易县党政有关领导、政协主席、副主席及秘书长出席会议。

21日下午,六区市县领导乘车参观了大张庄示范小城镇社区服务中心、中国北方发动机研究所、天津长荣云印刷科技有限公司、天士力集团大健康产业展览馆等。

22日上午,在龙顺庄园会议中心举行了高端圆桌会议。会上,由北辰区委常委、宣传部部长致辞,播放了"美丽天津北大门"的专题片,天津财经大学管理学首席教授、博士生导师、天津财经大学工商管理研究中心主任罗永泰作了《推进京津冀产城融合建设探析》专题报告,六区、市、县领导围绕"推进产城融合、促进新型城镇化建设"主题,作了主旨发言。

房山区委副书记、代区长陈清从房山区转型发展的实践出发,认为推进新型城镇化建设是适应经济发展进入新常态的当务之急,也是坚持"以人为本"核心理念的具体体现,更是京津冀协同发展的大趋势。为加快推进新型城镇化建设提供了良好契机,房山区明确了"加快建设产业友好、生态宜居新房山"的发展目标,坚持环境优先,用生态化提升城镇化的品位;坚持补齐短板,不断提高城镇的宜居性,形成了功能区建设推动特色城镇新型城镇化、通过大项目、大企业推动重点城镇新型城镇化、通过人口搬迁推动山区城镇新型城镇化的三种模式,做好"钱、地、产、人"四篇文章,破解城镇化发展的制约瓶颈。下一步,房山要融入协同发展大局中谋划和推进,全面加快我区与其他五区市县推进在产业、交通、生态环境等方面的融合,努力把六区市县打造成为京津冀协同发展的生态示范区。

天津市政协副主席朱丽萍最后作了重要讲话。她肯定了自2014年京津冀协同发展成为国家战略以来,京津冀六区市县深入学习贯彻习近平总书记关于京津冀协同发展的重要讲话和指示精神,按照党中央、国务院的决策部署,主动加强顶层规划,构筑交通网络,强化污染联治,深化产业合作,所取得的一系列积极成果,并认为这是一个非常好的尝试和创举。希望今后六区市县进一步加强交流,在经济、社会、生态、基础设施建设等方面搞好合作,携手为实现京津冀协同发展做出更大的贡献。

2016年6月21日,区委副书记、代区长陈清,区政协主席唐淑荣等领导出席第三届京津冀六区市县协同发展研讨会

第五章 调查研究

调查研究是人民政协履行职能的基础性工作，是政协建言立论的重要载体，是人民政协的"谋事之基，成事之道"。房山自1981年成立政协以来，按照"重视典型性、突出关键性、实现前瞻性、注重实效性"的要求，围绕党和国家大政方针政策和市、区（县）委中心工作、群众关心关注的热点难点问题，充分发挥政协各工作组、各专委会、各民主党派、人民团体和各界别委员的优势，聚集智慧和力量，强化调查研究工作，不断加大调研力度，共形成调研报告400余篇。特别是区政协成立后，突出调查研究为决策服务的指导思想，经过多年不断的探索与实践，逐步建立完善了相对稳定的专兼职调研队伍，形成了主席、副主席、专委会、民主党派、人民团体、兼职调研员及政协委员分别承担调研任务的工作机制。四届区政协期间，为进一步加强调查研究工作，于2002年3月增设了研究室，负责区政协调研课题任务的确定、重要调研课题的撰写，协调组织调研活动、督办调研工作的实施，标志区政协调查研究工作实现规范化。此后，每年都制定年度调研工作计划，印发带有指导性的调研课题参考目录，召开调研报告研讨会，政协主要领导亲自参与重点调研报告的讨论和修改。自2004年起，还将每年形成的调研报告精选汇编成册，发放给每位委员和全区各区直部门、企事业单位，供参考借鉴。调研工作的持续深入开展，提升了调研质量，提高了调研建言的水平，促进了调研成果的转化，先后有15篇调研报告转化为常委会和主席建议案，更多的调研转化为政协全会的大会发言、提案和专题论坛、恳谈会、议政会、座谈研讨会等发言材料。政协调研工作为区委区政府科学、民主决策提供了重要参考，为房山经济、政治、社会、文化和生态事业建设与发展做出了贡献。

第一节 政协北京市房山县第一届委员会

县政协以中共"十二大"精神为指引，认真贯彻党的十一届三中全会以来的路线、方针、政策，积极组织政协委员参观视察、开展专题调查研究活动，就社会发展建设和群众普遍关心的一些重要问题，提出了有益的意见和建议，对推动全县"两个文明"建设，协助政府搞好各项工作，促进问题的解决，起到积极作用。

1981年，为贯彻落实中央书记处的四项指示，配合全县开展的"为人民服务、对人民负责"大讨论和"五讲四美学雷锋树新风"活动，以及农村落实生产责任制和其他工作，县政协各工作组开展了一系列调查研究活动。针对房山冰棍生产盲目发展，部分产品质量粗劣、危害人民健康的问题，工交、卫生、财贸三组部分委员，会同政府有关部门重点调查十六处冰棍厂，发现了亟待解决的问题，及时向县委县政府提交了调查报告。针对群众反映比较强烈的房、良两镇市政建设混乱、市容卫生差的问题，工交城建组做了专门调查，向县委县政府提交了调查报告，提出了改进措施。

第二节 政协北京市房山县第二届委员会

县政协坚持四项基本原则,密切结合当前形势和县委县政府中心工作,围绕"两个文明"建设,在政府及各有关部门的支持配合下,发挥政协的综合智力优势,通过调查研究为振兴房山经济、维护社会安全稳定献计出力,产生了良好的社会效果,为全县深入城乡改革、经济稳定协调发展注入了生机和活力。

1984年,县政协有关工作组组织委员对市场供应、市容卫生、办学条件等工作开展调查活动。教育组的委员深入乡村学校,针对周口店、窦店乡中小学办学条件差等问题进行实地调查,就这些学校冬季取暖用煤、修缮教室门窗所需木材和教室屋顶漏雨掉土等问题提出解决的建议,并积极与有关部门协商,促成主管教育的副县长亲临校舍现场,共同研究解决方案。乡党委和乡政府制定了具体措施,及时有效改善了学生们的学习环境,保证了学习的基本条件。

1985年,县政协根据县委开展农村致富大讨论的部署,组织委员深入到良乡镇吴店村开展调查研究,写出了《在不放松粮食生产的前提下利用自有资金 自力更生办企业》的调查报告,由县委向全县转发。

1986年,委员们围绕如何发展农村商品生产、使农民尽快致富等问题,对良乡吴店村和常庄村的经济发展状况进行了广泛调研,写出了多篇高质量调查报告,引起县委和有关部门重视。

第三节 政协北京市燕山区第一届委员会

区政协在区委的领导和市政协的指导下,在区政府和北京燕山石化集团公司的支持下,结合委员特点,由各工作组带领委员深入厂矿、学校、商店等单位进行调查研究,对生产、教学、经营等工作出主意办实事,做到了知情出力,较好完成了各项调研任务,切实发挥了政协"综合人才库"的作用。

1984年,在北京燕山石化集团公司的大力支持下,有关工作组组织委员对污水隔油治理项目等情况进行了视察调研。形成了《加强排污现场污油收集的措施》《严把污水排放关》等相关调研报告,有利促进了污染问题的解决。为加强燕山区文物古迹保护工作,经深入调研,向区政府提出了加强保护白水寺石佛的意见。

1985年,委员们与燕山区教育局和北京燕山石化集团公司托幼办等单位进行协商调研,形成了《关于大力宣传幼教工作的重要意义》及《补充和提高幼教师资水平》等调研报告,经政协第五次常委会讨论后,报送区委、区政府和北京燕山石化集团公司。区教育局为解决幼教师资严重缺乏的问题,克服诸多困难,办起了两个幼教师资班,为提高幼教工作水平创造了必要条件。

1986年,财贸工作组组织委员就区副食品公司体制改革问题深入到零售店和批发站点进行调研,提出五条改进工作的建议。

第四节 政协北京市房山区第一届委员会

区政协坚持社会主义初级阶段的基本路线，认真贯彻党的"十三大"以来的路线、方针、政策，围绕事关国计民生和群众反映强烈的问题，组织委员深入开展调查研究。通过撰写调研报告的形式提出推动政府改进工作方法、提高工作质量的意见和建议，充分发挥了政协协商监督和献计出力的作用。

1987年，区政协选择有关国计民生和群众生活的重要问题开展调查研究，组织科技、城建环保和农村工作组的部分委员围绕良乡卫星城建设规划和乡镇工业发展问题进行调研，形成了多篇调研报告，其中《乡镇工业问题的调查报告》为全区乡镇工业发展提供了有一定价值的参考意见，被评为房山区1987年度优秀调查报告。

1988年，区政协农村工作组对农村适度规模经营情况进行了专题调研，与部分区直部门和四个乡的乡、村干部进行座谈，综合形成了《关于深化农业改革正确途径的调查报告》，提出了改进工作的意见和建议，被评为房山区1988年度优秀调查报告二等奖。

1989年，区政协科技组围绕加快山区建设等问题进行了专题调研，采取实地考察、座谈讨论、征求意见等方式了解情况，形成多篇调查报告。其中2篇在两家市级刊物上选登，3篇获房山区优秀调查报告奖。李庆余区长为《关于发展山区经济的几点建议》的报告批示："政协的建议很好"、"欢迎政协多做些调查研究，多提意见"。

1990年，区政协农村工作组会同区直有关部门就发展粮食生产、蔬菜生产情况开展调研。《关于发展粮食生产的专题调查》经常委会议讨论，作为建议案提交区委区政府，引起区领导的重视。张中兴常务副区长表示"政协农村组调查的蔬菜问题反映了实际问题"，批示主管副区长率有关部门"进一步研究，提出解决意见"。

第五节 政协北京市房山区第二届委员会

区政协认真学习贯彻中共"十四大"和邓小平南巡谈话精神，坚持以经济建设为中心，牢固树立为经济建设服务的思想，在社会主义市场经济体制下，找准位置、选好角度，组织委员深入开展调查研究，提升调研档次、确保调研质量，调研整体工作有了新提升，为促进全区政局稳定和经济社会发展发挥了重要作用。

1991年，区政协围绕社会治安综合治理、供销社经营状况和职业教育现状等专题组织委员开展调研，完成了《新街村在学习窦店经验中崛起》《关于供销社经营和作用状况的调查报告》，两报告作为常委会建议案报区委区政府，李庆余区长责成主管副区长和主管部门认真办理。《关于当前盗窃案件的调查报告》和《关于我区职业教育情况的调查》分别由区委政法委和区研究室向全区转发。

1992年，区政协组织委员分别就上方山云水洞在管理中存在的问题、房山区校办企业发展状况和社会治安综合治理情况等课题开展专题研究，写出了有一定深度的调查报告。其中《房山区校办企业发展状况的调查报告》被《北京校办企业报》摘登，被《房山调研》转发，收到良好效果。政协主要领导和部分委员还参与了旅游规划方面的调查研究、整体决策工作，为房山区旅游开发建设做出了贡献。

1993年，区政协紧密围绕区委区政府工作中心，组织委员在调研中形成了《我区中小学德育情况的调查报告》《关于我区社会治安综合治理的调查报告》和《关于我区走"两高一优"道路 发展商品农业的调查报告》等专题报告，为区委区政府及有关部门决策提供了参考依据。市政协副主席封明为就《关于小矿区教育情况的报告》专门签署意见给胡昭广副市长，希望市委、市政府加强对"小矿区"教育建设的领导，对"小矿区"的全面回归工作起到了积极促进作用。委员们还就上方山云水洞在管理中存在的问题及发展状况进行了专题调研。

第六节 政协北京市房山区第三届委员会

区政协坚持以邓小平理论和中共"十四大"、"十五大"精神为指导，围绕区委区政府中心工作和群众关心的热点问题，结合政协特点，精准选好调研课题。各专门委员会协调组织，带领委员广泛开展调查研究，撰写调研报告，积极反映社情民意，发挥了调查研究的基础作用，推动了"两个文明"建设的开展。

1994年，区政协各专门委员会组织各界委员通过深入基层调研视察、走访座谈，认真撰写了《浅谈金融体制改革形势下的乡镇企业发展》《关于房山区乡镇企业执行会计准则和财务通则情况的调查》《亿元村的发展给我们的启示》和《农村社会治安综合治理状况》等调查报告，分别被区委《房山调研》和《决策参考》转发。其中《浅谈金融体制改革形势下的乡镇企业发展》在《北京农村经济》刊物上发表，《亿元村的发展给我们的启示》被市政协采用和市农口的刊物摘发。

1995年，区政协组织委员围绕群众关心的热点难点问题深入实际开展调研，形成了《推行居民区封闭式管理 确保城镇地区一方平安》《关于加快良乡地区市场建设的思考》《关于我区贯彻实施劳动法的情况调查》等报告，均被区委《决策参考》转发。区政府就《推行居民区封闭式管理 确保城镇地区一方平安》和《关于加快良乡地区市场建设的思考》两个政协常委会建议案专门召开会议，责成有关单位研究实施。区委书记李庆余对《关于我区贯彻实施劳动法的情况调查》和《畜牧水产"一条龙"经验的调查》做出批示，号召区内各部门要向政协学习，认真开展调研工作，为区委决策服务。

1996年，区政协精选课题，组织委员开展专题调研29次，撰写《关于燕房合作的几点建议》《关于进一步宣传贯彻〈经济合同法〉的几点建议》《房山区生猪产销的现状与思考》和《对房山生产资料市场的调查》等调查报告9篇，区委书记李庆余都分别作了批示。有的调研报告作为指导性文件下到有关基层单位，产生积极的社会影响，在参政议政、促进相关事业发展方面发挥了良好作用。

1997年，区政协围绕区委确定的全面推进"龙腾"计划、"虎跃"工程的中心任务，组织委员在促进我区实现"两个转变"、盘活资产、优化资源配置、深化改革、发展经济等方面集中力量深入调研，写出了多篇有一定分量的调查报告，提出了许多建设性意见建议，解决了很多重点难点问题，促进了调研成果的转化，得到了政府和人民群众的赞许。

1998年，区政协重点加强理论调研工作，在对委员进行形势政策、国情市情区情、人民政协知识、统战理论等基础性知识培训的基础上，组织委员深入研究探讨，结合房山政协实际，撰写了《以邓小平同志新时期统一战线理论为指导 努力做好人民政协工作》《浅谈人民政协的民主监督》和《调

区政协主席魏士宽（左二）陪同市政协主席陈广文（左三）在良乡镇调研

动政协委员的积极性》等 20 余篇交流性调研文章，并在实践中加以转化与运用，充分体现了委员们的履职成果，有力促进了工作的开展。

第七节 政协北京市房山区第四届委员会

　　区政协根据中国加入世贸组织的新形势，结合"十五"计划和区委的总体部署，围绕实施"三大战略"和抓好"五项重点工程"的工作要求，通过开展有针对性和前瞻性的调查研究活动，认真分析探讨我区全面加速跨越式发展的新路径，研究重点工作的新举措，为区委区政府决策民主化、科学化提供了参考依据。

　　1999 年，区政协结合自身条件和实际，根据委员队伍结构特点，发挥独特优势，大力推动各专门委员会开展了有针对性的专题调研。围绕落实党在农村中的各项政策、良乡卫星城建设、企业改革、社会治安综合治理等问题，组织调研活动 20 余次，形成调研报告 7 篇。其中《关于良乡卫星城建设的有关调查及建议》以及《区级文物保护工作中亟待解决的几个问题》等调研报告，受到有关部门的重视。

　　2000 年，区政协紧密围绕区委提出的"三大战略"和"五项重点工程"的工作思路确定了包括农村经济、企业改革、旅游、教育、非公经济、社会保障等方面的12个调研课题，委员们通过深入基层，走访群众，召开多种形式的座谈会，认真分析，形成调研报告12篇，为区委区政府决策和完善"十五"计划提供可参考依据。其中《关于畜牧业在我区农业和农村经济结构中的地位和作用的调查》《关于构筑和建设良乡经济圈的调查与思考》《加强企业建设 促进企业健康发展的调查》《关于我区中小学生犯罪情况的几点思考》等调研报告，受到区政府有关部门好评，许多建议列入了工作计划，并得到较好落实。《关于府前广场的调查与思考》经主席会议审议形成主席会议建议案，提交给区政府，杨德宏区长为此做了批示，区市政管委等部门积极落实解决，取得了较好的效果。

2001年，区政协分别就增加农民收入、旅游、区属工业、非公经济的发展、社会保障体系等方面确定了19个专项调研课题，力争通过调查研究，为我区顺利实施"十五"计划和区委区政府决策民主化、科学化提供参考依据。全年共形成专题调研报告22篇，其中《建立完善的社会保障体系应成为"十五"计划的重要内容》的调研报告，受到市、区有关部门高度重视，被市政协评为二等奖。《关于偏远山区农民收入问题的调查》《对我区农业结构调整的几点建议》《充分发挥党团工会组织在非公经济企业发展中的作用》等调研报告受到区领导及有关部门好评。

2002年，结合中国加入世贸组织后的新形势，区政协围绕区委政府确定的中心工作，选定了法制环境建设、旅游业发展、农民生活保障制度、生态城镇建设等10个调研课题。为搞好调研，专门召开"区政协调研工作研讨会"，邀请国务院和市政协的专家讲授了调研工作的经验。在调研中，先后召开座谈会20余次，完成了《关于我区实施农村居民最低生活保障制度的几点建议》《生态园林是构建生态城市的第一要素》《从北京十渡看制定规划在风景名胜区建设中的重要作用》等多篇质量较高的调查报告，被《房山调研》《决策参考》转发，有许多调研成果还反映在委员提案和信息中，为区委区政府决策提供了重要参考。

2003年，区政协把实施"十五"计划和区委的总体工作部署相结合，密切关注"入世"对我区经济社会等方面的深刻影响，认真探讨我区全面加速跨越式发展的新举措。委员们以打造环境、引进强区为主线，就城市建设、支柱产业和优势行业发展、农业产业化标准化、工业化发展、区域发展环境建设等重要问题进行深入调研，对优化区域发展环境，塑造房山新形象，促进我区经济和社会可持续发展做出了积极贡献。

第八节 政协北京市房山区第五届委员会

区政协以"三个代表"重要思想为指导，认真落实科学发展观，创新调研工作方式，建立了主席、副主席和专委会、各民主党派和人民团体、兼职调研员及政协委员分别承担调研课题的机制，推动了调研工作深入开展。同时加大主席和常委会建议案比重，为"振兴龙乡经济、弘扬龙乡文化、富裕龙乡人民"做出了贡献。

2004年，区政协建立了专兼职调研队伍，聘请30名委员担任兼职调研员，明确了重点调研任务，并请区研究室负责同志就全区调研工作、重点调研课题进行了通报。委员全年开展各类调研活动50余次，形成调研报告23篇。围绕我区磨盘柿产业发展，赴本市和外地先进单位参观学习，与业务部门、重点乡镇座谈讨论，撰写了《关于进一步推进房山区磨盘柿产业化建设的调研报告》，形成了常委会建议案。围绕私营个体经济发展，就改进政府公共服务管理、提供政策支持等方面的问题开展调研，形成了《关于房山区私营个体经济发展情况的调查与思考》的调研报告，有力促进了全区"三个文明"建设。

2005年，区政协按照专委会、党派团体和兼职调研员等层次落实调研任务，围绕调研课题，深入实际，深入群众，召开座谈会20余次，促进了调研工作总体质量的提高。全年共完成调研课题26篇，部分报告被市政协刊物和《房山调研》《房山政协》刊登。《关于良乡旧村改造的调查》抓住全区城市化进程中新城建设和新农村建设的重点，对规划、土地、拆迁、配套改革、组织领导等问题做了研究分析，提出了对策措施，为区委区政府提供了决策参考；《关于房山区整顿关闭小煤矿的问题及建议》的调查报告，为我区煤炭行业的战略性调整起到了积极的促进作用；依据《区政协关于开展民主监督工作情况的调查报告》《关于充分发挥人民政协界别作用的调查与思考》的调研成果，制定了有关制度，强化了政协职能作用。

2006年，区政协深入开展"调查研究年"活动，主席、副主席和专委会、各民主党派和人民团体、兼职调研员及政协委员6个层次分别承担落实调研任务。由研究室牵头，以专委会和各界委员为依托，围绕"十一五"规划编制与实施和区委区政府中心工作，组织委员就良乡卫星城建设、非公经济发展、农业结构调整、旅游开发管理等课题深入开展调研活动，形成调研报告25篇。《关于发展设施农业和城市污水治理的调研报告》分别转化为常委和主席建议案，《关于促进非公经济发展》《整顿关闭小煤矿》《加强新农村建设规划引导》和《发展农民专业合作经济组织》等调研成果，有的转化为提案和全会专题发言，有的直接被区委区政府领导批转和有关部门采纳。《对我区农业结构调整的几点建议》《关于我区实施农村居民最低生活保障制度的几点建议》《抢抓办奥机遇 建设旅游强区》和《充分发挥党团工会组织在非公经济企业发展中的作用》等报告分别被《房山调研》和《决策参考》转发，推动了实际问题的解决。

第九节 政协北京市房山区第六届委员会

区政协深入贯彻落实科学发展观，充分发挥调查研究指导工作的先导作用和服务决策的基础作用，把调查研究作为履行职能的重要抓手，紧密结合经济社会发展实际，深入扎实开展全方位调研实践活动，积极为首都西南区域经济发展、全区"十二五"规划编制和全区经济社会发展建言献智出力。

2007年，区政协遴选区委区政府重视、群众普遍关注、适合政协特点的调研课题21个，按计划有序推进调研工作深入开展。全年共组织各界委员开展调研活动100余次，实际形成调研报告27篇，有3篇调研报告在市政协进行了交流。《关于北京石油化工和新材料产业基地发展循环经济》《新农合预期目标有多远》和《充分调动农民积极性，做大做强全区养鸭产业》3篇调研报告分别转化为主席会议建议案。所有调研报告在《房山调研》《房山政协调研专刊》刊发。

2008年，区政协与区委区政府中心工作和年度工作重点有机衔接，全年组织调研活动90多次，形成调研报告26篇。为增强2008年开展民主评议全区卫生工作和三次全会期间开展"促进全区卫生事业发展"专题论坛的实际效果，确定了10个关于促进卫生事业发展的重点课题，对初步形成的10篇调研报告组织了集中研讨，确保了调研质量的提高。

房山区政协调研报告汇编

2009年，区政协按照"保增长、保民生、保稳定"任务要求，开展调研活动80余次，形成调研报告25篇。其中《做大做强房山区食用菌产业》的报告转化为主席会议建议案，其他调研报告转化为政协全会的提案、大会发言、专题座谈发言以及专项建议等。在历时一个多月的"三保"专题调研活动中，组织50多名委员走访100余家各类中小企业，就工业、商业、农业企业在金融危机中面临的主要问题进行全面调研，形成《关于实现"三保"目标 促进我区中小企业发展的建议》，为区委区政府制定应对金融危机的扶持性政策措施提供了有力的决策支持。区委书记刘伟和区长祁红先后作出批示，市政协主席阳安江到房山考察工作时，对区政协开展的"三保"调研活动给予充分肯定。

2010年，区政协把调研工作与"十二五"规划编制、承办第四届首都西南区域经济发展论坛、政协六届六次会议召开紧密结合，研究确定了23个重点调研课题和10个关注性课题，明确了全年调研工作的方向和重点。全年组织开展调研100余次，完成了《关于"十二五"期间房山工业经济发展问题研究》《"十二五"期间加速房山城市化建设的调查》和《中国房山世界地质公园规划建设

2007年8月23日，区政协主席范文彦（左二）到城关南里调研社区情况

情况的调查与思考》等26篇具有较高质量的调研报告，为区委区政府提供了决策服务。在第四届首都西南区域经济发展论坛期间，区政协确定48项调研课题，向社会各界发出征文启示，共收到来自社会各界的论文165篇，先后编辑了《第四届首都西南区域经济发展论坛论文集》和《首都西南区域新型城镇化建设》两部论著，由中国经济出版社出版发行。区政协将经深入调研提出的加速首都西南城乡一体化进程、合力推进永定河绿色生态发展带建设、打造西部横三轴经济区、建设首都西部综合服务区（WSD）、构筑依托首都第二机场优势的高端产业基地等战略构想的意见建议归纳整理后，联合市级民主党派形成3个专项提案，呈交市政协十一届四次会议，促进了论坛成果的转化。

2011年，区政协坚持把深入调研作为提高参政议政水平的重要基础，调研工作得到进一步深化强化。根据全区工作重点，明确调研方向，把推进区级重点工程、项目和民生工作的落实作为调研的切入点，深入一线察实情，反复研讨找对策，进一步强化了参政议政的实际效果，全年共形成各类调研报告21篇。其中《科学规划 多措并举 加快我区山区替代产业发展》被市政协评为优秀调研报告，《对促进我区中小企业发展情况的调研》和《关于提升我区中小企业自主创新能力的调查与思考》等调研成果转化为区政府工作举措，为企业改革起到积极的推进作用。

第十节 政协北京市房山区第七届委员会

区政协以中共"十八大"、十八届三中、四中、五中全会精神和习近平总书记系列重要讲话精神为指导，深入开展党的群众路线教育实践活动，以助力京津冀协同发展、助推重点功能区建设、促进"三化两区"和"一区一城"新房山建设、打造京保石发展轴桥头堡为着力点，强化调查研究的基础作用，实现了调研工作创新发展。

2012年，围绕区委区政府中心工作，明确调研重点，研究确定了促进政协科学履职、推进山区转型发展、云居寺文化景区综合开发、北京高端制造业基地破解融资难、加强土地储备资金风险防控等27个调研课题。委员们通过走访、座谈、视察等形式，深入基层，掌握第一手材料，全年形成《加快新形势下房山金融业发展的建议》《树立品牌意识 提升企业竞争力》等调研报告30篇，大部分转化为大会发言、专题座谈和提案。

2013年，区政协由主席、副主席牵头，各专委会和各民主党派、人民团体承担课题任务，围绕推进生态文明建设与经济建设融合发展、建立新型农村经营体制、促进文化创意产业发展、完善社会养老体系等前瞻性工作进行专题研讨，为区域经济发展建真言献良策。全年共形成《关于推进房山区北部山区人口迁移工作的调查与思考》《关于房山区非公经济发展情况的调查与思考》和《关于对推进农村城镇化路径的思考》等调研报告25篇，在区委《决策参考》《房山调研》刊出12篇，部分调研成果转化为政协提案和建议。

2014年，区政协认真贯彻落实习近平总书记视察北京重要讲话精神，以党的群众路线教育实践活动为契机，突出调查研究的基础功能，坚持调研视察活动与协商议政相结合，积极完善委员视察方式，精心选题、缩小规模、事前调研，使委员发表意见建议更加充分深入。围绕治理"城市病"、环境保护、安全生产、河道治理、司法公开、国有资产管理等群众关心、关注的热点难点问题，组织常委、委员开展调研活动16次，形成调研报告22篇，梳理50多条意见和建议，有效促进了重点

2013年4月16日，区政协主席唐淑荣（前排左三）等领导到区民政局儿童福利院调研并看望残疾儿童

工作的实施。其中《关于推进基层协商民主的实践与思考》被北京市政协理论刊物《政协研究》刊登，《关于房山区古村落保护情况的调查报告》受到市政协高度重视，为古村落的保护与利用提供了参考。在区政协发起的京津冀六区市县协同发展研讨会筹备过程中，聘请10所大专院校的20多名专家学者，围绕产业发展、生态建设、交通网络建设、旅游资源开发等课题深入调研，撰写论文17篇。研讨会后，围绕社会和百姓共同关注的问题，形成《关于打造拒马河生态文化旅游走廊》的六区市县政协主席联合建议案，分别报送中央京津冀协同发展领导小组办公室和上级政协相关部门。

2015年，区政协认真贯彻中共十八届五中全会精神，以"三严三实"专题教育为动力，以落实《中共中央关于加强社会主义协商民主建设的实施意见》和助推助力京津冀协同发展为重点，根据区政协七届四次全会提出的协商民主有突破、履职能力有提升、常规工作有创新的工作思路，把实施年度协商计划作为年度工作的重中之重，围绕"十三五"规划编制和落实重点协商议题确定了促进京保石发展轴建设、加快房山科技创新城建设、促进山区转型发展等调研课题。组织常委、委员围绕生态环境建设与产业转型和"高精尖"，视察了青龙湖森林公园、长阳兰花大会环境整治拆迁和场馆建设情况以及中关村新兴产业前沿技术研究院、中细软北京知识产权科技创新园、光合文化创意有限公司等高端产业发展情况，为提升委员参与调研的质量和有效参与协商民主活动夯实了基础。全年共形成《深化国资国企改革　促进国企转型升级调研报告》《关于统筹城乡新型城镇化良乡示范区建设路径的思考》等调研报告28篇。在"我为房山区'十三五'规划编制献一策"等活动中，形成一批高质量调研成果。在参与棚户区改造、山区转型发展等调研活动中，与落实年度重点工作有机结合，形成了互动互促的良好局面。

2004年度调研报告篇目

题　目	作　者
提高党的执政能力，努力构建和谐房山	范文彦
关于区政协履行参政议政职能的调查报告	范文彦
透过房山区基督教发展，浅谈宗教三级管理网络和两级责任制	王晓芝
认真履行政协职能，充分发挥提案作用——对政协提案工作的回顾与思考	许志远
关于我区旅游业发展的思考	容桂英
失地农民社会保障问题应引起政府高度重视	赵润东
游龙乡山水晓天下风景，揽房山名胜知北京之根——关于房山文化的几点思考	刘希广
采取有力措施加快资源型企业升级转型	孙爱华
必须加强我区软环境建设	常福林　张海波　王宝盛　李晓云
关于房山区私营个体经济发展情况的调查与思考	张玉河
落实"221行动计划"加快我区农业信息化建设的思考	马文明
突出地方特色，打造民族品牌，积极推进民族村经济的振兴和发展——关于房山区民族经济发展情况的调查	社会和法制委员会
积极推进磨盘柿产业化建设	农村委员会
企业办学体制改革中面临的问题应引起重视——由电业中学办学体制改革透视企业办学体制改革面临的问题	许兆雄
关于新型农村合作医疗存在的问题和建议	文教文史联络委员会
加强流动人口管理，做好社会稳定工作——关于房山区流动人口情况的调查	社会和法制委员会
提高认识，加快步伐，切实抓好盘活资产闲置工作——关于进一步推动盘活闲置资产工作的几点思考	经科委员会
非公有制企业负担仍不可忽视——关于非公有制企业负担的调查	研究室　区工商联
对我区境内国有大中型企业统战工作的调查及建议	赵红燕　刘素媛　王宝盛
关于房山区60岁以上老年人对卫生服务需求的调查及建议	郭艳梅　李芳玲　王　峙　赵　伟
浅谈地方税收与我区经济的发展	晋国常
抓住机遇办出特色服务地方经济——北京理工大学高等职业技术学院房山生源锐减的原因与对策	班善军
关于我区开展民主监督工作情况的报告	马志宏

2005年度调研报告篇目

题　目	作　者
关于对良乡旧村改造情况的调查	范文彦
区政协关于开展民主监督工作情况的调查报告	范文彦
关于充分发挥人民政协界别作用的调查与思考	王晓芝
加强政府信息资源的开发与利用是信息化建设的关键	肖　武
关于房山区农业技术人员情况的调查	容桂英
关于房山区食用菌产业发展的调查报告	农村委员会
关于筹建房山区社区学院的专题调研	任群先
强化主导产业科技振兴建筑努力实现房山区建筑大区向建筑强区的跨越——对房山建筑业发展的思考	马　杰
关于房山区关闭整顿小煤矿的问题及建议	经科委员会
关于加强未成年人家长教育的思考	李金田
中小企业为何贷款难——对房山区中小企业贷款难的调查	梁大学
关于女性上访人员增多问题的调查	张艳珍
对我区社区建设现状的调查	学习委员会
关于我区精简文山会海情况的调查	社会和法制委员会
关于做好我区防范和处理邪教工作的几点思考	韩世君
关于房山区农村特困残疾人家庭状况的调查与对策	赵国先
关于"民主法治示范村"创建活动的调查与思考	高建荣
发挥商会作用促进经济发展——从南关分会的建设看商会在市场经济中作用的调查	耿春奉
城市环境管理要尽快适应新城定位的新要求——关于良乡、城关自发马路市场的调查	陈秀玲　赵玉萍
关于区政协推进"三化"建设情况的回顾与思考	办公室
关于良乡地区失业人员就业情况的调查与思考	胡淑苹
关于妇女思想生活状况的调查与思考	尤淑华
关于房山区劳动关系三方协调机制运行情况的调查与思考	侯振海
房山旅游整体宣传应做到"三突出、四强化"	王晓燕
关于我区2003年至2004年女性犯罪情况的调查与分析	尤淑华
抓住三个环节，搞好政协的视察工作——赴福建省建阳市考察报告	研究室
积极探索提案"三化"建设，努力增强提案办理实效——赴武汉、长沙学习考察情况	提案委员会

题　目	作　者
打造宽松政策环境，立足解决实际问题，促进非公经济发展——赴福建省学习考察情况	经科委员会
充分发挥委员主体作用，认真探讨发挥政协界别作用的新思路——赴广西南宁市学习考察情况	文教文史联络委员会

2006年度调研报告篇目

题　目	作　者
对房山区农民专业合作经济组织发展情况的调查	范文彦
关于发挥人民政协界别作用的实践与思考	王晓芝
坚持规划先行，规范有序地推进我区新农村建设	九三学社房山支社
我区设施农业发展建设若干问题的思考	农村委员会
关于新农村建设中农民教育培训问题的调查	教育界别组
房山区重点城镇生活污水污染现状与治理对策	民进房山支部
房山区基层卫生人员待遇问题分析与对策	农工房山总支
房山区未成年人犯罪情况调查分析	孙桂华
关于我区社区矫正工作中存在的问题和建议	农工房山总支
房山区社区建设的调查与思考	社会和法制委员会
关于对我区农产品加工业发展情况的调查	经科委员会
对我区农村"黑网吧"情况的调查	民建房山支部
在新农村建设中发挥农民主体作用的调查与思考	民盟房山支部
对开创社区党建工作新局面的几点思考	韩世军
关于在构建和谐社会中如何发挥宗教作用的调查与思考	社会和法制委员会
关于加快完善我区农村医疗卫生体系的调查	文教文史联络委员会
大石窝镇南尚乐中心校写字教育中存在的问题	学习委员会
抓住新农村建设机遇，把农村残疾人工作推向新阶段	赵国先
强化培训，促进就业，是培养新型女农民的有效途径	张艳珍
深化集体合同工作，积极推进和谐劳动关系的建立	侯振海
强化基础，完善制度，努力提高提案工作质量	提案委员会
我区普法及依法治区工作存在的问题及对策	社会和法制委员会
大力发展乡村旅游，打造社会主义新农村的产业支撑	经科委员会
对我区竞技体育的调查与思考	民革房山支部
新疆维吾尔自治区与乌鲁木齐市两地政协谈政协履行职能的三个误区	研究室

2007年度调研报告篇目

题　目	作　者
对构建和谐社区两个重点问题的调查与思考	范文彦
充分调动农民的积极性，做大做强养鸭产业	王晓芝
新农合预期目标有多远	李惠英
关于进一步提高提案质量的调查与思考	高维魁
关于进一步完善房山区新型农村合作医疗制度的调查报告	教文卫体委员会
关于我区老旧社区问题的调查	民进房山支部
关于贯彻国务院《残疾人就业条例》促进我区残疾人就业发展的几点建议	赵国先
房山区新农村建设规划实施情况的调查	九三学社房山支社
关于房山区基层社区卫生服务工作的调查	农工房山总支
关于北京石油化工和新材料产业基地发展循环经济的几点建议	经科委员会
浅谈在构建和谐社区工作中如何更好地发挥居委会的作用	城建环保委员会
关于房山区文物保护的几点建议	学习与文史委员会
房山区社会闲散青少年现状及教育管理对策	孙桂华
关于我区乡村旅游业发展情况的调查	民建房山支部
关于进一步发展我区农民专业经济合作组织的调查研究	民盟房山支部
制约我区农村富余劳动力向二、三产业转移就业的主要因素及对策	社会法制与民族宗教委员会
推进集体合同签订工作，促进和谐劳动关系的建立	侯振海
关于非公经济参与和谐社会建设的调查	孙志强
对房山城建集团有限公司未来发展的思考	王新成
关于房山区农村地区文体活动的调研	民革房山支部
关于新农村建设中如何开展乡镇科技工作的调查	高德民
关于社区妇女工作对策研究	尤淑华
关于房山民间艺术品种及活动情况的调查	史长义
关于我区特困学生帮扶现状的调查	教文卫体委员会
明晰村级组织定位，优化村级组织民主决策机制	社会法制与民族宗教委员会
房山区煤炭资源非法开采现状及对策	李泽田
打造首都西南绿色屏障，不断提高山区农民生活水平	农村委员会

2008年度调研报告篇目

题　目	作　者
关于加快房山区山区林业发展推进首都西南生态涵养区建设的调查	范文彦
强化政协民主监督职能，认真搞好民主评议工作	范文彦
关于房山区妇幼保健事业发展现状的调查与思考	李惠英
关于政协提案办理工作的实践与思考	高维魁
关于我区社会化养老服务问题的调查与思考	教文卫体委员会
房山区健康教育与健康促进工作调查	农工房山总支
完善机制，消除盲点，促进全区残疾人社会救助全覆盖	赵国先
房山区社区卫生服务改革运行状况调查	教文卫体委员
关于房山区中小企业融资难的调查	区工商联
关于房山旅游业应对新休假制度的几点思考	王晓燕
关于进一步完善我区新型农村合作医疗制度的调查与建议	农村委员会
浅谈我区水泥生产工业节能降耗的潜力和发展战略	城建环保委员会
关于房山区老年医疗卫生服务工作的调查	农工房山总支
尊重文艺人才，繁荣文艺事业	史长义
关于进一步增强劳动合同时效性的调查	侯振海
房山区精神卫生保健工作现状分析及建议	民进房山支部
加快良乡物流基地建设，促进首都西南区域经济发展	经科委员会
强化集雨利用、促进山区生态建设和产业发展的思考与建议	农村委员会
关于房山区政协开展文史资料工作的调查与思考	学习与文史委员会
关于房山区社区民间组织发展情况的调查报告	社会法制与民族宗教委员会
关于我区卫生队伍建设情况的调查	民革房山支部
关于我区儿童康复事业发展的建议	民建房山支部
关于我区农民健康档案的建立及作用的调查	九三学社房山支社
关于巾帼志愿者服务活动的调查与思考	尤淑华
认真实施"科普惠农兴村计划"，助力社会主义新农村建设	高德民
关于发展社区志愿者队伍构建和谐社区的调查	民盟房山支部

2009年度调研报告篇目

题　目	作　者
深入开展"三保"调研，服务全区改革发展	范文彦
关于房山区土地流转情况的调查	范文彦
关于进一步发挥房山农村医疗卫生机构作用的调查	高维魁
关于以科学发展观为指导，充分发挥政协提案在促进经济社会发展中作用的调查报告	李惠英
浅谈政协调查研究工作的几个关键问题	焦启超
突出重点，坚持创新，努力推进西潞街道城市化进程	胡淑苹
坚持科学发展观，做好妇女儿童工作——对我区"十一五"时期妇女儿童规划实施情况的调查与分析	尤淑华
浅谈共青团与人民政协的结合点	孙桂华
坚持以人为本，创建民生企业——对创建民生建筑企业的调查	王新成
关于实现房山由旅游资源大区向旅游经济强区转变的思考	王晓燕
优化环境，合作共赢——金融危机下西南五区的应对策略	张　磊
关于我区在产业结构调整中对人才需求的调查	民进房山支部
关于我区关停煤矿地区失业劳动力转移就业的问题及建议	民进房山支部
关于我区农业专业合作社发展的问题与对策	民建房山支部
对我区新农村基础设施建设情况的调查	民革房山总支
房山区社会化农业服务体系建设情况的调查与建议	民盟房山支部
对我区乡镇医疗机构情况的调查	农工房山总支
关于金融危机对我区非公经济影响的调查与建议	区工商联
加强生态林管理与保护，充分发挥林木生态作用——首都西南生态屏障建设情况调查	"西南区域经济发展论坛"课题组
立足资源优势，努力做大做强，把食用菌产业打造成房山区的优势主导产业	农村委员会
关于推进我区设施农业健康发展的调查	农村委员会
关于我区农民健康素养的调查与分析	教文卫体委员会
关于我区中小学校园周边环境的调查	教文卫体委员会
关于加强我区"无社会救助盲点"工作的建议	社会法制与民族宗教委员会

2010年度调研报告篇目

题　目	作　者
房山区政协履行政治协商职能的几点体会	唐淑荣
关于中国房山世界地质公园保护与发展情况的调查与思考	唐淑荣
培育壮大地方工业，努力实现区域工业均衡发展——关于我区"十二五"时期工业发展路径的思考	高维魁
提升城市管理水平，服务"三化两区"建设——对我区城管执法体制情况的调查与思考	李惠英
关于北京窦店高端现代制造业产业基地的调查	周文海
关于建立健全政治协商制度落实机制的思考	李金田
关于我区沟域经济发展的几点思考	刘宝新
关于我区事业单位工伤保险情况的调查与思考	陈晓燕
房山CSD建设经营中跨文化经营策略初探	孙海潮
对我区农游合一产业发展情况的调查	民进房山支部
对我区山区医疗卫生队伍建设的思考与建议	农工房山总支
关于我区山区特色种植业发展情况的调查	杨宝峰
如何吸引社会资金参与永定河绿色生态发展带建设	王海平
永定河北京段防灾减灾保障体系建设问题研究	王海平
加强健康教育机构建设，促进公共卫生服务均等化	郭艳梅
关于我区非公有制经济运行及发展环境情况的调查	隗功跃
在城市化进程中推进社区建设的实践与思考	胡淑苹
永定河文化的特征及开发利用	史长义
关于房山区文化创意产业发展情况的调查	杨海峰
关于在我区开展"工人先锋号"创建活动的几点思考	侯振海
培育龙头，打造精品，构建乡村旅游发展新格局	王晓燕
关于统筹城乡就业工作的几点思考	李建国
对我区养蜂业情况的调查与分析	孔凡生
对我区"十二五"时期城市基础设施建设的思考	时鸣玲
对我区新农村可再生能源建设发展情况的调查	马连杰
永定河沿岸都市型现代服务业发展问题研究	张　磊

2011年度调研报告篇目

题　目	作　者
关于做大做强我区旅游产业的思考	唐淑荣
关于提高房山区水资源利用效率的调查	高维魁
加快我区职成教育发展，努力为"一区一城"建设提供人力资源支持	李惠英
对我区沟域经济发展情况的调查与思考	李惠英
创新工作，强力推动，发挥提案在我区经济社会发展中的作用	周文海
关于解决良乡老城地区停车难问题的几点建议	民革房山总支
发挥民主党派作用，合力助推"三化两区"建设——提高民主党派参政议政能力的思考	民盟房山支部
加强律师队伍建设，服务经济社会发展——对我区律师队伍建设情况的调查	民建房山支部
加强体系建设，发挥功能作用，完善我区居家养老服务工作	民进房山支部
科学规划，多措并举，加快我区山区替代产业发展	民进房山支部
关于房山区资源型产业转型的调研	农工房山总支
关于提升我区中小企业自主创新能力的调查与思考	区工商联
促进农民就业，增加农民收入——对我区农村劳动力就业情况的调查与分析	农村委员会
对促进我区中小企业发展情况的调研	经科委员会
深化医药卫生改革，促进公共卫生服务均等化	教文卫体委员会
对我区体育产业发展现状的调查	教文卫体委员会
对我区城市化进程中农转居人员就业和社会保障问题研究	城建环保委员会
充分发挥文艺人才优势，为"三化两区"建设提供智力支撑	史长义
关于西潞街道社会服务管理创新的调查与思考	胡淑苹
实施送气下乡，服务城乡一体化	于明振
对引导非公企业履行社会责任的思考	张玉河

2012年度调研报告篇目

题　　目	作　者
提升人民政协履职科学化水平的实践与思考	唐淑荣
关于推进我区果树产业化健康发展的调查	高维魁
对云居寺文化景区进行文化旅游综合开发的调研	李惠英
北京高端制造业基地破解融资难的实践与启示	周文海
关于加强土地储备资金风险防控的思考	任振秋
对互联网微博信息传播现状的调研和建议	孙海潮
对全区供水企业行业管理情况的调研	许兆雄 邓展渤
对山区替代产业发展中环境保护与修复情况的调研	杨宝峰
对我区电动汽车充电站建设的建议	张葆宁 闫丽立
加快新形势下房山金融业发展的建议	王海平
坚持科技创新、做大做强中小企业的实践与思考	孙志强
小微企业发展融资难成因分析及其对策	张玉河
对调整产业结构、营造良好市场生态环境的调查	张玉河
对加强人才队伍建设、提高企业市场竞争力的探索	廖承涛
为中小企业发展提供法律服务保障的建议	史甫臣
对破解资金瓶颈、促进企业融资上市的思考	赵一弘
树立品牌意识，提升企业竞争力	王晓伟
构建出口创汇劳动密集型企业，努力促进企业转型升级	李　磊
拓宽市场、延伸产业链，促进农民增收的实践与思考	常　亮
我区建材行业面临的问题与对策	关胜兵
适应市场变化，积极创新转型，切实履行社会责任	张殿明
对我区中小企业发展情况的调查	刘文礼
加强社会管理初探	吴艳京
对突出城市文脉、建设特色房山新城的建议	时鸣玲
对我区清真食品网点建设情况的调查	曹志红
关于推进司法为民的实践与思考	廖春迎
对我区群众性体育活动开展情况的调查	金永男
关于推进建材下乡、服务农宅改造情况的调查	张劲楠
对加快我区养蜂事业发展情况的调查	马连杰
对发展繁荣房山文化事业的思考	张　磊

2013年度调研报告篇目

题 目	作 者
关于推进生态建设与经济建设融合发展的思考	唐淑荣
推进农民专业合作社发展，有效促进农民增收	高维魁
文化立区，旅游兴区，助推"一区一城"新房山建设	李惠英
北京高端制造业基地与"中关村"融合发展的实践与思考	周文海
关于推进房山区北部山区人口迁移工作的调查与思考	任振秋
对山区转型发展的几点建议	民革房山总支
房山区生态经济发展调研	经济委员会
对我区残疾人就业状况的调查与思考	王红英
关于房山区非公经济发展情况的调查与思考	孙志强 焦启超
关于建立房山区企业注册商标发展战略的建议	许兆雄 闫丽立
关于良乡"智汇城"对促进我区教育发展的研究与思考	隗永博
关于加快房山区文化创意产业中会展经济发展的建议	孙海潮
关于完善我区社区心理咨询服务站的建议	张葆宁 郭 旭
关于对推进农村城镇化路径的思考	肖希鹏
关于房山区社会养老设施建设的调查与思考	韩晓明 曹志红
大力发展实体经济，加快民营企业转型升级	张玉河
对推进社区居家养老服务的调查与思考	胡淑苹 赵福英
关于促进房山区小额贷款公司健康发展的调研	张颖辉
加强健康教育与健康促进，提高居民健康素养	郭艳梅
关于推进新能源公共交通建设的调查与思考	李 刚
对房山区开展湿地资源保护的几点建议	孔凡生
对我区城市化进程中拆迁问题的调研	邓展渤
餐饮业面临的困难与对策	王 斌
关于大力发展绿色企业的调查	童晓红
对房山区自驾车旅游的调查分析	赵 圳

2014年度调研报告篇目

题　目	作　者
关于推进基层协商民主的实践与思考	唐淑荣
关于加快张坊镇产业转型发展的思考	高维魁
关于我区古村落保护情况的调查报告	李惠英
筑巢引凤，合作共赢——写在中关村新兴产业前沿技术研究院即将建成之际	周文海
关于加强政协委员队伍建设的实践与思考	任振秋
总结经验，开拓创新，为构建全区应急体系做出新贡献	樊毅平
对人民政协协商民主的几点初步认识——以房山区政协的实践探索为例	焦启超
关于深入开展"政协委员山区行"活动的思考	王红英
关于大力发展混合所有制经济的思考	柴林峰
打造智汇城，共筑房山梦——关于推进智汇城建设的实践与思考	蔡本睿
关于推进新能源汽车市场化运作的调查与思考	李　刚
实施"三化一体"战略，提升百姓生活品质	肖　英
做好新形势下登管衔接工作初探	张玉河
关于创建"北京最美乡村"的实践与思考	郭秀妍
燕山地区实体经济发展面临的困难及对策	张殿明
把散落的珍珠串成美丽的项链——关于房山区文化创意与旅游业深度融合的思考	杜晓东
盘活资产巧经营，亲融市场促发展	农村委员会
关于全面提升社区服务与管理水平的思考	民革房山总支
关于以党为师，加强民主党派自身建设的思考	民进房山支部
关于加快产业集聚区建设，创建品牌集聚区的思考	民进房山支部
关于房山区失能老人养老情况的调研	农工房山总支
关于多措并举推进司法公开工作的调研	致公党房山支部

2015年度调研报告篇目

题　目	作　者
关于促进山区转型发展的思考	唐淑荣
深化国资国企改革，促进国企转型升级	高维魁
对发展房山区中药材产业的思考	李惠英
抓机遇，迎挑战，促发展	周文海
关于提升委员履职能力的实践与思考	任振秋
关于"十三五"时期加快房山科技创新城建设的建议	万金峰
全力推进京保石发展轴建设，提升产城融合水平	焦启超
关于统筹城乡新型城镇化良乡示范区建设路径的思考	耿纪民
适应深化改革新常态，把握工商履职新要求	张玉河
关于房山区发展临空经济的建议	张玉河
积极推进工商登记便利化，探索"三证合一"登记新途径	张玉河
积极开展矿山生态环境治理与修复，铸就美丽房山梦	李泽田
关于对完善我区公共交通基础设施的建议	高　峰
关于深入推进依法行政建设法治房山的调研	廖春迎
关于房山区老小区物业管理服务问题的思考	张劲楠
坚持创新驱动发展，全力打造"双创"新高地	杜金全
促进产业升级转型，提升市场竞争力	郭振江
打造战略品牌，提升房山核心竞争力	孔凡生
关于"一区一城"新房山建设向"高精尖"转型的调研与思考	邓展渤
关于对有效盘活利用农村闲置宅院的建议	马连杰
关于对完善社会服务管理体系规划的建议	张海波
"互联网+"时代传统企业转型中的问题和建议	李　磊
"实体商业+互联网"带动生活性服务业的发展	肖　英
关于调整结构，退低引高促发展的建议	廖承涛
关于对房山区引进和涵养实用型高端人才的建议	杜晓东
对房山区矿山地质环境治理项目的建议	张葆宁　郭　旭
对社区服务与管理工作的思考与建议	刘宝新
关于推进房山聚会点规范化管理的调查与思考	陈玉珍

第六章 特色活动

房山区六、七届政协期间，参政议政注重社会实践，强调深入基层，配合房山区委、区政府推动基层工作开展，扎扎实实为基层办实事。房山区六届政协结合和谐社会建设，立足基层社区，开展"和谐社区共建活动"，七届政协则开展了"政协委员山区行"活动。

房山区六届政协期间，房山区政协把参加政协的各民主党派、工商联、人民团体和全体政协委员作为推进和谐社区建设的重要力量，发挥政协特有的优势，采取一系列有效措施，整合政协各方面资源，积极投身"和谐社区共建活动"。2007年4月24日召开的有全体政协委员参加的"共建和谐社区"动员会，出台了《房山区政协关于开展"共建和谐社区"活动的意见》，阐述了构建和谐社区应遵循的突出重点、发挥优势、量力而行的三条原则；对推进和谐社区建设的四项主要任务即：深入调查研究、发挥协调作用、结对帮扶共建、委员全员参与和五项具体要求做了详细的部署。活动历时三年，至2009年结束。

房山区七届政协期间，配合区政府实施"北部山区发展绿色行动计划"，积极推进山区在"三化两区"的发展格局，发挥政协组织和政协委员的作用，2010年下半年起，开展"政协委员山区行"活动。活动以专委会和各民主党派、人民团体为主体，以北部山区特别是关矿的乡镇为重点，本着"论"与"行"相结合的原则，动员政协委员和社会各界为山区产业转型、生态建设和经济发展献计出力，积极组织"文化、卫生、科技"下乡活动，力所能及地帮助山区群众排忧解难办实事。唐淑荣主席主抓，高维魁副主席、李惠英副主席具体指导，政协专委二室和四室负责整个组织的协调，各专委会按照计划分头组织、协调政府有关部门，动员各民主党派、人民团体参加，密切配合，形成合力。从2010年8月开始，至2011年底结束。活动范围包括河北、南窖、佛子庄、大安山、史家营、霞云岭、十渡、蒲洼8个山区乡镇。

第一节 共建和谐社区

中共十六届六中全会做出了《中共中央关于构建社会主义和谐社会诺干重大问题的决定》，"构建和谐社会"成为国之重策。《中共北京市委关于构建社会主义和谐社会首善之区的意见》下发后，区委六届一次全会结合区情提出了"建设富裕、靓丽、文明、和谐现代化新房山"的战略任务。房山区政协组织参加政协的各个单位和全体政协委员积极开展"共建和谐社区"活动。活动从2007年至2009年，历时三年，在这三年间，区政协重点帮扶了拱辰、西潞、城关等街道办事处的40多个社区，政协委员、党派团体共为社区建设捐款150万元，还有大量实物，政府有关部门也为社区解决了许多实际问题。

2007 年主要活动

2007 年 3 月 14 日，区政协主席范文彦、副主席李惠英、秘书长李金田等出席了西潞街道和谐社区建设研讨会。在听取西潞街道部分社区居委会主任及有关部门负责人发言后，范主席指出：和谐社区建设是时代发展的要求，是落实区委构建和谐房山战略目标的重要措施，反映了群众的迫切愿望。他强调：今年区政协将把推进和谐社区建设作为工作重点。随后，范文彦主席就推进和谐社区建设到西潞街道、拱辰街道调研。他指出：构建和谐社区是构建和谐社会的一项重要基础工作，抓好和谐社区建设，是和谐社会建设的关键点之一。区政协将动员政协的各民主党派、各团体单位及各界别广泛参与，积极协调有关部门关注和解决社区建设中存在的突出问题，使社区居民素质得到提高，社区的硬件设施得到改善。并通过抓典型，总结和探索推进和谐社区建设的新方式、新途径，使政协的优势在全面推进和谐社区建设中得到充分发挥。副主席李惠英、秘书长李金田陪同调研。

2007 年 4 月 10 日，召开六届四次主席（扩大）会议。范文彦主席主持，研究政协参与和谐社区建设问题。

2007 年 4 月 24 日，区政协召开"共建和谐社区"活动动员会。区政协主席范文彦，区委副书记苗立峰，副区长马丽英，副主席李惠英、高维魁、万金峰、赵润东、肖武，秘书长李金田出席。区政协常委，各专委会主任、副主任，各界别召集人及部分委员，各民主党派成员，有关部委办局、乡镇、街道办事处主要领导参加。会议由副主席赵润东主持。

会上，李惠英副主席宣读了《政协北京市房山区委员会关于开展"共建和谐社区"活动的意见》。

2007 年 4 月 24 日，区政协召开"共建和谐社区"动员会

城关街道政协联络室、农工房山总支、宏联公司、西潞园社区居委会介绍了开展共建和谐社区活动的计划。

马丽英副区长讲话指出：区政协组织的共建和谐社区活动，具有针对性。共建和谐社区是一项系统工程，政府各部门要积极配合，全力支持，一要深化教育，夯实群众思想基础；二要抓住重点，全力推进；三要营造构建和谐社区的氛围。

苗立峰副书记讲话强调：进一步深化对构建和谐社区重要意义的认识。通过多种形式，认真开展共建和谐社区活动。全区各部门要积极配合支持共建和谐社区活动。

范文彦主席讲话指出：希望区政协各专委会、党派、团体、界别、全体委员从自身优势和特点出发，结合实际，选准角度，找准共建和谐社区活动的结合点。在关注社区体制机制、硬件建设的同时，特别注重文明社区建设。要深入调研，积极反映社区群众关心、关注的热点和难点问题。与社区结成一对一的帮扶关系，发挥优势，集中力量，多种形式参与社区文化、体育、卫生等各方面的建设。各专委会、党派、团体、界别要认真研究、制定工作计划，确定工作重点，确保活动取得实效，为推动和谐房山建设做出新贡献。

2007年4月26日，副主席赵润东出席了社会法制与民族宗教委员会召开的座谈会。座谈讨论了开展"共建和谐社区"活动的有关事宜；研究制定了调研报告实施方案；修改了年初制定的活动计划。

2007年4月27日，秘书长李金田出席了城关街道举办的"共建和谐社区"启动仪式。城关地区政协委员肖希鹏、马红光、张志宏、张士英、刘少宾、孙伯山、吴海涛、安春祥、王永生等向城关地区的社区捐赠了价值8万元的办公桌椅、乒乓球台、DVD机等文体和办公用品。常务副主席王晓芝出席仪式并讲话：城关地区政协委员积极响应和参与区政协开展的"共建和谐社区"活动，体现了政协委员的高尚风格。

2007年5月20日，秘书长李金田出席了区政协城建环保委、区环保局、城关街道联合举办共建和谐社区活动。在城关街道万宁社区举行了"过绿色生活，建环境友好型社会"暨6.5环境宣传月活动启动仪式。北京绿色奥运宣讲团的讲师为社区居民宣讲了绿色奥运知识和理念。城建环保委员会、民进房山支部向城关街道19个社区捐赠了环保图书及科普光盘。

2007年6月8日，主席范文彦、副主席李惠英、秘书长李金田和部分政协委员出席评选"和谐社区"活动启动仪式。范文彦主席与其他区领导共同为该活动揭幕。

2007年6月15日，常务副主席王晓芝、副主席李惠英、秘书长李金田出席了农村委举行捐助西潞街道西潞园社区、西潞东里社区活动。崔占社、刘长安等区政协农村委委员为西潞园社区、西潞东里社区捐赠了价值11万元的电脑、打印机、传真机等办公设备和文体用品。区体育局、区科协、区工会、农工房山总支等捐赠了体育健身器材和科普图书，开展了义诊活动。西潞街道负责人和社区居民代表向支持社区建设的委员们和有关单位表示衷心感谢，并赠送了锦旗和纪念牌。范文彦主席指出，和谐社区建设是构建和谐社会的基础。他强调，和谐社区建设是一个长期的过程，希望委员及社会各界继续关注社区，关注居民，与社区居民共同努力，把我区的社区建设得更美好、更和谐。

2007年7月6日，副主席李惠英、肖武，秘书长李金田出席了教文卫体委员会、学习与文史委员会举行的共建和谐社区捐助活动。分别为拱辰大街社区、拱辰一街第二社区捐赠了价值7万元的办公设备和文体用品，还捐赠文史资料图书2000余册。李惠英副主席在讲话中指出，和谐社区建设是构建和谐社会的基础。

2007年7月13日，积极协调促成学校体育场向社会开放。区政协在开展"共建和谐社区"活动中，就开放小区内体育设施积极与区教委和西潞街道协商。西潞街道举行北潞园学校阳光体育场揭牌仪式，北潞园学校阳光体育场正式向社会开放，成为北京市十个远郊区县第一家向社会开放的学校体育场。

2007年8月23日，范文彦主席就老旧小区改造和管理进行专题调研。实地视察了城关街道南城社区、南里社区两个老旧小区。并与区建委、区民政局、城关街道和以上两个社区居委会负责人就社区管理体制、物业管理等问题进行了座谈。范主席强调：建设和谐社区是构建和谐房山的重要基础，老旧小区的改造和管理则是建设和谐社区的难点。

2007年8月27日，城建环保委与拱辰街道举办齐心协力共建和谐社区活动。组织发动区各民主党派、人民团体和部分政协委员投身共建和谐社区活动。其中，经科委12名委员为北关东路社区、文化路社区捐款11.5万元，用于购买电脑、打印机等办公设备和修建办公文体活动用房。区政协领导协调区水务局等单位，投资150万元，彻底整治了途径北关东路社区的护城河，消除了安全隐患。还协调区体育局、区文联等单位为社区捐赠体育器材和文化用品。社区居民代表向支持社区建设的有关单位和委员们赠送了锦旗和纪念牌。区政协领导范文彦、王晓芝、李惠英、万金峰、肖武、李金田参加活动，并参观了社区活动室，观看了社区居民的秧歌、舞蹈、交谊舞、民乐、合唱、书法表演，与社区居民共同演唱了歌曲《团结就是力量》。范文彦主席在讲话中指出：和谐社区建设是构建和谐社会的基础，是建设和谐房山的重要内容。

2007年8月29日，主席范文彦，秘书长李金田就和谐社区建设到拱辰街道调研。实地视察了宜春里社区、城隍庙街红房子平房区、罗府街平房区等老旧小区，并与区建委、区民政局、拱辰街道和有关社区居委会负责人进行了座谈。范主席强调：区政协要针对当前老旧小区存在的热点难点问题进行深入调研，找准解决问题的切入点，力求提出行之有效的解决措施，在解决老旧小区问题中发挥作用，促进和谐社区建设。

2007年9月11日，主席范文彦出席了党派团体负责人会议。范主席要求各党派、团体，要根据需要与可能，发挥自身优势，认真抓好与社区结对工作，抓实让社区群众真正受益的活动，使"共建和谐社区"活动开展得更扎实、更有效。

2007年9月15日，城建环保委与私个协部分会员开展"义务服务居民，共建和谐社区"活动。这项活动在北潞园社区举行，服务项目包括量血压、测血糖、理发、修锁、修车、修鞋、裁剪等。常务副主席王晓芝，副主席万金峰、赵润东，秘书长李金田到现场慰问私个协的志愿者，并参观了社区的文体设施。

2007年9月27日，民盟房山支部积极响应区政协"共建和谐社区"倡议，对口支援北潞园社区。向社区居委会捐赠了8套价值六千多元的办公桌椅，同时还捐赠了4250元现金。为居民举办了健康讲座。副主席李惠英、秘书长李金田出席了捐赠仪式。

2007年10月26日，区政协召开民主党派、人民团体负责人会议。范主席就共建和谐社区影像资料的收集及区政协六届二次会议"和谐社区论坛"的发言准备提出了要求。副主席赵润东、秘书长李金田出席会议。日后，区政协委员安春祥出资1.4万元，购买4台传真机，赠送给评选出的"和谐社区"：西潞街道北潞园社区、拱辰街道东路社区、城关街道永安西里社区、星城街道第4社区。

2007年"共建和谐社区"成果丰硕。在全年安排的21项调研课题中，就有5个是关于和谐社区建设的课题。各课题组围绕社区管理体制、老旧小区改造与物业管理、社区基础设施建设、社区居委会作用发挥、社区医疗卫生模式、社区妇女文化需求等问题深入调研，为区委区政府科学决策提供了重要参考。在活动中，以拱辰街道、西潞街道和城关街道为重点，在做好发挥社区居委会作用、探索社区医疗卫生模式、社区妇女文化需求等专题调研的同时，着力做好社区"结对帮扶共建"工作，取得了初步成效。据初步统计：按照自愿的原则，各专委会、党派、团体中的部分委员，共捐赠资金、物资折合人民币48.5万元。募集的资金主要是通过捐助物品的形式，用于改善社区基础设施、公共服务设施和办公条件，支持社区文化、体育等活动的开展。各专委会，各民主党派、人民团体与拱辰街道、西潞街道和城关街道的11个社区结成了"手牵手"、"一帮一"和谐共建对子，为39个社区捐资捐物折合人民币52万元，用于社区公共服务设施建设、办公条件改善和购买文体活动器材。开展了健康讲座、专家义诊、济困助残、法律咨询、书画摄影、电器维修、文体活动指导等38次，4800多名社区居民参与活动并接受服务指导。在结对共建中，为拱辰、文化路、西潞园、西潞东里、万宁等社区捐助了价值20万元的电脑、健身器材、科普书籍等社区所需的物品。政协领导在调研中了解到北关东路社区内的北护城河盖板严重老化，存在安全隐患的情况后，积极联系区水务局，投资150万元，更换了北护城河段420米的水泥盖板，消除了因河段年久失修给社区居民带来的安全隐患，并建设了文化设施。帮助西潞园社区居委会筹资86万元，解决了购置新办公楼的资金缺口，协助西潞街道为西潞园社区居委会购置了1300平方米的办公楼。及时向区委区政府反映城关榆树街和拱辰街道三街、四街内的三个污水坑周边环境脏乱、雨季污水倒灌，严重影响居民正常生活问题的情况，推动了问题的有效解决。民革、民进、农工等民主党派在所联系的社区分别开展了帮残助困、捐赠电脑、便民义诊等活动。共建和谐社区活动的开展，初步探索了一条社会、街道、社区和居民多方共建和谐社区的有效途径，为社区建设管理注入了新的活力，使一些困扰社区的难点问题得到了较好的解决，受到了社区工作者和居民的好评。

2008年主要活动

2008年4月15日，副主席万金峰、赵润东出席了区政协召开的"共建和谐社区"活动帮扶结对工作会。区政协各专委会，各党派、团体负责人分别在拱辰街道和西潞街道，与"共建"社区负责人进行了座谈交流。副主席李惠英强调：和谐社区建设是和谐房山建设的一个方面，政协要利用自身优势，协助区委区政府解决社区群众关心关注的热点难点问题，为和谐房山建设献智出力。

2008年4月25日，区政协召开"共建和谐社区"活动动员会。会议由常务副主席王晓芝主持。副主席李惠英作了动员报告，报告对2007年"共建和谐社区"活动进行了总结，对2008年"共建和谐社区"活动进行了部署。一是以提高居民文明素质为活动主题，积极开展形式多样的精神文明创建活动；二是以改善社区办公和居民文化活动条件为重要内容，积极为社区办实事；三是以完善社区管理与服务机制为着眼点，积极建言献策。街道、民主党派、人民团体、社区代表先后发言，交流了共建活动经验，汇报了深入开展"共建和谐社区"活动的计划和安排。

区委副书记苗立峰对2007年区政协开展的"共建和谐社区"活动取得的成绩给予了肯定。他强调：要认真总结"共建"经验，加大推进力度，政府相关部门和各乡镇要给予支持与配合。

范文彦主席要求：各专委会、各党派、各团体在继续对社区提供对口帮扶，改善社区"硬件"的同时，要与社区共同开展各种精神文明创建活动，为社区提供文化、医疗、教育等方面的帮助和支持。要全面把握区政协共建活动的内容。加大对有关社区的建议案和提案办理的督办力度，使办理工作落到实处，推动群众关心关注的热点难点问题的解决。

副主席赵润东、肖武，书记助理白玲，秘书长李金田出席。各专委会主任、副主任，各民主党派主委、副主委，各人民团体负责人，区工商联、私个协代表，拱辰、西潞、城关街道主管领导及社区代表等参加。

2008年5月6日，主席范文彦，常务副主席王晓芝，副主席李惠英、高维魁共同调研视察了加州水郡住宅小区。听取了区政协委员、日兴房地产开发公司总经理许文泽的汇报。范文彦主席对加州水郡的规划、设计和建设情况给予了高度评价。

2008年6月25日，范文彦主席就和谐社区建设工作到城关街道调研。听取了城关街道办事处开展和谐社区建设工作的汇报。范文彦主席对城关街道在和谐社区建设中采取的措施和取得的效果给予充分肯定。他强调：在和谐社区建设中要两手抓：一是要广泛动员社区居民，并充分利用社会资源优势；二是要把区委区政府的工作延伸到社区，推动和谐社区建设稳步发展。城关街道办事处主要领导参加。

此后，常务副主席王晓芝出席区政协在西潞园社区举行巧姑靓嫂公司西潞园手工制作室开办仪式，并为手工制作室送去了区政协委员捐助的10000元启动资金。成立巧姑靓嫂公司西潞园手工制作室是区政协开展共建和谐社区活动的一次有益探索。区政协农村委积极联系北京巧姑靓嫂有限公司与西潞园居委会开展合作，由巧姑靓嫂公司培训社区居民加工塑料工艺制品，并负责提供原料和产品销售。第一批20余名西潞园社区居民报名参加手工制作室。在仪式上，北京巧姑靓嫂有限公司代表与社区居民签订了合作协议，并为手工制作室正式挂牌"北京巧姑靓嫂有限公司第五加工基地"。常务副主席王晓芝对巧姑靓嫂西潞园手工制作室的成立表示祝贺，希望西潞园社区做好组织宣传工作，让手工制作室成为更多社区居民施展才艺的舞台。

2008年7月9日，主席范文彦，副主席高维魁出席了区政协与西潞街道开展共建和谐社区活动。参观了西潞园社区手工制作室的作品，举行了西潞街道西潞东里社区手工制作室成立仪式。范文彦主席代表区政协委员向西潞东里社区手工制作室赠送了10000元启动资金。范文彦主席在讲话中指出，在北京巧姑靓嫂旅游工艺品有限公司等企业和社会力量的支持与参与下，西潞东里社区手工制作室是继西潞园社区手工制作室成立后的第二个共建合作项目。共建和谐社区活动不断探索新的形式，为共建和谐社区活动赋予了新的内涵。他希望区政协委员和各民主党派、人民团体进一步发挥自身优势和作用，采取多种措施，不断创新合作形式，使和谐社区建设不断取得新的成果。

2008年7月16日，副主席李惠英出席了城建环保委员会召开的全体会议。会上，通报了关于"共建和谐社区"活动的有关情况。副主席李惠英在讲话中希望委员们积极参与"共建和谐社区"活动，本着量力而行的原则，尽力为所帮扶的社区办实事。要深入了解居民的诉求和社区的现状及亟须解决的问题，通过调研报告、提案、社情民意等多种形式提出意见和建议，切实履行好委员的职责。

2008年7月18日，区政协领导范文彦、王晓芝、李惠英、高维魁、赵润东、肖武、李金田出席了共建和谐社区捐赠活动。为西路大街社区、苏庄二里社区捐赠了价值1.2万元的电脑、桌椅等办公用品；民建房山支部为苏庄二里社区捐赠了图书。范文彦主席在讲话中强调：通过开展和谐社区活动能够增强社区的凝聚力，扩大政协和各民主党派、人民团体在社会上的影响，增强党派成员的

2008年7月23日,区政协主席范文彦、常务副主席王晓芝为社区捐赠文体用品等

社会责任感。

2008年7月23日,区政协开展共建和谐社区捐助活动。区政协主席范文彦,常务副主席王晓芝,副主席李惠英、高维魁,秘书长李金田为西潞街道苏庄一里社区和拱辰街道三街二社区捐赠了价值2.6万元的电脑、空调等办公用品和价值5万余元的体育健身器材。范文彦主席讲话指出:社区是社会的细胞,社区和谐是社会和谐的基础。区政协开展"共建和谐社区"活动,就是要调动方方面面的积极性和创造性,使社区成为安全、便利、舒适的居民家园,使社区在推动基层民主、为民服务、提高居民生活质量上发挥更大作用,使社区成为管理有序、服务完善、文明祥和的社会共同体,推动和谐房山建设。

2008年8月6日,民进房山支部举办"拥有健康心理,构建和谐社区"大型图片展开展仪式。拱辰街道、西潞街道办事处负责人及所辖社区居委会主任、副主任,区各民主党派主委、副主委一百余人参加了开展仪式。民进市委副主委李焕喜应邀出席。区政协领导范文彦、王晓芝、李惠英、高维魁、万金峰、赵润东、肖武出席。

2008年9月9日,范文彦主席参观"拥有健康心理,构建和谐社会"图片展览。城关街道工委将"拥有健康心理,构建和谐社会"为主题的图片展览活动与"和谐城关"创建活动结合起来,通过这种形式促进和谐房山的建设。

2008年10月24日,区政协部分委员与社区居民代表就推进和谐社区建设进行座谈。范文彦主席带队视察了拱辰街道一街、长虹社区创建和谐社区情况,并与两个社区的干部和部分居民代表就

"发扬服务奥运精神,进一步推进和谐社区建设"进行了座谈。副主席李惠英、万金峰出席座谈会。座谈会上,居民代表畅谈了发扬无私奉献精神,克服各种困难,为奥运会营造安全稳定的社会环境的做法和体会,并对区政协委员积极捐款,为社区购买办公设备、文体用品,以及通过调研和提案帮助社区解决实际困难的做法给予高度赞扬。范文彦主席充分肯定了社区居民在创建和谐社区,为北京奥运会、残奥会做好安保工作等方面体现出来的大局意识和无私奉献精神。希望社区居民继续发扬服务奥运的奉献精神,把所在社区建设得更加美好和谐。希望委员们继续围绕和谐社区建设履行职能,发挥作用,一如既往地帮助社区居民解决难题,与广大社区居民一起推进和谐社区建设。

2008年继续把促进和谐房山建设作为履行职能的重要内容,通过专题论坛、视察调研、结对共建等形式,积极献策出力。在六届一次全会成功组织"构建和谐房山"专题论坛和2007年开展五项社区建设专题调研的基础上,在六届二次全会期间组织了"和谐社区建设"专题论坛,在全区社会各界引起了较强的反响。论坛中,委员们以促进和谐社区建设为切入点,就理顺社区管理体制,完善社区办公服务设施,加速老旧小区维修改造,强化老旧小区物业管理等六个方面的重要问题进行了深入研讨,提出建议60多条。在此基础上,形成了《政协房山区第六届委员会常务委员会关于推进房山区和谐社区建设与管理的建议案》,引起了区委区政府的高度重视,责成相关部门制定落实方案并认真组织实施,使一些具体问题得到了有效解决。针对城关楮榆树街和拱辰街道三街、四街内的三个污水坑周边环境脏乱,严重影响居民正常生活的问题,经区委书记批示,继2007年得到初步治理后,各项后续治理工程全部完工。城关楮榆树街污水坑已基本填平,拓展了城市建设空间;拱辰街道三街、四街内的两个污水坑经过全面整治,提高了汛期排水能力,消除了安全隐患,改善了脏乱环境,受到了群众的赞誉。针对完善社区管理体制和运行机制的建议,经区委研究,成立了房山区社工委和社建办筹建办公室。在拱辰街道、西潞街道、城关街道分别召开了社区共建对接会,与所帮扶社区的负责人进行了座谈和洽商。各专委会,各民主党派、人民团体和委员在帮扶的30个社区中,捐款捐物47.9万元,支持社区改善办公条件、改建活动场地、增加活动设施、开展文体活动。积极探索社区结对帮扶的新方式。在西潞园和西潞东里社区分别建立了手工编织基地,由区政协提供启动资金,企业提供技术、原料并负责产品销售,为两个社区培训骨干50名,组织中老年居民从事手工编织,既丰富了居民业余生活,又增加了居民收入。在结对社区开展了卫生专题讲座与医疗义诊、法律法规咨询、书画摄影比赛等社区居民喜闻乐见、丰富多彩的活动,营造了健康文明的和谐氛围。

对"共建和谐社区"等特色性工作进行了重点宣传。编辑完成了"和谐社区专题论坛"文集。更加关注社区重点问题的解决,通过调研、提案、社情民意等方式,推动老旧社区综合改造、物业管理、环境改善等问题的逐步解决,促进老旧社区改造与管理水平不断提升。进一步做好社区帮扶共建工作,发挥优势,注重实效,丰富"一帮一"、"手牵手"活动内容,努力为和谐社区建设多办实事。注重宣传工作的实际效果,围绕重点工作,对"共建和谐社区"进行了实时宣传。

2009年主要活动

2009年4月21日,区政协召开深化"和谐社区建设活动"动员大会。副主席万金峰、肖武,秘书长李金田出席。各界别政协委员,区建委、市政管委、科委、文委、教委、卫生局、体育局、水务局、劳动和社会保障局、拱辰、西潞、城关、燕山办事处主管领导及社区代表参加。会议由副主席高维魁主持。

李惠英副主席作了题为《进一步发挥政协在和谐社区建设中的作用》的动员报告，回顾了过去两年"共建"活动，部署了2009年"共建"工作。一是注重发挥政协人才库、智囊团的作用，让委员为和谐社区建设建言献策。二是充分发挥委员的专业特长，让委员为丰富社区文化生活贡献力量。三是发挥委员的自身优势，开展社区帮扶活动。

民主党派、民营企业委员、社区代表做了表态发言，表示要积极参与区政协开展的和谐社区建设活动，努力推动和谐房山建设。

副区长马丽英对区政协两年来开展的"共建和谐社区"活动给予充分肯定。她指出：要进一步深刻认识开展"共建和谐社区"活动的重要意义，在"共建"活动中充分展示政协的风采。她要求区直各职能部门、各街道、社区密切配合支持区政协开展的"共建"活动。一是区直各职能部门要根据各自职责，把和谐社区建设列入工作计划，把本部门工作与区政协开展的共建活动有机结合起来，主动与区政协保持联系，共同推进和谐社区建设。二是各街道办事处、社区要结合实际，制定共建活动方案，明确工作重点，落实各项责任，积极与区政协共建活动搞好对接，保证共建活动落到实处。三是社区党组织要积极做好思想发动和宣传教育工作，协调各方，形成建设和谐社区的合力，不断提升社区建设和管理水平。

范文彦主席在讲话中指出：搞好今年的"共建和谐社区"活动，关键是做好以下四点：一是要关注并督办好区政协今年和以往与社区建设相关提案的落实；二是"共建和谐社区"活动给各党派、人民团体、专委会提供了一个了解区情民情的平台，希望大家多关注民生问题；三是有实力的委员本着量力而行的原则继续为社区捐款、捐物；四是发挥党派、团体和委员的各自优势，到所帮扶的社区开展各种形式的精神文明创建活动。

2009年5月15日，城关街道办事处召开"城关地区区人大代表、政协委员共建和谐社区表彰暨动员会"。区政协主席范文彦、区人大副主任刘顺林、区政协副主席李惠英等领导出席。听取了城关人大街工委、政协联络室2008年度和谐社区建设工作总结和2009年工作安排，对在"共建和谐社区"活动中表现突出的张士英、孙伯山、徐健、张兵等6名人大代表和14名政协委员进行了表彰。范文彦主席对城关地区和谐社区建设工作表示肯定。他希望城关地区的人大代表、政协委员不仅要在物质上给予社区应有的帮助，更要在精神文明建设方面给予社区更大的支持，把和谐社区建设推向深入。

2009年6月10日，专委四室组织召开共建和谐社区座谈会。部分党派团体负责人与西潞街道受助的5个社区负责人参加。社区负责人介绍了各自社区基本情况以及今年共建和谐社区的想法，参加帮扶的党派团体负责人表示积极支持社区开展文化活动。

2009年8月20日，农工北京市委副主委赵荣国、区政协主席范文彦、秘书长李金田参加了区政协与农工房山总支联合举办的"共建和谐社区书画笔会"。在西潞街道办事处西潞园社区举行。北京市东方书画研究会和我区书法美术家协会20余位书画家挥毫泼墨，《和谐社会结硕果》《和谐之家》《和谐家园》等书画作品表达了艺术家们对共建和谐社区的美好祝福。

范文彦主席指出，区政协组织的共建和谐社区活动，为广大政协委员、民主党派深入基层，深入百姓，了解社会，也为社会各界了解政协，了解党派搭建了平台。三年来，和谐社区建设取得了明显成效，为老百姓和社区解决了一些难点热点问题，得到了社区群众的好评。他希望各民主党派吸引更多的力量，参与共建和谐社区活动。

2009年9月10日，主席范文彦，副主席李惠英，秘书长李金田出席了由西潞园社区举办的"共建和谐社区现场会"。部分委员、社区居民60余人参加现场会。参观了手工编织室，听取了社区建设和手工编织基地情况介绍。区政协为西潞园社区捐赠了编织基地发展基金20000元，向西潞东里社区捐赠了电脑、打印机各两台。

范文彦主席讲话指出：和谐社区建设是构建和谐社会的重要载体，是我区和谐发展的基础。区政协和政协委员要通过参与社区共建活动了解民意，帮助社区解决实际问题。巧姑靓嫂编织基地不仅丰富了居民的生活，还增加了收入，提升了素质，是一个值得大力发展的项目，希望有更多社区居民参与和谐社区建设活动。

2009年9月12日，副主席李惠英、高维魁，秘书长李金田出席了由区政协联合房山工商分局、区私个协开展共建和谐社区活动，到苏庄一里社区为居民义务服务。理发50多人次，测量血压、血糖40多人次，按摩20余人次，修理家用电器、自行车等20余件。为200多名居民提供义务服务。

2009年9月13日，主席范文彦，副主席李惠英、高维魁、万金峰，秘书长李金田出席了区政协与九三学社房山支社在罗府街社区开展"便民义诊咨询，共建和谐社区"活动。邀请积水潭医院、复兴医院、北京中医大学附属东方医院的内科、外科、儿科、骨科、五官科的十多位专家，为200余名居民做了检查、咨询。

九三学社北京市委常务副主委王琳在活动中表示，要积极参加房山区政协开展的"共建和谐社区"活动。

范文彦主席代表区政协和社区居民对专家们表示欢迎。他指出：区政协组织开展共建和谐社区活动三年来，各专委会、党派、人民团体及全体政协委员积极参与，为改善社区办公条件、提高居民素质做出了积极贡献。这项活动，密切了政协与民主党派之间的联系和沟通，为今后工作开展打下了良好基础。他希望各专委会、民主党派、人民团体一如既往，积极为社区献智出力，促进社区和谐发展。

2009年9月18日，学习与文史委员会、教文卫体委员会开展共建和谐社区捐赠活动。向西潞街道苏庄一里社区、拱辰街道鸿顺园社区捐赠了图书及电脑等办公设备。民盟房山支部、民进房山支部、西潞街道、拱辰街道负责人参加捐赠活动。

2009年9月22日，主席范文彦，副主席李惠英、高维魁，秘书长李金田出席城关街道"居民知情台"发放仪式。为使社区居民对社区工作全面了解，提高社区干部为居民服务的效率，使社区工作进一步公开透明，城关街道人大街工委、政协联络室协调15名有经济实力的代表和委员捐款18万元，为辖区20个社区居委会分别购买了一台居民知情台（电子触摸屏）。

范文彦主席在讲话中对城关街道在和谐社区建设方面所做的工作给予充分肯定。他要求城关地区的政协委员要进一步发挥作用，深入社区，了解民意，发挥桥梁纽带作用，进一步密切党和政府同人民群众的联系，继续为城关地区经济和社会事业的发展做出应有的贡献。

2009年10月21日，主席范文彦、副主席李惠英、秘书长李金田和拱辰街道办事处领导，参加了区政协在拱辰街道鸿顺园社区举行健身器械场启动仪式。今年，区政协协调区体育局，为鸿顺园、三街一社区、西潞大街、苏庄二里四个社区共安装配置了一套健身器材、8张乒乓球案。

范文彦主席讲话指出：共建和谐社区是建设和谐房山的重要组成部分，是区政协履行职能、推进我区城市化进程的重要载体，区政协将一如既往地关注社区居民生活中的实际问题。他希望鸿顺园社区发挥自身优势，充分调动居民群众参与社区建设的积极性，促进全民健身，共建和谐社区，真正让"社区是我家，建设靠大家"的观念融入每一个居民的心里。

2009年10月21日，主席范文彦、副主席李惠英、秘书长李金田和西潞街道领导，参加了区政协在西潞街道西潞大街社区举行的"共建和谐社区情况汇报会"。范文彦主席在讲话中强调：区政协开展共建和谐社区活动三年来，取得了令人可喜的成绩，受到了广大社区干部、居民的普遍赞扬。通过开展和谐社区活动，扩大了政协和各民主党派、人民团体在社会上的影响，增强了党派成员的社会责任感，帮助社区群众解决了许多实际问题。他希望政协委员和民主党派、人民团体继续发挥优势，广大社区干部要尽职尽力，共同为推进和谐社区建设、构建和谐房山做出新贡献。

2009年11月25日，区政协召开"共建和谐社区"工作总结会。会上，播放了《共建和谐结硕果》专题片，对区政协三年来共建和谐社区活动进行了总结；社区群众表演了自编自演的快板、舞蹈等文艺节目；西潞街道办事处主任胡淑苹、民建房山支部副主委李长雨分别代表街道和民主党派发言；社区群众向区政协、体育局、民建房山支部等6个单位赠送了锦旗。

区委副书记苗立峰在讲话中指出：区政协连续三年开展的共建和谐社区活动有创意、成效好、影响大，得到了社会各界的肯定。他强调：全区机关各部门、街道、社区要借鉴共建工作的成功经验，不断探索促进和谐社区建设的方式方法，努力把和谐社区建设与本部门、本单位工作结合起来，把和谐社区建设与推进城市文明、社区文明结合起来，协调各方，形成共建和谐的合力，不断提升社区建设和管理水平。

范文彦主席就共建和谐社区三年来的工作进行了总结。共建和谐社区成果的取得，是社会方方面面齐心协力，共同努力的结果。他强调：共建和谐社区活动是一项关注和改善民生、促进安定和谐的重要工作。当前我区发展正处于全面贯彻落实科学发展观、加快推进"三化两区"建设的关键时期，迫切需要一个和谐安定的社会环境，迫切需要凝聚各方面力量团结奋斗，希望广大政协委员一如既往地干好本职工作，关心大局、履职尽责、施展才华，为和谐房山建设，为推进我区经济社会又好又快地发展做出新贡献。

区政协各专委会，区各民主党派、人民团体负责人，区直有关单位、街道办事处主管领导，以及部分社区群众代表参加会议。区政协副主席高维魁、万金峰、赵润东、肖武，秘书长李金田出席。

2009年始终把"共建和谐社区"活动作为促进和谐房山建设的重要载体，组织了"和谐社区建设"专题论坛，委员们就理顺社区管理体制，完善社区办公服务设施等问题提出建议60多条。形成了《政协房山区第六届委员会常务委员会关于推进房山区和谐社区建设与管理的建议案》，促进了具体问题的有效解决。

各专委会和各民主党派、人民团体与结对共建的30个社区，通过召开共建帮扶对接会等形式协商共建事宜，以拱辰、西潞和城关街道等部分社区为重点，广泛开展共建活动。全年共为社区捐款捐物47.9万元，为结对社区捐赠了电教器材、办公用品、图书和健身器械；支持社区改善办公条件、改建活动场地、增加活动设施、开展文体活动。组织开展了知识讲座、卫生专题讲座、医疗义诊、法律法规咨询、书画摄影比赛、义务修理等活动；城关街道的部分委员积极捐款捐物，为20个社区建立了电子知情台；在西潞园和西潞东里社区分别建立了手工编织基地。

在三年的"共建和谐社区"活动中，先后与40多个社区建立了结对共建关系，累计捐款150万元，还有大量物品，有效支持和推动了和谐社区建设。

第二节 政协委员山区行

2010年以来，区政协相继在全体委员中开展"政协委员山区行"，继之以"十百千"及"女委员走山区，情暖百姓做贡献"，"革命老区光明行"等活动将山区行引向深入。2012年7月21日，北京遭遇了特大水灾。房山成为重灾区，人民生命财产受到重大损失，区政协机关和政协委员积极开展"7·21"救灾。

政协委员山区行

区政协委员成立智囊团，汇聚聪明才智，为山区发展建言献策。从政协农村委、经科委和城建环保委等专委会中挑选部分专家，成立"山区行"智囊团，联合民主党派及人民团体参加，认真开展调研视察，实地了解山区人口迁移安置、关闭煤矿后产业转型及群众生活存在的实际问题，利用提案、社情民意等形式，积极为编制"十二五"规划建言献策。发挥委员优势，实施产业带动，为山区建设铺路搭桥。组织有实力的委员、民营企业家深入山区了解实情，发挥产业优势、外联优势，共同寻求产业替代、生态建设发展合作的新路子；在互惠互利的基础上，为山区投资引资、合办项目、安排就业。开展公益活动，关心群众疾苦，为山区人民奉献爱心。号召政协各专委会、各民主党派和人民团体，组织开展送科技、医疗、文化进山区活动，为群众开展义诊服务、健康讲座、知识培训，

2013年9月11日，区政协主席唐淑荣、副主席李惠英到霞云岭乡出席图书捐赠仪式

举办书画笔会等；并组织有能力的委员自愿捐款捐物，对因病、因灾致贫的山区特困户开展帮扶救助。

2011年，在政协委员山区行活动中，以"调研献计进山区、产业发展助山区、公益活动惠山区"为主题，组织各民主党派、人民团体和委员深入山区乡镇，围绕替代产业发展和生态环境建设等问题考察座谈、建言献策。协调1500万元资金，建设扶贫助残基地、扶持养蜂产业发展；与市政协委员和同仁堂集团开展了"革命老区光明行——走进房山"活动，对9个山区乡镇的眼疾患者进行筛查，免费为153名白内障患者实施复明手术；组织专家开展义诊、发放科普资料、赠送书画作品等活动，受益群众达5000人次。

区委副书记张祝华指出，加强山区建设是首都建设世界城市的重要组成部分，是在新型城市化道路指引下推进"三化两区"战略的需要，也是基层党组织开展争先创优活动的一个实践载体。区政协开展山区行活动，体现了政协特色和时代特征，是区政协和谐社区共建工作的深入和继续，是围绕中心、服务大局，全面履行三大职能的又一新途径新形式。他认为，山区发展正面临新的机遇和挑战，政协委员通过"山区行"可以更好地知情知政、参政议政，表示要密切配合和支持政协委员开展山区行活动。

唐淑荣主席在动员会上指出，要充分认识开展山区行活动的重要意义，明确山区行活动的主要任务，广大政协委员要积极自觉地投入到山区行活动中来。加强协调，有关委室负责收集汇总情况，政府有关部门、党派、团体要经常保持联系，及时反映开展活动的信息，大家同心合力，保证山区行活动稳步推进，取得实实在在的效果。

"十百千"工程

2012年，为进一步深化"政协委员山区行"活动，按照常委会年度工作安排，全面启动了深入贯彻落实区第七次党代会关于农村和山区转型发展的工作部署，发挥人民政协人才荟萃、智力密集、联系群众密切的优势，搭建政协委员助推农村和山区转型发展的平台，服务社会，服务基层，服务百姓，为促进经济发展，构建和谐社会献智出力。联牵、献智、助发展，帮扶、解忧、促和谐。大力推进山区转型发展，坚持开发与涵养并重，进一步破解山区发展瓶颈，加快山区生态环境建设，加速新兴替代产业发展，建设符合世界城市发展要求的绿色新山区，是区第七次党代会确定的2012年及以后的五年全区发展的一项重点工作。为促进山区发展，提高人民生活质量，区政协常委会决定，利用五年时间，以政协专门委员会为主体，发挥各自优势，广泛发动全体政协委员和政协各参加单位深入实施"十百千"工程，采取结对帮扶的方式，对经济发展薄弱村和弱势群体开展联牵帮扶活动。

实施范围是全区山区乡镇和政协领导联系的乡镇。从中选择10个经济发展薄弱村、100个贫困户、1000个贫困人口作为联牵帮扶对象。

委员联牵帮扶工作与政协领导联系乡镇分工相结合。"十百千"工程的实施范围以山区乡镇为主，同时涉及政协领导分工联系的乡镇。发挥政协参加单位和各专委会作用与发挥委员主体作用相结合。既要注意各民主党派、人民团体以及各界别、专委会的群体优势，又要注重委员个体作用的发挥。巩固已有联牵帮扶点与拓展新联牵帮扶面相结合。在继续巩固"百村帮扶"和"联牵"项目的同时，积极帮扶新村、开拓新项目，进一步做大做实联牵帮扶工作。助推经济薄弱村集体经济发展与促进农村低收入群体解困增收相结合。

为张坊镇穆家口村更新饮用水设备，区政协主席唐淑荣、副主席高维魁亲自入村

以联牵村形式，为经济薄弱村发展献智出力。以发展壮大集体经济为目标，以农村发展、农业增效和农民增收为主线，以项目帮扶为手段，根据帮扶村的实际情况和现有条件，投资适宜发展的产业项目，推动当地经济发展。确定帮扶户，深入农村开展帮扶救助活动。深入基层，调研分析贫困户生活状况及致贫原因，并通过文化、科技、卫生下乡以及捐资助学、扶贫助残、公益活动等多种形式，缓解农民在生产生活等方面存在的困难。助就业，帮助农村劳动力就业增收。以改善民生为出发点，牵线搭桥，邀请专家、技术人员采取农技培训、农科下乡等措施，在提升农民就业能力，拓宽农民就业渠道等方面搭建平台，帮助农民就业增收。促和谐，深入基层了解社情反映民意。与基层群众结对子，交朋友，既要当好党的路线方针政策的宣传员，更要当好百姓呼声的信息员，搭建起党委、政府与百姓之间的连心桥。发挥政协委员的优势，在社会上做好协调关系，化解矛盾，促进和谐稳定的工作。

"十百千"工程时间跨度较长，从2012年开始，围绕区委、区政府"一区一城"新房山建设的总体安排，把各界别、各党派、各人民团体以及全体政协委员动员起来，全面推动"十百千"工程的实施。调研帮扶对象。召开乡镇协调会，由各乡镇推荐经帮扶能较快见效的经济薄弱村、贫困户和贫困人口作为联牵帮扶对象。确定帮扶分工。根据各乡镇提供的情况，采取自主选择或者组织指定等方式，确定具体的帮扶分工。原则上每个村建立一个帮扶小组。各专委会主任和各乡镇专职副书记具体负责联牵帮扶方案和计划的制定以及实施中的协调指导工作。建立帮扶对接。各专委会要与帮扶对象联系，开展调查研究，了解有关情况，使帮扶工作更有针对性。注重帮扶实效。各帮扶小组要结合各自的优势和各村实际，拿出具体的帮扶方案和措施。在条件成熟的镇村，拟组织项目协议签字仪式、启动仪式等活动，发挥示范带动作用。整个帮扶工作要坚持从实际出发，注重工作实效，把帮扶工作不断引向深入。

工程实施中，各专委会和政协委员主动与乡镇对接，根据自身优势联牵了12个经济发展薄弱村。通过进村入户了解所需、所求，帮助联牵村制定发展规划，牵线搭桥引资金、上项目，促进了经济薄弱村的发展。区政协与区园林局协调资金扶持蒲洼乡森水、义和两个村发展养蜂产业；有关委室帮助周口店云峰寺村建立了"巧姑靓嫂手工编织基地"，使村里的家庭妇女实现了居家就业。继续开展市政协委员"革命老区光明行——走进房山"活动。开展送医进山活动，为1000多名群众义诊；开展公益助残活动，为残疾人捐资购买了200辆轮椅。

2013年，以"联牵、献智、助发展，帮扶、解忧、促和谐"为主题，积极探索"智力支持、项目帮扶、资金扶持"三位一体扶持联牵村发展的模式。按照"十百千"工程实施计划，帮助12个村调研完善了发展思路，编制项目18个，引进帮扶资金2000多万元。重点帮扶的山区养蜂产业发展、南窖乡中草药种植、霞云岭下石堡村市级扶贫助残基地，为大安山乡西苑村十户残疾人免费提供96只乌苏里貉。经过近两年的精心饲养，96只乌苏里貉已繁殖200只幼貉，并已出售，使养殖户获得10万元的收益，调动了更多养殖户的积极性，使联牵村发展呈现出生机与活力。协调区水务局、温得拉集团为张坊镇穆家口村更新改水设备，致公党房山支部帮助霞云岭乡和蒲洼乡建立图书室等项目，使山区群众得到了实惠。积极与团区委、区妇联合作开展"凝聚正能量、青春助发展"、"女性委员走山区、情暖百姓做贡献"活动。举办山区劳动力专场招聘会，为山区百姓就业搭建了平台。重阳节期间，各界女委员开展向山区老人献爱心活动，与市、区摄影家协会合作，为山区80岁以上老人拍照、送节礼，开展便民服务活动。各界委员在参与"山区行"的实践上，展示了风采，赢得了赞誉。

2014年，按照实施方案，积极协调政协参加单位和各界委员开展帮扶活动，取得明显成效。协调区经管站促成"龙乡腾飞"联合社与"华冠商业"签订了《战略合作框架协议》，启动了"社超对接"，为5个大型农业专业合作社的650个种养大户畅通了销售渠道。帮助霞云岭乡下石堡村完善扶贫助残基地建设，帮助周口店镇云峰寺村规划了"百亩杏林观光采摘项目"，完成了南窖乡"参山药谷"项目规划审批。扶持大安山乡西苑村利用冷凉优势，发展特色种植；持续帮扶蒲洼乡森水村发展中华蜂养殖，促进农民增收。扎实推进女委员山区行系列活动，开展了博爱助学活动，启动"禾苗"救助工程，实施了助推山区发展的"妇字号"基地发展和山区劳动力技能培训计划。广大委员在助推山区发展转型的实践中，展示了风采，做出了贡献。

2015年上半年，进一步组织委员和各民主党派、人民团体，围绕替代产业发展和生态环境建设等问题深入山区乡镇视察调研。主动对接市政协专委会、区政府职能部门和山区乡镇，对接促进山区发展的优惠政策，找准结合点和项目的切入点，坚持不懈抓落实。深入持久的推进山区中华蜂产业发展，支持蒲洼森水村筹划了为期一个月的中华蜂"摇蜜季"活动，旨在以蜂为媒，秉承生态文化，向社会各界推介"北京小西藏，高山蒲洼"品牌，让世人"感知世外桃源，体验农事乡愁"，使蒲洼乡森水村成为远近闻名的中华蜂养殖专业村。坚持不懈推进山区开发沟域特色种养和旅游产业发展，实实在在的促进山区转型发展。助推霞云岭乡下石堡村完善市级扶贫助残基地建设、周口店云峰寺村"百亩杏林观光采摘项目"、南窖乡"参山药谷"项目、南窖书画院基地项目，协调区有关部门，帮助西苑村种植400亩黄芪、100亩高山土豆，结合最美梯田建设，计划修一条登山步道，装修10户民俗旅游接待户，努力把西苑村打造成为特色种植、养殖、旅游于一体的专业村。坚持不懈推进公益活动惠山区活动，与区妇联合作开展女委员"山区行"，实施了送技术、送文化等"十送"活动，受益群众达2000人次。

深化"政协委员山区行"活动，推动"十百千"工程的深入开展，为政协委员践行"五个一"职责搭建平台，区政协、区妇联联合开展"女性委员走山区，情暖百姓做贡献"活动。

2013年3月至2016年，利用三年时间对山区10个乡镇进行走访并帮扶。

本项活动内容一是敬老尊贤，弘扬中华优良传统美德，丰富山区老年人的幸福生活，开展"深入百里山乡，留存幸福时光"为山区十乡镇3000名80岁以上老人摄影留念服务活动。二是开展"我帮山区妇女建大业"活动，扶持建立5个妇女经济文化等产业基地，帮助山区妇女建功立业。三是关心山区贫困家庭，对300户家庭开展就业、就学、就医帮扶。四是针对调查走访情况为山区办实事。五是深入山村农户开展座谈，了解群众生产生活实际状况，通过社情民意信息、提案等形式反映山区百姓呼声。

本项活动范围为蒲洼乡、十渡镇、张坊镇、史家营乡、霞云岭乡、大安山、南窖乡、佛子庄乡、河北镇、周口店镇共计10个乡镇。

活动开展中将全区90名女委员分为10个小组，与各山区乡镇手拉手、结对子，每个小组指派专人负责此项工作。组织20名市区级以上摄影专业人士，深入到山村为80岁以上老人开展人像拍摄活动，并精选优秀摄影作品编辑成册，为山区老人留下永久的纪念。通过调查走访，确定5个妇女建功立业基地。培养女带头人带动当地妇女发展经济及文化事业。通过对贫困家庭调查走访，每年对100户特别贫困家庭，开展帮扶。

区政协专门成立领导小组，以促进各项任务的落实，推进"女性委员走山区，情暖百姓做贡献"活动，区政协、区妇联携手，协调政协各参加单位积极参加，争取区文委、区文联、区老龄委以及农口、科协等相关单位的大力支持，抓好各项工作任务的落实。活动在领导小组的统一领导下，按乡镇分为10个小组开展工作。各小组负责人切实负起责任，安排本组的工作并抓好实施；此项活动的开展需要有关乡镇的积极配合，各乡镇安排专人负责此项活动的组织协调服务工作；各位委员积极参加各项活动，并按照"五个一"的履职要求，认真记录参加本活动的情况，并写入履职记录手册。

2013年3月6日区政协召开庆"三八"暨"女性委员走山区，情暖百姓做贡献"活动动员会，就开展"女性委员走山区，情暖百姓做贡献"活动进行了安排部署，动员全体女委员积极参与，为山区建设与发展献计出力。区政协主席唐淑荣、副主席李惠英、赵润东、肖武出席。区政协、区妇联联合开展"女性委员走山区，情暖百姓做贡献"，利用三年时间，对蒲洼等10个山区乡镇进行走访帮扶。为山区3000名80岁以上老人摄影留念；开展"我帮山区妇女建大业"活动，扶持建立5个妇女经济文化等产业基地，帮助山区妇女建功立业；对300户贫困家庭开展就业、就学、就医帮助；针对调查走访情况为山区办实事；深入山村农户开展座谈，了解群众生产生活实际状况，通过社情民意信息、提案等形式反映山区百姓呼声。

肖武副主席宣读了关于积极投身"女性委员走山区，情暖百姓做贡献"活动倡议书；民主党派、工商联等各界女委员纷纷发言，表示要全身心地投入到活动中来，结合本职工作特点，发挥优势、献计出力，脚踏实地，实实在在地履行自己的职责，为山区百姓增收致富，为推动"一区一城"新房山建设做出贡献。

2013年10月，区政协副主席任振秋带领女委员到佛子庄乡慰问老人

唐淑荣主席指出，2010年以来，区政协在全体政协委员中开展了"政协委员山区行"活动，广大女政协委员热情参与、积极作为，全面履行职能，充分发挥了"半边天"作用，构成了推动山区转型发展的一道靓丽风景线，为建设"一区一城"新房山做出了应有的贡献。她要求广大女委员要充分认识开展这项活动的重要意义，认真贯彻落实中共十八大精神，响应区政协的倡议，积极参与，发挥各自优势，通过实实在在的帮扶，切实为山区群众做实事、做好事，助推山区发展，惠及山区百姓。

2014年9月5日，区政协举行政协委员山区行暨区妇联"禾苗"救助工程启动仪式。区政协副主席李惠英出席仪式。切实解决山区困难群众生产生活实际困难，对山区贫困儿童实施针对性帮扶，区政协与区妇联联合开展了"女性委员走山区，情暖百姓做贡献"活动。先后为山区"妇字号"基地提供100万元资金支持，开展实用技能培训48期共2500余人次，为山区300名85岁以上老人摄影留念，并开展了健康义诊和重阳节慰问等活动，使"政协委员山区行"活动的内涵愈加丰富。

本年度启动的"禾苗"援助工程，本着"适度普惠，关注重点人群"的原则，对山区200名14岁以下贫困儿童，每人发放1000元援助资金。在启动仪式上，向南窖乡中心小学发放了《护蕾手册》等书籍，向10名贫困学生代表发放了救助金和学习用具。

2015年6月17、19日，区政协开展"女委员山区行"活动到大安山乡送技能、送文化。区政协、区妇联先后两次组织女委员深入大安山乡，聘请专业技师为山区妇女教授手工艺品编织技术，共有150名山区姐妹接受了培训；区政协宋秀兰、王建华两位女委员和区妇联金色光合唱团、金玉米艺术团的50余名演员，为父老乡亲送上了一台精彩的文艺节目，受到山区百姓的欢迎。

革命老区光明行

该活动由北京市政协委员、房山区政协副主席李惠英，市政协委员、北京同仁堂中医院眼科降丽娟教授，市政协委员、北京同仁堂集团董事长殷顺海，市政协委员、北京同仁医院副院长王宁利共同发起，由北京市政协教文卫体委员会、房山区政协和房山残联共同组织实施的。从2011年5月至2013年6月，在两年多的时间里，北京同仁堂集团捐资100万，同仁堂眼科和北京同仁医院专家先后4次进山为地处平西抗日根据地的河北、佛子庄、南窖、史家营、霞云岭、蒲洼、大安山、十渡和张坊共9个山区乡镇的1000多名眼疾患者进行了筛查，对153名白内障患者免费做了复明手术，使其重见了光明。

2010年，房山区政协开展了以"调查献计进山区、产业发展助山区、公益活动惠山区"为主题的政协委员山区行活动。在调研中，李惠英副主席了解到，处于革命老区的山区乡镇，由于国家产业政策调整，建设绿色北京西南生态屏障，开采千年的煤矿和非煤矿山全部关闭。在产业转型期，老区人民的生产活遇到了许多困难，特别是一些困难家庭，老年人患了白内障也没钱做手术。在市政协开会期间，李惠英副主席了解到，北京同仁堂集团曾捐资100万元，由降丽娟教授率领眼科专家赴青海省为200多名白内障患者做了复明手术。北京同仁医院王宁利副院长作为市残联理事，也一直推动白内障复明工作。为此，李惠英副主席与几人联系并最终商定，由同仁堂集团每年捐资50万，用于手术经费，同仁医院和同仁堂眼科专家组成医疗队，利用周六、日休息时间，深入房山区山区乡镇对眼疾患者进行筛查，确定白内障患者进行登记后，分批接到同仁堂中医院眼科做手术。

2012年10月13日，区政协主席唐淑荣等领导到张坊镇出席"革命老区光明行——走进房山"活动

2011年11月16日,市政协委员、同仁堂集团联合开展的"革命老区光明行——走进房山"活动启动仪式在北京同仁堂中医医院隆重举行。市政协副主席沈宝昌,秘书长闫仲秋,市卫生局副局长、市医管局副局长毛羽,市中医药局副局长屠志涛,房山区政协主席唐淑荣、副主席李惠英、代秘书长游来清以及房山区卫生局、残联、霞云岭乡领导一同出席启动仪式。北京同仁堂集团副总经理丁永铃介绍了"光明行"活动情况,与会领导为革命老区光明行走进房山活动举行了揭幕启动仪式。市政协副主席沈宝昌为免费做完白内障复明手术的霞云岭乡村民揭纱布,出席活动的领导向志愿者献了鲜花和祝福。市政协委员、北京同仁堂集团党组书记、董事长殷顺海代表北京同仁堂集团向我区革命老区捐赠人民币50万元,用于白内障患者复明手术,将为河北、佛子庄、大安山、南窖、史家营、十渡、蒲洼、霞云岭8个乡镇近130名白内障患者免费进行复明手术。此前,区政协还组织市政协委员、北京同仁堂中医院眼科降丽娟教授等眼科专家,深入到河北、霞云岭乡为8个乡镇群众进行了眼疾筛查。

唐淑荣主席在讲话中代表房山区的父老乡亲对市政协领导、市政协委员和同仁堂集团热心公益事业,对革命老区困难群众的关心和支持表示衷心的感谢。她指出:近年来,随着国家产业政策的调整,房山结束了千年采煤历史,革命老区在为绿色北京建设西南生态屏障的同时,也面临着山区转型发展的问题。为此,房山区政协根据自身优势和革命老区的实际,从去年开始,开展了政协委员山区行活动。其中一项重要内容就是组织政协委员为山区困难家庭学生和老人捐款,帮助他们渡过难关,组织文化卫生界委员开展送文化、送卫生知识进山活动。在此基础上,为了使山区人民得到更多的实惠,又与市政协和同仁堂集团联合开展了这次"革命老区光明行——走进房山"活动,这是恩泽百家的慈善事业,也是房山革命老区贫困白内障患者的福音和光明的希望,衷心地祝愿"光明行"活动取得圆满成功。

2012年10月13日"革命老区光明行——走进房山"活动在张坊镇卫生院举行。活动当天,北京同仁堂中医医院主任医师降丽娟等眼科专家为该镇近200余名白内障患者免费检查、诊断,并对需要手术的患者择期免费实施复明手术。活动现场,同仁堂集团又向我区捐款50万元,作为当年白内障患者的治疗经费。北亚骨科医院党员志愿者医疗队为山区群众进行了现场义诊及健康咨询。市政协常委、市政协教文卫体委员会副主任邓小虹,北京同仁堂集团党委副书记陆建国,房山区政协主席唐淑荣,副主席李惠英、肖武出席活动。

陆建国副书记表示,将进一步加强与房山区多方面的合作,扩大活动范围,丰富活动内容,为革命老区房山多做贡献。邓小虹副主任希望"光明行"活动继续深入开展下去,使山区群众享受到高水平的诊疗服务。

唐淑荣主席对关心支持房山各项事业发展的市政协领导和委员以及大力弘扬国医文化的同仁堂集团领导、专家表示衷心感谢,希望活动取得圆满成功,惠及更多山区群众。

"7·21"救灾情况

2012年7月21日,北京遭遇了特大水灾。房山成为重灾区,人民生命财产受到重大损失。

区政协高度重视,积极行动起来。主席唐淑荣,常务副主席高维魁,副主席李惠英、周文海、任振秋,秘书长游来清等领导第一时间分别深入到周口店、张坊、南窖、十渡、河北、青龙湖、窦店、

2012年8月1日上午，区政协副主席李惠英到周口店镇出席"抗洪救灾"捐赠仪式

新镇等乡镇街道视察灾情、指导救灾工作，慰问抢险一线的干部群众，并组织各界委员迅速行动，投入到抗洪抢险和灾后重建的工作中。并慰问了奋战在救灾抢险一线的干部群众，对他们在迎战特大自然灾害过程中展现出来的奉献精神和厚德品质给予了高度评价。期间，区政协领导分别走访慰问了黄文明、肖正权等一批受灾委员，鼓励他们努力战胜灾害、积极恢复生产、早日渡过难关。

灾情发生后，广大政协委员不辱使命，与全区人民同舟共济，积极自救互助。在救援抢险的第一线，委员们舍己为人，挺身而出，在灾后重建的现场，委员们忘我工作、日夜奋战；在受灾群众急需援助的关键时刻，委员们大爱无疆、真情奉献，以实际行动展示了他们的风采。有的委员，在遭受数百万元的损失的情况下，毅然将价值360万元的净化水设备捐赠给重灾区，使受灾群众及时喝上了洁净水；在厂房被淹的紧急关头，主动将大功率排水设施无偿支援灾区抢险；有的委员，在企业发展困难的情况下，慷慨解囊，向灾区捐赠100万元现金。

区政协办公室、区政协"连心共建"工作领导小组积极协调社会各界慷慨解囊，奉献爱心。8月1日上午，区政协在周口店镇举行"抗洪救灾"捐赠仪式。国美电器有限公司北京分公司捐赠了价值100万元的家用电器，北京民族联谊会捐赠了价值10万元的清真食品。在李惠英副主席的带领下，7月29日区委统战部、区民进支部和专委三室协调台盟中央、东城区台商联合会、开国元勋后代合唱团，向重灾区南窖乡送去了1000箱群众急需的救灾食品，7月30日又协调市心理咨询服务中心和壹佳陆拍卖公司向北车营村送去了价值2万元的救灾物品。同时，民进房山支部向该村捐赠了一车食品。区政协委员孟繁欣、马全福、张文战、刘长安、孙英俊、吴海涛、孙国水等捐款捐物近300万元。

据不完全统计，各界政协委员捐赠款物达 1600 余万元，充分体现了"一方有难，八方支援"的真情大爱。对灾区恢复生产、重建家园做出了积极的贡献。

9月5日，为全面了解灾后重建情况，区政协组织常委和委员视察了青龙湖镇北车营村、河北镇石花洞景区、城关街道洪寺村和周口店镇等地灾后重建工作。区政协主席唐淑荣，常务副主席高维魁，副主席李惠英、任振秋、赵润东、肖武出席视察，区委常委、副区长吴会杰陪同视察。座谈时，吴会杰副区长就全区受灾情况及抢险救灾、灾后群众安置、基础设施重建、河道治理和地质隐患排查等方面介绍了区委区政府所做的工作及取得的成效。委员们认为，区委区政府应对灾害反应及时、措施有力。他们希望，在今后的重建工作中要科学规划、合理布局、加强监管。同时，要做好受灾群众的心理疏导工作，正确引导社会舆论。

唐淑荣主席对各乡镇、单位以及政协委员对救灾工作的辛勤付出表示感谢。她希望，各相关部门要进一步统一思想、提高认识、形成共识，全面做好灾后重建工作。政协委员要通过多种形式帮助受灾群众树立重建美好家园的信念，使广大群众积极参与到重建工作中来。同时，委员们还要想重建之所想，急重建之所急，继续献计出力，为全区夺取灾后重建工作的新胜利做出应有的贡献。